有机化学

（第二版）

章　烨　张荣华　主编

科学出版社

北京

内 容 简 介

本书遵循从易到难、从简到繁的编写顺序，按照有机化合物官能团的分类原则，加强了结构与性质之间的内在联系，方便教师课堂教学，便于学生从物质的结构出发掌握其变化规律。本书第一部分介绍烃类化合物，以及与之相关的有机化学基础知识；第二部分介绍有机化合物的波谱知识及其应用；第三部分介绍烃类的含氧和含氮衍生物；第四部分介绍天然有机物，包括杂环化合物、氨基酸、核酸、糖类、萜类和甾类化合物。为了适应近年来学科发展的需求，本书最后一章介绍了元素有机化合物的基础知识。

考虑到不同专业学生的需求有所差异，本书配套了丰富的教学资源，包含三部分内容：①各章总结和重点知识的梳理；②主要反应过程的动画模拟；③各章拓展知识。可登陆网址 http://pan.sciencepress.cn/s/Sm1KnnhXTII 下载。

本书可作为高等学校化学、化工、生命科学、医学、农学、材料等相关专业的有机化学教材或教学参考书。

图书在版编目(CIP)数据

有机化学/章烨，张荣华主编．—2版．—北京：科学出版社，2011

ISBN 978-7-03-032071-1

Ⅰ.①有… Ⅱ.①章…②张… Ⅲ.①有机化学-高等学校-教材 Ⅳ.①O62

中国版本图书馆 CIP 数据核字(2011)第 165440 号

责任编辑：陈雅娴　丁　里 / 责任校对：林青梅

责任印制：张　伟 / 封面设计：迷底书装

科 学 出 版 社 出版

北京东黄城根北街 16 号

邮政编码：100717

http://www.sciencep.com

北京中石油彩色印刷有限责任公司 印刷

科学出版社发行　各地新华书店经销

*

2006年 2月第 一 版　开本：787×1092　1/16

2011年 7月第 二 版　印张：28 1/2

2023年11月第十四次印刷　字数：722 000

定价：69.00 元

(如有印装质量问题，我社负责调换)

第二版前言

本书第一版于2006年2月出版，作为上海市精品课程配套教材，在上海交通大学化学化工学院、生命学院、环境学院、药学院、农学院、医学院已使用了五年。从学生使用的效果来看，它能够满足不同专业的需求，得到了我校师生的广泛好评。

第二版的编写原则与第一版相同，按照化合物分类的方式，把结构、反应和合成结合起来，循序渐进地加以阐述，便于初学者掌握。但本书在章节的安排上与第一版有所不同，如将原有的第2章烷烃和第4章环烷烃合并为第2章，有利于适当减少教学时数，避免知识的重复；将原第14章有机物的波谱知识调整到第8章，以便在后续章节中不断应用和强化相关知识。在教学内容的取舍上也做了相应的调整，删除二维核磁共振的相关知识，增加^{13}C谱图；增加了元素有机化合物一章，包括硫、磷、硅、硼四种元素，以顺应学科发展的需求。考虑到近年来生物有机化学迅猛发展，重新编写了糖、氨基酸、核酸、类脂、萜类和甾类化合物的有关章节。

本书配套丰富的教学资源，包含三部分内容：①各章总结和重点知识的梳理；②主要反应过程的动画模拟；③各章拓展知识。可登陆网址 http://pan.sciencepress.cn/s/Sm1KnnhXTII 下载。旨在帮助学生更好地掌握教学重点，拓宽专业知识面。

本书的编写整合了上海交通大学化学化工学院和同济大学化学系教师的力量，章烨和张荣华担任主编，章烨和黄孟娇编写第1～5、7、9～12和18章，谢芳编写第6章，张荣华编写第8章，马楠编写第13、14章，杨宇辉编写第15～17章。在本书编写过程中，张万斌教授给予了大力支持，在此表示衷心的感谢！

由于编者水平有限，书中的疏漏和不妥之处在所难免，敬请同行专家和读者批评指正。

编　者

2011年2月于上海

第一版前言

近年来，随着高等院校招生规模的不断扩大，培养学生的模式也发生着改变。为了学生们将来能够更好地适应社会，重基础、淡专业的培养趋势越来越明显。高等院校之间的合并和调整，使得综合性大学的数量不断增加，学科的综合性增强。对于有机化学这样一门基础课而言，也要求所教授的内容能够尽可能地满足各个专业的需求。与以往出版的有机化学教材相比，本书的特点是综合性强，适用范围广。既适合药学、化学化工这类对有机化学知识要求较高的专业，也适合于生物、医学、环境、农学这种对有机化学有一般需求的专业。本书所包含的内容较多，但又不同于理科院校的教材。鉴于非理科院校有机化学的教学时数要比理科院校少很多，所以本书含有一定量的阅读材料（*标志），目的在于拓宽学生的知识面，更多地与实际相结合，最大限度地满足不同专业、不同院系的学生要求，为学生将来走向社会打下良好的专业基础。

本书包含基本有机化合物的性质、结构，重要的有机反应中间体和微观反应机理，现代物理方法对有机物的结构测定，以及与生物、医学、农学相关的知识点。本书分为四大部分，第一部分介绍烃类化合物；第二部分介绍烃类衍生物；第三部分介绍有机物的现代物理鉴定方法；第四部分介绍天然有机物。写作的结构体系是按照有机物的官能团来分类的，条理性强，便于教师的课堂教学和学生的课后复习。

在本书的编写过程中，得到赵成学教授和张万斌教授以及教研室其他老师的大力支持和指导，在此表示衷心的感谢！

限于编者水平有限，书中难免存在错误和不妥之处，敬请同行专家和读者批评指正。

编　者

2005年12月于上海交通大学

目　　录

第二版前言
第一版前言
第1章　绪论 …… 1
1.1　有机化合物和有机化学 …… 1
1.2　有机化合物的特点 …… 2
1.2.1　组成和结构上的特点 …… 2
1.2.2　有机化合物的性质特点 …… 2
1.3　有机化合物分子中的化学键 …… 3
1.3.1　原子轨道的概念 …… 3
1.3.2　共价键形成的理论 …… 4
1.4　电负性与键的极性 …… 8
1.4.1　电负性与极性共价键 …… 8
1.4.2　偶极矩 …… 8
1.5　共价键的断裂方式和有机化学反应的类型 …… 9
1.5.1　键能 …… 9
1.5.2　共价键的断裂方式 …… 10
1.6　共振论和共振结构式 …… 11
1.7　有机化学中的酸碱理论 …… 12
1.7.1　质子论酸碱理论 …… 12
1.7.2　电子论酸碱概念 …… 13
1.8　有机化合物的分类 …… 14
1.8.1　按碳架分类 …… 14
1.8.2　按官能团分类 …… 15
习题 …… 16
第2章　烷烃和环烷烃 …… 18
2.1　烷烃的分类 …… 18
2.2　烷烃和环烷烃的命名 …… 18
2.2.1　碳原子和氢原子的分类 …… 18
2.2.2　烷基的概念 …… 19
2.2.3　开链烷烃的命名法 …… 19
2.2.4　环烷烃的命名 …… 21
2.3　烷烃和环烷烃的结构 …… 22
2.3.1　碳原子的正四面体结构 …… 22
2.3.2　碳原子的 sp^3 杂化轨道和 σ 键 …… 23
2.3.3　环烷烃的环张力 …… 24
2.3.4　环烷烃的稳定性 …… 25

2.4 烷烃和环烷烃的构象…………………………………………………………… 25
2.4.1 烷烃的构象 …………………………………………………………… 25
2.4.2 环丙烷、环丁烷、环戊烷及大环的构象 …………………………… 28
2.4.3 环己烷的构象 ………………………………………………………… 28
2.5 烷烃和环烷烃的物理性质……………………………………………………… 32
2.5.1 物态 …………………………………………………………………… 32
2.5.2 沸点 …………………………………………………………………… 32
2.5.3 熔点 …………………………………………………………………… 33
2.5.4 相对密度………………………………………………………………… 34
2.5.5 溶解度 ………………………………………………………………… 34
2.6 烷烃的化学性质………………………………………………………………… 35
2.6.1 取代反应………………………………………………………………… 35
2.6.2 自由基取代反应机理 …………………………………………………… 36
2.6.3 加成反应………………………………………………………………… 39
2.6.4 氧化与燃烧……………………………………………………………… 40
2.7 烷烃和环烷烃的制备…………………………………………………………… 40
习题 ……………………………………………………………………………… 41
第3章 烯烃 ……………………………………………………………………… 43
3.1 烯烃的结构……………………………………………………………………… 43
3.2 烯烃的异构现象和命名………………………………………………………… 44
3.2.1 烯烃的构造异构 ………………………………………………………… 44
3.2.2 烯烃的命名……………………………………………………………… 44
3.2.3 烯烃的顺反异构及命名 ………………………………………………… 45
3.3 烯烃的物理性质………………………………………………………………… 47
3.4 烯烃的化学性质………………………………………………………………… 48
3.4.1 催化加氢………………………………………………………………… 48
3.4.2 亲电加成反应 …………………………………………………………… 49
3.4.3 自由基加成反应 ………………………………………………………… 55
3.4.4 双键的氧化反应 ………………………………………………………… 56
3.4.5 硼氢化反应……………………………………………………………… 58
3.4.6 α-氢的卤代反应 ……………………………………………………… 59
3.5 烯烃的制备……………………………………………………………………… 60
习题 ……………………………………………………………………………… 61
第4章 炔烃和二烯烃 …………………………………………………………… 63
4.1 炔烃……………………………………………………………………………… 63
4.1.1 炔烃的结构、命名和物理性质 ………………………………………… 63
4.1.2 化学性质………………………………………………………………… 65
4.1.3 炔烃的制备……………………………………………………………… 70
4.2 二烯烃…………………………………………………………………………… 71
4.2.1 二烯烃的分类和结构 …………………………………………………… 71
4.2.2 共轭二烯烃的化学反应 ………………………………………………… 74

习题 …… 77
第5章 芳烃 芳香性 …… 80
5.1 芳香烃的分类和命名 …… 80
5.1.1 芳香烃的分类 …… 80
5.1.2 单环芳烃的构造异构和命名 …… 81
5.2 苯的结构 …… 82
5.2.1 杂化轨道理论 …… 83
5.2.2 分子轨道理论 …… 83
5.2.3 苯的共振结构 …… 84
5.3 苯及其衍生物的物理性质 …… 84
5.4 化学反应 …… 86
5.4.1 亲电取代反应 …… 86
5.4.2 氧化反应 …… 92
5.4.3 加成反应 …… 93
5.4.4 侧链 α-卤代反应 …… 94
5.5 苯环上取代反应的定位规律及解释 …… 95
5.5.1 定位规律 …… 95
5.5.2 定位规律的理论解释 …… 96
5.6 二元取代苯的定位规律及其应用 …… 101
5.6.1 二元取代苯的定位规律 …… 101
5.6.2 定位规律的应用 …… 102
5.7 稠环芳烃 …… 103
5.7.1 稠环芳烃的结构 …… 103
5.7.2 稠环芳烃的化学性质 …… 105
5.8 休克尔规则 非苯芳烃 …… 107
5.8.1 休克尔规则 …… 107
5.8.2 非苯芳烃 …… 108
习题 …… 110
第6章 对映异构 …… 113
6.1 物质的旋光性 …… 113
6.1.1 平面偏振光 …… 113
6.1.2 对映异构现象 …… 113
6.1.3 分子的旋光性 …… 114
6.1.4 旋光仪和比旋光度 …… 115
6.2 对映异构现象与分子结构的关系 …… 116
6.2.1 对称因素 …… 116
6.2.2 环状化合物的对映异构 …… 117
6.2.3 不含手性碳原子化合物的对映异构 …… 118
6.3 含有一个手性碳的化合物的对映异构 …… 119
6.3.1 对映体的特点 …… 119
6.3.2 构型的表示方法 …… 120

6.3.3 构型的标记 …… 121
6.4 含有两个手性碳的化合物的对映异构 …… 123
6.4.1 含有两个不同手性碳的化合物 …… 123
6.4.2 含有两个相同手性碳的化合物 …… 124
6.5 手性合成 …… 125
6.5.1 外消旋体的生成 …… 125
6.5.2 手性化合物的制备 …… 125
6.6 对映异构与立体化学 …… 129
习题 …… 130
第7章 卤代烃 …… 133
7.1 卤代烃的分类和命名以及结构 …… 133
7.1.1 卤代烃的分类和命名 …… 133
7.1.2 卤代烃结构 …… 134
7.2 卤代烃的物理性质 …… 134
7.3 卤代烃的化学性质 …… 135
7.3.1 亲核取代反应 …… 135
7.3.2 消除反应 …… 137
7.3.3 与金属的反应 …… 138
7.4 亲核取代反应 …… 140
7.4.1 双分子亲核取代反应机理 …… 140
7.4.2 单分子亲核取代反应机理 …… 141
7.4.3 影响反应速率的因素 …… 143
7.5 消除反应 …… 146
7.5.1 消除反应机理 …… 146
7.5.2 消除反应的取向 …… 147
7.5.3 消除反应的立体化学 …… 149
7.5.4 影响取代反应与消除反应竞争的因素 …… 149
7.6 卤代烃的制备 …… 151
7.6.1 烷烃直接卤化 …… 151
7.6.2 不饱和烃加成 …… 151
7.6.3 由醇制备 …… 151
7.6.4 卤化物互换 …… 152
7.6.5 烯丙基氯和烯丙基溴的制备 …… 152
习题 …… 152
第8章 有机化合物的波谱知识 …… 156
8.1 紫外光谱 …… 156
8.1.1 基本原理 …… 157
8.1.2 紫外光谱图 …… 157
8.1.3 影响紫外-可见光谱的因素 …… 158
8.1.4 谱图的解析 …… 159
8.2 红外光谱 …… 160

8.2.1 基本原理 …… 161
8.2.2 红外光谱的表示 …… 163
8.2.3 常见基团的红外吸收 …… 165
8.2.4 各类化合物特征吸收 …… 165
8.3 核磁共振谱 …… 172
8.3.1 基本原理 …… 172
8.3.2 傅里叶变换核磁共振波谱仪 …… 174
8.3.3 ^{1}H 的化学位移 …… 175
8.3.4 影响化学位移的因素 …… 177
8.3.5 各类质子的化学位移 …… 179
8.3.6 自旋-自旋偶合与自旋-自旋裂分 …… 180
8.3.7 偶合常数和核的等价性质 …… 184
8.3.8 氢谱的解析步骤 …… 186
8.3.9 核磁共振碳谱简介 …… 188
*8.4 质谱 …… 190
8.4.1 质谱的基本原理 …… 191
8.4.2 质谱中离子的类型 …… 193
8.4.3 质谱在有机化合物结构测定中的应用 …… 194
习题 …… 196
第 9 章 醇 酚 醚 …… 199
9.1 醇 …… 199
9.1.1 醇的结构、分类和命名 …… 199
9.1.2 醇的物理性质 …… 201
9.1.3 醇的化学性质 …… 203
9.1.4 醇的制备 …… 211
9.2 酚 …… 213
9.2.1 酚的结构、命名 …… 213
9.2.2 酚的物理性质 …… 214
9.2.3 酚的化学性质 …… 215
9.2.4 酚的制备 …… 220
9.3 醚 …… 222
9.3.1 醚的结构和命名 …… 222
9.3.2 醚的物理性质 …… 223
9.3.3 醚的化学性质 …… 224
9.3.4 醚的制备方法 …… 230
习题 …… 231
第 10 章 醛、酮 …… 236
10.1 醛、酮的结构和命名 …… 236
10.1.1 醛、酮的结构 …… 236
10.1.2 醛、酮的命名 …… 236
10.2 醛、酮的物理性质 …… 237

10.3 醛、酮的化学性质 …… 239
10.3.1 亲核加成反应 …… 239
10.3.2 α-氢原子的反应 …… 247
10.3.3 氧化和还原 …… 252
10.4 醛、酮的制备 …… 258
10.4.1 醇的氧化和脱氢 …… 258
10.4.2 用芳烃氧化 …… 258
10.4.3 由羧酸衍生物还原到醛 …… 258
10.4.4 芳烃酰化 …… 260
10.4.5 由不饱和烃制备 …… 260
10.5 α,β-不饱和醛、酮 …… 260
习题 …… 263
第 11 章 羧酸及其衍生物 …… 266
11.1 羧酸 …… 266
11.1.1 羧酸的结构、分类和命名 …… 266
11.1.2 羧酸的物理性质 …… 267
11.1.3 羧酸的化学性质 …… 269
11.1.4 羧酸的制法 …… 276
11.2 羧酸衍生物 …… 277
11.2.1 羧酸衍生物的命名 …… 277
11.2.2 羧酸衍生物的物理性质 …… 278
11.2.3 羧酸衍生物的化学反应 …… 279
11.3 取代酸 …… 286
11.3.1 羟基酸 …… 286
11.3.2 羰基酸 …… 289
习题 …… 290
第 12 章 β-二羰基化合物在有机合成中的应用 …… 294
12.1 克莱森酯缩合反应——β-酮酸酯的合成 …… 294
12.1.1 乙酰乙酸乙酯的合成 …… 294
12.1.2 不同酯(其一不含 α-H)的缩合——交错酯缩合反应 …… 295
12.2 酮-烯醇的互变异构 …… 296
12.3 β-二羰基化合物在合成上的应用 …… 298
12.3.1 乙酰乙酸乙酯在合成中的应用 …… 298
12.3.2 丙二酸二乙酯在合成中的应用 …… 300
12.3.3 其他含活泼亚甲基化合物的烷基化反应 …… 301
12.3.4 诺文葛耳反应 …… 302
12.3.5 迈克尔加成 …… 302
*12.4 有机合成路线设计 …… 303
12.4.1 有机合成路线设计的基本原则 …… 303
12.4.2 有机合成路线设计的技巧 …… 303
习题 …… 309

第 13 章　含氮化合物 …… 312
13.1　胺 …… 312
13.1.1　胺的分类 …… 312
13.1.2　胺的命名 …… 313
13.1.3　胺的结构 …… 314
13.1.4　胺的物理性质 …… 315
13.1.5　胺的化学性质 …… 316
13.1.6　胺的制备 …… 322
13.2　重氮和偶氮化合物 …… 325
13.2.1　重氮化反应 …… 325
13.2.2　取代反应 …… 326
13.2.3　偶联反应 …… 328
13.2.4　还原反应 …… 330
13.3　硝基化合物 …… 330
13.3.1　分类和命名 …… 330
13.3.2　硝基化合物的结构 …… 330
13.3.3　物理性质 …… 331
13.3.4　化学性质 …… 331
习题 …… 334
第 14 章　杂环化合物 …… 337
14.1　杂环化合物的分类和命名 …… 337
14.2　含有一个杂原子的五元杂环化合物 …… 338
14.2.1　结构与芳香性 …… 338
14.2.2　物理性质 …… 339
14.2.3　化学性质 …… 339
14.2.4　呋喃、吡咯的重要衍生物 …… 343
14.3　含有两个杂原子的五元杂环化合物 …… 344
14.3.1　结构与芳香性 …… 344
14.3.2　物理性质 …… 345
14.3.3　化学性质 …… 345
14.4　六元杂环化合物 …… 345
14.4.1　吡啶 …… 345
14.4.2　含有两个杂原子的六元杂环化合物 …… 349
14.5　稠杂环类化合物 …… 350
14.5.1　喹啉和异喹啉 …… 350
14.5.2　吲哚和咔唑 …… 351
14.5.3　嘌呤 …… 352
习题 …… 353
第 15 章　糖类 …… 356
15.1　单糖 …… 356
15.1.1　单糖的构型 …… 357

15.1.2 单糖的物理性质 …… 361
15.1.3 单糖的化学性质 …… 362
15.2 二糖 …… 368
15.2.1 麦芽糖 …… 368
15.2.2 纤维二糖 …… 369
15.2.3 蔗糖 …… 370
15.2.4 乳糖 …… 371
15.3 多糖 …… 371
15.3.1 淀粉 …… 372
15.3.2 糖原 …… 373
15.3.3 纤维素 …… 374
习题 …… 375
第 16 章 脂类化合物 …… 377
16.1 油脂 …… 377
16.1.1 油脂的结构和命名 …… 377
16.1.2 油脂中的脂肪酸 …… 378
16.1.3 油脂的物理性质 …… 379
16.1.4 油脂的化学性质 …… 379
16.2 磷脂 …… 381
16.3 甾族化合物 …… 384
16.3.1 甾族化合物的结构 …… 384
16.3.2 甾醇 …… 386
16.3.3 胆甾酸 …… 387
16.3.4 甾族激素 …… 387
16.4 萜类化合物 …… 389
16.4.1 单萜类化合物 …… 390
16.4.2 倍半萜 …… 392
16.4.3 二萜类化合物 …… 393
16.4.4 四萜类化合物 …… 393
习题 …… 394
第 17 章 氨基酸 多肽 蛋白质 核酸 …… 396
17.1 氨基酸 …… 396
17.1.1 氨基酸的结构、分类和命名 …… 396
17.1.2 氨基酸的性质 …… 399
17.2 多肽 …… 402
17.3 蛋白质的组成和性质 …… 404
17.3.1 蛋白质的元素组成 …… 404
17.3.2 蛋白质的性质 …… 405
17.4 核酸 …… 405
17.4.1 核酸的元素组成 …… 405
17.4.2 核酸的组成 …… 406

17.4.3 核酸的结构 …… 408
习题…… 410
第18章 元素有机化合物 …… 412
18.1 有机硅化合物…… 412
18.1.1 有机硅化合物的主要种类及其命名 …… 412
18.1.2 硅与硅键…… 413
18.1.3 有机硅化合物的重要反应…… 414
18.2 有机硼化合物…… 418
18.2.1 有机硼化合物的主要种类及其命名 …… 418
18.2.2 硼烷和烷基硼烷的结构 …… 419
18.2.3 有机硼化合物的性质 …… 419
18.3 有机磷化合物…… 423
18.3.1 有机磷化合物的主要种类及其命名 …… 423
18.3.2 三价有机磷化合物 …… 424
18.4 有机硫化合物…… 428
18.4.1 有机硫化合物的主要种类及其命名 …… 428
18.4.2 硫醇、硫酚和硫醚的性质与制备 …… 429
18.4.3 硫叶立德…… 431
18.4.4 磺酸及其衍生物 …… 432
习题…… 433
参考文献…… 435
附录…… 436
附录1 常用的符号及外文缩写 …… 436
附录2 某些化合物的键距 D_O 和键离解能 E_D …… 437

第1章　绪　　论

1.1　有机化合物和有机化学

有机化学是研究有机化合物的来源、制备、结构、性能、应用以及有关理论和方法学的科学。迄今已知的约2000万种化合物，绝大多数属于有机化合物。人类使用有机化合物已有很长的历史，早在18世纪后期，就开始从动植物中获得一系列较纯的有机化合物，如尿素、酒石酸、柠檬酸、乳酸、吗啡等。究竟什么是有机化合物呢？100多年前，人们把来源于生物体的化合物称为有机化合物，简称有机物，即有生机的化合物，以区别于矿石等无机化合物。当时化学家认为，只有从有"生命力"的动植物中才能得到有机物。1828年，德国化学家韦勒(Wöhler)发现了由氰酸铵合成尿素的方法，即

$$(NH_4)_2SO_4 + 2KOCN \xrightarrow{\triangle} \underset{\text{氰酸铵}}{2NH_4OCN} + K_2SO_4$$

$$NH_4OCN \xrightarrow{\triangle} NH_3 + \underset{\text{氰酸}}{HO{-}C{\equiv}N} \xrightleftharpoons{\text{重排}} NH_3 + \underset{\text{异氰酸}}{O{=}C{=}NH} \longrightarrow \underset{\text{尿素}}{CO(NH_2)_2}$$

这一发现说明了在实验室中用无机物为原料可以人工合成有机物而不必依赖神秘的"生命力"，这无异于给"生命力"学说以致命的打击。到19世纪中叶，人们先后合成了乙酸、油脂等复杂的有机物，"生命力"学说终于被彻底否定了。但有机物这个名称沿用下来，只不过它的含义已经不同了。

近年来，由于生物科学的发展，对于复杂的生命现象的研究已进入分子水平。在探索生命奥秘的工作中，我国科学家作出了卓越的贡献。1965年9月，我国在世界上首次人工合成了具有生理活性的结晶蛋白质——牛胰岛素。1981年完成的酵母丙氨酸转移核糖核酸的人工合成，使我国在有机化学和生物化学研究领域达到了世界领先水平，为人工合成生命物质迈开了新的一步。

有机化学是一门基础科学，是化学的一个分支。它是有机化学工业(生产有机化合物的工业)的理论基础，与经济建设和国防建设密切相关，无论是化学工业、能源工业、材料工业，还是国防工业的发展，都离不开有机化学的成就。同时，有机化学的基本原理对于掌握和发展其他学科也是必不可少的。尤其是生物学已扩展到分子生物学、遗传工程学的领域，作为生命现象的物质基础的蛋白质就是天然高分子有机化合物。有机化学的研究对揭开蛋白质结构的奥秘、探索生命现象具有重要意义。

有机合成的发展推动了有机结构理论的发展和完善。结构理论明确了有机物结构与性质的依存关系，不仅解释了许多现象，还预言了一些新事物，在有机化学发展中起着指导作用。量子力学的应用使人们对原子和分子结构的认识更加深化。近代波谱技术的发展使鉴定有机化合物结构的工作进展迅速。实验手段的提高、反应机理的阐明等都促进有机化学蓬勃发展。

随着有机化学理论的不断完善、合成方法的创新和先进技术的应用，人们合成了数目繁多的新化合物、新材料，并广泛用于各领域，提高了人们的生活质量。特别引人注目的是，有

机化学家从分子水平研究了重要生命物质——蛋白质和核酸的结构和性能，奠定了分子生物学的基础，并在分子水平上更深层次了解和认识了复杂的生命现象。

利用现代分析方法对众多有机物进行研究发现，有机化合物都含有碳原子，所以现代有机化学的定义是“碳化合物的化学”。但一氧化碳、二氧化碳、碳酸盐以及金属氰化物等含碳的化合物仍属无机化学研究的范畴。除含碳外，绝大多数有机化合物含有氢，有的还含有卤素、氧、硫、氮等元素。因此有机化合物可以定义为碳氢化合物（烃）及其衍生物。衍生物是指碳氢化合物中的一个或几个氢原子被其他原子或原子团取代而得的化合物，所以也常把有机化学称为“碳氢化合物及其衍生物的化学”。

有机化合物与人们的生活密切相关，衣、食、住、行都离不开有机化合物。脂肪、蛋白质和糖类三大类重要食物是有机化合物；木材、煤、天然气和石油是有机化合物；橡胶、纸张、棉花、羊毛和蚕丝也是有机化合物；尤其现在的合成纤维、合成橡胶、合成塑料、各种药物、添加剂、染料、化妆品几乎都是有机化合物。可以说，有机化合物是人们日常生活中一刻也离不开的必需品。

问题 1.1　典型有机化合物和典型无机化合物性质有何不同？请举例说明。

1.2　有机化合物的特点

有机化学之所以成为一门独立的学科，主要与其研究的对象——有机化合物的特性有关。

1.2.1　组成和结构上的特点

构成有机化合物的元素种类较少，除碳和氢两种主要元素外，还有氧、氮、硫、磷、卤素及某些金属元素（如 Fe、Mg、Co、Cu 等），但构成的有机化合物数目庞大且分子结构复杂。到目前为止，已知的有机化合物已有近千万种，而且数目还在不断增长。每年新合成的有机化合物有近 30 万种。由氧和氢两种元素组成的化合物至今只有 H_2O 与 H_2O_2 两种，而由碳和氢两种元素组成的有机物，已知的至少有 3000 种。

有机化合物的分子结构有的非常复杂，如 1972 年合成的维生素 B_{12}，它的分子式为 $C_{63}H_{88}N_{14}O_{14}PCo$，参加研究的工作者包括 19 个国家的 100 多位化学家，历时 11 年才完成合成。其原因就在于组成有机物的主体元素——碳原子结构的特殊性。碳与其他元素化合时，往往以共价键的方式结合。碳原子间也以共价键相连接，并且相互结合能力特别强。此外，碳原子还可以通过共价键与其他原子相结合，从而形成数目众多、结构复杂、性质各异的有机化合物，使它成为地球上一切生物的支架。因此，有机化合物在结构上的基本特点可以概括为以碳为基础的共价化合物。

1.2.2　有机化合物的性质特点

有机化合物和无机化合物在性质上有一定差别，主要表现在以下四个方面。

1. 绝大多数有机化合物易燃烧

因为有机化合物是碳氢化合物及其衍生物，所以绝大多数有机化合物易燃烧，燃烧的最后产物是二氧化碳和水，若含有其他元素，则生成这些元素的氧化物。大多数无机化合物则不易燃烧，也不能烧尽。

当然，这一性质的区别是相对的，有的有机化合物不易燃烧，甚至可以作灭火剂，如灭火剂 F_{1211}(CF_2ClBr)、灭火剂 F_{1301}(CF_3Br)及 CCl_4 等。不过由于这些灭火剂在高温条件下会释放出对环境有害的物质，目前已很少使用。

2. 绝大多数有机化合物的熔点较低

有机化合物的熔点一般较低，多在 400℃以下，而无机化合物却高得多。例如，氯化钠的熔点为 808℃。这是由于有机物多属分子晶格，而无机物多属离子晶格或原子晶格。分子晶格是以分子间的范德华(van der Waals)力相吸引，它比离子间和原子间的作用力要弱得多，只需较低能量就可破坏这种有规律的排列，所以熔点较低。

3. 一般有机化合物难溶于水

很多有机化合物是非极性或弱极性的，而水是一种极性强、介电常数大的液体，根据"相似相溶"规律，多数有机物不溶或难溶于水，而易溶于极性弱的有机溶剂中。当然，极性较大的有机物，如乙醇、乙酸等，则易溶于水，甚至可以任何比例与水互溶。

4. 有机化合物的反应速率较慢且副反应多

无机化合物的反应一般为离子反应，反应速率快。有机化合物的反应一般为分子间的反应，反应速率取决于分子间的有效碰撞，所以反应速率较慢。为了加速反应，往往需要加入催化剂。另外，有机物分子发生反应时，往往可能有几个反应部位，所以常伴有一些副反应，产物也比较复杂，需要采取有效的分离提纯技术。

1.3 有机化合物分子中的化学键

1.3.1 原子轨道的概念

原子由原子核及核外电子两部分组成。核外电子的运动非常复杂，需要用描述微观粒子运动的规律即量子力学来研究。按量子力学的原理，不可能同时准确地测定电子在某一瞬间运动的速度和空间位置，因此无法画出它的运动轨迹。只能根据薛定谔(Schrödinger)方程来描述电子在某一区域出现的概率大小，在概率大的区域找到电子的机会就多，在概率小的区域找到电子的机会就少。这种电子运动出现的区域就粗略地称为原子轨道。在量子力学中用薛定谔方程的求解，可以得到一个包含空间坐标 x、y、z 的函数解 ϕ，ϕ 称为波函数，是描述核外电子运动的状态函数，也称为原子轨道。

波函数 ϕ 既然是空间坐标的函数式，给定条件就可以画出一定三维空间的图形。因此，提出以主量子数 n、角量子数 l、磁量子数 m 作为决定电子运动状态的参数求解波函数，就可以得到一个合理解，而且形象化为一定的图形。例如，当 $n=1, l=0, m=0$ 时，得到的是球状的、圆心对称的图形，称为 1s 轨道；当 $n=2, l=0, m=0$ 时，也是圆心对称的球状图形，称为 2s 轨道，形状与 1s 轨道相似；当 $n=2, l=1, m=\pm1$、0 时，得到三个哑铃形的图形，称为 2p 轨道。图 1.1 表示 1s 和 2p 原子轨道界面图。

图 1.1 中的"+"、"−"是位相符号，代表在该坐标区域的波函数 ϕ 是正值或负值，绝不是表示正电荷与负电荷。原子轨道也可以用电子云的概念来表示，由于电子围绕原子核高

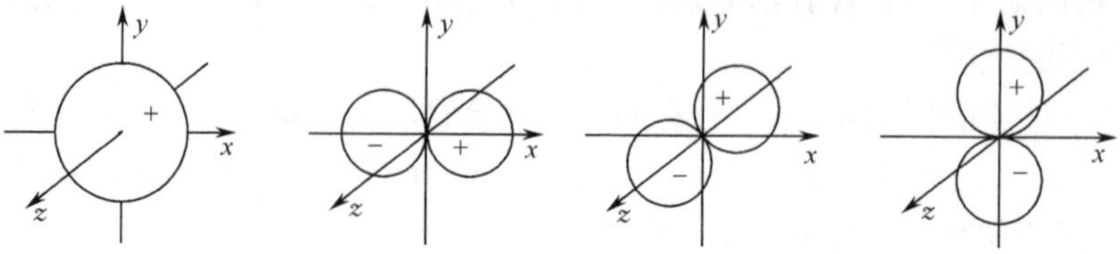

图 1.1　1s 和 2p 原子轨道界面图

速运动，就像蒙在核外带负电的云，故称电子云。电子云体现了电子在核外某处出现的概率大小，电子出现概率大的地方电子云密度就大。电子在核外出现的概率服从一定的统计规律，即与 $|\phi|^2$ 成正比，因此用 $|\phi|^2$ 表示电子的概率密度，简称电子云密度。用 $|\phi|^2$ 作出的图形和 ϕ 作出的图形是相似的、一致的，所不同的只是作为单位体积内电子出现的概率（$|\phi|^2$）是没有正负的。图 1.2 表示 1s 和 2p 轨道的电子云图。

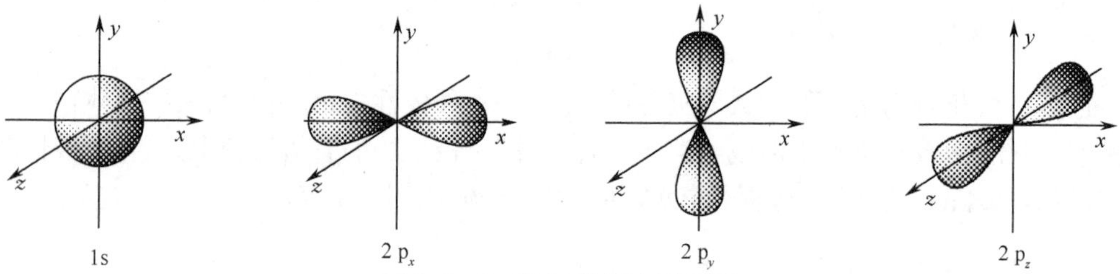

图 1.2　1s 和 2p 轨道电子云图

任何一个原子轨道只能被两个自旋方向相反的电子所占据，通常用(↓↑)来表示。电子排布时首先占据能量最低的 1s 轨道，当该轨道排满后，才依次占据能量较高的(2s、2p、3s、…)轨道。当有几个能量相同的轨道时(如 $2p_x$、$2p_y$、$2p_z$)，则电子尽可能分别占据不同的轨道。以上三点就是泡利(Pauli)不相容原理、能量最低原理和洪德(Hund)规则。

1.3.2　共价键形成的理论

原子是如何通过电子共享而形成共价键的，根据量子力学的处理方法，有价键理论和分子轨道理论。当前常用的是价键理论，近年来分子轨道理论也得到迅速发展。

1. 价键理论

1）分子的形成

价键理论认为共价键的形成是原子轨道重叠或电子云交盖的结果，也就是两个自旋方向相反的单电子配对成键，在两个原子核间电子云密度较大，这时原子核间的距离正好缩小至吸引力与排斥力达到平衡。电子在两个核中间的区域受核的吸引，整个体系能量降至最低值时，形成稳定的共价键。成键的电子对定域于成键的两个原子之间。两个未成对电子配对就形成一个共价键单键，这时两个原子就结合为稳定的分子。例如，两个氢原子的轨道互相重叠生成氢分子(图 1.3)。

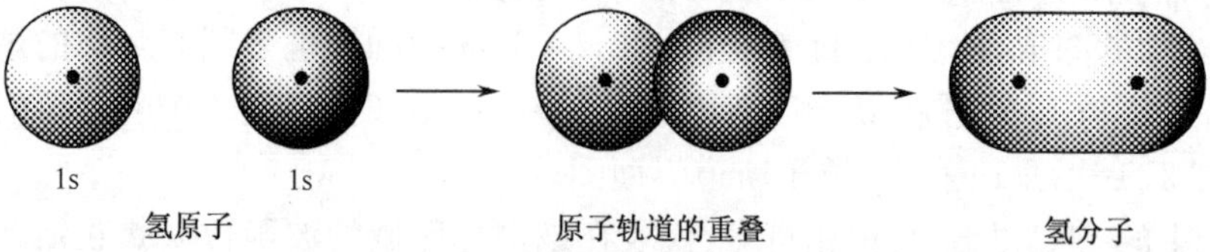

图 1.3　氢分子的生成

如原子有两个或三个未成对电子，就可以形成双键或叁键。

H—H 键的电子云是围绕键轴对称分布的，这种类型的键称为 σ 键。

2）共价键的饱和性

如果一个原子中的未成对电子已经配对，就不能再与别的原子的未成对电子配对。所以一个具有 n 个未成对电子的原子 A 就可以和 n 个只具有一个未成对电子的 B 结合成 AB_n。例如，氯化氢分子中的氢原子和氯原子各有一个未成对电子，它们可以互相配对，形成 HCl。

3）共价键的方向性

原子轨道互相重叠程度越大，体系能量就越低，形成的共价键也就越牢固，因而应使原子轨道最大限度地互相重叠。例如，两个 $2p_x$ 轨道只有在 x 轴方向上才能最大限度地互相重叠形成 σ 键。两个原子的 p 轨道若互相平行，则在侧面能有最大的重叠，这种类型的共价键称为 π 键，π 电子云分布在两个原子键轴平面的上方和下方(图 1.4)。

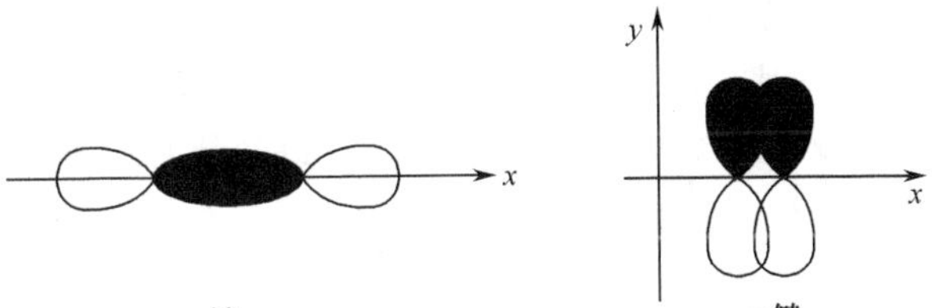

σ 键　　π 键

图 1.4　原子轨道之间最大程度重叠

4）杂化轨道理论

有机化学的分子轨道杂化主要研究碳原子的杂化轨道，碳原子核外共有六个电子，其正常状态为 $1s^2 2s^2 2p^2$。在这六个电子中，$2s^2$、$2p^2$ 为价电子。

在碳原子的价电子中，只有两个是未配对的，这相当于能形成两个共价键。但在有机化合物中，碳为四价。这可以通过分子轨道的杂化解释。

在碳原子中，2s 和 2p 电子属于同一能级中的不同亚层，它们的能量相差不大，同时在 2p 亚层中还有一个空轨道，因此 2s 电子中的一个电子容易被激发而转移到空轨道中去。这样碳原子就有了四个未配对电子，即一个 s 电子和三个 p 电子。这种情况可以表示如下，其中的方框表示原子轨道，箭头表示电子及其自旋方向。

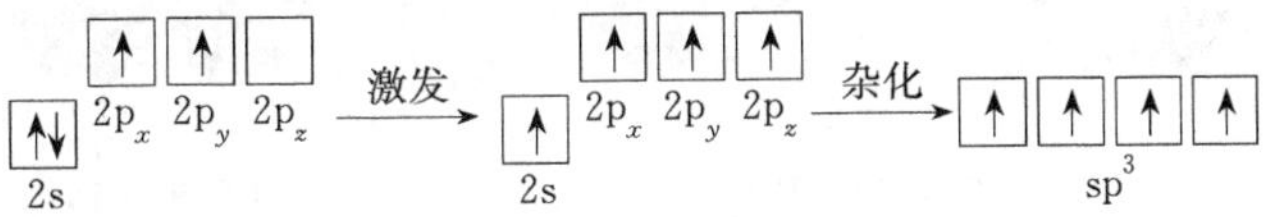

四个原子轨道混杂并形成四个能量完全相同的杂化轨道。这是由一个 s 轨道和三个 p 轨道所形成的杂化轨道，故称为 sp^3 杂化轨道。sp^3 杂化轨道既不是球形，也不是哑铃形，它是梨形的，见图 1.5。

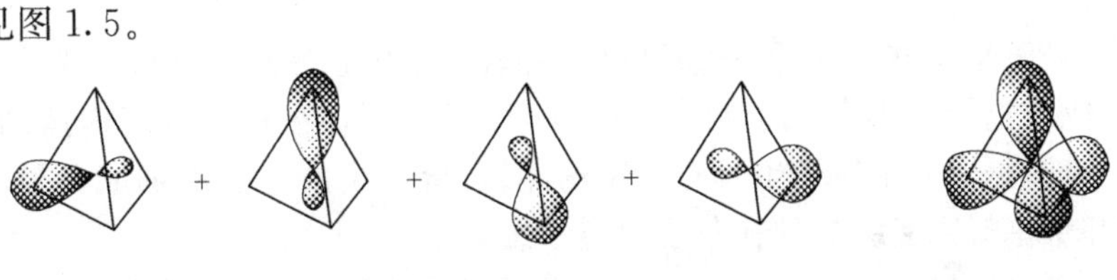

(a) 单个 sp^3 杂化轨道　　(b) 四个 sp^3 杂化轨道

图 1.5　sp^3 杂化轨道

sp^3 杂化轨道是它的主要部分，沿着对称轴而向原子核的一方伸展，这就使 sp^3 杂化轨道在成键时更加有利于实现最大程度的重叠。在杂化过程中，s 电子的激发需要能量，但当 sp^3 杂化轨道形成后，碳可以由形成两个共价键变为形成四个共价键。形成共价键时会释放出能量，根据计算，形成两个新键时所释放的能量除供给激发所需外还有余，因此进行杂化从能量的角度来说是有利的。

碳原子的四个 sp^3 杂化轨道，由于互相排斥，均衡地分布在空间，它们的对称轴间的夹角为 109.5°，这样也是其最稳定的结构。

在上面的讨论中，把杂化轨道的形成分为电子的激发和轨道的杂化两步。这只是为了说明的需要而人为划分的，它们实质上是不可分的。

在甲烷分子中，碳原子是通过 sp^3 杂化轨道和氢原子的 s 轨道重叠而形成碳-氢键；在乙烷分子中，除碳-氢键外，碳原子相互间还通过 sp^3 杂化轨道的重叠而形成碳-碳键。除了 sp^3 杂化轨道外，还有 sp^2 和 sp 杂化轨道。

sp^2 杂化轨道是由一个 2s 轨道与两个 2p 轨道杂化形成三个 sp^2 杂化轨道。这些杂化轨道对称地分布在碳原子周围，互成 120°，为平面构型。此时碳原子还保留着一个未参与杂化的 2p 轨道。在形成双键时（如烯烃中的 C═C 键），碳原子采用这种杂化方式，如图 1.6 所示。

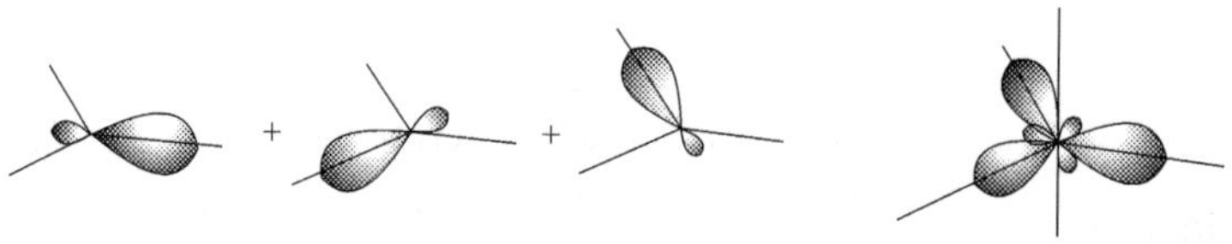

(a) 单个 sp^2 杂化轨道　　(b) 三个 sp^2 杂化轨道

图 1.6　sp^2 杂化轨道

sp 杂化是由一个 2s 轨道与一个 2p 轨道杂化形成两个 sp 杂化轨道。这些杂化轨道对称地分布在碳原子周围，互成 180°，为直线构型。此时碳原子还保留着两个未参与杂化的 $2p_y$ 和 $2p_z$ 轨道。在形成叁键时（如炔烃中的 C≡C 键），碳原子采用这种杂化方式。杂化轨道的形状都是一头大一头小的“梨形”（图 1.7）。

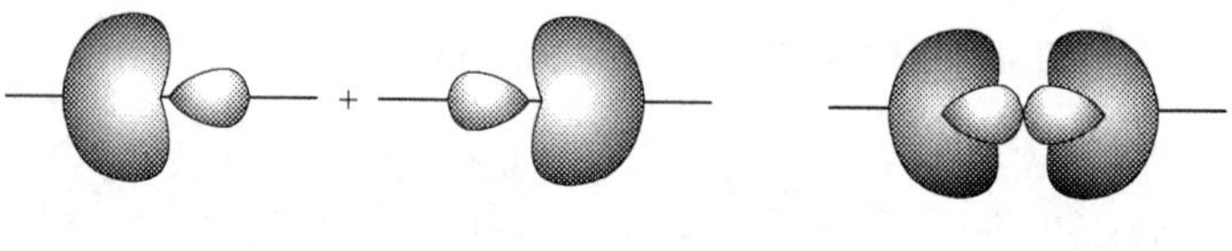

(a) 单个 sp 杂化轨道　　(b) 两个 sp 杂化轨道

图 1.7　sp 杂化轨道

2. 分子轨道理论

分子轨道是电子在整个分子中运动的状态函数，常用 ψ 表示。与价键理论不同，分子轨道理论认为，成键电子不再定域于两个成键原子之间，而是在整个分子内运动，是离域的。同原子轨道一样，每个分子轨道也具有一定的能级，分子中的电子根据能量最低原理、泡利不相容原理和洪德规则逐级排列在分子轨道中。

分子轨道可以通过原子轨道（波函数 ϕ）的近似处理导出，其中最常用的方法是原子轨道线性组合法。例如，由两个氢原子组成的氢分子，两个氢原子轨道可以组合成两个氢分子轨道（分子轨道的数目等于原子轨道的数目）。当两个氢原子轨道（分别用 ϕ_1 和 ϕ_2 表示）的波函数符号相同(相当于波的位相相同)时,相互叠加,得到比原子轨道能量低的成键轨道,用 ψ 表示;当两个氢原子轨道波函数符号相反(相当于波的位相相反)时,相互抵消,得到比原子轨道能量还高的反键轨道,用 ψ^* 表示,两原子核之间有一节面,在节面上电子出现的概率(或说电子云密度)为零,如图 1.8 所示。

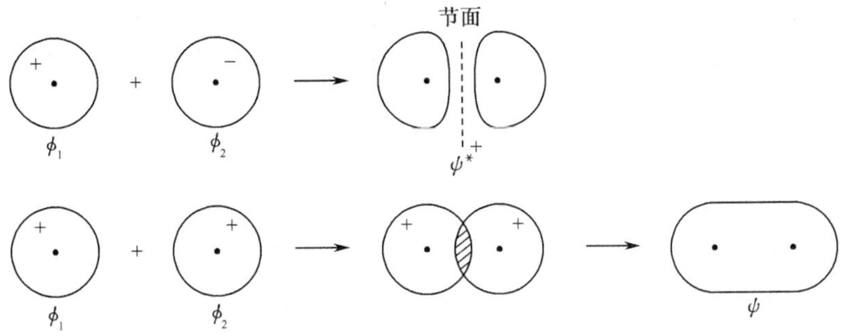

图 1.8　氢分子轨道的形成示意图

基态时,两个自旋反平行的电子首先占据成键轨道,反键轨道是空着的(图 1.9)。分子轨道理论认为,分子轨道是原子轨道的线性组合,原子轨道的数目与分子轨道的数目是相等的。电子从原子轨道进入分子的成键轨道,形成化学键,使体系的能量降低,形成稳定分子。例如,两个原子轨道组合成两个分子轨道,其中一个分子轨道是两个原子轨道的波函数的相加,另一个是两个原子轨道的相减,$\psi=\phi_1+\phi_2$,$\psi^*=\phi_1-\phi_2$(图 1.9)。

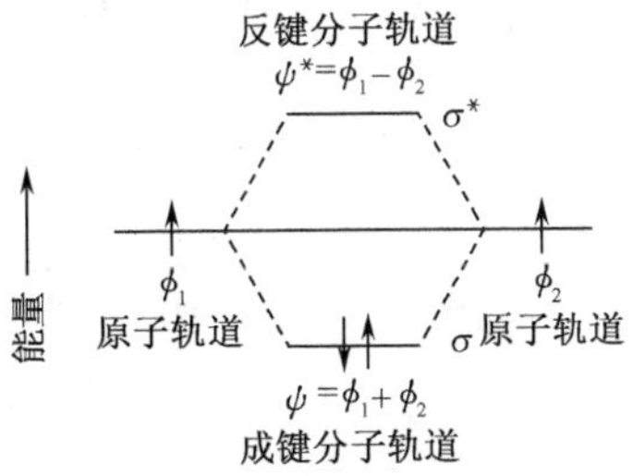

图 1.9　氢原子形成氢分子的轨道能级图

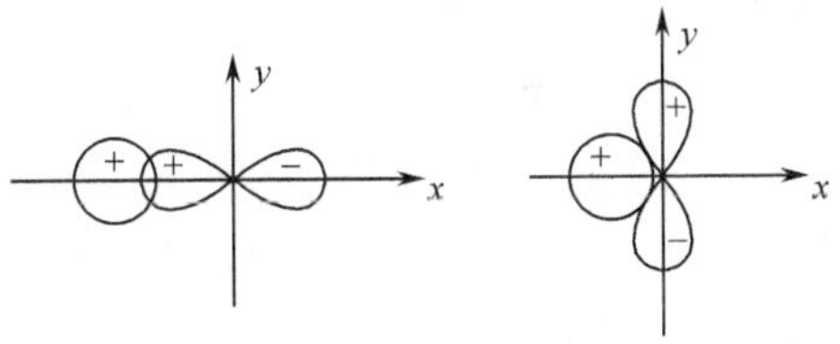

图 1.10　原子轨道的交盖与对称性

原子轨道组成分子轨道必须满足一定的条件:①只有能级相近的原子轨道才能有效地组合成分子轨道;②原子轨道相互交盖程度越大,形成的键越稳定;③只有对称性相同(位相相同,或称对称性匹配)的原子轨道才能组合成分子轨道。例如,s 轨道与 p_x 轨道可以沿 x 轴方向交盖成键,而 s 轨道与 p_y 轨道在 x 轴方向,由于上、下位相相反,交盖部分相互抵消,因此不能有效地组成分子轨道而成键(图 1.10)。

分子轨道理论的基本点是从分子整体出发来研究分子中电子的运动状态的。它认为原子组成分子后,电子不再属于原子轨道,而是在整个分子轨道中运动,是离域的而不是定域的。现在普遍采用原子轨道线性组合的近似解法求得分子轨道的波函数 ψ。虽然分子轨道理论对共价键的描述更为确切,但由于价键理论较为直观形象、易于理解,因此在有机化学教学中还是常用价键理论,而分子轨道多用于描述离域共轭体系。

问题 1.2　试解释原子轨道、分子轨道、成键轨道和反键轨道。

问题 1.3　指出下列各化合物分子中碳原子的杂化状态。

$CH_3CH{=}CH_2$　　$H_2C{=}C{=}CH_2$　　$HC{\equiv}C{-}CH_2CH{=}CH_2$

1.4 电负性与键的极性

1.4.1 电负性与极性共价键

不同元素的原子对电子的吸引力不同，如果分子中的某个原子具有较强的拉电子能力，则称这个分子中的电子云被极化了，所形成的共价键就称为极性共价键。例如，氯化氢分子表示为

$$\overset{\delta^+}{\mathrm{H}}\text{—}\overset{\delta^-}{\mathrm{Cl}} \quad 或 \quad \overset{+\!\!\longrightarrow}{\mathrm{H—Cl}}$$

符号 δ^+ 和 δ^- 表示部分正电荷和部分负电荷，$+\!\!\rightarrow$ 则表示电子的极化方向。

美国化学家鲍林(Pauling)于 1932 年将原子在分子中吸引电子的能力定义为电负性，规定氟原子的电负性为 4.0，并计算出其他元素的相对电负性，如表 1.1 所示。

表 1.1 常见元素的电负性

元素	H	B	C	N	O	F	Cl	Br	I
电负性	2.1	2.0	2.5	3.0	3.5	4.0	3.0	2.8	2.5
元素	Al	Si	P	S	Ge	As	Se	Te	
电负性	1.5	1.8	2.1	2.5	1.8	2.0	2.4	2.1	

不同杂化状态的碳原子电负性大小不同。从 $sp \rightarrow sp^2 \rightarrow sp^3$，随着杂化轨道中 s 成分的减少，与原子核的距离越来越远，原子核对杂化轨道中电子的吸引能力也越来越弱，使得不同杂化状态的碳原子电负性不同，电负性从大到小的顺序为 $sp > sp^2 > sp^3$。

了解分子的极化对于理解有机反应机理是很有帮助的，有机反应发生时总是富电子的原子或分子进攻缺电子的原子或分子。

另一种表示分子中电子云极化分布情况的方式是电子静电势图，这是利用专门的化学软件计算、绘制出来的，如图 1.11 所示。

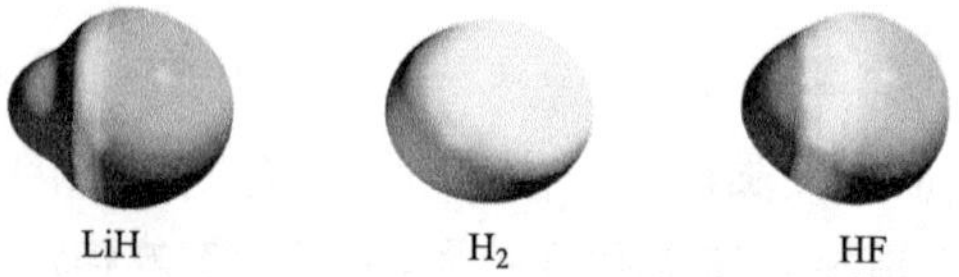

图 1.11 LiH、H_2 和 HF 的静电势图

从图 1.11 可以看出，H_2 分子没有极性，电子云分布均匀，而在 LiH 分子中，氢原子上电子云密度较大，带负电荷，锂原子带正电荷；在 HF 分子中，则是氢原子带正电荷，氟原子带负电荷。

1.4.2 偶极矩

共价键的极性由键矩(也称为键的偶极矩)来衡量，其定义为 $\mu = qd$，q 为正电荷中心或负电荷中心的电荷值，d 为正、负电荷中心之间的距离，其单位为德拜(Debye，简写为 deb，$1\text{deb} = 3.335\ 64 \times 10^{-30}\text{C} \cdot \text{m}$)。

偶极矩的大小主要取决于成键两原子的电负性大小之差。表 1.2 列出常见共价键的偶极矩。

表 1.2　常见共价键的偶极矩(单位:deb)

共价键	偶极矩	共价键	偶极矩
C—H	0.4	H—I	0.38
N—H	1.31	C—N	1.15
H—O	1.50	C—O	1.50
H—S	0.68	C—Cl	2.30
H—Cl	1.03	C—Br	2.20
H—Br	0.78	C—I	2.00

分子的偶极矩是各个键的偶极矩的向量和。例如,C—Cl 键的偶极矩为 2.3deb,C—H 键的偶极矩为 0.4deb,有时也可看成是非极性键。乙炔的偶极矩为零,四氯化碳的偶极矩也为零。

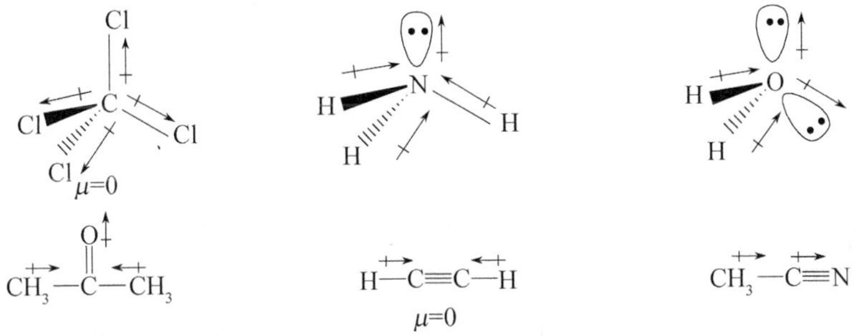

问题1.4　对指定的碳-碳键按键长增加的次序排列下列各组化合物。

(1) $CH_3C\dot{\equiv}CH$　　$CH_3CH_2\dot{-}CH_3$　　$CH_3CH\dot{=}CH_2$

(2) $CH_3\dot{-}C\equiv CH$　　$CH_3\dot{-}CH_2CH_3$　　$CH_3\dot{-}CH=CH_2$

问题1.5　下列化合物分子有无偶极矩?若有,用(┼→)标明极性方向。

(1) CH_3Cl　(2) C_3H_6　(3) CH_3OCH_3　(4) CH_3OH

问题1.6　比较下列化合物的极性大小。

(1) $CH_3CH_2NH_2$　(2) CH_3CH_2OH　(3) CF_4

1.5　共价键的断裂方式和有机化学反应的类型

1.5.1　键能

共价键形成时,有能量放出而使体系的能量降低。反之共价键断裂时则必须从外界吸收能量。气态时原子 A 和原子 B 结合成 A—B 分子(气态)时所放出的能量也就是 A—B 分子(气态)离解为 A 和 B 两个原子(气态)时所需要吸收的能量,称为键能。一个共价键离解所需的能量也称为离解能。但应注意,对于多原子分子来说,即使是一个分子中同一类型的共价键,这些键的离解能也是不同的。例如,甲烷分子中,离解每一个 C—H 键所需的能量都是不同的,如下所示:

$$CH_4 \longrightarrow \cdot CH_3 + H\cdot \qquad \Delta H = 423kJ\cdot mol^{-1}$$

$$\cdot CH_3 \longrightarrow \cdot\dot{C}H_2 + H\cdot \qquad \Delta H = 439\text{kJ}\cdot\text{mol}^{-1}$$

$$\cdot\dot{C}H_2 \longrightarrow \cdot\underset{\cdot}{\dot{C}}H + H\cdot \qquad \Delta H = 448\text{kJ}\cdot\text{mol}^{-1}$$

$$\cdot\underset{\cdot}{\dot{C}}H \longrightarrow \cdot\underset{\cdot}{\dot{C}}\cdot + H\cdot \qquad \Delta H = 347\text{kJ}\cdot\text{mol}^{-1}$$

因此离解能的数据是指离解特定共价键的键能，而键能泛指多原子分子中几个同类型键离解能的平均值。例如，一般把 C—H 的键能定为(423＋439＋448＋347)/4＝414(kJ·mol^{-1})。共价键的结合强度一般可以由键能数据表示，表 1.3 给出了常见共价键键能的数据。

表 1.3　常见共价键的键能

共价键	键能/(kJ·mol^{-1})	共价键	键能/(kJ·mol^{-1})
C—C	347	C—Cl	339
C—H	414	C—Br	285
C—N	305	C—I	218
C—O	360	C═C	611
C—F	485	C≡C	837
H—F	565	H—Cl	431
H—Br	364	H—I	297

根据共价键键能的大小可以从热力学角度判断一个化学反应进行的可能性。

1.5.2　共价键的断裂方式

共价键的断裂方式有两种：一种方式是成键的一对电子平均分给两个原子或原子团，这种断裂方式称为均裂。

$$A:B \longrightarrow A\cdot + \cdot B$$

均裂生成带有单电子的原子或原子团，称为自由基(或称游离基)。自由基一般不能稳定存在，会迅速发生反应。由自由基引起的反应称为自由基反应。自由基反应一般是在光或热的作用下进行。另一种共价键的断裂方式是成键的一对电子为其中的一个原子或原子团所占有，形成负离子，另一个成键原子或原子团为正离子。

$$A:B \longrightarrow A^{+} + :B^{-}$$

这种断裂方式称为异裂。异裂反应一般在酸、碱的催化下，或在极性溶剂中进行。

当成键两原子之一是碳原子时，异裂既可生成碳正离子，也可生成碳负离子。

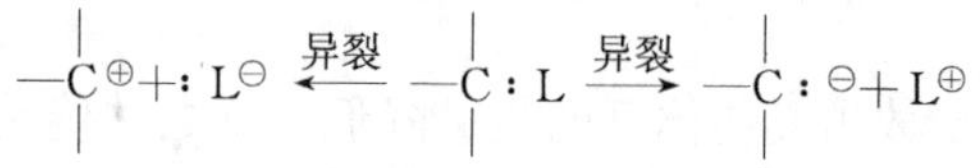

自由基、碳正离子、碳负离子都是在反应过程中暂时生成的、瞬间存在的活性中间体。在有机化学反应中，根据生成的活性中间体不同，将反应分为自由基反应和离子型反应两大类。通过共价键均裂生成自由基活性中间体的反应属于自由基反应。通过共价键异裂生成碳正离子、碳负离子活性中间体而进行的反应属于离子型反应。离子型反应又根据反应试剂是亲电试剂还是亲核试剂，分为亲电反应和亲核反应。

大多数有机反应都是离子型反应或自由基反应。此外还有协同反应，在协同反应中，既无自由基也无离子生成，共价键的断裂和形成是同时进行的。

问题 1.7　根据键能计算下列两个反应哪个容易进行。

$$CH_4+Cl\cdot \longrightarrow CH_3\cdot +HCl$$

$$CH_4+Cl\cdot \longrightarrow CH_3Cl+H\cdot$$

1.6　共振论和共振结构式

许多化合物可以用经典的凯库勒(Kekulé)式表示其结构，如甲烷、乙烯、甲醇等。但另外一些化合物却不能用单一的凯库勒式来表示。例如，乙酸根的两个 C—O 键是等同的，并没有单、双键之分，负电荷也并不固定在某一个氧原子上。这主要是由成键电子不定域造成的，也就是说，电子不一定固定在两个成键原子之间，而是被若干个原子分担。因此

都不能表示乙酸根的真实结构。为了解决这个问题，鲍林于1931年在电子学说和价键理论的基础上导入“共振”的概念。共振论(resonance theory)的基本观点是：许多不能用一个经典结构式描述的分子可以用几个经典结构式的组合来描述，即分子的真实结构可以认为是这些经典结构的共振杂化体。例如，乙酸根可以用下面的共振式来表示：

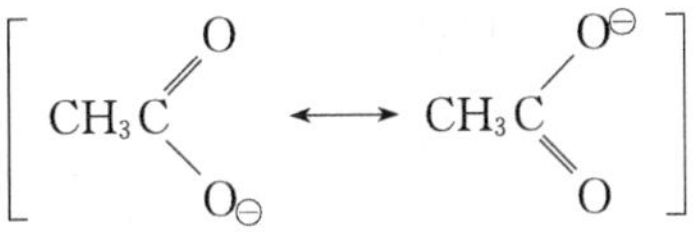

上式表示乙酸根是两个经典结构式共振的杂化体，它不是两个经典结构式中的任何一个，但与每一个都有相似的地方。共振杂化体的能量比任何一个经典结构式都低。

“$\longleftrightarrow$”是共振符号，而不是平衡符号。

共振论使用化学工作者所熟悉的化学语言和经典的结构要素，提供了某些能被化学家直接应用的直观模型，对于解释一系列有机化合物的物理化学性质方面是较为简明而符合实际的，所以至今在国外的有机化学教材中仍普遍采用。

正确的共振结构式应符合下列几条规则：

(1) 共振结构式之间只允许键和电子的移动，而不允许原子位置的改变。例如，烯丙基正离子可以写成

$$CH_2{=}CH{-}\overset{\oplus}{C}H_2 \longleftrightarrow \overset{\oplus}{C}H_2{-}CH{=}CH_2$$

但不能写成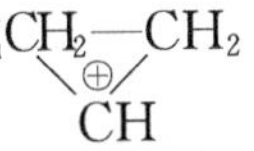。又如，下面式子也不是共振式，而是同分异构体。

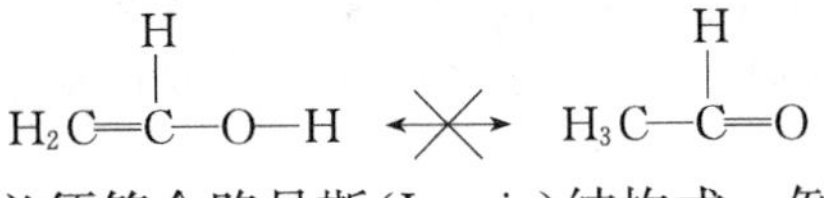

(2) 所有的共振结构式必须符合路易斯(Lewis)结构式。例如，甲醇或萘分别写成下式是错误的，因为这里的碳有五价。

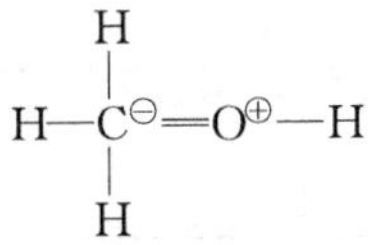

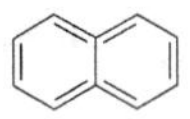

(3) 所有的共振结构式必须具有相同数目的未成对电子。例如，烯丙基自由基可以写成 $H_2C{=}CH{-}\dot{C}H_2 \longleftrightarrow \dot{C}H_2{-}CH{=}CH_2$，但不能写成 $\dot{C}H_2{-}\dot{C}H{-}\dot{C}H_2$。乙烯也不能写成 $CH_2{=}CH_2 \longleftrightarrow \dot{C}H_2{-}\dot{C}H_2$，但可以表示成 $CH_2{=}CH_2 \longleftrightarrow \overset{\oplus}{C}H_2{-}\overset{\ominus}{\ddot{C}}H_2 \longleftrightarrow \overset{\ominus}{\ddot{C}}H_2{-}\overset{\oplus}{C}H_2$。

(4) 共振结构式中，共价键数目越多的越稳定，它在杂化体中所占概率越大。例如，丁二烯中以左式为主：

$$CH_2{=}CH{-}CH{=}CH_2 \qquad \overset{\oplus}{C}H_2{-}CH{=}CH{-}\overset{\ominus}{C}H_2$$

(5) 结构式中所有的原子都具有完整的价电子层者是较为稳定的。例如，下式中以右式为主：

$$\overset{\oplus}{C}H_2{-}\ddot{\underset{..}{O}}{-}CH_3 \longleftrightarrow CH_2{=}\overset{\oplus}{\underset{..}{O}}{-}CH_3$$

(6) 有电荷分离的稳定性较低。例如，氯乙烯应以左式为主：

$$CH_2{=}CH{-}Cl \longleftrightarrow \overset{\ominus}{C}H_2{-}CH{=}\overset{\oplus}{Cl}$$

(7) 负电荷在电负性较大的原子上较为稳定。例如，下式中以右式为主：

$$:\overset{\ominus}{C}H_2{-}CH{=}\ddot{\underset{..}{O}} \longleftrightarrow CH_2{=}CH{-}\ddot{\underset{..}{O}}:^{\ominus}$$

问题 1.8　指出下列各对共振杂化体中哪一种贡献最大。

(1) $H_3C{-}C{\equiv}N \longleftrightarrow H_3C{-}\overset{\oplus}{C}{=}\overset{\ominus}{N} \longleftrightarrow H_3C{-}\overset{\ominus}{C}{=}\overset{\oplus}{N}$

(2) 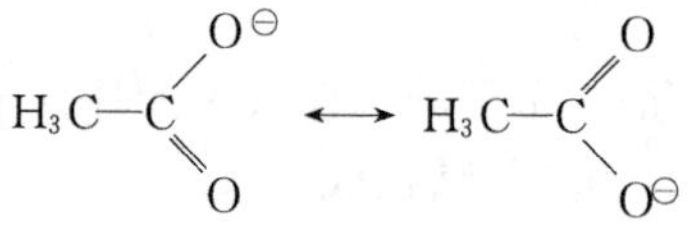

(3) $CH_2{=}CH{-}CH{=}O \longleftrightarrow \overset{\oplus}{C}H_2{-}CH{=}CH{-}\overset{\ominus}{O} \longleftrightarrow \overset{\ominus}{C}H_2{-}CH{=}CH{-}\overset{\oplus}{O}$

问题 1.9　画出下列化合物的共振结构式。

(1) 　(2) 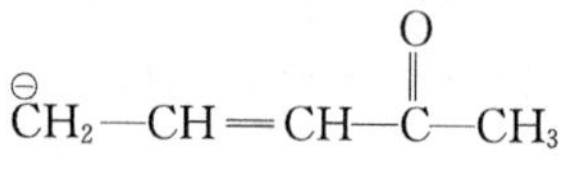

1.7　有机化学中的酸碱理论

1.7.1　质子论酸碱理论

有机化学中的酸碱理论是理解有机反应的最基本概念之一，在有机化学中，酸碱一般是指布朗斯台德(Brönsted)和洛里(Lowry)1923 年所定义的酸碱，即凡是能给出质子的称为酸，凡是能与质子结合的称为碱(表 1.4)。

表 1.4　常见的共轭酸碱对

酸 1		碱 2		酸 3		碱 4	
HCl	+	H_2O	$\rightleftharpoons$	$H_3O^{\oplus}$	+	$Cl^{\ominus}$	(1)
H_2SO_4	+	H_2O	$\rightleftharpoons$	$H_3O^{\oplus}$	+	$HSO_4^{\ominus}$	(2)

续表

酸 1		碱 2		酸 3		碱 4	
$HSO_4^{\ominus}$	+	H_2O	$\rightleftharpoons$	$H_3O^{\oplus}$	+	SO_4^{2-}	(3)
CH_3COOH	+	H_2O	$\rightleftharpoons$	$H_3O^{\oplus}$	+	$CH_3COO^{\ominus}$	(4)
HCl	+	NH_3	$\rightleftharpoons$	$NH_4^{\oplus}$	+	$Cl^{\ominus}$	(5)
$H_3O^{\oplus}$	+	$OH^{\ominus}$	$\rightleftharpoons$	H_2O	+	H_2O	(6)

从上面的反应式中可以看出，一个酸给出质子后即变为一个碱（如 HCl 为酸，Cl^- 为碱），这个碱又称为原来酸的共轭碱，即 Cl^- 为酸 HCl 的共轭碱。反之，一个碱（如 Cl^-）与质子结合后，即变为一个酸（HCl），这个酸 HCl 就称为原来碱 Cl^- 的共轭酸。

酸碱的概念是相对的，某一分子或离子在一个反应中是酸而在另一反应中却可能是碱。例如，HSO_4^- 在式(2)中是碱，而在式(3)中却是酸。从式(6)中，按水在反应中所起的作用来看，一个水分子是酸，而另一个水分子却是碱。

酸的强度通常可用离解平衡常数 K_a 或其负对数 pK_a 表示，碱的强度则用 K_b 或 pK_b 表示。在水溶液中，酸的 pK_a 与其共轭碱的 pK_b 之和为 14，在非水相中则无此关系。一些共轭酸碱对的强度见表 1.5。

表 1.5　共轭酸碱对的强度

酸	共轭碱	pK_a	酸	共轭碱	pK_a
$HClO_4$	ClO_4^-	～－20	HBr	Br^-	－9
H_2SO_4	HSO_4^-		$ArCOOH_2^+$	ArCOOH	－7.6
HI	I^-	－10	HCl	Cl^-	－7
$ArOH_2^+$	ArOH	－6.7	$ArNH_3^+$	$ArNH_2$	4.60
$CH_3COOH_2^+$	CH_3COOH	－6.2	CH_3COOH	CH_3COO^-	4.76
R_2OH^+	ROR	－4～－2	H_2CO_3	HCO_3^-	6.35
ROH_2^+	ROH	－3～－2	NH_4^+	NH_3	9.24
H_3O^+	H_2O	－1.74	ArOH	ArO^-	9.95
HNO_3	NO_4^-	－1.4	HCO_3^-	CO_3^{2-}	10.33
HIO_3	IO_3^-	0.77	RNH_3^+	RNH_2	10～11
H_3PO_4	$H_2PO_4^-$	2.12	H_2O	OH^-	15.7
HNO_2	NO_2^-	3.29	ROH	RO^-	17～20
HF	F^-	3.45	NH_3	NH_2^-	34
ArCOOH	$ArCOO^-$	4.20	CH_4	CH_3^-	39

1.7.2　电子论酸碱概念

电子论酸碱概念是路易斯于 1923 年提出来的，故通称为路易斯酸碱。由于路易斯酸的范围比质子酸大，因此又把它称为广义酸。这个理论的核心是指在反应过程中电子对的配给和接受，常称为电子对理论，简称电子论。它对酸和碱的定义为：接受电子对的物质称为酸；供给电子对的物质称为碱；酸和碱的加合物称为酸碱配位化合物，简称配合物。

$$\underset{\text{酸}}{A}+\underset{\text{碱}}{:B}\longrightarrow\underset{\text{酸碱配合物}}{A:B}$$

这种酸碱概念扩大了酸碱的范围，质子酸中唯一的标准——质子，不过是路易斯酸中的一个例子。路易斯碱的范畴基本上与质子论的碱一样，因此能接受质子的物质也能接受酸，其中最常见的碱都是具有未共用电子对原子的物质。

根据路易斯酸碱理论的观点，常见的许多化合物都是酸碱配合物。例如，HCl 分子中 H^+ 是酸，Cl^- 是碱；NaOH 分子中 Na^+ 是酸，OH^- 是碱；$MgCl_2$ 分子中 Mg^+ 是酸，Cl^- 是碱。简单地说，正离子是酸，负离子是碱。

将这种概念进一步引申，把一些分子中并没有未共用电子对但有电子云密度较高部分的物质也列入酸碱配合物的范畴，如碳-碳双键能与接受电子的物质（如金属正离子）结合：乙烯和银离子形成 π 络合物。

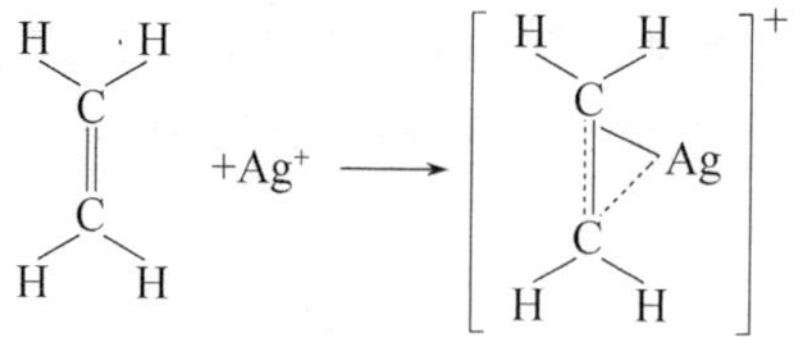

问题 1.10　下列各对中哪个是较强的酸？

（1）H_3^+O 和 H_2O　（2）NH_4^+ 和 NH_3　（3）碳酸（H_2CO_3）和苯酚（C_6H_5OH）

问题1.11　写出 NH_3 和 BF_3 结合的反应式，指出哪个是路易斯酸、哪个是路易斯碱、哪个是酸碱配合物。

1.8　有机化合物的分类

有机化合物数目众多，为了便于系统学习和研究，必须对有机化合物进行科学分类。一般根据有机化合物分子中的碳架和官能团分类。

1.8.1　按碳架分类

1. 开链化合物

开链化合物中，碳原子连接成链而无环状结构，所以称为开链化合物。由于开链化合物最初从油脂中得到，因此又称为脂肪族化合物。例如

$CH_3CH_2CH_2CH_3$	$CH_3CH_2CH_2CH_2OH$	$CH_3(CH_2)_{16}COOH$
正丁烷	正丁醇	十八酸

2. 碳环化合物

碳环化合物分子中含有由碳原子组成的碳环，它又可以分成两类。

1）脂环族化合物

脂环族化合物即性质与脂肪族化合物相似的碳环化合物。例如

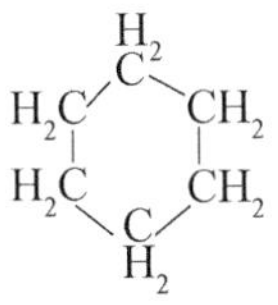

环己烷

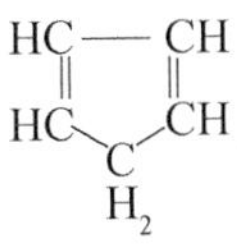

环戊二烯

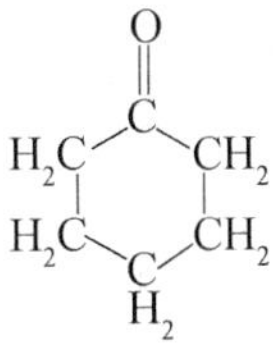

环己酮

2）芳香族化合物

芳香族化合物即含有苯环或稠合苯环、与脂肪族化合物性质不同的化合物。例如

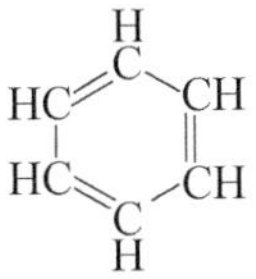

苯

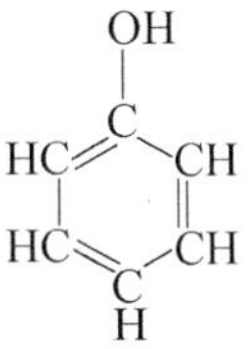

苯酚

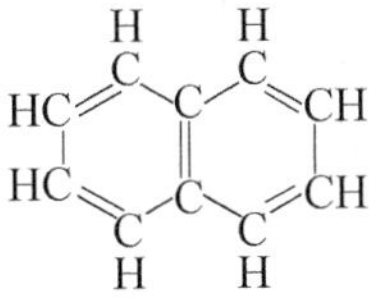

萘

3）杂环化合物

杂环化合物的分子中，组成环的原子除碳外，还有氧、氮、硫等杂原子。例如

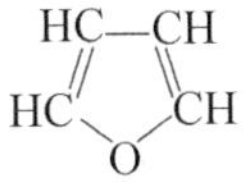

呋喃

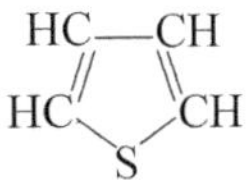

噻吩

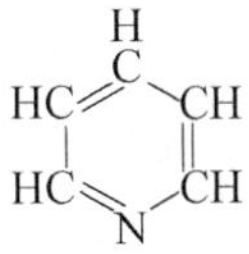

吡啶

1.8.2 按官能团分类

官能团是指分子中比较活泼而容易发生反应的原子或基团，它常决定化合物的主要性质，反映化合物的主要特征。含有相同官能团的化合物具有相似的性质，将它们归于一类，按官能团进行研究和学习是比较方便的。常见的重要官能团如表 1.6 所示。

表 1.6 常见的重要官能团

化合物类别	化合物举例	官能团构造	官能团名称
烯烃	$H_2C{=}CH_2$	$>C{=}C<$	双键
炔烃	$HC{\equiv}CH$	$-C{\equiv}C-$	叁键
卤代烃	C_2H_5-X	$-X(F,Cl,Br,I)$	卤原子
醇和酚	C_2H_5OH, C_6H_5OH	$-OH$	羟基
醚	$C_2H_5-O-C_2H_5$	$C-O-C$	醚键
醛	$H_3C-\underset{\underset{O}{\Vert}}{C}-H$	$-\underset{\underset{O}{\Vert}}{C}-H(-CHO)$	醛基
酮	$H_3C-\underset{\underset{O}{\Vert}}{C}-CH_3$	$-\underset{\underset{O}{\Vert}}{C}-$	酮基
羧酸	$H_3C-\underset{\underset{O}{\Vert}}{C}-OH$	$-\underset{\underset{O}{\Vert}}{C}-OH$	羧基

化合物类别	化合物举例	官能团构造	官能团名称
腈	$H_3C—CN$	$—CN$	氰基
胺	$H_3C—NH_2$	$—NH_2$	氨基
硝基化合物	$H_3C—NO_2$	$—NO_2$	硝基
硫醇	$C_2H_5—SH$	$—SH$	巯基
磺酸	$C_6H_5—SO_3H$	$—SO_3H$	磺酸基

在有机化学教材中，通常把上述两种分类方法结合起来应用。本书将这两种方法结合起来讨论各类有机化合物。

习 题

1. 指出下列化合物所含官能团的名称。

(1) 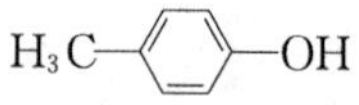

(2) $H_3C—\underset{\displaystyle CH_3}{\underset{|}{CH}}—CH_2—CH_2—OH$

(3) 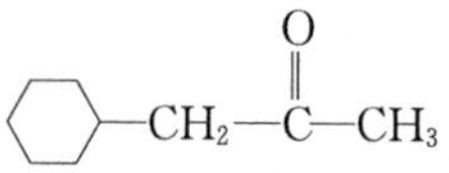

(4) 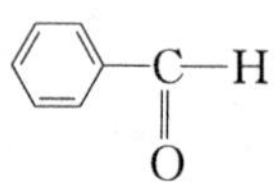

(5) $H_3C—NO_2$

(6) $H_3C—CH=CH—CH_3$

(7) $\underset{\displaystyle Cl}{\underset{|}{CH_2}}—\underset{\displaystyle Cl}{\underset{|}{CH_2}}$

(8) 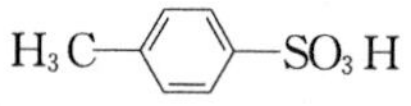

(9) 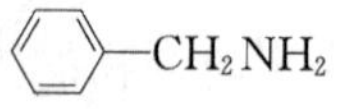

(10) 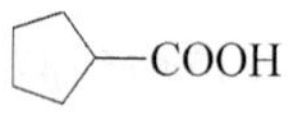

2. 下列化合物有无极性？如有，指出分子的偶极方向(用箭头指向负极)。

(1) $(CH_3)_3N$ (2) CF_2Cl_2 (3) $CH_3—C\equiv N$ (4) $CH_2=CH—CH=CH_2$

(5) 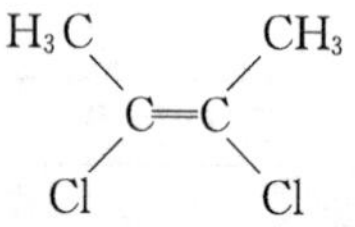

(6) 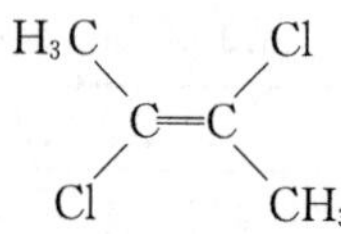

3. 比较σ键和π键的性质有什么不同。

4. 指出下列化合物各个碳原子的杂化状态。

(1) $CH_3—CH=CH_2$ (2) $CH_3—CH=CH—C\equiv CH$ (3) $CH_2=C=CH_2$

5. 指出下列化合物哪些是极性分子、哪些是非极性分子。

(1) CH_3CH_2OH (2) $CH_3CH_2OCH_2CH_3$ (3) $CHCl_3$

(4) CH_3CH_3 (5) HBr (6) CO_2

6. 下列分子或离子哪些是路易斯酸？哪些是路易斯碱？

H^+，X^-，OH^-，R^+，$H\underset{\cdot\cdot}{\ddot{O}}H$，$RO^-$，$AlCl_3$，$R\underset{\cdot\cdot}{\ddot{O}}R$，$SO_3$，$R\underset{\cdot\cdot}{\ddot{O}}H$，$\overset{+}{N}O_2$，$SnCl_2$

7. 比较下列各组标记"·"键的极性大小。

(1) $CH_3\dot{—}Br$ $CH_3\dot{—}Cl$ (2) $CH_3\dot{—}OH$ $CH_3\dot{—}Cl$

(3) $CH_3\dot{—}OCH_3$ $CH_3\dot{—}SCH_3$ (4) $CH_3\dot{—}OCH_3$ $CH_3\dot{—}NHCH_3$

(5) $CH_3NH\dot{—}CH_2CH_2C\dot{\equiv}N$ (6) $CH_3C\dot{\equiv}C—C\dot{\equiv}N$

8. 下列各式中哪些是错误的？

(1) 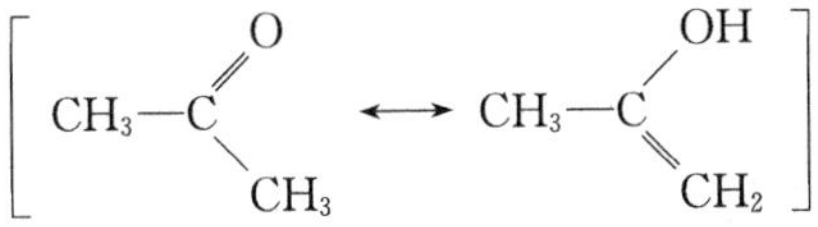

(2) $\left[\overset{\ominus}{O}-\overset{\oplus}{O}=O \longleftrightarrow O=\overset{\oplus}{O}-\overset{\ominus}{O}\right]$

(3) $\left[CH_2=CH-\overset{\oplus}{C}H_2 \longleftrightarrow \overset{\oplus}{C}H_2-CH=CH_2\right]$

(4) $\left[CH_2-C=CH_2 \longleftrightarrow CH_2-\dot{C}-\dot{C}H_2\right]$

9. 根据化学键的极性情况分析下列各组化学反应哪个可以发生、哪个不可能发生。

(1) $CH_3CH_2Cl+OH^- \longrightarrow CH_3CH_2OH+Cl^-$

$CH_3CH_2OH+Cl^- \longrightarrow CH_3CH_2Cl+OH^-$

(2) $CH_3CH_2OH+CH_3Cl \longrightarrow CH_3CH_2OCH_3+HCl$

$CH_3CH_2OH+CH_3Cl \longrightarrow CH_3CH_2Cl+CH_3OH$

(3) $CH_3OH+NaNH_2 \longrightarrow CH_3ONa+NH_3$

$CH_3OH+NaNH_2 \longrightarrow CH_3NH_2+NaOH$

第 2 章　烷烃和环烷烃

2.1　烷烃的分类

分子中只含有碳和氢两种元素的有机化合物称为碳氢化合物(hydrocarbon)，简称烃。烃是有机化合物中组成最简单的一类化合物，其他各类有机化合物可以看作烃的衍生物，所以一般认为烃是有机化合物的母体。

凡分子中所有碳原子之间的化学键以单键(C—C)相连，碳的其余价键全部为氢原子所饱和的化合物称为饱和脂肪烃，即烷烃(alkane)。分子中含有碳-碳双键(C ═C)的碳氢化合物称为烯烃(alkene)，分子中含有碳-碳叁键(C≡C)的碳氢化合物称为炔烃(alkyne)。

按照碳原子的连接方式的不同，烷烃可分为链状烷烃(通式为 C_nH_{2n+2})和环状烷烃(cycloalkane，又称脂环烃，通式为 C_nH_{2n})。与同碳原子的链状烷烃相比，环状烷烃少了两个氢原子。

根据分子内环的数目，脂环烃可分为单环和多环脂环烃。在单环体系中根据环的大小分为小环(C_3～C_4)、普通环(C_5～C_7)、中环(C_8～C_{12})及大环(>C_{12})，其中五元环和六元环最为普遍。饱和的脂环烃称为环烷烃，含双键和叁键的则分别称为环烯烃和环炔烃。

多环烷烃中常见的是二环脂环烃，它又分为联环、螺环、桥环三种类型。两个或两个以上的环彼此以单键或双键直接相连接的称为联环烃；两个环共用一个碳原子的称为螺环烃；两个环共用两个或两个以上碳原子的称为桥环烃，简称桥烃。例如

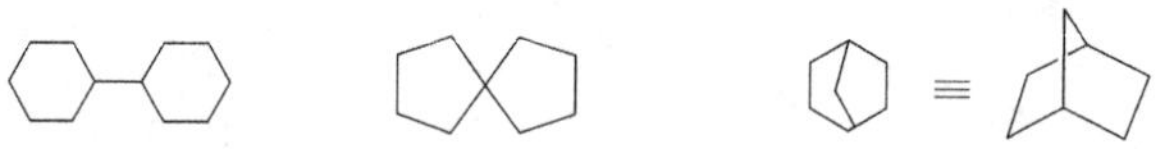

联二环己烷（联环烃）　　螺[4.4]壬烷（螺环烃）　　二环[2.2.1]庚烷（降冰片烷）（桥环烃）

2.2　烷烃和环烷烃的命名

2.2.1　碳原子和氢原子的分类

根据碳原子在分子中所处的不同位置可将其分为四类：与一个碳原子相连的碳原子称为伯碳原子或一级碳原子，常以 1°表示；与两个碳原子相连的碳原子称为仲碳原子或二级碳原子，常以 2°表示；与三个碳原子相连的碳原子称为叔碳原子或三级碳原子，常以 3°表示；与四个碳原子相连的碳原子称为季碳原子或四级碳原子，常以 4°表示。与伯、仲、叔碳原子相连的氢原子则相应地称为伯、仲、叔氢原子。例如

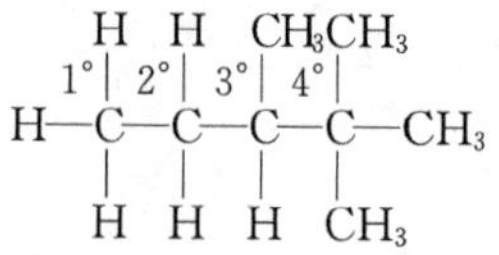

不同类型的碳原子和氢原子的反应有所不同，这将在化学性质中加以讨论。

2.2.2 烷基的概念

烷烃分子中去掉一个氢原子后余下的原子团称为烷基(alkyl)，如甲基 CH_3—简写为 Me—、乙基 CH_3CH_2—简写为 Et—等。它们的通式为 C_nH_{2n+1}—，常以 R—表示。从含三个碳原子的烷烃起，如果去掉不同的氢原子，则形成异构的烷基。例如

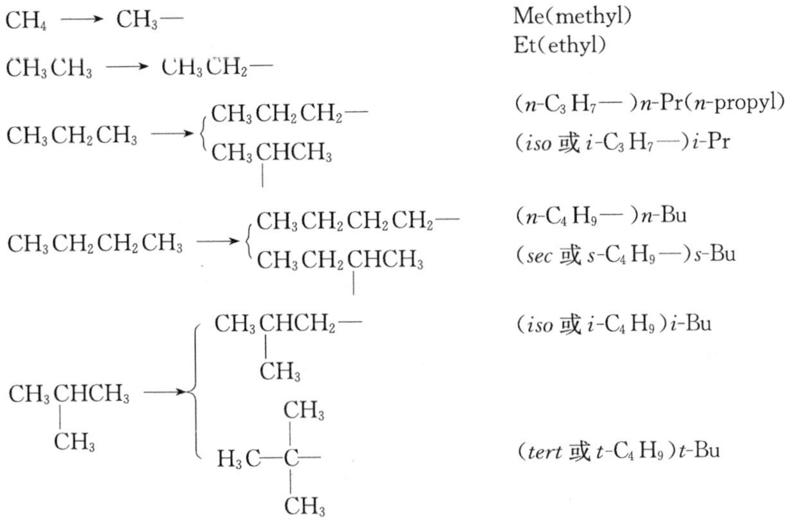

2.2.3 开链烷烃的命名法

1. 习惯命名法

比较简单的烷烃常用习惯命名法。烷烃中碳原子数在十以内时依次用甲、乙、丙、丁、戊、己、庚、辛、壬、癸来表示碳原子数。碳原子数在 11 以上时，则以十一、十二、……数字表示。同时用“正”(*n*)、“异”(*iso*)、“新”(*neo*)区别不同的异构体；“正”代表直链(不带支链的)烷烃；“异”通常指具有 $CH_3-CH(CH_3)-$ 结构的烷烃；“新”则指具有 $CH_3-C(CH_3)_2-$ 结构的烷烃。

例如

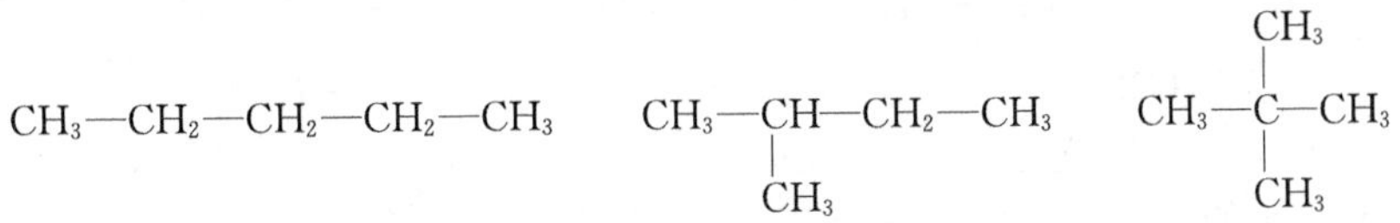

正戊烷　　异戊烷　　新戊烷

缩写式分别为 $CH_3(CH_2)_3CH_3$、$(CH_3)_2CHCH_2CH_3$、$C(CH_3)_4$。

2. 系统命名法

系统命名法是国际通用的命名法。它采用国际通用的国际纯粹与应用化学联合会(International Union of Pure and Applied Chemistry，IUPAC)命名原则，结合我国的文字特点制定。根据系统命名法，直链烷烃的系统命名与习惯命名一致，而带支链的烷烃则根据下列原则。

1）选择主链

选择最长的碳链作为主链，支链烷基看成主链上的取代基。根据主链所含有的碳原子数称为“某”烷，若分子中有两条以上的含支链数目不同的等长链，则以一条含支链最多的最长碳链为主链。例如

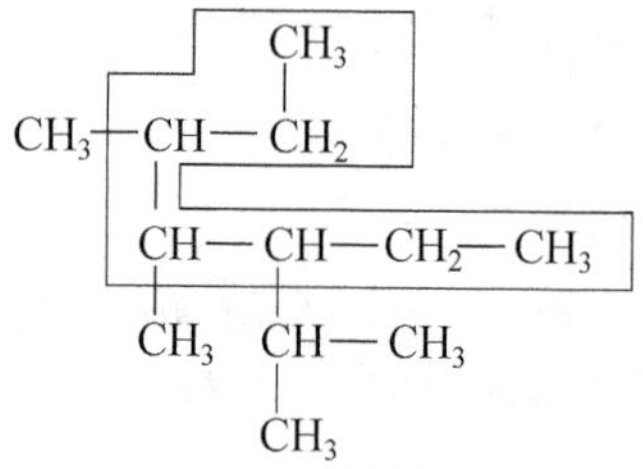

错误

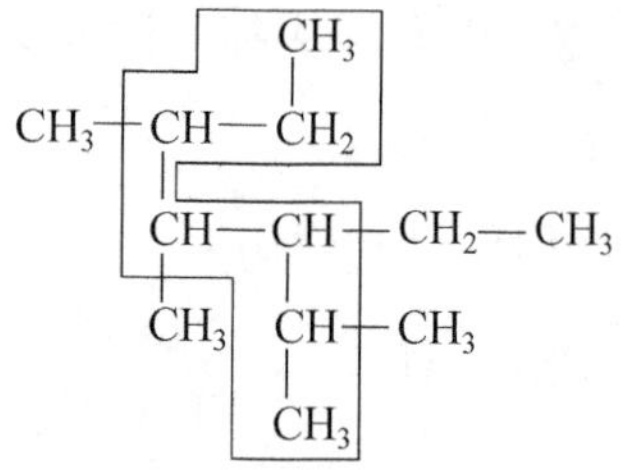

正确

2）主链编号

把主链的碳原子从靠近支链的一端开始，依次以 1，2，3，…标明取代基的位置。例如

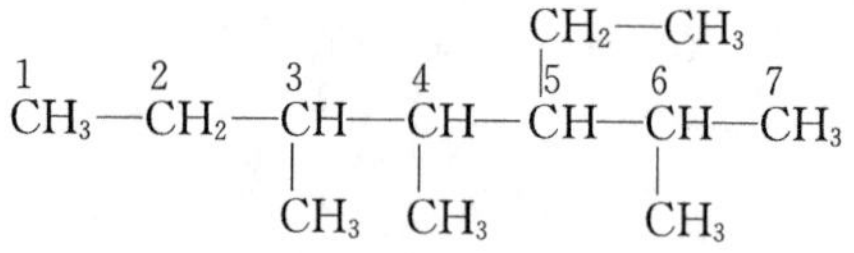

错误

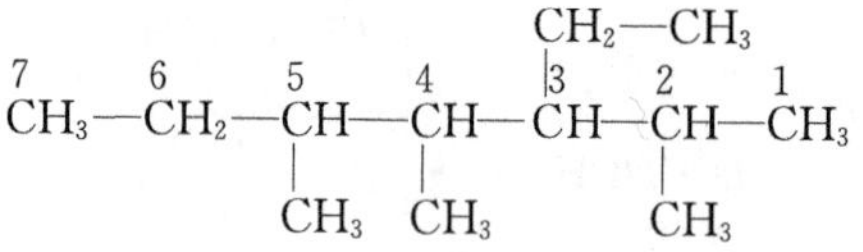

正确

若从主链的任何一端开始，第一个支链的位置都相同，则优先考虑结构较为简单的支链，同时按照最低系列原则来定。例如

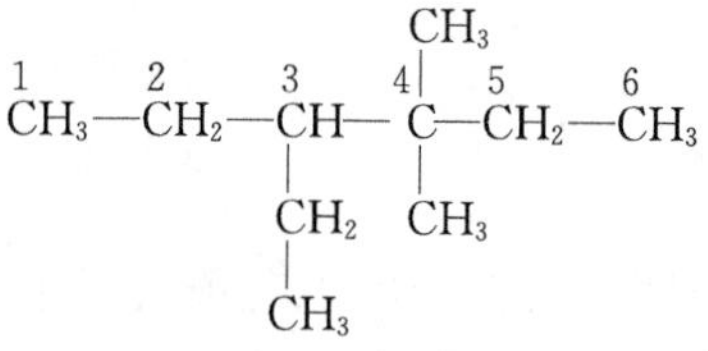

错误

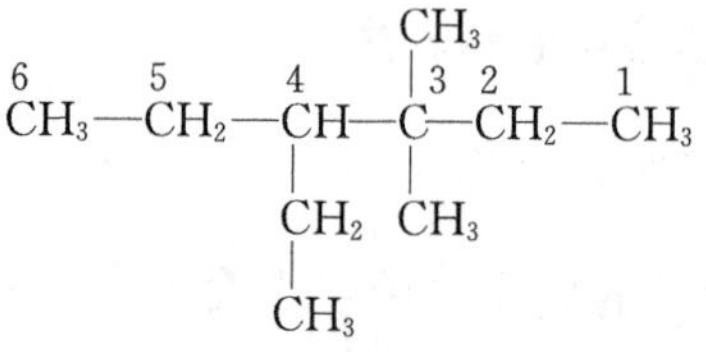

正确

3）写出名称

(1) 先写出取代基(支链)名称，再写出烷烃名称。

(2) 取代基写明位次及数目。

(3) 不同的取代基，简单的写在前，复杂的写在后；相同的取代基合并写明。例如

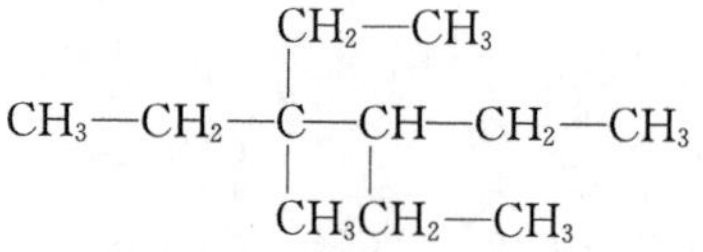

3-甲基-3，4-二乙基己烷

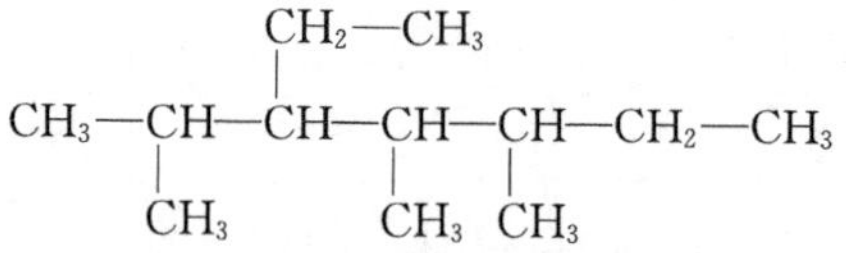

2，4，5-三甲基-3-乙基庚烷

注意表示位次的数字间要用逗号隔开，汉字和数字之间要用短线连接。

问题 2.1　用系统命名法命名下列化合物。

(1) $(CH_3)_2CH—C(CH_3)_3$

(2)

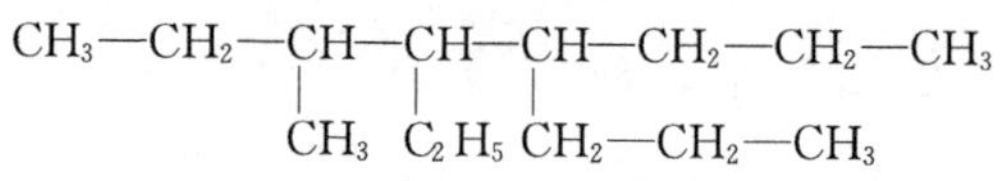

(3)

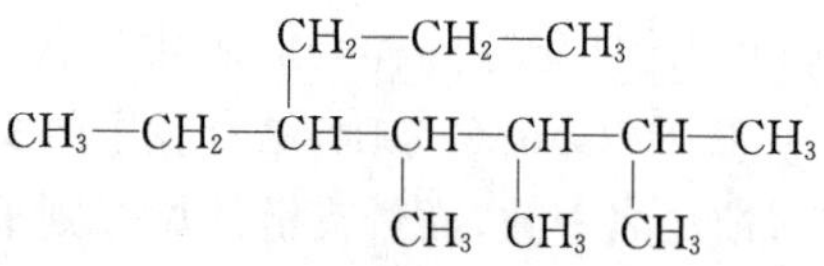

问题 2.2　写出下列化合物的构造式。

（1）3,3-二乙基戊烷　　　　（2）2,2,3-三甲基丁烷

2.2.4　环烷烃的命名

1. 单环烷烃的命名

环烷烃的命名与烷烃相似。以碳环作为母体，环上侧链作为取代基命名。环状母体的名称是在同碳直链烷烃的名称之前加上一个“环”字。若环上有两个或者更多的取代基，命名时应该把取代基的位置标出。环上碳原子编号顺序以取代基所在位置的号码最小为原则。例如

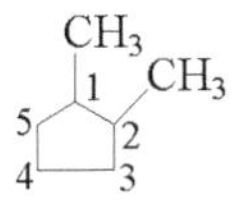

1,2-二甲基环戊烷

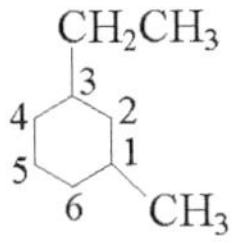

1-甲基-3-乙基环己烷

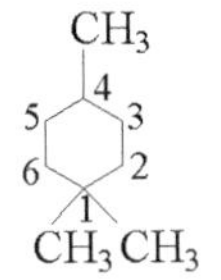

1,1,4-三甲基环己烷

由于碳原子连成环，环上 C—C 单键不能自由旋转，因此环烷烃的分子中，只要环上有两个碳原子连有不同的原子或原子团，就有构型不同的顺反异构体存在。例如，五个碳原子的环烷烃（C_5H_{10}）有五种构造异构体和六种构型异构体：

环戊烷

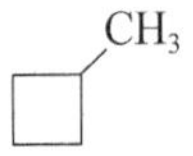

甲基环丁烷

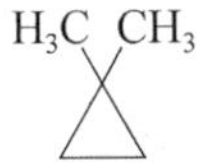

1,1-二甲基环丙烷

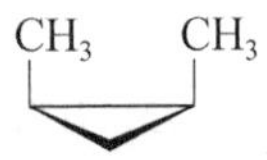

顺-1,2-二甲基环丙烷

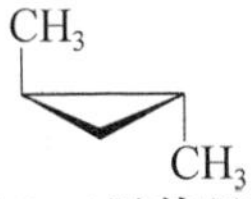

反-1,2-二甲基环丙烷

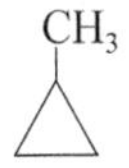

乙基环丙烷

二环脂环烃的命名比较复杂，现仅就含有两个环的桥环烷烃和螺环烷烃的命名介绍如下。

2. 桥环烷烃的命名

二环作为词头，按成环碳原子的总数称为“某烷”。两环连接处的碳原子作为桥头碳原子，其他碳原子作为桥碳原子。各桥的碳原子数由大到小分别用数字表示，并用下角圆点分开，放在方括号中，然后将此方括号放在“二环”与“某烷”之间。环上的编号从一个桥头碳原子开始，沿最长的桥到另一个桥头碳原子，再沿次长的桥编号，回到开始的桥头碳原子，最短桥上的碳原子最后编号。若环上连有支链，支链称为取代基，其所在位次即是环上碳原子的位次号，最后将取代基的位次和名称放在“二环”之前即得全名。例如

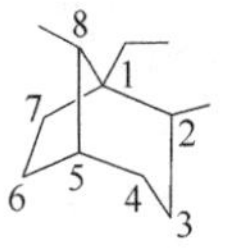

2,8-二甲基-1-乙基二环[3.2.1]辛烷

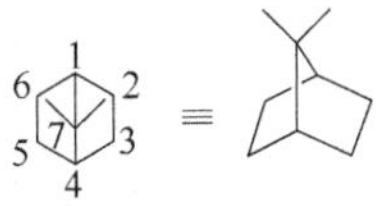

7,7-二甲基二环[2.2.1]庚烷

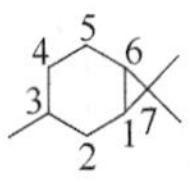

3,7,7-三甲基二环[4.1.0]庚烷

3. 螺环烷烃的命名

两个碳环共有的碳原子称为螺原子，以“螺”作为词头，按成环总碳原子数称为“某烷”。用方括号中的阿拉伯数字分别标明两个碳环除螺原子以外所包含的碳原子数目，但顺序是

由小环到大环，数字用下角圆点分开。环上编号的顺序是由较小环中与碳原子相邻的碳原子开始，沿小环编号，然后通过螺原子而到较大的环。如环上有支链时，支链与桥环烷烃命名相同。例如

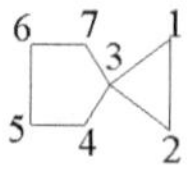
螺[2.4]庚烷

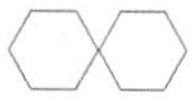
螺[5.5]十一烷

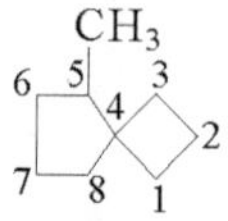
5-甲基螺[3.4]辛烷

近些年来合成了一系列奇异形状的多环化合物，这些笼状脂环化合物的合成及其性质的研究引起了有机化学家很大的兴趣。它们通常都有简便的俗名。例如

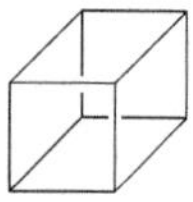
立方烷

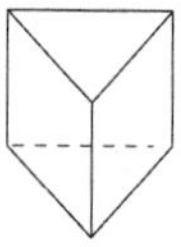
棱烷

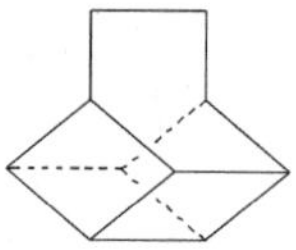
篮烷

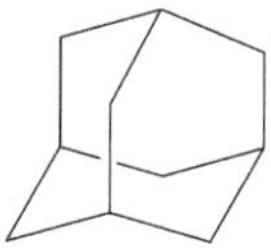
金刚烷

问题 2.3　写出下列化合物的结构式。

(1) 1-甲基-1,4-环己二烯　　(2) 反-1,4-二甲基环己烷

(3) 6-甲基二环[3.2.0]庚烷　　(4) 螺[4.5]-6-癸烯

2.3　烷烃和环烷烃的结构

2.3.1　碳原子的正四面体结构

前面所写的构造式只能表明分子中原子的连接方式和次序，并没有表示出碳原子和氢原子在空间的相对位置，即分子的立体形象。范特霍夫(van't Hoff)和勒贝尔(Le Bel)在1874年分别提出了碳原子的正四面体结构学说，他们认为碳原子可以用正四面体模型来表示，碳原子位于正四面体的中心，它的四个价键从正四面体中心指向四个顶点，彼此互成109.5°的夹角。如在正四面体的四个顶点连上氢原子，即为甲烷的立体结构，如图2.1(a)所示。

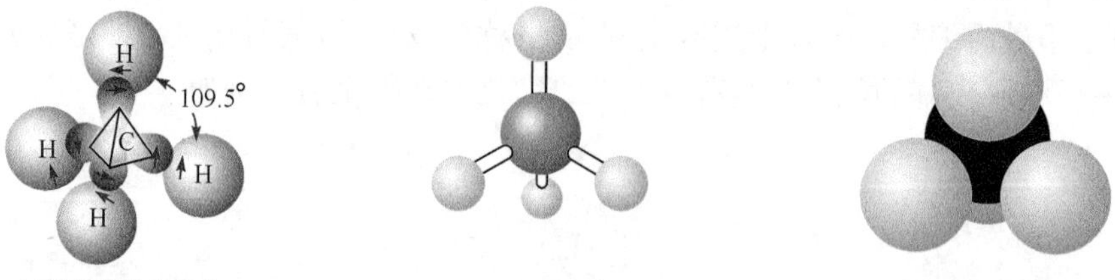

(a)甲烷的立体结构　　(b)球棒模型　　(c) 斯陶特模型

图2.1　甲烷的立体模型

这样的正四面体结构已被后来的科学实验所证实。为了更形象地表明分子的立体形象，通常还使用凯库勒模型(或称球棒模型)[图2.1(b)]和斯陶特模型(或称比例模型)[图2.1(c)]。由于凯库勒模型能很好地表明原子在空间的相对位置和几何特性，因此目前应用

较为普遍。但斯陶特模型能更真实地反映分子中原子的相互关系和分子的立体形象，只是价键的分布情况不如前者明显。

2.3.2 碳原子的 sp^3 杂化轨道和 σ 键

甲烷的正四面体构型可由碳原子轨道的杂化加以解释（见 1.3.2 节），每一个杂化轨道包含 1/4 s 轨道成分及 3/4 p 轨道成分，其中电子云形状是一头大一头小，如图 2.2 所示。sp^3 杂化又称为正四面体杂化，四个 sp^3 杂化轨道对称地分布在碳原子的周围，它的对称轴之间的夹角为 109.5°，这样的排布可以使四个轨道彼此在空间的距离最远，电子之间的相互斥力最小，体系最稳定，如图 2.3 所示。

图 2.2　sp^3 轨道形状

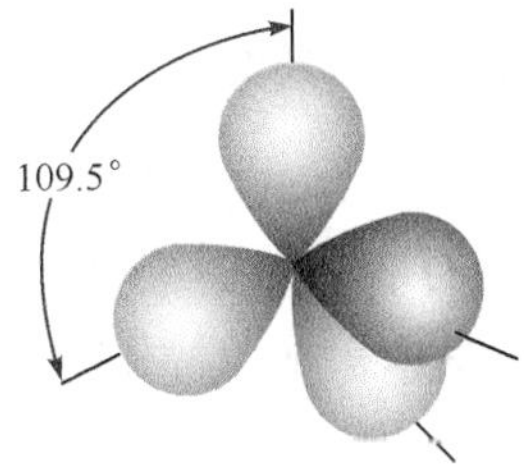

图 2.3　碳原子轨道的 sp^3 杂化

由碳原子的四个 sp^3 杂化轨道与四个氢原子的 s 轨道进行交盖，形成四个相等的 C—H 共价键，构成甲烷分子，如图 2.4 所示。

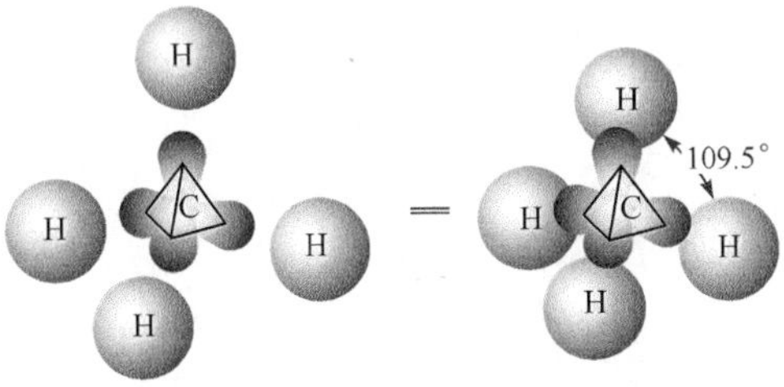

图 2.4　甲烷分子形成的示意图

碳原子的 sp^3 杂化轨道与另一个碳原子的 sp^3 杂化轨道之间也可以相互交盖而形成 C—C σ 共价单键。图 2.5 是形成 C—C σ 键的示意图。

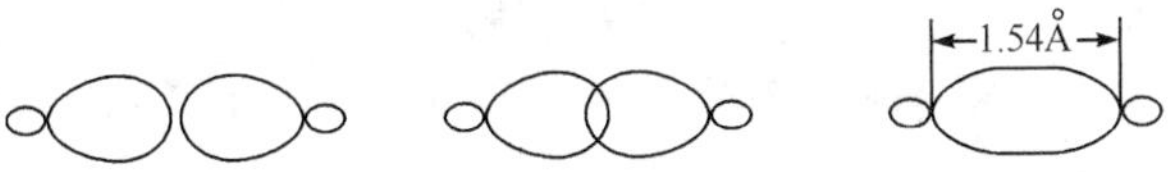

图 2.5　sp^3 杂化轨道形成 C—C σ 键的示意图

C—C σ 共价单键，其原子轨道交盖后，电子云的分布是圆柱形的轴对称。所以 σ 键有两个特点：①成键时由于杂化轨道的一头大端与另一原子轨道交盖，交盖程度较大，比较牢固；②由于电子云是沿着键轴对称分布，当成键的两原子沿键轴相对旋转时不会影响其交盖程度。也就是说，σ 键在一般情况下是可以绕着键轴自由旋转的。图 2.6 表示乙烷分子的形成过程。

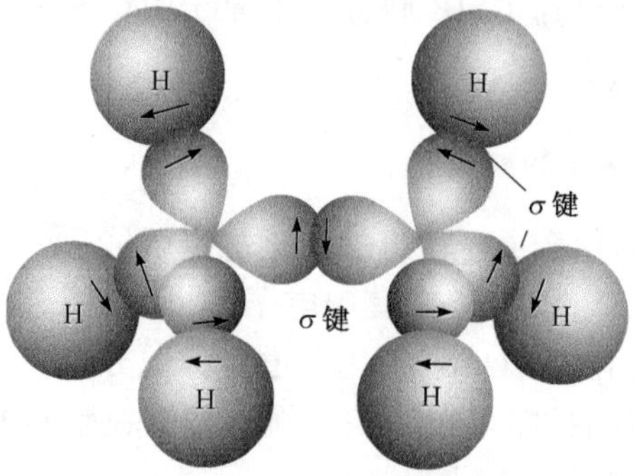

图 2.6　乙烷分子形成的示意图

2.3.3　环烷烃的环张力

燃烧热是 1mol 有机物完全燃烧生成 CO_2 和 H_2O 时所释放的能量，每个 CH_2 单元的平均燃烧热 ΔH 可以用来衡量环的相对稳定性，根据燃烧热($\Delta_c H$)的测定，可以发现三元环最不稳定，四元环其次，五元环、六元环及中环和大环烷烃都是比较稳定的。部分环烷烃的燃烧热见表 2.1。

表 2.1　部分环烷烃的燃烧热

环烷烃	$\Delta_c H$/(kcal* · mol^{-1})	($\Delta_c H/n$)/(kcal · mol^{-1})
环丙烷	496.8	165.6
环丁烷	652.0	163.0
环戊烷	788.5	157.7
环己烷	939.0	156.5
环庚烷	1101.1	157.3
环辛烷	1260.8	157.6
环壬烷	1410.2	157.8
环癸烷	1576.2	157.6
环十一烷	1731.5	157.4
环十二烷	1879.2	156.6
环十五烷	2347.5	156.5

* 1cal=4.1868J，下同。

从表 2.1 中可以看出，烷烃分子中每增加一个 CH_2，燃烧热的增值基本上是一定的，平均为 156.5kcal · mol^{-1}。环烷烃的燃烧热也随碳原子数的增加而增加，但不像烷烃那样有规律。环烷烃的通式是 C_nH_{2n}，即$(CH_2)_n$，故环烷烃分子中每个 CH_2 的燃烧热是 $\Delta_c H/n$。由表 2.2 还可以看出，不仅不同环烷烃分子的燃烧热不同，并且不同分子的每个 CH_2 的燃烧热也不同。

大多数环烷烃的 $\Delta_c H/n$ 比烷烃的每个 CH_2 的燃烧热高。这就表明环烷烃比开链烷烃具有较高的能量，这部分高出的能量称为张力能。例如，环丙烷的 $\Delta_c H/n$ 为 165.6kcal · mol^{-1}，比烷烃的每个 CH_2 燃烧热 156.5kcal · mol^{-1}高 9.1kcal · mol^{-1}。这个差值就是环丙烷分子中每个 CH_2 的张力能。环丙烷有三个 CH_2，因此整个分子的总张力能为 $9.1\times3=27.3$(kcal · mol^{-1})。不同的环烷烃张力能不同。环己烷的每个 CH_2 燃烧热与烷烃相等，它的张力能为零，因此环己烷是没有张力能的环状分子。

环烷烃张力越大，能量越高，分子越不稳定。环丙烷和环丁烷的张力比其他环烷烃都大得多，因此它们最不稳定，容易开环。环戊烷、环庚烷的张力不太大，因此比较稳定。环己烷和 C_{12} 以上的大环化合物张力很小(约等于零)，因此都是很稳定的化合物。

2.3.4 环烷烃的稳定性

1885 年，拜尔(Baeyer)提出了张力学说来解释脂环烃的稳定性。拜尔认为成环碳原子在同一平面上构成正多边形，正多边形的内角与四面体碳的自然键角(109.5°)间的偏差反映了脂环烃中角张力的大小。环丙烷和环丁烷中 C—C 键间的夹角需由自然键角的 109.5°分别压缩到 60°和 90°，每个键分别偏移 24.7°和 9.7°以适应正三角形和正方形的几何形状，由于分子中存在这种角度偏移，因此有恢复到自然键角的趋势，产生角张力。压缩角越大，即与四面体原子自然键角的偏差越大，张力越大，环的稳定性越差。环丙烷具有比环丁烷更大的张力，是最不稳定的脂环烃。按拜尔理论推算，正五边形的环戊烷，键角为 108°，与自然键角的偏差最小(1.5°)，是最稳定的脂环烃。环己烷的键角是 120°，与自然键角的偏差为－10.5°，意味着需向外扩展 10.5°才能适应正六边形的几何形态，稳定性应低于环戊烷。依此类推，大于环己烷的中环、大环化合物随成环碳原子数的增加而稳定性降低。

拜尔张力学说仅对二四元环的不稳定性做了初步解释，但未能从化学键的本质上解释环烷烃的稳定性。拜尔学说的错误在于他认为所有的碳环都具有共平面性，实际上除环丙烷中三个碳原子共平面外，其他环烷烃中碳原子都不在同一平面上，这些碳原子形成曲折的碳环，使张力最小，甚至为无张力碳环。但拜尔提出的当分子内键角由于某种原因偏离正常键角时产生张力的现象却是经常存在的。现在仍将这种张力称为角张力。

现代共价键理论认为，两个原子形成共价键时，两个原子轨道(电子云)必须互相重叠，并要求其键角与成键原子轨道的角度相匹配，匹配越好，重叠程度越大，键越牢固。sp^3 杂化碳原子相匹配键角为 109.5°，成键碳原子必须沿键轴方向进行最大重叠，键很牢固，因此环烷烃中 C—C—C 的键角也应是 109.5°，偏离此角度，则产生角张力。根据 X 射线衍射结果解析及量子力学计算，环丙烷中 C—C 间夹角为 105.5°，成键两原子的杂化轨道以弯曲方式进行部分重叠，形如“香蕉”，称为弯曲键。弯曲键含有部分双键的性质，表现出开环加成的不稳定性(图 2.7)。

(a) 丙烷分子中轨道达到最大重叠　　(b) 环丙烷分子中轨道部分重叠

图 2.7　丙烷与环丙烷的分子轨道

2.4　烷烃和环烷烃的构象

2.4.1 烷烃的构象

σ 键是可以自由旋转的，当 σ 键旋转时，分子中的原子或基团可以产生不同的空间排布方式，即产生不同构象(conformation)。例如，乙烷分子中，如果使一个甲基固定而使另一个甲基沿着 C—C 键旋转，则两个甲基中的氢原子的相对位置也不断改变，其中两种极限的典型构象为重叠式及交叉式。但从能量上来说只有两种极端构象交叉式和重叠式。在交叉式构象中，两个碳原子上的氢原子间的距离最远，相互间的斥力较小，因而热力学能最低，稳定性也最好，这种构象称为优势构象。在重叠式构象中，两个碳原子上的氢原子两两相对，距离最近，相互间的斥力较大，因而热力学能最高，也就最不稳定。其他构象的热力学能介于这二者之间。

构象可以用透视式、锯架式或纽曼(Newman)投影式表示。在透视式中，用实线代表在纸平面内的键，楔形"/"表示伸向纸面前方，楔形"⋱"表示伸向纸面后方；锯架式是从 C—C 键轴倾斜 45°方向看，每个碳原子上其他三个键的夹角均为 120°；纽曼投影式则是设想将分子 C—C 键垂直纸面，圆心表示距离观察者较近的一个碳原子，圆圈表示距观察者较远的另一个碳原子，每个碳原子所连接的三个氢原子再分别表示出来(图 2.8)。

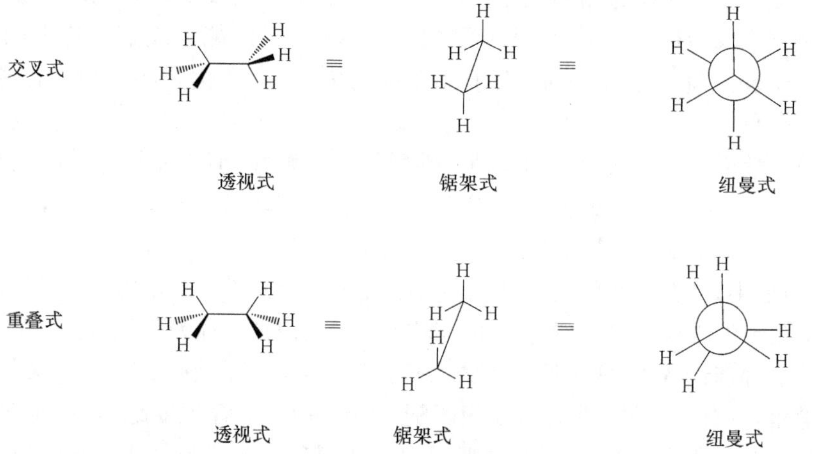

图 2.8　乙烷分子的交叉式和重叠式构象

交叉式与重叠式构象的热力学能虽然不同，但差别较小，约为 12.6kJ · mol^{-1}。在接近 0K 的低温时，分子主要以交叉式存在，而在室温时分子间的碰撞能产生 83.7kJ · mol^{-1}的能量，使两种构象之间以极快的速度互相转变。因此，在室温时可以把乙烷看作交叉式与重叠式以及介于这二者之间的无数种构象异构体的平衡混合物，但不能分离出构象异构体。

由于不同构象的热力学能不同，异构体之间的相互转化需要克服一定能垒才能完成。由此可见，单键的自由旋转并不是完全自由的。

乙烷分子中碳-碳 σ 键相对旋转时，分子热力学能的变化如图 2.9 所示。

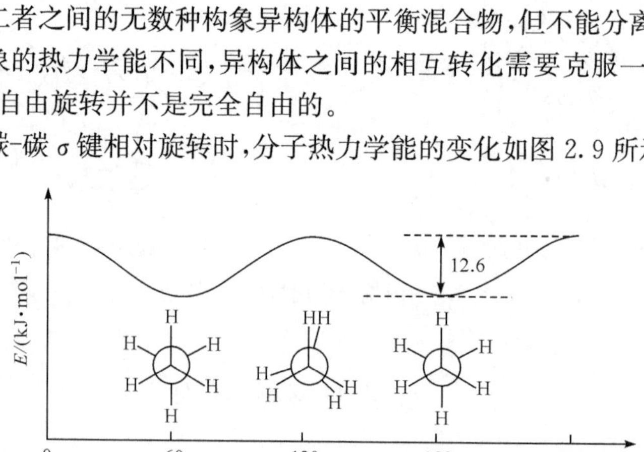

图 2.9　乙烷分子热力学能的变化

丁烷可以看作乙烷的二甲基衍生物，当绕 C2—C3 σ 键轴旋转 360°时，则每旋转 60°，就可以得到一种有代表性的构象(图 2.10)。

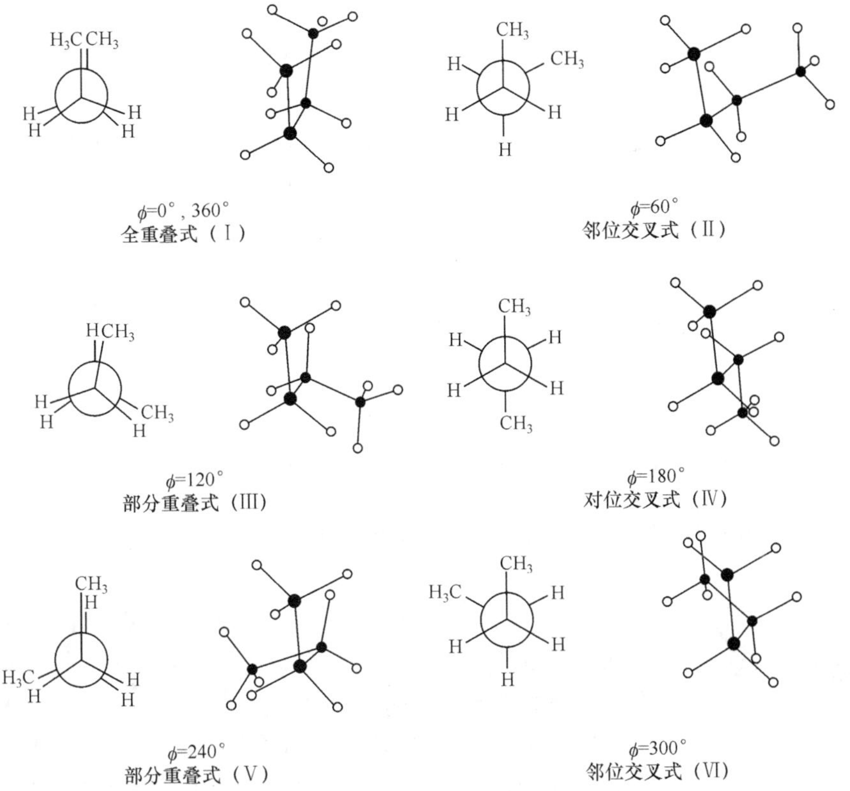

图 2.10　丁烷分子的代表性构象

上述六种构象中，(Ⅱ)与(Ⅵ)相同，(Ⅲ)与(Ⅴ)相同，所以实际上有代表性的构象为(Ⅰ)、(Ⅱ)、(Ⅲ)、(Ⅳ)四种。它们分别称为全重叠式、邻位交叉式、部分重叠式、对位交叉式。丁烷的几种构象的热力学能高低为全重叠式＞部分重叠式＞邻位交叉式＞对位交叉式。对位交叉式是优势构象式。它们之间的能量差别仍是不大的，因此室温下不能分离出构象异构体。根据中国化学会 1980 年制定的有机化学命名原则，对位交叉式又称为反叠(*ap*)，部分重叠式又称为反错(*ac*)，邻位交叉式又称为顺错(*sc*)，全重叠式又称为顺叠(*sp*)。

丁烷各种构象式的热力学能变化如图 2.11 所示。

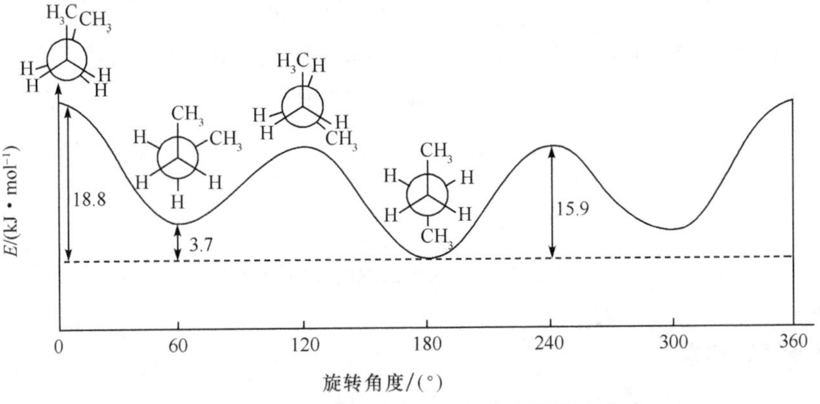

图 2.11　丁烷各种构象式的热力学能变化

有机分子构象的研究是有机化学的重要组成部分，也是研究生物大分子的构象与功能、药物药效关系的基础。

问题2.4　分别用透视式和纽曼投影式表示1,2-二氯乙烷($\underset{Cl}{\underset{|}{H_2C}}$—$\underset{Cl}{\underset{|}{CH_2}}$)的最稳定构象。

问题2.5　写出下列化合物最稳定的构象，分别用透视式和纽曼投影式表示。

(1) 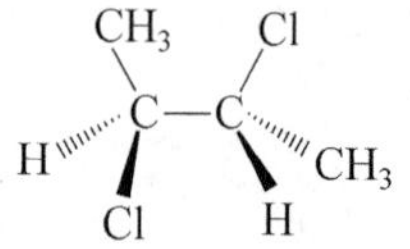

(2) 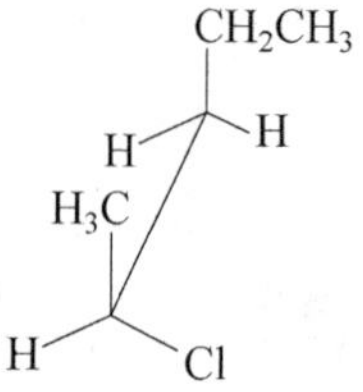

(3) 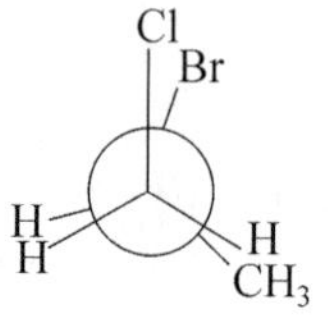

2.4.2　环丙烷、环丁烷、环戊烷及大环的构象

现代结构研究证明，除三元环和芳香性环系具有平面形结构以外，其他环系都不具有真正的平面结构。

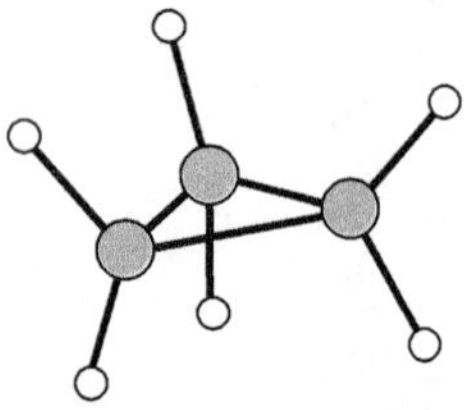

图2.12　环丙烷的球棒模型

环丙烷的三个碳原子共平面，因而相邻碳原子上的C—H键全部处于重叠式构象而产生扭转张力(图2.12)。扭转张力的存在也是环丙烷不稳定的原因之一。

环丁烷通常呈蝶形折叠状构象[图2.13(a)]，角张力和扭转张力均比环丙烷小。环戊烷的构象通常为信封式[图2.13(b)]，碳-碳键已接近一般烷烃中碳-碳键之间的正常夹角，因而较稳定，但仍有一定的扭转张力。

(a)　　　　(b)

图2.13　环丁烷(a)和环戊烷(b)的构象

环己烷分子中既无角张力，也无扭转张力，是无张力的环。

大环烷烃(>C_{12})的环也是几乎无张力的环，碳-碳键之间的键角保持在109.5°左右，它们一般以皱褶形存在。图2.14为环二十二烷的立体构象。

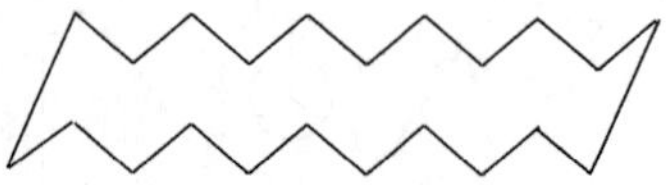

图2.14　环二十二烷的立体构象

2.4.3　环己烷的构象

1950年，英国化学家巴通(Barton)与哈赛尔(Hassel)在X射线衍射和电子衍射实验的

基础上，提出环己烷的六个碳原子不共平面，C—C—C 键角为 109.5°，保持正常的键角。通过对 σ 键的扭转，环己烷可呈椅式和船式两种构象，如图 2.15 所示。

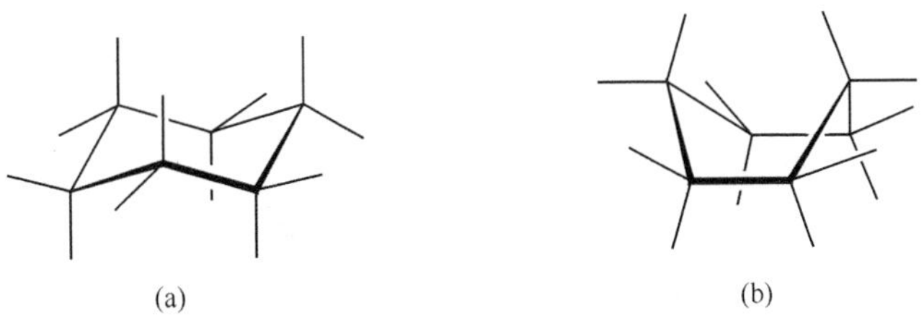

图 2.15　环己烷的椅式(a)和船式(b)构象

在这两种构象中，椅式比船式稳定，环己烷在常温下几乎全为椅式构象，占动态平衡的 99.9%。

从环己烷椅式构象的透视式和纽曼投影式可以清楚地看出，任何两个相邻的碳原子的 C—H 键和 C—C 键均处于邻位交叉式，非键合的 C2、C4 上的氢原子相距 0.25nm，属于正常的原子间距。所以除了无角张力外，环己烷分子中也没有相邻的碳原子上的 C—H 键重叠而产生扭转张力，是无张力环，如图 2.16 所示。

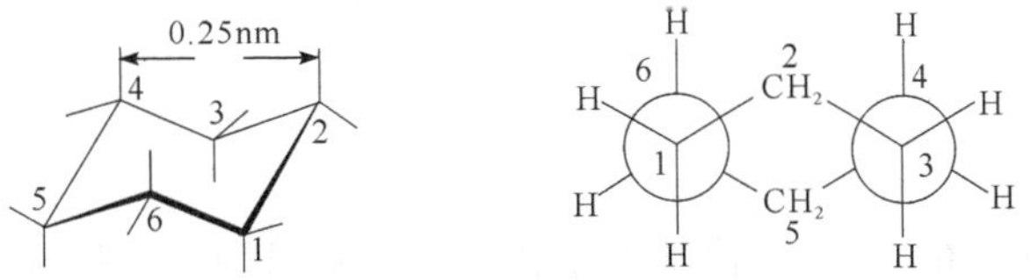

图 2.16　环己烷的椅式构象

从船式构象的透视式和纽曼投影式可以看出，C1 与 C6、C3 与 C4 之间为全重叠式构象，船头与船尾即 C2 与 C5 上各有一个氢原子伸向环而相距较近，约 0.183nm，超过了正常的非键合原子间距，显得比较拥挤，必然产生斥力，如图 2.17 所示。

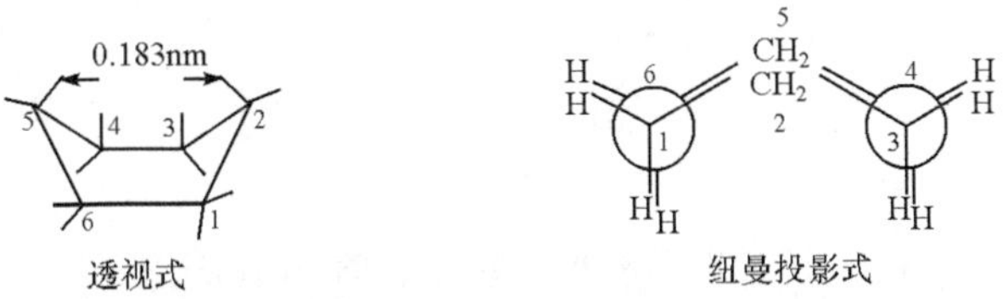

图 2.17　环己烷的船式构象

正是这些原因，使得环己烷的船式构象没有角张力，却有扭转张力。船式构象比椅式构象的能量要高出 29.7kJ · mol^{-1}，所以在常温下环己烷的椅式构象占绝对优势。

1. 直立键与平伏键

进一步考察环己烷的椅式构象。可以把环上的六个碳原子看作 C1、C3、C5 和 C2、C4、C6 两个相互平行的平面，这样环己烷中的 12 个碳-氢键可以分为两种类型。其中六个是垂直于平面而与两个平行平面的对称轴平行的，称为直立键或 a 键(axial bond)，三个向上另三个向下，交替排列。另外的六个碳-氢键则向外伸出，称为平伏键或 e 键(equatorial bond)，也是三个向上斜伸，三个向下斜伸，与平面呈 19°。每个碳原子上具有一个 a 键一个 e 键，如 a 键向上则 e 键向下，在环中上下交替排列，如图 2.18 所示。

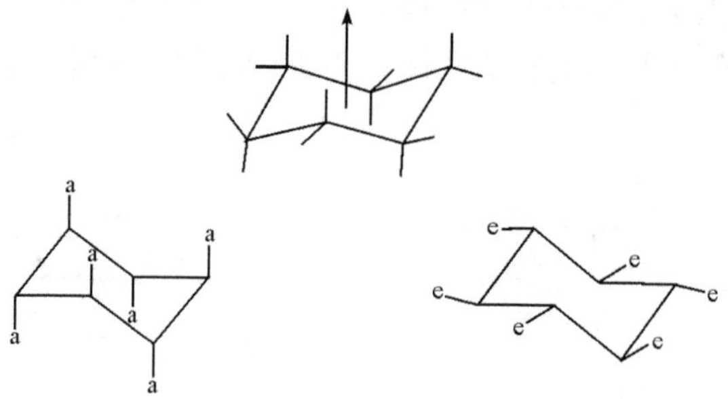

图 2.18　椅式构象的直立键及平伏键

环己烷由一种椅式构象翻转为另一种椅式构象时，原来的 a 键都转变为 e 键，原来的 e 键都转变为 a 键，如图 2.19 所示。

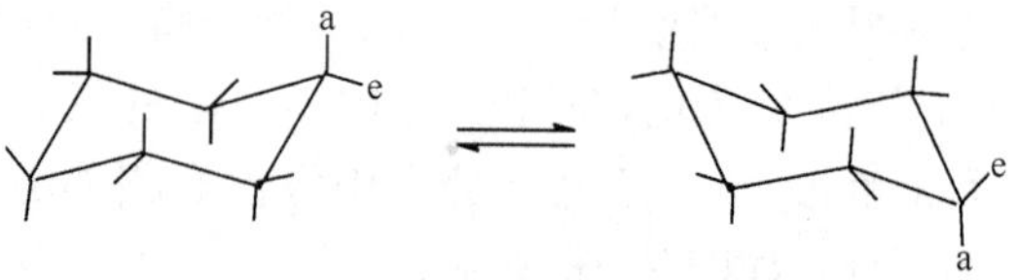

图 2.19　两种椅式构象的相互转变

2. 一元取代物的优势构象

环己烷的一元取代衍生物，取代基可以在 e 键，也可以在 a 键，从而出现两种可能的构象，如图 2.20 所示。

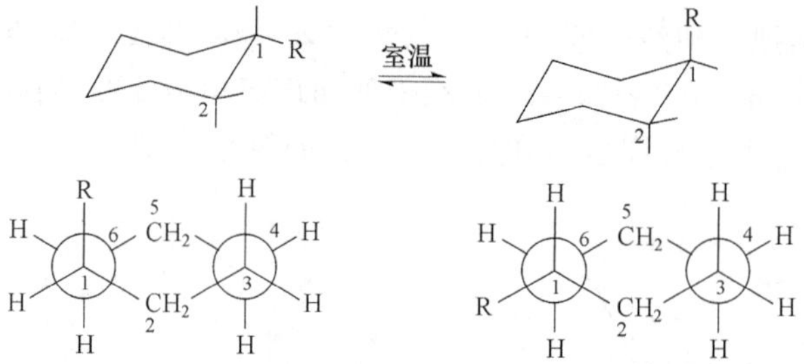

图 2.20　R 在 a 键或 e 键的不同构象

R 连在 e 键时，是两个较大基团处于对位交叉的构象，因此是比较稳定的构象，而取代基在 a 键时，与相邻碳所连的碳架处于邻位交叉式位置，一般环己烷的一元取代物倾向于连在碳环的 e 键上。

同时取代基与间位 a 键氢也存在非键连的相互作用，取代基越大则越明显，例如，甲基环己烷 95%以上是甲基处于 e 键的构象，叔丁基环己烷则 99.9%以上是叔丁基处于 e 键的构象。

3. 二元及多元取代物的优势构象

在脂环化合物中，环的存在限制了 σ 键的自由旋转，当环上有两个或两个以上的碳原子连接不同的原子或基团时，会产生顺反异构。例如

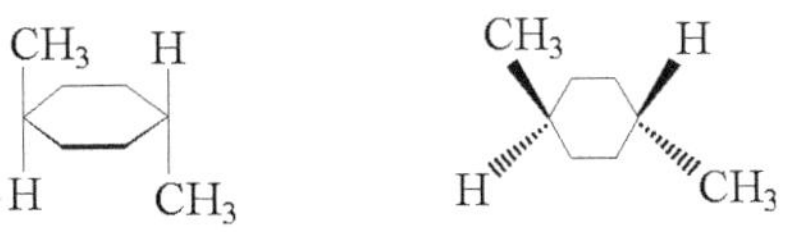

反-1,2-二甲基环己烷

在书写环状化合物的顺反异构体时，一般将环的一半用粗线写出，表示环平面与纸面垂直，粗线表示在纸面的前面。另一种方法是用平面投影式表示，从环平面的上方往下看，朝上的取代基用楔形线与环相连，向下的取代基用虚线与环相连，楔形线的 端表示离观察者较近。

环己烷的二元取代物根据取代基在环上位置不同分为 1，2-取代物、1，3-取代物和 1，4-取代物，取代基可在 a 键上，也可在 e 键上，其可分为 ee 型、ae 型和 ea 型，其中 ee 型为优势构象。因此在二甲基环己烷中，顺-1，2 异构体、反-1，3 异构体和顺-1，4 异构体的两个甲基都是一个以 e 键另一个以 a 键分别与环相连，它们的构象是 ae 型。例如

顺-1,4-二甲基环己烷

反-1，2 异构体、顺-1，3 异构体和反-1，4 异构体为 aa 型，环翻转后为 ee 型。例如

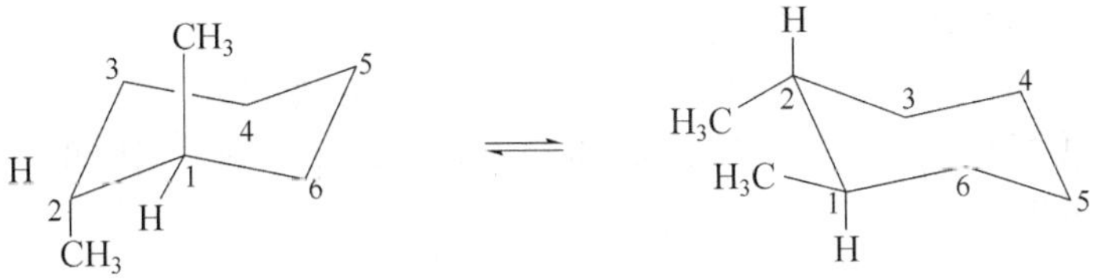

反-1,2-二甲基环己烷

ee 型比 aa 型稳定，在平均混合物中占绝对优势。

如果环上连有两个不同的取代基，且又是 ea 型的，则一般规律是大的取代基优先处于 e 键，小的取代基处于 a 键。

问题 2.6　写出顺-1，3-二甲基环己烷和反-1，3-二甲基环己烷的优势构象。

问题 2.7　写出顺-2-甲基环己甲酸的优势构象。

例如，十氢化萘(二环[4.4.0]癸烷)有顺式和反式两种异构体，它们都是由两个环己烷稠合而成，但反式异构体都是以 e 键稠合而成，而顺式异构体则是以一个 e 键和一个 a 键相稠和，所以反十氢化萘比顺十氢化萘稳定。

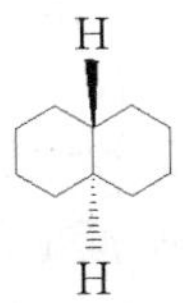

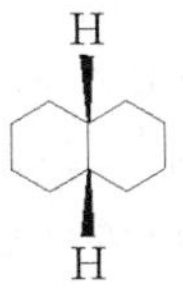

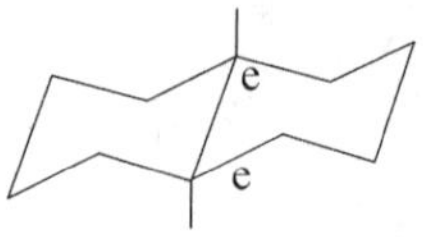

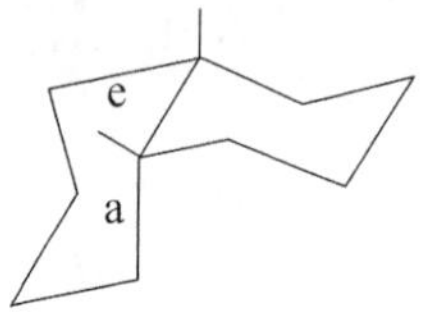

反十氢化萘（沸点为185℃）　　顺十氢化萘（沸点为194℃）

多取代的环己烷，取代基处于 e 键最多的一般是最稳定的构象。例如，杀虫剂六六六有八种异构体，杀虫效能最高的为 γ-异构体，但当用苯与氯在紫外光的引发下加成产生六六六时，γ-异构体产量较少，而杀虫效能差的 β-异构体产量却较高，原因就是 γ-异构体只有三个氯原子处于 e 键，而 β-异构体则六个氯原子都处于 e 键，因此能量较低，比较稳定，容易生成。

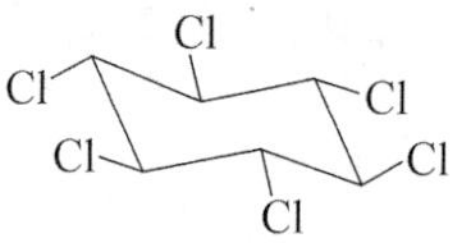

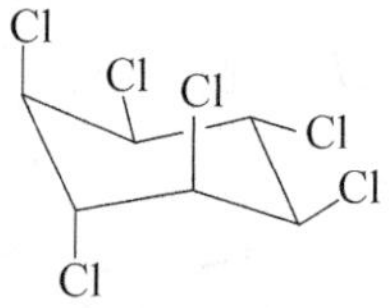

β-异构体　　γ-异构体

这些规律可用来研究有机化合物的精细结构、有机化学反应机理以及有机反应的取向等，在构象分析中是很重要的。

问题 2.8　1，2-二甲基环丁烷有无顺反异构体？若有，请写出。

问题 2.9　1，3-二甲基环戊烷有无顺反异构体和对映异构体？若有，请写出。

问题2.10　环烷烃随着环上取代基的增加，顺反异构体的数目也相应增加。试写出 1，2、3，4-四甲基环丁烷的所有顺反异构体。

问题 2.11　写出下列化合物稳定的构象。

(1) 反-1-甲基-2-叔丁基环己烷　　(2) 反-1-甲基-3-叔丁基环己烷

(3) 反-1-甲基-4-叔丁基环己烷

2.5　烷烃和环烷烃的物理性质

2.5.1　物态

在常温常压下，含 1～4 个碳原子（C_1～C_4）的烷烃是气体，含 5～16 个碳原子（C_5～C_{16}）的正链烷烃是液体，含 17 个以上碳原子的正链烷烃是固体。对于环状烷烃而言，环丙烷和环丁烷是气体，环戊烷至环辛烷是液体，更大的环一般是固体。

2.5.2　沸点

液体分子之间存在一种作用力称为范德华力，它使分子聚集成液体。但分子的热运动又使分子分开而挥发。在低温时，只能有少量动能较大的分子能克服范德华力而变为气体。当温度逐渐升高时，分子的热运动也逐渐加强，随之能克服范德华力而挥发的分子也逐渐增多，蒸气压也逐渐增大。当蒸气压逐渐增大到等于大气压时，液体就开始沸腾，这时的温度就是该液体的沸点。因此，分子间的范德华力越大，沸点越高。烷烃分子间的范德华力与分子中的共价键数目有关，键数增多，从而范德华力增大，沸点升高。

相邻两个烷烃的组成虽都是相差一个 CH_2，但它们的沸点差值并不相等，低级烷烃的差值较大，随着相对分子质量的增加，差值逐渐减小。例如，甲烷和乙烷的沸点相差 72.8℃，而十六烷和十七烷则相差 16.5℃。从相对分子质量看，乙烷的相对分子质量是 30，甲烷的相对分子质量是 16，它们虽然只差一个 CH_2，但乙烷的相对分子质量比甲烷的相对分子质量大 87%，而十七烷的相对分子质量(246)仅比十六烷的相对分子质量(226)大 65%。由此可见，虽然同样都增加一个 CH_2，但对整个分子的影响不一样，这种影响也反映在它们的沸点变化上。正链烷烃的沸点与相对分子质量的关系见表 2.2。

表 2.2　正链烷烃的物理性质

名称	英文名称	结构式	熔点/℃	沸点/℃	相对密度	状态
甲烷	methane	CH_4	−182.5	−161.4	0.4240	
乙烷	ethane	CH_3CH_3	−182.7	−88.6	0.5462	气体
丙烷	propane	$CH_3CH_2CH_3$	−187.1	−42.2	0.5824	
丁烷	butane	$CH_3(CH_2)CH_3$	−138.3	−0.5	0.5788	
戊烷	pentane	$CH_3(CH_2)_3CH_3$	−129.7	36.1	0.6263	
己烷	hexane	$CH_3(CH_2)_4CH_3$	−95.3	68.7	0.6594	
庚烷	heptane	$CH_3(CH_2)_5CH_3$	−90.6	98.4	0.6837	
辛烷	octane	$CH_3(CH_2)_6CH_3$	−56.8	125.6	0.7082	
壬烷	nonane	$CH_3(CH_2)_7CH_3$	−53.7	150.7	0.7179	
癸烷	decane	$CH_3(CH_2)_8CH_3$	−29.7	174	0.7299	液体
十一烷	undecane	$CH_3(CH_2)_9CH_3$	−25.6	195	0.7403	
十二烷	dodecane	$CH_3(CH_2)_{10}CH_3$	−9.5	216.2	0.7483	
十三烷	tridecane	$CH_3(CH_2)_{11}CH_3$	−6.5	234.0	0.7568	
十四烷	tetradecane	$CH_3(CH_2)_{12}CH_3$	5.5	252.0	0.7636	
十五烷	pentadecane	$CH_3(CH_2)_{13}CH_3$	10.0	270.0	0.7688	
十六烷	hexadecane	$CH_3(CH_2)_{14}CH_3$	18.1	286.5	0.7733	
十七烷	heptadecane	$CH_3(CH_2)_{15}CH_3$	22.0	303	0.7767	
十八烷	octadecane	$CH_3(CH_2)_{16}CH_3$	28.0	317	0.7768	固体
十九烷	nonadecane	$CH_3(CH_2)_{17}CH_3$	32.0	330	0.7776	

在同数碳原子的烷烃异构体中，含支链多的烷烃与含支链少的烷烃相比，前者的沸点较低，这是因为当支链增多时，空间阻碍较大，使分子间相距较远，从而分子间的范德华力也必然减小，结果使沸点降低。

利用不同烷烃的不同沸点，可把不同的烷烃通过分馏加以分离，但在石油中除了正链烷烃以外，还有其他异构体，它们的沸点有的是很相近的，难以用分馏法将它们一一分开。因此，在炼制石油时，根据原油的特点和对成品的要求分成各种馏分，如汽油、煤油、柴油等。每一馏分具有一定沸点范围(也称为沸程)，是由许多烃所组成的混合物。

2.5.3　熔点

固体烷烃的晶格也是由分子间范德华力所构成的。当晶体受热到能克服这种范德华力时，晶体就开始熔化变为液体，这时的温度称为熔点。

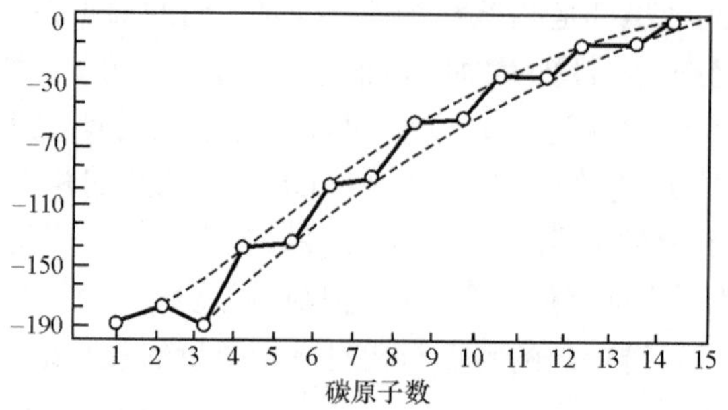

图 2.21 正链烷烃的熔点与分子中所含碳原子数目的关系

烷烃同系列熔点的变化，在开始时不规则，但基本上也是随着相对分子质量的增加而增加。含奇数碳原子的烷烃和含偶数碳原子的烷烃构成两条熔点曲线，如图 2.21 所示。上面的曲线代表含偶数碳原子烷烃的熔点曲线，下面的曲线代表含奇数碳原子的熔点曲线，随着相对分子质量的增加，两条曲线逐渐接近。这种现象也存在于其他的同系列中。

烷烃的熔点变化不像它的沸点变化那样有规律。一般来说，对称性大的烷烃的熔点要高一些。例如，八个碳原子的正辛烷的熔点是－56℃，而它的异构体 2,2,3,3-四甲基丁烷的熔点是 101℃。后者的沸点是 106℃，它的沸点与熔点仅相差 5℃。

2.5.4 相对密度

相对密度的大小与分子间引力在单位体积的大小有关，因此，烷烃的相对密度也随相对分子质量的增长而有微量的增长。烷烃比水轻，它们的相对密度都小于 1。随着相对分子质量的增加，相对密度逐渐加大。

脂环烃的物理性质与脂肪烃相似。脂环烃的沸点和熔点比相应的脂肪烃高。特别是对称性很高的环己烷，熔点也明显高于相对分子质量相近的其他烷烃。脂环烃比水轻，不溶于水。一些脂环烃的物理性质列于表 2.3。

表 2.3 一些脂环烃的物理性质

名称	英文名称	熔点/℃	沸点/℃	相对密度 d_4^{20}
环丙烷	cyclopropane	－127.6	－32.9	0.720(－79℃)
环丁烷	cyclobutane	－89	12	0.703(0℃)
环戊烷	cyclopentane	－93	49.3	0.745
甲基环戊烷	methyl cyclopentane	－142.4	72	0.779
环己烷	cyclohexane	6.5	80.8	0.779
甲基环己烷	methyl cyclohexane	－126.5	100.8	0.769
环庚烷	cycloheptane	－12	118	0.810
环辛烷	cyclooctane	－11.5	143	0.836

2.5.5 溶解度

烷烃几乎不溶于水，而溶于有机溶剂(如乙醇、乙醚等)。溶质溶于溶剂是溶剂分子与溶质分子之间(溶剂-溶质)相互吸引代替了溶剂分子与溶剂分子(溶剂-溶剂)之间、溶质分子与溶质分子(溶质-溶质)之间相互吸引的结果。

显然,只有溶剂分子与溶剂分子之间、溶质分子与溶质分子之间以及溶剂分子与溶质分子之间的相互吸引力相近时,彼此才易于溶解。所以离子型或强极性的化合物能溶解在强极性的溶剂(如水)中,而结构相似的化合物,它们分子之间的吸引力也相近,所以具有相似结构的化合物彼此互溶。这就是"相似互溶"的溶解规律(影响溶解度的因素很多,上面所述只是一种简略的说法。溶解度对研究有机化合物起着很大的作用)。

问题 2.12　比较下列各组化合物的沸点高低,并说明理由.

(1) 丁烷和异丁烷　　　(2) 正辛烷和 2,2,3,3-四甲基丁烷

(3) 庚烷、2-甲基己烷和 3,3-二甲基戊烷

问题 2.13　比较下列各组化合物的熔点高低,并说明理由。

(1) 正戊烷、异戊烷、新戊烷　　　(2) 正辛烷和 2,2,3,3-四甲基丁烷

2.6　烷烃的化学性质

烷烃分子中只有 C—H 和 C—C σ 键,由于碳、氢原子的电负性相近,C—H 键和 C—C σ 键之间的成键电子分布均匀,没有偏向,因此烷烃在常温下很不活泼,尤其是正链烷烃常具有更大的稳定性。在常温下,烷烃与强酸、强碱、强氧化剂都不起作用,所以人们常把烷烃用作溶剂,或用来保护其他物质。但在一定条件下,烷烃也可以发生一些反应。

2.6.1　取代反应

烷烃分子中的氢原子被其他原子或原子团所取代的反应称为取代反应,被卤素所取代的反应称为卤化反应。烷烃与卤素在黑暗中并不发生反应,但在强烈日光照射下,则发生剧烈的反应。例如,甲烷和氯能发生剧烈反应,甚至引起爆炸,生成氯化氢和碳。

$$CH_4 + 2Cl_2 \xrightarrow{\text{强烈日光}} 4HCl + C$$

在漫射光、热或某些引发剂作用下,甲烷与氯反应:甲烷分子中的氢原子被氯原子取代,生成氯代甲烷和氯化氢,同时有热量放出。但反应并不停止在这一步,生成的一氯甲烷仍要继续和氯作用,进一步取代一氯甲烷的氢原子,逐步生成二氯甲烷、三氯甲烷和四氯甲烷(四氯化碳)。

$$CH_4 \xrightarrow[\text{光或}\triangle]{Cl_2} \underset{\text{一氯甲烷}}{CH_3Cl} \xrightarrow[\text{光或}\triangle]{Cl_2} \underset{\text{二氯甲烷}}{CH_2Cl_2} \xrightarrow[\text{光或}\triangle]{Cl_2} \underset{\text{三氯甲烷}}{CHCl_3} \xrightarrow[\text{光或}\triangle]{Cl_2} \underset{\text{四氯化碳}}{CCl_4}$$

因此所得产物是氯代烷的混合物。但是反应条件对反应产物的组成影响很大,控制反应条件可以使其主要产物为某一种氯代烷。若反应温度控制在 400～450℃,甲烷与氯气之比为 10∶1 时,则主要产物为一氯甲烷;若控制甲烷与氯气之比为 0.263∶1,则主要产物为四氯化碳。

环烷烃(除去三元环和四元环)与烷烃一样,在光和热的引发下,可以发生卤代反应。例如

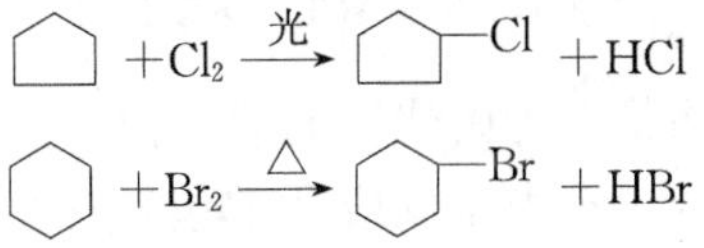

2.6.2 自由基取代反应机理

反应历程是研究反应所经历的过程。反应历程又称反应机理，它是有机化学理论的主要组成部分。

反应机理是在综合大量实验事实的基础上提出的一种理论假设。如果这种假设能完美地解释实验事实和所观察到的现象，并且根据这种假设所做的推论又能被新的实验事实所证实，那么这种理论假设就是该反应的反应机理。

氯气与甲烷反应有以下实验事实：

(1) 甲烷和氯气混合物在室温下及黑暗处长期放置并不发生化学反应。

(2) 将氯气用光照射后，在黑暗处放置一段时间再与甲烷混合，反应不能进行；若将氯气用光照射，迅速在黑暗处与甲烷混合，反应立即发生，并且放出大量的热量。

(3) 若将甲烷用光照射后，在黑暗处迅速与氯气混合，也不发生化学反应。

从上述实验事实可以看出，甲烷氯代反应的进行与光对氯气的影响有关。首先，在光照下氯气分子吸收能量，使其共价键发生均裂，产生两个活泼氯原子(氯自由基)，这个过程称为链引发。

$$\text{链引发}\quad Cl_2 \xrightarrow{\text{光或}\triangle} 2Cl\cdot$$

氯自由基非常活泼，它夺取甲烷分子中的一个氢原子，生成甲基自由基和氯化氢。甲基自由基与氯自由基一样活泼，它与氯气分子作用，生成一氯甲烷，同时产生新的氯自由基。这个过程称为链增长。

$$\text{链增长}\begin{cases}\cdot Cl + H{:}CH_3 \longrightarrow HCl + \cdot CH_3 \\ \cdot CH_3 + Cl{:}Cl \longrightarrow CH_3Cl + \cdot Cl\end{cases}$$

新的氯自由基不但可以夺取甲烷分子中的氢，也可以夺取氯甲烷分子中的氢，再生成氯甲基自由基。

$$\text{链增长}\begin{cases}\cdot Cl + H{:}CH_2Cl \longrightarrow HCl + \cdot CH_2Cl \\ \cdot CH_2Cl + Cl{:}Cl \longrightarrow CH_2Cl_2 + \cdot Cl \\ \cdot Cl + H{:}CHCl_2 \longrightarrow HCl + \cdot CHCl_2 \\ \cdot CHCl_2 + Cl{:}Cl \longrightarrow CHCl_3 + \cdot Cl \\ \cdot Cl + H{:}CCl_3 \longrightarrow HCl + \cdot CCl_3 \\ \cdot CCl_3 + Cl{:}Cl \longrightarrow CCl_4 + \cdot Cl\end{cases}$$

如此循环，可以使反应连续进行，生成一氯甲烷、二氯甲烷、三氯甲烷、四氯化碳。这种由自由基引起的、连续循环进行的反应称为自由基取代反应，又称连锁反应。

在自由基反应中，虽然只有少数自由基就可以引起一系列的反应，但反应不能无限制地进行下去，因为随着反应的进行，氯气和甲烷的含量不断降低，自由基的含量相对增加，自由基之间的碰撞机会也增加，产生了自由基之间的结合，导致反应的终止，称为链终止。

$$\text{链终止}\begin{cases}\cdot Cl + \cdot Cl \longrightarrow Cl{-}Cl \\ \cdot CH_3 + \cdot CH_3 \longrightarrow CH_3{-}CH_3 \\ \cdot CH_3 + \cdot Cl \longrightarrow CH_3Cl\end{cases}$$

由此可见，反应的最终产物是多种卤代烃的混合物。

从上述反应的过程可以看出，自由基反应通常包括三个阶段：①链的引发，即吸收能量开始产生自由基的过程；②链的增长，即反应连续进行的阶段，其特点是产生取代物和新的自由基；③链的终止，即自由基相互结合，使反应终止。

甲烷的氯代反应还可以从能量变化上加以说明，从键的离解能数值，可以计算出它的能量变化。

$$\underset{434.7}{CH_3—H} + \underset{242.4}{Cl—Cl} \longrightarrow \underset{351.1}{CH_3—Cl} + \underset{430.5}{H—Cl}$$

反应热 $\Delta H=(434.7+242.4)-(351.1+430.5)=-104.5(\mathrm{kJ\cdot mol^{-1}})$。式中负号(－)表示反应是放热的，正号(＋)表示反应是吸热的。各步反应的 ΔH 可计算如下：

(1) $\underset{242.4}{Cl—Cl} \longrightarrow 2Cl\cdot$　　　$\Delta H_1=+242.4\mathrm{kJ\cdot mol^{-1}}$

(2) $\cdot Cl + \underset{434.7}{H—CH_3} \longrightarrow \underset{430.5}{HCl} + \cdot CH_3$　　　$\Delta H_2=434.7-430.5=+4.2(\mathrm{kJ\cdot mol^{-1}})$

(3) $\cdot CH_3 + \underset{242.4}{Cl—Cl} \longrightarrow \underset{351.1}{CH_3Cl} + \cdot Cl$　　　$\Delta H_3=242.4-351.1=-108.7(\mathrm{kJ\cdot mol^{-1}})$

从上述数据可以看出，反应的第一步、第二步是吸热反应，所以链的引发需要光照或高温加热来提供能量，但总的反应是放热反应，因此，连锁反应一旦引起，反应即可迅速进行。

甲烷和氯自由基反应生成一氯甲烷的能量变化如图 2.22 所示。

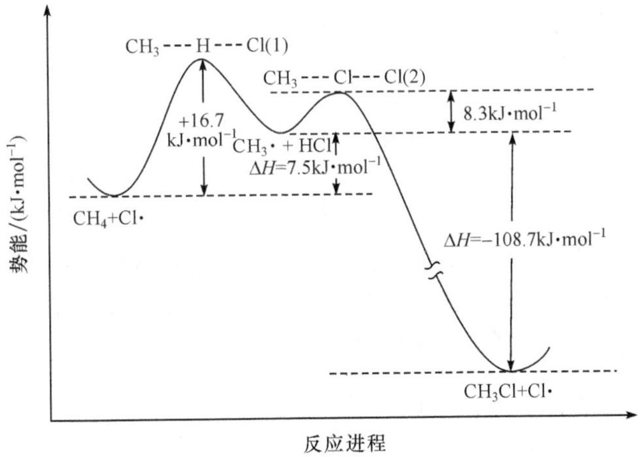

图 2.22　甲烷与氯自由基生成一氯甲烷的能量变化曲线图

根据分子运动论可知，要使两种分子(或离子)之间发生反应，分子间一定要发生碰撞，而且只有足够能量和适当取向的分子的碰撞才能有效地发生反应。这种分子称为活化分子。活化分子所具有的最低能量与反应物分子平均能量的差值称为活化能。例如，图 2.22 中的 $E_{(1)活化}=16.7\mathrm{kJ\cdot mol^{-1}}$ 是过渡态(Ⅰ)(反应物过渡到产物的中间状态)与反应物的热力学能差。

从图 2.22 可以看出，氯自由基和甲烷作用只需较小的活化能($16.7\mathrm{kJ\cdot mol^{-1}}$)即可形成过渡态(Ⅰ)，由过渡态(Ⅰ)产生甲基自由基。甲基自由基与氯作用也只需 $4.18\mathrm{kJ\cdot mol^{-1}}$ 的能量即可形成过渡态(Ⅱ)，由过渡态(Ⅱ)生成一氯甲烷。一氯甲烷的能量比甲烷的低得多，故该反应是放热的，放出的热量为 $108.7\mathrm{kJ\cdot mol^{-1}}$，使逆反应实际上不能自发发生[所需活化能为 $108.7+4.18=112.85(\mathrm{kJ\cdot mol^{-1}})$]。尽管此反应是放热的，但链的引发需要吸收大量的热能，因而反应只有在光照或高温加热时才能进行。键的离解能越小，键均裂时所需吸收的能量越少，生成的自由基越稳定，反应也越容易进行。键的离解能的数据为

$H_3C—H \longrightarrow \cdot CH_3 + H\cdot$　　　$434.7\mathrm{kJ\cdot mol^{-1}}$

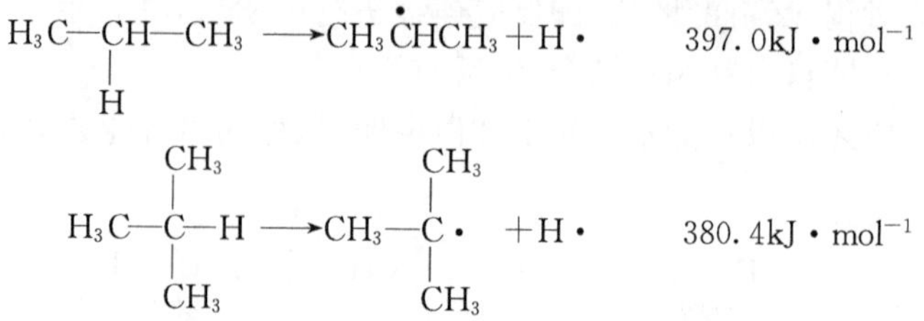

自由基的稳定性次序为叔碳自由基＞仲碳自由基＞伯碳自由基＞甲基自由基。自由基上所连的烷基越多，电荷越分散，其稳定性就越高。

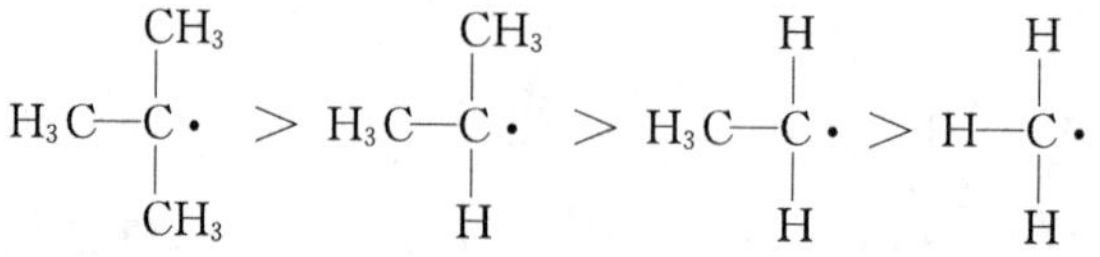

一般来说，自由基越稳定，则越容易形成，其反应速率越快。但是大多数的自由基只在反应发生的瞬间存在，寿命很短，所以稳定性也是相对的。

其他烷烃的氯代反应与甲烷的氯代反应一样，均为自由基反应机理。但对于不同烷烃，由于结构的差异，产物较甲烷复杂。例如，氯与丙烷的反应，由于丙烷分子中存在两种氢——伯氢和仲氢，因此得到两种不同的氯代产物——1-氯丙烷、2-氯丙烷，其反应产物比例如下：

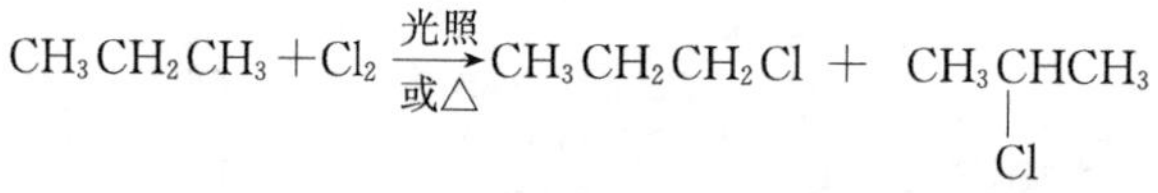

1-氯丙烷(45%)　2-氯丙烷(55%)

丙烷分子中有六个伯氢和两个仲氢，氯自由基与伯氢相遇的概率为仲氢的 3 倍，但一氯代产物中 2-氯丙烷反而比 1-氯丙烷多，说明仲氢比伯氢活性大，更容易被取代，排除碰撞概率因素的影响，计算出伯氢和仲氢反应的相对活性：

$$\frac{\text{伯氢}}{\text{仲氢}}=\frac{45/6}{55/2}=1:3.8$$

其活性比为 1∶3.8。

氯与叔丁烷的反应也生成两种产物，产物比例如下：

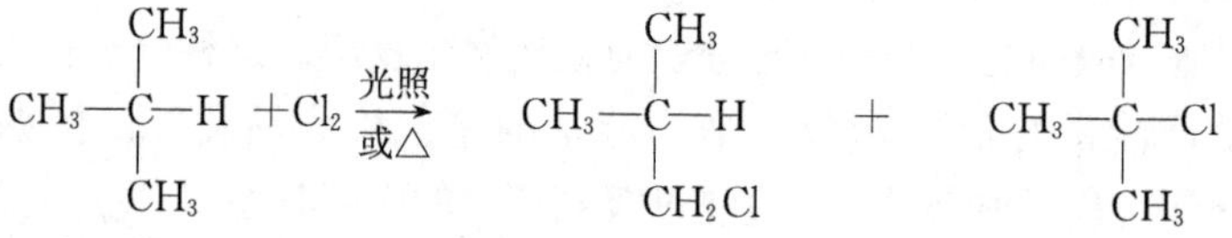

叔丁烷　2-甲基-1-氯丙烷(63%)　2-甲基-2-氯丙烷(37%)

计算出伯氢与叔氢的相对活性比为 1∶5。

$$\frac{\text{伯氢}}{\text{叔氢}}=\frac{63/9}{37/1}=1:5$$

实验结果表明：仲氢的活性是伯氢的 3.8 倍，叔氢的活性是伯氢的 5 倍，烷烃中各种氢的活性顺序为叔(3°)氢＞仲(2°)氢＞伯(1°)氢。上述结论可由键的离解能或自由基的稳定性加以解释。

不同类型氢的离解能不同，3°氢的离解能最小，故反应时这个键最易断裂，因此，3°氢在反应中活性最高。

卤素反应活性越高，选择性越差，卤代反应的活性为 $F_2>Cl_2>Br_2>I_2$。选择性与之相反，表现为 $I_2>Br_2>Cl_2>F_2$。

问题2.14　已知烷烃分子式为 C_5H_{12}，根据氯化反应物的不同，试推测各烷烃的结构并写出结构式。

(1) 如果一元氯化产物只有一种。

(2) 如果　元氯化产物可以有三种。

(3) 如果一元氯化产物可以有四种。

(4) 如果二元氯化产物只可能有两种。

2.6.3　加成反应

小环环烷烃与一些试剂作用时，易发生碳环破裂而与试剂结合的反应，这些反应常称为开环反应或加成反应。

1. 加氢反应

在催化剂 Ni 的作用下，环丙烷在 80℃时即可开环加氢生成丙烷；环丁烷在 120℃时生成丁烷；而环戊烷则在 300℃时才能生成戊烷。至于环己烷或含碳原子更多的环烷烃，必须在更高温度下才能进行催化加氢反应。

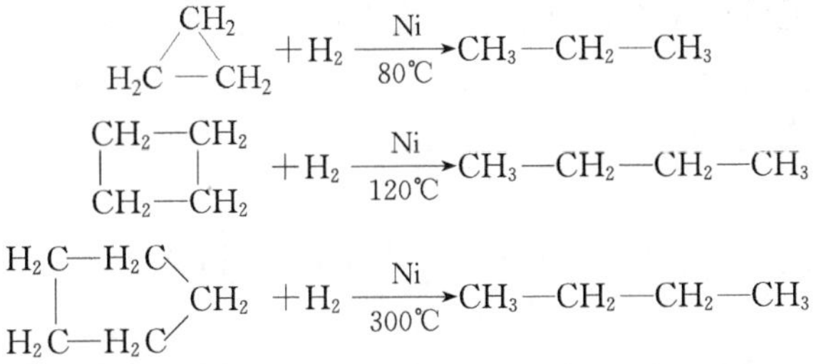

由催化剂加氢反应可以看出，三元碳环和四元碳环都比较容易开环，它们都不太稳定。

2. 与卤素和氢卤酸反应

环丙烷不仅容易加氢，也容易与卤素、氢卤酸等发生加成反应。例如

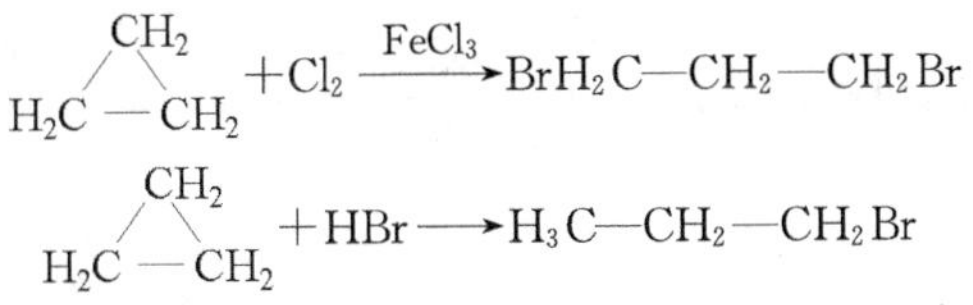

环丙烷的烷基衍生物与卤素和氢卤酸加成时，环的破裂发生在含氢最多和含氢最少的两个碳原子之间，卤素加到含氢较少的碳原子上。例如

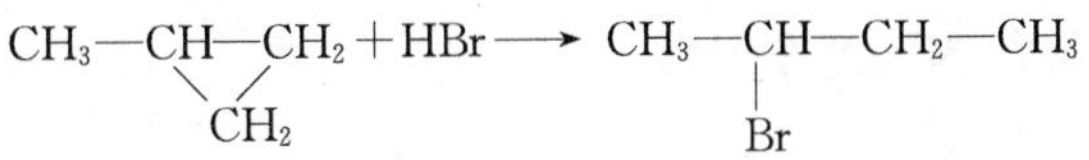

以上这些反应在常温下就能进行。环丁烷在常温下不与卤素、氢卤酸反应，需要加热反应才能进行。

问题 2.15　写出 1-甲基环丙烷在下列条件下的反应方程式。

(1) H_2,Pt/C,加热　　(2) Br_2,室温　　(3) HI

(4) 燃烧　　(5) Cl_2,$h\nu$

2.6.4　氧化与燃烧

烷烃在空气中完全燃烧时,生成二氧化碳和水,并放出大量的热,烷烃主要用作燃料。

$$CH_4 + O_2 \longrightarrow CO_2 + H_2O + 890kJ \cdot mol^{-1}$$

$$C_nH_{2n+2} + \frac{3n+1}{2}O_2 = nCO_2 + (n+1)H_2O + 热量$$

如果控制适当的反应条件,在金属氧化物或金属盐催化下进行氧化,则可得到部分氧化产物。例如

$$CH_3CH_2CH_3 + O_2 \xrightarrow[350℃,170MPa]{金属氧化物} HCOOH + CH_3COOH + CH_3COCH_3$$

高级烷烃(石蜡 $C_{20}\sim C_{30}$)氧化得高级脂肪酸。高级脂肪酸可代替动物油脂制肥皂。

$$RCH_3 + O_2 \xrightarrow[110℃]{MnO_2} \underset{高级脂肪酸}{RCOOH} \qquad R = C_{20}\sim C_{30}$$

氧化还原反应在无机反应中是以电子得失而体现的,而有机化合物多为共价键,在有机反应中无明显的电子得失,故在有机化学中的氧化一般是指分子中得氧或失氢的反应,还原一般是指分子中得氢或失氧的反应。

2.7　烷烃和环烷烃的制备

烷烃的天然来源主要为石油和天然气。除此之外,烯烃加氢、卤代烷还原等其他方法都可以制备烷烃,特别适合于制备一些结构比较复杂、高纯度的烷烃。

1. 烯烃加氢

烷烃可以由烯烃加氢制备。例如

$$CH_3CH{=}CHCH_3 + H_2 \xrightarrow[25℃,5MPa]{Ni,乙醇} CH_3CH_2CH_2CH_3$$

2. 武兹合成法

卤代烷的乙醚溶液与活泼金属 Na 或 Zn 反应也可以制备烷烃。常用的卤代烷为溴代烷和碘代烷,一般伯卤代烷的产率较高,但仅适用于制备对称型的烷烃,一般用于合成环丙烷和环丁烷等小环环烷烃,大环产率很低。

$$2RBr + 2Na \xrightarrow{乙醚} R{-}R + 2NaBr$$

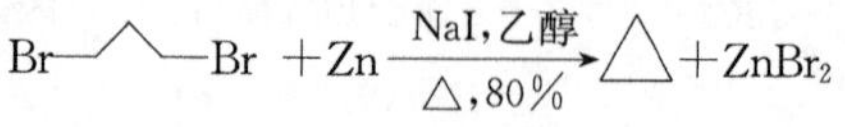

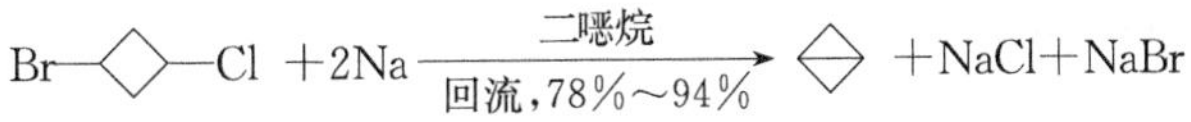

3. 科里-豪斯合成(见 7.3.3 小节)

$$(CH_3)_2CuLi+CH_3(CH_2)_3CH_2I \xrightarrow[3.5h,98\%]{干醚,25℃} CH_3(CH_2)_3CH_2CH_3+CH_3Cu+LiI$$

习　题

1. 写出 C_6H_{14} 和 C_5H_{12}(不含双键)的同分异构体,并用系统命名法命名。

2. 用系统命名法命名下列化合物,并指出这些化合物中的伯、仲、叔、季碳原子。

(1) 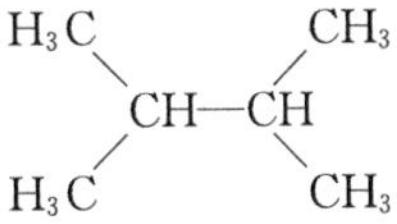　　(2) 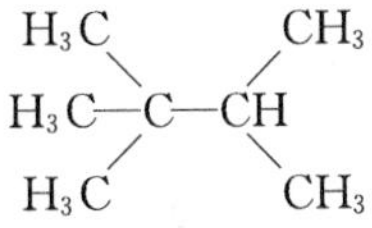

(3) 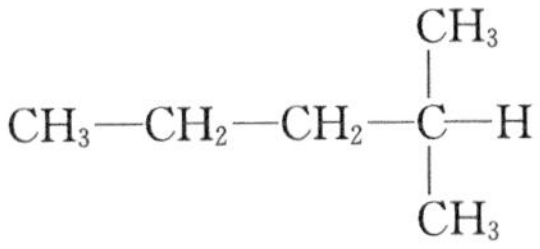　　(4) 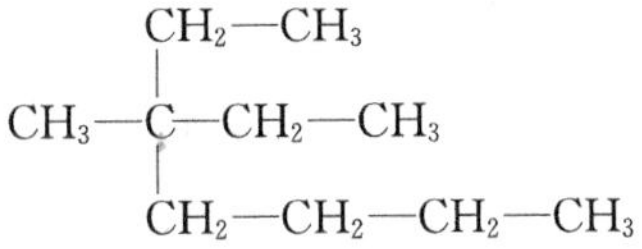

(5) 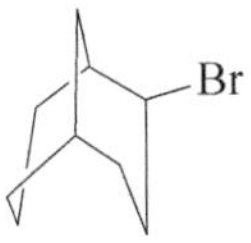　　(6) 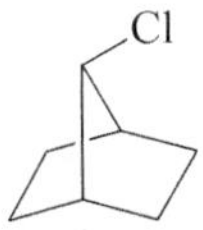

3. 下列四种烷烃是否为同一种化合物?试用系统命名法命名。

(1) 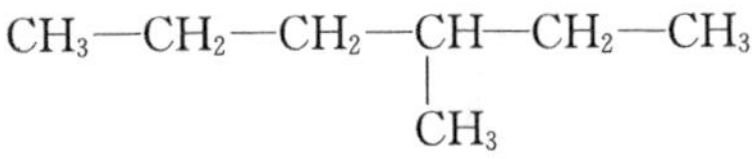　　(2) 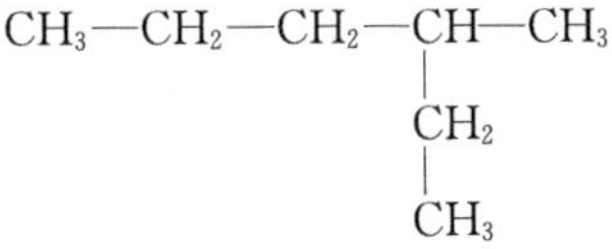

(3) 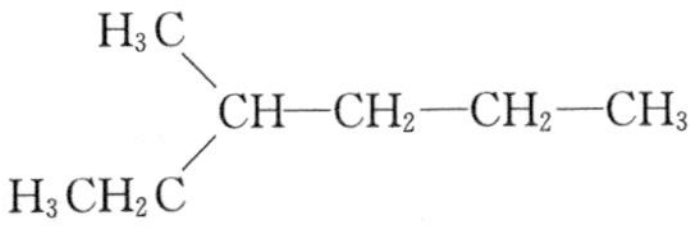　　(4) 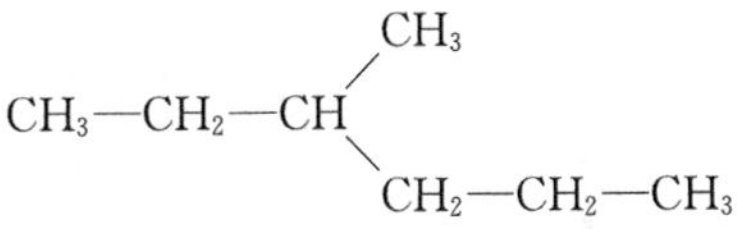

4. 写出符合下列条件的 C_5H_{12} 的结构式并各以系统命名法命名。

(1) 只含有伯氢,没有仲氢或叔氢。

(2) 含有一个叔氢。

(3) 只含有伯氢和仲氢而无叔氢。

5. 写出下列化合物的结构式和简式。

(1) 2,3-二甲基己烷　　(2) 2-甲基-3-乙基庚烷

(3) 2,4-二甲基-3-乙基己烷　　(4) 2,3,4-三甲基-3-乙基戊烷

(5) 2,2,3,4-四甲基戊烷　　(6) 反-1,3-二甲基环戊烷

(7) 顺-1-甲基-2-溴环己烷　　(8) 3,7,7-三甲基双环[4.1.0]庚烷

6. 不查物理常数表,试推测下列化合物沸点高低的顺序。

(1) 正庚烷　(2) 正己烷　(3) 2-甲基戊烷

(4) 2,2-二甲基丁烷　(5) 正癸烷

7. 比较下列各组化合物的燃烧热的高低。

(1) 顺-1,2-二甲基环己烷和反-1,2-二甲基环己烷

(2) 顺-1,3-二甲基环己烷和反-1,3-二甲基环己烷

(3) 顺-1,4-二甲基环己烷和反-1,4-二甲基环己烷

(4) 1-乙基环丙烷、1-甲基环丁烷和环戊烷

(5) $CH_3(CH_2)_3CH_3$、$(CH_3)_2CHCH_2CH_3$、$(CH_3)_3CCH_3$

8. 以C2与C3的σ键的轴为旋转轴，试分别画出2,3-二甲基丁烷和2,2,3,3-四甲基丁烷的典型构象式(用纽曼投影式表示)，并指出哪一个为其最稳定的构象。

9. 将下列的自由基按稳定性大小排列次序。

(1) $\dot{C}H_3$

(2) 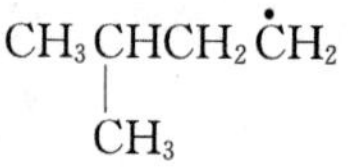

(3) 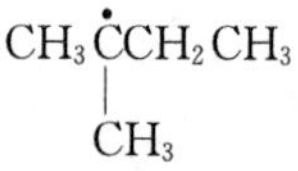

(4) 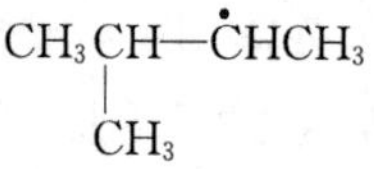

10. 写出下列反应的主要产物。

(1) $CH_3CH_2CH_3 + Br_2 \xrightarrow{h\nu}$

(2) 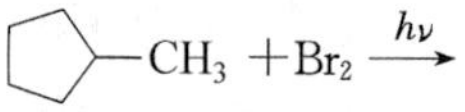

(3) 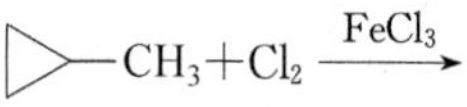

(4) 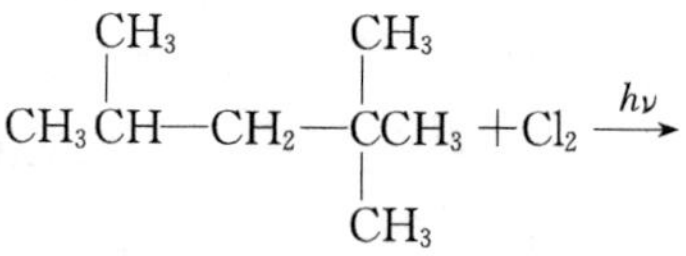

(5) 

11. 写出异丁烷在光照下一溴代反应的机理。

第3章 烯　　烃

分子结构中含有双键的烃称为烯烃(alkene)，根据分子中双键的数目又可分为单烯烃、二烯烃和多烯烃。根据烯烃的碳架结构，又可分为不饱和链烯烃和不饱和环烯烃两大类。本章的学习从最基本、最重要的烯烃开始。

3.1 烯烃的结构

与相应的烷烃相比，烯烃少两个氢原子，其通式为 C_nH_{2n}。碳-碳双键是烯烃的官能团。乙烯是烯烃的一个成员，它的结构式为

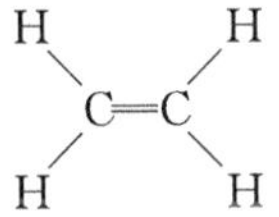

乙烯的构造中，以两个短横线表示的碳-碳双键的键能并不等于单键的两倍。碳-碳单键的键能为 345.6kJ・mol^{-1}，而碳-碳双键的键能为 610kJ・mol^{-1}，小于两个单键键能之和[345.6×2＝691.2(kJ・mol^{-1})]。因而碳-碳双键不是两个单键简单的加和，而是由两种键组成：一种是由两个碳原子的 sp^3 杂化轨道交盖形成的 σ 键；另一种是由两个碳原子的 p 轨道侧面(肩并肩)交盖而成的 π 键，π 键垂直分布于 sp^2 杂化轨道对称轴所在平面的上下，其交盖程度比 σ 键要小一些。π 键与 σ 键不同，不是沿成键两个原子核间的连线为轴对称交盖(头碰头)，而是以 p 轨道侧面平行交盖，只有当两个 p 轨道的对称轴平行时，交盖程度最大(图 3.1)。

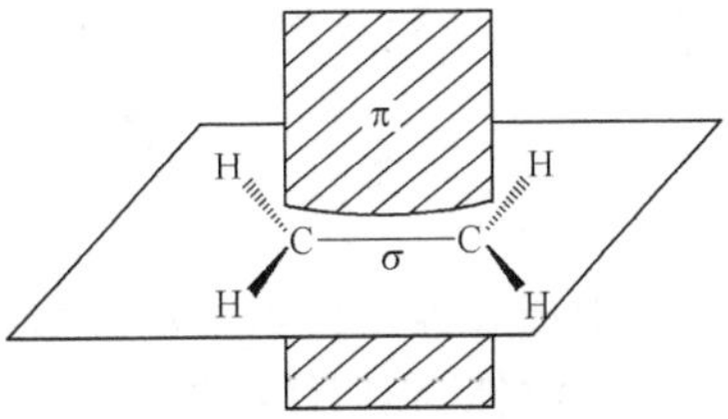

图 3.1　乙烯分子中键的分布

如果将两个 p 轨道相对旋转，则原平行的两个 p 轨道交盖程度减小，使 π 键削弱或破坏(图 3.2)。所以，π 键在一般条件下是不能自由旋转的。

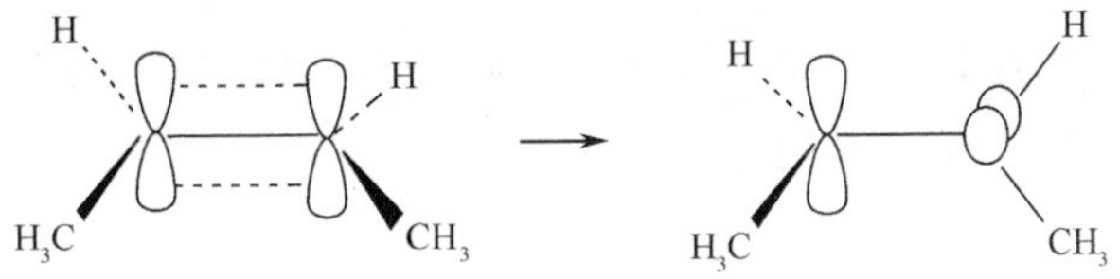

图 3.2　碳-碳 π 键旋转示意图

另外，π 键的电子云不像 σ 键电子云那样集中在两个成键原子连线之间，而是分散在 σ 键所在平面的上下两层，原子核对 π 电子的束缚力较小，容易受到外界的影响，容易被极化而发生反应，所以烯烃的化学性质比较活泼。

由于碳-碳双键由 σ 键和 π 键组成，核间距变小，因而键长(134pm)比烷烃中的碳-碳单键的键长(154pm)短。碳-碳双键与相邻键的夹角约为 120°。例如，在乙烯分子中，∠HCH 和∠HCC 分别为 117.2°和 121.4°，其键角的差别是由键的不等同性引起的。乙烯的立体模

型见图 3.3。

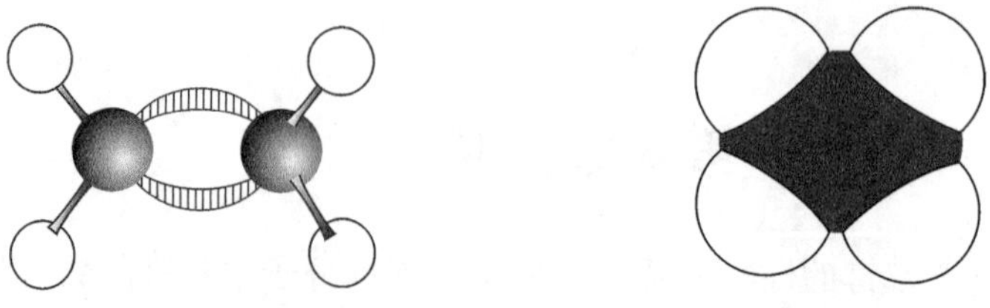

(a) 凯库勒模型　　(b) 斯陶特模型

图 3.3　乙烯的立体模型

3.2　烯烃的异构现象和命名

3.2.1　烯烃的构造异构

单烯烃中从丁烯开始就有了与丁烷类似的碳链异构体。

$CH_3CH_2CH{=}CH_2$　　1-丁烯

$CH_3-C(CH_3){=}CH_2$　　2-甲基丙烯

与丁烷不同的是，丁烯分子中存在双键，在碳骨架不变的情况下，双键在碳链中的位置不同，也可以产生异构体。这种异构现象称为官能团位置异构。

$CH_3CH_2CH{=}CH_2$　　1-丁烯

$CH_3CH{=}CHCH_3$　　2-丁烯

多数烯烃都存在碳链异构和官能团位置异构两种异构现象，故含有同碳数的烯烃与烷烃相比，烯烃的异构体数目更多。例如，戊烷有三种异构体，而戊烯则有五种异构体。

$CH_3CH_2CH_2CH{=}CH_2$　　1-戊烯

$CH_3CH_2CH{=}CH-CH_3$　　2-戊烯

$CH_3CH_2C(CH_3){=}CH_2$　　2-甲基-1-丁烯

$CH_3-CH{=}C(CH_3)-CH_3$　　2-甲基-2-丁烯

$H_2C{=}CH-CH(CH_3)-CH_3$　　3-甲基-1-丁烯

另外，含相同碳数的单烯烃与单环烷烃互为同分异构体，如丙烯与环丙烷、丁烯与环丁烷和甲基环丙烷等，也属于构造异构体。

3.2.2　烯烃的命名

烯烃的命名原则与烷烃相似。例如

$H_2C{=}CH_2$　　乙烯

$CH_3CH{=}CH_2$　　丙烯

$CH_3-CH(CH_3){=}CH_2$　　异丁烯

复杂的烯烃按照系统命名原则命名，首先选择含有双键的最长的碳链作为主链，给主链编号时从靠近双键的一端开始，侧链视为取代基。例如

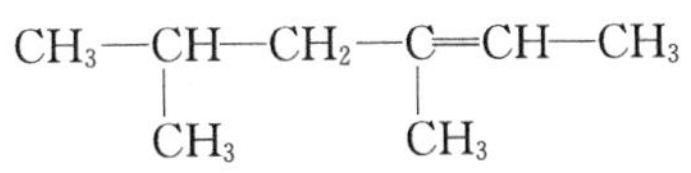

3,5-二甲基-2-己烯

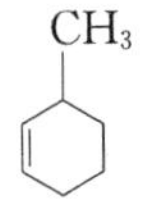

3-甲基环己烯

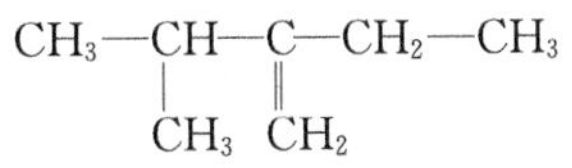

3-甲基-2-乙基-1-丁烯

烯烃去掉一个氢原子后剩下的一价基团称为烯基。烯基的命名只需在相应的母体名称后加“基”字即可。例如

$H_2C{=}CH—$ 乙烯基　　$CH_3CH{=}CH—$ 丙烯基　　$H_2C{=}CH—CH_2—$ 烯丙基

3.2.3　烯烃的顺反异构及命名

除上述异构现象外，烯烃还有另一类异构现象——立体异构(stereoisomerism)。由于双键不能自由旋转，双键两端碳原子上连接的四个原子或原子团是处在同一平面上的，因此，当双键两端碳原子上各连有两个不同的原子或原子团(如 2-丁烯)时，则双键碳上的四个基团在空间的排布就可以有两种不同的方式——两种构型。例如

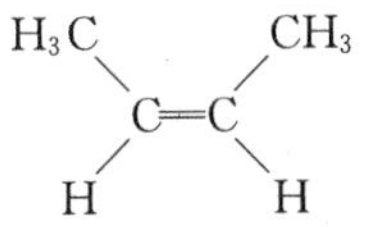

顺式

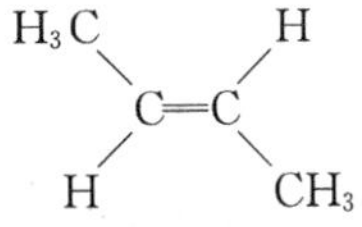

反式

这两个异构体的分子式相同，构造式相同，即其分子中原子或基团连接顺序及官能团(双键)的位置相同，两者的区别仅在于基团在空间的排布方式不同。前者相同的基团——两个甲基或两个氢原子排在双键的同侧，称为顺式(*cis*)异构体；后者中的两个甲基或氢原子则排在双键的两侧，称为反式(*trans*)异构体。两者的物理性质不同，化学性质也存在一定的差异。这种由于分子空间排布的几何形象不同而引起的异构现象称为顺反异构，属于立体异构中的构型异构。

必须指出，顺反异构(cis-trans isomerism)现象的产生，需要在结构上具备两个条件：①分子中必须具有限制旋转的因素，如双键；②双键的两端的每个碳原子上必须与两个不同的原子或基团相连。例如，具有下列结构形式的化合物都有顺反异构体。

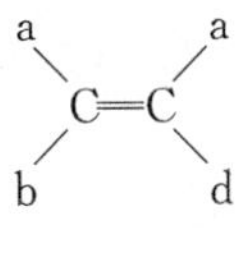

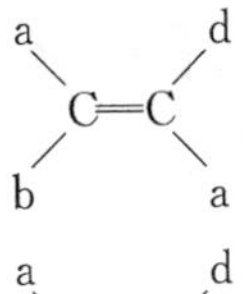

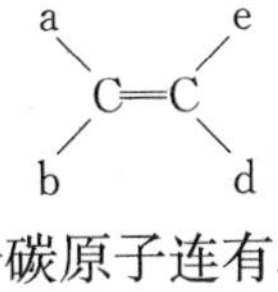

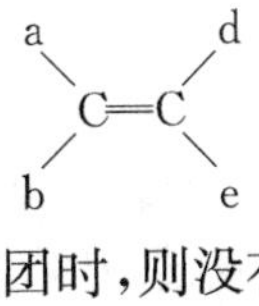

双键的两端如有一个碳原子连有相同的原子或基团时，则没有顺反异构体。例如，下面的两式为同一化合物。

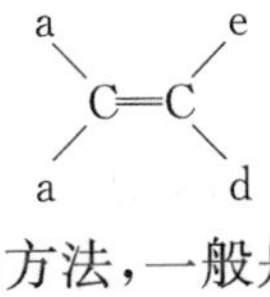

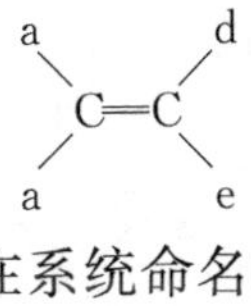

对顺反异构体的命名方法，一般是根据其构型，在系统命名的名称前加上“顺”或“反”字。例如

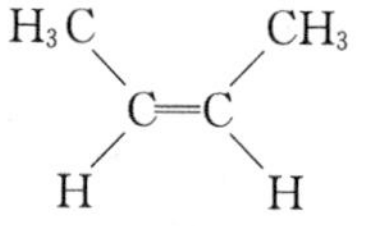

顺-2-丁烯

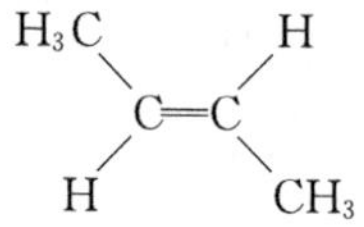

反-2-丁烯

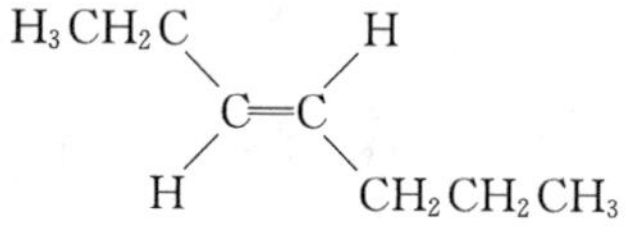

反-3-庚烯

当两个双键碳原子上连接四个不同的取代基时，用顺反命名很难确定它们的构型。例如

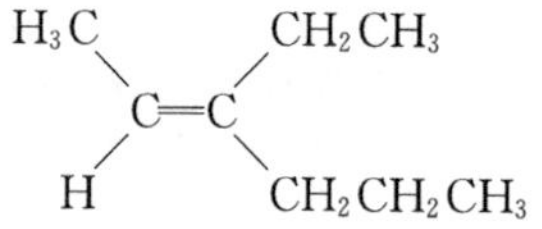

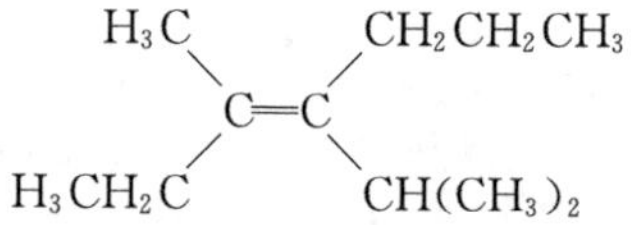

为此，国际上统一规定，即用 Z、E 法命名。字母 Z 是德文 Zusammen 的字头，即“同一侧”的意思，E 是德文Entgegen的字头，即“相反”、“相对”的意思。用次序规则决定 Z、E 的构型。

次序规则的要点如下：

(1) 连在双键碳原子上的四个取代基若为原子，按照原子序数的大小排列，原子序数大的应(优先)排在前面，小的排在后面，常见的几种原子的原子序数为 I(53)>Br(35)>Cl(17)>S(16)>P(15)>F(9)>O(8)>N(7)>C(6)>H。如果原子序数相同(同位素)，则按相对原子质量大小次序排列，如 D>H。

(2) 若与双键碳原子直接相连的取代基为原子团，则首先比较与之相连的第一个原子的原子序数；若第一个原子的原子序数相同，则通过比较次第相连的第二个、第三个、……原子的原子序数来决定原子团的大小顺序。例如，$—CH_3$ 和 $—CH_2—CH_3$ 比较，乙基应排在甲基之前，因为两者的第一原子均为碳，就必须再比较以后的原子，在甲基中和碳相连的原子是 H、H、H，而在乙基中和第一个碳原子相连的原子是 C、H、H，两者相比较，乙基中有一个碳原子，甲基中有三个氢原子，碳的原子序数大于氢，所以乙基应(优先)排在甲基之前。同理，$—CH(CH_3)_2$ 和 $—CH_2—CH_3$ 比较，$—CH(CH_3)_2$ 应(优先)排在 $—CH_2CH_3$ 之前。下面是几个不同的丁基的排列顺序：

$$(CH_3)_3C— > CH_3CH_2CH(CH_3)— > (CH_3)_2CHCH_2— > CH_3CH_2CH_2CH_2—$$

(3) 若取代中含有不饱和键时，应把双键和叁键原子看作以单键和多个原子相连。例如，C═A 与  相当，C═C 与 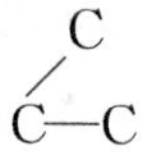 相当，C═O 与 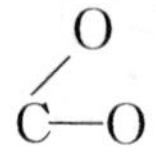 相当，C≡N 与 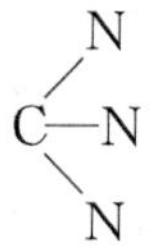 相当。

规定双键上两个碳原子所连接的两个原子或基团如果是两个“优先”排的位于双键同侧，就称为 Z 型；如果位于双键两侧，就称为 E 型。

例如，因为 $CH_3— > H—$ ，$CH_3CH_2— > CH_3—$ ，所以两个顺反异构化的 3-甲基-2-戊烯分别采用下列命名方式：

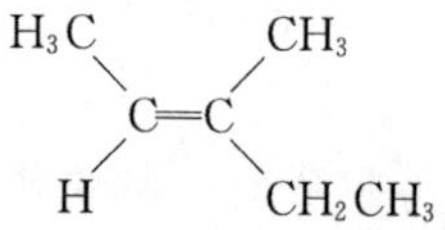

(E)-3-甲基-2-戊烯

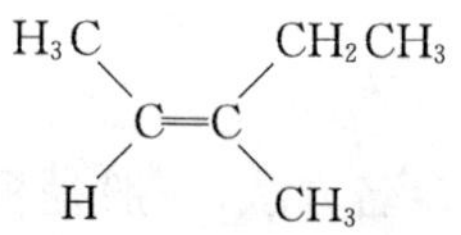

(Z)-3-甲基-2-戊烯

问题3.1　下列化合物中，何者存在顺反异构体？写出构型式。

(1) $H_2C{=}CH{-}CH_2{-}CH_3$　　(2) $H_3C{-}CH_2{-}CH{=}CH{-}CH_3$

(3) $CH_3{-}CH_2{-}CH{=}C(CH_3)CH_2{-}CH_3$　　(4) $H_3C{-}CH{=}CCl_2$

(5) 2-戊烯　　(6) $CHCl{=}CHCl$　　(7) 异丁烯

问题3.2　写出分子式为 C_7H_{14}、最长碳链为五个碳原子的烯烃各种可能的异构体。

问题3.3　按照“次序规则”比较下列基团的先后次序。

(1) $-C{\equiv}N$　　(2) $-Cl$　　(3) $-CHO$　　(4) $-CH(CH_3)_2$

3.3　烯烃的物理性质

烯烃的沸点、熔点、相对密度和折光率等在同系列中的递变规律都和烷烃相似，但一些烯烃分子具有较小的极性。

烯烃分子的极性产生于双键上的碳原子和烷基取代基上碳原子的轨道杂化不同，造成电负性也不相同。在碳原子 sp^n 杂化轨道中，n 的数值越小，s 的成分越大。s 电子较 p 电子靠近原子核，受原子核的束缚较大，所以碳原子的电负性随杂化轨道的 s 成分的增加而增大。因此电负性大小次序为 $C(sp) > C(sp^2) > C(sp^3)$。在丙烯分子中，甲基碳原子($sp^3$)和烯键碳原子($sp^2$)之间的电子云由于诱导效应而偏向于双键碳原子一侧，因而形成较小的极性。分子的偶极矩为键的偶极矩的向量和，因而顺-2-丁烯有较小的偶极矩，而反-2-丁烯的偶极矩为零。一些烯烃的物理性质列于表 3.1。

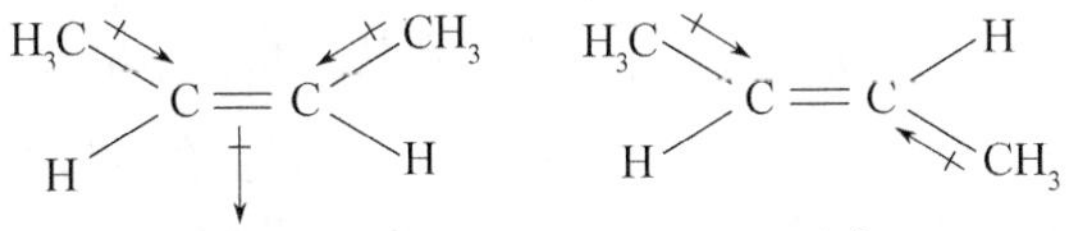

	顺式	反式
偶极矩/deb	0.33	0.0
熔点/℃	−139.3	−105.5
沸点/℃	3.5	0.9

表 3.1　一些烯烃的物理性质

名称	英文名称	沸点/℃	熔点/℃	相对密度
乙烯	ethene, ethylene	−103.9	−169.5	0.5699
丙烯	propene	−47.7	−185.1	0.6100
1-丁烯	1-butene	−6.5	−185.4	0.6255
顺-2-丁烯	*cis*-2-butene	3.5	−138.9	0.6213
反-2-丁烯	*trans*-2-butene	0.9	−105.5	0.6042
2-甲基丙烯	2-methylpropene	−6.6	−140.8	0.6310(10℃)
1-戊烯	1-pentene	30.1	−165.2	0.6410
(*Z*)-2-戊烯	(*Z*)-2-pentene	36.9	−151.4	0.6556
(*E*)-2-戊烯	(*E*)-2-pentene	36.4	−136.0	0.6482
1-己烯	1-hexene	63.5	−138.0	0.6731

续表

名称	英文名称	沸点/℃	熔点/℃	相对密度
1-庚烯	1-heptene	94.9	—119.7	0.6970
1-辛烯	1-octene	119.2	—104.0	0.7149
1-癸烯	1-decene	172.0	—81.0	0.7720

3.4 烯烃的化学性质

烯烃的化学性质较烷烃活泼得多，主要原因是分子中存在碳-碳双键。由 σ 键和 π 键组成的双键中，π 键的强度比 σ 键低得多，在反应中容易断裂，成为烯烃分子中的主要反应部位，烯烃分子的加成、氧化、聚合等反应，均与 π 键的断裂密切相关。与烯烃官能团相连碳原子上的氢(称为 α-H)，因受双键影响较大，在一定条件下也很活泼。

根据烯烃的结构，其主要化学反应如下：

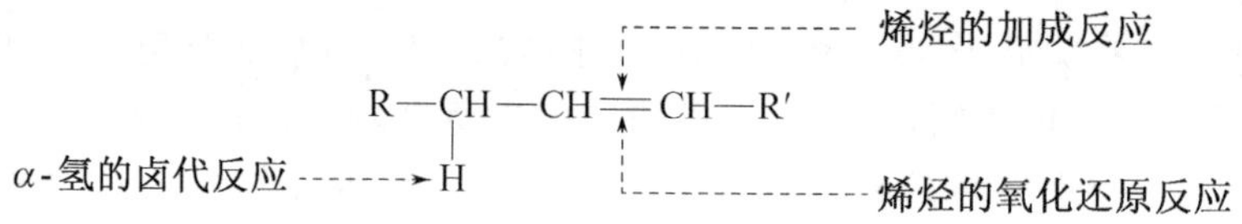

3.4.1 催化加氢

在催化剂(Pt、Pd、Ni 等过渡金属)存在下，烯烃与氢加成生成烷烃。

$$R—CH═CH_2 + H_2 \xrightarrow{催化剂} R—CH_2—CH_3$$

雷尼(Raney)镍(镍铝合金用碱处理，溶去铝后，剩下多孔的镍粉，表面积大)虽比铂、钯活性低，但价格低廉，用它作催化剂时在常温下也可发生加氢反应。工业上多采用它作催化剂。

烯烃为气体时，可以加氢气混合，再通过催化剂进行加成反应。烯烃为液体或固体时，可先溶解在惰性溶剂中，加催化剂后通入氢气，一起摇动进行加氢反应。由于一些催化剂不溶解在有机溶剂中，因而称催化剂为非均相催化剂，称此催化反应为非均相催化氢化。其反应过程一般是：氢分子被吸附在催化剂表面并发生键的破裂，生成活泼的氢原子，同时烯烃的 π 键络合于催化剂表面而被活化，氢原子与烯键碳原子结合生成烷烃后从催化剂表面解吸。其中气体被吸附在催化剂的表面的步骤是反应的关键步骤。所以当双键碳原子上的烷基取代基增多时，空间障碍会使烯烃不容易被催化剂吸附，从而加氢速率减小。近年来发展了可溶于有机溶剂的催化剂，如氯化铑或氯化钌的三苯基膦的络化物$[(C_6H_5)_3P]_3RhCl$和$[(C_6H_5)_3P]_3RuCl$，称为均相催化剂。

催化加氢反应可以定量进行，每打开一个 π 键，就消耗 1mol 氢气，计算消耗掉的氢气的体积，就可以测定双键的数目。

烯烃的催化加氢是放热反应，因为生成两个 σ 键放出的热量大于破裂一个 π 键和一个氢分子的 σ 键所吸收的热量。1mol 烯烃与氢气加成所放出的热量称为氢化热。不同的烯烃，其加氢热效应值不相同。例如，加氢所得的产物相同时，氢化热越小，原来的烯烃就越稳定。催化剂作用是降低反应的活化能，不改变反应的热效应。因此可以利用催化加氢反应测定氢化热。图 3.4 比较了不同结构的烯烃相对稳定性。

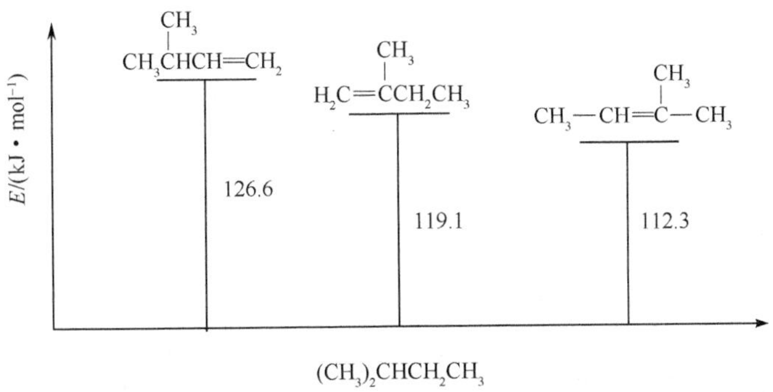

图 3.4　三种异戊烯异构体的势能图

图 3.4 中的三种烯烃构造异构体的碳链相同，经催化加氢后都得到异戊烷。氢化热大小的顺序为 3-甲基-1-丁烯＞2-甲基-1-丁烯＞2-甲基-2-丁烯，就是说碳-碳双键上烷基越多，氢化热越小，烯烃也就越稳定。这是因为碳-氢 σ 键与 π 键直接相连时，也有类似的离域现象，C—H σ 键与 π 键的 p 轨道共轭如图 3.5 所示。

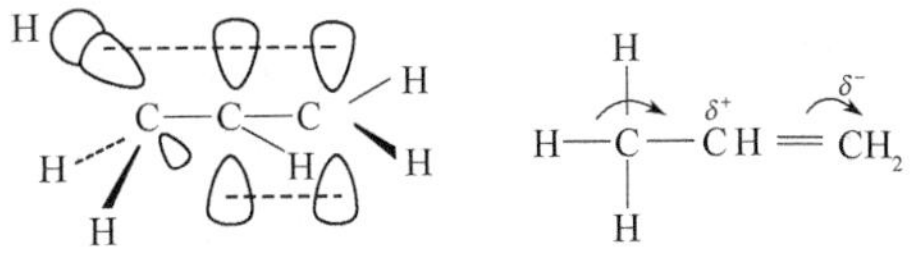

图 3.5　丙烯分子中的共轭效应

虽然这种电子离域的共轭效应很弱，但它确实是存在的。通过对氢化热数据的分析，得知 2-甲基-2-丁烯之所以氢化热比较小，能量较低，相对比较稳定，主要是因为它与 2-甲基-1-丁烯相比有更多的碳-氢 σ 键与双键处于共轭，发生了电子离域。2-甲基-2-丁烯有九个 C—H σ 键与双键共轭，而 2-甲基-1-丁烯有五个 C—H σ 键与双键共轭，3-甲基-1-丁烯只有一个 C—H σ 键与双键共轭。因此与前两者比较，2-甲基-2-丁烯离域比较充分，离域能较大，体系比较稳定。碳-氢 σ 键与 π 键的共轭体系称为超共轭体系，在这样体系中的电子离域称为超共轭(hyperconjugation)效应或称为 σ-π 共轭效应。超共轭效应虽然在理论解释上还存在不少分歧，但它的存在是公认的，是大量实验室事实和近代物理方法测定所证实的。

在顺反异构体中反式异构体比顺式稳定。例如，顺-2-丁烯的氢化热(118.9kJ·mol^{-1})比反-2-丁烯(114.7kJ·mol^{-1})高。这是由于在顺-2-丁烯分子中体积较大的两个甲基拥挤在一起，它们之间存在较大的范德华斥力，分子的能量升高。

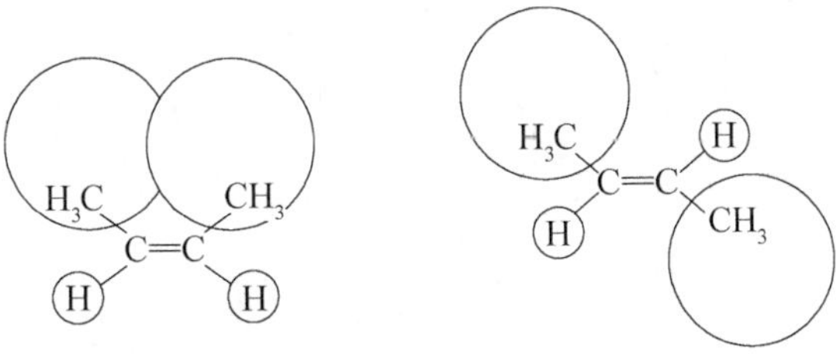

顺-2-丁烯　　　　反-2-丁烯

烯烃的催化加氢在实际应用上很有意义，如将苯氢化制环己烷(锦纶原料)、油脂氢化制硬化油、制造人造奶油等。

3.4.2　亲电加成反应

烯烃容易与许多亲电试剂或者在路易斯酸催化下发生加成反应。

1. 加卤素

烯烃容易与卤素发生加成反应，生成邻二卤烷。例如，将乙烯通入溴中，即生成1，2-二溴乙烷。

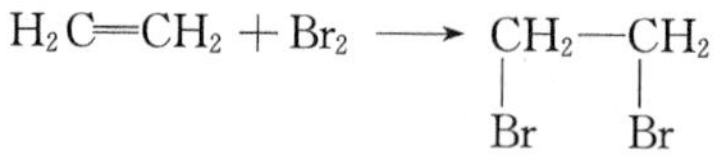

溴与碳-碳双键的加成反应广泛用于检验烯烃及其他不饱和化合物的存在。将烯烃或其他不饱和化合物通入溴的四氯化碳（或水）溶液中，则溴褪色。但干燥的乙烯通入无水的溴的四氯化碳溶液中，反应很难进行。当加入一滴水时反应立即发生，溴的颜色迅速褪去。乙烯与溴在玻璃反应器中反应顺利进行，若把它们放置在涂有石蜡的玻璃容器中，则反应不易进行。这些现象说明水和玻璃等极性物质对烯烃和溴的加成反应有重要影响。

反应机理：经过大量实验，认识到烯烃与溴的加成反应机理是共价键异裂的加成反应，分两步进行。第一步，溴分子受到反应体系中极性物质的影响，其分子间的非极性共价键开始极化，一个溴原子带部分正电荷，另一个溴原子则带部分负电荷。

$$Br_2 \longrightarrow \overset{\delta^+}{Br}-\overset{\delta^-}{Br} \qquad H_2\overset{\delta^+}{C}=\overset{\delta^-}{C}H_2$$

同样，乙烯中的双键也受到反应体系中极性物质及极化了的溴分子的影响，π电子发生极化，使双键两端的一个碳原子带部分正电荷，另一个带部分负电荷。

从理论上说，带部分正电荷的溴原子较带部分负电荷的溴原子更为不稳定。带部分正电荷的溴原子向乙烯接近时，溴分子与乙烯双键间的π电子形成一个π络合物。

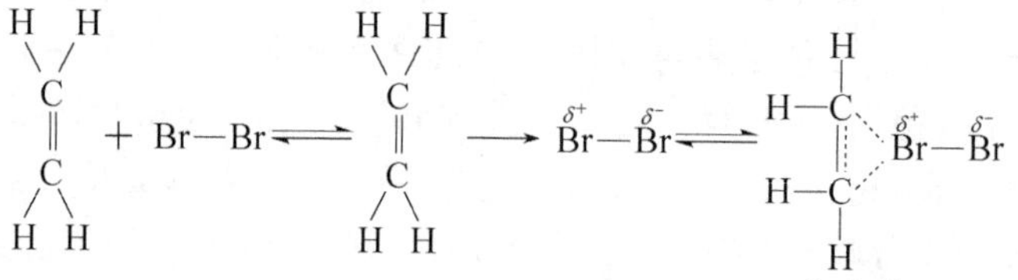

π络合物

（极化了的溴原子从垂直方向与π键相接近，形成π络合物）

由于继续极化导致溴分子的π键发生异裂，π络合物进一步转化为带正电荷的三元环状溴鎓离子中间体和溴负离子，这是加成反应的第一步，由于生成中间体的反应需要较高的活化能，因此这一步反应速率较慢，是决定整个加成反应速率的关键性一步。

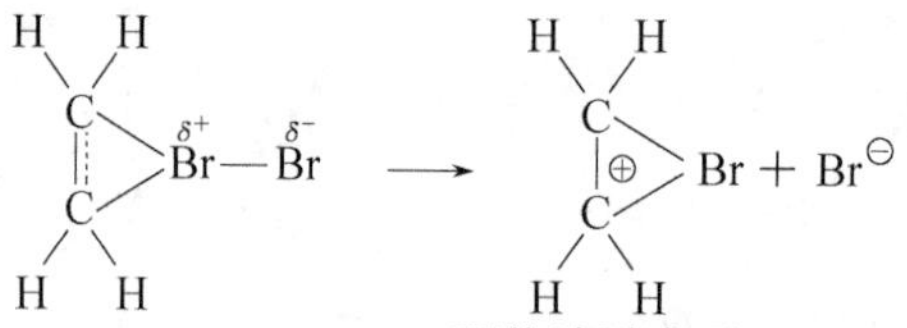

环状溴鎓离子

第二步，Br^-迅速从环的反面与碳原子相结合，三元环被打开生成1，2-二溴乙烷。

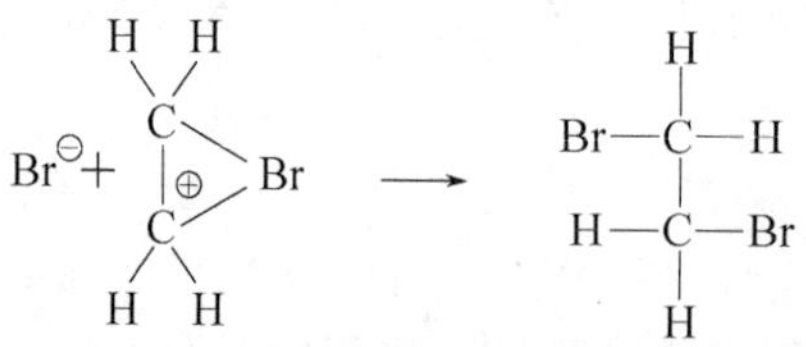

以上过程就是乙烯与溴进行亲电加成反应的机理。氯原子的电负性比溴大，且半径比溴小，因而形成环卤鎓离子的倾向比溴小，常形成非环状的碳正离子。

环状烯烃与溴加成经历同样的溴鎓离子中间体，生成反式加成产物。例如

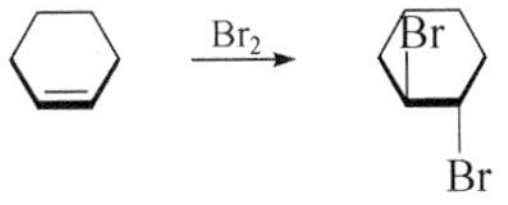

环卤鎓离子或碳正离子(carbocation)一旦生成，立即与溶液中的负离子结合。下例中环溴鎓离子立即与负离子或具有未共用电子对的水分子结合，分别生成含氯、含溴、含碘、含氮和含羟基的产物。

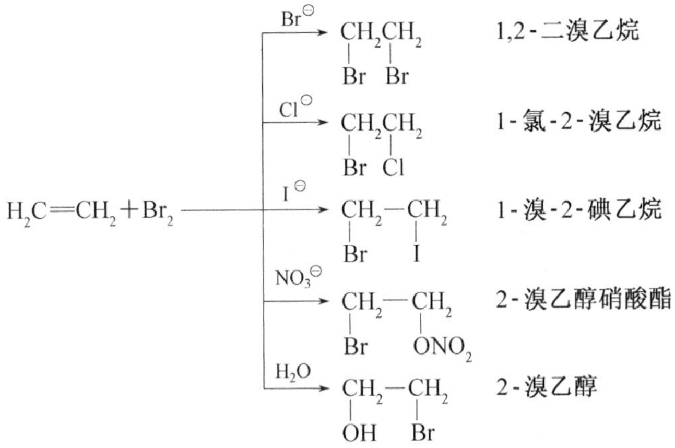

作为亲电试剂，卤素的活泼顺序为 $F_2 > Cl_2 > Br_2 > I_2$。

氟与烯烃的反应过于剧烈，不易控制。碘与烯烃难以反应。因此，只有氯和溴与烯烃的加成反应具有重要意义。烯烃和碘虽难以进行反应，但与 ICl、IBr 等都能发生加成反应，有的在有机合成中还很重要。

2. 与 HX 加成

氢卤酸是极性分子，易离解而生成质子。烯烃首先与带正电的质子作用，双键的一对 π 电子和 H^+ 结合，因而使双键另一碳原子带正电，这样就生成了带正电中间体碳正离子。这个碳正离子进一步与卤离子结合而生成卤烷。氢卤酸中 HCl、HBr、HI 的加成有实际应用价值，HF 的加成因副反应多而无实际价值。

$$H_2C{=}CH_2 + H{-}Cl \longrightarrow [\overset{\oplus}{C}H_2{-}CH_3 + Cl^{\ominus}] \longrightarrow Cl{-}CH_2{-}CH_3$$

由于第一步反应是质子参与反应，因此促进氢卤酸离解的因素都将有利于此亲电加成反应的进行。工业上乙烯和 HCl 的加成反应是在氯乙烷溶液中，在催化剂无水氯化铝的存在下进行的。氯化铝起了促进氯化氢离解的作用，因而加速了此反应的进行。

$$AlCl_3 + HCl \longrightarrow AlCl_4^- + H^+$$

两个双键碳原子上的取代基不相等的烯烃称为不对称烯烃。当卤化氢与不对称烯烃加成时，可以得到两种不同的产物，但往往其中之一为主要产物。

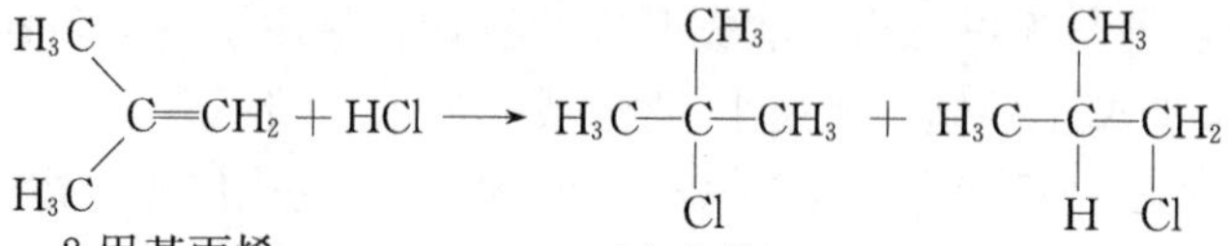

2-甲基丙烯　　　　（主产物）

这是在 1869 年就发现的经验规律，称为马尔科夫尼科夫(Markovnikov)规则。要说明为什么会有这一规律，就必须先了解烯烃亲电加成的反应机理。

反应机理：卤化氢与烯烃的加成反应是分步进行的离子型反应。卤化氢分子中带部分正电荷(δ^+)的氢原子接近烯键的 π 电子云时，H—X 键发生异裂，同时质子接受一对 π 电子(π 键破裂)生成碳正离子，这是整个反应的速率决定步骤(rate-determining step)。碳正离子一经生成，立即与卤素负离子结合成一卤代烃分子。第二步比第一步快得多。

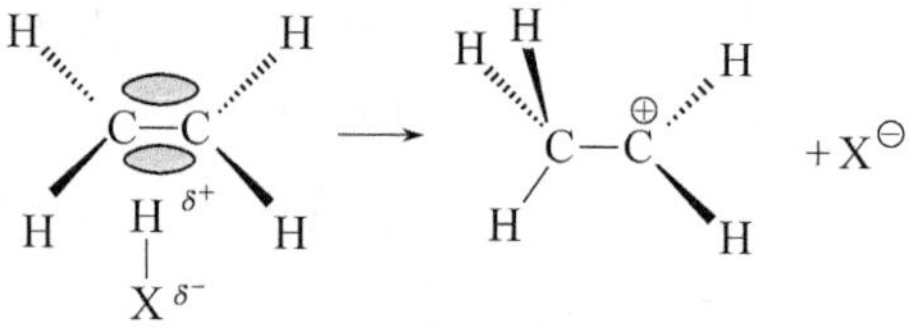

$$HX \rightleftharpoons H^{\oplus} + X^{\ominus}$$

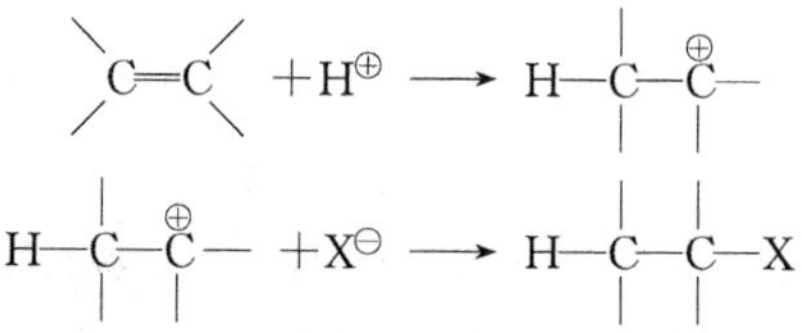

(1)

(2)

其中第一步是决定整个反应速率的步骤，在这第一步中生成的碳正离子越稳定，反应越容易进行。马尔科夫尼科夫规则可用碳正离子的稳定性来解释。

根据物理学的规律，一个带电体系的稳定性取决于所带电荷的分布情况，电荷越分散，体系越稳定。碳正离子的稳定性也同样取决于其本身电荷的分布情况。

碳正离子的稳定性为甲基碳正离子＜伯碳正离子＜仲碳正离子＜叔碳正离子，即

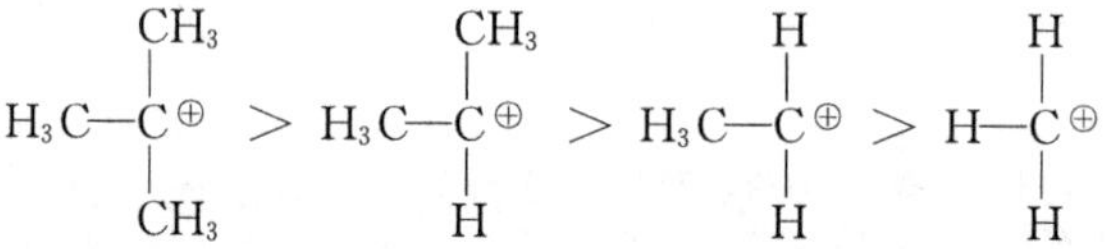

实验证明，甲基与氢原子相比较，甲基是给电子的取代基，当甲基与带正电荷的中心碳原子相接近时，碳正离子上的电荷分散，故其稳定性提高。与中心碳原子相连的甲基越多，碳正离子的电荷越分散，其稳定性越强。因此，上面一系列烃基碳原子的稳定性从左到右逐渐增强。

在丙烯与 HX 加成反应的第一步中，产生的碳正离子可能有两种：

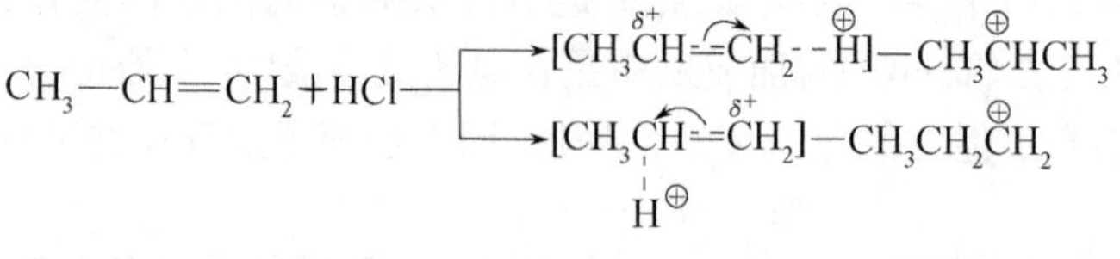

(1)

(2)

在碳正离子(1)中，带正电荷的碳原子上连有两个甲基，在碳正离子(2)中，带正电荷的碳原子上只连有一个乙基。乙基的给电子能力与甲基相近，因此，碳正离子(1)的稳定性大于碳正离子(2)的稳定性。所以，反应产物主要是生成 2-卤丙烷。碳正离子的稳定性是马

尔科夫尼科夫规则的理论依据。从图 3.6 中可以看出，仲碳正离子的能量低于伯碳正离子，因而其稳定性要高于伯碳正离子。

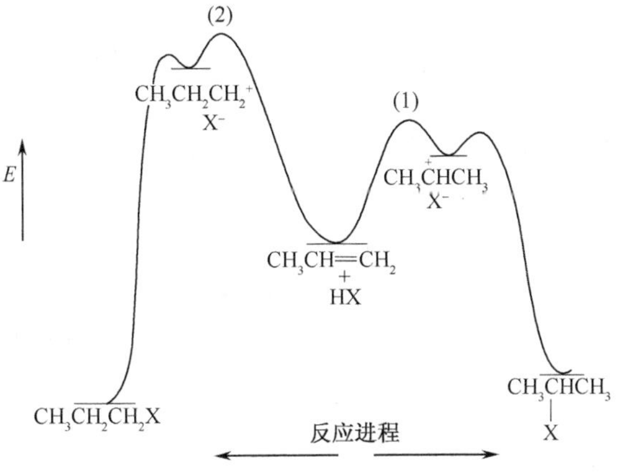

图 3.6　丙烯与氯化氢加成反应的能量图

分子的结构也可以对烯烃的不对称规则加以解释。烷基与双键碳原子相连时，与氢相比，烷基具有微弱给电子能力，通过诱导效应，碳-碳双键上的 π 电子云发生偏移，离烷基较远的双键碳原子上有较大的电子云密度，带有部分负电荷，因此质子进入这个碳原子上。例如

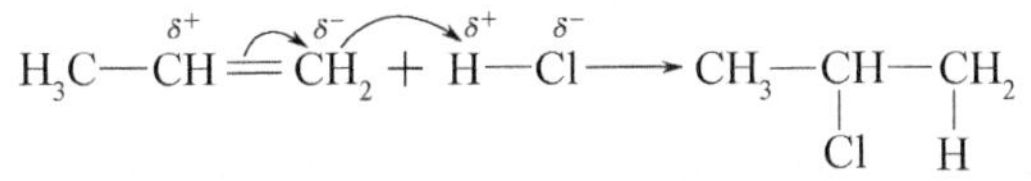

在酸性条件下的加成反应过程中，一个不稳定的碳正离子会重排为一个更加稳定的碳正离子。例如

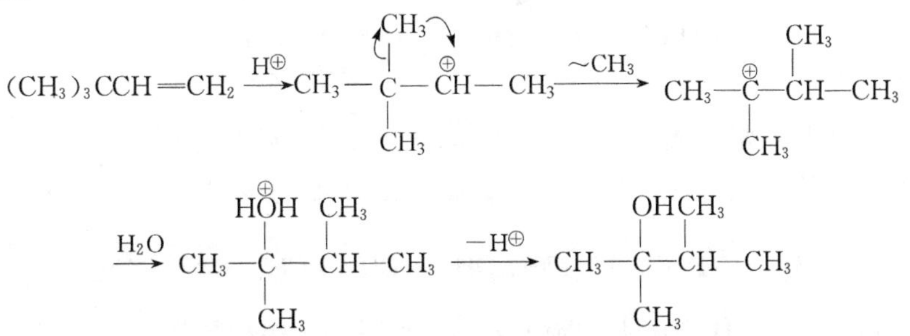

不对称环烷烃与 HX 加成时，化学键在取代基最多的碳原子和取代基最少的碳原子之间断裂，产物的选择性遵循马尔科夫尼科夫规则。例如

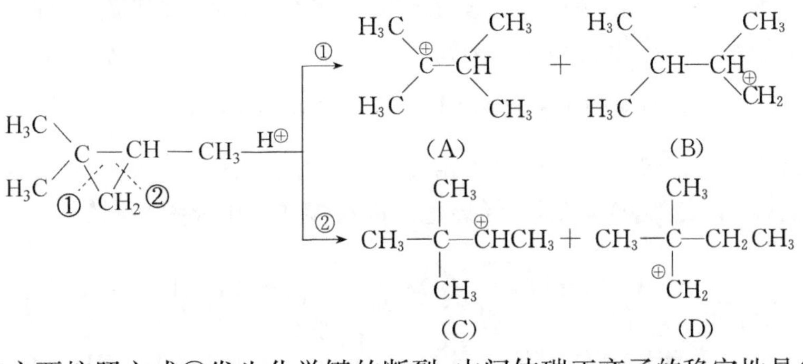

上述反应主要按照方式①发生化学键的断裂，中间体碳正离子的稳定性是(A)＞(C)＞

(B)≈(D)，所以主产物是 $(CH_3)_2C(X)—CH(CH_3)_2$。

在不对称烯烃中电荷是不平均分布，多数人认为主要是由 σ-π 超共轭效应的关系。因此，从烯烃来说，双键碳原子上的电荷密度越大，反应越快。例如

$$H_3C—CH═CH_2—CH_3 > H_3C—CH═CH_2 > H_2C═CH_2$$

由于反应中生成碳正离子，因此给电子基有利于提高碳正离子的稳定性，吸电子基有利于降低碳正离子的稳定性。在三氟丙烯（$F_3C—CH═CH_2$）与 HX 加成反应中：

$$F_3C—CH═CH_2 + HX \longrightarrow F_3C—CH_2—CH_2X$$

不但加成反应违反马尔科夫尼科夫规则，而且其加成反应活性小于丙烯，原因是 CF_3— 是强吸电子基，使碳-碳双键上的 π 电子云向吸电子基偏移，因而加成反应违反马尔科夫尼科夫规则。

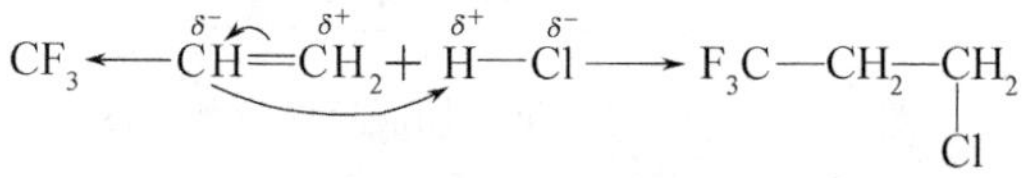

同时吸电子基存在不利正电荷分散，使反应中生成的碳正离子稳定性下降，导致加成反应活性小于丙烯。

从亲电试剂的角度来看，酸性越强越活泼。例如，氢卤酸的加成活泼顺序为

$$HI > HBr > HCl$$

3. *加硫酸*

将乙烯通入冷的浓硫酸中时，发生加成反应，生成硫酸氢乙酯（乙基硫酸），该化合物能溶解于硫酸中。

$$H_2C═CH_2 + HOSO_2OH \longrightarrow CH_3CH_2^{\oplus} + OSO_2OH^{\ominus}$$

$$CH_3CH_2^{\oplus} + OSO_2OH^{\ominus} \longrightarrow \underset{\text{硫酸氢乙酯}}{CH_3CH_2OSO_2OH}$$

反应的第一步是乙烯与质子加成，其次是碳正离子与硫酸氢根相结合，生成硫酸氢乙酯。不对称烯烃与硫酸的加成反应与 HX 的加成相似，仍遵循马尔科夫尼科夫规则。

$$H_3C—CH═CH_2 + HOSO_2OH \longrightarrow CH_3\overset{\oplus}{C}HCH_3 + OSO_2OH^{\ominus}$$

$$CH_3\overset{\oplus}{C}HCH_3 + OSO_2OH^{\ominus} \longrightarrow (CH_3)_2CHOSO_2OH$$

烯键一端碳上烷基越多，越易和硫酸加成。例如，异丁烯用 63％的硫酸即可发生加成，而丙烯和丁烯则需要 80％的硫酸才能发生加成，乙烯则需要 98％的浓硫酸。

硫酸氢酯易水解生成相应的醇。例如

$$(CH_3)_2CHOSO_2OH + H_2O \longrightarrow (CH_3)_2CHOH + H_2SO_4$$

工业上利用这个反应以烯烃为原料生产相应的醇。此方法称为烯烃的间接水合法。

在催化剂（硫酸或磷酸）存在下，烯烃也可以直接加水生成醇。例如

$$H_2C═CH_2 + H_2O \xrightarrow[300℃,70MPa]{H_3PO_4} CH_3CH_2OH$$

$$CH_3—CH═CH_2 + H_2O \xrightarrow[200℃,20MPa]{H_3PO_4} (CH_3)_2CHOH$$

这也是工业上制备醇的方法，称为烯烃的直接水合法。

利用烯烃与硫酸作用可生成能溶于硫酸的硫酸氢烷基酯的性质来分离提纯某些不与硫酸作用，又不溶于硫酸的有机物，如烷烃、卤代烃等。在石油工业中，可将含少量烯烃的烷烃与适量的浓硫酸一起振荡，便可除去烷烃中的烯烃。

在酸催化剂存在时，烯烃可与羧酸、醇加成得到羧酸酯和醚。例如

$$(CH_3)_2C{=}CH_2 + C_2H_5OH \xrightarrow{H_2SO_4} (CH_3)_2\underset{OC_2H_5}{\underset{|}{C}}{-}CH_3$$

$$(CH_3)_2C{=}CH_2 + CH_3COOH \xrightarrow{H_2SO_4} (CH_3)_2\underset{OCOCH_3}{\underset{|}{C}}{-}CH_3$$

反应也遵守马尔科夫尼科夫规则。

问题3.4　根据乙烯加溴反应的机理，解释为什么将乙烯通入含溴的氯化钠水溶液时，加成产物为 $BrCH_2CH_2Br$ 和 $BrCH_2CH_2Cl$，但不能生成 $ClCH_2CH_2Cl$。

问题3.5　下列化合物与 HI 起加成反应时，主要产物是什么？

(1) $(CH_3)_2C{=}CHCH_3$　　(2) $H_2C{=}CHCH_2CH{=}C(CH_3)_2$

问题 3.6　正己烷中混有少量 1-己烯时，用什么方法可以将 1-己烯除去？

问题 3.7　解释下列反应产物的形成过程。

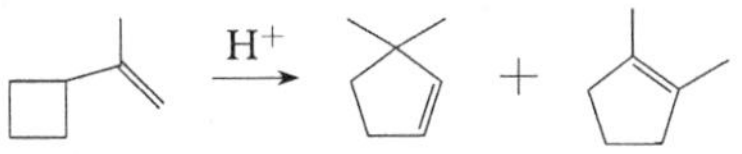

---

4. 加次卤酸

烯烃与次卤酸加成生成 β-卤代醇，反应如下：

$$H_2C{=}CH_2 + HO{-}X \longrightarrow \underset{OH}{\underset{|}{CH_2}}\underset{X}{\underset{|}{CH_2}}$$

在实验室和实际生产中，常用氯气和水、溴和水分别代替次氯酸和次溴酸。例如，工业上将乙烯和氯气同时通入水中生产氯乙醇，同时副产品为 1，2-二氯乙烷。

$$H_2C{=}CH_2 + Cl_2 + H_2O \longrightarrow \underset{Cl}{\underset{|}{CH_2}}{-}\underset{OH}{\underset{|}{CH_2}} + \underset{Cl}{\underset{|}{CH_2}}{-}\underset{Cl}{\underset{|}{CH_2}}$$

这说明烯烃与次卤酸的加成也是分步的亲电加成反应。

在次卤酸分子中，由于氧原子的电负性比氯和溴原子大，因此分子是极化的，氧原子上带部分负电荷，而氯原子或溴原子上带部分正电荷：$\overset{\delta^-}{HO}{-}\overset{\delta^+}{Cl}$，$\overset{\delta^-}{HO}{-}\overset{\delta^+}{Br}$ 。在与不对称烯烃的加成时，试剂中负的部分即羟基加在含氢最少的双键碳原子上。例如

$$H_3C{-}CH{=}CH_2 + Br_2 + H_2O \longrightarrow CH_3\underset{OH}{\underset{|}{CH}}{-}\underset{Br}{\underset{|}{CH_2}}$$

3.4.3 自由基加成反应

当有氧或过氧化物存在时，烯烃与溴化氢加成时溴加到含氢较多的双键碳原子上，违反马尔科夫尼科夫规则。

$$RCH{=}CH_2 + HBr \xrightarrow{\text{过氧化物}} RCH_2CH_2Br$$

这是由于反应机理不同。过氧化物容易受热分解而产生自由基,从而引发自由基加成反应。其过程如下:

$$ROOR \xrightarrow{\triangle} 2RO\cdot$$

$$R{-}O\cdot + HBr \longrightarrow R{-}OH + Br\cdot$$

$$Br\cdot + CH_3{-}CH{=}CH_2 \longrightarrow CH_3{-}\dot{C}H{-}CH_2Br$$

$$CH_3{-}\dot{C}H{-}CH_2Br + HBr \longrightarrow CH_3{-}CH_2{-}CH_2Br + Br\cdot$$

如此循环往复,直至自由基消失为止。溴原子(自由基)之所以加到含氢较多的碳原子上,是因为自由基的稳定性为叔碳自由基>仲碳自由基>伯碳自由基>甲基自由基。由过氧化物引起的这种现象称为过氧化物效应。这种效应并非对所有卤化氢都适用。氯化氢产生自由基比较困难,碘化氢虽然容易产生碘自由基,但碘原子又不够活泼,不足以和烯烃发生加成反应。

溴化氢与烯烃的自由基加成反应对有机合成一般来说并不重要,但它在理论上是重要的。这说明反应条件不同,可能引起不同的反应机理,生成不同的产物。烯烃既易与亲电试剂发生反应,也可以与自由基发生反应。

问题3.8　下列化合物在酸催化下与溴化氢进行加成反应的主要产物是什么?如果是在过氧化物作用下进行加成反应,其主要产物有什么不同?为什么?

(1) 2-甲基-1-丁烯　　(2) 2,4-二甲基-2-戊烯　　(3) 2-丁烯

3.4.4　双键的氧化反应

双键的氧化反应首先也是 π 键发生反应,但在强烈的条件下,σ 键也遭到破坏。在进行氧化反应时,由于氧化剂和反应条件不同,氧化反应产物不同。

1. 环氧化反应

用活性银作催化剂,于 220~280℃以空气直接氧化乙烯,则双键中的 π 键断裂,生成环氧乙烷(氧化乙烯)。

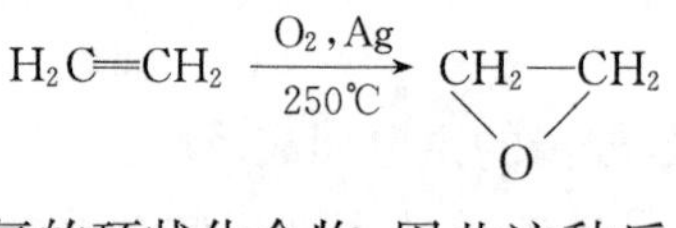

由于氧化后产物是一个含氧的环状化合物,因此这种反应也称为环氧化物反应。这是目前工业上生产环氧乙烷的方法之一。

另外,采用有机过氧酸和氢过氧化烃作氧化剂,也可将烯烃氧化成相应的环氧化物。

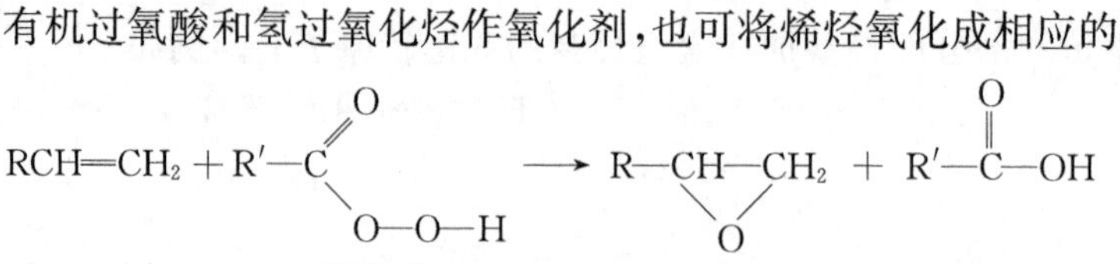

过氧酸　　环氧化物　　羧酸

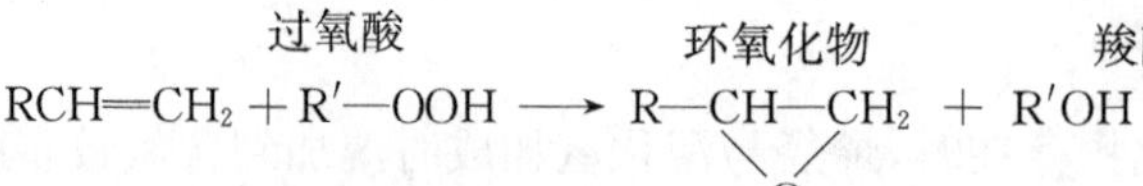

氢过氧化烃　　醇

过氧酸和氢过氧化烃具有较好的氧化性能，不产生重金属污染，属于环境友好的氧化剂，在实验室及工业上都已被广泛采用。

2. 高锰酸钾氧化

利用冷的高锰酸钾稀碱性水溶液氧化烯烃，则 π 键断裂，在两个双键碳原子上分别加入两个羟基（—OH），这种产物统称为邻位二醇。

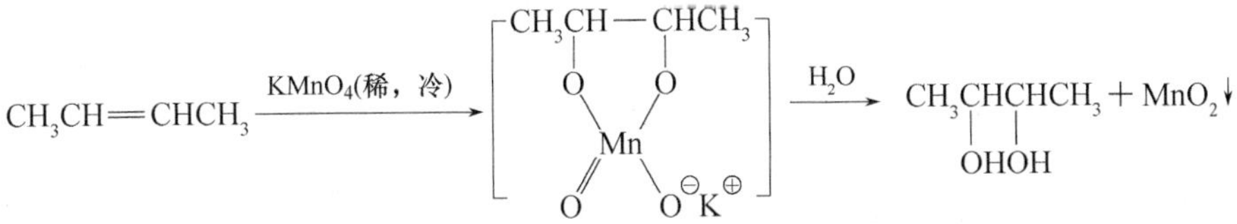

这一反应速率快，高锰酸钾溶液的紫红色迅速褪去，并生成褐色的二氧化锰沉淀，因此用作烯烃的定性检验反应。

如果用高锰酸钾的酸性溶液或高锰酸钾的碱性溶液并加热，则双键被氧化完全断裂，不同结构的烯烃可得到不同的产物。例如

$$CH_3CH_2CH{=}CH_2 \xrightarrow[H_3O^{\oplus},\triangle]{KMnO_4} CH_3CH_2COOH + CO_2 + H_2O$$

1-丁烯　　　　丙烯酸

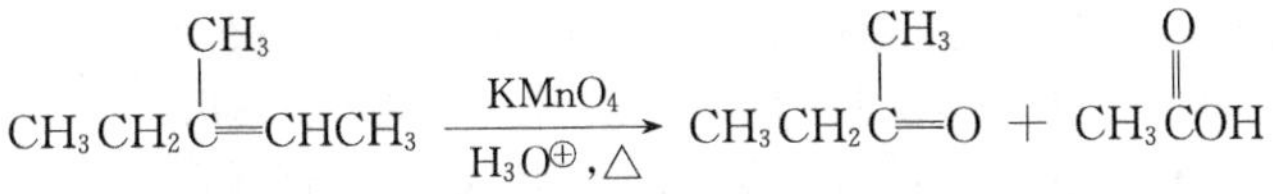

3-甲基-2-戊烯　　　　2-丁酮　　　　乙酸

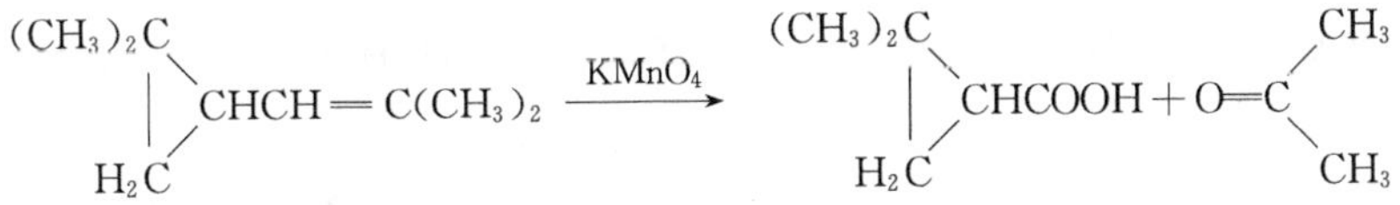

化合物中双键被氧化断裂，但环丙烷结构仍保持不变。

3. 臭氧化反应

将臭氧通入液体烯烃或烯烃的非水溶液（如四氯化碳、石油醚或乙酸等）中，臭氧迅速而定量地和烯烃进行加成反应，生成臭氧化物。

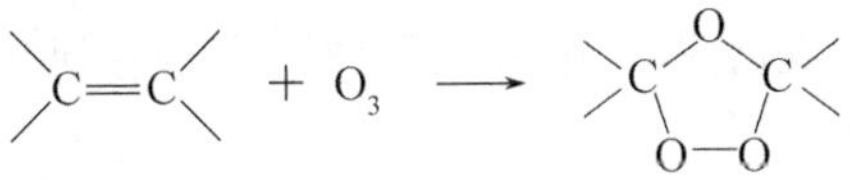

臭氧化物

臭氧化物在游离状态下不稳定，能发生爆炸。与水作用时，分解为醛或酮。由于醛易被氧化，为了避免醛被反应过程中所生成的过氧化氢氧化，通常是在还原剂（如锌粉）存在下水解，或被催化剂（如铂或钯-碳酸钙）存在下用氢气分解中间产物。

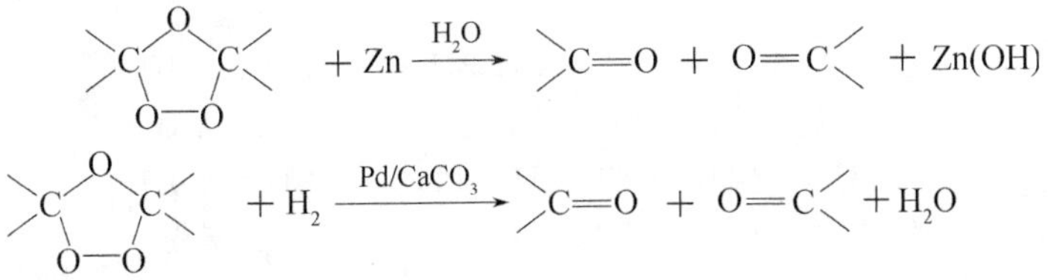

这样，烯烃与臭氧加成后水解或还原，就得到醛或酮。例如

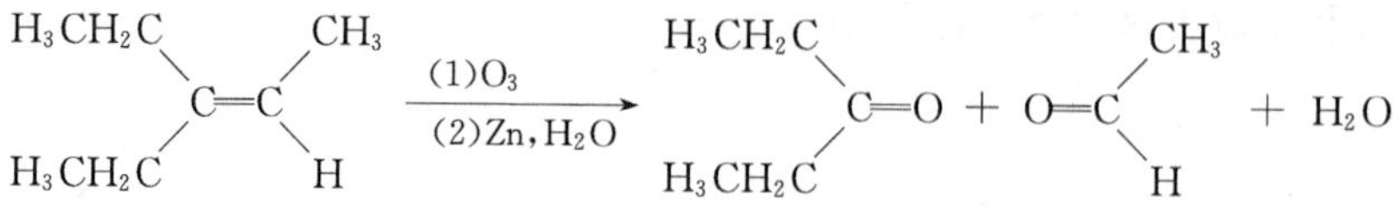

3-戊酮　　乙醛

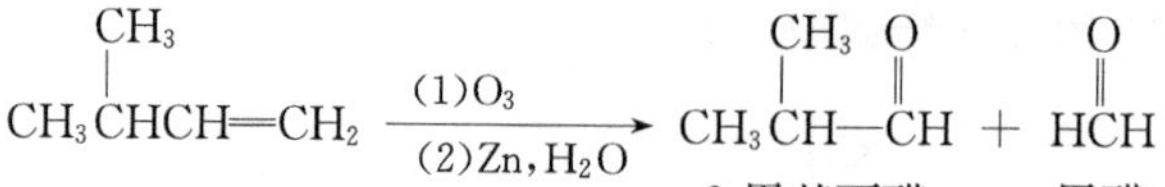

2-甲基丙醛　　甲醛

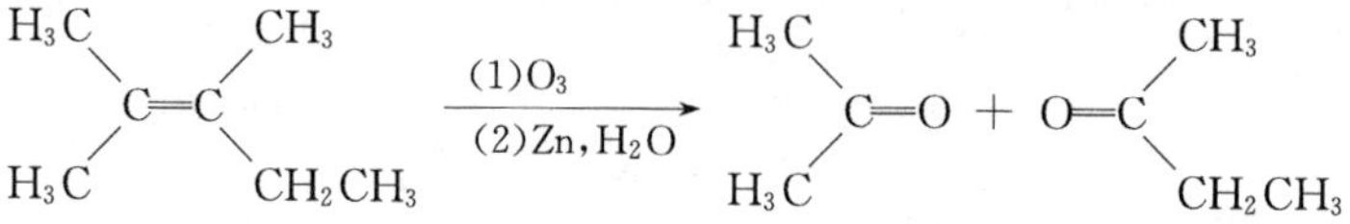

丙酮　　丁酮

由于臭氧能与双键定量进行反应，且选择性比较高（如不与产物及醇作用），当产物醛或酮的结构测定以后，就可以推导出原来烯烃的结构。因此，烯烃的臭氧化反应常用于研究含有双键化合物的结构。另外，对于某些醛或酮，若不能用其他方法获得，则可用此反应从烯烃来制备。

问题3.9　某化合物分子式为 C_6H_{12}，经臭氧化还原水解后，得到一分子醛和一分子酮，试推测 C_6H_{12} 可能的结构。如果已得到的醛为乙醛，是否可以确定化合物的结构？试写出其构造式。

问题3.10　某些烯烃经臭氧化和还原水解后分别得到下列化合物，试推测原来烯烃的构造。

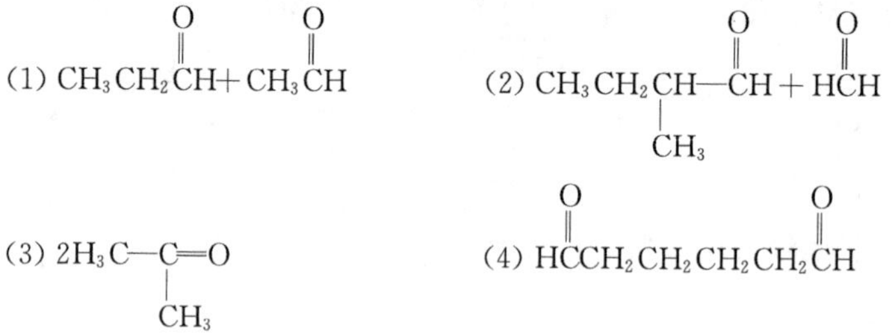

3.4.5　硼氢化反应

烯烃与硼氢化物的加成反应称为硼氢化反应。它现在已成为有机合成中重要的反应之一。

甲硼烷（BH_3）不能独立存在。因为它是六电子体系，硼原子上具有空轨道而不稳定。乙硼烷[B_2H_6 或$(BH_3)_2$]易溶于醚溶液中而生成 $R_2O:BH_3$。乙硼烷与烯烃反应，硼-氢键断裂，生成一烷基硼、二烷基硼以及三烷基硼。

$$H_2C{=}CH_2 + 1/2(BH_3)_2 \longrightarrow \underset{\text{一乙基硼}}{CH_2CH_2BH_2}$$

$$H_2C{=}CH_2 + CH_3CH_2BH_2 \longrightarrow \underset{\text{二乙基硼}}{(CH_3CH_2)_2BH}$$

$$H_2C{=}CH_2 + (CH_3CH_2)_2BH \longrightarrow \underset{\text{三乙基硼}}{(CH_3CH_2)_3B}$$

上述乙硼烷或其他硼氢化物与烯烃等的加成反应称为硼氢化反应。

不对称烯烃(如丙烯)与乙硼烷进行反应和卤化氢不同,虽然它们都是亲电试剂,但因硼有空的外层轨道,因此硼加到带有部分负电荷的含氢较多的双键碳原子上,而氢则加到带有部分正电荷的含氢较少的双键碳原子上。例如

$$CH_3CH{=}CH_2 + 1/2(BH_3)_2 \longrightarrow \underset{\text{正丙基硼}}{H_3C-\underset{\substack{|\\H}}{CH}-\underset{\substack{|\\BH_2}}{CH_2}}$$

继续反应则得到二正丙基硼和三正丙基硼。从形式上看,不对称烯烃的硼氢化反应不服从不对称加成规则,即违反马尔科夫尼科夫规则,但实际上正好符合不对称加成规则的电子效应。硼的电负性(2.0)比氢的电负性(2.1)小,所以硼-氢键与氢-卤键的极性相反,硼原子上带有部分正电荷,加到电子密度较大的碳原子上。

烯烃经硼氢化反应所得的烷基硼烷,若用过氧化氢的氢氧化钠水溶液处理,则被氧化同时水解成醇。例如

$$(CH_3CH_2)_3B \xrightarrow[NaOH,H_2O]{H_2O_2} 3CH_3CH_2OH + H_3BO_3$$

烯烃经硼氢化、氧化和水解后成醇,是又一种间接水合反应。它与烯烃经硫酸的间接水合反应不同,本反应为协同反应,所以是顺式加成,双键位置在顶端的烯烃其加成产物是伯醇。例如

$$CH_3(CH_2)_7CH{=}CH_2 \xrightarrow[\text{(2)}H_2O_2,NaOH,H_2O]{\text{(1)}B_2H_6,\text{二甘醇二甲醚},25℃} \underset{\text{癸醇(93\%)}}{CH_3(CH_2)_7CH_2CH_2OH}$$

3.4.6 *α*-氢的卤代反应

与双键直接相连的碳原子称为α-碳原子,在α-碳原子上的氢原子通常称为α-氢原子。α-氢原子由于受双键的影响,比较活泼,容易发生卤代反应。

在低温溶液中,烯烃与卤素反应主要得到加成产物。但在高温下、无溶剂存在时,烯烃与卤素反应主要是α-氢原子被替代。例如

$$CH_3CH{=}CH_2 \xrightarrow[\text{室温}]{Cl_2/CCl_4} \underset{\substack{|\quad\ |\\Cl\quad Cl}}{CH_3CHCH_2} \quad \text{(亲电加成)}$$

$$CH_3CH{=}CH_2 \xrightarrow[Cl_2,\text{气相}]{500\sim600℃/h\nu} \underset{\text{烯丙基氯}}{ClCH_2CH{=}CH_2} \quad \text{(自由基取代)}$$

氯分子在高温下分解生成氯原子(自由基),它夺取烯烃的α-氢原子,生成稳定的烯丙基自由基,烯丙基自由基再与氯分子反应,又生成氯原子,如此循环往复,生成自由基取代产物。

$$Cl{-}Cl \xrightarrow[\text{或光照}]{\triangle} 2Cl\cdot$$

$$Cl\cdot + CH_3CH{=}CH_2 \longrightarrow \cdot CH_2CH{=}CH_2 + HCl$$

$$\cdot CH_2CH{=}CH_2 + Cl_2 \longrightarrow ClCH_2CH{=}CH_2 + Cl\cdot$$

氯原子也可以进攻双键的碳原子,发生加成反应。

$$Cl\cdot + CH_3CH{=}CH_2 \longrightarrow ClCH_2-\dot{C}H-CH_3 \xrightarrow{Cl_2} ClCH_2-\underset{\substack{|\\Cl}}{CH}-CH_3 + Cl\cdot$$

但氯丙基自由基($ClCH_2-\dot{C}H-CH_3$)在体系中很少存在,而烯丙基自由基由于电子

离域，比较稳定，如图 3.7 所示。

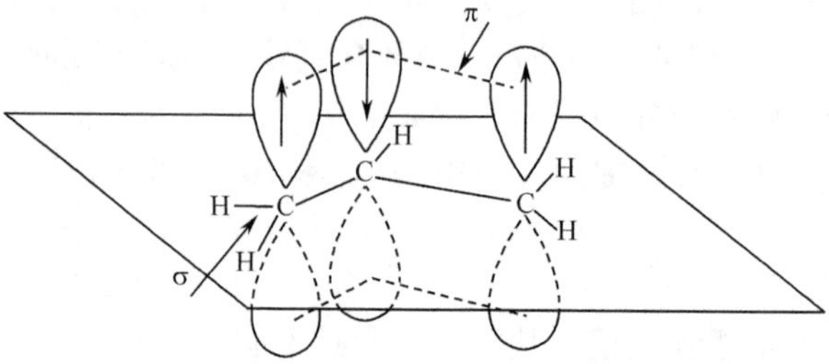

图 3.7 烯丙基自由基的 p-π 共轭体系

亚甲基上的单电子可以与相邻的 π 键之间形成 p-π 共轭，故主要产物是烯丙基氯。

α-溴代反应通常采用 *N*-溴代丁二酰亚胺(NBS)为溴化剂，该反应可以在较低温度下进行。例如

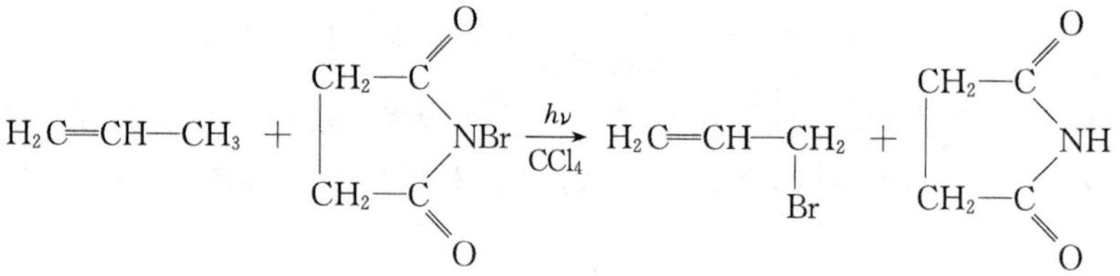

问题3.11 写出下列反应的主要产物。

(1) $(CH_3)_2C{=}CH_2 \xrightarrow[\text{室温}]{Cl_2}$

(2) $(CH_3)_2C{=}CH_2 \xrightarrow[400\sim500℃]{Cl_2}$

3.5 烯烃的制备

烯烃可由卤代烷脱卤化氢制备。例如

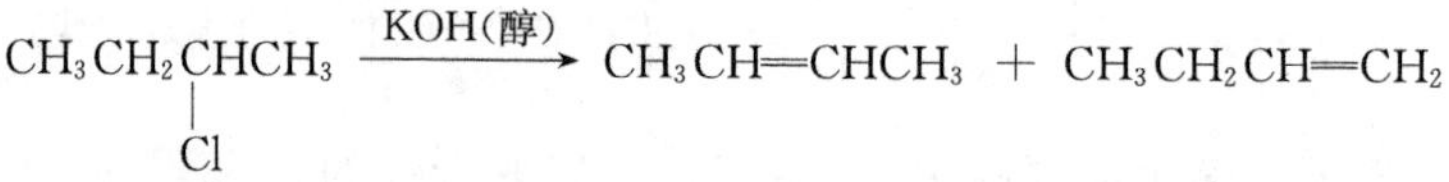

2-氯丁烷　　　　80%　　　　20%

也可以由醇脱水制备。例如

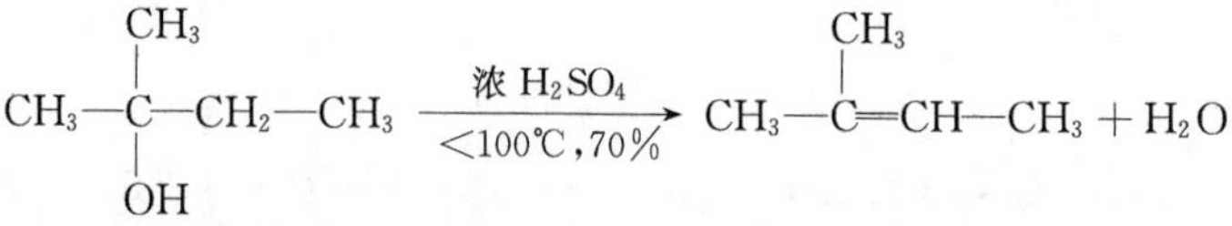

2-甲基-2-丁醇

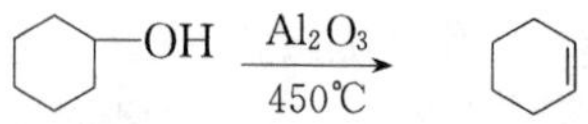

环己醇　　环己烯(98%)

此外，二卤代烃脱卤素也可用来制备烯烃，还有其他一些方法将在以后章节中叙述。

习　题

1. 写出烯烃 C_6H_{12} 的所有同分异构体并命名，指出哪些有顺反异构体。

2. 写出下列各基团或化合物的结构式。

(1) 乙烯基　(2) 丙烯基　(3) 烯丙基　(4) 顺-4-甲基-2-戊烯

(5) (E)-3,4-二甲基-3-庚烯　(6) (Z)-4-异丙基-3-庚烯

(7) 螺[4.5]-6-癸烯　(8) 5-甲基双环[2.2.2]-2-辛烯

3. 命名下列化合物。如有顺反异构现象，标明顺反异构或 E、Z 构型。

(1) 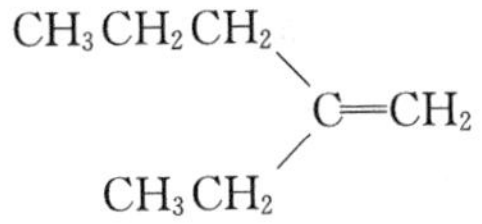

(2) 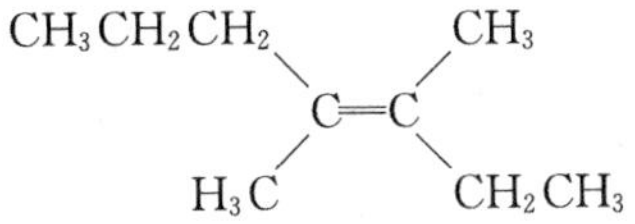

(3) 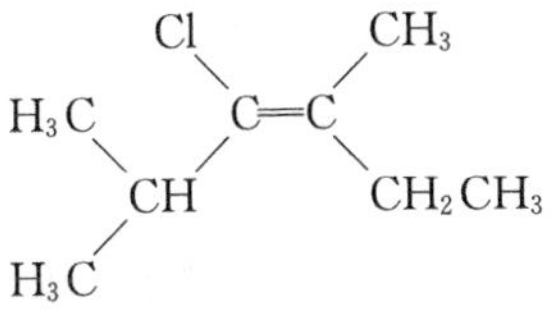

(4) 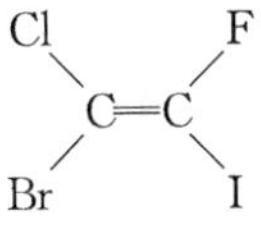

(5) 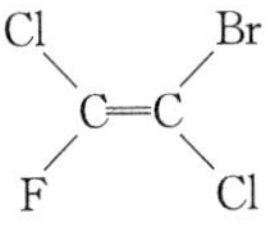

4. 2,4-庚二烯 $CH_3CH{=}CH{-}CH{=}CHCH_2CH_3$ 是否有顺反异构现象？如有，写出它们的所有顺反异构体，并以顺反和 E、Z 两种命名法命名。

5. 3-甲基-2-戊烯分别在下列条件下发生反应，试写出各反应的主要产物。

(1) $H_2/Pd\text{-}C$　(2) $HOBr(Br_2+H_2O)$　(3) Cl_2(低温)

(4) 稀冷 $KMnO_4$　(5) $B_2H_6/NaOH\text{-}H_2O_2$　(6) O_3，锌粉-乙酸溶液

(7) HBr/过氧化物

6. 完成下列反应。

(1) 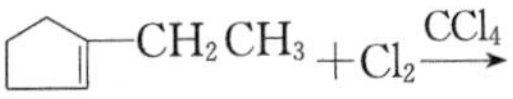

(2) 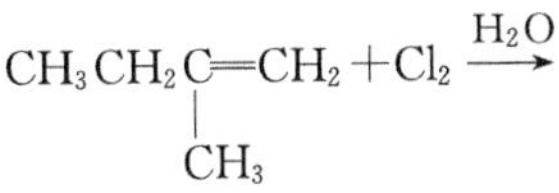

(3) $H_2C{=}CHCH_2CH_3 + HBr \longrightarrow$

(4) $CH_3CH{=}CHCH(CH_3)_2 + H_2SO_4 \longrightarrow \xrightarrow{H_2O}$

(5) $(CH_3)_2C{=}CHCH_2HC{=}CHCH_3 \xrightarrow{KMnO_4/H^+}$

(6) $(CH_3)_2CHCH{=}C(CH_3)_2 \xrightarrow{O_3} \xrightarrow{H_2O/Zn\text{ 粉}}$

(7) 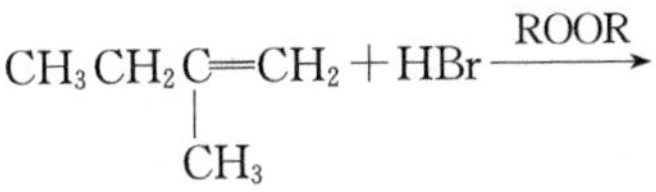

(8) 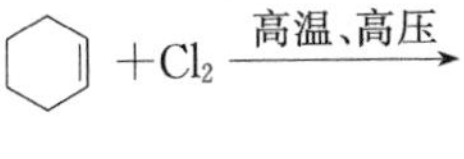

(9) 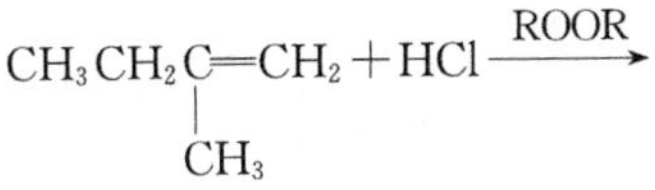

(10) $(CH_3)_2C{=}CHCH_3 \xrightarrow{B_2H_6} \xrightarrow{H_2O_2/OH^{\ominus}}$

7. 比较 $CH_3CH{=}CH_2$ 和 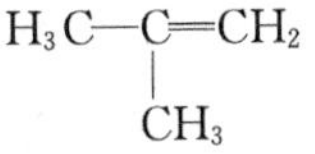 的酸催化加水反应，哪个化合物更易反应？说明原因。

8. 试以化学方法鉴别下列各组化合物。

(1) 2-环丙基戊烷、环戊烷、乙烯基环己烷

(2) 环丙烷、环己烷、环己烯

9. 化合物A的分子式为C_4H_8，它能使溴溶液褪色，但不能使稀的高锰酸钾溶液褪色。1mol A与1mol HBr作用生成B，B也可以从A的同分异构体C与HBr作用得到。C能使溴溶液褪色，也能使稀的酸性高锰酸钾溶液褪色。试推测A～C的构造式，并写出各步反应式。

10. 某烯烃经催化加氢得到2-甲基丁烷，加HCl可得2-氯-2-甲基丁烷，如经臭氧氧化并在锌粉存在下水解，可得丙酮（$H_3C-\underset{\underset{O}{\|}}{C}-CH_3$）和乙醛（$CH_3\underset{\underset{O}{\|}}{C}-H$）。写出该烯烃的结构式以及各步反应式。

11. 2,2,4-三甲基戊烷(俗名异辛烷)常作为测定汽油的辛烷值的标准而用于石油工业。异辛烷可用异丁烯催化加氢得到。试写出异丁烯在50%硫酸催化下二聚体的反应产物和反应机理。

12. 写出下面反应的机理(用弯箭头表示电子对的转移)。

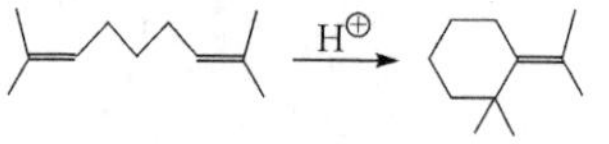

13. 聚丙烯的生产中常用己烷或庚烷作溶剂，但要求溶剂中不能含有不饱和烃。如何检验溶剂中有无烯烃杂质？若有，如何除去？

14. 在硝酸钠的水溶液中，溴对乙烯的加成不仅产生1,2-二溴乙烷，而且还产生硝酸β-溴代乙酯（$\underset{\underset{Br}{|}}{CH_2}-\underset{\underset{ONO_2}{|}}{CH_2}$），怎么解释这些反应？试写出各步反应方程式。

15. 用3-氯-2-甲基-1,2-环氧丙烷（$Cl-CH_2-\overset{\overset{CH_3}{|}}{C}\underset{\diagdown O \diagup}{—}CH_2$）可以合成性能良好的新型环氧树脂。试以异丁烯和必要的无机原料合成3-氯-2-甲基-1,2-环氧丙烷。

第4章 炔烃和二烯烃

炔烃是含有碳-碳叁键的开链不饱和烃，二烯烃则是含有两个碳-碳双键的开链不饱和烃。它们都比含有相同碳原子数的烯烃少两个氢原子，其通式都是C_nH_{2n-2}。碳原子数相同的炔烃和二烯烃互为同分异构体，与相同碳原子数的环烯烃也是同分异构体，但它们的结构不同，性质各异，是互不相同的化合物。例如

$CH_3CH_2CH_2C{\equiv}CH$　　　　$H_3C—CH{=}CH—CH{=}CH_2$

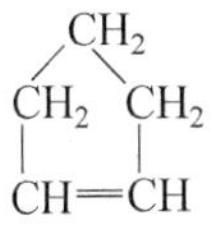

1-戊炔　　　　1,3-戊二烯　　　　环戊烯

4.1 炔　　烃

4.1.1 炔烃的结构、命名和物理性质

1. 炔烃的结构

碳-碳叁键（—C≡C—）是炔烃共同的特征结构，是炔烃的官能团。

最简单的炔烃是乙炔，其结构是H—C≡C—H。乙炔分子中四个原子在一条直线上，C≡C键和C—H键长分别为0.121nm和0.106nm，比乙烯分子的C=C键和C—H键短。乙炔分子的立体模型如图4.1所示。

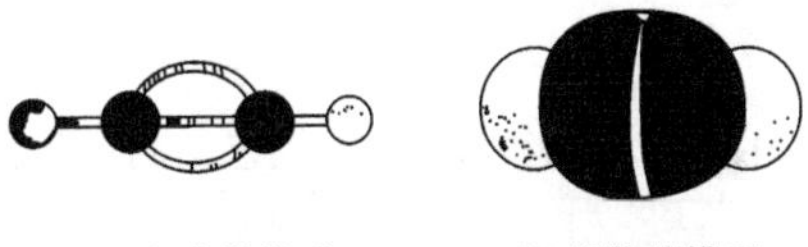

(a) 凯库勒模型　　(b) 斯陶特模型

图4.1　乙炔的立体模型

在形成乙炔分子时，两个碳原子各以一个sp杂化轨道相互交盖，形成碳-碳σ键，同时又各以另一个sp杂化轨道与氢原子的s轨道交盖，形成两个碳-氢σ键。这三个σ键的对称轴和四个原子同处在一条直线上，如图4.2所示。碳原子余下的两个相互垂直的p轨道，其对称轴两两平行，从侧面相互交盖而形成两个相互垂直的π键。两个π键的电子云对称地分布在碳-碳σ键周围，呈圆筒形，如图4.3所示。

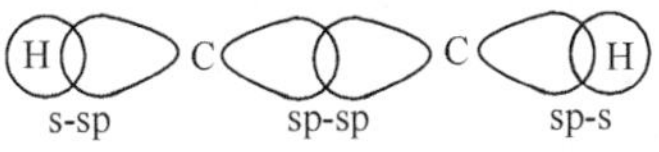

图4.2　乙炔分子中σ键的形成

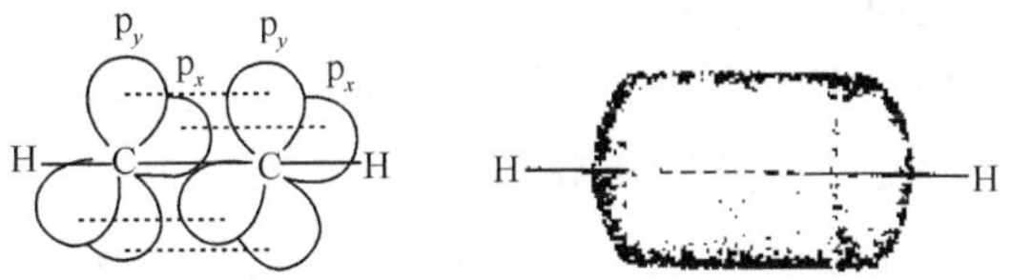

图4.3　乙炔的π键及电子云分布

因此，碳-碳叁键由一个σ键和两个π键所组成。由于碳-碳间有两个π键，原子核键距离更近，因此叁键的键长相应缩短，键能相应增大。实验测得，乙炔分子中碳-碳叁键的键长为0.120nm，键能为836.8kJ·mol^{-1}，键角为180°。

问题4.1　(1) 从参与杂化的轨道名称、数目和杂化轨道的特点，比较sp^3、sp^2、sp杂化有何不同。

---

(2) 从形成和特性两方面说明 σ 键和 π 键有何不同。

在炔烃中由于 C—C≡C—C 在一条直线上，叁键的存在不会产生几何异构体，叁键碳原子上也不可能有侧链，因此炔烃的异构体的数目比含同数碳原子的烯烃少。

2. 炔烃的异构和命名

炔烃的系统命名法与乙烯相似，即选择含叁键的最长碳链为主链，从靠近叁键的一段开始编号，侧链为取代基。例如

$CH_3C{\equiv}CH$　　$CH_3C{\equiv}CCH_3$　　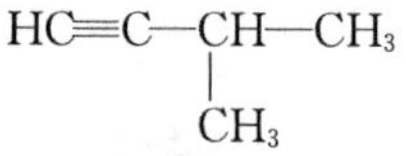

丙炔　　2-丁炔　　3-甲基-1-丁炔

分子中同时含有双键和叁键的化合物称为烯炔类化合物。命名时，选择包含双键和叁键均在内的碳链为主链，编号时，应遵循最低系列原则。写名字时，"炔"放在后面。例如

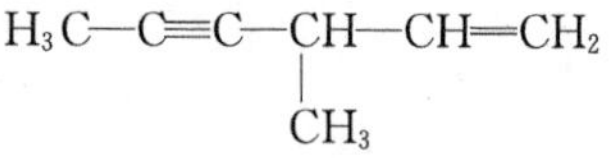

3-甲基-1-己烯-4-炔

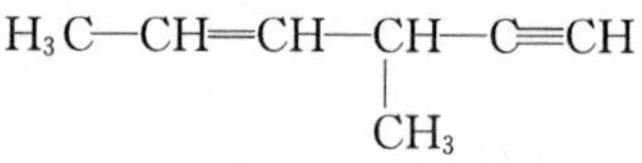

3-甲基-4-己烯-1-炔

但当双键、叁键处在相同的位次，则给双键以最低编号。例如

$HC{\equiv}C—CH_2—CH{=}CH_2$

1-戊烯-4-炔

问题4.2　用系统命名法命名下列各化合物。

(1) $CH_3CH{=}CHC{\equiv}CCH_2CH_3$

(2) 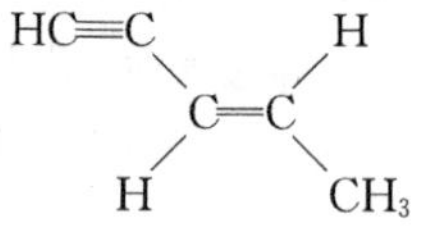

(3) 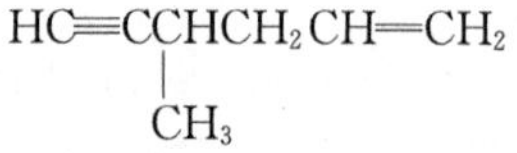

3. 炔烃的物理性质

乙炔、丙炔和 1-丁炔在室温常压下为气体。炔烃的沸点比相应的烯烃高10～20℃。炔烃的相对密度小于 1。炔烃不溶于水，易溶于四氯化碳、乙醚、烃类等有机溶剂中。一些炔烃的沸点和熔点见表 4.1。

表 4.1　炔烃的沸点和熔点

名称	英文名称	熔点/℃	沸点(0.1MPa)/℃
乙炔	ethyne(acetylene)	−81.8	−84.0
丙炔	propyne	−101.5	−23.2
1-丁炔	1-butyne	−125.9	8.1
2-丁炔	2-butyne	−32.3	27.0
1-戊炔	1-pentyne	−106.5	40.2
2-戊炔	2-pentyne	−109.5	56.1
3-甲基-1-丁炔	3-methyl-1-butyne	−89.7	29.0
1-己炔	1-hexyne	−132.4	71.4

续表

名称	英文名称	熔点/℃	沸点(0.1MPa)/℃
2-己炔	2-hexyne	−89.6	84.5
3-己炔	3-hexyne	−103.2	81.4
1-辛炔	1-octyne	−79.6	126.2
1-壬炔	1-nonyne	−36.0	160.6
1-癸炔	1-decyne	−40.0	182.2

由于不同杂化状态碳原子的电负性次序为 $sp > sp^2 > sp^3$，因而在叁键碳原子和烷基碳原子单键之间的电子云偏向叁键碳原子一边，使得不对称的炔烃具有偶极矩，而且比相应的烯烃大，对称的炔烃偶极矩为零。例如

$$CH_3CH_2C\equiv CH \quad \mu=0.80\text{deb} \qquad CH_3CH_2CH=CH_2 \quad \mu=0.30\text{deb} \qquad CH_3C\equiv CCH_3 \quad \mu=0$$

4.1.2 化学性质

1. 催化加氢反应

与烯烃相似，炔烃也可以进行催化加氢。可与一个分子氢加成，也可以与两个分子氢加成，生成相应的烯烃或烷烃。

$$R-C\equiv CH \xrightarrow[\text{催化剂}]{H_2} R-CH=CH_2 \xrightarrow[\text{催化剂}]{H_2} R-CH_2-CH_3$$

在加氢的反应中，炔烃比烯烃具有较大的反应活性，更容易进行加氢。这主要是由于炔烃在催化剂表面吸附作用较强，它的吸附阻止了烯烃在催化剂表面的吸附，而催化加氢主要靠催化剂表面的吸附作用，因此炔烃更容易进行催化加氢。例如，在同一分子中，同时含有叁键和双键，催化加氢时首先是叁键加氢。

$$C_6H_5-CH=\underset{\large C_6H_5}{\underset{|}{C}}-CH=CH-C\equiv CC_6H_5 + H_2 \xrightarrow[\text{喹啉}]{Pd\text{-}BaSO_4}$$

$$C_6H_5-CH=\underset{\large C_6H_5}{\underset{|}{C}}-CH=CH-CH=CH-C_6H_5$$

90%

利用叁键和双键在加氢反应活性上的差异，可以选择适当的催化剂，并控制一定的条件，使炔烃的加氢停留在烯烃阶段。例如，用喹啉部分毒化的 Pd-$BaSO_4$ 就是一种常用的选择性加氢催化剂(沉淀在 $BaSO_4$ 上的金属钯，加喹啉是为了降低其活性)，一般称为林德拉(Lindlar)催化剂，可使反应停留在烯烃阶段，并且使非末端炔烃(叁键在链端的炔烃称为末端炔烃)转变成顺式烯烃。若用在液氨中的碱金属(锂、钠、钾)还原炔烃，则使非末端炔烃转变成反式烯烃。例如

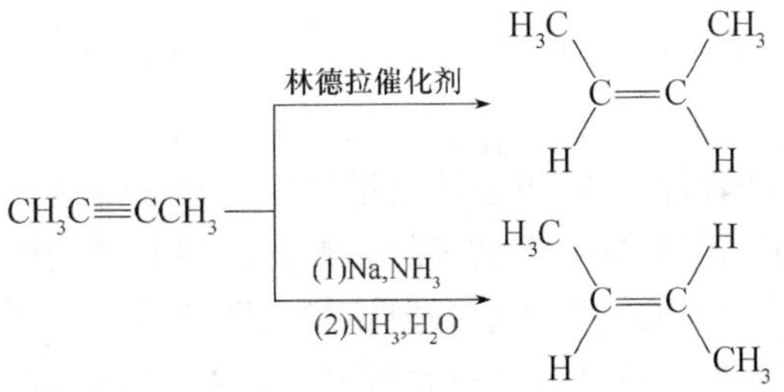

这种用同一反应物在不同条件下各自生成不同异构体为主要产物的反应称为立体选择性反应(stereoselective reaction)。

工业上常采用选择加氢反应，使石油裂解得到的乙烯中所含的微量的乙炔转化为乙烯，以提高乙烯的纯度。

如果用强的催化剂，则炔烃加氢直接得到烷烃，而难以停留在烯烃阶段。例如

$$CH_3—C≡C—CH_3 + 2H_2 \xrightarrow{Pt} CH_3—CH_2—CH_2—CH_3$$

炔烃加氢转变成烯烃、烷烃的过程不仅是碳-碳叁键中的 π 键发生变化，而且整个叁键碳原子的杂化状态也随之发生相应的改变。即由炔烃转变为烯烃、烷烃的同时，成键碳原子的杂化也由 sp 相继转化为 sp^2、sp^3。因此构成碳-碳 σ 键和碳-氢 σ 键的碳原子轨道也相应变化，也就是说在 π 键变化的同时，σ 键也是相应改变的。

2. 亲电加成反应

炔烃的主要反应也是 π 键打开的亲电加成反应。碳-碳叁键包含两个 π 键，不仅能与一个试剂分子加成，而且可以打开第二个 π 键与另一试剂分子加成，生成饱和化合物。

1) 与卤素加成

炔烃可以和卤素加成。炔烃和氯、溴加成，先生成一分子加成产物，但一般可继续加成，得到两分子加成产物——四卤代烷烃，即

$$HC≡CH \xrightarrow[FeCl_3]{Cl_2} ClCH═CHCl \xrightarrow{Cl_2} HCCl_2—CHCl_2$$

$$RC≡CR \xrightarrow{X_2} RXC═CXR \xrightarrow{X_2} RCX_2—CX_2R$$

反应中加入催化剂($FeCl_3$)将有利于卤素正离子的生成，加快反应。

$$FeCl_3 + Cl_2 \longrightarrow [FeCl_4]^{\ominus} + Cl^{\oplus}$$

炔烃和氯、溴的加成，有时可控制反应条件，使反应停止在一分子加成产物。例如

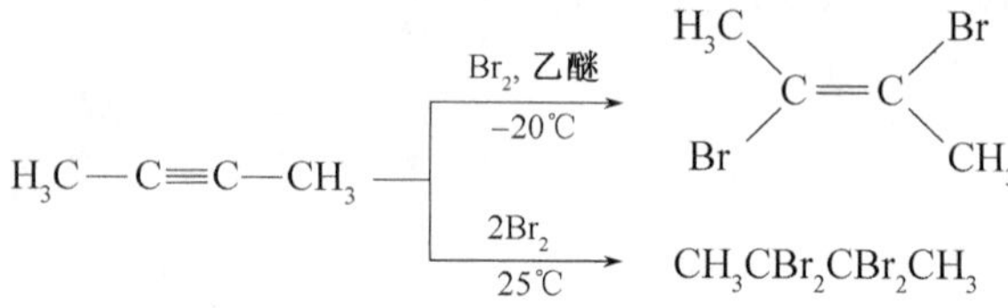

碘也可与乙炔加成，但主要得到一分子加成产物——1,2-二碘代乙烯，即

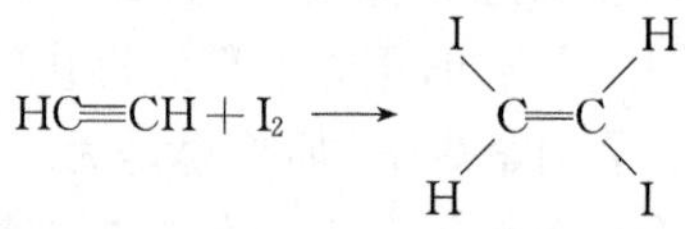

和炔烃相比，烯烃与卤素的加成更易进行，炔烃加成反应往往要加催化剂。因此，当分子中兼有双键和叁键时，首先在双键上发生卤素的加成。例如，在低温、缓慢地加入溴的条件下，发生下列反应，叁键可以不参与反应。这种加成也称为选择性加成。

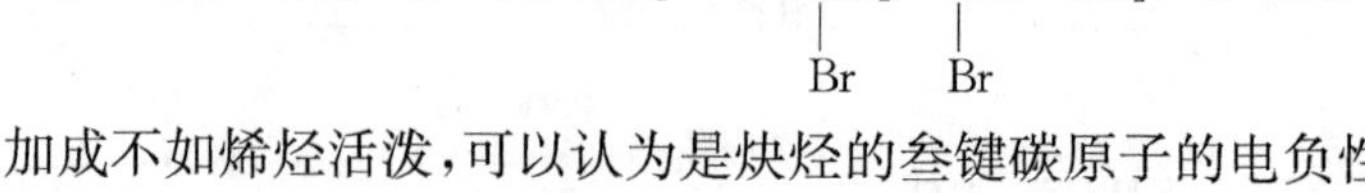

炔烃的亲电加成不如烯烃活泼，可以认为是炔烃的叁键碳原子的电负性比较强，与 π 电子云的结合比较紧密，不易受外界亲电试剂的影响。既然乙炔的碳原子对 π 电子云有更强的引力，因此亲电试剂与乙炔的 π 电子结合成乙烯式碳正离子所需要的活化能就要更高一些。在乙烯式碳正离子中可以看到，正电荷所在的碳原子是 sp 杂化，空的 p 轨道垂直于 π

键所在的平面(图 4.4)，电子云不能重叠。同时 sp 杂化碳原子的电负性大于 sp^2 杂化碳原子，因而乙烯式碳正离子没有烷基碳正离子稳定，所以炔烃的亲电加成不如烯烃活泼。

$$R-C\equiv CH+X_2 \longrightarrow \underset{\text{乙烯式碳正离子}}{R-\overset{\oplus}{C}=CHX}+X^{\ominus}$$

$$R-CH=CH_2+X_2 \longrightarrow \underset{\text{烷基碳正离子}}{R-\overset{\oplus}{C}H-CH_2X}+X^{\ominus}$$

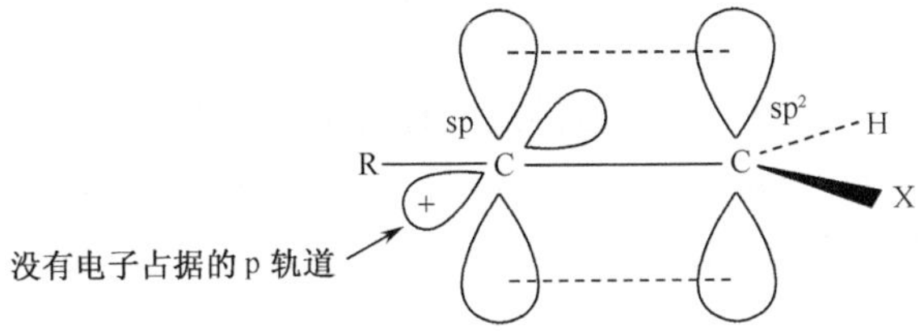

图 4.4　乙烯式碳正离子的结构

2) 与氢卤酸加成

炔烃可以和氢卤酸 HX(X=Cl、Br、I)加成，但不如烯烃那样容易进行。不对称炔烃的加成反应也按马尔科夫尼科夫规则进行。

$$RC\equiv C-H \xrightarrow{HX} R-\underset{\substack{|\\X}}{C}=CH_2 \xrightarrow{HX} \underset{\text{同碳二卤化合物}}{R-\overset{\substack{X\\|}}{\underset{\substack{|\\X}}{C}}-CH_3}$$

上述反应可以控制在一分子加成阶段。如果用亚铜盐或高汞作为催化剂，可以加速反应的进行。例如

$$HC\equiv CH+HCl \xrightarrow[\text{或 }HgSO_4]{Cu_2Cl_2} \underset{\text{氯乙烯}}{H_2C=CH-Cl}$$

问题 4.3　完成下列反应。

(1) $C_3H_7C\equiv CC_3H_7+H_2 \xrightarrow{\text{林德拉催化剂}}$　　(2) $C_3H_7C\equiv CC_3H_7 \xrightarrow[78℃]{\text{Li,液氨}}$

(3) $CH_3C\equiv CCH_3 \xrightarrow[\text{乙酸}]{HCl}$

问题4.4　(1) 一个烯炔化合物在进行催化氢化时，加成反应首先在叁键上，但在进行溴的加成时，则加成首先发生在双键上。为什么？

(2) 虽然炔烃比烯烃的不饱和程度大，但是炔烃比烯烃的亲电加成反应困难得多，两者是否矛盾？为什么？

---

3) 与水加成

在稀硫酸存在下，特别是在催化剂硫酸汞存在下，炔烃可以和水发生加成。反应首先是叁键与一分子水加成，生成具有双键以及在双键碳上连有羟基的烯醇$\left(-\underset{|}{C}=\underset{|}{C}-OH\right)$，或称烯醇式化合物。烯醇式化合物不稳定，羟基上的氢原子能转移到另一个双键碳上。与此同时，组成共价键的电子云也发生转移，使碳-碳双键变成单键，而碳-氧单键则成为碳-氧双

键，最后得到乙醛或酮。

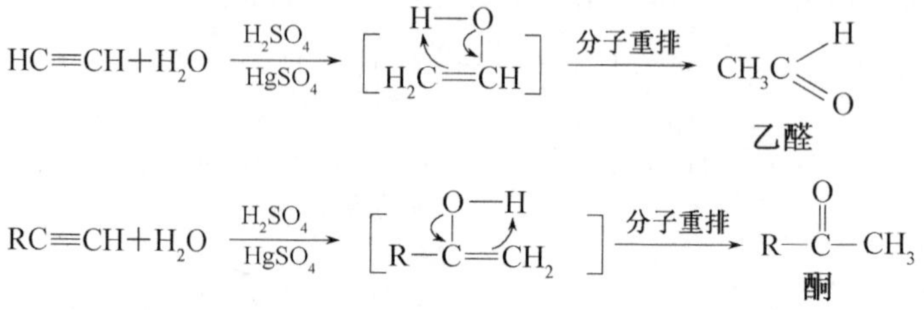

在反应过程中分子内各原子的重新排列又称为分子重排。例如，上述反应中烯醇式转变为醛、酮。下面讨论为什么烯醇式化合物能分子重排为醛或酮，以乙烯醇和乙醛为例，先计算它们在分子重排前后的键能变化。

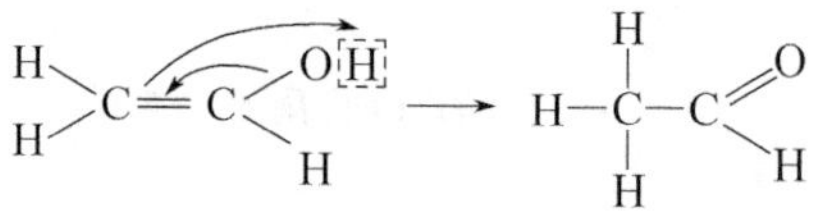

键能	三个 C—H	3×99=297	四个 C—H	4×99=396
	C═C	146	C—C	83
	C—O	86	C═O	176
	O—H	111		
总键能		$640kcal\cdot mol^{-1}$		$655kcal\cdot mol^{-1}$

$$\Delta H=640-655=-15(kcal\cdot mol^{-1})$$

由上面的计算可知，乙醛比乙烯醇具有更低的能量，即乙醛比乙烯醇稳定。烯醇式和酮式（具有 >C═O 的化合物）容易很快地相互转变。达到动态平衡时，由于酮式结构的能量较低，因此最终得到酮式化合物——乙醛：

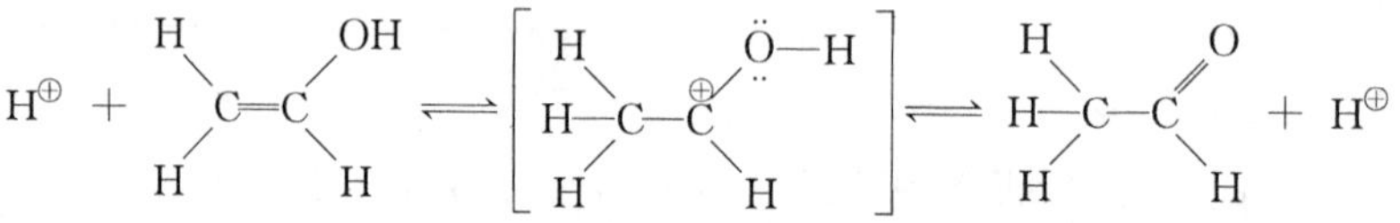

在一定条件下，两个构造异构体可以迅速互相转变的现象称为互变异构现象，涉及的异构体称为互变异构体。上述互变异构体彼此间的区别仅在于双键和氢原子的位置不同。由于异构体中一个为酮式，另一个为烯醇式，因此这种互变异构现象又称为酮式-烯醇式互变异构现象。

3. 与过氧化物反应

和烯烃相似，在光和过氧化物存在下，炔烃和 HBr 的加成也是自由基加成反应，得到的是反马尔科夫尼科夫规则的产物。例如

$$CH_3C\equiv CH+HBr\xrightarrow[-60^\circ C]{\text{过氧化物}}CH_3CH\!=\!CHBr$$

4. 硼氢化反应

炔烃的硼氢化反应与烯烃相似，生成的烯基硼经过氧化氢的碱溶液氧化水解生成烯醇，

烯醇迅速异构化生成羰基化合物，其中加成中间产物反马尔科夫尼科夫规则。例如

$$CH_3CH_2C\equiv CH \xrightarrow[THF]{B_2H_6} \underset{\text{烯基硼}}{(CH_3CH_2CH=CH)_3B} \xrightarrow[OH^-]{H_2O_2}$$

$$\underset{\text{丁烯醇}}{[CH_3CH_2CH=CH-O-H]} \longrightarrow \underset{\text{丁醛}}{CH_3CH_2CH_2C(=O)H}$$

末端炔烃经硼氢化-碱溶液氧化水解反应，产物为醛，非末端炔烃则生成酮。

问题4.5 (1) 下列化合物在 5% $HgSO_4$ 的稀硫酸溶液中反应，写出主要产物。

(a) 1-丁炔　　(b) 2-戊炔

(2) $C_4H_9C\equiv CH \xrightarrow[\text{过氧化物}]{HBr}$

(3) 写出 1-辛炔和 3-己炔分别经硼氢化-氧化反应生成的产物。

---

5. 氧化反应

炔烃可被高锰酸钾等氧化剂氧化，碳-碳叁键断裂，生成羧酸或 CO_2 等。例如

$$3HC\equiv CH + 10KMnO_4 + 2H_2O = 6CO_2\uparrow + 10KOH + 10MnO_2$$

$$3CH_3C\equiv CH + 8KMnO_4 + 4H_2O = 3CH_3COOH + 3CO_2\uparrow + 8KOH + 8MnO_2\downarrow$$

根据高锰酸钾紫色的消失，可以检验叁键的存在。

6. 金属炔化物的生成

由于叁键碳原子的电负性较大，叁键碳原子与氢原子之间的键极性较强，在强碱的作用下可断开键，形成金属炔化物。

$$HC\equiv CH \xrightarrow[\text{液氨}]{NaNH_2} HC\equiv CNa \xrightarrow[\text{液氨}]{NaNH_2} NaC\equiv CNa$$

$$RC\equiv CH + NaNH_2 \xrightarrow{\text{液氨}} RC\equiv C^{\ominus}\ Na^{\oplus} + NH_3$$

炔化钠与卤代烷反应可以生成更高级的炔烃。例如

$$CH_3C\equiv CNa + CH_3CH_2Br \longrightarrow CH_3C\equiv CCH_2CH_3 + NaBr$$

$$NaC\equiv CNa + 2CH_3CH_2Br \longrightarrow CH_3CH_2C\equiv CCH_2CH_3 + 2NaBr$$

这是碳链增长的一个重要反应。

将乙炔通入银氨溶液或亚铜氨溶液中，则分别析出灰白色或红棕色炔化物沉淀，反应如下：

$$HC\equiv CH + 2Ag(NH_3)_2^{\oplus}NO_3^{\ominus} \longrightarrow \underset{\text{(白色)}}{AgC\equiv CAg\downarrow} + 2NH_4^{\oplus} + NO_3^{\ominus} + 2NH_3$$

$$HC\equiv CH + 2Cu(NH_3)_2^{\oplus}Cl^{\ominus} \longrightarrow \underset{\text{(红色)}}{CuC\equiv CCu\downarrow} + 2NH_4Cl + 2NH_3$$

$$RC\equiv CH + Ag(NH_3)_2^{\oplus}NO_3^{\ominus} \longrightarrow \underset{\text{(白色)}}{RC\equiv CAg\downarrow} + NH_4NO_3 + NH_3$$

不仅乙炔，凡有$RC\equiv CH$结构的炔烃(末端炔烃)都可进行此反应。该反应灵敏，现象明显，可用于鉴别乙炔或端基炔。

干燥的炔化银或炔化亚铜不稳定，受热或撞击后易发生爆炸，在实验室完成以上反应后，一般加稀硝酸使其分解。

7. 亲核加成

在碱存在下，炔烃可以和醇发生加成反应。例如，乙炔可以与甲醇加成，在乙炔的一个碳原子上加上一个氢原子，另一个碳原子上加上甲氧基（$CH_3O—$），生成的产物称为甲基乙烯基醚。

$$HC\equiv CH + CH_3OH \xrightarrow[\text{加热，加压}]{KOH} H_2C=CH-O-CH_3$$

甲基乙烯基醚可以看作乙烯的衍生物，它可以加成聚合而得到工业上有用的高分子化合物，因此甲基乙烯基醚也是工业上有用的单体。

炔烃在碱性溶液中和醇的加成，并不是亲电加成，因为在这里并没有可以导致亲电加成的亲电试剂（如质子或卤素等）存在。在氢氧化钾或氢氧化钠的醇溶液中，有下列反应发生：

$$CH_3OH + KOH \rightleftharpoons CH_3O^{\ominus}K^{\oplus} + H_2O$$

醇钾 CH_3OK 具有盐的性质，可以强烈离解为甲氧基负离子和钾离子。一般认为是带负电荷的甲氧基离子 CH_3O^- 首先和炔烃作用，生成碳负离子中间体，然后和一分子醇作用，又获得一个质子而生成甲基乙烯基醚。

$$HC\equiv CH + \overset{\ominus}{O}CH_3 \longrightarrow CH_3O-CH=\overset{\ominus}{C}H \xrightarrow{CH_3OH} CH_3O-CH=CH_2 + CH_3O^{\ominus}$$

甲氧基离子是带负电的离子，它能供给电子，有亲近正电荷的倾向，或者说它具有亲核的倾向，所以是一种亲核试剂。反应首先是由甲氧基负电离子攻击乙炔开始的，由亲核试剂进攻而引起的加成反应称为亲核加成反应。炔烃和醇的加成是一种亲核加成。

问题4.6 写出下列反应产物。

(1) $CH_3(CH_2)_2C\equiv CC_2H_5 \xrightarrow[\text{(2) } CH_3CO_2H,0℃]{\text{(1) } 1/2(BH_3)_2}$

(2) $C_4H_9C\equiv CH \xrightarrow[H_2O_2,OH^-,H_2O]{BH_3,THF}$

问题4.7 (1) 写出乙炔与亲核试剂（HCN）加成的反应机理。

(2) 在 $C_2H_5O^-$ 的催化下，$CH_3C\equiv CH$ 与 C_2H_5OH 反应，产物是 $H_2C=C(CH_3)OC_2H_5$，而不是 $CH_3CH=CHOC_2H_5$。为什么？

4.1.3 炔烃的制备

1. 乙炔的制备

乙炔是工业上唯一重要的炔烃，它的制法主要有以下两种：

(1) 在电炉中将生石灰和焦炭熔融，生成碳化钙（电石），然后水解生成乙炔。

$$CaO + 3C \xrightarrow{1400\sim1500℃} CaC_2 + CO\uparrow$$

$$CaC_2 + 2H_2O \longrightarrow Ca(OH)_2 + HC\equiv CH\uparrow$$

(2) 在德国首先使用甲烷或其他的烷烃在电弧中裂解或通过甲烷在高温下部分氧化而制得。

$$6CH_4 + O_2 \xrightarrow{1500℃} 2HC\equiv CH + 2CO\uparrow + 10H_2\uparrow$$

随着石油工业的发展,此类方法成为重要的发展方向。

2. 其他炔烃的制备

炔烃一般可以采用类似合成烯烃的方法来制得。

(1) 二卤代烷脱卤化氢。

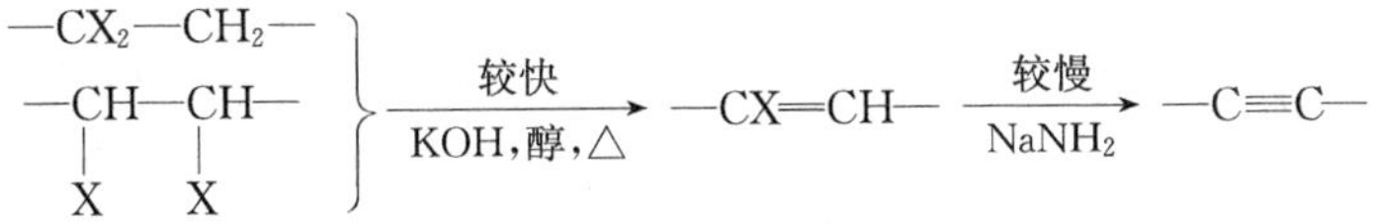

但脱 HX 时,第二步比第一步困难,这是因为第一步脱 HX 后生成卤代乙烯,乙烯型卤代烃非常不活泼,因此第一步用 KOH-醇即可消除 HX,而第二步必须用较强的碱(如 $NaNH_2$)才能消去 HX 而得到炔烃。

(2) 四卤代烷脱卤素。

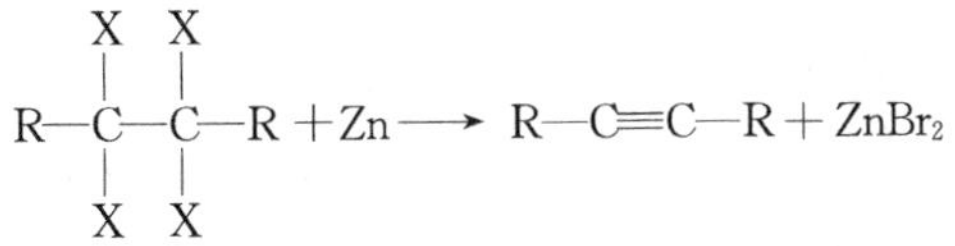

(3) 炔烃的烷基化反应。

$$RC\equiv CNa + BrCH_2CH_2CH_3 \xrightarrow{液氨} RC\equiv C—CH_2CH_2CH_3 + NaBr$$

4.2 二 烯 烃

二烯烃是指分子中含有两个碳-碳双键的烯烃,比同碳数的单烯烃少两个氢原子,因此通式与炔烃相同,为 C_nH_{2n-2}。

4.2.1 二烯烃的分类和结构

1. 二烯烃的分类

根据二烯烃分子中两个碳-碳双键的相对位置,二烯烃可分为以下三类:

(1) 累积二烯烃(cumulated diene)。两个碳-碳双键同时连在一个碳原子上,即含 $—\overset{|}{C}=C=\overset{|}{C}—$ 结构体系的二烯烃,如 $H_2C=C=CH_2$。此类化合物较少见。

(2) 隔离二烯烃(isolated diene)。两个碳-碳双键间仅隔两个或两个以上单键,即含 $—\overset{|}{C}=\overset{}{C}—(CH_2)_n—\overset{|}{C}=\overset{|}{C}—$ ($n \geqslant 1$)结构体系的二烯烃,如 1,5-己二烯 $H_2C=CHCH_2CH_2CH_2=CH_2$。此类二烯烃两个双键相隔较远,相互间基本没有影响,化学性质类似单烯烃。

(3) 共轭二烯烃(conjugated diene)。两个碳-碳双键间仅隔一个单键,即含 $—\overset{|}{C}=C—\overset{|}{C}=\overset{|}{C}—$ 结构体系的二烯烃。此类二烯烃的特点为单键、双键交替排列,为 π-π 共轭体系(conjugated system),如 1,3-丁二烯 $H_2C=CH—CH=CH_2$。此类二烯烃结构、性质都比较特殊,因此在理论和实际应用上较重要,是本节介绍的重点。

2. 丁二烯的结构

1）丁二烯的分子轨道

近代实验方法测定结果表明，在1,3-丁二烯分子中，每个碳原子都是 sp^2 杂化，它们以 sp^2 杂化轨道相互交盖重叠形成 C—C σ 键，或与氢原子的1s轨道重叠形成 C—H σ 键，一共形成九个共平面的 σ 键。每个碳原子剩下一个 p 轨道，它们相互平行并垂直于 σ 键所在的平面，相邻的 p 轨道可以在侧面互相重叠。1,3-丁二烯分子中 π 电子云的分布并不局限于 C_1、C_2 和 C_3、C_4 之间，C_2 和 C_3 之间也有部分电子云，因而形成了离域的大 π 键，如图4.5所示。1,3-丁二烯分子的这种结构正是导致其特殊性质的根本原因。

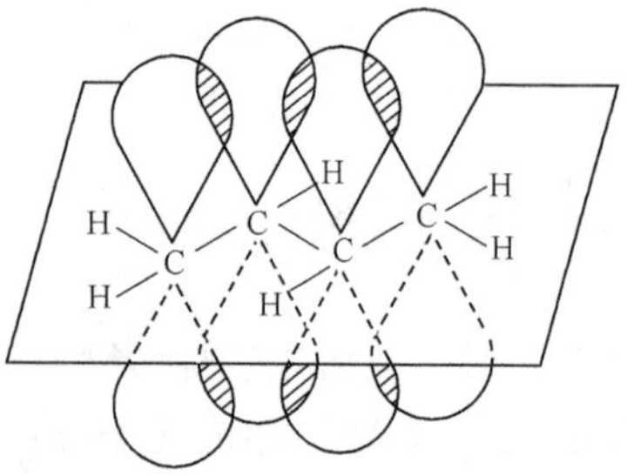

图4.5　1,3-丁二烯分子中的大 π 键

分子轨道理论认为，四个 p 轨道线性组合可形成四个分子轨道（图4.6）。其中 π_1 和 π_2 为成键轨道，其能量比原子轨道（p 轨道）低；π_3^* 和 π_4^* 为反键轨道，其能量比原子轨道高。基态时，四个 p 电子都在成键轨道中，反键轨道中没有电子。π_2 是填充有电子的能量最高的分子轨道，称为最高占据分子轨道（highest occupied molecular orbital），用 HOMO 表示；π_3^* 是未填充电子的能量最低的分子轨道，称为最低未占分子轨道（lowest unoccupied molecular orbital），用 LUMO 表示。

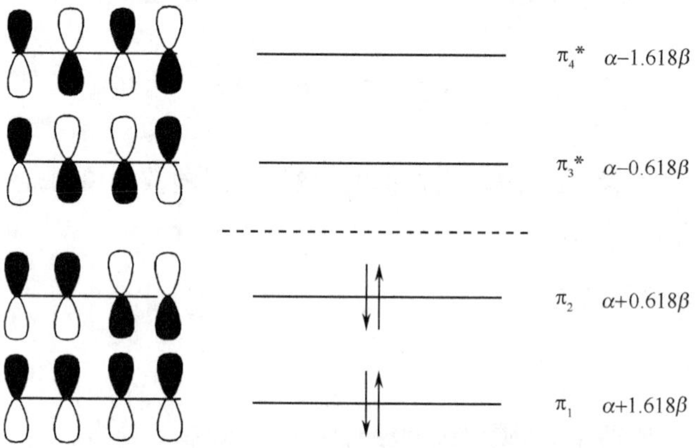

图4.6　1,3-丁二烯的分子轨道

2）共轭二烯烃的特征

由于共轭二烯分子中的两个双键被一个 σ 键隔开，因而具有许多与烯烃及非共轭二烯烃不同的特征。

（1）键长平均化。1,3-丁二烯分子中的 C1 和 C2、C3 和 C4 间的键长为 0.136nm，比乙烯中的 C═C 键长（0.134 nm）要长，C2 和 C3 间的键长为 0.147nm，比乙烷中的 C—C 键长（0.154nm）明显缩短。这说明1,3-丁二烯分子中不存在典型的单键和双键，特别是 C2 和 C3 之间的键具有部分双键的性质。

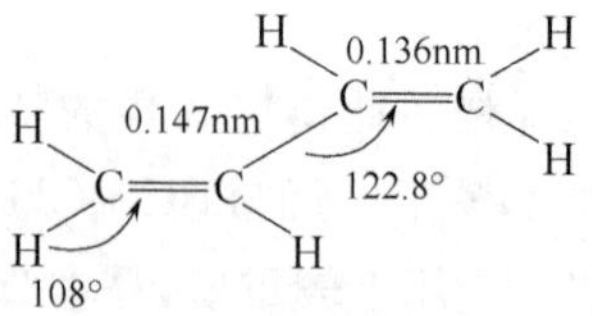

(2) 分子的稳定性增强。烯烃氢化时，断开一个 π 键，形成两个 σ 键所放出的能量称为烯烃的氢化热。氢化热大，表明分子热力学能大，分子稳定性小，反之氢化热小，则分子稳定性大。因此可利用烯烃的氢化热可以比较同分异构体的稳定性。实验测得一些烯烃的氢化热如下：

	$CH_3CH_2CH═CH_2$	$H_2C═CH—CH═CH_2$	
氢化热/(kJ · mol^{-1})	126.9	238.9	
	$CH_3CH_2CH_2CH═CH_2$	$H_2C═CHCH_2CH═CH_2$	$CH_3CH═CHCH═CH_2$
氢化热/(kJ · mol^{-1})	125.9	254.4	226

数据表明，共轭二烯烃氢化热比相应二烯烃的氢化热小，也比相应的单烯烃的两倍氢化热小。这说明共轭二烯烃的热力学能低，比较稳定，如图 4.7 所示。

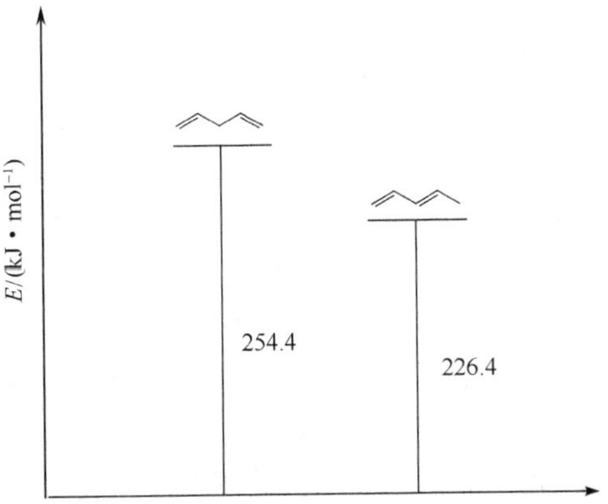

图 4.7　共轭二烯烃和二烯烃稳定性比较

3. 共轭体系和共轭效应

1) 共轭体系

共轭体系是指含有共轭 π 键的体系，可以是分子的一部分或是整个分子。根据形成共轭 π 键的轨道类型不同，共轭体系有以下几种类型。

(1) π-π 共轭：单键两侧为两个 π 键，如 $H_2C═CH—CH═CH_2$。

(2) p-π 共轭：单键一侧为 π 键，另一侧为 p 轨道。p 轨道可以有两个未共用电子或一个游离的单电子，也可以是空轨道(图 4.8)。

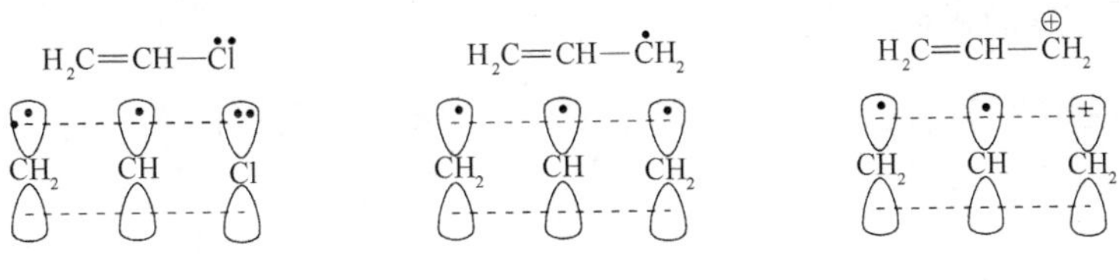

图 4.8　p-π 共轭的三种类型

(3) σ-π 共轭：通过 C—H σ 键与双键或苯环的 π 键。例如

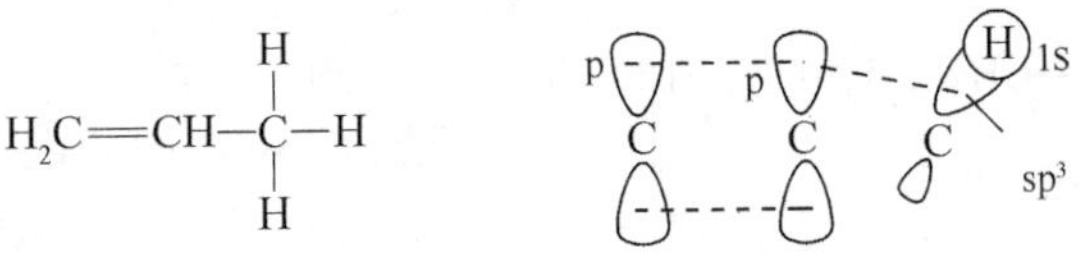

σ-π 共轭效应涉及 π 轨道与 σ 轨道的重叠作用，也称为超共轭效应。在第 3 章中谈到甲基、烷基的斥电子作用，实际上主要是 σ-π 超共轭效应的体现。在讨论活泼反应中间体（碳正离子或碳自由基）的稳定性时，也常要考虑超共轭效应。

（4）p-p 共轭：单键一侧为 p 轨道，另一侧也为 p 轨道。例如

$$H_3C-\overset{\oplus}{C}H-Cl$$

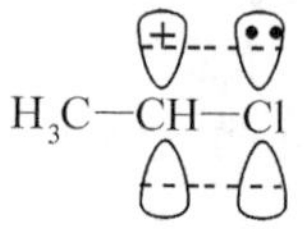

（5）σ-p 共轭效应：涉及 p 轨道与 σ 轨道的重叠作用，也是超共轭效应。

讨论活泼反应中间体（碳正离子或碳自由基）的稳定性时，常要考虑 σ-p 共轭效应。例如

$$H_3C-\overset{\oplus}{C}H_2$$

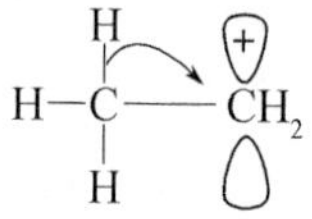

$$H_3C-\overset{\bullet}{C}H_2$$

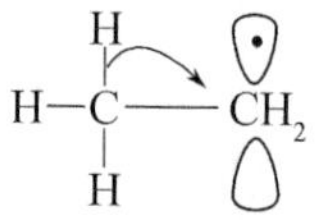

共轭效应越强，碳正离子、碳负离子或碳自由基稳定性越强。这就说明了伯、仲、叔这三种碳正离子中叔碳正离子最稳定以及叔碳自由基稳定性最大的原因。

2）共轭效应

共轭效应也称离域效应，离域效应引起键长、键能的改变。共轭二烯烃中的 π-π 共轭引起分子或离子的能量的降低或稳定性的增强。例如，1，3-戊二烯的氢化热小于 1，4-戊二烯的氢化热。前者是 π-π 共轭，因而稳定性增强。

在共轭体系中，由于键的离域，π 电子的轨道遍及整个体系，因此在受到外界试剂的攻击时，其影响可以通过 π 电子的运动迅速传递到整个体系。例如

$$ClCH_2-CH=\overset{*}{C}H_2 \xrightarrow[H_2O]{NaOH} [\overset{\oplus}{C}H_2-CH=\overset{*}{C}H_2] \longrightarrow [\overset{\delta^+}{C}H_2 \cdots CH \cdots \overset{\delta^+}{\overset{*}{C}}H_2]$$

$$\xrightarrow{OH^-} \underset{\displaystyle OH}{CH_2}-CH=\overset{*}{C}H_2 + CH_2=CH-\underset{\displaystyle OH}{\overset{*}{C}H_2}$$

此反应中形成 p-π 共轭体系，电子离域，正电荷分散到 C1 和 C3 上。OH^- 基团可进攻 C1，也可进攻 C3，因而产生两种产物。

电子效应能通过共轭体系而迅速传递，不随链的增长而削弱，这是共轭效应的一种主要表现。

4.2.2 共轭二烯烃的化学反应

共轭二烯烃具有特定的结构，因而显示了一定的特殊性质。

1. 1，2-加成和 1，4-加成反应

与烯烃相似，共轭二烯烃与卤素、卤化氢也能发生亲电加成反应。但由于其结构特殊，加成产物通常有两种。例如

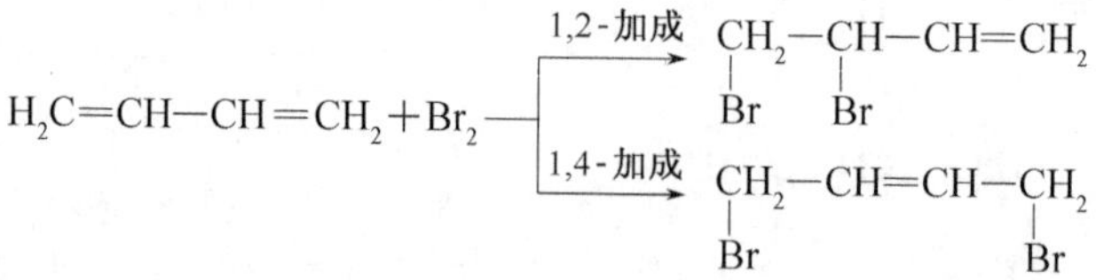

在上面的反应中，两个溴原子分别加到 C1 和 C2 上的加成方式称为 1,2-加成，而分别加到 C1 和 C4 上的加成方式称为 1,4-加成。为什么 1,3-丁二烯与溴加成时，既可按 1,2-加成又可按 1,4-加成呢？这是因为共轭二烯与溴的加成反应和单烯相似，也是分步进行的。第一步是溴正离子先加上去，生成碳正离子(1)和(2)。

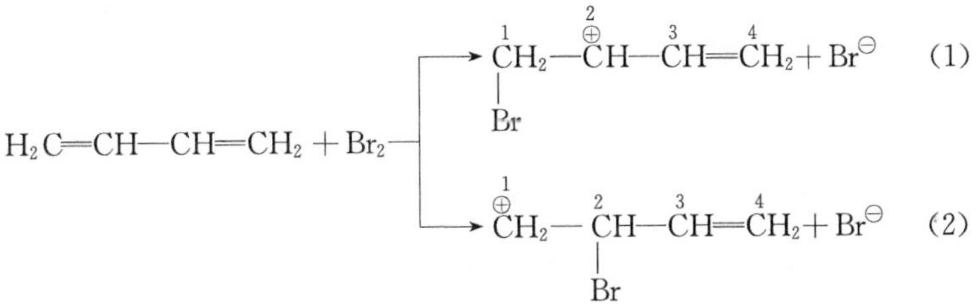

在碳正离子(1)中，带正电荷的碳原子和双键碳原子相连，由于碳正离子的空轨道与双键的 π 轨道相互重叠，形成 p-π 共轭，生成一个三原子两电子的大 π_3^2 键(图 4.8)，C2 上的正电荷得到了分散，整个体系的能量降低。而在碳正离子(2)中，C1 上的 p 轨道不能和相隔的 π 轨道重叠，π 键的两个电子定域在 C3 与 C4 的 π 轨道中，所以正电荷也只是局限在 C1 上。因此，碳正离子(1)比碳正离子(2)稳定。加成反应第一步主要是通过形成碳正离子(1)进行。

共轭二烯烃都可以发生 1,2-亲电加成反应和 1,4-亲电加成反应，但反应中产生 1,2-加成产物和 1,4-加成产物的相对数量与共轭二烯烃的结构、反应温度和试剂等因素有关，可从反应进程中的能量变化中看出(图 4.9)。

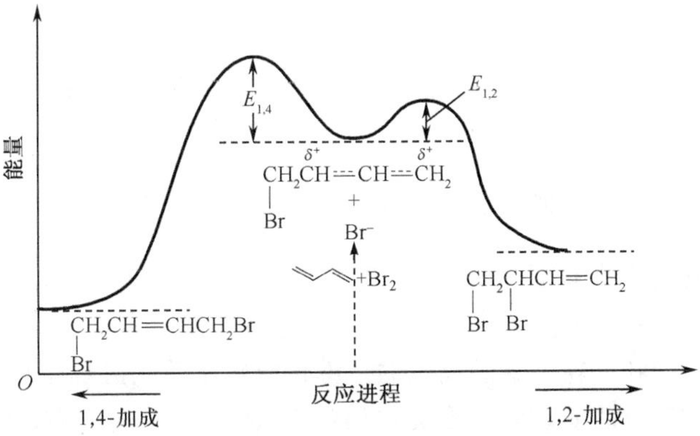

图 4.9　1,2-加成和 1,4-加成的势能图

由于生成 1,2-加成产物所需活化能较低，生成速率较大，同时低温下卤素与碳正离子加成是不可逆的，因而在低温下，1,2-加成产物为主(图 4.9)。这种由反应速率支配的动力学控制过程称为速率控制或动力学控制(kinetic control)。

当温度升高，反应时间延长时，碳正离子有条件克服较高活化能的能垒，生成 1,4-加成产物；同时生成的 1,2-加成产物电离成碳正离子和卤离子，即 1,2-加成的逆反应所需的活化能也较低，反应速率快，而 1,4-加成的逆反应所需的活化能高，反应速率慢，并且 1,4-加成产物比 1,2-加成产物有更大的稳定性，因而 1,2-加成产物通过碳正离子不断转变成 1,4-加成产物，当达到平衡时，1,4-加成产物是主要的。这种由产物的稳定性和反应平衡所支配的热力学控制过程称为平衡控制或热力学控制。

由于共轭体系内极性交替的存在，碳正离子(1)中的 π 电子云不是平均分布在这三个碳原子上，而正电荷又主要集中在 C2 与 C4 上，因此反应的第二步，Br^- 既可与 C2 结合也可与 C4 结合，故既能发生 1,2-加成，也能发生 1,4-加成反应，而且往往 1,4 -加成产物占主要比例。

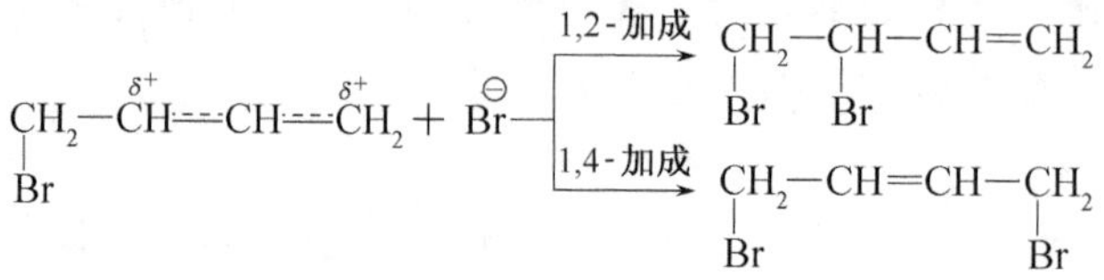

问题 4.8　说明烯丙基负离子（$H_2C{=}CH{-}CH_2^-$）比丙基负离子稳定的原因。
问题 4.9　写出 1mol 2-甲基-1,3-丁二烯与 1mol HCl 反应生成的主要产物。
问题 4.10　写出 1mol 1,3,5-己三烯与 1mol Br_2 反应生成的热力学控制产物。

---

2. 双烯合成——第尔斯-阿尔德反应

共轭二烯烃可以和某些具有碳-碳双键的不饱和化合物进行 1,4-加成反应，生成环状化合物，称为双烯合成，又称为第尔斯-阿尔德(Diels-Alder)反应。例如

顺丁烯二酸酐　　顺-4-四氢化邻苯二甲酸酐（100%）

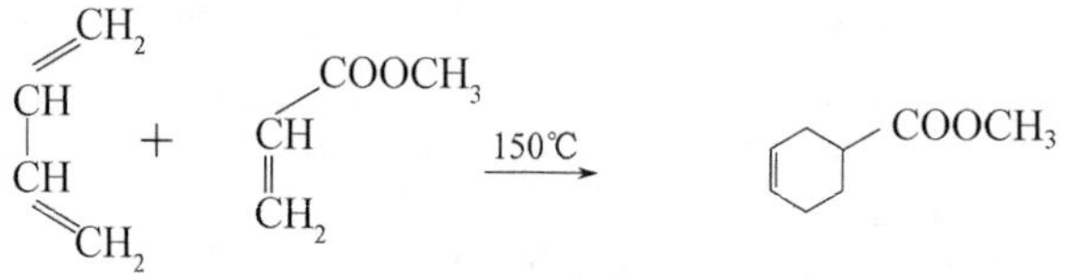

丙烯酸甲酯　　4-环己烯甲酸甲酯

双烯合成中，就反应物的结构而言，最简单的是 1,3-丁二烯烃和乙烯的反应，但这个反应需要的反应条件较高，一般需要高温高压，产率也比较低。

在双烯合成中，能和共轭二烯烃反应的重键化合物常称为二烯亲和物，如前两例中的乙烯和丙烯酸甲酯。实践证明，当二烯亲和物的双键碳原子上连有吸电子基，如—CHO、—COR、—COOR、—CN、—NO_2 时，反应比较容易进行。同理，共轭二烯烃中连有给电子基反应较容易进行。

这是合成含六元环化合物的重要方法，为此，第尔斯和阿尔德获得了 1950 年诺贝尔化学奖。

以顺丁烯二酸酐为亲二烯体与共轭二烯反应时，生成的环状化合物一般为固体，因此可利用这一反应检验共轭烯烃。

第尔斯-阿尔德反应是可逆反应。在较高温度下，环状产物又可转变成二烯体和亲二烯体。例如，环戊二烯在室温发生第尔斯-阿尔德反应二聚成双环戊二烯，将后者加热则发生逆第尔斯-阿尔德反应，又转变成环戊二烯。

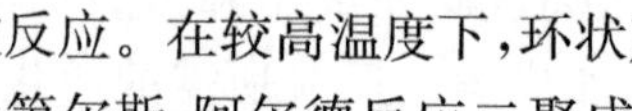

环戊二烯　　双环戊二烯

第尔斯-阿尔德反应与前面学过的反应显著不同。在反应过程中没有任何活性中间体，如碳正离子、碳负离子、自由基等。生成反应速率也极少受溶剂极性和酸碱催化剂的影响，自由基引发剂与抑制剂也不起作用，第尔斯-阿尔德反应是通过环状过渡状态的一步协同反应，新的 σ 键和 π 键的形成和旧的 π 键破裂是同步进行的。此反应也称为周环反应。

环状过渡状态

第尔斯-阿尔德反应具有高度的立体专一性，其反应物仍保持二烯烃和亲二烯烃原来的构型。例如

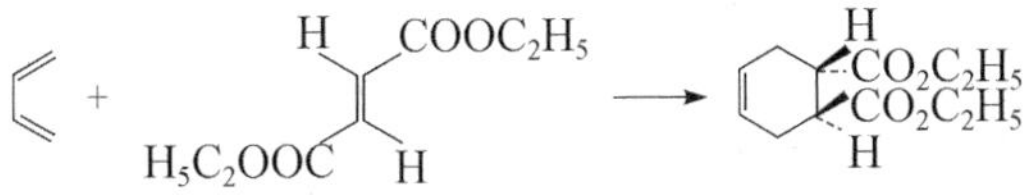

反丁烯二酸二乙酯　　　反式产物

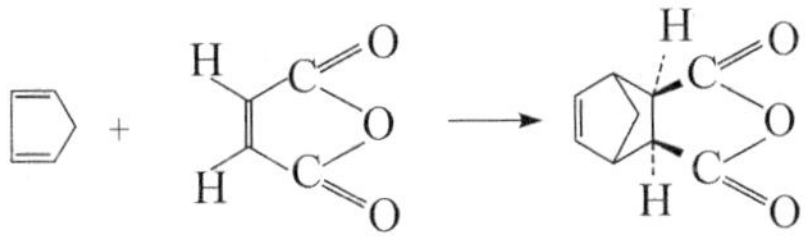

顺丁烯二酸酐　　　顺式产物

问题4.11　完成下列反应。

(1) $H_2C{=}C(CH_3){-}C(CH_3){=}CH_2 + H_2C{=}CH{-}CHO \longrightarrow$

(2) $C_6H_5{-}CH{=}CH{-}CH{=}CH{-}C_6H_5 + C_2H_5OOC{-}C{\equiv}C{-}COOC_2H_5 \longrightarrow$

问题4.12　用化学方法鉴别下列各组化合物。

(1) $H_2C{=}CH{-}CH{=}CH_2$、$H_2C{=}CH{-}C{\equiv}CH$、$H_2C{=}CH{-}CH_2CH_3$

(2) 1,3-戊二烯、1,4-戊二烯

习　题

1. 解释下列名词。

共轭效应　互变异构　1,4-加成　亲核加成　亲二烯体

氢化热　离域能(共轭能)　超共轭效应　双烯合成　协同反应

2. 用系统命名法或衍生物命名法命名下列化合物。

(1) $(CH_3)_3C{-}C{\equiv}C{-}CH_2CH_3$　　(2) $HC{\equiv}CCH_2Br$

(3) $H_2C{=}CH{-}C{\equiv}CH$　　(4) $H_2C{=}CH{-}CH_2{-}CH_2{-}C{\equiv}CH$

(5) $H_3C{-}CH(Cl){-}C{\equiv}CCH_2CH_3$　　(6) $H_3C{-}C{\equiv}C{-}CH(CH{=}CH_2)CH_2CH_2CH_3$

(7) $H_2C{=}CH{-}CH{=}CH{-}CH{=}CH_2$

3. 写出下列化合物的结构式。

(1) 4-甲基-1-戊炔　(2) 4-甲基-2-戊炔　(3) 二异丙基乙炔

(4) 1,5-己二炔　(5) 异戊二烯　(6) 丁苯橡胶

4. 写出 1-丁炔和 2-丁炔与下列试剂作用的反应式。

(1) 热 $KMnO_4$ 溶液　(2) H_2/Pt　(3) 过量 Br_2/CCl_4，低温

(4) $AgNO_3$ 氨溶液　(5) Cu_2Cl_2 氨溶液　(6) H_2SO_4，H_2O，Hg^{2+}

5. 以丙炔为原料，并选用必要的无机试剂，合成下列化合物。写出反应式。

(1) 丙酮　(2) 2-溴丙烷　(3) 2,2-二溴丙烷　(4) 丙醇　(5) 正己烷

6. 考虑下列反应，哪些反应适合制备顺-2,3-二氘代-2-丁烯？

(1) $CH_3C\equiv CCH_3 \xrightarrow{HD}$　(2) $CH_3C\equiv CCH_3 \xrightarrow{D_2}$

(3) $CH_3C\equiv CCH_3 \xrightarrow[CH_3COOH]{B_2D_6}$　(4) $CH_3C\equiv CCH_3 \xrightarrow[CH_3COOD]{B_2D_6}$

(5) $CH_3C\equiv CCH_3 \xrightarrow[CH_3COOD]{B_2H_6}$

7. 完成下列反应。

(1) $H_2C{=}CH{-}CH{=}CH_2 + H_2C{=}CH{-}CHO \longrightarrow$

(2) 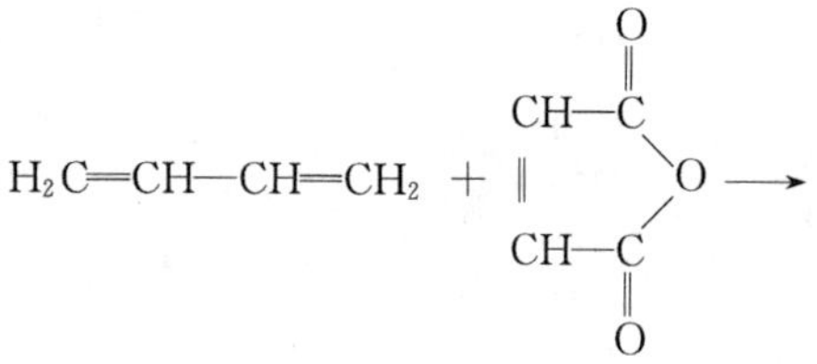

(3) $H_2C{=}C(Cl){-}CH{=}CH_2 \xrightarrow{聚合}$

(4) $H_2C{=}C(CH_3){-}CH{=}CH_2 \xrightarrow{1mol\ HBr}$

(5) $HC\equiv C{-}CH_2CH_3 \xrightarrow{BH_3} \xrightarrow[OH^{\ominus}]{H_2O_2}$

(6) $H_3C{-}CH_2{-}CH(CH_3){-}C\equiv CCH_3 \xrightarrow[H^{\oplus}]{KMnO_4}$

(7) 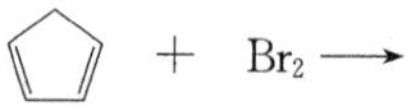

(8) 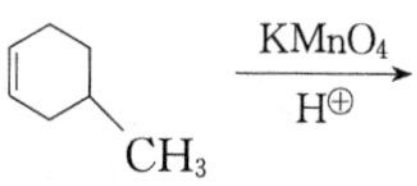

(9) 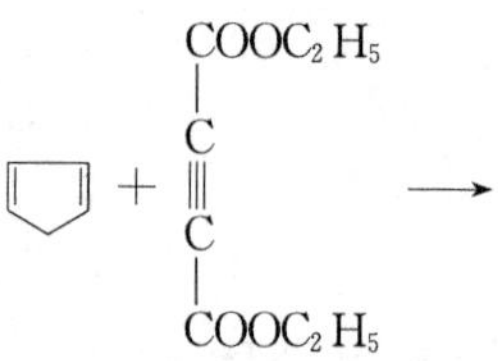

8. 指出下列化合物可由哪些原料通过双烯合成而得。

(1) 　(2) 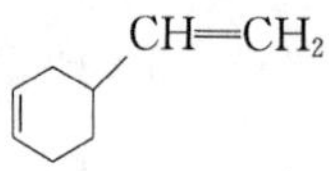　(3) 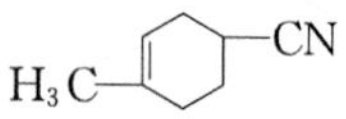

(4) 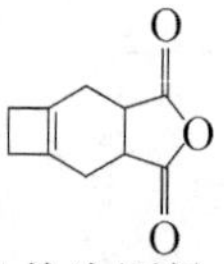　(5) 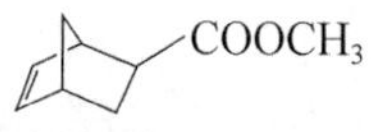

9. 以乙炔为原料，并可选用必要的无机试剂和不超过 3 个碳的有机物合成下列化合物。写出反应式。

(1) $CH_3CH_2-CH(OH)-CH_3$

(2) $CH_3CH_2CH_2CH_2Br$

(3) $H_2C=CH-C\equiv C-CH_2CH=CH_2$

(4) $H_2C=CH-OCH_2CH_2CH_3$

(5) $CH_3CH_2-CCl_2-CH_3$

(6) 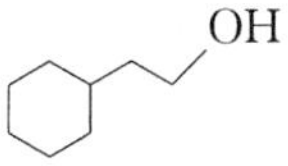

10. 用化学方法区别下列各组化合物。

(1) 乙烷、乙烯、乙炔

(2) $CH_3CH_2CH_2C\equiv CH$、$H_2C=CH-CH=CHCH_3$、$H_2C=CH-CH_2-CH=CH_2$

11. 用适当的化学方法将下列混合物中的少量杂质除去。

(1) 除去粗乙烷气体中的少量乙炔

(2) 除去粗乙烯气体中的少量乙炔

12. 为什么 1,4-加成产物比 1,2-加成产物稳定?

13. 某碳氢化合物,测得其相对分子质量为 80,催化加氢时,10mg 样品可吸收 0.75mg 氢气。原样品经臭氧氧化反应后分解,只得到甲醛($H_2C=O$)和乙二醛($OHC-CHO$),该烃是什么化合物?

14. 某化合物分子式为 C_6H_{10},催化加氢生成 2-甲基戊烷,在硫酸汞存在下与水反应,生成 $(CH_3)_2CHCH_2COCH_3$,与氯化亚铜的氨溶液作用产生红色沉淀。试推测其结构式,并写出有关反应式。

15. 有四个化合物 A、B、C、D,分子式都是 C_5H_8,都能使溴的四氯化碳溶液褪色。A 与硝酸银溶液反应产生白色沉淀,而 B、C 和 D 没有。A、B 和 C 经催化加氢都得到正戊烷,而 D 只吸收 1mol H_2,得到分子式为 C_5H_{10}的烃。B 与热的高锰酸钾溶液反应生成乙酸和丙酸。C 与顺丁烯二酸酐反应生成白色固体。D 经臭氧化还原水解只得到一种醛。写出 A~D 的构造式及有关的化学方程式。

16. 1,3-环戊二烯与氯化氢在低温时进行反应,主要生成 3-氯环戊烯 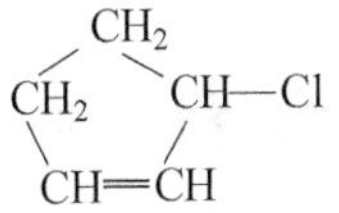 ,而很少有 4-氯环戊烯 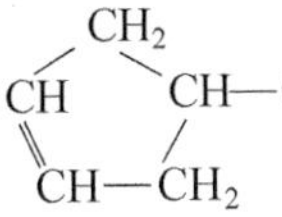 生成,如何解释这样的实验事实?

第 5 章 芳烃 芳香性

芳烃是芳香族碳氢化合物的简称，也称芳香烃。这类化合物从其碳氢之比来看，应具有高度不饱和性，但实际上是比较稳定的。与脂肪烃和脂环烃不同，其化学行为是比较容易进行取代反应，不易进行加成反应和氧化反应。这种特性曾作为芳香性(aromaticity)的标志。这类化合物通常含有苯环结构，因此，一般把苯及其衍生物总称为芳香族化合物。随着有机化学的进一步发展，发现一些不具有苯环结构的环状烃，也有特殊的稳定性，它们与苯及其衍生物有着共同的特点：除上述化学行为相同外，其成环原子之间的键长趋于平均化，它们的质子与苯的质子相似，在核磁共振谱中显示类似的化学位移，这些特性统称为芳香性。从结构的特点来看，芳烃是一类符合休克尔(Hückel)规则的碳环化合物，而芳香族化合物则是这种碳环化合物及其衍生物的总称。

通常所说的芳烃是指分子中含有苯环结构的芳烃，而不含苯环结构的芳烃称为非苯芳烃。下面和以后各章中所讨论的芳烃，通常指前一种。

5.1 芳香烃的分类和命名

5.1.1 芳香烃的分类

芳香烃(aromatic hydrocarbon)根据是否含有苯环可分为苯型芳香烃(benzenoid hydrocarbon)和非苯型芳香烃(nonbenzenoid hydrocarbon)两类。

1. 苯型芳香烃

根据结构中所含苯环的数目和连接方式的不同，苯型芳香烃可分为单环芳香烃及多环芳香烃。

1) 单环芳香烃

单环芳香烃分子中只含有一个苯环。例如

苯

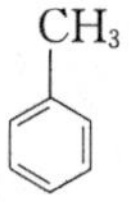

甲苯

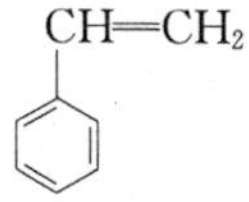

苯乙烯

2) 多环芳香烃

多环芳香烃是分子中含有两个或两个以上苯环的芳香烃，根据苯环的连接方式不同可分为以下几类。

(1) 多苯代脂烃：脂肪烃分子中两个或两个以上的氢原子被苯基(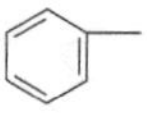)取代的化合物。例如

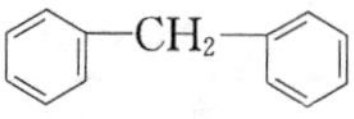

二苯甲烷

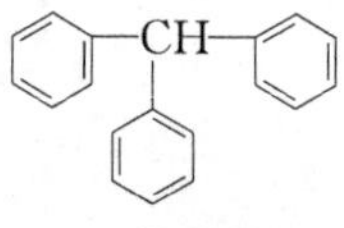

三苯甲烷

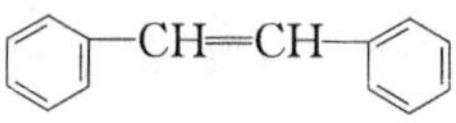

二苯乙烯

(2) 联苯及联多苯:苯环之间以一单键相连。例如

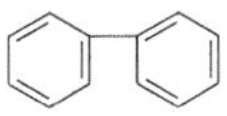

联苯

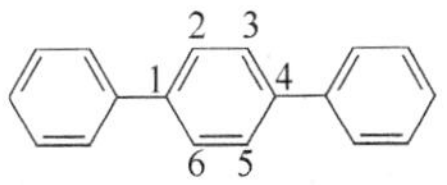

1,4-联三苯

(3) 稠环芳香烃:分子中两个苯环共用两个相邻的碳原子的芳香烃。例如

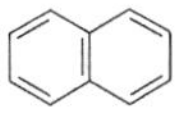

萘

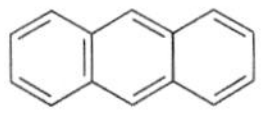

蒽

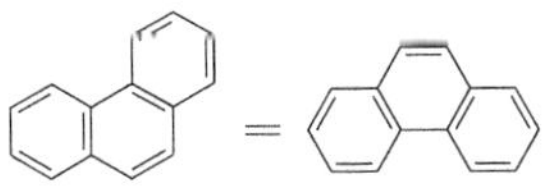

菲

2. 非苯型芳香烃

非苯型芳香烃是分子中不含苯环,但具有芳香性的化合物。例如

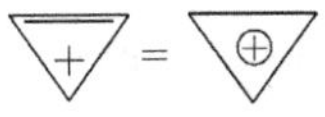

环丙烯正离子

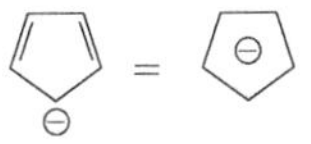

环戊二烯负离子

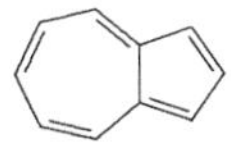

薁

5.1.2 单环芳烃的构造异构和命名

苯是最简单的单环芳烃。苯环上氢原子被烷基取代而成的苯的一元取代物,在命名时以苯为母体,烷基为取代基,如甲苯、乙苯、正丙苯、异丙苯等。

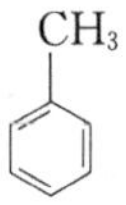

甲苯

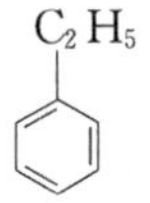

乙苯

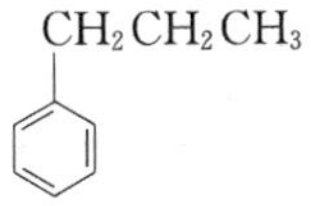

正丙苯

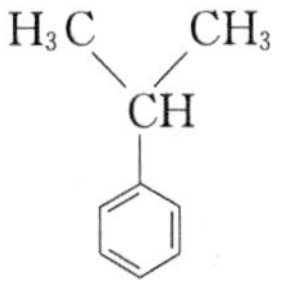

异丙苯

苯的二元取代物有三种异构体。由于取代基位置不同,在命名时应在名称前加邻、间或对等字,或用 1,2-、1,3-、1,4-表示。例如

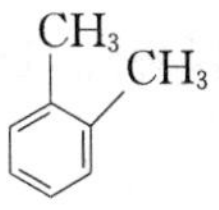

邻二甲苯

(1,2-二甲苯)

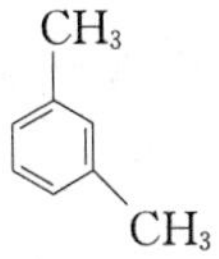

间二甲苯

(1,3-二甲苯)

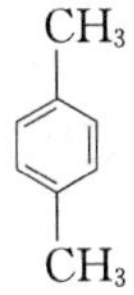

对二甲苯

(1,4-二甲苯)

取代基相同的三元取代物有三种异构体,命名时可分别用阿拉伯数字表示取代基的位置,也可用连、偏和均等字来表示它们位置的不同。例如

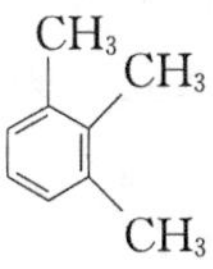

1,2,3-三甲苯

(连三甲苯)

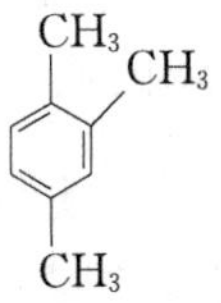

1,2,4-三甲苯

(偏三甲苯)

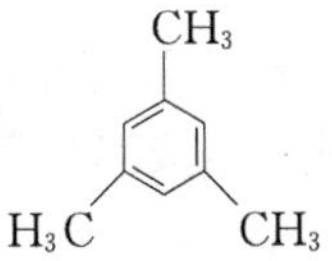

1,3,5-三甲苯

(均三甲苯)

对于结构复杂或支链上有官能团的化合物，也可以把支链作母体，把苯环当作取代基来命名。例如

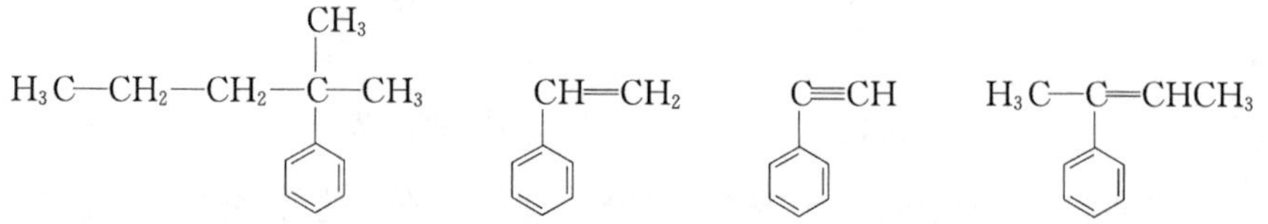

2-甲基-2-苯基戊烷　　苯乙烯（乙烯基苯）　　苯乙炔　　2-苯基-2-丁烯

苯分子减去一个氢原子后的原子团C_6H_5—称为苯基(phenyl)，也可以用 Ph 代表。芳烃分子的芳环上减去一个氢原子后的原子团称为芳基(aryl)，可用 Ar 代表。如果甲苯的甲基上减去一个氢原子，该基团称为苯甲基，又称苄基(benzyl)$C_6H_5CH_2$—，如苄氯、苄醇。

苄氯（氯化苄）　　苄醇（苯甲醇）

问题5.1　命名下列化合物。

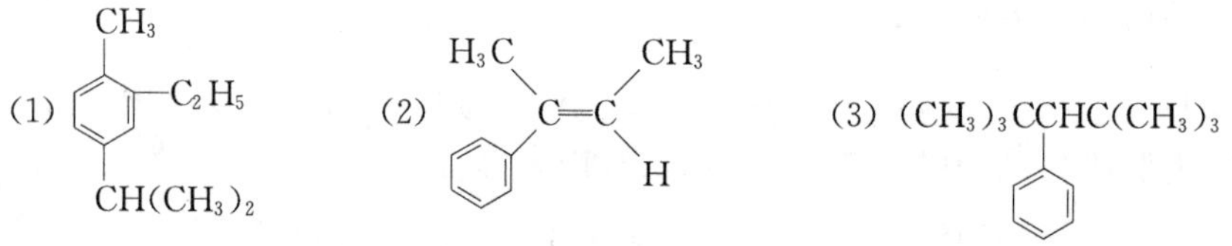

问题5.2　写出下列各化合物或基的结构式。

(1) 异丁苯　(2) 间甲苯基环戊烷　(3) (*E*)-1,2-二苯乙烯

(4) 顺-5-甲基-1-苯基-2-庚烯　(5) 二苯甲基　(6) 3-苯基-2-丁烯

5.2　苯的结构

苯的分子式为C_6H_6，根据烃的结构，苯应具有高度的不饱和性。1865 年，德国化学家凯库勒提出了苯环的结构式：

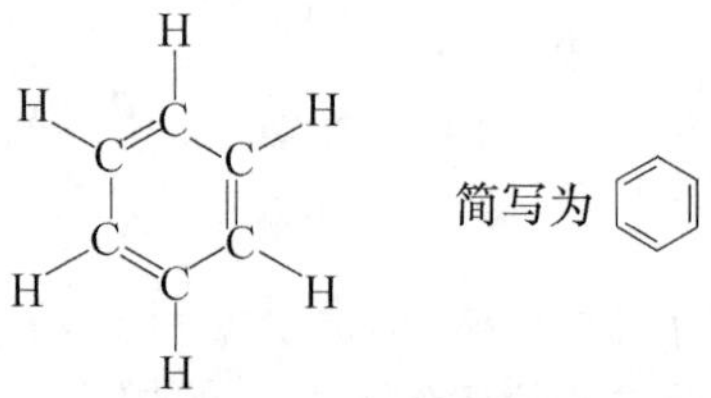

如果苯为 1,3,5-环己三烯，应易于发生加成反应。但实验证明，苯并不能很快使溴水褪色，也不能被冷的稀高锰酸钾溶液氧化。苯的典型反应为取代反应。例如，用三溴化铁作催化剂，溴与苯反应生成溴苯和溴化氢，反应如下：

$$C_6H_6 + Br_2 \xrightarrow{FeBr_3} \underset{\text{溴代苯}}{C_6H_5Br} + HBr$$

苯的邻位二元取代物只有一种，这说明凯库勒式不能准确地反映出苯的真实结构。近

代物理方法(如X射线分析、光谱方法等)已测出苯分子中六个碳原子和六个氢原子均处于同一平面上,苯的六个边都是相等的,碳-碳之间的键长都是0.139nm(普通 C—C 键长为0.154nm,C═C 键长为0.134nm)。这说明苯分子中没有单键和双键的交替,而是处于单键和双键之间的六个相同的碳-碳键。苯的分子结构可从以下三个方面理解。

5.2.1 杂化轨道理论

杂化理论认为,苯分子中每个碳原子都是以 sp^2 杂化轨道参与成键的(一个 C—H 和两个 C—C 键)。这三个 σ 键之间的键角互成120°,并且六个C和六个H都处于同一平面上。此外,每个碳原子还剩下一个轨道与苯环所在的平面垂直,六个p轨道之间从侧面相互重叠,形成一个大 π 键。大 π 键的电子云平均分布于六个碳原子之间,使整个苯分子成为一个闭合的 π 共轭体,分子能量大大降低,因此,苯环具有高度的稳定性(图5.1)。

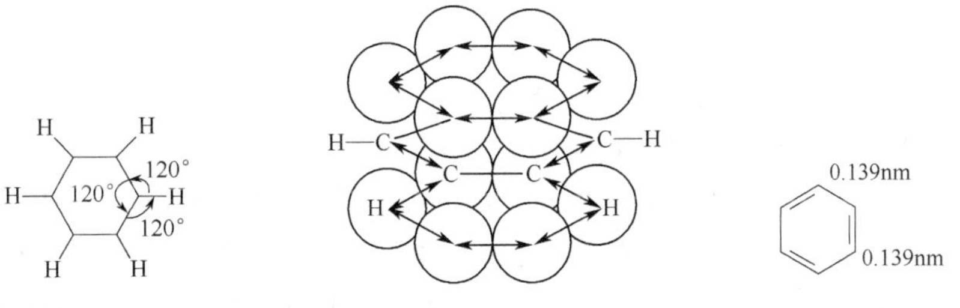

(a) 苯分子中心键　(b) p轨道形成芳香大 π 键　(c) 苯分子C—C键长

图5.1　苯的结构

5.2.2 分子轨道理论

分子轨道理论认为,苯分子形成 σ 键后,苯的六个碳原子的六个p轨道将组合成六个分子轨道,可分别用 ψ_1、ψ_2、ψ_3、ψ_4、ψ_5 和 ψ_6 表示。这些分子轨道都有一共同节面——碳原子所在平面,除此之外,ψ_1 没有节面,能量最低。ψ_2 和 ψ_3 分别有一个节面,它们是简并的,能量相等,其能量比 ψ_1 高。ψ_1、ψ_2 和 ψ_3 都是成键轨道。与此相对应,ψ_4 和 ψ_5 各有两个节面,也是简并的,其能量更高。ψ_6 有三个节面,能量最高。ψ_4、ψ_5 和 ψ_6 都是反键轨道。当苯分子处于基态时,六个p电子分成三对,分别填入成键轨道 ψ_1、ψ_2 和 ψ_3 中,反键轨道 ψ_4、ψ_5 和 ψ_6 则是空着的(图5.2)。

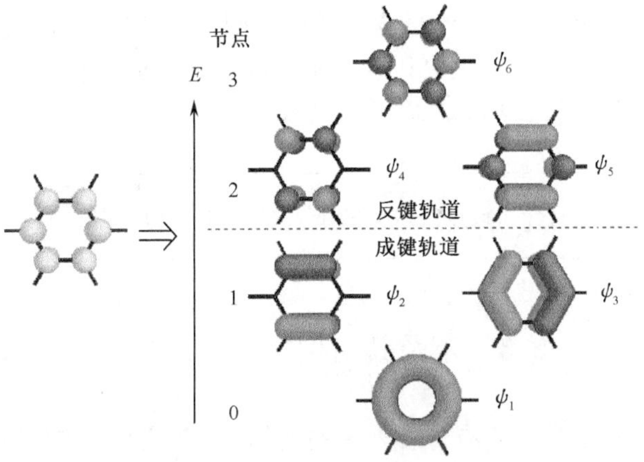

图5.2　苯的 π 分子轨道和能级

5.2.3 苯的共振结构

在有机化学中，一般使用的价键结构式(也常称为经典结构式或路易斯式)不能圆满地把苯结构上的特征，即它所具有的离域而又环合的大 π 键表示出来。在正六边形碳环中画一个圆圈()的表示方式，实际是应用了一个新的符号来代表苯的特征结构。类似苯这样的情况，不仅在有机化合物中并不少见，在无机化合物中也有，如碳酸根离子(CO_3^{2-})。已知碳酸根离子的三个碳-氧键是等同的，它们的键长都是 0.128nm，但是价键结构式却只能把其中的一个碳-氧键表示为碳-氧双键，而把另两个碳-氧键表示为单键，这显然是不符合事实的。

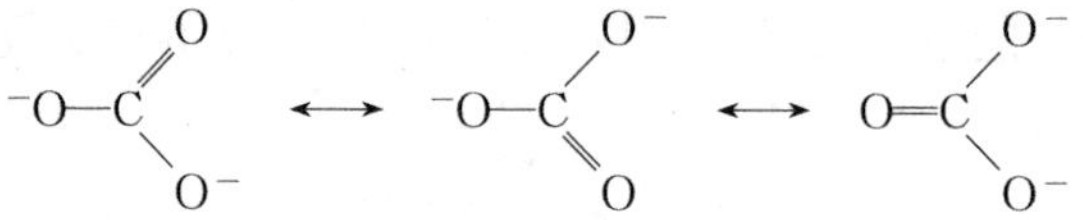

为了解决这种难于正确表达真正结构的问题，有机化学文献资料中比较普遍地采用了共振论者所创立的以几个共振结构式来表示结构的方法。

共振论是化学家鲍林在 20 世纪 30 年代即已提出的一种分子结构理论(见 1.6 节)。他从经典的价键结构式出发，应用量子力学的变分法近似地计算和处理像苯那样难以用价键结构式代表结构的分子能量，认为苯主要是由下列两个共振结构式共振或叠加而成的共振杂化体。

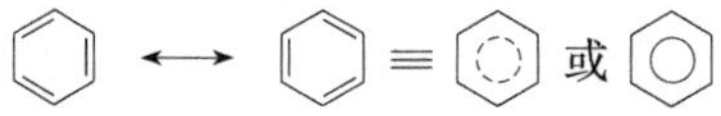

同样，碳酸根离子可以表示为

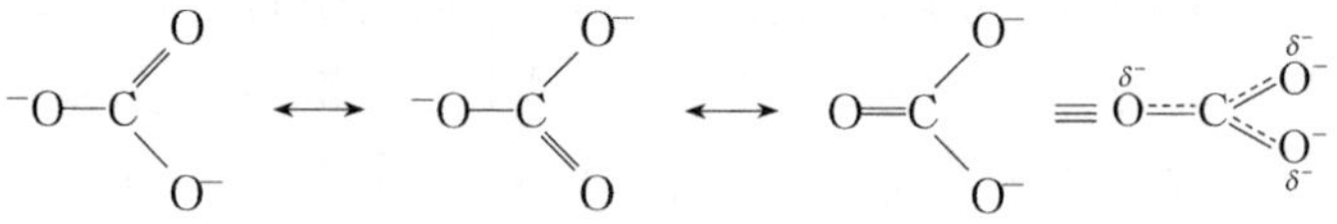

应该指出，在上例中，任一共振结构式都不能代表其真实结构，苯或碳酸根离子的真实结构是由这几个共振结构式叠加或共振而成的“共振杂化体”。“共振杂化体”不同于任一共振式所代表的结构，但却又在一定程度上与任一共振式所代表的结构有相似之处。“共振杂化体”也绝不是这些共振结构式所代表的结构的混合物，它只具有单一的结构。双箭头($\longleftrightarrow$)和方向相反的两个箭头($\rightleftharpoons$)的含义截然不同，两个箭头往往表示结构有变化，是两种结构的动态平衡，而双箭头则表示“共振”，即表示由双箭头所联系的几个共振结构式，可以共振而得到一个在任何瞬间都只具有单一结构的“共振杂化体”。

问题 5.3　苯的凯库勒构造式有什么缺点？你现在对苯的结构是如何认识的？

5.3　苯及其衍生物的物理性质

苯及其低级同系物都是无色有芳香气味的液体，不溶于水，易溶于乙醚、四氯化碳、石油醚等有机溶剂中。相对密度一般为 0.86～0.88，容易燃烧，燃烧时冒黑烟，蒸气有一定毒性。它们的熔点和结构之间有一个重要的普遍关系，即二元取代苯的异构体中，对位异构体的熔点通常比另外两个异构体的熔点高得多。例如，对二甲苯的熔点为13℃，而邻二甲苯的熔点为−25℃，间二甲苯的熔点为−45℃，这是因为对位异构体的分子对称性高，所以结晶内分子间的色散力较大。表5.1列出苯及其衍生物的物理性质。

表5.1 苯及其衍生物的物理性质

名称	英文名称	熔点/℃	沸点/℃	相对密度
苯（）	benzene	5.50	80.1	0.879
甲苯（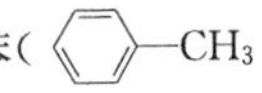）	toluene	−95.0	111.0	0.866
乙苯（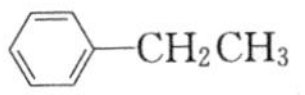）	ethylbenzene	−95.0	136.2	0.867
丙苯（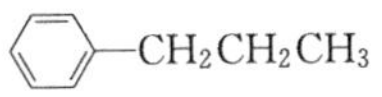）	propylbenzene	−99.5	159.2	0.862
异丙苯（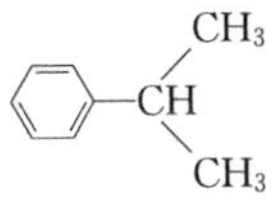）	*iso*-propylbenzene	−96.0	152.4	0.862
邻二甲苯（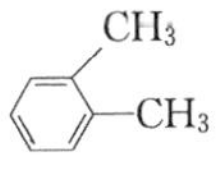）	*o*-xylene	−25.5	144.4	0.880
间二甲苯（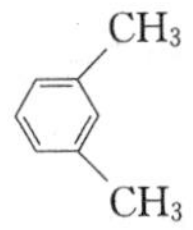）	*m*-xylene	−48.0	139.1	0.864
对二甲苯（）	*p*-xylene	13.0	138.0	0.861
1,2,3-三甲苯（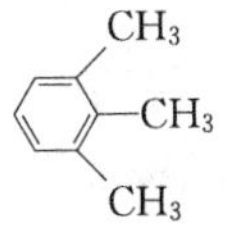）	1,2,3-trimethylbenzene	−25.4	176.1	0.894
1,2,4-三甲苯（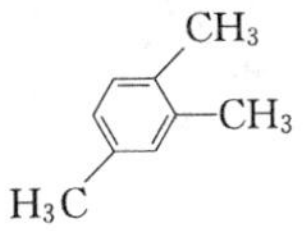）	1,2,4-trimethylbenzene	−43.8	169.4	0.876
1,3,5-三甲苯（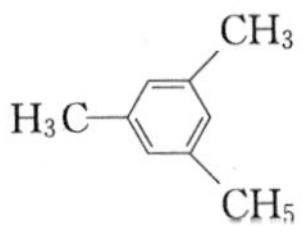）	1,3,5-trimethylbenzene	−44.7	167.4	0.865
苯乙烯（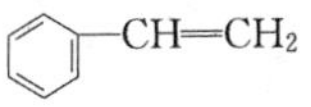）	styrene	−31.0	145.0	0.907
苯乙炔（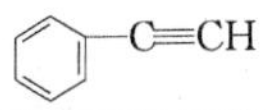）	phenylacetylyne	−45.0	142.0	0.930

从表5.1可见，苯的同系物中每增加一个CH_2，沸点增加20～30℃；碳原子数相同的异构体，其沸点相差不大。例如，二甲苯的三种异构体的沸点分别为144℃、139℃、138℃，仅相差1～6℃，很难用蒸馏方法分开，所以二甲苯通常是混合物。

与烯烃相似，苯环上有烷基取代基时，其稳定性增强，烷基越多，稳定性越高。稳定性的高低可从化合物的生成热的大小看出（表5.2），化合物的生成热越小，其稳定性越高。例如,丙苯比苯稳定,但比 1,3,5-三甲苯的稳定性差。另外,邻二甲苯比对二甲苯的稳定性稍差,这是由两个邻位基团之间在空间比较拥挤造成的。它类似于顺式烯烃的空间效应,随着邻位基团的增大,这种影响增加,比较邻二甲苯和对二乙苯的生成热即可看出。

表 5.2 苯及其衍生物的生成热(25℃,气相)

化合物	生成热/($kJ \cdot mol^{-1}$)	化合物	生成热/($kJ \cdot mol^{-1}$)
苯	82.85	邻二乙苯	−18.94
甲苯	49.95	间二乙苯	−21.82
邻二甲苯	19.98	对二乙苯	−22.24
间二甲苯	17.72	连三甲苯	−9.57
对二甲苯	17.93	偏三甲苯	−13.92
乙苯	29.76	均三甲苯	−16.05
丙苯	7.82		

5.4 化学反应

5.4.1 亲电取代反应

从苯的结构可知,苯分子具有异常的稳定性。但由于苯分子中环状离域的 π 电子云分布在分子平面的上下两侧,相对来说,电子云密度较大,因而易受到亲电试剂的进攻,发生亲电取代(electrophilic substitution)反应。它们一般不易发生亲电加成反应,因为这样可以保留苯环离域的 π 体系。

实验结果也证明,苯与亲电试剂作用时,后者首先与离域的 π 电子相互作用,生成 π 络合物,此时并没有生成新的键。紧接着亲电试剂从苯环的 π 体系中获得两个电子,与苯环的一个碳原子形成 σ 键,生成 σ 络合物。在 σ 络合物中,与亲电试剂相连的碳原子,由原来的 sp^2 杂化变成了 sp^3 杂化,它不再有 p 轨道,因此苯环内六个碳原子形成的闭合共轭体系被破坏,环上剩下的四个 π 电子,只离域在环上五个碳原子上。从共振的观点来看,σ 络合物是三个碳正离子的共振杂化体。

π 络合物

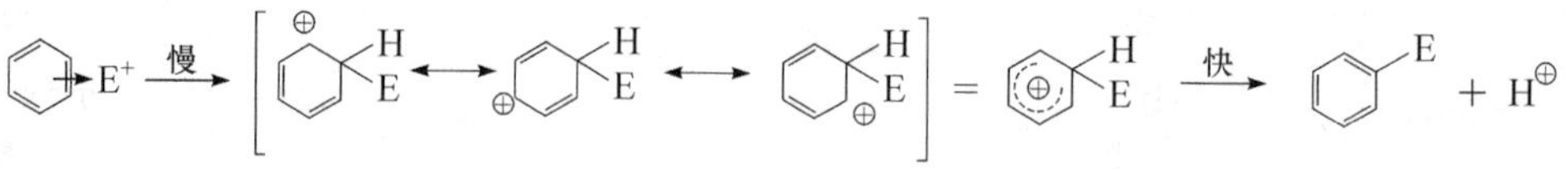

σ 络合物

E^+ 代表亲电试剂,它接受苯环一对 π 电子并与苯环的一个碳原子结合成 σ 键,得到活性中间体碳正离子,它是由五个碳原子和四个 π 电子组成的共轭体系(π_5^4),但能量比苯高得多,一经生成,立即从 sp^3 杂化碳原子上失去质子,恢复稳定的苯环结构,完成取代反应。反应的第一步必须经过势能较高的过渡状态,所以是整个反应的速率决定步骤(图 5.3)。

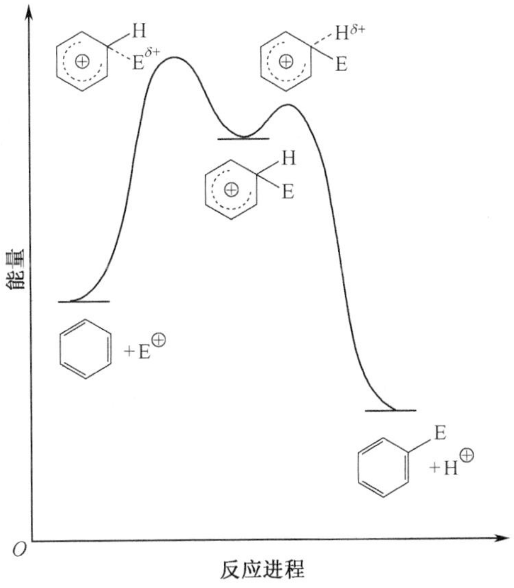

图 5.3　苯亲电取代反应的能量图

1. 卤化反应

在三卤化铁的催化下，苯与氯或溴作用，放出氯化氢或溴化氢，生成氯苯或溴苯。

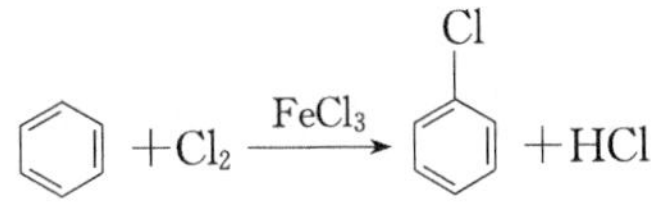

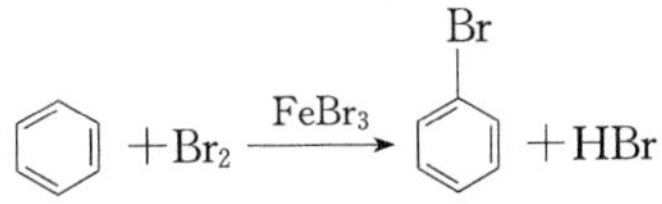

无催化剂存在时，苯与溴或氯并不发生反应，因此苯不能使溴的四氯化碳溶液褪色。然而在催化剂如 $FeBr_3$($FeCl_3$)存在下，则生成溴苯或氯苯。卤化铁的作用是与卤素络合，使其容易发生异裂，生成卤正离子。后者作为亲电试剂进攻苯环，形成 σ 络合物和$[FeBr_4]^-$。最后，σ 络合物失去一个质子生成溴苯，与此同时，从络合物中分解出来的质子与$[FeBr_4]^-$作用，生成 HBr 并使催化剂 $FeBr_3$ 再生。

$$2Fe + 3Br_2 \longrightarrow 2FeBr_3$$

$$Br_2 + FeBr_3 \longrightarrow Br^{\oplus} + FeBr_4^{\ominus}$$

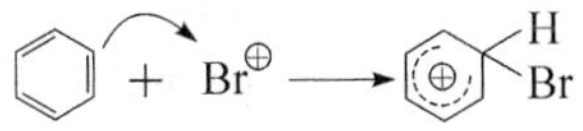

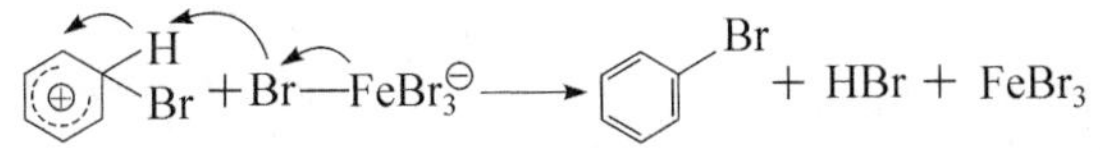

氯苯或溴苯进一步卤代时，产物主要为邻位和对位异构体。例如

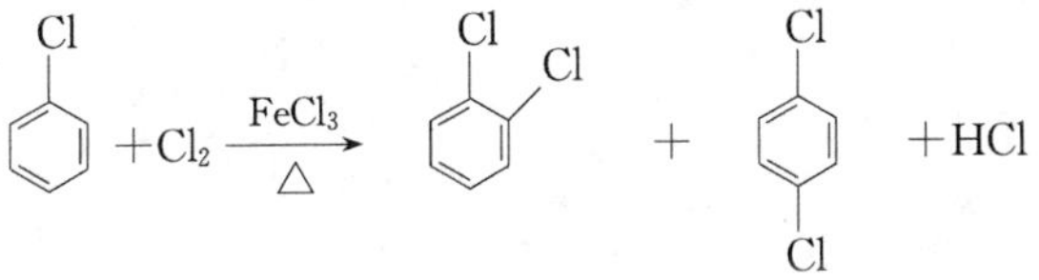

邻二氯苯(50%)　对二氯苯(45%)

甲苯在铁催化下的卤化(halogenation)反应比苯容易，卤素主要进入甲基的邻位和对位。例如

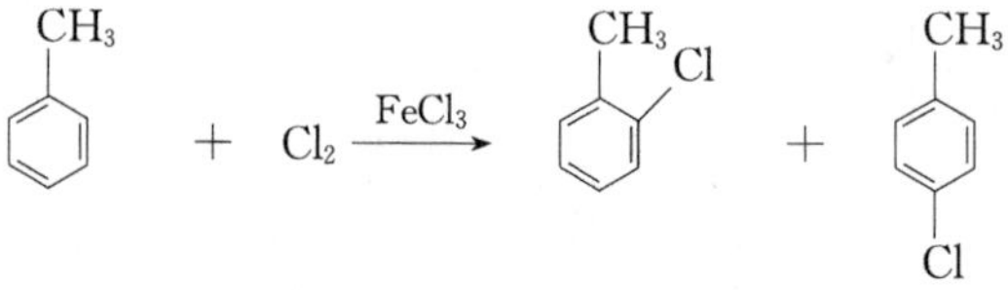

邻氯甲苯(58%)　对氯甲苯(42%)

2. 硝化反应

苯和浓硝酸与浓硫酸(常称为混酸)共热生成硝基苯，反应如下：

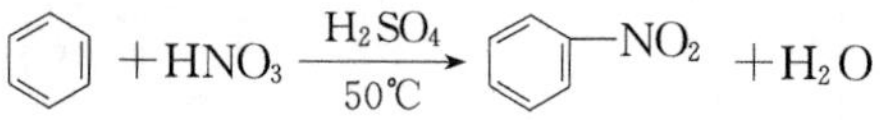

在硝化(nitration)反应中进攻的亲电试剂是硝基正离子 NO_2^+。由于 H_2SO_4(催化剂)的存在，NO_2^+ 的形成更加有利。

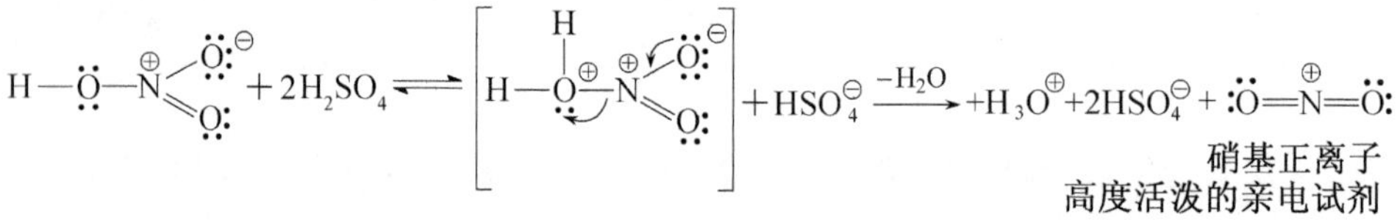

这是一个酸碱平衡，其中强酸 H_2SO_4 作为酸而稍弱的硝酸作为碱。

NO_2^+ 和苯作用过程如下：

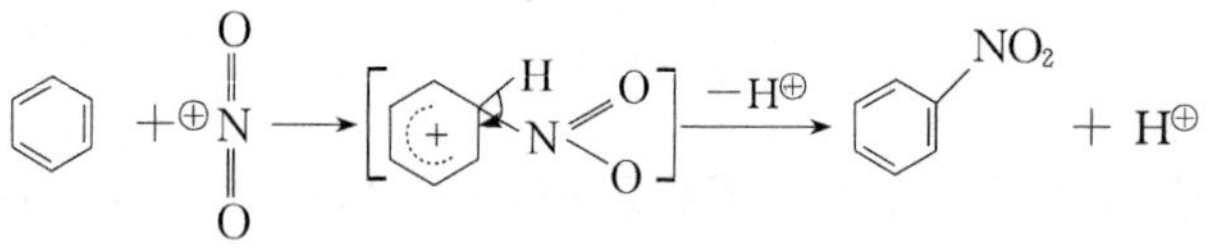

得到的硝基苯在较强烈的条件下仍可继续被硝化，生成间二硝基苯。

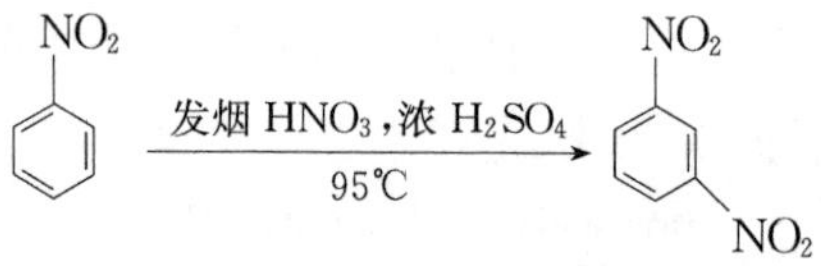

烷基苯比苯容易硝化，如甲苯低于 50℃下硝化就能进行，主要生成邻和对硝基甲苯。硝基甲苯进一步硝化可以得到 2,4,6-三硝基甲苯，即炸药 TNT。

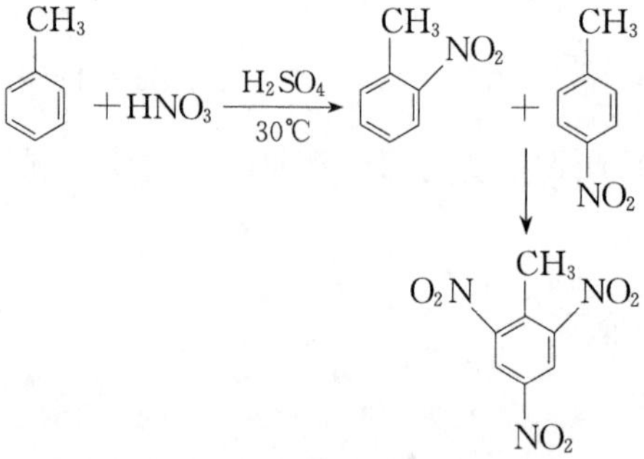

问题 5.4　甲苯的硝化和硝基苯的硝化有什么不同？哪个反应活性大？

3. 磺化反应

苯与浓硫酸在 80℃反应，生成苯磺酸。

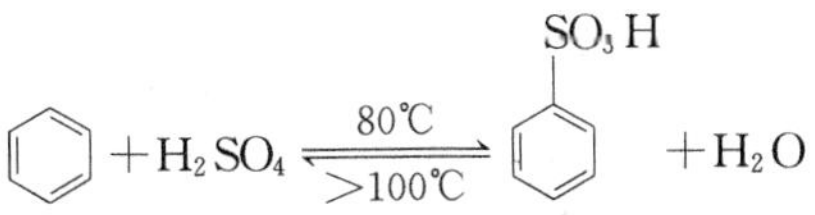

磺化(sulfonation)反应是可逆的，在较高温度下，苯磺酸可以水解去磺酸基。

一般认为三氧化硫是磺化反应的亲电试剂。

$$2H_2SO_4 \rightleftharpoons SO_3 + HSO_4^{\ominus} + H_3O^{\oplus}$$

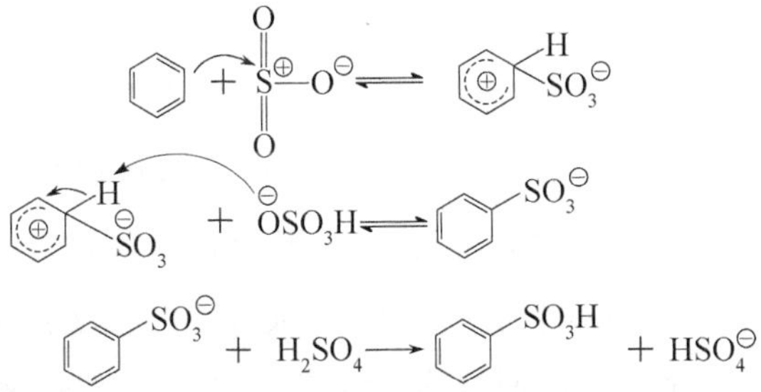

苯磺酸的磺化要在高温下与发烟硫酸作用，产物为间苯二磺酸，反应如下：

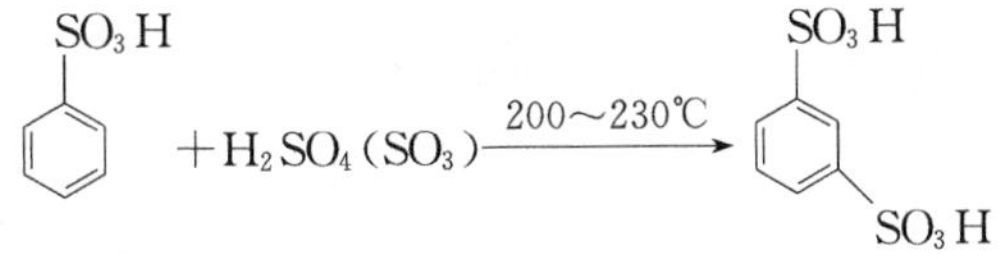

甲苯比苯容易磺化，它与浓硫酸在室温下就可以发生反应，主要产物是邻甲苯磺酸和对甲苯磺酸，反应如下：

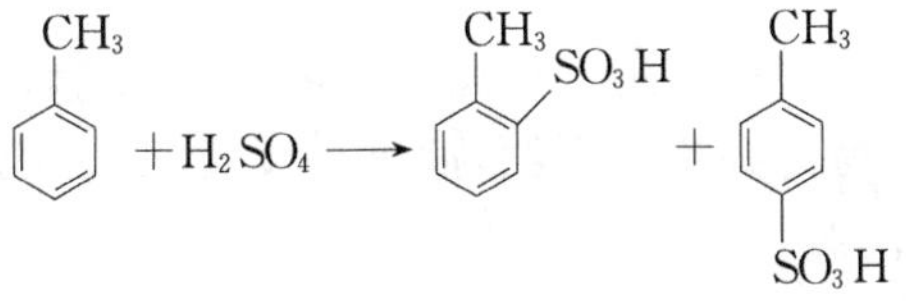

32%　　62%

苯磺酸是强酸，在水中溶解度很大，因此在分子中导入磺酸基可以增加化合物的酸性和溶解度。

4. 傅瑞德尔-克拉夫茨反应

1) 烷基化反应

在无水三氯化铝催化下，苯与卤代烷作用，生成烷基苯，同时释放出卤化氢。

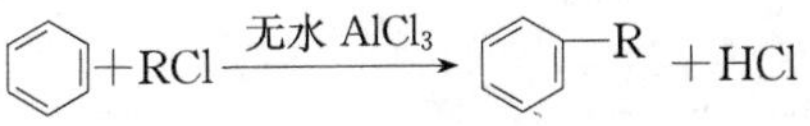

首先，卤代烷在催化剂作用下产生亲电试剂 R^+，然后 R^+ 去进攻苯环生成 σ 络合物。

此中间体不稳定，很快失去一个质子生成烷基苯。

$$RCl + AlCl_3 \rightleftharpoons R^{\oplus} + AlCl_4^{\ominus}$$

在烷基化(alkylation)反应中，若卤代烷中烷基大于乙基时，常得到异构产物，这主要是基于碳正离子的稳定性，一个不稳定的碳正离子会重排为更加稳定的碳正离子。

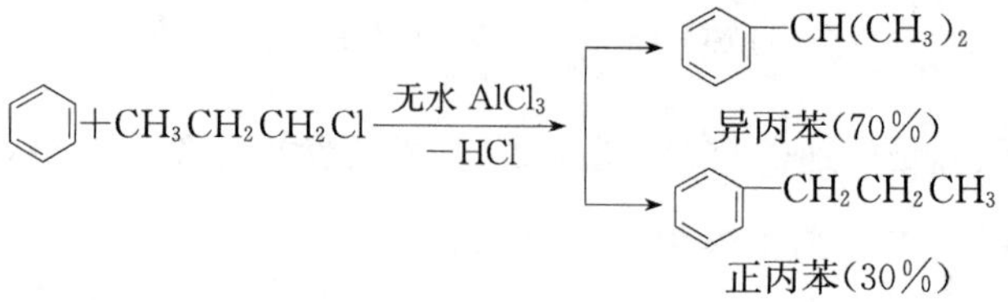

$$CH_3CH_2CH_2Cl \xrightarrow{AlCl_3} CH_3CH_2\overset{\oplus}{C}H_2 \xrightarrow{\text{重排}} CH_3\overset{\oplus}{C}HCH_3$$

因而当苯与 $CH_3\underset{}{\overset{CH_3}{\overset{|}{C}}}HCH_2Cl$ 反应时，由于碳正离子重排，主要得到叔丁基苯。

烷基化试剂除卤代烃外，烯、醇等都可以作为烷基化试剂，但卤代芳烃(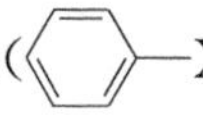—X)不易进行烷基化反应。催化剂除了三氯化铝外，还可用 $SnCl_2$、BF_3、$ZnCl_2$、H_2SO_4、HF、磷酸等。它们都是路易斯酸，即缺电子的试剂。但最常用的是 $AlCl_3$，也是最有效的。

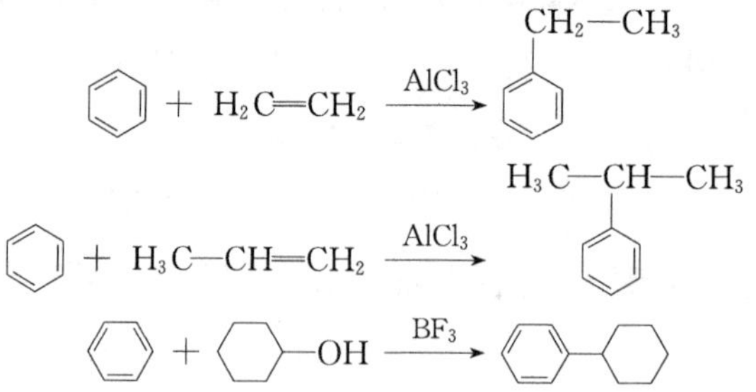

在傅-克烷基化反应中需注意的是：傅-克烷基化反应在芳环上引入烷基时，往往不能停留在一元取代阶段，通常不易得到单一产物，而是一元、二元、三元取代产物的混合物，这是由于生成的烷基苯比苯更活泼。

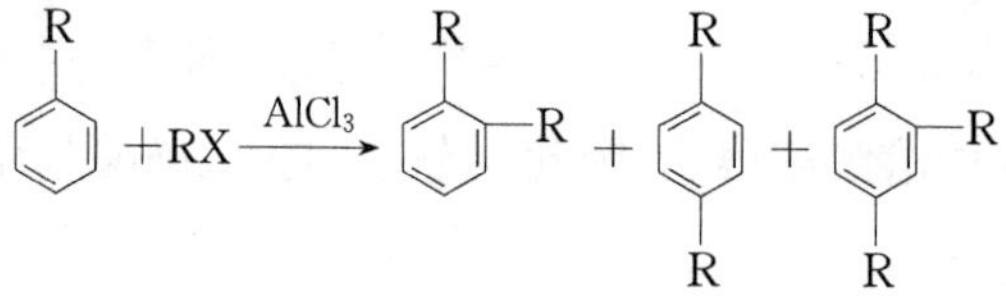

问题 5.5　写出下列反应的主要产物。

(1) C_6H_6(过量)$+CHCl_3 \xrightarrow{AlCl_3}$

(2) $C_6H_6+CH_3CH_2CH_2CH_2Cl \xrightarrow{AlCl_3}$

(3) $C_6H_6+(CH_3)_2C{=}CH_2 \xrightarrow{AlCl_3}$

2）酰基化反应

芳烃在无水三氯化铝等路易斯酸催化下与酰卤或酸酐等酰基化试剂作用生成芳酮，称为傅-克酰基化(acylation)反应。例如

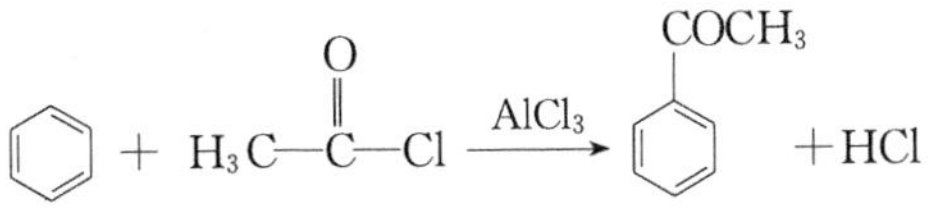

乙酰氯　　　　苯乙酮

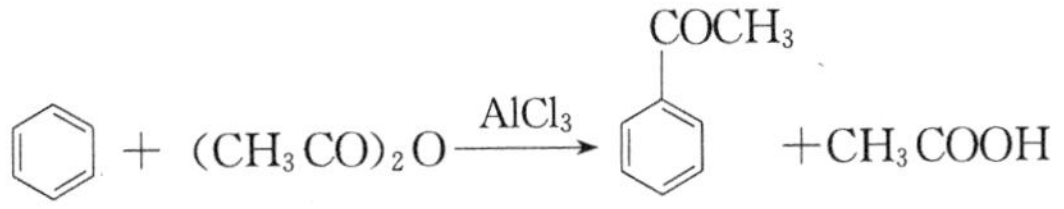

乙酐

酰基化反应机理：酰基化反应的亲电试剂是酰基正离子，酰基正离子去进攻苯环生成σ络合物，此中间体不稳定，很快失去一个质子，生成芳酮。

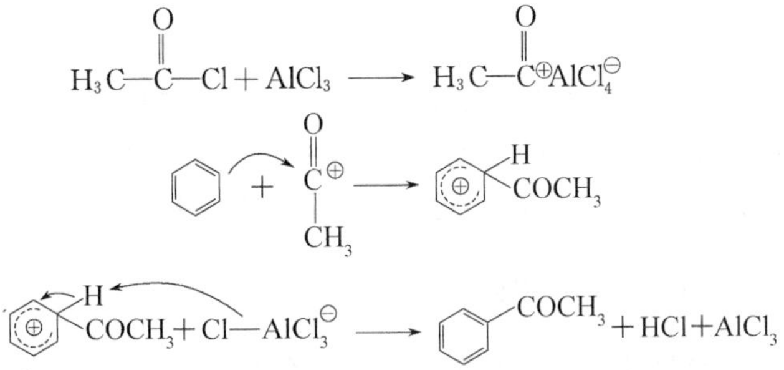

酰基化反应不生成多元取代产物，也不发生异构化，这是由于生成的芳酮比苯难发生酰基化反应。

苯环上有强吸电子基硝基、磺酸基等时，则不能起傅-克烷基化和酰基化反应，因此这类试剂是傅-克反应的良好溶剂。

问题 5.6　写出下列反应的产物。

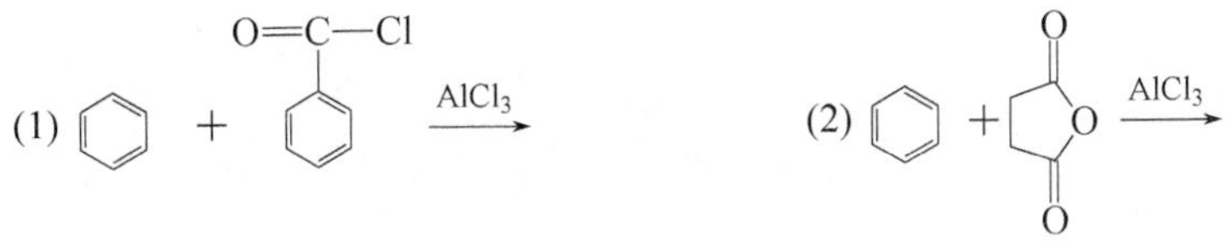

---

5. 氯甲基化反应

在无水氯化锌催化下，芳烃与甲醛及氯化氢作用，苯环上的氢被氯甲基($—CH_2Cl$) 取代称为氯甲基化(chloromethylation)反应。例如

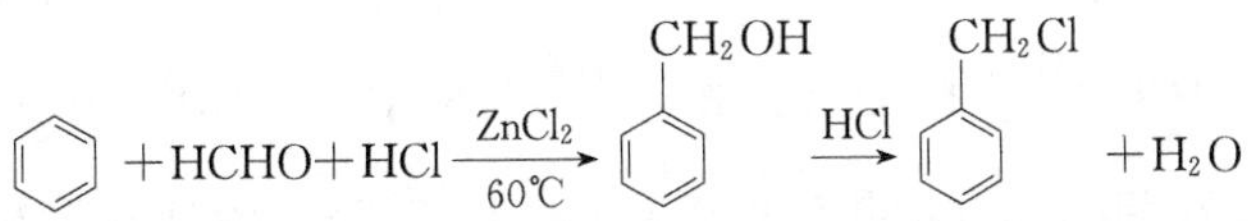

苄醇　　　　苄氯(79%)

氯甲基化反应与傅-克反应类似，反应中，甲醛与氯化氢作用形成碳正离子中间体。

$$HCHO + HCl \longrightarrow \left[(H_2C{=}\overset{\oplus}{O}H)\overset{\ominus}{Cl} \longleftrightarrow (H_2\overset{\oplus}{C}{-}OH)\overset{\ominus}{Cl} \right]$$

完成亲电取代反应后生成苄醇，后者与氯化氢反应生成苄氯。

氯甲基化反应在有机合成中应用广泛，催化剂除常用的 $ZnCl_2$ 外，也可使用路易斯试剂，如 $AlCl_3$、$SnCl_2$ 和 H_2SO_4 等。

由于 $—CH_2Cl$ 可以顺利地转变成 $—CH_2OH$、$—CH_2CN$、$—CHO$、$—CH_2COOH$、$—CH_2N(CH_3)_2$ 等，因此可以通过氯甲基化反应，在苯环上引入这些基团。

问题 5.7　写出乙苯与下列试剂作用的反应式（括号内是催化剂）。

(1) $Cl_2(FeCl_3)$　(2) 混酸　(3) 正丁醇(BF_3)　(4) 丁烯（无水 $AlCl_3$）

(5) 丙酸酐 $(CH_3CH_2CO)_2O$　(6) 丙酰氯 CH_3CH_2COCl（无水 $AlCl_3$）

5.4.2　氧化反应

苯环不易氧化。烷基苯比苯容易被氧化，但通常是烷基被氧化，苯环则比较稳定。在强氧化剂（如高锰酸钾、重铬酸钾、硝酸）的氧化下，或在催化剂作用下，用空气或氧气氧化，烷基被氧化成羧基，而且无论烷基的碳链长短，一般都生成苯甲酸。例如

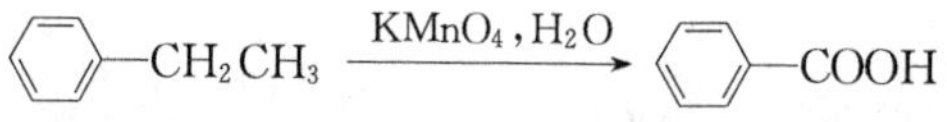

这是因为 α-氢原子受苯环影响而比较活泼。若无 α-氢原子（如叔烷基苯），则不易氧化。

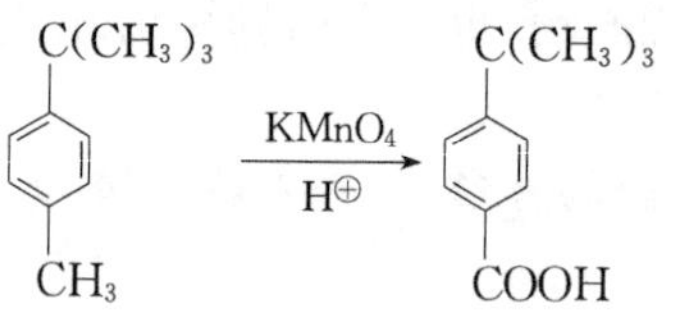

当苯环上有两个或多个烷基时，在强烈条件下均可被氧化成羧基。若两个烷基处于邻位，氧化的最后产物是酸酐。例如

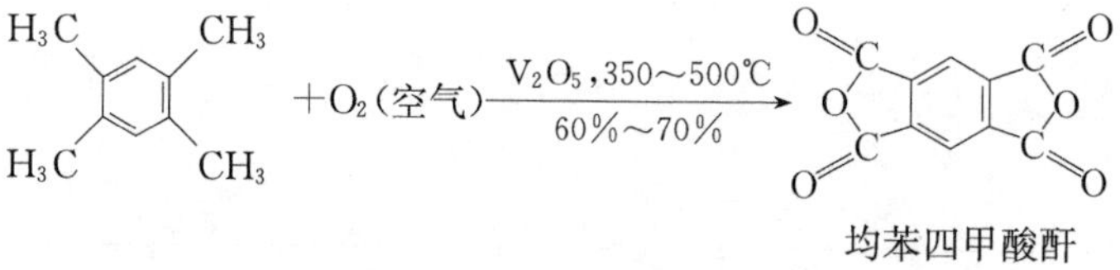

均苯四甲酸酐

这是工业上生产对苯二甲酸和均苯四甲酸二酐的主要方法。对苯二甲酸主要用于制造聚酯纤维（涤纶）；均苯四甲酸二酐可用作环氧树脂的固化剂以及制造聚酰亚胺树脂等。

烷基苯氧化反应的机理如下：

$$Ph{-}CH_3 \xrightarrow{[O]} Ph{-}\overset{\oplus}{C}H_2 \xrightarrow{H_2O} Ph{-}CH_2OH \xrightarrow{[O]} Ph{-}COOH$$

$$Ph{-}CH_2CH_2R \xrightarrow{[O]} Ph{-}\overset{\oplus}{C}HCH_2R \xrightarrow{-H^{\oplus}} Ph{-}CH{=}CHR \xrightarrow{[O]} Ph{-}COOH$$

可见，氧化发生在与苯环直接相连的C—H键上，如果与苯环直接相连的碳上没有氢，则不能氧化，如叔烷基苯。

苯在高温和催化剂作用下，氧化生成顺丁烯二（酸）酐。

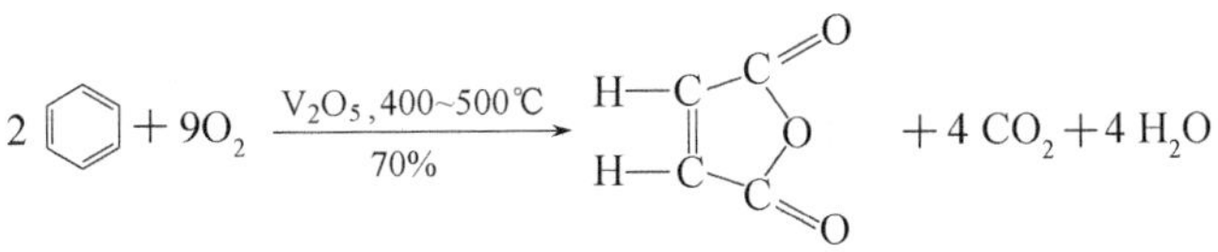

这也是工业上生产顺丁烯二(酸)酐的方法之一。

将苯蒸气通过 700～800℃的红热管子,生成联苯。

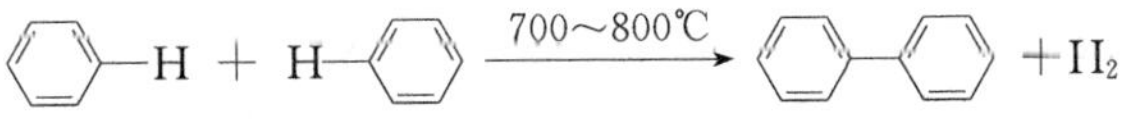

此反应称为脱氢反应,也属于氧化反应。联苯是无色晶体,熔点为 70℃,沸点为 225℃,对热很稳定,可作载热体。

烷基苯的烷基也可进行脱氢。例如,工业上用乙苯经催化脱氢生产苯乙烯。苯乙烯是合成丁苯橡胶和聚苯乙烯等高分子化合物的重要单体。

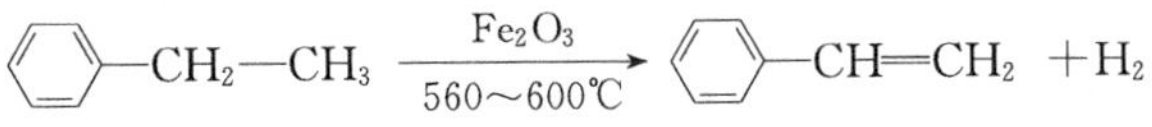

问题 5.8　写出下列反应的产物。

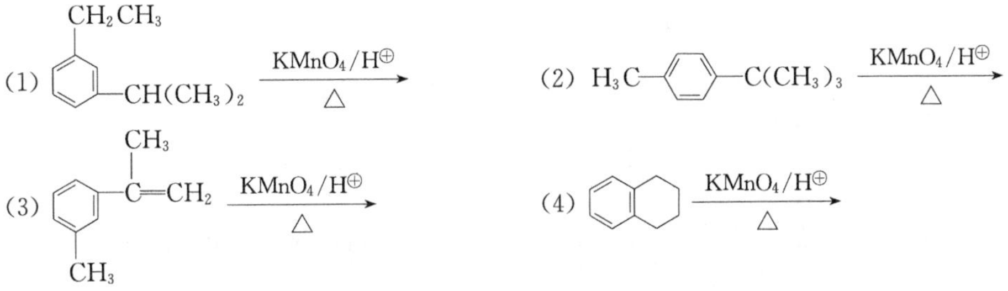

5.4.3　加成反应

苯环不易发生加成反应,只有在一定条件下,才能发生加氢、加卤素的反应。

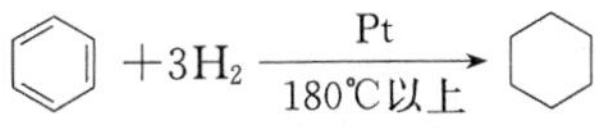

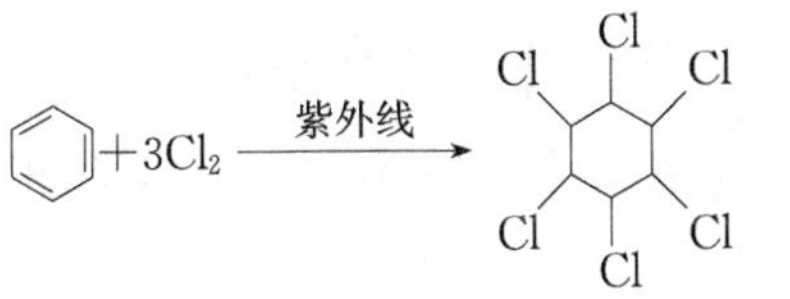

1,2,3,4,5,6-六氯环已烷

此产物为过去曾大量使用的农药六六六,因其含有六个 C、六个 H 和六个 Cl 而得名,由于残毒问题现已被禁用。

实验证明,在日光、高温或过氧化物作用下,氯或溴与苯的反应属于自由基加成。反应机理如下:

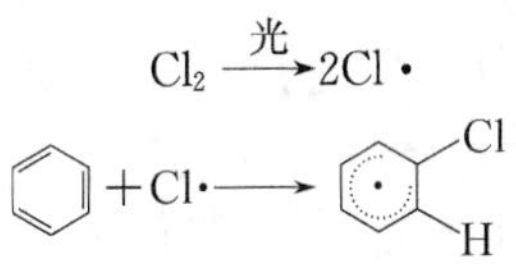

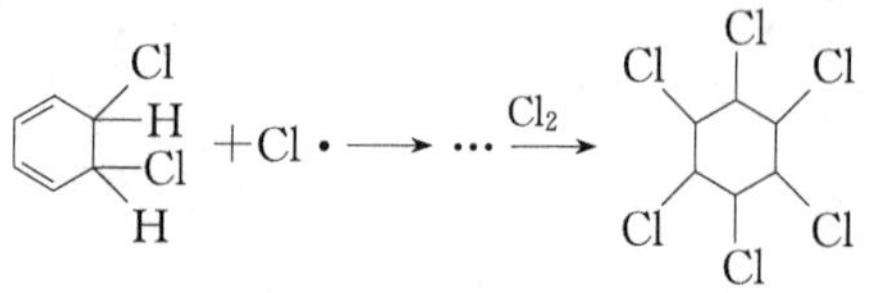

苯在高温或日光下与氯或溴的反应为什么是加成，而不是取代？从能量上分析，加成反应意味着需要破裂 π 键（约为 $60kcal \cdot mol^{-1}$），并补偿苯环的共振能（$36kcal \cdot mol^{-1}$），总计需要 $96kcal \cdot mol^{-1}$ 的能量。而进行环上自由基取代反应，则仅考虑苯环上C—H键的离解能就需要 $102kcal \cdot mol^{-1}$ 之多，所以不容易进行环上的自由基取代反应。

5.4.4 侧链 α-卤代反应

在可见光照射或加热的条件下，苯环侧链上的氢原子可被取代。控制氯气的用量，可以使反应停留在某一阶段。

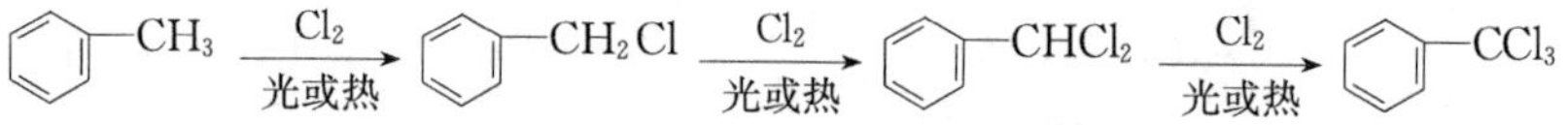

氯化苄　　苯基二氯甲烷　　苯基三氯甲烷

侧链氧化为自由基反应，活性中间体是苄基自由基，其反应机理如下：

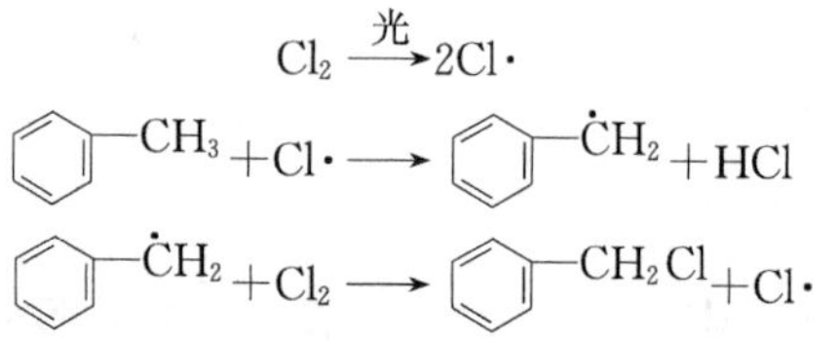

苄基自由基与烯丙基自由基类似，由于 p-π 共轭，苄基自由基的未配对电子的电子云分散到苯环上，因而比烷基自由基稳定（图 5.4）。

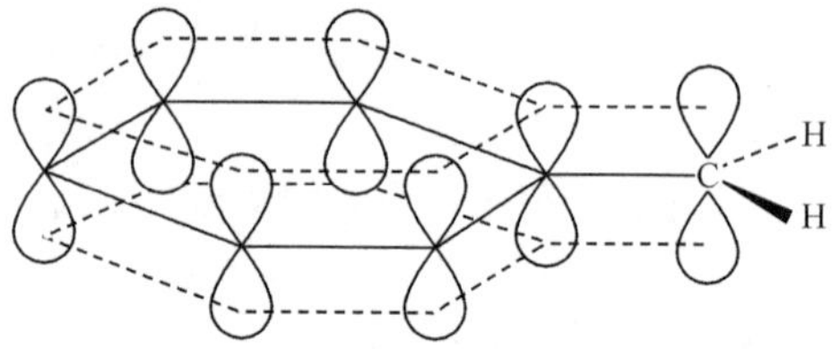

图 5.4　苄基自由基的结构

其他烷基苯的自由基卤化反应也是卤素取代 α-H。例如

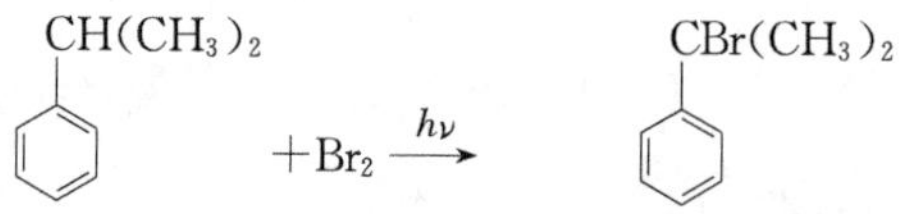

α-溴代异丙苯（100%）

为什么甲苯在高温或日光下主要进行甲基上的取代反应，而不是环上的取代或加成反应？

当 Cl· 进攻甲苯时，优先发生的反应是 α-CH_3 中的氢原子被 Cl· 取代，而不是苯环上的氢被取代或 Cl· 与苯环的加成。其原因是反应生成具有较大稳定性的苄基自由基比较容易，继而生成苯氯甲烷、苯二氯甲烷及苯三氯甲烷。

热力学测量表明，甲苯的 α-C—H 键的离解能仅为 $78\ kcal \cdot mol^{-1}$，如果Cl· 要与苯环加成，则生成不稳定的环己二烯自由基，使反应物原先的芳香性稳定作用消失，所以活化能较高，反应不易按下式进行：

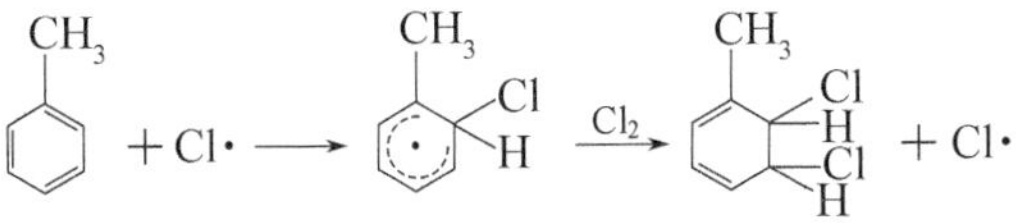

若使苯环上的氢被取代，所需要的能量就更高了，理由同前。当然，如果在较强的反应条件下，进行甲苯的彻底光氯化，最后也会得到加成产物的。

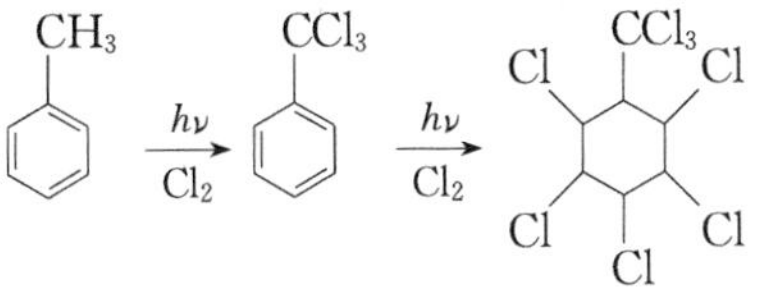

问题5.9　乙苯的溴化反应，在光照下和在铁催化剂作用下的反应机理和反应产物各有什么不同？

5.5　苯环上取代反应的定位规律及解释

5.5.1　定位规律

由前面所讨论的硝基苯和甲苯的硝化反应可以看出，硝基苯硝化时，由于硝基是吸电子基团，苯环电子云密度减小，钝化了苯环，第二个取代基(—NO_2)主要进入苯环的间位。而甲苯硝化时，由于甲基是斥电子基团，苯环的电子云密度增大，活化了苯环，第二个取代基(—NO_2)主要进入苯环的邻、对位。

大量的实验结果证明：在苯环亲电取代反应，引入第二个取代基时，第二个取代基进入苯环的位置主要取决于原有取代基(定位基)的性质，而与其本身性质无关，这一规律称为定位规律(或定位效应)。

根据定位效应，可把常见的取代基分为两类：

第一类定位基(邻、对位定位基)，一般致活苯环(除卤素外)，比苯更易发生亲电取代反应(表5.3)，使第二个基团主要进入邻、对位。常见的有(按定位效应强弱顺序)—O^-、—NR_2、—NHR、NH_2、—OH、—NHCOR、—$OCOCH_3$、—CH_3(—R)、—C_6H_5、—Cl、—Br、—I、—CH_2COOH等。

虽然卤素对苯环有稍微致钝作用，但取代基还是主要进入苯环的邻、对位。

第二类定位基(间位定位基)，使苯环致钝，比苯更难以发生亲电取代反应(表5.3)，使第二个取代基主要进入间位。常见的有(按定位效应强弱)—N^+R_3、—NO_2、—CF_3、—CCl_3、—CN、—SO_3H、—CHO、—COR、—COOH、—COOR、—$CONH_2$等。

由上两类定位基可见，第一类定位基的第一个原子，即直接和苯环所连接的原子，一般都不含不饱和键，且除碳原子以外都有未成键电子对，其中R包括—Ar和—CH═CH_2等不饱和基团。虽然它们不饱和，但因只含有碳原子(没有比碳原子电负性大的其他原子)，可与苯环互相提供电子，所以仍为第一类定位基。而第二类定位基的第一个原子，一般都含不饱和键或带正电荷为缺电子基，能从苯环上吸电子。也有个别不含不饱和键(如—CCl_3)，但为强吸电子基，也应为第二类定位基。

表 5.3　一取代苯硝化时的相对速率和异构体的分布

取代基	相对速率（与氢比较）	异构体分布/%		
		邻位	对位	间位
—H	1			
$—OCH_3$	-2×10^{5}	74	11	15
$—NHCOCH_3$	很快	19	79	2
$—CH_3$	24.5	58	38	4
$—C(CH_3)_3$	15.5	15.8	72.7	11.5
$—CH_2Cl$	3.02×10^{-1}	32	52.5	15.5
—Cl	3.3×10^{-2}	29.6	69.5	0.9
—Br	3×10^{-2}	36	62.9	1.1
$—COOC_2H_5$	3.67×10^{-3}	24	4	72
—COOH	$<10^{-3}$	18.5	1.3	80.2
$—NO_2$	6×10^{-8}	6.4	0.3	93.3
$—N^+(CH_3)_3$	1.2×10^{-8}			100

问题5.10　将下列化合物按发生硝化反应的难易次序排列。

(1) 
(2) 
(3) 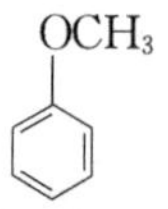
(4) 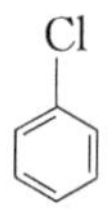

问题5.11　写出下列化合物的主要产物。

(1) 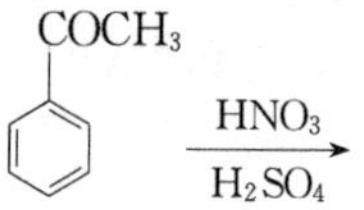
(2) 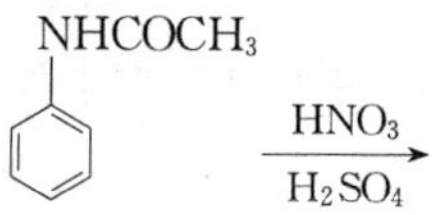
(3) 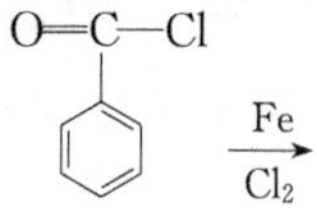
(4) 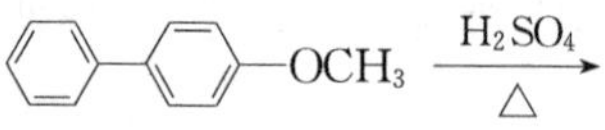

5.5.2　定位规律的理论解释

苯是高度对称的分子，环上电子云密度完全平均化。但当苯环上有了一个取代基后，由于取代基对苯环的影响（诱导效应和共轭效应），环上电子云密度发生了变化。电子云密度分布出现不均匀性。+I 和+C 效应使苯环上电子云密度增加，−I 和−C 效应使苯环上电子云密度降低。

1. 间位定位基对苯环的影响

间位定位基的共同特点是具有吸电子效应，它们或是具有吸电子诱导（−I）效应（$—CCl_3$等），或是同时具有吸电子诱导效应和共轭效应（−I 和−C）。以硝基为例，硝基上的氮原子和氧原子的电负性都比碳原子大，因而硝基具有强烈的−I 效应；同时硝基中的 π 轨道和苯环的 π 轨道形成 π-π 共轭，具有强烈的−C效应。因此硝基是强烈的吸电子基团，使苯环上的电子云密度降低，即使苯环钝化，但使间位钝化的程度比邻、对位小。因此，硝基苯的亲电取代反应不仅比苯难，而且主要生成间位产物。

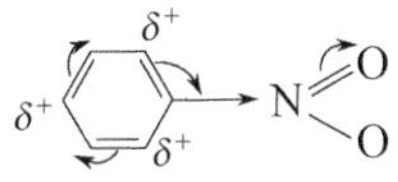

硝基的间位定位效应也可以用共振理论来说明：硝基苯在亲电取代反应中生成三种碳正离子的结构，可用(Ⅰ)、(Ⅱ)、(Ⅲ)表示。

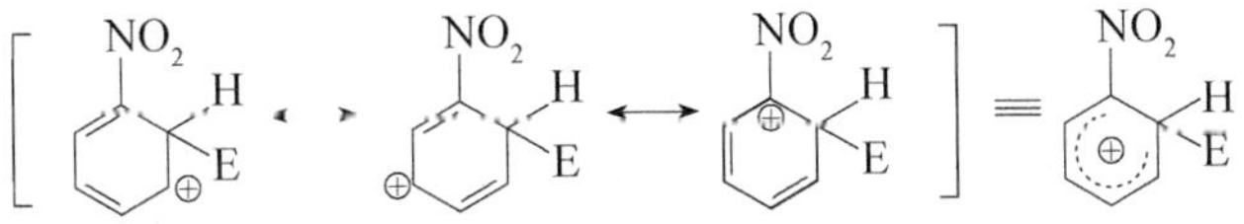

(ⅠA)　(ⅠB)　(ⅠC)　(Ⅰ)

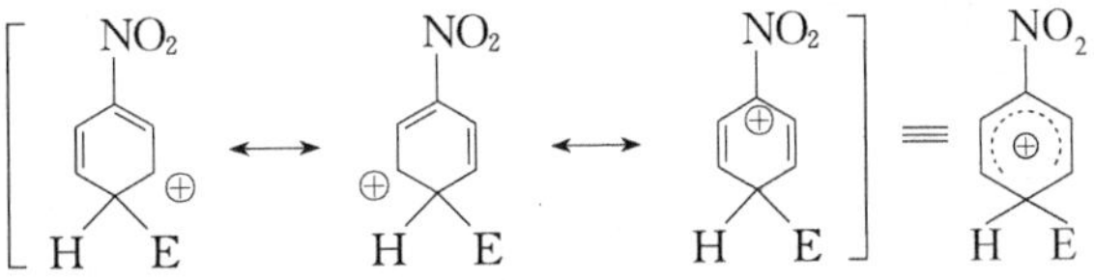

(ⅡA)　(ⅡB)　(ⅡC)　(Ⅱ)

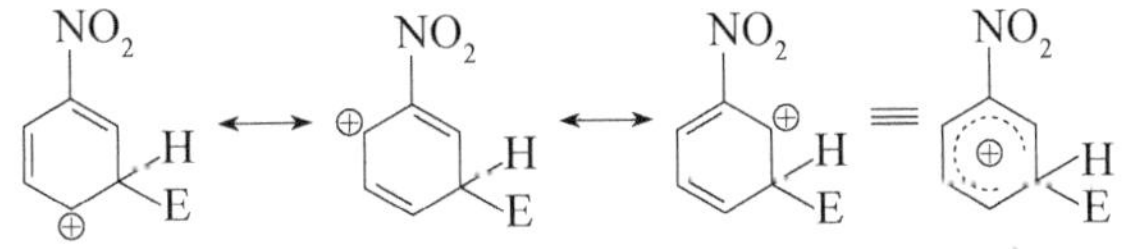

(ⅢA)　(ⅢB)　(ⅢC)　(Ⅲ)

亲电取代反应的速率决定步骤是生成碳正离子的一步，其过渡状态的势能与碳正离子近似，碳正离子稳定性较大，反应所需活化能较小，因而反应速率较快，相应的产物在总产物中所占比例也较大。在由邻位和对位取代而产生的碳正离子(Ⅰ)和(Ⅱ)中，(ⅠC)和(ⅡC)都有一个经典结构式，其带正电荷的碳原子直接与强烈吸电子的硝基相连，正电荷更加集中，能量更高而不稳定，所以不易形成。碳正离子(ⅢA)、(ⅢB)和(ⅢC)三种极限结构，带正电荷的碳原子都不直接与硝基相连，比前两种碳正离子稳定，能量较低而比较容易生成。因此，硝基苯的亲电取代反应主要发生在间位。但与苯进行的亲电取代反应所生成的碳正离子相比，由于硝基的存在，环上的正电荷比较集中，故能量较高而较难生成，因此硝基苯比苯较难进行亲电取代反应。其反应时的能量变化如图 5.5 所示。

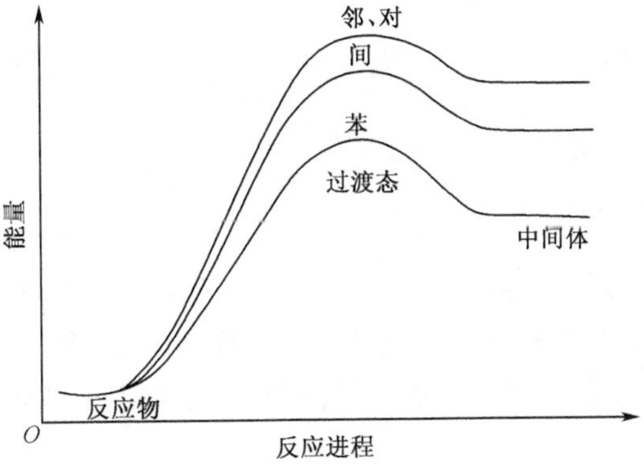

图 5.5　硝基苯与苯相比在邻、对位和间位进行亲电取代反应的能量变化

问题 5.12　苯磺酸在进行硝化反应时，为什么得到间硝基苯磺酸？试从理论上解释。

---

2. 邻、对位定位基对苯环的影响

以甲基、羟基和卤原子为例解释邻、对位定位基对苯环的影响。

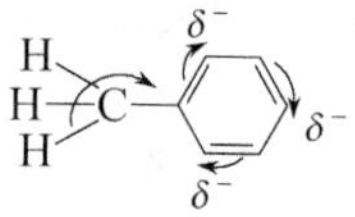

从σ络合物的稳定性来看，亲电试剂无论进攻甲基的邻、对位还是间位，生成的三种σ络合物都比苯进行同样反应所生成的σ络合物稳定。因为甲基供电的结果，中和了环上部分正电荷，而本身也带有部分正电荷，即环上的正电荷因分散到甲基上而较稳定，因此甲苯比苯容易进行亲电取代反应。

亲电试剂进攻甲基的邻、对位与进攻间位相比，生成的碳正离子的稳定性不同。进攻邻位时，生成碳正离子(Ⅰ)，从共振概念来看，生成的碳正离子是(ⅠA)、(ⅠB)和(ⅠC)三种极限结构的共振杂化体。

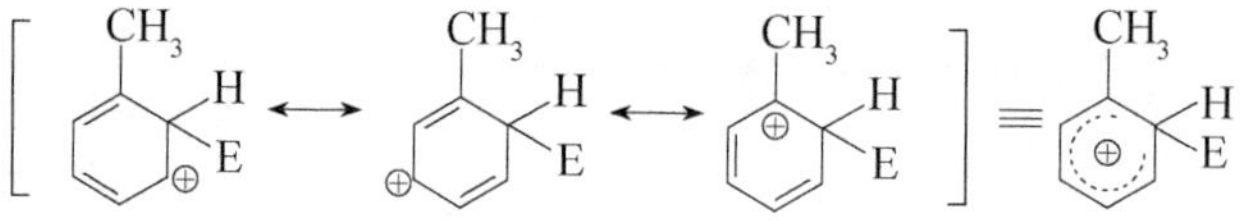

(ⅠA)　(ⅠB)　(ⅠC)　(Ⅰ)

进攻对位时，生成碳正离子(Ⅱ)，从共振概念来看，生成的碳正离子是(ⅡA)、(ⅡB)和(ⅡC)三种极限结构的共振杂化体。

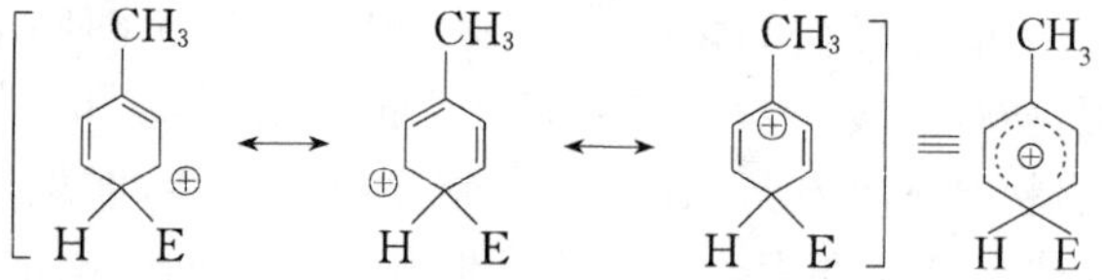

(ⅡA)　(ⅡB)　(ⅡC)　(Ⅱ)

进攻间位时，生成碳正离子(Ⅲ)，从共振概念来看，生成的碳正离子是(ⅢA)、(ⅢB)和(ⅢC)三种极限结构的共振杂化体。

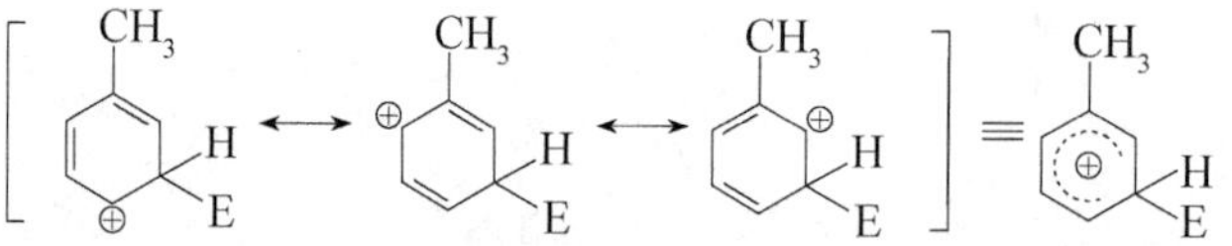

(ⅢA)　(ⅢB)　(ⅢC)　(Ⅲ)

亲电试剂E进攻邻、对位生成的碳正离子(ⅠC)和(ⅡC)中，都有一个经典结构式——叔碳正离子，而亲电试剂E进攻间位生成的碳正离子中，三个经典结构式都是仲碳正离子，故(Ⅰ)和(Ⅱ)比(Ⅲ)更稳定。因此甲基是邻、对位定位基，取代产物中以邻位和对位异构体为主。

与苯环相连的原子具有未共用电子对的取代基(除卤素外) 常为氧、氮等原子(如羟基、氨基等)。虽然氧、氮等原子的电负性比碳原子大而具有吸电子诱导(－I)效应，但是具有未共用电子对的p轨道和苯环的p轨道发生p-π共轭，具有给电子的共轭(＋C)效应。由于＋C＞－I，净结果是苯环上电子云密度增加，即苯环活化，并且活化程度邻、对位显著高于间位。例如，苯环上连有羟基或氨基时

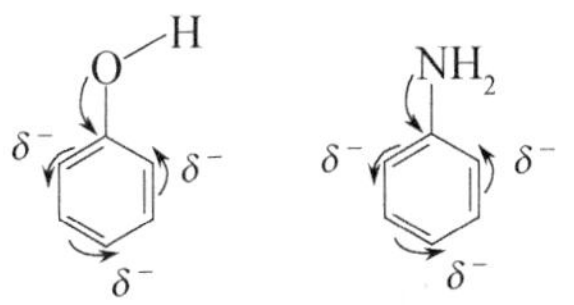

在亲电试剂 E 进攻苯酚的羟基邻、对位生成的碳正离子共振杂化体(Ⅰ)和(Ⅱ)中,其中(ⅠD)和(ⅡD)的一个经典结构式的每个原子都有稳定的八隅体电子构型,因而是较稳定的结构。但是亲电试剂进攻间位生成的碳正离子共振杂化体(Ⅲ)中,没有这种较稳定的经典结构式,因而碳正离子(Ⅰ)和(Ⅱ)比(Ⅲ)稳定。因此酚羟基是邻、对位定位基。苯酚的亲电取代不仅比苯容易进行,且主要发生在羟基的邻位和对位。苯胺与此相似。

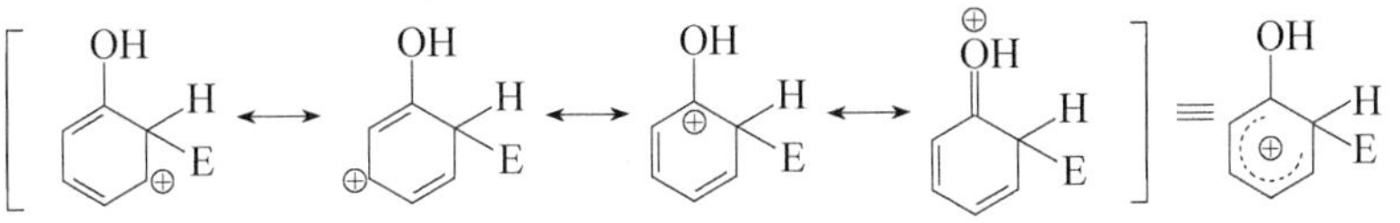

(ⅠA) (ⅠB) (ⅠC) (ⅠD) (Ⅰ)

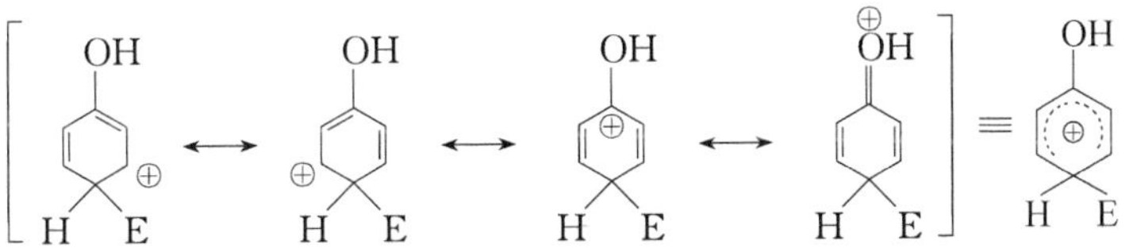

(ⅡA) (ⅡB) (ⅡC) (ⅡD) (Ⅱ)

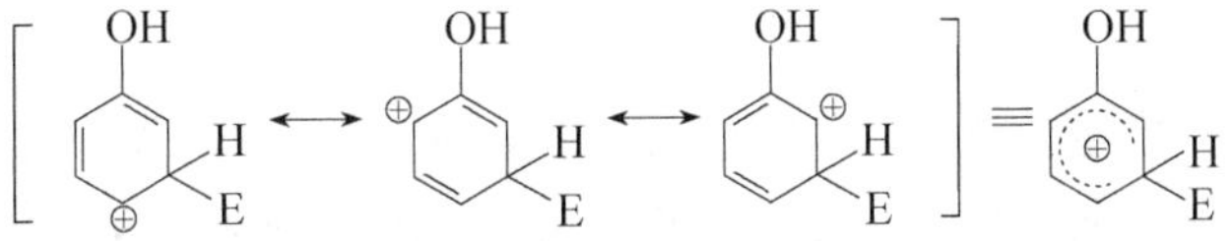

(ⅢA) (ⅢB) (ⅢC) (Ⅲ)

卤代苯以氯苯为例。氯原子的电负性比碳原子大,具有吸电子诱导效应。同时,氯原子上有未共用电子对的 p 轨道与苯环发生 p-π 共轭,具有给电子的共轭(+C)效应。电子效应的净结果是−I>+C,因而使苯环上的电子云密度降低,即使苯环钝化。但是,由于给电子共轭(+C)效应,苯环上邻、对位电子云密度降低的程度比间位小,因而氯原子是邻、对位定位基。

氯原子的邻、对位定位效应也可以用共振理论说明,说明的方法类似于酚羟基。

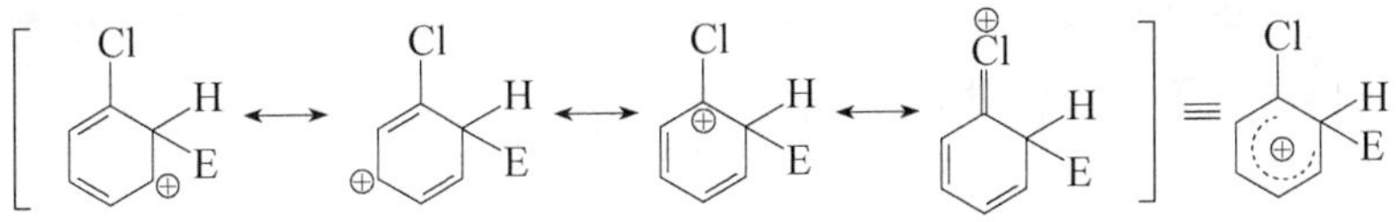

(ⅠA) (ⅠB) (ⅠC) (ⅠD) (Ⅰ)

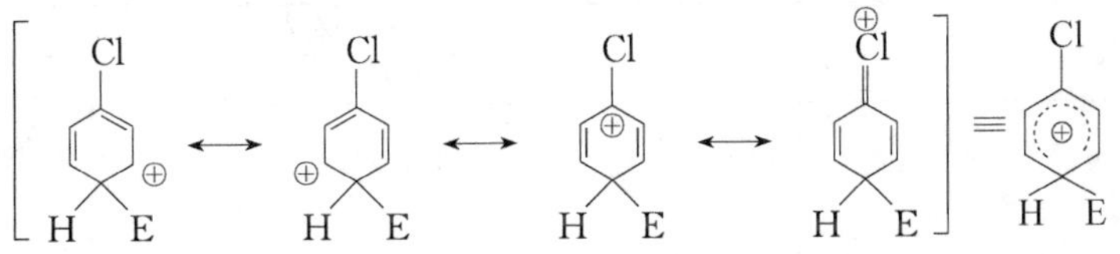

(ⅡA) (ⅡB) (ⅡC) (ⅡD) (Ⅱ)

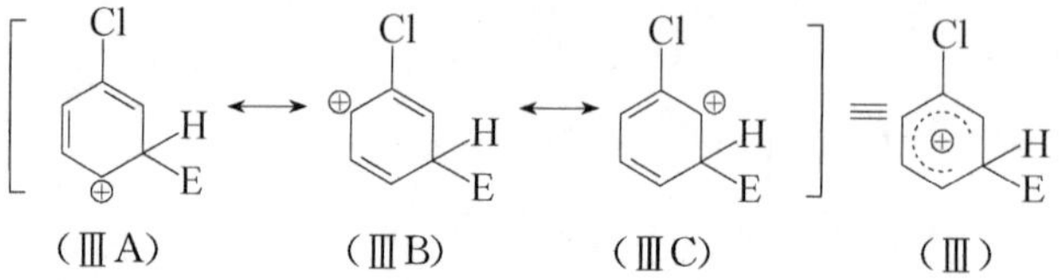

在上述极限结构中,(Ⅰ D)和(Ⅱ D)特别稳定。因为在这两种极限结构中,每个原子都有完整的8电子外层结构,容易生成,而进攻间位得不到这种极限结构。所以在氯苯中,活泼性是受较强的诱导效应控制的,而定位效应则受共轭效应所控制,后者虽然较弱,但似乎更有选择性。其反应时的能量变化如图5.6所示。

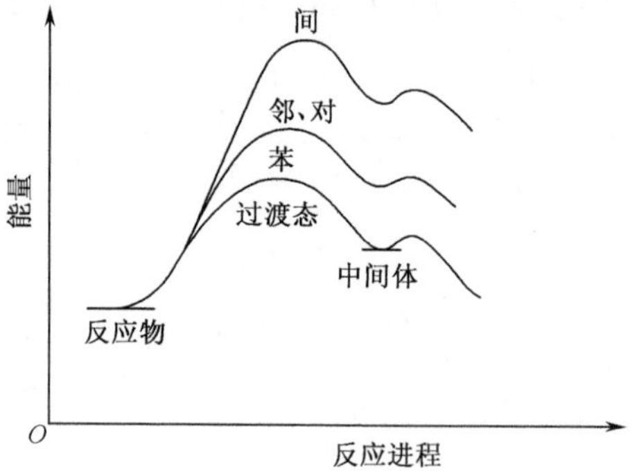

图5.6 氯苯与苯相比在邻、对位和间位进行亲电取代反应的能量变化

3. 空间效应

当苯环上有第一类定位基时,虽然指导新引入基团进入它的邻、对位,但邻、对位异构体的比例将随原取代基空间效应的大小不同而变化。空间效应越大,其邻位异构体越少。例如,甲苯、乙苯、异丙苯和叔丁苯在同样条件下进行硝化,其结果如表5.4所示。

表5.4 一烷基苯硝化时异构体的分布

化合物	环上原有取代基(—R)	异构体分布/%		
		邻位	对位	间位
甲苯	$—CH_3$	58.45	37.15	4.40
乙苯	$—CH_2CH_3$	45.0	48.5	6.5
异丙苯	$—CH(CH_3)_2$	30.0	62.3	7.7
叔丁苯	$—C(CH_3)_3$	15.8	72.7	11.5

此外,邻、对位异构体的比例也与新引入基团的空间效应有关。当苯环上原有取代基的空间效应不变时,邻位异构体的比例将随新进入取代基空间效应的增大而减少。例如,在甲苯分子中分别引入甲基、乙基、异丙基和叔丁基时,由于引入基团空间效应依次加大,所得邻位异构体的比例依次下降,其异构体的分布如表5.5所示。

表5.5 甲苯一烷基化时异构体的分布

新引入基团	异构体分布/%		
	邻位	对位	间位
甲基	53.8	28.8	17.3
乙基	45	25	30
异丙基	37.5	32.7	29.8
叔丁基	0	93	7

如果苯环上原有取代基与新引入取代基的空间效应都很大，则邻位异构体的比例更少。例如，叔丁苯、氯苯和溴苯（100℃）的磺化几乎生成100%的对位异构体。

问题5.13　用取代基的电子效应说明下列化合物偶极矩的方向。

化合物	偶极矩/deb	偶极矩方向
C_6H_5OH	1.6	由取代基到苯环
$C_6H_5N(CH_3)_2$	1.6	由取代基到苯环
C_6H_5Br	1.6	由苯环到取代基
C_6H_5CHO	1.6	由苯环到取代基
C_6H_5CN	1.6	由苯环到取代基

5.6　二元取代苯的定位规律及其应用

5.6.1　二元取代苯的定位规律

在苯环上已有两个取代基时，可以综合分析两个取代基的定位效应来推测亲电取代反应中第三个取代基进入的位置。

（1）两个取代基的定位效应一致，则第三个取代基进入的位置由原取代基决定。例如

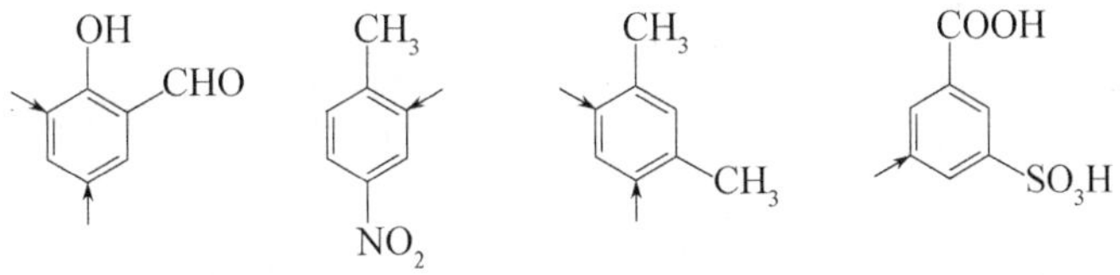

（2）两个取代基的定位效应不一致，其中一个取代基是邻、对位定位基，另一个是间位定位基时，则第三个取代基进入的位置主要由邻、对位取代基决定。例如

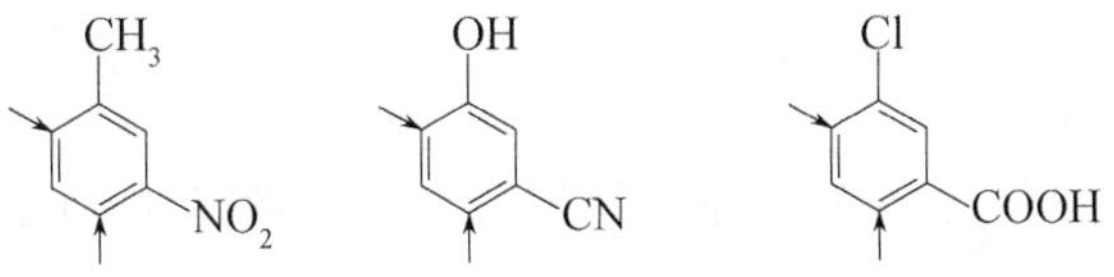

（3）两个取代基的定位效应不一致，而它们属于同一类定位基时，则第三个取代基进入的位置主要由定位效应强的取代基决定。例如

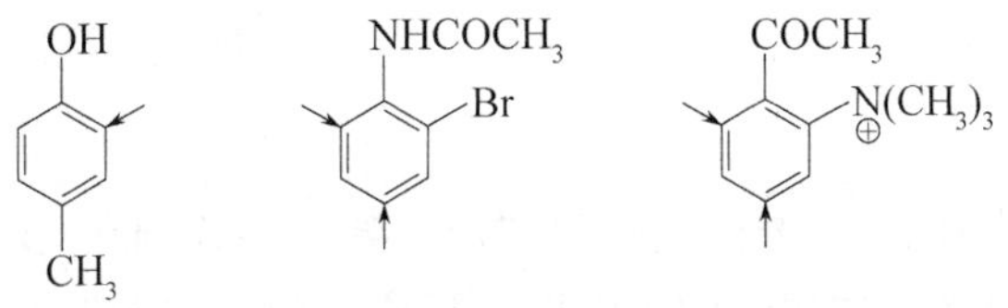

（4）空间位阻效应。此外，苯环上的两个取代基互为间位时，由于空间位阻，第三个取代基进入前两个取代基之间的产物一般比较少。例如

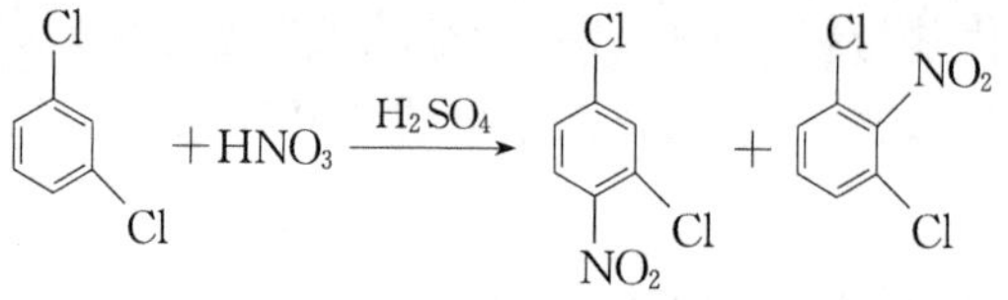

苯酚中的羟基为邻、对位定位基，因此 2,6-二溴苯酚可以从苯酚直接二溴代合成得到。但用这种方法得到两种反应产物——2,6-二溴苯酚和 2,4-二溴苯酚，由于空间位阻效应，目标产物 2,6-二溴苯酚的产率很低。

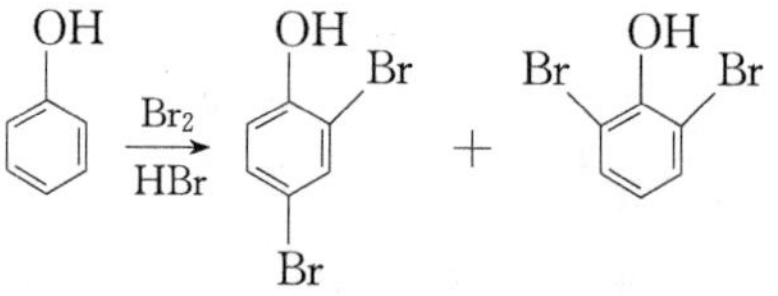

问题 5.14　用箭头表示下列化合物进行硝化时硝基进入的位置。

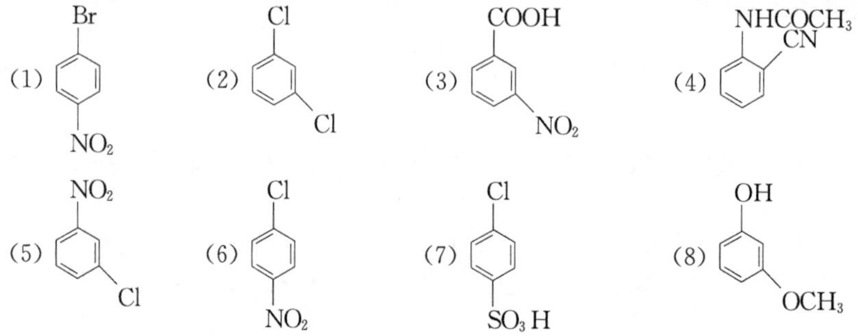

5.6.2　定位规律的应用

用苯环上亲电取代反应的定位规律，可以指导多取代苯的合成、预测反应主要产物和设计合理的合成路线。

1. 预测反应产物

例如，苯甲酰氯的氯化，根据定位基的结构特点可以判定氯甲酰基是第二类定位基，因而主要产物是间氯苯甲酰氯。

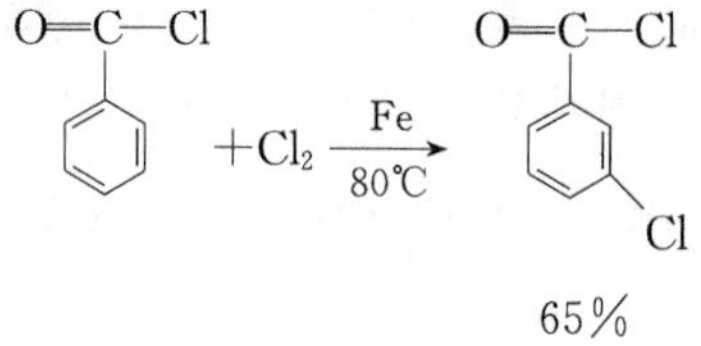

又如，三种二甲苯中，间二甲苯的两个甲基定位效应一致，而邻二甲苯和对二甲苯的两个甲基定位效应不一致，故间二甲苯的亲电取代反应比邻二甲苯和对二甲苯容易。工业上就是利用这一原理，控制一定的反应温度和硫酸浓度，使间二甲苯磺化而不使邻二甲苯和对二甲苯磺化，然后水解磺化产物，结果从混合二甲苯中分离得到纯的间二甲苯。

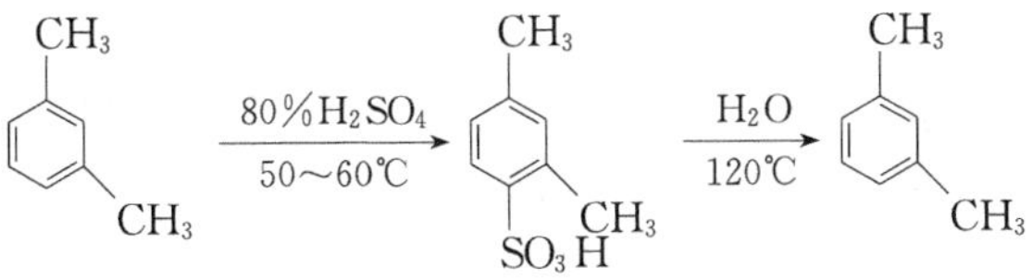

2. 设计合理的合成路线

有机合成的目的是要制备纯粹的化合物。设计合理的合成路线,可以得到较高的产率和避免复杂的分离手续。例如,从苯合成间硝基溴苯,应先硝化后溴化;合成邻及对硝基溴苯,应先溴化后硝化。

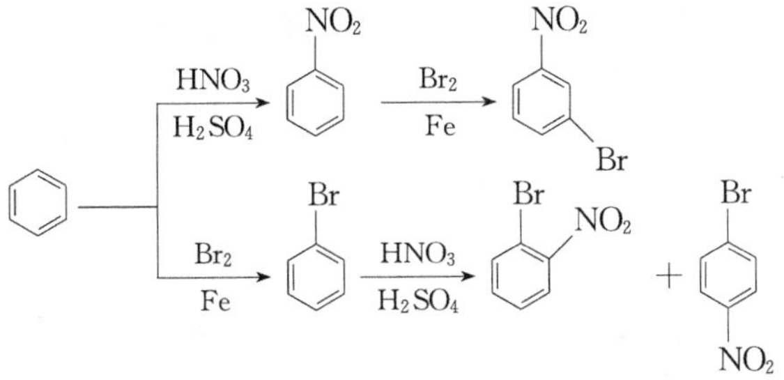

又如,从苯合成间硝基苯乙酮,尽管两个基团都为间位定位基,看起来无论先上哪个基团都可以得到互为间位的产物。但因为苯环上强钝化基的存在阻止了傅-克反应的进行,所以应先酰化后硝化。

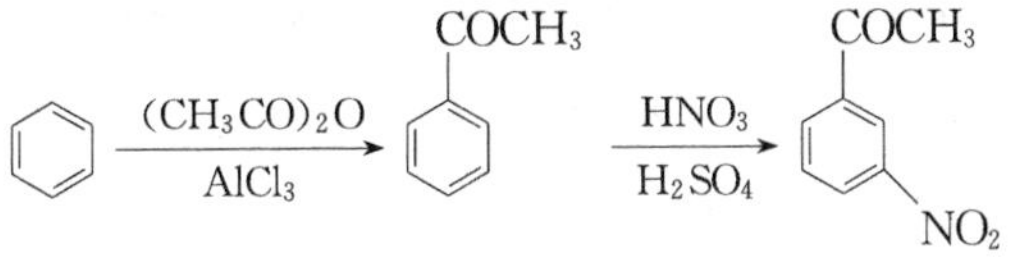

问题 5.15　能否从苯酚合成 2,6-二溴苯酚,并使其成为唯一的产物?

问题 5.16　由苯和必要的原料合成下列化合物。

(1) 乙苯　　(2) 叔丁苯

(3) 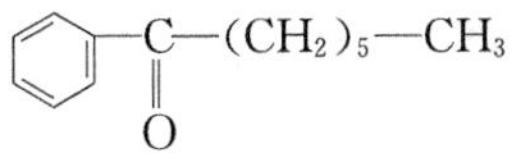　　(4) 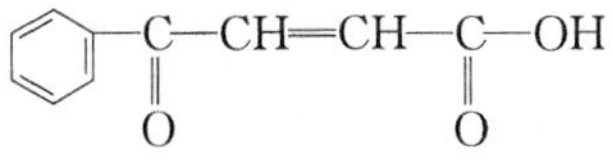

(5) 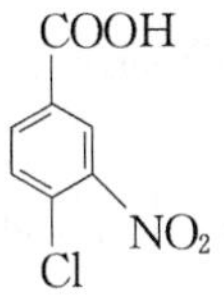

5.7 稠环芳烃

两个或两个以上的苯环用一边或多边互相并联的化合物称为稠环芳烃。稠环芳烃大量存在于煤焦油中,其中以萘、蒽、菲最为重要,许多稠环芳烃有致癌作用。

5.7.1 稠环芳烃的结构

1. 萘

萘($C_{10}H_8$)是无色片状晶体,熔点为 80℃,沸点为 218℃,有特殊气味,易升华,不溶于水，易溶于乙醇等有机溶剂。

萘的分子结构可以看作是两个苯环共用两个碳原子而并合起来的。X射线分析证明，萘又不同于苯，其分子中碳-碳键长不完全一样。

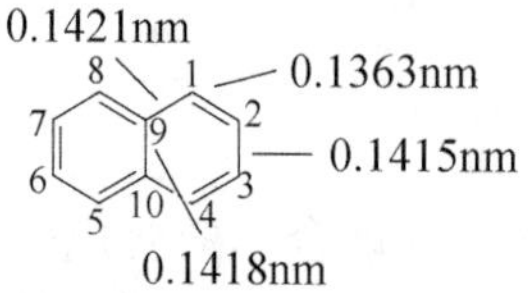

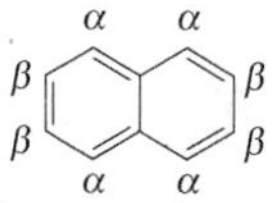

萘分子环上的碳原子用阿拉伯数字编号后，按位置不同可分为两类：1、4、5、8 为 α-位，2、3、6、7 为 β-位。因此，萘的一元取代物有两种异构体。例如

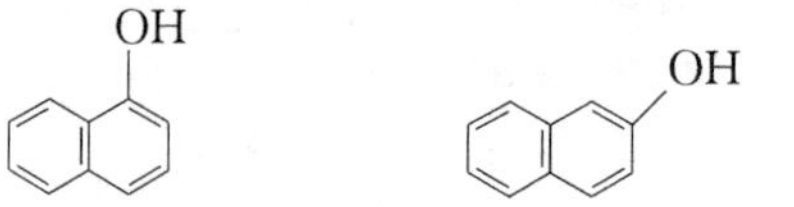

α-萘酚　　β-萘酚

萘的分子结构都是平面形，所有碳原子上的 p 轨道都平行重叠形成闭合的共轭体系。由于萘的大 π 键电子云分布不均匀，萘分子中的碳-碳键长不完全相等，电子云密度也不完全相等。其中 α-位碳原子的电子云密度较大，β-位次之。因而，亲电取代反应主要发生在 α-位。

由于两个苯环的共轭作用，萘环上的电子云密度大于苯，因此萘具有芳香性，并且比苯易发生亲电取代反应。

2. 蒽

蒽($C_{14}H_{10}$)的结构式如下：

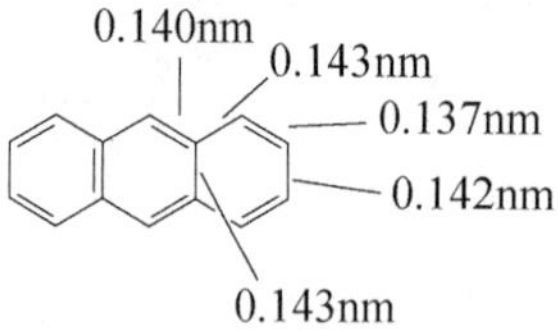

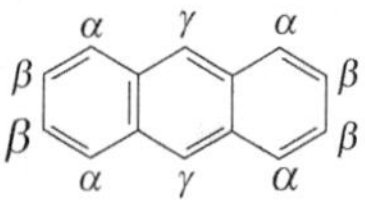

蒽的所有原子都在同一平面上，它的稳定性比萘小，化学性质比萘更活泼，特别是 γ-位上的氢原子最活泼。所以，许多反应常发生在 γ-位上。

蒽是白色片状晶体，具有浅蓝色荧光，熔点为 218℃，沸点为 342℃，不溶于水，难溶于乙醇、乙醚等，但可溶于苯。

3. 菲

菲($C_{14}H_{10}$)是蒽的同分异构体，结构式为

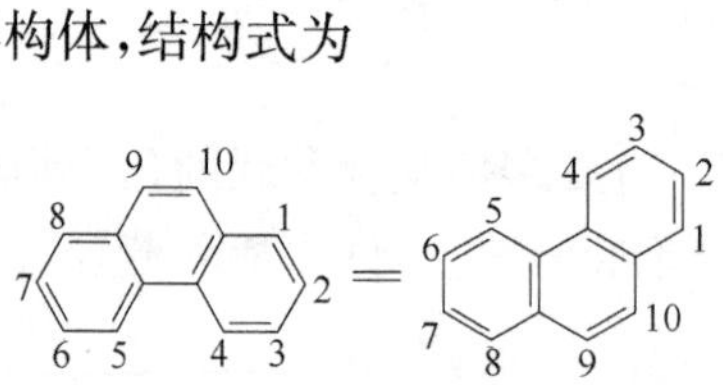

菲的化学性质介于蒽和萘之间，反应一般发生在 9-、10-位上。菲为白色片状晶体，熔点为 100℃，沸点为 340℃，不溶于水，溶于甲苯、乙醇等。菲的结构在生化方面有重要意义，不少天然化合物(如甾醇、胆酸、性激素等)分子中都含有氢化菲的碳架结构。

问题 5.17　写出下列化合物的结构式。

（1）α-萘磺酸　　（2）β-萘胺　　（3）9-溴菲

问题 5.18　命名下列化合物。

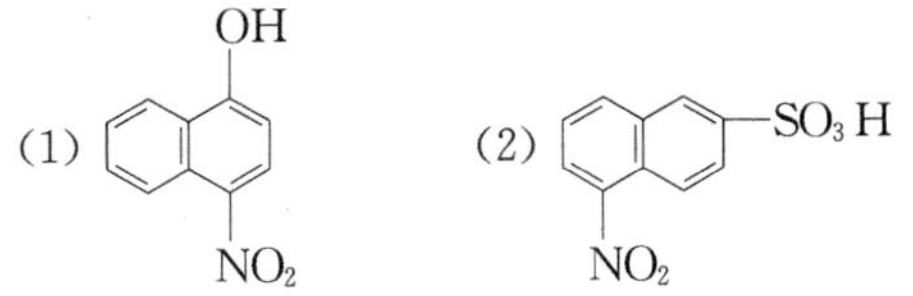

5.7.2　稠环芳烃的化学性质

1. 萘的化学性质

萘的亲电取代反应主要发生在α-位，并且反应活泼性大于苯。

1）卤代

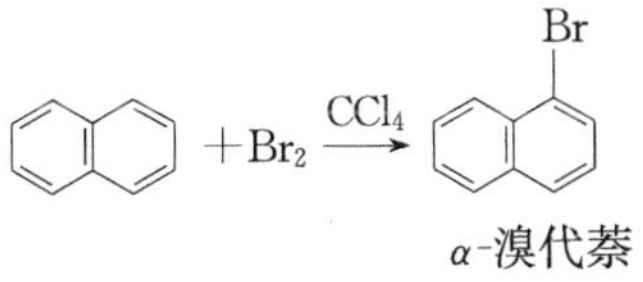

2）硝化

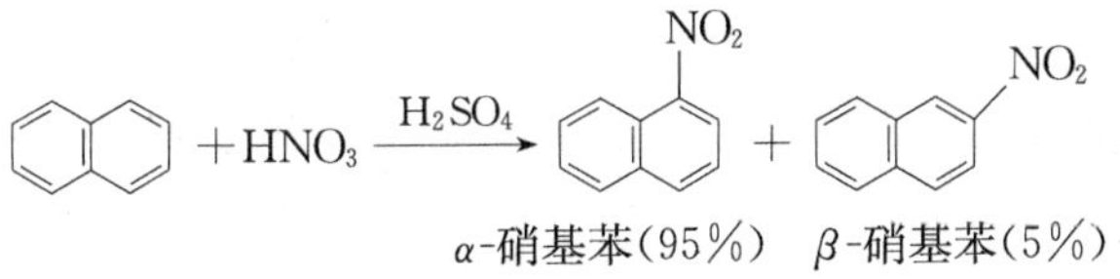

一硝基萘是合成染料及农药的重要中间体。

3）磺化反应

萘的一元取代产物异构体的比例常随具体反应或反应条件的不同而有较大的差异，萘在较低温度（60℃）磺化时，主要生成α-萘磺酸；在较高温度（165℃）磺化，主要生成β-萘磺酸。α-萘磺酸与硫酸共热至 165℃时，也转变成β-萘磺酸。

α-位虽然活泼，但磺酸基的体积较大，处于 8-位氢原子的范德华半径之内，由于空间阻碍作用，α-萘磺酸的稳定性最差，温度高时这种影响更显著。

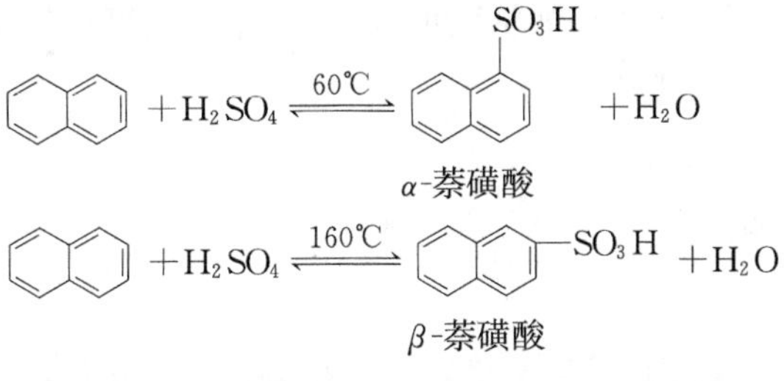

由于萘环上的电子云密度大于苯，因此萘环发生傅-克烷基化反应时生成多取代产物，在合成上没有实用意义，发生傅-克酰基化反应则一般选择电子云密度较大的α-位。

4）加成反应

萘比苯易起加成反应，催化加氢可以得到各种还原产物。例如，用铂或镍作为催化剂可将萘还原为1,2,3,4-四氢化萘,进一步还原为十氢化萘。

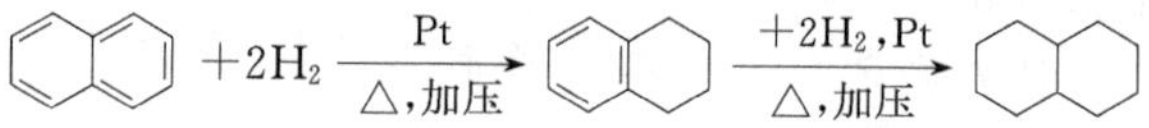

十氢化萘又称双环[4.4.0]癸烷。分子中由于2个碳环相互稠合,化学键失去自由旋转的可能性,因此可产生顺反异构现象。十氢化萘中2个桥头氢原子在环同侧的称为顺十氢化萘,而在两侧的称为反十氢化萘(见2.4.3小节)。

5) 氧化反应

在很多条件下,萘易氧化成1,4-萘醌,但产率通常很低。

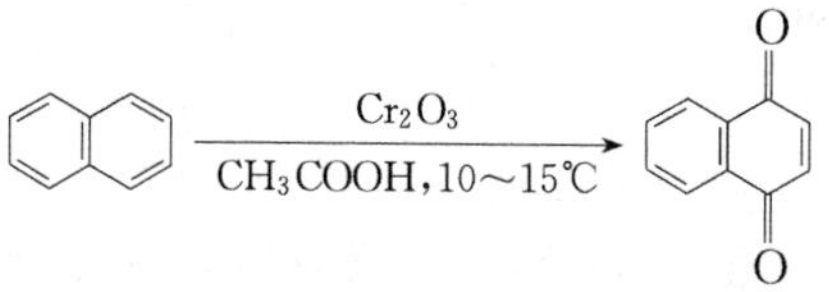

在强烈条件下氧化,则其中一个环破裂,生成邻苯二甲酸酐。这是工业上生成邻苯二甲酸酐的方法之一。

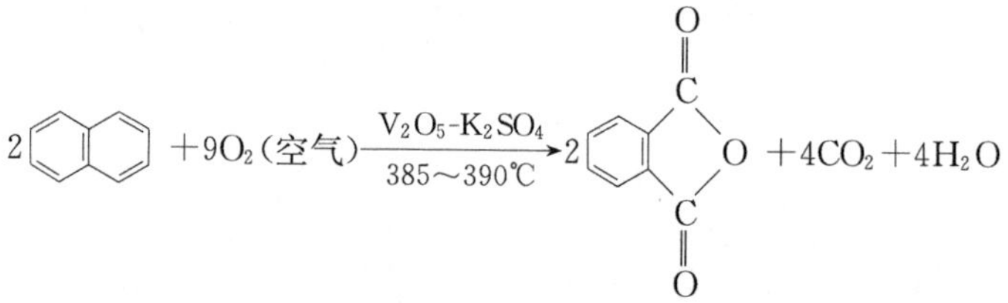

当取代的萘氧化时,哪一个环被氧化破裂,依赖于取代基的性质。例如

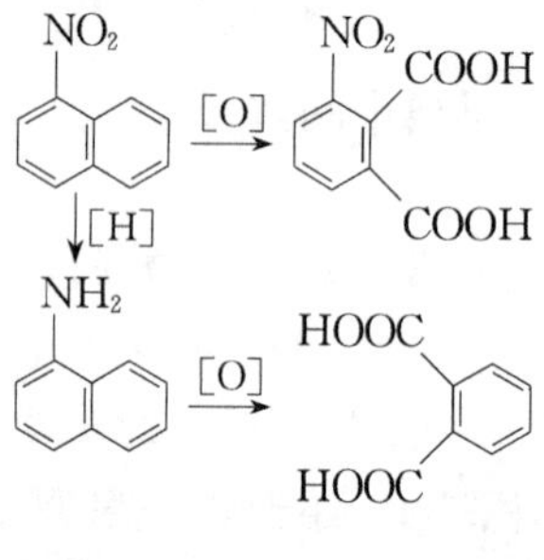

由此两例可看出:硝基是第二类定位基,使所在苯环钝化;氨基是第一类定位基,使所在苯环活化;当氧化时,两个环中比较活泼的环,即电子云密度比较高的环易被氧化破裂,所得产物是邻苯二甲酸或其衍生物。

问题5.19 完成下列反应。

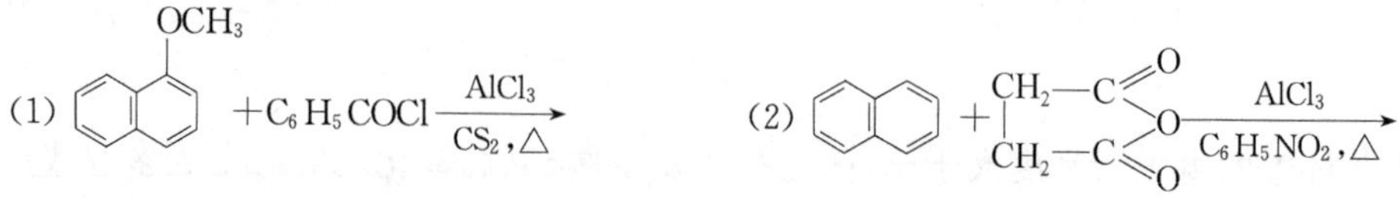

问题5.20 能否由2-甲基萘氧化制备2-萘甲酸?说明理由。

问题5.21 为什么萘剧烈氧化生成邻二甲酸酐后,不易再进一步被氧化?

---

2. 蒽和菲的化学性质

蒽和菲比萘更容易被氧化及还原，无论氧化还是还原，取代反应都发生在 9-、10-位，反应产物分子中都具有两个完整的苯环。

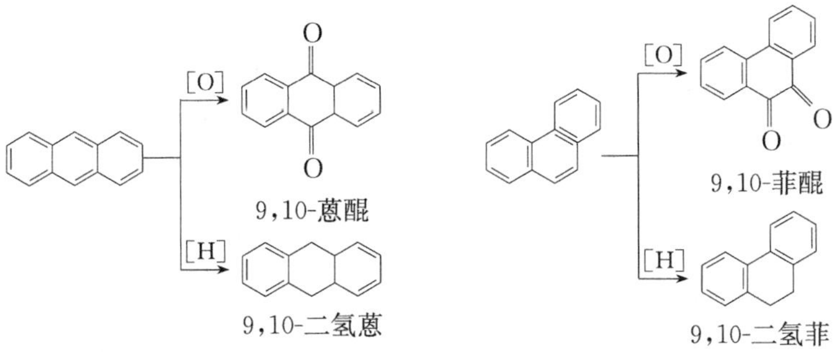

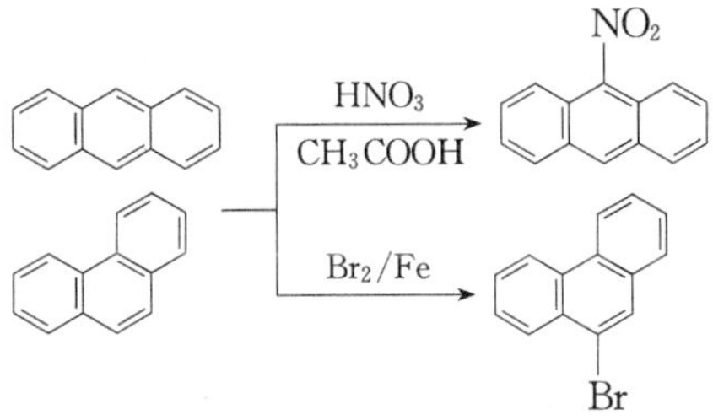

5.8 休克尔规则 非苯芳烃

5.8.1 休克尔规则

已知苯是有六个 sp^2 杂化碳原子构成的环状体系，每个碳原子的 p 轨道侧面相互交盖形成闭合共轭体系，具有芳香性。它可看成是一个环状共轭多烯。其他环状共轭多烯，如环丁二烯和环辛四烯等，组成环的每个碳原子也是 sp^2 杂化。每个碳原子也有一个 p 轨道，但是否也具有芳香性呢？事实表明，环丁二烯很不稳定，不易合成，即使在很低温度下合成出来，温度略高也会聚合；环辛四烯具有烯烃的典型性质，化学性质很活泼。这两种化合物都不具有芳香性。那么何种结构的分子会有芳香性呢？研究表明，具有芳香性的化合物通常有以下四个特点：

(1) 它们是包括若干数目 π 键的环状体系。

(2) 它们具有平面结构，或至少非常接近于平面(平面扭转不大于 0.01nm)。

(3) 环上的每一个原子必须是 sp^2 杂化(在某些情况下，它们也可以是 sp 杂化)。

(4) 环上的电子能够发生离域。

休克尔于 1931 年通过分子轨道理论计算指出：对于单环共轭多烯分子，当成环原子都处在同一平面，且离域的 π 电子数是 $4n+2$ 时，该化合物具有芳香性，称为休克尔($4n+2$)π 电子规则，简称休克尔规则，或 $4n+2$ 规则。式中，n 是 0,1,2,3,…正整数。

在单环共轭多烯分子中，π 电子数符合 $4n+2$ 即具有芳香性的原因，可从分析这种体系的分子轨道能级图得到答案。在单环共轭多烯体系的分子轨道能级图中，都有一个能量最低的成键轨道和能量最高的反键轨道。对于能量最高的反键轨道，在 p 轨道是单数时有两个(简并轨道)；在 p 轨道是双数时，则只有一个。其他那些能量较高的成键轨道和反键轨道或非键轨道都是两个(简并的)，如图 5.7 所示。休克尔指出，当成键轨道完全充满电子时，它们具有与惰性气体相类似的结构，因此体系趋向稳定。除能量最低的成键轨道需要两个电子充满外，其他能量较高的两个简并成键轨道或和非键轨道都需要四个电子才能充满，即只有$(4n+2)\pi$个电子才能充满这些轨道，使体系稳定，而具有芳香性。

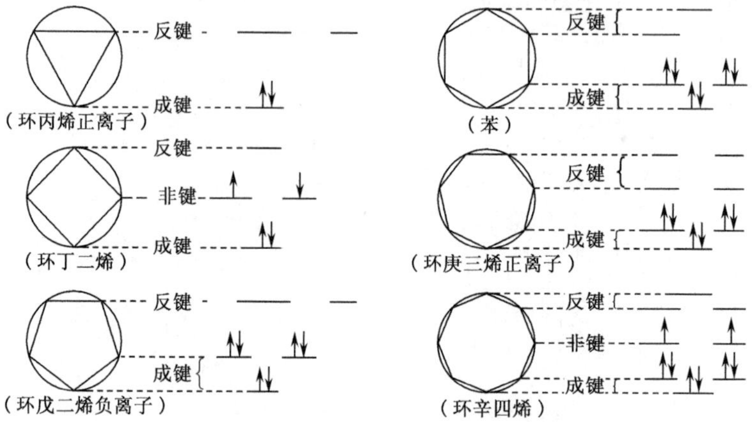

图 5.7　单环烯烃或离子的π分子轨道和基态电子构型

5.8.2　非苯芳烃

不含苯环，但具有一定程度芳香性的烃称为非苯芳烃。

分子具有芳香特性的标志是：

(1) 这类化合物虽然有不饱和键，但不易进行加成反应，而与苯相似，容易进行亲电取代反应。

(2) 这类具有芳香性的环状分子比相应的非环体系具有低的氢化热和低的燃烧热，故显示特殊的稳定性。

(3) 用物理方法(如核磁共振谱)进行测定，这类化合物的质子与苯及其衍生物的质子一样，显示类似的化学位移。这种方法对有机离子同样有用。

1. 环戊二烯负离子和䓬离子

奇数碳的环烃，如果是中性分子(如环戊二烯)，则必定有一个 sp^3 杂化碳原子，不可能构成环状共轭体系，但当它们转化成正离子或负离子时，就可以成为环状共轭体系。

环戊二烯无芳香性，但环戊二烯有明显的酸性。当用强碱(如叔丁醇钾)和它作用时，亚甲基上一个氢质子就被取代，成为钾盐，原来的环戊二烯转变为环戊二烯负离子。

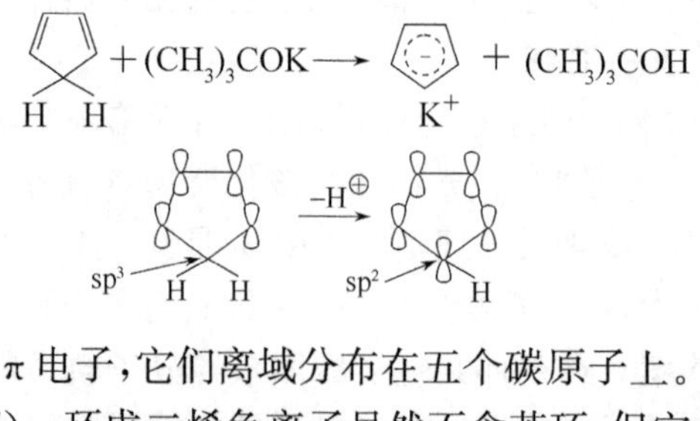

环戊二烯负离子具有六个π电子，它们离域分布在五个碳原子上。基态下三个成键轨道正好被六个电子填满(图 5.7)。环戊二烯负离子虽然不含苯环，但它具有六个π电子，符合休克尔 $4n+2$ 规则，因此它具有芳香性。但环戊二烯负离子并不完全具有像苯那样的芳香特性。例如，在硫酸、硝酸存在下，它不能发生亲电取代反应，因为硫酸、硝酸会使它又变成环

戊二烯。

环庚三烯正离子又称䓬离子，环庚三烯与溴作用生成二溴化物，后者在加热时失去溴化氢，生成环庚三烯正离子(䓬离子的盐)。

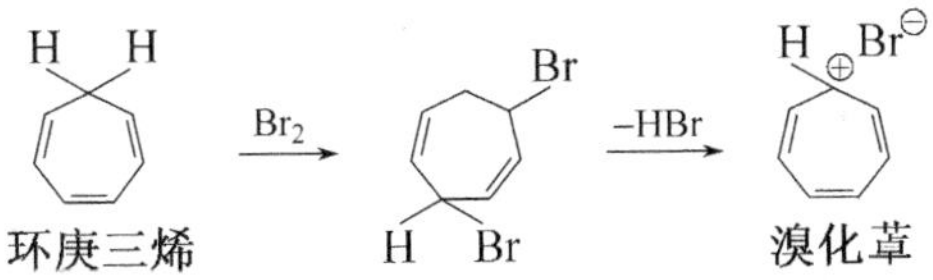

䓬正离子具有六个 π 电子，六个 π 电子离域分布在七个碳原子上，基态下正好填满如图 5.7 所示的三个成键轨道，符合休克尔规律，因此环庚三烯正离子也具有芳香性。

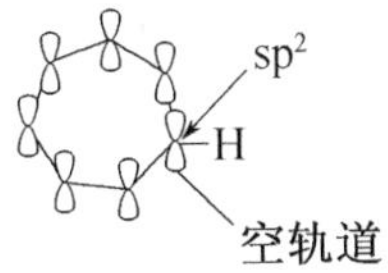

2. 薁

薁的分子式为 $C_{10}H_8$，是萘的异构体，它由一个五元环和一个七元环稠合而成。

薁为蓝色固体，熔点为 99℃，也具有芳香性，能发生硝化和烷基化反应。和一般的烃不同，薁有较高的偶极矩(1.08deb)。薁具有十个 π 电子。这个事实说明它和一般的烃结构不同，它可以看作是由一个带负电的环戊二烯负离子环 $C_5H_5^-$ 和一个带正电的环庚三烯正离子环 $C_7H_7^+$ 稠合而成。

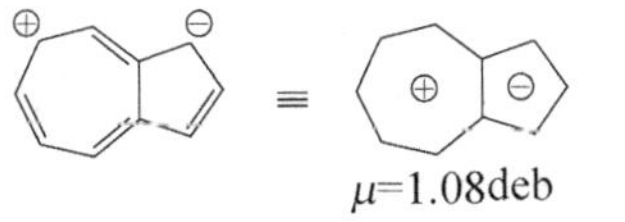

3. 轮烯

通常将 $n \geqslant 10$ 的环多烯烃 C_nH_n 称为轮烯。

[14]轮烯 $C_{14}H_{14}$ 和[18]轮烯 $C_{18}H_{18}$ 的 π 电子数目符合休克尔 $4n+2$ 规则，按理它们都有芳香性。但由于[14]轮烯环内氢的彼此干扰，环离开平面，破坏共轭，因此失去芳香性。[18]轮烯由于环内空间大，氢的干扰不明显，其分子所有的原子共平面，因而具有芳香性。

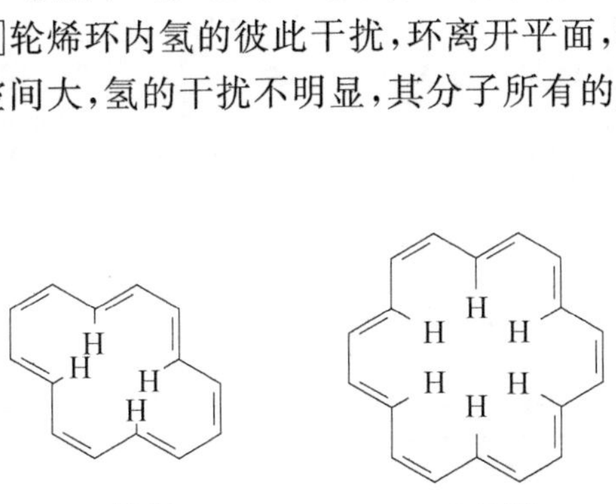

[14] 轮烯　　[18] 轮烯

从上述讨论可以看出，单环状分子且 π 电子数符合休克尔 $4n+2$ 规则的就具有芳香性。随着结构理论的发展，芳香性概念还在不断深化和发展，“芳香性”目前已成为有机化学中非常活跃的领域之一。

问题 5.22 指出下列化合物中哪些具有芳香性。

(1) 
(2) 
(3) 
(4) 

(5) 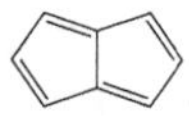
(6) 
(7) 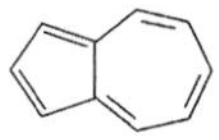

(8) 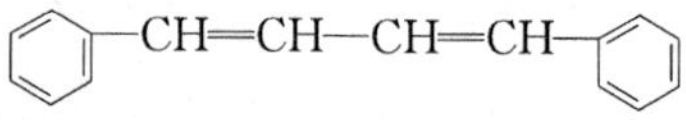
(9) $H_2C{=}CH{-}CH{=}CH{-}CH{=}CH_2$

习　题

1. 命名下列芳烃。

(1) 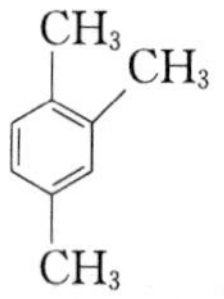
(2) 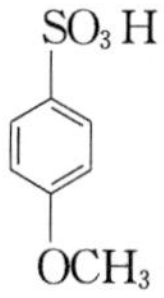
(3) 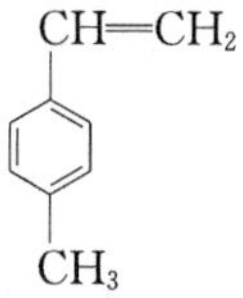

(4) 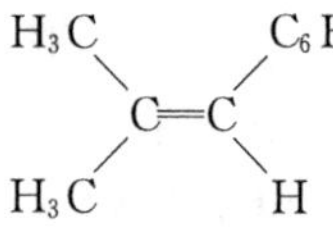
(5) 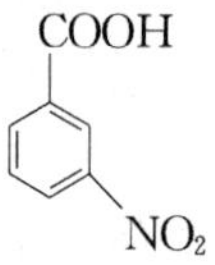
(6) 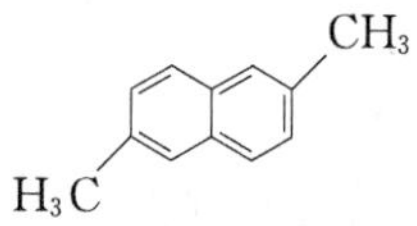

2. 写出下列化合物的结构式。

(1) 间二硝基苯　(2) 对羟基苯甲酸　(3) 2,4,6-三硝基甲苯

(4) 间碘苯酚　(5) 对氯苄氯　(6) 3,5-二硝基苯磺酸

(7) 5-甲基-β-萘胺　(8) α-萘乙酸

3. 完成下列反应。

(1) 

(2) 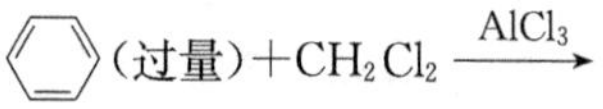

(3) 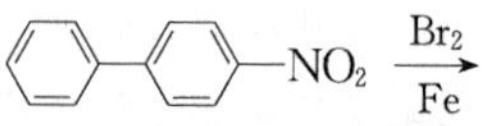

(4) 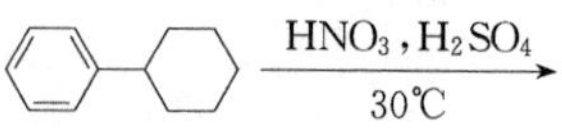

(5) 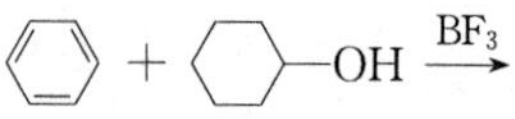

(6) 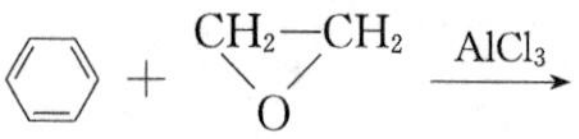

(7) 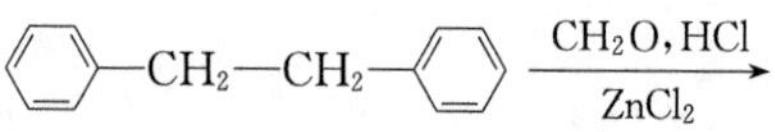

(8) 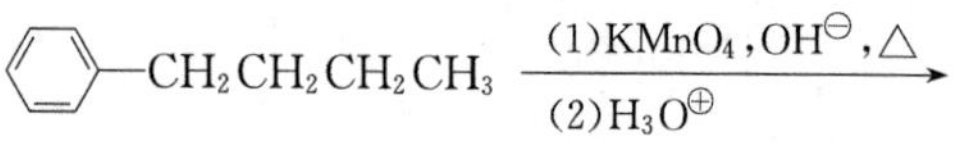

(9) 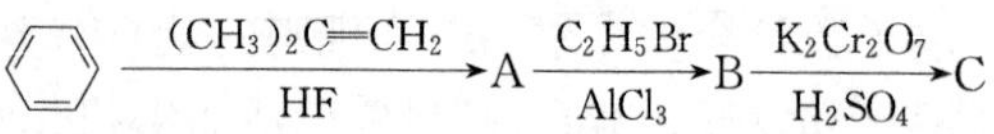

(10) 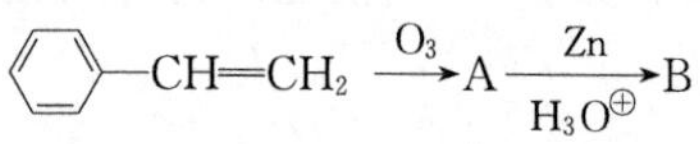

(11) 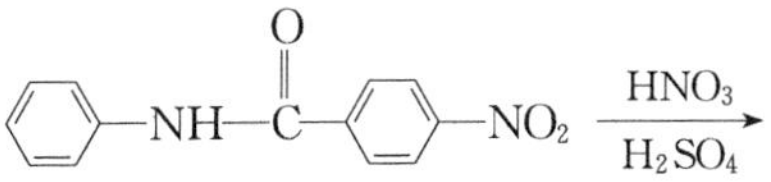

(12) 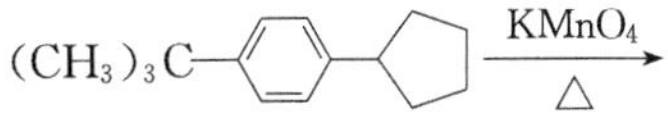

(13) 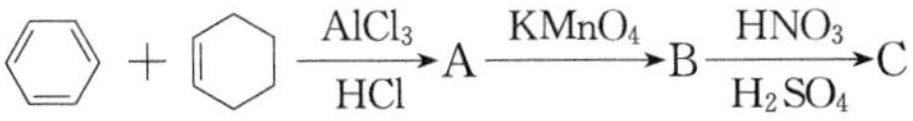

4. 按硝化反应从易到难的顺序排列下列各组化合物。

(1) 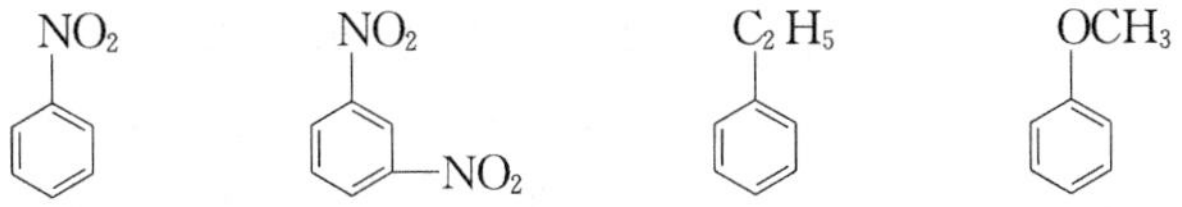

(2) 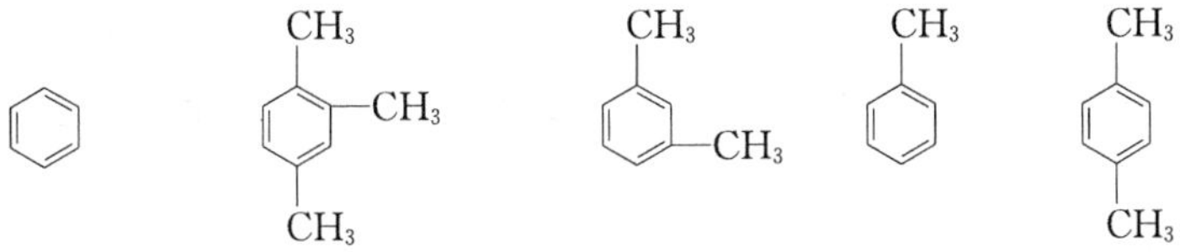

(3) 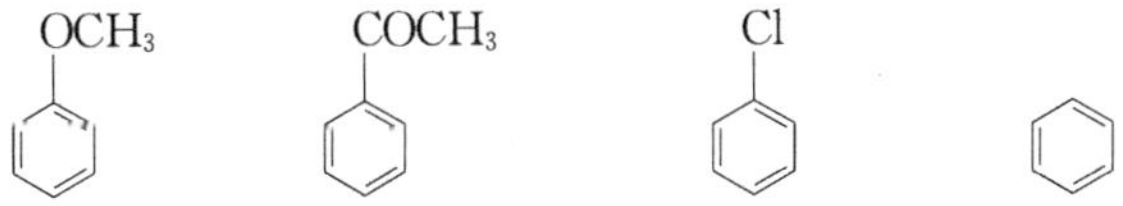

(4) 

5. 用箭头标示下列化合物发生硝化反应时主要产物中硝基的位置。

(1) 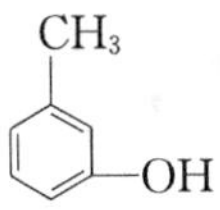 (2) 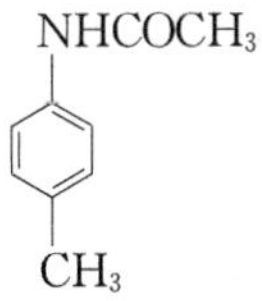 (3) 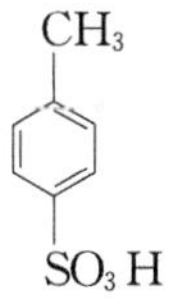 (4) 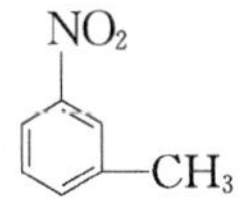

6. 以苯、甲苯、乙苯或萘为原料合成下列化合物。

(1) 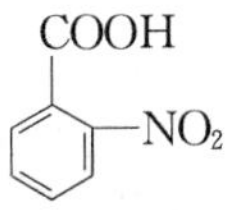 (2) 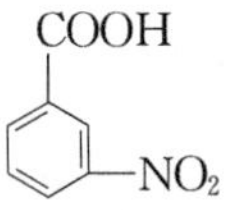 (3) 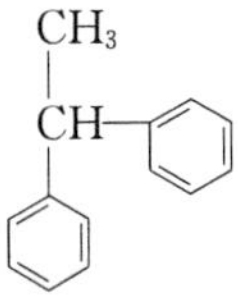

(4) 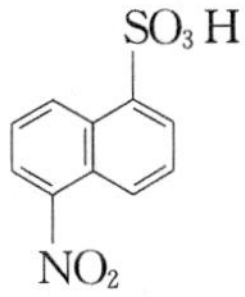 (5) 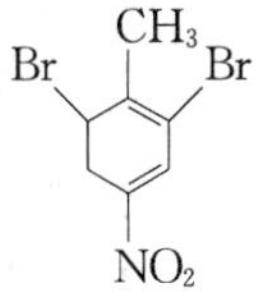 (6) 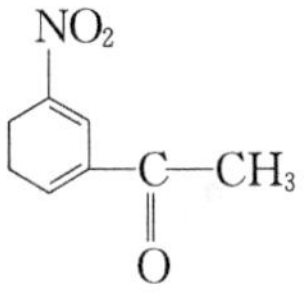

7. 试用简单方法区别下列各组化合物。

(1) 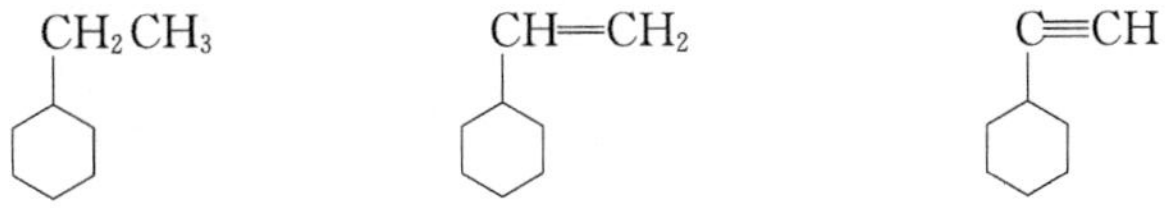

(2) 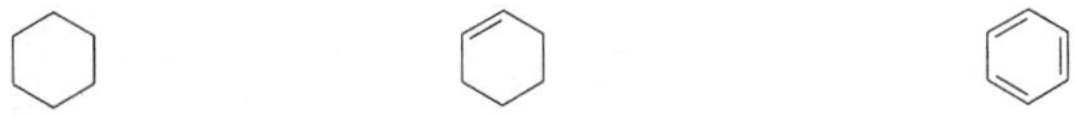

(3) 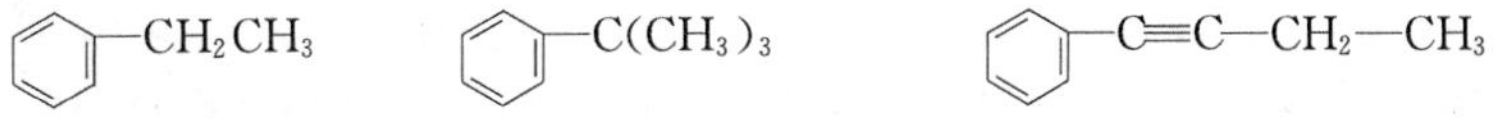

8. 写出下列反应的机理。

(1) $C_6H_6+C_6H_5CH_2OH+H_2SO_4 \longrightarrow (C_6H_5)_2CH_2+H_3O^{\oplus}+HSO_4^{\ominus}$

(2) 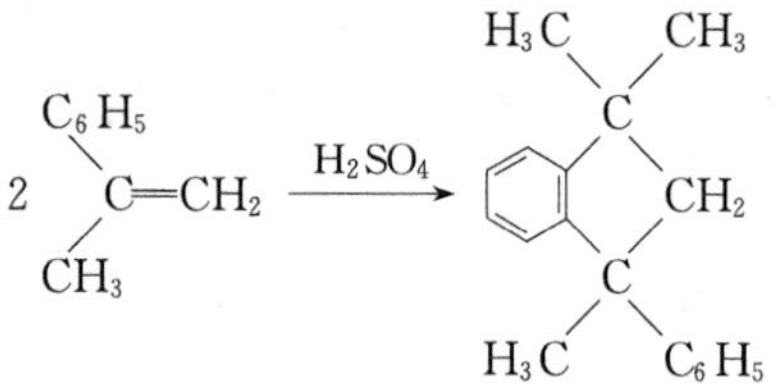

(3) 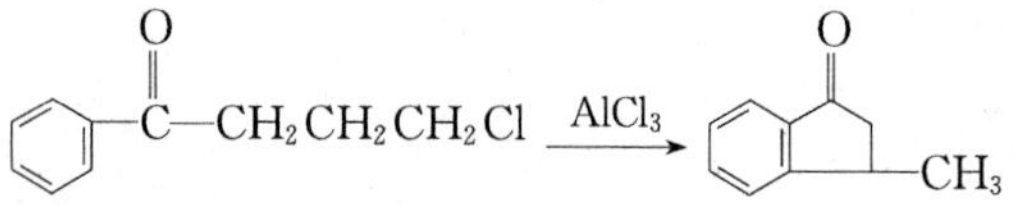

9. 1mol 1-苯基-1,3-丁二烯与 1mol Br_2 反应,只得到 1-苯基-3,4-二溴-1-丁烯,试说明其原因。

10. A、B 和 C 三种芳香烃,分子式都是 C_9H_{12}。当用 $K_2Cr_2O_7$ 的酸性溶液氧化时,A 生成一元羧酸,B 生成二元羧酸,C 生成三元羧酸。A、B 和 C 分别进行硝化时,A 和 B 分别生成两种主要的一硝基产物,而 C 只生成一种硝基化合物。写出 A~C 的构造式。

11. 某烃 A 分子式为 $C_{10}H_{14}$,A 经酸性高锰酸钾氧化后得一分子式为 $C_8H_6O_4$ 的二元酸 B。将 A 在三氯化铁的催化下进行氯代时,其一元氯代物只有两种异构体;而 A 进行光氯代时,则一元取代物可得两种异构体 C、D,其产物比例为 C>D。写出 A~D 的结构式。

第 6 章　对 映 异 构

分子结构(structure)包含构造(constitution)、构型(configuration)和构象(conformation)三个层次。通常所说的同分异构现象(isomerism)包含构造异构和立体异构两大部分。构型异构和构象异构是立体异构的两个方面,而构型异构又可分为顺反异构和对映异构。因此,可以用下列方式简单表示为

同分异构 { 构造异构 / 立体异构 }　　　立体异构 { 构型异构 { 顺反异构 / 对映异构 } / 构象异构 }

6.1　物质的旋光性

6.1.1　平面偏振光

光波是一种电磁波,其振动方向与其前进方向垂直。图 6.1(a)表示光在纸面上的振幅周期性变化;图 6.1(b)表示普通光在各方向的振幅;图 6.1(c)表示平面偏振光的振幅。

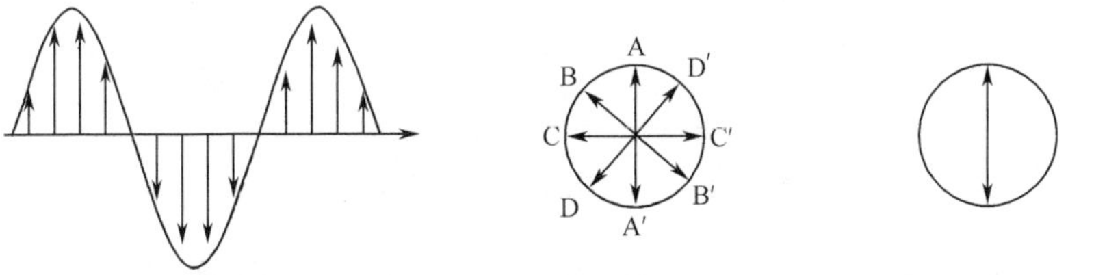

(a) 光在纸面上的振幅周期性变化　　(b) 普通光在各方向的振幅　　(c) 平面偏振光的振幅

图 6.1　平面偏振光

平面偏振光是指光线通过尼科尔(Nicol)棱镜,变为只在一个平面振动的光。

6.1.2　对映异构现象

1848 年,法国结晶学家巴斯德(Pasteur)在研究酒石酸盐的结构时发现了旋光异构现象。他猜想这两种异构体可能像人的左手和右手的关系一样,处于镜面对称(图 6.2),不能重叠,性质相似而又不完全相同,所以又称为对映异构体(图 6.3)。也就是说,该物质具有手性(chiral),手性是物质具有旋光性的必要条件。许多我们所熟悉的物质都具有手性。例如,螺钉和螺母、鞋子都有左旋和右旋之分。如果物体可以与它的镜像重叠,则该物质就是非手性的(achiral)的,如袜子等。

例如,2-羟基丁烷有两种空间构型(图 6.4),它们互为镜像而不能重叠,其中任何一个异构体都是手性分子。

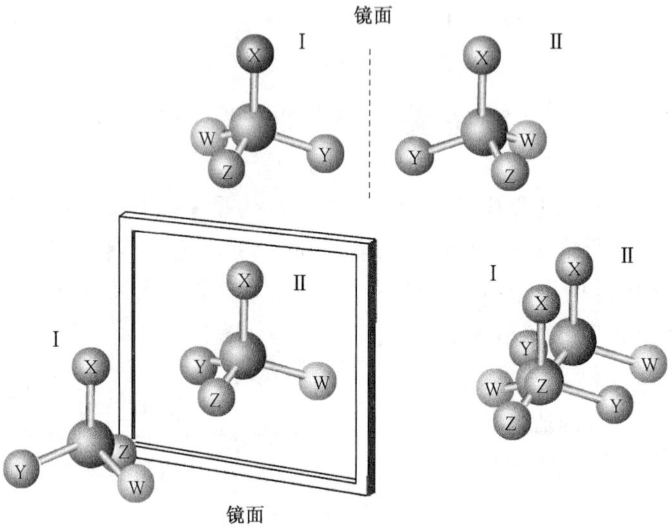

图 6.2　互为镜像的一对对映体

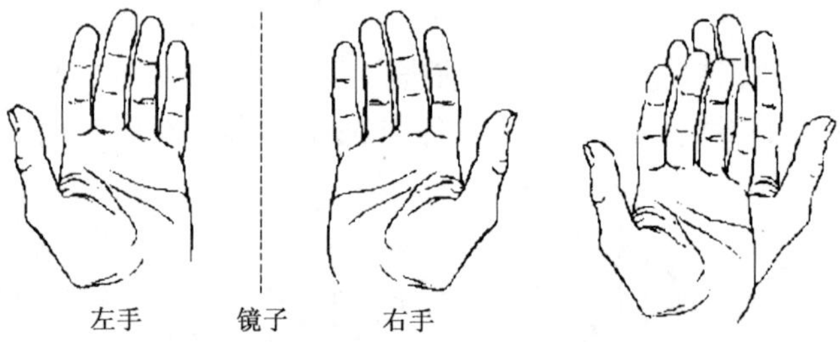

图 6.3　左右手互为镜像，不能重叠

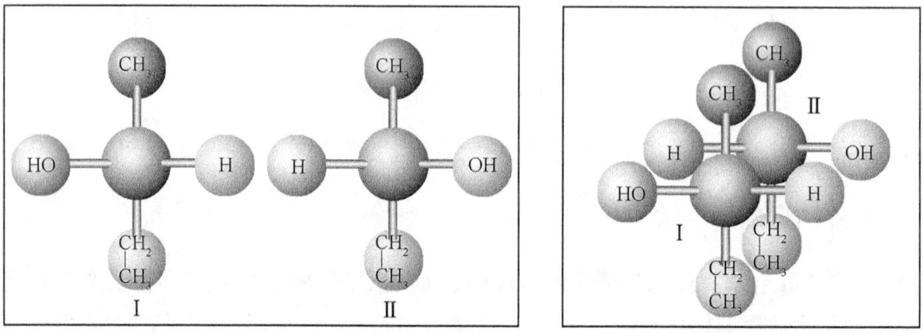

图 6.4　2-羟基丁烷的一对对映异构体

6.1.3　分子的旋光性

对于任何一个独立的分子，无论它是手性还是非手性的，从理论上来说都会使光偏转一定的角度。偏转的方向和角度取决于分子的瞬间取向。在溶液中存在大量的分子，如偏振光通过 2-丙醇溶液时，至少会有以下两种情况：一个分子使光向右偏转一定的角度，而另一分子又使光向左偏转相同的角度，最终结果就是偏振光没有偏转，也就是该物质没有旋光性(图 6.5)。

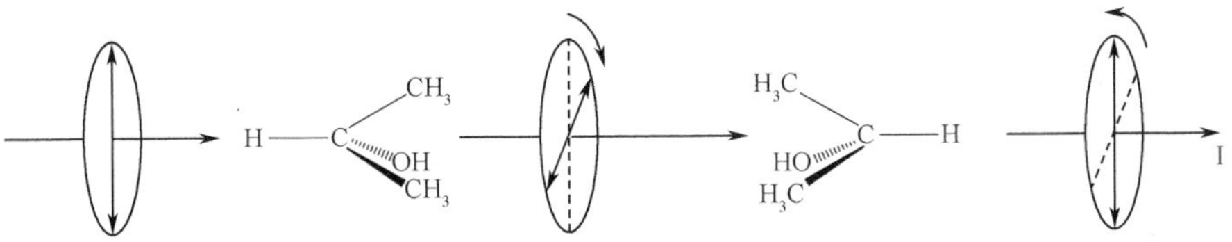

图 6.5　平面偏振光通过 2-丙醇溶液

当用一束平面偏振光照射手性物质，如(*R*)-2-丁醇(图 6.6)时，如果没有其对映体(*S*)-2-丁醇，偏振光就会偏转一定的角度，则该物质称为旋光性物质，如(*R*)-2-丁醇、乳酸、葡萄糖溶液等。

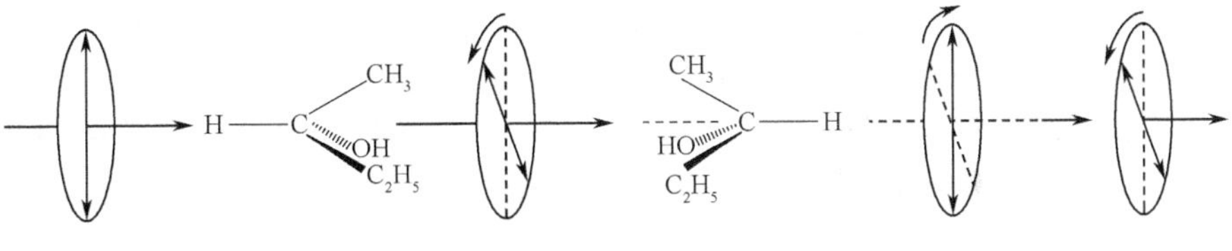

图 6.6　平面偏振光先后通过(*R*)-2-丁醇和它的对映异构体(*S*)-2-丁醇

旋光物质使偏振光振动平面旋转的角度称为旋光度 α。

6.1.4　旋光仪和比旋光度

定量测定旋光物质旋光度的仪器就是旋光仪(polarimeter)，其原理如图 6.7 所示。

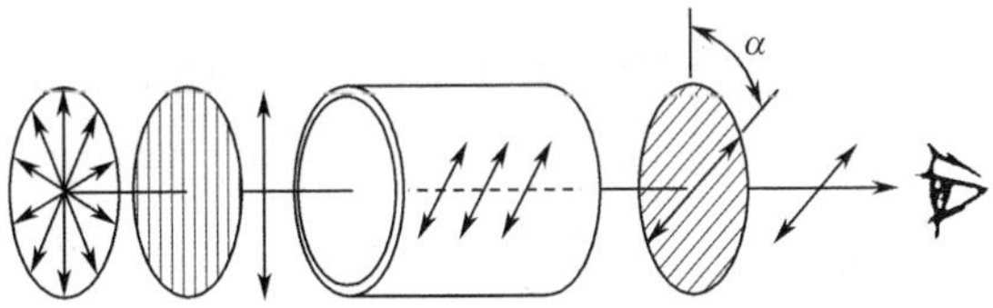

图 6.7　旋光仪的原理

从光源发出的一定波长的光，通过一个固定的尼科尔棱镜后转化为平面偏振光，通过盛有旋光性物质的盛液管后，偏振光的振动平面旋转了一定的角度 α，再将第二个可转动的尼科尔棱镜旋转相应的角度 α，使偏振光完全通过。从目镜中可读出刻度盘上的 α 数值，这就是所测样品的旋光度。

物质旋光度的大小随所测样品的浓度、盛液管的长度、温度、光波的波长以及溶剂的性质等改变。为了使旋光度的测量能够标准化，人们引入了比旋光度(specific rotation)这一概念。比旋光度是指 1mL 含 1g 旋光性物质的溶液，放在 1dm 长的盛液管中所测得的旋光度，表示为

$$[\alpha]_{\lambda}^{t} = \frac{\alpha}{cl}$$

式中，c 为样品的浓度，g(溶质)·mL^{-1}(溶液)；l 为盛液管的长度，dm；t 为测定时的温度；λ 为光源的波长，通常采用钠光灯，λ 为 589.3nm，用 D 表示。如果所测定的样品不是溶液，而是样品的纯液体，则用该液体的密度 ρ 代替式中的浓度 c。例如，在 20℃，用钠光灯为光源，在 10cm 长的盛液管内装有浓度为 5g·$100mL^{-1}$ 的果糖水溶液，测得旋光度为 $-4.64°$，则果糖的比旋光度为

$$[\alpha]_D^{20}=\frac{-4.64°}{1\times 5/100}=-92.8° \qquad (H_2O)$$

在一定条件下，不同旋光性的物质的比旋光度是一特有的常数。例如

肌肉乳酸 $[\alpha]_D^{20}=+3.8°$，m. p. 53℃

糖发酵乳酸 $[\alpha]_D^{20}=-3.8°$，m. p. 53℃

将等量的左旋体和右旋体混合，其旋光能力互相抵消，因而无旋光性，这种混合物称为外消旋体(racemic mixture)，以(±)表示。外消旋体的化学性质基本相同，物理性质有差异，如左、右旋乳酸的熔点都是53℃，而外消旋体的熔点是16.8℃。在生理作用上外消旋体各发挥其左右旋体的效能。例如，合霉素是(－)-氯霉素效能的一半。

问题6.1　自然界中的胆固醇是左旋体。将0.3g胆固醇溶于15mL氯仿，并放入1dm测量管中，测得旋光度为－0.78°，求其比旋光度。

问题6.2　人工合成的胆固醇是右旋体。将合成的胆固醇与一定量的天然胆固醇混合，混合物的比旋光度为－13°。求右旋胆固醇所占的比例。

6.2　对映异构现象与分子结构的关系

含一个不对称碳原子的化合物具有手性与其特征的中心碳原子有关，这个不对称碳原子称为手性碳原子。乳酸、苹果酸、酒石酸分子中都有手性碳原子(用 C^* 表示)。分子中含有手性碳原子的化合物可能具有手性。

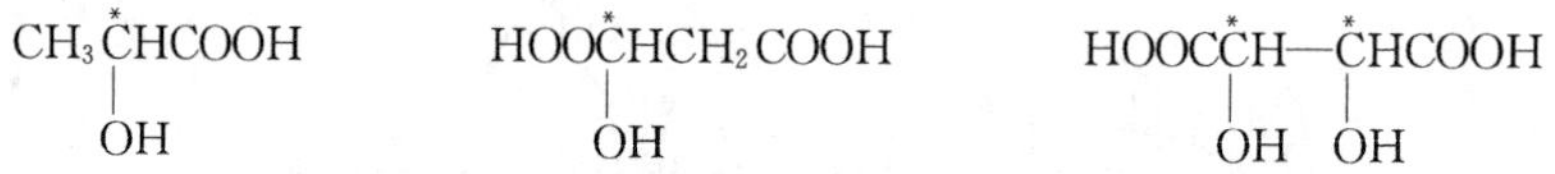

乳酸　　苹果酸　　酒石酸

但分子中有没有手性碳原子并不是物质具有手性的必要条件，没有手性碳的化合物可以有手性，而具有两个或多个手性碳原子的分子却不一定都具有手性，究竟物质具有怎样的分子结构才能镜像不重合而具有手性呢？

6.2.1　对称因素

1. 对称面

如果组成分子的所有原子在同一平面上，或者有一个平面通过分子能把其分为互为镜像的两半，则这两种平面都是分子的对称面(σ)。例如，(*E*)-1，2-二氯乙烯具有一个包含所有原子都在内的分子平面；二氯乙烷也有一个对称面，就是由H—C—C形成的平面(图6.8)。

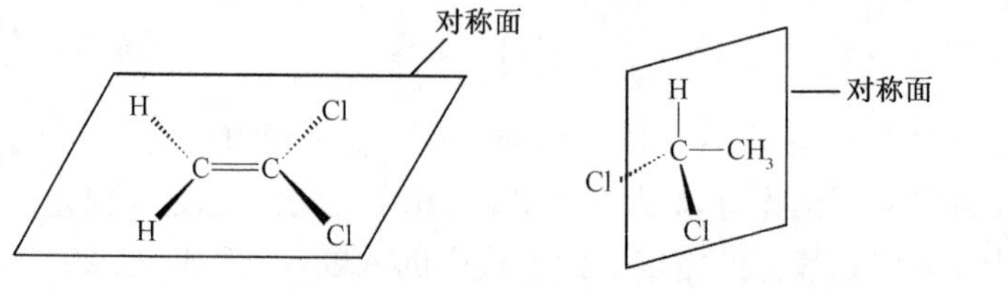

(*E*)-1,2-二氯乙烯　　二氯乙烷

图6.8　有对称面的分子

2. 对称中心

如果任何的直线通过分子的中心，在离中心等距离处遇到完全相同的原子，这个中心就是对称中心(i)。例如，反-1，4-二甲基-反-2，5-二溴环己烷就有一个对称中心(图 6.9)。

具有对称面或对称中心的分子无手性。

3. 对称轴

分子以某条直线为轴旋转 $\frac{2\pi}{n}$ 或其倍数，得到的构型与原来的分子重叠，则这条直线就是分子的 n 阶对称轴，写作 C_n。例如，(E)-1，2-二氯乙烯有一个二阶对称轴(C_2)，苯环有一个六阶对称轴(C_6)和六个二阶对称轴(C_2)(图 6.10)，它们都没有手性。

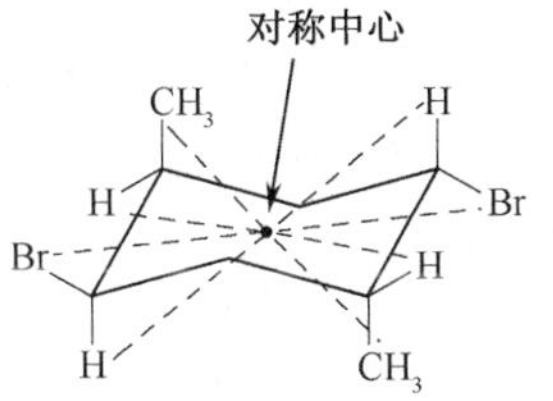

图 6.9　有对称中心的分子

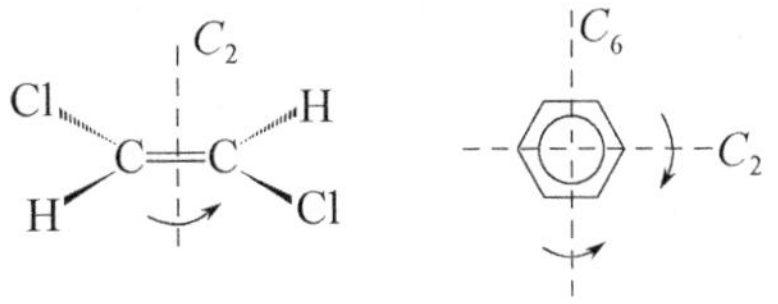

图 6.10　有对称轴的分子

但有时，有对称轴的分子也有手性。例如，右旋或左旋酒石酸分子中就有一个二阶对称轴(C_2)。

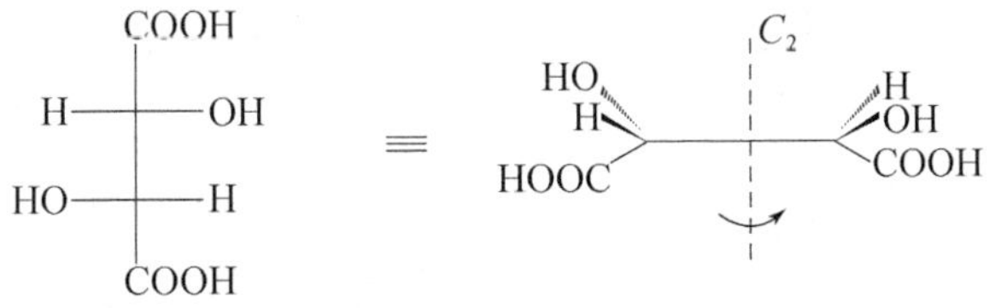

因此，对称轴不是分子有无手性的判断依据。一般来说(除极少数例外)，一个分子既无对称面，也无对称中心，该分子就有手性，就有旋光性和对映异构体。

6.2.2　环状化合物的对映异构

奇数环和偶数环的对称性不同。在奇数环中，由于两个取代基的位置不同，可以发生不同的异构现象。例如，1，2-环丙二酸，反式没有对称面，有对映异构体，顺式则为内消旋体。顺反异构体是非对映异构体中的一个特殊类别。

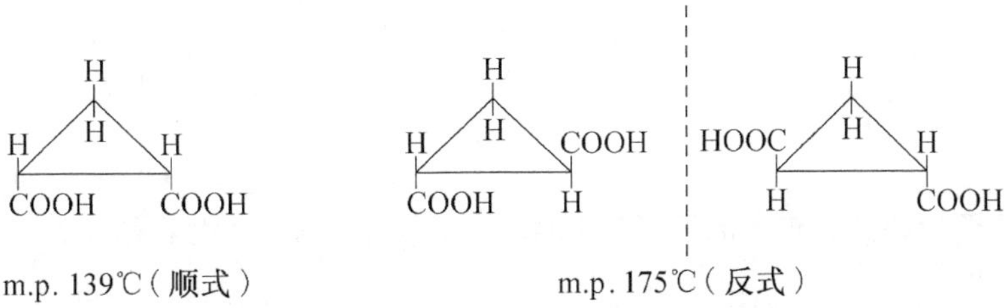

m.p. 139℃(顺式)　　m.p. 175℃(反式)

偶数环情形与上不同，如 1，3-二取代的环丁烷衍生物，无论反式还是顺式都没有光学异构体存在，因为镜像和实物可以重叠，是相同的，都有一个对称面存在。

顺式　　　　　　　　　　反式

环己烷与环丙烷、环丁烷、环戊烷不同，因为后者都是平面或近似平面的结构，1，2-二甲基环己烷有下列三种光活性异构体：

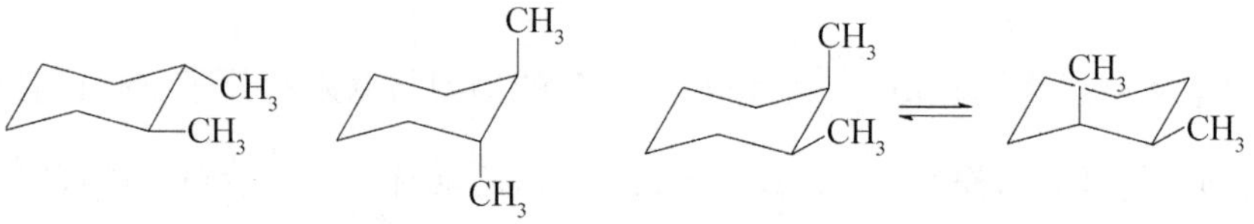

(1)　　(2)　　(3)　　(3)′

其中，反式的(1)和(2)，实物与镜像不能重叠，是两个有光学活性的异构体。顺式的(3)和(3)′，一个取代基在 e 键位置，另一个取代基在 a 键位置，是手性分子，但如箭头所示，发生翻转即由实物变为镜像(3)⟶(3)′。这两个构象的稳定性是相同的，由一构象变为另一构象，所用的能量很低，因此在室温下不能拆分为两个光学活性体。

6.2.3 不含手性碳原子化合物的对映异构

1. 丙二烯型

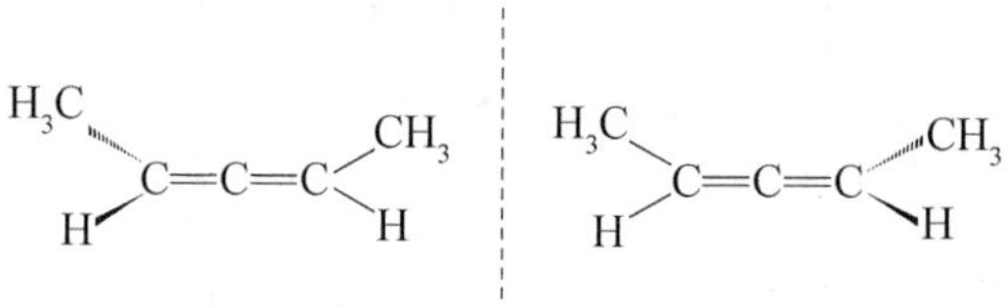

但若为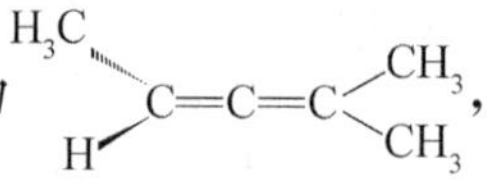，则无旋光性。

例如，抗生素菌霉素$HC\equiv C—CH=C=CH—CH=CH—CH_2COOH$，分子中存在不对称的累积二烯烃的结构，尽管没有手性碳原子，但仍然是手性分子。同理，用环状结构代替丙二烯型化合物仍然会得到无手性碳原子而有手性的化合物，如以下螺环化合物：

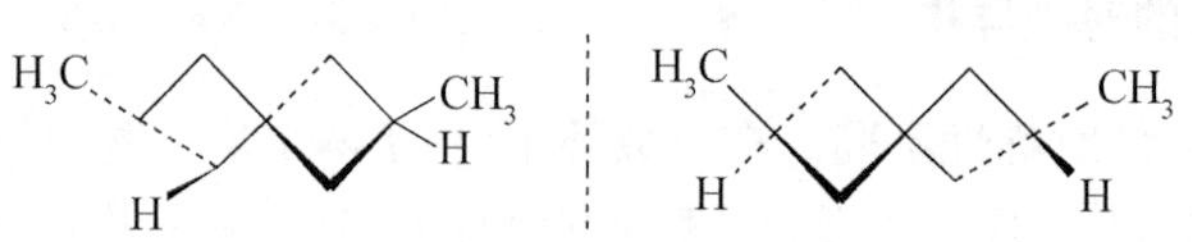

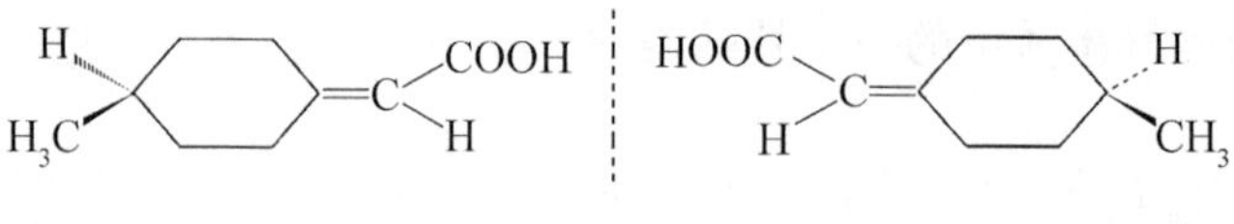

2. 联苯型

如果在苯环的邻位有较大的原子或基团，分子旋光受阻，既无对称面也无对称中心，则该化合物有手性。

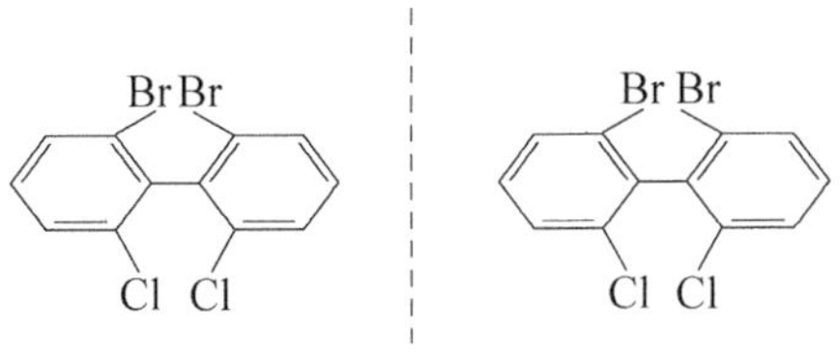

3. 其他手性原子(非 C 原子)的化合物

当用氮原子、磷原子取代手性碳原子时,由于该杂原子所连的四个基团互不相同,分子中不存在对称面和对称中心,因此也具有手性。

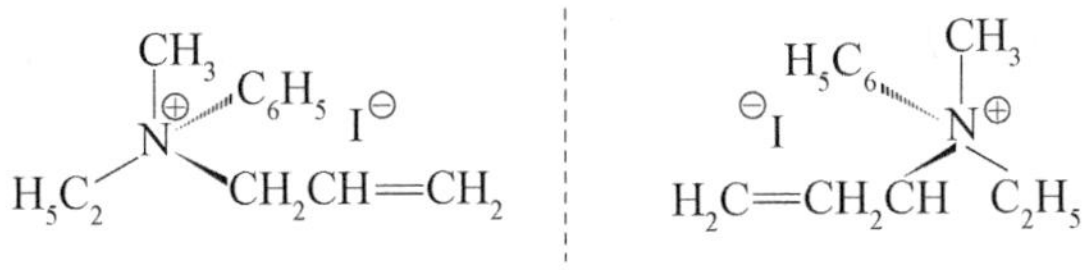

问题 6.3　判断下列化合物是否为手性分子。

(1) 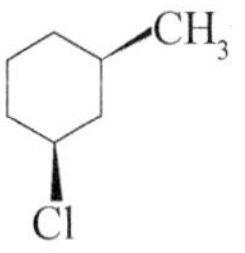

(2) 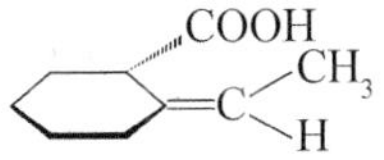

(3) 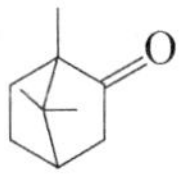

(4) 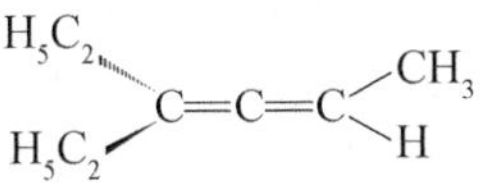

(5) 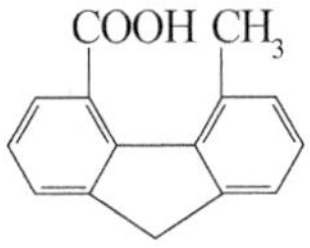

6.3　含有一个手性碳的化合物的对映异构

6.3.1　对映体的特点

以 2-甲基-1-丁醇为例,对该化合物而言,分子中仅含有一个手性碳原子,因此有一对对映异构体。

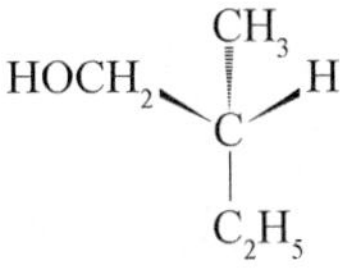

(*R*)-(+)2-甲基-1-丁醇

$[\alpha]_{D}^{25}=+5.765°$

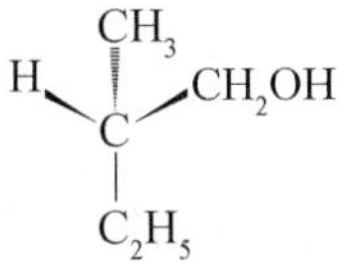

(*S*)-(−)2-甲基-1-丁醇

$[\alpha]_{D}^{25}=-5.765°$

在对映体中,围绕不对称 C 原子的四个基团间的距离相同,物理性质和化学性质一般相同,但比旋光度数值相等,方向相反,分别为±5.756。

对映异构体在手性环境(如手性试剂、手性溶剂、手性催化剂存在)下也会表现不同的性质。例如,酶催化(+)-葡萄糖在动物代谢中有独特的作用,具有营养,但(−)-葡萄糖不能被动物代谢。又如,1963 年之前,有一种称为"反应停"的镇静类药物,用于治疗孕妇的呕吐现象,但同时导致了胎儿的畸形——"海豹婴儿"。后来的研究表明其右旋的异构体具有镇静作用,而左旋异构体具有致畸作用。

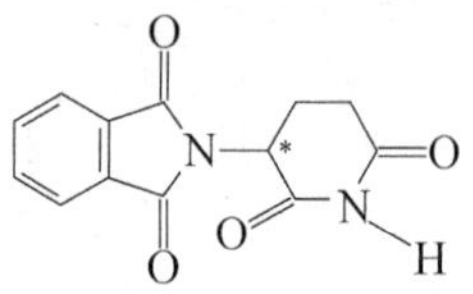

反应停(thalidomide)

事实上,这对对映体的影响作用是很复杂的,因为它们在生理条件下可以互相转化。

6.3.2 构型的表示方法

1. 透视式

对映异构体构型的表示方法可采用立体的三维空间关系的透视式,如 2-溴代丁烷的一对对映体的透视式如下:

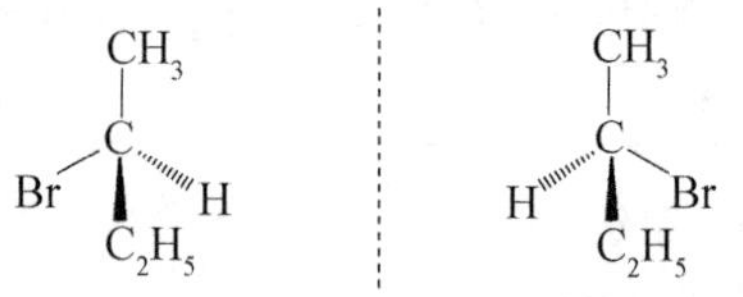

透视式表示方法的特点是形象直观,但书写比较麻烦,因而常用费歇尔(Fischer)投影式表示。

2. 费歇尔投影式

将分子的四面体棍球模型按一定规则在纸面上投影就得到费歇尔投影式。其投影规则是:手性碳原子为投影中心并位于纸平面上,以横线相连的两个原子或原子团在纸平面的前方,以竖线相连的两个原子或原子团在纸平面的后方。图 6.11 为乳酸对映体的投影式,式中横竖两线的交点代表手性碳原子。

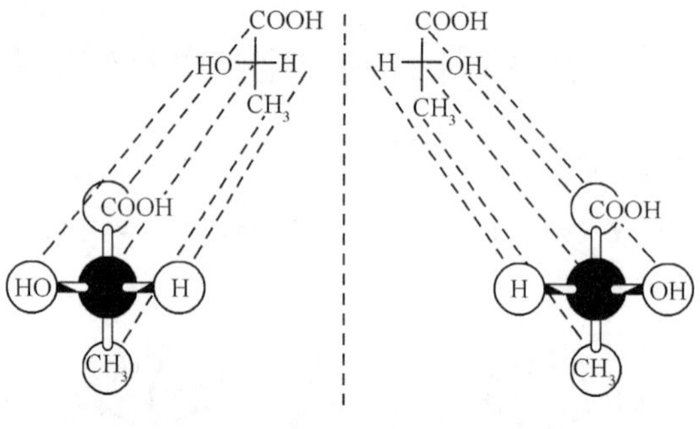

图 6.11 乳酸对映体的投影式

费歇尔投影式在纸面上旋转 180°后,得到的新的投影式与原来的投影式代表同一化合物。例如

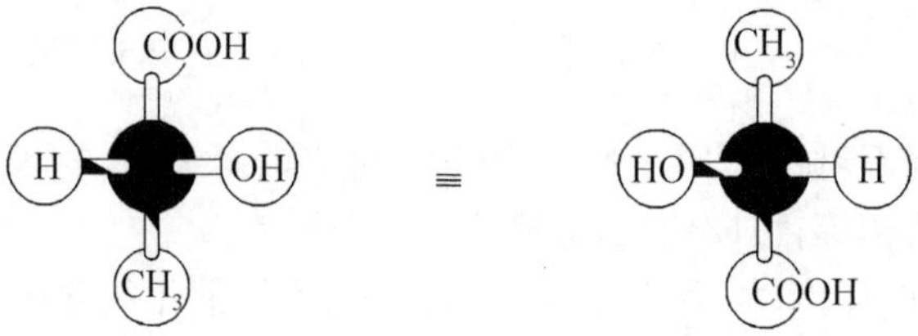

在投影式中使一个基团固定，另外三个基团按顺时针或反时针调换位置，不会改变原化合物的构型。

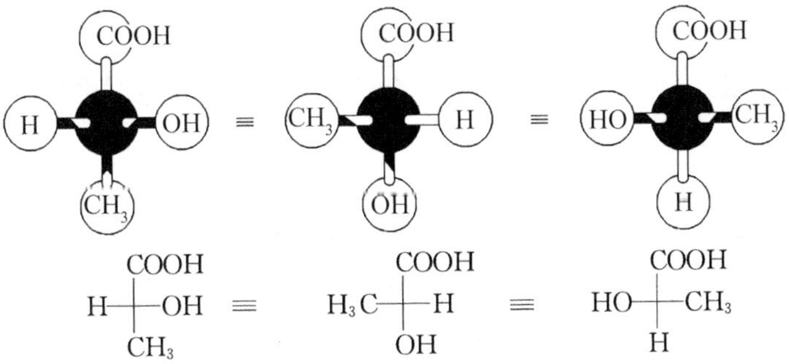

但若将费歇尔投影式在纸面上旋转 90°，或交换与手性碳原子相连的任意两个基团的位置，则是另一化合物①。

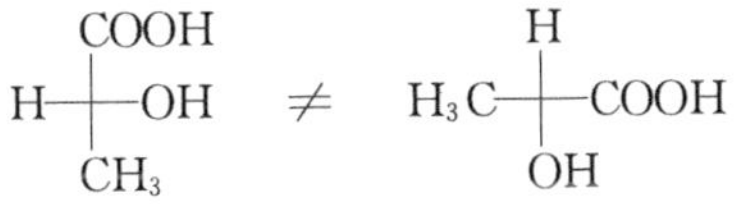

(*R*)-乳酸　　　　(*S*)-乳酸

6.3.3　构型的标记

1. D、L 标记法

对映异构体如乳酸有左旋体和右旋体，其旋光方向和比旋光度可由旋光仪测出。但是左旋体和右旋体分别对应于哪一种构型，在 1951 年前是无法确定的。因此，费歇尔人为地规定右旋甘油醛的构型为 D 型，左旋甘油醛的构型为 L 型，其他的旋光性化合物以甘油醛为标准比较得到。

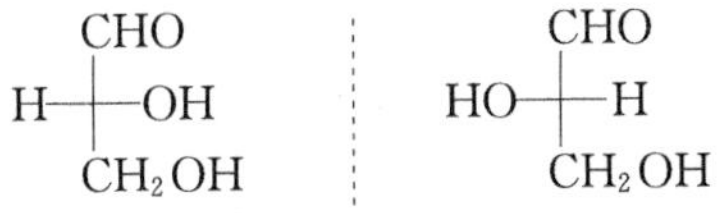

D-(＋)-甘油醛　　　　L-(－)-甘油醛

凡是由 D-甘油醛通过化学反应得到的化合物或可转变为 D-甘油醛的化合物，只要在转变过程中原来的手性碳原子构型不变，其构型就是 D 型，与 L-甘油醛相关的就是 L 型。

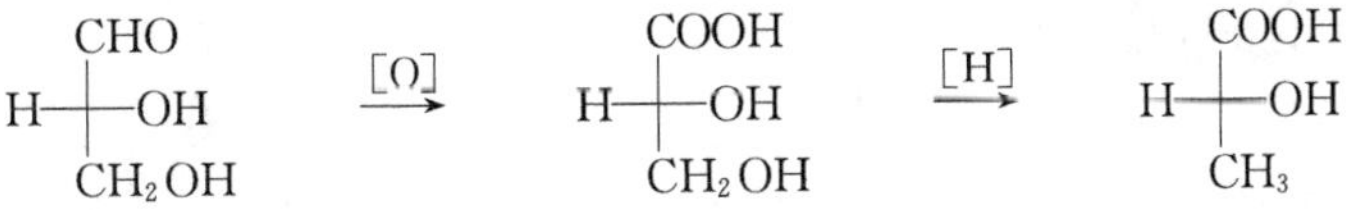

D-(＋)-甘油醛　　　　D-(－)-甘油酸　　　　D-(－)-乳酸

D-(＋)-甘油醛经温和氧化得到 D-(－)-甘油酸，后者再经还原得到 D-(－)-乳酸，由于反应过程中没有涉及手性碳原子，因此生成的甘油酸和乳酸都是 D 型的，尽管它们实际的旋光方向与 D-(＋)-甘油醛正好相反。

D、L 标记法有局限性，有些化合物不易同甘油醛相联系，有时用不同的转化方法，同一反应物得到的转化产物可以是 D 型，也可以是 L 型。

① 在书写费歇尔投影式时，习惯上将最长的碳链作为一直链垂直投影在纸面上，并将氧化态最高的基团放在上面。

必须指出，D、L 是一种相对构型(relative configuration)，不表示旋光方向，旋光方向用(＋)、(－)表示，在氨基酸和糖类构型中的标记中，一般采用 D、L 法。

1951 年，Bijvoet 用 X 射线测定了(＋)-酒石酸铷钠的绝对构型。巧合的是，所得的绝对构型和按假设的 D-甘油醛的结构导出的构型正好一致，这样也就证实假设的 D-甘油醛的构型就是真实构型，因此过去由 D-甘油醛导出的相对构型也就是绝对构型了。

2. *R*、*S* 标记法

首先将与手性碳原子相连接的原子或原子团按照次序规则排列，较优基团在前，如 a＞b＞c＞d，观察者从最后基团 d 对面观察。若 a→b→c 是顺时针方向排列的，则构型为 *R*；若 a→b→c 是逆时针方向排列的，则构型为 *S*(图 6.12)。

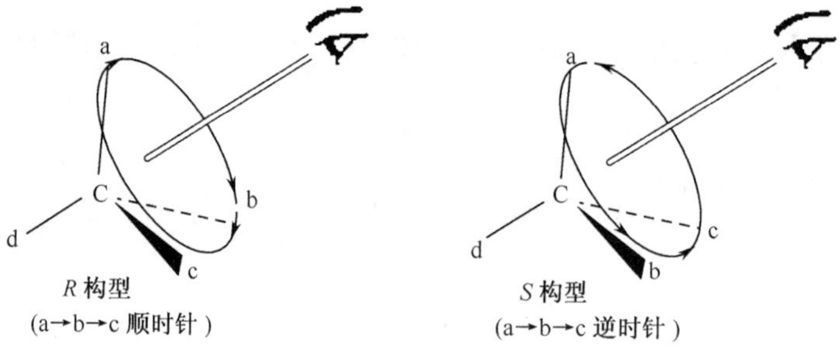

图 6.12　确定 *R*、*S* 构型的方法

甘油醛构型的确定如图 6.13 所示。

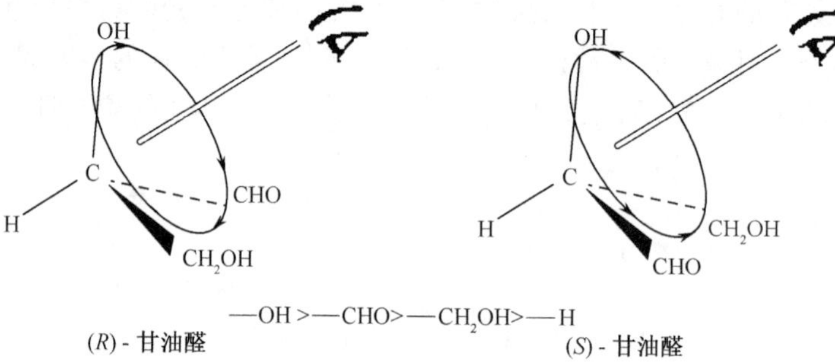

图 6.13　确定甘油醛构型的方法

问题 6.4　用 *R*、*S* 标记下列化合物的构型。

(1) 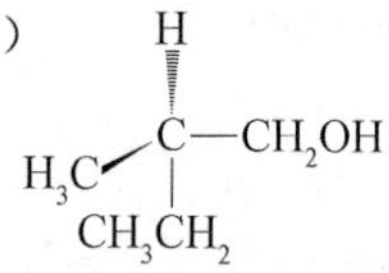

(2) 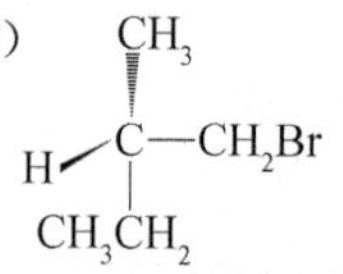

(3) 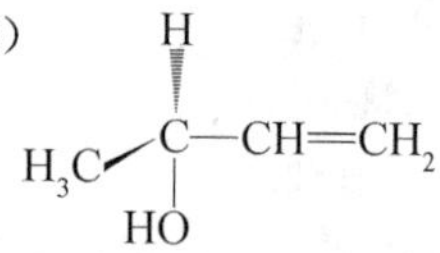

问题 6.5　把下列两个 2-碘丁烷的对映体改画为费歇尔投影式，并注明 *R* 或 *S* 型。

(1) 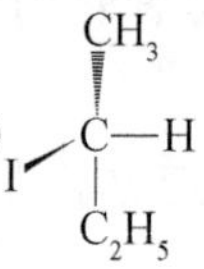

(2) 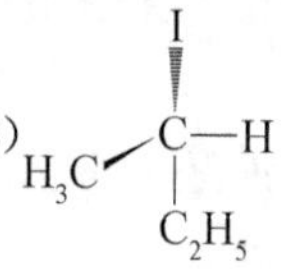

在用 *R*、*S* 法标记化合物的构型时，若化合物以费歇尔投影式表示，为了便于观察，如

果最小基不在底部，可将之与式中任意一个基团交换位置，交换后的化合物为原化合物的对映体。

D-甘油醛　　　　L-甘油醛

要注意，旋光体的 R、S 构型以及 D、L 构型与旋光方向并不是一回事，R、S 构型以及 D、L 构型是人为地定义化合物的空间构型，而旋光方向（+）或（−）则是化合物本身所固有的性质。

6.4　含有两个手性碳的化合物的对映异构

6.4.1　含有两个不同手性碳的化合物

已经知道，分子中具有一个手性碳原子的化合物有一对对映体。如果分子中有两个或两个以上的手性碳原子，对映体就不仅是一对了。如用 A、B 代表两个不同的手性碳原子，手性碳原子 A 有两种相对映的构型，即 A(R)和 A(S)。同样，手性碳原子 B 也有两种构型，B(R)和 B(S)，这样，具有两个手性碳原子的化合物 AB 可能有下列四种立体异构体。

凡分子中增加一个手性碳原子，立体异构体就增加一倍。含有两个手性碳原子就有四个立体异构体，有三个手性碳原子则有八个立体异构体。依此类推，凡含有 n 个手性碳原子的化合物，应有 2^n 个立体异构体、2^{n-1} 个外消旋体。这里所说的手性碳原子是指在一个化合物内这种碳原子连接的四个原子或基团是不完全相同的，也就是不同的手性碳原子。

例如，氯代苹果酸（2-羟基-3-氯丁二酸）含有两个不同的手性碳原子，应有四个立体异构体。

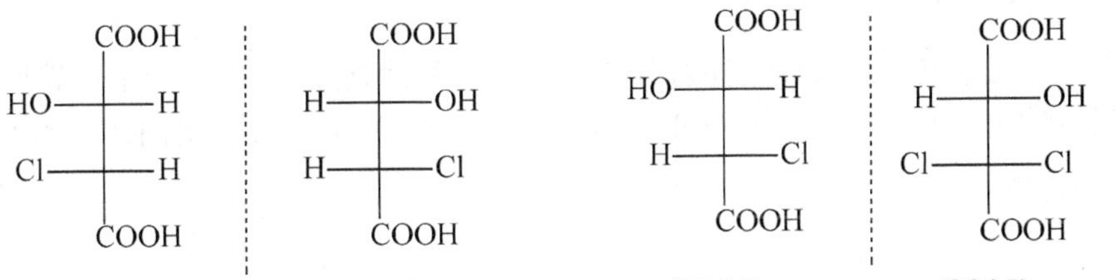

(2R,3R)　(2S,3S)　(2R,3S)　(2S,3R)

α =7.1°　α =−7.1°　α =9.3°　α =−9.3°

(Ⅰ)　(Ⅱ)　(Ⅲ)　(Ⅳ)

对映体（Ⅰ与Ⅱ）　对映体（Ⅲ与Ⅳ）

非对映体

按照 R、S 标记法，从上向下第二个碳原子上所连接的四个原子或基团的大小顺序为

$$OH > CHClCOOH > COOH > H$$

第三个碳原子上所连接的四个原子或基团的大小顺序为

$$Cl > COOH > CH(OH)COOH > H$$

标记出以上四个立体异构体的构型。

在以上四个立体异构体中，(Ⅰ)和(Ⅱ)是对映体，(Ⅲ)和(Ⅳ)也是对映体。但(Ⅰ)和(Ⅲ)、(Ⅰ)和(Ⅳ)、(Ⅱ)和(Ⅲ)、(Ⅱ)和(Ⅳ)都不是对映体，也称为非对映体(diastereoisomer)。非对映体不仅旋光度不同，其他物理性质也不一样。

在下列糖类中，当两个手性碳原子上所连的两个羟基朝向一致时，如(Ⅰ)和(Ⅱ)称为赤藓糖，当两个手性碳原子上所连的两个羟基朝向不一致时，如(Ⅲ)和(Ⅳ)称为苏阿糖。一般将类似赤藓糖构型的化合物称为赤式(erythro)，将类似苏阿糖构型的化合物称为苏式(threo)。也就是相同基团在一侧的称为赤式，相同基团在不同侧的称为苏式。

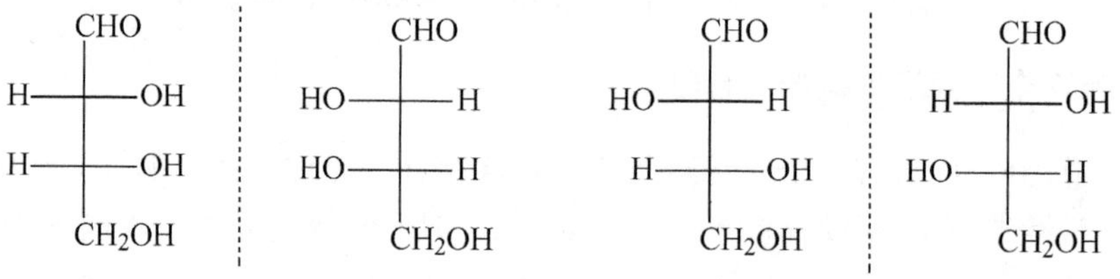

(2*R*,3*R*) (Ⅰ)　(2*S*,3*S*) (Ⅱ)　(2*S*,3*R*) (Ⅲ)　(2*R*,3*S*) (Ⅳ)

赤式 erythro (Ⅰ、Ⅱ)　苏式 threo (Ⅲ、Ⅳ)

问题6.6　写出 2,3-二氯代戊烷 $H_3C-\underset{Cl}{\overset{*}{C}H}-\underset{Cl}{\overset{*}{C}H}-C_2H_5$ 和 3-苯基-2-丁醇 $H_3C-\underset{OH}{\overset{*}{C}H}-\underset{C_6H_5}{\overset{*}{C}H}-CH_3$ 的对映异构体的费歇尔投影式，用 *R*、*S* 标记每一个手性碳原子的构型。说明哪些互为对映体、哪些互为非对映体、哪些属于赤式、哪些属于苏式。

6.4.2　含有两个相同手性碳的化合物

下列 2,3-二甲基丁二酸(酒石酸)分子中有两个手性碳原子，但每个手性碳原子连接的基团相同，都是—H、—OH、—COOH、—CH(OH)COOH，因而是相同的手性碳原子，是A—A型化合物。

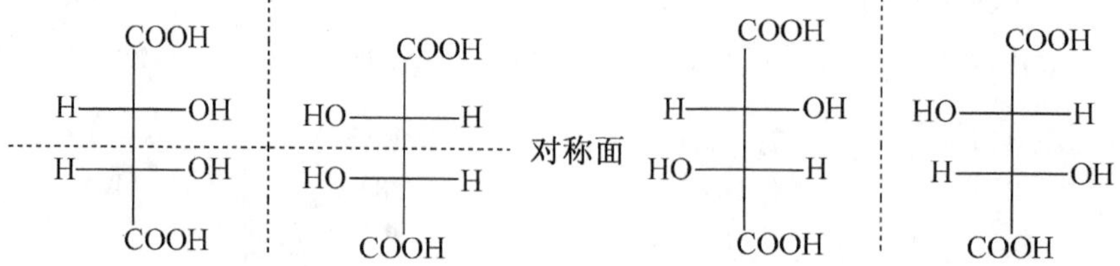

(Ⅰ) (2*R*,3*S*)　(Ⅱ) (2*S*,3*R*)　内消旋体

(Ⅲ) (2*R*,3*R*) (−)　(Ⅳ) (2*S*,3*S*) (+)

其中,(Ⅰ)和(Ⅱ)分子中有对称面,因而不是手性分子。将(Ⅰ)在纸平面上旋转 180°后,(Ⅰ)与(Ⅱ)完全重叠,因此(Ⅰ)和(Ⅱ)是同一种化合物。这种分子内部手性碳原子旋光能力相互抵消的物质称为内消旋体(meso compound),内消旋体没有手性,所以也没有旋光性。

(Ⅲ)和(Ⅳ)互为对映异构体,其等量混合物为外消旋体。内消旋体与(Ⅲ)和(Ⅳ)是非对映异构的关系。

6.5 手性合成

具有旋光性的化合物不能由没有旋光性的原料在没有旋光性的条件下制备。如果合成的产物具有旋光性,那么这种合成方法就称为手性合成,也就是生成的两个对映体或非对映体的量是不相等的。手性合成又称为不对称合成。

6.5.1 外消旋体的生成

把化合物 CX_2YZ 转化为 C^*WXY,就产生了一个手性碳原子,其中 CX_2YZ 中的碳原子称为潜手性中心。例如,正丁烷是对称性分了,虽然在产物 2-氯丁烷分子中产生了一个手性碳原子,是非对称性分子,但是由于反应中间体是自由基 $CH_3CH_2\dot{C}HCH_3$,因此产物是外消旋体,仍然没有旋光性。

$$CH_3CH_2CH_2CH_3 \xrightarrow{Cl_2} (\pm)CH_3CH_2\underset{\displaystyle Cl}{\overset{*}{C}}HCH_3 + \text{其他产物}$$

又如,2-丁酮在镍的催化作用下加氢还原为 2-丁醇的反应,由于反应物和催化剂都是非手性的,氢分子可以加到羰基的任何一面,因此产物也是外消旋体(图 6.14)。

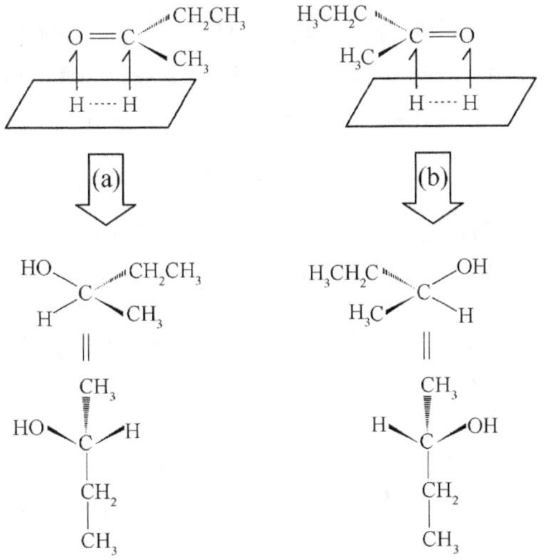

图 6.14 2-丁酮在镍的催化作用下加氢还原为等量的(*R*)-2-丁醇和(*S*)2-丁醇

6.5.2 手性化合物的制备

手性合成的方法有多种,原则上要在手性环境中进行合成,常用的方法可分为生物合成和化学合成两类，其中化学合成主要有以下几种：①光学拆分；②手性源合成；③化学剂量的不对称合成；④不对称催化合成。其中不对称催化方法只需要使用极少量的手性催化剂就可获得大量的光学活性产物，因而具有最优的经济性和环境友好性。

1. 光学拆分(外消旋体的拆分)

大部分有机反应所得到的产物都是外消旋体，要想得到单一左旋或右旋产物，就必须将外消旋体分离。由于外消旋体具有相同的熔点、沸点和溶解度，因此一般的分离方法(如蒸馏、重结晶等)是无法分离它们的，需要采用特殊的办法，这个步骤就称为外消旋体的拆分(optical resolution)。

最早是巴斯德采用机械分离的方式拆分了酒石酸钠铵外消旋体，但这只限于个别的固体化合物，而且比较麻烦。现在常用的方法是先用化学方法把对映体转化为非对映体，然后用通常的物理方法加以分离，分离后再将它们恢复为原来的左旋体和右旋体。

1) 利用酸碱反应

通常采用光学活性的碱拆分酸，采用光学活性的酸来拆分碱。

(±)-A+(+)-B ⟶ (+)-A·(+)-B / (−)-A·(+)-B —分离→

(+)-A·(+)-B + (−)-A·(+)-B

↓ $H^{\oplus}$ (+)-A　　↓ $H^{\oplus}$ (−)-A

常用的拆分剂一般为天然产物。例如，天然的生物碱(−)-奎宁、(−)-马钱子碱等用来拆分(±)-羧酸，而(−)-苹果酸、(+)-酒石酸等用来拆分碱。

2) 利用酶拆分

酶是手性物质，与对映体的作用具有高度的选择性，利用酶作为拆分剂具有良好的拆分效果。例如，外消旋苯丙氨酸的拆分，先将苯丙氨酸乙酰化生成(±)-*N*-乙酰基苯丙氨酸，然后用乙酰水解酶水解。由于乙酰水解酶只能使(+)-*N*-乙酰基苯丙氨酸水解，因此水解产物为(+)-苯丙氨酸与(−)-*N*-乙酰基苯丙氨酸的混合物，两者的性质有较大差别，很容易用一般方法分离，得到(+)-苯丙氨酸。再将(−)-*N*-乙酰基苯丙氨酸水解，移去乙酰基，可得到(−)-苯丙氨酸。

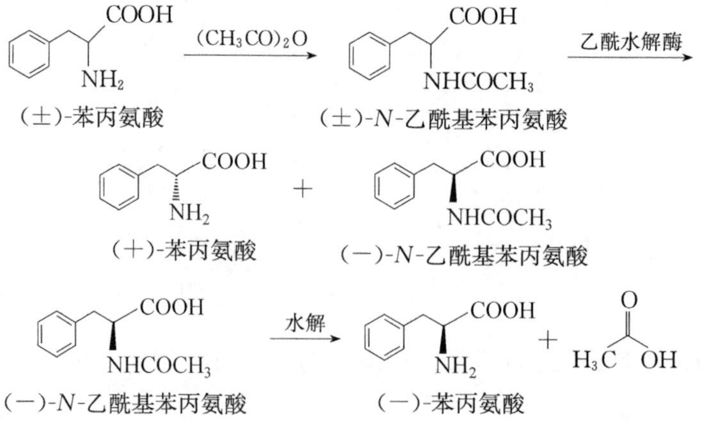

3) 晶种结晶法

在外消旋体(如±A)的饱和溶液中加入左旋体或右旋体的晶种，这时会析出一部分与所加晶种相同的异构体(如+A),过滤后的滤液中就含有较多的另一种异构体(-A)。然后加入外消旋体(±A),就会析出一部分另一种异构体(-A),如此反复操作。

$$(\pm)\text{A} \xrightarrow{(+)\text{-B}} \text{析出}(+)\text{-A} \xrightarrow{(\pm)\text{-A}} \text{析出}(-)\text{-A}$$

这种方法只需要开始时加入少量纯的一种异构体的晶种,就可以把外消旋体拆分,经济实用。在氯霉素的工业生产中,就是利用晶种结晶法拆分。

4) 柱色谱法

利用光学活性的吸附剂,采用柱色谱分离,也可将一对对映体拆分开。一对光活性对映体通过手性色谱柱时,与色谱柱内的光活性吸附剂形成两个非对映的吸附物,它们的吸附强弱不同,从而可以分别被洗脱出来。特别是高效液相色谱(HPLC)正成为药物鉴定及分离的发展主流。例如,一种β-阻断剂药物索他洛尔(sotalol)可以用手性柱AGP柱(100mm×4mm内径,10mmol·L^{-1}磷酸盐缓冲液pH=7.0,含15mmol·L^{-1}庚酸)进行分离。

拆分得到的旋光性化合物的纯度用旋光纯度或光学纯度(optical purity,O.P.)表示。一个光学纯的化合物是指不含有它的对映体及其他杂质,其光学纯度O.P.=100%,外消旋体的O.P.=0%。

$$\text{O.P.}=\frac{[\alpha]_{观察}}{[\alpha]_{纯品}}\times100\%$$

光学纯度也可以用一个对映体超过另一个对映体的百分数,即对映体过剩量(enantiomeric excess)ee%表示:

$$\text{ee}\%=[R]\%-[S]\%=\frac{[R]-[S]}{[R]+[S]}\times100$$

通常O.P.与ee%值是相等的,可以互相转化。

问题6.7 测得试样2-甲基-1-丁醇的比旋光度$[\alpha]_D^{25}=+1.151°$[已知(R)-(+)-2-甲基-1-丁醇的$[\alpha]_D^{25}=+5.765°$]。试判断该样品的对映体过剩量是多少,其中哪一种对映体过剩。

---

2. 采用手性反应物

丙酮酸在通常条件下还原只能得到外消旋乳酸。

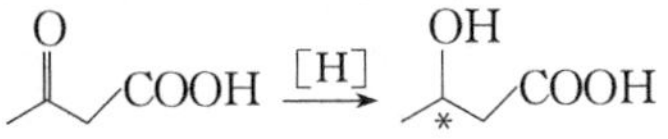

丙酮酸　　(±)-乳酸

如果用天然(-)-薄荷醇将丙酮酸酯化后再还原,由于薄荷醇为手性分子,对产物新的手性中心的构型有立体控制作用,因此(-)-乳酸-(-)-薄荷醇酯为还原产物中的主产物。经水解得到的乳酸不是外消旋体,主要是左旋乳酸。

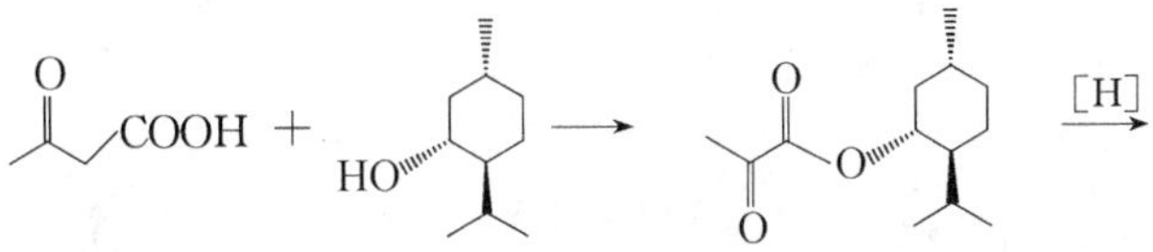

丙酮酸　　(-)-薄荷醇　　丙酮酸-(-)-薄荷醇酯

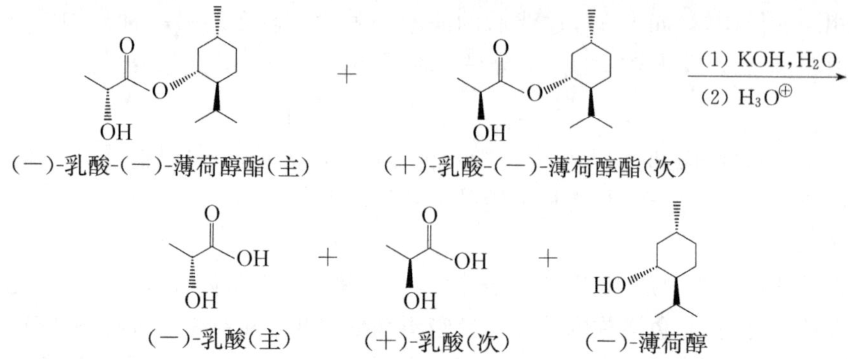

3. 采用手性试剂

通常烯烃的硼氢化反应得到的产物醇是没有手性的，但如果采用具有旋光性的硼烷作为硼氢化试剂，最终可以得到具有旋光性的醇。例如，用二-3-蒎基硼烷与顺-2-丁烯进行加成，产物2-丁醇的光学纯度可达70%～90%。

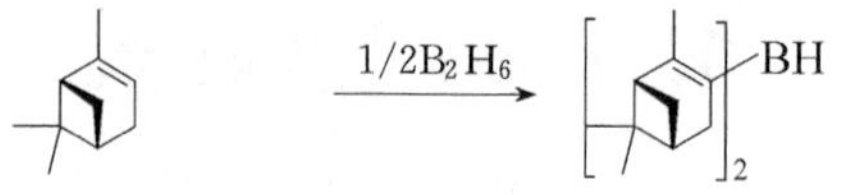

α-蒎烯
(松节油的主要成分)

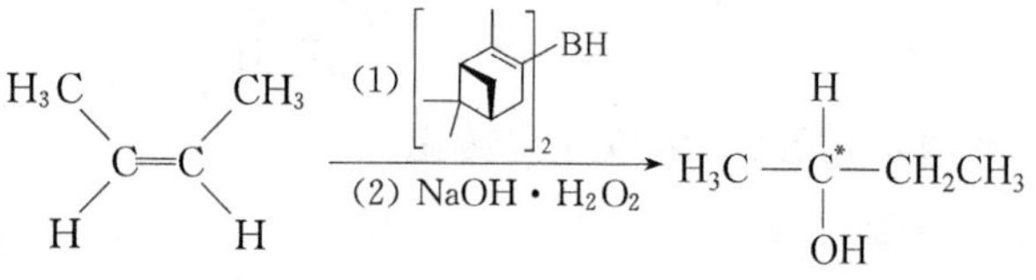

(−)-2-丁醇

4. 采用手性催化剂

1) 采用手性有机金属催化剂

潜手性的β-氨基丙烯酸衍生物在手性金属有机催化剂Ru[(*R*)-BINAP](OAc)$_2$的催化作用下还原，几乎选择性地生成单一构型的(*S*)-β-氨基酸衍生物。

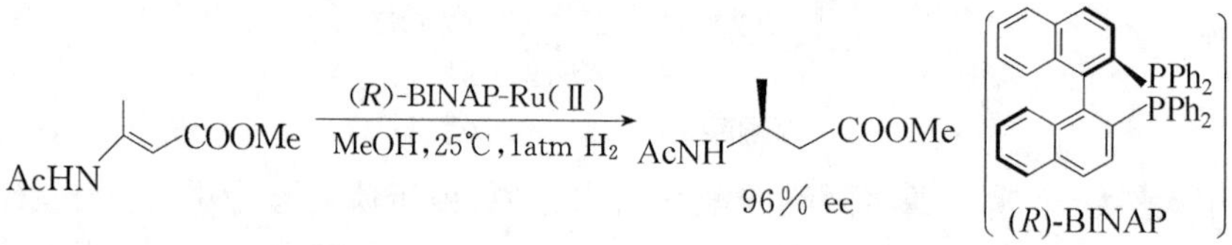

2) 采用手性小分子有机催化剂

丙酮和苯甲醛在(*S*)-脯氨酸的催化下发生醇醛缩合(aldol condensation)反应，得到光学活性的β-羟基酮化合物，其对映选择性为99%ee。

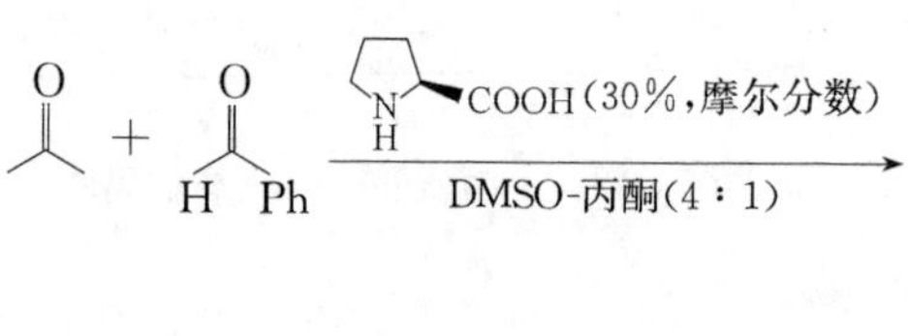

3）采用生物酶催化剂

外消旋体的 2-氟-己酸乙酯在脂肪酶的催化作用下水解，只有(*S*)构型的 2-氟-己酸乙酯可以固定在酶的活性靶点上发生水解，可以得到对映体过剩大于 69％的 2-氟-己酸。更重要的是，这种方法可以得到 ee％值大于 99％的未反应的 2-氟-己酸乙酯。

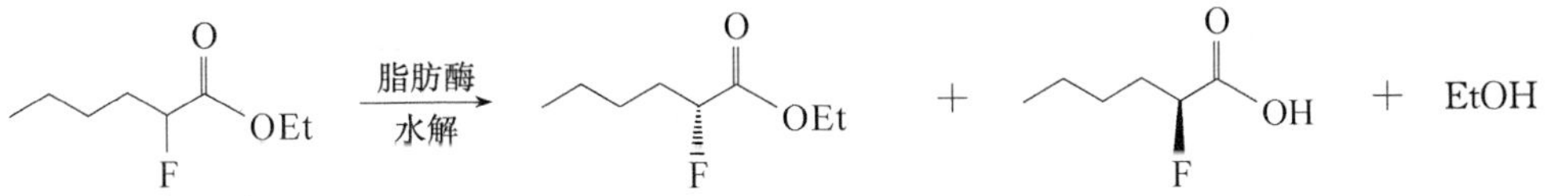

(±)-2-氟-己酸乙酯　　(*R*)-(±)-2-氟-己酸乙酯 (>99％ ee)　　(*S*)-(−)-2-氟-己酸 (>69％ ee)

6.6　对映异构与立体化学

在第 3 章中已经知道烯烃与溴的加成是反式共平面的加成。

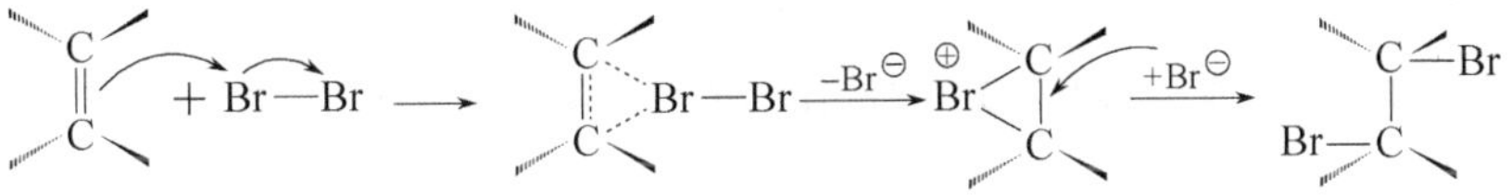

例如，(*E*)-2-丁烯与溴加成，所得产物是赤式内消旋体。

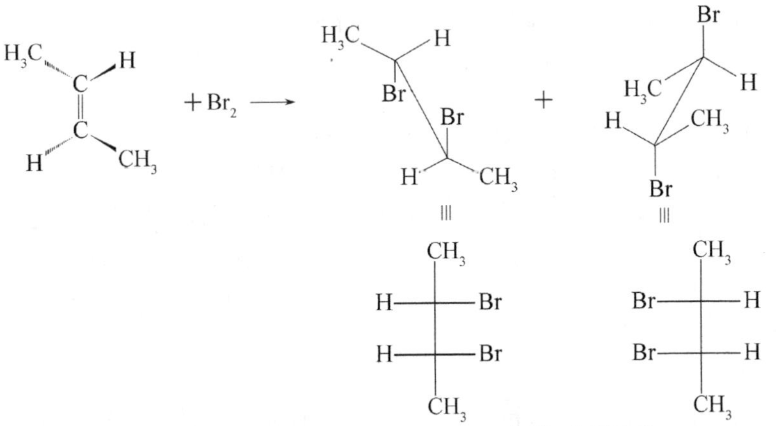

赤式，内消旋体

(*Z*)-2-丁烯与溴加成，所得产物是一对对映体，且均为苏式。

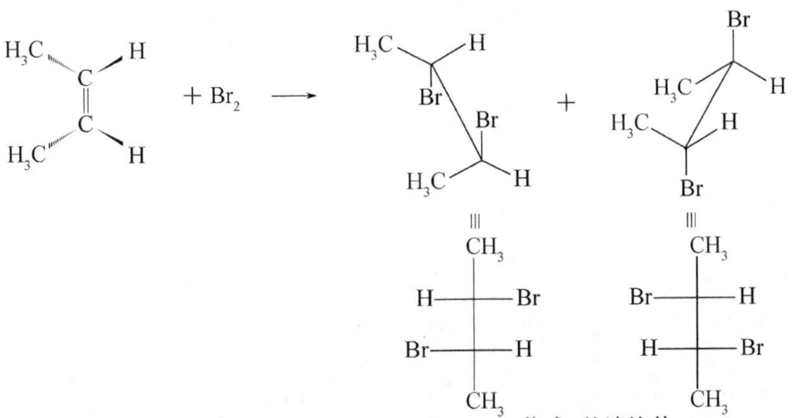

苏式，外消旋体

可以根据产物的结构，反过来推测出烯烃与溴反式加成的立体化学机理。由一种立体异构体经反应得到某一特定的立体异构产物的反应称为立体专一性反应（stereospecific reaction）。立体专一性反应是立体选择性反应中的一个特例。

问题6.8　烯烃与稀高锰酸钾在碱性或中性条件下作用，生成邻位二醇的反应是顺式加成。试写出下列反应的立体异构产物。

（1）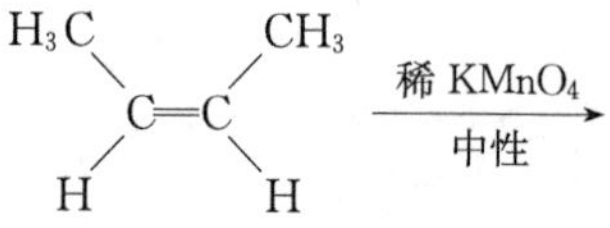

（2）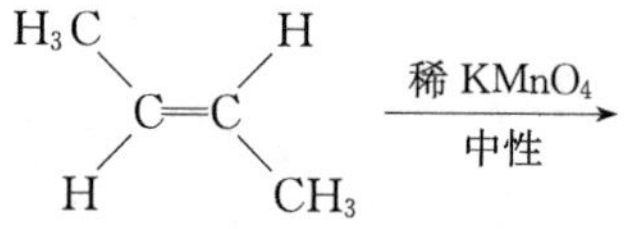

问题 6.9　1-甲基-环己烯与溴加成的产物是什么？产物分子中有几个手性碳原子？

习　题

1. 解释下列名词和符号。

   构造　构型　构象　手性　对映异构　对映体　非对映体　内消旋体　外消旋体　*R*、*S*　D、L　（＋）、（－）　（±）　*meso-*

2. 写出所有三氯代环戊烷的立体结构式，并指出哪些有手性，哪些没有手性。

3. 下列费歇尔投影式中，哪个是同乳酸 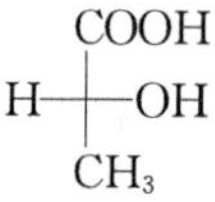 一样的？

（1）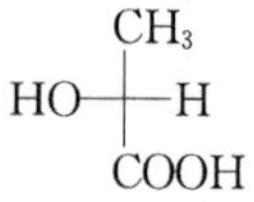

（2）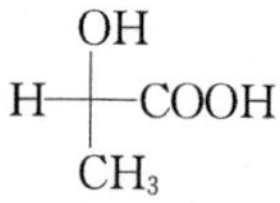

（3）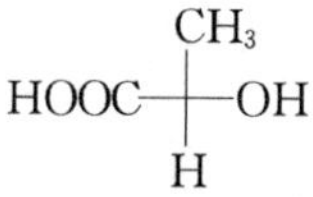

（4）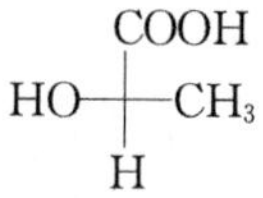

4. 指出下列各对化合物之间的关系，即它们是对映体、非对映体，还是同一种化合物。

（1）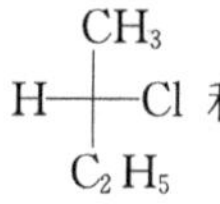 和 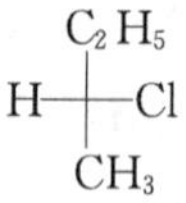

（2）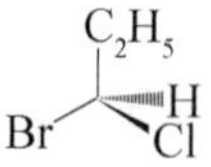 和 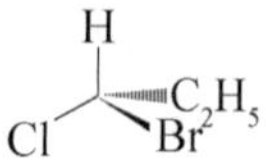

（3）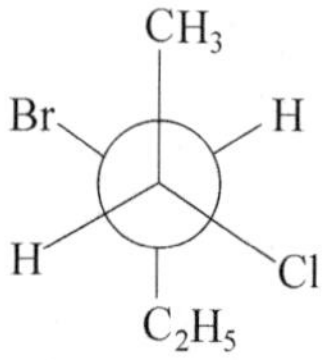 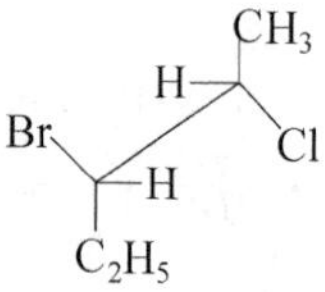

（4）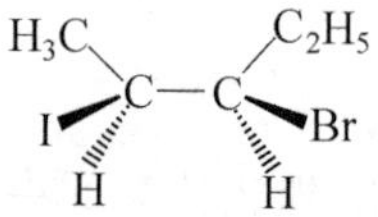 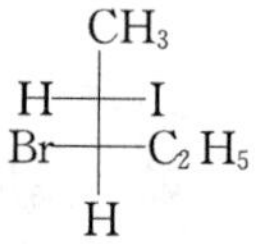

（5）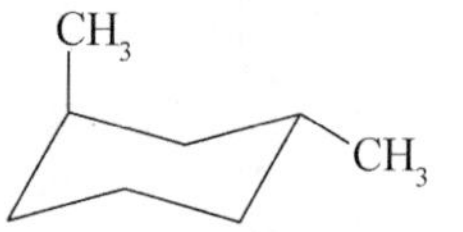 和 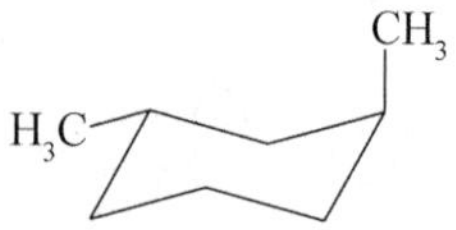

（6）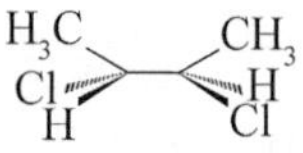 和 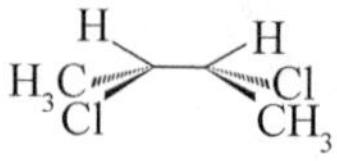

（7）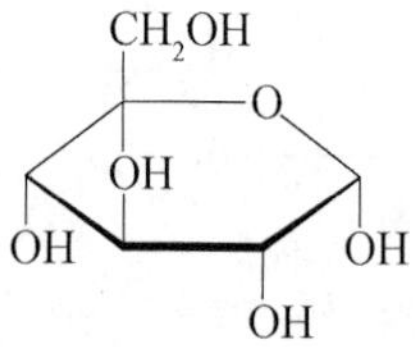 和 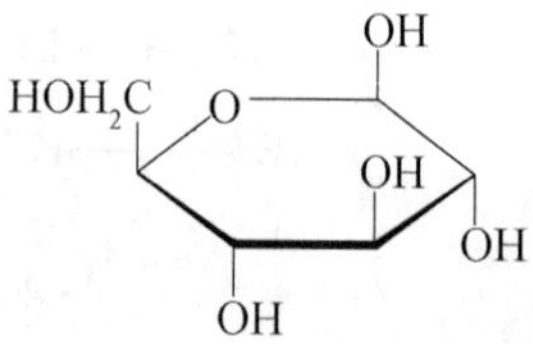

(8) 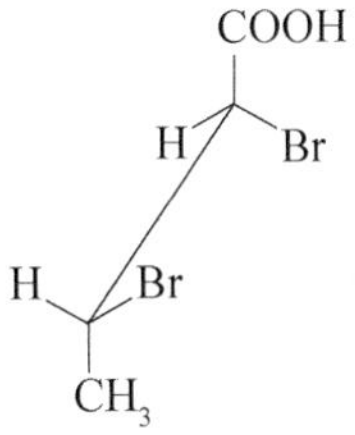 和 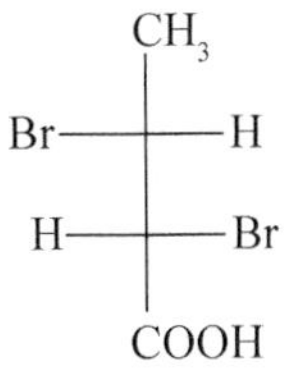

5. 下列化合物的构型式中哪些是相同的？哪些是对映体？哪些是内消旋体？

(1) 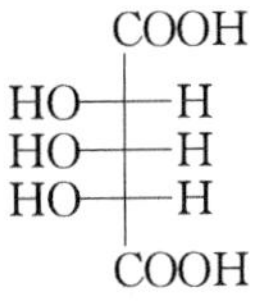 (2) 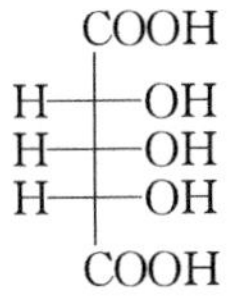 (3) 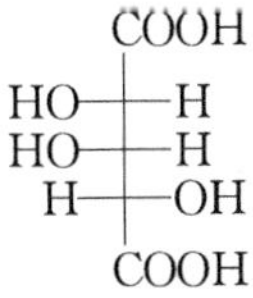 (4) 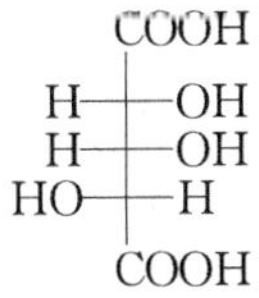

(5) 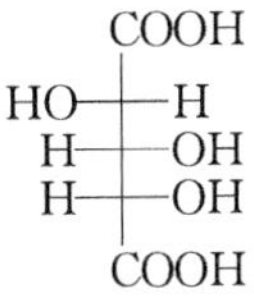 (6) 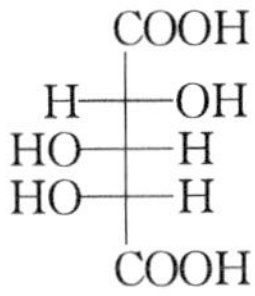 (7) 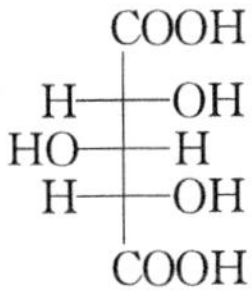 (8) 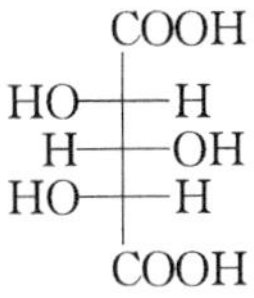

6. 指出下列化合物中是否有手性碳原子。用 * 标出手性碳原子，指出立体异构体的数目。

(1) $CH_3BrCHCH_2Cl$　　(2) $CH_3CHClCHClCHClCH_3$

(3) 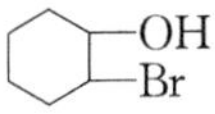　　(4) 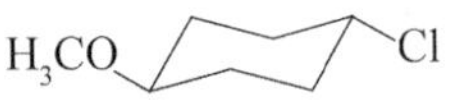

(5) $C_6H_5CH(OH)CH(NHCH_3)CH_3$（麻黄素）

(6) $CH_3CH{=}C{=}C(COOH)CH_2CH(CH_3)CH_2CH_3$

(7) 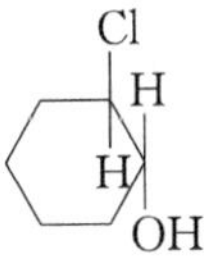　　(8) 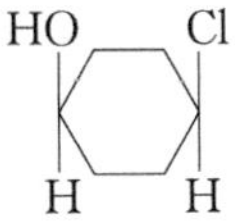

7. 写出下列化合物的费歇尔投影式。

(1) L-2-氨基丙酸　　(2) (3*S*，4*R*)- 3,4-二甲基己烷

(3) (4*S*)-2-氯-4-溴-(*E*)-2-戊烯　　(4) (*R*)-3-溴-1-丁烯

(5) (2*R*，3*S*)-2-氯-3-溴己烷

8. 写出 3-甲基-1-戊炔分别与下列试剂反应的产物。

(1) Br_2，CCl_4　　(2) H_2，林德拉催化剂　　(3) H_2O，H_2SO_4，$HgSO_4$

(4) HCl(1mol)　　(5) $NaNH_2$，CH_3I

并回答下列问题：(1)如果反应物是有旋光性的，哪些产物有旋光性？(2)如果反应物是左旋的，能否预测哪个产物也是左旋的？

9. (*R*)-(−)-1-氯-2-甲基丁烷发生自由基氯代时，所得产物的分子式为 $C_5H_{10}Cl_2$。(1)试预测能有几种产物。写出产物的立体结构式。(2)有几种馏分？(3)哪些馏分有旋光性？

10. 肾上腺素存在于肾上腺体内，医学上用来刺激心脏，升高血压，左旋肾上腺素比右旋体的强心作用大，纯左旋体的$[\alpha]_D^{20}=-52.72°$(稀 HCl 中)。(1)如果商品的$[\alpha]_D^{20}=-10.14°$，则商品的旋光纯度是多少？(2)样品中左旋体的含量是多少？

11. 给出下列反应所能分离出的立体异构体数目及其 *R*、*S* 构型和光学活性。用费歇尔投影式表示。

(1) *meso*-$HOCH_2CHOHCHOHCH_2OH \xrightarrow{\text{氧化}} HOCH_2CHOHCHOHCOOH$

(2) (±)-$CH_3-\overset{\overset{\large O}{\|}}{C}-CHOHCH_3 \xrightarrow{H_2/Ni} CH_3CH(OH)CH(OH)CH_3$

(3) (*S*)-$CH_3CH_2-\underset{}{\overset{\overset{\displaystyle CH_2}{\|}}{C}}-CH(CH_3)CH_2CH_3 \xrightarrow{H_2/Ni} CH_3CH_2CH(CH_3)CH(CH_3)CH_2CH_3$

12. 化合物 A 具有分子式 C_8H_{12}，有旋光性。A 在铂存在下氢化时生成 B(C_6H_{18})，B 无旋光性。把 A 用林德拉催化剂部分氢化得到 C(C_8H_{14})，C 有旋光性。在 A 的液氨中与氢反应，得到 D(C_8H_{14})，D 无旋光性。试推测 A～D 的结构式。

13. 将 10g 化合物溶于 100mL 甲醇中，在 25℃时用 10cm 长的旋光管测得旋光度为＋2.3°。在同样情况下改用 5cm 长的旋光管，测得其旋光度为＋1.15°。计算该化合物的比旋光度。第二次观察说明什么问题？

第7章 卤代烃

烃分子中的氢原子被卤素取代后的生成物称为烃的卤素衍生物，也称为卤代烃（halohydrocarbon），一般用通式 RX 表示，其中 X 代表卤素（F、Cl、Br、I）。常见的卤代烃是指氯代烃、溴代烃和碘代烃，而不包括氟代烃。因为氟代烃的性质和制备都不同于前三者，所以常被单独列出讨论。自然界中的卤代烃主要存在于海洋生物中，多数卤代烃是依靠人工合成出来的。卤代烃的应用非常广泛，在有机化合物中占有十分重要的位置。

7.1 卤代烃的分类和命名以及结构

7.1.1 卤代烃的分类和命名

按照与卤素直接相连的碳原子的不同，卤代烃可分为伯卤代烃、仲卤代烃、叔卤代烃，分别表示为 1°RX、2°RX、3°RX。

RCH_2X	R_2CHX	R_3CX
伯卤代烃	仲卤代烃	叔卤代烃

对于含有苯环或碳-碳双键的卤代烃，当卤原子直接与苯环或双键相连时，称为乙烯式卤代烃；当卤原子与苯环或双键的 α-原子相连时，称为烯丙基式卤代烃。

RCH═CH—X　　　　RCH═CH—CH_2X

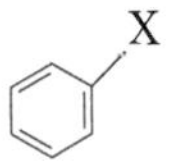

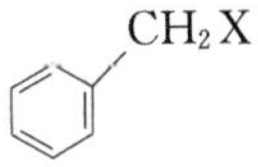

乙烯式卤代烃　　　　烯丙基式卤代烃

简单卤代烃的命名是按照与卤素相连的烷基称为“某基卤”。例如

CH_3Cl	$(CH_3)_2CHI$	$(CH_3)_2CHCH_2Cl$
甲基氯（氯甲烷）	异丙基碘（2-碘丙烷）	异丁基氯（2-甲基-1-氯丙烷）
$(CH_3)_3CBr$	$C_6H_5CH_2Cl$	H_2C═$CHCH_2Cl$
叔丁基溴（2-甲基-2-溴丙烷）	苄基氯	烯丙基氯（3-氯丙烯）
H_2C═$CHCl$	C_6H_5Cl	
乙烯基氯（1-氯乙烯）	苯基氯（氯苯）	

对于复杂的卤代烷则需要用系统命名法来命名。一般选择含有卤素的最长的碳链作为主链，根据主链所含碳原子数，称为某烷，按照最低系列原则确定取代基和卤素的编号。若卤素和烃基有相同的编号时，应使烃基的编号较小。当取代基种类较多时，应将较优基团排在后面。例如

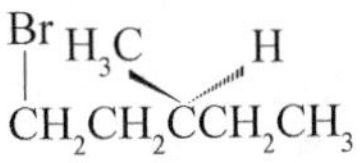

(S)-3-甲基-1-溴戊烷

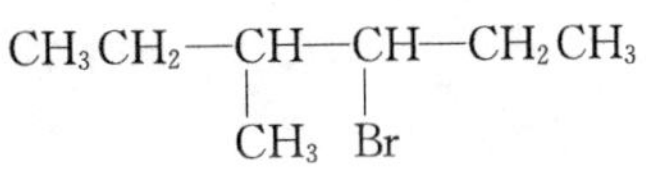

3-甲基-4-溴己烷

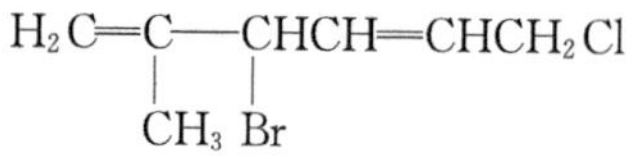

2-甲基-6-氯-3-溴-1,4-己二烯

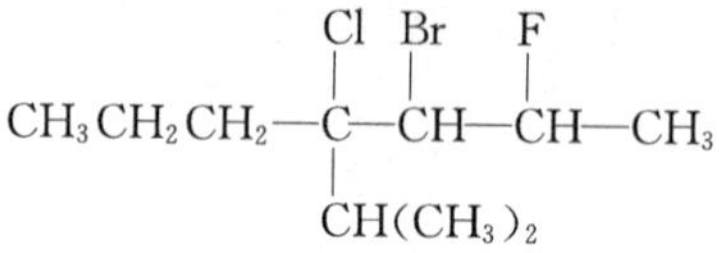

4-异丙基-2-氟-4-氯-3-溴庚烷

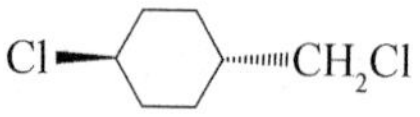

反-1-氯甲基-4-氯环己烷

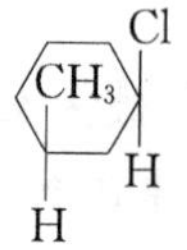

(1*S*,3*R*)-1-甲基-3-氯环己烷

问题 7.1 用普通命名法命名下列化合物，并指出它们属于伯、仲、叔卤代烃中的哪一种。

(1) $CH_3CH_2CHFCH_3$ (2) $H_2C{=}CHCH_2Cl$

(3) $CH_3CH_2CH_2CH_2I$ (4) $(CH_3)_3CBr$

问题 7.2 用系统命名法命名下列化合物。

(1) 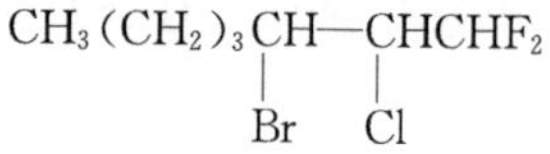 (2) 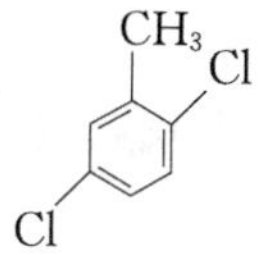 (3) 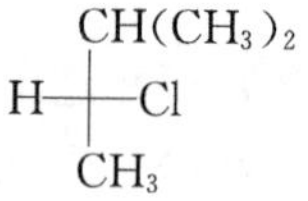

(4) 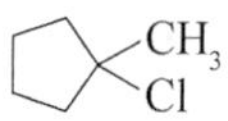 (5) 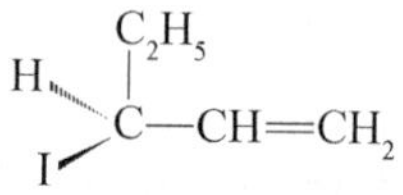 (6) 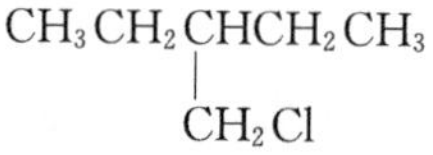

7.1.2 卤代烃结构

卤代烃中与卤素相连的碳原子以 sp^3 杂化轨道和卤素 sp^3 杂化轨道重叠形成 C—X σ 键，由于卤素的电负性较大，成键的一对电子偏向于卤原子一边，因此碳-卤键具有极性。

由 $-\overset{|}{\underset{|}{C}}{}^{\delta^+}-X^{\delta^-}$ 可见，卤素的电负性越大，键的极性越强。实验测得卤代烃的键长和偶极矩如下：

	C—F	C—Cl	C—Br	C—I
键长/pm	139	176	194	214
卤代烷	CH_3F	CH_3Cl	CH_3Br	CH_3I
偶极矩/deb	1.82	1.94	1.79	1.64

综合电负性和键长的影响，可知 CH_3Cl 的极性最大，CH_3I 的极性最小。

乙烯式卤代烃 $H_2C{=}CH{-}X$，由于卤原子上未共用电子对占据的轨道可以和双键或芳环形成 p-π 共轭，卤素原子上的电子云与 π 键上的电子云在侧面重叠，因此乙烯式卤代烃比较稳定。烯丙基式卤代烃 $H_2C{=}CHCH_2X$，由于其失去卤素后所生成的碳正离子可以与双键形成 p-π 共轭 $H_2C{=}CH\overset{\oplus}{C}H_2$，该碳正离子十分稳定，因此烯丙基式卤代烃的化学性质很活泼。

7.2 卤代烃的物理性质

除了 C_4 以下的氟代烷、氯甲烷、氯乙烷和溴甲烷是气体外，大多数卤代烷是液体，高级卤代烷是固体。卤代烷分子间存在偶极-偶极的相互作用，分子极性越大，偶极-偶极的相互作用就越大，沸点越高。相对分子质量增加，范德华引力越大，沸点就越高，所以卤代烃的沸点一般随卤相对原子质量的增加和碳原子数目的增加而升高。

一氟代烃、一氯代烃比水轻，溴代烃、碘代烃和多卤代烃比水重。卤代烃均不溶于水，而溶于有机溶剂。二氯甲烷、氯仿、四氯化碳等卤代烃都是常见的有机溶剂。例如，它们可用作从动植物组织中提取脂肪类物质的萃取剂。某些卤代烃的物理性质如表 7.1 所示。

表 7.1　常见卤代烷的物理性质

卤代烷	氟化物		氯化物		溴化物		碘化物	
	沸点/℃	相对密度 d_4^{20}	沸点/℃	相对密度 d_4^{20}	沸点/℃	相对密度 d_4^{20}	沸点/℃	相对密度 d_4^{20}
CH_3-	−78.4		−24.2		3.6		42.4	2.279
CH_3CH_2-	−37.7		12.3		38.4	1.440	72.3	1.933
$CH_3CH_2CH_2-$	−2.5		46.6	0.890	71.0	1.335	102.5	1.747
$CH_3CH(CH_3)-$	−9.4		34.8	0.859	59.4	1.310	89.5	1.705
$CH_3CH_2CH_2CH_2-$	32.5	0.779	78.4	0.884	101.6	1.276	130.5	1.617
$CH_3CH_2CH(CH_3)-$	25.3	0.766	68.3	0.871	91.2	1.258	120	1.595
$CH_3CH(CH_3)CH_2-$	25.1		68.8	0.875	91.4	1.261	121	1.605
$(CH_3)_3C-$	12.1		50.7	0.840	73.1	1.222	100分解	—
$CH_3CH_2CH_2CH_2CH_2-$			108	0.883	130	1.223	157	1.517
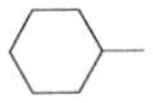			142.5	1.000	165			
CH_2X_2	−52		40	1.336	99	2.49	180分解	3.325
CHX_3	−83		61	1.489	151	2.89	升华	4.008
CX_4	−128		77	1.595	189.5	3.42	升华	4.32

问题 7.3　比较下列各组化合物的沸点高低。

(1) $CH_3(CH_2)_4I$ 和 $CH_3(CH_2)_4Br$　　(2) $CH_3(CH_2)_5Br$ 和 $CH_3(CH_2)_6Br$

(3) $CH_3(CH_2)_3Cl$ 和 $CH_3CH_2(CH_3)CHCl$　　(4) (*Z*)-二氯乙烯 和 (*E*)-二氯乙烯

问题 7.4　比较下列化合物的偶极矩的大小。

(1) CH_3CH_2Cl 和 CH_3CH_2Br　　(2) CH_3Cl 和 CH_3CH_2Cl

7.3　卤代烃的化学性质

7.3.1　亲核取代反应

卤原子是卤代烃的官能团。碳-卤键是极性共价键，$-\overset{|}{\underset{|}{C}}^{\delta^+}-\overset{\delta^-}{X}$ 带部分正电荷的碳原子是

卤代烷反应过程中的活性中心，容易受到亲核试剂(带负电荷或带有未共用电子对的试剂)的进攻，使卤原子带着碳-卤键上的一对价电子离开中心碳原子，从而发生亲核取代(nucleophilic substitution，S_N)反应，其通式为

$$Nu:+\ R—Y \longrightarrow R—Nu\ +X:$$

卤代烷是受亲核试剂进攻的底物(substrate)，Nu：代表亲核试剂(nucleophile)，X称为离去基团(leaving group，L)。

许多亲核试剂是负离子，如 HO^-、RO^-、CN^-、HS^-、NO_3^- 等，也可以是带有未共用电子对的分子，如 H_2O、R′OH、NH_3 等。

常见的亲核取代反应举例如下：

水解 $R—X+HOH \rightleftharpoons R—OH+HX$

醇解 $R—X+HOR' \rightleftharpoons R—O—R'+HX$

氨解 $R—X+HNH_2 \rightleftharpoons R—NH_2+HX$

氰解 $R—X+NaCN \rightleftharpoons R—CN+NaX$

与碱反应 $R—X+NaOH \longrightarrow R—OH+NaX$

与醇钠反应 $R—X+NaOR' \longrightarrow R—O—R'+NaX$

与 $AgNO_3$ 反应 $R—X+AgNO_3 \longrightarrow R—ONO_2+AgX\downarrow$

在上例的反应中水解和醇解都是可逆的反应，因而进攻试剂水和醇的亲核性都比离去基团负离子弱，反应体系以平衡状态存在，因而在实际反应中都加入碱作为催化剂，使反应顺利进行。

$$R—X+\xrightarrow[H_2O]{NaOH}R—OH+NaX$$

$$R—X+\xrightarrow[NaOR']{HOR'}R—O—R'+NaX$$

醇钠和卤代烷反应是合成醚的一种重要反应方法，称为威廉森(Williamson)合成法。

氰解反应由于在产物中引入的氰基在酸性水溶液中易水解成多一个碳的羧酸，因而在合成中有重要的价值。

$$CH_3CH_2Cl+NaCN\xrightarrow{C_2H_5OH}CH_3CH_2CN\xrightarrow{H_3O^{\oplus}}CH_3CH_2COOH$$

由于不同结构的卤代烃与 $AgNO_3$ 的醇溶液反应时产生卤化银的速率不同，因而还可以用此反应来鉴别不同结构的卤代烃。

伯卤代烃				加热有沉淀(AgX)
仲卤代烃	+	$AgNO_3$/醇	$\longrightarrow$	10min 有沉淀(AgX)
叔卤代烃				立即沉淀(AgX)

I^- 也可以作为亲核试剂与氯代烃或溴代烃发生亲核取代反应。

$$RCl+NaI\xrightarrow{CH_3COCH_3}RI+NaCl\downarrow$$

$$RBr+NaI\xrightarrow{CH_3COCH_3}RI+NaBr\downarrow$$

由于反应物碘化钠溶于丙酮，而生成物氯化钠和溴化钠不溶解，从溶液中沉淀出来，因此反应能够顺利进行。

问题 7.5　写出溴代环己烷与下列试剂反应时的主要产物。

(1) KOH/H_2O　　(2) C_2H_5ONa/C_2H_5OH

(3) $AgNO_3/C_2H_5OH$　　(4) $NaCN/H_2O\text{-}C_2H_5OH$

(5) $NaSCH_3$　　(6) NaI/丙酮

7.3.2　消除反应

1. 1,2-消除反应

一卤代烷与强碱在醇溶液中共热，失去一分子的卤化氢形成不饱和键的反应称为消除反应(elimination reaction，E)。由于反应中消除的氢原子位于卤素的 β-位，因此称为 1,2-消除反应，也称 β-消除。

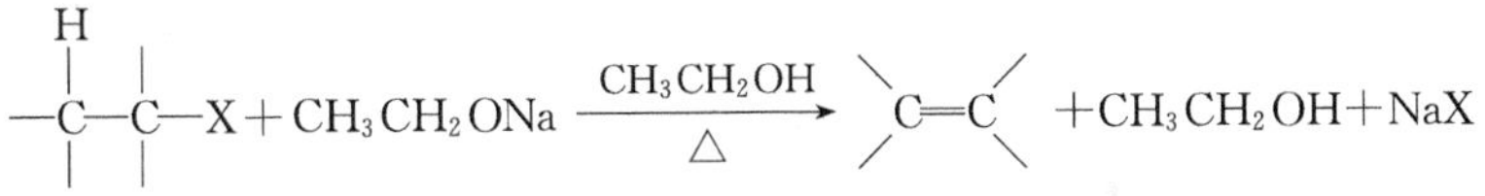

2. 1,1-消除反应

氯仿中的 H 原子具有微弱的酸性，与强碱作用时消去一分子的卤化氢，产生活性中间体——卡宾(carbene)，卡宾也称碳烯。由于被消除的氢原子与卤素位于同一个碳原子上，因此称为 1,1-消除反应，也称 α-消除。

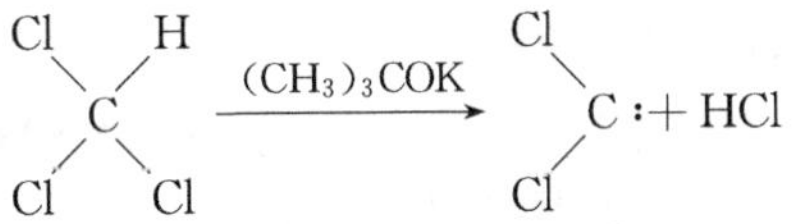

3. 1,3-消除反应

如果被消除的卤原子与卤素中间相隔一个碳原子，则称为 1,3-消除反应，也称为 γ-消除。

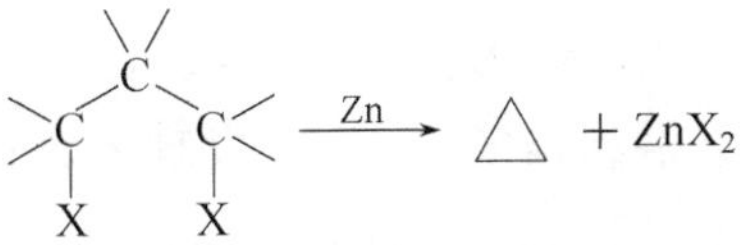

其中，1,2-消除是最常见的一种消除反应，在此将着重讨论这类消除反应。

卤代烷消除反应的难易与其烃基结构有关，呈现 3°> 2°> 1°($R_3CX > R_2CHX > RCH_2X > CH_3X$)的变化规律。在仲卤代烷和叔卤代烷脱卤化氢时，发现它们可以有两种取向，分别生成两种不同的产物。例如

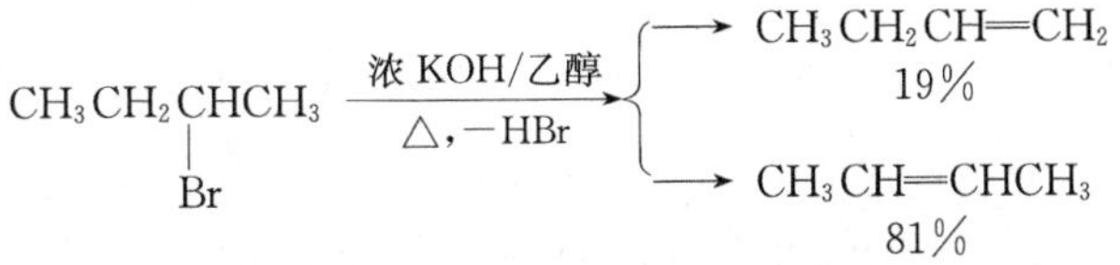

实验证明，上述反应中，2-丁烯是主要产物。1875 年俄国化学家札依采夫(Saytzeff)根据大量实验事实指出：在 β-消除反应中主要产物是双键碳原子上烃基最多的烯烃，也就是最稳定的烯烃，这个经验规律称为札依采夫规律。例如

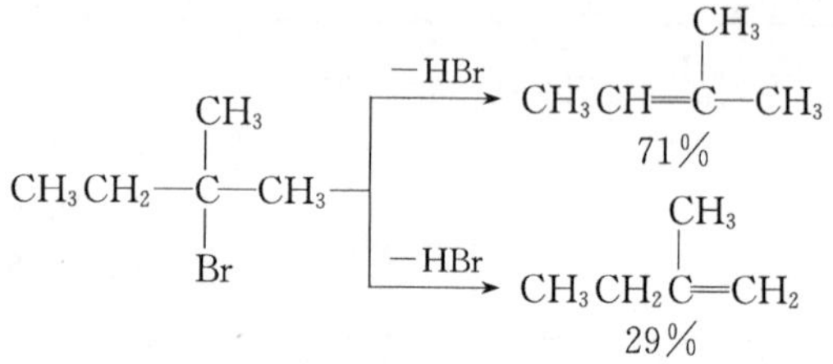

问题 7.6　写出下列卤代烃发生消除反应的主要产物。

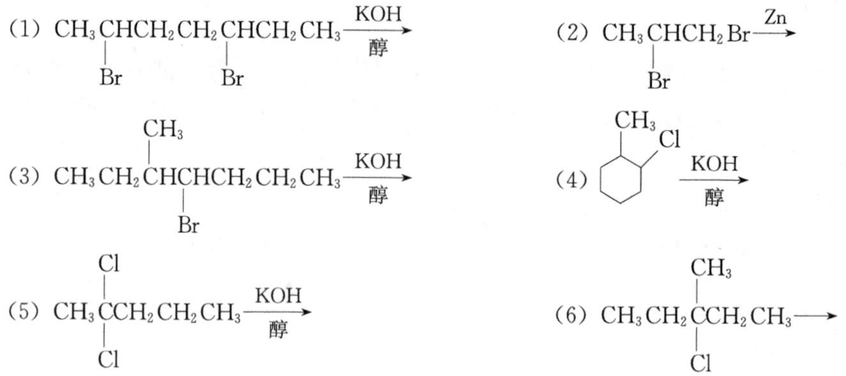

7.3.3　与金属的反应

卤代烃可以与 Li、Na、K、Cu、Mg、Zn、Cd、Hg、Al、Pb 等金属形成有机金属化合物。有机金属化合物是指金属与碳直接相连的一类化合物，用 R—M 表示，M 代表金属。这里主要讨论最常用的几种，如格氏试剂、烷基锂及二烷基铜锂。

1. 与金属镁反应

卤代烃与金属镁在无水溶剂（通常为乙醚或四氢呋喃）中反应生成有机镁化合物，它是有机合成中非常有用的试剂。

$$RX + Mg \xrightarrow{\text{无水乙醚}} RMgX$$

该反应是法国著名化学家格利雅（Grignard）发现的，所以 RMgX 称为格利雅试剂，简称格氏试剂。格氏试剂由于 $\overset{\delta^-}{C}—\overset{\delta^+}{Mg}$ 键的极性很强，因此非常活泼，能与许多含活性氢的物质（如水、醇、酸、氨以及末端炔烃）反应生成烃，并能与二氧化碳作用生成羧酸，此反应为引入羧基，增加一个碳原子的反应。格氏试剂还可与醛、酮、酯等多种试剂作用，生成其他的有机化合物。

$$RMgX + HY \longrightarrow RH + Mg\begin{matrix} X \\ Y \end{matrix} \quad (Y = —OH、—X、—OR、—NH_2、—C{\equiv}CR)$$

$$RMgX \xrightarrow{CO_2} RCOOMgX \xrightarrow[H_2O]{H^{\oplus}} RCOOH$$

格氏试剂必须保存在隔绝空气的情况下，因为它在空气中可以慢慢地吸收氧气，生成其氧化产物。如果将氧化产物水解，可得到相应的醇。因此，格氏试剂的制备应该是在无水条件下，最好氮气保护下进行，否则产率不高。

$$RMgX+\frac{1}{2}O_2 \longrightarrow ROMgX \xrightarrow{HOH} ROH + Mg\begin{matrix}X\\OH\end{matrix}$$

2. 与金属锂反应

在惰性溶剂(如戊烷、石油醚、乙醚、四氢呋喃等)中，金属锂与卤代烷反应生成烷基锂。例如

$$CH_3(CH_2)_2CH_2Br+Li \xrightarrow[80\%\sim90\%]{\text{乙醚},-20\sim-10^{\circ}C} CH_3(CH_2)_2CH_2Li+LiBr$$

烷基锂能被空气氧化，与含有活泼氢的化合物作用分解(类似格氏试剂)。因此制备时需氮气保护，无水操作。所用卤代烷主要是氯代烷和溴代烷。

两分子烷基锂与一分子卤化亚铜在醚中、低温、氮气保护下反应，生成二烃基铜锂。

$$RLi+CuX \longrightarrow \underset{\text{烷基铜}}{RCu} + LiX$$

$$RCu+RLi \longrightarrow \underset{\text{二烷基铜锂}}{R_2CuLi}$$

$$RX+R'_2CuLi \longrightarrow R—R' + R'Cu + LiX$$

(R=1°、2°、3°烷基，烯基，烯丙基，芳基；X=I、Br、Cl)

二烷基铜锂是有机合成中重要的烃基化试剂，称为有机铜锂试剂，它能与多种有机化合物反应。例如，二烷基铜锂与卤代烷反应制备烷烃是增长碳链的常用方法，称为科里-豪斯(Corey-House)合成。

$$CH_3(CH_2)_4Cl+(CH_3CH_2CH_2CH_2)_2CuLi \longrightarrow \underset{80\%}{CH_3(CH_2)_7CH_3} + CH_3(CH_2)_3Cu+LiCl$$

分子中含有羰基、酯基、羟基、氰基、乙烯基等的卤代烃都能发生此反应，且这些官能团不受影响。例如

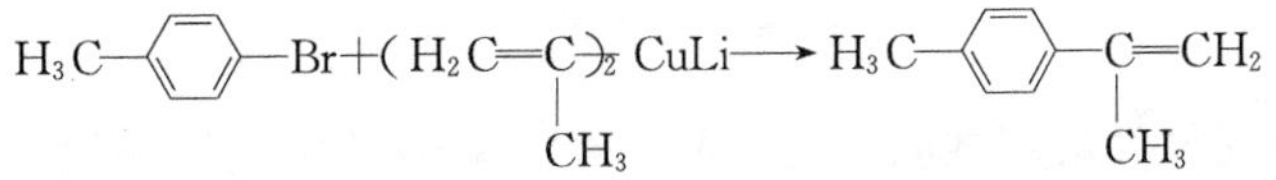

80%

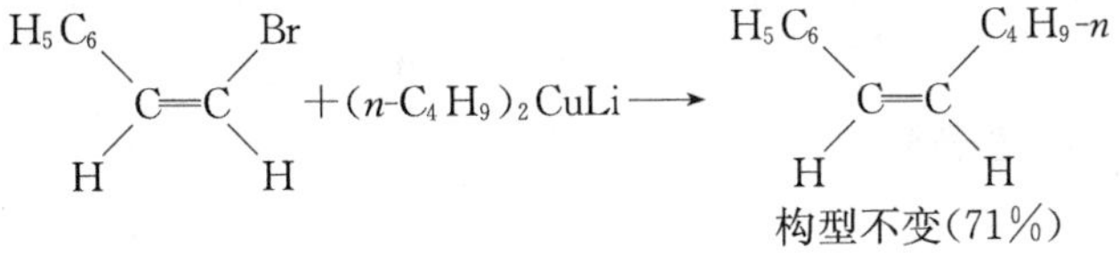

构型不变(71%)

问题 7.7　完成下列反应。

(1) $CH_3CH_2CH_2CH_2Br \xrightarrow[\text{乙醚}]{Li}$

(2) $CH_3CH_2MgI+D_2O \longrightarrow$

(3) 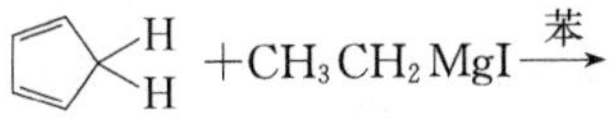

(4) 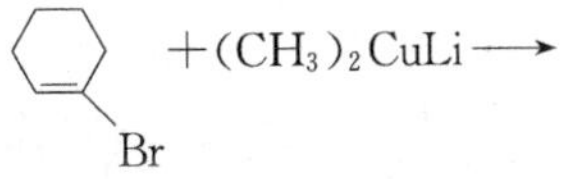

7.4 亲核取代反应

卤代烷的亲核取代反应有两种不同的反应机理，反应究竟按哪一种机理进行，与反应物、亲核试剂、溶剂、温度等因素有关。英国化学家英戈尔德（C. K. Ingold）和休斯（E. D. Hughes）等系统地研究了这类反应的动力学、立体化学以及影响反应的各种因素，提出了单分子亲核取代（unimolecular nucleophilic substitution，S_N1）反应机理和双分子亲核取代（bimolecular nucleophilic substitution，S_N2）反应机理，目前这两种机理已被人们普遍接受。

7.4.1 双分子亲核取代反应机理

按照 S_N2 机理进行的反应是一步反应，亲核试剂的进攻和离去基团的离去是同时进行的，亲核试剂带着一对电子从背面进攻碳正中心，离去基团则从另一边脱去。在反应过程中没有活性中间体生成，只形成一个过渡状态，可用通式表示为

$$\overset{\ominus}{Nu}+RX \longrightarrow [\overset{\delta^-}{Nu}\cdots R \cdots \overset{\delta^-}{X}] \longrightarrow RNu+X^{\ominus}$$

在 S_N2 反应中，含有未配对电子的亲核试剂的电子云从离去基团的背面与中心碳原子的空的反键轨道重叠。亲核试剂与碳原子之间化学键（C—Nu）逐渐形成，离去基团与碳原子之间的化学键（C—X）逐渐削弱。当中心碳原子与亲核试剂及离去基团部分键合时，三者几乎位于同一直线，此时中心碳原子由 sp^3 杂化状态转变为 sp^2 杂化状态。当亲核试剂继续接近碳原子并与碳原子完全键合时，离去基团完全脱去，由过渡态转变为产物，如图 7.1 所示。

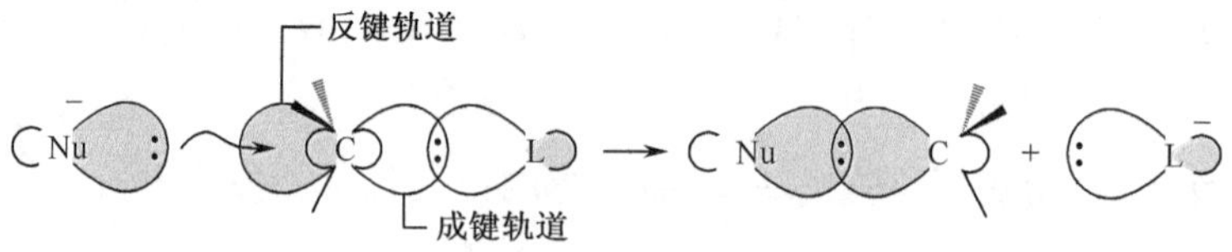

图 7.1 S_N2 反应过程的电子云变化趋势

因为过渡态中既包含亲核试剂，又包含反应物，动力学研究表明，该反应的反应速率与卤代烃亲核试剂浓度的乘积成正比，是二级反应，所以称为双分子亲核取代反应。

$$v = k_2[RX][Nu^-]$$

式中，k_2 为二级反应的速率常数。

例如

$$CH_3Br+OH^{\ominus} \longrightarrow CH_3OH+Br^{\ominus}$$

反应速率表示为

$$v = k_2[CH_3Br][OH^-]$$

反应机理如下：

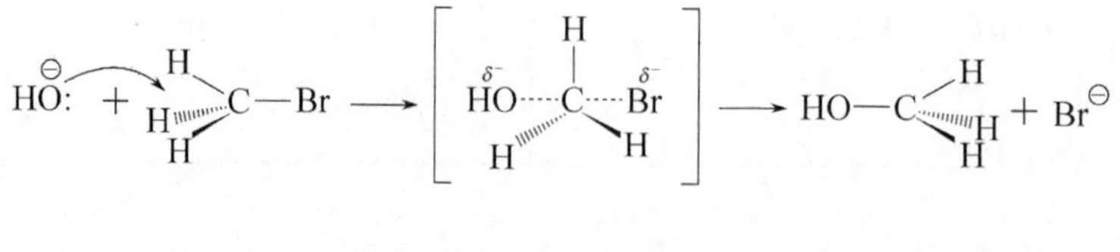

按照 S_N2 机理进行的反应，亲核试剂从离去基团的背面进攻中心碳原子，因此如果中心碳原子是手性碳原子，其构型将发生改变，这种现象称为瓦尔登(Walden)转化。

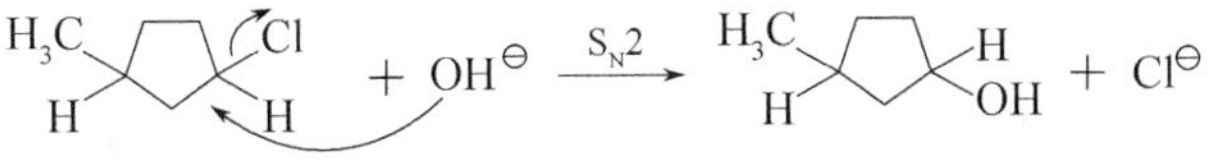

顺-1-氯-3-甲基环戊烷　　　　　反-3-甲基环戊醇

图 7.2 是 CH_3Br 在 NaOH 溶液中反应生成甲醇的能量变化曲线图，可以看出，反应过程中的能量是不断变化的。OH^- 从背面接近中心碳原子，必须克服三个氢原子的阻力，同时三个 C—H 键的偏转使键角发生变化，因而体系能量升高。达到过渡态时，能量也达到最高点，随着溴原子的进一步离去和 C—O 键的逐渐降低，最后形成产物。亲核试剂与碳原子之间形成化学键时释放了很多能量，而这部分能量足以打断离去基团与碳原子之间的化学键。

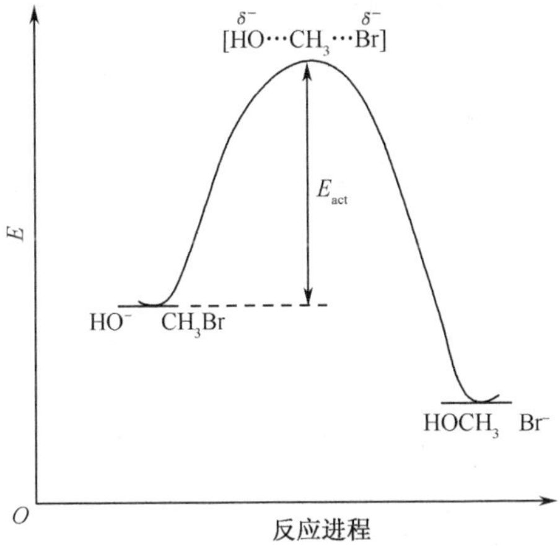

图 7.2　S_N2 反应的能量变化曲线图

由以上讨论可知，S_N2 反应机理具有以下三个特点：①反应是一步完成的，旧键的断裂和新键的形成同时进行；②反应速率与底物及亲核试剂的浓度都有关，是双分子反应；③反应过程中发生了瓦尔登构型转化。

7.4.2　单分子亲核取代反应机理

按照 S_N1 机理进行的反应是由两步完成的。离去基团的离去先于亲核试剂的进攻，首先是离去基团离去形成碳正离子中间体，然后亲核试剂进攻碳正离子形成产物。可用通式表示为

$$R—X \xrightarrow{\text{慢}} R^{\oplus} + X^{\ominus}$$

$$R^{\oplus} + Nu^{\ominus} \xrightarrow{\text{快}} R—Nu$$

在这两步反应中，第一步是共价键的断裂，需要吸收能量，是反应速率的决定步骤。虽然碳正离子由于水的溶剂化效应得以稳定，但它一旦形成，立即与亲核试剂结合。此过程放出能量，速率是很快的，所以整个反应的速率表示为

$$v = k_1[RX]$$

也就是整个反应的速率只与卤代烃的浓度有关，而与亲核试剂的浓度无关，因此称为单分子亲核取代反应。

例如，叔丁基溴在低浓度的氢氧化钠水溶液中水解为叔丁醇，反应速率与叔丁基溴的浓度成正比，而与氢氧化钠的浓度无关。叔丁基溴在浓度为 $10^{-7}\,mol \cdot L^{-1}$ 氢氧化钠水溶液中

的反应速率与在浓度为 0.05mol·L^{-1}氢氧化钠水溶液中的反应速率没有显著变化。

第一步　$(CH_3)_3C—Br \xrightarrow{慢} [(CH_3)_3\overset{\delta^+}{C}\cdots\overset{\delta^-}{Br}] \longrightarrow (CH_3)_3C^{\oplus} + Br^{\ominus}$

第二步　$(CH_3)_3\overset{\oplus}{C} + \overset{\ominus}{OH} \xrightarrow{快} [(CH_3)_3\overset{\delta^+}{C}\cdots\overset{\delta^-}{OH}] \longrightarrow (CH_3)_3COH$

如不加氢氧化钠，则碳正离子与水分子结合，脱去一个质子后也生成叔丁醇。

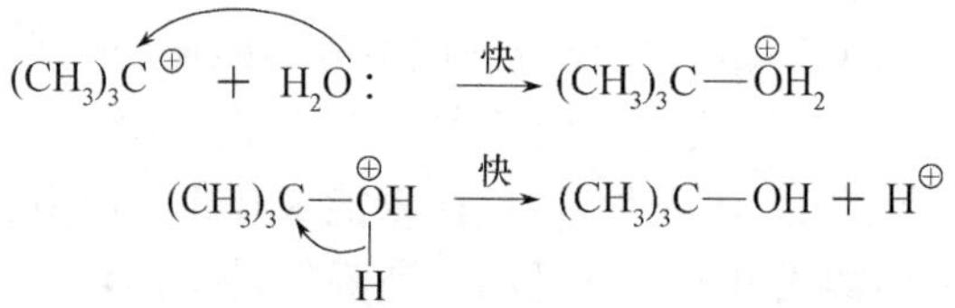

$$v=k[(CH_3)_3CBr]$$

叔丁基溴水解反应的能量变化曲线如图 7.3 所示。可以看出，生成叔丁基碳正离子所需的活化能比第二步高很多，因此第一步是控制整个反应速率的决定步骤。

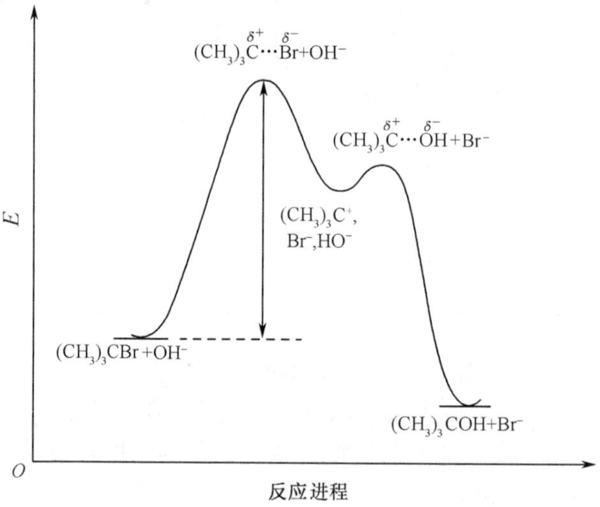

图 7.3　叔丁基溴水解反应的能量变化曲线图

在 S_N1 反应中，由于生成碳正离子中间体，碳正离子的中心碳原子是 sp^2 杂化，与中心碳原子相连的三个 σ 键在同一平面内，空的 p 轨道垂直于该平面，因此亲核试剂可以从平面两侧进攻碳正离子。若中心碳原子是手性碳原子，则可以得到"构型保持"和"构型反转"的两种产物。如果亲核试剂从两侧进攻的机会相等，则产物为外消旋体。如果进攻的机会不完全相等，则产物部分外消旋化。实际上，按 S_N1 机理进行的反应产物基本上为外消旋体(图 7.4)。

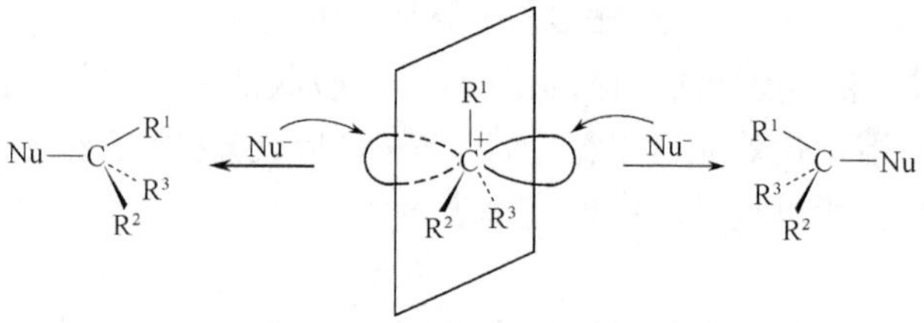

图 7.4　S_N1 反应的立体化学

此外，由于 S_N1 反应生成碳正离子中间体，因此常伴随有重排反应的发生，而 S_N2 反应不产生碳正离子中间体，也就没有重排反应的发生。

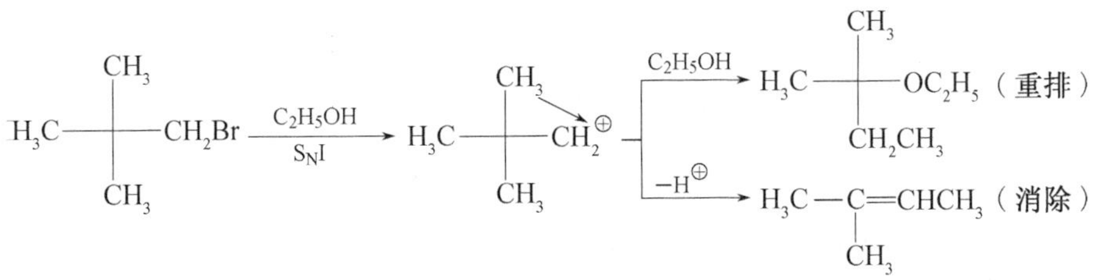

总之，S_N1 反应的特点是：①反应分两步完成，先断裂旧键，生成碳正离子活性中间体；②反应速率只与底物的浓度有关，而与亲核试剂的浓度无关，是单分子反应机理；③一般生成构型保持和构型反转两种产物；④常有重排产物生成。

7.4.3 影响反应速率的因素

卤代烷的亲核取代反应可以按 S_N1、S_N2 两种不同的反应机理进行，但究竟按哪一种机理进行，与卤代烃的结构、离去基团的性质、进攻试剂的亲核性、溶剂效应等多方面因素有关，现分述如下。

1. 烷基结构的影响

对于离去基团相同而烃基结构不同的底物，影响其亲核取代反应速率的主要因素是中心碳原子上烃基的电子效应和空间效应。

对于 S_N1 反应，由于决定反应速率的一步是碳正离子的形成，因此凡是有利于碳正离子的形成，能使碳正离子稳定的因素均可加速反应。从电子效应来看，碳正离子中心碳原子上烷基越多，碳正离子就越稳定。从空间效应来看，中心碳原子上烷基越多，彼此间的排斥力就越大，越有利于离去基团的离开，使其变为平面三角形的碳正离子，这时三个取代基的夹角成 120°，彼此相距最远，也就是离去基团的离开有利于空间拥挤的消除。空间效应作用与电子效应相同。因为碳正离子的稳定性次序为

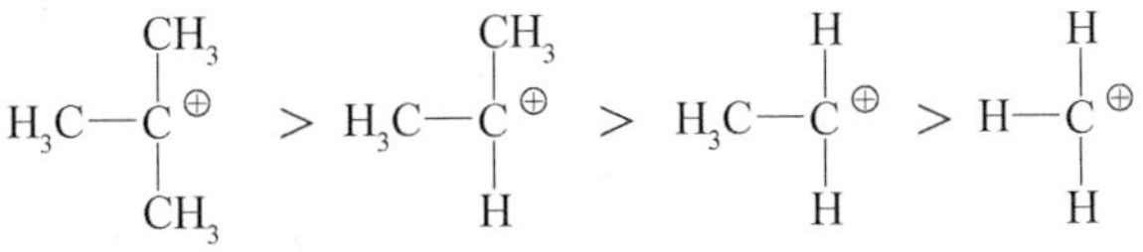

所以在极性较强的溶剂中，不同类型卤代烃的反应活性次序为

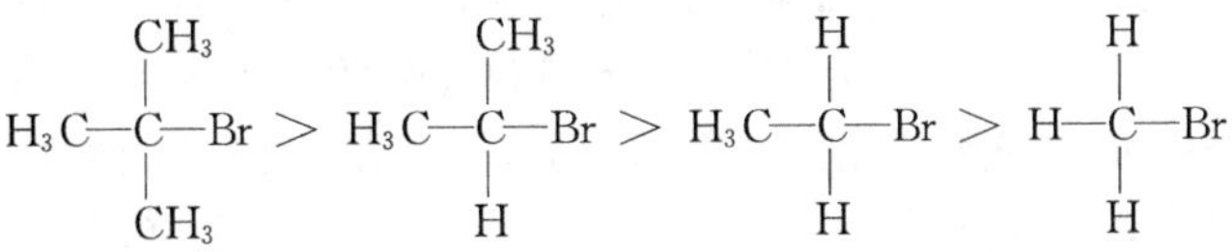

相对速率　　1.2×10^6　　12　　1.00　　1.00

也就是叔卤代烃 > 仲卤代烃 > 伯卤代烃 > CH_3X。

例如，硝酸银的乙醇溶液与卤代烃的作用就是按 S_N1 机理进行的。根据 AgX 生成的速率可以定性检验不同的卤代烃。

$$RX + AgNO_3 \xrightarrow{EtOH} RONO_2 + AgX\downarrow$$

对于 S_N2 反应，亲核试剂的进攻和离去基团的离去是同时进行的，要形成一个五元的过渡态，过渡态中心碳原子上烷基越多，空间拥挤程度就越大，这时过渡态就越难形成，越不稳定，反应也就越慢。

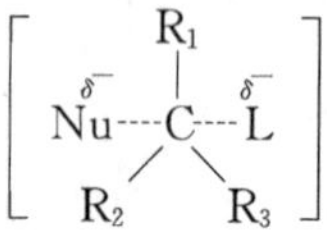

因此，各类卤代烃发生 S_N2 反应时，伯卤代烃、仲卤代烃、叔卤代烃的反应活性正好与发生 S_N1 反应时相反，即 CH_3X >伯卤代烃 >仲卤代烃 >叔卤代烃。

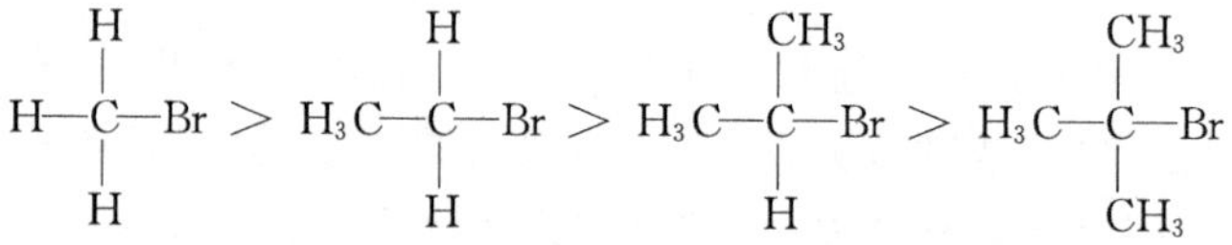

相对速率　30　1　0.02　0.001

例如，氯代烷和溴代烷在碘化钠的丙酮溶液中进行的取代反应是 S_N2 反应。

$$RX + I^- \xrightarrow[S_N2]{\text{丙酮}} RI + Br^- \quad (X = Cl、Br)$$

对于烯丙基式卤代烷，无论是按 S_N1 机理还是 S_N2 机理反应，都是十分容易的。在 S_N1 反应中，碳-卤键异裂后，能产生稳定的烯丙基或苄基碳正离子；在 S_N2 反应中，其过渡态中中心碳原子上的 p 轨道也能与相邻的 π 轨道形成 p-π 共轭，使过渡态更稳定。

$$C_6H_5CH_2Cl \xrightarrow{AgNO_3\text{-}EtOH} C_6H_5CH_2ONO_2 + AgCl\downarrow$$

$$C_6H_5CH_2Cl \xrightarrow{NaI\text{-}CH_3COCH_3} C_6H_5CH_2I + NaCl\downarrow$$

乙烯式卤代烃正好相反，卤素的 p 轨道可与相邻的双键或苯环发生 p-π 共轭，使卤素 p 轨道中的一对电子离域，故碳-卤键具有部分双键的性质，键能较高，卤素离子不易离开。因此，乙烯式卤代烃不易发生亲核取代反应。例如，氯苯只有在高温高压条件下，才能在氢氧化钠溶液中发生水解反应，生成苯酚。

各类卤代烃发生 S_N1 或 S_N2 反应的活性可以大体表示如下：

CH_3X	RCH_2X	R_2CHX	R_3CX
S_N2	S_N2	S_N2, S_N1	S_N1

2. 离去基团的影响

在卤代烷的亲核取代反应中，卤原子是离去基团，当卤代烷分子中的烷基相同而卤原子不同时，离去基团的离去倾向越大反应速率也越大。一般来说，X^- 的稳定性越高，碱性越弱，X^- 就越容易离去。X^- 的碱性顺序为 $F^- > Cl^- > Br^- > I^-$。所以卤代烷的取代反应速率为 RI > RBr > RCl > RF，这从 C—X 键的离解能和可极化度的大小也能得以说明。

其他的弱碱（如硫酸酯、磺酸酯、甲苯磺酸酯、三氟磺酸酯的酸根）都是相应强酸的共轭碱，都可以形成比较稳定的负离子（RSO_3^-、RSO_4^-、$CH_3C_6H_5SO_3^-$、$CF_3SO_3^-$），因而这些酸根类似于碘离子，都是良好的离去基团。例如，硫酸二甲酯很容易与酚钠作用生成苯甲醚。

$$C_6H_5O^{\ominus} + \underset{\text{硫酸二甲酯}}{CH_3OSO_2OCH_3} \longrightarrow \underset{\text{苯甲醚}}{C_6H_5OCH_3} + {}^{\ominus}OSO_2OCH_3$$

强碱性的离子一般不是好的离去基团，如 HO^-、RO^-、H_2N^-、RNH^-、CN^- 等。例如，卤离子不易取代醇分子中的羟基。但在体系中加强酸，使醇羟基质子化，转变为较易离去的中性水分子，则反应便可进行。

离去基团对 S_N1 反应和 S_N2 反应都有影响，但对 S_N1 反应影响稍大一些，如果反应物（如仲卤代烷）可能发生 S_N1 反应或 S_N2 反应，则离去基团的离去倾向越大，反应越容易按 S_N1 机理进行。

3. 亲核试剂的影响

对于 S_N1 的反应机理，决定反应速率的步骤是碳正离子的生成，亲核试剂没有参与这步反应，因此亲核试剂的强弱及浓度对反应影响不大。而对于 S_N2 的反应机理，由于亲核试剂参与了定速步骤，因此反应速率是与亲核试剂的强弱及浓度有关的。亲核试剂的浓度越大，反应越快；试剂的亲核性越强，反应也越快。

亲核试剂的种类很多，其亲核能力各不相同。一般试剂的碱性越强，亲核性越强，如 $NH_2^- > HO^- > F^-$，但试剂的碱性与亲核性又不太一样。碱性是指一种试剂与质子的亲和能力，而亲核性则是指试剂对带部分正电荷的碳原子的亲和能力。例如，碱性是 $OH^- > CN^-$，但亲核性却是 $CN^- > OH^-$。因此，亲核性强的试剂不仅要有强的给电子能力，还要有较大的可极化性。在质子性溶剂中，对同族元素而言，随着原子半径的增大，碱性降低，但亲核性增强。例如

$$\underset{\xrightarrow[\text{亲核性增大}]{\text{碱性减小}}}{F^- \quad Cl^- \quad Br^- \quad I^-} \qquad \underset{\xrightarrow[\text{亲核性增大}]{\text{碱性减小}}}{RO^- \qquad RS^-}$$

在亲核原子相同的试剂中，碱性大的试剂亲核性也较强，如 $RO^- > HO^- \gg RCO_2^-$。H_2O、ROH、RCO_2H 和 NH_3 的亲核性都分别小于其共轭碱 HO^-、RO^-、RCO_2^- 和 NH_2^-。

4. 溶剂的影响

极性质子性溶剂对 S_N1 机理有利，溶剂化效应能加速卤代烷的离解，它对电荷分离的过渡态有稳定作用，使反应的活化能降低。

$$(CH_3)_3C{-}Cl \longrightarrow [(CH_3)_3\overset{\delta^+}{C}\cdots\overset{\delta^-}{Cl}] \longrightarrow (CH_3)_3C^{\oplus} + Cl^{\ominus}$$

对于 S_N2 机理要分两种情况来讨论。在质子性溶剂中，由于亲核试剂与溶剂之间可以形成氢键，削弱了负离子的进攻能力，原子半径越小，电负性越大，所形成的氢键越强。例如，卤素在水和醇等质子性溶剂中的亲核能力是 $I^- > Br^- > Cl^- > F^-$；但在 *N*,*N*-二甲基甲酰胺(*N*,*N*-dimethylformamide，DMF)、二甲亚砜(dimethylsulfoxide，DMSO)、二甲基乙酰胺(dimethylacetamide，DMA)等非质子性溶剂中，其亲核性的次序正好相反，为 $F^- > Cl^- > Br^- > I^-$。

在极性非质子溶剂中，由于进攻试剂的正电中心被溶剂包围，而负离子没有这种溶剂化作用，负离子很不稳定，成为强碱和强的亲核试剂，因此对于 S_N2 反应，在极性非质子环境中其反应速率可以大大加快。

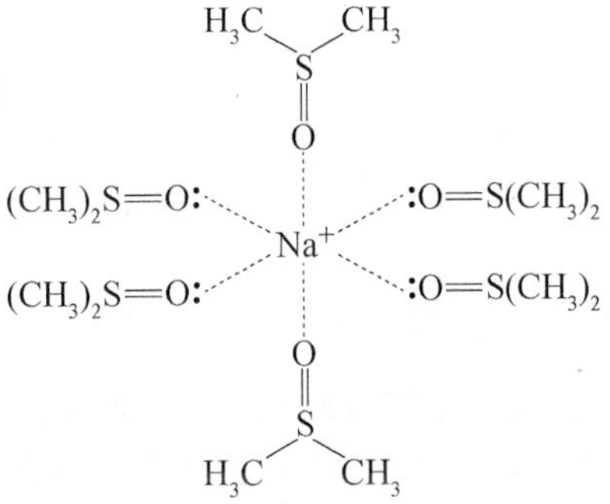

一般情况下，在极性不太弱的溶剂(如含水的乙醇溶液中)，叔卤代烷主要按 S_N1 机理反应，伯卤代烷主要按 S_N2 机理反应，仲卤代烷两种机理都有。改变溶剂的极性常能改变反应机理。在极性很大的溶剂中(如甲酸)，伯卤代烷可以按 S_N1 机理反应；而在极性较小的非质子性溶剂中，叔卤代烷可按 S_N2 机理反应。

问题 7.8　下列各对亲核取代反应，各按何种机理进行？哪一个反应更快？为什么？

(1) $(CH_3)_3CBr + H_2O \xrightarrow{\triangle} (CH_3)_3COH + HBr$

$CH_3CH_2CH(CH_3)Br + H_2O \xrightarrow{\triangle} CH_3CH_2CH(CH_3)OH + HBr$

(2) $CH_3CH_2Cl + NaI \xrightarrow{丙酮} CH_3CH_2I + NaCl$

$(CH_3)_2CHCl + NaI \xrightarrow{丙酮} (CH_3)_2CHI + NaCl$

(3) $CH_3CH_2CH_2CH(CH_3)Br + CN^{\ominus} \longrightarrow CH_3CH_2CH_2CH(CH_3)CN + Br^{\ominus}$

$CH_3CH_2CH_2CH_2Br + CN^{\ominus} \longrightarrow CH_3CH_2CH_2CH_2CN + Br^{\ominus}$

(4) $CH_3I + NaOH \xrightarrow{H_2O} CH_3OH + NaI$

$CH_3I + H_2O \longrightarrow CH_3OH$

问题 7.9　下列化合物与 NaOH 乙醇溶液发生 S_N1 亲核取代反应，哪一个的反应速率最快？

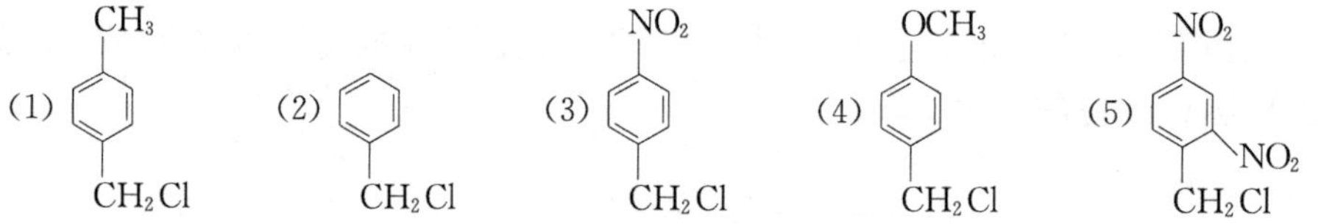

7.5　消除反应

与亲核取代反应一样，消除反应也有两种机理：一种是双分子消除(bimolecular elimination，E2)反应机理；另一种是单分子消除(unimolecular elimination，E1)反应机理。

7.5.1　消除反应机理

1. 双分子消除反应机理

当异丙基溴在氢氧化钠的醇溶液中加热时会生成丙烯，反应速率取决于异丙基溴的浓度与乙氧负离子浓度的乘积。

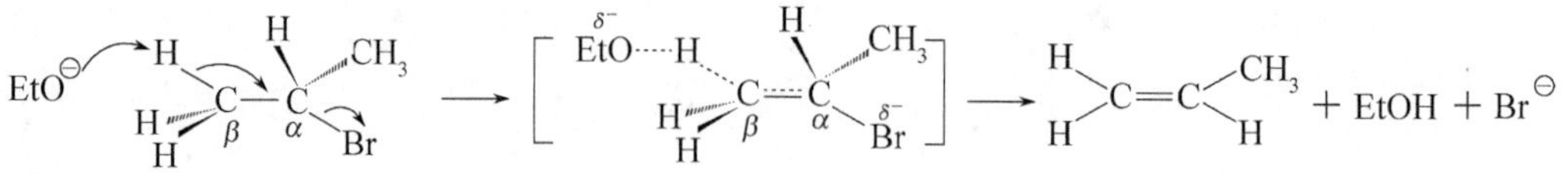

$$v = k_2[CH_3CHBrCH_3][EtO^-]$$

在 EtO^- 接近 β-氢原子到达一定程度时，形成一个过渡态。随着反应继续进行，EtO^- 与 β-氢原子结合生成乙醇分子离去，与此同时，电子云也进行重新分配，卤素带着一对电子从进攻基团的背面离去，在 β-碳原子与 α-氢原子之间形成双键，生成丙烯。上述反应是一步完成的，新键的生成与旧键的断裂是同时进行的。

实际上，E2 和 S_N2 的反应机理很相似。它们的不同之处在于，S_N2 反应中，亲核试剂进攻的是 α-碳原子，而在 E2 反应中，亲核试剂进攻的是 β-氢原子。

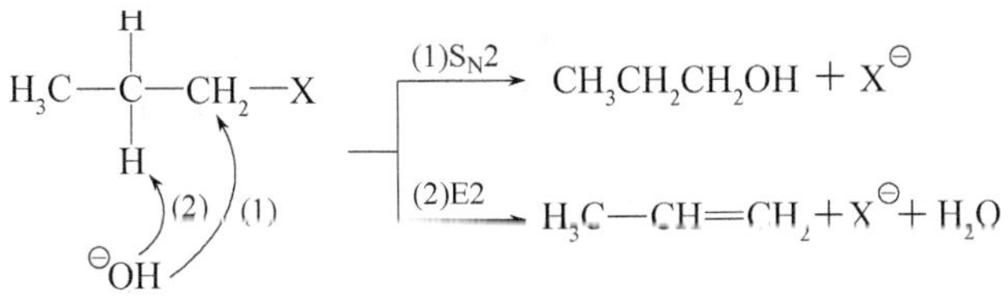

由此可见，消除反应与取代反应是相互竞争的，相互伴随发生。

2. 单分子消除反应机理

E1 和 S_N1 反应也有相似的机理，都是卤代烷分子在溶剂中先离解成碳正离子，反应分两步进行。例如

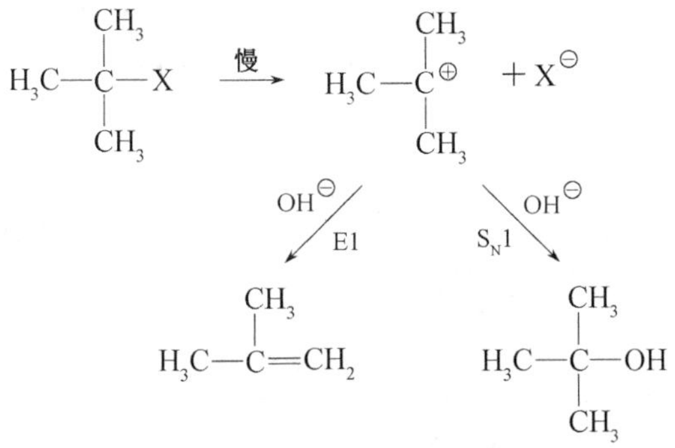

$$v = k_1[(CH_3)_3CX]$$

E1 和 S_N1 的不同之处在于，在 E1 反应中生成的碳正离子不像在 S_N1 那样与亲核试剂结合，而是 β-碳上的氢原子以质子的形式脱去而生成双键。其中形成碳正离子的第一步是慢反应步骤，第二步是快反应步骤，整个反应的速率取决于卤代烷的浓度，与亲核试剂浓度无关。由于反应过程中有碳正离子中间体出现，因此伴随有重排反应的发生。

这类重排是邻位甲基的迁移反应，称为瓦格纳-米尔文(Wagner-Meerwein)重排，也称为 1,2-重排。

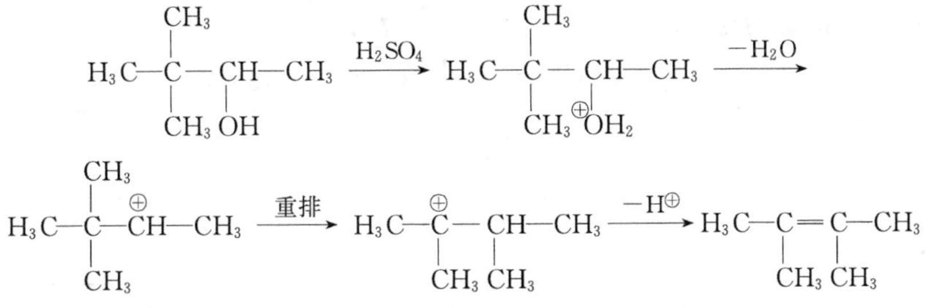

事实上，在 E1 反应过程中总是伴随有 S_N1 反应。

7.5.2 消除反应的取向

如前所述，大部分的消除反应是遵循札依采夫规则的，对称性较大的烯烃是主要产物。

例如

$$CH_3CH_2CH_2-\underset{\underset{Br}{|}}{CH}-CH_3 \xrightarrow[\text{乙醇}]{C_2H_5OK} \underset{69\%}{CH_3CH_2CH=CHCH_3} + \underset{31\%}{CH_3CH_2CH_2CH=CH_2}$$

这一结论可以从过渡态的活化能和产物的超共轭效应来解释。从过渡态来看，双键上取代基较多的烯烃的活化能较低，容易反应，故产物所占的比例也较大；从产物的稳定性来看，2-戊烯（Ⅰ）中，有六个C—Hσ 键与双键发生超共轭，而在 1-戊烯（Ⅱ）中，仅有两个C—H σ 键与双键发生超共轭，所以（Ⅰ）比（Ⅱ）稳定，产物以（Ⅰ）为主。

（Ⅰ）　　　　　　　　（Ⅱ）

按 E1 机理进行的反应一般都遵守札依采夫规则，按 E2 机理进行的反应，有些遵守札依采夫规则。但是当消去基团体积增大、β-H 空间位阻增加、进攻试剂体积较大时，则有可能遵守霍夫曼（Hofmann）规则，即产物以对称性较小的烯烃为主。

1. 离去基团离去能力大小的影响

由表 7.2 可知，随着离去基团体积的增大，脱去 β-H 的空间位阻增加，按札依采夫规则消除的产物比例减少，按霍夫曼规则消除的产物比例增加。

表 7.2　离去基团离去能力大小对消除产物比例的影响

离去基团＼产物	2-戊烯/%	1-戊烯/%
—I	70	30
$—OSO_2R$	52	48
$—S^+(CH_3)_2$	13	87
$—N^+(CH_3)_3$	2	98

2. 进攻试剂大小的影响

由表 7.3 可知，进攻基团越大，脱去亚甲基上的氢越难，而脱去甲基上的氢相对越容易，霍夫曼消除的产物比例越高。

表 7.3　进攻基团大小对消除取向的影响

进攻试剂＼产物	2-戊烯/%	1-戊烯/%
$C_2H_5O^-$	70	30
$(CH_3)_3CO^-$	27.5	72.5

3. 反应物位阻大小的影响

由表 7.4 可知，随着反应物空间位阻的增大，亲核试剂倾向于与位阻较小的氢原子结合，霍夫曼消除的产物比例增加。

表 7.4　反应物位阻大小对消除产物比例的影响

产物 反应物	札依采夫烯烃/%	末端烯烃/%
$CH_3CH_2CHBrCH_3$	81	19
$(CH_3)_3CCH_2CBr(CH_3)_2$	14	86

7.5.3　消除反应的立体化学

对于按 E2 机理进行的反应，要经历一个五元过渡态，此时 π 键已部分形成，因而 H—C—C—X 这四个原子在同一平面上。当进攻基团 RO^- 从离去基团 X 的背面接近 β-H 时，所遇到的位阻最小。

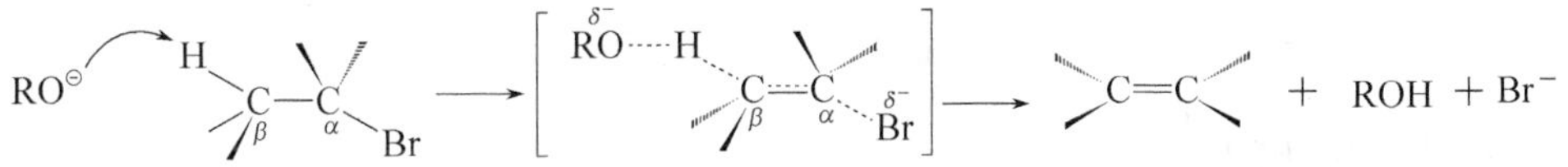

实验事实证明：将要消除的 β-H 和离去基团 X 一般处于反式构象，因而多数情况下为反式消除(antielimination)。β-H 和离去基团 X 共平面也有利于 π 键的形成。例如

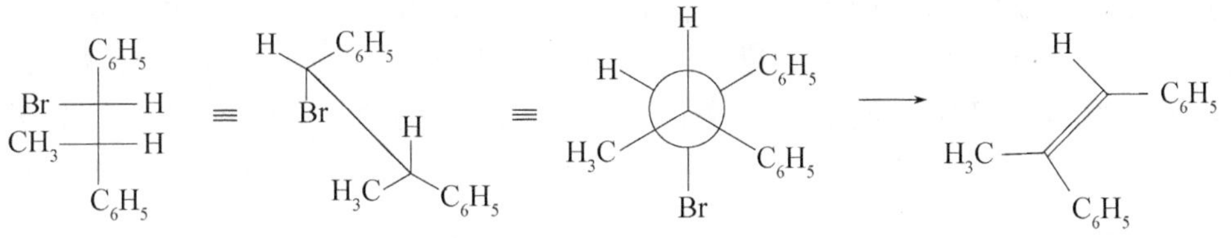

(1*S*,2*S*)-1-溴-1,2-二苯基丙烷　　　　(*Z*)-1,2-二苯基丙烯

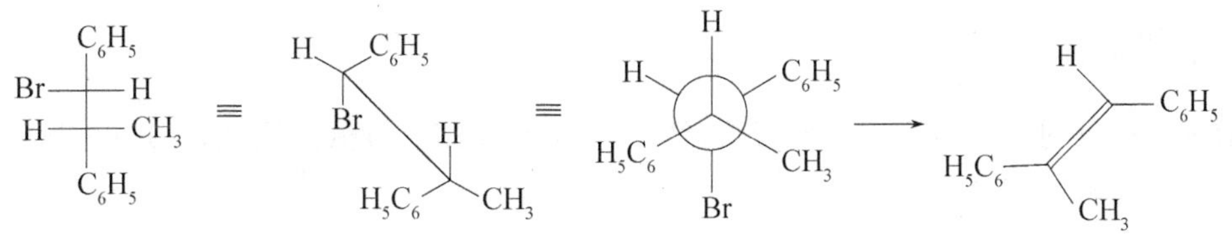

(1*S*,2*R*)-1-溴-1,2-二苯基丙烷　　　　(*E*)-1,2-二苯基丙烯

问题 7.10　比较下列化合物消除 HBr 的难易次序，并写出产物的结构。

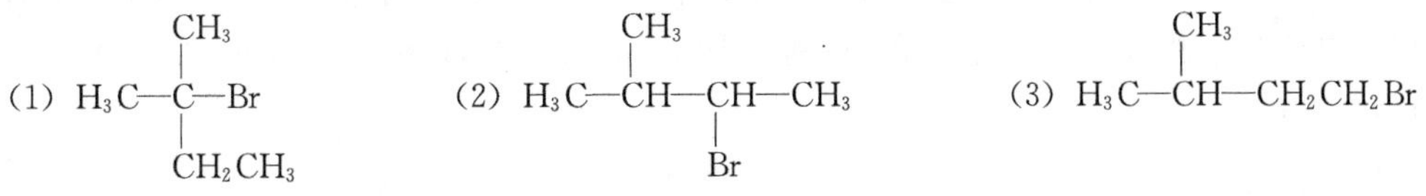

7.5.4　影响取代反应与消除反应竞争的因素

取代反应与消除反应是并存而竞争的反应。它们由同一试剂的进攻引起，如果进攻底物的中心碳原子则发生亲核取代反应，如果进攻 β-H 则发生消除反应。反应物的结构、亲核试剂的碱性、溶剂的极性以及反应温度对二者的竞争都有影响。

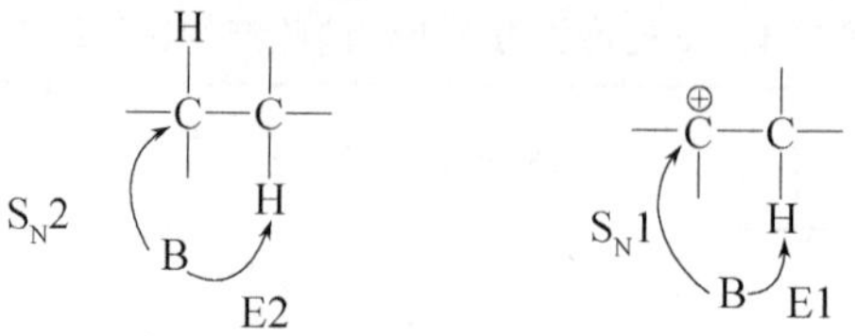

1. 烷基结构的影响

由于不同反应物的结构有差异，其对进攻试剂所造成的位阻也不同，烷基结构对取代反应和消除反应的影响是

$$\xrightarrow{S_N\text{越易}}$$

3°RX　　2°RX　　1°RX　　CH_3X

$$\xleftarrow[\text{E越易}]{}$$

支链增多，亲核试剂进攻叔卤代烷的 α-C 比较困难，而进攻 β-H 较易。

2. 亲核试剂的影响

一般来说，亲核试剂的碱性增强，可极化性差，对消除反应有利。因为在消除反应中是亲核试剂进攻 β-H，β-H 以质子的形式除去，所以需要碱性较强的亲核试剂。碱性较弱的亲核试剂主要发生取代反应，而不易进行消除反应。例如，当伯卤代烷或仲卤代烷用 NaOH 水解，得到取代和消除两种产物，这里 OH^- 既是亲核试剂，又是强碱。但当卤代烷与 KOH 的醇溶液作用，这里亲核试剂为 RO^-，碱性更强，所以主要为消除产物——烯烃。常见亲核试剂的碱性大小顺序为—$NH_2 > RO^- > HO^- > CH_3COO^- > I^-$。例如，为了提高卤代烷水解产率，可用下列反应：

$$RCH_2X + CH_3COONa \longrightarrow CH_3COOCH_2R \xrightarrow{\text{水解}} CH_3COOH + RCH_2OH$$

3. 溶剂的极性

溶剂的极性对反应也有很大的影响，特别是 S_N2 和 E2。比较二者的过渡态，可以发现，后者的电荷分散程度更大。

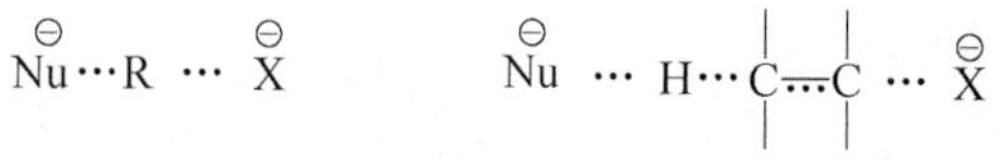

电荷较集中　　　　　　电荷较分散

一般情况下，溶剂的极性大有利于电荷集中，而不利于电荷的分散，即溶剂的极性增大，不利于电荷分散程度较大的过渡态，不利于 E2 反应；反之，弱极性溶剂对 E2 反应比对 S_N2 更有利。例如

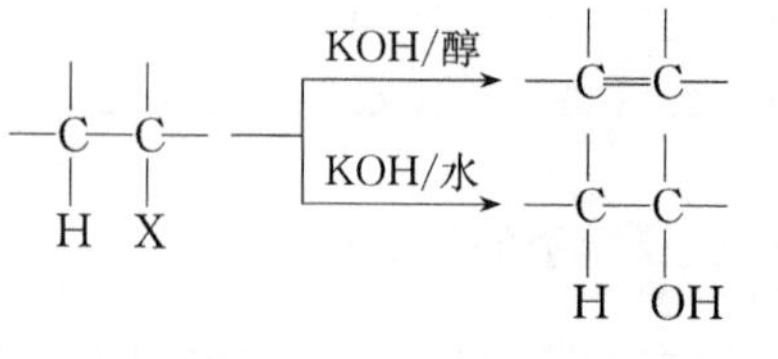

4. 反应温度的影响

升高反应温度对消除反应有利，因为消除反应需要较高的反应活化能，与取代反应相

比，消除反应需要打断的化学键更多(C—H、C—X)。当然升高反应温度对取代反应也有利，但对它的影响没有消除反应明显。

$$CH_3CH_2OH \xrightarrow[140^\circ C]{H^{\oplus}} CH_3CH_2OCH_2CH_3$$
$$CH_3CH_2OH \xrightarrow[170^\circ C]{H^{\oplus}} H_2C{=}CH_2$$

问题 7.11　解释下列实验结果。

$$CH_3CHBrCH_3 \xrightarrow{C_2H_5ONa/C_2H_5OH} \underset{21\%}{(CH_3)_2CHOC_2H_5} + \underset{79\%}{CH_3CH{=}CH_2}$$

$$CH_3CHBrCH_3 \xrightarrow{C_2H_5OH} \underset{97\%}{(CH_3)_2CHOC_2H_5} + \underset{3\%}{CH_3CH{=}CH_2}$$

$$CH_3CH_2CH_2CH_2Br \xrightarrow{NaOH/H_2O} CH_3CH_2CH_2CH_2OH(\text{主})$$

问题 7.12　下列反应主要是取代还是消除？

(1) $CH_3CH_2CH_2CH_2Cl + I^{\ominus} \longrightarrow$

(2) $(CH_3)_3CBr + CN^{\ominus} \longrightarrow$

(3) $CH_3CHBrCH_3 + OH^{\ominus}(H_2O) \longrightarrow$

(4) $CH_3CHBrCH_3 + OH^{\ominus}(\text{乙醇}) \longrightarrow$

7.6　卤代烃的制备

7.6.1　烷烃直接卤化

烷烃直接卤化主要是制备氯代烷。例如

$$CH_4(\text{过量}) + Cl_2 \longrightarrow \underset{(\text{主产物})}{CH_3Cl} + HCl$$

7.6.2　不饱和烃加成

不饱和烃与卤素或卤化氢加成，可以生成各类卤代烃。

$$RCH{=}CH_2 + HX \xrightarrow{H^+} RCH(X){-}CH_3$$
$$RCH{=}CH_2 + HX \xrightarrow{\text{过氧化物}} RCH_2{-}CH_2X$$

$$RCH{=}CHR' + X_2 \longrightarrow RCHXCHXR'$$

$$RC{\equiv}CH + HX \xrightarrow{Hg^{2+}} RCX{=}CH_2 \xrightarrow[HX]{Hg^{2+}} RCX_2CH_3$$

7.6.3　由醇制备

由醇制备卤代烃是较为常用的一种方法，除了一些醇较易合成以外，自然界中还有一些醇是天然物，如薄荷醇、胆固醇等。

$$ROH + HX \rightleftharpoons RX + H_2O$$

$$ROH + SOCl_2 \xrightarrow{\text{吡啶}} RCl + SO_2 + HCl$$

7.6.4 卤化物互换

卤化物互换仅适用于伯卤代烷，叔卤代烷、仲卤代烷太慢。

$$RBr + NaI \xrightarrow{\text{丙酮}} RI + NaBr$$

7.6.5 烯丙基氯和烯丙基溴的制备

烯丙基氯常用烯烃直接 α-卤代制备。例如

$$CH_3CH{=}CH_2 + Cl_2 \xrightarrow{400\sim500℃} ClCH_2CH{=}CH_2 + HCl$$

烯丙基溴则常用 N-溴代丁二酰亚胺(NBS)与烯烃发生 α-卤代制备。例如

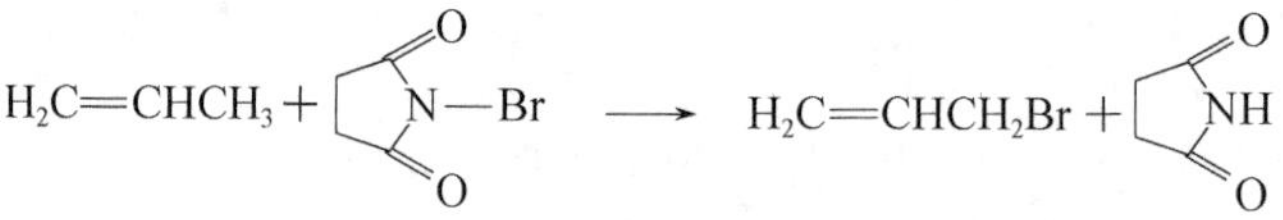

习　题

1. 写出分子式为 $C_5H_{11}Br$ 的叔卤代烃的结构式，并用系统命名法命名。
2. 命名或写出下列化合物的结构式。

(1) 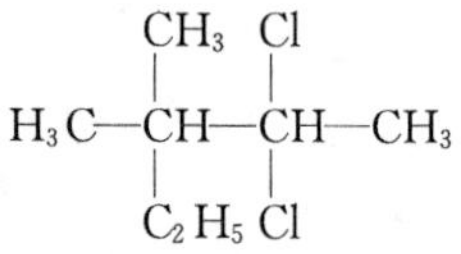

(2) 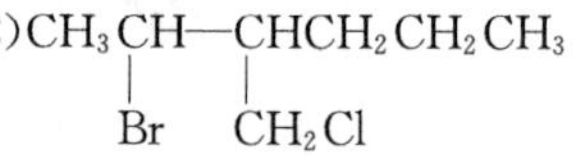

(3) 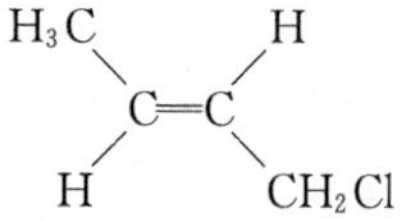

(4) 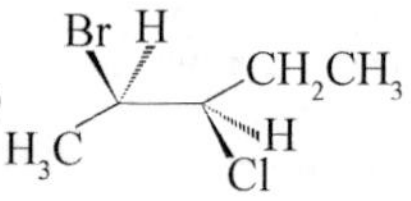

(5) 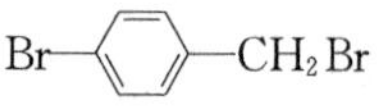

(6) 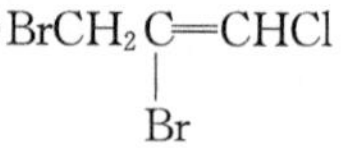

(7) 2,6-二氯-4-溴甲苯　　(8) 2-溴-1-(2-氯甲基苯基)乙烯

3. 下列卤代物哪些可由相应的烃用光催化单氯代的方法制得？

(1) CH_3CH_2Cl　　(2) $CH_3CH_2CH_2CH_2Cl$　　(3) $(CH_3)_3CCH_2Cl$

(4) $(CH_3)_3CCHClCH_3$　　(5) 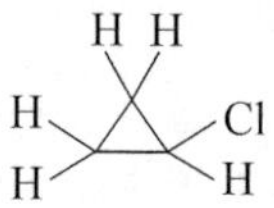　　(6) $H_2C{=}CHCH_2Cl$

4. 完成下列反应。

(1) 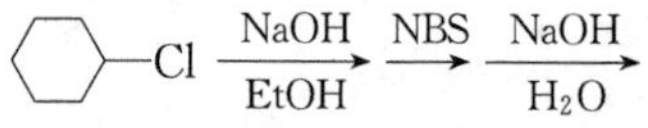

(2) $(CH_3)_2CHCHClCH_3 \xrightarrow{?} (CH_3)_2C{=}CHCH_3 \xrightarrow{Br_2/CCl_4} \xrightarrow[C_2H_5OH]{KOH}$

(3) $(CH_3)_3CCl \xrightarrow[25℃]{80\%C_2H_5OH,20\%H_2O}$

(4) $ClCH{=}CHCH_2Cl + CH_3COO^{\ominus} \longrightarrow$

(5) $BrCH_2CH_2CH_2CH_2Br \xrightarrow{1mol\ NaHS} \xrightarrow{NaOH}$

(6) 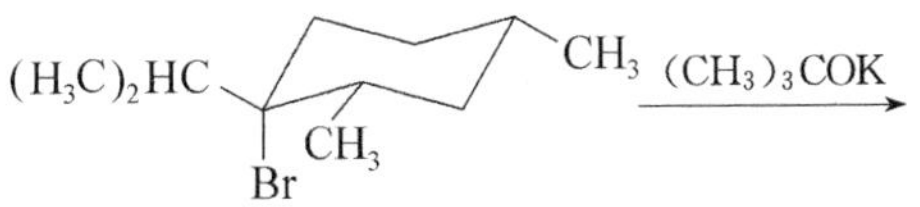

(7) 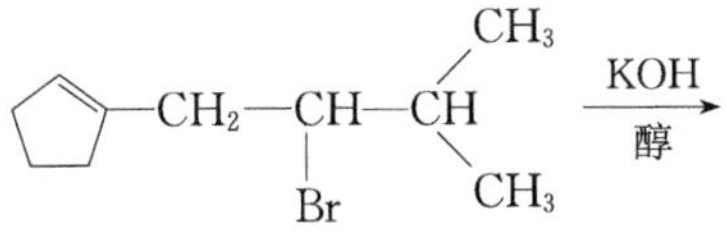

(8) $CH_3CHBrCH_3 \xrightarrow[\triangle]{KOH/C_2H_5OH} \xrightarrow{?} CH_3CH_2CH_2Br$

(9) $CH_3CH_2CH_2CH_2Br \xrightarrow{HC\equiv CNa} \xrightarrow[\text{林德拉催化剂}]{H_2} \xrightarrow{HCl} \xrightarrow{NaCN}$

5. 下列合成路线有无错误？如果有请指出。

(1) $(CH_3)_2C{=}CH_2 + HCl \xrightarrow[(A)]{\text{过氧化物}} (CH_3)_3C{-}Cl \xrightarrow[(B)]{NaCN} (CH_3)_3C{-}CN$

(2) $CH_3CH{=}CH_2 \xrightarrow[(A)]{HOBr} CH_3CHBrCH_2OH \xrightarrow[(B)]{Mg/\text{干醚}} \xrightarrow[(2)H^{\oplus}]{(1)CO_2} CH_3\underset{\displaystyle COOH}{\underset{|}{C}H}CH_2OH$

(3) $(CH_3)_3C{-}Cl \xrightarrow{CH_3ONa} (CH_3)_3C{-}OCH_3$

(4) $HC{\equiv}CH \xrightarrow[(A)]{HCl/HgCl_2} H_2C{=}CHCl \xrightarrow[(B)]{CH_3ONa} H_2C{=}CHOCH_3$

(5) $H_2C{=}CHCH_2CH_3 + Cl_2 \xrightarrow[(A)]{>500℃} H_2C{=}CHCHClCH_3 \xrightarrow[(B)]{KOH/C_2H_5OH} H_2C{=}C{=}CHCH_3$

(6) $CH_3\underset{\displaystyle Cl}{\underset{|}{C}}{=}CHCH_2Cl \xrightarrow{NaCO_3/H_2O} CH_3\underset{\displaystyle OH}{\underset{|}{C}}{=}CHCH_2Cl$

6. 按照从大到小的顺序排列下列各组卤代烷对指定试剂的反应活性。

(1) 在 2%的 $AgNO_3$ 乙醇溶液中反应

(A) 1-溴丁烷　(B) 1-氯丁烷　(C) 1-碘丁烷

(2) 在 NaI 丙酮溶液中反应

(A) 3-溴丙稀　(B) 溴乙烯　(C) 1-溴丁烷　(D) 2-溴丁烷

(3) 在 KOH 醇溶液中脱 HX

(A) 5-溴-1，3 环己二烯　(B) 环己基溴　(C) 3-溴环己烯

(4) NaOH 水溶液

(A) 苄基氯　(B) 氯苯　(C) 对硝基苄基氯　(D) 对甲氧基苄基氯

7. 完成下列转变。

(1) $CH_3CH{=}CHCH_3 \longrightarrow NCCH_2CH{=}CHCH_2CN$

(2) $CH_3CH{=}CH_2 \longrightarrow \underset{\displaystyle OH}{\underset{|}{CH_2}}{-}\underset{\displaystyle OH}{\underset{|}{CH}}{-}\underset{\displaystyle OH}{\underset{|}{CH_2}}$

(3) 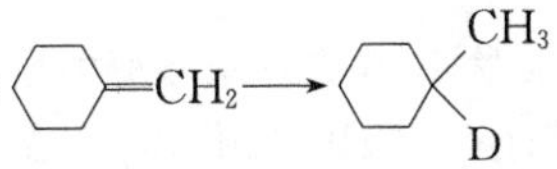

(4) $\underset{\displaystyle Cl}{\underset{|}{CH_2}}{-}\underset{\displaystyle Cl}{\underset{|}{CH_2}} \longrightarrow CH_3\underset{\displaystyle Cl}{\underset{|}{C}}HCl$

(5) 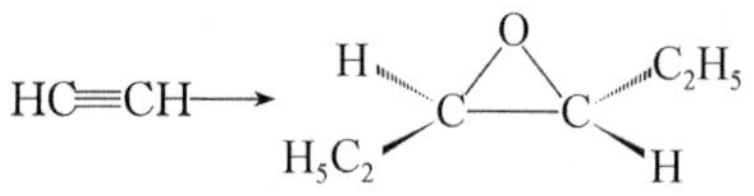

(6) 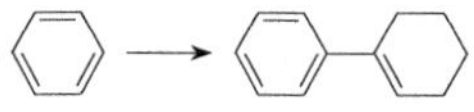

(7) 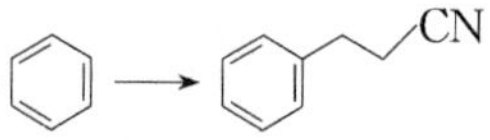

8. 写出下列反应的主要产物。

(1) 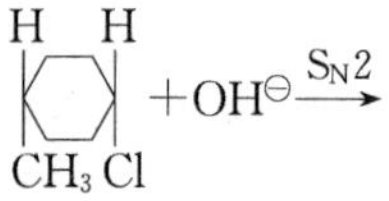

(2) 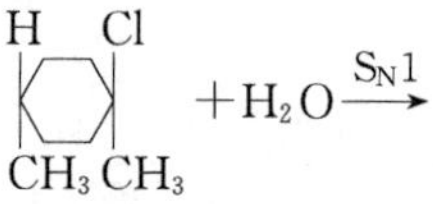

(3) 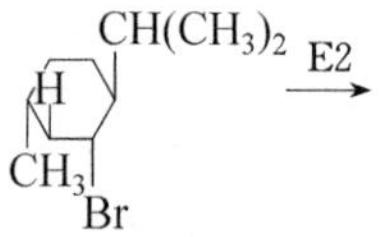

(4) 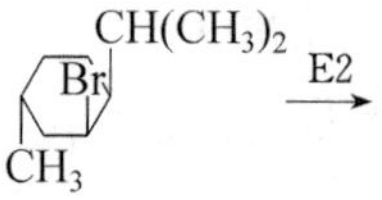

(5) 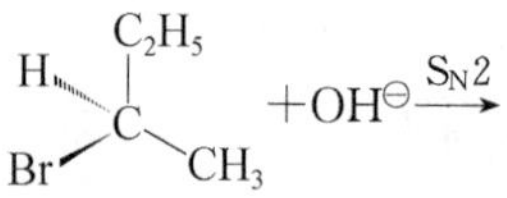

(6) 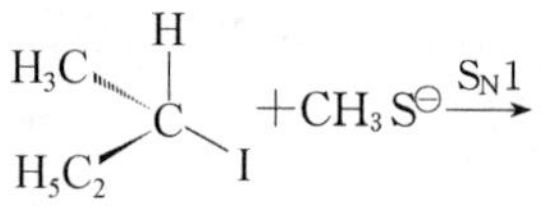

9. 用简单的化学方法区别下列化合物。

(1) 3-溴-2-戊烯、4-溴-2-戊烯、5-溴-2-戊烯

(2) 正氯丁烷、正碘丁烷、己烷、环己烯、对氯甲苯

(3) 3-甲基-1-氯-1-丁烯、3-甲基-1-氯-2-丁烯、2-氯丁烷

10. 解释下列实验现象。

(1) (*S*)-3-溴-3-甲基己烷在丙酮水溶液中反应给出外消旋的3-甲基-己醇。

$$(S)\text{-}CH_3CH_2CH_2\overset{\displaystyle CH_3}{\underset{\displaystyle Br}{C}}CH_2CH_3 \xrightarrow[\triangle]{\text{丙酮}/H_2O} (\pm)CH_3CH_2CH_2\overset{\displaystyle CH_3}{\underset{\displaystyle OH}{C}}CH_2CH_3$$

(2) 当新戊基碘用乙酸酯在乙酸中处理时,得到的产物是乙酸叔戊酯。

$$(CH_3)_3CCH_2I \xrightarrow[CH_3COOH]{CH_3COOAg} CH_3\overset{\displaystyle CH_3}{\underset{\displaystyle OCOCH_3}{C}}CH_2CH_3$$

(3) 3-氯-1-丁烯和乙氧基离子在乙醇中的反应速率取决于[RCl]和[$C_2H_5O^-$],产物是3-乙氧基-1-丁烯。而3-氯-1-丁烯和乙醇反应时,不仅生成3-乙氧基-1-丁烯,还生成1-乙氧基-2-丁烯 $CH_3CH{=}CHCH_2OC_2H_5$。

(4) CH_3Br 和 C_2H_5Br 在含水乙醇中进行碱性水解时,若增加水的含量,则反应速率下降;$(CH_3)_3CCl$ 在含水乙醇中进行水解,若增加水的含量,则反应速率反而上升。

11. 某烃A的分子式为 C_5H_{10},它与溴水不发生反应,在紫外光照射下与溴作用只得到一种产物B(C_5H_9Br),将B与KOH的醇溶液作用得到C(C_5H_8);C经臭氧氧化并在Zn粉存在下水解得到戊二醛。写出A~C的结构式及各步反应式。

12. 具有旋光性的化合物A,能与 Br_2/CCl_4 反应生成具有旋光性的三溴化物B,A在热碱溶液中生成一种化合物C,C能使 Br_2/CCl_4 溶液褪色,经测定无旋光性,C与丙烯醛 $H_2C{=}CHCHO$ 作用,生成3-环己烯基甲醛 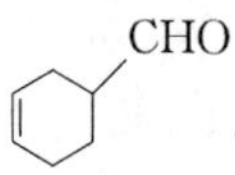 。试写出A~C的结构式。

13. 某卤代烃 A，分子式为 $C_6H_{11}Br$，用 NaOH 乙醇溶液处理得 B(C_6H_{10})，B 与溴反应的生成物再用 KOH 乙醇溶液处理得 C，C 可与丙烯醛经第尔斯-阿尔德反应生成 D，将 C 臭氧化后还原水解得到丁二醛和乙二醛。写出 A～D 的结构式及各步反应式。

14. 某化合物 A 与溴作用生成含有三个卤原子的化合物 B，A 能使 $KMnO_4$ 褪色，生成含有一个溴原子的 1，2-二醇。A 很容易与 NaOH 作用生成 C 和 D，C、D 氢化后分别给出两种互为异构体的饱和一元醇 E 和 F。E 脱水后生成两个异构化合物，F 脱水后仅产生一种化合物。这些脱水产物都能还原成正丁烷。写出 A～F 的结构式及各步反应式。

第 8 章　有机化合物的波谱知识

确定有机物的结构(无论是由有机反应得到的产物,还是由天然化合物中分离得到的有机物)是有机化学研究过程中很重要的一个方面。过去用化学方法来确定未知物的结构是相当烦琐的工作,而且要花很长的时间;同时由于有机反应的复杂性,如某些反应中会发生重排等,常给结构的确定带来许多困难,甚至导致错误的结论;自 20 世纪 50 年代以来,光谱学的发展为有机化学的研究带来了很大的方便。在有机物结构测定中最常用的是紫外光谱、红外光谱、核磁共振谱及质谱。

现代波谱分析方法是鉴定有机化合物的重要手段,具有快速、灵敏、准确和信息丰富等特点,因此被广泛地应用于有机化学、高分子化学、药物化学、环境化学、生物化学等众多研究领域,在医药、农药、食品、香料、材料、环境等行业均起到举足轻重的作用,是现代化学、医药工作者必须掌握的重要内容之一。

光谱法还有一个很大的优点是用样极少,有的甚至不消耗样品,测定以后仍可回收使用。

本章将简单地介绍如何应用、紫外-可见光谱、红外光谱、核磁共振谱及质谱阐明有机物的某些结构特征。需要说明的是,这里只能做简单的讨论,实际应用时可能会遇到许多例外或困难,更多的波谱知识需要专门学习。

紫外-可见光谱、红外光谱以及核磁共振谱所用的是电磁波中不同波长范围的辐射。电磁波通常用频率或波长来描述,波长越短,频率越高,能量也越高。

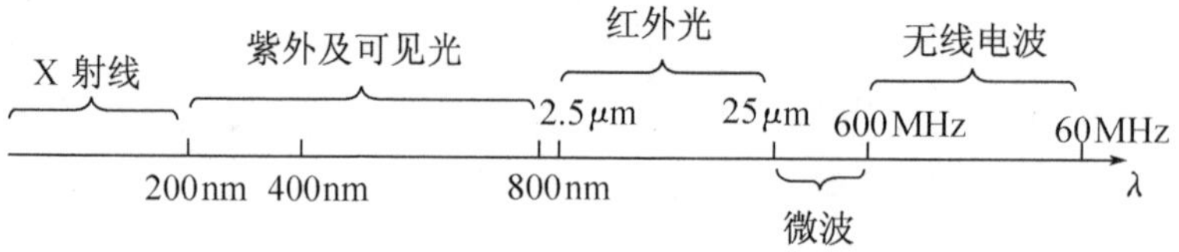

分子吸收电磁辐射,获得能量,从而引起分子中某些能级的变化,如增加原子间键的振动,或将价电子激发到较高能级,或者引起原子核在外磁场中发生磁能级的共振跃迁等。微观世界是量子化的,使分子发生不同能级的变化,就需要不同的量子化的能量。

200～800nm:引起价电子能级跃迁,得到紫外及可见光谱。

2.5～25μm:引起分子振动、转动能级跃迁,得到红外光谱。

60～600MHz:原子核在外加磁场中发生磁能级的共振跃迁,得到核磁共振谱。

光谱就是记录分子对不同波长(或频率)的电磁波的吸收或透射情况的图。

8.1　紫 外 光 谱

紫外光谱(ultraviolet spectroscopy,UV)中,光的波长为 200～400nm,200nm 以下称为远紫外或真空紫外,200～400nm 为近紫外区,400～800nm 为可见光区。一般的紫外光谱仪所用的波长范围为 200～800nm,即包括近紫外及可见光区。

8.1.1 基本原理

与红外光相比，紫外光的波长短，频率高，因此能量较高。分子吸收紫外光后，引起电子能级的跃迁，将价电子由基态激发至较高的能级——激发态，即进入反键轨道。可被激发的电子可以是 σ 电子、π 电子或含未共用电子对的 n 电子。

σ 电子在分子中结合较牢，要使 σ 电子由成键轨道跃迁至 $σ^*$ 反键轨道，需要较高的能量，通常需要波长在 150nm 以下的真空紫外光，所以只含 σ 键的化合物在一般的紫外光谱仪中没有吸收峰。π 电子受原子核的作用较小，比较容易被激发，再者 π 成键轨道与 $π^*$ 反键轨道之间的能量差别较小，所以将 π 轨道中的电子激发至 $π^*$ 反键轨道所需能量比 $σ \to σ^*$ 跃迁小。分子中含有 O、S、N、X 等带未共用电子对原子的化合物，如醇类、胺类等，吸收光能后可以发生未共用电子对由非键轨道至 $σ^*$ 轨道或至 $π^*$ 轨道的跃迁，即 $n \to σ^*$ 或 $n \to π^*$ 跃迁。羰基化合物分子中既有碳-氧双键，又在氧原子上有未共用电子对，故除 $π \to π^*$ 跃迁外，还有 $n \to σ^*$ 跃迁及 $n \to π^*$ 跃迁。$n \to σ^*$ 跃迁所需能量高于 $n \to π^*$ 跃迁，仍在真空紫外区，所以不在紫外-可见光谱区域内。目前对于阐明有机物结构有意义的是 $π \to π^*$ 及 $n \to π^*$ 跃迁(图 8.1)。

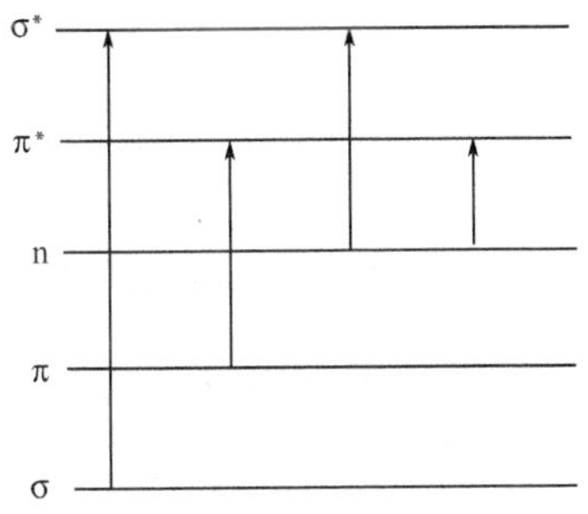

图 8.1　电子能级与跃迁类型

只含有一个双键的化合物(如乙烯等)，或分子中只带未共用电子对的原子而无 π 键的化合物(如甲醇等)，它们的 $π \to π^*$ 跃迁或 $n \to σ^*$ 跃迁所需能量仍在 200 nm 以下，所以甲醇常用作测定紫外光谱时的溶剂。如果分子中的 π 电子可以离域，也就是分子中有共轭体系，由于共轭体系中 π 及 $π^*$ 轨道的能量差比孤立的 π 及 $π^*$ 轨道之间的能量差小，因此共轭体系中的 $π \to π^*$ 跃迁需要的能量较低，如 1,3-丁二烯的 $π \to π^*$ 跃迁发生在 217nm 处。共轭体系越长，则 $π \to π^*$ 跃迁所需能量越低，以致其吸收波段能移至可见光区，因此含有较大共轭体系的分子是有颜色的。

8.1.2 紫外光谱图

紫外光谱图的横坐标为波长，单位为 nm；纵坐标为吸光度 A、摩尔吸收系数 ε 或 lgε(图 8.2)。

$$A = \lg(I_0/I)$$

式中，I_0 为入射光强度；I 为透射光强度。吸光度与测定时溶液的浓度 c 及光通过的液层厚度 l 有关。

$$A = \varepsilon c l$$

式中，ε 为摩尔吸收系数。

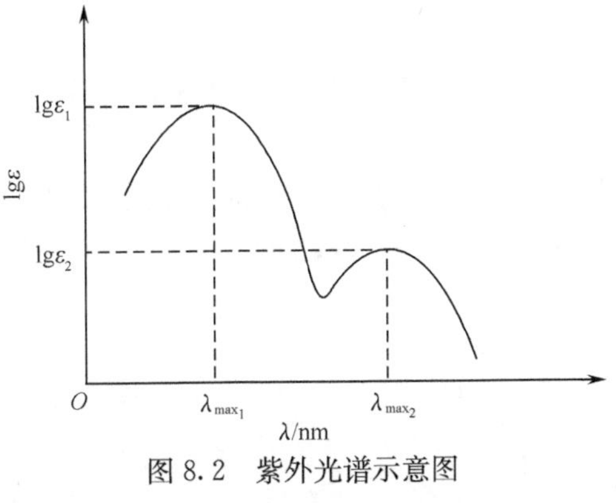

图 8.2　紫外光谱示意图

一般紫外谱图峰较少而宽，少是因为电子能级跃迁类型少；宽是因为当电子发生跃迁时，不可避免地要伴随着分子振动、转动能级的改变，加上溶剂的作用，所以一般 UV 谱图不会呈现尖锐的吸收峰，而是一些胖胖的、平滑的峰包。在识别谱图时，以峰顶对应的最大吸收波长 $λ_{max}$ 和最大摩尔吸收系数 $ε_{max}$ 为准。

若分子中含有 π 键的不饱和基团（如—C ═C—、—C ≡C—、—C ═O、—C ≡N、—N═N—、—N═O 等），就能产生 π-π* 跃迁，使得有机化合物分子在紫外-可见光区产生吸收，这样的基团称为发色团（chromophore）。

若分子中含有非键电子（n 电子）的基团（如—OH、—OR、—NH_2、—NR_2、—SH、—X 等），其本身在紫外-可见光区无吸收，但能与发色团中 π 电子发生 p-π* 共轭，使生色团吸收峰向长波方向移动，这样的基团称为助色团（auxochrome）。

谱带位移包括蓝移（hypsochromic shift 或 blue shift）和红移（bathochromic shift 或 red shift）。蓝移指吸收峰向短波长移动，红移指吸收峰向长波长移动。谱带强度变化则包括增色效应（hyperchromic effect）和减色效应（hypochromic effect）。

一般 π→π* 跃迁需要的能量较 n→π* 跃迁高，所以后者的吸收峰应出现在波长稍长些的区域，但其强度较 π→π* 跃迁弱。

8.1.3 影响紫外-可见光谱的因素

影响紫外-可见光谱的因素表现为谱带位移、谱带强度的变化、谱带精细结构的出现或消失等。

1. 共轭效应的影响

共轭体系（π-π、p-π、超共轭）越长，吸收带越向长波方向移动，由于共轭效应，电子离域到多个原子之间，导致 π→π* 能量差降低。同时跃迁概率增大，摩尔吸收系数增大。表 8.1 列出了一些共轭多烯的吸收特性。

表 8.1 多烯[H—(CH═CH)$_n$—H]的 π→π* 跃迁

n	λ_{max}/nm	ε_{max}
1	180	10 000
2	217	21 000
3	268	34 000
4	304	64 000
5	334	121 000
6	364	138 000

2. 立体效应

空间位阻：生色团之间、生色团与助色团之间空间过于拥挤，则导致共轭程度降低，吸收峰位蓝移。

例如，顺-1,2-二苯乙烯两个苯环由于空间位阻，苯环和乙烯的共平面性降低，反-1,2-二苯乙烯分子中两个苯环和乙烯双键是共平面的，所以反-1,2-二苯乙烯的 λ_{max} 和 ε_{max} 一般比顺-1,2-二苯乙烯的大。

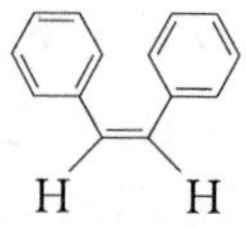

λ_{max}=280nm
ε_{max}=10 500

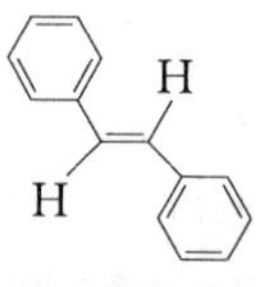

λ_{max}=295.5nm
ε_{max}=29 000

同时，当反式异构体空间位阻较小时，能有效地共轭，则吸收峰位于较长波端，吸收强度也较大。如表 8.2 所示，取代基越大，分子共平面性越差，因此最大吸收波长蓝移，摩尔吸收系数降低。

表 8.2　α-位及 α′-位有取代基的二苯乙烯化合物（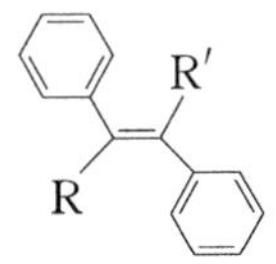）的紫外光谱

R	R′	λ_{max}/nm	ε_{max}
H	H	294	27 600
H	CH_3	272	21 000
CH_3	CH_3	243.5	12 300
CH_3	C_2H_5	240	12 000
C_2H_5	C_2H_5	237.5	11 000

3. 溶剂的影响

一般情况下，溶剂极性增大，$\pi\rightarrow\pi^*$ 跃迁吸收峰红移，而 $n\rightarrow\pi^*$ 跃迁吸收峰蓝移。对于 $\pi\rightarrow\pi^*$ 跃迁，溶剂极性越大，分子与溶剂的静电作用越强，使激发态稳定，能量降低，即 π^* 轨道能量降低大于 π 轨道能量降低，因此波长红移。而产生 $n\rightarrow\pi^*$ 跃迁的 n 电子由于与极性溶剂形成氢键，基态 n 轨道能量降低多，$n\rightarrow\pi^*$ 跃迁能量增大，吸收带蓝移。质子性溶剂容易与吸光分子形成氢键。当生色团为质子受体时吸收峰蓝移，生色团为质子给体时吸收峰红移，所以需注明测定时所用的溶剂。

8.1.4　谱图的解析

紫外光谱不能用来鉴别具体的官能团，而主要是通过考察未共用电子对及 π 电子的跃迁来揭示分子中是否存在共轭体系和芳香族化合物。部分化合物的紫外吸收数据见表 8.3。

表 8.3　部分化合物的紫外吸收数据

化合物	吸收带	举例
双烯和三烯	K 带	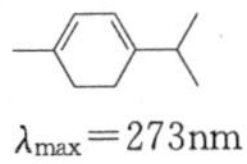 $\lambda_{max}=273nm$　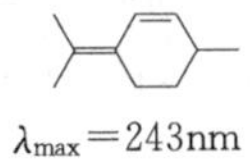 $\lambda_{max}=243nm$
共轭多烯	K 带	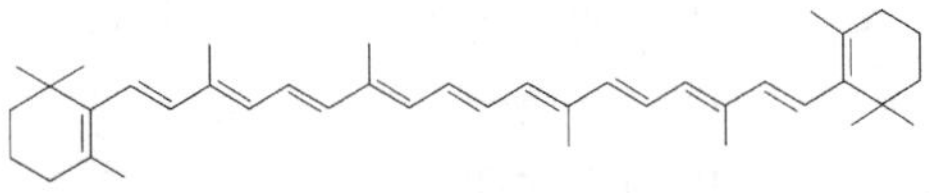 $\lambda_{max}=452nm$
脂肪族醛、酮	R 带	$CH_3-\overset{\ddot{O}}{\overset{\Vert}{C}}-CH_3$　$\lambda_{max}=279nm$ ($\varepsilon=15$)
芳香族醛、酮	K 带、R 带和 B 带	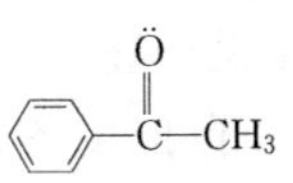 K 带：$\lambda_{max}=240nm(\varepsilon=13\ 000)$ B 带：$\lambda_{max}=278nm(\varepsilon=1100)$ R 带：$\lambda_{max}=319nm(\varepsilon=50)$

续表

化合物	吸收带	举例	
α,β-不饱和羰基化合物	K 带和 R 带	$H_2C{=}CH\overset{\ddot{O}}{\overset{\Vert}{C}}H$	K 带：$\lambda_{max}=207nm(\varepsilon=10\ 000)$ R 带：$\lambda_{max}=315nm(\varepsilon=14)$
烃基取代苯	K 带和 B 带	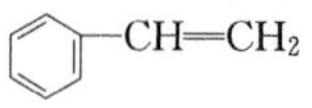	K 带：$\lambda_{max}=244nm(\varepsilon=12\ 000)$ B 带：$\lambda_{max}=282nm(\varepsilon=450)$

K 带(共轭带)：$\pi\rightarrow\pi^*$ 跃迁引起的吸收带，波长短，强度强($\varepsilon>10^4$)，共轭使 $\pi\rightarrow\pi^*$ 的 ΔE 下降，吸收峰红移，强度增大。

B 带：$\pi\rightarrow\pi^*$ 跃迁引起的吸收带，是芳香族化合物的特征吸收。苯蒸气在波长230～270nm(中心频率 254nm)出现精细结构的吸收光谱，强度中等。

R 带：$n\rightarrow\pi^*$ 跃迁引起的吸收带，波长约为 300nm，强度弱($\varepsilon<100$)，随着溶剂极性增强，R 带蓝移。它是羰基化合物的特征谱带。

往往两种化合物分子中有相同的共轭结构，而分子的其他部分截然不同，却可以得到十分相似的紫外谱图。

问题8.1　已知肾血液中有一化合物18-OH DOC，用 UV 测定 239nm($\varepsilon=15\ 000$)的吸光度。$l=1cm$，实验测定 λ_{max}处 $I_0/I=2$(用标样测，再在相同条件下测未知物)。求浓度 c。

问题8.2　排列下列化合物紫外吸收波长的顺序。

(1)$H_3C-CH=CH-CH=CH-CH_3$　　(2)$H_2C=CH-CH=CH-CH_2CH_3$

(3)$H_2C=CH-CH_2-CH_2-CH=CH_2$　　(4)$H_2C=CH-\underset{\displaystyle CH_3}{\underset{|}{CH}}-CH=CH_2$

8.2　红 外 光 谱

在吸收光谱的概述中已经讨论了有关分子的吸收和能量的关系，分子的能量有转动能、振动能和电子旋转能，不同频率的光辐射(或电磁波)可以引起分子内各种能级跃迁，这些跃迁具有量子化的特征。紫外光谱是由分子中电子跃迁而产生的，而红外光谱(infrared spectroscopy，IR)则是由于分子中振动能级的跃迁，同时也伴随着分子中转动能级的跃迁而产生的，因此一般红外光谱又可称为振动-转动光谱。分子的振动是键合的原子通过化学键而引起键的伸缩或弯曲的振动运动。凡是有机化合物都是由原子通过化学键而结合成的。由此推理，所有的有机化合物在红外区都有吸收峰。因此，红外光谱应用的范围比较广泛，是有机化合物的结构测定与研究工作中一个重要的工具。

无论从仪器的普及程度还是数据及谱图的积累来看，红外光谱都占据着更重要的地位。不同的基团在不同波长范围内有特征的吸收峰。同一基团在不同化合物中，其吸收峰的位置大致相同，通过红外光谱的测定可以知道一个化合物中存在哪些官能团；同时由于每一个化合物都有其独特的红外谱图，如果两个物质的红外谱图完全相同，即可以重合，那么这两个物质必定是同一个化合物，因此还可以像鉴定指纹和照片那样，通过红外谱图来鉴别化合物。

当照射光的频率与基团的骨架振动频率一致时，光被分子吸收而引起振动能级的跃迁，使振动的振幅加大，通过红外光谱仪，便可以记录下吸收峰的位置与强度。

8.2.1 基本原理

分子是由各种原子以化学键互相连接而生成的。可以用不同质量的小球代表原子，以不同硬度的弹簧代表各种化学键。它们以一定的次序互相连接，成为分子的近似机械模型。

振动分子的振动可用胡克(Hooke)规则来描述，即

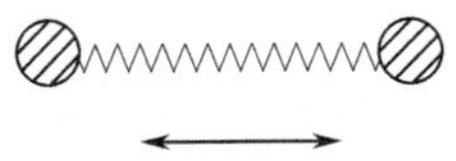

$$\nu=\frac{1}{2\pi}\sqrt{\frac{k}{\mu}},\qquad \mu=\frac{m_1m_2}{m_1+m_2}$$

红外光谱中，频率常用波数$\tilde{\nu}\left(=\frac{\nu}{c}\right)$表示。

1. 分子的振动类型

红外吸收光谱不代表整个分子的吸收光谱，而是分子中某基团或化学键振动时的吸收光谱。由于各种不同的原子具有不同的质量，它们成键后的键能与空间排列情况也不相同，因此各种基团的振动方式与振动能量有所差异。它们对红外光的吸收情况各不相同。红外吸收图谱中出现的吸收峰是分子中某些基团或化学键振动时吸收能量的反映。

有机化合物分子中各种化学键的振动形式大体可分为两种类型(图 8.3)。

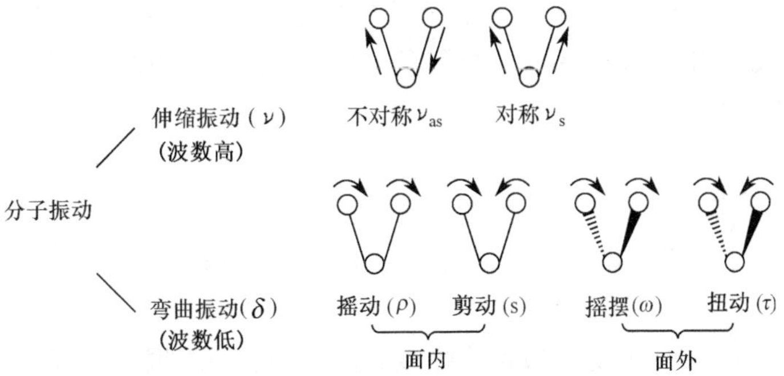

图 8.3 分子的振动方式

1）伸缩振动

改变化学键原子间距离的振动称为伸缩振动或伸张振动(stretching vibration)，常用符号“s”或“ν”表示。其特点是只有键长的变化而无键角的变化。因振动的偶合又分为对称伸缩振动和不对称伸缩振动。

2）弯曲振动

改变化学键角的振动称为弯曲振动(bending vibration)，或称变形振动(deformation vibration)，常用符号“b”或“δ”表示。其特点是只有键角的变化而无键长的变化。弯曲振动又分面内弯曲振动和面外弯曲振动。

2. 影响振动频率的因素

影响振动吸收频率的因素有两大类：一是内因，由分子结构不同所决定；二是外因，由测

试条件不同所造成。

首先讨论内部因素。有机分子中的各个化学键可以近似看作双原子分子，双原子分子化学键的振动又可以近似地按谐振动来处理，所以键的振动频率与振动原子的质量及键的强度即键的力常数有关，它们之间的关系为

$$\nu=\frac{1}{2\pi}\sqrt{\frac{k}{\mu}}$$

因为$\tilde{\nu}=\frac{\nu}{c}$，所以$\tilde{\nu}=\frac{1}{2\pi c}\sqrt{\frac{k}{\mu}}$，其中 $\mu=\frac{m_1m_2}{m_1+m_2}$为折合质量；$m_1$、$m_2$ 为组成化学键的两个原子的相对原子质量；k 为键的力常数。这样可以得出以下结论：

(1) 折合质量(或原子的质量)越小，振动频率或波数越高。由此可知，O—H、N—H、C—H等由于折合质量比 C—O、C—N、C—C等小得多，因此它们的振动吸收峰在红外的高波数区域出现。

(2) 键的力常数越大，振动频率或波数越高。C≡C、C═C、C—C的化学键键能逐渐减弱，也就是力常数 k 值逐渐降低，所以在红外光谱图上，C≡C的伸缩振动吸收峰出现在较高波数区域，C═C 次之，C—C最低。

(3) 弯曲振动不改变键长，它的力常数 k 较小，所以产生的吸收峰在低波数区域内。

当然，电子效应也是影响红外波谱的一个内部因素。电子效应是通过成键电子起作用。诱导效应和共轭效应都会引起分子中成键电子云分布发生变化。在同一分子中，诱导效应和共轭效应往往同时存在，在讨论其对吸收频率的影响时，由效应较强者决定。该影响主要表现在 C═O 伸缩振动中。

诱导效应沿分子中化学键(σ 键、π 键)传递，与分子的几何状态无关。和电负性取代基相连的极性共价键，如—CO—X，随着 X 基电负性增大，诱导效应增强，C═O 的伸缩振动向高波数方向移动。例如

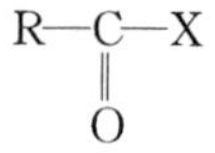

X	R′	H	OR′	Cl	F
$\nu_{C=O}$ /cm^{-1}	1715	1730	1740	1800	1850

共轭效应常引起 C═C 键的极性增强，双键性降低，伸缩振动频率向低波数位移。

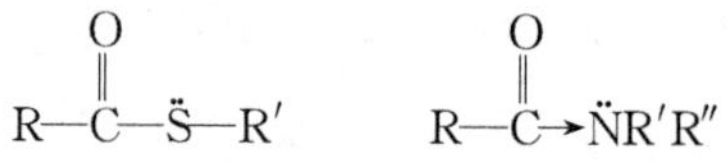

$\nu_{C=O}$ /cm^{-1}	1690	1680

由于 p-π 共轭，$+C>-I$，因此$\nu_{C=O}$ 较醛、酮向低波数方向移动。

此外，还有场效应、空间效应、氢键等都是影响红外频率的内部因素。

其次，简单讨论影响红外频率的外部因素。同一种化合物，在不同条件下测试，因其物理或某些化学状态不同，吸收频率和强度也有不同程度的改变。

气态分子间距离较大，除小分子羧酸外，分子基本上以游离态存在，不受其他分子的影响。可观测到分子的振动-转动光谱的精细结构；液态分子间作用较强，有的可形成分子间氢键，使相应谱带向低波数方向位移；固态因分子间距离减小而相互作用增强，一些谱带向低波数方向位移程度增大。某些弯曲振动、骨架振动之间常相互作用使指纹区的光谱发生变化。同一种样品，不同晶形的 IR 光谱也有区别。

8.2.2 红外光谱的表示

红外光谱中吸收峰的位置常用波长表示，其单位为微米，用 μm 表示。也有用波数$\tilde{\nu}$表示的，常将波数简单地称为频率。波数为波长的倒数，单位为 cm^{-1}，文献上两种表示方法都有，并以后者较为常见。例如，$\tilde{\nu}_{max}^{KBr}3220cm^{-1}$表示样品用 KBr 压片法测定红外吸收光谱时，在波数为 $3220cm^{-1}$处出现的最大吸收峰为 —OH 特征峰。

红外谱图的横坐标上、下两条横线上分别以波长、波数来表示光波的能量。纵坐标以吸光度(absorbance)A 表示时，吸收“峰”向上，如图 8.4 所示。

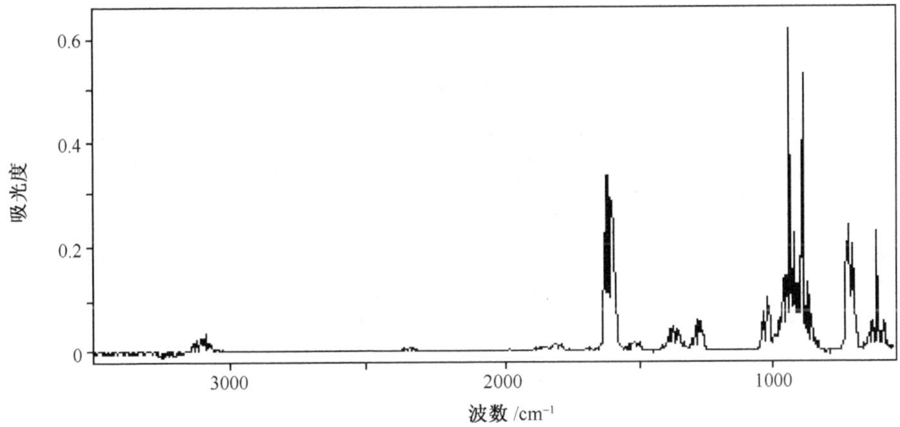

图 8.4 氯乙烯的红外谱图

若纵坐标以透射率(transmittance)$T\%$表示，此时谱图中的吸收“峰”其实是向下的“谷”，其方向正好与紫外光谱中吸收峰的方向相反。

以化合物 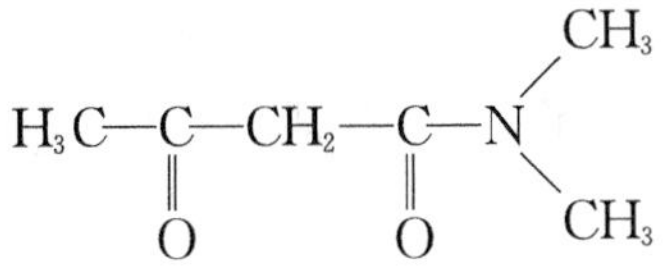 为例，其红外光谱如图 8.5 所示。

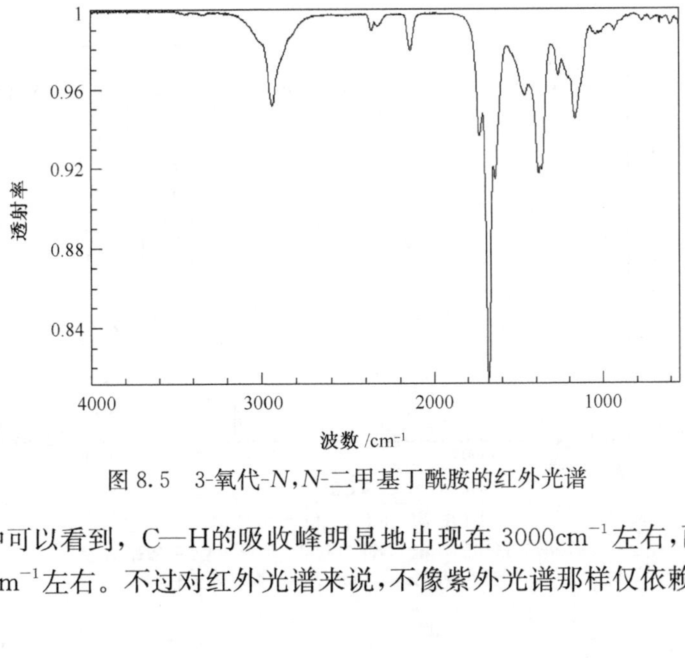

图 8.5 3-氧代-N,N-二甲基丁酰胺的红外光谱

从图 8.5 中可以看到，C—H的吸收峰明显地出现在 $3000cm^{-1}$左右，两个羰基的吸收峰出现在 $1700cm^{-1}$左右。不过对红外光谱来说，不像紫外光谱那样仅依赖于所含官能团，

它是整个化合物分子的特征，即使十分简单的分子，也会有非常复杂的红外光谱。因为从理论上说，每个原子都有它的振动吸收谱线。当然，在实际上也很难完全确切地推算出各种官能团的吸收峰频率。不过可以利用不同化合物红外吸收光谱带的相对稳定性，通过与已知样品的对照来进行光谱分析。同时各种基团也有其特征吸收频率，利用它们进行结构分析是具有重要意义的。

红外吸收光谱在 4000～1300cm^{-1}的吸收有一个共同的特点：每一红外吸收峰都和一定的官能团相对应，这一区域称为官能团区；1300cm^{-1}以下的区域与官能团区不同，虽然在这个区域内的一些吸收也对应着某些官能团，但大量的吸收峰仅显示了化合物的红外特征，好像人的指纹，因此称为“指纹区”。这些吸收峰是由分子中官能团和整个分子的振动、转动所引起的，一般比较复杂，也是反映整个分子的特征峰。一般地，只要两个化合物在结构上存在着微小差别，则其指纹区将有明显的不同，指纹区吸收峰大多与整个分子的结构密切相关，不同分子的指纹区吸收不同，就像不同的人有不同的指纹，可鉴别两个化合物是否相同。对于鉴定化合物，“指纹区”特别有用。指纹区内的吸收峰不可能一一指认。例如，正庚酸、正癸酸的红外光谱分别如图 8.6、图 8.7 所示。

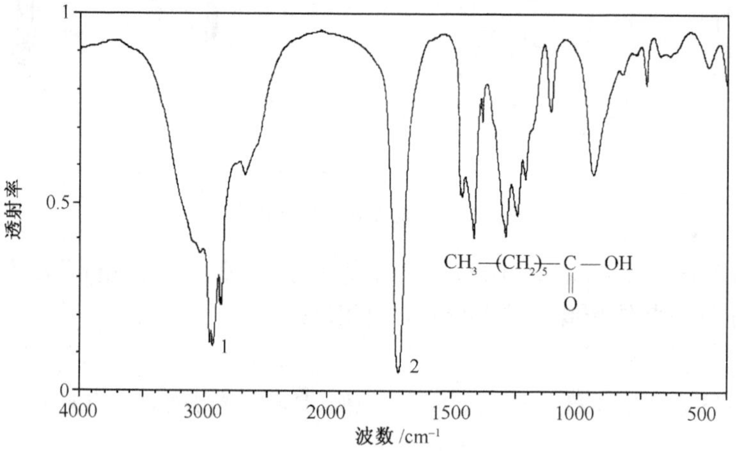

图 8.6　正庚酸的红外光谱

1. C—H 伸缩振动与 O—H 宽峰重合；2. C═O 伸缩振动

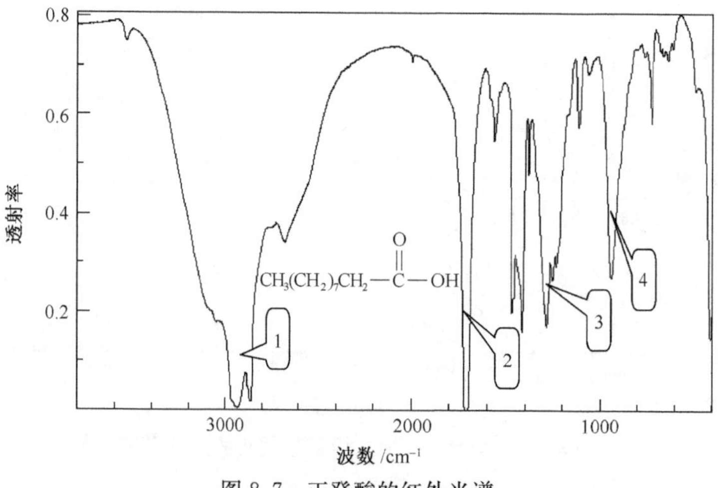

图 8.7　正癸酸的红外光谱

1. 羧酸二聚体的 O—H 伸缩振动；2. C═O 伸缩振动；

3. C—O 伸缩振动；4. O—H 面外弯曲振动

8.2.3 常见基团的红外吸收

一般红外谱图可以分为以下三个区域:

(1) 官能团区:4000～1300cm^{-1}。

(2) 指纹区:1300～910cm^{-1}。

(3) 芳香区:910～650cm^{-1}。

常见基团的红外吸收频率范围见表 8.4。

表 8.4 常见基团的红外吸收频率范围

官能团	波数范围/cm^{-1}	特征
O—H、C—H、N—H、S—H	3800～2500	X—H 区
C≡C、C≡N	2300～2000	叁键区
C=C、C=O、C=N、N=O	1900～1500	双键区
C—C、C—O、C—N	1300～900	单键区

在 3800～2500cm^{-1} 区域内,主要是氢与碳、氧、氮等原子形成的单键的伸缩振动,如 C—H、O—H、N—H 等。C—H 的振动一般在 3300～2700cm^{-1};氢所连接的碳原子不同,则吸收峰的位置不同。≡C—H 的吸收最高,在 3300cm^{-1}左右,=C—H(包括苯环上的 C—H 键)在 3100～3000cm^{-1},其吸收强度较低。CH_3、CH_2 等与饱和碳原子相连的 C—H 键的吸收位置在 2960～2850cm^{-1}。吸收峰位置最低的是醛基中的 C—H 键,在 2700cm^{-1}左右。由于大部分有机物中含有 CH_3、CH_2 等,因此在 2900cm^{-1}左右的这部分吸收峰在鉴别上意义不大;但如在该区内没有吸收峰,则可说明分子中不含 C—H 键。

8.2.4 各类化合物特征吸收

1. 烷烃

烷烃只由碳、氢组成,其红外光谱只与—CH_3、—CH_2、—CH 及碳链骨架的振动有关。烷烃有三种吸收带(图 8.8)。

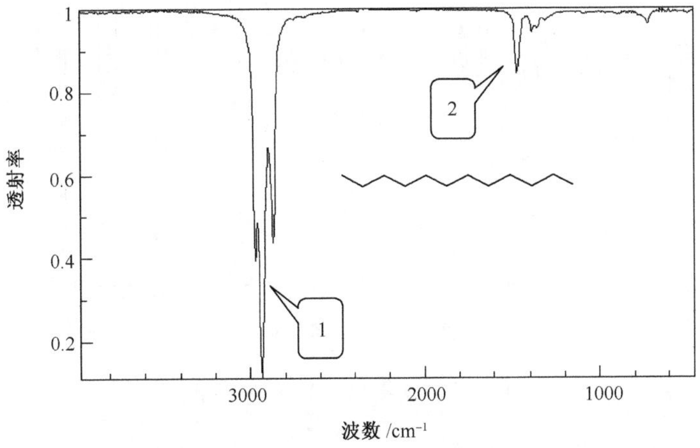

图 8.8 十二烷的红外光谱

1. C—H 伸缩振动; 2. C—H 弯曲振动

(1) C—H 的伸缩振动，基本在 2975～2845cm^{-1}，包括甲基、亚甲基和次甲基的对称及不对称伸缩振动。但是环丙烷、与卤素相连的亚甲基及—$CH_2C(NO_2)_3$ 中的亚甲基的伸缩振动吸收在 3100～3000cm^{-1}。

(2) C—H 的弯曲振动，在 1460cm^{-1}、1380cm^{-1}附近及 810～720cm^{-1}会出现有关吸收。

(3) C—C 环的骨架振动，在 1250～720cm^{-1}。

2. 烯烃

烯烃有以下三个特征吸收区：

(1) $\nu_{=CH}$=3100～3000cm^{-1}。

(2) $\nu_{C=C}$=1680～1620cm^{-1}。

(3) 1000～650cm^{-1}，烯碳上质子的面外摇摆振动 $\omega_{=CH}$，用于判断烯碳上取代类型及顺反异构。

(1)和(2)用于判断烯键的存在。

$\nu_{=CH}$ >3000cm^{-1}是不饱和碳上质子与饱和碳上质子的重要区别，饱和碳上质子 $\nu_{=CH}$ <3000cm^{-1}。

在 650～1000cm^{-1}区域，根据烯氢被取代的个数、取代位置及顺反异构的不同，出峰个数、吸收峰波数及强度有所区别，对于判别烯碳上的取代情况及顺反异构有很大的帮助。

$\nu_{C=C}$ 的位置及强度与烯碳的取代情况及分子对称性密切相关。乙烯基型的 $\nu_{C=C}$ 出现在 1640cm^{-1}附近，随着双键碳上取代基的增多，移向高波数(可以高出 50cm^{-1})。四取代烯烃或反式取代烯烃，因其有对称中心，看不到 $\nu_{C=C}$。烯键与 C=C、C=O、C=N 及芳环等共轭时，$\nu_{C=C}$ 与类似结构的非共轭烯烃降低 10～30cm^{-1}，但强度大大加强。

环状烯烃中，当环变小时，键角变小，出于环的张力效应，$\nu_{C=C}$ 由高波数向低波数移动，而烯碳上质子的 $\nu_{=CH}$ 则由低波数向高波数移动。环内双键上的质子被取代，$\nu_{C=C}$ 升高。

环外双键，当环变小，张力增大时，烯烃的双键特性增强，$\nu_{C=C}$ 移向高波数(图 8.9)。

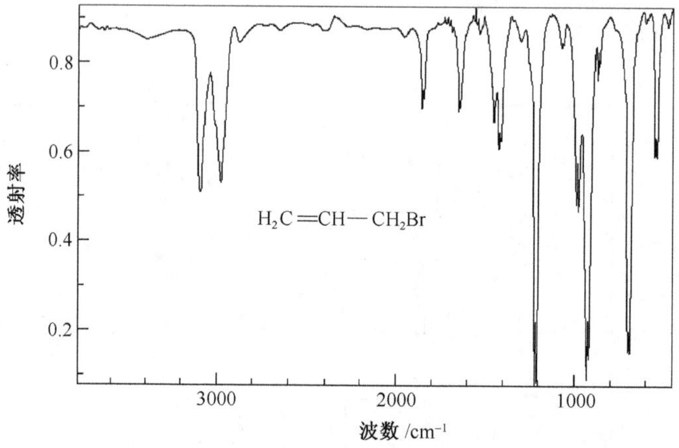

图 8.9 3-溴代丙烯的红外光谱

3. 炔烃

炔烃有三个特征吸收带(图 8.10)：

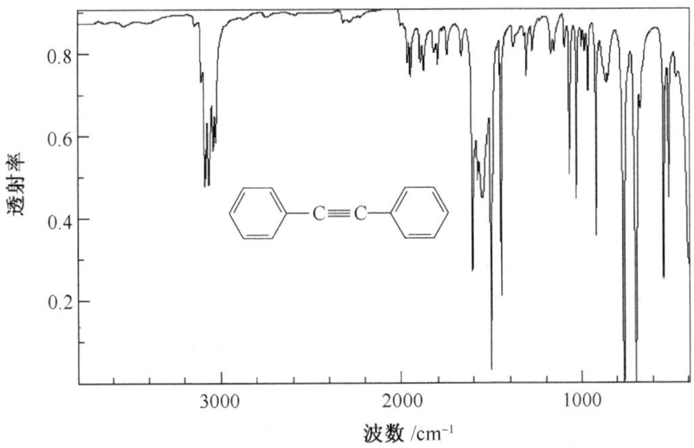

图 8.10　二苯乙炔的红外光谱

(1) $\nu_{\equiv CH}$ =3340～3260cm^{-1}(s,尖)。

(2) $\nu_{C\equiv C}$ =2260～2100cm^{-1}(m～w)。

(3) $\delta_{CH}^{面外}$=700～610cm^{-1}(s,宽)。

4. 芳香烃

(1) 苯环在四个区有其特征吸收:3100～3000cm^{-1}、2000～1650cm^{-1}、1625～1450cm^{-1}及900～650cm^{-1}。

(2) 苯环上质子的伸缩振动,$\nu_{=CH}$ 出现在3100～3000cm^{-1},常出现在3030cm^{-1}附近,与烯碳上质子的伸缩振动易混淆。

(3) 苯环的骨架振动,在1625～1450cm^{-1}可能有几个吸收峰,强弱及个数均与结构有关。其中以～1600cm^{-1}和～1500cm^{-1}两个吸收为主。当苯环与其他基团共轭时,～1600cm^{-1}峰分裂为二,在～1580cm^{-1}处又出现一个吸收峰。当分子有对称中心时,1600cm^{-1}谱带很弱或看不到。～1500cm^{-1}谱带对取代基很敏感,吸电子基使频率降为1480cm^{-1},而给电子基使其频率升到1510cm^{-1}。除上述的～1600cm^{-1}、～1580cm^{-1}及～1500cm^{-1}三个谱带以外,～1450cm^{-1}也会有一吸收峰,但它与甲基及亚甲基的δ_{CH}的1460cm^{-1}吸收峰重叠。

(4) 芳环质子的面外变形振动,$\delta_{=CH}$(s)出现在900～650cm^{-1},其位置、吸收峰个数及强度可以用来判断苯环上取代基个数及取代模式。

(5) 苯环质子的面外变形振动的倍频及组合频出现在2000～1650cm^{-1}。一般在使用溶液样品时易看到,此区间的谱带也可以用于确定苯环取代类型。

例如,在甲苯的红外光谱(图8.11)中,可以看到特征吸收带:$\nu_{=CH}$ 出现在3008cm^{-1},芳氢的变形振动的倍频及组合频出现在2000～1667cm^{-1},苯环的骨架振动出现在1605cm^{-1}、1495cm^{-1}及1466cm^{-1}等。

5. 醇和酚

(1) 醇和酚都含有羟基,都有三个特征吸收带:ν_{OH}、δ_{OH}和ν_{C-O}。

(2) 羟基的伸缩振动,ν_{OH}出现在3670～3230cm^{-1}(s)。游离的羟基ν_{OH}尖,且大于3600cm^{-1};缔合的羟基移向低波数,峰加宽,在小于3600cm^{-1}处。缔合程度越大,峰越宽,越移向低波数处。

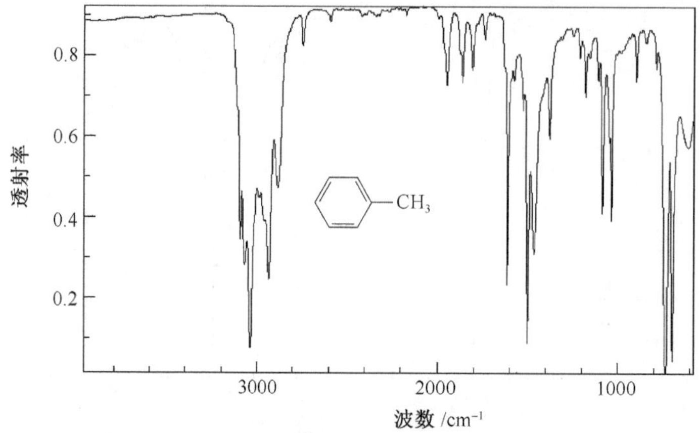

图 8.11　甲苯的红外光谱

(3) 羟基的面内变形振动，$\delta_{OH}^{\text{面内}}$出现在 1420～1260cm^{-1}。吸收位置与伯醇、仲醇、叔醇和酚的类别有关，还与缔合状态及浓度有关，缔合状态的伯醇、仲醇分别在 1330cm^{-1}、1420cm^{-1}有吸收，稀释时吸收带移向低波数。

(4) 碳-氧键的伸缩振动，ν_{C-O} 在 1250～1000cm^{-1}有吸收。具体位置与伯醇、仲醇、叔醇及酚的类别有关。

(5)在解谱时要注意，水和氮上质子的伸缩振动也会在羟基的伸缩振动区域出现。例如，水的ν_{OH}在～3400cm^{-1}，ν_{NH}在 3500～3200cm^{-1}出峰。

在 $CH_3(CH_2)_6CH_2OH$ 的红外光谱(图 8.12)中，可以在 1055cm^{-1}处看到 C—O 的伸缩振动。

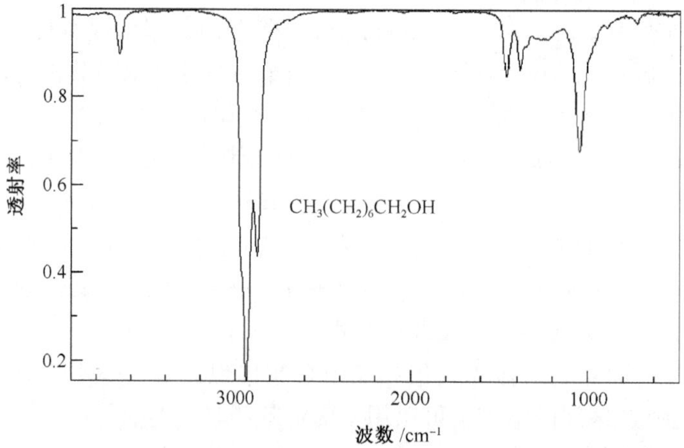

图 8.12　1-辛醇的红外光谱

在苯酚的红外光谱(图 8.13)中，ν_{OH}在 3333cm^{-1}是一宽峰；δ_{OH}在 1359cm^{-1}有吸收，ν_{C-O}在 1223cm^{-1}有吸收。

6. 羰基化合物

酮、醛、酸、酸酐、酯、酰胺和酰卤都含有羰基。羰基化合物是一类研究得最多的化合物。羰基的伸缩振动吸收$\nu_{C=O}$ 在红外光谱中很有特征，基本上在 1900～1650cm^{-1}，受其他基团吸收的干扰少，通常是第一强峰，而且$\nu_{C=O}$ 对化学环境比较敏感，所以对结构分析很有用。

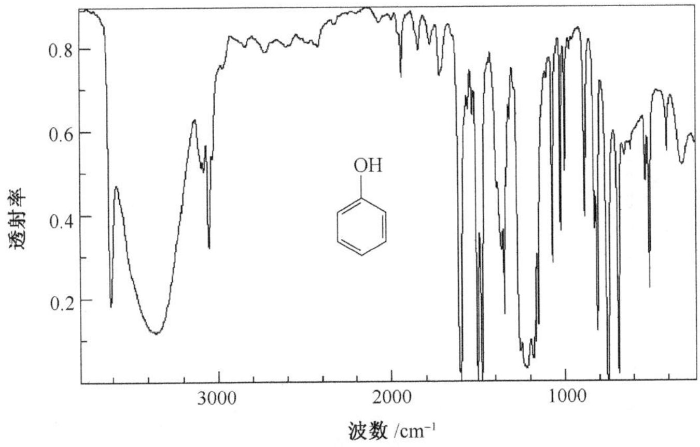

图 8.13　苯酚的红外光谱

(1) 酮的特征吸收为$\nu_{C=O}$，常是第一强峰。饱和脂肪酮的$\nu_{C=O}$在 1725～1705cm^{-1}(图 8.14)。

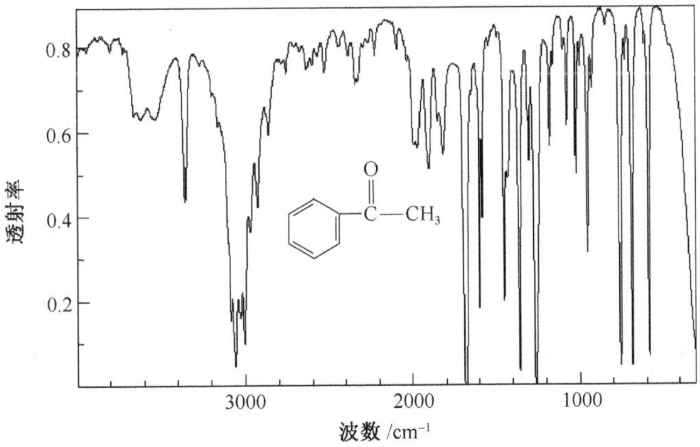

图 8.14　苯乙酮的红外光谱

(2) α-C 上有吸电子基团将使$\nu_{C=O}$升高。

(3) 羰基与苯环、烯键或炔键共轭后，使羰基的双键性减小，力常数减小，使$\nu_{C=O}$移向低波数。

(4) 醛有$\nu_{C=O}$和醛基质子的ν_{CH}两个特征吸收带。醛的$\nu_{C=O}$高于酮(图 8.15)。

(5) 羧酸分子中既有羟基又有羰基，所以二者的吸收都有，并且其$\nu_{C=O}$高于酮，这是—OH 的作用结果。应该注意的是，羧酸一般以二聚体的形式存在，一般情况下，ν_{OH}在 3200～2500cm^{-1}一个较大的范围内以 3000cm^{-1}为中心有一个宽而散的峰，此吸收在 2700～2500cm^{-1}常有几个小峰，因为此区域其他峰很少出现，所以对判断羧酸很有用，这是由 C—O 伸缩振动和变形振动的倍频及组合频引起的。只是在很稀的溶液中，酸才以单体存在，此时ν_{OH}在 3550cm^{-1}有一个尖峰(图 8.16)。

(6) 酯有两个特征吸收，即$\nu_{C=O}$和ν_{C-O-C}。ν_{C-O-C}在 1330～1050cm^{-1}有两个吸收带(图 8.17)。

(7) 酸酐的特征吸收有$\nu_{C=O}$和ν_{C-O}。酸酐有两个连在同一原子上的羰基，它们振动偶合的结果产生了两个$\nu_{C=O}$吸收，相差 60cm^{-1}，分别在 1860～1800cm^{-1}和 1800～1750cm^{-1}(图 8.18)。

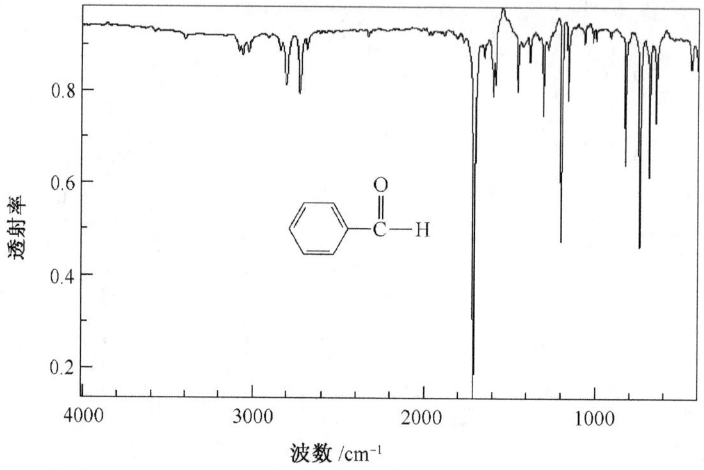

图 8.15　苯甲醛的红外光谱

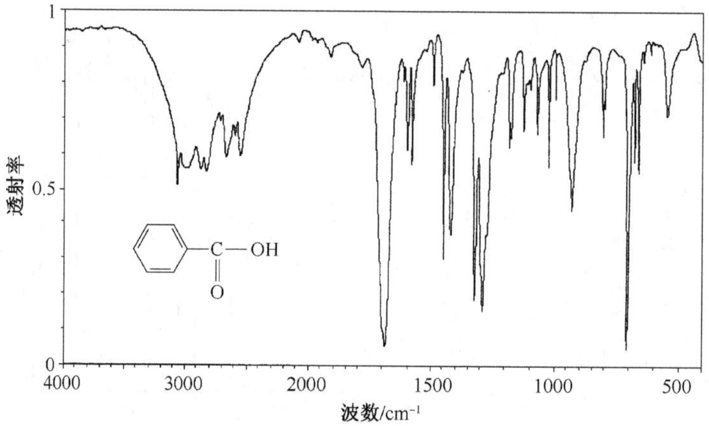

图 8.16　苯甲酸的红外光谱

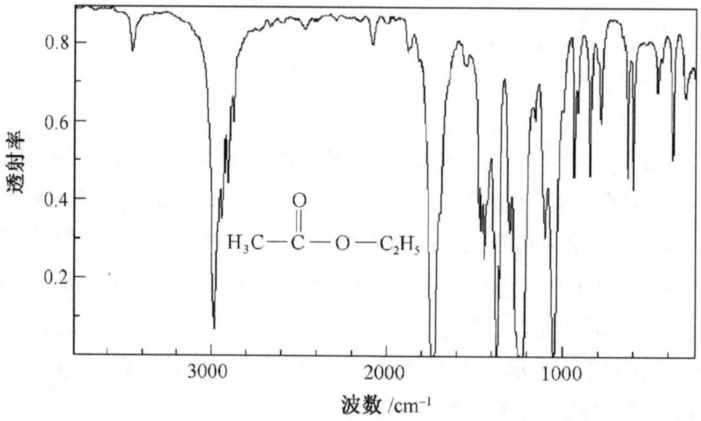

图 8.17　乙酸乙酯的红外光谱

（8）酰卤中由于卤素原子的吸电子效应，$\nu_{C=O}$ 移向高波数。酰胺中的$\nu_{C=O}$ 吸收峰如图 8.19 所示。

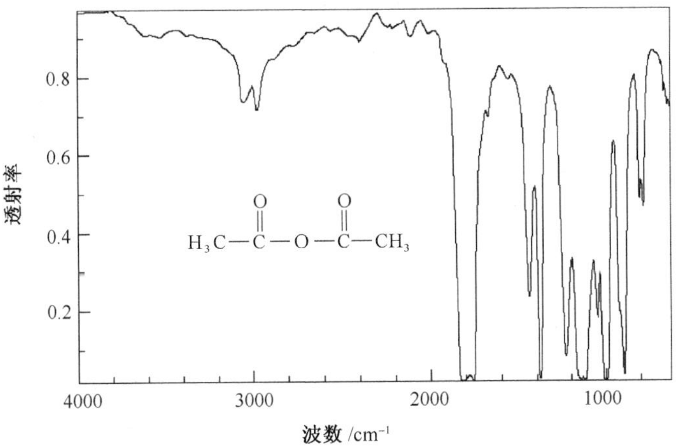

图 8.18　乙酸酐的红外光谱

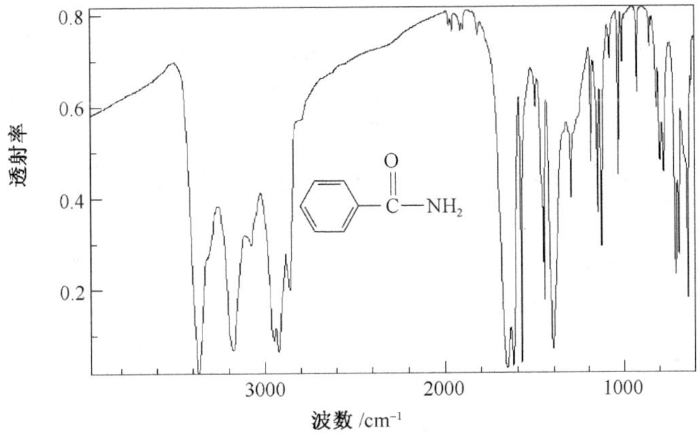

图 8.19　苯甲酰胺的红外光谱

7. 硝基化合物

硝基化合物的特征吸收是有两个很强的吸收带,很容易识别(图 8.20)。脂肪族中在 1565～1545cm^{-1} 和 1385～1350cm^{-1} 有吸收。芳香族中在 1550～1500cm^{-1} 和 1365～1290cm^{-1}有吸收。

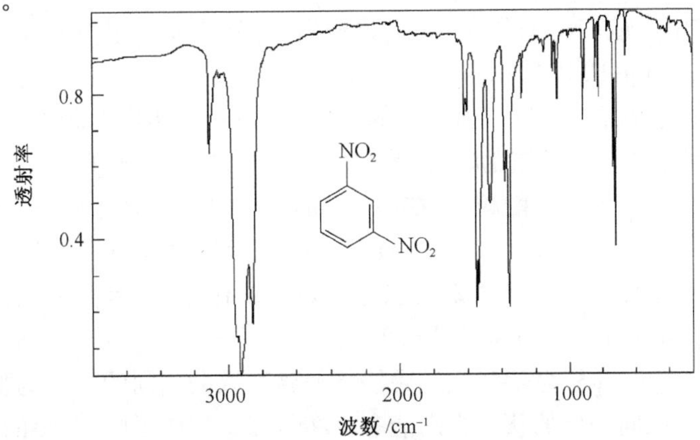

图 8.20　间二硝基苯的红外光谱

硝基化合物的$\nu_{C—N}$有弱吸收峰，脂肪族的$\nu_{C—N}$在920～850cm^{-1}有吸收，芳香族的$\nu_{C—H}$在868～832cm^{-1}有吸收。不过，一般化合物的红外光谱自1600cm^{-1}以下的峰都比较复杂，不予逐个辨认。

问题8.3　指出下列化合物中各种基团的特征吸收频率范围。

(1) 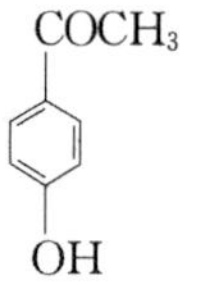

(2) 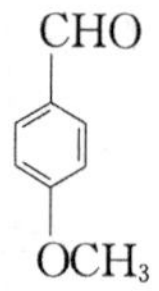

(3) 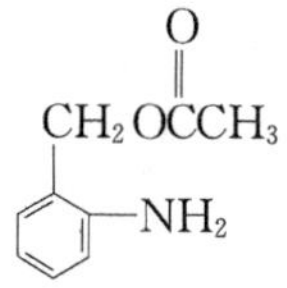

(4) 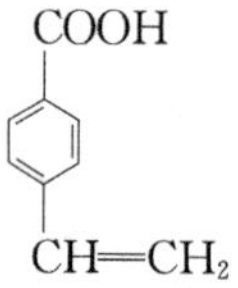

8.3　核磁共振谱

核磁共振(nuclear magnetic resonance，NMR)波谱学是近几十年发展的一门新学科。1945年以F. Bloch和E. M. Purcell为首的两个研究小组分别观测到水、石蜡中质子的核磁共振信号，他们因此荣获1952年诺贝尔物理奖。今天，核磁共振仪已成为化学、物理、生物、医药等研究领域中必不可少的实验工具，是研究分子结构、构型构象、分子动态等的重要方法。

常用的核磁共振谱有：氢谱(proton NMR)，用于分析氢原子的数目和类型；碳谱(carbon NMR)，用于分析碳原子的类型。

8.3.1　基本原理

核磁共振研究的对象是具有磁矩的原子核。原子核是由质子和中子组成的带正电荷的粒子，其自旋运动产生磁矩。但并非所有同位素的原子核都具有自旋运动，只有存在自旋运动的原子核才具有磁矩。

^{12}C、^{16}O、^{32}S等质量数和原子序数均为偶数的核，其自旋量子数(I)为零，因而没有自旋现象。

^{1}H、^{13}C、^{15}N等一些质量数为奇数、原子序数为奇数或偶数的核，其自旋量子数(I)不为零，可以有自旋现象，也就可以产生核磁共振谱。由于氢的同位素中^{1}H的天然丰度较大，磁性也较强，因此应用得最广泛的是^{1}H核磁共振谱，也称为质子磁共振谱(proton magnetic resonance spectroscopy，PMR)。

核磁共振的能源是无线电波。射频区的辐射波长较长，相应的频率和能量都较低。当这些低能量的无线电波与分子作用时，将改变原子(^{1}H和^{13}C)的核自旋。

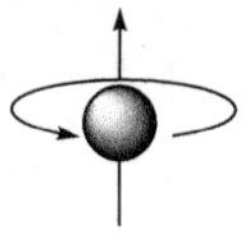

图8.21　自旋的质子产生磁场

当带电的粒子(如质子)进行自旋时，会产生磁场(图8.21)，因此，原子核可看成是一个小磁体，一般在无外磁场$\boldsymbol{B}_0$情况下核磁体自旋取向是任意的(图8.22)，但在外磁场$\boldsymbol{B}_0$作用下，有两种取向：与外磁场平行和逆平行的取向(图8.23)。

质子自旋产生的磁场与外磁场取向相同的状态为低能态；与外磁场取向相反的状态为高能态。在低能态的质子中，氢核的两种自旋取向与

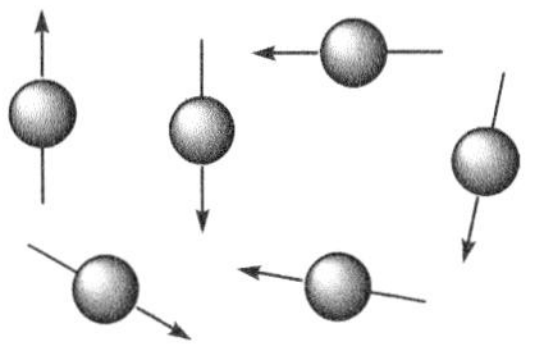

图 8.22　无外磁场核磁体随机分布

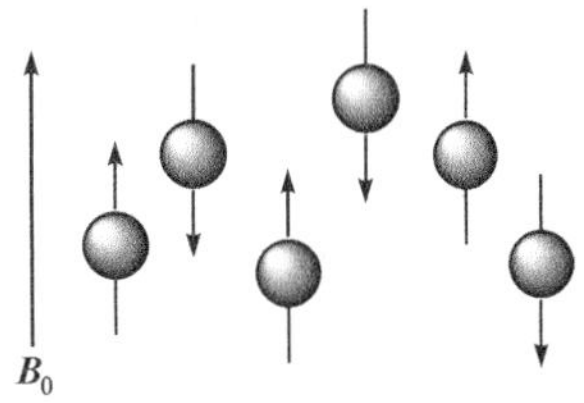

图 8.23　外磁场下核磁体定向分布

外磁场方向不完全平行，外磁场就要使氢核取向于外磁场的方向，也就是说，当具有磁矩的原子核置于外磁场中，它在外磁场的作用下，核自旋产生的磁场与外磁场发生相互作用，因而原子核的运动状态除了自旋之外，还要附加一个以外磁场方向为轴线的回旋，核一面自旋，一面围绕着外磁场方向发生回旋，这种回旋运动称为进动(图 8.24)。

核磁矩在外磁场的作用下旋进，可以求得其旋进角速度为 $\omega=\gamma\boldsymbol{B}_0$，若再在垂直于 $\boldsymbol{B}_0$ 的方向加一个频率在射频范围的交变磁场 $\boldsymbol{B}$ (图 8.25)，当其频率与核磁矩旋进频率一致时，便产生共振吸收。当交变磁场的频率 ν 所对应的能量 $h\nu$ 等于相邻子能级的能量差时，由 $\Delta E=[h\gamma/(2\pi)]B_0$ 可得 $h\nu=[h\gamma/(2\pi)]B_0$ (^{1}H，$\gamma=2.675\times10^8\,\mathrm{T^{-1}\cdot s^{-1}}$；^{13}C，$\gamma=6.688\times10^7\,\mathrm{T^{-1}\cdot s^{-1}}$)，则发生核磁共振的条件：

$$\nu=\frac{\gamma B_0}{2\pi}\qquad \omega=\gamma B_0$$

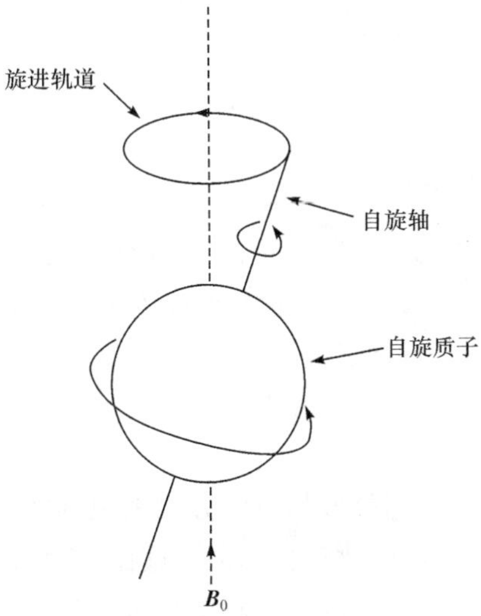

图 8.24　质子进动

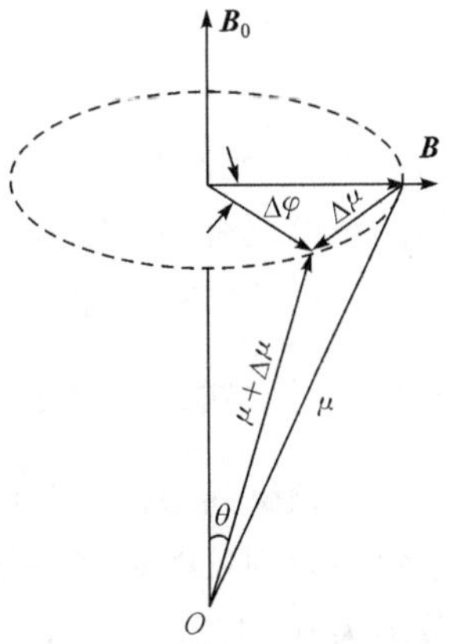

图 8.25　核磁共振原理示意图

在核磁共振中经常要考虑氢核(质子)的共振。例如，质子在外磁场中，由磁矩平行于 $\boldsymbol{B}_0$ 的态跃迁到反平行于 $\boldsymbol{B}_0$ 的态，$\Delta E=[h\gamma/(2\pi)]B_0$，于是共振频率为

$$\nu=\frac{\omega}{2\pi}=\frac{1}{2\pi}\gamma_{\mathrm{p}}B_0$$

外磁场强度 B_0 越大，质子两种能级的能量差越大，核磁共振需要的射频频率越大(图 8.26)。

$$\nu=\frac{\gamma}{2\pi}B_0$$

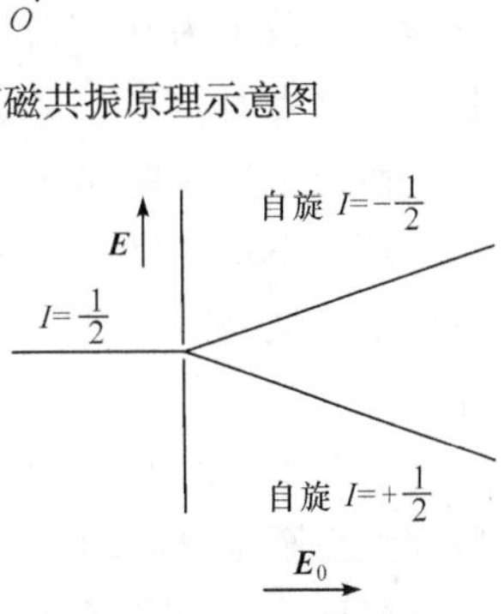

图 8.26　质子在外磁场 $\boldsymbol{B}_0$ 下的两个能级

$$=\frac{2.675\times10^{8}\,\mathrm{T^{-1}\cdot s^{-1}}}{2\times3.1416}\times7.046\mathrm{T}$$

$$=300\times10^{6}\,\mathrm{Hz}=300\mathrm{MHz}$$

由以上计算可知，当外磁场 B_0 为 7.046T 时，对于 ^{1}H NMR，仪器的操作频率为 300MHz；对 ^{13}C NMR，仪器的操作频率为 75MHz。

实现核磁共振，既可以保持磁场不变而调节入射电磁波的频率（扫频），也可以使用固定频率的电磁波照射，而调节样品所受的外磁场（扫场）。图 8.27 是扫场核磁共振示意图，其装置由四部分组成：

（1）永磁铁。用来产生强大的外磁场 $\boldsymbol{B}_0$，标准仪器产生的场强为 1.4T。

（2）扫描线圈。用于使外磁场 $\boldsymbol{B}_0$ 做微小振荡，从而在示波器上显示尖锐的共振峰。

（3）射频振荡器。用于产生固定频率的电磁辐射。

（4）探测器。用于探测从振荡器中吸收的能量。

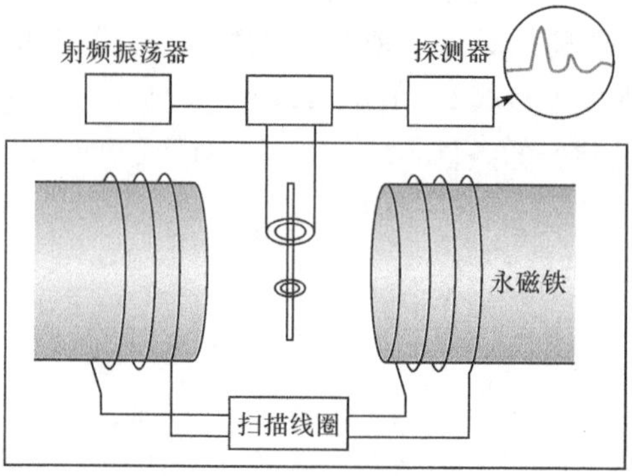

图 8.27　扫场核磁共振实验示意图

上述两种方法，无论哪一种，都称为连续扫描方式，以这样方式工作的谱仪称为连续波谱仪。这样的波谱仪有很多缺点：效率低，采样慢，难以累加，更不能实现核磁共振的新技术。因此连续波谱仪已被脉冲傅里叶变换核磁共振波谱仪取代。

8.3.2　傅里叶变换核磁共振波谱仪

一般连续波核磁共振仪是在核进动的频率范围内用扫频或扫场的方式来观察 NMR 信号的。由于每一时刻只能观察一条谱线，因此效率低。^{13}C 的化学位移范围远比 ^{1}H 宽。^{1}H 的化学位移范围为 0～15ppm①，^{13}C 的化学位移范围为 0～250ppm。显然 ^{13}C NMR 从头到尾扫描一次费时很多。又由于 ^{13}C 丰度低，信号太弱，必须用信号累加多次来解决这个问题。为了解决上述难题，必须采用脉冲傅里叶变换 NMR 仪（PFT-NMR 仪）。

PFT-NMR 仪是用一个强的射频，以脉冲方式（一个脉冲同时包含了一定范围的各种频率的电磁波）将样品中所有的核激发。为了提高信噪比，需要多次重复照射、接收，将信号累加。

现在生产的 PFT-NMR 仪大多是超导核磁共振仪，采用超导磁铁产生高的磁场。超导线圈浸泡在液氦中，为了减少液氦的蒸发，液氦外面用液氮冷却。这样的仪器可以做到 200～1000MHz。仪器性能大大提高，但消耗也大大增加。图 8.28 是 BRUKER 公司的 800MHz

---

① ppm 为非法定单位，1ppm $=10^{-6}$，下同。

超导核磁共振仪,其内部结构如图 8.29 所示。

图 8.28　BRUKER 公司 800MHz 超导核磁仪

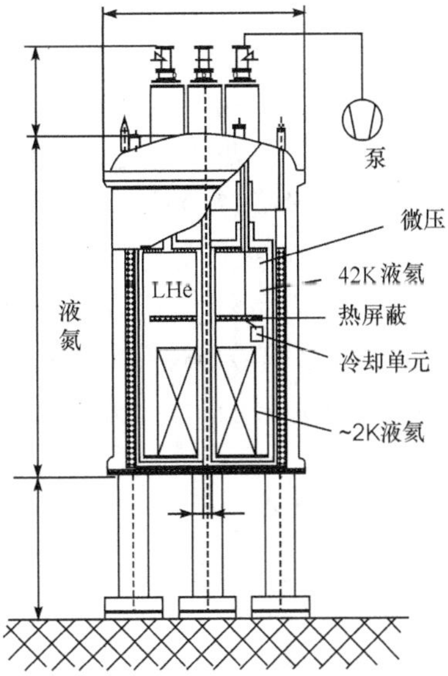

图 8.29　超导核磁内部结构示意图

8.3.3　^{1}H 的化学位移

如果所有的质子在一定强度的外磁场下吸收相同频率的辐射,都将有一个相同的单峰,这对结构分析毫无意义,但实际情况并非如此,因为核外有电子,在一定程度上,原子核被核外电子云屏蔽,而电子云密度又因不同的化学环境而不同,化学位移也将发生变化。

在外磁场的作用下,核外电子会在垂直于外磁场的平面上绕核旋转,形成微电流,同时产生对抗于外磁场的感应磁场(图 8.30)。感应磁场的方向与外磁场相反,强度与外磁场强度 B_0 成正比。感应磁场在一定程度上减弱了外磁场对磁核的作用。这种感应磁场对外磁场的屏蔽作用称为电子屏蔽效应。

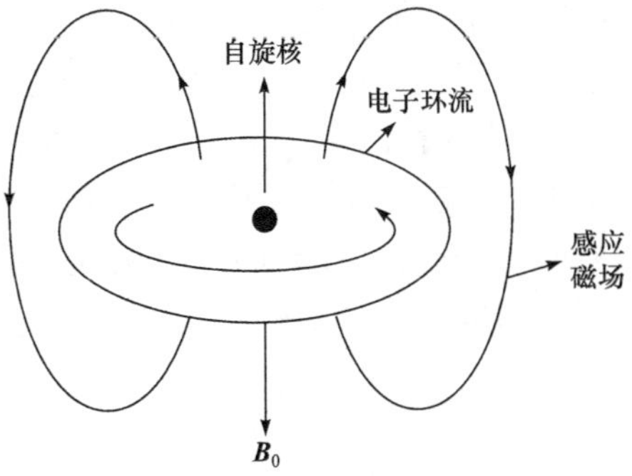

图 8.30　电子屏蔽

感应磁场用 $\sigma \cdot B_0$ 表示,σ 称为屏蔽常数。σ 的大小与核外电子云的密度有关。核外电子云密度越大,σ 就越大,$\sigma \cdot B_0$ 也就越大。在 B_0 中产生的与 B_0 相对抗的感应磁场越强,核实际感受到的磁场强度(称有效磁场)就越弱。也就是说,实际作用于原子核的静磁场强度不是 B_0 而是 $B_0(1-\sigma)$。σ 反映核外电子对核的屏蔽作用的大小,也就是反映了核所处的化学环境,所以 $\nu=\dfrac{\omega}{2\pi}=\dfrac{1}{2\pi}\gamma_{\mathrm{p}}B_0$ 应写为

$$\nu=\frac{\gamma}{2\pi}B_0(1-\sigma)$$

各种官能团的原子核因有不同的 σ,故其共振频率 ν 不同,也可以设想为:选用某一固定的电磁波频率,扫描磁感强度而作图。核磁谱图的横坐标从左到右表示磁感强度增强的方向。σ 大的原子核,$(1-\sigma)$ 小,B_0 需要有相当的增加才能满足共振条件,即这样的原子核将在右方出峰。因 σ 总是远远小于 1,峰的位置不便精确测定,故在实验中采用某一标准物质

作为基准,以其峰位作为核磁谱图的坐标原点。不同官能团的原子核谱峰位置相对于原点的距离,反映了它们所处的化学环境,称为化学位移。

化学位移一般用符号 δ 表示。由于有机化合物中各种类型的氢核的化学位移的差异为百万分之十左右,在几十和几百兆赫的仪器上,难以测得精确数值。因此一般采用相对值表示化学位移,即将屏蔽效应强的四甲基硅烷[$Si(CH_3)_4$,简写成 TMS]作为标准物质,选用四甲基硅烷 TMS 作化学位移参比物质的原因是它的 12 个等同质子受到硅原子的强屏蔽作用,在高场区出现一个尖锐的强峰,它在大多数有机溶剂中易溶,呈现化学惰性;沸点低(26.5℃),因而样品易回收。在氢谱和碳谱中都将 TMS 的化学位移设为 0。大多数有机化合物的^{1}H NMR 信号出现在 TMS 的左侧,规定为正值;少数化合物的信号出现在 TMS 右侧的高场区,用负号表示。这样化学位移值的定义为

$$\delta = \frac{B_{标准} - B_{样品}}{B_{标准}} \times 10^6$$

或

$$\delta = \frac{\nu_{样品} - \nu_{TMS}}{\nu_0} \times 10^6$$

式中,$B_{样品}$、$B_{标准}$分别为在固定电磁波频率时,样品、标准物质满足共振条件时的磁感强度;$\nu_{样品}$、ν_{TMS}、ν_0 分别为样品信号频率、TMS 信号频率、仪器的电磁波频率;δ 的单位是 ppm,量纲为一。

由于屏蔽作用,氢核实际感受到的磁场强度比外加磁场低,当氢与不同原子或基团相连时,由于这些原子或基团的电子效应不同,氢周围电子密度不同,因此受到的屏蔽作用的大小也不同。在某些情况下,感应磁场与外加磁场一致,则氢核实际感受到的磁场强度比外加强场高,称为氢受到去屏蔽作用(如苯环平面上及 C—C 上的氢)。这样与一个孤立的氢核相比,如果所加电磁辐射频率不变,则受到屏蔽作用的氢,需要增高磁场强度才能发生共振。相反,受到去屏蔽作用的氢,则可在较低的磁场强度下发生共振吸收,所以屏蔽作用使氢核的共振吸收移向高场,而去屏蔽作用使氢核的共振吸收移向低场。不同化学环境中的氢受到的屏蔽或去屏蔽作用不同,从而化学位移的数值不同。大多数氢的 δ 值为 0～10ppm。氢核在电子密度大的环境中,屏蔽效应增强,峰位值右移,至高场;在电子密度小的环境中,屏蔽效应减弱(去屏蔽效应增强),峰位值左移,至低场(图 8.31)。

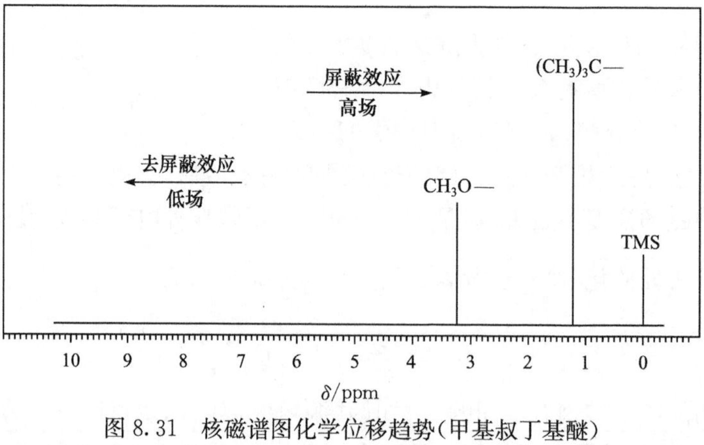

图 8.31 核磁谱图化学位移趋势(甲基叔丁基醚)

核磁共振谱是由吸收峰的强度相对化学位移作图得到的。核磁共振谱给出以下信息:吸收峰数——多少种不同化学环境质子;峰的位置(化学位移)——质子类型;峰的面积——

每种质子数目。

核磁共振谱的图纸的横坐标自右向左一般由 0ppm 标至 10ppm，以表示化学位移的值。一般在图纸的上方标有频率数，在测定时，将 TMS 的吸收峰调至 0ppm，与其相对应的频率也为 0Hz。由右向左频率逐渐升高，而磁场强度则为由高至低。

乙基苯的^1H NMR 谱（图 8.32）中出现三处峰（δ 分别是 1.22ppm、2.63ppm 和 7.18ppm），说明分子中有三组氢所处的化学环境是不同的，不同基团处有不同的峰值数目，这是由不同基团间核的自旋偶合作用引起的能级分裂而造成的。谱线还有一定的宽度，吸收峰的面积与相应基团中氢核的数目正比。因而对吸收曲线所包围面积进行积分，便可知各基团中包含氢核的数目。核磁共振仪中配置的电子积分器，可把谱线强度画成阶梯式的线，以阶梯的高度代表峰面积的相对值。由图 8.32 可知，乙基苯三个基团中氢核的数目比为 5∶2∶3。此外，右边的峰是 CH_3 中的氢，它们受到屏蔽作用，所以在高场吸收；苯环平面上的氢受到去屏蔽作用，所以其吸收峰出现在低场，δ 值大于 7ppm。

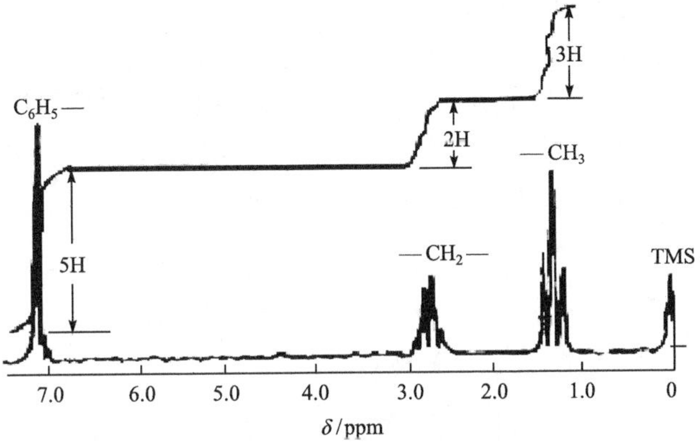

图 8.32　乙基苯的^1HNMR 谱

综上所述，由^1H 核磁共振信号的数目可以知道有机物分子中有几类化学环境不同的氢原子，信号的位置则显示各类氢所处的电子环境，核磁共振谱峰面积与吸收的质子数成正比，所以^1H 核磁共振谱是有机物结构测定中极为重要的物理方法。

8.3.4　影响化学位移的因素

影响化学位移的因素很多，主要从以下几方面考虑。

1. 诱导效应

电负性取代基降低氢核外围电子云密度，其共振吸收向低场位移。δ 值增大。例如

	CH_3F	CH_3OH	CH_3Cl	CH_3Br	CH_3I	CH_4	TMS
δ/ppm	4.06	3.40	3.05	2.68	2.16	0.23	0
X 电负性	4.0	3.5	3.0	2.8	2.5	2.1	1.8

值得注意的是，诱导效应是通过成键电子传递的，随着与电负性取代基距离的增大，诱导效应的影响逐渐减弱，通常相隔三个以上碳的影响可以忽略不计。

2. 共轭效应

当吸电子基或给电子基与碳-碳双键共轭时，双键碳上的质子的电子云密度会发生改

变，其吸收峰也会发生位移。电子云密度增加，屏蔽作用增强；电子云密度降低，屏蔽作用减弱。以乙酸乙烯酯、乙烯、丙烯酸甲酯的双键碳上质子的化学位移为例，可以看出这个影响。

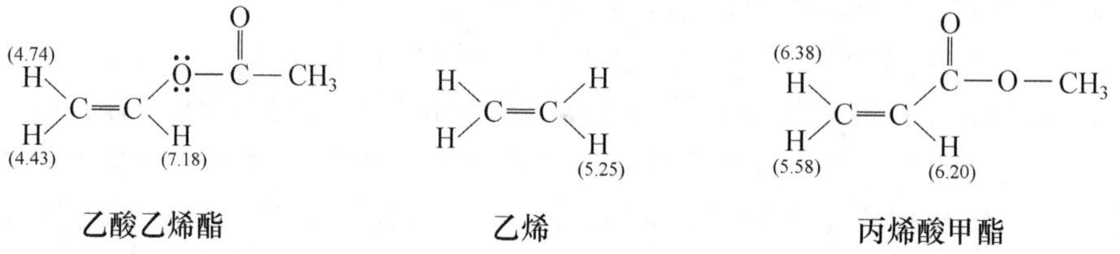

3. 化学键的各向异性

分子中氢核与某一功能基的空间关系会影响其化学位移值，这种影响称为各向异性。如果这种影响仅与功能基的键型有关，则称为化学键的各向异性，是由成键电子的电子云分布不均匀性导致在外磁场中所产生的感生磁场的不均匀性引起的。

叁键：炔氢与烯氢相比，δ 值应处于较低场，但事实相反。这是因为 π 电子云以圆柱形分布，构成筒状电子云，绕碳-碳键而成环流。产生的感生磁场沿键轴方向为屏蔽区。炔氢正好位于屏蔽区(图 8.33)。乙炔氢的 δ 值为 1.80ppm。

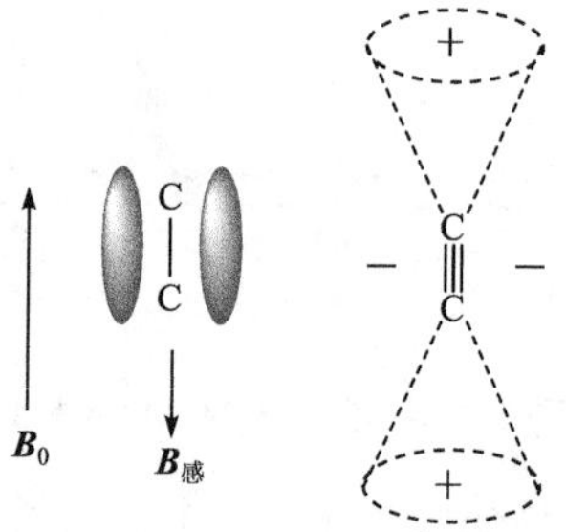

图 8.33 叁键的 π 电子云屏蔽及去屏蔽效应

双键：π 电子云分布于成键平面的上、下方，平面内为去屏蔽区。与 sp^2 杂化碳相连的氢位于成键的平面内(处于去屏蔽区)，较炔氢低场位移(图 8.34)。乙烯氢的 δ 值为 5.25ppm；醛氢的 δ 值为9～10ppm。

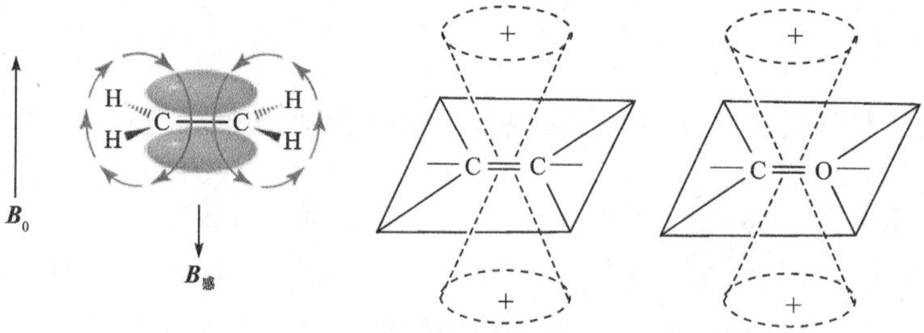

图 8.34 双键的 π 电子云屏蔽及去屏蔽效应

芳环体系：芳外的大 π 键电子云在外磁场 B_0 作用下，会在芳环平面上方和下方产生垂直于 B_0 的环形电子流，其感应磁场的方向与 B_0 相反，因此，在芳环的上方和下方出现屏蔽区。而在芳环平面上出现去屏蔽区(图 8.35)。因为苯环质子处于苯环外的去屏蔽区,所以其共振信号出现在低场(δ=7.27ppm),如果化合物分子中有质子处于苯环的屏蔽区,则其共振信号向高场位移。

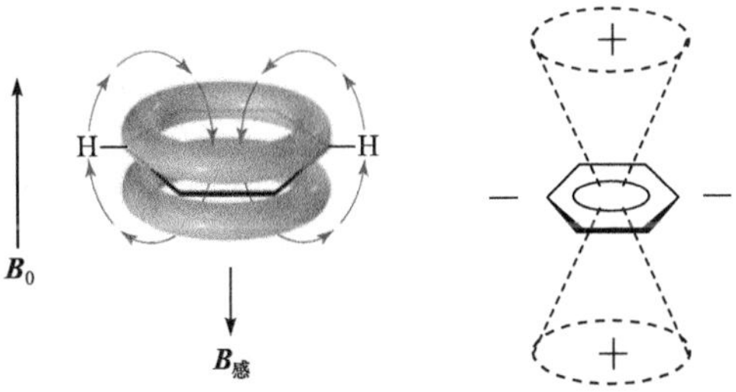

图 8.35　苯环的 π 电子云屏蔽及去屏蔽效应

单键:碳-碳单键的电子产生的各向异性较小。随着 CH_3 中氢被碳逐步取代,剩下的氢受到的去屏蔽效应增大,所以 H_3C—、—CH_2—、$\mathrm{HC}\!<$ 中质子的 δ 值依次增大。

此外,范德华效应、氢键效应、浓度、温度、溶剂等对 δ 值都有影响。

8.3.5　各类质子的化学位移

在有机化合物分子中,化学环境相同的磁等性质子具有相同的化学位移。例如,苯、环己烷、丙酮分子中的质子都分别处于同一化学环境中,因而分别有相同的化学位移值。而溴乙烷分子中有两组化学环境不相同的磁不等性质子,因而有两组化学位移不同的吸收峰。化学位移主要取决于官能团的性质及邻近基团的影响,而且各类质子的化学位移值总是在一定的范围内,这样为我们根据谱图推测化合物结构提供了方便。常见化合物的 ^{1}H 化学位移大致范围如图 8.36 所示。

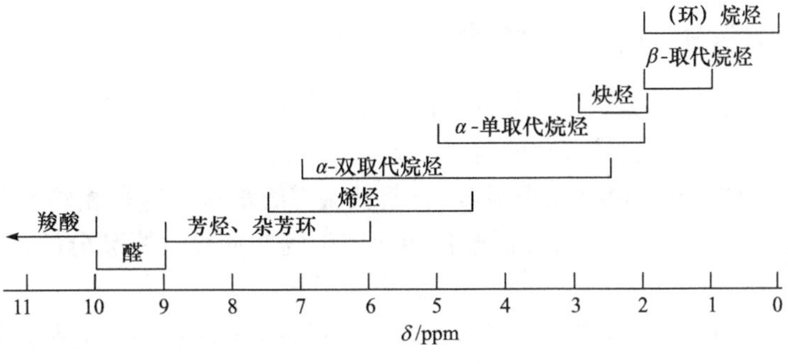

图 8.36　常见化合物的 ^{1}H 化学位移

各种基团的 ^{1}H 化学位移范围(以 TMS 为标准)见表 8.5。

表 8.5　一些典型基团质子的化学位移值范围(单位:ppm)

结构单元	化学位移	结构单元	化学位移
	0.2	—C≡C—H	2～3
R—CH_3	0.9	R—O—C—H (C 上下各有一键)	3.2～3.9

续表

结构单元	化学位移	结构单元	化学位移
$\mathrm{R{-}C\underline{H}_2{-}R}$	1.3	$\mathrm{\underline{H}{-}\overset{\vert}{\underset{\vert}{C}}{-}\overset{O}{\overset{\Vert}{C}}{-}OR}$	2～2.2
$\mathrm{R_3C\underline{H}}$	1.5	$\mathrm{\underline{H}{-}\overset{\vert}{\underset{\vert}{C}}{-}\overset{O}{\overset{\Vert}{C}}{-}OH}$	2～2.6
$\mathrm{{-}\overset{\vert}{C}{=}\overset{\vert}{C}{-}C\underline{H}_3}$	1.8～2.4	$\mathrm{R{-}N\underline{H}_2}$	1～5
$\mathrm{C_6H_5{-}\overset{\vert}{\underset{\vert}{C}}{-}\underline{H}}$	2.1～2.8	$\mathrm{R{-}O\underline{H}}$	1～5.5
$\mathrm{R{-}\overset{O}{\overset{\Vert}{C}}{-}\overset{\vert}{\underset{\vert}{C}}{-}\underline{H}}$	2.0～2.5	$\mathrm{R{-}\overset{O}{\overset{\Vert}{C}}{-}O{-}\overset{\vert}{\underset{\vert}{C}}{-}\underline{H}}$	3.6～4.4
$\mathrm{{>}N{-}\overset{\vert}{\underset{\vert}{C}}{-}\underline{H}}$	2.5～3.2	$\mathrm{NaO_3S{-}O{-}\overset{\vert}{\underset{\vert}{C}}{-}\underline{H}}$	3.8～4.5
$\mathrm{I{-}\overset{\vert}{\underset{\vert}{C}}{-}\underline{H}}$	2.1～2.6	$\mathrm{{-}\overset{\vert}{C}{=}\overset{\vert}{C}{-}\underline{H}}$	4.6～6.2
$\mathrm{Br{-}\overset{\vert}{\underset{\vert}{C}}{-}\underline{H}}$	2.6～3.2	$\mathrm{Ar{-}\underline{H}}$	6.5～8.5
$\mathrm{Cl{-}\overset{\vert}{\underset{\vert}{C}}{-}\underline{H}}$	3.0～3.5	$\mathrm{R{-}\overset{O}{\overset{\Vert}{C}}{-}\underline{H}}$	9.0～10.0
$\mathrm{F{-}\overset{\vert}{\underset{\vert}{C}}{-}\underline{H}}$	4.2～4.7	$\mathrm{R{-}\overset{O}{\overset{\Vert}{C}}{-}O{-}\underline{H}}$	10～13
$\mathrm{{-}\overset{\vert}{C}{=}\overset{\vert}{C}{-}\underline{H}}$	4.7～5.3		

8.3.6 自旋-自旋偶合与自旋-自旋裂分

在乙基苯的^{1}H NMR谱(图8.37)中,出现了三组峰,但是每组峰的峰数不相同,有的是三重峰,有的是四重峰,有的是多重峰等。出现这种现象的原因是分子中相邻质子间发生了自旋相互作用,影响对方的核磁共振吸收,引起共振谱线增多。这种相邻原子核之间的相互作用称为“自旋-自旋偶合”,由自旋偶合作用而产生的共振吸收峰裂分的现象,称为“自旋-自旋裂分”。

如前所述,氢核在磁场中有两种不同的取向。因此,与外磁场方向相同的自旋,起到加强外磁场的作用;而与外磁场方向相反的自旋,则起到减弱外磁场的作用。以1,1,2-三溴乙烷($\mathrm{Br_2C\overset{a}{H}{-}C\overset{b}{H}_2Br}$)为例,分子中有两类质子$H_a$与$H_b$,但它的核磁共振氢谱不是两个吸收峰,而是两组峰(图8.38)。一组为三重峰(H_a),另一组为双峰(H_b)。H_b核受到H_a的偶合作用。H_a有两种取向:↑与↓。若外磁场方向为↑,与外磁场方向相同的自旋起到加强外磁场的作用,共振峰出现在低场;而与外磁场方向相反的自旋,则起到减弱外磁场的作用,共振峰出现在高场,使H_b裂分为双峰,峰的比例为1∶1。两个H_b共有3种组合:↑↑、↓↑与↑↓、↓↓。同理,使H_a的吸收峰裂分为三重峰,其强度比为1∶2∶1。

由此可推论,若氢核的邻近有n个与之偶合常数相同的氢,则该氢核的吸收峰将裂分为$n+1$重峰,即$n+1$规律。按此规律裂分的谱图称为一级谱。

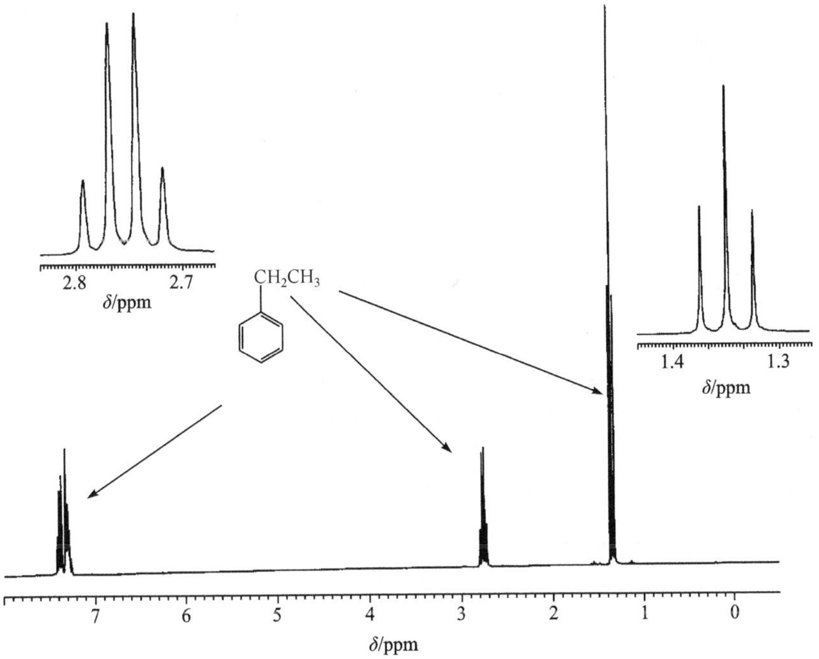

图 8.37　乙基苯的[1]H NMR 谱

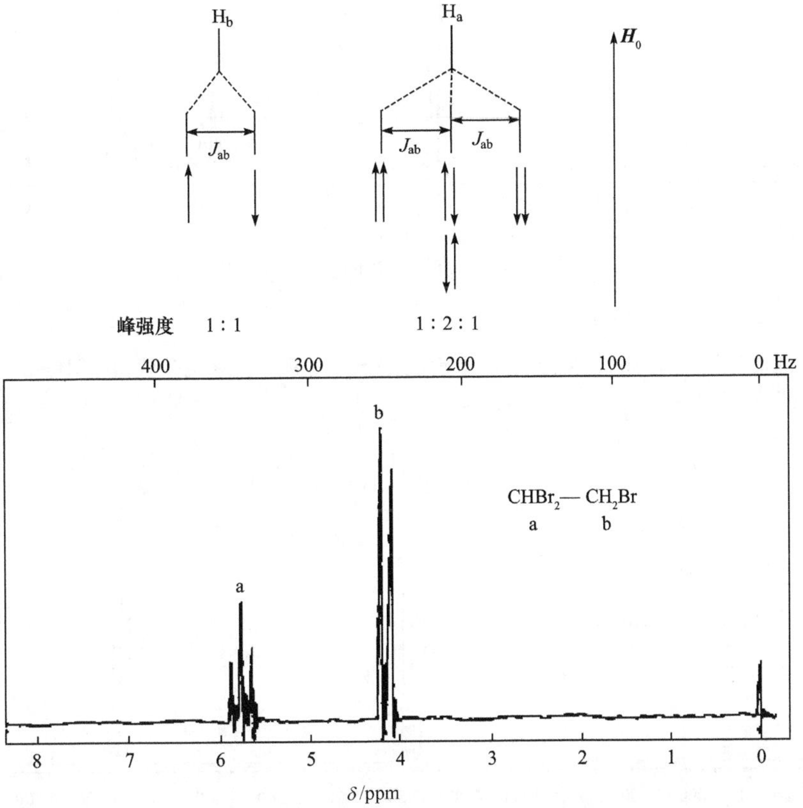

图 8.38　1,1,2-三溴乙烷的[1]H NMR 谱

$(n+1)$规律：一个信号被裂分的数目取决于相邻碳上^{1}H 的数目，如果相邻碳上有 n 个氢，则该信号被裂分为$(n+1)$重峰。裂分峰强度比符合二项式展开系数比，即$(a+b)^n$ 展开系数比可由巴斯卡三角形求得。

单峰	1
二重峰	1　1
三重峰	1　2　1
四重峰	1　3　3　1
五重峰	1　4　6　4　1

现在可以很容易看懂 $CH_3CH_2CH_2NO_2$ 的^{1}H NMR 谱(图 8.39)。

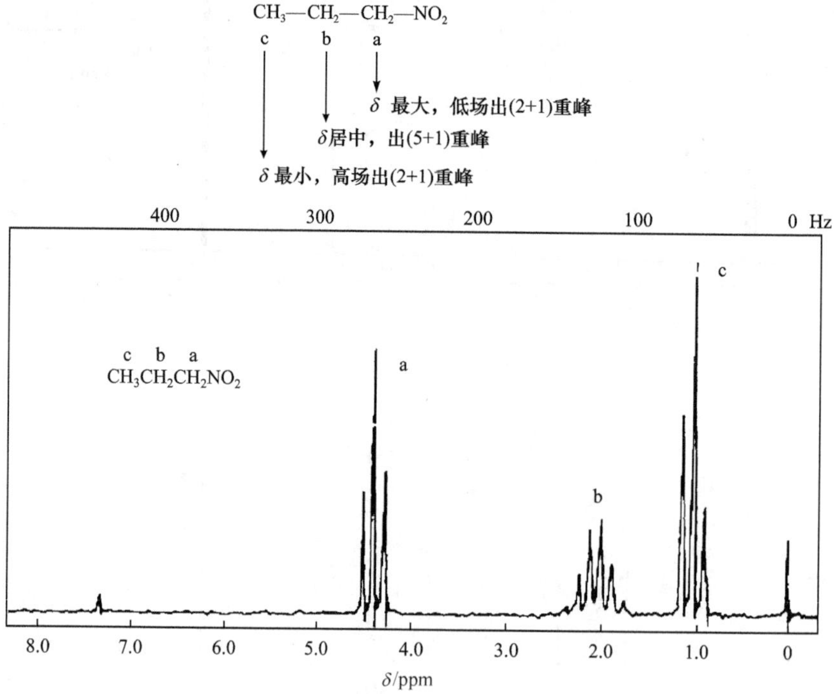

图 8.39　1-硝基丙烷的^{1}H NMR 谱

问题 8.4　普通乙醇的^{1}H NMR 谱如图 8.40 所示，请指出各个基团上氢的位置，并解释原因。

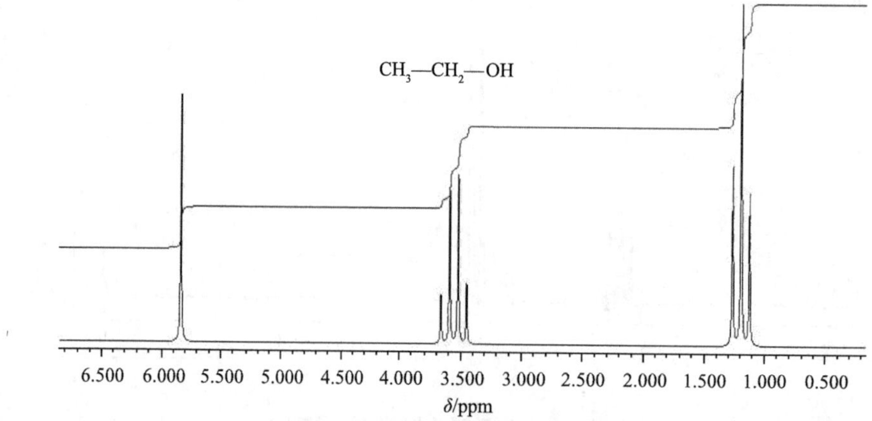

图 8.40　普通乙醇的^{1}H NMR 谱

问题 8.5　某化合物分子式为 $C_8H_{12}O_4$，^{1}H NMR 谱如图 8.41 所示，请推导其结构。

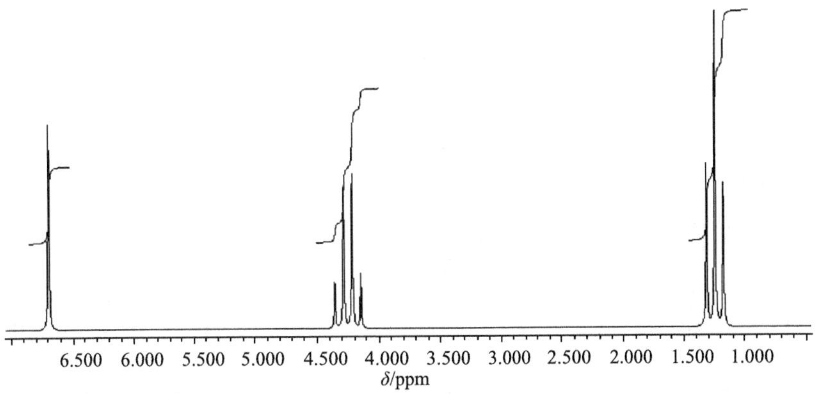

图 8.41　$C_8H_{12}O_4$ 的[1]H NMR 谱

值得注意的是，严格来说 $(n+1)$ 规律是指某组环境相同的氢核与 n 个环境相同的氢核（或 $I=1/2$ 的核）偶合，则被裂分为 $(n+1)$ 条峰。如果某组环境相同的氢核分别与 n 个和 m 个环境不同的氢核（或 $I=1/2$ 的核）偶合，则被裂分为 $(n+1)(m+1)$ 重峰（实际谱图可能出现谱峰部分重叠，小于计算值），如图 8.42 所示。

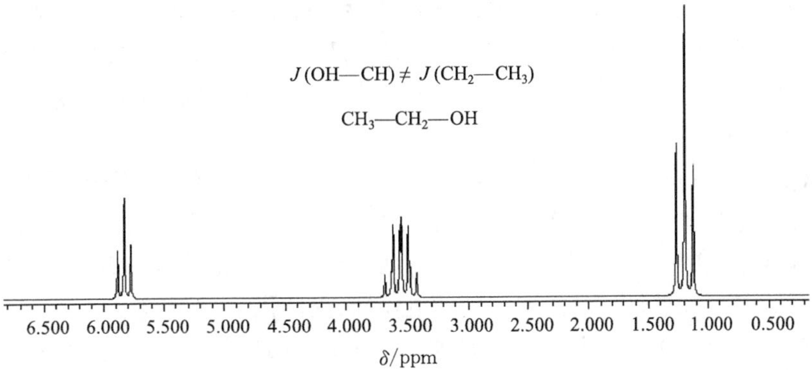

图 8.42　高纯乙醇的[1]H NMR 谱

图 8.43、图 8.44 列举了一些化合物的[1]H NMR 谱。

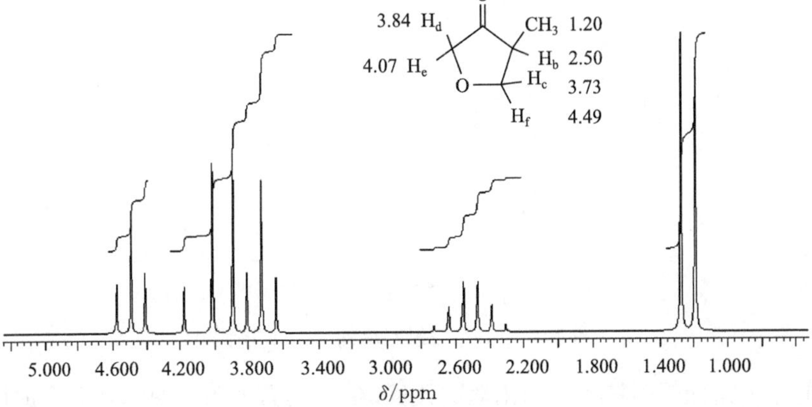

图 8.43　3-氧杂环环戊酮衍生物的[1]H NMR 谱

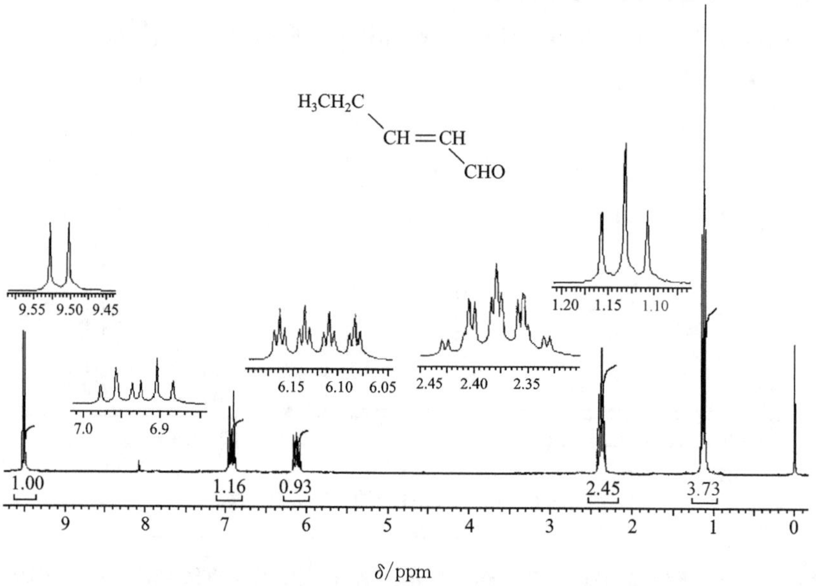

图 8.44 C_2H_5CH═CHCHO 的 ^1H NMR 谱

8.3.7 偶合常数和核的等价性质

自旋偶合会产生共振峰的裂分，两相邻裂分峰之间的距离（以 Hz 为单位）称为偶合常数，用 J 表示。J 的大小表明自旋核之间偶合程度的强弱。与化学位移的频率差不同，J 不因外磁场的变化而变化，受外界条件（如温度、浓度及溶剂等）的影响也比较小，它只是化合物分子结构的一种属性。

偶合常数也是核磁共振谱的重要数据，与化合物的分子结构关系密切，在推导化合物的结构，尤其在确定立体结构时很有用处。由于磁核间的偶合作用是通过化学键成键电子传递的，因而偶合常数的大小主要与互相偶合的两个磁核间的化学键的数目及影响它们之间电子云分布的因素（如单键、双键、取代基的电负性、立体化学等）有关。

裂峰的距离 (ppm)乘以核磁频率数（如 400MHz）就是偶合常数 J 值 (Hz)。

J_{ab}表示质子 a 被质子 b 裂分的偶合常数，两个质子相互偶合的偶合常数相等，即$J_{ab}=J_{ba}$（图 8.45）。

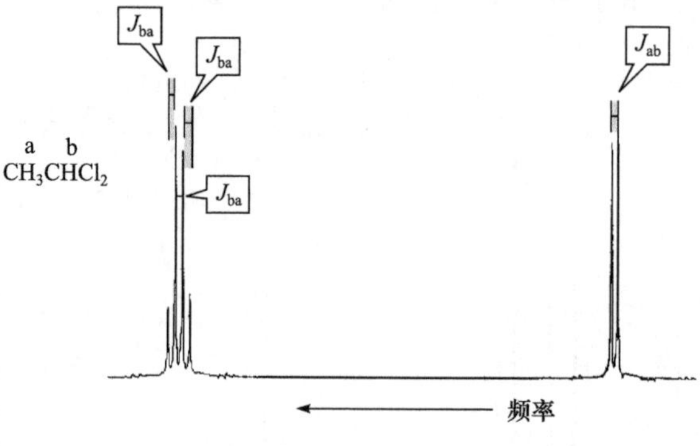

图 8.45 1,1-二氯乙烷的 ^1H NMR 谱

在 J 的左上角标明两核相距的化学键数目，在 J 的右下角标明相互偶合的两个核的种类。例如，^{13}C—^1H 之间的偶合只相隔一个化学键，因此表示为$^1J_{C-H}$，而^1H—C—C—^1H 中

两个[1] H 之间相隔三个化学键，其偶合常数表示为$^{3}J_{H-H}$。

乙酸乙烯酯的有关的偶合常数如下：

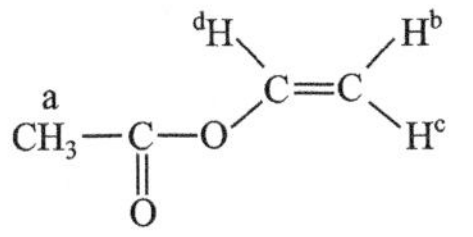

δ/ppm　H_a: 2.08　H_b: 4.43
　H_c: 4.74　H_d: 7.18

J_{bc}=1.4 Hz　J_{bd}=6.4 Hz　J_{cd}=14.0Hz

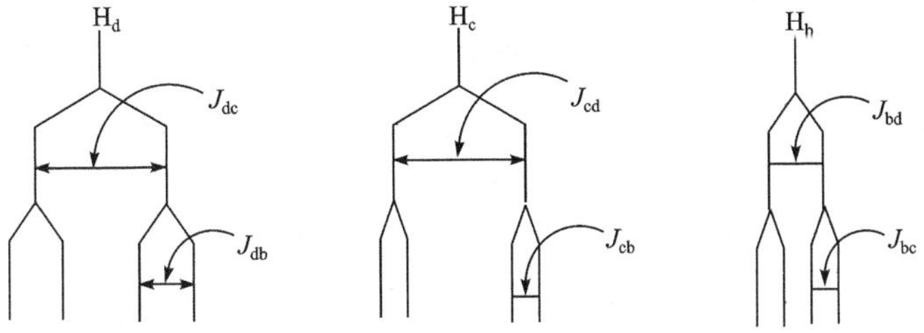

$J_{dc} > J_{db}$　　$J_{cd} > J_{cb}$　　$J_{bd} > J_{bc}$

常用的质子偶合常数值见表 8.6。

表 8.6　常用的质子偶合常数值

结构类型	J_{ab}/Hz	J_{ab}典型值	结构类型	J_{ab}/Hz	J_{ab}典型值
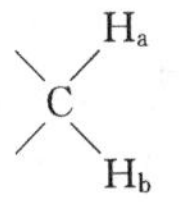	0～30	12～15	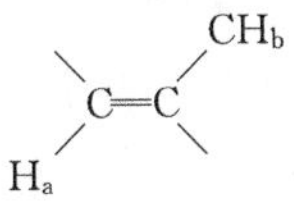	0～3	1
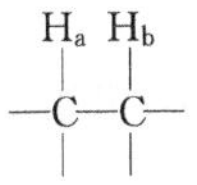	6～8	7	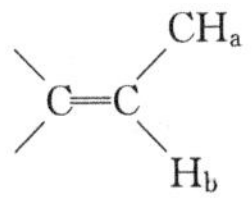	4～10	7
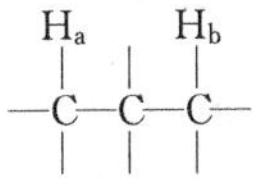	0～1	0	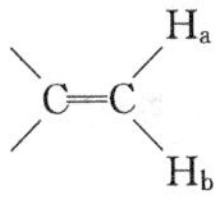	0～3	2
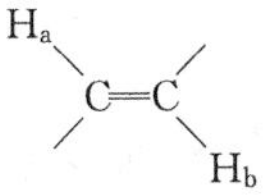	12～18	14～17	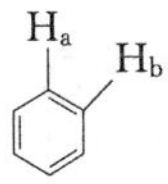	6～10	9
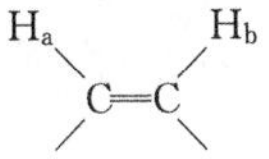	6～12	10	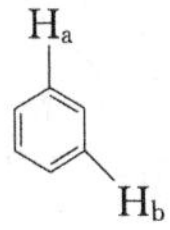	1～3	3
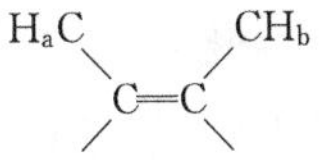	0～3	2	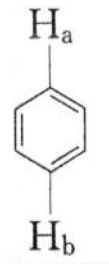	0～1	0

化学等价：在核磁共振谱中，分子中若有一组核，其化学位移严格相等，则这组核称为彼此化学等价的核。例如，CH_3CH_2Cl 中的甲基三个氢，它们的化学位移相等，为化学等价氢，同样亚甲基的两个氢也是化学等价的氢。又如，苯环上六个氢的化学位移相同，它们是化学等价的。化学等价与否是决定 NMR 谱图复杂程度的重要因素。

磁等价：分子中的一组氢核，其化学位移相同，且对组外任何一个原子核的偶合常数也相同。例如，在二氟甲烷中，H_1 和 H_2 质子的化学位移相同，并且它们对 F_1 或 F_2 的偶合常数也相同，因此，H_1 和 H_2 称为磁等价核。应该指出，它们之间虽有自旋干扰，但并不产生峰的分裂，而只有磁不等价的核之间发生偶合时，才会产生峰的分裂。

化学等价的核不一定是磁等价的，而磁等价的核一定是化学等价的。例如，在二氟乙烯中，两个氢和两个氟虽然环境相同，是化学等价的，但是由于 H_1 与 F_1 是顺式偶合，与 F_2 是反式偶合，同理 H_2 和 F_2 是顺式偶合，与 F_1 是反式偶合，因此 H_1 和 H_2 是磁不等价。同样两个 ^{19}F 也是磁不等价的。

应该指出，在同一碳上的质子不一定都是磁等价的。事实上，与手性碳原子相连的—CH_2—上的两个氢核就是磁不等价的。例如，在化合物 2-氯丁烷中，H_a 和 H_b 质子是磁不等价的。在解析谱图时，必须弄清某组氢核是化学等价还是磁等价，这样才能正确分析谱图。

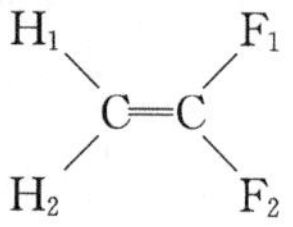

2-氟乙烯

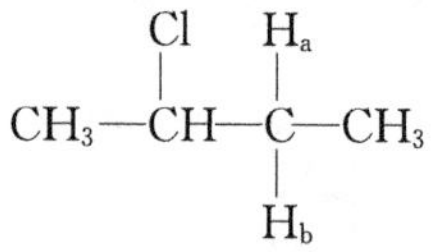

2-氯乙烷

8.3.8 氢谱的解析步骤

(1) 检查谱图是否规则。四甲基硅烷的信号应在零点，基线平直，峰形尖锐对称(有些基团，如—$CONH_2$ 峰形较宽)，积分曲线在没有信号的地方也应平直。

(2) 识别杂质峰、溶剂峰等非待测样品的信号。

(3) 从积分曲线算出各组信号的相对面积，再参考分子式中氢原子数目，来决定各组峰代表的质子数目。也可用可靠的甲基信号或孤立的次甲基信号为标准计算各组峰代表的质子数。

(4) 根据各组峰的化学位移、偶合常数、峰形与化学结构之间的关系，推出可能的结构单元。可先解析一些特征的强峰、单峰，如 CH_3O、CH_3N、$CH_3-\overset{|}{C}=O$、$CH_3-C=$、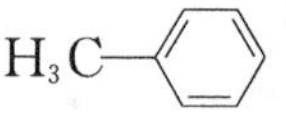等，识别低场的信号，醛基、羧基、烯醇、磺酸基质子均在 9～16ppm，再考虑其他偶合峰，推导基团的相互关系。

(5) 必要时，可采用其他技术手段使谱图简化，用于解析复杂谱图。

(6) 结合元素分析、红外光谱、紫外光谱、质谱、^{13}C NMR 谱和化学分析的数据推导化合物的结构。

(7) 仔细核对各组信号的化学位移和偶合常数与推定的结构是否相符，必要时，找出类似化合物的共振谱进行比较，进而确定化合物的结构式。

例如，某未知物分子式为 $C_5H_{12}O$，其^1H NMR 谱如图 8.46 所示，求其化学结构。

从分子式 $C_5H_{12}O$ 求得化合物的不饱和度为零，故此未知物为饱和脂肪族化合物。未知物的^1H NMR 谱中有三个单峰，其积分高度比为 1∶2∶9(从低场到高场)，其中 δ 4.1ppm 处的宽峰经重水交换后消失，说明分子中存在羟基。δ 0.9ppm 处的单峰相当于 9 个质子，可看成是连在同一个碳上的三个甲基。δ 3.2ppm 处的单峰相当于两个质子，对应于一个亚甲基，从其化学位移值可知该亚甲基是与电负性强的基团相连，即分子中存在—CH_2OH 结构单元。因此未知物的结构为

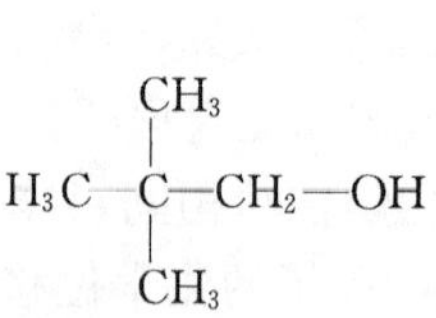

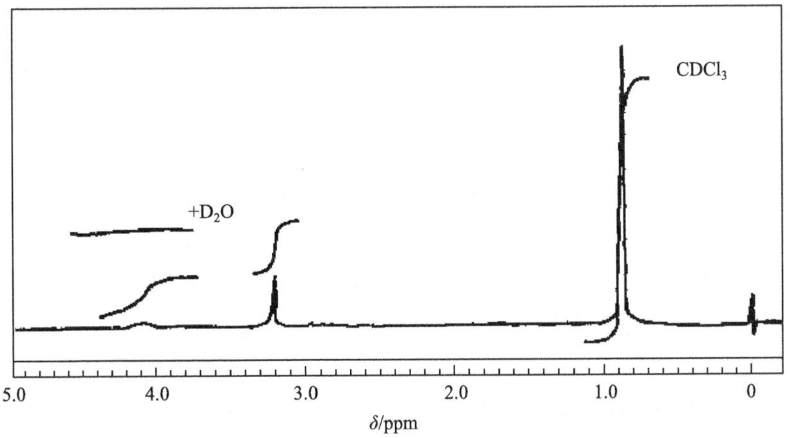

图 8.46　化合物 $C_5H_{12}O$ 的 ^1H NMR 谱

又如，某化合物的分子式为 $C_6H_{10}O_3$，其 ^1H NMR 谱如图 8.47 所示，试确定该化合物的结构。

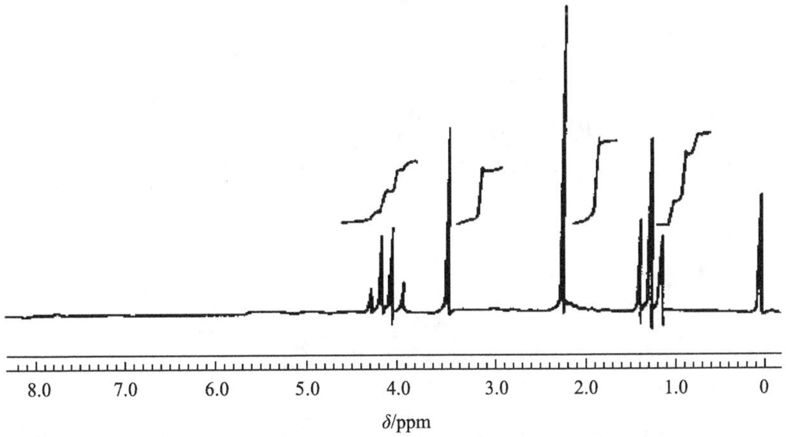

图 8.47　化合物 $C_6H_{10}O_3$ 的 ^1H NMR 谱

从化合物分子式 $C_6H_{10}O_3$ 求得未知物的不饱和度为 2，说明分子中含有 C═O 或 C═C。但 ^1H NMR 谱中化学位移 5ppm 以上没有吸收峰，表明不存在烯氢。谱图中有四组峰，化学位移及峰的裂分数目为：δ 4.1ppm（四重峰），δ 3.5ppm（单峰），δ 2.2ppm（单峰），δ 1.2ppm（三重峰）。各组峰的积分高度比为 2∶2∶3∶3，这也是各组峰代表的质子数。从化学位移和峰的裂分数可见 δ 4.1ppm 和 δ 1.2ppm 互相偶合，且与强吸电子基团相连，表明分子中存在乙酯基（—$COOCH_2CH_3$）。δ 3.50ppm 为 CH_2，δ 2.2ppm 为 CH_3，均不与其他质子偶合，根据化学位移 δ 2.2ppm 可知其应与吸电子的羰基相连，即 CH_3—C═O。综上所述，分子中具有下列结构单元：

CH_3—C═O，　—$COOCH_2CH_3$，　—CH_2—

这些结构单元的元素组成总和正好与分子式相符，所以该化合物的结构为

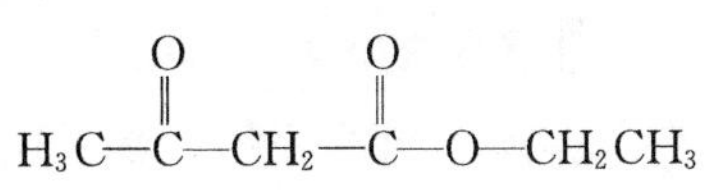

8.3.9 核磁共振碳谱简介

核磁共振碳谱(^{13}C NMR)的信号是由 Lauterbur 在 1957 年发现的。有机物分子的主要骨架由碳原子组成,因此^{13}C NMR 对有机化合物分子结构鉴定有重要意义。在自然界中,碳元素中丰度最大的同位素^{12}C(98.9%)的核磁矩 $\mu=0$,没有核磁共振现象。而^{13}C核有核磁矩,$I=1/2$,但天然丰度仅为 1.1%,^{13}C 的旋磁比 γ_C 约是^1H 的 1/4,($\gamma_C/\gamma_H\approx1/4$),相对于$^1H$核的灵敏度低,约是$^1H$核的 1/5800,所以$^{13}C$核的测定十分困难,再加上$^1H$核的干扰,这是$^{13}C$谱的发展比$^1H$谱迟很多的原因。但随着脉冲傅里叶变换技术和去偶技术的发展,^{13}C NMR 有了快速发展。^{13}C NMR 的较快发展是基于^{13}C NMR 有以下主要优点:①^{13}C NMR谱的化学位移范围大,分辨率高,一般^{13}C NMR 谱的化学位移的范围(0～250ppm)远大于^1H NMR 谱的化学位移的范围(1～15ppm),谱线之间分得很开,容易识别;②在有机物中,有些官能团不含氢,如—C═O、—C≡N、—C═C═C—、—N═C═O 等,因此这些官能团的信息不能从^1H NMR 谱中得到,而只能从^{13}C NMR 谱中得到;③去偶技术的发展使碳骨架的结构信息更加丰富,可区别碳原子级数(伯、仲、叔和季)。

在^{13}C NMR 谱中,化学位移仍以 TMS 为参考标准,$\delta_C=0$ ppm。

sp^3 杂化(如烷烃类)碳化学位移为 0～100ppm。

sp^2 杂化(如烯烃类)碳化学位移为 100～150ppm,如羰基类碳化学位移为 160～220ppm。

sp 杂化(如炔烃类)碳化学位移为 70～100ppm。

和杂原子相连的 sp^2 杂化的碳原子化学位移,如羰基在 160～220ppm。

常见化合物的^{13}C化学位移大致范围如图 8.48 所示。

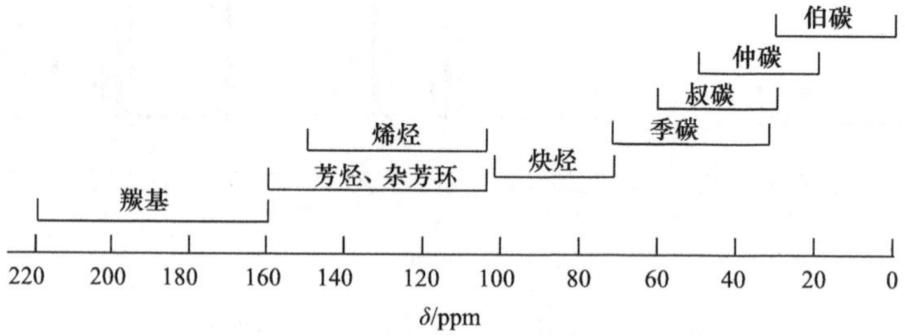

图 8.48 常见化合物的^{13}C化学位移

如果碳原子上连有电负性大的基团或原子,则碳原子电子云密度降低,信号向低场移动,化学位移增大。各种基团的^{13}C化学位移范围(以 TMS 为标准)见表 8.7。

表 8.7 各种基因的^{13}C化学位移范围

碳的类型	化学位移 δ/ppm	碳的类型	化学位移 δ/ppm
C—I	0～40	═C—(炔)	70～100
C—Br	25～65	═C—(烯)	100～150
C—Cl	35～80	C═O	160～220
$—CH_3$	0～30	C—O	40～80
$—CH_2$	20～50	C_6H_6(苯,芳烃)	110～160
—CH—	30～70	C—N	30～65

^{13}C NMR 化学位移分布在一个非常宽的区域,一般为 0～250ppm,有时 δ 值会更大些。只要分子中的碳环境稍有不同,^{13}C 就有不同的 δ 值。像^1H核一样,多种因素可以影响^{13}C

的化学位移,如碳原子的杂化、诱导效应、共轭效应、空间效应等。这些影响是复杂的,目前还不能像^{1}H NMR 谱一样完美地解释^{13}C NMR 谱。但它也存在一定的规律。sp^3 杂化的碳共振吸收在 δ =0～100ppm,sp^2 杂化的碳在 δ =100～220ppm,特别是羰基碳在低场发生共振,δ =160～220ppm,在^{13}C NMR 谱上极易识别。例如,图 8.49 中 δ ～208ppm 的共振峰即为 2-丁酮羰基碳共振吸收峰。表 8.7 列出了一些不同类型碳的化学位移值,这些数据可以为解析^{13}C谱提供帮助。例如,对照表 8.7 解析苯乙酮的^{13}C NMR 谱(图 8.50),图中 δ =196 ppm 处的共振峰肯定是羰基碳共振吸收峰,δ= 27ppm 的共振峰是在饱和碳的共振吸收范围内,应为苯乙酮甲基碳共振吸收峰,另三个峰在 δ=110～160ppm 属于芳环碳的共振吸收峰。苯环具有六个碳,但该化合物中有两对对称碳(b 和 c),因此苯环碳应出现四个峰。但图 8.50 中只有三个,说明有两个峰重叠。用其他方法测知 δ =128ppm 为两个 c 碳和两个 b 碳的重叠峰。另两个峰分别为 e 和 d 碳共振吸收峰。在^{13}C NMR 谱中,不一定解析每一个峰,而是把峰的个数和分子的对称性相联系,并根据某些特征共振峰的信息推导出可能结构。

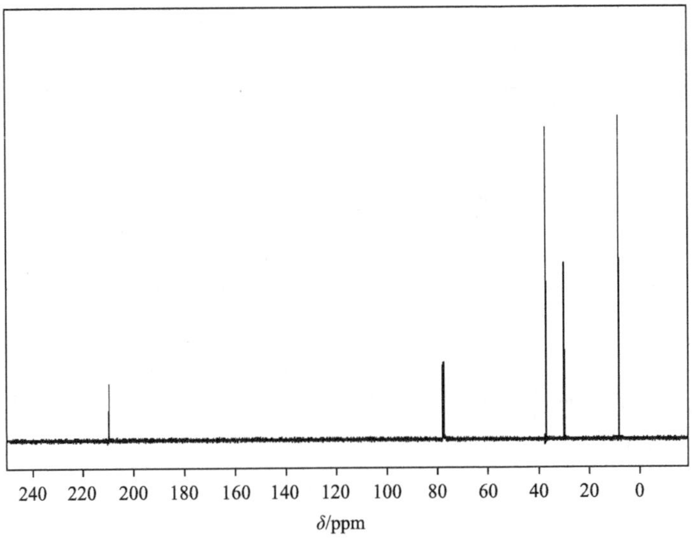

图 8.49　2-丁酮的宽带去偶^{13}C NMR 谱

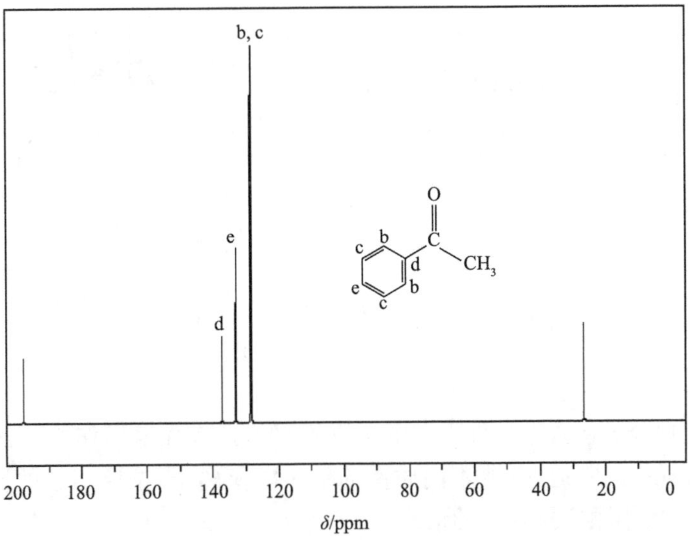

图 8.50　苯乙酮的宽带去偶^{13}C NMR 谱

例如,由樟脑的^{13}C NMR谱(图8.51)可知,化合物的^{13}C NMR谱显示为分离的尖锐谱线,整个分子的碳都有各自对应的共振谱峰,清晰明了,而^{1}H NMR谱(图8.52)只能看到少数甲基和处于低场的氢核信号,其余的都埋在"堆峰"之中而分辨不清。

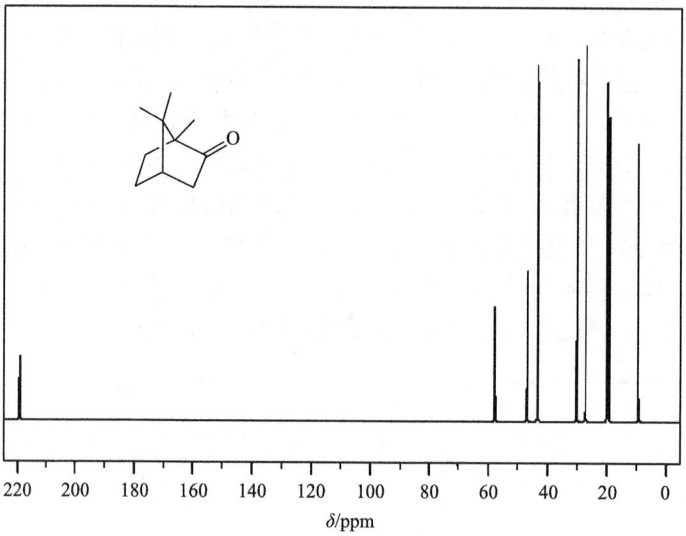

图8.51 樟脑的^{13}C NMR谱

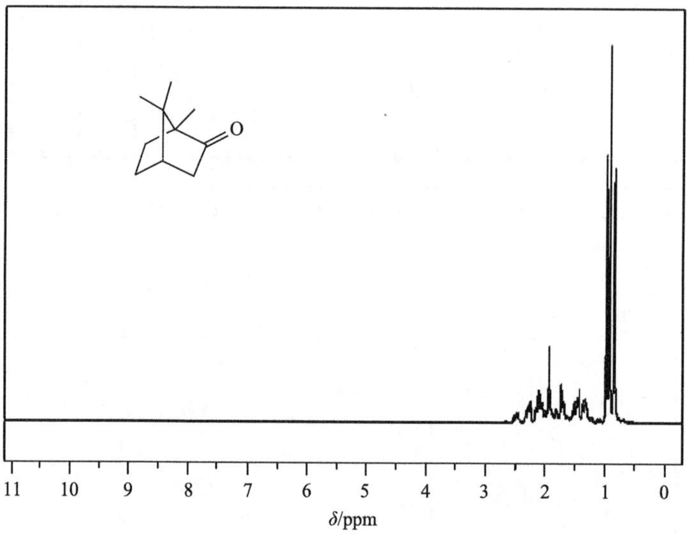

图8.52 樟脑的^{1}H NMR谱

*8.4 质 谱

质谱是化合物分子在真空条件下受电子流的"轰击"或强电场作用,失去电子同时发生某些化学键的有规律的断裂,生成不同质量的带正电荷离子,按照离子的质量 m 与其所带电荷 z 的比值,依大小顺序排列成的谱图。

质谱是分析化学中不可缺少的工具。质谱法所特有的优点是:①超微量(样品取量为微克级)；②快速(数分钟内完成一次测试)；③能同时提供精确的相对分子质量、元素组成和碳骨架及官能团结构信息；④既能进行定性分析，又能进行定量分析；⑤能有效地与各种色谱法联用(如 GC/MS、HPLC/MS 等)，成为分析各种复杂体系的有力手段。

20 世纪 50 年代以来，质谱在有机分析中的应用迅速发展，目前在生物分析及生命科学研究中发挥着强有力的作用。质谱分析法已广泛应用于化学、化工、药物、生物医学等领域，并在水资源的水质分析、石油开发利用、中药成分的研究、兴奋剂及毒品的检测等方面取得显著成果。

8.4.1 质谱的基本原理

有机化合物的分子在质谱仪的离子源中受到热电子撞击后，绝大多数分子失去一个电子，形成分子离子(极少数失去两个电子)；撞击电子能量较高时，分子离子还要发生裂解，生成碎片离子。分子离子和碎片离子除具有质量外，更重要的是在加速电场、静电场和磁场中表现为单电荷离子，形成一束离子流。

从离子源射出的离子，其动能为$\frac{1}{2}mv^2$，而在加速电场中所获得的电势能为 zV，这个电势能转化为动能，两者相等，即

$$\frac{1}{2}mv^2 = zV$$

式中，m 为离子的质量；v 为离子的运动速度；z 为离子所带的正电荷；V 为加速电压。可以看出，由于绝大多数离子都带有一个正电荷，在实验时加速电压又常保持不变，因此各种离子的电势能 zV 是定值。但是各种离子的质量则不同，因而运动速度也不同。离子的运动速度的平方与其质量成反比，质量越大，其速度越小。

被加速后的离子进入与其运动方向垂直的磁场中，离子的运动方向发生偏转。由于离子在磁场中的运动方向与磁力线的方向互相垂直，因而离子就受到一个与其运动方向和磁力线方向都垂直的力，三者的关系可用左手定则确定。这样，离子在磁场中就要沿着原来的前进方向和磁场作用方向的合力方向运动，即受到磁场的偏转而进行弧形运动，这种运动的离心力为 mv^2/R，离子受到的磁场作用力为 Bzv，即

$$mv^2/R = Bzv$$

式中，R 为离子做弧形运动时的半径；B 为磁场强度。

将上述两式合并，得

$$m/z = \frac{B^2R^2}{2V}$$

所以

$$R = \sqrt{\frac{2V}{B^2} \cdot m/z}$$

这就是质谱的基本公式，也表述了质谱的基本原理。式中左端是质荷比，即离子的质量与其所带电荷之比。在质谱图中各种离子的谱线顺序就是质荷比大小的顺序，在横坐标上表示。

只要有规律地改变磁场强度 B 或加速电压 V，就可使不同质荷比(m/z)的离子沿半径为 R 的固定轨道彼此分开，按 m/z 的大小顺序到达收集器，记录成谱图，如图 8.53 所示。

大多数质谱图都用条图表示，纵坐标为离子的相对强度(相对丰度)，横坐标为质荷比，

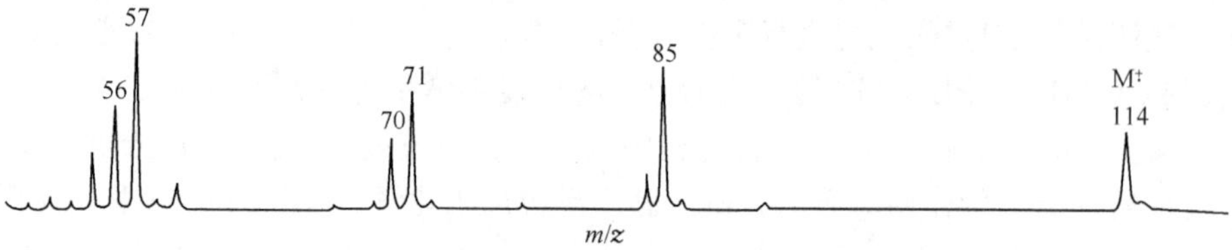

图 8.53　部分辛烷的质谱图

每一条直线表示一个峰，如图 8.54 所示。

图 8.54 中最高峰称为基峰，定为 100，其他峰的高度为该峰的相对百分比，称为相对强度。横坐标为离子的质荷比 m/z。

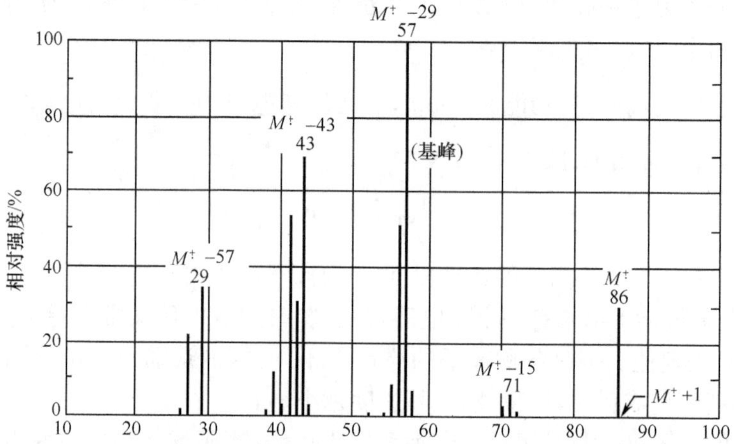

图 8.54　正己烷的质谱图

图 8.55 是质谱仪的结构及原理示意图。

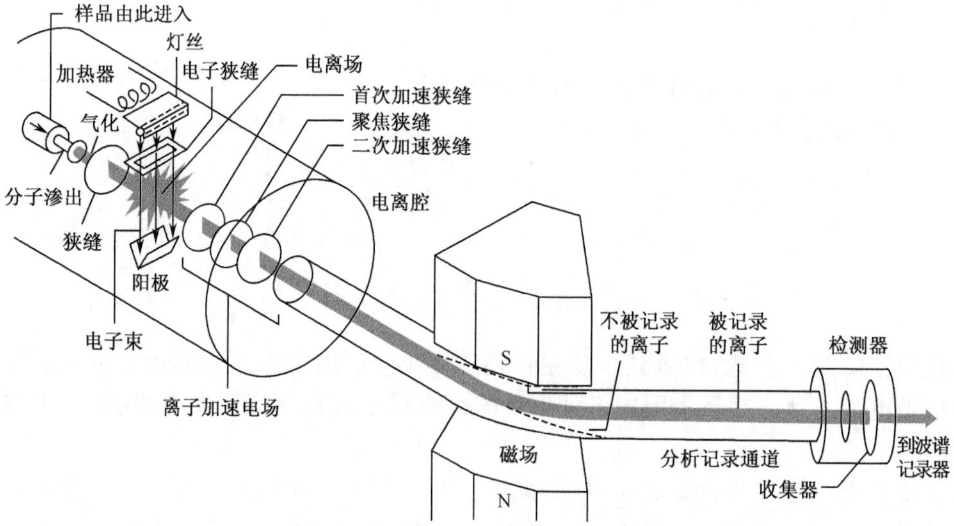

图 8.55　质谱仪的结构及原理示意图

8.4.2 质谱中离子的类型

由于轰击电子的电压一般为70eV，有机化合物最强的键能仅为4eV，因而除了生成分子离子外，还可使一些化学键断裂，生成比分子离子质量小的碎片离子。于是在质谱中可以出现的主要离子有分子离子、同位素离子、碎片离子、重排离子、亚稳离子等。

1. 分子离子

分子离子由分子失去一个电子形成，以 $M^{+\cdot}$ 表示。它代表化合物的相对分子质量。

2. 同位素离子

分子离子指由天然丰度最高的同位素组合的离子，而由相同元素的其他同位素组成的离子称为同位素离子，在质谱中称为同位素峰。同样，各碎片都伴随相应的同位素峰。

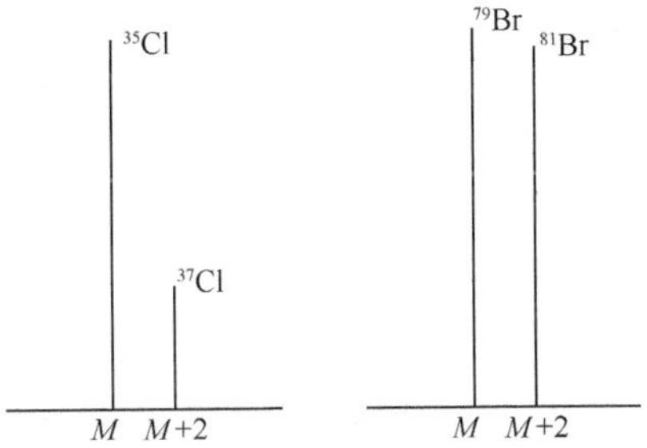

$M^{+\cdot}$ 的同位素峰对推断分子的元素组成有重要作用。氯的同位素 ^{35}Cl 和 ^{37}Cl 天然丰度比为 3∶1；溴的同位素间天然丰度比值为 ^{79}Br∶^{81}Br=1∶1，它们的存在与否，在质谱图中很容易判别(图 8.56)。

例如，从 1-溴丙烷的质谱图中可以看到溴的同位素峰 $M+1$、$M+2$ 峰。

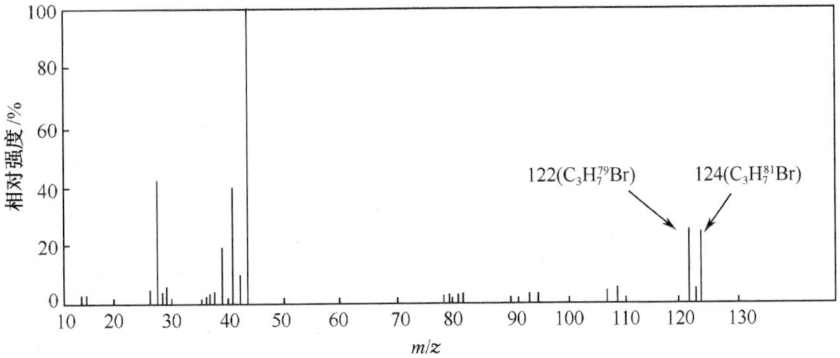

图 8.56 1-溴丙烷的质谱图

3. 碎片离子

分子离子可发生不同的键断裂，形成质量更小的离子。一般键断裂主要有以下几种方式。

均裂:

$$[X-Y]^{+\cdot} \longrightarrow X^+ + Y\cdot$$

例如

$$[H_3C-CH_3]^{+\cdot} \longrightarrow \overset{+}{C}H_3 + \cdot CH_3$$

异裂:

$$[X-Y]^{+\cdot} \longrightarrow X^+ + \dot{Y}:$$

例如

$$[H_3C-CH_2-\overset{+\cdot}{\underset{\cdot\cdot}{Br}}:] \longrightarrow CH_3CH_2^+ + \cdot\underset{\cdot\cdot}{\ddot{Br}}:$$

半异裂:

$$[X-Y]^{+\cdot} \longrightarrow X^+ + Y\cdot$$

例如

$$[CH_3CH_2-CH_3]^{+\cdot} \longrightarrow CH_3CH_2^+ + \cdot CH_3$$

8.4.3 质谱在有机化合物结构测定中的应用

从上可知,一张质谱图有许多峰:分子离子峰、同位素离子峰、碎片离子峰等。识别它们便可推定有机化合物的相对分子质量、分子式及其分子结构。

1. 确定相对分子质量和分子式

分子离子是指分子失去一个电子而生成带正电荷的离子。它的质量与化合物的相对分子质量相同。因此,分子离子峰所在处的质量数即是待测化合物的相对分子质量。例如,丁酮的分子离子 $m/z=72$,即丁酮的相对分子质量为 72,如图 8.57 所示。

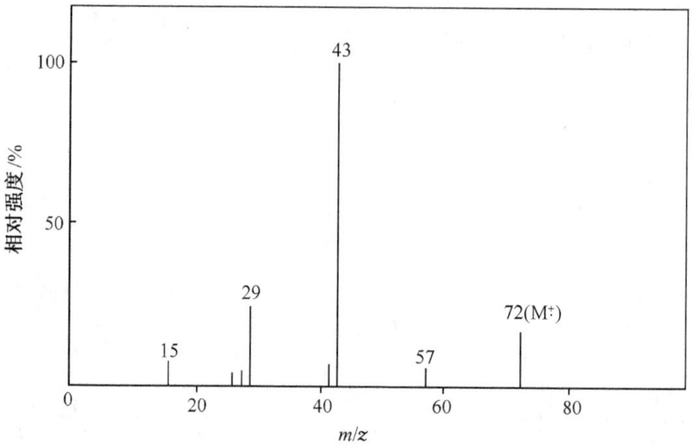

图 8.57 丁酮的质谱图

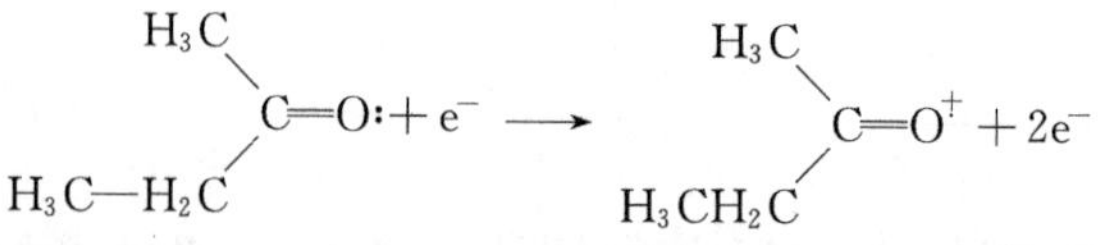

分子离子 $m/z=72$

2. 推测有机化合物的结构

在质谱断裂过程中，除了生成分子离子外，最大量的还是断裂分子离子结构中不稳定键生成的碎片离子，有些碎片离子还能进一步发生键的断裂；不同碎片离子的相对强度与分子结构有密切关系。高丰度的碎片离子峰代表分子离子中易于裂解的部分，反之亦然。这显示分子离子断裂成碎片离子或碎片离子进一步断裂成碎片离子是按照一定规律进行的。因此，掌握这些碎片离子及其断裂规律，对确定分子结构具有重要意义。如果有 n 个重要的碎片峰，并且代表着分子中不同的部分，则由这些碎片峰就可以粗略地把分子骨架拼凑起来。

3. 质谱解析的一般步骤

一般情况下，对相对分子质量较大、结构较复杂的化合物，必须依靠几种谱图的综合分析才能推出其结构；对相对分子质量较小、结构较简单的化合物，靠质谱数据有可能推出其结构。解析的一般步骤如下：

(1) 确定分子离子峰。一般在高质荷比区假定的 $M^{+\cdot}$ 峰与相邻碎片离子峰关系合理，且符合氮规律(凡化合物中含偶数氮或不含氮，$M^{+\cdot}$ 峰的 m/z 一定是偶数。凡含有奇数氮的化合物，其 $M^{+\cdot}$ 峰的值一定是奇数)，可认为是分子离子峰。由 $M^{+\cdot}$ 峰的相对强度可了解分子结构的信息：$M^{+\cdot}$ 峰强度大，化合物可能是芳烃；$M^{+\cdot}$ 峰弱或不出现，化合物可能是多支链的烃类、醇类等。

(2) 推导分子式，计算不饱和度。由高分辨质谱仪测出未知物精确相对分子质量从而得到分子式。当无高分辨质谱数据、相对分子质量小于 250 时，可利用同位素丰度与拜农(Beynon)表推出分子式，进而计算出该化合物的不饱和度。

(3) 碎片离子分析。高质量端的碎片离子峰反映该化合物的分子结构特征，所以要特别注意。例如，高质量端有 $M-18$ 峰，则表示分子离子失去一分子水，该化合物可能是醇类。低质量端碎片离子系列峰，也可反映出化合物的类型。例如，低质量端有 $m/z=39$、51、65、77 系列弱峰，表明化合物含有苯基；低质量端有 $m/z=29$、43、57、71 系列碎片峰，表明化合物是烷烃。分析重要的特征离子。如 $m/z=91$ 或 105 为基峰或强峰，表明化合物含有苄基($C_6H_5CH_2$—)或有苯甲酰基(C_6H_5CO—)。

(4) 综合分析以上得到的全部信息，结合分子式及不饱和度，推出结构单元和分子结构。

(5) 对质谱的校核、指认，用各种裂解机理对质谱中的主要峰应得到合理解析，才能说明所推断结构是正确的。

例如，某化合物分子式为 $C_6H_{12}O$，其质谱图如图 8.58 所示，推断其结构式。

图 8.58 中 $m/z=100$ 的峰可能为分子离子峰，则它的相对分子质量为 100，与分子式 $C_6H_{12}O$ 相符合。不饱和度 $UN=6+1-\frac{12-0}{2}=1$，可能有一双键或环。

高质量端碎片离子 $m/z=85=M-15$，说明有甲基。

低质量端碎片离子 $m/z=43$ 为基峰，可能是 $CH_3C{=}O$ 或 $CH_3CH_2CH_2$，前者稳定，可能性自然大，所以此化合物应该有甲基酮的结构片断，环的可能性不存在。剩余的碎片为 $C_6H_{12}O-CH_3C{=}O=C_4H_9$，所以化合物初步断定为甲基丁基酮。

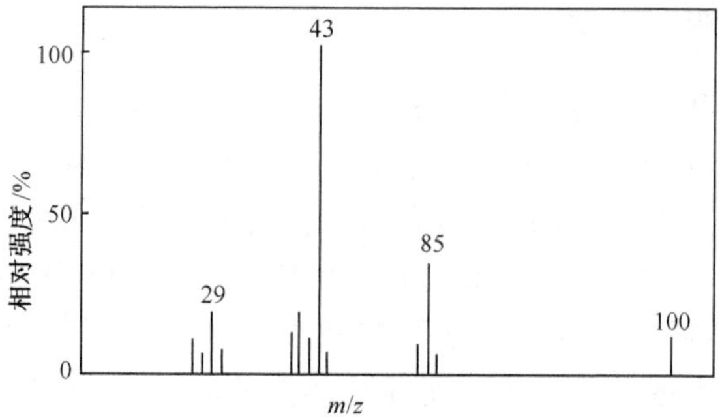

图 8.58　化合物 $C_6H_{12}O$ 的质谱图

但是，C_4H_9— 可以是伯丁基、仲丁基、叔丁基，选择哪一个呢？图 8.58 中 $m/z=58$ 的峰提供了信息。它是经麦氏重排后得到的碎片，只有 C_4H_9— 为伯丁基才能得到 $m/z=58$ 的碎片。仲丁基虽可进行麦氏重排，但不能得到 $m/z=58$ 的碎片，叔丁基不能进行麦氏重排。所以化合物为 2-己酮。

习　题

1. 下列各对化合物中，哪一个化合物能吸收波长较长的光线（只考虑 $\pi\rightarrow\pi^*$ 跃迁）？

 (1) $CH_3CH{=}CH_2$ 和 $CH_3CH{=}CH{-}O{-}CH_3$　　(2)  和 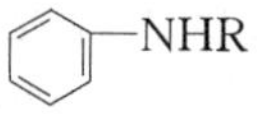

 (3) $H_2C{=}CHCH_2CH{=}CHNH_2$ 和 $CH_2CH{=}CHCH{=}CHNH_2$

2. 在红外光谱中能量高的吸收峰应在左边还是在右边？
3. 什么样的原子核能产生核磁共振信号？什么样的核不能？举例说明。
4. 什么是化学位移？影响化学位移的因素有哪些？
5. 下列两对基团在红外光谱中，哪一个峰的强度大？

 (1) C=C　C=O　　(2) O—H　N—H

6. TMS 的化学位移位 δ 为 0.0ppm，芳环质子的 δ 值则在 7.0ppm 左右，因此在一定射频频率下，使 TMS 质子产生共振所需的磁场强度低，对芳环质子来说，磁场强度则高。以上说法的错误在哪里？
7. 当感应磁场与外加磁场相同时，则质子受到该磁场的影响称为屏蔽还是去屏蔽？它的信号应在高场还是低场？在图的左边还是右边出现？
8. 如何通过红外光谱区别下列各对化合物？

 (1) $CH_3CH_2CH_2N(CH_3)_2$ 与 $CH_3CH_2CH_2CH_2CH_2NH_2$

 (2) $CH_3CH_2CH_2COOH$ 与 $CH_3CH_2COOCH_3$

9. 下列各组化合物用下划线划出的 H，哪个信号在最高场出现？

 (1) $CH_3CH_2C\underline{H_2}Br$，$C\underline{H_3}CH_2CH_2Br$，$CH_3C\underline{H_2}CH_2Br$

 (2) 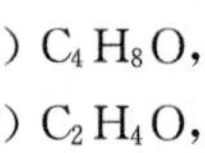 与 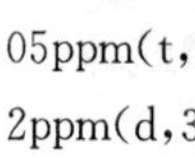

10. 由下列化合物的分子式和 ^1H NMR 数据推测它们的结构。

 (1) C_4H_8O，δ 1.05ppm(t,3H)；δ 2.13ppm(s,3H)；δ 2.47ppm(q,2H)

 (2) C_2H_4O，δ 2.2ppm(d,3H)；δ 9.7ppm(q,1H)

 (3) $C_4H_7Cl_3$，δ 1.4ppm(s,3H)；δ 4.0ppm(s,4H)

 (4) $C_4H_7Br_3$，δ 1.4ppm(d,3H)；δ 2.6ppm(m,2H)；δ 3.6ppm(m,1H)；δ 5.4ppm(t,1H)

 (5) $C_3H_6Cl_2$，δ 2.4ppm(s,6H)

 (6) $C_3H_6Cl_2$，δ 2.2ppm(无重峰,2H)，δ 3.7ppm(t,4H)

11. 正丙醚 $CH_3CH_2CH_2OCH_2CH_2CH_3$ 的质谱有峰 $m/z=31$ 和峰 $m/z=73$。请解释这两个峰的来源。

12. 由下列核磁信息推测分子式为 $C_5H_{12}O$ 的醚的结构式。

(1) 谱图中有一个 3～4ppm 的单峰。

(2) 谱图仅有两个单峰。

(3) 谱图中有一个 3～4ppm 的七重峰。

13. 指出化合物的 ^1H NMR 谱中 A～D 峰对应的氢质子。

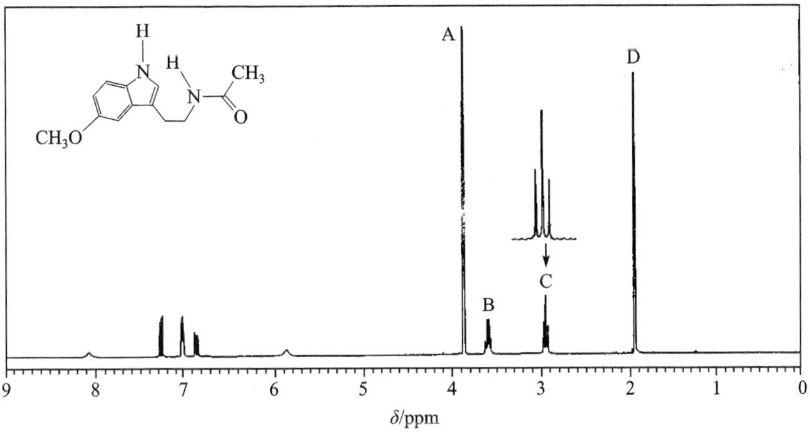

14. 当化合物 $A(C_5H_{12}O)$ 与 HBr 反应得化合物 $B(C_5H_{11}Br)$。化合物 A 的 ^1H NMR 有一个单峰(1H)、两个双峰(分别有 3H 和 6H)和两个多重峰(都有 1H)，化合物 B 的 ^1H NMR 有一个单峰(6H)、一个三重峰(3H)、一个四重峰(2H)。推测 A 和 B 的结构式。

15. 推测与下列数据一致的化合物结构：

(1) 化合物 A 的分子离子峰为 72，在 $1710cm^{-1}$ 有红外吸收峰，^1H NMR 数据(ppm)：1.0 (三重峰，3H)，2.1(单峰，3H)，2.4(四重峰，2H)。

(2) 化合物 B 的分子离子峰为 88，在 3600～$3200cm^{-1}$ 有红外吸收峰，^1H NMR 数据(ppm)：0.9 (三重峰，3H)，1.2(单峰，6H)，1.5(四重峰，2H)，1.6(单峰，1H)。

16. 某酯的分子离子峰为 116，其质谱在 $m/z=57(100\%)$、$m/z=29(57\%)$ 和 $m/z=43(27\%)$ 有重要离子，下列酯中哪一个与这些数据一致？

(1) $(CH_3)_2CHCOOC_2H_5$　(2) $CH_3CH_2COOCH_2CH_2CH_3$　(3) $CH_3CH_2CH_2COOCH_3$

17. 由以下四谱(IR，UV，^1H NMR，MS)推测化合物 A 的结构式。化合物元素分析的结果是：C 68.6%，H 8.60%。

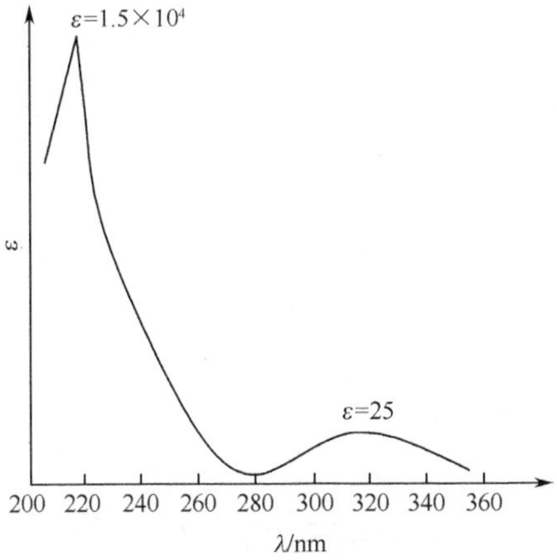

化合物 A 的紫外光谱（溶剂乙醇）

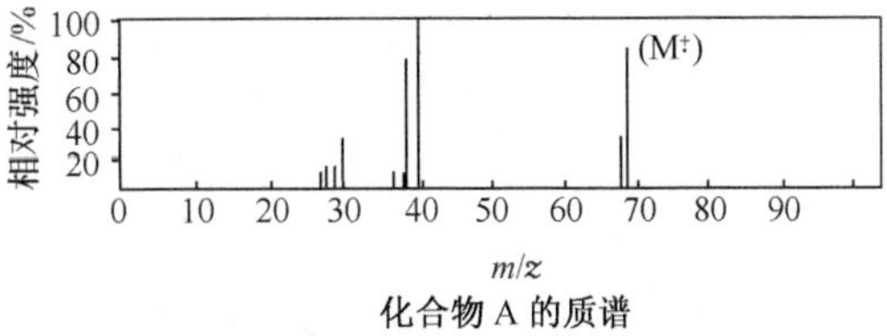

化合物 A 的质谱

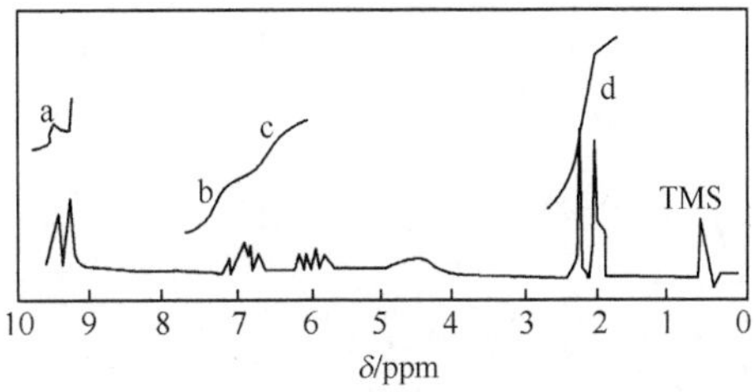

化合物 A 的 ^1H NMR 谱

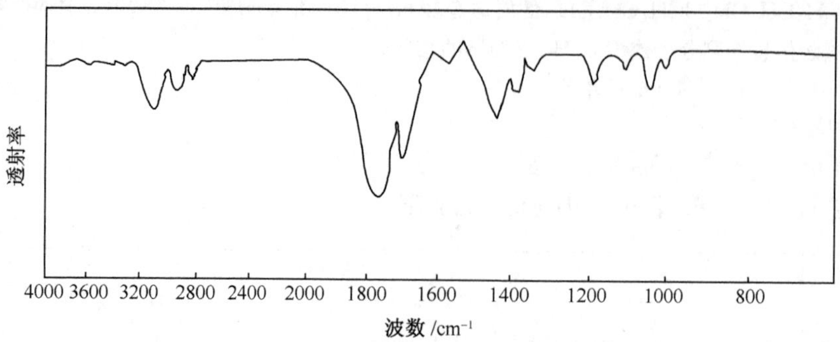

化合物 A 的红外光谱（液膜）

第 9 章　醇　酚　醚

醇、酚、醚是重要的有机含氧化合物，它们都可以看作是水分子中的氢原子被烃基取代后的衍生物。醇和酚分子中都含有羟基(hydroxy group)—OH。

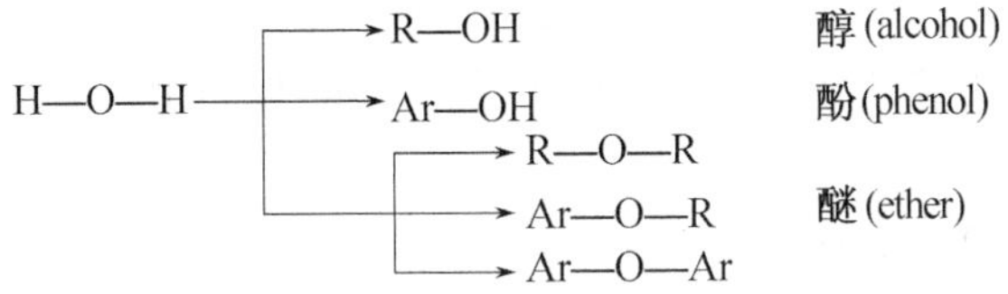

9.1　醇

9.1.1　醇的结构、分类和命名

1. 醇的分类

根据羟基所连的饱和碳原子的种类不同，可以把醇分为以下几种：

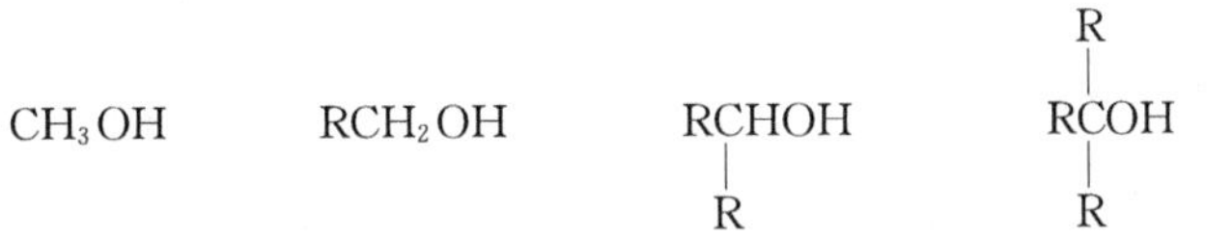

甲醇　　伯醇(1°醇)　　仲醇(2°醇)　　叔醇(3°醇)

根据分子中烃基的饱和程度不同，可分为饱和醇和不饱和醇。以下为几个常见的不饱和醇。

$C_6H_5CH_2OH$　　$H_2C{=}CHCH_2OH$　　$HC{\equiv}CCH_2OH$

苯甲醇(苄醇)　　2-丙烯醇　　2-丙炔醇

羟基与双键直接相连的醇称为烯醇，烯醇不稳定，互变异构成羰基化合物。

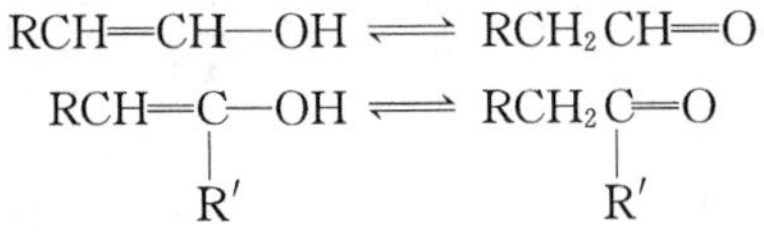

根据醇分子中所含羟基的数目，可分为一元醇、二元醇和多元醇。例如

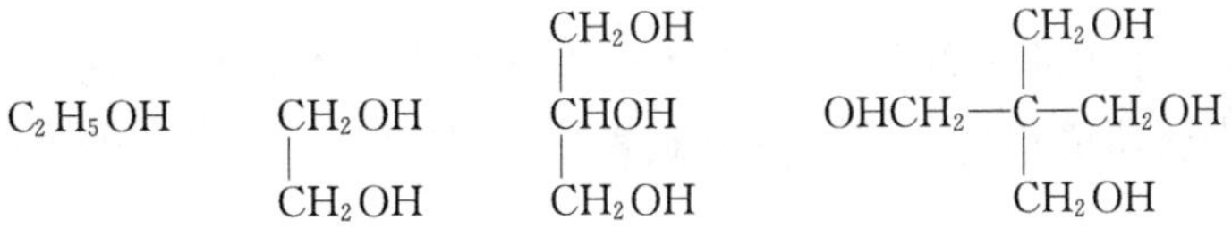

乙醇　　乙二醇　　丙三醇　　季戊四醇

2. 醇的命名

简单的醇可用普通命名法来命名，即根据和羟基相连的烃基来命名，在醇的前面加上烃基的名称。例如

$CH_3CH_2CH_2CH_2OH$ 正丁醇　　$(CH_3)_2CHOH$ 异丙醇　　$(CH_3)_3COH$ 叔丁醇

$(C_6H_5)_3COH$ 三苯甲醇

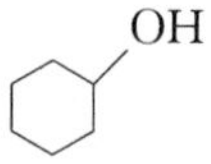

环己醇

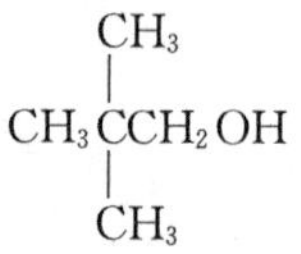

新戊醇

结构比较复杂的醇,则采用系统命名法。原则是:选择含有羟基的最长碳链为主链,按照主链的碳原子数目称为某醇。从离羟基最近的链端开始编号,把羟基所在碳原子的位置写在某醇之前,取代基的位次和名称加在醇的位次的前面。例如

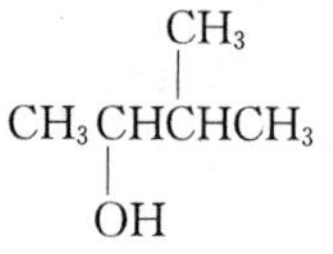

3-甲基-2-丁醇

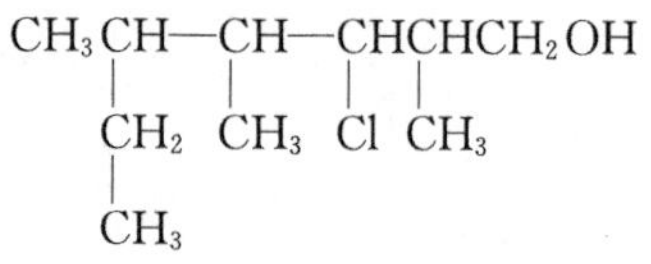

2,4,5-三甲基-3-氯-1-庚醇

对于不饱和醇,是以含羟基的最长的碳链为主链,编号也是从靠近羟基的一端开始,但双键、叁键的位置写在母体名称前,羟基位次仍然写在醇的前面。例如

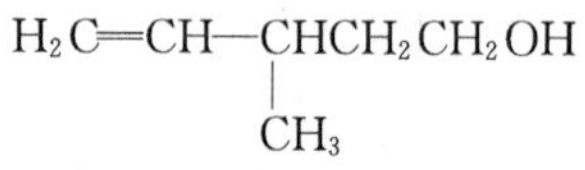

3-甲基-4-戊烯-1-醇

$H_3C—C≡C—CH_2—OH$

2-丁炔-1-醇

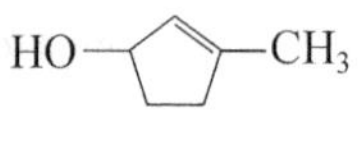

3-甲基-2-环戊烯-1-醇

多元醇按照其含有的羟基数目命名为二醇、三醇等。例如

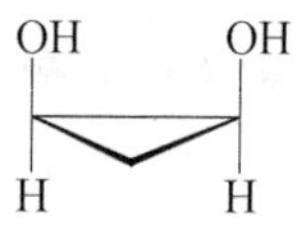

顺-1,2-环丙二醇

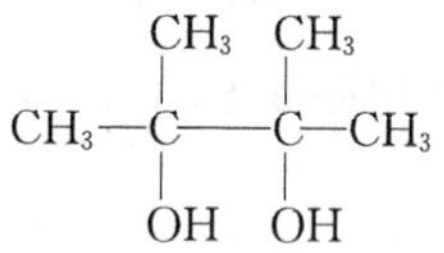

2,3-二甲基-2,3-丁二醇

对于带有其他官能团的醇,则看此官能团的命名顺序是在羟基的前或后。若羧基在羟基前,则以羧基为官能团,羟基为取代基;若氨基在羟基后,则羟基仍作官能团。例如

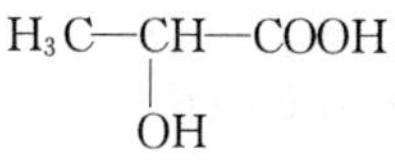

2-羟基丙酸

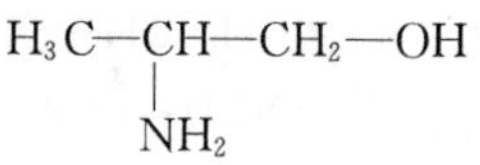

2-氨基-1-丙醇

3. 醇的结构

一般认为,醇分子中的氧原子为 sp^3 杂化。其中两个 sp^3 杂化轨道分别含有一个电子,与碳原子的 sp^3 杂化轨道和氢原子的 1s 轨道重叠,另外两个 sp^3 杂化轨道分别含有一对未共用电子对。

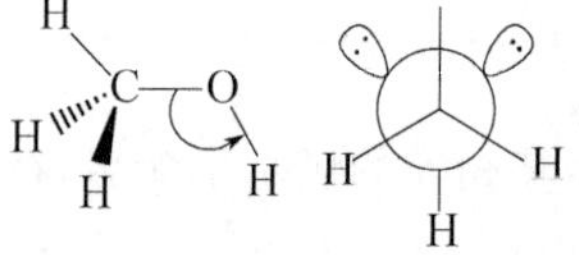

C—H	109.5pm	∠COH	108.9°
C—O	143pm	∠HCH	109°
O—H	96pm	∠HCO	110°

由于氧的电负性较大，醇分子中氧原子上的电子云密度较高，而相连的碳、氢原子上的电子云密度较低，因此整个分子有极性。例如，甲醇的偶极矩为 1.7deb，与水的偶极矩 1.8deb 相近。

9.1.2 醇的物理性质

12 个碳以下的饱和一元醇都是液体，其中含四个碳原子以下的带有酒味，含 5～11 个碳原子的醇有不愉快的气味，含 12 个碳原子以上的醇为无嗅无味的蜡状固体。一些醇的物理性质列于表 9.1。

表 9.1 一些醇的物理性质

名称	结构式	熔点/℃	沸点/℃	相对密度 (20℃)	溶解度/[g·(100g 水)$^{-1}$]
甲醇	CH_3OH	−97	64.5	0.793	∞
乙醇	CH_3CH_2OH	−115	78.3	0.789	∞
正丙醇	$CH_3CH_2CH_2OH$	−126	97	0.804	∞
正丁醇	$CH_3(CH_2)_2CH_2OH$	−90	118	0.810	7.9
正戊醇	$CH_3(CH_2)_3CH_2OH$	−78.5	138	0.817	2.3
正己醇	$CH_3(CH_2)_4CH_2OH$	−52	156.5	0.819	0.6
正庚醇	$CH_3(CH_2)_5CH_2OH$	−34	176	0.822	0.2
正辛醇	$CH_3(CH_2)_6CH_2OH$	−15	195	0.825	0.05
正癸醇	$CH_3(CH_2)_8CH_2OH$	6	228	0.829	
正十二醇	$CH_3(CH_2)_{10}CH_2OH$	24			
正十四醇	$CH_3(CH_2)_{12}CH_2OH$	38			
正十六醇	$CH_3(CH_2)_{14}CH_2OH$	49			
正十八醇	$CH_3(CH_2)_{16}CH_2OH$	58.5			
异丙醇	$CH_3CHOHCH_3$	−86	82.5	0.789	∞
异丁醇	$(CH_3)_2CHCH_2OH$	−108	108	0.802	10.0
仲丁醇	$CH_3CH_2CHOHCH_3$	−114	99.5	0.806	12.5
叔丁醇	$(CH_3)_3COH$	25.5	83	0.789	∞
异戊醇	$(CH_3)_2CHCH_2CH_2OH$	−117	132	0.813	2
旋光性戊醇	(−)-$CH_3CH_2\overset{\overset{\large CH_3}{|}}{C}HCH_2OH$		128	0.816	3.6
叔戊醇	$CH_3CH_2C(OH)(CH_3)_2$	−12	102	0.809	12.5
环戊醇	环-C_5H_9OH		140	0.949	
环己醇	环-$C_6H_{11}OH$	24	161.5	0.962	
烯丙醇	$H_2C{=}CHCH_2OH$	−129	97	0.855	∞
巴豆醇	$CH_3CH{=}CHCH_2OH$		118	0.853	16.6
甲基乙烯基甲醇	$H_2C{=}CHCHOHCH_3$		97		
苄醇	$C_6H_5CH_2OH$	−15	205	1.046	4
α-苯基乙醇	$C_6H_5CHOHCH_3$		205	1.013	
β-苯基乙醇	$C_6H_5CH_2CH_2OH$	−27	221	1.02	1.6
二苯基甲醇	$(C_6H_5)_2CHOH$	69	298		0.05
三苯基甲醇	$(C_6H_5)_3COH$	162.5			

名称	结构式	熔点/℃	沸点/℃	相对密度(20℃)	溶解度/[g·(100g 水)$^{-1}$]
肉桂醇	$C_6H_5CH=CHCH_2OH$	33	257.5		
乙二醇	CH_2OHCH_2OH	−16	197	1.113	
α-丙二醇	$CH_3CHOHCH_2OH$		187	1.040	
1,3-丙二醇	$HOCH_2CH_2CH_2OH$		215	1.060	
甘油	$HOCH_2CHOHCH_2OH$	18	290	1.261	
季戊四醇	$C(CH_2OH)_4$	260			6

可以看到,直链饱和一元醇的沸点与烷烃一样,也是随着碳原子数的增加而有规律地上升。碳原子数相同的醇,含支链越多,沸点越低。

由于醇分子中的氢-氧键是高度极化的,和水一样分子间能形成氢键,因此醇的沸点比相同相对分子质量的烷烃高很多。醇分子中烃基的存在对氢键的缔合有阻碍作用,烃基越大,阻碍作用也越大,所以碳原子数相同的醇,含支链越多沸点越低。例如,正丁醇的沸点为118℃,异丁醇为108℃,仲丁醇为99.5℃,叔丁醇为83℃。

低级醇能与水之间形成氢键,故能与水混溶。随着烃基的增大,烃基的位阻作用阻碍羟基与水分子间缔合,因而随着相对分子质量增加,醇在水中的溶解度越来越小,高级醇不溶于水。

二元醇或多元醇分子中随着羟基的增加,能形成氢键的位置增多,故其沸点升高,在水中的溶解度增加。例如,乙二醇的沸点为197℃,甘油(丙三醇)的沸点为290℃。

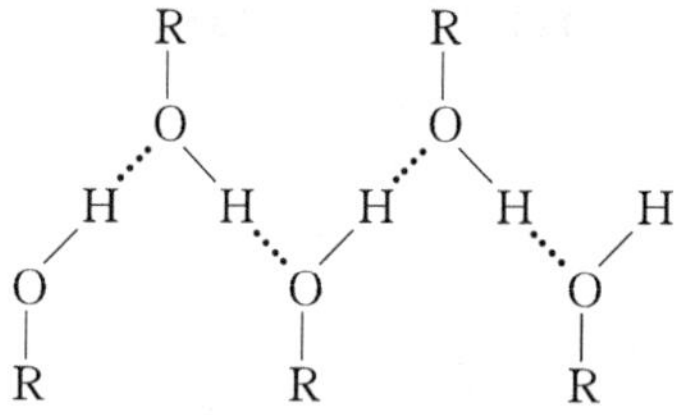

醇分子间的缔合

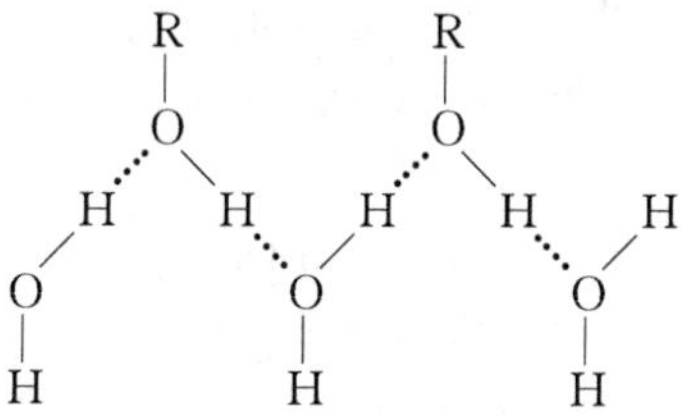

醇分子与水分子间的缔合

低级醇还能和一些无机盐类($MgCl_2$、$CaCl_2$、$CuSO_4$ 等)形成结晶状的分子化合物,称为结晶醇,也称为醇化物,如 $MgCl_2\cdot 6CH_3OH$、$CaCl_2\cdot 4C_2H_5OH$、$CaCl_2\cdot 4CH_3OH$ 等。结晶醇不溶于有机溶剂而溶于水,因此醇类化合物不能用这些盐干燥,但可以用来除去混合物中的少量低级醇。

问题 9.1 用系统命名法命名下列化合物。

(1) 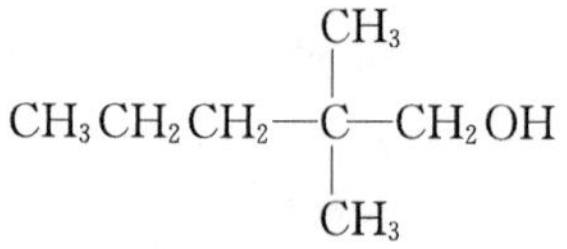

(2) 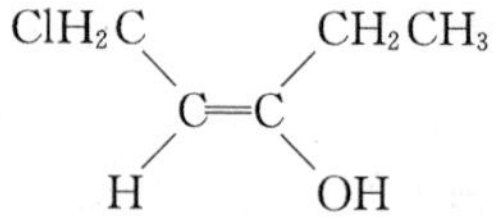

(3) 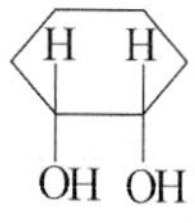

(4) 

(5) $(CH_3CH_2)_3COH$

问题 9.2 写出下列化合物的结构式,并指出它是伯醇、仲醇还是叔醇。

（1）异戊醇　　（2）2-环己烯-1-醇

（3）苄醇　　（4）二甲基环己基甲醇

问题 9.3　比较下列化合物的沸点高低。

（1）正丁醇　（2）异丁醇　（3）叔丁醇　（4）正丁烷

9.1.3　醇的化学性质

醇的化学性质主要由羟基官能团所决定，同时在一定程度上受烃基的影响。化学反应主要发生在羟基以及与羟基相连的碳原子上，主要包括 O—H 键和 C—O 键的断裂以及 C—H键的氧化。

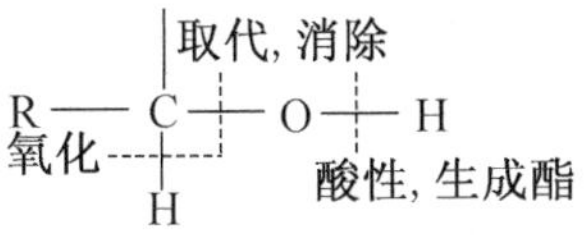

1．醇的酸性

醇分子中含有极化的 O—H 键，可电离生成烷氧负离子和质子。

$$ROH \rightleftharpoons RO^{\ominus} + H^{\oplus}$$

由于烷基的给电子诱导效应，RO^- 的稳定性弱于 OH^-，醇比水不易释放出 H^+，因此醇的酸性比水小（水的 $pK_a=15.7$，乙醇的 $pK_a=15.9$）。醇分子中 α-碳原子上所连的烷基越多，其相应的烷氧负离子越不稳定，酸性越弱。例如，烷氧负离子的稳定性为 $CH_3O^- > RCH_2O^- > R_2CHO^- > R_3CO^-$，相应醇的酸性大小顺序为甲醇＞伯醇＞仲醇＞叔醇。当醇分子中 α- C 上有吸电子基时，醇的酸性增大，如 F_3CCH_2OH 的 $pK_a=12.2$。

醇的酸性表现在它可以像水一样，与活泼金属作用放出氢气。例如

$$ROH + Na \xrightarrow{25℃} RONa + \frac{1}{2}H_2\uparrow$$

$$ROH + K \xrightarrow{回流} ROK + \frac{1}{2}H_2\uparrow$$

当然由于醇的酸性比水弱，活泼金属与醇的反应不如与水那样剧烈，不同类型醇的活性顺序为甲醇＞伯醇 ＞仲醇＞ 叔醇。

醇钠是一种强碱和强亲核试剂，其碱性大于氢氧化钠。醇钠是白色固体，溶于醇中，遇水分解为醇和氢氧化钠。

$$\underset{pK_a}{}\quad R—ONa + \underset{15.7}{HOH} \rightleftharpoons \underset{15.9}{R—OH} + NaOH$$

上述平衡偏向于左边，工业上就是利用本法生产乙醇钠。通过加入苯，形成苯、醇、水的三元共沸物，使反应中生成的水分不断带出，从而使平衡向左移动。

其他活泼金属（如金属镁、铝汞齐等）也可以与醇作用生成醇镁、醇铝等。异丙醇铝 $Al[OCH(CH_3)_2]_3$ 和叔丁醇铝 $Al[OC(CH_3)_3]_3$ 都是有机合成中常用的试剂。

$$3H_3C—\overset{\displaystyle CH_3}{\overset{|}{C}H}—OH + 2Al \longrightarrow 2(H_3C—\overset{\displaystyle CH_3}{\overset{|}{C}H}—O\text{)}_3Al + 3H_2\uparrow$$

2．取代反应

OH^- 是较差的离去基团，不能直接被亲核试剂取代。反应一般是在强酸的存在下进

行，主要是强酸能使醇羟基变为𬭩盐或将醇转化为无机酸酯，使其成为较好的离去基团（水或磺酸基阴离子）。一般来说，离去基团作为碱，弱碱较易离去，强碱较难离去。

$$ROH + H^{\oplus} \longrightarrow RO^{\oplus}H_2 \xrightarrow[-H_2O]{X^{\ominus}} RX$$

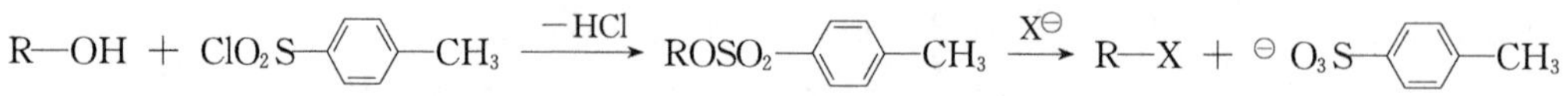

1）与 HX 反应

醇与氢卤酸反应生成卤代烃和水，是制备卤代烃的重要方法。

$$ROH + HX \rightleftharpoons RX + H_2O$$

其反应速率与氢卤酸的性质以及醇的结构有关。氢卤酸的活性顺序是 HI ＞HBr＞ HCl，醇的活性顺序是烯丙式醇＞叔醇＞仲醇＞伯醇。例如，伯醇与氢碘酸（47％）一起加热就可生成碘代烃；与氢溴酸（48％）作用时必须在硫酸存在下加热才行；与浓盐酸作用必须有氯化锌存在并加热才能生成氯代烃。而烯丙式醇和叔醇在室温下和浓盐酸一起振荡后就有氯代烃生成。

$$CH_2CH_2CH_2OH \xrightarrow[H_2SO_4,\triangle]{HBr} CH_3CH_2CH_2Br + H_2O$$

$$CH_3CH_2CH_2CH_2OH \xrightarrow[\triangle]{HCl,ZnCl_2} CH_3CH_2CH_2CH_2Cl + H_2O$$

$$(CH_3)_3COH \xrightarrow[\text{室温}]{\text{浓 HCl}} (CH_3)_3CCl + H_2O$$

浓盐酸和氯化锌所配成的溶液称为卢卡斯（Lucas）试剂。由于六个碳以下的醇溶于卢卡斯试剂，而相应的氯代烃不溶，因此可以根据出现浑浊的时间和溶液分层的情况来判别醇的类型。在室温下烯丙式醇和叔醇很快发生反应，立即分层；仲醇反应较慢，一般数分钟后出现浑浊；伯醇要在加热条件下才发生反应。

醇与氢卤酸的反应是酸催化下的亲核取代反应，一般认为伯醇与氢卤酸的反应是 S_N2 反应，即

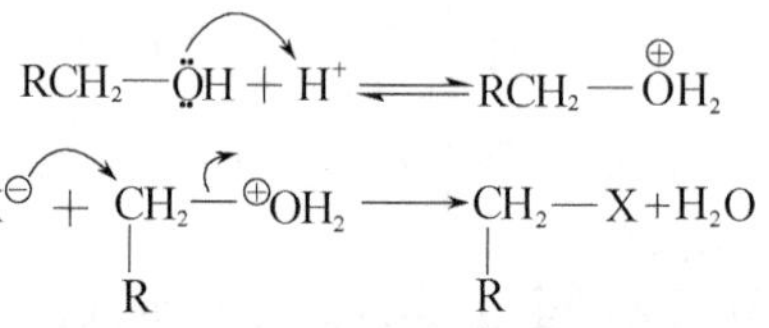

烯丙式醇和叔醇与氢卤酸的反应是 S_N1 反应，这是因为生成的烯丙基及叔碳正离子较稳定。

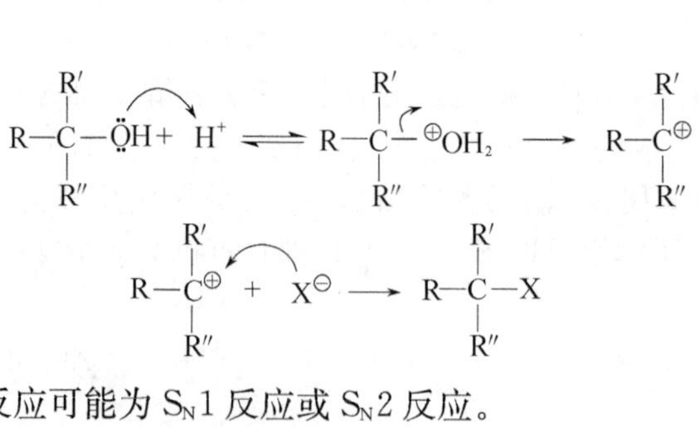

仲醇与氢卤酸的反应可能为 S_N1 反应或 S_N2 反应。

上述卢卡斯试剂中的氯化锌是路易斯酸，锌有空轨道可以与醇中的氧络合使醇转变为𬭩盐，使 C—O 键更容易断裂，反应机理如下：

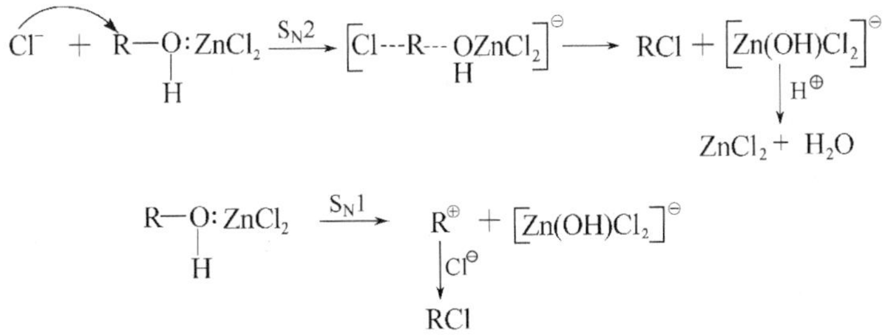

2）与三卤化磷或氯化亚砜的反应

醇与三卤化磷（或 $P+X_2$）反应生成卤代烃，即

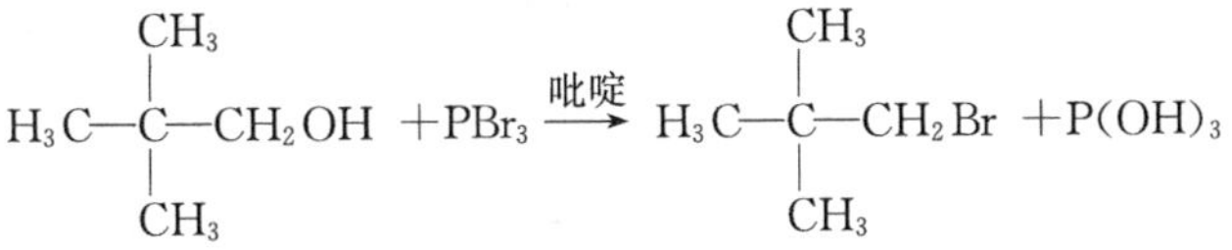

反应中先生成亚磷酸酯，后者与卤素负离子发生 S_N2 反应。

$$3RCH_2OH + PBr_3 \longrightarrow (RCH_2O)_3P + 3HBr$$

$$RCH_2OP(OCH_2R)_2 + H^{\oplus} \longrightarrow RCH_2-\overset{\oplus}{\underset{\displaystyle H}{O}}-P(OCH_2R)_2$$

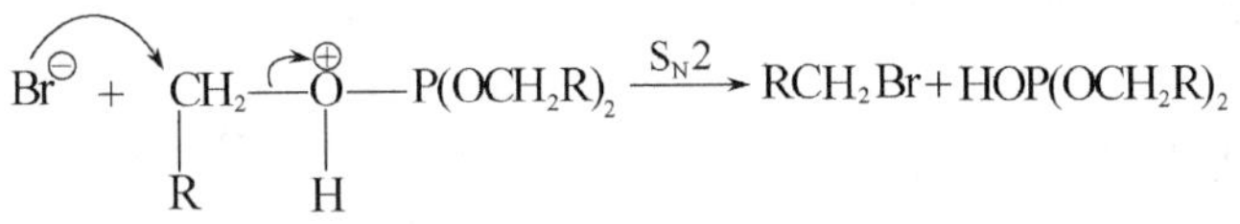

氯化亚砜（亚硫酰氯）与醇反应也可制备氯代烷。该反应条件温和，产率高，反应速率快，产物分离方便，是制备氯代烷的好方法。

$$CH_3(CH_2)_5OH + SOCl_2 \xrightarrow{\text{吡啶}} CH_3(CH_2)_5Cl + SO_2\uparrow + HCl\uparrow$$

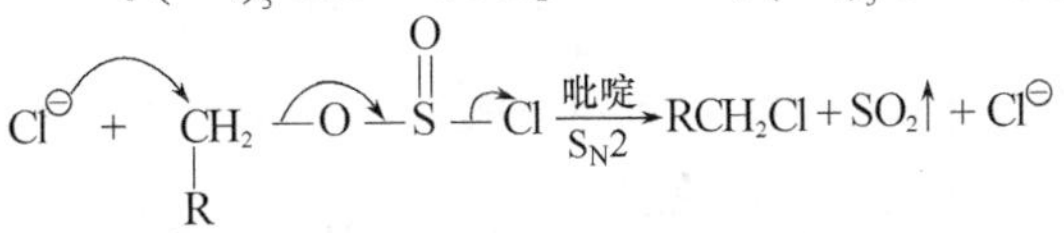

用三卤化磷或氯化亚砜制备卤代烷，由于反应过程中不产生碳正离子，因此与用卤化氢制备卤代烷相比，没有重排产物，产物更纯净。

3）与磺酸酯的亲核取代反应

伯醇和仲醇与苯磺酰氯或对甲苯磺酰氯在三级胺存在下反应，得到磺酸酯，后者可与 I^-、Br^-、Cl^- 等亲核试剂发生亲核取代反应，离去基团为磺酸负离子。

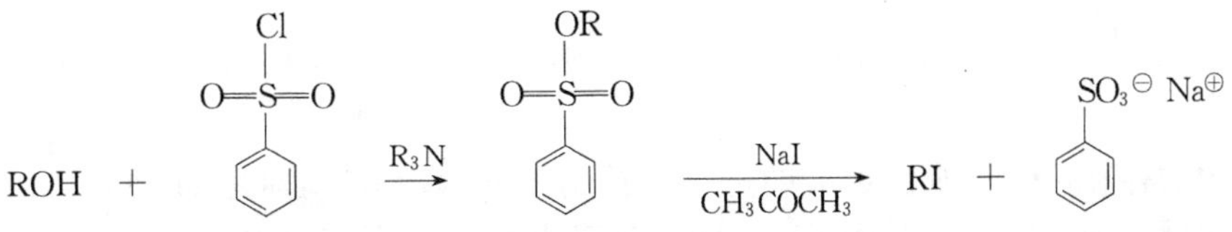

苯磺酰氯　　苯磺酸酯　　苯磺酸钠

本反应中的第二步一般按 S_N2 机理进行。

问题 9.4　比较下列化合物的碱性强弱。

(1) NaOH　(2) C_2H_5ONa　(3) $HC\equiv CNa$　(4) $NaNH_2$　(5) $(CH_3)_3CONa$

问题 9.5　排列下列化合物与卢卡斯试剂作用的快慢顺序。

(1) 新戊醇　(2) 苄醇　(3) 异戊醇　(4) 2-戊醇

3. 与无机含氧酸反应

醇与无机含氧酸(如硫酸、硝酸、磷酸等)反应,分子之间脱水生成无机酸酯。例如,硫酸与乙醇反应,可以制得硫酸氢甲酯和硫酸二甲酯,硫酸二甲酯和硫酸二乙酯都是重要的烷基化试剂,有剧毒,对呼吸器官和皮肤都有强烈的刺激作用。人体软骨中的硫酸软骨质中含有硫酸酯的结构。

$$CH_3OH + HOSO_2OH \rightleftharpoons \underset{\text{硫酸氢甲酯(酸性酯)}}{CH_3OSO_2OH} + H_2O$$

$$2CH_3OSO_2OH \xrightarrow{\text{减压蒸馏}} \underset{\text{硫酸二甲酯(中性酯)}}{CH_3OSO_2OCH_3} + H_2SO_4$$

醇与硝酸反应生成硝酸酯。例如,异戊醇与亚硝酸反应生成亚硝酸异戊酯,甘油与三分子的硝酸反应生成甘油三硝酸酯。亚硝酸异戊酯和甘油三硝酸酯在临床上用作缓解心绞痛的药物。甘油三硝酸酯还是一种炸药。

$$(CH_3)_2CHCH_2CH_2OH + HONO \longrightarrow \underset{\text{亚硝酸异戊酯}}{(CH_3)_2CHCH_2CH_2ONO} + H_2O$$

$$\begin{array}{l} CH_2OH \\ | \\ CHOH \\ | \\ CH_2OH \end{array} + 3HONO_2 \xrightarrow[10^\circ C]{H_2SO_4} \underset{\text{甘油三硝酸酯}}{\begin{array}{l} CH_2ONO_2 \\ | \\ CHONO_2 \\ | \\ CH_2ONO_2 \end{array}} + 3H_2O$$

磷酸与醇作用可形成磷酸单酯、磷酸二酯和磷酸三酯。磷酸酯在生命活动中具有十分重要的作用。DNA 和 RNA 就是多聚的磷酸二酯。

4. 脱水反应

醇的脱水反应有两种方式:一种是分子内脱水成烯;另一种是分子间脱水成醚。

$$\begin{array}{c} RCH - CHR' \\ | \quad\quad | \\ \boxed{H \quad\quad OH} \end{array} \xrightarrow{\text{分子内脱水}} RCH = CHR' + H_2O$$

$$R - \boxed{OH + H}O - R' \xrightarrow{\text{分子间脱水}} R - O - R' + H_2O$$

催化剂的存在可促进脱水反应的进行。常用的催化剂有 H_2SO_4、H_3PO_4、Al_2O_3、$AlCl_3$ 等。究竟按哪一种方式脱水取决于醇的结构和反应条件(见第 7 章)。

醇分子内的脱水反应一般是按 E1 机理进行的,不同类型的醇的反应活性为叔醇>仲醇>伯醇。

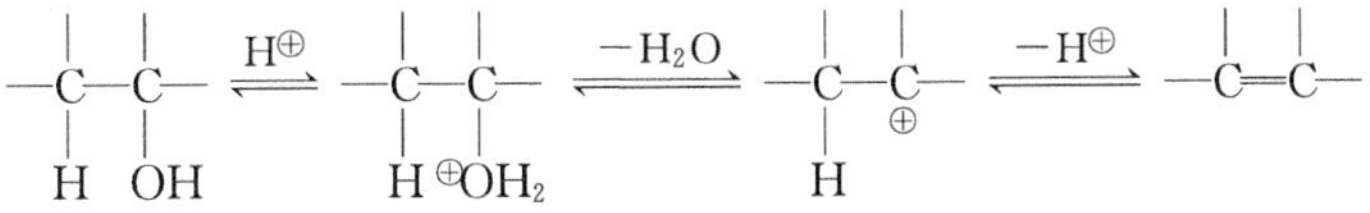

脱水的区域选择性符合札依采夫规则，即主要产物是碳-碳双键上烃基较多的烯烃。

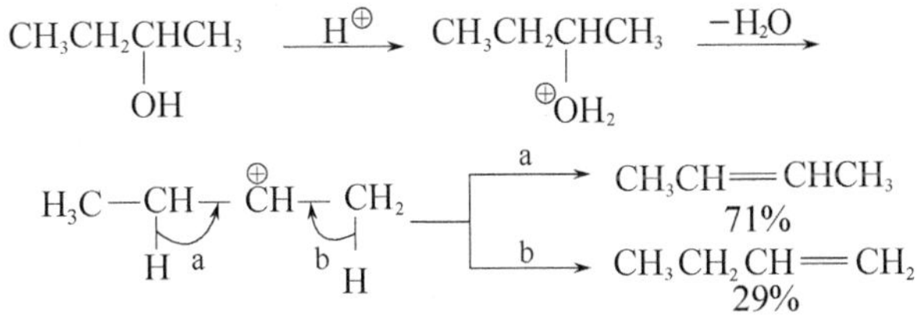

由于醇分子内的脱水反应的活性中间体是碳正离子，因此常伴有重排反应的发生，长链1°醇用硫酸脱水往往生成复杂的混合产物。例如

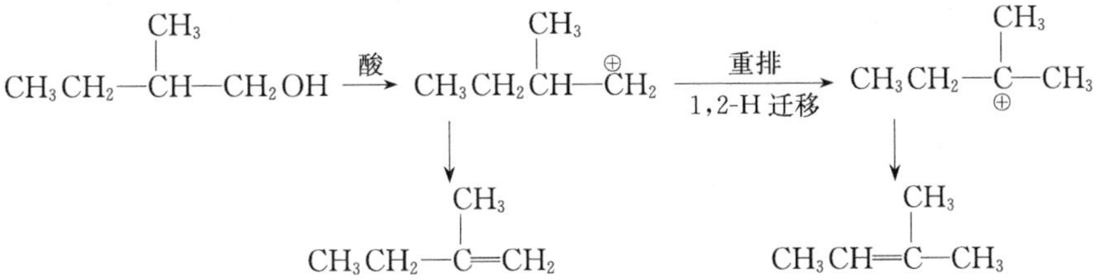

为了减少重排与异构，工业上用经过氨水处理的 Al_2O_3 为催化剂，在350～450℃气相脱水。例如

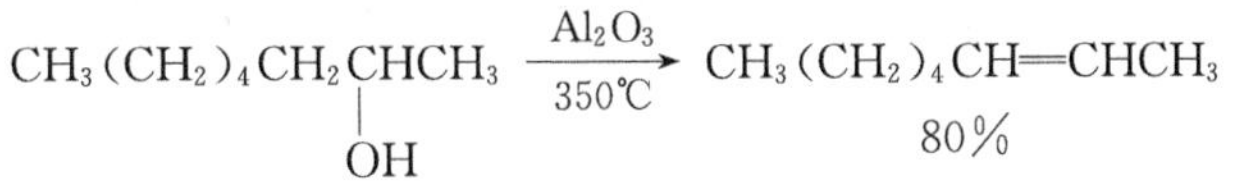

问题 9.6　写出下列反应的主要产物。

(1) 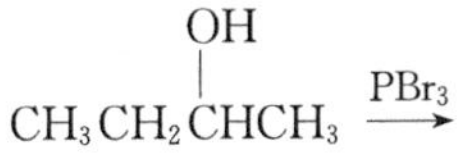

(2) 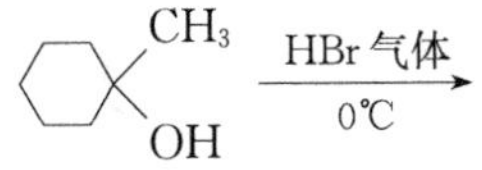

(3) $CH_3(CH_2)_9CH_2OH \xrightarrow{SOCl_2}$

(4) $CH_3CH_2CH_2CH_2OH \xrightarrow[(2)NH_3 \cdot H_2O]{(1)C_6H_5SO_2Cl}$

问题 9.7　解释下列反应结果。

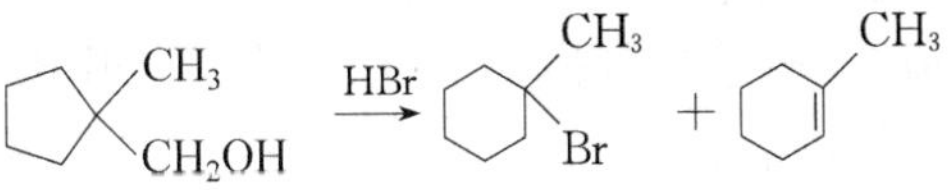

---

5. 氧化与脱氢

醇分子中与羟基相连的碳原子（α-碳原子）上如果有氢原子（α-氢原子），则该醇可被氧化。伯醇可以被氧化为醛、酸。如果要得到醛，就必须把生成的醛立即从反应混合物中蒸馏出去，以防与氧化剂继续反应成为羧酸。由于醛的沸点低于同碳原子的醇和羧酸，因此这是可以实现的。此方法用于制备沸点不高于100℃的醛。

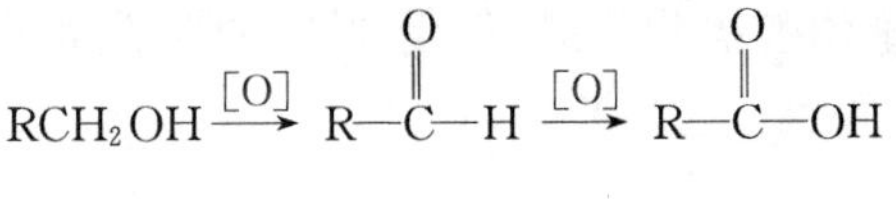

仲醇氧化生成同碳原子的酮。

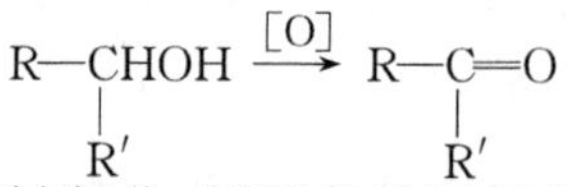

叔醇不含 α-H，一般情况下不被氧化，强烈条件下氧化则发生化学键的断裂，生成小分子的氧化产物。实验室中常利用伯醇、仲醇、叔醇的氧化产物的不同来鉴别这三类醇。

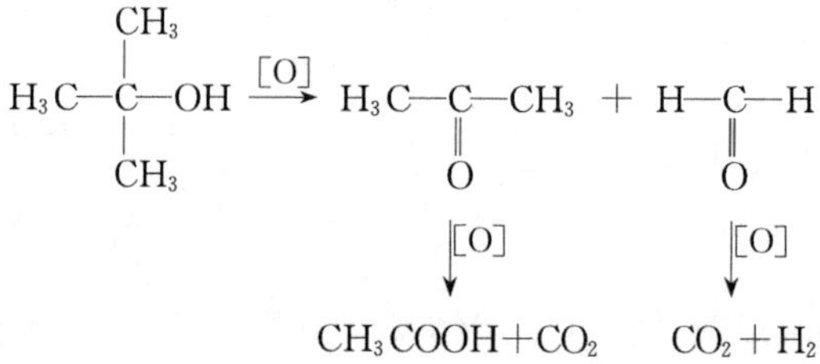

醇类氧化常用的氧化剂有：$KMnO_4$（浓、热）、$K_2Cr_2O_7$、$H_2CrO_4+H_2SO_4$＋丙酮［琼斯(Jone)试剂］、CrO_3＋吡啶［沙瑞特(Sarett)试剂］、氯铬酸吡啶(PCC)、重铬酸吡啶(PDC)等，其中沙瑞特试剂、PCC 和 PDC 是较温和的氧化剂，可使伯醇氧化为醛，同时不破坏双键。例如

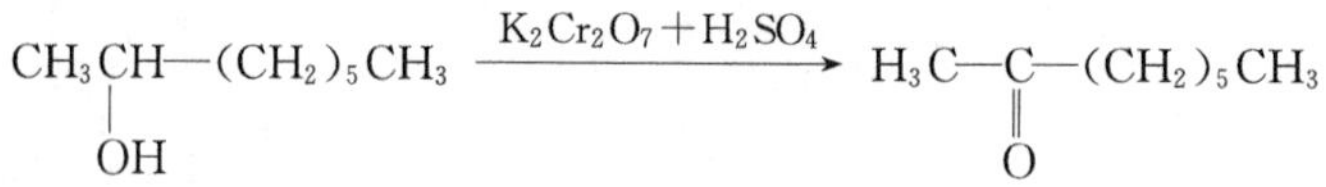

$$CH_3(CH_2)_4C\equiv CCH_2OH \xrightarrow{CrO_3+\text{吡啶}} CH_3(CH_2)_4C\equiv CCHO$$

2-辛炔-1-醇　　　　　　　　2-辛炔醛

伯醇或仲醇的蒸气在高温下通过活性铜、铜铬等催化剂时，即可发生脱氢反应，生成醛、酮。

$$CH_3CH_2OH \underset{250\sim350^\circ C}{\overset{Cu}{\rightleftharpoons}} CH_3CHO+H_2 \quad \text{产品较纯}$$

若同时通入空气，则产生的氢气与氧结合成水，反应可以进行到底。

$$CH_3CH_2OH+\frac{1}{2}O_2 \xrightarrow[550^\circ C]{Cu\text{或}Ag} CH_3CHO+H_2O$$

此外，还有一种常用的比较温和的氧化法——奥盆诺尔(Oppenauer)氧化，可以把醇氧化为相应的羰基化合物。在碱如叔丁基铝或异丙醇铝的存在下，仲醇和丙酮（或甲乙酮、环己酮）反应，醇被氧化，失去两个氢原子给丙酮，丙酮则被还原为异丙醇。该反应只在醇和酮之间发生氢原子的转移，不涉及分子的其他部分，所以在分子中有碳-碳双键或其他对酸不稳定的基团时，利用此方法较为适宜。

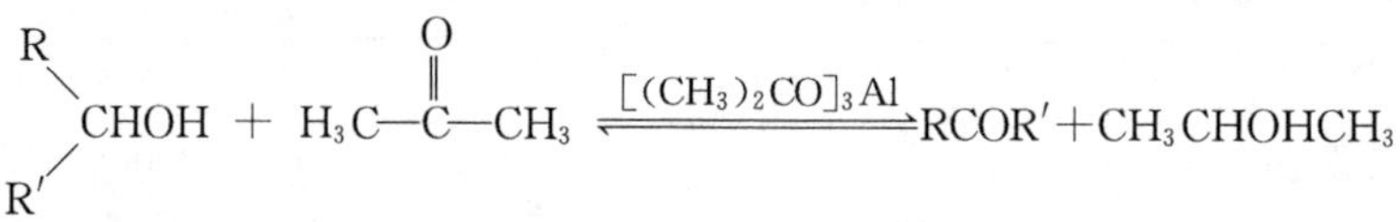

加入过量的丙酮可使平衡右移，使反应顺利进行。例如

上述氧化法虽然也可把伯醇氧化为醛，但由于在碱性条件下，醛易于发生羟醛缩合，因此效果不好，一般用于仲醇的氧化。

问题 9.8　写出下列反应的主要产物。

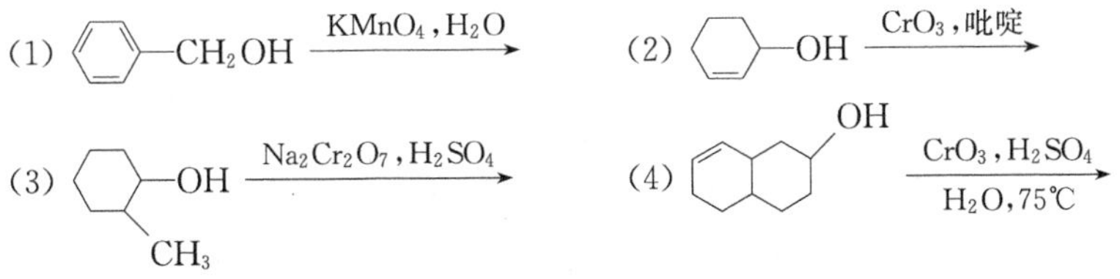

6. 邻位二醇的反应

多元醇分子中的羟基也有醇的通性，可以部分或全部参加反应。两个羟基位于邻位的二元醇，即邻位二醇还可以发生一些特殊的反应。

1）被高碘酸氧化

高碘酸可以使邻位二醇中连有两个羟基的碳原子间的键断裂，生成两分子羰基化合物。

$$R{-}CH(OH){-}CH(OH){-}R' + HIO_4 \longrightarrow R{-}C(=O){-}H + H{-}C(=O){-}R' + HIO_3 + H_2O$$

$$R{-}CR(OH){-}CH(OH){-}R' + HIO_4 \longrightarrow R{-}C(=O){-}R + H{-}C(=O){-}R' + HIO_3 + H_2O$$

α-羟基醛或 α-羟基酮也可被高碘酸氧化，反应物中的羰基被氧化为羧酸或二氧化碳。

$$R{-}C(=O){-}CH(OH){-}R' \xrightarrow{HIO_4} R{-}C(=O){-}OH + R'{-}C(=O){-}H$$

$$R{-}CH(OH){-}CH(OH){-}CHO \xrightarrow{2HIO_4} R{-}C(=O){-}H + H{-}C(=O){-}OH + H{-}C(=O){-}OH$$

$$R{-}CH(OH){-}C(=O){-}CH_2OH \xrightarrow{2HIO_4} R{-}C(=O){-}H + CO_2 + H{-}C(=O){-}H$$

反应中的 HIO_4 被还原为 HIO_3，因此在反应混合物中加入 $AgNO_3$ 溶液，就有 $AgIO_3$ 的白色沉淀生成。该反应是定量进行的，根据高碘酸的用量及氧化产物的性质可以推测邻位二醇的结构。

2）邻位二醇的重排反应

邻二叔醇在酸的作用下发生重排，这类反应最初是从频哪醇重排为频哪酮时发现的，因此称为频哪醇重排(pinacol rearrangement)。例如

$$(CH_3)_2C(OH){-}C(OH)(CH_3)_2 \xrightarrow{H^{\oplus}} H_3C{-}C(=O){-}C(CH_3)_3$$

该反应是碳正离子的重排，是从一个碳正离子重排为另一更稳定的碳正离子。

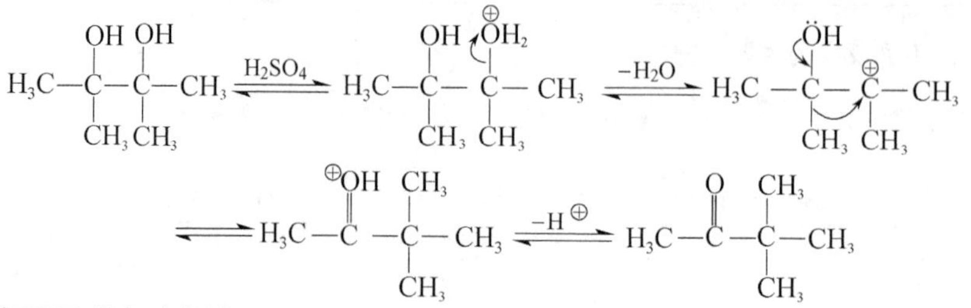

其中,频哪醇用下列方法制备:

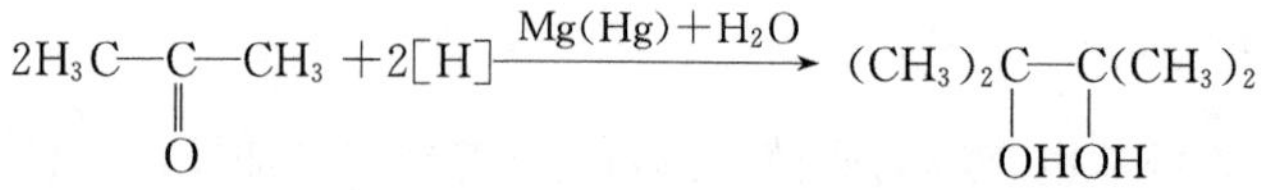

频哪醇重排要注意以下几个问题:

(1) 如果脱水能生成两种不同的碳正离子,总是先生成较稳定的碳正离子。例如

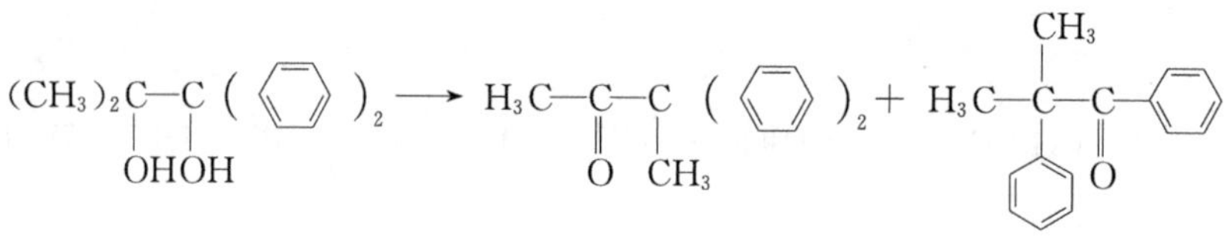

(主要产物)　　(次要产物)

(2) 当形成的碳正离子相邻碳上的两个基团不同时,通常是给电子能力较强的基团优先迁移。例如

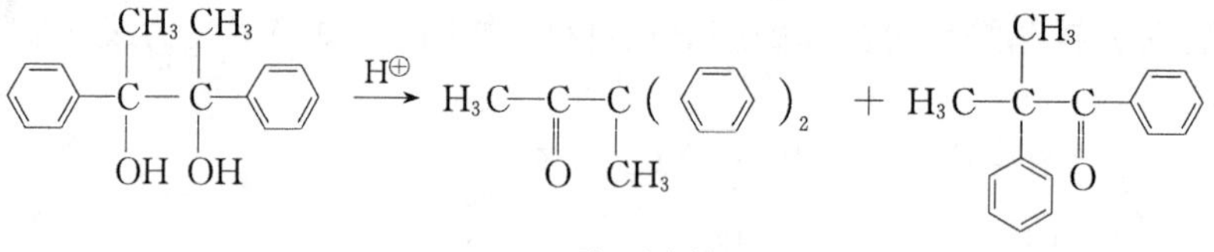

(主要产物)　　(次要产物)

(3) 迁移基团与离去基团应处于反式位置。例如,顺-1,2-二甲基-1,2-环己二醇在稀硫酸作用下能迅速重排,甲基迁移得到环己酮;反-1,2-二甲基-1,2-环己二醇在相同条件下,由于迁移基团与离去基团不在反式位置,因此反应很慢,并导致环缩小的反应。

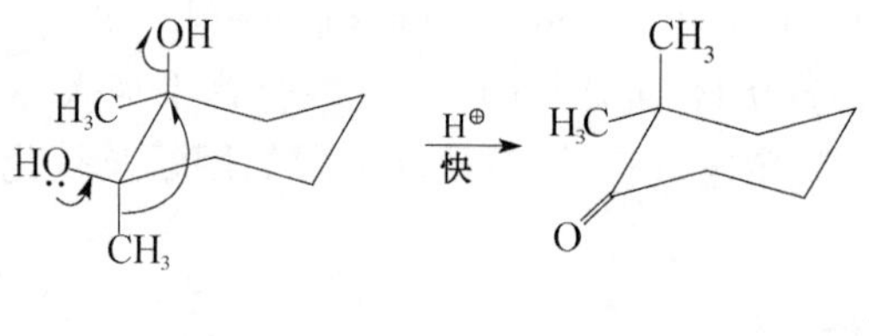

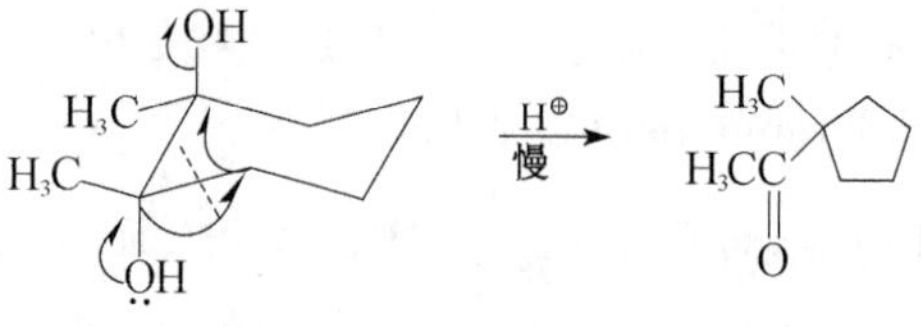

其他的邻位二醇也能发生类似的反应。例如

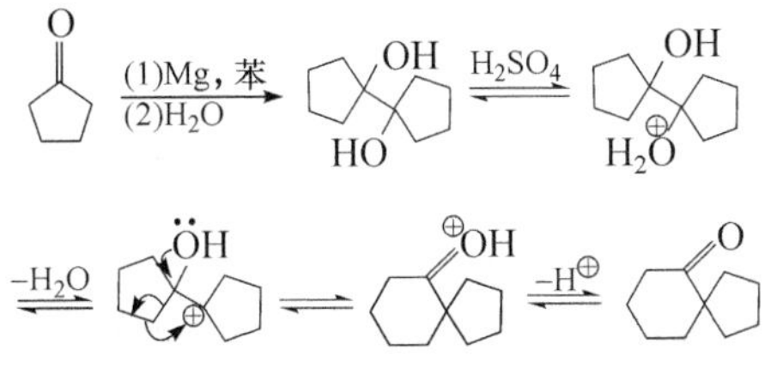

问题 9.9 写出下列反应的产物。

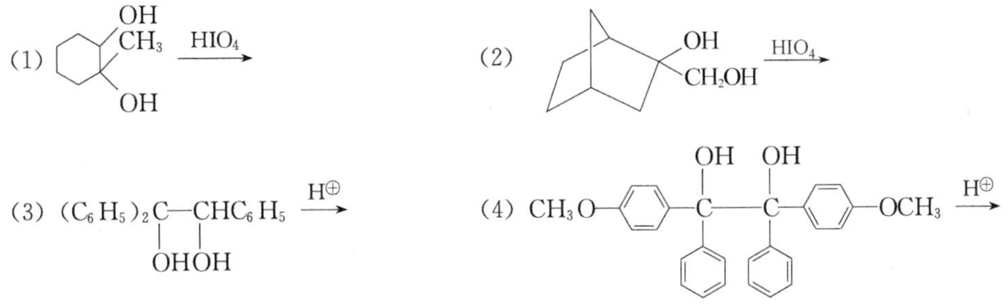

9.1.4 醇的制备

醇广泛存在于自然界。目前较复杂的醇主要从动植物中提取，如存在于柠檬草油中的牻牛儿苗醇和薄荷油中的薄荷醇。

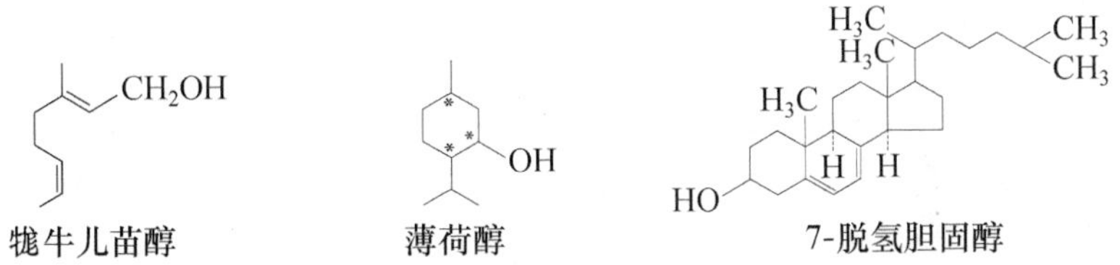

许多醇以酯的形式存在于动植物体内，如油脂、磷脂、蜡等。低级醇是某些糖类和蛋白质发酵的产物。工业上常用烯烃水化法制备醇，此外，还有卤代烃水解、羰基化合物还原以及用格氏试剂制备。

1）烯烃水化法

烯烃在硫酸的催化作用下，可以与水加成生成醇，这也是工业制醇的主要方法（见3.4.2小节）。此外，硼氢化-氧化反应也是实验室制备醇常用的一个方法（见3.4.5小节）。例如

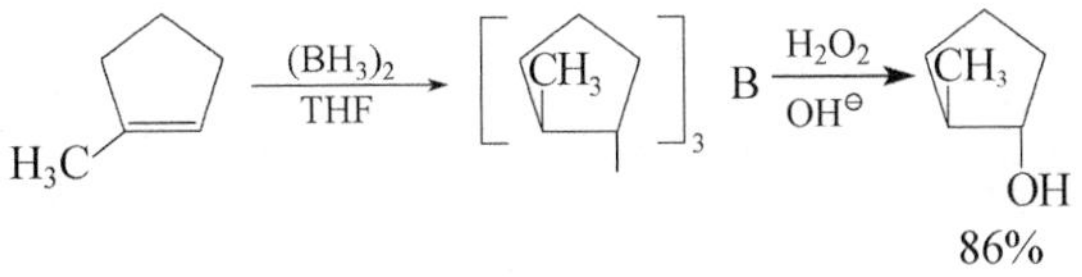

2）卤代烃的水解

卤代烃与氢氧化钠水溶液回流，发生亲核取代反应生成醇。但这种方法受到一定的限制，因为反应过程中容易形成烯烃副产物。此外，在一般情况下醇往往比相应的卤代烃更容易得到，只有在卤代烃较易得到时才采用此方法。例如

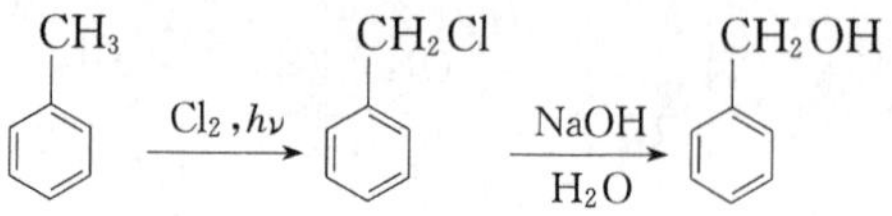

3）羰基化合物的还原

从醛、羧酸和羧酸酯还原可得到伯醇，酮经还原可得到仲醇。

$$\left.\begin{array}{l}\mathrm{RCHO}\\ \mathrm{RCOOH}\\ \mathrm{RCOOR'}\\ \mathrm{RCOR'}\end{array}\right\}\xrightarrow{[\mathrm{H}]}\begin{array}{l}\mathrm{RCH_2OH}\\ \mathrm{RCH_2OH}\\ \mathrm{RCH_2OH+R'OH}\\ \mathrm{RCH(OH)R'}\end{array}$$

4）从格氏试剂制备

格氏试剂与羰基化合物可发生加成反应，产物经水解而得到醇。通常将格氏试剂与醛、酮、酯的加成反应称为格氏反应。

格氏试剂与甲醛反应可得到伯醇。

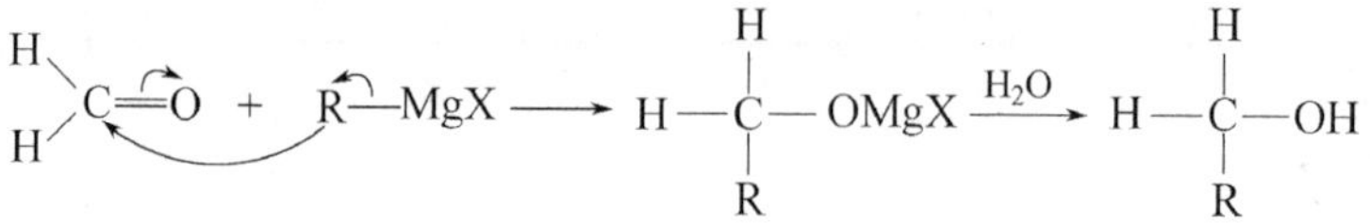

与其他的醛反应可得到仲醇。

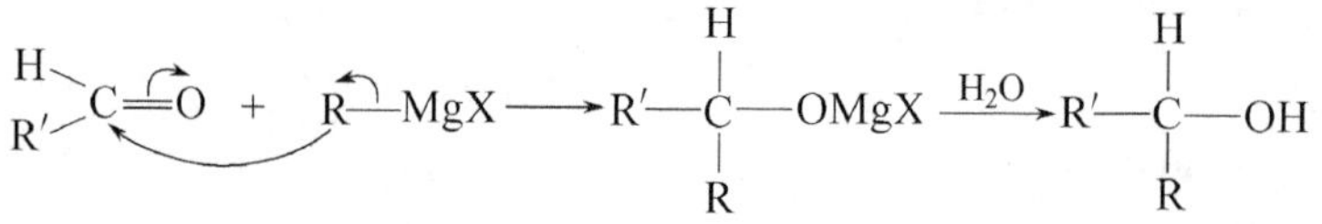

与酮反应可得到叔醇。

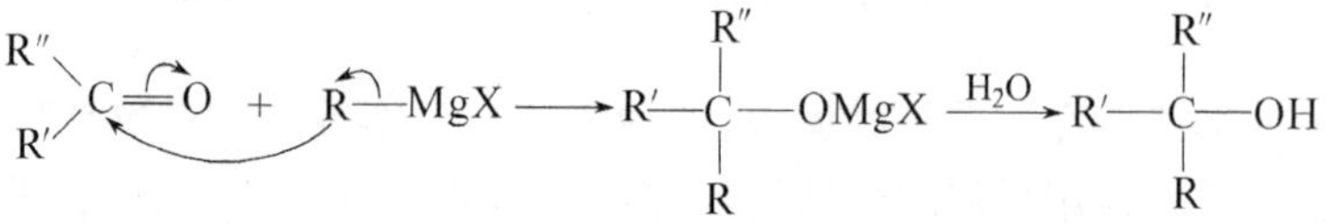

格氏试剂还可以与羧酸衍生物加成，如与羧酸酯加成得到叔醇。实际上格氏试剂与酯的加成是分两步进行的：首先加成得到醛、酮。因为醛、酮比酯更易反应，所以很快与另一分子的格氏试剂作用，水解后得到具有两个相同取代基的叔醇。

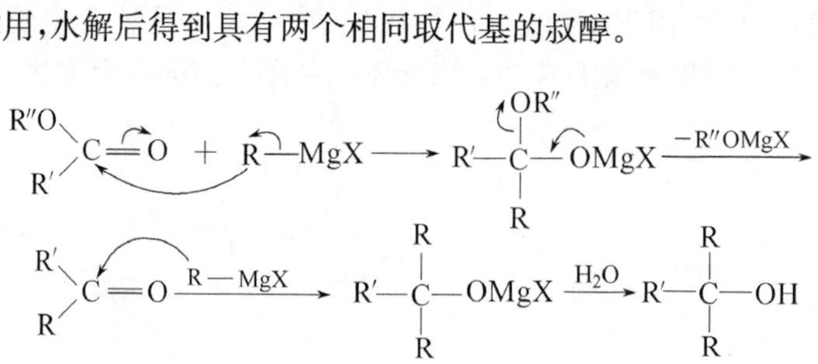

除羰基化合物以外，环氧乙烷也可与格氏试剂反应，得到比格氏试剂中的烃基多两个碳原子的伯醇。

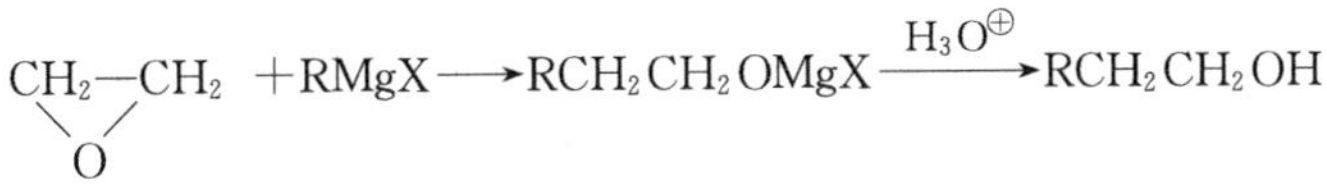

问题 9.10 利用格氏试剂合成下列醇。

(1) $(CH_3)_2CHCH_2CH_2OH$

(2) $C_6H_5CH_2CH_2OH$

(3) 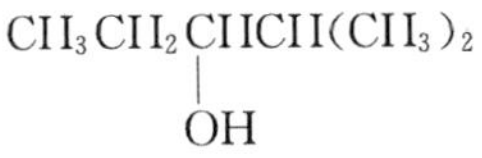

(4) 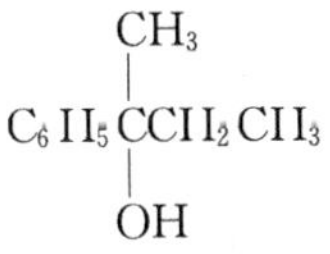

9.2 酚

9.2.1 酚的结构、命名

酚(phenol)的通式为 Ar—OH。酚与醇在结构上的区别在于它所含的羟基是直接与苯环相连的，Ar—CH_2—OH 是芳醇。根据酚羟基的数目，可分为一元酚、二元酚和多元酚。

1. 酚的命名

酚的命名一般是在酚字前面加上芳环的名称，作为母体，再加上其他基团的名称和位次。例如

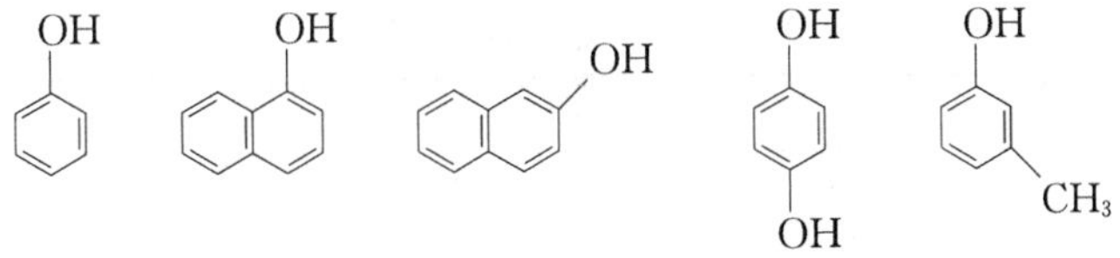

苯酚　1-萘酚 α-萘酚　2-萘酚 β-萘酚　对苯二酚　间甲酚

当其他基团的命名级别比羟基高时，则羟基为取代基，级别高的基团作为主官能团。常见官能团的级别顺序为—COOH、—SO_3H、—COOR、—COX、—$CONH_2$、—CN、—CHO、—C═O、—OH、—NH_2、—OR、—R、—X、—NO_2、—NO。例如

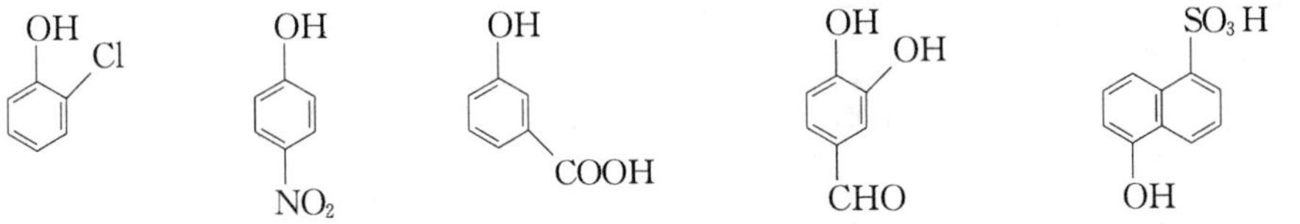

邻氯苯酚　对硝基苯酚　间羟基苯甲酸　3,4-二羟基苯甲酸　5-羟基-萘磺酸

2. 酚的结构

酚羟基中的氧原子是 sp^2 杂化，氧原子的两对未共用电子分别占据一个 sp^2 杂化轨道和一个未参与杂化的 p 轨道，p 轨道和苯环的 π 轨道在侧面重叠，形成 p-π 共轭体系，氧原子上的 p 电子向苯环转移，导致苯酚的偶极矩的方向与醇相反。同时增强了羟基上氢原子的离解能力(图 9.1)。

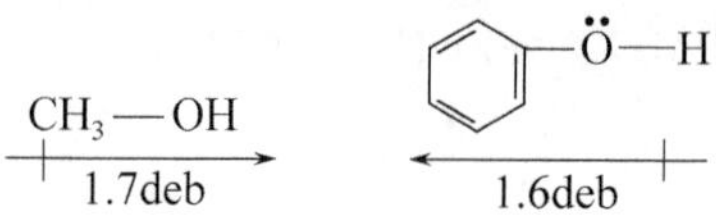

图 9.1 苯酚与醇的偶极矩方向比较

问题 9.11 命名或写出下列化合物的结构式。

(1) 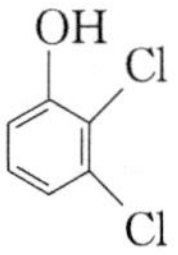 (2) 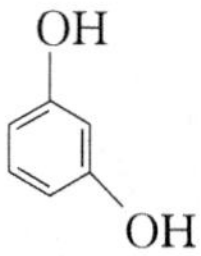 (3) 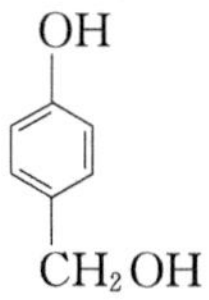 (4) 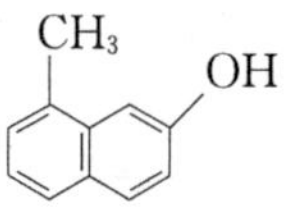

(5) 对甲氧基苯酚 (6) 3-硝基-4-羟基-苯甲酸

9.2.2 酚的物理性质

酚一般多为固体，少数烷基酚为液体。酚羟基与醇羟基一样，可以形成较强的分子间氢键，所以其沸点较高，例如，苯酚的沸点是 182℃，大大高于同相对分子质量的甲苯（沸点 110.6℃）。邻硝基苯酚还能形成分子内氢键，因此分子间不易发生缔合，沸点相对小于间位和对位取代物。酚与水之间也能形成氢键，因此酚微溶于水。纯的酚是无色的，但往往由于氧化而略带有红色至褐色。酚能溶于乙醇、乙醚、苯等有机溶剂。常见酚的物理性质列于表 9.2。

表 9.2 常见酚的物理性质

名称	结构式	熔点/℃	沸点/℃	溶解度/[g·(100g 水)$^{-1}$]	pK_a(25℃)
苯酚(phenol)	C_6H_5OH	43	182	9.3	10
邻甲基苯酚 (*o*-methylphenol)	*o*-$CH_3C_6H_4OH$	30	191	2.5	10.29
间甲基苯酚 (*m*-methylphenol)	*m*- $CH_3C_6H_4OH$	11	201	2.6	10.09
对甲基苯酚 (*p*-methylphenol)	*p*-$CH_3C_6H_4OH$	35.5	201	2.3	10.26
邻氯苯酚(*o*-cresol)	*o*-ClC_6H_4OH	8	176	2.8	8.48
间氯苯酚(*m*-cresol)	*m*-ClC_6H_4OH	33	214	2.6	9.02
对氯苯酚(*p*-cresol)	*p*-ClC_6H_4OH	43	220	2.7	9.38
邻硝基苯酚 (*o*-nitrophenol)	*o*-$O_2NC_6H_4OH$	45	217	0.2	7.22
间硝基苯酚 (*m*-nitrophenol)	*m*-$O_2NC_6H_4OH$	96	194/9.3×10^3 Pa	1.4	8.39
对硝基苯酚 (*p*-nitrophenol)	*p*-$O_2NC_6H_4OH$	114	279/分解	1.7	7.15

续表

名称	结构式	熔点/℃	沸点/℃	溶解度/[g·(100g 水)$^{-1}$]	pK_a(25℃)
2，4-二硝基苯酚 (2，4-dinitrophenol)	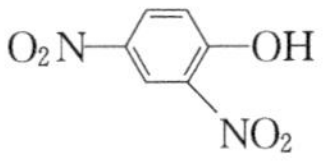	113	—	0.6	4.09
2,4,6-三硝基苯酚 (2,4,6-trinitrophenol)	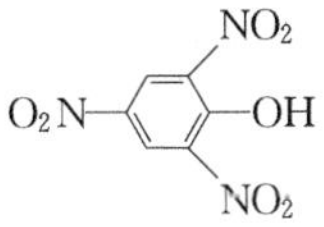	122	—	1.4	0.25

9.2.3 酚的化学性质

1. 酚羟基的性质

1) 酚的酸性

苯酚的酸性比碳酸(pK_a= 6.38)弱，而大多数酚的 pK_a=10。苯酚能溶于氢氧化钠水溶液而变为苯酚钠。

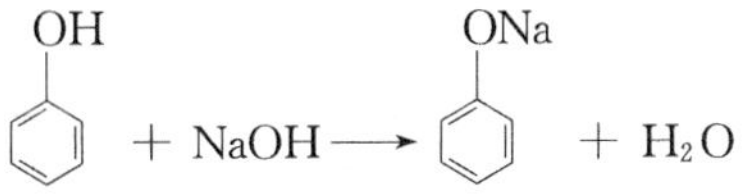

但苯酚不溶于碳酸氢钠溶液中，将 CO_2 通入苯酚钠溶液中，能析出苯酚。

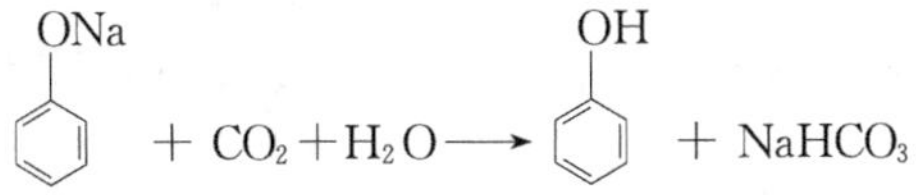

苯酚具有酸性，是由于苯环上的碳原子为 sp^2 杂化，与结构相似的环己醇相比，具有更强的拉电子能力，使得羟基上的电子偏向于苯环，增强了羟基上的质子的酸性。

羟基氧原子上的未共用电子对与苯环之间还可以形成 p-π 共轭，电子的离域使氧原子上的电子云密度降低，有利于氢以质子的形式离去，生成的苯氧负离子很稳定。

当苯环上连有吸电子基(如硝基、卤素等)时，可使苯酚的酸性增强，因为吸电子基有利于稳定苯氧负离子；反之，当苯环上连有给电子基时，苯酚的酸性减弱。例如，2,4,6-三硝基苯酚的 K_a=1.6×10^{-1}，俗称苦味酸，即 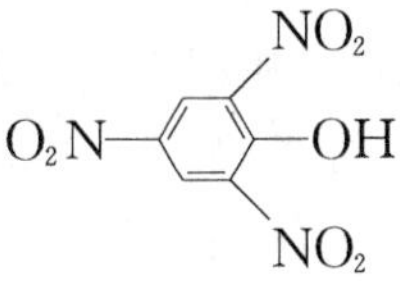。

2) 与三氯化铁的显色反应

大多数酚与三氯化铁溶液作用能生成带颜色的配合物。不同的酚所形成的配合物的颜色有所不同，常见的有紫、蓝、绿、棕等，这个特性常用于鉴定酚。

$$6C_6H_5OH + FeCl_3 \longrightarrow \underset{\text{蓝紫色}}{[Fe(OC_6H_5)_6]^{3-}} + 6H^+ + 3Cl^-$$

实际上与 $FeCl_3$ 发生显色反应的并不仅限于酚，具有烯醇式结构的化合物大多能发生此反应。因此，这个反应可用来鉴定酚或有烯醇式结构的化合物。

问题 9.12　比较下列化合物的酸性强弱。

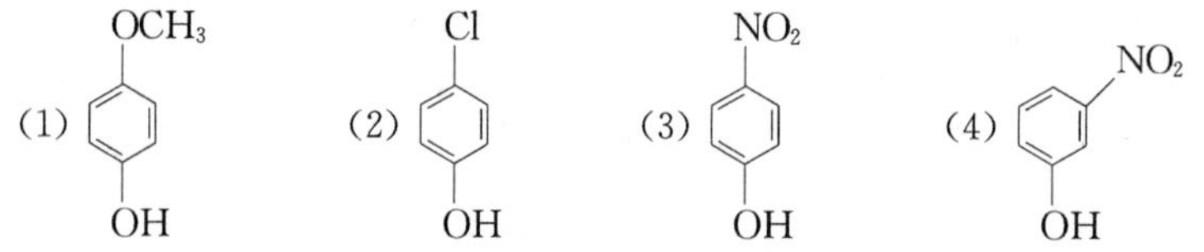

2. 芳环上的反应

羟基是第一类定位基，活化苯环，因此芳环上发生亲电取代反应比苯容易得多，当卤化、硝化、磺化时容易生成多元取代产物。

1）卤化

酚很容易卤化。例如，苯酚的溴化比苯约快 10^{11} 倍。当苯酚与过量的溴水作用时，立即生成 2,4,6-三溴苯酚的白色沉淀，此反应可用于苯酚的定性和定量分析。

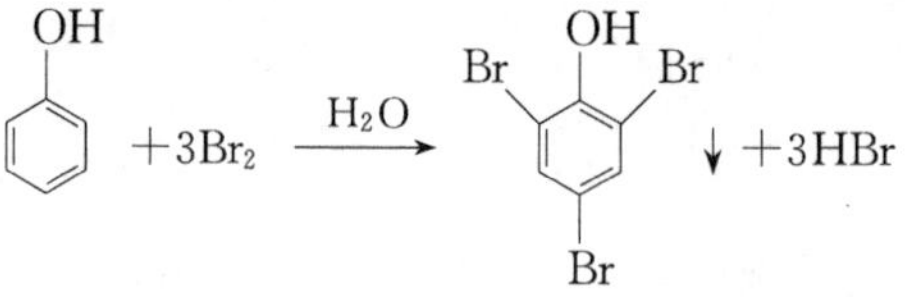

2,4,6-三溴苯酚

在强酸溶液中，由于抑制了苯酚生成苯氧负离子，溴化反应可以停留在2,4-二溴苯酚的阶段。

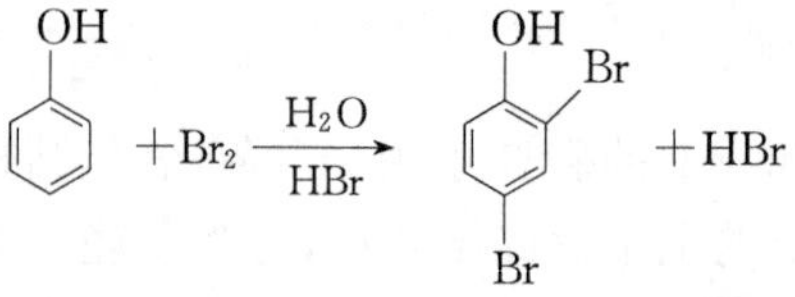

若卤化反应在低极性溶剂（如 $HCCl_3$、CCl_4 或 CS_2）中低温下进行，则得到一卤代苯酚，且以对位为主。

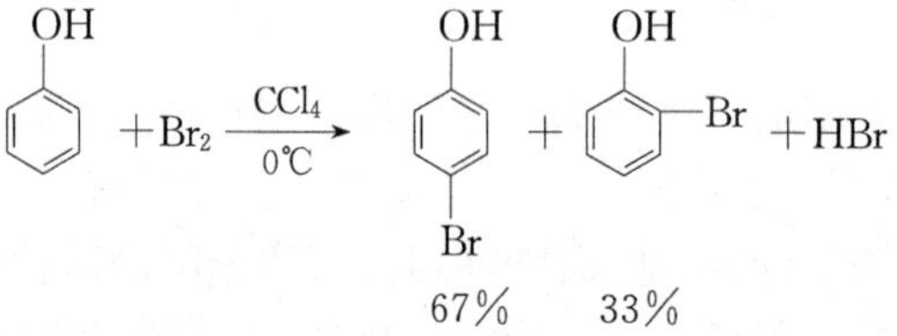

2）磺化

浓硫酸可使苯酚发生磺化反应，由于磺化反应具有可逆性，酚的一磺化产物受温度的影响较大，低温下邻羟基苯磺酸较多，随着磺化温度的升高，稳定的对位异构体逐渐增多。继续磺化或用浓硫酸在加热下直接与酚作用，可得 4-羟基-1,3-苯二磺酸。

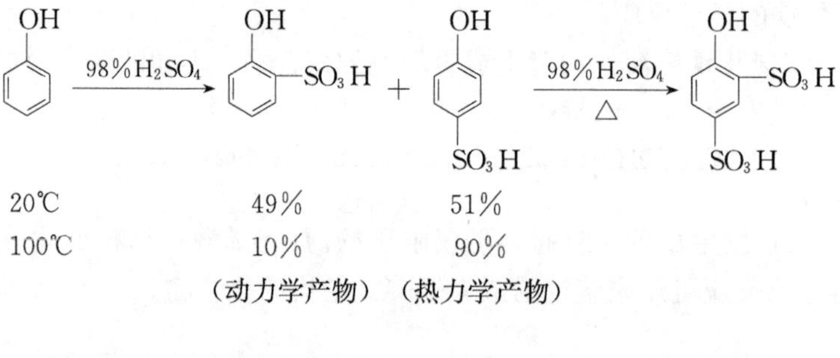

3）硝化

苯酚可在室温条件下与稀硝酸作用产生邻和对硝基苯酚的混合物。因为酚易被氧化生成较多的副产物，所以产量较低。虽然如此，但由于邻、对位产物可以通过水蒸气蒸馏分开，因此该反应用于实验室制备邻和对硝基苯酚还是有一定意义的。

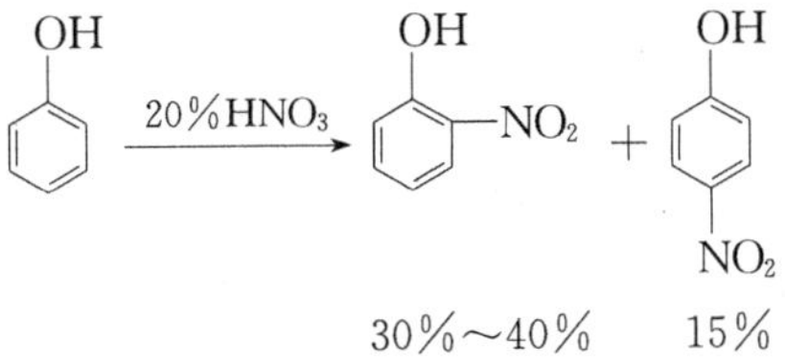

邻硝基苯酚和对硝基苯酚可用水蒸气蒸馏分开，因为邻硝基苯酚可以通过分子内氢键形成六元环，削弱了它与水分子之间的作用，挥发度增加，能随水蒸气一起被蒸馏出来，而对硝基苯酚只能形成分子间氢键，不易挥发而被留下。

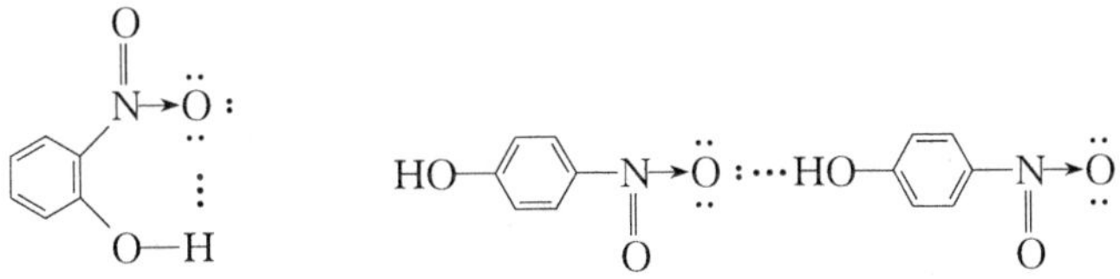

邻硝基苯酚的分子内氢键　　　　对硝基苯酚的分子内间氢键

由于苯酚易被浓硝酸氧化，因此不能用直接硝化法制备多硝基苯酚。通常采用先磺化再硝化的方法，如苦味酸的制备。

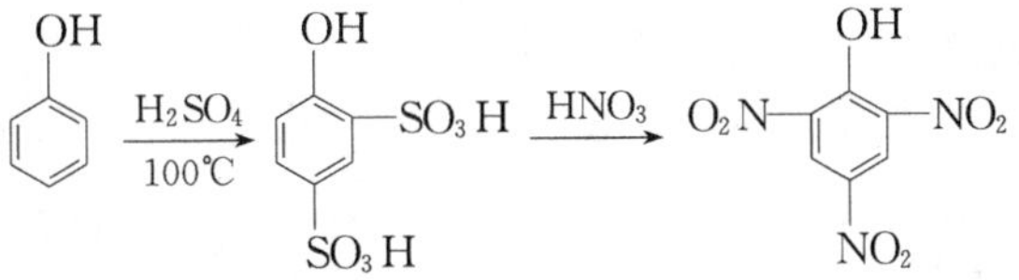

苦味酸是一个有毒的化合物，熔点为 123℃，与有机碱作用生成难溶的盐，熔点敏锐，在有机分析中用于鉴定有机碱。

4）傅-克反应

由于酚所在的芳环的电子云密度较高，因此烷基化和酰基化反应可以在较弱的催化剂作用下进行。例如

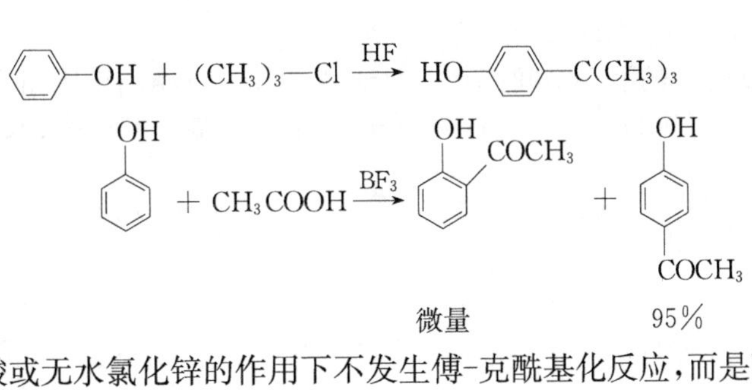

但苯酚在浓硫酸或无水氯化锌的作用下不发生傅-克酰基化反应，而是酸酐与两分子的酚进行缩合，生成酚酞。

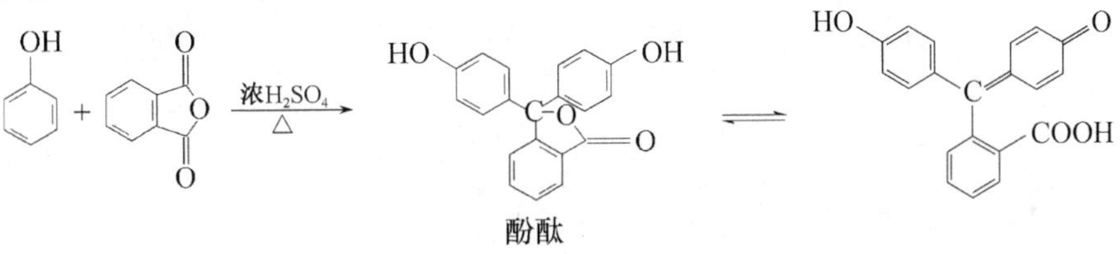

苯酚以 $AlCl_3$ 为催化剂，与酰氯或酸酐发生傅-克酰基化反应，可以得到相应的酚酮。

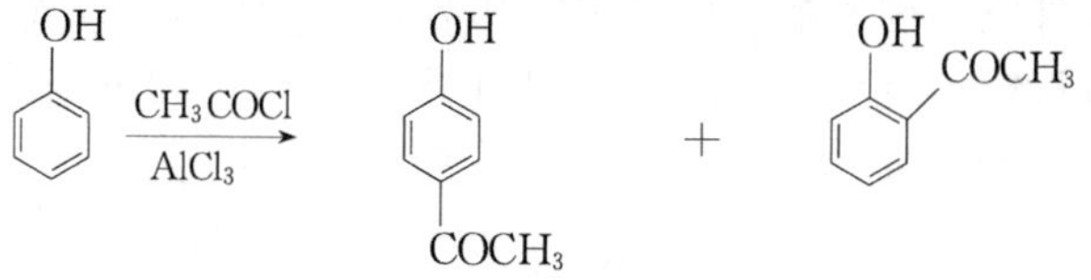

对羟基苯乙酮（74%）　邻羟基苯乙酮（16%）

在该反应中，由于酚可与 $AlCl_3$ 形成酚盐，因此催化剂的用量较大。实际上，酚酮也可用酚的酯在 $AlCl_3$ 催化下重排得到，而且比直接酰化更好。这一反应称为弗里斯（Fries）重排。例如

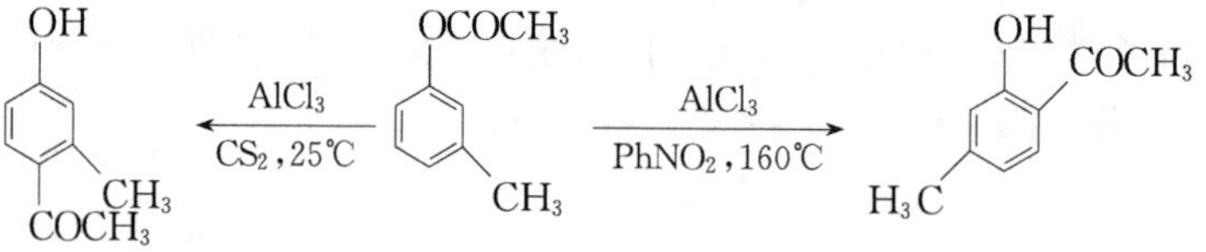

低温重排到对位，高温重排到邻位（因为邻位羰基与羟基氢可形成氢键而稳定），利用邻、对位异构体性质上的差异，可用水蒸气蒸馏法分离提纯。

硝基苯和二硫化碳都对环境造成危害，该反应也可以在无溶剂条件下利用微波促进完成。

3. 赖默-梯曼反应

酚与氯仿在碱性溶液中加热生成邻位及对位羟基醛的反应称为赖默-梯曼（Reimer-Tiemann）反应。含羟基的喹啉、吡咯、茚等杂环化合物也能进行此反应。

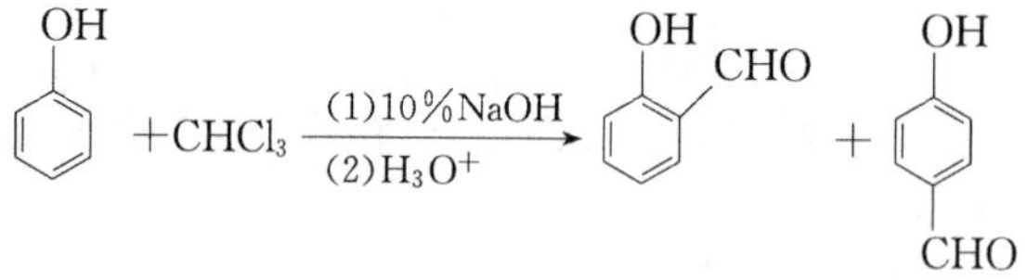

主产物　副产物

产物一般以邻位为主。常用的碱溶液是氢氧化钠、碳酸钾、碳酸钠的水溶液，不能在水中进行的反应可在吡啶中进行，此时只得邻位产物。

赖默-梯曼反应中的活性中间体是二氯卡宾（$:CCl_2$），由于碳原子周围只有六个外层电子，因而非常活泼，可作为亲电试剂进攻苯环，生成邻二氯甲基苯酚，然后水解成水杨醛。

$$CHCl_3 + OH^{\ominus} \xrightarrow{-H_2O} CCl_3^{\ominus} \xrightarrow{-Cl^{\ominus}} :CCl_2$$

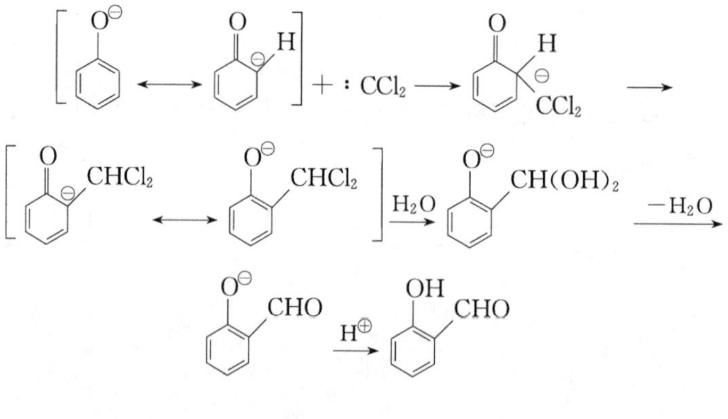

该反应产率一般不超过50%，苯环上有吸电子基团，对反应不利。该方法用于工业上生产水杨醛。

4. 科尔伯反应

酚的钠盐或钾盐与二氧化碳在加温加压下生成水杨酸的反应称为科尔伯(Kolbe)反应。例如

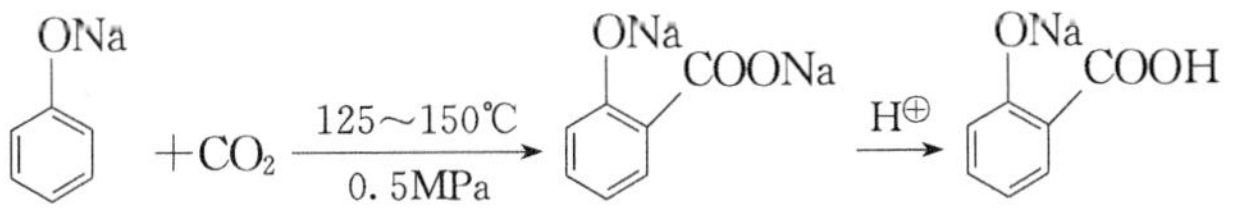

治疗结核病的药物对氨基水杨酸(PAS)就是用科尔伯反应合成的。

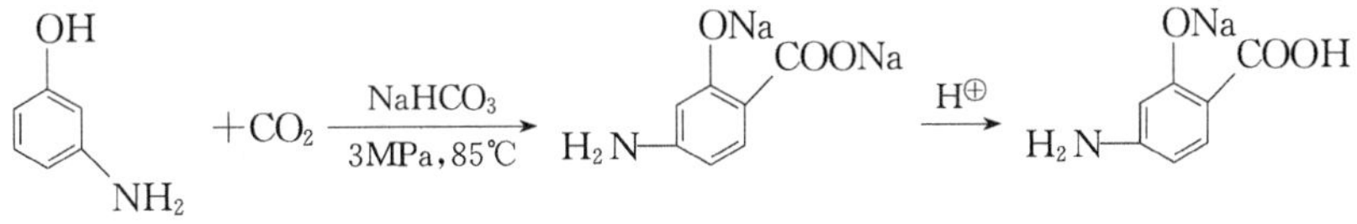

问题9.13 写出下列反应的主要产物。

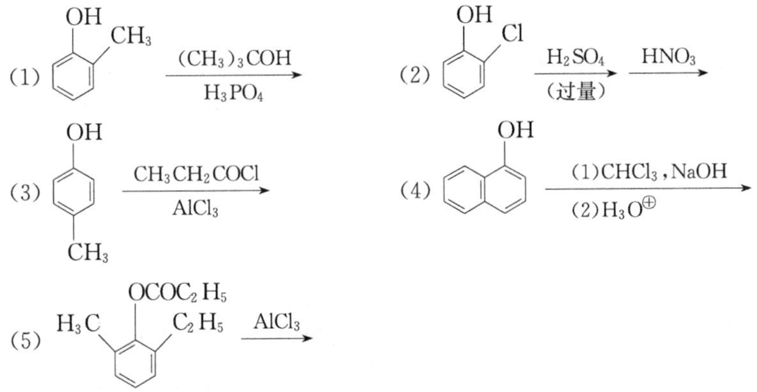

问题9.14 当苯酚用乙酰氯酰基化时，得到两种酚的混合物，它们能被水蒸气蒸馏分开。这两种化合物是什么？它们为什么能被水蒸气蒸馏分开？

---

5. 氧化反应

酚比醇更容易被氧化，空气中的氧就能使酚氧化成醌，而醌式结构的物质一般都有颜色。

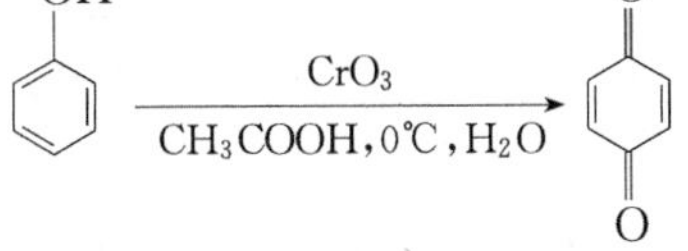

黄色

多元酚更易被氧化，一般的弱氧化剂(如 Ag_2O、AgBr、H_2O_2)就可以使它们氧化。由于邻苯二酚或对苯二酚能将感光后的AgBr还原为金属银，因此常用作照相中的显影剂，还可用作阻聚剂和还原剂。但间苯二酚不能被氧化成醌，只能氧化成 CO_2 和 H_2O。

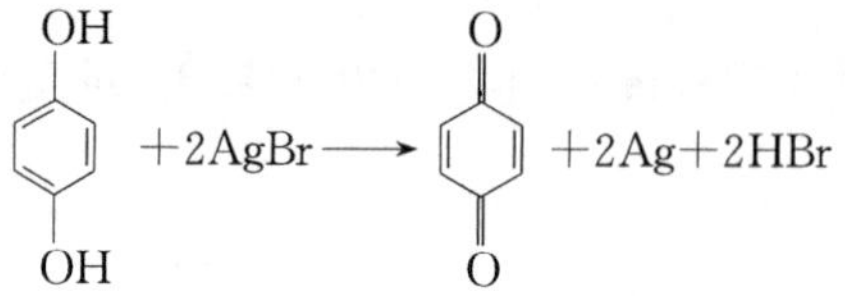

酚的氧化反应是复杂的，包含自由基的生成，如苯酚氧化可生成稳定的苯氧基自由基。

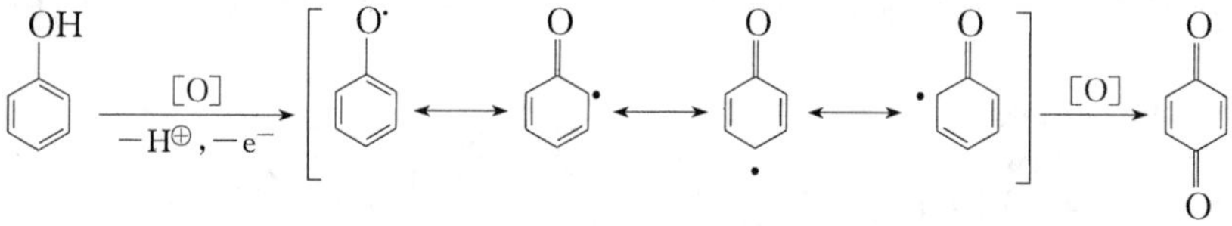

酚的氧化具有许多实际用途。例如，对苯二酚和其他一些酚可用作自由基链反应的抑制剂，许多自由基可以从对苯二酚中夺取氢，使其生成稳定的半醌；第二个自由基再与半醌作用形成醌。

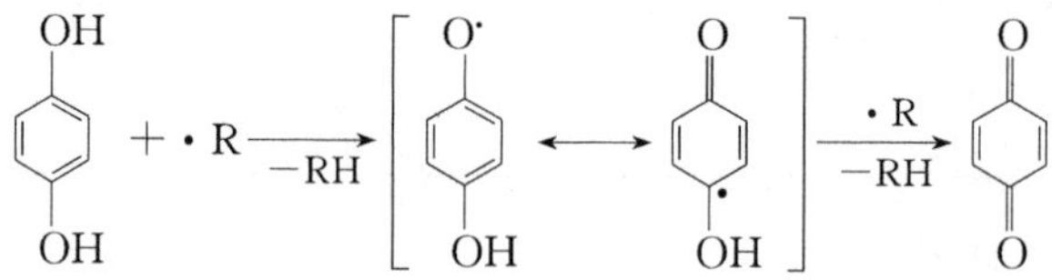

等物质的量的对苯二酚和对苯醌可以生成分子间电荷转移配合物(charge transfer complex)醌氢醌，它是一种暗绿色晶体，熔点为171℃。

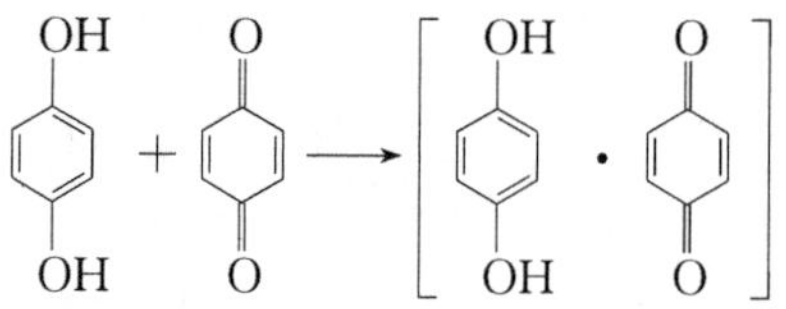

醌氢醌

在醌氢醌晶体中，对苯二酚分子层与对苯醌分子层交替排列，分子中的环彼此平行。对苯二酚是富电子的电子给予体，而对苯醌是缺电子的电子接受体，它们组成了电荷转移配合物，这类物质一般有很深的颜色。

另外，某些酚还可作为食品防腐剂，如4-甲基-2，6-二叔丁基苯酚(butylated hydroxytoluene，BHT)以及2-和3-叔丁基羟基苯甲醚(butylated hydroxyanisole，BHA)。

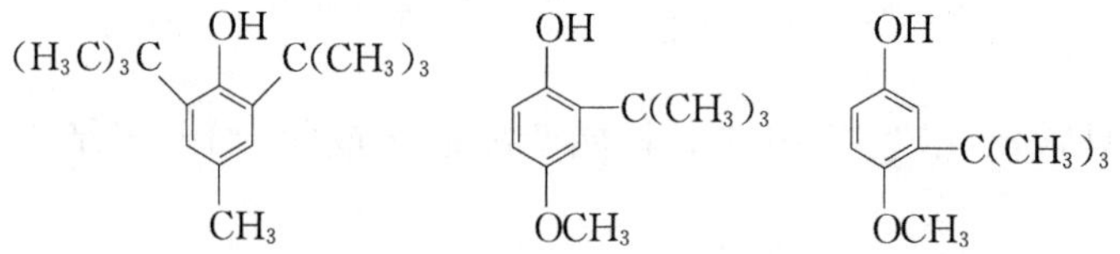

BHT　　　　BHA

9.2.4 酚的制备

苯酚和甲苯酚存在于煤焦油分馏所得的酚油中，用烧碱和硫酸处理后再经分馏可得到工业用的苯酚和甲苯酚。但实际使用的大部分苯酚和其他酚类都是人工合成的。以苯酚为例，合成酚的方法有以下几种。

1. 异丙苯氧化法

异丙苯是由苯烷基化反应制得。异丙苯在过氧化物的作用下，经空气氧化，生成氢过氧化异丙苯，后者在强酸或强酸性阳离子交换树脂的作用下，分解成苯酚和丙酮。

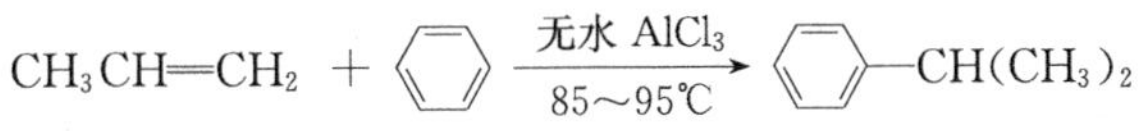

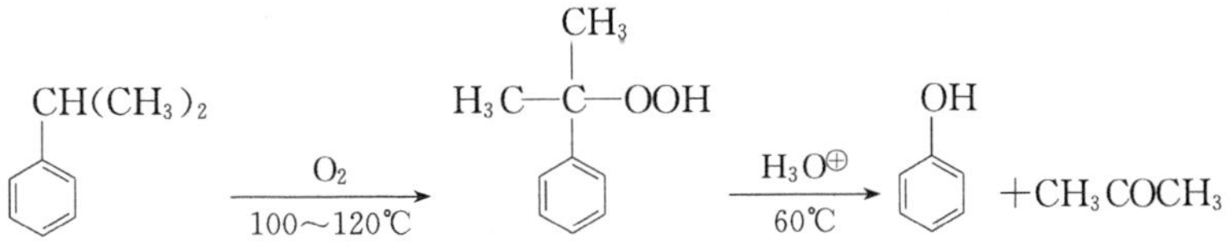

2. 芳磺酸的碱熔融法

芳磺酸的碱熔融法是最古老的工业制酚方法，是具有普遍意义的芳香亲核取代反应，反应要在高温下进行，只有少数含有其他取代基的磺酸能经受这样强的条件，因此该法有一定的局限性。例如

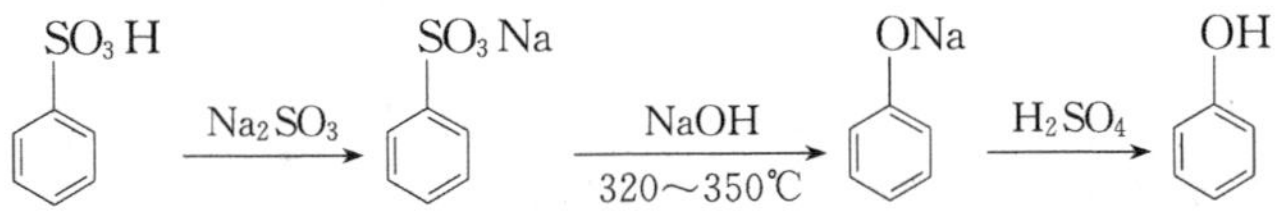

3. 氯苯水解法

氯苯中的氯原子直接与苯环相连，与苯环发生 p-π 共轭，使得碳-氯键非常牢固，所以氯代苯的水解很困难，要在高温、高压和催化剂的作用下才能发生。

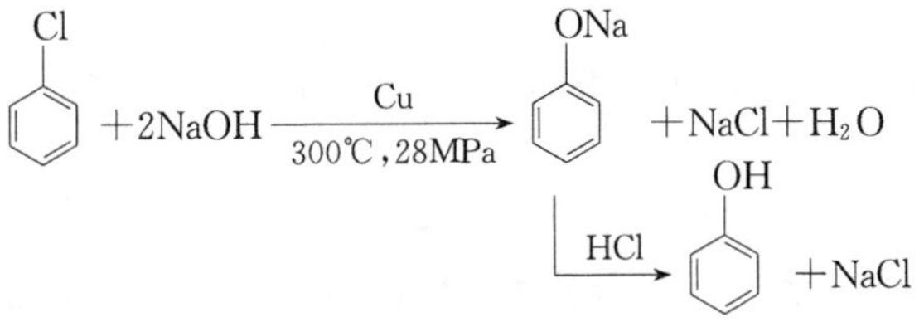

当卤素的邻、对位上有强吸电子基时，水解反应能在较温和的条件下进行。

4. 芳胺重氮盐法

将芳胺经重氮化制成重氮盐，后者经水解得到相应的酚，这也是实验室制备酚的重要方法。例如

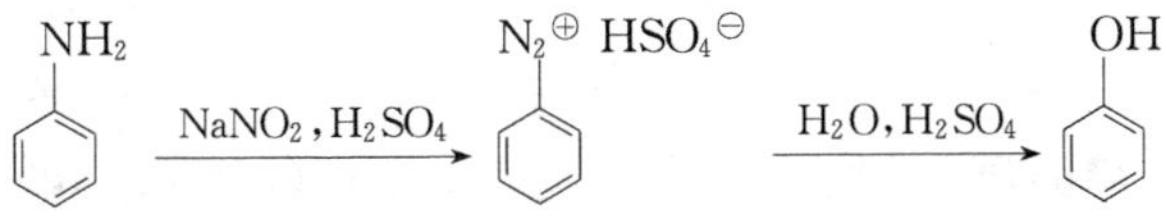

5. 芳基铊盐的置换水解法

苯或取代苯与三氟乙酸铊（thallium trifluroacetate，TTFA）在三氟乙酸中反应，生成芳香铊试剂，后者经四乙酸铅和三苯基膦处理，生成三氟乙酸苯酯，再在碱性溶液中使酯水解，最后酸化得到酚。该方法具有反应温度低、速率快的特点，并能控制产物的异

构体。

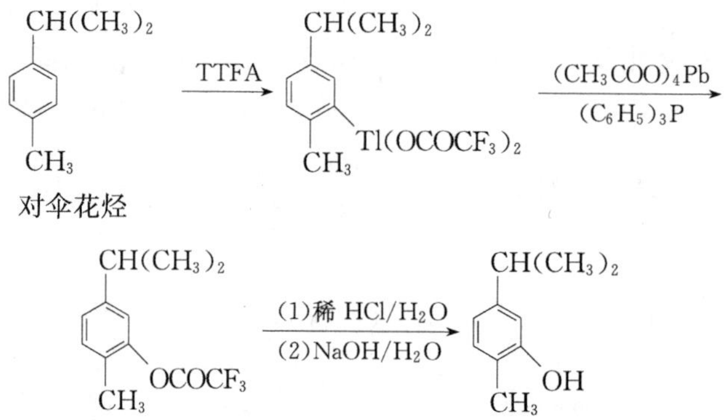

对伞花烃　　　　香芹酚

9.3 醚

9.3.1 醚的结构和命名

1. 醚的结构

醚可以看作是水的两个氢原子被烃基取代所得到的化合物，也可看成是两分子醇之间脱去一分子水生成的化合物，分子结构与水相似，如下所示：

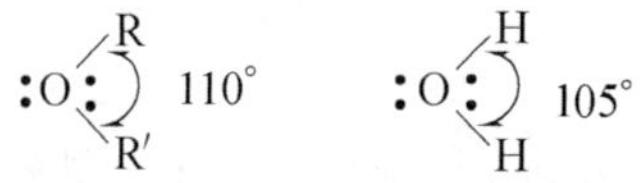

其中，R 和 R′相同时，称为简单醚；R 和 R′不相同时，称为混合醚。氧和碳还可以形成环状结构，称为环醚。

醚的通式为 R—O—R、Ar—O—R 或 Ar—O—Ar。

2. 醚的命名

醚类命名时用得较多的是习惯命名法，其规则是：简单醚根据氧原子相连的烃基的名称来命名，称为二某醚，“二”字有时可省略；混合醚的命名是先写出两个烃基的名称(一般将小的烃基放在前面，芳基放在烷基的前面)，然后在后面写上醚字。例如

CH_3OCH_3　二甲(基)醚或甲醚

$CH_3OCH_2CH_3$　甲(基)乙(基)醚

$H_2C{=}CHCH_2OC{\equiv}CH$　烯丙基乙炔基醚

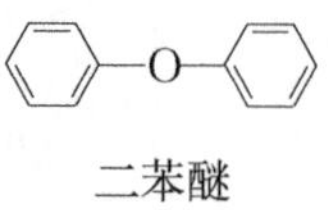

二苯醚

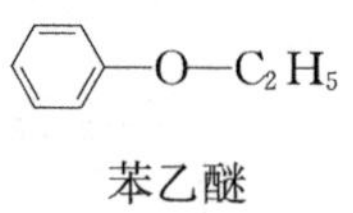

苯乙醚

$CH_2—OC_2H_5$
|
$CH_2—OC_2H_5$

乙二醇二乙醚

对于结构比较复杂的醚，可按系统命名法，取较长的烃基为母体，把较小的烃氧基(—OR)看作取代基来命名。当有不饱和烃存在时，以不饱和程度较大的烃基作为母体。例如

$CH_3CH_2CH_2CHCH_2CH_3$ (C-3 上连 OCH_3)

3-甲氧基己烷

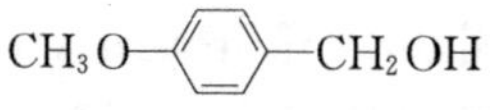

对甲氧基苯甲醇

$CH_3OCH_2CH_2OCH_2CH_2OCH_3$

β,β′-二甲氧基二乙醚

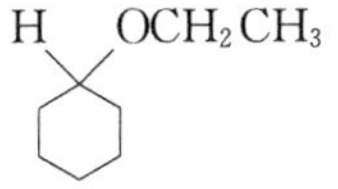

乙氧基环己烷

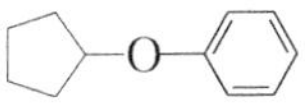

环戊氧基苯

$CH_3OCH_2CH_2OH$

2-甲氧基乙醇

对于环醚，系统命名法是以相应的烷前加上环氧所相连的碳原子的编号来命名；含较大环的环氧化合物，看成是含氧杂环。例如

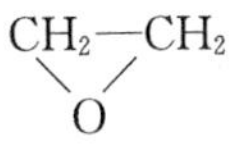

环氧乙烷

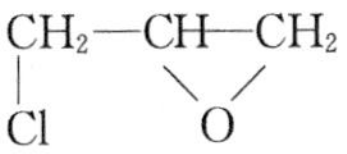

3-氯代环氧丙烷

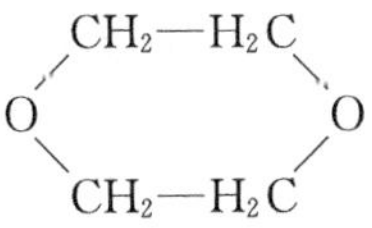

1,4-二氧六环（二噁烷）

1,4-环氧丁烷（四氢呋喃）

9.3.2 醚的物理性质

在常温下，除了甲醚和甲乙醚为气体外，大多数均为有香味的液体。与醇不同，醚分子间不能形成氢键，所以醚的沸点与相对分子质量相同的醇相比要低得多，与相对分子质量相当的烷烃相比却很接近。例如，乙醇的沸点为 78℃，甲醚的沸点为 −24.9℃，正丁醇的沸点为 117.8℃，乙醚的沸点为 34.6℃（表 9.3）。

表 9.3 醚的物理性质

名称	结构式	熔点/℃	沸点/℃	相对密度 d_4^{20}
甲醚 (dimethyl ether)	CH_3OCH_3	−138.5	−23	0.661
甲乙醚 (ethyl methyl ether)	$CH_3OCH_2CH_3$		10.8	0.697
乙醚 (diethyl ether)	$(CH_3CH_2)_2O$	−116.2	34.51	0.714
正丙醚 (dipropyl ether)	$(CH_3CH_2CH_2)_2O$	−112	91	0.736
异丙醚 (di-isopropyl ether)	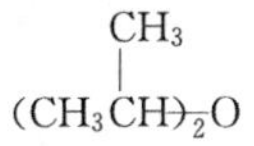	−85.89	68	0.724
正丁醚 (dibutyl ether)	$(CH_3CH_2CH_2CH_2)_2O$	−95.3	142	0.769
正戊醚 (dipentyl ether)	$(CH_3CH_2CH_2CH_2CH_2)_2O$	−69	190	0.783
苯甲醚 (methoxybenzene)	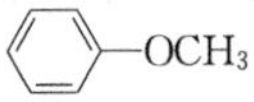	−37.5	155	0.996
苯乙醚 (ethoxybenzene)	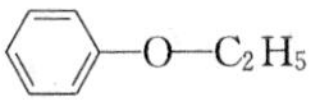	−29.5	170	0.967
二苯醚 (diphenyl ether)	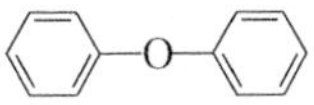	23.84	257.93	1.075
环氧乙烷 (epoxyethane)	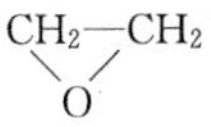	−111	11	0.882_{10}^{10}
四氢呋喃 (tetrahydrofuran)		−65	67	0.889
1,4-二氧六环 (1,4-dioxane)	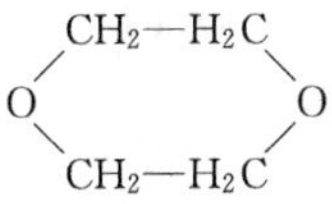	11.8	101.3	1.034

多数醚不溶于水，但常用的四氢呋喃和1,4-二氧六环能与水完全互溶。这是由于四氢呋喃和1,4-二氧六环中的氧原子突出在环外，易于与水分子形成氢键，而乙醚中的氧原子则“被包围”在分子之中，较难与水形成氢键，因此乙醚微溶于水。在室温下，乙醚中可溶有1％～5％的水；水中可溶解7.5％的乙醚，乙醚是良好的有机溶剂，常用于从水溶液中提取易溶于乙醚中的有机物。

乙醚是外科手术中常用的麻醉剂，它可以溶于神经组织脂肪中而引起生理变化。这种麻醉作用取决于醚在脂肪相和水相中的分配系数。乙烯基醚也是一种麻醉剂，其麻醉性能比乙醚约强7倍，但有迅速达到麻醉程度过深的危险，因而限制了它的使用。

问题9.15　命名或写出下列化合物的结构式。

(1) $CH_3CH_2\underset{\displaystyle CH_3}{\underset{|}{C}}HOCH_2CH_3$　　(2) $CH_3\underset{\displaystyle OCH_3}{\underset{|}{C}}HCH_2CH_2OH$

(3) $ClCH_2CH_2OCH_2CH_2Cl$　　(4) 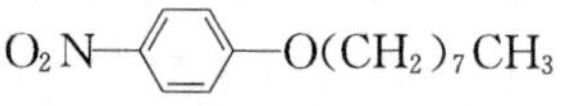

(5) 反-1,3-二甲氧基环戊烷　　(6)甘油-2-甲醚

9.3.3　醚的化学性质

醚是一类相当不活泼的化合物(环醚除外)，对碱、氧化剂、还原剂都十分稳定。醚在常温下和金属Na不反应，可以用金属Na来干燥。醚的稳定性稍次于烷烃，酸性不很强的试剂进行反应时可以以醚作溶剂。由于醚键(C—O—C)的存在，它又可以发生下列一些特有的反应。

1. 锌盐的生成

所有的醚都能溶解于强酸中。因为醚分子中的氧原子上有未共用电子对，可以作为电子给予体，接受强酸中的质子生成锌盐。

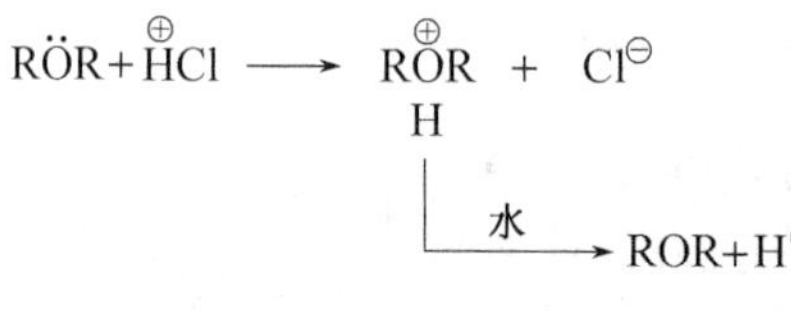

锌盐是一种弱碱强酸盐，仅在浓酸中才稳定，在水中分解，醚又重新析出。

醚还可以利用氧原子上的未共用电子对与缺电子化合物(如BF_3、$AlCl_3$、RMgX等)形成配合物，所以很多有机金属反应都用醚作为溶剂。

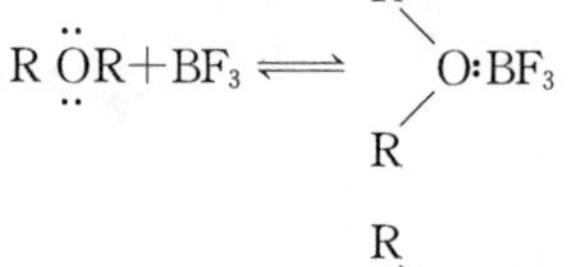

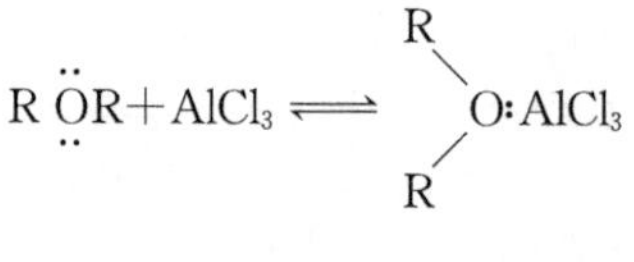

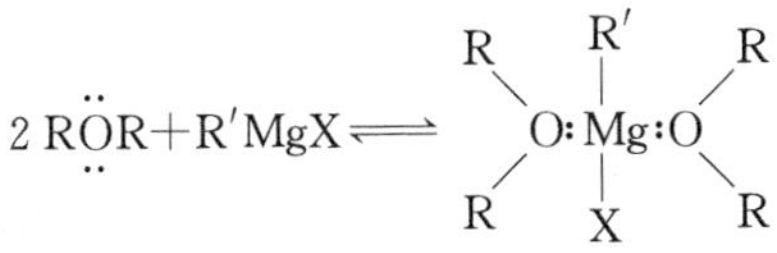

2. 醚键的断裂

醚形成𨦡盐后，增加了 C—O 键的极性，因此在强酸作用下，醚键会断裂，其中最有效的试剂是浓的氢碘酸和氢溴酸（HI 和 HBr）。烷基醚断键后生成卤代烷和醇，而醇又可以进一步与过量的氢卤酸作用形成卤代烷。

$$C_2H_5OC_2H_5 + HI \rightleftharpoons C_2H_5\overset{H}{\underset{\oplus}{O}}C_2H_5 + I^{\ominus}$$

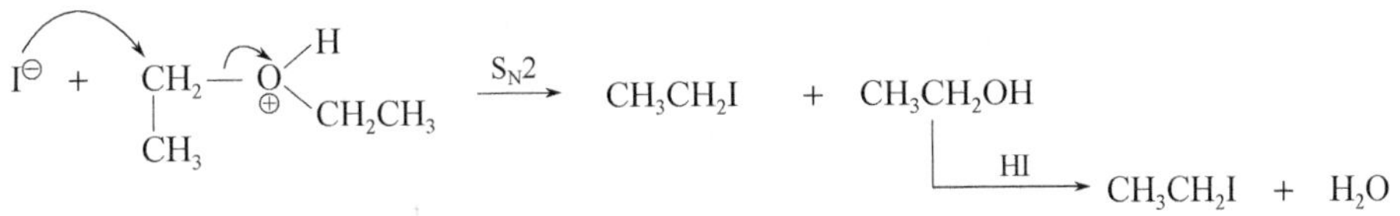

对于不对称醚，醚键的断裂一般是在含碳原子较少的烷基处断裂，一般是较小的烷基先生成碘代烷，较大的烷基生成醇，这主要是由于 CH_3 与 C_2H_5 相比位阻更小，在发生 S_N2 反应时更易受到 I^- 的进攻，生成相应的碘代烷。

$$H_3C—O—C_2H_5 \xrightarrow{HI} CH_3I + C_2H_5OH$$

由于叔碳正离子较稳定，容易生成，含有叔丁基的醚与硫酸反应就能使它裂解。

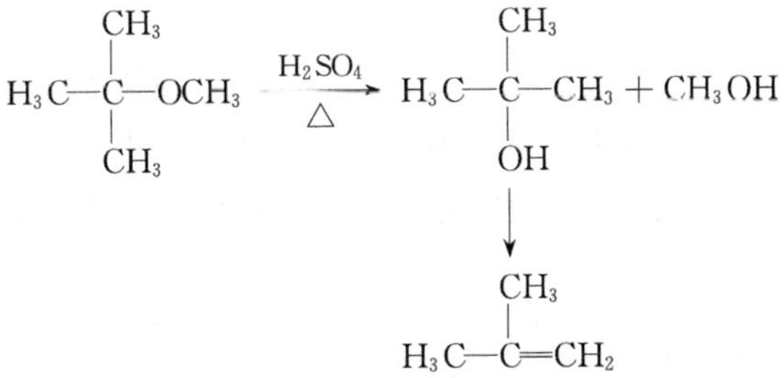

因此，常利用生成叔丁基醚的方法来保护醇羟基，以免在反应中发生干扰。例如，由 $BrCH_2CH_2CH_2OH$ 应用格氏法合成 $DCH_2CH_2CH_2OH$，因为格氏试剂会与羟基发生反应，得不到预期的产物，所以要先用异丁烯与 $BrCH_2CH_2CH_2OH$ 作用生成相应的叔丁基醚，然后再与 Mg 反应，生成相应的格氏试剂，最后通过加入酸把异丁烯分解出来。

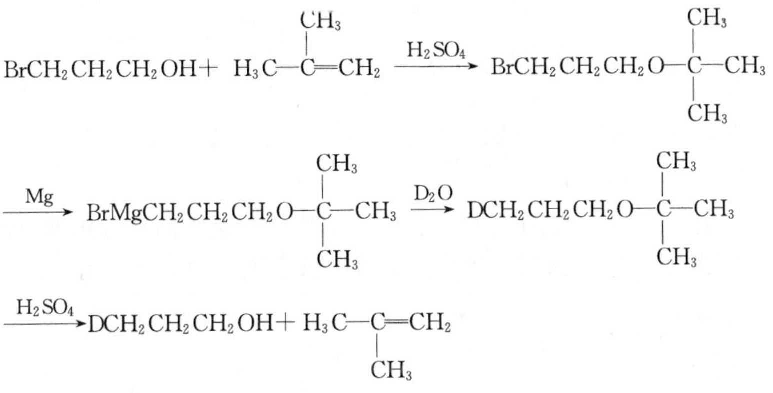

问题 9.16　完成下列反应，并指出反应类型(S_N1 或 S_N2)。

(1) $CH_3OCH_2CH{=}CH_2 \xrightarrow{HBr(48\%)}$

(2) $CH_3CH_2OCH_2CH_2CH_3 \xrightarrow[\text{过量}]{HBr(48\%)}$

(3) 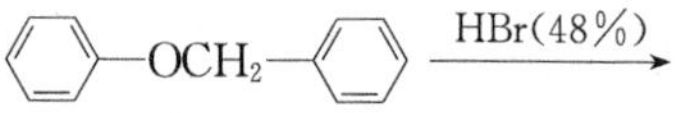

(4) $(CH_3)_3COC(CH_3)_3 \xrightarrow[\triangle]{H_2SO_4}$

(5) 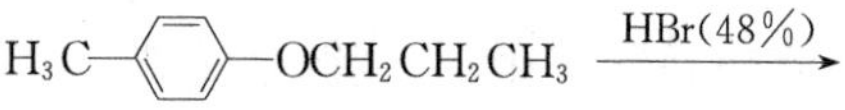

3. 过氧化物的生成

多数脂肪醚放置在空气中，会慢慢生成不稳定的过氧化物。尽管这些过氧化物的浓度很低，但在受热或摩擦时，往往会发生爆炸。

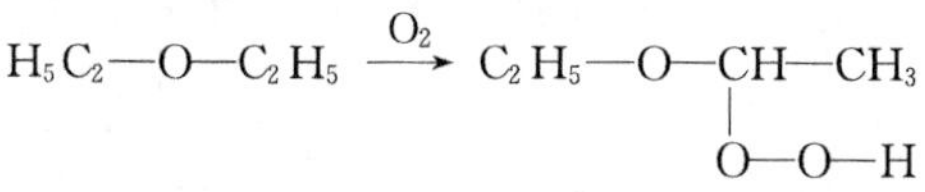

因此，醚类化合物应尽量避免暴露在空气中，一般应放在深色玻璃瓶中，避光保存，也可以加些阻氧剂(如对苯二酚)防止过氧化物的生成。

储藏过久的乙醚在使用前，尤其是蒸馏之前，应当检验是否有过氧化物存在。检验过氧化物的方法为：用硫酸亚铁和硫氰化钾(KCNS)混合溶液与醚振荡，如有过氧化物存在，会有亚铁离子氧化成铁离子，后者与 SCN^- 作用生成血红色的配离子。

$$\text{过氧化物} + Fe^{2+} \longrightarrow Fe^{3+} \xrightarrow{(SCN^-)} \underset{\text{血红色}}{[Fe(SCN)_6]^{3-}}$$

检验过氧化物的存在，还可以用淀粉-碘化钾试纸，如试纸变蓝，说明有碘游离出来，表明有过氧化物。除去过氧化物的方法是将醚中加入适当的还原剂(如 $FeSO_4$)振荡，使过氧化物分解破坏。

4. 1,2-环氧化合物的开环反应

三元环醚又称为环氧化合物(expoxide)，环氧乙烷是最简单的环氧化合物，为无色有毒的气体，沸点为 11℃，能溶于水、醇、醚。工业上是以乙烯为原料与氧在银的催化下制备。

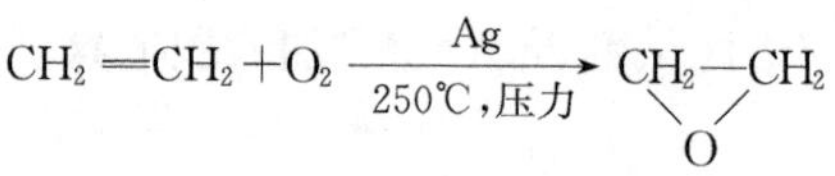

也可用次卤酸与乙烯加成，再用碱石灰脱去卤化氢来制备。

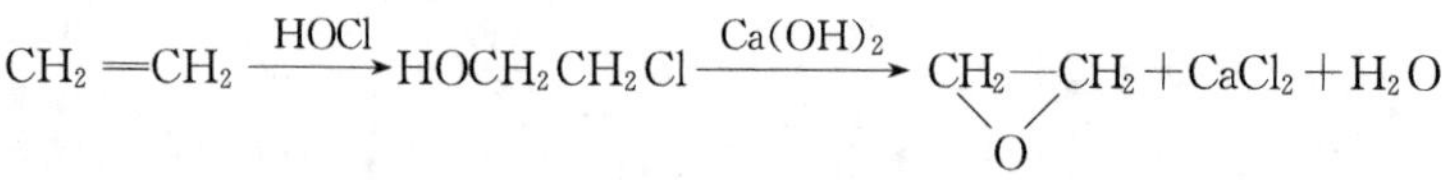

三元环的结构使得 1,2-环氧化合物中各原子的轨道不能正面充分重叠，而是以弯曲键相互连接，所以是张力环，在酸或碱的催化下与许多含活泼氢的试剂作用而开环。例如

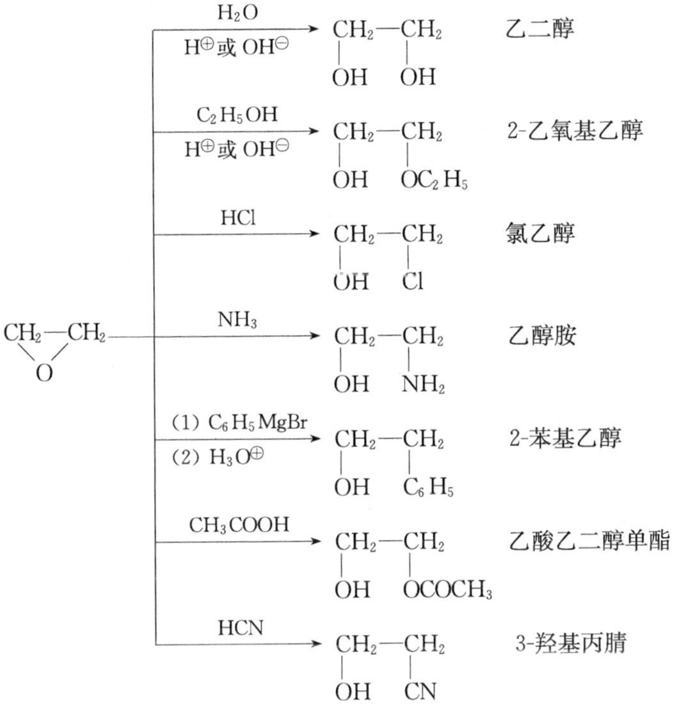

1）酸催化的开环反应

酸催化开环反应所用试剂的亲核能力是相对较弱的，需要酸的帮助开环。酸首先使环氧化物形成𬭩盐，使C—O键变弱有形成较稳定的碳正离子的倾向，增加了与亲核试剂的结合能力，亲核试剂从三元环的背面进攻，得到相应的反式产物。这是一个S_N2反应，但具有S_N1的性质，亲核试剂优先进攻取代基较多的环碳原子。

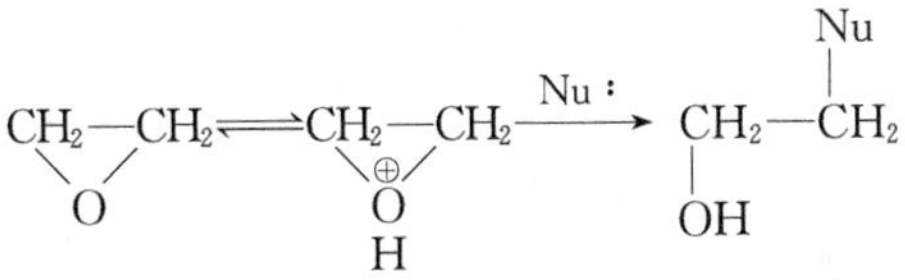

例如，环氧化物在酸的催化作用下与弱亲核试剂水或醇的作用。

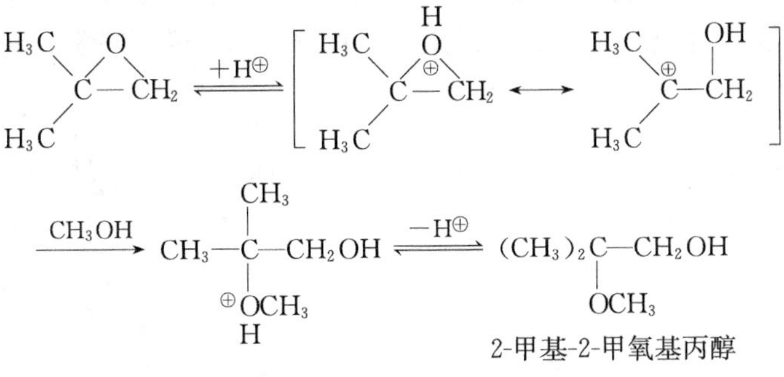

2-甲基-2-甲氧基丙醇

如果进攻的环碳原子是手性碳，就会导致构型转化。

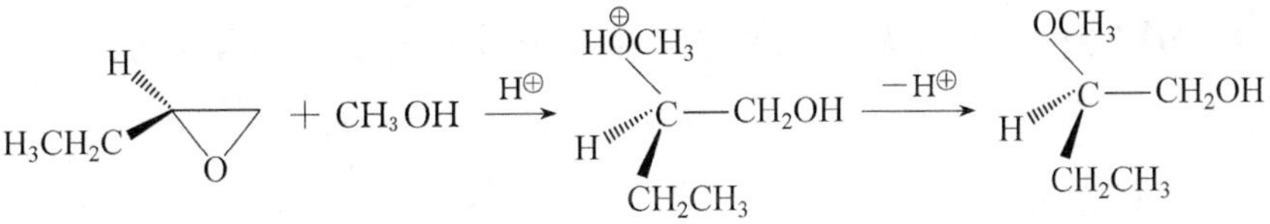

(*S*)-1,2-环氧丁烷　　(*R*)-2-甲氧基丁醇

2）碱催化的开环反应

碱催化下的开环反应一般使用碱性和亲核性都较强的试剂。这是一个 S_N2 反应，环氧化合物上没有带正电荷和负电荷，C—O 键的断裂与亲核试剂和环碳原子之间键的形成几乎同时进行，亲核试剂优先进攻取代基较少的环碳原子，因为该碳原子上的空间位阻较小。例如

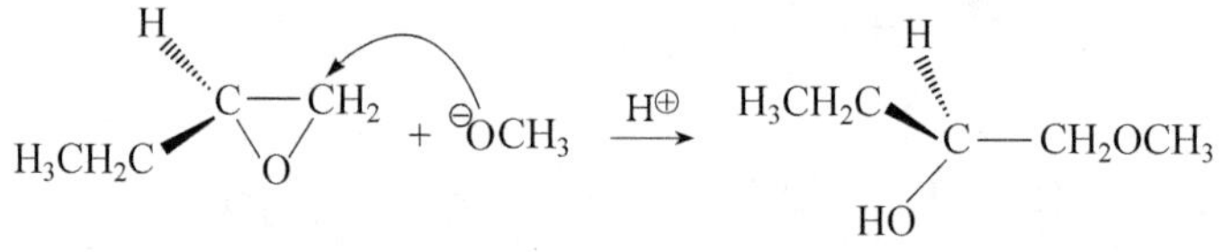

(S)-1,2-环氧丁烷　　　　(S)-1-甲氧基-2-丁醇

长链脂肪醇或长链烷基酚在碱性条件下可与多个环氧乙烷作用生成聚氧乙烯醚。该产物分子中既有疏水的长链烷基，又有亲水的多个（$—CH_2CH_2O—$基），因而是非离子型表面活性剂，可用作洗涤剂、湿润剂和乳化剂等。例如

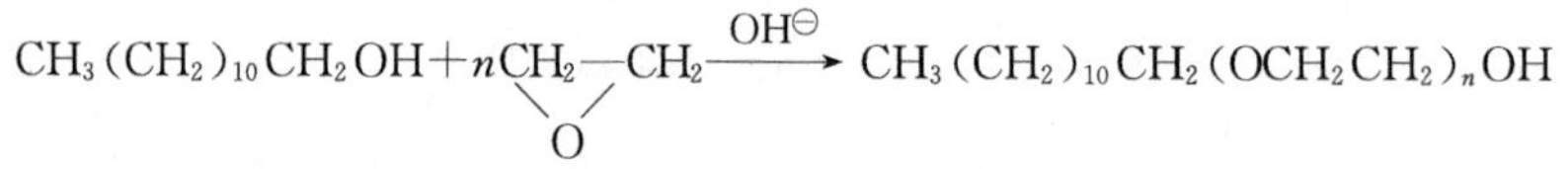

问题 9.17　完成下列反应。

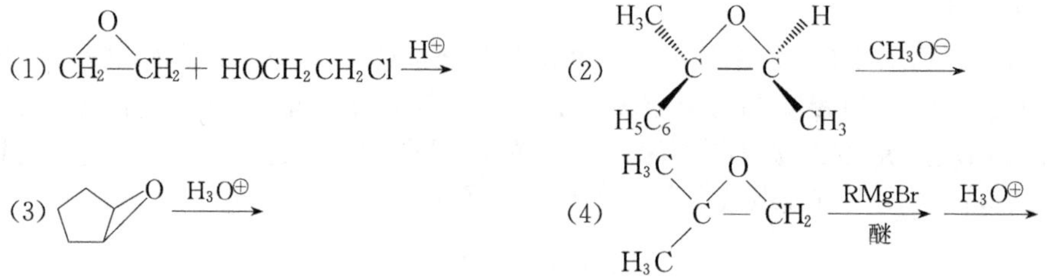

---

5. 克莱森重排和科普重排

一般的烷基苯基醚在高温下是稳定的，但克莱森发现：烯丙基芳基醚在高温（200℃）可以重排为邻烯丙基酚，邻烯丙基酚还可以进一步重排得到对烯丙基酚，上述重排就称为克莱森重排。

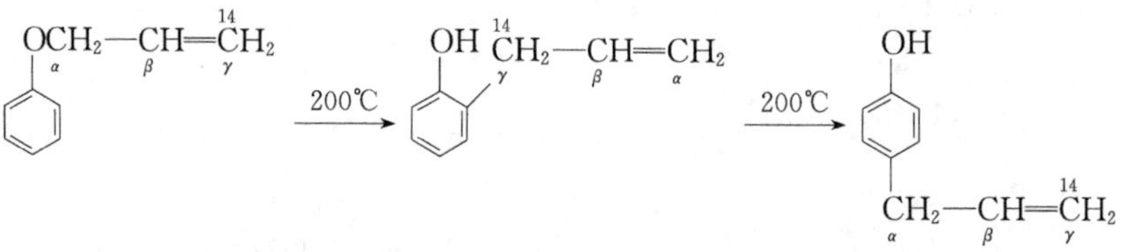

实验证明，克莱森重排是分子内的重排。采用 γ-碳以 ^{14}C 标记的烯丙基醚进行重排，经第一次重排后，γ-碳与苯环相连，碳-碳双键发生位移；经第二次重排后，α-碳与苯环相连，碳-碳双键再一次发生位移（恢复到原来的位置）。该实验事实可用环状过渡态的反应机理来解释。

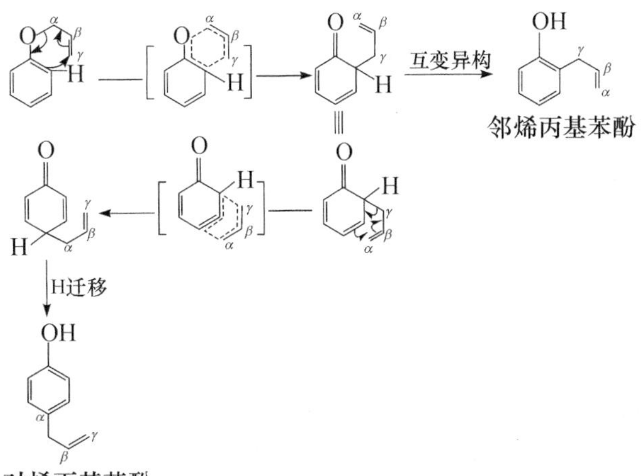

邻烯丙基苯酚　　对烯丙基苯酚

当烯丙基芳基醚的两个邻位未被占满时，重排主要得邻位产物。

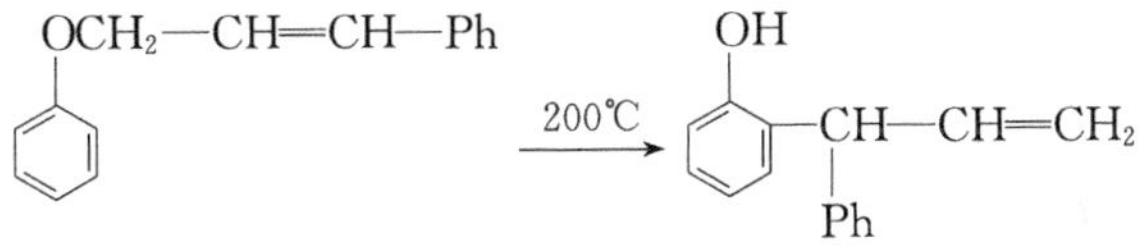

当两个邻位都被占据时，则得到对位产物，当邻、对位都被占满时，不发生克莱森重排。

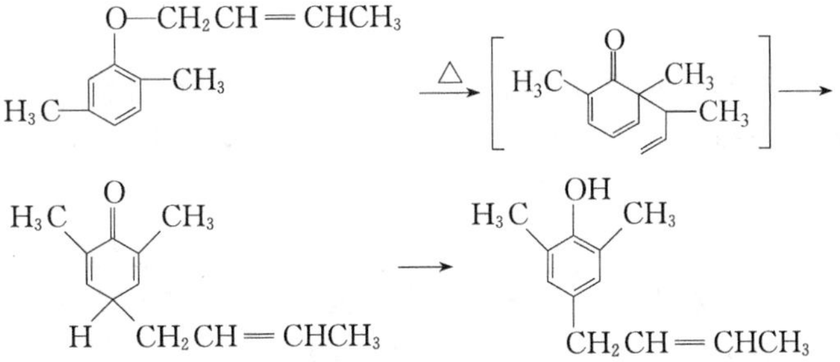

克莱森重排具有普遍性，只要存在烯丙氧基（$H_2C=CH-CH_2-O-$）与碳-碳双键相连的结构，就有可能发生克莱森重排。

乙烯基烯丙基醚　　4-戊烯醛

用亚甲基代替乙烯基烯丙基醚分子中的氧原子后的 1,5-二烯烃也可以发生类似的重排，这一重排称为科普（Cope）重排。

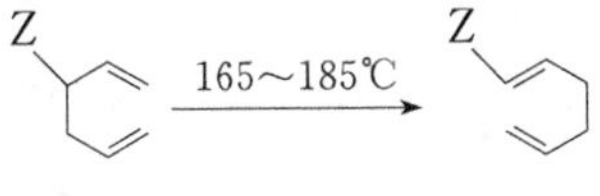

问题 9.18　写出下列反应的产物。

(1) 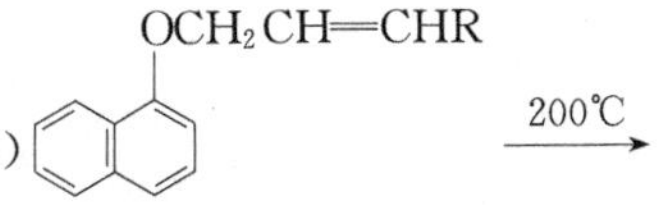

(2) 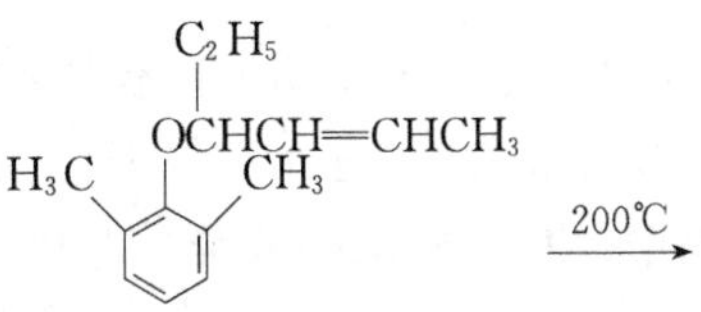

(3) 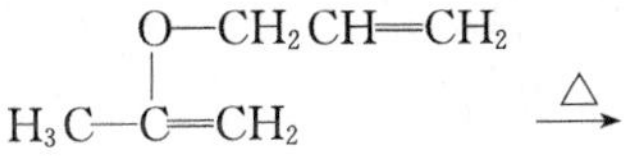

9.3.4 醚的制备方法

1. 醇的脱水

在酸的催化下，两分子醇之间可以脱去一分子水生成对称醚，反应必须控制合适的温度，温度太高时产物为烯烃。

$$2C_2H_5OH \xrightarrow{H_2SO_4} \begin{cases} \xrightarrow{140^\circ C} C_2H_5OC_2H_5 \\ \xrightarrow{170^\circ C} 2H_2C{=}CH_2 \end{cases}$$

一级醇的双分子脱水是按 S_N2 机理进行的，酸的作用是使醇羟基质子化，形成 䏲盐，使与羟基相连的 α-碳原子带有部分正电荷，与另一分子醇中的氧结合，同时质子化的羟基以水的形式离去，生成二烷基 䏲盐，再失去质子得到醚。

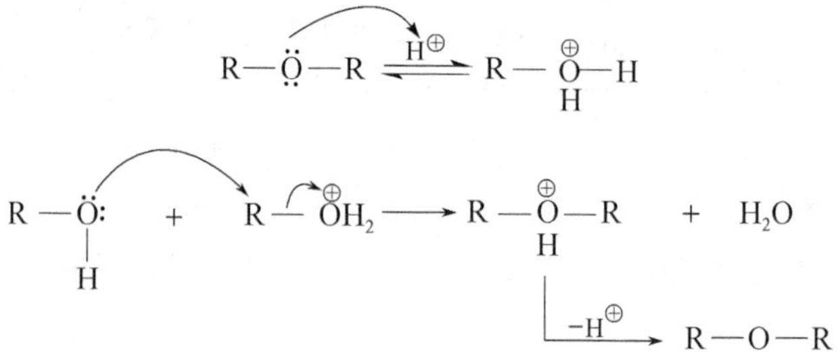

利用醇脱水制备醚时，一级醇产量最高，二级醇次之，三级醇则只能得到烯烃。上法只适用于制备低级的简单醚，混合醚和芳醚需用威廉姆逊(Williamson)方法合成。

2. 威廉姆逊合成

醇钠或酚钠与卤代烃在无水条件下发生亲核取代反应制备醚的方法称为威廉姆逊合成法。这个方法既可以合成对称醚，也可以合成混合醚。

$$RX + NaOR' \longrightarrow ROR' + NaX$$

该反应是 S_N2 反应，两个试剂中烷基结构对反应的影响很大。例如

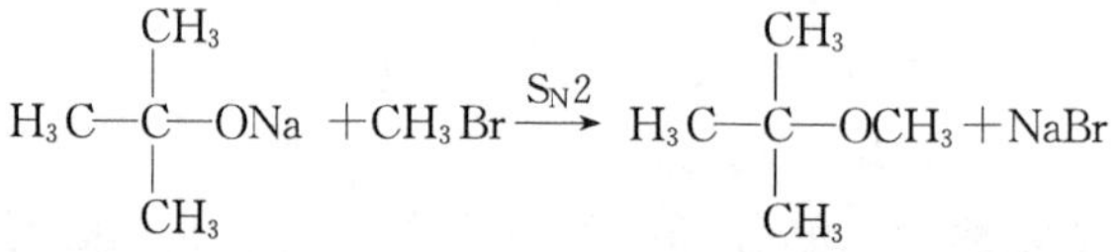

叔丁醇钠　　溴甲烷　　　甲基叔丁基醚

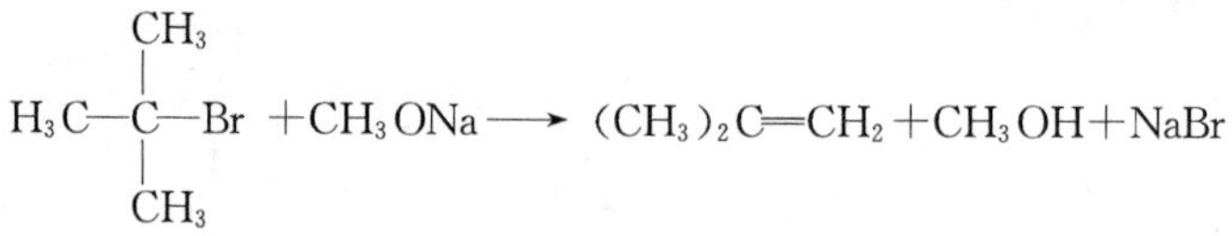

叔丁基溴　　甲醇钠　　　　异丁烯

由于叔丁基溴中离去基团溴的位阻很大，不利于 S_N2 反应，而发生了 E2 消除反应，得到烯烃，因此要制备醚，最好用一级卤代烃与叔丁醇钠作用。

除了卤代烃以外，磺酸酯或硫酸酯也可用于合成醚。

2,2-二甲基丙醇　　苯磺酸甲酯　　1-甲氧基-2,2-二甲基丙烷

芳香醚一般用苯酚与卤代烃或硫酸酯在氢氧化钠的水溶液中制备。例如

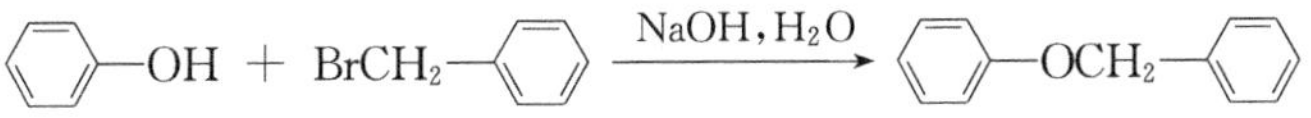

苯酚　　苄基溴　　苯基苄基醚

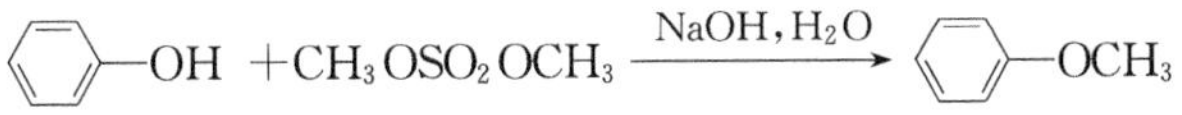

硫酸二甲酯　　苯甲醚

二苯醚的制备要用到卤代芳烃，由于其中的卤素不易被取代，因此要用铜粉作催化剂，这个反应称为乌尔曼(Ullmann)反应。

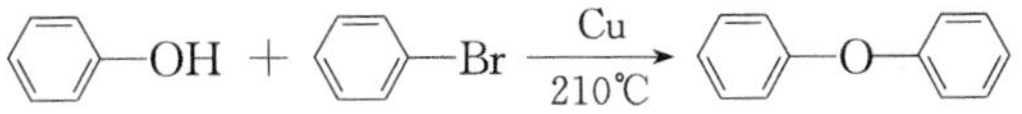

二苯醚(67%)

用苯酚与卤代烃或硫酸酯在氢氧化钠的水溶液中制备芳香醚，反应物卤代烃或硫酸酯都是对环境有害的，而下列反应则是一条绿色化的合成路线。

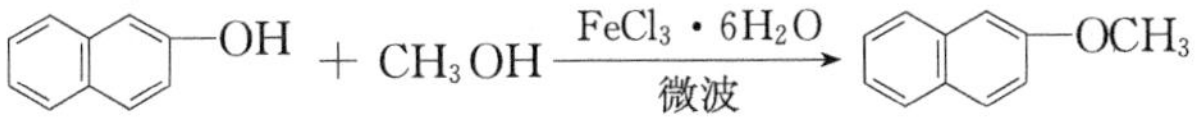

β-萘甲醚(橙化醚)(62%～72%)

该反应还可用 $CuCl_2 \cdot 2H_2O$ 催化，产率可达 69.6%。

问题 9.19　选择较好的方法合成下列化合物。

(1) 正丁醚　　(2) 乙基异丙基醚　　(3) 乙基叔丁基醚

习　题

1. 命名或写出下列化合物的结构式。

(1) 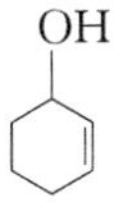　(2) 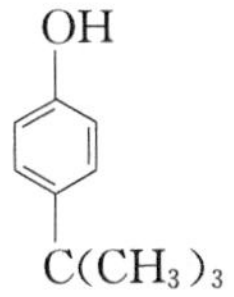　(3) 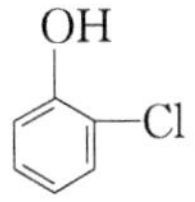

(4) $HOCH_2CH_2OCH_2CH_2OH$　(5) 　(6) 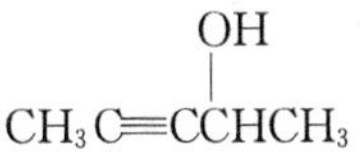

(7) 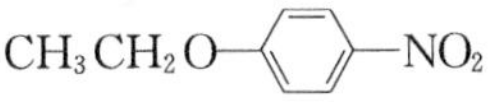　(8) 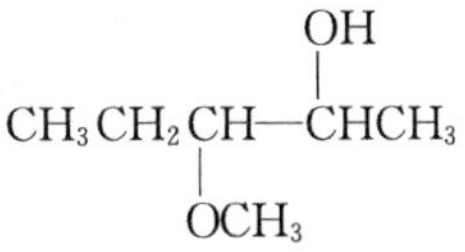

(9) 5-甲基-2-异丙基苯酚(百里酚)　(10) 邻羟基苯甲醇(水杨醇)

(11) 2，2-二-(4-羟基苯基)丙烷(双酚 A)　(12) 3-甲基-2，4，6-三溴苯酚(灭癣酚)

(13) (*E*)-3-己烯-2-醇

2. 写出 1-丁醇和 2-丁醇与下列试剂作用的产物。

(1) HBr　(2) PBr_3　(3) $SOCl_2$-吡啶　(4) Na　(5) H_2SO_4，加热

(6) CrO_3-吡啶　(7) $K_2Cr_2O_7$-H_2SO_4　(8) $ZnCl_2$-HCl

3. 写出邻甲酚与下列各物质反应的产物。

(1) NaOH 水溶液　(2) 溴化苄，NaOH　(3) 乙酸酐　(4) Br_2，H_2O

(5) Br_2，CS_2　(6) $FeCl_3$　(7) H_2/Ni　(8) 冷稀硝酸　(9) H_2SO_4，20℃

(10) H_2SO_4，100℃

4. 完成下列反应。

(1) 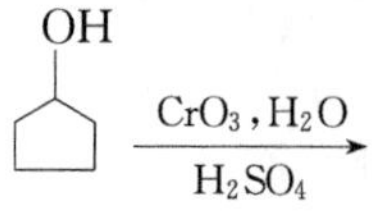

(2) 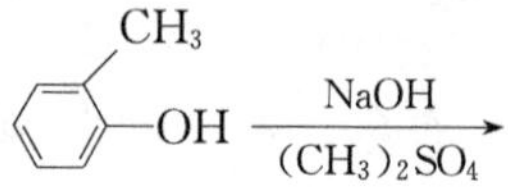

(3) $(CH_3)_3CBr + CH_3CH_2CH_2ONa \longrightarrow$

(4) $(CH_3)_3CONa + CH_3CH_2CH_2Br \longrightarrow$

(5) $C_6H_5CH_2CH(OH)CH_2CH_3 \xrightarrow[\triangle]{H_2SO_4}$

(6) $(CH_3)_2C{=}CHCH(OH)CH_3 \xrightarrow[CH_3COCH_3]{[(CH_3)_3CO]_3Al}$

(7) 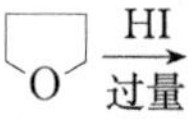

(8) 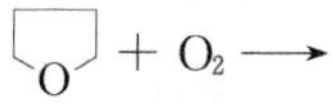

(9) $ClCH_2CH_2CH_2CH_2OH \xrightarrow{NaOH}$

(10) $(CH_3)_3CCH_2OH \xrightarrow{HCl\text{-}ZnCl_2}$

(11) 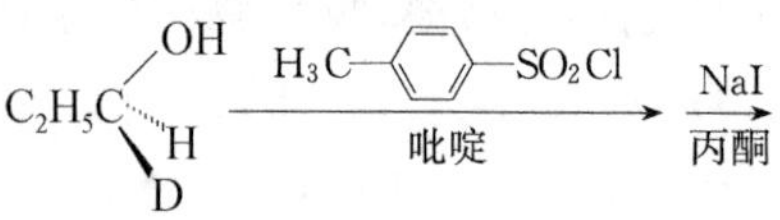

(12) 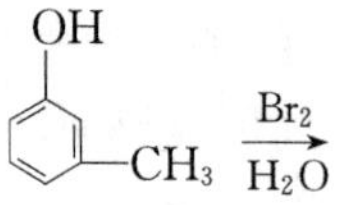

(13) 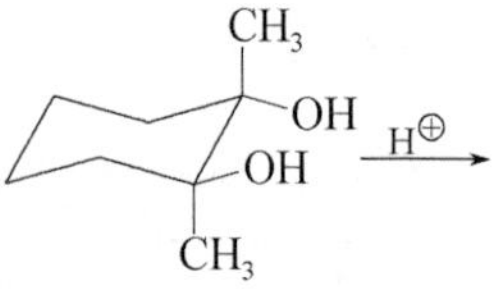

(14) 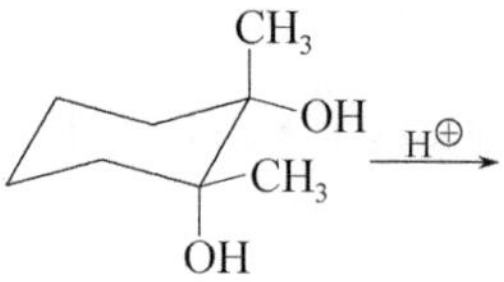

5. 按指定性质从大到小排序。

(1) 与 HBr 反应的速率

(A) 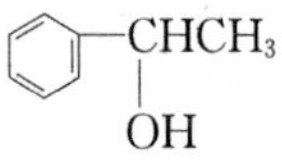

(B) 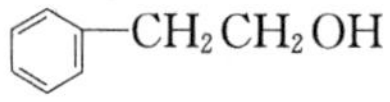

(C) 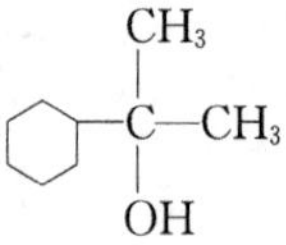

(D) 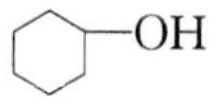

(2) 与金属钠反应的活泼性

(A) CH_3OH　　(B) $CH_3CH_2CH_2OH$

(C) $CH_3CH(OH)CH_2CH_3$　　(D) $(CH_3)_3COH$

(3) 与卢卡斯试剂反应的快慢

(A) $CH_3CH{=}CH_2CH_2OH$　　(B) $H_2C{=}CHCH_2CH_2OH$

(C) $CH_3CH_2CH(OH)CH_3$

(4) 被氧化的难易程度

(A) 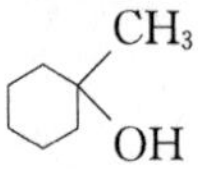

(B) 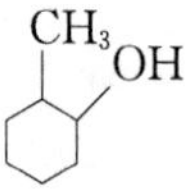

(C) 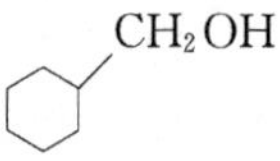

(5) 在酸性条件下脱水

(A) 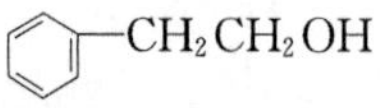

(B) 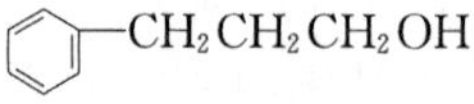

(C) 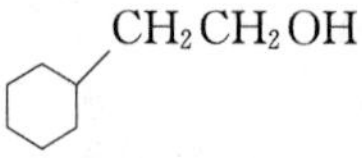

(D) 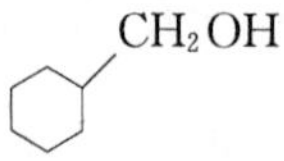

(6) 酸性强弱

(A) H_2O　　(B) $CH_3CH_2CH_2OH$　　(C) 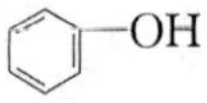　　(D) $C_2H_5OC_2H_5$

(7) 沸点高低

(A) $\underset{OH}{CH_2}-\underset{OH}{CH}-\underset{OH}{CH_2}$　　(B) $CH_3CH_2CH_2CH_2OH$

(C) $CH_2CH_2CH(OH)CH_3$　　(D) $C_2H_5OC_2H_5$

(8) 在水中的溶解度

(A) $\underset{OH}{CH_2}-\underset{OH}{CH_2}$　　(B) $CH_3CH_2CH_2CH_2OH$

(C) 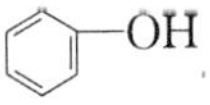　　(D) $\underset{OC_6H_5}{CH_2}-CH_2-\underset{OC_6H_5}{CH_2}$

6. 写出下列反应的各步产物。

(1) 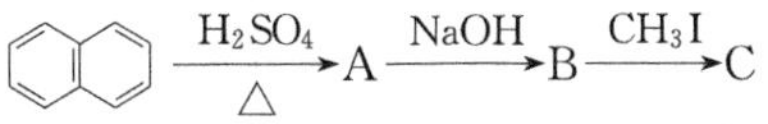

(2) $C_6H_5ONa + ClCH_2CH{=}CH_2 \longrightarrow A \xrightarrow{\triangle} B \xrightarrow{O_3} \xrightarrow{Zn, H_2O} C + D$

(3) 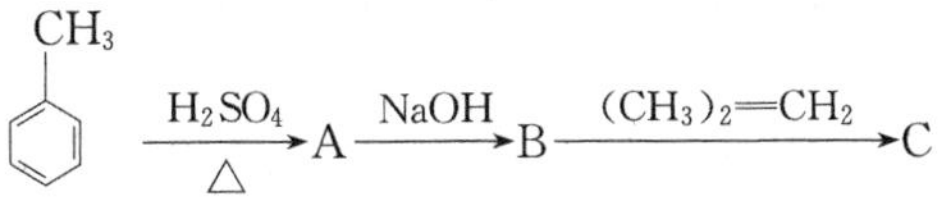

(4) 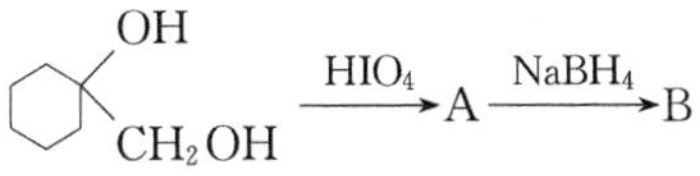

(5) $(CH_3CH_2CH_2)_2O \xrightarrow[\text{过量}]{HI} A \xrightarrow{NaOH} B$

(6) 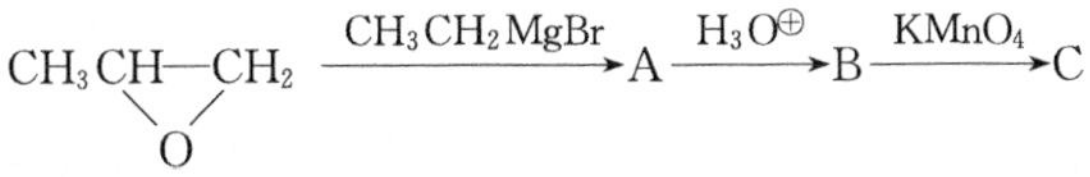

7. 从指定原料合成产物。

(1) $C_6H_5COCH_3 \longrightarrow C_6H_5-\overset{CH_3}{\underset{OCH_2CH_3}{C}}-CH_2CH_3$

(2) 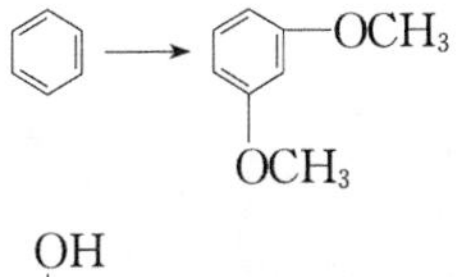

(3) 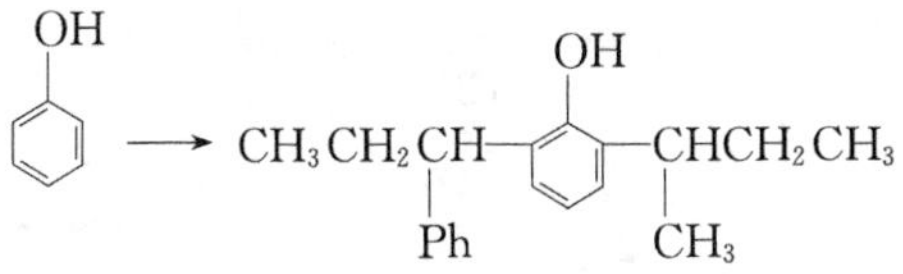

(4) 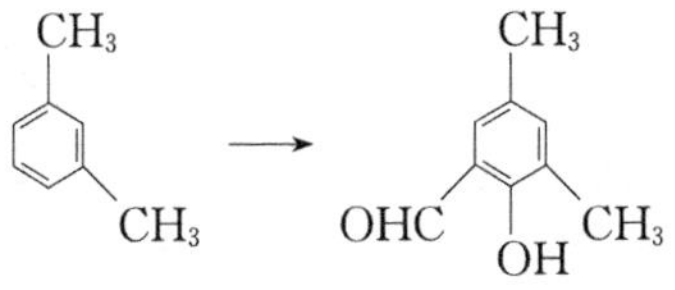

(5) 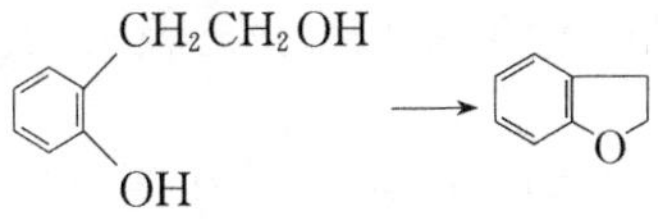

(6) 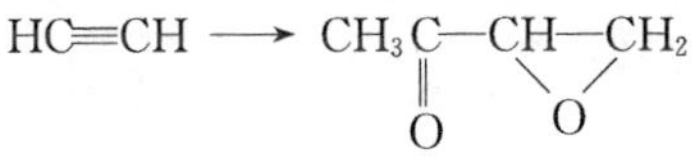

(7) 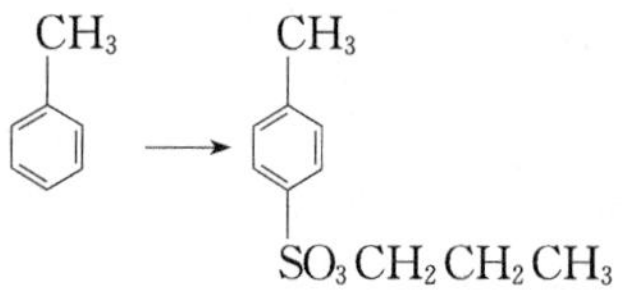

(8) 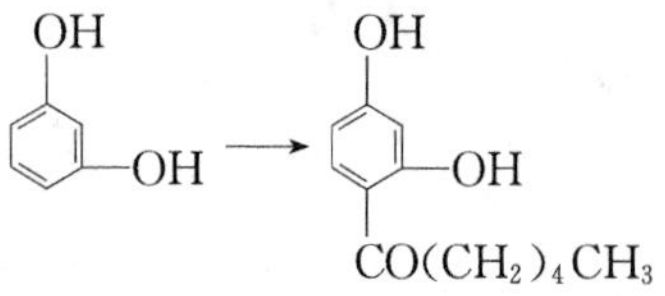

(9) 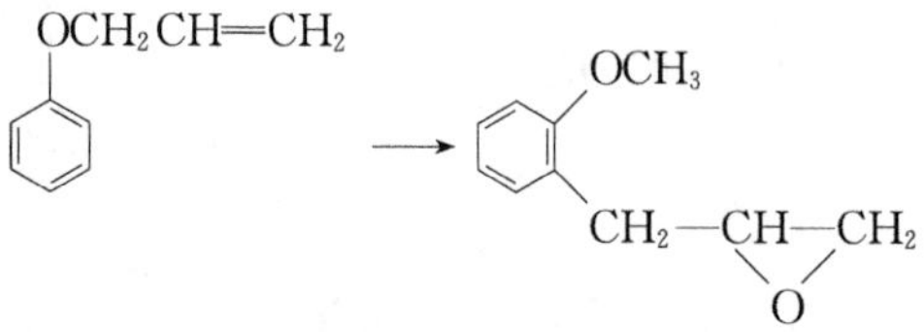

8. 用化学方法区别下列各组化合物。

(1) $CH_2(OH)-CH(OH)-CH_3$　$CH_3CH_2CH_2CH_2OH$　$CH_3OCH_2CH_3$　$CH_3CH_2CH_2CH_2CH_2CH_3$

(2) $(CH_3)_3COH$　$CH_3CH_2CH_2CH_2OH$　$CH_3CH_2CH(OH)CH_3$　$CH_3-CH(OH)-CH(OH)-CH_3$

(3) 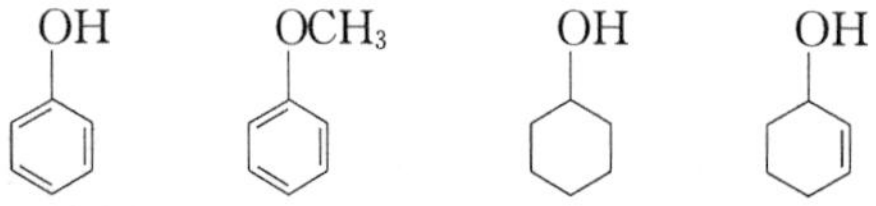

9. 解释下列事实，提出可能的反应机理。

(1) 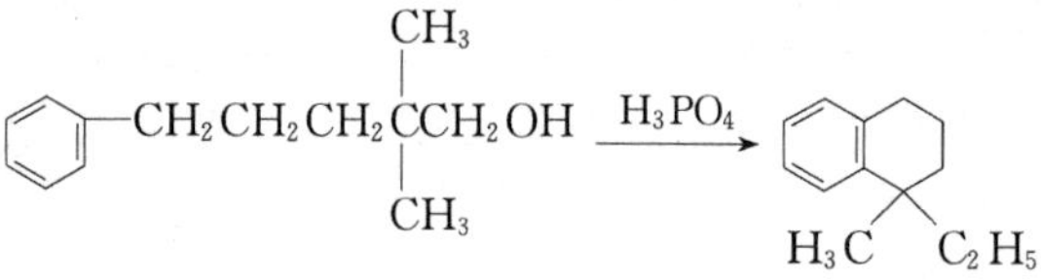

(2) $CH_3CH(OH)-CH=CH_2 \xrightarrow[\text{水溶液}]{HBr} CH_3CH(Br)-CH=CH_2 + CH_3CH=CHCH_2Br$

(3) 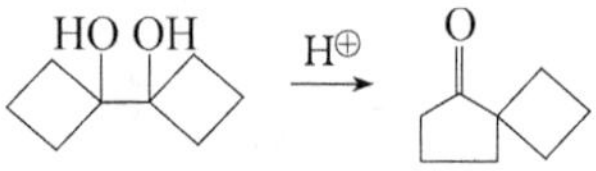

(4) 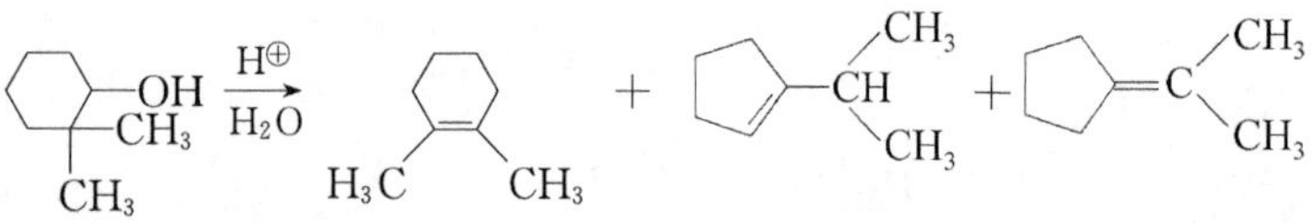

10. 解释下列实验结果。

(1) 甲基叔丁基醚在硫酸作用下得到异丁烯和甲醇。

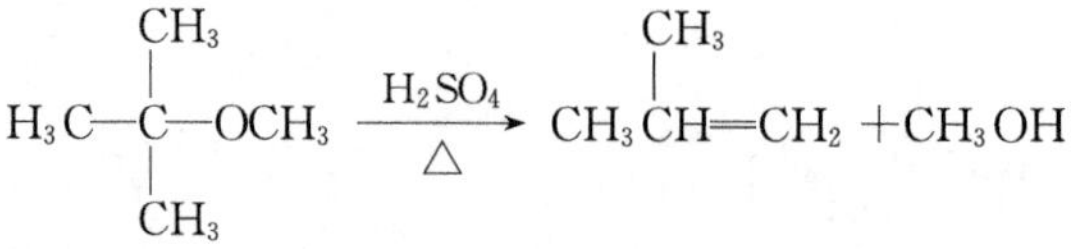

(2) 用无水 HI 断裂有旋光性的甲基仲丁基醚，产生碘甲烷和仲丁醇，且仲丁醇的构型及光学纯度与原料一样。

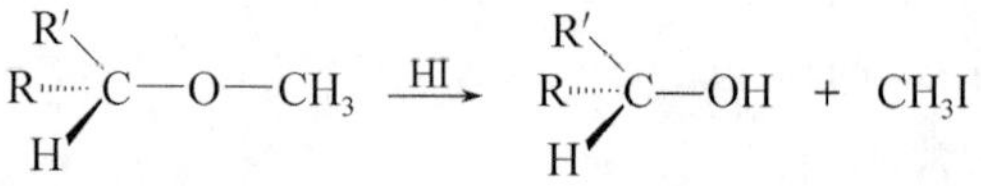

11. 某化合物A，分子式为 $C_{10}H_{14}O$，能溶于NaOH水溶液，而不溶于 $NaHCO_3$ 水溶液。与 Br_2/H_2O 反应得到二溴代化合物，分子式为 $C_{10}H_{12}Br_2O$。A的光谱分析数据如下：

IR谱：3250cm^{-1}有宽峰；830cm^{-1}有吸收峰

^1H NMR谱：δ=1.3ppm(9H)单峰；δ=4.9ppm(1H)单峰；δ=7.0ppm(4H)双重峰

试判断A的构造式，并标明质子的化学位移及红外吸收的归属，写出有关的反应式。

12. 化合物A(C_8H_9OBr)，能溶于冷的 H_2SO_4 溶液，但不与稀冷的 $KMnO_4$ 溶液反应，也不与 Br_2-CCl_4 反应，A与硝酸银的醇溶液反应有淡黄色沉淀生成。A与热的 $KMnO_4$ 溶液反应得到B($C_8H_8O_3$)，B与HBr共热得邻羟基苯甲酸。推测A、B的结构式并写出各步反应式。

第 10 章　醛、酮

醛(aldehyde)和酮(ketone)都是含有羰基($>C=O$,carbonyl group)的化合物。羰基一端和一个氢原子相连的化合物称为醛，通式为 $R-\overset{O}{\overset{\|}{C}}-H$，$-\overset{O}{\overset{\|}{C}}-H$ 称为醛基；羰基两端都与烃基相连的化合物称为酮，通式为 $R-\overset{O}{\overset{\|}{C}}-R'$，$-\overset{O}{\overset{\|}{C}}-$ 称为酮羰基。相同碳原子数的一元醛、酮是构造异构体，它们的通式为 $C_nH_{2n}O$，不饱和度为 1。

10.1　醛、酮的结构和命名

10.1.1　醛、酮的结构

羰基是醛、酮的官能团。与碳-碳双键相似，碳-氧双键中一个是 σ 键、一个 π 键。羰基碳原子为 sp^2 杂化，它的三个 sp^2 杂化轨道形成三个 σ 键，这三个 σ 键在同一平面上，键角接近 120°，羰基碳原子和氧原子上的 p 轨道侧面重叠形成 π 键，该 π 键垂直于三个 σ 键所在的平面(图 10.1)。

图 10.1　羰基的结构

由于氧原子的电负性比碳大，氧原子周围的电子云密度大于碳周围的电子云密度，因此羰基是一个极性基团，负极一端在氧的一边，正极在碳的一边。

10.1.2　醛、酮的命名

1. 普通命名法

简单的醛和酮，采用普通命名法，其命名方法类似于醇。例如

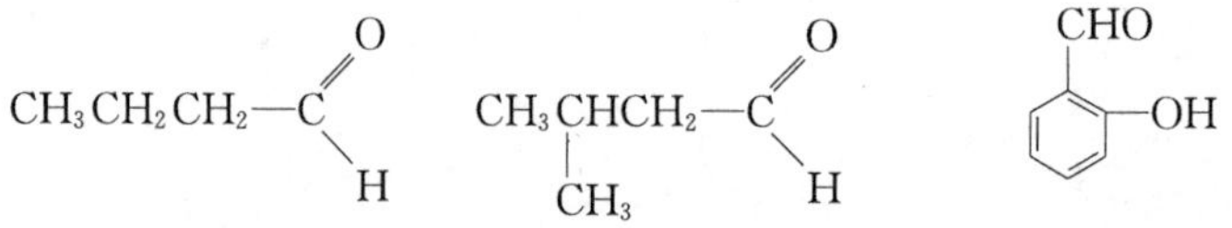

正丁醛　　异戊醛　　邻羟基苯甲醛(水杨醛)

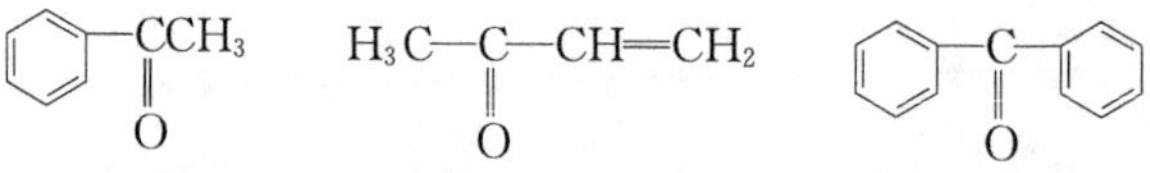

苯乙酮　　甲基乙烯基酮　　二苯甲酮

2. 系统命名法

醛、酮的系统命名法是选择含有羰基的最长碳链为主链，从靠近羰基的一端开始编号，酮的羰基位于碳链之中，命名时要将羰基的位置注明。例如

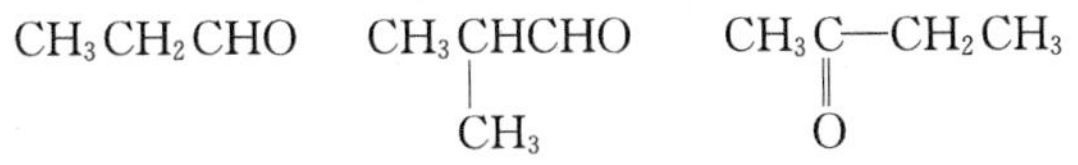

丙醛　　2-甲基丙醛　　2-丁酮

命名不饱和醛、酮时要注明不饱和键的位置。例如

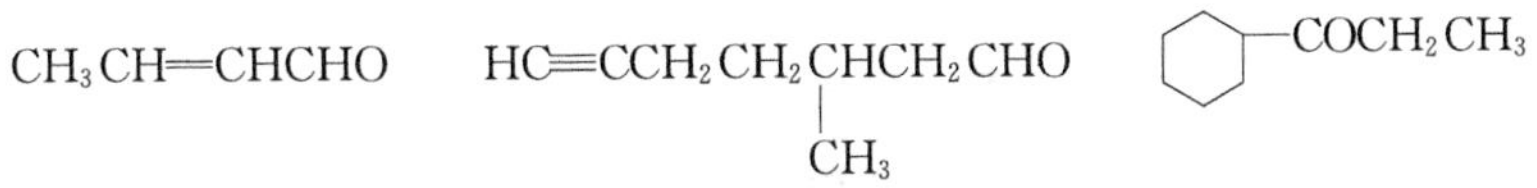

2-丁烯醛(巴豆醛)　　3-甲基-6-庚炔醛　　1-环己基-1-丙酮

多元醛、酮命名时，把羰基作为取代基，也可用氧代表示羰基，用甲酰基表示醛基。例如

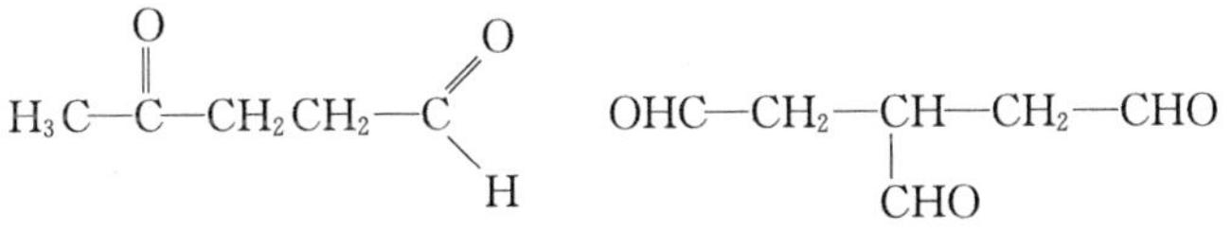

4-氧代戊醛(4-戊酮醛)　　3-甲酰基戊二醛

碳原子的位置有时也可用希腊字母表示，紧连官能团的碳原子为 α-碳原子，其次为 β，γ，…，依次标出。例如

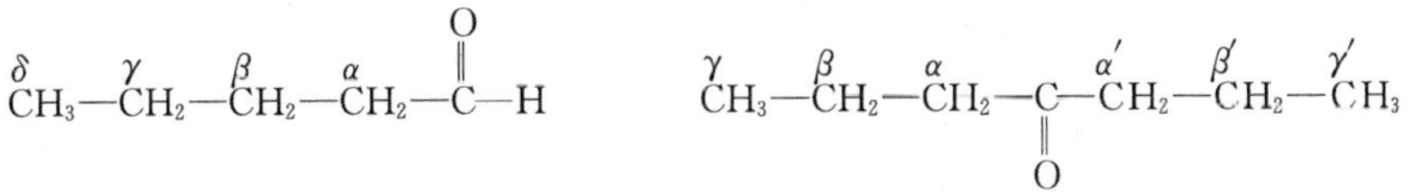

所以，下列化合物也可命名为

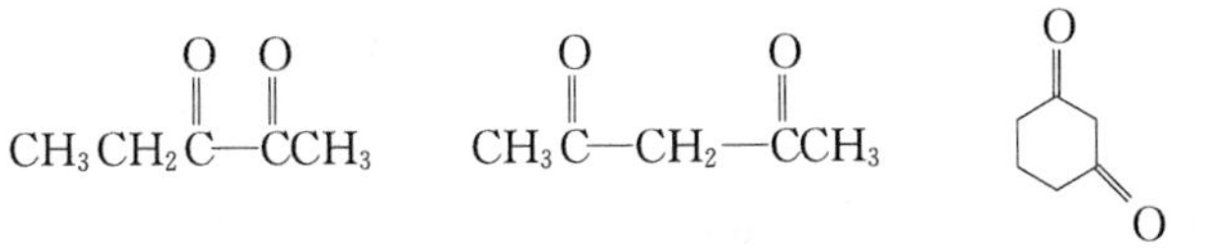

α-戊二酮(2,3-戊二酮)　　β-戊二酮(2,4-戊二酮)　　1,3-环己二酮(β-环己二酮)

10.2 醛、酮的物理性质

常温下，除甲醛是气体外，其他的低级饱和醛、酮都是液体。低级醛具有强烈的刺激味，中级醛具有果香味，所以含九、十个碳的醛应用于香料工业中。市售的福尔马林(formalin)是甲醛的 40%的水溶液。

羰基是极性很强的键，因此醛、酮分子间虽然不能形成氢键，但分子间的引力大于烷烃和醚，故其沸点比相应的醇低，但高于相应的烷烃和醚。例如

	$CH_3CH_2CH_2CH_3$	$CH_3OC_2H_5$	CH_3CH_2CHO	CH_3COCH_3	$CH_3CH_2CH_2OH$
	丁烷	甲乙醚	丙醛	丙酮	丙醇
沸点/℃	−0.5	8	49	56	97

因为醛、酮的羰基能与水分子中的氢原子形成氢键，所以低级的醛、酮可溶于水，如甲醛、乙醛、丙酮能与水互溶，其他的醛、酮随相对分子质量的增加在水中的溶解度逐渐减小，六个碳以上的醛、酮基本不溶于水。常见一元醛、酮的物理性质列于表 10.1。

表 10.1　常见一元醛、酮的物理性质

名称	结构式	熔点/ ℃	沸点/ ℃	溶解度 /[g·(100g 水)$^{-1}$]
甲醛(formaldehyde)	HCHO	−92	−21	易溶
乙醛(acetaldehyde)	CH_3CHO	−121.5	20.2	16
丙醛(propanal)	CH_3CH_2CHO	−81	49.5	7
丁醛(butanal)	$CH_3CH_2CH_2CHO$	−99	75.7	微溶
戊醛(pentanal)	$CH_3CH_2CH_2CH_2CHO$	−92	103	微溶
苯甲醛(benzaldehyde)	C_6H_5CHO	−26	178	0.3
丙酮(acetone)	$CH_3\overset{O}{\overset{\|}{C}}CH_3$	−94.8	56.2	∞
2-丁酮(2-butanone)	$CH_3\overset{O}{\overset{\|}{C}}CH_2CH_3$	−86.9	79.6	26
2-戊酮(2-pentanone)	$CH_3\overset{O}{\overset{\|}{C}}CH_2CH_2CH_3$	−77.8	102	6.3
3-戊酮(3-pentanone)	$CH_3CH_2\overset{O}{\overset{\|}{C}}CH_2CH_2CH_3$	−39.9	102	5
环戊酮(cyclopentanone)	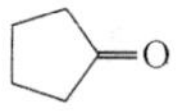	−51.3	130.7	43.3
环己酮(cyclohexanone)	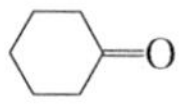	−45	155	2.4
苯乙酮(acetophenone)	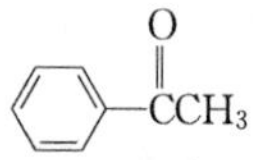	21	202	不溶
二苯酮(diphenyl methanone)	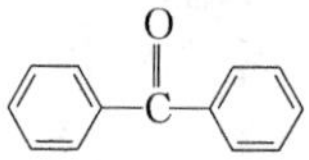	48	306	不溶

问题 10.1　用系统命名法命名下列化合物。

(1) $HOCH_2CH_2CHO$

(2) $CH_3COCH=CHCOCH_3$

(3) 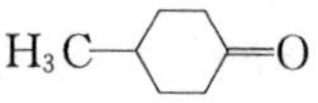

(4) 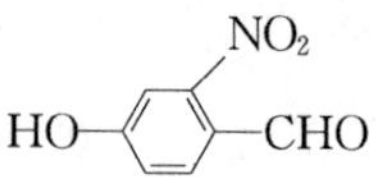

(5) $CH_3CHBr\overset{O}{\overset{\|}{C}}CHBrCH_3$

(6) 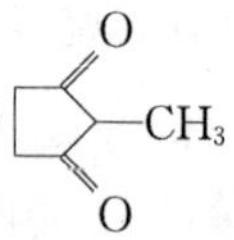

问题 10.2　写出下列化合物的结构式。

（1）1-羟基-3-戊酮　　（2）对羟基苯乙酮　　（3）丁二醛

（4）三甲基乙醛　　（5）1-环己基-2-丁酮

10.3　醛、酮的化学性质

醛、酮的反应是由其结构来决定的，通常可描述如下：

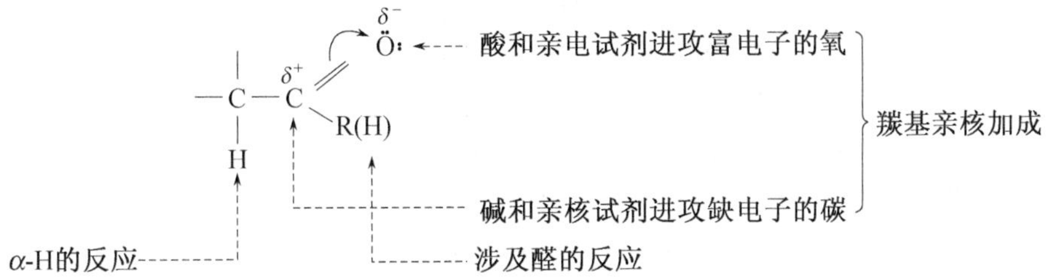

10.3.1　亲核加成反应

羰基上的碳-氧双键和碳-碳双键一样，也是由一个 σ 键和一个 π 键组成，但又不同于碳-碳双键。由于羰基氧原子的电负性比碳原子大，π 电子云不是对称分布在碳和氧之间，而是靠近氧的一端，因此氧原子上带部分负电荷，容易受到带正电荷的基团（亲电试剂）的进攻，碳原子上带部分正电荷，容易受到带负电荷的基团（亲核试剂）的进攻，使碳-氧双键被加成。

醛、酮发生加成反应时，首先是亲核试剂中带负电荷的部分或有未共用电子对的原子进攻带有部分正电荷的碳原子，使羰基碳原子由 sp^3 杂化转化为 sp^2 杂化，然后试剂中带正电荷的部分再与氧负离子结合，生成产物。

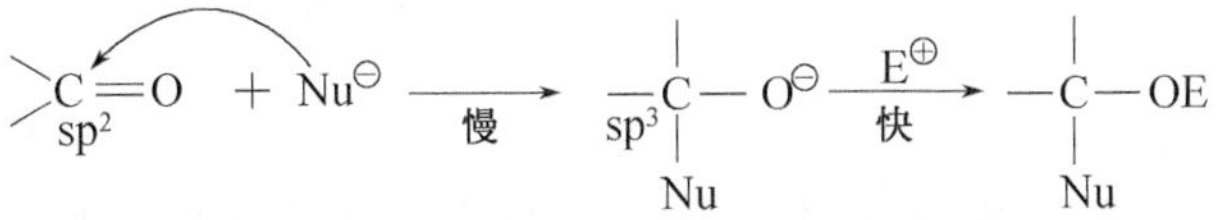

决定反应速率的一步是亲核基团进攻羰基碳原子的一步。

醛、酮亲核加成（nucleophilic addition）反应的难易取决于羰基上所连原子（基团）的电子效应和空间效应以及亲核试剂的强弱，羰基碳上所连的烃基越多，羰基碳上的电正性越弱，空间位阻也越大，反应就越不容易进行。从醛、酮的结构来看，醛的亲核加成要比酮更易进行，因为酮羰基与两个烷基相连，空间位阻大于醛；同时两个烷基的给电子效应使酮羰基碳原子上的电正性小于只有一个烷基的醛羰基上的碳原子，电子效应和空间效应的共同作用，使得醛比酮更容易发生亲核加成反应。

芳香族醛、酮的活性小于脂肪族醛、酮，这是因为羰基碳原子与芳环相连时，可以产生 π-π 共轭，削弱了羰基碳原子的电正性，同时体积较大的芳环发生亲核取代反应时的位阻也要大于脂肪族的醛、酮。

不同结构的醛、酮进行亲核加成时的活性顺序如下：

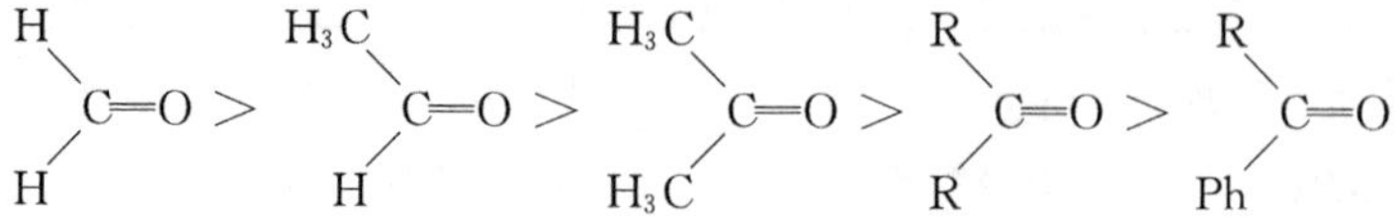

1. 与氢氰酸的加成

醛和大多数脂肪族甲基酮，以及八个碳以下的环酮能与氢氰酸作用生成α-羟基腈，也称为α-氰醇。

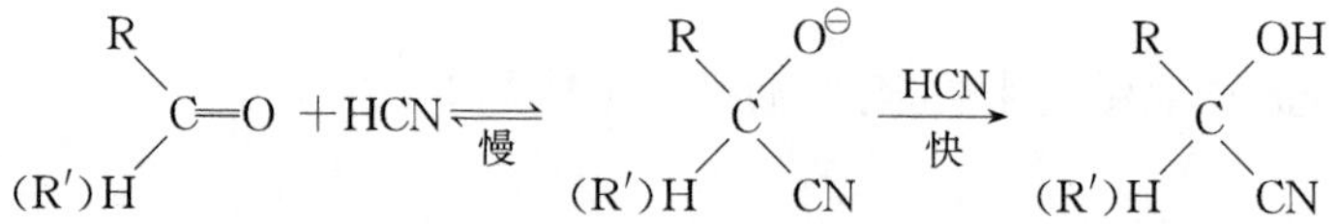

该反应在碱的催化下反应速率明显加快，产率也提高。例如，丙酮与氢氰酸在无碱存在时，3～4h 只有一半原料反应，加一滴氢氧化钾，则 2min 即可完成反应。如果加入酸，则需几周才能达到平衡。这是因为在此反应中，起决定作用的是 CN^- 对羰基的加成，碱的存在增加了 CN^- 的浓度，酸的存在降低了 CN^- 的浓度。

$$HCN \rightleftharpoons H^{\oplus} + CN^{\ominus} \qquad HCN + OH^{\ominus} \longrightarrow H_2O + CN^{\ominus}$$

由于氢氰酸有剧毒，且易于挥发(沸点为 26.5℃)，在实际工作中，通常是将氰化钠或氰化钾的水溶液与醛、酮混合，再滴加硫酸或盐酸，使生成的 HCN 立即与醛、酮作用。

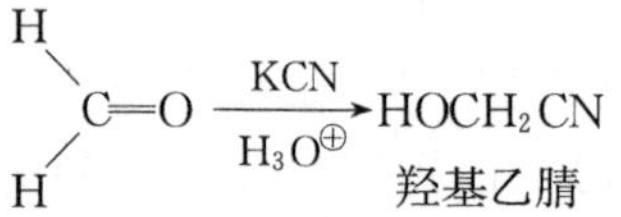

羟基乙腈

羰基与氢氰酸的加成，是增长碳链的方法之一。其加成产物α-羟基腈水解可制备α-羟基酸，后者可进一步脱水生成α,β-不饱和酸。例如，2-丁酮与氢氰酸的加成产物用盐酸水解得到α-羟基酸；用浓硫酸水解则生成α,β-不饱和酸。

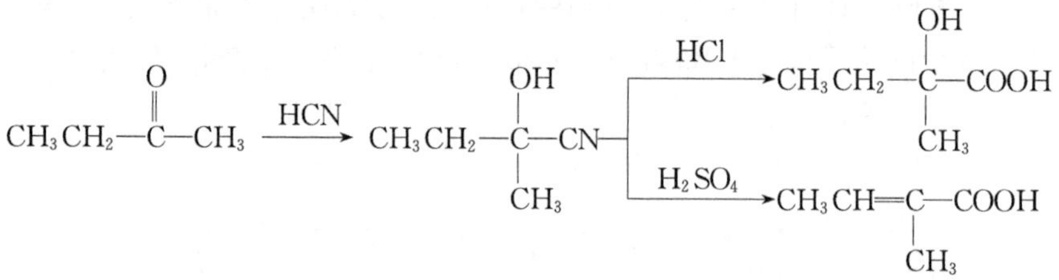

丙酮与氢氰酸加成生成丙酮氰醇，后者在硫酸存在下与甲醇作用，即发生醇解、脱水反应，生成甲基丙烯酸甲酯。

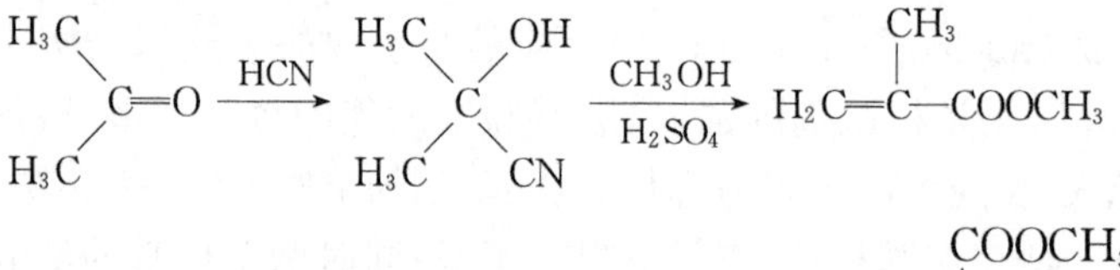

甲基丙烯酸甲酯是制备有机玻璃聚甲基丙烯酸甲酯$\left[CH_2-C(CH_3)(COOCH_3)\right]_n$的单体。

2. 与亚硫酸氢钠的加成

醛和大多数脂肪族甲基酮，以及八个碳以下的环酮能与亚硫酸氢钠的饱和溶液反应，得到α-羟基磺酸钠的晶体。在该反应中，亚硫酸氢钠分子中的具有未共用电子对的硫原子进攻羰基碳原子起亲核加成反应。

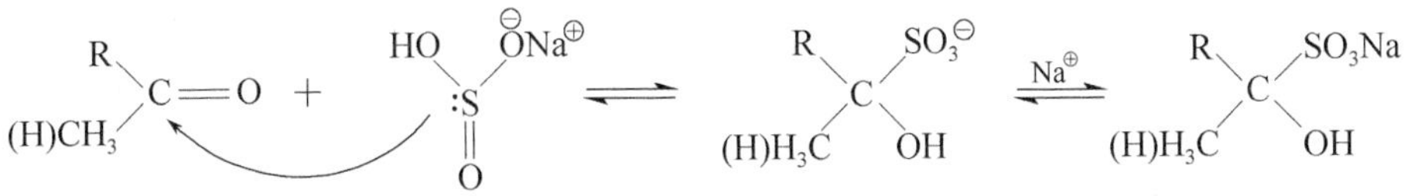

α-羟基磺酸钠为白色固体，不溶于饱和的亚硫酸氢钠溶液，因而很容易将其分离。例如，与酸或碱共热，又可得到原来的醛、酮。

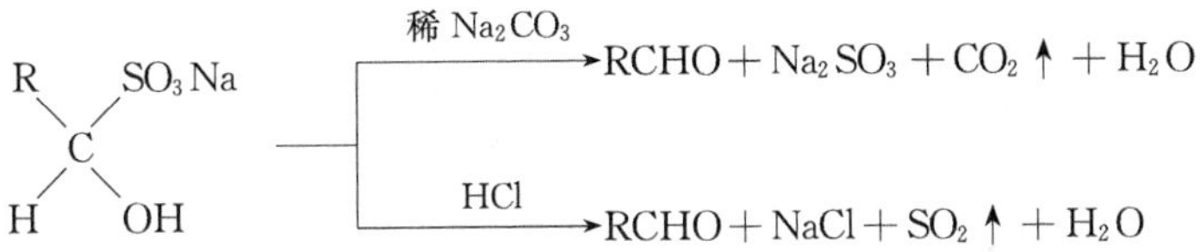

该方法可用于鉴定醛、部分的脂肪族甲基酮或八个碳原子以下的环酮，并可用于分离提纯。

将 α-羟基磺酸钠与 NaCN 作用，磺酸基可被氢氰根取代，生成 α-羟基腈，此方法可避免使用有毒的氰化氢，而且产率较高。

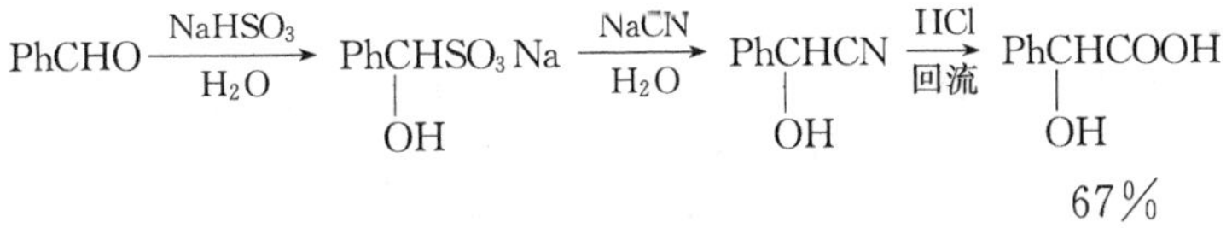

问题 10.3　写出下列反应产物。

(1) $C_6H_5COCH_2CH_2COCH_3 \xrightarrow{HCN}$

(2) $CH_3CH_2CH_2CHO + NaHSO_3$(饱和)$\longrightarrow \xrightarrow{Na_2CO_3}$

---

3. 与醇加成

在干燥的氯化氢或浓硫酸的作用下，醇可与醛、酮发生亲核加成反应，生成半缩醛(hemiacetal)或半缩酮(hemiketal)。这类化合物在糖类化学及有机合成上非常重要。半缩醛(酮)不稳定，易分解为原来的醛(酮)，因此不易分离出来，但半缩醛(酮)与另一分子的醇继续反应，就会生成稳定的产物——缩醛(acetal)或缩酮(ketal)。

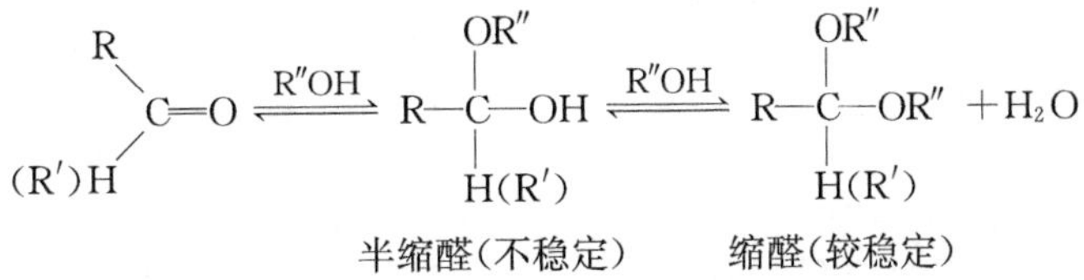

反应机理如下：

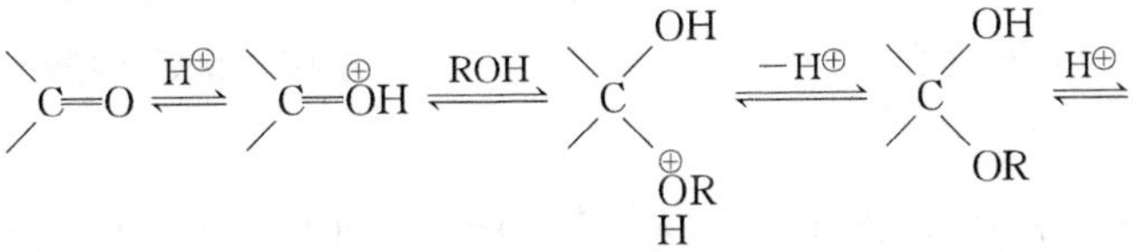

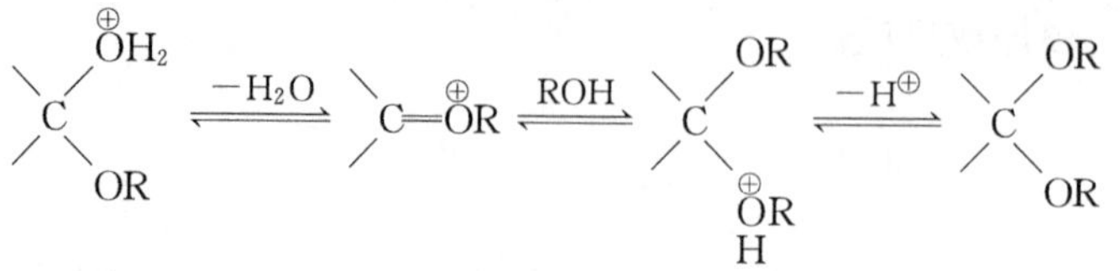

虽然链状的半缩醛(酮)是不稳定的,但对于五元环或六元环的半缩醛(酮)却是稳定的,许多糖类就是以半缩醛的形式存在的,葡萄糖就是一个很好的例子。

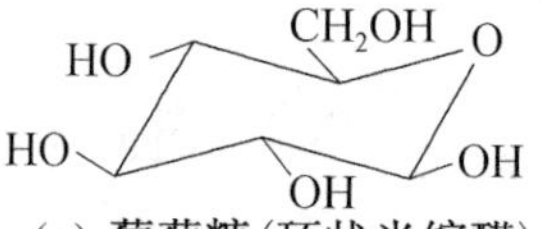

(+)-葡萄糖(环状半缩醛)

酮与一元醇在氯化氢气体催化下很难形成缩醛,但可与过量的 1,2-二元醇在痕量酸的催化下作用生成缩醛,反应中要设法除水。

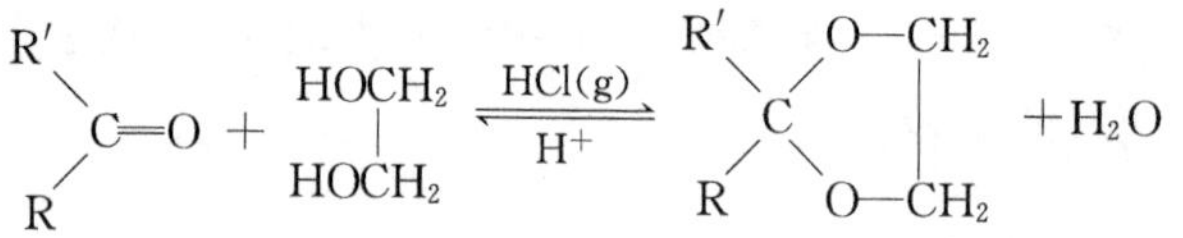

另一种制备缩酮的方法是用原甲酸酯与酮在酸的催化作用下进行反应,产率较高。

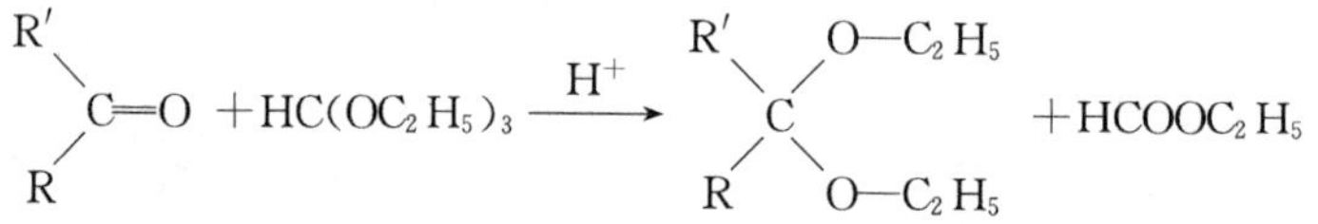

原甲酸乙酯

缩醛(酮)可以看成是同碳二元醇所形成的醚,性质也与醚相似,对酸不稳定,对碱、氧化剂、还原剂却是稳定的,所以在有机合成中可以利用形成缩醛(酮)来保护醛基或酮羰基。例如

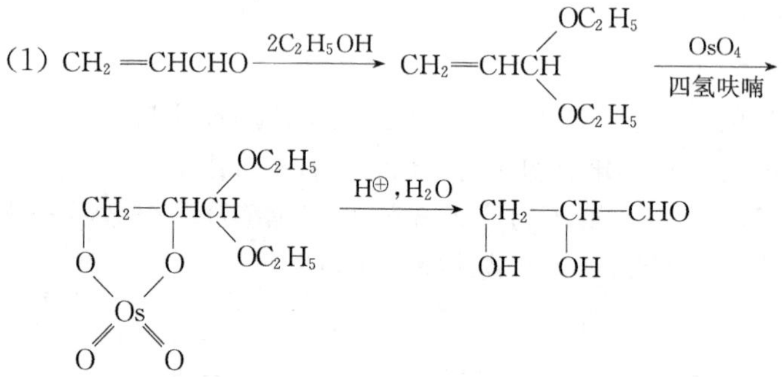

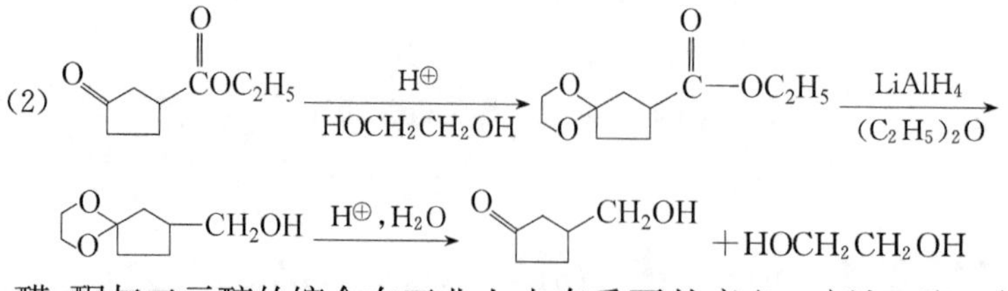

醛、酮与二元醇的缩合在工业上也有重要的意义。例如,聚乙烯醇 $\left(CH_2-\underset{OH}{\underset{|}{CH}}\right)_n$ 的分子中含有多个亲水的羟基,不能作为合成纤维使用。但如果在酸的催化下,使之与甲醛部分

缩合,就可得到性能优良的合成纤维——维尼纶。

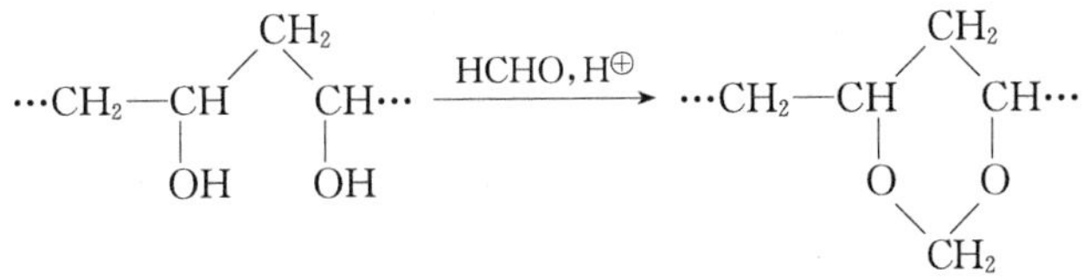

问题 10.4 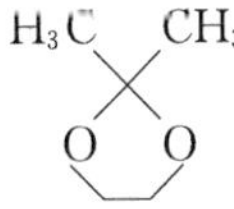 和 $C_2H_5CH(OC_2H_5)_2$ 按照缩醛或缩酮命名,应该称为什么?

问题 10.5 指出下列化合物的类别(缩醛、缩酮、半缩醛或半缩酮)。

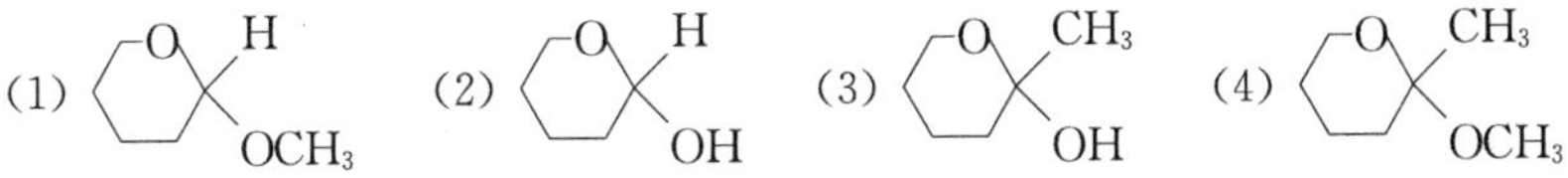

问题 10.6 完成下列反应。

(∗ TsOH 是对甲苯磺酸的简称)

(2) $HOCH_2CH_2CH_2CH_2CHO \xrightarrow{HCl(g)}$

---

4. 与有机金属试剂的加成生成醇

醛、酮与格氏试剂加成,加成产物不必分离,直接水解可生成醇。

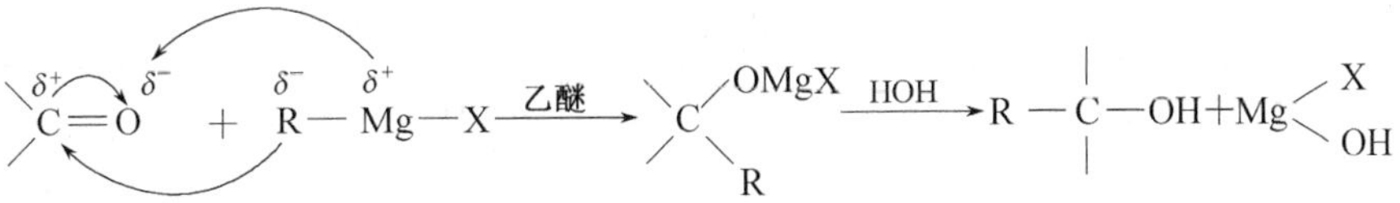

不同的醛、酮与格氏试剂加成可以制备不同的醇(见第 9 章)。

有时还可发生分子内的格氏反应。例如

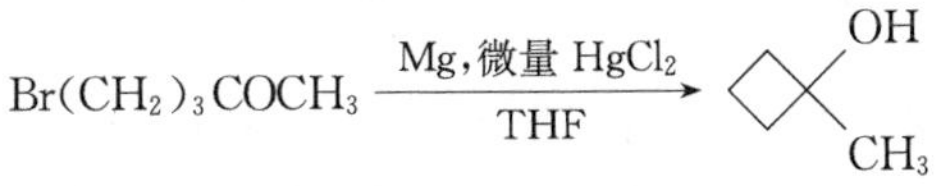

60%

除格氏试剂以外,其他一些有机金属试剂也可以对羰基化合物进行类似加成反应生成醇。

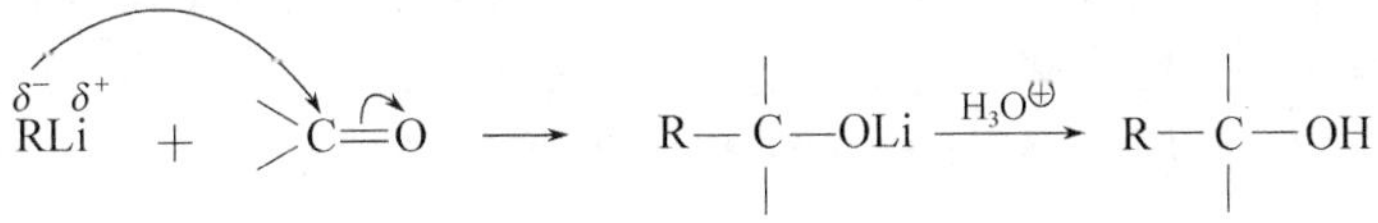

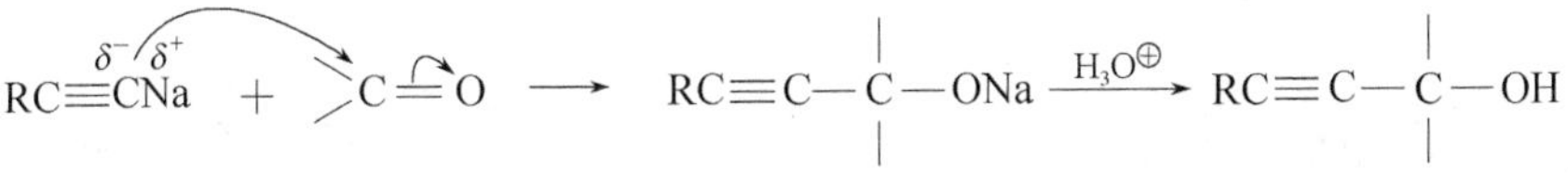

对于二叔丁基酮这种位阻较大的酮,与格氏试剂不易反应,则可用有机锂试剂与之反应。例如

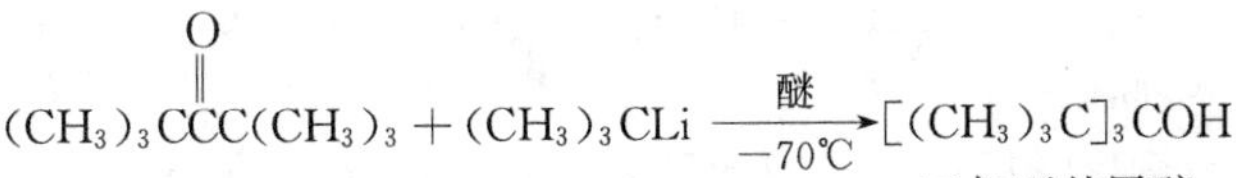

三叔丁基甲醇

5. 与氨的衍生物的加成

羟氨、肼、苯肼、2,4-二硝基苯肼、氨基脲都是氨的衍生物，都可以和醛、酮在弱酸条件下发生反应，分别生成肟、腙、苯腙、2,4-二硝基苯腙和缩氨脲，反应通式如下：

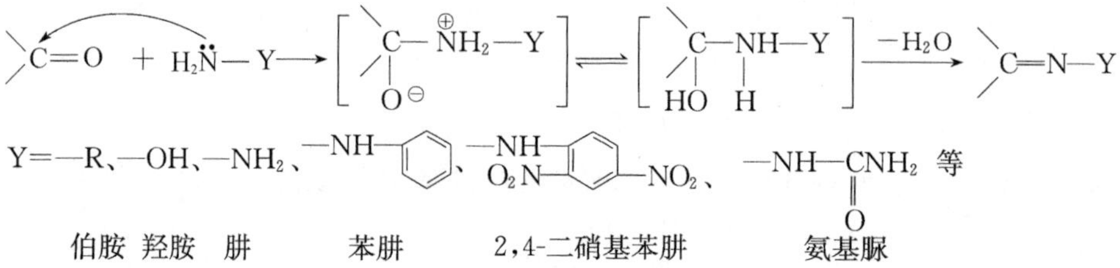

具体反应如下：

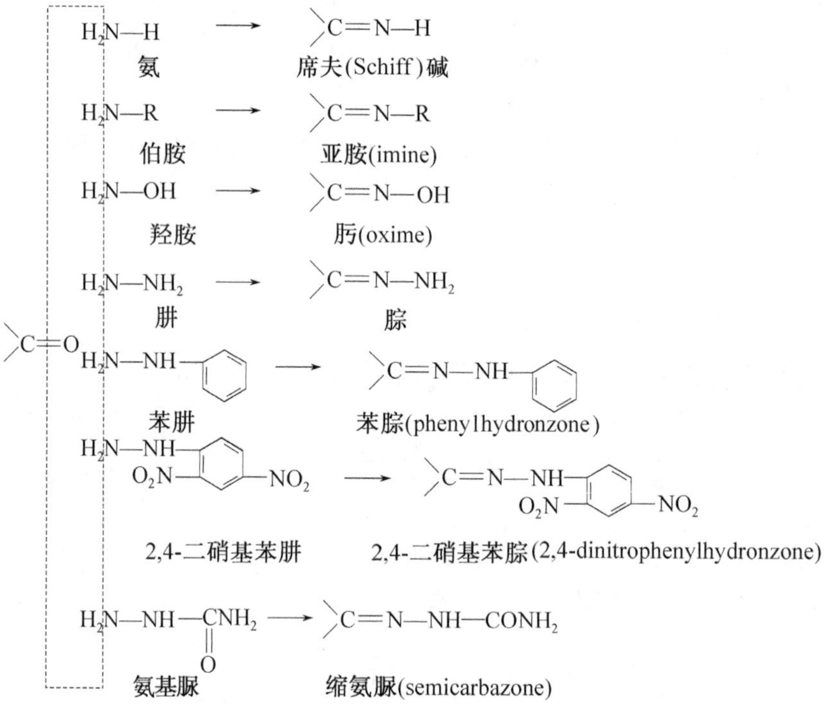

产物肟、腙、苯腙、2,4-二硝基苯腙都是易于离析的固体，通过测定它们的熔点，就可以推测出原料醛、酮的结构。特别是2,4-二硝基苯腙为黄色或红色晶体，更加易于观察。

其中，生成亚胺的反应pH为4～5时，效果最好，酸性太强反应速率反而减慢。反应机理如下所示，反应的关键步骤是质子化的醇脱去水分子的一步，只有在酸的催化下才能使不好的离去基团—OH转化为较好的离去基团 H_2O，当然如果酸的浓度太大，则有可能使亲核试剂 H_2N—R 质子化。

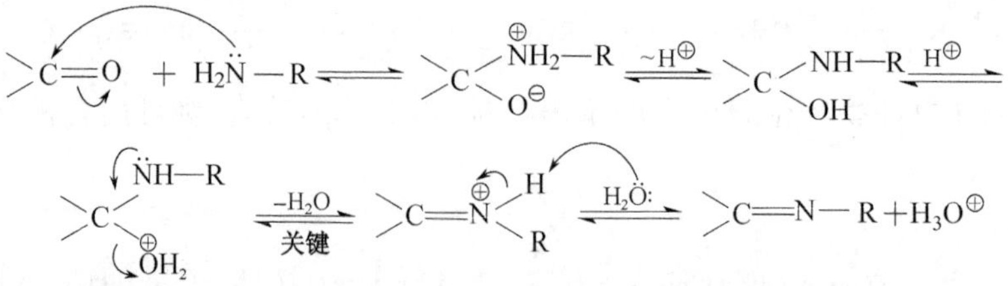

亚胺的形成在生物化学反应中是很常见的，因为酶常可以催化—NH_2 与醛、酮作用。

6. 与维悌希试剂加成

醛、酮可以与维悌希(Wittig)试剂作用生成烯烃和三苯氧膦。

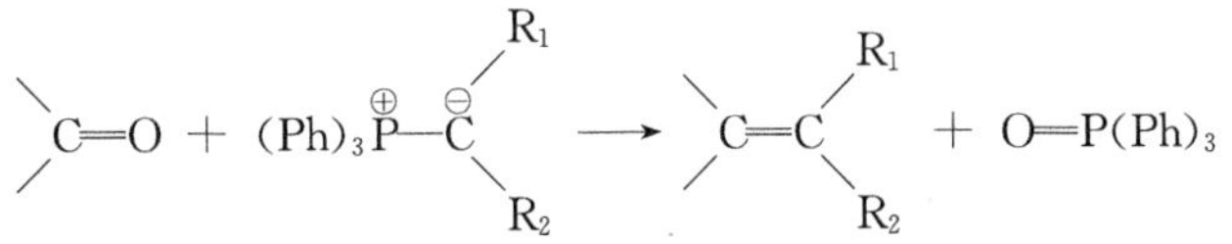

这是一种从羰基化合物直接合成烯烃的好方法。维悌希试剂的通式为$(C_6H_5)_3P^+C^-R_1R_2$，这种内膦盐(三苯基亚甲膦)也称为膦叶立德(ylide)(见 18.3.2 小节)。

丙酮与维悌希试剂反应可表示为

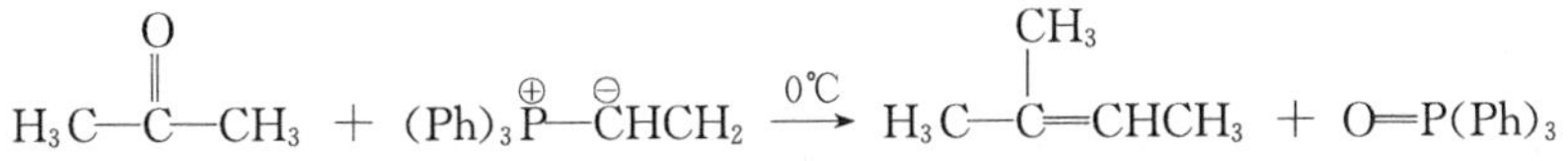

问题 10.7　完成下列反应。

(1) 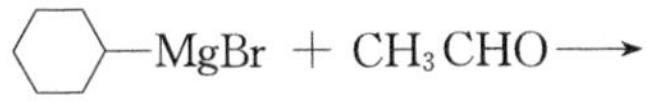

(2) 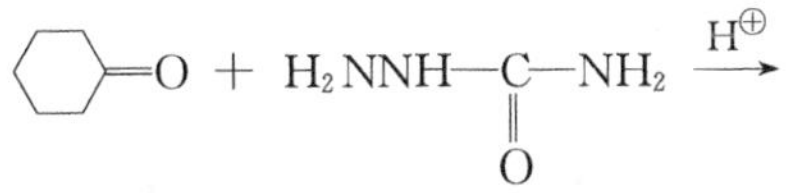

(3) 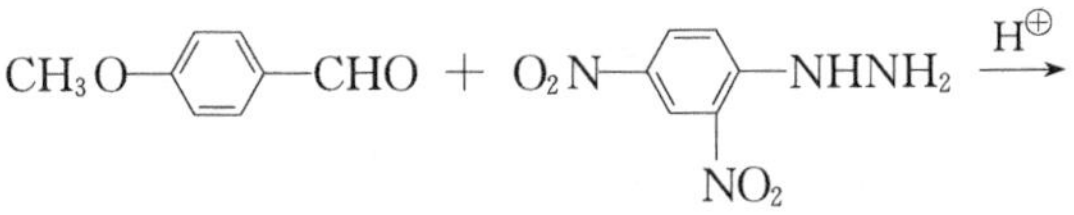

(4) 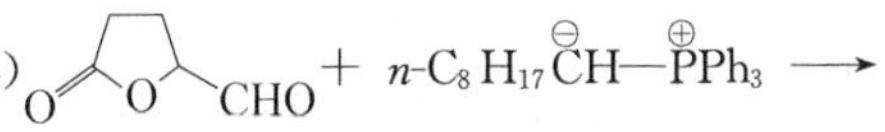

---

7. 羰基加成反应的立体化学

羰基具有平面结构，试剂从平面的任意一侧进攻羰基碳原子的概率是相同的，得到的产物为外消旋体，当羰基上的两个取代基相同时，则为同一种物质。例如

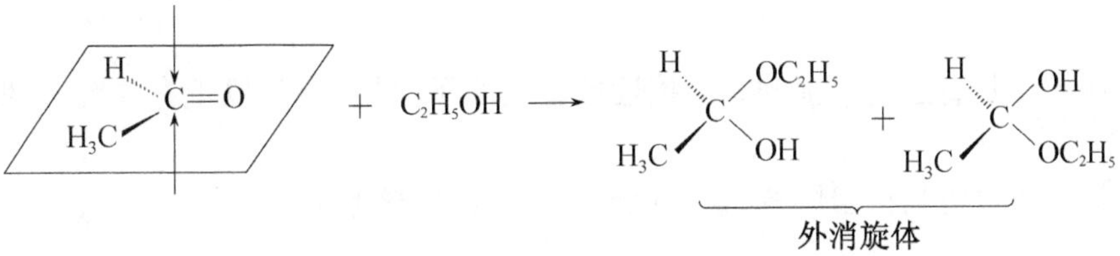

但对于不对称的酮，即当羰基与手性碳原子相连时，就存在加成的定向问题，这是一个手性诱导的反应，遵循克拉姆(Cram)规则：规定大的基团(L)与(R)呈重叠型，两个较小的基团在羰基两旁呈邻位交叉型，亲核试剂从位阻最小的方向进攻羰基碳原子。

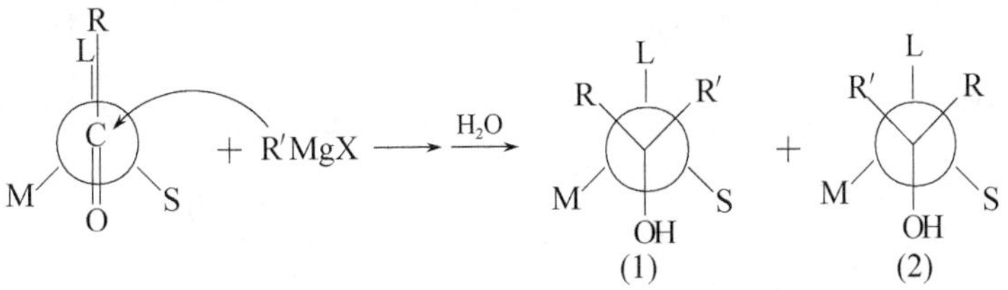

(1) 为主要产物，是试剂从位阻较小的基团(S)一边进攻羰基碳得到的；(2)为次要产物，是试剂从(M)一边进攻羰基碳得到的。(1)与(2)是非对映体。例如，(*S*)-2-苯基丁醛与 CH_3MgI 的反应：

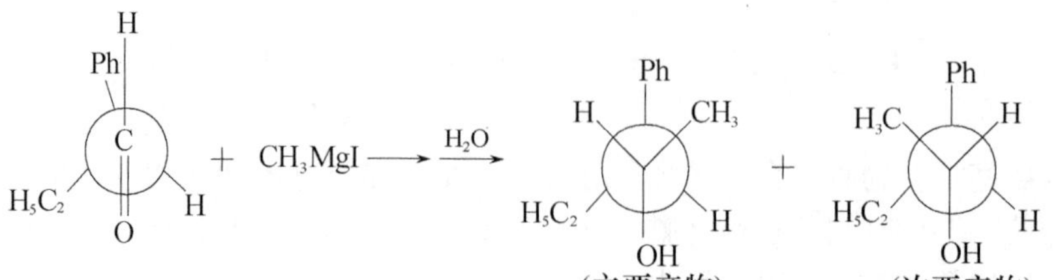

(主要产物)　　(次要产物)

两种产物的比例为 2.5∶1。

其他试剂(如氢化铝锂)与醛、酮的加成也是同样的道理，如(*R*)-3-环己基丁酮-2 与氢化铝锂的反应：

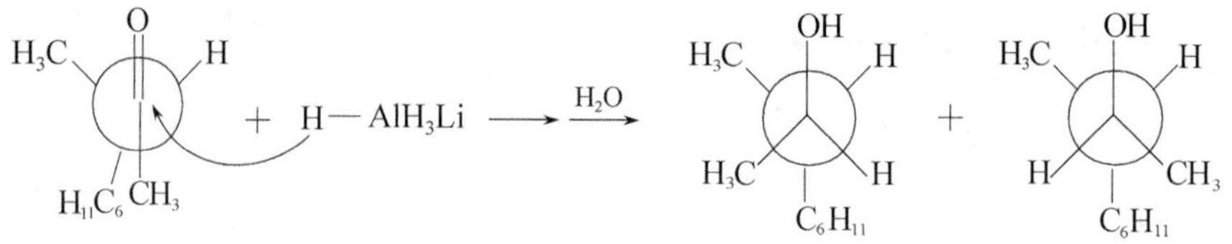

72%　　28%

环状羰基化合物的加成反应，与羰基两旁的立体环境有关。例如

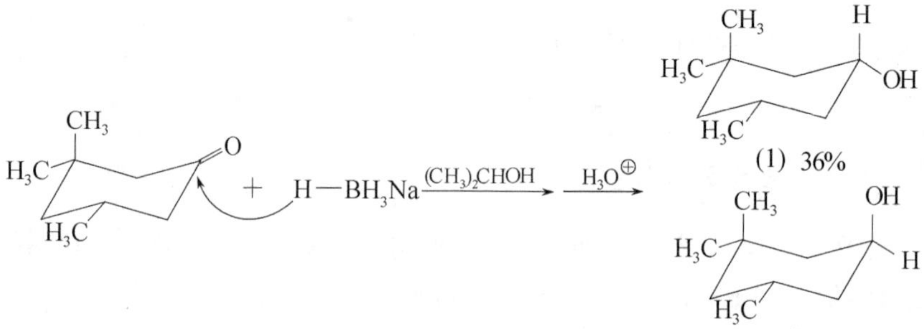

(1) 36%

(2) 64%

进攻试剂倾向于从直立的甲基的背面接近羰基碳原子，尽管羟基位于直立键，产物不稳定，但(2)仍然为主产物。

如果没有直立键的位阻影响，较为稳定的产物占主导地位。例如

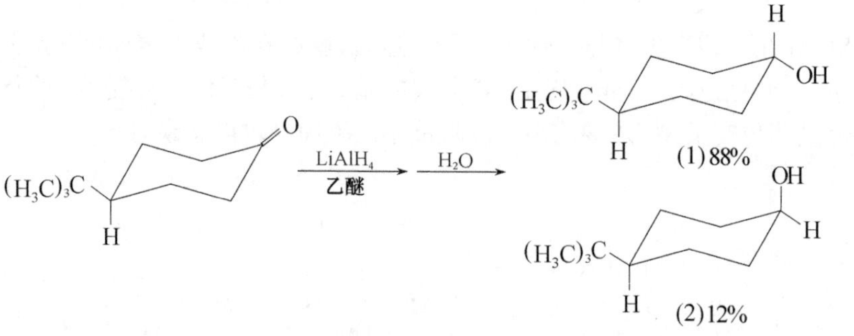

(1) 88%

(2) 12%

10.3.2 α 氢原子的反应

醛、酮分子中，与羰基直接相连的碳原子称为 α-碳原子，α-碳上所连的氢原子则称为 α-氢原子。由于羰基吸电子效应的影响，α-氢原子变得较为活泼，具有一定的酸性。例如，乙烷氢原子的 pK_a 为 50，乙烯 α-氢原子的 pK_a 为 44，乙炔 α-氢原子的 pK_a 为 25，而大部分醛、酮 α-H 的 pK_a 为15～20，乙醛 α-氢原子的 pK_a 为 17，丙酮、环己酮 α-氢原子的 pK_a 分别为 20、17。

α-氢原子的酸性表现在它可以以 H^+ 的形式离解，并转移到羰基氧原子上形成烯醇式结构，即

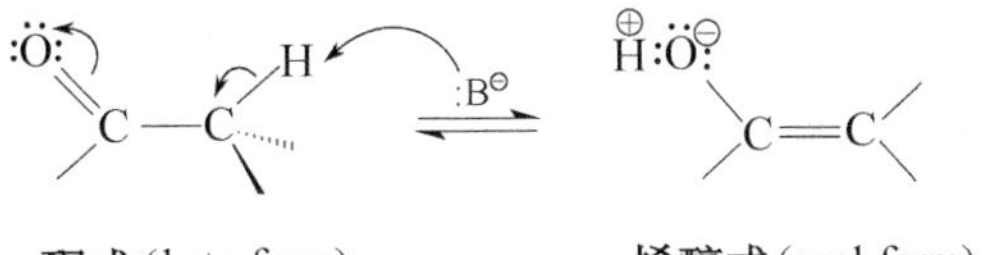

酮式(keto-form)　　　　烯醇式(enol-form)

上述酮式结构与烯醇式结构是构造异构体，在碱或酸的作用下可以互相转化，这种异构现象称为互变异构(tautomerization)。在单羰基化合物中，酮式结构占主导地位。例如，对丙酮而言，烯醇式结构小于 1%。

1. 羟醛缩合

在稀碱存在下，一分子含 α-H 的醛与另一分子醛相互作用生成 β-羟基醛的反应称为羟醛缩合，又称醇醛缩合。例如

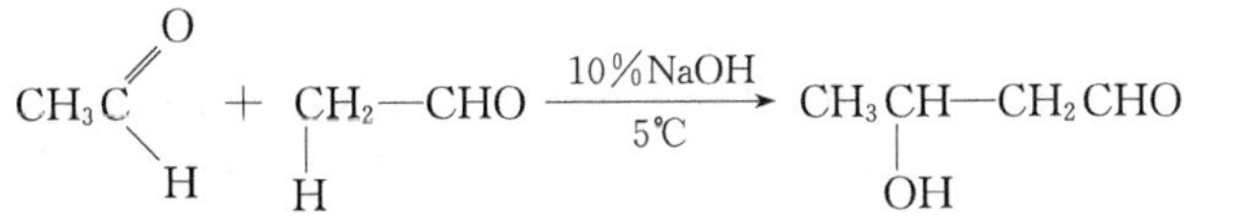

反应中，一分子醛在碱的作用下，失去 α-H 形成烯醇负离子。

该负离子再作为亲核试剂进攻另一分子醛的羰基碳原子发生亲核加成反应。

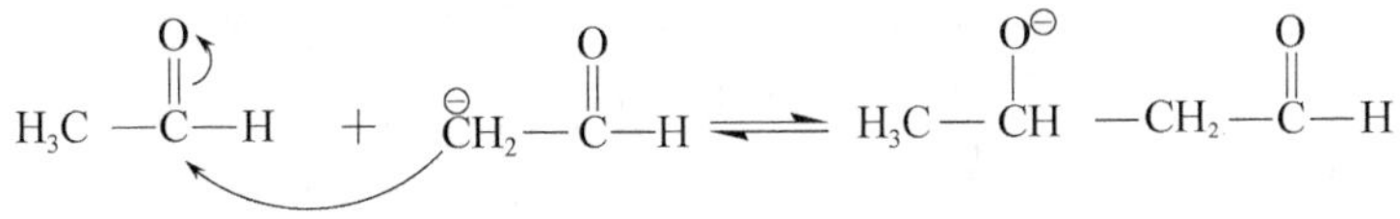

最后，形成的氧负离子作为强碱再夺取水分子中的一个质子，形成羟醛缩合产物。

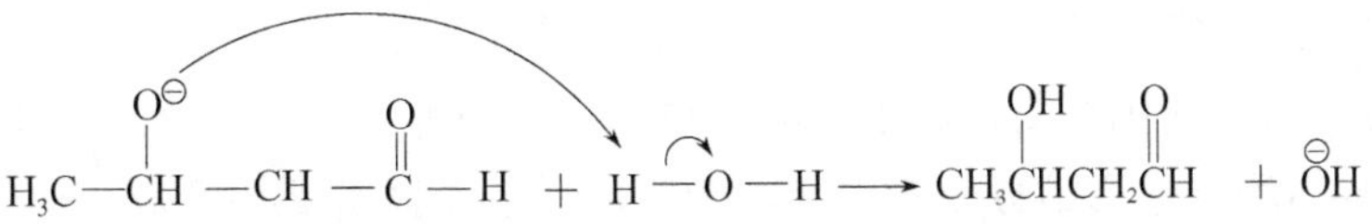

例如，两分子丁醛缩合得到 2-乙基-3-羟基己醛，该产物加热后脱水得到 2-乙基-2-己烯醛(α,β-不饱和醛)，进一步加氢还原可以得到 2-乙基-1-己醇。

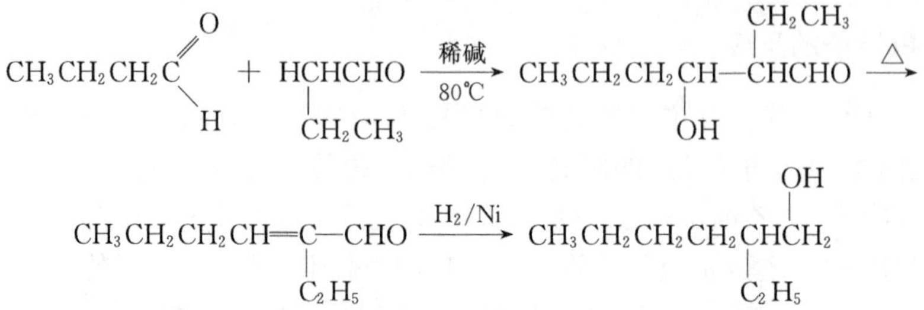

不同醛分子间的羟醛缩合因为会生成四种缩合产物，所以在合成上没有实际意义。但当两种醛中有一种没有 α-H 时，则可以得到产率较高的定向缩合产物，这种缩合就称为交叉羟醛缩合(cross aldol condensation)。例如，在不含 α-氢苯甲醛的碱性溶液中慢慢加入含有α-H的丙醛，可以选择性地得到主要产物——2-甲基-3-苯基丙烯醛。

$$PhCHO + CH_3CH_2CHO \xrightarrow{\triangle} PhCH{=}C(CH_3){-}CHO \quad 68\%$$

甲醛与丙醛的缩合也是这类反应：

$$HCHO + CH_3CH_2CHO \xrightarrow[40^\circ C]{\text{稀 } Na_2CO_3} H_3C{-}C(CH_2OH)_2{-}CHO$$

3-羟基-2,2-二甲基丙醛(64%)

酮本身难以发生类似的缩合反应，但可以与醛作用，这种交叉缩合也称为克莱森-施密特(Claisen-Schimidt)反应。

$$C_6H_5CHO + CH_3COCH_3 \xrightarrow[10^\circ C]{OH^\ominus} C_6H_5CH{=}CHCOCH_3$$

4-苯基-3-丁烯-2-酮(70%)

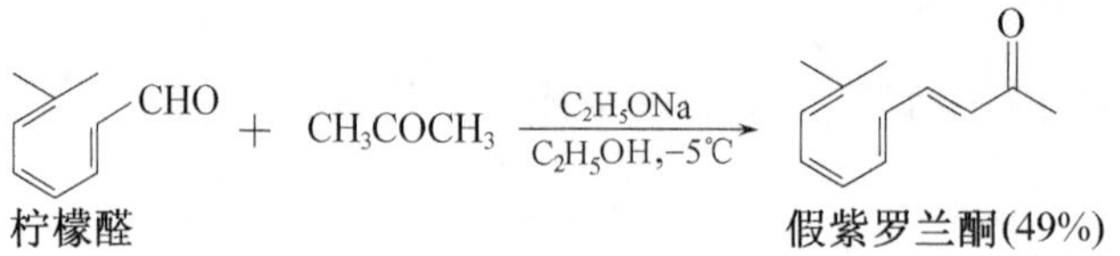

柠檬醛存在于柠檬叶油中，该反应是合成维生素 A 的过程中的重要的一步。

除了分子间发生羟醛缩合以外，分子内也可以发生羟醛缩合，生成环状化合物，即

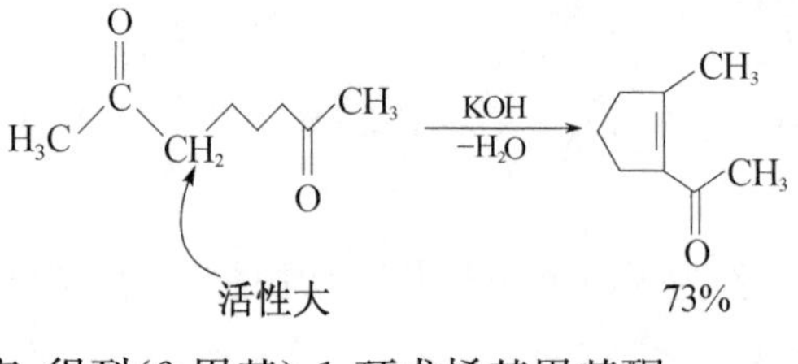

因为五元环比七元环稳定，得到(2-甲基)-1-环戊烯基甲基酮。

其他被两个强的钝化基团提高了反应活性的亚甲基化合物，在碱性条件下，也可与醛、酮缩合。例如，乙酰乙酸乙酯分子中位于两个吸电子羰基间的亚甲基就有一定的酸性，易于失去，形成一个较为稳定的碳负离子 $CH_3CO\overset{\ominus}{C}HCOOC_2H_5$，该负离子进攻苯甲醛中的羰基碳，发生羟醛缩合反应。

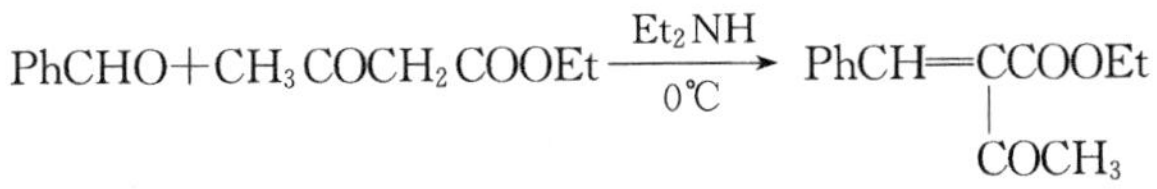

羟醛缩合也能在酸的催化下完成。例如，丙酮在盐酸作用下，形成 4-甲基-3-戊烯-2-酮的反应。

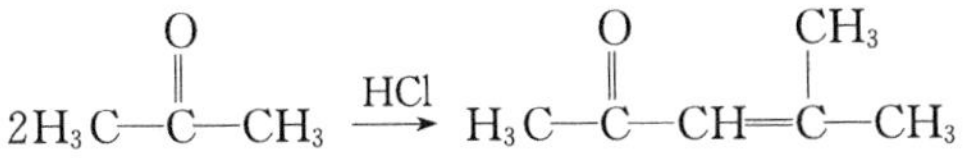

反应过程中，首先是酮在盐酸的作用下转化为烯醇式结构。

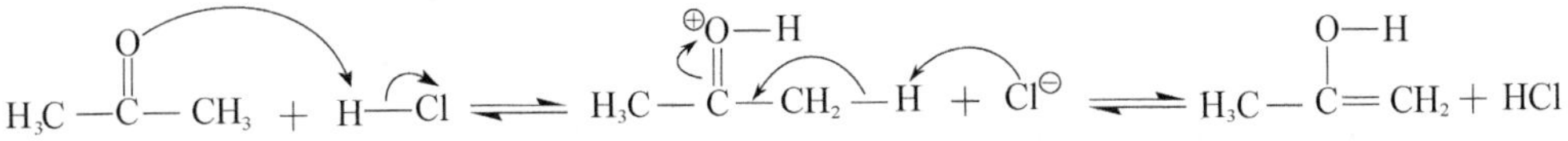

然后该烯醇化的酮与另一质子化的酮发生亲核加成反应，再在酸催化下脱去一分子的水，得到 α,β-不饱和羰基化合物。

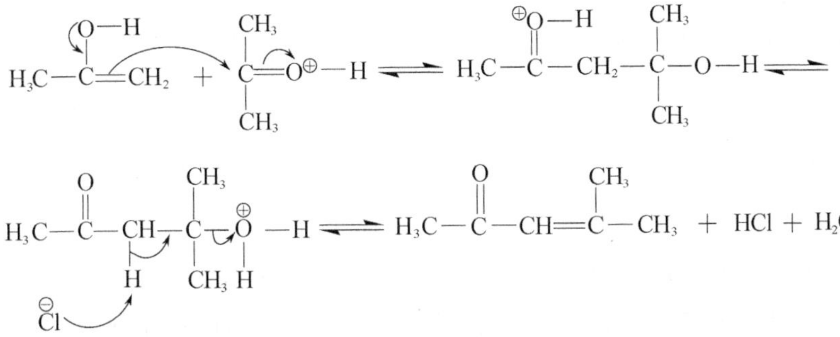

问题 10.8　写出下列反应的主要产物。

(1) $CH_3CH_2CHO \xrightarrow{\text{稀 NaOH}} \xrightarrow{\triangle}$

(2) $OHCCH_2CH_2CH_2CH_2CHO \xrightarrow{\text{稀 NaOH}} \xrightarrow{\triangle}$

(3) 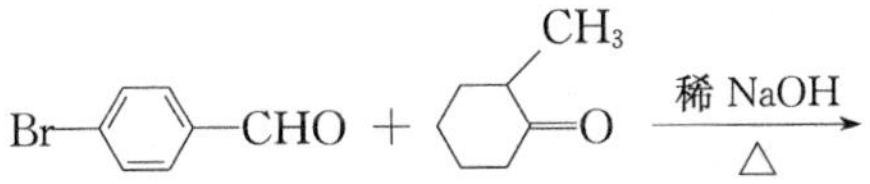

(4) 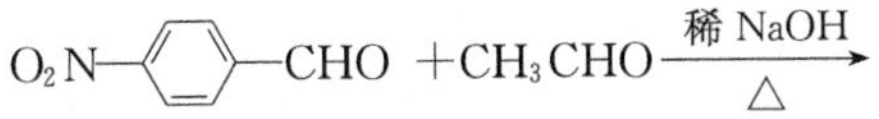

---

2. α-氢原子的卤化

醛、酮分子中的 α-氢原子容易被卤素取代，生成 α-卤代醛、酮。此反应可被酸或碱催化。

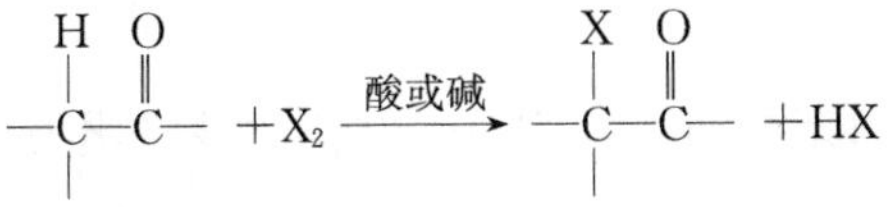

动力学实验证明，无论是酸催化还是碱催化，醛、酮的卤化反应速率均与卤素的浓度无关，反应的定速步骤是形成烯醇式结构的这一步。

在酸催化下，卤化反应的关键步骤是形成烯醇负离子的一步，然后烯醇负离子与卤素很快加成，生成卤代酮。

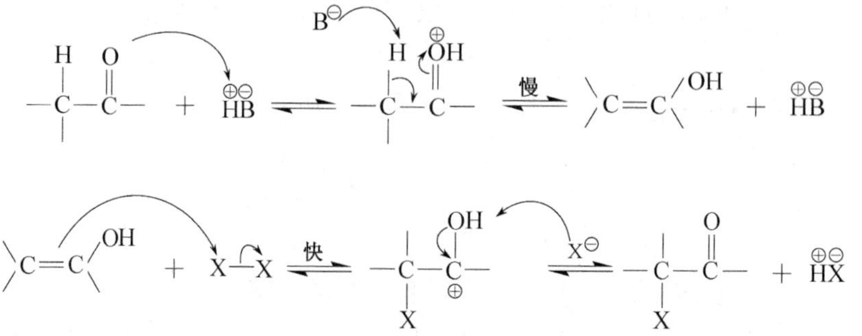

对于不对称酮，卤化反应的优先顺序是 $-\overset{\overset{\large O}{\|}}{C}-\overset{|}{C}H- > -\overset{\overset{\large O}{\|}}{C}-CH_2- > -\overset{\overset{\large O}{\|}}{C}-CH_3$，因为$\alpha$-碳上的取代基越多，超共轭效应越大，形成的烯醇就越稳定，这个碳上的氢就越易于离开而进行卤化反应。

在碱催化下，卤化反应也是通过烯醇式进行的，以丙酮为例：

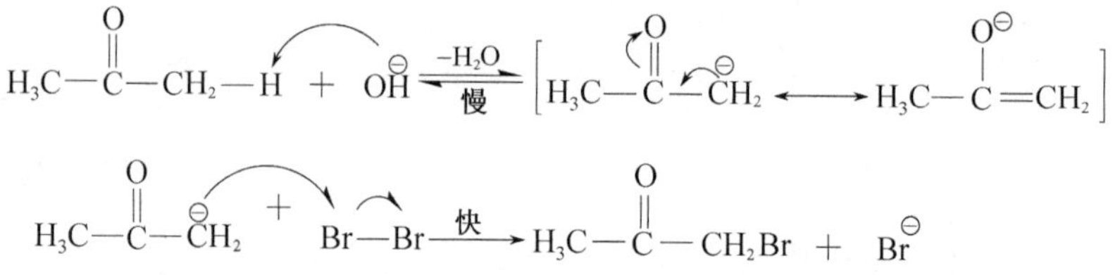

对于酮羰基两端的氢原子而言，酸性强的易被 OH^- 夺取，因此不对称酮的反应活性为 $-\overset{\overset{\large O}{\|}}{C}-CH_3 > -\overset{\overset{\large O}{\|}}{C}-CH_2- > -\overset{\overset{\large O}{\|}}{C}-\overset{|}{C}H-$。由于卤原子的吸电子性能，醛、酮的一个$\alpha$-氢原子被取代后，剩余的$\alpha$-氢原子的酸性更强，在碱的作用下更易离去，因此第二个、第三个α-氢原子会陆续被取代，最终生成α,α,α-三卤代物。该反应也就称为卤仿反应(haloform reaction)。

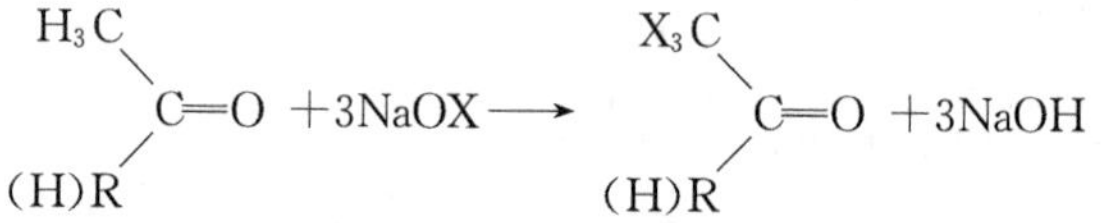

$$X_3CCOR + NaOH \longrightarrow X_3CH + RCOONa$$

如果用次碘酸钠(碘加氢氧化钠)作试剂，就会产生具有特殊气味的黄色结晶碘仿(CHI_3)和相应的羧酸盐，该反应也就称为碘仿反应。

通过碘仿反应可以鉴别具有 $H_3C-\underset{\underset{\large O}{\|}}{C}-$ 结构的醛、酮和具有 $H_3C-\underset{\underset{\large OH}{|}}{CH}-$ 结构的醇，因为次碘酸钠具有氧化性，能将 $H_3C-\underset{\underset{\large OH}{|}}{CH}-$ 结构的醇氧化为 $H_3C-\underset{\underset{\large O}{\|}}{C}-$ 的醛、酮。

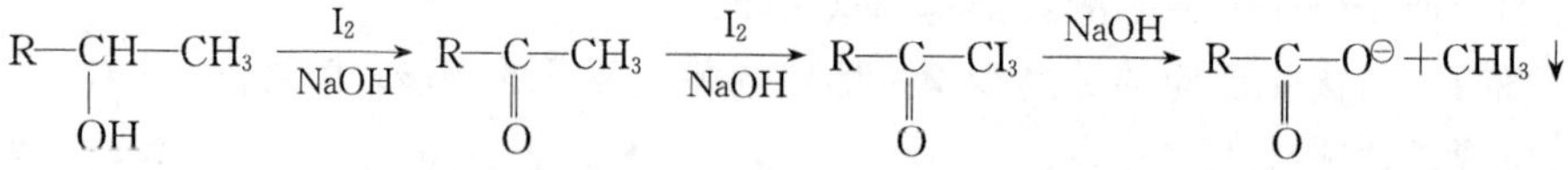

例如

$$CH_3CH_2OH \xrightarrow[NaOH]{I_2} CH_3\overset{O}{\overset{\|}{C}}H \xrightarrow[NaOH]{I_2} Cl_3—\overset{O}{\overset{\|}{C}}—H \xrightarrow{NaOH} HC\overset{\ominus}{O}(=O) + CHI_3\downarrow$$

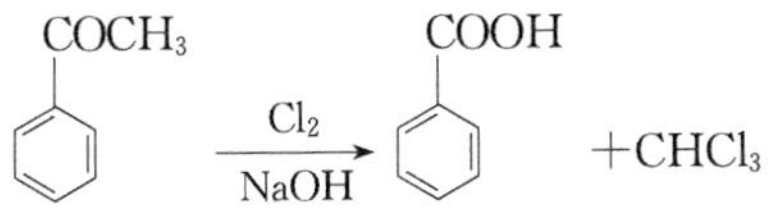

卤仿反应还可用于制备一些难得的羧酸。例如

$$(CH_3)_3C—\underset{\underset{O}{\|}}{C}—CH_3 \xrightarrow{Br_2, NaOH, H_2O} (CH_3)_3CCOONa + CHBr_3$$

问题 10.9　下列化合物中，哪个可以发生碘仿反应？

(1) ICH_2CHO　(2) CH_3CH_2CHO　(3) $CH_3CH_2\underset{\underset{OH}{|}}{C}HCH_3$　(4) 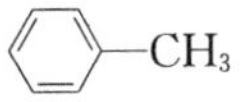

问题 10.10　写出下列反应的主要产物。

(1) $CH_3CH_2\overset{O}{\overset{\|}{C}}CH_3 + Cl_2(1mol) \xrightarrow{H_2O, CH_3COOH}$　(2) $CH_3CH_2CH_2\overset{OH}{\overset{|}{C}}HCH_3 \xrightarrow[过量]{I_2, NaOH}$

(3) 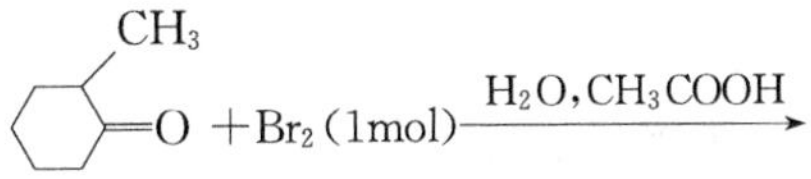　(4) 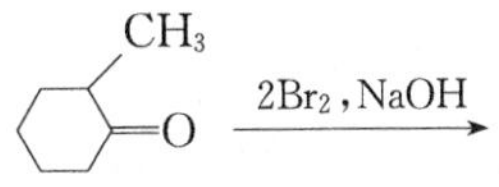

---

3. 曼尼希反应

含有 α-H 的化合物，或者说能够形成烯醇式结构的化合物，与醛和氨(或伯胺、仲胺)之间的缩合反应称为曼尼希(Mannich)反应，产物 β-氨基酮易于发生脱氨(或胺)反应，生成 α,β-不饱和酮。例如

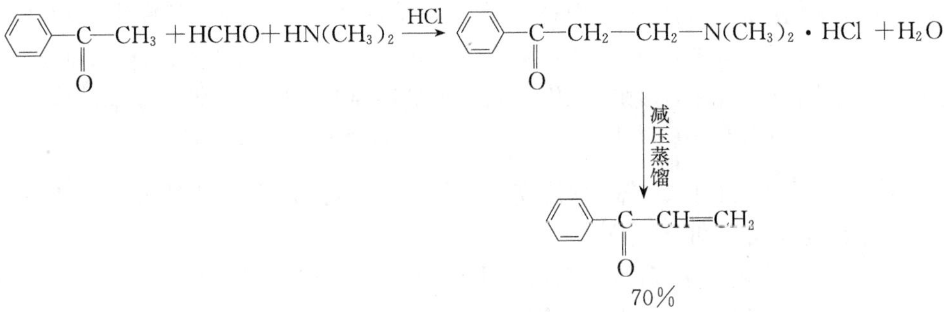

曼尼希反应通常在酸性条件下进行，反应机理为

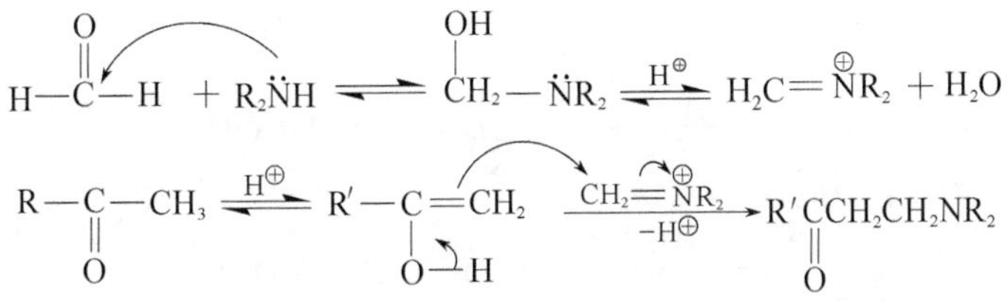

碱也可催化该反应，反应机理为

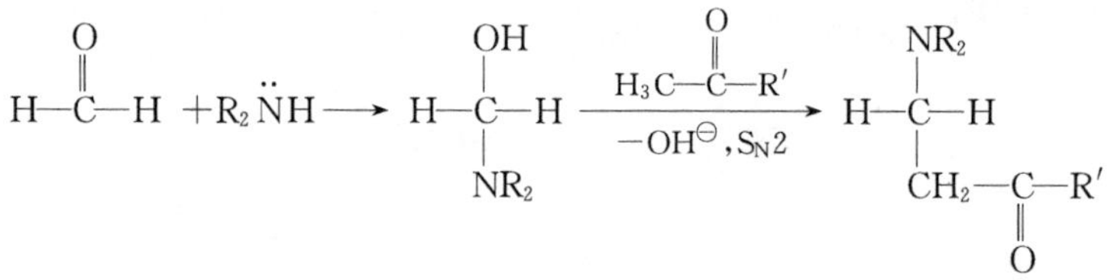

曼尼希反应可用于间接合成 α,β-不饱和酮。

10.3.3 氧化和还原

1. 氧化反应

1）强氧化反应

醛的羰基碳原子上连有一个氢原子，与酮相比醛很容易被氧化为同碳原子的羧酸。醛可以被强氧化剂高锰酸钾、重铬酸钾等迅速氧化，但酮不会。例如

$$\mathrm{RCHO} \xrightarrow[\mathrm{H_2SO_4}]{\mathrm{KMnO_4,\,H_2O}} \mathrm{RCOOH}$$

2）弱氧化反应

(1) 醛的弱氧化：醛还易被 Ag_2O、H_2O_2、RCOOOH、CrO_3、$Ag(NH_3)_2OH$、Cu^{2+} 等弱氧化剂氧化，氧化的结果都是将醛基转化为相应的羧酸。

$$\mathrm{RCHO} \xrightarrow{\mathrm{Ag_2O,\,OH^{\ominus}}} \mathrm{RCOO^{\ominus}} \xrightarrow{\mathrm{H_3O^{\oplus}}} \mathrm{RCOOH}$$

例如，土伦(Tollens)试剂(硝酸银的氨溶液)在氧化醛为羧酸的同时，它本身被还原成金属银，沉积在容器壁上，形成银镜，所以该反应也称为银镜反应。

$$\mathrm{RCHO} + 2\mathrm{Ag(NH_3)_2OH} \xrightarrow[\triangle]{} \mathrm{RCOONH_4} + 2\mathrm{Ag}\downarrow + \mathrm{H_2O} + \mathrm{NH_3}$$

酮在此条件下不发生反应，因此可用土伦试剂区别醛与酮。

另一个经常使用的弱氧化剂是费林(Fehling)试剂，它是硫酸铜、氢氧化钠和酒石酸钾钠的混合液，与其相类似的还有本尼迪克特(Benedict)试剂，就是把酒石酸盐换成柠檬酸盐，它们都可将脂肪醛氧化为羧酸，二价铜离子则被还原为砖红色的氧化亚铜沉淀。

$$\mathrm{RCHO} + 2\mathrm{Cu^{2+}} + \mathrm{NaOH} + \mathrm{H_2O} \xrightarrow[\triangle]{} \mathrm{RCOONa} + \mathrm{Cu_2O}\downarrow + 4\mathrm{H^+}$$

酮和芳香醛不与费林试剂或本尼迪克特试剂作用，因此该反应既可用来区别脂肪醛和酮，也可用来区别脂肪醛和芳香醛。

医院用此方法检查糖尿病，因为糖尿病患者的尿液中含有大量的酮体，加热后可以看到 Cu^{2+} 蓝色消失，同时产生 Cu_2O 的砖红色沉淀。

这些弱氧化剂只氧化醛基，不会破坏分子中的碳-碳双键或叁键，有较强的选择性。例如

$$\mathrm{CH_3CH{=}CHCHO} \xrightarrow{\mathrm{Ag^+,\,Cu^{2+}}} \mathrm{CH_3CH{=}CHCOOH}$$

$$\mathrm{CH_3CH{=}CHCHO} \xrightarrow{\mathrm{KMnO_4,\,NaOH}} \mathrm{CH_3COOH} + \mathrm{CO_2}\uparrow$$

醛还易被空气氧化。例如，苯甲醛保存过久，瓶口或瓶中会出现白色固体，就是部分苯

甲醛被氧化成苯甲酸，这种氧化称为自氧化作用。醛被空气氧化，最初的产物是过酸。

$$\overset{\overset{\displaystyle O}{\|}}{RCH} + O_2 \longrightarrow \overset{\overset{\displaystyle O}{\|}}{RCOOH} \xrightarrow{RCHO} \overset{\overset{\displaystyle O}{\|}}{RCOH}$$

其氧化机理是自由基反应。

自氧化作用在实际生活中具有重要的意义，许多物质（如高分子、油脂等）在空气中均可与空气中的氧结合，发生自氧化反应，改变物质的性能，因此要加入一些抗氧化剂。抗氧化剂实际上也就是一种自由基抑制剂，它能与自由基反应生成稳定的化合物，使链反应终止。

(2) 酮的弱氧化：酮一般情况下不易被氧化，在强氧化的条件下，结果是羰基两侧的碳链断裂，生成羧酸的混合物。例如

$$CH_3COCH_2CH_3 \xrightarrow[\triangle]{HNO_3} CH_3CH_2COOH + CH_3COOH + CO_2 + H_2O$$

对称的环酮的强氧化具有一定的应用价值，因为其氧化产物单一。例如

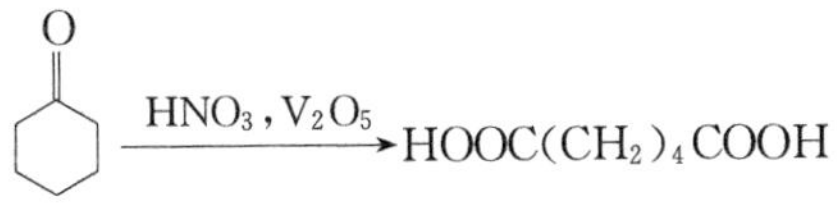

产物己二酸是合成纤维尼龙-66 的重要原料。

虽然酮的强氧化实用意义不大，但在过酸作用下，可以发生弱氧化反应，生成相应的羧酸酯，这个反应称为拜尔-维利格(Baeyer-Villiger)反应。

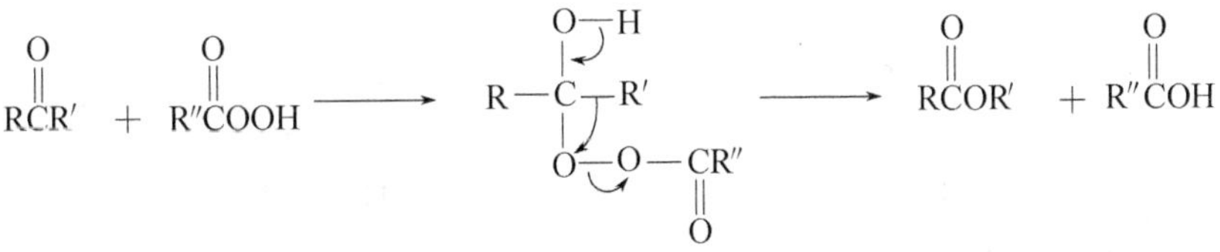

对于不对称酮，羰基两边基团的迁移有一定的选择性，一般来说，给电子性较强的基团优先迁移，顺序为

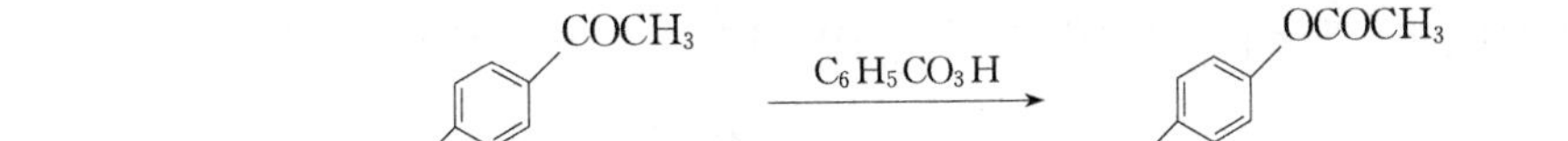

若迁移基团是手性碳，则手性构型保持不变。此反应常用于由环酮合成内酯。例如

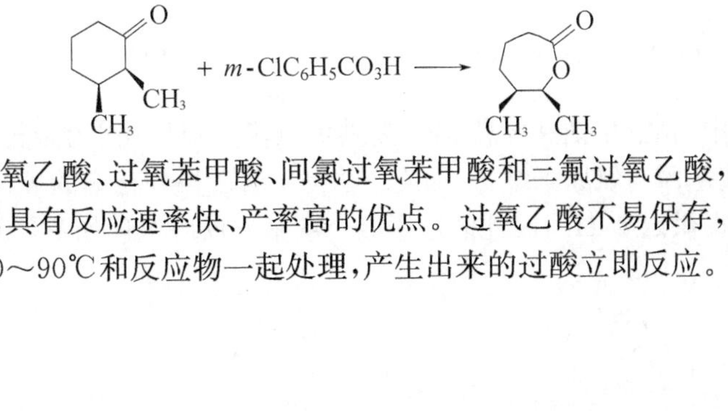

常用的过酸有过氧乙酸、过氧苯甲酸、间氯过氧苯甲酸和三氟过氧乙酸，其中三氟过氧乙酸是最好的氧化剂，具有反应速率快、产率高的优点。过氧乙酸不易保存，一般是用乙酸和 30%过氧化氢在 40～90℃和反应物一起处理，产生出来的过酸立即反应。

问题 10.11 写出下列反应的主要产物。

(1) $CH_3CH{=}CHCH_2CH_2CHO \xrightarrow{Ag(NH_3)_2^{\oplus}\ \overset{\ominus}{O}H}$ (2) $CH_3CH{=}CHCH_2CH_2CHO \xrightarrow[\triangle]{浓\ KMnO_4}$

(3) 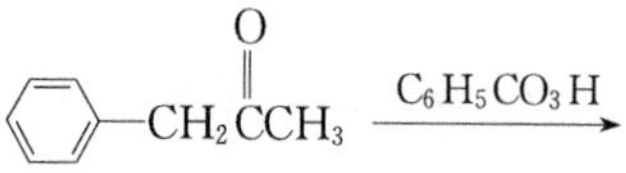

(4) 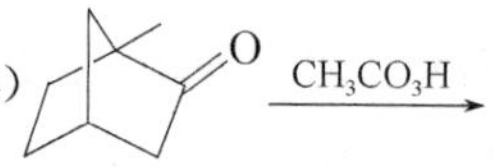

2. 还原反应

醛、酮的羰基在不同条件下可以被还原为羟基或亚甲基。

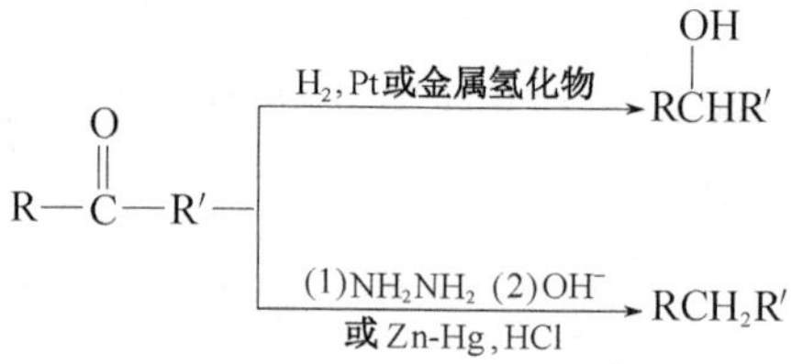

1) 还原为羟基

(1) 催化加氢。催化加氢可将醛、酮还原为相应的伯醇或仲醇，常用的催化剂为铂、钯、镍等。

$$\text{R(R')HC=O} + H_2 \xrightarrow{Pt,Pd\ 或\ Ni} \text{R(R')HC—OH}$$

催化加氢一般没有选择性，若分子中还有其他可被还原的基团，如碳-碳双键、碳-碳叁键等，也将同时被还原。例如

$$CH_3CH{=}CHCHO \xrightarrow[Ni]{H_2} CH_3CH_2CH_2CH_2OH$$

(2) 用金属氢化物还原。最常用的金属氢化物是硼氢化钠($NaBH_4$)和氢化铝锂($LiAlH_4$)，这两种还原剂相比，氢化铝锂的还原性更强，它不仅能还原醛、酮，还能还原羧酸、酯、酰胺、腈等；而硼氢化钠仅能还原醛、酮和酰氯。氢化铝锂在水中分解，在醚中稳定，所以反应一般在醚或四氢呋喃中进行；硼氢化钠则必须在质子性溶剂存在下才能促进反应，一般用醇或水作溶剂。后者仅还原羰基，对碳-碳双键、碳-碳叁键没有影响。

$$CH_3CH{=}CHCH_2CH_2CHO \xrightarrow[(C_2H_5)_2O]{LiAlH_4} \xrightarrow{H_3O^{\oplus}} CH_3CH{=}CHCH_2CH_2CH_2OH$$

$$H_2C{=}CH{-}CH{=}CH{-}CHO \xrightarrow[CH_3CH_2OH]{NaBH_4} \xrightarrow{H_3O^{\oplus}} H_2C{=}CH{-}CH{=}CH{-}CH_2OH$$

这类反应中，硼氢化钠和氢化铝锂提供负氢离子(H^-)作为亲核试剂加到羰基碳原子上，剩余的金属基团与氧原子结合，加成产物经水解后得到相应的醇。由于一分子硼氢化钠或氢化铝锂能提供四个 H^-，因此能还原四个羰基。反应机理如下：

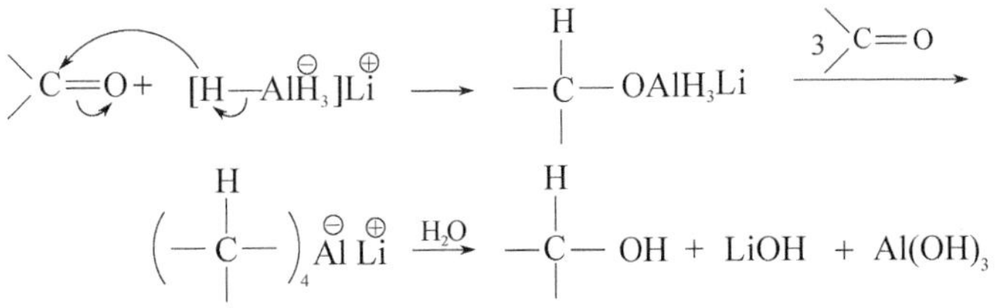

（3）用异丙醇铝还原。异丙醇铝是一个选择性很高的醛、酮还原剂。此反应一般是在苯或甲苯溶液中进行的。异丙醇铝把负氢离子转移给醛或酮，而自身被氧化成丙酮，只要把丙酮不断蒸出，反应就能顺利地向产物方向进行。

该反应称为米尔文-庞道夫(Ponndorf)反应，其逆反应就是前面讨论过的奥盆诺尔反应。

该反应的特点是选择性较强，例如，在生产氯霉素时，只把羰基还原成二级醇，而对硝基、酰胺没有影响。

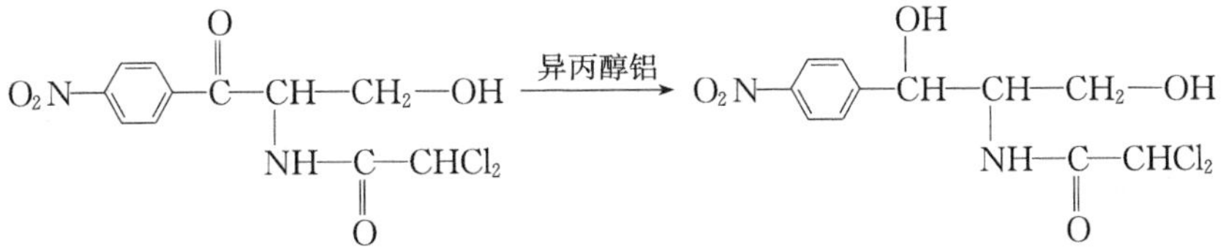

2）还原为亚甲基

（1）克莱门森(Clemmensen)还原。在锌汞齐和浓盐酸作用下，醛、酮分子中的羰基可被还原为亚甲基或甲基。

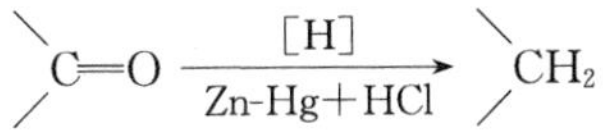

例如

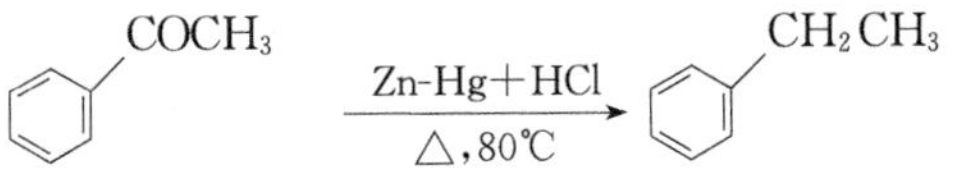

80%

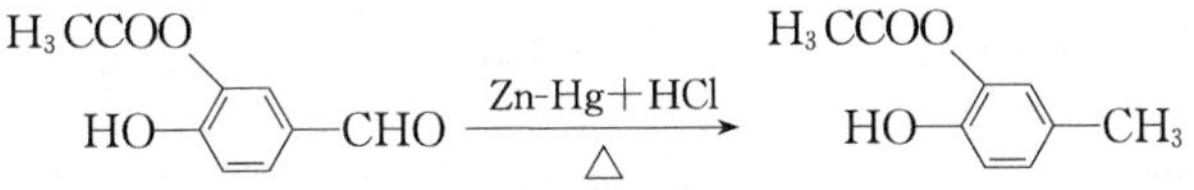

65%

此法对芳香酮结果较好，但不适用于对酸敏感的反应物。

（2）沃尔夫-凯惜纳(Wolff-Kishner)-黄鸣龙法还原。对酸不稳定而对碱稳定的醛、酮可用沃尔夫-凯惜纳-黄鸣龙法还原。沃尔夫-凯惜纳方法是将醛、酮与无水肼作用生成腙，再与乙醇钠或钾在高温(约 200℃)、高压下反应使腙分解，放出 N_2 生成烷烃。

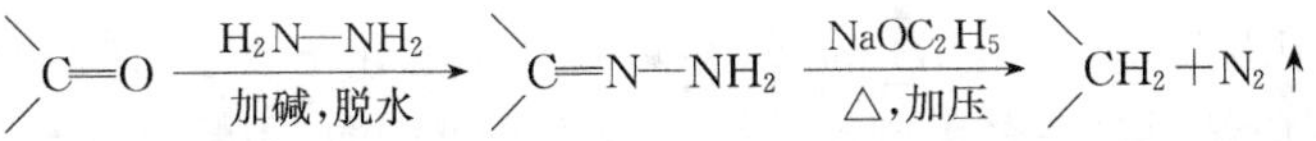

反应要在高压釜中进行。

黄鸣龙的改进在于不用高压釜，而是选用了高沸点的溶剂，如一缩二乙二醇($HOCH_2CH_2OCH_2CH_2OH$，沸点 245℃)，同时用氢氧化钠或氢氧化钾代替了醇钠或醇钾，反应式为

$$RCOR' + NH_2NH_2 \xrightarrow[180℃]{KOH,(HOCH_2CH_2)_2O} RCH_2R'$$

例如

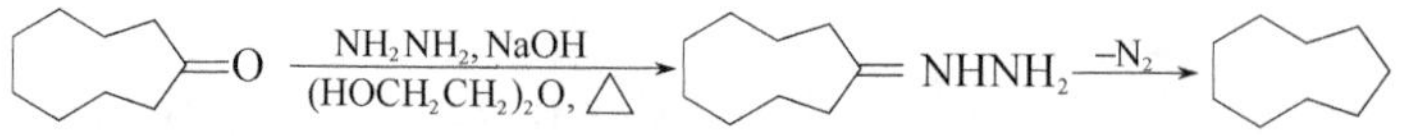

环壬烷(47%)

3）酮的双分子还原

醛与活泼金属(如钠、铝、镁在酸、碱、水、醇等)溶液中发生反应，醛被还原成一级醇，但酮在相同的条件下，发生双分子还原反应，生成邻位二醇。例如，二苯酮用金属钠在液氨中还原生成四苯乙二醇。

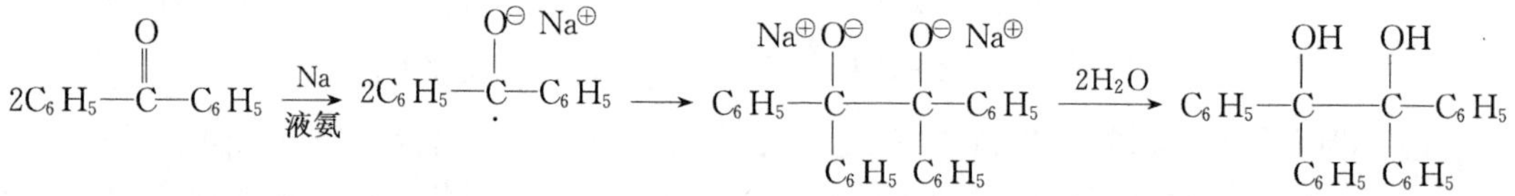

二苯酮　　　　四苯乙二醇钠　　　　四苯乙二醇

丙酮在金属镁的作用下，还原生成频哪醇。例如

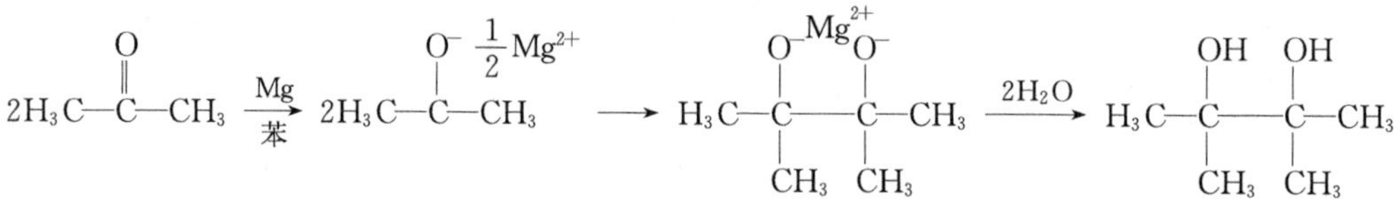

频哪醇

这是一个单电子转移的自由基反应机理。

4）歧化反应

不含 α-氢原子的醛在浓碱作用下，发生自身氧化还原反应，一分子醛被氧化成酸，另一分子的醛被还原成醇，这个反应就称为歧化反应，也称为坎尼扎罗反应。例如

$$2HCHO + NaOH \longrightarrow HCOONa + CH_3OH$$

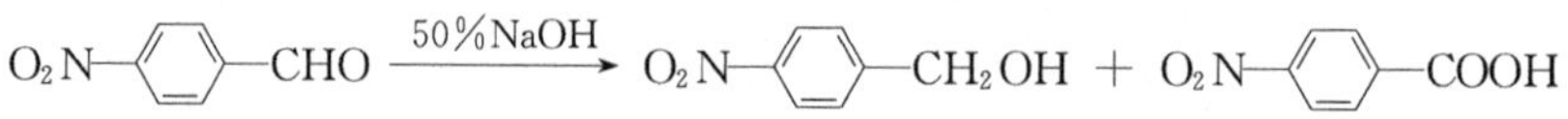

一般甲醛与另一不含 α-H 的醛在强碱中共热，甲醛被氧化，另一种醛被还原。例如

$$ArCHO + HCHO \xrightarrow[\triangle]{NaOH} ArCH_2OH + HCOONa$$

又如，工业制备季戊四醇的反应，首先三分子的甲醛与乙醛在氢氧化钙或氢氧化钠中发生交错羟醛缩合，生成三羟甲基乙醛。

$$3HCHO + CH_3CHO \xrightarrow[55\sim56℃]{Ca(OH)_2} (HOCH_2)_3CCHO$$

三羟甲基乙醛

三羟甲基乙醛与甲醛都是不含 α-H 的醛，在碱的继续催化下，发生歧化反应。由于甲醛的还原性强，因此反应结果是三羟甲基乙醛被还原为季戊四醇，甲醛被氧化为甲酸盐。

$$(HOCH_2)_3CCHO + HCHO \xrightarrow[55\sim56℃]{Ca(OH)_2} C(CH_2OH)_4 + HCOO^{\ominus}$$

季戊四醇

坎尼扎罗反应机理是连续两次的亲核加成，首先是 OH^- 进攻两种醛中位阻较小的羰基，生成中间体(1)，然后该中间体生成负氢离子(H^-)，H^- 再与第二个醛分子进行加成。例如

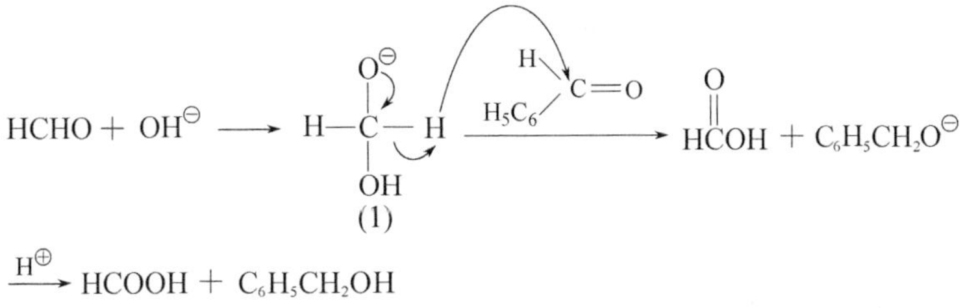

问题 10.12　预测下列反应的主要产物。

(1) $CH_3CH_2CH{=}CHCHO \xrightarrow{LiAlH_4} \xrightarrow{H_2O}$

(2) $CH_3CH{=}CHCH_2CH_2CHO \xrightarrow{Pd,H_2}$

(3) $-COCH_2CH_2COOH \xrightarrow{\text{Zn-Hg，浓 HCl}}$

(4) 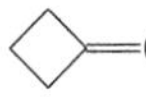$=O \xrightarrow[\text{乙二醇，}\triangle]{H_2NNH_2,H_2O,KOH}$

(5) $CH_3CH{=}CHCH_2\overset{O}{\overset{\|}{C}}CH_3 \xrightarrow{[(CH_3)_2CHO]_3Al}$

(6) $(CH_3CH_2)_3CCHO + HCHO \xrightarrow{OH^{\ominus}}$

---

5) 苯偶姻反应

苯甲醛在氰离子(CN^-)的催化下，发生双分子的缩合反应，生成 α-羟酮(二苯羟乙酮)。二苯羟乙酮又称为安息香，所以该反应称为安息香缩合，也称为苯偶姻反应。

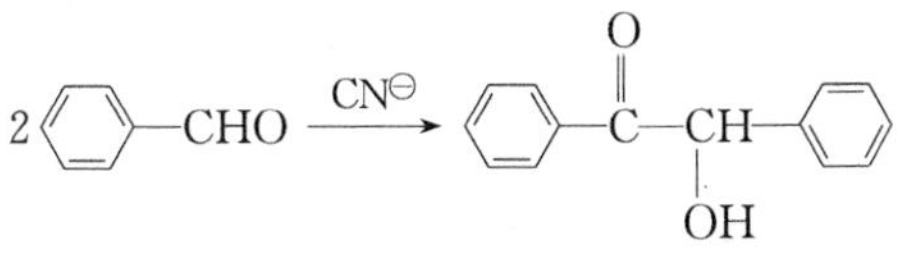

二苯羟乙酮(苯偶姻)

反应机理如下：

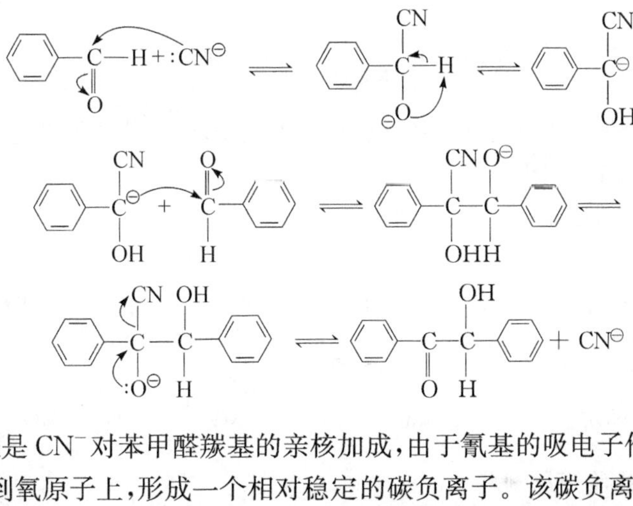

反应中，首先是 CN^- 对苯甲醛羰基的亲核加成，由于氰基的吸电子作用，原来醛基上的氢作为质子转移到氧原子上，形成一个相对稳定的碳负离子。该碳负离子作为亲核试剂再与另一分子的醛发生加成反应，形成一个新的碳-碳键。最后 CN^- 离去，生成苯偶姻。

生物体内也有类似于安息香缩合的反应，但催化剂不是 CN^-，而是维生素 B_1。

10.4 醛、酮的制备

醛、酮是处于醇与羧酸之间的中间产物，制备醛、酮主要的两个方法就是通过羟基的氧化或羧基的还原。此外，不饱和烃的加成或氧化，以及芳香烃的酰化也是制备醛、酮的重要方法。

10.4.1 醇的氧化和脱氢

伯醇和仲醇可用三氧化铬等氧化剂氧化生成醛和酮。例如

$$CH_3(CH_2)_5CH_2OH \xrightarrow[CH_2Cl_2]{C_5H_5NH^+CrO_3Cl^-(PCC)} \underset{93\%}{CH_3(CH_2)_5CHO}$$

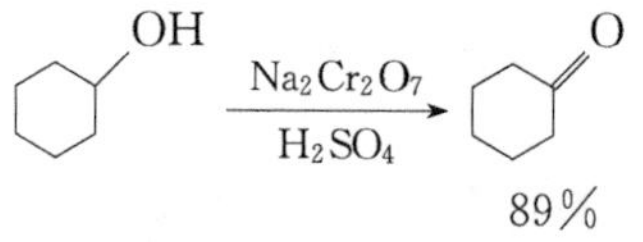

工业上是将伯醇或仲醇的蒸气通过加热的催化剂(铜、银或镍等)，则伯醇脱氢生成醛，仲醇脱氢生成酮。例如

$$CH_3CH_2OH \underset{275\sim300℃}{\overset{Cu}{\rightleftharpoons}} CH_3CHO + H_2\uparrow$$

$$\begin{matrix} H_3C \\ \diagdown \\ & CHOH \\ \diagup \\ H_3C \end{matrix} \underset{300℃}{\overset{Cu}{\rightleftharpoons}} CH_3\underset{\underset{O}{\|}}{C}CH_3 + H_2\uparrow$$

10.4.2 用芳烃氧化

烷基苯在温和氧化剂的氧化下可以转化成芳醛。例如

$$C_6H_5CH_3 \xrightarrow{MnO_2} C_6H_5CHO$$

$$C_6H_5CH_2CH_3 \xrightarrow[MgSO_4,H_2O]{MnO_2} C_6H_5\overset{\overset{O}{\|}}{C}CH_3$$

使用以上氧化剂时，芳环上有硝基、氯、溴等吸电子基时，芳环较稳定；有氨基、羟基等给电子基时，芳环本身易被氧化。

芳醛或芳酮还有偕二卤代物水解制备。例如

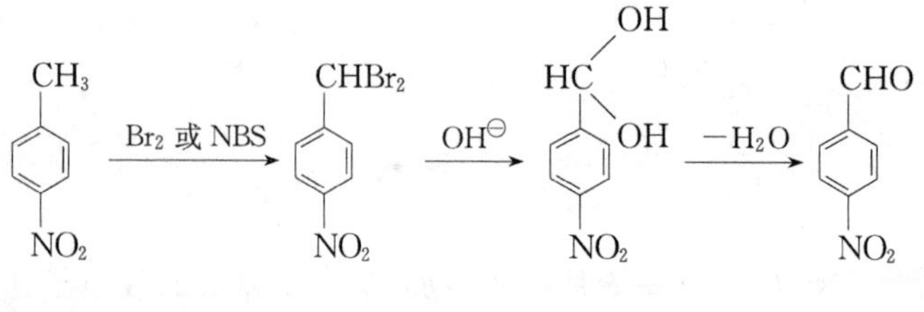

10.4.3 由羧酸衍生物还原到醛

羧酸直接还原很难生成醛，一般直接还原到醇。

$$R-\overset{\overset{O}{\|}}{C}-OH \xrightarrow{LiAlH_4} \left[R-\overset{\overset{O}{\|}}{C}-H \right] \xrightarrow{LiAlH_4} RCH_2OH$$

一般采用羧酸衍生物(如酰氯、酯或腈)来还原制备醛,所用还原剂的活性也要稍弱于$LiAlH_4$,常见的两种还原剂为

$$\overset{\oplus}{Li}\left[H-\underset{OC(CH_3)_3}{\overset{OC(CH_3)_3}{\underset{|}{\overset{|}{Al}}}}-OC(CH_3)_3 \right]^{\ominus} \qquad CH_3\underset{CH_3}{\underset{|}{C}}HCH_2-\underset{H}{\underset{|}{Al}}-CH_2\underset{CH_3}{\underset{|}{C}}HCH_3$$

三特丁醇铝锂　　　　二异丁基铝氢

(缩写为 i-Bu_2AlH 或 DIBAL-H)

还原反应如下:

$$R-\overset{\overset{O}{\|}}{C}-Cl \xrightarrow{LiAlH(t\text{-}BuO)_3,\ -78℃} R-\overset{\overset{O}{\|}}{C}-H$$

酰氯

$$R-\overset{\overset{O}{\|}}{C}-OR' \xrightarrow[(2)H_2O]{(1)DIBAL\text{-}H,己烷,-78℃} R-\overset{\overset{O}{\|}}{C}-H$$

酯

$$R-C\equiv N \xrightarrow[(2)H_2O]{(1)DIBAL\text{-}H,己烷} R-\overset{\overset{O}{\|}}{C}-H$$

腈

例如

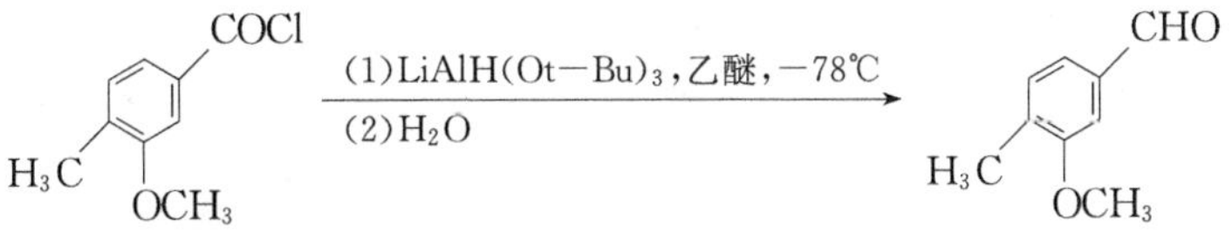

4-甲基-3-甲氧基苯甲酰氯　　　　4-甲基-3-甲氧基苯甲醛

$$CH_3(CH_2)_{10}\overset{\overset{O}{\|}}{C}OC_2H_5 \xrightarrow[(2)H_2O]{(1)DIBAL\text{-}H,己烷,-78℃} CH_3(CH_2)_{10}\underset{OEt}{\underset{|}{\overset{OAl(i\text{-}Bu)_2}{\overset{|}{C}H}}} \xrightarrow{H_2O} CH_3(CH_2)_{10}\overset{\overset{O}{\|}}{C}H$$

十二碳酸乙酯　　　　碳十二醛

$$CH_3CH=CHCH_2CH_2CH_2C\equiv N \xrightarrow[己烷]{(i\text{-}Bu)_2AlH} CH_3CH=CHCH_2CH_2CH_2\overset{\overset{NAl(i\text{-}Bu)_2}{\|}}{C}-H$$

5-庚烯腈

$$\xrightarrow{H_2O} CH_3CH=CHCH_2CH_2CH_2\overset{\overset{O}{\|}}{C}-H$$

5-庚烯醛

罗森蒙德(Rosenmund)还原法也是一种将酰氯还原为醛的较为有效的方法,它是在钯催化剂中加入少量的硫-喹啉,使催化剂部分中毒,降低其还原活性,反应应在尽可能低的温度下进行,以避免进一步被还原。例如

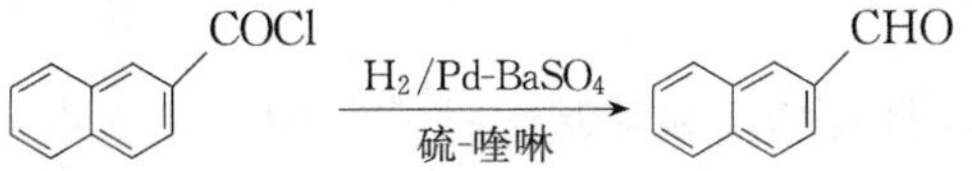

β-萘甲酰氯　　　　β-萘甲醛(74%~81%)

10.4.4 芳烃酰化

芳烃的酰基化反应是制备芳香族醛、酮常用的一个方法。例如

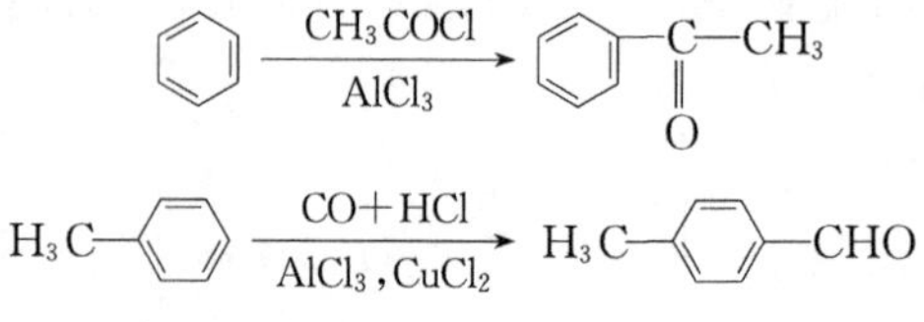

伽特曼-科克(Gattermann-Koch)反应

有关此类合成反应在第 5 章已经介绍,在此不再详述。

10.4.5 由不饱和烃制备

1. 由烯烃制备

第 3 章已经学习了烯烃臭氧化制备醛、酮的方法。

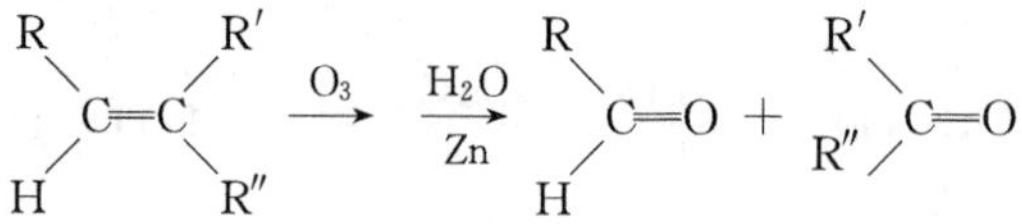

工业上还在高压和钴的催化作用下,烯烃与氢及一氧化碳作用,在双键处加入一个醛基,称为羰基合成。

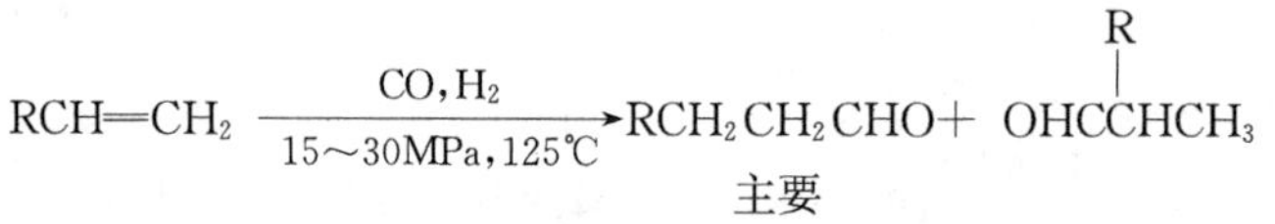

2. 炔烃水合法

炔烃加水制备醛、酮是很有价值的方法。乙炔水合制备乙醛,丙炔加水制备丙酮,在工业上已得到应用。

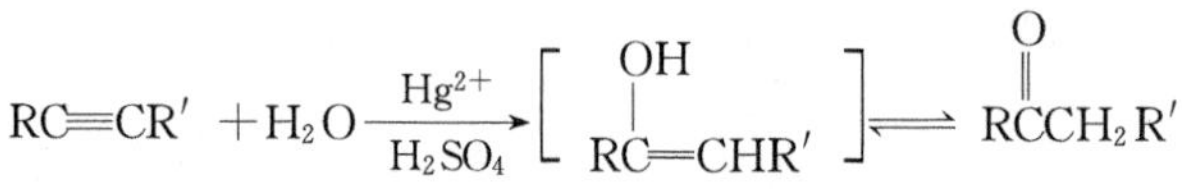

问题 10.13 由苯或甲苯为原料合成下列产物。

(1) 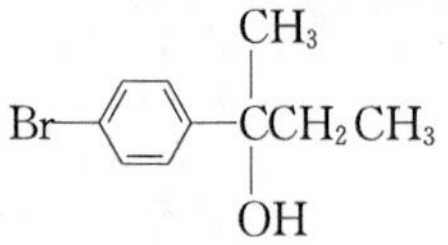　(2) 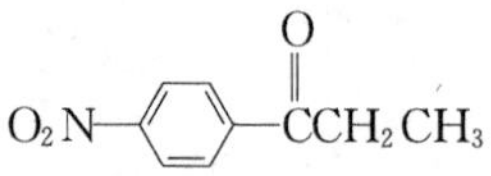

(3) 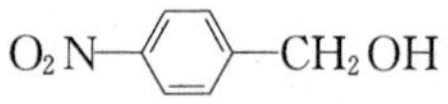　(4) $OHC(CH_2)_4CHO$

10.5 α,β-不饱和醛、酮

α,β-不饱和醛、酮不仅具有烯键和羰基两种官能团的化学性质,而且由于碳-碳双键与碳-氧双键之间是共轭的,它还具有一些独特的性质。

1. 亲电加成反应

亲电试剂(如卤素、次卤酸等)与 α,β-不饱和醛、酮不发生共轭加成,只对碳-碳双键加成。例如

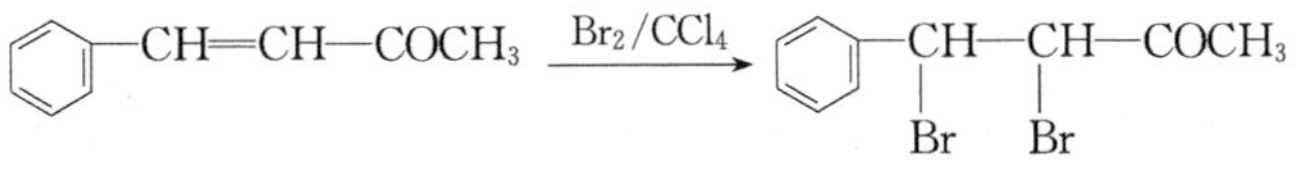

但不对称的亲电试剂(如 HCl)与 α,β-不饱和醛、酮加成时,则发生共轭加成。例如

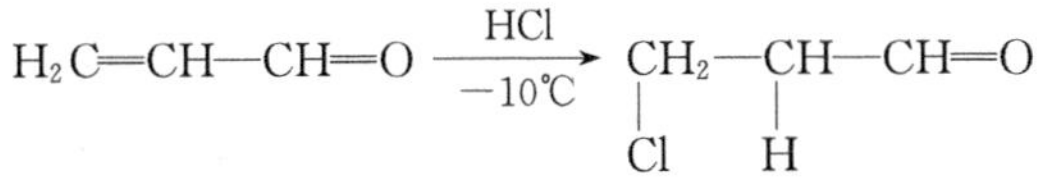

反应机理如下:

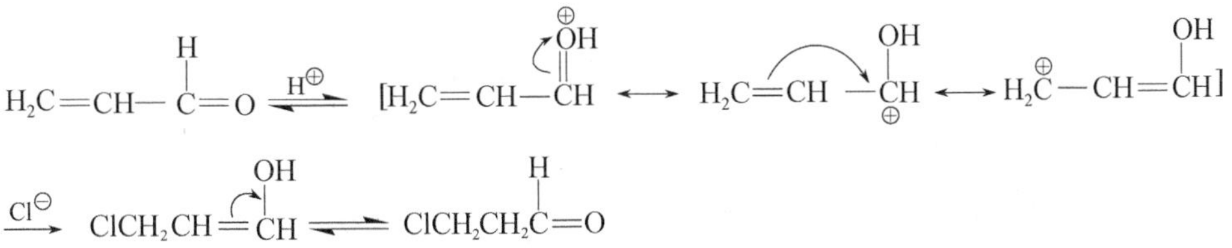

2. 亲核加成反应

任何能与羰基化合物发生亲核加成的试剂,均可与 α,β-不饱和醛、酮加成。在此既可以发生对羰基的简单加成,也可能发生共轭加成。

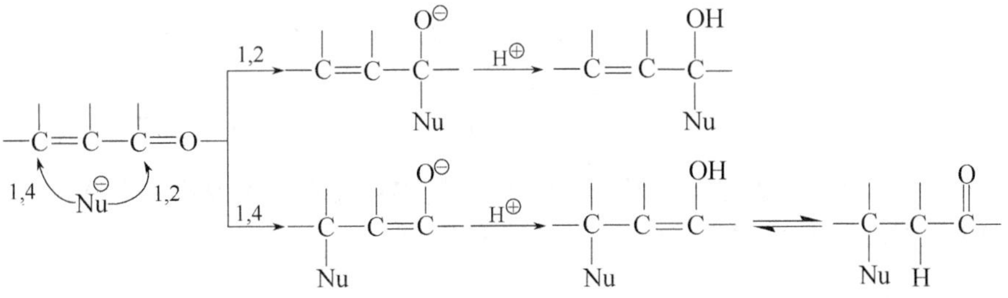

α,β-不饱和醛、酮与强碱性亲核试剂作用时,通常以 1,2-加成为主。例如

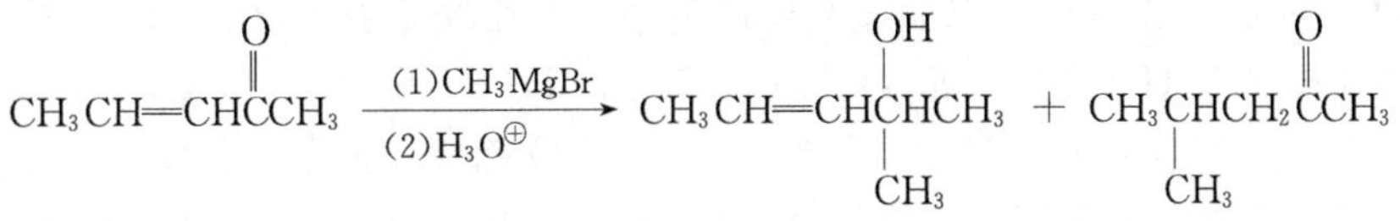

1,2-加成(72%)　　　　1,4-加成(20%)

α,β-不饱和醛、酮与弱碱性亲核试剂(如氢氰酸)加成,一般得到 1,4-加成产物。例如

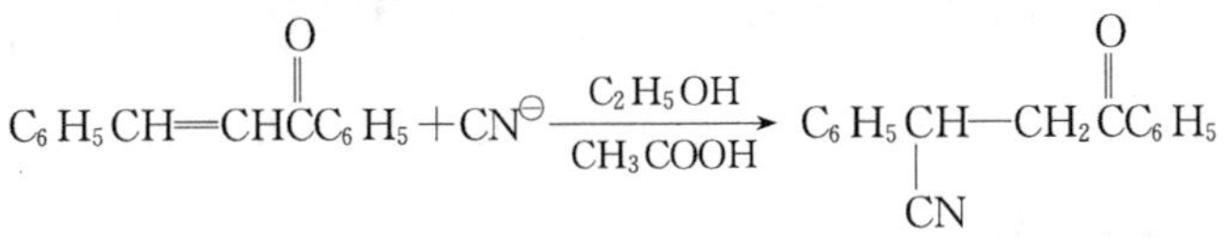

1,4-加成(95%)

另一个例子是伯胺对 α,β-不饱和醛、酮的加成,一般也是以 1,4-加成为主。

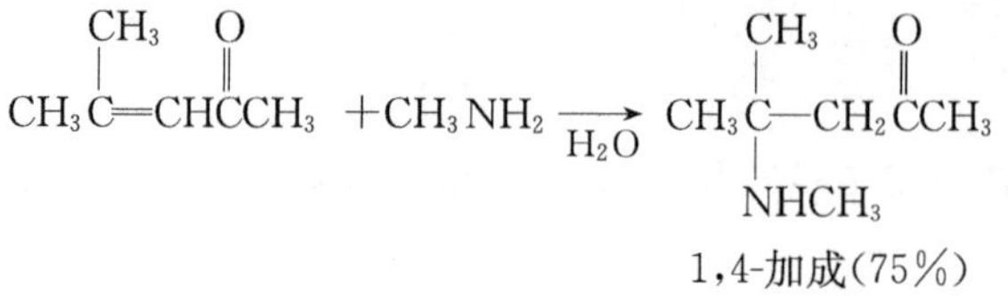

一个共轭体系究竟是发生1,2-加成还是1,4-加成,不仅与进攻试剂的亲核性强弱有关,而且与羰基两旁的基团大小以及进攻试剂的大小有关,即空间位阻对两种加成的选择性也有一定的作用。例如,3-苯基丙烯醛与格氏试剂加成时,由于醛基较小,因此发生1,2-加成。

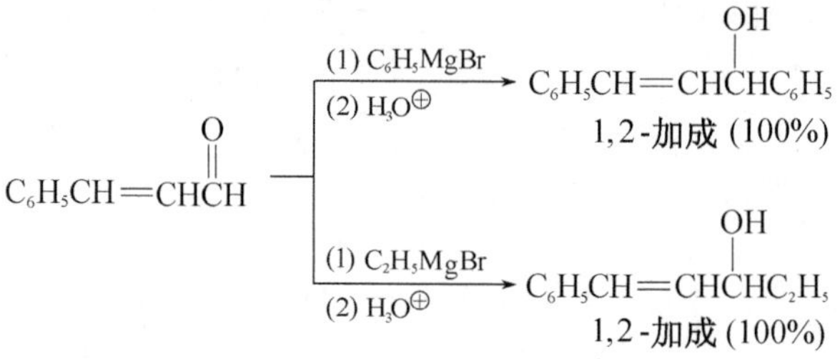

但用酮与上述试剂作用,结果如下:

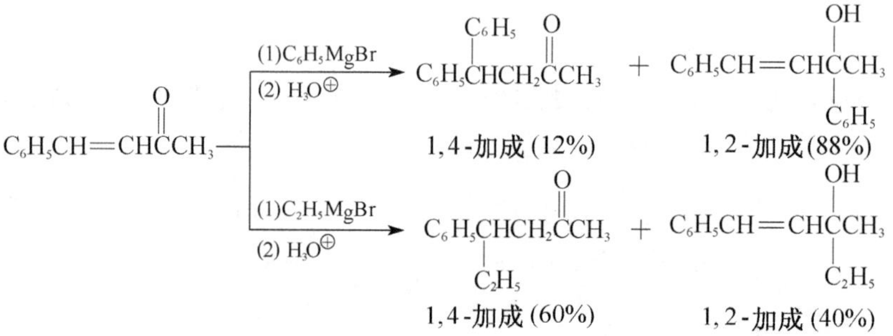

由于进攻试剂 C_6H_5 的位阻比 C_2H_5 大,应尽量避免在有大的基团的位置上反应,因此对于 C_6H_5MgBr,1,2-加成是主产物,而 C_2H_5MgBr 则1,4-加成是主产物。

3. 插烯规律

羰基对α-H的活化作用可以通过共轭链传递。在乙醛分子中,在 CH_3 和CHO之间插入一个或若干个 —CH═CH— 成为 $H_3C\text{-}(CH{=}CH)_n\text{-}CHO$,$CH_3$ 与CHO间的相互影响仍然存在,甲基上的氢原子仍具有活泼性,这一规律就称为"插烯规律"(vinylogy)。例如,2-丁烯醛分子中甲基上的氢原子的性质与乙醛分子中相似,仍具有活泼性,在碱的作用下可以发生羟醛缩合。

$$CH_3CH{=}CHCHO + CH_3CH{=}CHCHO \xrightarrow{OH^{\ominus}} \xrightarrow[\triangle]{H_2O} CH_3CH{=}CHCH{=}CHCH{=}CHCHO$$

问题10.14 写出下列反应产物。

(3) $(CH_3)_2C{=}CH\underset{\underset{O}{\|}}{C}CH_3 \xrightarrow{CH_3NH_2}$　　　(4) $CH_3CH{=}CHCOOC_2H_5 \xrightarrow{HCN}$

习　题

1. 写出丙酮与下列试剂反应的主要产物。

(1) HCN　　(2) $NaHSO_3$

(3) $NaBH_4$,然后 NaOH 水解　　(4) 稀 NaOH,加热

(5) $2C_2H_5OH$,干 HCl　　(6) $CH_3CH{=}PPh_3$

(7) Br_2,CH_3COOH　　(8) $Ag^{\oplus}(NH_3)_2OH^{\ominus}$

(9) H_2NOH　　(10) 2,4-二硝基苯肼

(11) $HSCH_2CH_2SH$,干 HCl　　(12) C_2H_5MgBr,然后加 H_2O

2. 选择合适的氧化剂或还原剂完成下列转变。

(1) 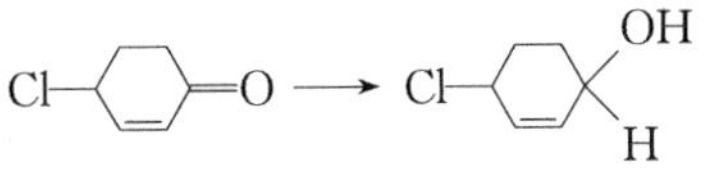

(2) 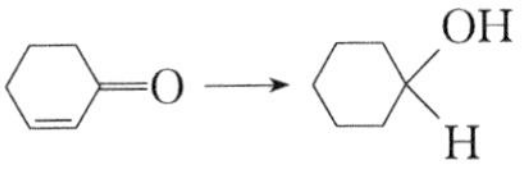

(3) 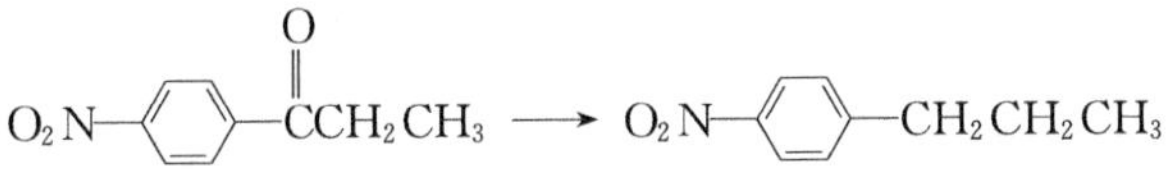

(4) 

3. 完成下列反应。

(1) $C_6H_5COCHO \xrightarrow{HCN}$

(2) $C_6H_5CHO + CH_3CH_2CH_2CHO \xrightarrow{稀\ OH^{\ominus}} \xrightarrow{\triangle}$

(3) $(CH_3)_3CCHO \xrightarrow{NaOH}$

(4) 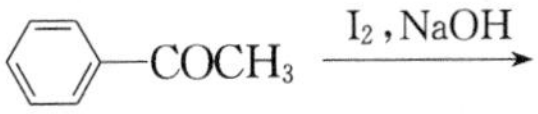

(5) $CH_3CH_2\overset{\overset{O}{\|}}{C}CH_2\overset{\overset{O}{\|}}{C}Cl \xrightarrow{(CH_3)_2CuLi}$

(6) $(CH_3)_2CH\overset{\overset{O}{\|}}{C}CH_3 \xrightarrow{F_3CCOOH + H_2O_2}$

(7) 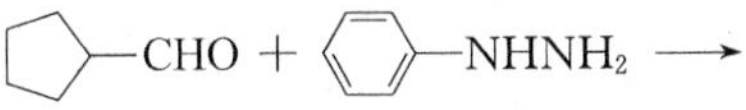

(8) 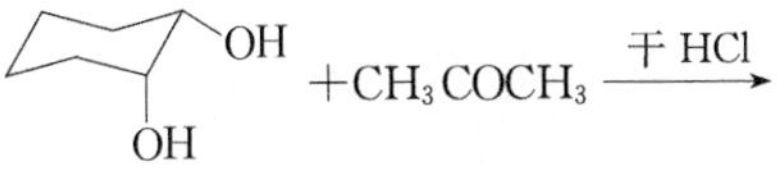

4. 下列合成方法都是不正确的,指出错在哪里。

(1) 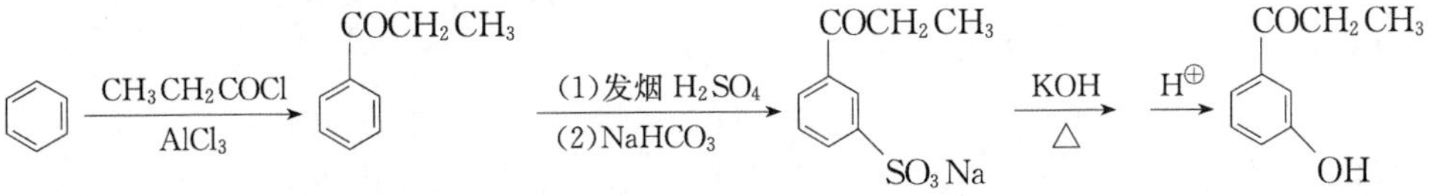

(2) 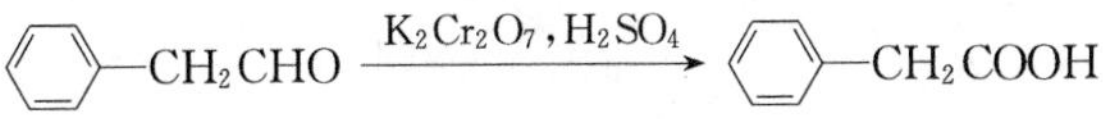

(3) $BrCH_2CH_2OH \xrightarrow[\triangle]{CH_3ONa} CH_3OCH_2CH_2OH \xrightarrow{K_2Cr_2O_7} CH_3OCH_2COOH$

(4) $BrCH_2CH_2CH_2CHO \xrightarrow[\triangle]{NaOH} HOCH_2CH_2CH_2CHO \xrightarrow{KMnO_4} OHCCH_2CH_2CH_2CHO$

5. 对下列各组化合物按指定性质，比较其强弱程度。

(1) 沸点：正丁醇、丁酮、乙醚、正戊烷

(2) 水溶性：丙酮、丁酮、2-戊酮

(3) 亲核加成活泼性：CH_3COCH_3、$CH_3COC_2H_5$、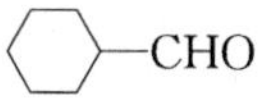、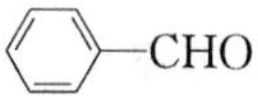

(4) α-H 的活泼性：CH_3COCH_3、CH_3CHO、$OHCCH_2CHO$、

6. 用化学方法鉴别下列化合物。

(1) 丙醛、丙酮、丙醇、异丙醇　　(2) 戊醛、2-戊酮、3-戊酮、环戊酮

7. 在碱溶液中丁酮溴代主要生成 1-溴-2-丁酮，而在酸性溶液中主要生成 3-溴-2-丁酮，解释这种现象并写出反应机理。

8. 写出下列反应机理。

(1) $HOCH_2CH_2CH_2CHO \xrightarrow{干\ HCl} \xrightarrow[CH_3OH]{干\ HCl}$

(2) 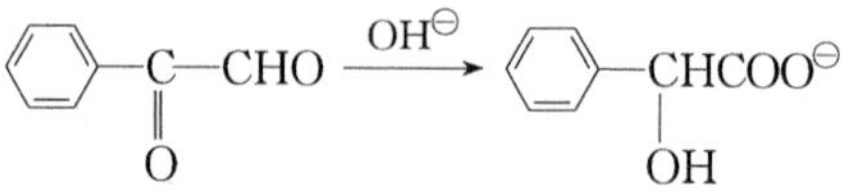

(3) 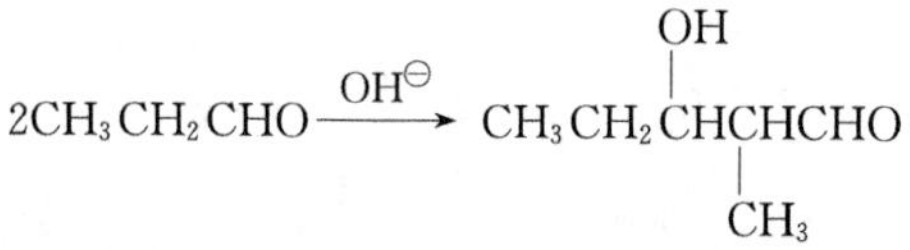

9. 指出下列化合物是由哪些醛、酮转变而来的，写出相应的反应式。

(1) 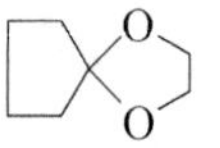　(2) 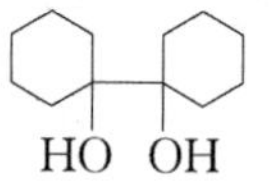

(3) 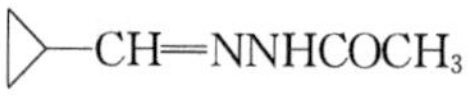　(4) 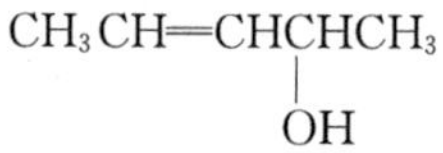

(5) 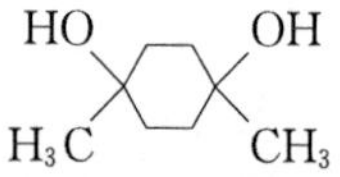　(6) 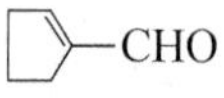

10. 从指定原料合成产物。

(1) 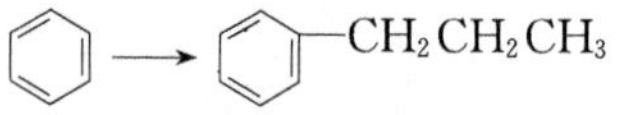　(2) 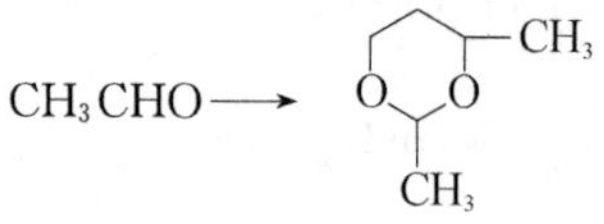

(3) 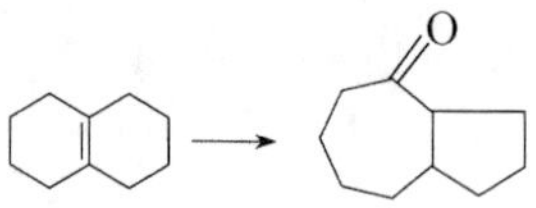　(4) 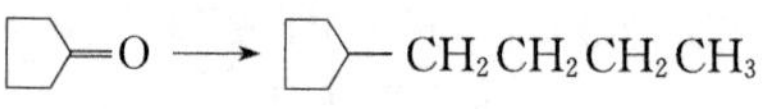

(5) 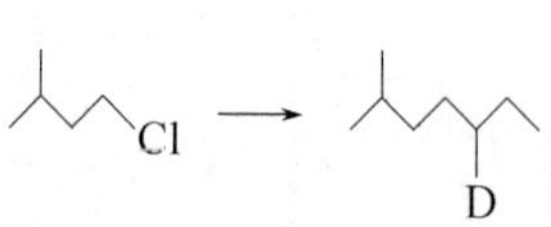　(6) 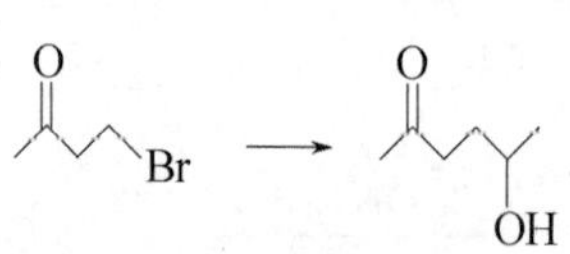

(7) $CH_3\overset{O}{\overset{\|}{C}}CH_3 \longrightarrow (CH_3)_3CCO_2H$

(8) 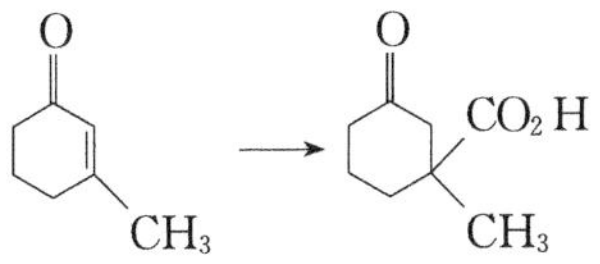

(9) 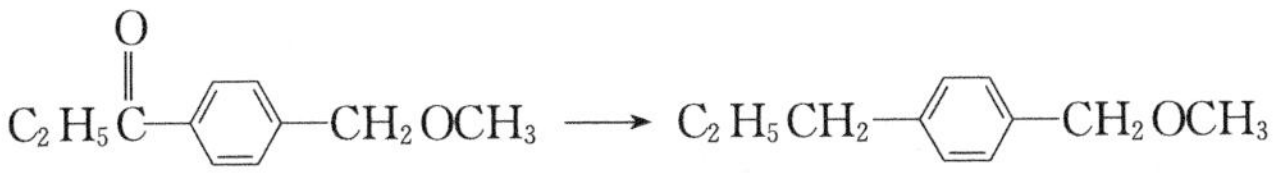

(10) 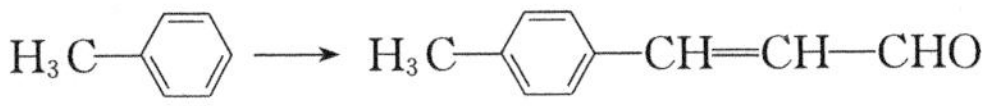

11. 化合物 A、B、C，分子式均为 C_4H_8O；A、B 可以和氨基脲反应生成沉淀而 C 不能；B 可以与费林试剂作用而 A、C 不能；A、C 能发生卤仿反应而 B 不能。写出 A～C 的结构式。

12. 化合物 A 分子式为 $C_6H_{12}O$，可与 2，4-二硝基苯肼反应，但与 $NaHSO_3$ 不产生加成物，A 催化加氢得 B，分子式为 $C_6H_{14}O$，B 与浓 H_2SO_4 加热得 C，分子式为 C_6H_{12}，C 与 O_3 反应后用 $Zn+H_2O$ 处理，得到两个化合物 D 和 E，分子式均为 C_3H_6O，D 可使 $H_2Cr_2O_7$ 变绿，而 E 不能。请写出 A～E 的构造式及反应式。

13. 化合物 A 的分子式为 $C_6H_{12}O_3$，在 $1710cm^{-1}$处有强吸收峰。A 和 I_2/NaOH 溶液作用得到黄色沉淀，与土伦试剂作用无银镜产生。但若 A 用稀 H_2SO_4 处理后，所生成的化合物与土伦试剂作用有银镜作用。A 的^1H NMR 数据如下：(1)δ=2.1ppm(3H)单峰；(2)δ=2.6ppm(2H)双峰；(3)δ=3.2ppm(6H)单峰；(4)δ=4.6ppm(1H)三重峰。写出 A 的结构式及相关反应式。

14. 甲基环己基酮在三氯甲烷中用过氧苯甲酸在 25℃处理 16h，从反应混合物中得到化合物 A，A 的部分光谱数据如下：IR，$1740cm^{-1}$、$1250cm^{-1}$有吸收；^1H NMR，δ 2.0ppm(s，3H)、4.0ppm(m，1H)；MS，m/z M^+ 142，最强峰 43。写出 A 的结构式并阐明分析过程。

第 11 章　羧酸及其衍生物

分子中含有羧基(—COOH)的有机化合物称为羧酸。羧酸可以看作烃分子的氢原子被取代的产物。羧基中的羟基被其他原子或原子团取代后形成的化合物称为羧酸衍生物。在自然界,羧酸常以游离态、羧酸盐或其衍生物的形式广泛存在于动植物中。许多羧酸及其衍生物是生命活动的重要物质,有些是重要的药物、香料和日用化学品等,同时它们也是重要的有机合成原料及中间体。

11.1　羧　　酸

11.1.1　羧酸的结构、分类和命名

1. 羧酸的分类和命名

羧酸根据与羧基相连的烃基的种类不同,可分为脂肪酸和芳香酸;根据烃基的饱和程度不同,可分为饱和酸和不饱和酸;根据羧酸分子中羧基的数目不同,又可分为一元羧酸和多元羧酸。

许多羧酸是根据其来源,按照拉丁文或希腊文衍生出自己的“俗名”的。例如,甲酸最初是由干馏蚂蚁得到的,称为蚁酸;乙酸是从食用醋中得到的,称为醋酸。许多羧酸的俗名在实际生活和工作中用得很普遍,如硬脂酸、油酸、富马酸、马来酸、肉桂酸、巴豆酸等。所以有必要熟悉它们的俗名。然而更多的时候,人们仍然采用系统命名法。

羧酸的系统命名法与醛相同。选择含有羧基的最长的碳链为主链,从羧基碳原子开始编号,用阿拉伯数字或希腊字母表示取代基的位次,根据主链碳原子的数目称为某酸。

$$\underset{\omega}{CH_3}—\overset{5}{\underset{\delta}{CH_2}}—\overset{4}{\underset{\gamma}{CH_2}}—\overset{3}{\underset{\beta}{CH_2}}—\overset{2}{\underset{\alpha}{CH_2}}—\overset{1}{COOH}$$

例如

$CH_3CH_2CH_2COOH$

丁酸(酪酸)

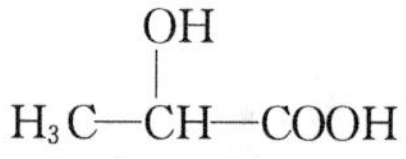

2-羟基丙酸或 α-羟基丙酸(乳酸)

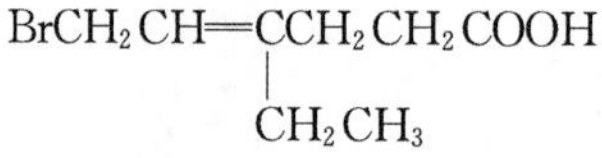

4-乙基-6-溴-4-己烯酸

$Cl(CH_2)_8COOH$

9-氯壬酸

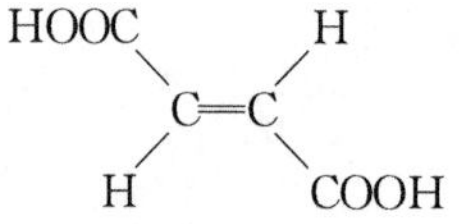

反-丁烯二酸(富马酸)

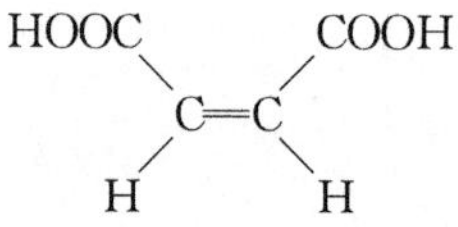

顺-丁烯二酸(马来酸)

命名含脂环和芳环的羧酸时,一般把碳环作为取代基,脂肪酸作为母体。例如

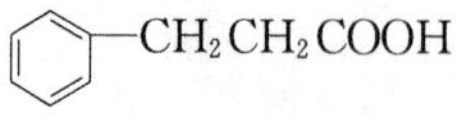

3-苯基丙酸

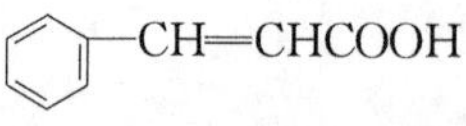

3-苯基-2-丙烯酸(肉桂酸)

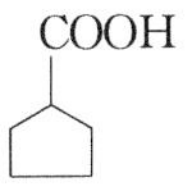

环戊基甲酸

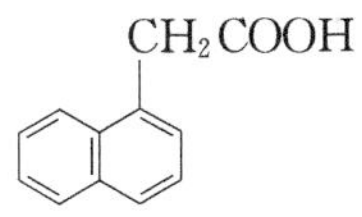

1-萘乙酸(α-萘乙酸)

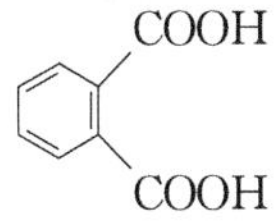

邻苯二甲酸

羟酸分子中去掉羟基后的基团 R—C(=O)— 称为酰基(acyl group),根据相应的羧酸来命名酰基,如H—C(=O)—甲酰基、H_3C—C(=O)—乙酰基、C_6H_5—C(=O)—苯甲酰基。

2. 羧酸的结构

羧基是羧酸的官能团。羧基中的碳原子是 sp^2 杂化,这三个 sp^2 杂化轨道分别与两个氧原子和一个烃基碳原子(或氢原子)形成 σ 键,键角大约为 120°。羧基碳原子上剩下的一个 p 轨道与氧原子上的 p 轨道侧面重叠,形成碳-氧 π 键。同时羟基氧原子上具有未共用电子对的 p 轨道又与碳-氧双键重叠,形成 p-π 共轭(图 11.1)。

图 11.1 羧基的结构

p-π 共轭使得羟基氧原子上的电子云向羰基移动,结果使羰基碳原子上的电正性削弱,不利于亲核试剂的进攻(与醛、酮相比);同时使得羟基氧原子上的电子云密度降低,使氢原子易于解离。

11.1.2 羧酸的物理性质

常温下,甲酸、乙酸和丙酸是具有刺激性酸味的液体,丁酸至壬酸是具有不愉快气味的油状液体,C_{10}以上的一元羧酸为无味的蜡状固体。二元羧酸和芳香族羧酸为结晶固体。

羧酸是强极性物质,能形成比醇分子间更强的氢键,因此羧酸的沸点高于同相对分子质量的醇。例如,甲酸的沸点是 100.5℃,而相同相对分子质量的乙醇的沸点只有 78.5℃。乙酸与丙醇的相对分子质量都是 60,乙酸的沸点是 118℃,正丙醇的沸点是 97.4℃。实验测得低级羧酸即使在蒸气状态时仍以二聚体的形式存在。

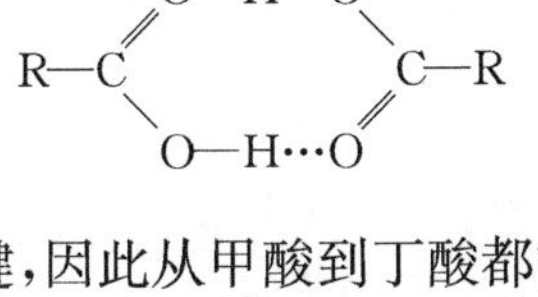

羧酸与水分子间也能形成氢键,因此从甲酸到丁酸都能与水互溶,随相对分子质量增加在水中的溶解度逐渐减小。C_{10}以上的一元羧酸不溶于水。一元脂肪酸能溶于乙醇、乙醚、苯等有机溶剂。多元酸的水溶性大于相同碳原子的一元酸。

羧酸的熔点随碳原子数的增加呈锯齿状上升,含偶数碳原子的直链饱和一元羧酸的熔点高于它前后相邻的两个奇数碳原子羧酸的熔点，如图 11.2 所示。这是由于偶数碳原子羧酸的对称性较高，在晶格中排列更紧密(类似于烷烃)。

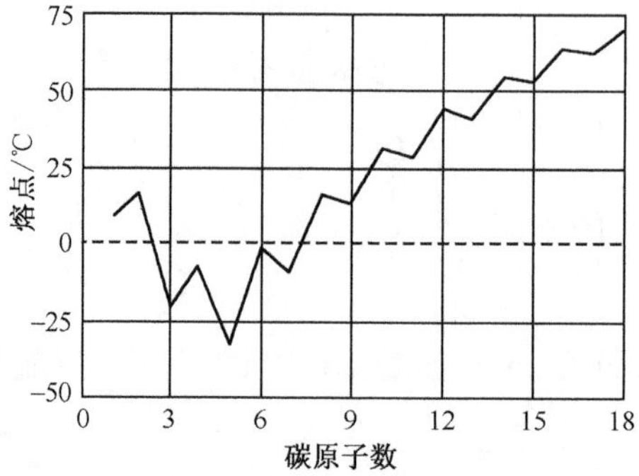

图 11.2　直链饱和一元羧酸的熔点

常见羧酸的物理性质列于表 11.1。

表 11.1　常见羧酸的物理性质

名称	结构式	熔点/℃	沸点/℃	溶解度 /[g·(100g 水)$^{-1}$]	pK_a
甲酸 (蚁酸) formic acid	HCOOH	8.4	100.7	∞	3.76
乙酸 (醋酸) acetic acid	CH_3COOH	7.0	118	∞	4.75
丙酸(初油酸) propionic acid	CH_3CH_2COOH	−20.8	141	∞	4.87
丁酸(酪酸) butyric acid	$CH_3CH_2CH_2COOH$	−4.6	163	∞	4.81
戊酸(缬草酸) pentanoic acid	$CH_3(CH_2)_3COOH$	−33.8	186	3.7	4.85
己酸 hexanoic acid	$CH_3(CH_2)_4COOH$	−2.0	205	0.96	4.83
十六酸(软脂酸) palmitic acig	$CH_3(CH_2)_{14}COOH$	62.9	269/ 0.01MPa	不溶	
十八酸(硬脂酸) stearic acid	$CH_3(CH_2)_{16}COOH$	69.9	287/ 0.01MPa	不溶	
乙二酸(草酸) oxalic acid	HOOCCOOH	189		8.6	1.27 4.27
丙二酸(缩苹果酸) malonic acid	$HOOCCH_2COOH$	136		73.5	2.85 5.70
丁二酸(琥珀酸) succinic acid	$HOOCCH_2CH_2COOH$	185		5.8	4.21 5.64
顺丁烯二酸(马来酸) maleic acid	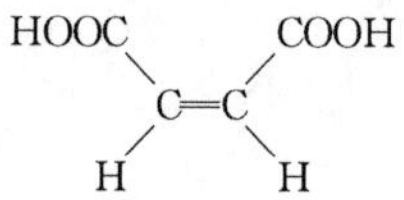	131		79	1.90 6.50
反丁烯二酸(富马酸) fumaric acid	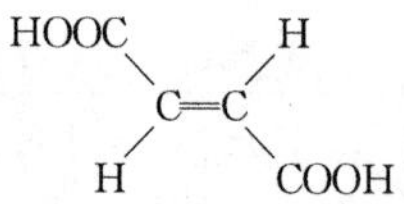	302		0.7	3.00 4.20
苯甲酸 benzoic acid	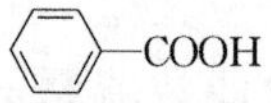	122	249	0.34	4.19

问题 11.1　命名下列化合物。

(1) 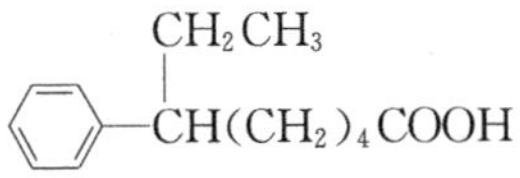

(2) 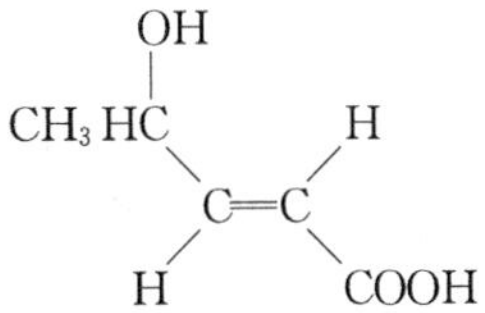

(3) $HO\overset{O}{\overset{\|}{C}}CH_2CHCH_2CH_2\overset{O}{\overset{\|}{C}}OH$

(4) $HC\equiv CCH_2COOH$

(5) 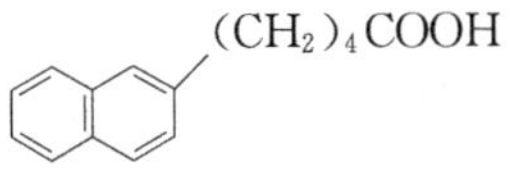

(6) $CH_3\overset{O}{\overset{\|}{C}}CH_2CH_2CH_2\overset{O}{\overset{\|}{C}}OH$

问题 11.2　写出下列化合物的结构式。

(1) (*S*)-2-羟基丁酸　　(2) 1-甲基环己基甲酸

(3) 3-苯基-2-羟基苯甲酸　　(4) 2-己烯-4-炔-1,6-二酸

11.1.3　羧酸的化学性质

羧酸的反应按照在其分子中发生反应的部位不同,可以分为以下四类。

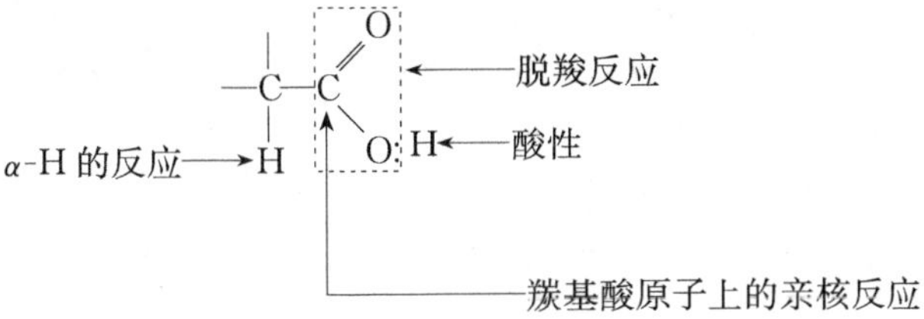

1. 酸性

在羧酸分子中,由于羟基与羰基的 p-π 共轭效应,羧酸分子中羟基上的氢易于离解,表现出酸性。

$$RCOOH + H_2O \rightleftharpoons RCOO^{\ominus} + H_3O^{\oplus}$$

解离后的羧基氧原子上带有一个负电荷,更易提供一对电子与羰基 π 电子共轭,形成一个具有四电子三中心的 π 键。X 衍射及电子衍射表明,羧酸根负离子的两个 C—O 键是完全等同的,键长为 126pm 左右。

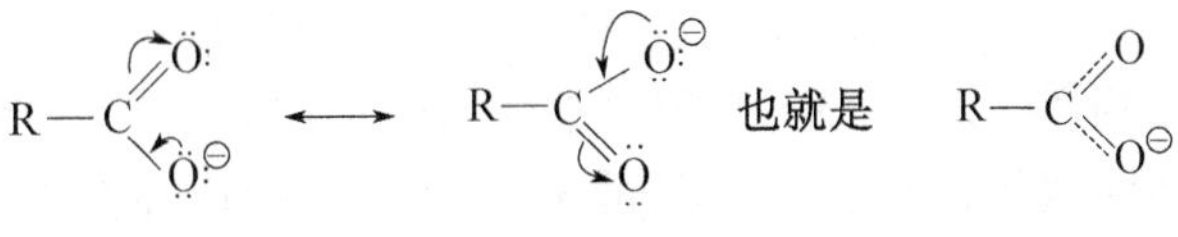

由于电荷分散在共轭体系中,羧酸根负离子与相应的烷氧负离子相比更加稳定,易于形成,因此羧酸的酸性要比醇强得多。

羧酸可与金属氧化物、氢氧化物作用生成盐。

$$RCOOH + NaOH \longrightarrow RCOONa + H_2O$$

$$2RCOOH + MgO \longrightarrow (RCOO)_2Mg + H_2O$$

羧酸的酸性比碳酸强,可与碳酸钠或碳酸氢钠作用生成羧酸钠。

$$2ROOH + Na_2CO_3 \longrightarrow 2RCOONa + CO_2 + H_2O$$

$$RCOOH + NaHCO_3 \longrightarrow RCOONa + CO_2 + H_2O$$

而酚不溶于碳酸氢钠溶液，因而可以利用该反应区别、分离羧酸和酚。

羧酸的酸性一般比无机弱，当向羧酸盐中加入无机酸后，羧酸又可游离出来。

$$RCOONa + HCl \longrightarrow RCOOH + NaCl$$

羧酸的钠盐和钾盐都溶于水，不溶于非极性溶剂(一般少于10个碳原子的一元羧酸的钠盐和钾盐能溶于水，而10～18个碳原子的钠盐和钾盐则在水中成胶体溶液)。利用这个特性可使羧酸与其他不溶于水的中性有机物分离。制药工业中常将含有羧基的药物转变成盐，增加其水溶性。例如，青霉素G分子中含有羧基，一般将它制成相应的钠盐或钾盐供临床注射。

羧酸的酸性强弱受整个分子结构的影响，主要是诱导效应和共轭效应这两个因素的作用。

1) 诱导效应

凡是具有−I效应的基团，即能使羧基电子云密度降低的基团，如卤素、硝基、羟基、碳-碳双键、碳-碳叁键等，取代了羧基邻近碳上的氢原子后，都会使羧酸的酸性增强。

(1) 取代基团的电负性越强，吸电子性越强，取代酸的酸性就越强。例如

	ICH_2COOH	<	$BrCH_2COOH$	<	$ClCH_2COOH$	<	FCH_2COOH
pK_a	3.16		2.90		2.87		2.67

取代基杂化状态不同，电负性大小也随之变化，一般s成分越多，电负性越大。例如

	$CH_3CH_2CH_2COOH$	<	$H_2C{=}CHCH_2COOH$	<	$HC{\equiv}CCH_2COOH$
pK_a	4.82		4.35		3.32

(2) 取代基的诱导效应随距离的增加作用迅速下降。例如

	$CH_2(OH)CH_2CH_2COOH$	<	$CH_3CH(OH)CH_2COOH$	<	$CH_3CH_2CH(OH)COOH$
pK_a	4.70		4.50		3.86

(3) 烷基具有斥电子的诱导效应，同时又有给电子的超共轭效应，因此羧酸的α-C上的氢被烷基逐一取代后，酸性减弱。例如

	$HCOOH$	>	CH_3COOH	>	CH_3CH_2COOH	>	$(CH_3)_2CHCOOH$	>	$(CH_3)_3CCOOH$
pK_a	3.77		4.74		4.88		4.96		5.05

各种取代基的诱导效应的强弱可以通过测定取代酸的离解常数得到，各基团的次序为

−I效应　$-NO_2 > -CN > -COOH > -COOR > -C{=}O > -F > -Cl > -Br > -I >$
$-C{\equiv}C- > -OCH_3 > -OH > -C_6H_5 > -C{=}C- > H$

+I效应　$-(CH_3)_3C > -(CH_3)_2CH > -CH_2CH_3 > -CH_3 > H$

上述原子或基团的诱导效应大小的顺序常因所连母体分子的不同以及取代后原子间的相互影响等一些复杂因素的存在而有所不同，所以在不同的化合物中，它们的诱导效应的次序是不完全一致的。

(4) 二元酸的有两个离解常数K_1和K_2，$K_1 \gg K_2$。其酸性大小与两个羧基的相对距离有关，离解是分步进行的，第一步电离受到另一个羧基−I效应的影响，两个羧基相距越近影响越大，因此，二元羧酸的pK_{a_1}一般小于一元羧酸的pK_a。例如

	乙二酸	>	丙二酸	>	丁二酸	>	乙酸
pK_{a_1}	1.27		2.85		4.21		4.75

电离后的羧基负离子对第二个羧基有+I效应，使得第二个羧基较难离解，所以总是

$pK_{a_1} < pK_{a_2}$。

2）共轭效应

—NO_2、—CN、—COOH、—CHO、—COR等都具有吸电子共轭（－C）效应，而—NH_2(R)、—NHCOR、—OH、—OR、—OCOR等都具有给电子共轭(＋C)效应，当这些基团与共轭体系相连时，就会使该体系出现正、负电荷交替分布的情况。例如，硝基对苯环的影响：

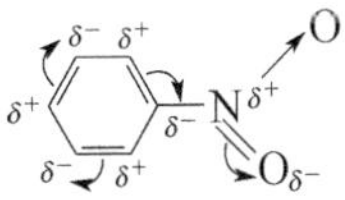

由于硝基苯在邻、间、对位上的电子云密度不同，如分别带上羧基后，必然影响羧基的离解，离解常数分别为

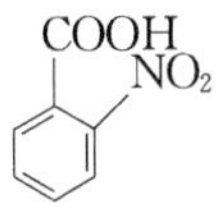
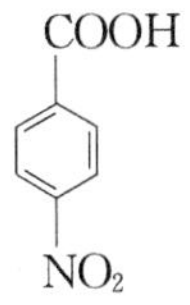
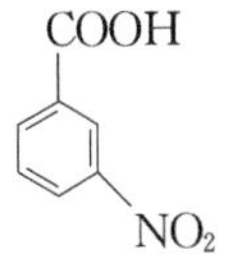

pK_a　　2.21　　3.42　　3.49

其中邻位异构体的酸性最强，这是因为邻位硝基的－I效应较强，同时还存在－C效应，两种效应共同作用的结果。当取代基在间位时，以诱导效应为主，但影响要小于邻位，在此硝基只有－I效应；当取代基在对位时，则以共轭效应为主，在此例中对位硝基的－C效应＞间位硝基的－I效应，所以对硝基苯甲酸的酸性大于间硝基苯甲酸。当然取代基在羧基邻位时，除了诱导效应和共轭效应以外，还有空间位阻及分子内氢键的影响，情况比较复杂，但一般来说，绝大多数邻位取代苯甲酸的酸性都比间位或对位苯甲酸的酸性强。

常见基团对苯甲酸酸性的影响如表11.2所示。

表 11.2　常见取代苯甲酸的 pK_a

取代基	*o*	*m*	*p*	取代基	*o*	*m*	*p*
H	4.20	4.20	4.20	I	2.86	3.85	4.02
CH_3	3.91	4.27	4.38	OH	2.98	4.08	4.57
Cl	2.89	3.82	3.97	OCH_3	4.09	4.09	4.47
Br	2.85	3.81	3.97	NO_2	2.21	3.49	3.42

问题11.3　比较下列各组化合物的酸性。

(1) CH_3CH_2COOH 和 $HOOCH_2COOH$　　(2) 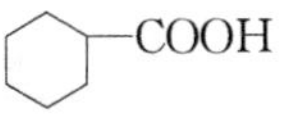 和 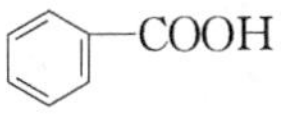

(3) CF_3CH_2COOH 和 $CF_3CH_2CH_2COOH$　　(4) $CH_3CH_2CH_2COOH$ 和 $CH_3C{\equiv}CCOOH$

问题11.4　将下列化合物按照酸性从大到小排序。

(1) 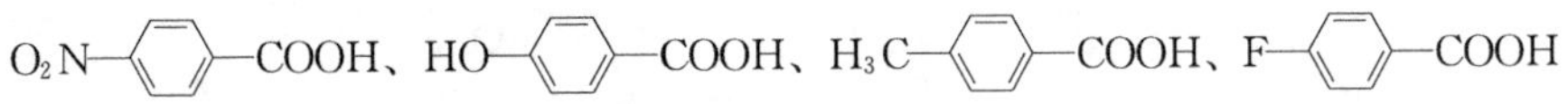

(2) 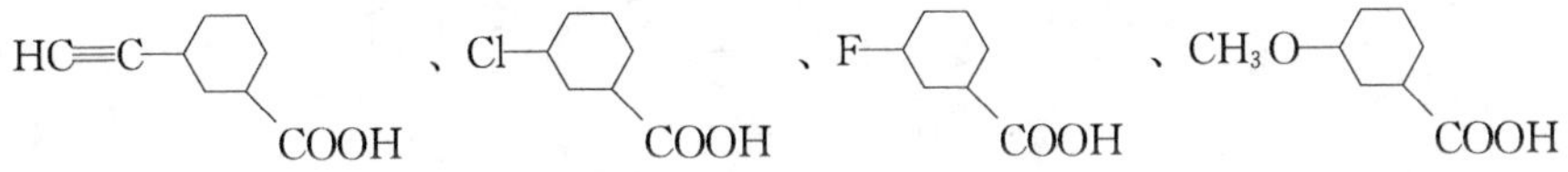

2. 生成羧酸衍生物

羧酸中的羰基可以与一些亲核试剂发生加成-消除反应，反应的结果相当于羧基中的羟基被亲核试剂取代，生成羧酸衍生物，反应通式为

$$R-\overset{\overset{\large O}{\|}}{C}-OH \longrightarrow R-\overset{\overset{\large O}{\|}}{C}-Nu \quad (Nu=X,OCOR',OR',NH_2)$$

即羧基中的羟基被卤素取代生成酰卤；被酰氧基取代生成酸酐；被烷氧基取代生成酯；被氨基取代生成酰胺。

1) 生成酰卤

酰卤(acyl halide)是高度活泼的羧酸衍生物，是有机合成中常用的酰基化试剂，其中最重要的是酰氯。将羧酸转化为酰氯的常用试剂是三氯化磷、五氯化磷和亚硫酰氯(氯化亚砜)。例如

$$3RCOOH+PCl_3 \longrightarrow 3RCOCl+P(OH)_3$$
$$RCOOH+PCl_5 \longrightarrow RCOCl+POCl_3+HCl$$
$$RCOOH+SOCl_2 \longrightarrow RCOCl+SO_2+HCl$$

其中使用亚硫酰氯最方便，因为除产物酰氯以外，副产品都是气体，易于分离。由于酰氯易于水解，不能用水洗的方法除去无机物，而要用蒸馏法分离。制备酰氯时究竟采用哪种方法，主要取决于原料、产物和副产物之间的沸点差。它们之间的差别越大，分离越容易。

具体反应如

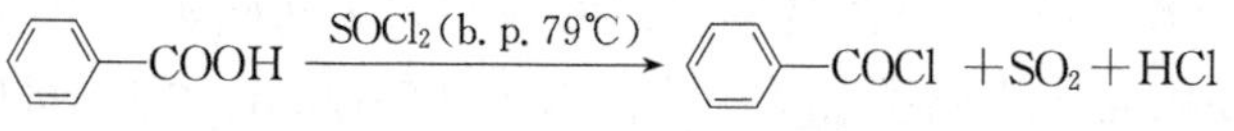

m. p. 122℃　　　　b. p. 197℃

反应机理：首先是羧酸与亚硫酰氯生成酰基氯亚硫酸酯中间体，然后氯负离子“内返”形成酰氯。

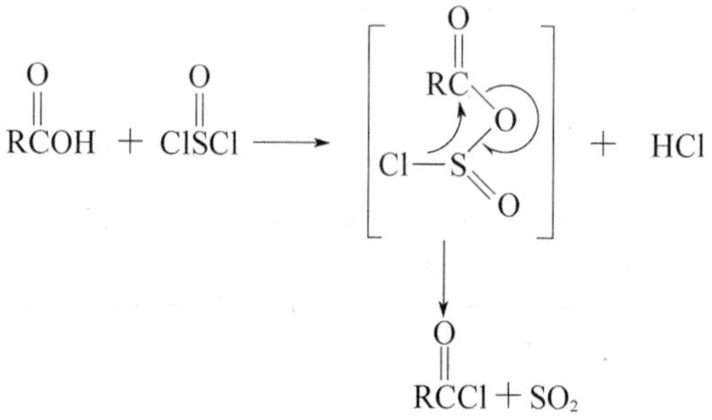

2) 生成酸酐

除甲酸脱水生成一氧化碳以外，其他一元羧酸在脱水剂作用下都可在两分子间脱去一分子水生成酸酐(acid anhydride)。脱水反应一般在较高温度下进行，有时可加入适当的脱水剂，如五氧化二磷、乙酸酐等。例如

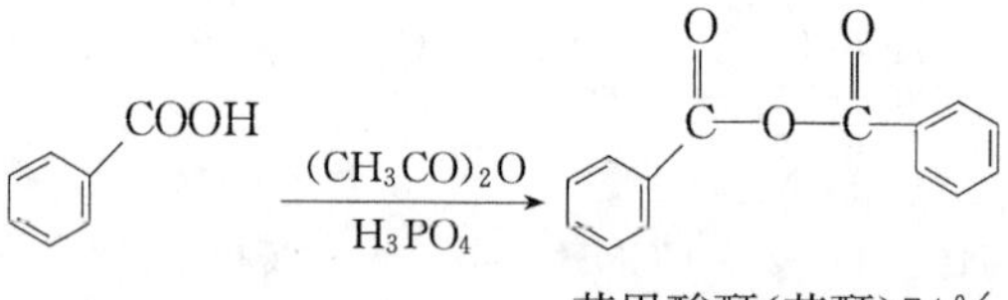

苯甲酸酐(苯酐)74%

生成酸酐的反应机理也是一分子羧酸对另一分子羧酸的亲核加成-消除反应。

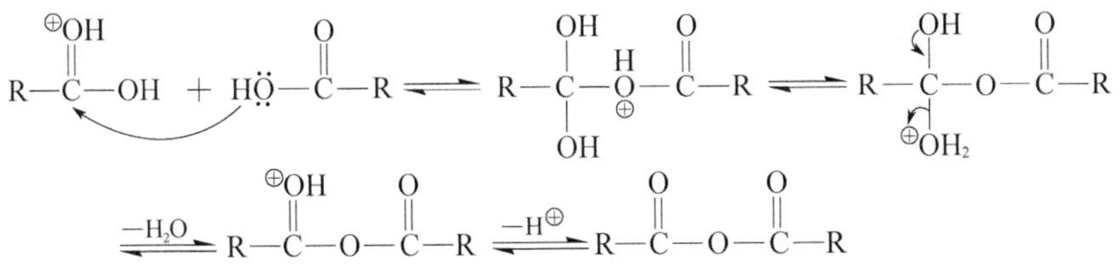

3）生成酯

羧酸和醇在强酸催化下加热，发生分子间脱水生成酯（ester），这个反应也称为酯化（esterification）反应。

$$RCOOH + HOR' \xrightleftharpoons{H^{\oplus}} RCOOR' + H_2O$$

这是一个可逆反应。如用1mol 乙酸与1mol 乙醇在少量硫酸催化下加热反应，达到平衡时，可得到2/3 mol 乙酸乙酯和水。为了提高产率，一般可使其中一种原料过量，或不断除去反应体系中的水，使平衡向右移动。

$$CH_3COOH + CH_3CH_2OH \xrightleftharpoons{H^{\oplus}} CH_3COOCH_2CH_3 + H_2O$$

当用含有^{18}O标记的醇与酸反应时，人们发现水分子中不含^{18}O，标记氧原子出现在酯中。这一结果表明反应是按照酰氧键断裂的方式进行的。例如，苯甲酸与^{18}O标记的甲醇作用，标记氧原子出现在苯甲酸甲酯中。

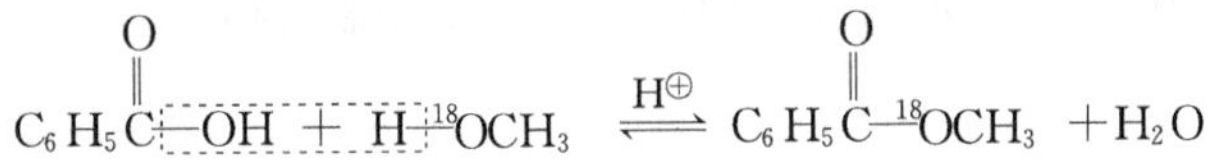

反应机理说明这是一个典型的酸催化下的亲核加成-消除反应。

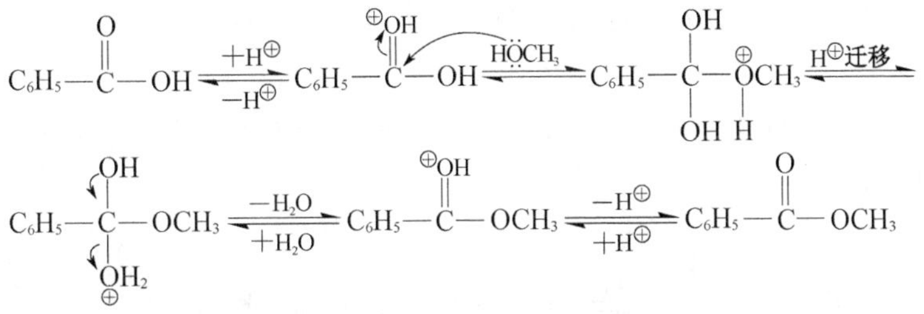

酸的催化作用主要体现在两方面：一方面，H^+使羧酸上的羰基质子化，增加了羰基碳原子的电正性，有利于醇分子中氧原子的进攻，形成一个新的碳-氧键；另一方面，H^+与四面体中间体上的羟基结合生成鎓盐，使—OH变成良好的离去基团 H_2O，促进中间体转变为产物。

立体因素对酯化反应（或酯的水解）有着重要的影响，因为反应的定速步骤是醇对质子化的羧酸的加成，所以当羧酸或醇的 α-碳原子上取代基增加或增大时，酯化反应速率将明显降低。

酯化反应是酯水解的逆反应，因此酯化反应机理的逆向就是酯的水解反应机理。

4）生成酰胺

羧酸与氨作用得到羧酸的铵盐，铵盐加热脱水得到酰胺（amide），这步反应是可逆的，需要将反应中产生的水不断蒸出，平衡才能顺利地向右移动。

$$RCOOH + NH_3 \longrightarrow RCOONH_4 \underset{\triangle}{\rightleftharpoons} RCONH_2 + H_2O$$

工业上应用该反应合成聚酰胺纤维，其中最重要的是尼龙-66。

$$\underset{\text{己二酸}}{nHOOC(CH_2)_4COOH} + \underset{\text{己二胺}}{nH_2N(CH_2)_6NH_2} \xrightarrow[\text{压力}]{270℃} \underset{\text{尼龙-66}}{HO\text{⁅}CO(CH_2)_4CONH(CH_2)_6NH\text{⁆}_nH} + (n-1)H_2O$$

问题 11.5　比较下列化合物发生酯化反应的速率，从大到小排列。

(1) $(CH_3)_3CCOOH$、CH_3CH_2COOH、$(CH_3)_2CHCOOH$ 分别与乙醇反应。

(2) $CH_3CH_2CH_2OH$、$(CH_3)_2CHOH$ 分别与乙酸作用。

问题 11.6　写出下列反应的产物。

(1) 

(2) $CH_3CH_2COOH \xrightarrow{PCl_3}$

(3) 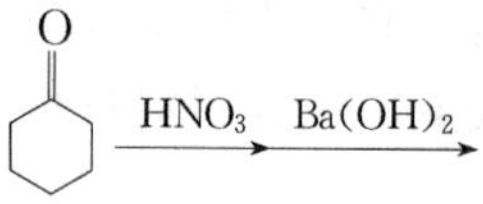

(4) 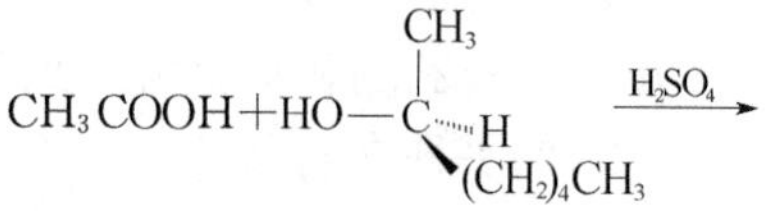

问题 11.7　写出 $CH_3CO^{18}OH$ 与 C_2H_5OH 在酸催化下酯化反应的机理。

---

3. α-H 的反应

脂肪族羧酸在磷的催化作用下，可以与卤素反应，羧酸分子中的 α-氢原子被卤素取代生成 α-卤代酸，该反应称为福尔哈德-泽林斯基(Volhard-Zelinski)反应。例如

$$CH_3CH_2CH_2COOH \xrightarrow[(2)H_2O]{(1)Cl_2,P} \underset{\underset{77\%}{Cl}}{CH_3CH_2CH_2CHCOOH}$$

反应选择性地发生在羧酸的 α-C 上，如果卤素过量，还可以进一步产生二卤代或三卤代产物。例如

$$CH_3COOH \xrightarrow{Cl_2,P} ClCH_2COOH \xrightarrow{Cl_2,P} Cl_2CHCOOH \xrightarrow{Cl_2,P} Cl_3COOH$$

反应机理如下：

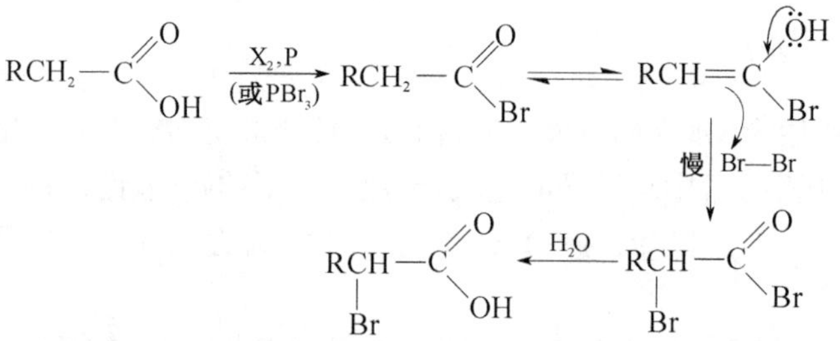

反应的关键步骤是溴与酰溴的烯醇式反应。

α-卤代酸是重要的有机合成中间体，其中的卤元素与卤代烃中的相似，可以被其他亲核试剂取代。例如

$$\underset{\alpha\text{-溴代丁酸}}{\underset{Br}{CH_3CH_2CHCOOH}} \xrightarrow[(2)H^{\oplus}]{(1)OH^{\ominus}} \underset{\alpha\text{-羟基丁酸}(69\%)}{\underset{OH}{CH_3CH_2CHCOOH}} + Br^{\ominus}$$

$$\underset{\mathrm{Br}}{\underset{|}{CH_2COOH}} + 2NH_3 \longrightarrow \underset{^{\oplus}NH_3}{\underset{|}{CH_2COO^{\ominus}}} + NH_4Br$$

α-溴代乙酸　　　　　　α-氨基酸(60%～64%)

α-卤代酸还可以发生消除反应生成α,β-不饱和羧酸。

$$RCH_2\underset{\mathrm{X}}{\underset{|}{CH}}COOH \xrightarrow[\text{醇}]{KOH} RCH{=}CHCOOK \xrightarrow{H^{\oplus}} RCH{=}CHCOOH$$

由于卤素的吸电子效应，α-卤代酸的酸性比未取代的羧酸的酸性强。

4. 还原反应

羧酸很难被一般的还原剂或催化氢化法还原，但四氢化锂铝能顺利地将羧酸还原为一级醇。

$$RCOOH \xrightarrow[(2)H_3O^{\oplus}]{(1)LiAlH_4} RCH_2OH$$

还原过程中不破坏碳-碳双键、叁键。例如

$$C_6H_5CH{=}CHCOOH \xrightarrow[(2)H_3O^{\oplus}]{(1)LiAlH_4} C_6H_5CH{=}CHCH_2OH$$

在未发现这个还原剂之前，都是用间接的方法将羧酸转化成酯，再还原为醇。

乙硼烷也能将羧酸还原为一级醇。

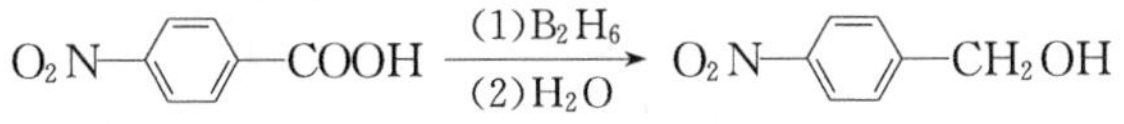

79%

5. 脱羧反应

羧酸失去羧基放出二氧化碳的反应称为脱羧(decarboxylation)反应。饱和一元羧酸的碱金属盐与碱石灰共热，能失去一分子二氧化碳，生成比原羧酸少一个碳原子的烃。

$$RCH_2COOH \xrightarrow[\triangle]{NaOH/CaO} RCH_3 + Na_2CO_3$$

如果脂肪酸的α-C上连有强的吸电子基时，脱羧反应易于进行。例如，β-酮酸极易脱羧(见第12章)。

生物体内的脂肪酸在脱羧酶作用下脱羧，是生物体新陈代谢过程中常见的反应。

6. 二元羧酸的热分解反应

二元羧酸受热后，易于脱水、脱羧，生成产物的结构取决于两个羧基的相对位置。对于含2～3个碳原子的羧酸，加热生成少一个碳原子的羧酸，如乙二酸脱羧生成甲酸，丙二酸脱羧生成乙酸。

$$\begin{matrix}COOH\\|\\COOH\end{matrix} \xrightarrow{\triangle} HCOOH + CO_2$$

$$CH_2(COOH)_2 \xrightarrow{\triangle} CH_3COOH + CO_2$$

丁二酸和戊二酸加热脱水生成环状的羧酸酐。

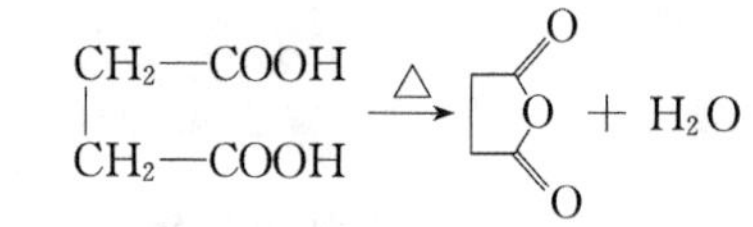

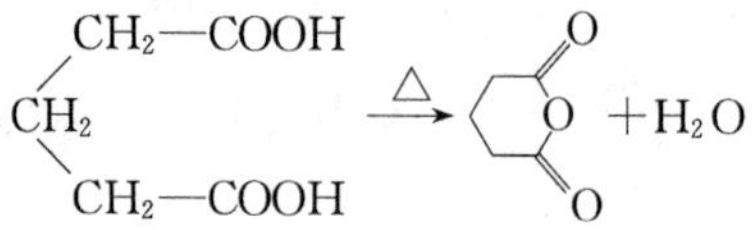

己二酸和庚二酸加热时，既脱水又脱羧，生成少一个碳的环酮。

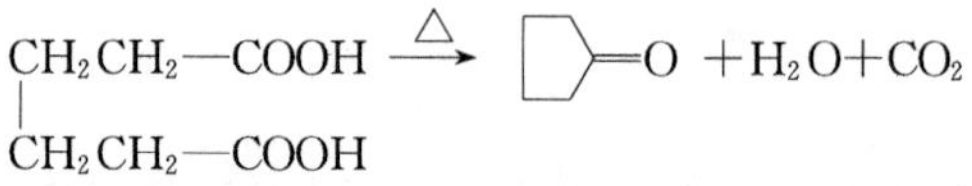

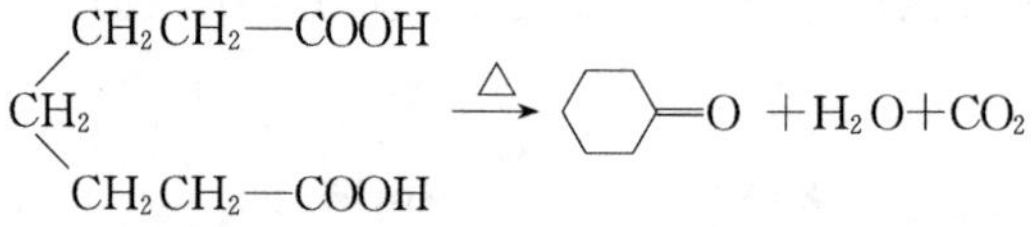

大于 7 个碳的直链二元羧酸加热时产生高分子的链状聚酐($n\geqslant 6$)。

$$\left[\overset{\overset{\displaystyle O}{\|}}{C}-(CH_2)_n-\overset{\overset{\displaystyle O}{\|}}{C}-O-\overset{\overset{\displaystyle O}{\|}}{C}-(CH_2)_n-\overset{\overset{\displaystyle O}{\|}}{C}-O \right]_n$$

芳香二元酸也能进行上述反应。

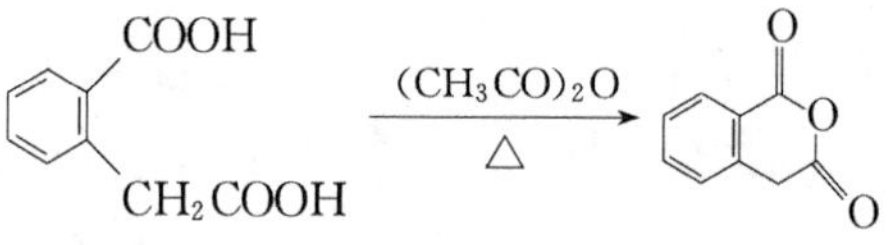

88%

问题 11.8　写出下列反应的产物。

(1) $CH_3COOH \xrightarrow[P]{Cl_2} \xrightarrow{CH_3OH}$

(2) 

(3) 

(4) 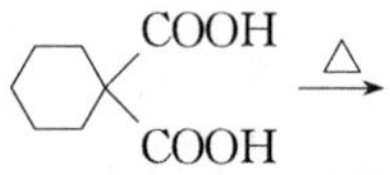

(5) 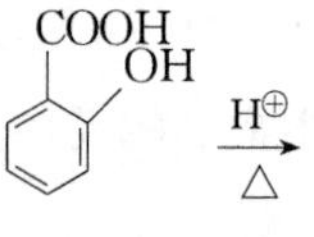

(6) 

11.1.4　羧酸的制法

1. 氧化法

羧酸是许多有机物氧化的最终产物，烷烃、烯烃、炔烃、芳烃侧链以及醇、醛氧化都可以得到羧酸。例如

$$RCH{=}CHR' \xrightarrow[\triangle]{KMnO_4} RCOOH + R'COOH$$

$$RCH_2OH \xrightarrow{[O]} RCHO \xrightarrow{[O]} R'COOH$$

$$CH_3COR' \xrightarrow[NaOH]{Cl_2} CHCl_3 + R'COOH$$

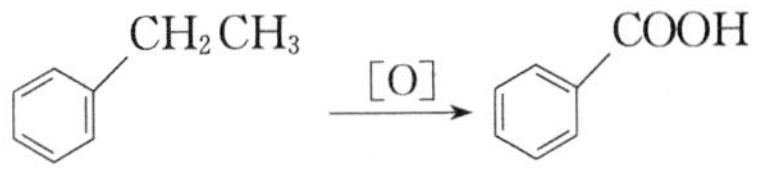

其中,伯醇或醛氧化可以制备相同碳原子的羧酸,甲基酮通过卤仿反应可以制备少一个碳原子的羧酸。

2. 水解法

由腈水解可以制备多一个碳原子的羧酸,原料腈可以由卤代烃通过与 NaCN 的亲核取代反应制备。

$$RCH_2X + CN^{\ominus} \longrightarrow RCH_2CN \xrightarrow{H^{\oplus}} RCH_2COOH$$

但该方法仅对伯卤代烷效果较好,对于仲或叔卤代烷而言,它们更易发生消除反应,而不是被 CN^- 取代。

羧酸衍生物都可以水解转化为羧酸。

$$\left.\begin{array}{l} RCOOR' \\ RCOX \\ (RCO)_2O \\ RCONH_2 \end{array}\right\} \xrightarrow{\text{水解}} RCOOH$$

此外,三个卤原子位于同一碳原子上的多卤代芳烃也能水解成羧酸。例如

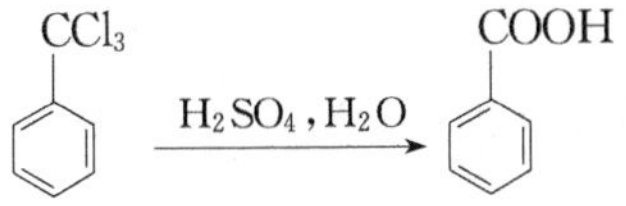

3. 由格氏试剂制备

格氏试剂与二氧化碳作用,经水解生成多一个碳原子的羧酸。

$$RMgX + CO_2 \xrightarrow{\text{乙醚}} R\overset{O}{\overset{\|}{C}}OMgX \xrightarrow{H_3O^{\oplus}} RCOOH$$

这种方法对于伯、仲、叔及芳基卤代烃都适用。例如

问题 11.9 用叔丁醇合成下列羧酸。

(1) 2-甲基丙酸　　(2) 3-甲基丁酸

(3) 3,3-二甲基丁酸　　(4) 2,2-二甲基丙酸

11.2 羧酸衍生物

羧酸分子中的—OH被—X、—OCOR、—OR、—NH_2(R)置换后的产物就是羧酸衍生物,包括酰卤、酸酐、酯和酰胺。由于腈水解为羧酸,因此也放在这里讨论。

11.2.1 羧酸衍生物的命名

酰卤和酰胺按照相应的酰基命名。例如

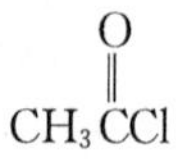 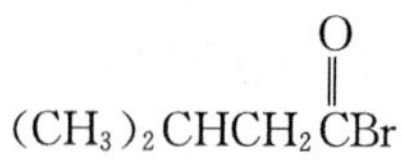 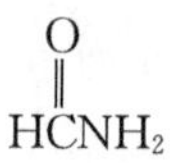 

乙酰氯　3-甲基丁酰溴　甲酰胺　*N*,*N*-二甲基甲酰胺

酸酐按照形成酐的羧酸命名，一般将小的羧酸放在前面，苯基放在烷基的前面。例如

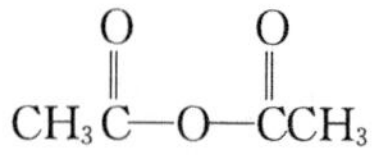 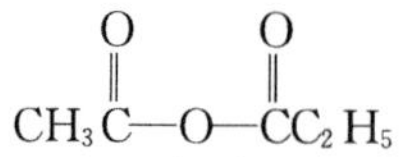 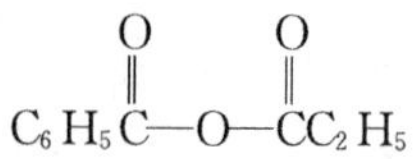

乙(酸)酐　乙丙(酸)酐　苯丙酐

酯按照形成酯的羧酸和醇来命名，称为某酸某酯。例如

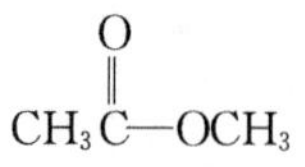 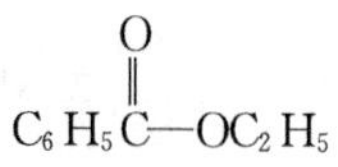 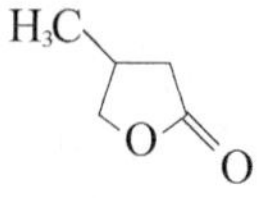 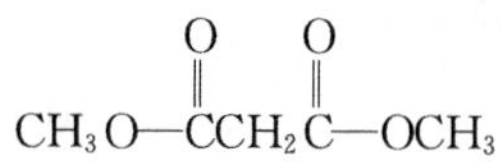

乙酸甲酯　苯甲酸乙酯　3-甲基-4-丁内酯　丙二酸二甲酯

腈命名时要把CN中的碳原子算在内，并从CN一端开始编号，如CN作为取代基，则写成氰基，氰基碳原子不计在内。例如

CH_3CN　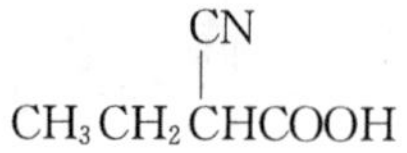　$NC(CH_2)_4CN$

乙腈　2-氰基丁酸　己二腈

11.2.2 羧酸衍生物的物理性质

低级的酰氯与酸酐是有刺激性的液体，高级的为固体。低级酯存在于水果中，有芳香气味，可用作香料，如乙酸异戊酯有香蕉香味。C_{14}以下的甲酯、乙酯均为液体。除甲酰胺以外，其他的酰胺都是固体。常见羧酸衍生物的物理性质列于表11.3。

表11.3 常见羧酸衍生物的物理性质

名称	结构式	熔点/℃	沸点/℃
乙酰氯(acetyl chloride)	CH_3COCl	−112	51
乙酰溴(acetyl bromide)	CH_3COBr		76.7
丙酰氯(propanoyl chloride)	CH_3CH_2COCl	−94	80
苯甲酰氯(benzoyl chloride)	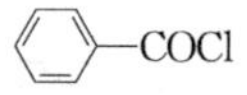	−1	197
乙酸酐(acetic anhydride)	$(CH_3CO)_2O$	−73	140
丙酸酐(propanoic anhydride)	$(CH_3CH_2CO)_2O$	−45	169
丁二酸酐(butanedioic anhydride)	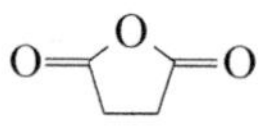	119.6	261
苯甲酸酐(benzoic anhydride)	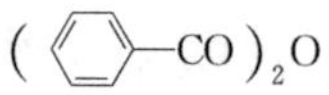	42	360
邻苯二甲酸酐(1,2-benzenedicarboxylic anhydride)	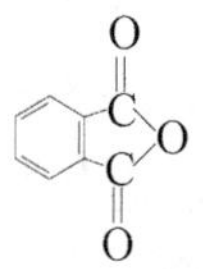	132	284.5
甲酸甲酯(methyl formate)	$HCOOCH_3$	−100	32
甲酸乙酯(ethyl formate)	$HCOOCH_2CH_3$	−80	54

续表

名称	结构式	熔点/℃	沸点/℃
乙酸乙酯(ethyl acetate)	$CH_3COOCH_2CH_3$	−83	77
苯甲酸乙酯(ethyl benzoate)	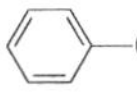—$COOCH_2CH_3$	−34	213
甲酰胺(formamide)	$HCONH_2$	2.5	200(分解)
乙酰胺(acetamide)	CH_3CONH_2	81	222
N,*N*-二甲基甲酰胺 (*N*,*N*-dimethyl formamide)	$HCON(CH_3)_2$		153
苯甲酰胺(benzamide)	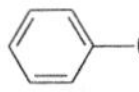—$CONH_2$	130	290
乙腈(acetonitrile)	CH_3CN		81
苯甲腈(benzonitrile)	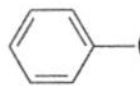—CN	−10	70

酰胺分子间可以形成氢键，所以沸点较高(*N*,*N*-二取代酰胺分子间不能形成氢键，沸点较低)。酰氯和酯分子间没有氢键，沸点低于相应的羧酸。酸酐和酰胺的沸点高于相应的羧酸。

羧酸衍生物一般溶于有机溶剂。低级的酰氯和酸酐与水分解，酯在水中的溶解度很小。酰胺能与水分子缔合，因此低级酰胺能溶于水，如甲酰胺、*N*-甲基甲酰胺和 *N*,*N*-二甲基甲酰胺都能与水混溶，是良好的非质子性极性溶剂。

问题 11.10　写出下列化合物的结构。

(1) 2-苯基丁酰氯　(2) 顺丁烯二酸酐　(3) *N*-乙基-2-苯基丁酰胺

(4) 4-甲基-5-戊内酯　(5) 2-苯基丁酸丁酯　(6) 3-丁烯腈

11.2.3　羧酸衍生物的化学反应

羧酸衍生物的反应有很多相同之处，反应机理大部分也相同，但在反应活性上有所差别。这是因为它们的分子中都有一个相同的官能团——酰基，而且与酰基相连的原子上都有未共用电子对。

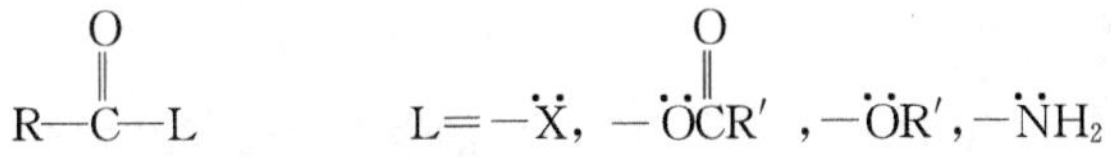

1. 酰基化合物的亲核加成-消除反应

1) 总反应机理

羧酸衍生物中的酰基在酸或碱的催化作用下，可以被亲核试剂(如 H_2O、ROH、NH_3 等)进攻，离去基团 L 被亲核基团 Nu 取代。

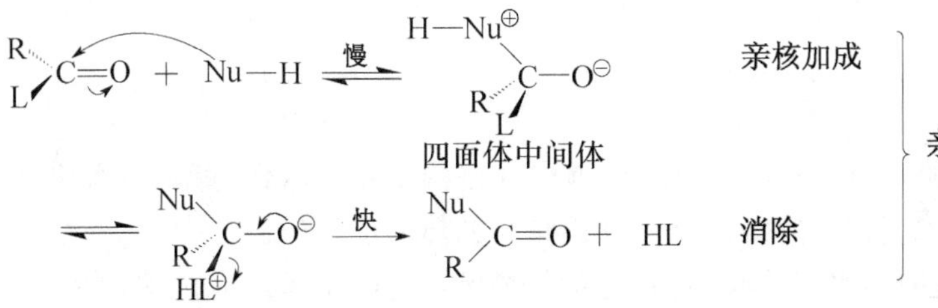

由于反应的关键步骤是亲核加成这一步，因此底物的反应活性主要取决于羰基碳原子的电正性的大小以及空间位阻的大小。四面体型的碳氧负离子中间体上所连取代基的吸电子性越强，该中间体就越稳定，越有利于加成反应的进行。第二步消除时，则取决于离去基团的性质，亲核性越强的基团越不容易离去。

对于不同的羧酸衍生物，从共振论观点来看，酰基化试剂是下列结构的共振杂化体：

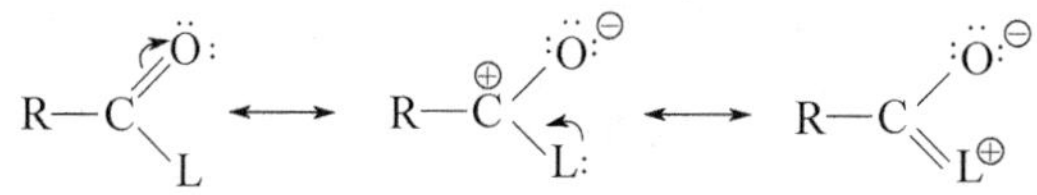

这种共振效应稳定了整个分子，而稳定作用的大小取决于成键原子轨道交盖的程度。离去基团的碱性越大，对羰基碳的给电子性就越强，也就是该共振杂化体越稳定。各类羧酸衍生物中离去基团的碱性大小顺序为—X<—OCOR′<—OR<—NH_2，所以离去基团的次序为—X>—OCOR′>—OR>—NH_2，故羧酸衍生物加成-消除的反应活性顺序为

$$\underset{\text{酰卤}}{R-\overset{O}{\overset{\|}{C}}-X} > \underset{\text{酸酐}}{R-\overset{O}{\overset{\|}{C}}-OCOR'} > \underset{\text{酯}}{R-\overset{O}{\overset{\|}{C}}-OR'} > \underset{\text{酰胺}}{R-\overset{O}{\overset{\|}{C}}-NH_2}$$

羧酸衍生物之间可以互相转化，但总是从一种不太稳定的羧酸衍生物转化为更加稳定的羧酸衍生物。例如，酰氯可与不同的羧酸反应制备对称或不对称的酸酐，而羧酸分子间脱水只能制备对称的酸酐。

$$R\overset{O}{\overset{\|}{C}}Cl + R'\overset{O}{\overset{\|}{C}}OH \longrightarrow R\overset{O}{\overset{\|}{C}}O\overset{O}{\overset{\|}{C}}R'$$

$$CH_3(CH_2)_5\overset{O}{\overset{\|}{C}}Cl + CH_3(CH_2)_5COOH \xrightarrow{\text{吡啶}} \underset{78\%\sim83\%}{CH_3(CH_2)_5\overset{O}{\overset{\|}{C}}O\overset{O}{\overset{\|}{C}}(CH_2)_5CH_3}$$

这一结论是很重要的，特别是水解反应。例如，生物体内的蛋白质中就有大量的酰胺键，水解时酰胺键的稳定性大约是酯中酰氧键的100倍，从而使得蛋白质在水溶液中能够保持其结构的完整性，仅在特定的条件下水解。在生物体中，有许多这种类型的反应，称为酰基转化反应。

酸或碱都可以催化羧酸衍生物的亲核加成-消除反应。酸催化的原理是使羧酸衍生物的羰基质子化，增强羰基碳原子的电正性，促进亲核加成的进行；碱催化的原理是提高亲核试剂的亲核能力或增加其有效浓度。

2）水解反应

羧酸衍生物都可以发生水解(hydrolysis)，生成羧酸。

$$\begin{matrix} RCOCl \\ (RCO)_2O \\ RCOOR' \\ RCONH_2 \end{matrix} + H_2O \longrightarrow RCOOH + \begin{matrix} HCl \\ RCOOH \\ R'OH \\ NH_3 \end{matrix}$$

其中，酰卤反应最快，低级酰卤反应剧烈；酸酐在室温下水解较慢；酯水解需要无机酸或碱的催化；酰胺需要在浓度较大的碱催化下较长时间加热才能反应。

以酯在碱溶液中的水解反应为例，说明羧酸衍生物的水解反应机理，即

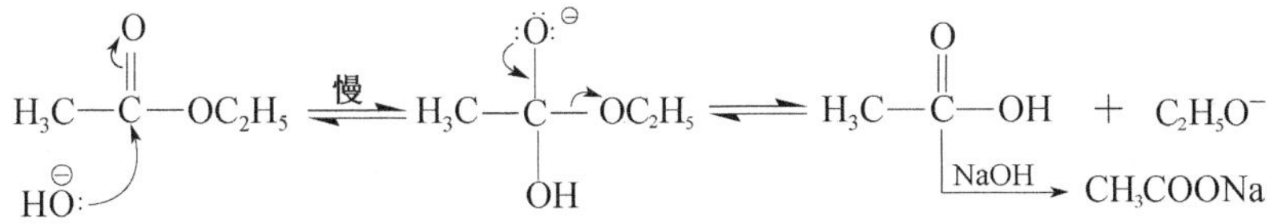

反应的定速步骤是 OH^- 对酯中羰基的加成。碱性条件增加了 OH^- 的浓度和亲核能力。

实际上，酯在酸催化下的水解反应就是羧酸酯化反应的逆过程(见 11.1.3 小节)，在此不再复述。

腈在酸或碱的作用下加热，可以水解为羧酸(见 11.1.4 小节)。酰胺作为中间物，加水生成羧酸的铵盐，脱水则变为腈，它们之间的关系为

$$\mathrm{R\overset{O}{\overset{\|}{C}}ONH_4} \underset{+H_2O}{\overset{-H_2O}{\rightleftharpoons}} \mathrm{R\overset{O}{\overset{\|}{C}}NH_2} \underset{+H_2O}{\overset{-H_2O}{\rightleftharpoons}} \mathrm{RCN}$$

小心控制条件，可使腈水解为酰胺。

3) 醇解反应

羧酸衍生物醇解(alcoholysis)后都生成酯。

$$\left.\begin{matrix}\mathrm{RCOCl}\\ \mathrm{(RCO)_2O}\\ \mathrm{RCOOR''}\\ \mathrm{RCONH_2}\end{matrix}\right. + \mathrm{R'OH} \longrightarrow \mathrm{RCOOR'} + \left.\begin{matrix}\mathrm{HCl}\\ \mathrm{RCOOH}\\ \mathrm{HOR''}\\ \mathrm{NH_3}\end{matrix}\right.$$

酰卤和酸酐都可以在室温条件下与醇反应形成酯，因为用羧酸直接与醇反应合成酯是一个可逆的平衡反应，转化率不高，所以利用酰卤或酸酐与醇反应合成酯是很有意义的。例如

$$\mathrm{(CH_3)_3CCOOH} \xrightarrow{\mathrm{SOCl_2}} \mathrm{(CH_3)_3CCOCl} \xrightarrow[\text{吡啶}]{\mathrm{C_6H_5OH}} \mathrm{(CH_3)_3CCOOC_6H_5}$$

80%

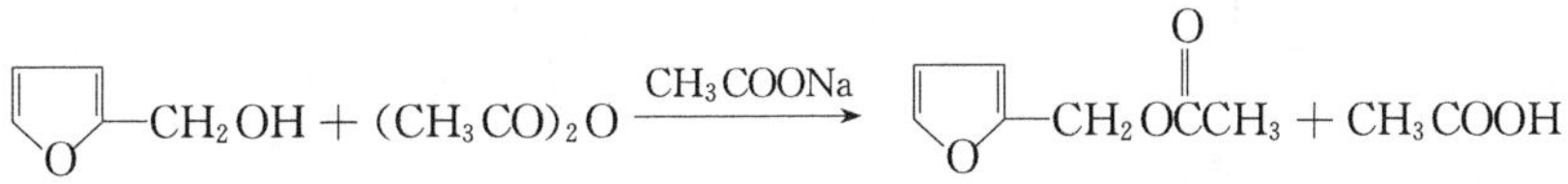

87%～93%

酯与醇反应的结果是产生一个新的酯和新的醇，这个反应称为酯交换(transesterification)反应。这是一个可逆反应，为使反应向右进行，常增加某一反应物的用量，或不断除去反应体系中某一种产物，其反应机理类似于酸催化下的酯化反应机理，常用于由一种低沸点的酯转化为高沸点的酯。例如

$$\mathrm{H_2C{=}CHCOOCH_3 + C_4H_9OH \xrightarrow{TsOH} H_2C{=}CHCOOC_4H_9 + CH_3OH}$$

酯交换反应可用于二酯化合物的选择性水解。对于一个二酯化合物，要水解掉其中一个酯基而保留另一个酯基，用一般的方法是办不到的，这就可以利用酯交换法来解决。例如

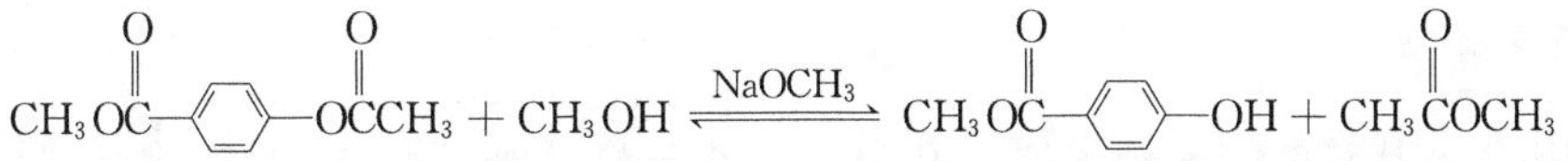

工业上生产涤纶的原料对苯二甲酸二乙二醇也是用酯交换的方法合成的。

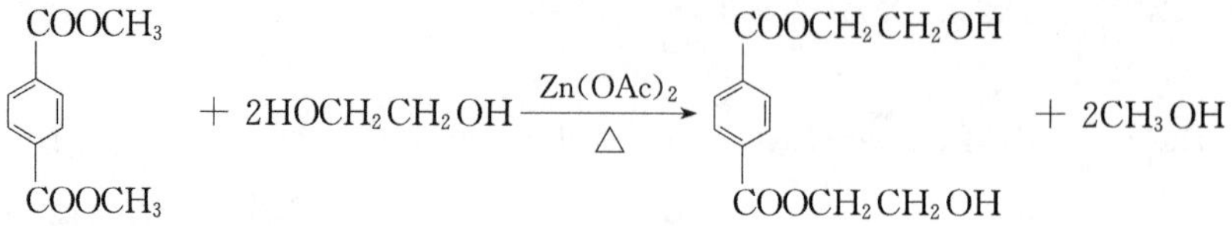

酰胺在酸催化下也能醇解为酯，但反应条件较高。

$$\mathrm{H_2N{-}\overset{\overset{\large O}{\|}}{C}{-}NH_2 + CH_3OH \xrightarrow[2MPa]{H^{\oplus}} H_2N{-}\overset{\overset{\large O}{\|}}{C}{-}OCH_3}$$

尿素　　　　　　　　　　氨基甲酸甲酯(85%)

酰胺的醇解也可以在醇钠催化下进行。

4) 氨解反应

羧酸衍生物与氨作用都可以生成酰胺。氨解(ammonolysis)比水解、醇解更容易，因为氨的亲核性比水和醇强。

$$\left.\begin{matrix}\mathrm{RCOCl}\\ \mathrm{(RCO)_2O}\\ \mathrm{RCOOR'}\end{matrix}\right. + \mathrm{NH_3} \longrightarrow \mathrm{RCONH_2} + \left\{\begin{matrix}\mathrm{NH_4Cl}\\ \mathrm{RCOONH_4}\\ \mathrm{R'OH}\end{matrix}\right.$$

酰卤与酸酐在较低温度下就能反应。酯的氨解比水解反应容易进行，不需要酸或碱的催化。例如

$$\mathrm{(CH_3)_2CH\overset{\overset{\large O}{\|}}{C}Cl + 2NH_3 \longrightarrow (CH_3)_2CH\overset{\overset{\large O}{\|}}{C}NH_2 + NH_4Cl}$$

83%

退热药非那西汀(phenacetin)就是利用酸酐的氨解反应制备的。

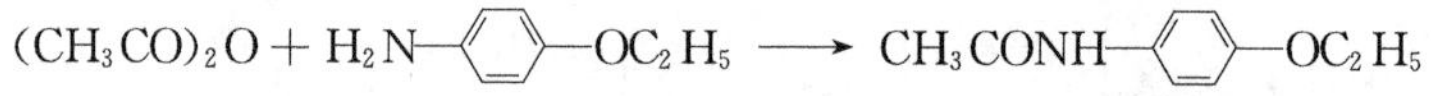

非那西汀

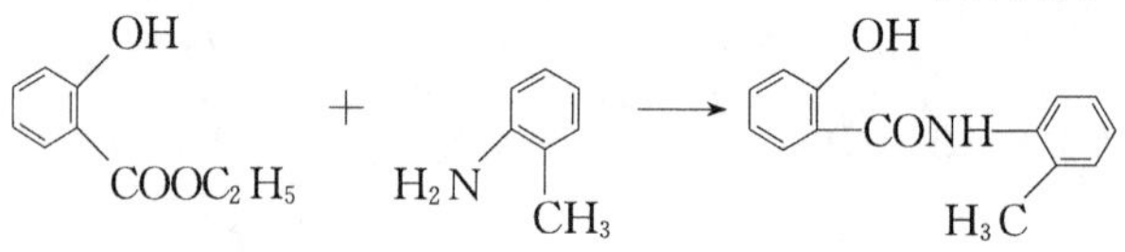

77%

问题 11.11　写出苯甲酰氯与下列试剂作用的产物。

(1) 乙酸　　(2) 乙醇　　(3) 甲胺

(4) 二甲胺　　(5) 水　　(6) 苯甲酸

问题 11.12　分别写出 $\mathrm{CH_3\overset{\overset{\large O}{\|}}{C}{-}O^{18}C_2H_5}$ 的水解反应机理。

(1) 酸催化　(2) 碱催化

---

2. 还原反应

羧酸衍生物比羧酸容易被还原。其中又以酰氯最易被还原，还原产物是醛(见 10.4.3 小节)。所有的羧酸衍生物都可以被 $LiAlH_4$ 还原，酰氯、酸酐、酯被还原为伯醇，酰胺被还原为胺，反应通式如下：

$$\mathrm{R-\overset{O}{\overset{\|}{C}}-X \xrightarrow{LiAlH_4} RCH_2OH + HX}$$

$$\mathrm{R-\overset{O}{\overset{\|}{C}}-O-\overset{O}{\overset{\|}{C}}-R' \xrightarrow{LiAlH_4} RCH_2OH + R'CH_2OH}$$

$$\mathrm{R-\overset{O}{\overset{\|}{C}}-OR' \xrightarrow{LiAlH_4} RCH_2OH + R'OH}$$

$$\mathrm{R-\overset{O}{\overset{\|}{C}}-NH_2 \xrightarrow{LiAlH_4} RCH_2NH_2}$$

酯在催化剂 $CuO \cdot CuCrO_4$ 存在下，通入氢气，可被还原为醇，双键同时被还原，但苯环不受影响。该反应工业上用于催化氢解植物油和脂肪，以获得长链醇类，如硬脂醇、软酯醇等混合物。例如

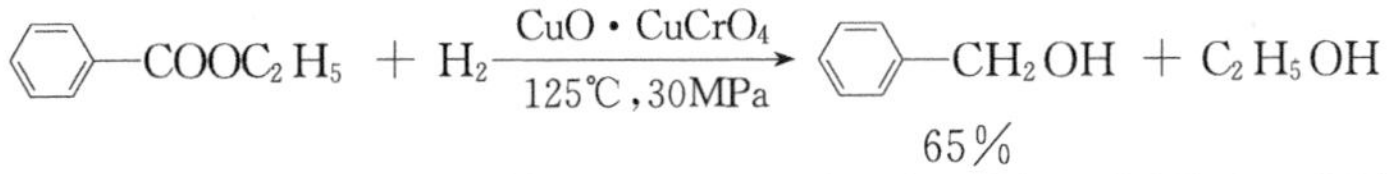

酯还可以用金属钠-醇还原，得到伯醇，此法对碳-碳双键没有影响。例如

$$\mathrm{RCOOH \xrightarrow{R'OH} RCOOR' \xrightarrow[C_2H_5OH]{Na} RCH_2OH + R'OH}$$

由于金属钠-醇还原与四氢化铝锂还原相比，操作方便，价格便宜，因此通常将羧酸转化成酯，再用金属钠-醇还原。

腈用 $LiAlH_4$ 或催化氢化还原得胺。例如

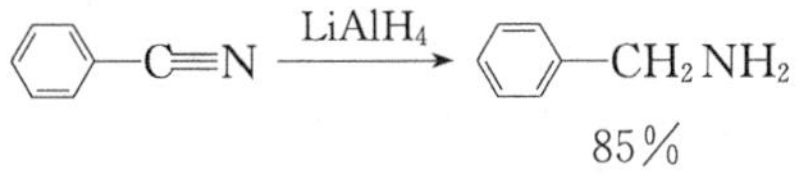

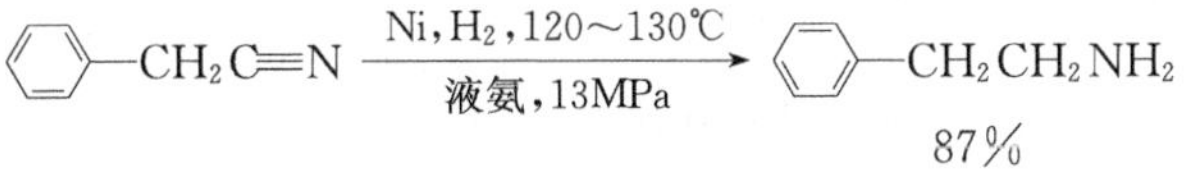

3. 羧酸衍生物与格氏试剂的反应

羧酸衍生物可以与格氏试剂作用生成相应的酮，后者可以与格氏试剂继续反应得到叔醇。

酰氯与格氏试剂的反应较为剧烈，反应在低温条件下，控制格氏试剂的用量，可以得到酮。例如

$$\mathrm{CH_3\overset{O}{\overset{\|}{C}}Cl + CH_3(CH_2)_3MgCl \xrightarrow[-70^\circ C]{\text{乙醚},FeCl_3} \left[H_3C-\underset{\underset{Cl}{|}}{\overset{\overset{OMgCl}{|}}{C}}-(CH_2)_3CH_3 \right] \longrightarrow \underset{72\%}{CH_3\overset{O}{\overset{\|}{C}}(CH_2)_3CH_3} + MgCl_2}$$

如果格氏试剂过量，并在室温时，格氏试剂又将与生成的酮继续反应，产物水解，就可得到叔醇。例如

$$\mathrm{C_6H_5\overset{O}{\overset{\|}{C}}Br \xrightarrow[\text{乙醚，回流 2h}]{C_6H_5MgBr} C_6H_5\overset{O}{\overset{\|}{C}}C_6H_5 \xrightarrow{C_6H_5MgBr} (C_6H_5)_3COMgBr \xrightarrow{H_2O} \underset{93\%}{(C_6H_5)_3COH}}$$

酯与格氏试剂反应，产物水解得叔醇(见 9.1.4 小节)，在此举一个具体的例子。

$$\mathrm{(CH_3)_2CH\overset{O}{\overset{\|}{C}}OC_2H_5 \xrightarrow[\text{醚}]{CH_3MgI} (CH_3)_2CH\overset{O}{\overset{\|}{C}}CH_3 \xrightarrow[(2)H_2O,H^{\oplus}]{(1)CH_3MgI} (CH_3)_2CH-\underset{\underset{CH_3}{|}}{\overset{\overset{OH}{|}}{C}}-CH_3}$$

腈与格氏试剂加成生成亚胺盐，后者不再进一步加成，而是水解为酮。用该方法制备酮简便易行，纯度较高，比较适合于制备芳香酮。例如

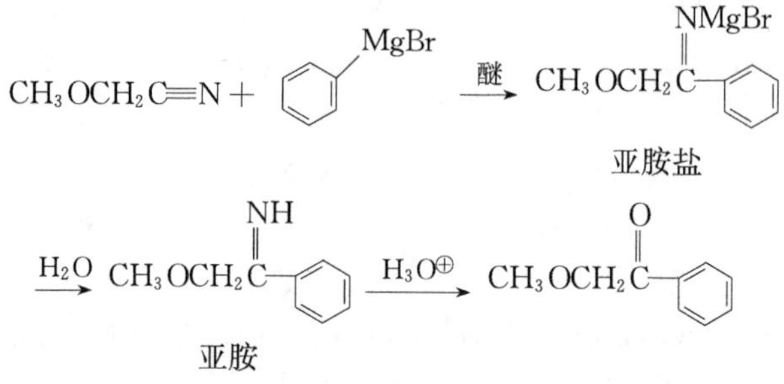

酸酐和酰胺也能与格氏试剂作用，水解得到叔醇，但消耗有机金属试剂较多，在合成上价值不大，在此不做介绍。

问题 11.13　用什么试剂可以完成下列转变？

(1) $CH_3CH_2CH_2COCl \longrightarrow CH_3CH_2CH_2CHO$

(2) 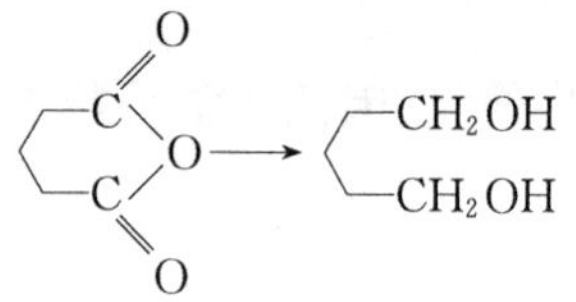

(3) $CH_3CH_2CH_2COOC_2H_5 \longrightarrow CH_3CH_2CH_2CH_2OH + C_2H_5OH$

(4) $CH_3CH_2CH_2CONH_2 \longrightarrow CH_3CH_2CH_2CH_2NH_2$

问题 11.14　采用何种酯与何种格氏试剂反应能够合成下列产物？

(1) $C_6H_5C(OH)(CH_2CH_3)_2$　　(2) 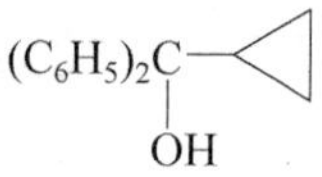

---

4. 酰胺的特殊反应

1) 酰胺的酸碱性

酰胺是中性化合物，因为在酰胺分子中，氮原子上的未共用电子对可以与羰基共轭，降低了氮原子上的电子云密度，因而碱性减弱。

但是如果氨分子中的两个氢原子被两个酰基取代，则生成酰亚胺。

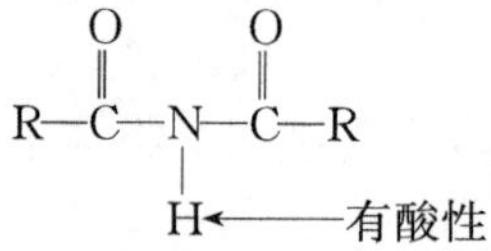

由于两个酰基的吸电子效应，氮原子上的电子云密度大大降低，因此氮上剩下的一个氢原子易于以质子的形式被碱夺去，表现出弱酸性。例如，邻苯二甲酰亚胺与强碱(NaOH 或 KOH)作用生成相应的盐。

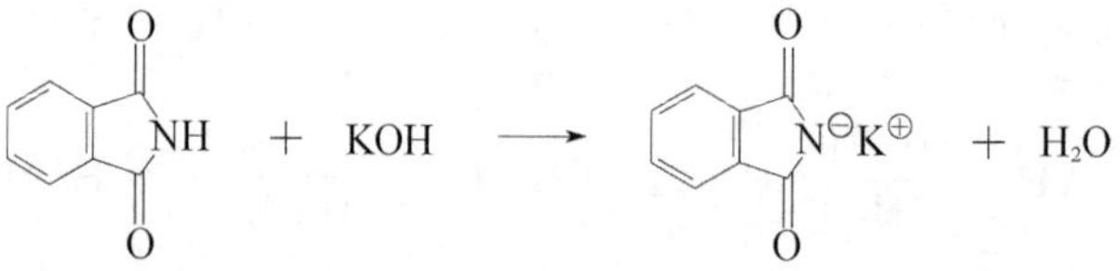

邻苯二甲酰亚胺负离子可以作为亲核试剂与卤代烃作用，在氮原子上导入一个烷基，水解后得到纯的伯胺，这一反应称为盖布瑞尔(Gabriel)反应。例如

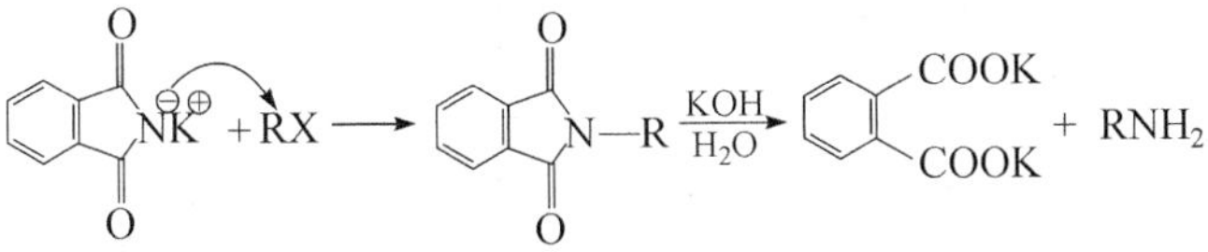

2）酰胺的脱水反应

羧酸铵脱水可以制得酰胺，酰胺再发生分子内脱水生成腈。

$$RCOONH_4 \underset{+H_2O}{\overset{-H_2O}{\rightleftharpoons}} RCONH_2 \underset{+H_2O}{\overset{-H_2O}{\rightleftharpoons}} RCN$$

反应一般在较高温度及脱水剂的作用下进行，常用的脱水剂是 P_2O_5 和 $SOCl_2$，这也是制备腈的重要方法之一。例如

$$(CH_3)_2CHCONH_2 \xrightarrow[200\sim220^\circ C]{P_2O_5} \underset{86\%}{(CH_3)_2CHCN}$$

3）霍夫曼降解反应

酰胺与氯或溴在碱溶液中反应，生成少一个碳原子的伯胺，称为霍夫曼降解反应，也称霍夫曼重排反应。

$$RCONH_2 + Br_2 + 4NaOH \longrightarrow RNH_2 + 2NaBr + Na_2CO_3 + 2H_2O$$

首先是酰胺在碱催化下发生溴代，生成 *N*-溴代酰胺。

$$RCONH_2 + OH^{\ominus} + Br_2 \longrightarrow RCONHBr + Br^{\ominus} + H_2O$$

然后在碱的作用下，从氮上消除一个 H^+ 和一个 Br^-，得到一个中间体——氮烯(nitrene)。

$$RCONHBr + OH^{\ominus} \longrightarrow R-\overset{\overset{\large O}{\|}}{C}-\ddot{N}: \ + Br^{\ominus} + H_2O$$

氮烯与碳烯类似，氮原子外层只有六个价电子，很不稳定，立即发生重排，生成异氰酸酯。

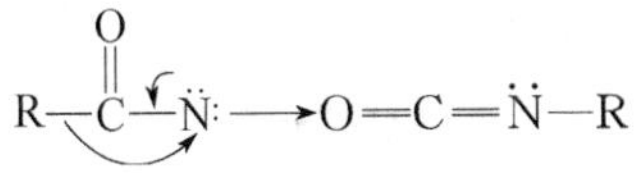

异氰酸酯易与水发生加成反应，加成产物在碱溶液中很快脱去一分子二氧化碳，生成伯胺。

$$R-N=C=O + H_2O \longrightarrow R-NH-\overset{\overset{\large O}{\|}}{C}-OH \longrightarrow RNH_2 + CO_2$$

该反应尽管过程较为复杂，但产率较高，产物较纯。例如

$$\underset{壬酰胺}{CH_3(CH_2)_8CONH_2} \xrightarrow{Cl_2,NaOH} \underset{辛胺\ (94\%)}{CH_3(CH_2)_8NH_2}$$

邻氨基苯甲酸可用邻苯二甲酸亚胺通过下列方法制备：

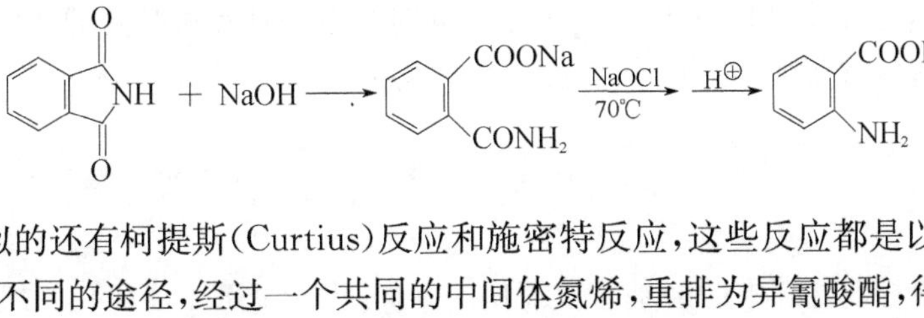

与此相似的还有柯提斯(Curtius)反应和施密特反应，这些反应都是以羧酸及其衍生物为原料，通过不同的途径，经过一个共同的中间体氮烯，重排为异氰酸酯，得到比原料少一个碳的伯胺。

问题 11.15　完成下列转化。

(1) $(CH_3)_2CHCOOH \longrightarrow (CH_3)_2CHCN$

(2) 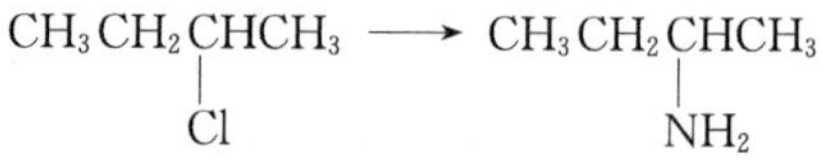

(3) 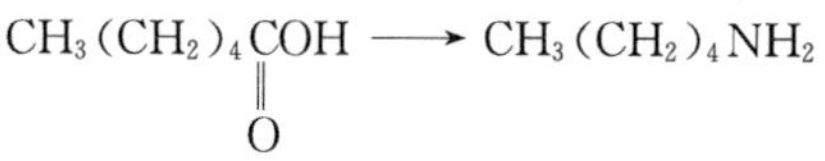

(4) 

11.3　取　代　酸

羧酸分子中烃基上的氢原子被其他原子或基团取代的衍生物称为取代酸(substituted acid),重要的取代酸有卤代酸、羟基酸、羰基酸和氨基酸等。它们是有机合成和生物代谢过程中的重要物质。本章着重讨论羟基酸和羰基酸,氨基酸将在第 17 章专门讨论。

11.3.1　羟基酸

羟基酸(hydroxy acid)广泛存在于生物体内,如乳酸、酒石酸、苹果酸、柠檬酸、杏仁酸等,它们大部分是手性分子,有些羟基酸还是生命活动的产物。

1. 命名和物理性质

脂肪族羟基酸也称为醇酸,芳香族羟基酸称为酚酸。醇酸的命名是以羧酸为母体、羟基为取代基命名的。羟基的位置用阿拉伯数字 1、2、3、…或希腊字母 α、β、γ、…表示。由于醇酸在自然界广泛存在,常根据其来源使用俗名。

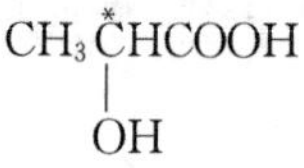

2-羟基丙酸
α-羟基丙酸
(乳酸)

$HOCH_2CH_2COOH$

3-羟基丙酸
β-羟基丙酸

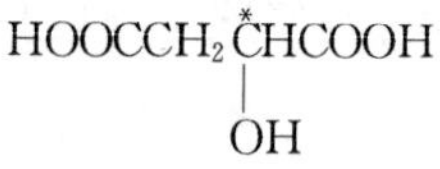

2-羟基丁二酸
α-羟基丁二酸
(苹果酸)

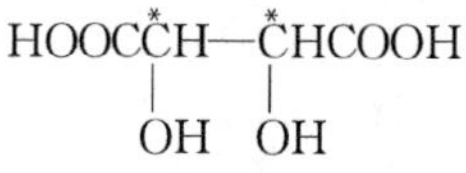

2,3-二羟基丁二酸
α,α'-二羟基丁二酸
(酒石酸)

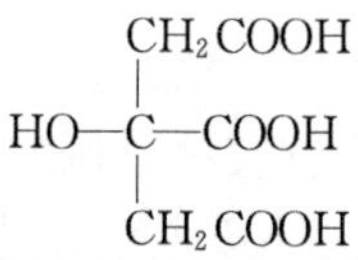

2-羟基-1,2,3-丙烷三羧酸
(柠檬酸)

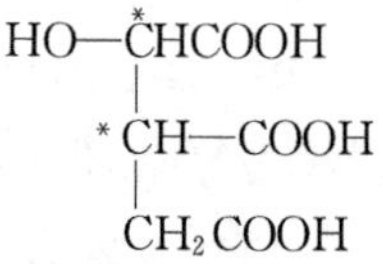

1-羟基-1,2,3-丙烷三羧酸
(异柠檬酸)

醇酸一般为结晶或糖浆状液体,由于分子中同时含有羟基和羧基两种强极性基团,因此它们在水中的溶解度都很大,熔点、沸点也比相应的羧酸高。

2. 化学性质

1) 氧化反应

α-羟基酸中的羟基比醇中的羟基易被氧化。例如,土伦试剂不能氧化一般的醇羟基,但能把α-羟基酸氧化成α-羰基酸。例如

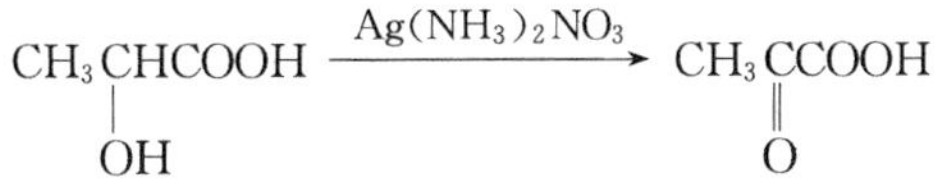

乳酸　　　　　丙酮酸

2）分解反应

α-羟基酸与稀硫酸共热，分解为醛（酮）和甲酸。

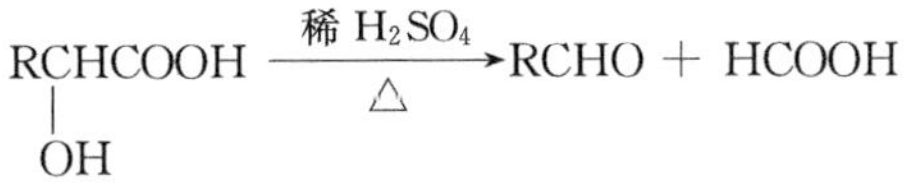

3）脱水反应

醇酸受热，易于发生脱水反应，但脱水方式随羟基的位置而异，可得到不同的脱水产物。α-羟基酸受热时，发生双分子间的交叉脱水反应，生成环状的交酯（lactide）。

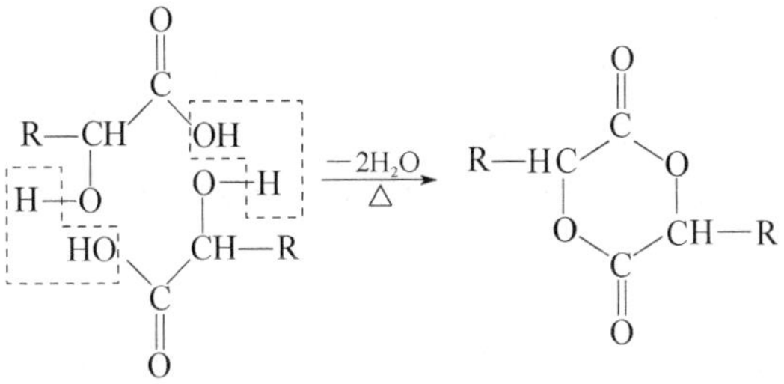

β-羟基酸中的α-氢由于同时受羧基和羟基吸电子诱导效应的影响，比较活泼，因此受热时易与相邻碳原子上的羟基脱水生成α,β-不饱和羧酸。

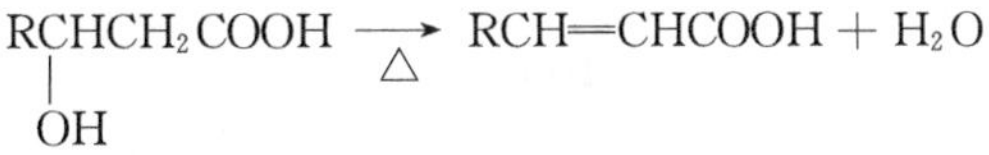

γ-羟基酸或δ-羟基酸受热则发生分子内的酯化反应，生成五元环或六元环的内酯（lactone）。六元环内酯的张力最小、最稳定。

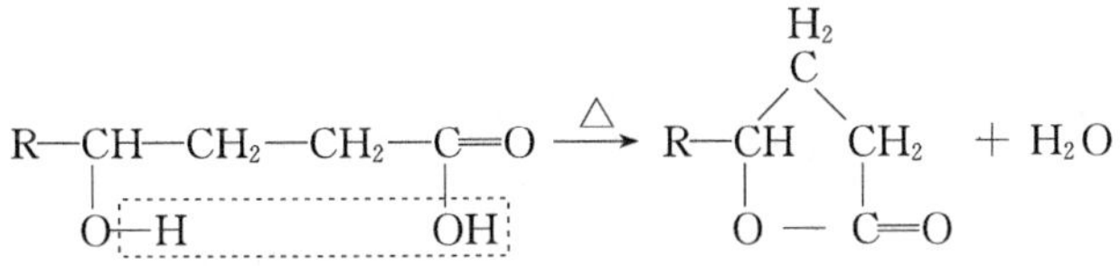

γ-羟基酸　　　　　γ-内酯

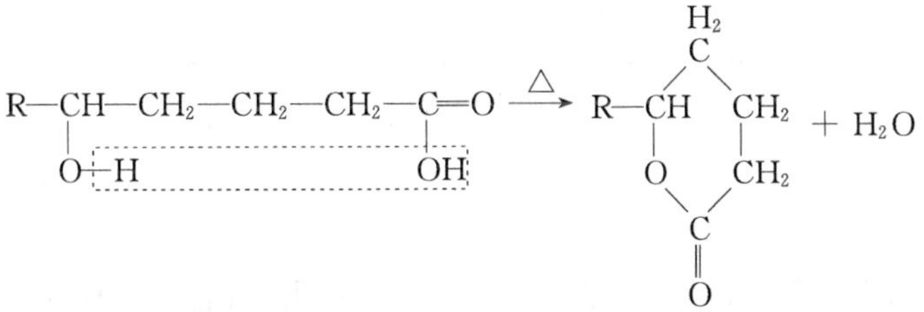

δ-羟基酸　　　　　δ-内酯

羟基与羧基相距更远的羟基酸受热后，发生分子间脱水反应，生成链状结构的聚酯。

$$m\mathrm{HO(CH_2)}_n\mathrm{COOH} \xrightarrow{\triangle} \mathrm{H}\!\left[\mathrm{O(CH_2)}_n\mathrm{CO}\right]_m\mathrm{OH} + (m-1)\mathrm{H_2O}$$
$$(n \geqslant 5)$$

内酯和酯一样，在碱溶液中易于发生水解开环，酸化其钠盐，又可重新形成内酯，特别是

在过量酸的存在下。例如

所以具有内酯结构的药物一般要在中性条件下保存和使用，偏酸或偏碱常会引起内酯开环而失效。

自然界中有许多内酯类化合物，有些是天然香精的主要成分。例如

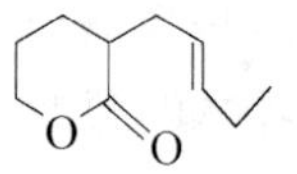

茉莉内酯

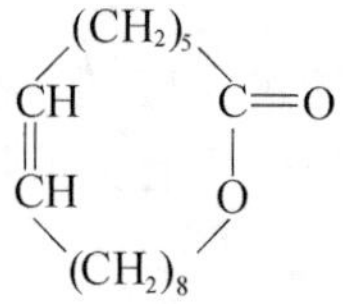

黄葵内酯(存在于麝葵子油中，有麝香味)

许多药物分子也是内酯结构。例如，维生素 C、穿心莲、亮菌甲素分子中含有 γ 和 δ 的内酯结构，而红霉素 A 和麦迪霉素分子内分别含有十四元和十六元的大环内酯结构。

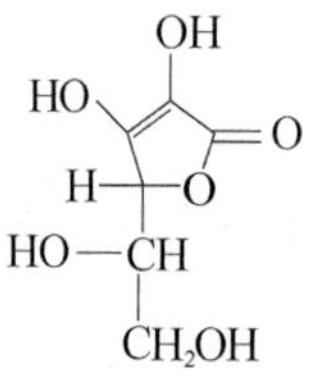

维生素 C

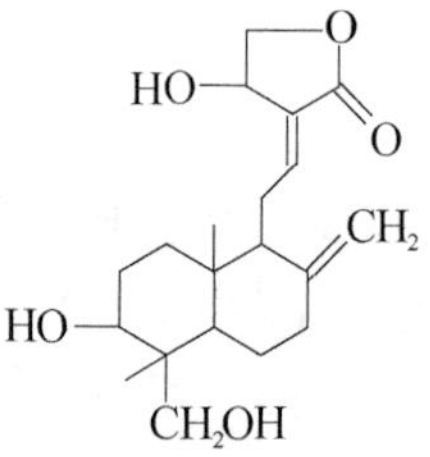

穿心莲内酯

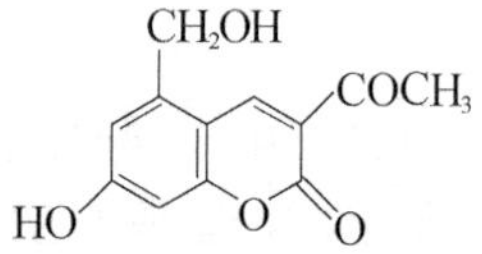

亮菌甲素

问题 11.16　完成下列反应。

(1) $(CH_3)_2C(OH)COOH \xrightarrow{\triangle}$　　(2) $(CH_3)_2C(OH)COOH \xrightarrow[\triangle]{H_2SO_4}$

(3) $CH_3CH(OH)CH_2COOH \xrightarrow[\triangle]{H^{\oplus}}$　　(4) $CH_2(OH)CH_2CH_2COOH \xrightarrow[\triangle]{H^{\oplus}}$

---

3. 醇酸的制备

1) 卤代酸水解

α-羟基酸可由 α-卤代酸水解得到。例如，(S)-2-溴代丙酸在浓 NaOH 溶液中，发生 S_N2 反应，得到(R)-乳酸。

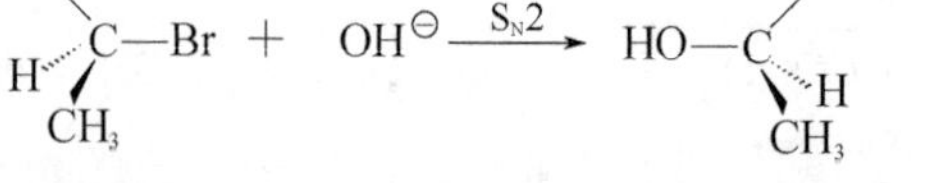

(S)-2-溴代丙酸　　　　(R)-乳酸

2）氰醇水解

α-羟基酸可由羰基化合物与 HCN 加成得到氰醇，后者水解制备。例如

$$C_6H_5CHO \xrightarrow{HCN} C_6H_5\underset{}{\overset{OH}{\overset{|}{C}}}HCN \xrightarrow[100^\circ C]{浓\ HCl} C_6H_5\overset{OH}{\overset{|}{C}}HCOOH$$

这也是制备 α-羟基酸常用的一种方法。

3）雷佛马茨基反应

醛、酮与 α-卤代酸酯的混合物在惰性溶剂中与锌粉反应，产物水解后得到 β-羟基酸酯，该反应称为雷佛马茨基(Reformatsky)反应。例如

这是制备 β-羟基酸和 β-羟基酸酯的一种重要方法。

中间体有机锌化合物与格氏试剂相似，但格氏试剂会对酯加成，所以在此用锌替代镁。

问题11.17　完成下列转变。

(1) 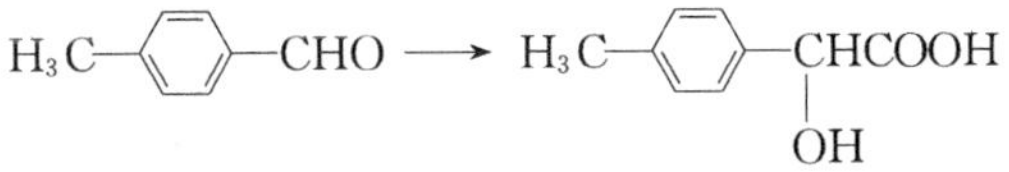

(2) $CH_3CH_2CH_2COOH \longrightarrow CH_3CH_2\underset{OH}{\underset{|}{C}}HCOOH$

(3) $CH_3CH_2\underset{O}{\underset{\|}{C}}CH_3 \longrightarrow CH_3CH_2\underset{OH}{\underset{|}{C}}HCH_2CH_2OH$

11.3.2　羰基酸

碳链上含有羰基的羧酸称为羰基酸(氧代酸)。羰基酸包括醛酸和酮酸，相比之下，酮酸更加重要。

1. 命名

命名时选择含有羰基和羧基的最长碳链为主链，从距离羰基最近的羧基编号，用阿拉伯数字或希腊字母表示羰基的位置，用“氧代”或“羰基”表示酮基，醛基有时以“甲酰基”表示。例如

$H\overset{O}{\overset{\|}{C}}—CH_2COOH$	$CH_3\overset{O}{\overset{\|}{C}}—COOH$	$CH_3\overset{O}{\overset{\|}{C}}CH_2COOH$	$HOOC—\overset{O}{\overset{\|}{C}}—CH_2COOH$
丙醛酸 (3-氧代丙酸 或甲酰乙酸)	丙酮酸 (2-氧代丙酸 或 α-氧代丙酸)	3-丁酮酸或乙酰乙酸 (3-氧代丁酸 或 β-氧代丁酸 或 β-丁酮酸)	丁酮二酸 (α-氧代丁二酸)

2. 羰基酸的性质

α-羰基酸分子中，由于氧原子的吸电子效应，羰基与羧基间的电子云密度较低，碳-碳键易于断裂，从而发生脱羧反应。例如，α-羰基酸与稀硫酸共热，脱羧生成醛；α-羰基酸与浓硫

酸共热，脱去 CO，生成羧酸。

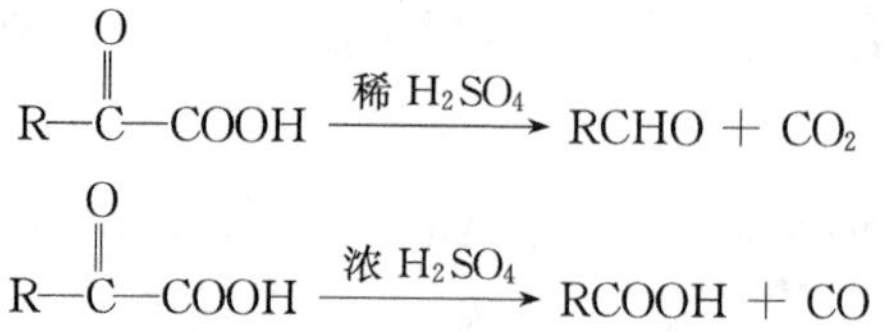

例如，乳酸氧化生成丙酮酸，丙酮酸极易被氧化，弱氧化剂如二价铁与过氧化氢就能把丙酮酸氧化成乙酸，并放出 CO_2。

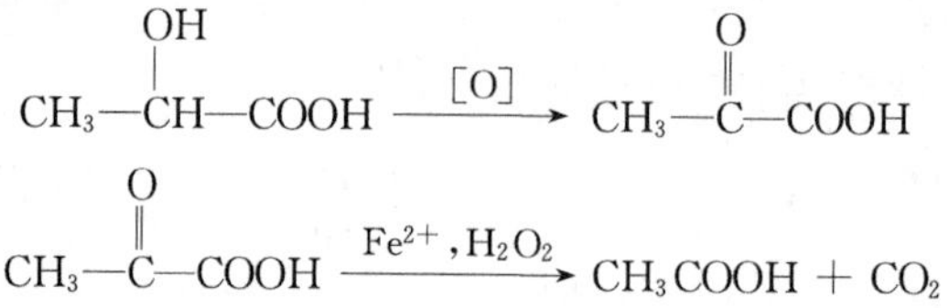

β-羰基酸由于存在分子内氢键，可以形成六元环的过渡态，受热更加容易脱羧，生成酮。

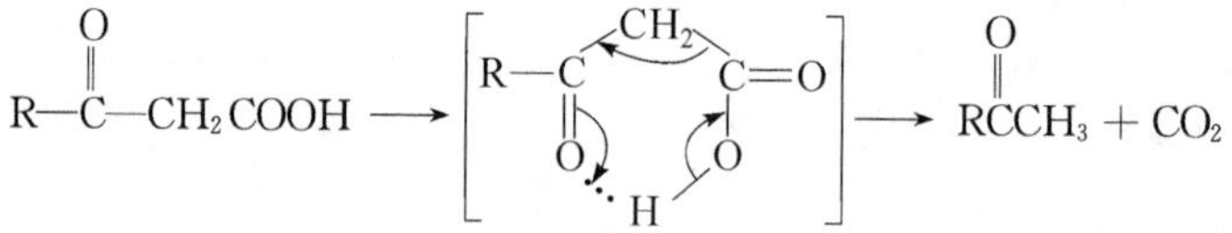

例如，乙酰乙酸仅在低温条件下稳定，在室温以上就脱羧而成丙酮。它在脱羧酶的作用下生成丙酮，在还原酶的作用下生成 β-羟基丁酸。

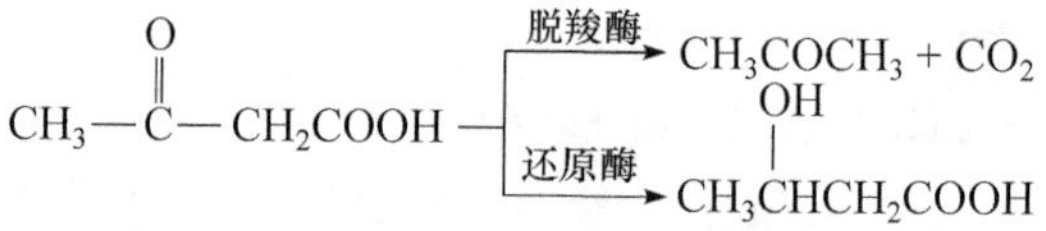

乙酰乙酸是最简单的 β-羰基酸，是机体内脂肪代谢的产物。β-丁酮酸、β-羟基丁酸和丙酮总称为酮体(ketone body)。酮体是脂肪在代谢为二氧化碳和水的过程中的中间产物，糖尿病患者由于机体代谢的问题，其尿液和血液中酮体含量都要高于正常人。

习　题

1. 命名下列化合物。

(1) $CH_3COCH{=}CHCOOH$　(2) 　(3) 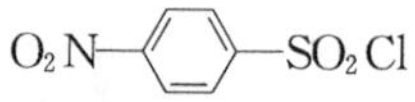

(4) 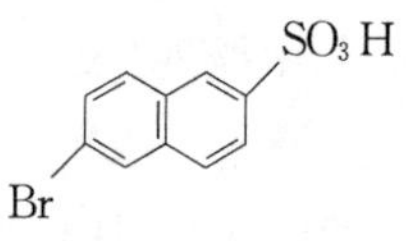　(5) 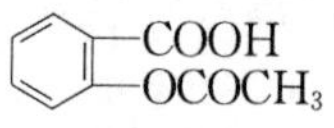
(阿司匹林)　(6) 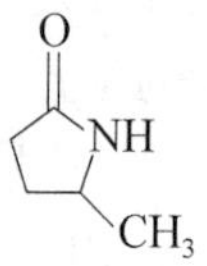

(7) 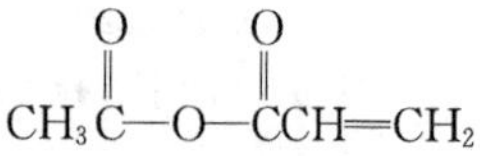　(8) 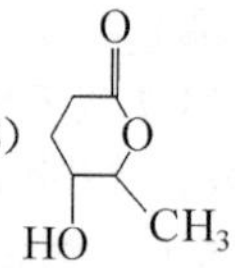　(9) 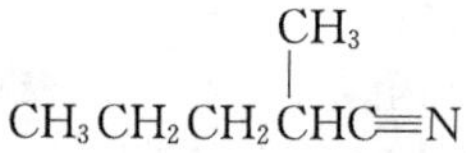

(10) 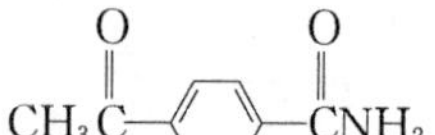　(11) $NCCH_2COOC_2H_5$　(12) 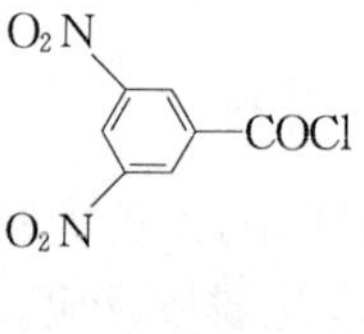

2. 完成下列反应。

(1) 

(2) 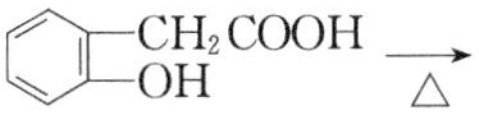

(3) $HCOOC_2H_5 \xrightarrow[(2)H_2O, H^{\oplus}]{(1)2C_2H_5MgBr}$

(4) 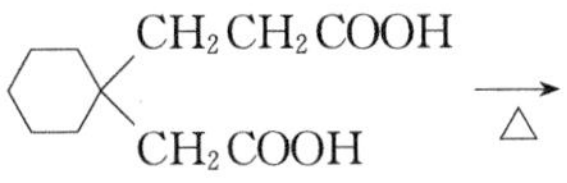

(5) 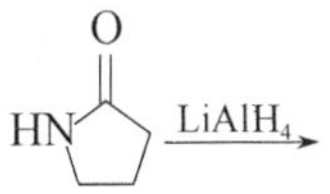

(6) 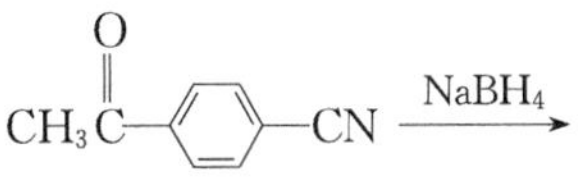

(7) $CH_3CH_2COOH + Cl_2 \xrightarrow{P} A \xrightarrow[(2)H^{\oplus}]{(1)NaOH, H_2O} B \xrightarrow{\triangle} C$

(8) 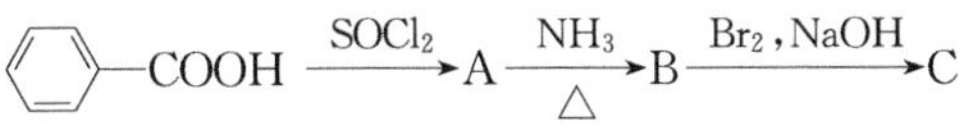

(9) $CH_3COCH_3 \xrightarrow{A} B \xrightarrow[H^{\oplus}]{H_2O} CH_3C(OH)(CH_3)CH_2COOC_2H_5$

(10) $H_2C{=}CHC(=O){-}^{18}OCH_3 + n\text{-}C_4H_9OH \longrightarrow$

(11) $HOCH_2CH_2CH_2CH_2COOH \xrightarrow[\triangle]{} A \xrightarrow[C_2H_5OH]{Na} B$

(12) 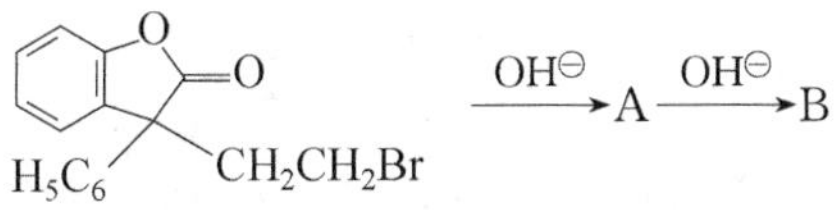

3. 将下列各组物质按指定性质的活泼程度从大到小排列。

(1) 酸性:三氯乙酸、氯乙酸、乙酸、甲酸、丙酸

(2) 水解活性:乙酸酐、乙酰氯、乙酸乙酯、乙酰胺

(3) 脱羧:乙酸、苯甲酸、乙二酸、乙酰乙酸、α-羟基丙酸

(4) 醇解:苯甲酰氯、丙烯酰氯、乙酰氯

(5) 与苯酚反应:乙酸、乙酰氯、乙酸酐

(6) 与 $AgNO_3$/乙醇溶液的反应速率:乙酰氯、1-氯丙烷、苯甲酰氯

(7) 酯水解速率:甲酸乙酯、丙酸乙酯、2,2-二甲基丙酸乙酯

4. 写出丙酸乙酯与下列化合物反应后的主要产物。

(1) H_2O, H_3O^+　　(2) H_2O, OH^-　　(3) $CH_3(CH_2)_7OH$, HCl

(4) $LiAlH_4$,然后加 H_2O　　(5) CH_3NH_2　　(6) C_6H_5MgBr,然后加 H_2O

5. 用什么方法使下列化合物转变成戊酸?

(1) 3-戊烯醛　　(2) 1-溴丁烷　　(3) 1-戊烯

(4) 丁酮　　(5) 2-己酮　　(6) 5-癸醇

6. 给下列反应填入适当的条件。

(1) $CH_3C(=O)CH_2CH_2COOCH_3 \longrightarrow CH_3CH(OH)CH_2CH_2COOCH_3$

(2) $\begin{matrix} CH_2-COOH \\ | \\ CH_2-COOC_2H_5 \end{matrix} \longrightarrow \begin{matrix} CH_2-COOH \\ | \\ CH_2-CH_2OH \end{matrix}$

(3) 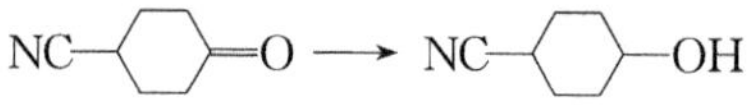

(4) 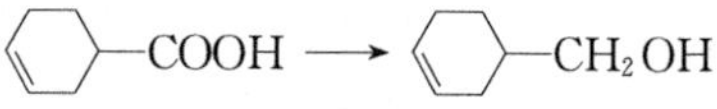

(5) $CH_3OCCH_2CH_2COCl$（C=O）$\longrightarrow CH_3OCCH_2CH_2CHO$（C=O）

7. 把卤代烷转化为多一个碳的羧酸，最常见的方法有两种：一种是将卤代烷转化为腈，进而水解成酸；另一种是把卤代烷转变成格氏试剂，然后羧基化。对于下列转化过程，哪种方法合理？还是两种方法都可以？说明理由。

(1) $CH_3CH_2CH_2CH_2Br \longrightarrow CH_3CH_2CH_2CH_2COOH$

(2) $(CH_3)_3CCl \longrightarrow (CH_3)_3COOH$

(3) $BrCH_2CH_2Br \longrightarrow HOOCCH_2CH_2COOH$

(4) $(CH_3)_3C-CH_2Br \longrightarrow (CH_3)_3C-CH_2COOH$

(5) $CH_3COCH_2CH_2CH_2Br \longrightarrow CH_3COCH_2CH_2CH_2COOH$

(6) $HOCH_2CH_2CH_2CH_2Br \longrightarrow HOCH_2CH_2CH_2CH_2COOH$

(7) 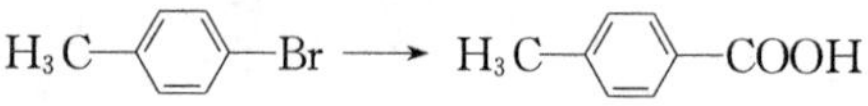

8. 当化合物 A 和 B 在酸催化下水解时，发现 A 的水解产物酸中没有 ^{18}O，而 B 的水解产物酸中含有 ^{18}O，试说明其原因。

$H_3C-\overset{O}{\overset{\|}{C}}-{}^{18}O-C_2H_5$ (A)　　　$H_3C-\overset{O}{\overset{\|}{C}}-{}^{18}O-C(CH_3)_3$ (B)

9. 从指定的原料合成产物。

(1) $CH_3COCH_3 \longrightarrow (CH_3CO)_2O$

(2) $CH_3CHO \longrightarrow CH_3\underset{OH}{\underset{|}{C}}HCH_2COOH$

(3) 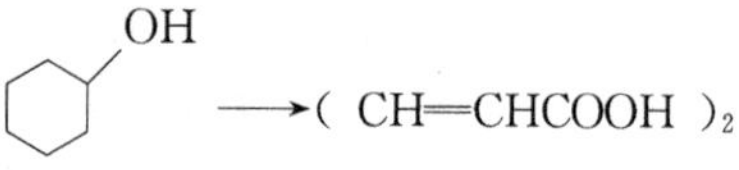

(4) 

(5) $OHC-CH_2\underset{CH_3}{\underset{|}{C}}=CH_2 \longrightarrow OHC-CH_2\overset{CH_3}{\overset{|}{\underset{CH_3}{\underset{|}{C}}}}COOH$

(6) 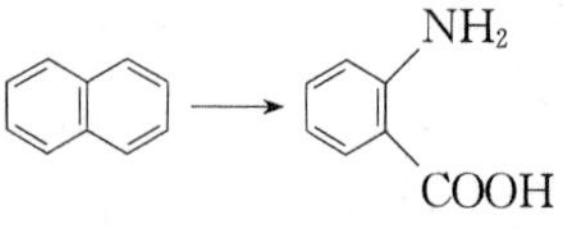

(7) 

(8) 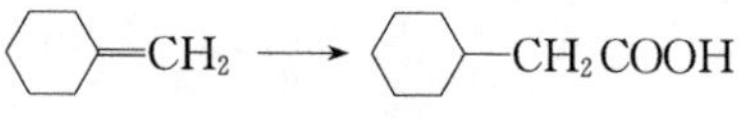

(9) 

10. 用化学方法鉴别下列各组化合物。

(1) 甲酸乙酯和乙酸乙酯　　(2) 乙酸和乙二酸

(3) 乙酰氯、氯乙酸、乙酸酐　　(4) 苯甲酸、对甲苯酚、苄醇

(5) 乙二酸、丙二酸、丁二酸　　(6) 丙酮酸、苯甲酸、水杨酸

11. 有机物的分离、提纯是科研和生产中常遇到的实际问题，一般既要采用溶解、萃取、洗涤、过滤、重结晶和蒸馏等物理方法，同时也要利用必要的化学反应。试设计一个实验方案，分离环己基甲酸、苯甲酸甲酯和邻甲苯酚。

12. 化合物 A 和 B 都有水果香味，分子式为 $C_4H_6O_2$，都不溶于氢氧化钠溶液。当与氢氧化钠溶液共热

时，A 生成一种羧酸盐和乙醛，B 生成甲醇和化合物 C，C 酸化后得到化合物 D。D 能使溴的四氯化碳褪色。写出 A～D 的构造式及有关反应式。

13. 三个化合物 A、B、C，分子式均为 $C_4H_6O_4$，A、B 可溶于 $NaHCO_3$ 溶液。A 加热生成 $C_4H_4O_3$，B 加热生成 $C_3H_6O_2$，C 化合物用稀酸处理得 D 和 E。D 和 E 均能被 $KMnO_4$ 氧化生成二氧化碳。写出 A～C 的结构式。

14. 根据下列反应推测 A～F 的结构式。

$$A(C_7H_6O) \xrightarrow[(2)H_2O]{(1)BrCH_2COOC_2H_5,Zn} B \xrightarrow[\text{吡啶}]{CrO_3} C \xrightarrow{Ph_3P{=}CH_2} F$$

B	C	F
IR(部分)	IR(部分)	IR(部分)
$1735cm^{-1}$	$1730cm^{-1}$	$1735cm^{-1}$
$3350cm^{-1}$	$1750cm^{-1}$	$1650cm^{-1}$

$$C \xrightarrow[\triangle]{H_3O^{\oplus}} D \xrightarrow[\triangle]{\text{“A”},KOH} \underset{(M^{+}=208)}{E}$$

D 的 ^1H NMR：$\delta=2.28ppm$，单峰，3H

$\delta=7.1ppm$，单峰，5H

第 12 章　β-二羰基化合物在有机合成中的应用

化合物中含有两个羰基，且中间被一个碳原子隔开，这样的化合物就称为 β-二羰基化合物：

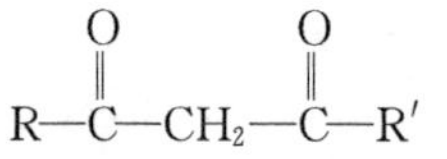

β-二酮

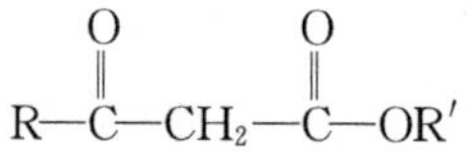

β-酮酸酯

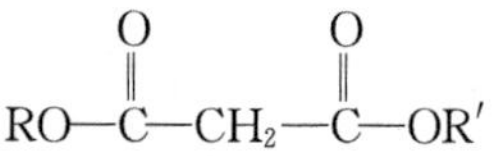

丙二酸酯

位于两个羰基之间的亚甲基上的氢原子受这两个羰基的吸电子效应的影响，会表现出较强的酸性。

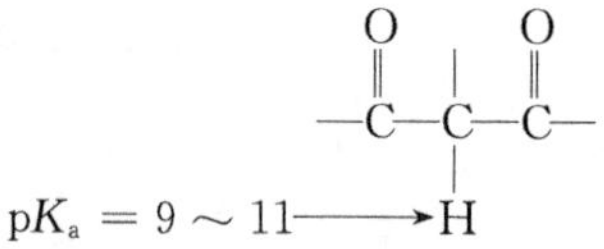

这类化合物在有机合成领域有着多方面的用途。其他与 β-二羰基化合物结构类似的化合物，如氰乙酸酯($NC—CH_2—COOC_2H_5$)、硝基乙酸酯($O_2N—CH_2—COOC_2H_5$)等，中间亚甲基上的氢原子受两端吸电子基的影响，同样变得很活泼，有较强的酸性。

12.1　克莱森酯缩合反应——β-酮酸酯的合成

12.1.1　乙酰乙酸乙酯的合成

乙酰乙酸乙酯(ethyl acetoacetate)是具有清香气味的无色透明液体，沸点为 181℃(部分分解)，微溶于水，易溶于乙醚、丙酮等有机溶剂。乙酰乙酸乙酯是由两分子的乙酸乙酯在乙醇钠的作用下，发生分子间缩合后酸化后得到的。

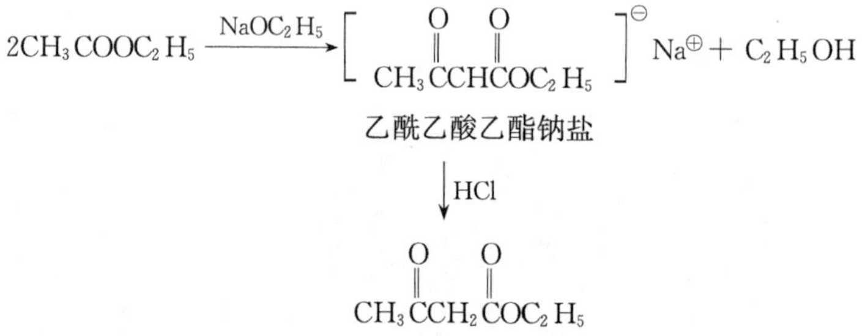

乙酰乙酸乙酯(75%～76%)

与羟醛缩合类似，克莱森酯缩合也要求其中至少一个羧酸酯必须含有 α-H。这两种反应物一个失去一个 α-H，另一个失去一个乙氧基。例如

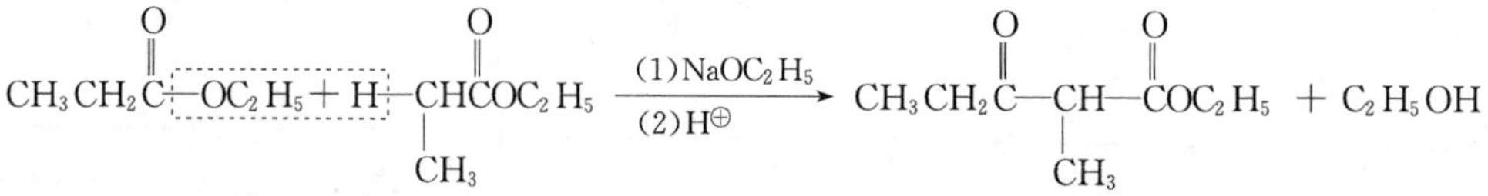

产物可以看成是失去一个 α-H 的乙酸乙酯分子与一个乙酰基的缩合物。

该反应一般按以下机理进行：

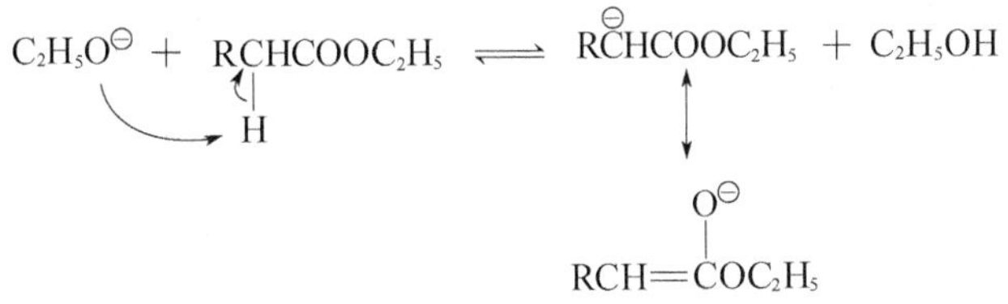

第一步是碱进攻酯中的 α-H，虽然酯中的 α-H 没有醛、酮中的强，但是上述烯醇负离子还是相对稳定的。

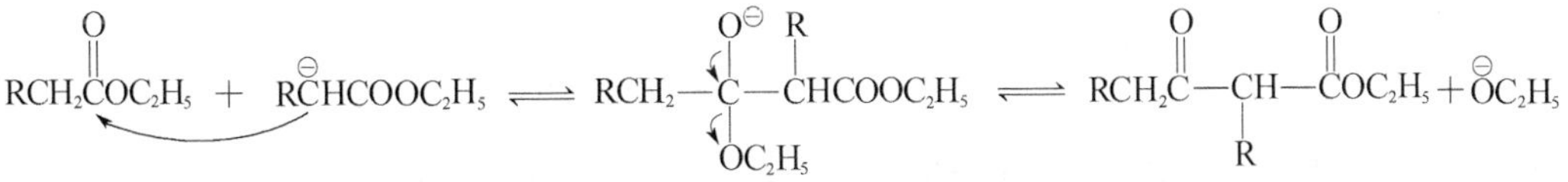

第二步是该负离子进攻另一酯分子的羰基碳，形成一个不稳定的中间体，然后脱去一个乙氧负离子，发生了一个亲核取代反应。

但该产物在碱性条件下是不稳定的，还要继续反应。

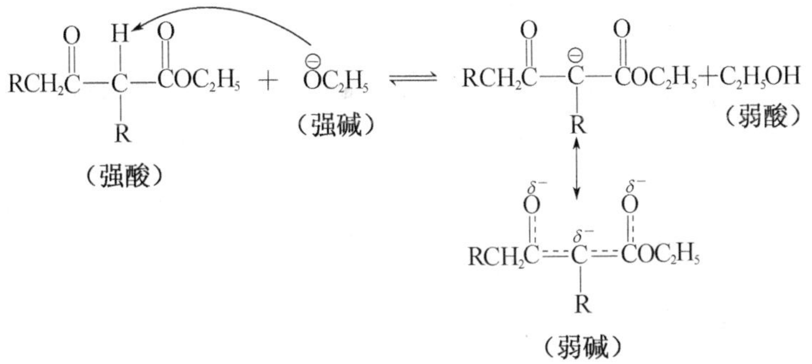

从其共振结构式可以看出，β-酮酸负离子可以与相邻的两个羰基共轭，所以相对稳定。

最后向反应体系中加酸，形成稳定的加成产物，即

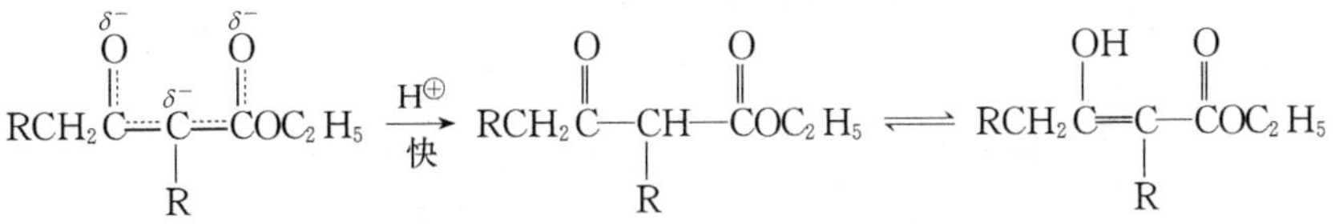

当被酰化的酯仅有一个 α-H 时，与通常的克莱森酯缩合反应有所不同，一般要用比醇钠的碱性更强的碱（如三苯甲基钠），才能将原料酯中的 α-H 攫取，形成烯醇负离子。烯醇负离子可与酰氯或酸酐反应，得到产物 β-酮酸酯。

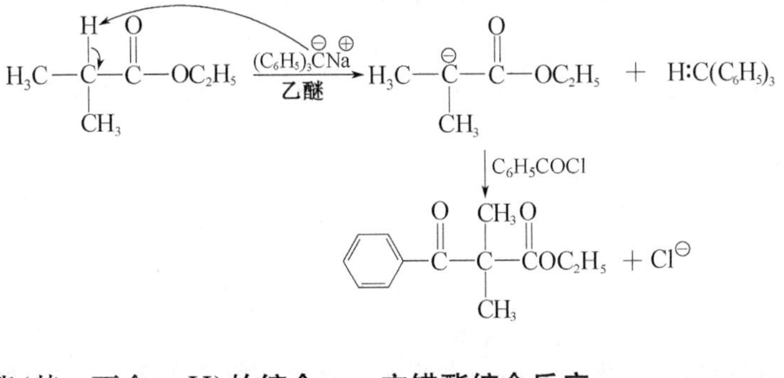

12.1.2 不同酯(其一不含 α-H)的缩合——交错酯缩合反应

与交叉羟醛缩合一样，如果用两种不同且都含有 α-氢原子的酯进行酯缩合反应，将会

得到四种不同的 β-酮酸酯，这在合成上是没有意义的。但是如果两种酯中有一个是不含 α-氢原子的酯，就可以进行交错的酯缩合反应，还是有应用价值的。例如

$$\underset{\text{苯甲酸乙酯}}{C_6H_5\overset{O}{\overset{\|}{C}}OC_2H_5} + CH_3\overset{O}{\overset{\|}{C}}OC_2H_5 \xrightarrow[(2)H^{\oplus}]{(1)NaOC_2H_5} \underset{\text{苯甲酰乙酸乙酯(60\%)}}{C_6H_5\overset{O}{\overset{\|}{C}}CH_2\overset{O}{\overset{\|}{C}}OC_2H_5}$$

$$\underset{\text{苯基乙酸乙酯}}{C_6H_5CH_2COOC_2H_5} + \underset{\text{乙二酸二乙酯}}{\begin{matrix} COOC_2H_5 \\ | \\ COOC_2H_5 \end{matrix}} \xrightarrow[(2)H^{\oplus}]{(1)NaOC_2H_5}$$

$$\begin{matrix} C_6H_5CHCOOC_2H_5 \\ | \\ \boxed{CO}\!-\!COOC_2H_5 \end{matrix} \xrightarrow[175℃]{-CO} \underset{\alpha\text{-苯基丙二酸二乙酯(80\%～85\%)}}{\begin{matrix} C_6H_5CHCOOC_2H_5 \\ | \\ COOC_2H_5 \end{matrix}}$$

缩合产物中有一个 α-羰基酸酯的基团，加热即可发生脱去 CO 的反应，生成取代的丙二酸酯。

克莱森酯缩合反应也可以发生在分子内，这种反应称为迪克曼(Dieckmann)缩合，用来制备五元或六元环状 β-酮酸酯。例如

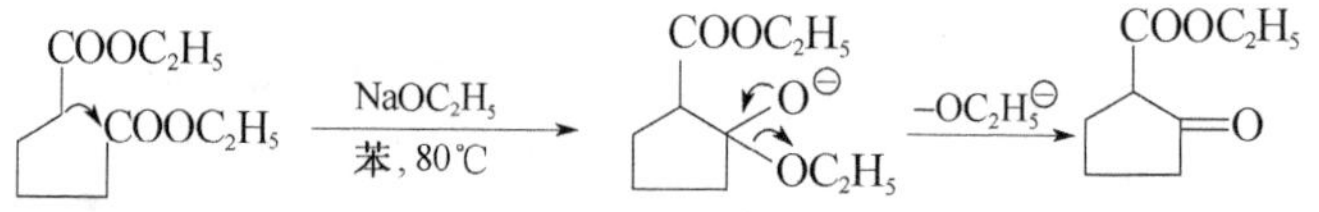

己二酸二乙酯　　　　2-环戊酮甲酸乙酯 (74%～81%)

问题 12.1　利用克莱森酯缩合反应，合成下列产物。

(1) $C_6H_5CH_2\overset{O}{\overset{\|}{C}}\underset{\underset{C_6H_5}{|}}{CH}\overset{O}{\overset{\|}{C}}OC_2H_5$　　(2) $C_6H_5\overset{O}{\overset{\|}{C}}\underset{\underset{CH_3}{|}}{CH}\overset{O}{\overset{\|}{C}}OC_2H_5$

(3) $C_2H_5O\overset{O}{\overset{\|}{C}}-\overset{O}{\overset{\|}{C}}-CH_2\overset{O}{\overset{\|}{C}}OC_2H_5$

问题 12.2　写出下列化合物通过迪克曼酯缩合反应后生成产物的结构式。

(1) $C_2H_5O\overset{O}{\overset{\|}{C}}CH_2CH_2CH_2CH_2CH_2\overset{O}{\overset{\|}{C}}OC_2H_5$　　(2) $C_2H_5O\overset{O}{\overset{\|}{C}}\underset{\underset{CH_3}{|}}{CH}CH_2CH_2CH_2\overset{O}{\overset{\|}{C}}OC_2H_5$

12.2　酮-烯醇的互变异构

在第 4 章中曾经讨论过烯醇式和酮式的互变异构现象。实际上，在痕量的酸或碱存在下，酮式结构与烯醇式结构可以互相转化。对于单羰基化合物，达到平衡时烯醇式的含量是微乎其微的。例如

（~100%）　（极少）　（>99%）　（1.5×10^{-4}%）

这是因为C═O键的键能是 363.66kJ · mol^{-1}，而C═C键的键能是 250.80kJ · mol^{-1}。

很多1,3-二羰基化合物以及一些与其结构类似、含活泼亚甲基的化合物也都存在烯醇式和酮式的互变异构现象，而且其烯醇式结构的含量是很高的。例如，乙酰乙酸乙酯在室温下就是92.5%的酮式和7.5%的烯醇式的混合物所形成的平衡体系.

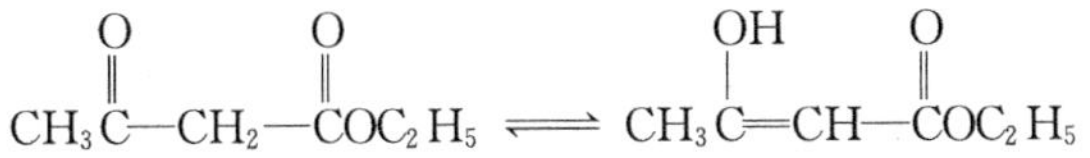

室温　酮式(92.5%)　烯醇式(7.5%)

在室温下，二者互变速率很快，表现为一个化合物，但在低温时(−78℃)二者互变速率很慢。将乙酰乙酸乙酯冷却到−78℃，可以得到一种无色晶体，熔点为−39℃，该物质不和溴加成，也不与三氯化铁发生颜色反应，但和酮的试剂作用，因此该化合物为酮式异构体。但将乙酰乙酸乙酯和钠生成的化合物在−78℃时用盐酸分解，得到另一种不能结晶的化合物，则能与三氯化铁发生颜色反应，也能使溴褪色，但不与酮的试剂作用，这就是烯醇式异构体。少量的酸或碱就能促使酮式与烯醇式达到平衡，如用洁净的石英设备蒸馏，可将二者分开，酮式沸点为(41℃/267Pa)，烯醇式沸点为(33℃/267Pa)。

^{1}H NMR 谱也证明了乙酰乙酸乙酯中的两种结构。图 12.1 中 c、b、a 分别表示少量烯醇式中的 CH_3、C═C—H、OH 中的三种质子，d、e 这两个单峰表示酮式结构中 α-CH_2、与羰基相连的 CH_3，三重峰和四重峰是酮式和烯醇式中酯基上的 CH_2 和 CH_3。

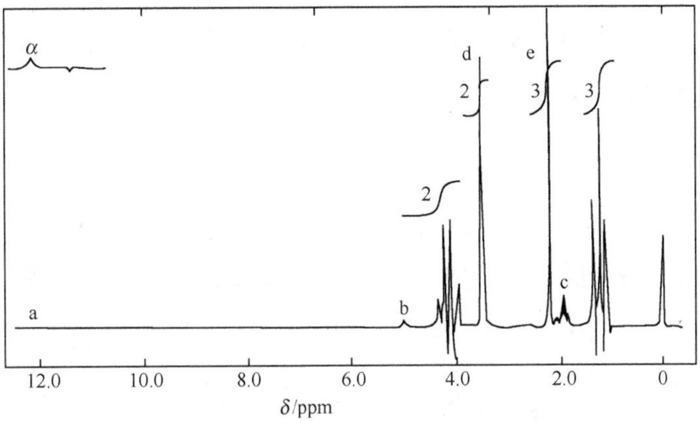

图 12.1　乙酰乙酸乙酯的^{1}H NMR 谱

一般醛、酮的烯醇式结构不稳定，含量也很少。例如，丙酮中的烯醇式含量只有 1.5×10^{-4}%，一般的方法是无法检验出来的。但在乙酰乙酸乙酯中，其烯醇式结构相对稳定，主要原因如下：

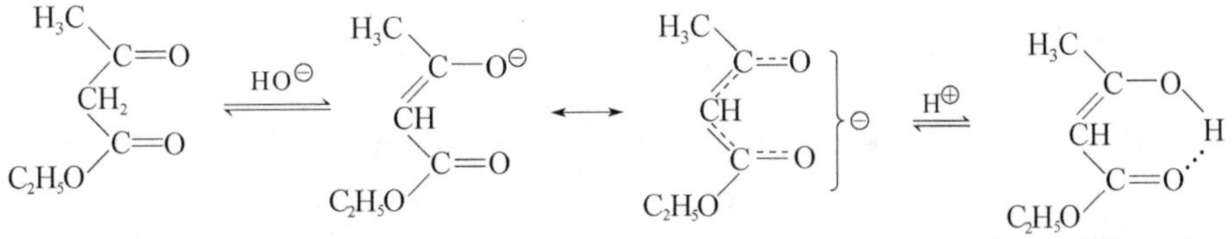

酮式　烯醇式　共振杂化体　分子内氢键，六元环

(1) β-二羰基化合物中的亚甲基受两个羰基吸电子效应的影响，酸性增强，使其易以质子的形式转移到羰基氧原子上，形成烯醇式结构。

(2) 乙酰乙酸乙酯的烯醇式结构是一个共轭体系，存在C═C键与C═O键的共轭。

(3) 烯醇式中羟基上的氢可与酯基中的羰基氧原子依靠氢键形成六元环，使烯醇式的稳定性进一步加强，这也是烯醇式结构的沸点低于酮式的原因。

问题 12.3　解释下列化合物烯醇式含量高低的原因。

酮式	烯醇式	烯醇式含量
CH_3COCH_3	$H_2C{=}C(OH)CH_3$	1.5×10^{-4}
$CH_2(COOC_2H_5)_2$	$C_2H_5O{-}C(OH){=}CHCOOC_2H_5$	7×10^{-4}
$CH_3COCH_2COOC_2H_5$	$H_3C{-}C(OH){=}CHCOOC_2H_5$	7.5
$CH_3COCH_2COCH_3$	$H_3C{-}C(OH){=}CHCOCH_3$	76.5
$C_6H_5COCH_2COCH_3$	$C_6H_5{-}C(OH){=}CHCOCH_3$	90.0
$C_6H_5COCH_2COC_6H_5$	$C_6H_5{-}C(OH){=}CHCOC_6H_5$	96.0

12.3　β-二羰基化合物在合成上的应用

12.3.1　乙酰乙酸乙酯在合成中的应用

1. 乙酰乙酸乙酯的水解

乙酰乙酸是β-酮酸，在11.3.2小节中讨论过，β-酮酸受热易脱羧，生成少一个碳的酮，所以当乙酰乙酸乙酯与稀碱作用，即可发生水解，产物酸化再加热，就脱羧生成酮，这种分解称为酮式分解。

$$CH_3COCH_2COOC_2H_5 \xrightarrow[(2)H_3O^{\oplus}]{(1)5\%NaOH} CH_3COCH_2COOH \xrightarrow[\triangle]{-CO_2} CH_3COCH_3$$

此外，乙酰乙酸乙酯与浓碱共热，则发生克莱森酯缩合反应的逆反应(水解)，生成两分子乙酸和一分子乙醇，称为酸式分解。

$$CH_3COCH_2COOC_2H_5 \xrightarrow[(2)H_3O^{\oplus},\triangle]{(1)40\%NaOH} 2CH_3COOH + C_2H_5OH$$

反应机理如下：

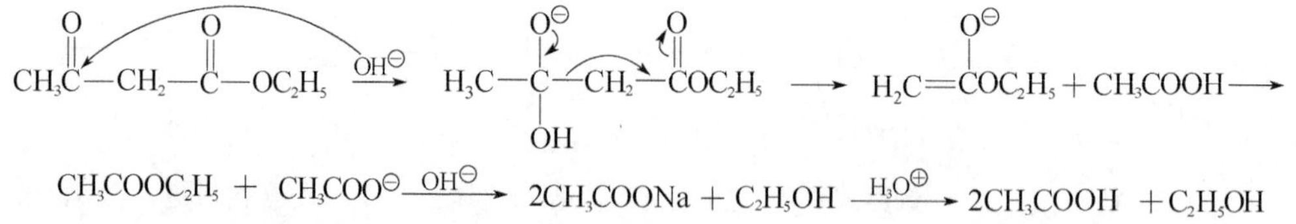

2. 活性亚甲基的烷基化和酰基化

乙酰乙酸乙酯中的活性亚甲基在强碱作用下能形成具有强亲核性的碳负离子或烯醇负离子，所以可以与卤代烷或酰氯发生亲核取代反应，结果是在亚甲基上引入一个烷基或一个酰基，重复上面的步骤还可以生成二烷基取代的乙酰乙酸乙酯。

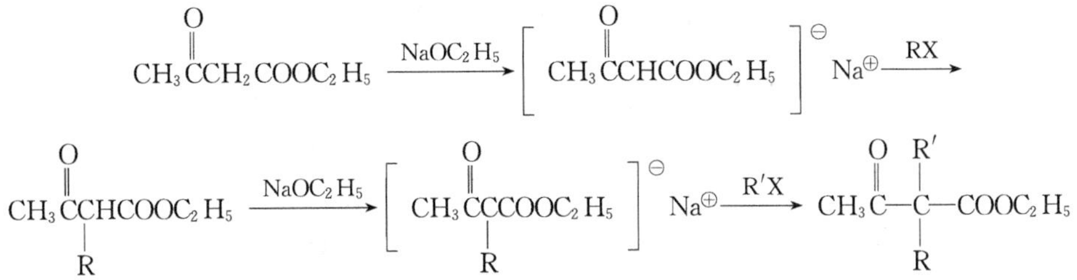

产物经酮式分解或酸式分解得到多种类型的酮和羧酸。

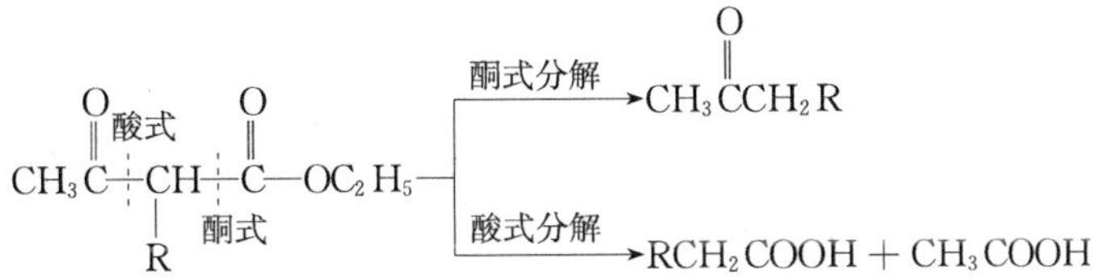

采用不同的卤代烷，可以得到不同的 α-取代酮和 α-取代酸，采用酸式分解，在得到产物 α-取代酸的同时，还伴有乙酸副产物，一般采用丙二酸二乙酯合成羧酸效果较好。

3. 乙酰乙酸乙酯在合成中的应用

1）合成烷基取代的酮

从产物结构分析，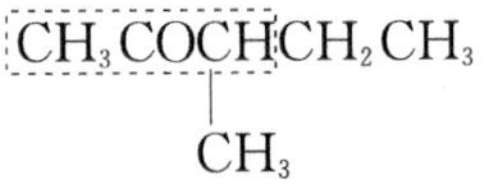 方框内的三个碳原子来自乙酰乙酸乙酯，而甲基和乙基则是引入的基团，所以合成路线为

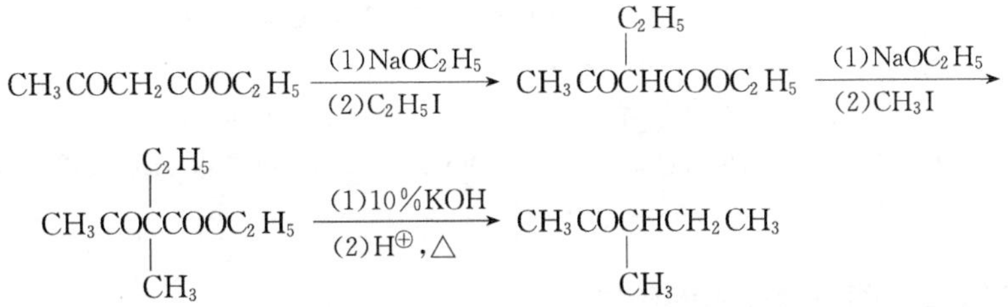

一般先引入大的取代基，再引入小的取代基，避免第一步产生二烷基化副产物。

二烷基取代的酮酸酯如与浓碱作用，则发生酸式分解，生成取代羧酸。

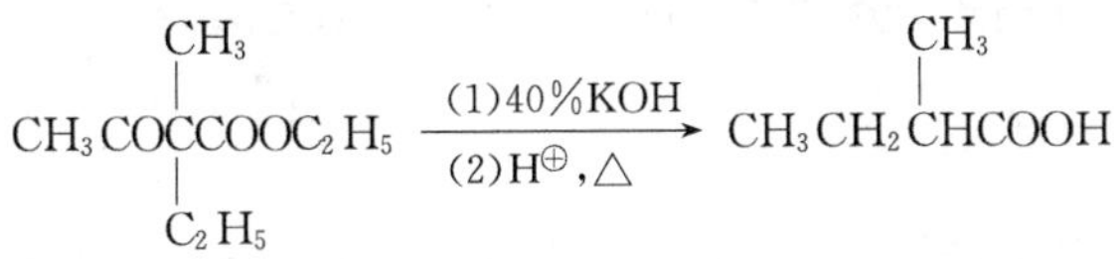

2）合成 β-二酮

乙酰乙酸乙酯与酰氯在氢化钠（NaH）的作用下，可以制备 β-二酮，在此采用氢化钠代替醇钠是因为反应中不会产生醇，避免酰氯与醇作用。例如

$$CH_3COCH_2COOC_2H_5 \xrightarrow{NaH} [CH_3COCHCOOC_2H_5]^{\ominus}Na^{\oplus} + H_2$$

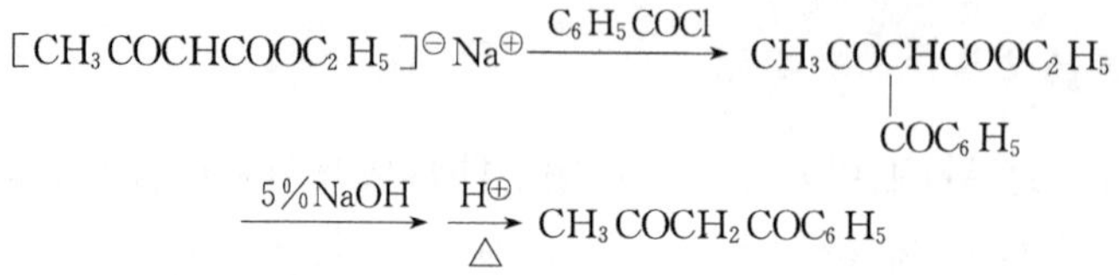

3）合成 γ-二酮

乙酰乙酸乙酯与 α-卤代酸酯作用，可以制得 γ-二酮。例如

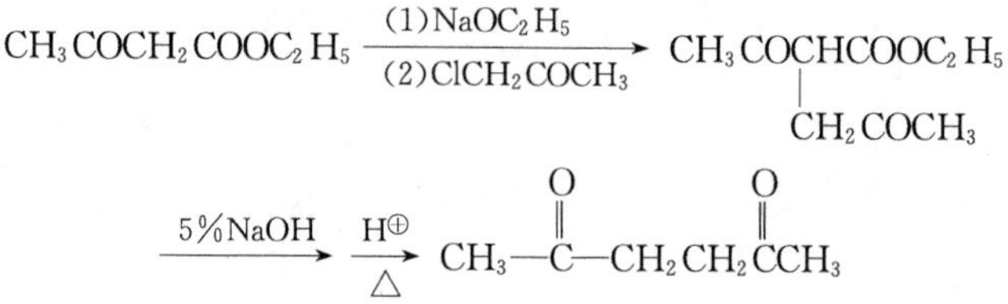

4）合成 2，5-己二酮和 2，6-己二酮

乙酰乙酸乙酯的钠衍生物与碘作用，然后进行酮式分解得到 2，5-己二酮。例如

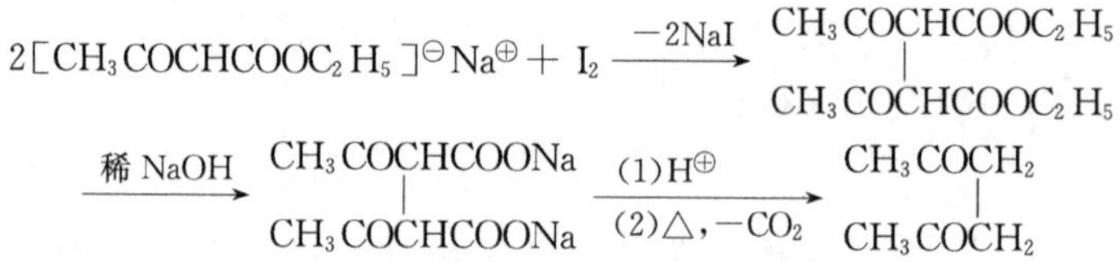

乙酰乙酸乙酯的钠衍生物与二卤代烷作用，然后进行酮式分解得到 2，6-己二酮。例如

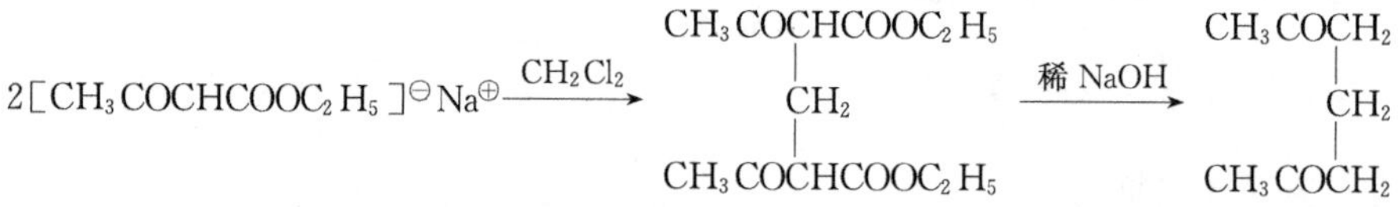

问题 12.4　由乙酰乙酸乙酯合成下列化合物。

(1) $CH_3COCH_2CH_2COOH$　　(2) $CH_3COCH_2CH_2CH_3$

(3) 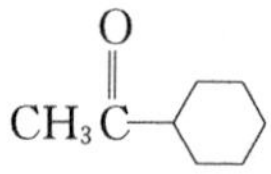

(4) $CH_3CH_2CH_2\overset{O}{\overset{\|}{C}}CH_2\overset{O}{\overset{\|}{C}}CH_3$

问题 12.5　下列化合物是否能由乙酰乙酸乙酯合成？

(1) 2-庚酮　　(2) 3-庚酮　　(3) 4-庚酮

(4) $(CH_3)_3CCOOH$　　(5) $(CH_3)_3CCH_2COOH$　　(6) CH_3COCH_2COOH

12.3.2　丙二酸二乙酯在合成中的应用

乙酰乙酸乙酯一般用于合成酮，合成羧酸时通常采用丙二酸二乙酯法，因为前者在进行酸式分解的同时，常伴有酮式分解产物，而且还有副产物乙酸。

1. 丙二酸二乙酯的制备

丙二酸很活泼，受热易分解脱羧，转化成乙酸（见 11.1.3 小节），所以丙二酸二乙酯不是从丙二酸直接酯化制备，而通常由氯乙酸钠制备。

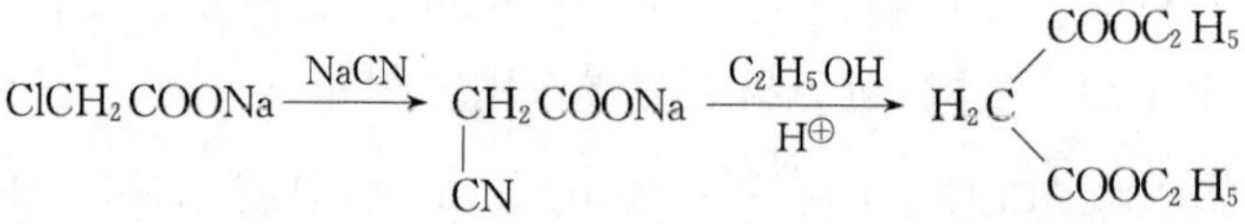

2. 丙二酸二乙酯在合成中的应用

1) 合成一元羧酸

丙二酸二乙酯中的亚甲基受相邻两个羰基吸电子作用的影响，具有酸性($pK_a=13.3$)。与乙酰乙酸乙酯相似，在强碱存在下可以发生烃基化反应，该中间产物经水解、脱羧后生成取代的乙酸。例如

$$CH_2(COOC_2H_5)_2 \xrightarrow{C_2H_5ONa} [CH(COOC_2H_5)_2]^{\ominus}Na^{\oplus} \xrightarrow{RX} RCH(COOC_2H_5)_2$$

$$\xrightarrow[H_2O]{NaOH} RCH(COONa)_2 \xrightarrow{H^{\oplus}} RCH(COOH)_2 \xrightarrow[\triangle]{-CO_2} RCH_2COOH$$

如果烷基丙二酸酯与乙醇钠进一步反应，还可再引入第二个烷基，得到二烷基取代乙酸。

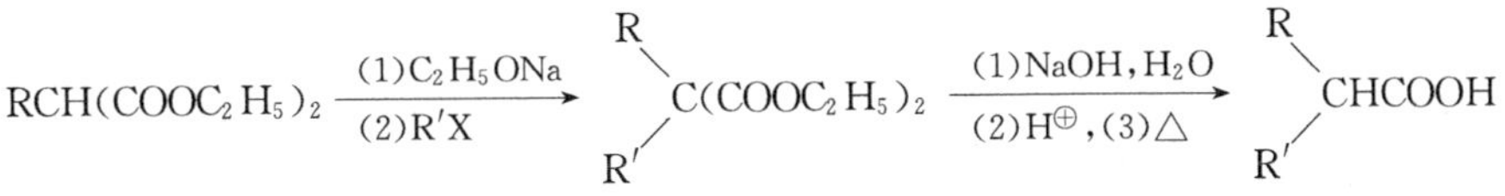

2) 合成二元羧酸

丙二酸二乙酯与二卤代烷或卤代酸酯作用，然后水解、酸化、脱羧后得到二元酸。例如

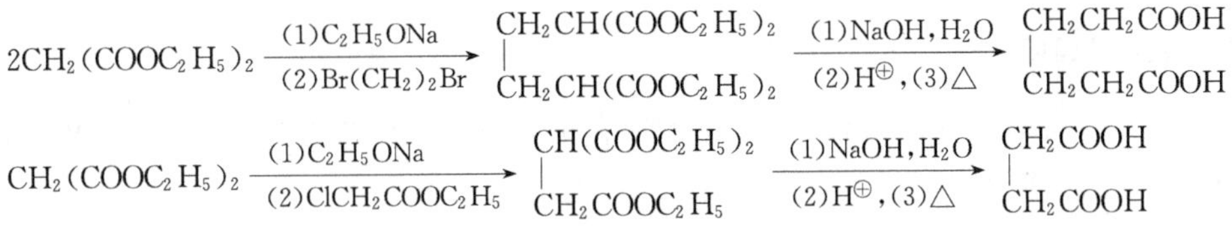

丙二酸二乙酯还可用来合成一些三至六元环的环烷酸。例如

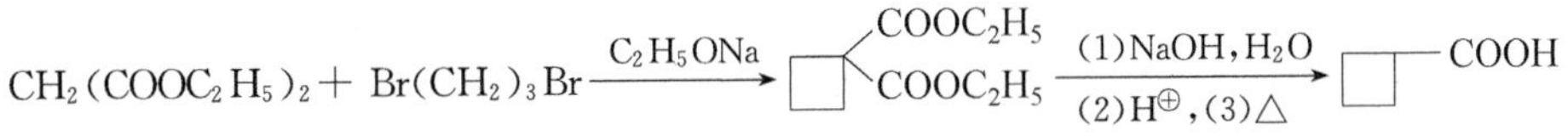

问题 12.6 用丙二酸酯合成下列化合物。

(1) $CH_3CH_2CH(CH_3)COOH$

(2) 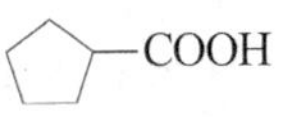

(3) $CH_3COCH_2CH_2COOH$

(4) $H_2C{=}CHCH_2CH(CH_3)COOH$

12.3.3 其他含活泼亚甲基化合物的烷基化反应

其他与乙酰乙酸乙酯和丙二酸二乙酯结构类似，其含有活泼亚甲基的化合物也能在强碱作用下生成碳负离子，随后发生烷基化反应。例如

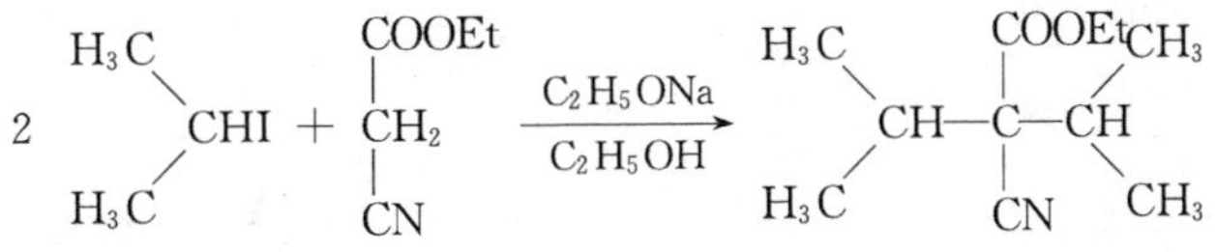

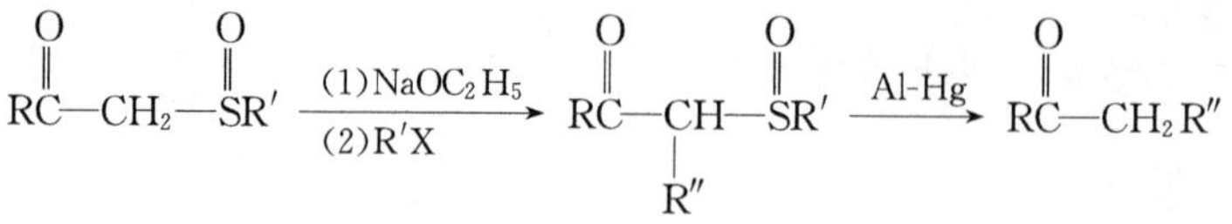

12.3.4 诺文葛耳反应

含有活泼氢的化合物可以与醛、酮在弱碱(一般为有机碱)催化下发生缩合反应,称为诺文葛耳(Knoevenagel)反应。例如

$$(CH_3)_2CHCH_2CHO + CH_2(COOEt)_2 \xrightarrow[\text{苯},\triangle]{\text{六氢吡啶}} (CH_3)_2CHCH_2CH{=}C(COOEt)_2 + H_2O$$

78%

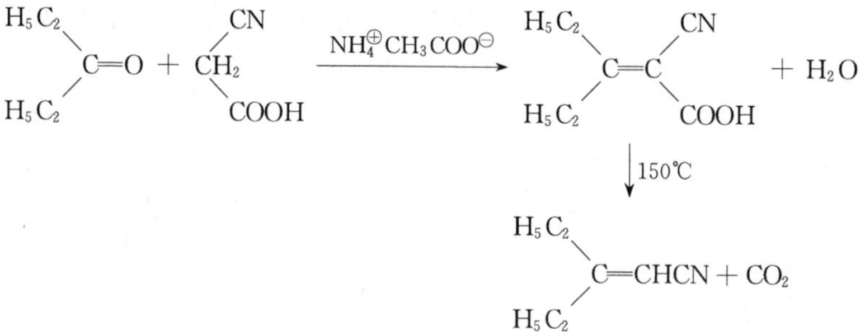

12.3.5 迈克尔加成

含活泼亚甲基的化合物还可以与 α,β-不饱和羰基化合物发生共轭加成反应,称为迈克尔(Michael)加成。例如

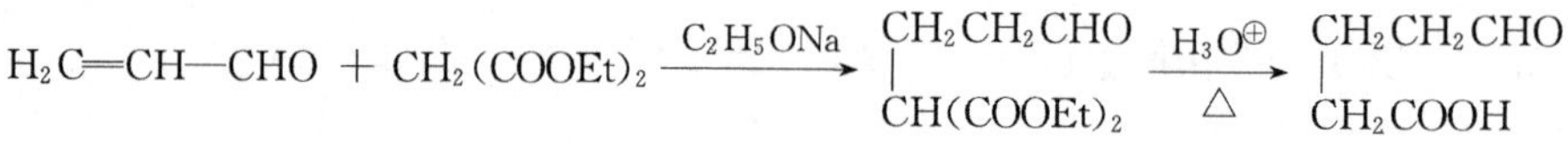

又如

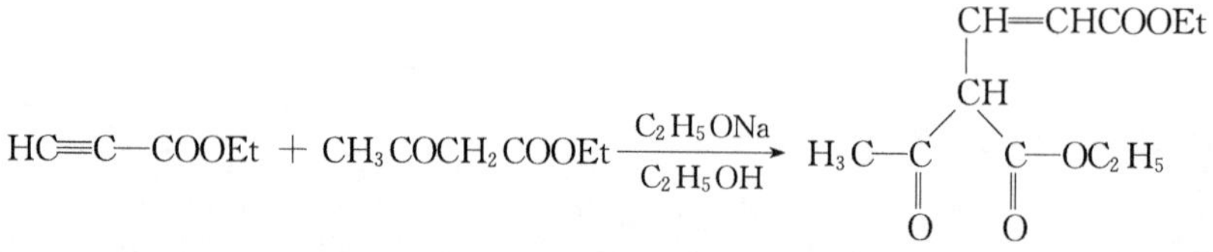

迈克尔加成与克莱森酯缩合反应或羟醛缩合等反应联用,可合成环状化合物。例如

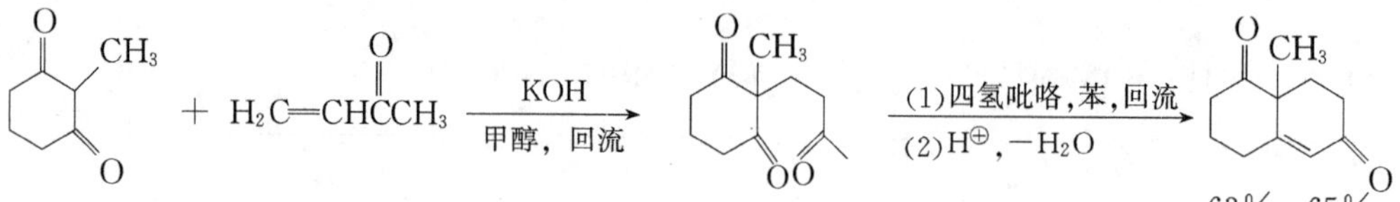

63%～65%

第一步反应是迈克尔加成,第二步就是羟醛缩合。

迈克尔反应应用广泛,在有机合成和药物合成中有着重要的用途。

问题 12.7 写出下列反应的产物。

(1) 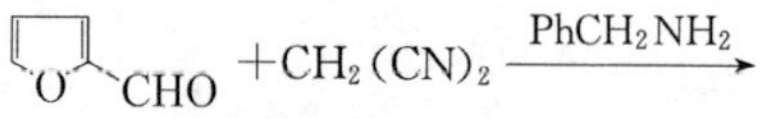

---

(2) 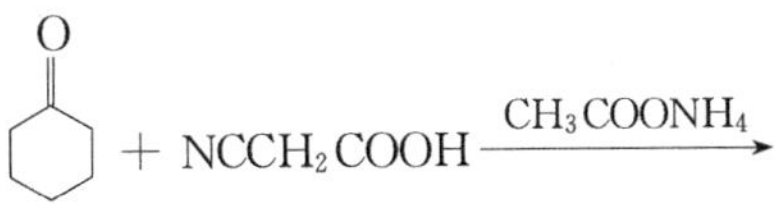

(3) 

(4) $CH_3COCH_2NO_2 + H_2C{=}CHCOOCH_3 \xrightarrow{(CH_3CH_2)_3N}$

*12.4 有机合成路线设计

12.4.1 有机合成路线设计的基本原则

有机合成(organic synthesis)是利用有机反应将简单的有机物和无机物制备成结构较为复杂的有机物的过程。

有机合成是有机化学的重要组成部分，它在有机化学的发展过程中起着重要的作用。早期的有机合成，主要是在实验室内仿造天然物，如19世纪末期，染料和药物的广泛合成对社会的发展产生了很大的影响。现在，人们已经可以根据物质分子结构与性质的关系，设计合成出一些具有优良性能、人们迫切需要的物质，包括自然界并不存在的新化合物。此外，有机合成还可应用于有机物的结构验证、有机反应的机理探索等许多方面。

有机合成是“从无到有”、“从小到大”创造新物质的一门科学，在生命科学和材料科学飞速发展的今天，有机合成显得更加重要，它是上述学科的基础。

有机合成的路线设计不同于数学运算，数学运算有固定的答案，而任何一条合成路线，只要能得到所要的化合物，应该说都是合理的。但这些理论上合理的路线却不一定都是可行的。一般来说，一条好的合成路线应该要满足下列要求：

(1) 合成的步骤少。步骤越多，总产率越低。

(2) 每一步的产率尽可能高。

(3) 原料易得，价格便宜。

12.4.2 有机合成路线设计的技巧

对于目标分子(target molecule，TM)的合成结构设计主要包括以下三个方面：①碳骨架的建立；②官能团的导入与转化；③立体化学的选择性和控制。

其中最重要的是碳骨架的建立，一般是由较小的碳骨架转变为较大、较复杂的碳骨架。所以合成的第一步就是要对欲合成的物质的碳骨架进行分析，考虑如何从小分子通过可行的反应，将它们按一定的方式连接起来。从目标分子出发，采用逆推法将其正确地拆开——逆合成法是较为有效的分析方法。

1. 碳骨架的建立

碳骨架的建立是合成目标分子的核心，而碳骨架的形成是不能脱离官能团的。通常碳骨架建立，即碳-碳键的形成反应，发生在官能团上或受官能团的影响而活化的部位(如双键或羰基的α-位)。

例 1　合成 3-甲基-1-戊醇 $CH_3CH_2CH(CH_3)CH_2CH_2OH$。

从碳骨架分析可能有下列四种碳-碳键的构成方式：

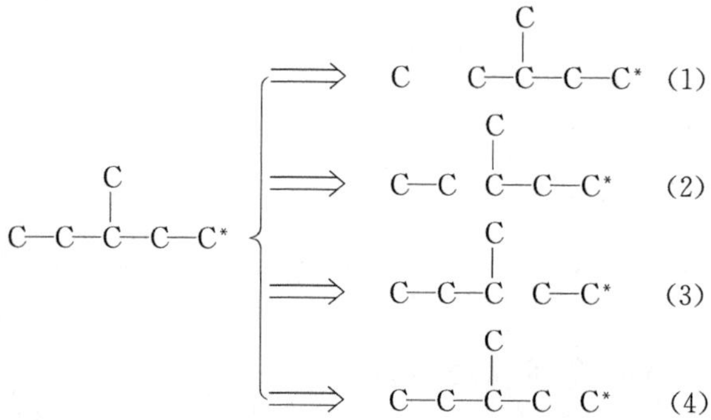

其中标有 * 的碳原子是与官能团羟基相连的碳原子。根据尽可能在靠近官能团的位置形成碳-碳键，建立目标分子骨架的原则，上述路线(4)是合适的。考虑原料的来源和合成步骤少的要求，可以设想以下合成路线：

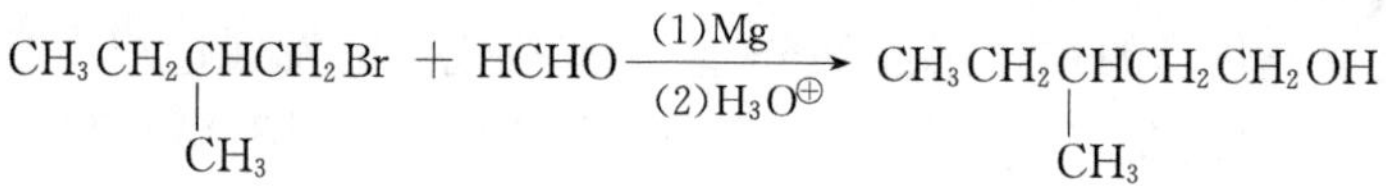

但该法与路线(3)相比，后者又显得更加合理。例如

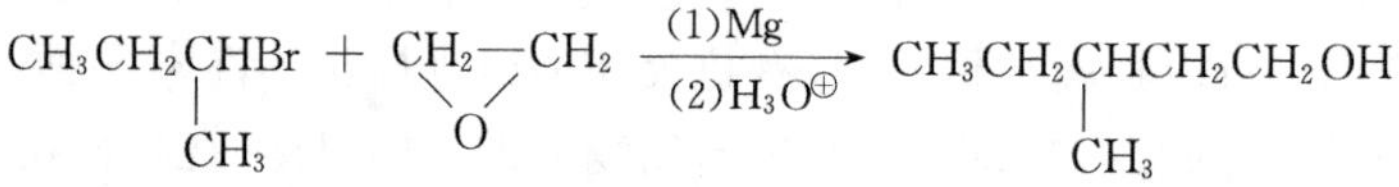

例 2　合成 2-苯基-2-丁醇 $CH_3CH_2—C(OH)(C_6H_5)—CH_3$。

从产物结构来看，这是一个叔醇，可由下列三种方法合成：

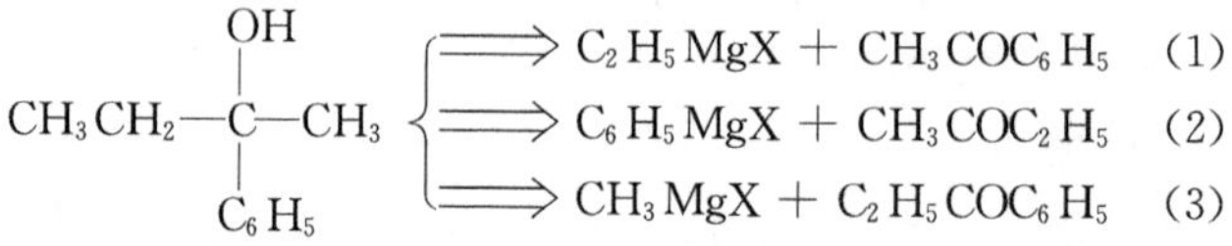

考虑原料的来源和价格，方法(1)较为合理，因为苯乙酮和溴乙烷最便宜且易于反应。

2. 官能团的引入和转化

虽然碳骨架的建立是有机合成的核心，但碳-碳键的形成必须通过官能团的彼此作用，或官能团影响下反应才能实现。碳骨架形成后也往往要通过官能团的引入、除去或转化，才能达到目标分子的结构。因此，熟练掌握各类官能团的转化是很重要的。

例 3　合成二丙基乙酸 $(CH_3CH_2CH_2)_2CHCOOH$（二丙基乙酸的钠盐是治疗癫痫的药物）

使用逆推法可以推导出下列几种中间产物：

$$(CH_3CH_2CH_2)_2CHCOOH \begin{cases} \Longrightarrow (CH_3CH_2CH_2)_2C(COOC_2H_5)_2 & (1) \\ \Longrightarrow (CH_3CH_2CH_2)_2CHOH & (2) \\ \Longrightarrow (CH_3CH_2CH_2)_2C{=}O & (3) \end{cases}$$

合成方法分别表示如下：

（1）以丙二酸二乙酯为原料合成二丙基乙酸。

$$CH_2(COOEt)_2 \xrightarrow[(2)C_3H_7Br]{(1)C_2H_5ONa} \xrightarrow[(2)C_3H_7Br]{(1)C_2H_5ONa}$$

$$(CH_3CH_2CH_2)_2C(COOEt)_2 \xrightarrow[(2)H^{\oplus},(3)\triangle]{(1)OH^{\ominus}} (CH_3CH_2CH_2)_2CHCOOH$$

（2）以丁醛和1-溴丙烷为原料先合成4-庚醇，再合成二丙基乙酸。

$$CH_3CH_2CH_2Br \xrightarrow[醚]{Mg} CH_3CH_2CH_2MgBr \xrightarrow[(2)H_3O^{\oplus}]{(1)CH_3CH_2CH_2CHO} (CH_3CH_2CH_2)_2CHOH \xrightarrow{PBr_3}$$

$$(CH_3CH_2CH_2)_2CHBr \xrightarrow[醚]{Mg} (CH_3CH_2CH_2)_2CHMgBr \xrightarrow[(2)H_3O^{\oplus}]{(1)CO_2} (CH_3CH_2CH_2)_2CHCOOH$$

或者将4-溴庚烷转化为相应的氰化物，再水解制备二丙基乙酸。

$$(CH_3CH_2CH_2)_2CHBr \xrightarrow{KCN} (CH_3CH_2CH_2)_2CHCN \xrightarrow{H_3O^{\oplus}} (CH_3CH_2CH_2)_2CHCOOH$$

（3）将4-庚醇氧化成4-庚酮，后者通过维悌希等反应制备二丙基乙酸。

$$(CH_3CH_2CH_2)_2CHOH \xrightarrow{[O]} (CH_3CH_2CH_2)_2C{=}O \xrightarrow{Ph_3P{=}CH_2} (CH_3CH_2CH_2)_2CH{=}CH_2$$

$$\xrightarrow[(2)H_2O_2,OH^{\ominus},H_2O]{(1)1/2B_2H_6} (CH_3CH_2CH_2)_2CHCH_2OH \xrightarrow{[O]} (CH_3CH_2CH_2)_2CHCOOH$$

或由乙炔为原料制备4-庚酮。

$$HC{\equiv}CH \xrightarrow[(2)C_2H_5Br]{(1)Na} \xrightarrow[(2)C_3H_7Br]{(1)Na} CH_3CH_2C{\equiv}CCH_2CH_2CH_3 \xrightarrow[H_2O]{Hg^{2+}} (CH_3CH_2CH_2)_2C{=}O$$

几种方法比较，显然方法(1)路线最短，最合理。

例4　合成$CH_3CH_2CH_2CH_2CH(CH_3)CH_2CH_2CH_3$。

使用逆推法可以推导出下列几种中间产物：

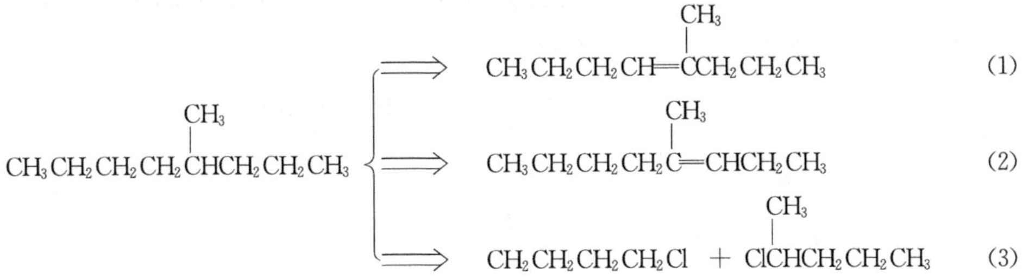

合成烷烃时常要引入必要的活性基，最后再把它去掉，所以方法(1)和(2)都是从烯烃出发，具体合成路线为

$$CH_3CH_2CH_2CH_2Br \xrightarrow[醚]{Mg} CH_3CH_2CH_2CH_2MgBr \xrightarrow[(2)H_3O^{\oplus}]{(1)CH_3CH_2CH_2COCH_3}$$

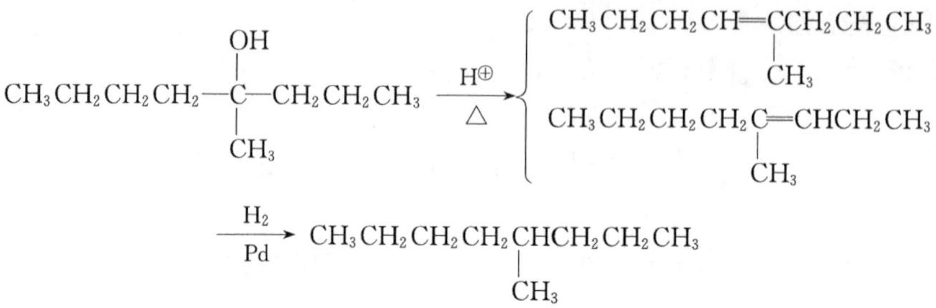

方法(3)就是科里-豪斯合成，所需的卤代烃由相应的醇制备。

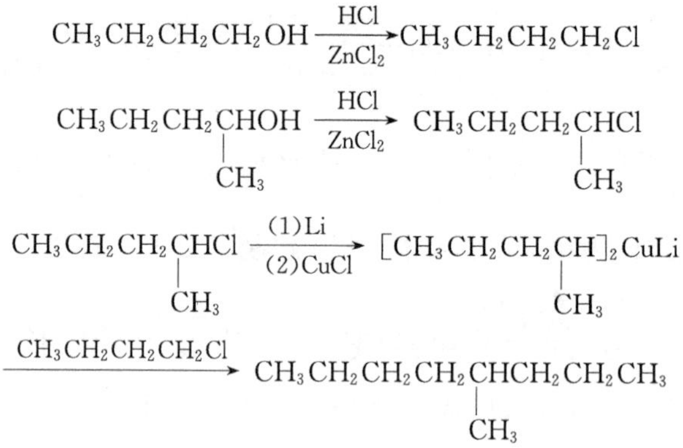

问题 12.8　用不多于 4 个碳的有机物为原料，设计下列化合物合理的合成路线。

(1) $CH_3CH_2CH_2CH_2C\equiv CH$

(2) 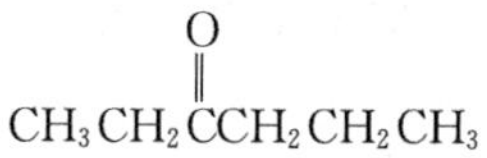

(3) 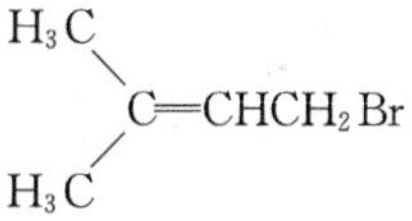

(4) 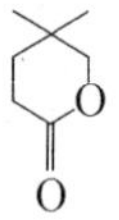

3. 官能团的保护、定位和导向

在进行合成的过程中，如果原料或中间产物分子中含有多个官能团时，为使其中一个官能团发生转化，而其他官能团不受影响，一种方法是通常根据官能团对试剂的选择性不同，利用高选择性的试剂，避免副反应的发生。例如

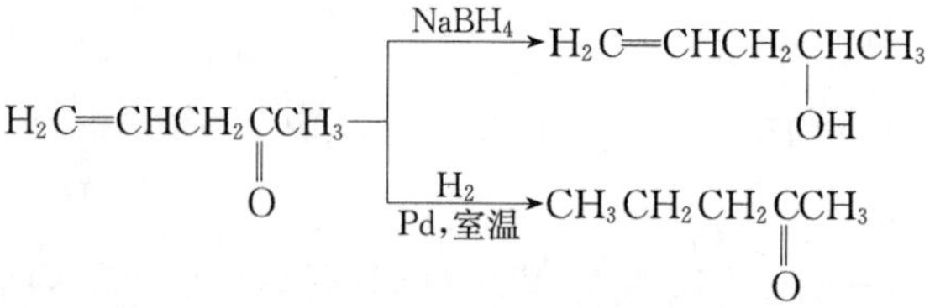

另一种方法是将不希望转化的基团保护起来，只留特定的要作用的官能团进行反应，事后再将保护基除去，这种保护-去保护(protection-deprotection)的方法在有机合成上应用很广。其缺点是增加了额外的步骤，会使产率降低。作为保护基应满足易于生成，易于复原，同时不影响所要进行的反应这样三个条件。常见官能团的保护反应如下：

(1) 羟基通过生成醚或酯保护。

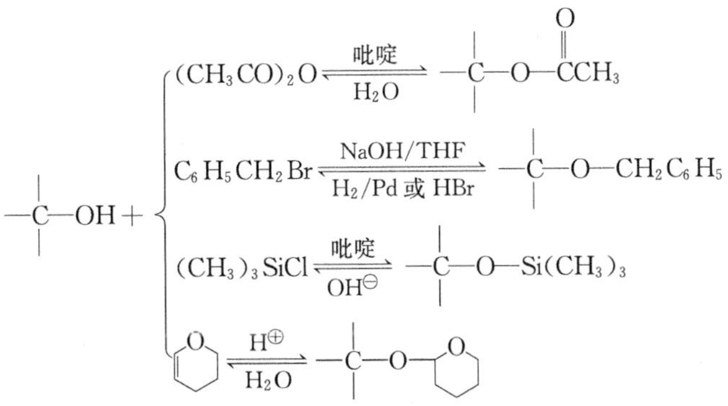

其中使用二氢吡喃保护醇羟基比较方便。

例 5 合成$HOCH_2C\equiv CCO_2H$。

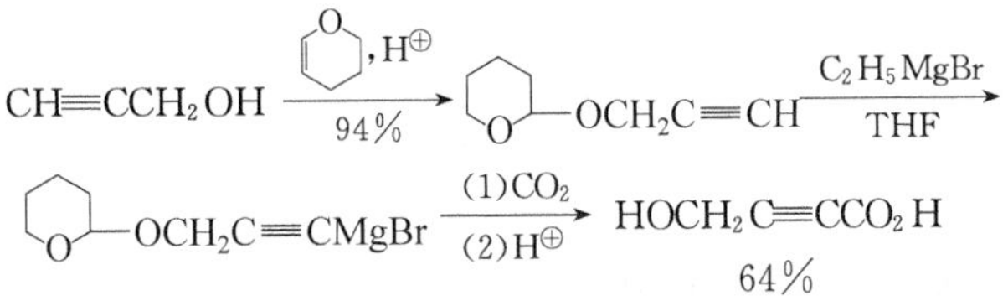

(2) 羰基常用生成缩醛(酮)的办法保护。

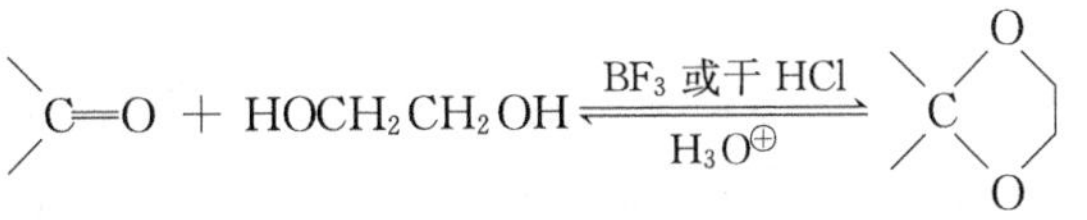

例如

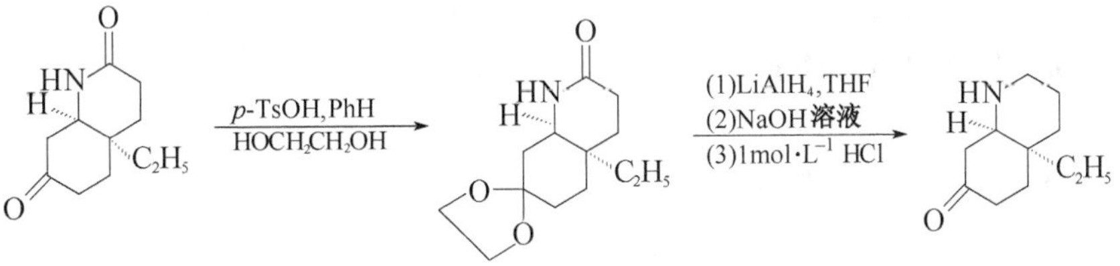

(3) 羧基可以先转化为酯。

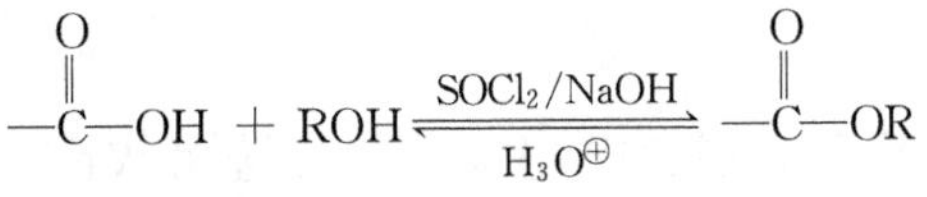

(4) 氨基一般采用乙酰化来保护。

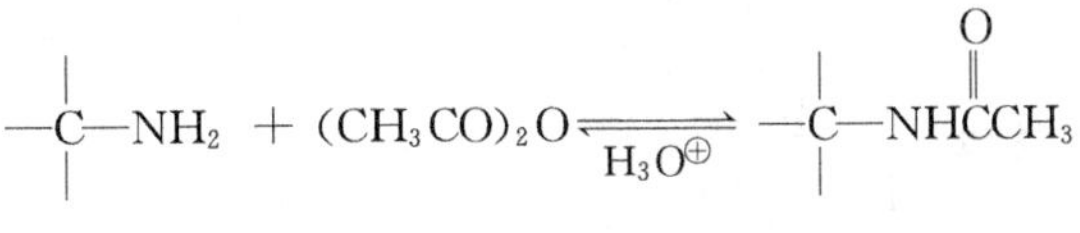

在有机合成中,为了避免在某一活泼位置引入不需要的基团,反应前在此位置引入某一特定的官能团,反应后再将其除去,称为官能团占位。例如

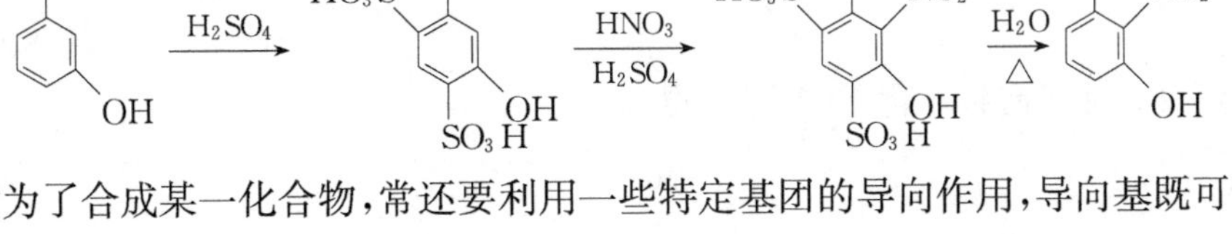

有时为了合成某一化合物,常还要利用一些特定基团的导向作用,导向基既可以起活化

作用，也可以起钝化作用。

例 6 合成苄基丙酮 $\mathrm{CH_3\underset{\underset{O}{\|}}{C}CH_2CH_2C_6H_5}$。

可以把它拆分为一分子丙酮和一分子苄基溴。

$$\mathrm{CH_3\underset{\underset{O}{\|}}{C}CH_2CH_2C_6H_5 \Longrightarrow CH_3\underset{\underset{O}{\|}}{C}CH_3 + BrCH_2C_6H_5}$$

但直接合成产率太低，而且还会有对称的二苄基丙酮形成，所以要设法使丙酮的两个甲基有显著的活性差异，因此合成时采用乙酰乙酸乙酯为原料。

$$\mathrm{CH_3\overset{\overset{O}{\|}}{C}CH_2\overset{\overset{O}{\|}}{C}OC_2H_5 \xrightarrow{C_2H_5ONa} CH_3\overset{\overset{O}{\|}}{C}\overset{\ominus}{C}H\overset{\overset{O}{\|}}{C}OC_2H_5 \xrightarrow{C_6H_5CH_2Br}}$$

$$\mathrm{CH_3\overset{\overset{O}{\|}}{C}\underset{\underset{CH_2C_6H_5}{|}}{C}H\overset{\overset{O}{\|}}{C}OC_2H_5 \xrightarrow[(3)\triangle]{(1)KOH,(2)H^{\oplus}} CH_3\overset{\overset{O}{\|}}{C}CH_2CH_2C_6H_5}$$

这里亚甲基邻位的酯基就是活化导向基。

4. 立体构型的控制

在有机合成中，常要合成具有指定构型的目标化合物，利用有机反应的立体化学选择性，控制条件制备预期的立体异构体，是设计合成路线必须考虑的重要因素。已经学过的立体选择性反应主要有：炔氢在林德拉催化剂存在下的顺式加氢和在液氨中的反式加氢；S_N2 反应中中心碳原子的构型转化；烯烃与卤素的反式加成；卤代烃的 E2 反式消除；烯烃与硼氢化-氧化试剂的顺式水合；环氧化合物的反式开环。

例 7 由环戊酮 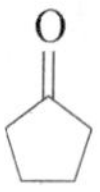 出发合成 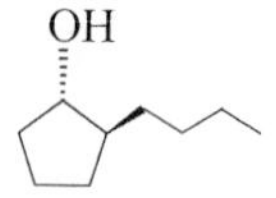。

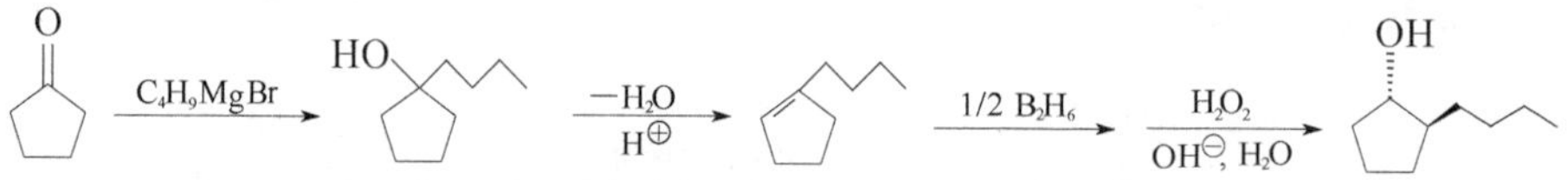

环戊酮与正丁基溴的格氏试剂加成，生成 1-正丁基环戊醇，这步加成是没有立体选择性的，后者在酸作用下脱水生成 1-正丁基环戊烯，该烯烃在与硼烷发生顺式的加成-氧化反应，生成反式 2-正丁基环戊醇。

例 8 由 HC≡CH 合成 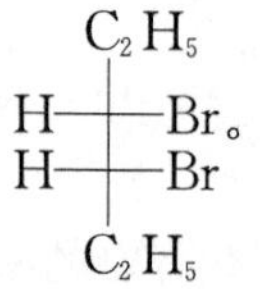。

由于目标产物是赤式结构，因此中间产物应为反式烯烃 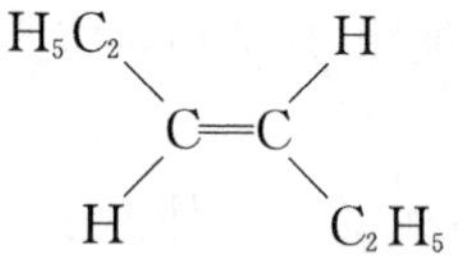，该烯烃

又可由炔烃反式加氢制备。合成路线如下：

$$HC\equiv CH \xrightarrow{Na} NaC\equiv CNa \xrightarrow{2C_2H_5I} H_5C_2C\equiv CC_2H_5 \xrightarrow[\text{液氨}]{Na}$$

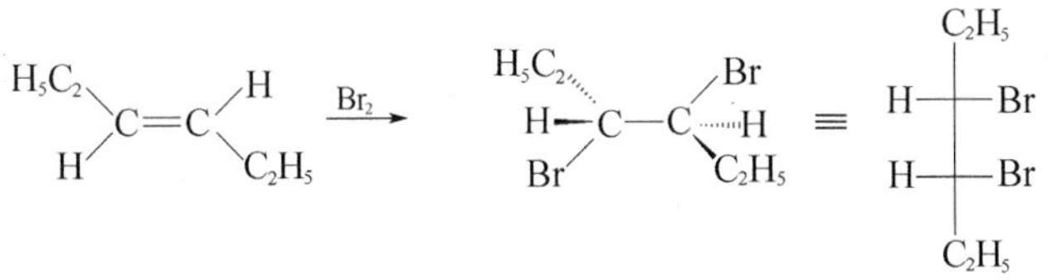

习　　题

1. 下列羧酸酯中，哪些可以发生克莱森酯缩合反应？写出其反应式。

（1）甲酸乙酯　　（2）乙二酸乙酯

（3）乙酸正丁酯　　（4）苯甲酸乙酯

（5）丙酸乙酯　　（6）苯乙酸乙酯

2. 完成下列反应。

（1）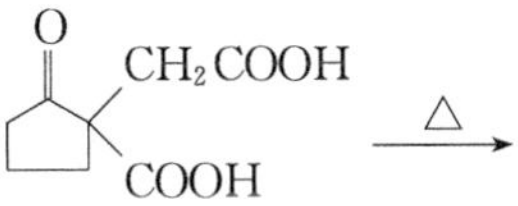

（2）$CH_3CH_2CH_2COOC_2H_5 \xrightarrow[(2)H^{\oplus}]{(1)C_2H_5ONa}$

（3）$CH_3CH_2COOC_2H_5 +$ $\begin{array}{l}COOC_2H_5\\|\\COOC_2H_5\end{array}$ $\xrightarrow[(2)H^{\oplus}]{(1)C_2H_5ONa}$

（4）$H_2C\begin{array}{l}\diagup CH_2CH_2COOC_2H_5\\ \diagdown CH_2CH_2COOC_2H_5\end{array} \xrightarrow[(2)H^{\oplus}]{(1)C_2H_5ONa}$

（5）$CH_3COOC_2H_5 + HCOOC_2H_5 \xrightarrow[(2)H^{\oplus}]{(1)C_2H_5ONa}$

（6）$CH_3\overset{O}{\overset{\|}{C}}(CH_2)_4\overset{O}{\overset{\|}{C}}OC_2H_5 \xrightarrow[(2)H^{\oplus}]{(1)C_2H_5ONa}$

（7）

（8）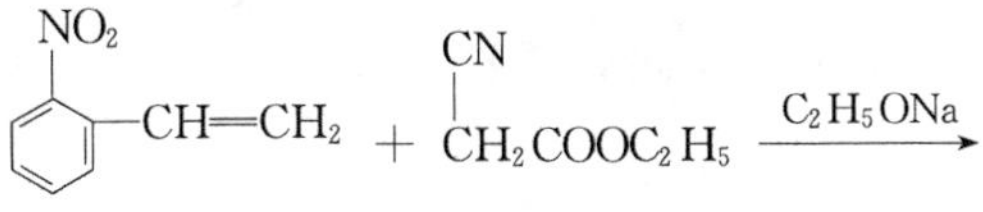

（9）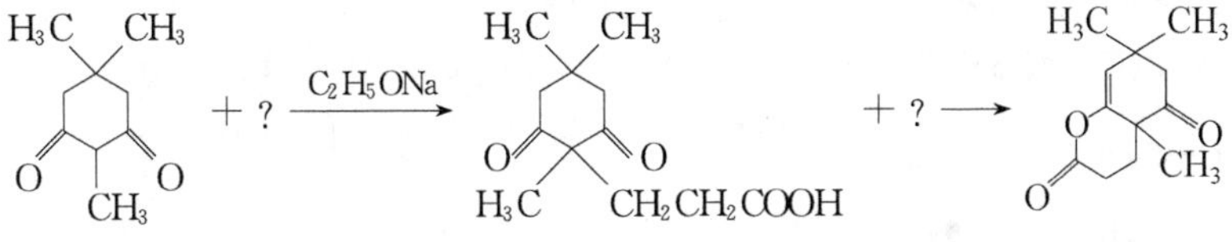

（10）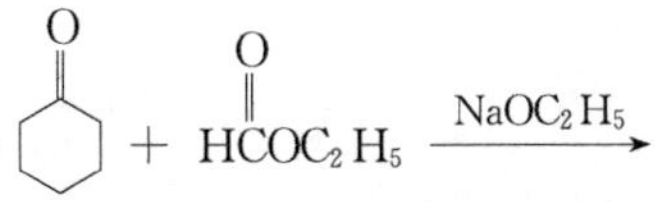

3. 用丙二酸二乙酯或乙酰乙酸乙酯制备下列化合物。

(1) 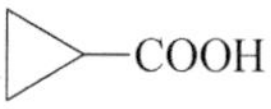　　(2) 

(3) $CH_3\overset{OH}{\overset{|}{C}}HCH_2CH_2CH_2CH_3$　　(4) $CH_3\overset{CH_3}{\overset{|}{C}}HCH_2CH_2COOH$

(5) 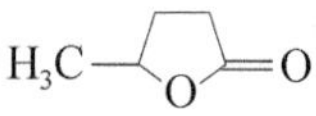　　(6) $HOOCCH_2CH_2CH_2COOH$

4. 实现下列转变。

(1) $CH_3CH_2CH_2COOC_2H_5 \longrightarrow CH_3CH_2CH_2\overset{O}{\overset{\|}{C}}CH_2CH_2CH_3$

(2) 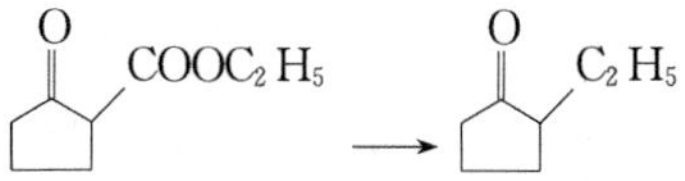

(3) 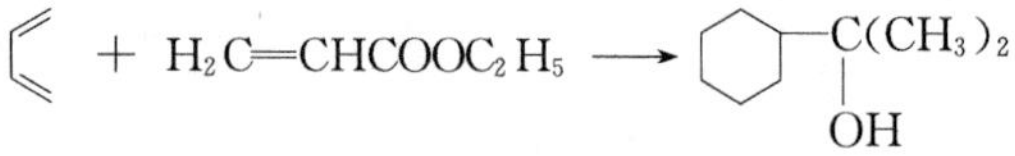

(4) 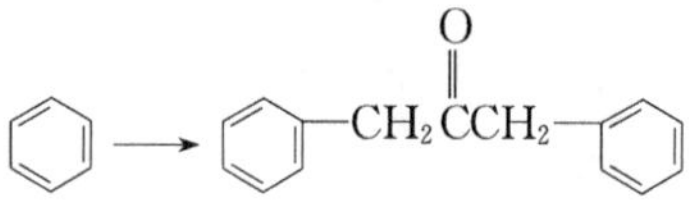

(5) 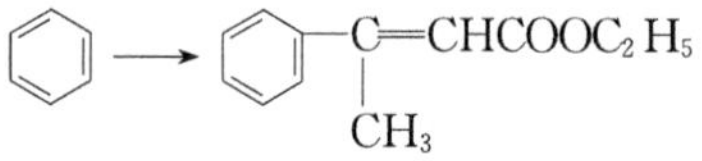

(6) 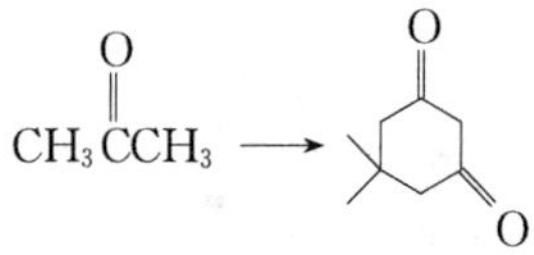

5. 2-丙基戊酸的钠盐是一种抗癫痫的药物，商业上的合成是以氰乙酸乙酯为原料，其中包括脱羧、水解等步骤，用反应式表示其合成过程。

6. 比较下列化合物中烯醇式含量的高低。

(1) $CH_3\overset{O}{\overset{\|}{C}}CH_2\overset{O}{\overset{\|}{C}}CH_3$　　$CH_3\overset{O}{\overset{\|}{C}}CH_2COOC_2H_5$　　$CH_2(COOC_2H_5)_2$

(2) 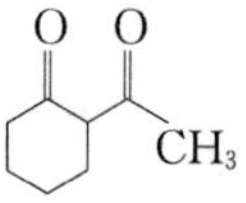　　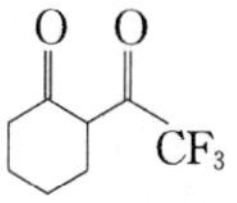　　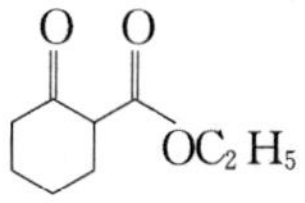

(3) $H\overset{O}{\overset{\|}{C}}CH_2\overset{O}{\overset{\|}{C}}H$　　$C_2H_5O\overset{O}{\overset{\|}{C}}CH_2\overset{O}{\overset{\|}{C}}OC_2H_5$　　$C_2H_5O\overset{O}{\overset{\|}{C}}\underset{CH_3}{\underset{|}{C}}H\overset{O}{\overset{\|}{C}}OC_2H_5$

7. 芳樟醇是一种可以从植物中提取、有芳香气味的化合物，化学名称是3，7-二甲基-1，6-辛二烯-3-醇。芳樟醇常用作制造香水，也可以按下列路线人工合成，请写出各反应步骤中化合物的结构。

$$H_3C-\underset{CH_3}{\underset{|}{C}}=CH-CH_2Br \xrightarrow{[CH_3COCHCOOC_2H_5]^{\ominus}Na^{\oplus}} A \xrightarrow[(2)H_3O^{\oplus},(3)\triangle]{(1)\text{稀 }OH^{\ominus}}$$

$$B \xrightarrow[(2)H_3O^{\oplus}]{(1)LiC\equiv CH} C \xrightarrow[\text{林德拉催化剂}]{H_2} \text{芳樟醇}$$

8. 乙酰乙酸乙酯进行一烷基化时的一个副反应是二烷基化。

(1) 试用反应机理表示二烷基化是怎样发生的。

(2) 乙酰乙酸乙酯比一烷基取代的产物酸性更大，这一事实是有利于一烷基化还是二烷基化？

(3) 假定需要制备 2-甲基-2-丁基丙二酸二乙酯，应该首先进行哪一种烷基化？

9. 写出下列反应的形成过程。

(1) 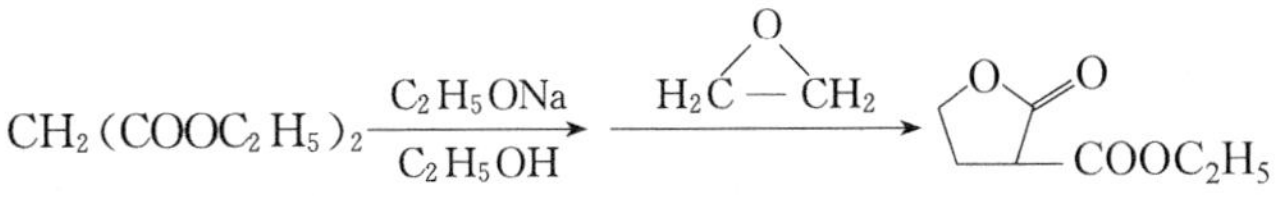

(2) 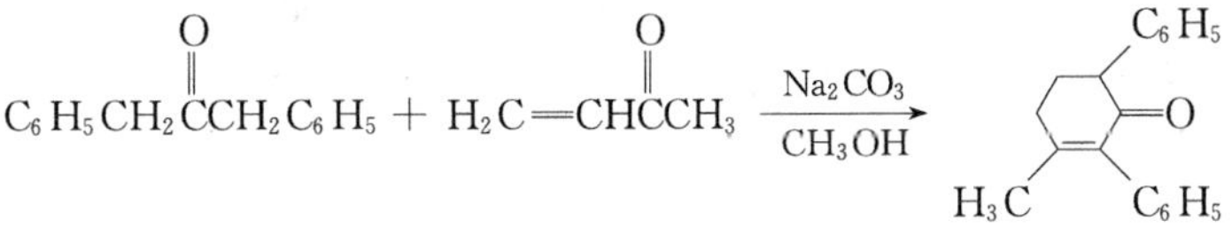

10. 蜂王可以分泌出一种物质，将极少量的该物质传给工蜂，就可以阻止工蜂卵巢的发育，以免它们变成新的蜂王。蜂王产生的这种物质是一个单取代的羧酸，分子式为 $C_{10}H_{16}O_3$，由下列路线合成：

$$\text{环庚酮}\xrightarrow[\text{(2) } H_3O^{\oplus}]{\text{(1) } CH_3MgI}A\xrightarrow{H^{\oplus}}B\xrightarrow[\text{(2) Zn}, H_2O]{\text{(1) } O_3}C\xrightarrow[\text{吡啶},\triangle]{CH_2(CO_2H)_2}\text{蜂王分泌物}(C_{10}H_{16}O_3)$$

催化氢化还原蜂王分泌物得到 D，再与碘和氢氧化钠溶液反应，产物酸解，产生 E。写出 A～E 的结构式。

第 13 章　含氮化合物

分子中含有氮元素的有机化合物统称为含氮化合物。这类化合物可看作烃类分子中的一个或几个氢原子被各种含氮原子的官能团取代的生成物。含氮化合物的种类很多，本章主要讨论胺类、重氮、偶氮、硝基、腈和异腈化合物。

13.1　胺

胺是一类重要的含氮有机化合物，广泛存在于生物界中。许多来源于植物的碱性含氮化合物（又称生物碱）具有很强的生理活性而被用作药物。例如，主治感冒和咳喘的麻黄碱，具有解痉阵痛、解有机磷中毒和散瞳作用的莨菪碱（阿托品）等均是胺的衍生物。它们的共性是都含有胺的官能团——氨基。蛋白质、核酸、许多激素、抗生素都含有氨基，也是胺的复杂衍生物。掌握胺的性质和合成方法是研究这些复杂天然产物的基础。

13.1.1　胺的分类

胺是指 NH_3 分子中的氢原子部分或全部被烃基取代而形成的化合物。

(1) 根据胺类分子中与氮相连的烃基的数目，可分为一级(1°)、二级(2°)或三级(3°)胺，即伯、仲、叔胺及季铵盐、季铵碱。例如

$R—NH_2$
伯胺
（一级胺）

$R—NH—R'$
仲胺
（二级胺）

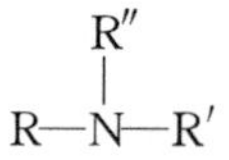
叔胺
（三级胺）

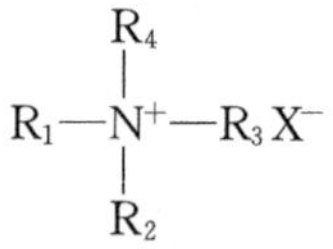
季铵盐
（四级铵盐）
X=OH 时为季铵碱

这里还要特别注意，1°胺、2°胺、3°胺与醇、卤代烷所用 1°、2°、3°的意义是不同的，胺的 1°、2°、3°是指氮所连烃基的数目，而醇、卤代烃的 1°、2°、3°是指与羟基、卤素相连的碳的种类(1°、2°、3°碳)。例如，叔丁醇是 3°醇，但叔丁胺为 1°胺。

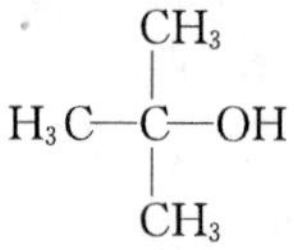
叔丁醇(3°醇)

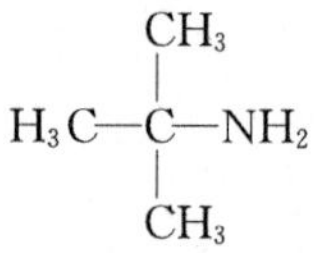
叔丁胺(1°胺)

(2) 根据胺分子中氮上连接的烃基不同分类。氮原子与脂肪烃相连的称为脂肪胺，与芳烃相连的称为芳香胺。例如

脂肪胺(amine)：

$CH_3CH_2NH_2$
乙胺(伯胺)

六氢吡啶(仲胺)

芳香胺(aniline)：

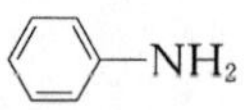
苯胺(伯胺)

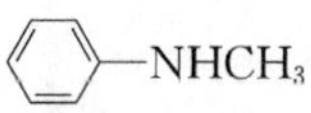
N-甲基苯胺(仲胺)

13.1.2 胺的命名

1. 普通命名法

简单的胺是在烷基后面加上“胺”字来命名，烃基相同时，在前面用“二”或“三”表明相同烃基的数目；烃基不同时，按照次序规则“较优”基团后列出。“基”字一般可省略。例如

CH_3NH_2 甲胺

CH_3NHCH_3 二甲胺

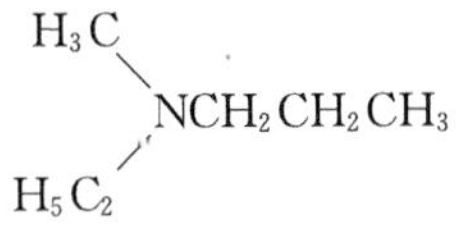

甲乙丙胺

$H_2NCH_2CH_2NH_2$ 乙二胺

2. 系统命名法

选含氮原子在内最长的碳链作为主链，称为某胺，氮上其他烃基作为取代基。复杂的胺则以烃为母体，氨基(amino group)或取代氨基作为取代基来命名，并用 N 来定位。例如

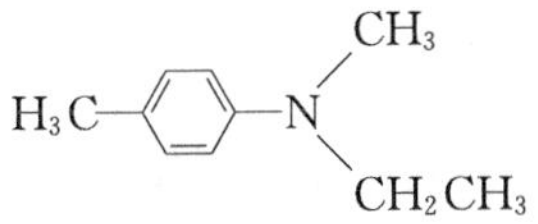

N,4-二甲基-*N*-乙基苯胺

$C_2H_5NHCH_2CH_2NH_2$

N-乙基乙二胺

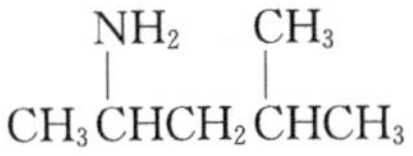

2-甲基-4-氨基戊烷

(4-甲基-2-戊胺)

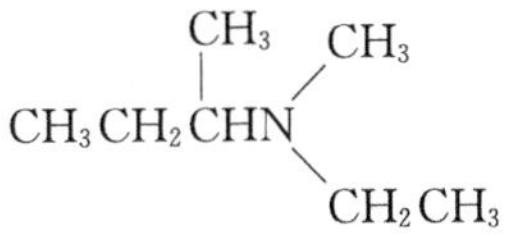

2-甲乙氨基丁烷

(*N*-甲基-*N*-乙基-2-丁胺)

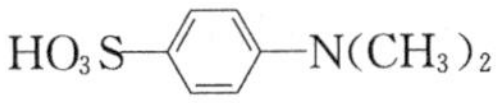

4-*N*,*N*-二甲氨基苯磺酸

命名胺与酸作用生成的盐——季铵盐(ammonium salt)或季铵碱(ammonium hydroxide)时，用“铵”字代替“胺”字，并在前面加上负离子的名称。例如

$(CH_3)_3\overset{\oplus}{N}H\overset{\ominus}{Cl}$

氯化三甲铵

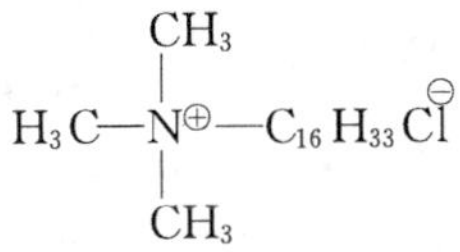

氯化三甲基十六烷基铵

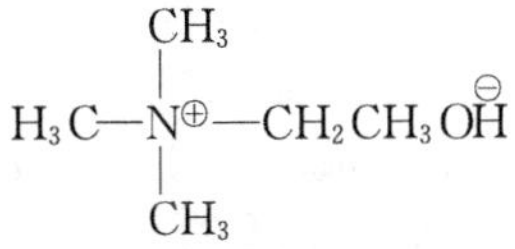

氢氧化三甲乙铵

在有机化学中，氨、胺、铵三个字的用法经常混淆，在本书中，作为取代基时称为“氨基”，如—NH_2 称为氨基、CH_3NH—称为甲氨基；作为官能团时称为“胺”，如 $CH_3CH_2NH_2$ 称为乙胺；氮上带有正电荷时称为“铵”，如 $CH_3N^+H_3Cl^-$ 称为氯化甲铵，当写成 $CH_3NH_2 \cdot HCl$ 时称为甲胺盐酸盐。磷、硫也有类似的情况。

问题 13.1 命名下列各胺，并注明其属于 1°、2°还是 3°胺。

(1) 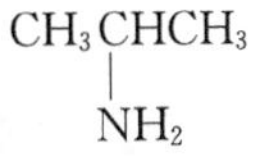

(2) 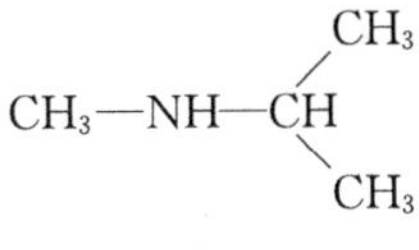

(3) $C_6H_5—N(CH_3)_2$

(4) $CH_3CH_2CH_2NHCH_2CH_2CH_3$

(5) 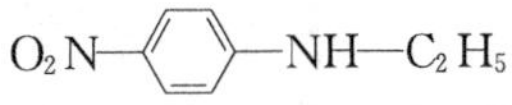

(6) $C_6H_5\overset{\oplus}{N}(CH_3)_3\overset{\ominus}{Cl}$

13.1.3 胺的结构

氮原子的电子构型是 $1s^22s^22p^3$，最外层有三个未成对电子占据着三个 p 轨道。脂肪胺中氮原子一般为 sp^3 杂化，若氮用 p 轨道与氢或碳形成单键时，键角应该是 90°，但是，实验证明胺分子具有锥形结构，键角约为 109°。因此胺与氨的结构相似，氮上的 3 个 sp^3 轨道与氢的 1s 轨道或其他取代基的碳的杂化轨道重叠，形成 σ 键，氮上还有一对孤对电子占据另一个 sp^3 轨道。这样，胺的空间排布近似碳的四面体结构，氮在四面体的中心。氨与三甲胺的分子结构见图 13.1。

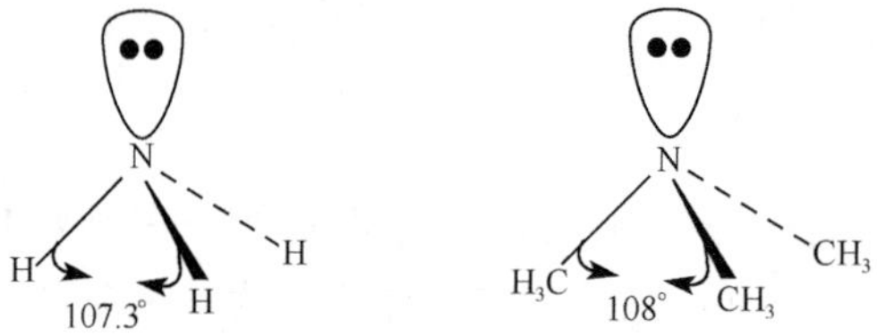

图 13.1　氨与三甲胺的分子结构

孤对电子对于胺的化学性质是非常重要的，因为胺的碱性、亲核性都与它有关。

在仲胺和叔胺中，若氮上连接三个不同的基团，应有手性，但由于对映体之间可以通过平面过渡态互相迅速转化(需要的能量很低，约为 $25kJ \cdot mol^{-1}$)，因此在室温时无法分离得到具有光学活性的对映体。

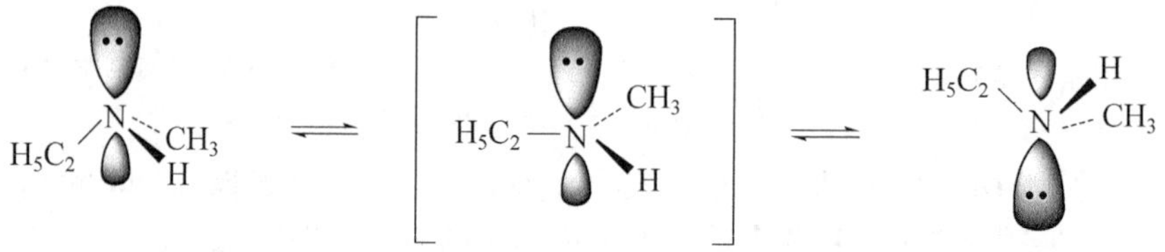

过渡状态

如果氮原子不能通过平面过渡态相互转化，则可分离出对映异构体。当氮原子上连接四个不同的基团时，如季铵盐、氧化胺类等，应有一对具有光学活性的对映体。例如

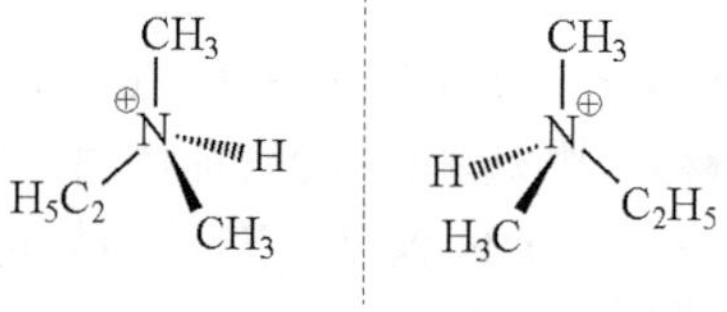

苯胺中的氮原子为不等性的 sp^3 杂化，未共用电子对所占据的轨道含有较多 p 轨道成分。氮上的未共用电子对于苯环上的 p 轨道虽不平行，但是可以共平面，并不妨碍与苯环产生共轭。苯胺的结构见图 13.2。

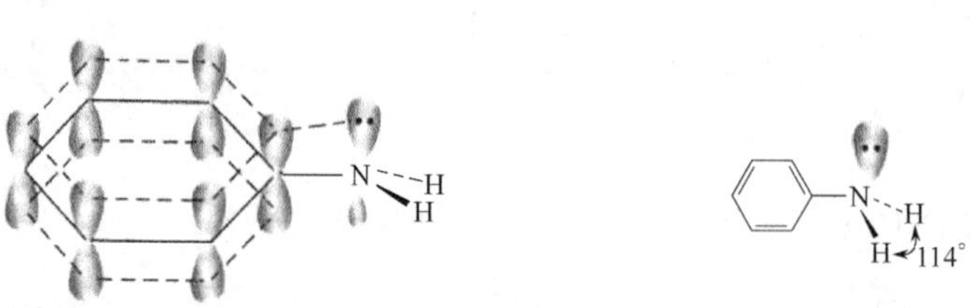

图 13.2　苯胺的结构

13.1.4 胺的物理性质

脂肪胺中甲胺、二甲胺、三甲胺和乙胺是气体,丙胺以上是液体,高级胺是固体。相对分子质量较低的胺具有氨的气味,有的还有鱼腥味。胺和氨一样,是极性物质。除了叔胺外,其余的胺都能形成分子间氢键,因此,沸点比相对分子质量相近的醚高,而比相对分子质量相近的醇低。叔胺由于氮上没有氢原子,不能形成氢键,其沸点与相对分子质量相近的烷烃近似。碳原子数相同的脂肪族胺中,伯胺的沸点最高,仲胺次之,叔胺最低。常见一元胺的物理性质列于表 13.1。

表 13.1 常见一元胺的物理性质

名称	结构式	熔点/℃	沸点/℃	溶解度 /[g·(100g 水)$^{-1}$]	pK_a(共轭酸) H_2O,25℃
甲胺 (methylamine)	CH_3NH_2	−92	−7.5	易溶	10.66
二甲胺 (dimethylamine)	$(CH_3)_2NH$	−96	7.5	易溶	10.73
三甲胺 (trimethylamine)	$(CH_3)_3N$	−117	3	91	9.80
乙胺 (ethylamine)	$C_2H_5NH_2$	−80	17	∞	10.80
二乙胺 (diethylamine)	$(C_2H_5)_2NH$	−39	55	易溶	10.09
三乙胺 (triethylamine)	$(C_2H_5)_3N$	−115	89	易溶	10.85
正丙胺 (propylamine)	$C_3H_7NH_2$	−83	48.7	易溶	10.57
环己胺 (cyclohexylamine)	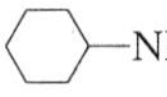$—NH_2$	−17.7	134	微溶	10.64
苯胺 (aniline)	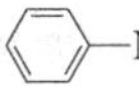$—NH_2$	−6	184	3.7	4.58
苄胺 (benzylamine)	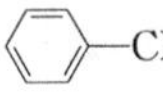$—CH_2NH_2$	10	185	∞	9.34
N-甲基苯胺 (*N*-methylaniline)	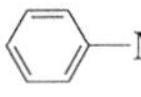$—NHCH_3$	−57	196	微溶	4.85
N,*N*-二甲基苯胺 (*N*,*N*-dimethylaniline)	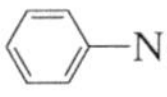$—N(CH_3)_2$	2	194	1.4	5.06
二苯胺 (diphenylamine)	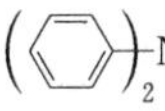NH	54	302	不溶	0.8

各种胺都能与水形成氢键,因此能溶于水,但随着相对分子质量的增加,其溶解度迅速降低。胺也能溶于醚、醇、苯等有机溶剂。

芳香胺为高沸点的液体与低熔点的固体，具有特殊的气味，在水里的溶解度比相应的酚略低。

有机胺类大多有毒性，芳胺的毒性很大，如苯胺可以通过吸入、食入或透过皮肤吸收而致中毒。β-萘胺与联苯胺是引致恶性肿瘤的物质。但是许多药物分子中都具有胺的结构。例如

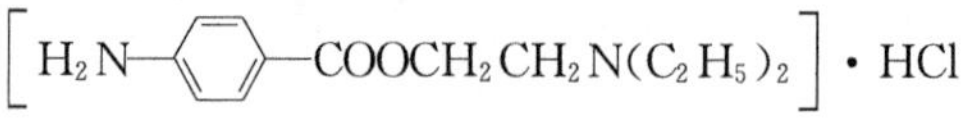

盐酸普鲁卡因（局部麻醉药）

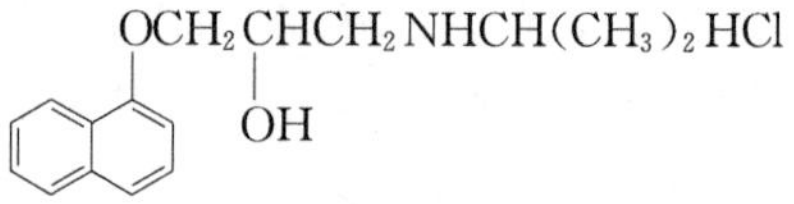

盐酸普萘洛尔（降压药），又名心得安

13.1.5 胺的化学性质

1. 碱性

根据路易斯酸碱定义，碱是电子对的给予体（酸是电子对的接受体）。胺的氮原子上有未共用孤对电子，易与质子反应生成盐而具有碱性。

很多有机化合物都属于路易斯碱，如醇、醚、烯烃、芳烃等，但有显著碱性的化合物是胺，它可使石蕊变蓝。胺具有碱性及亲核性，但属于弱碱，如不能使酚酞变为红色。胺的碱性在胺类的分离、提纯及鉴定等方面有很重要的应用。

在脂肪胺中，由于烷基具有给电子效应，能使胺分子中氮原子上的电子云密度升高，有利于与质子结合；另外也使形成的铵正离子因正电荷分散而稳定。铵正离子越稳定，说明胺的碱性越强。脂肪胺的碱性比氨强。

$$R—NH_2 + H^+ \longrightarrow R—NH_3^+$$

是否胺中烷基越多，碱性就越强呢？实际并非完全如此。烷基数目的增多虽然增加了氮原子的电子云密度，但同时也使氮原子周围的空间缩小，造成质子难以接近氮原子。即由于空间位阻的影响，烷基增加较多时，碱性反而下降（表 13.1）。

	NH_3	$CH_3CH_2NH_2$	$(CH_3CH_2)_2NH$	$(CH_3CH_2)_3N$
pK_b	4.76	3.36	3.06	3.25

此外，胺在水溶液中表现出的碱性强弱，不仅取决于电子效应，而且取决于胺与质子结合后生成的铵正离子的稳定性。铵正离子与水通过形成氢键而溶剂化，形成的氢键越多，溶剂化程度越高，铵正离子越稳定，胺的碱性越强。

由于这几种因素的共同影响，脂肪胺（如三种乙胺）在水中的碱性强弱次序是二乙胺＞乙胺＞三乙胺。

环状仲胺中两个与烃基相连的键被反绑在后面，空间位阻更小，碱性更强。因此，综合考虑电子效应和空间位阻的影响，胺的碱性强弱次序一般是脂环仲胺＞脂肪仲胺＞脂肪伯胺、脂肪叔胺。

		$(CH_3CH_2)_2NH$	$(CH_3CH_2)_3N$	$CH_3CH_2NH_2$
pK_b	2.28	3.06	3.25	3.36

芳香胺的碱性比氨弱得多，造成这个结果的原因是：①芳香胺的氨基氮原子上未共用电子对与芳香环上的 π 电子相互作用，形成共轭体系，使氮的孤对电子部分离域到芳香环上，

从而使氮原子与质子的结合程度降低，导致碱性比氨弱，这是主要因素；②芳环中 sp^2 杂化碳原子的吸电子诱导效应（sp^2 杂化碳原子比 sp^3 杂化碳原子具有更大的电负性）。这两个原因都使氮原子上的电子云密度降低，从而降低了其与质子结合的能力，使其碱性显著减弱。芳胺的碱性强弱次序是伯胺＞仲胺＞叔胺（接近于中性）。

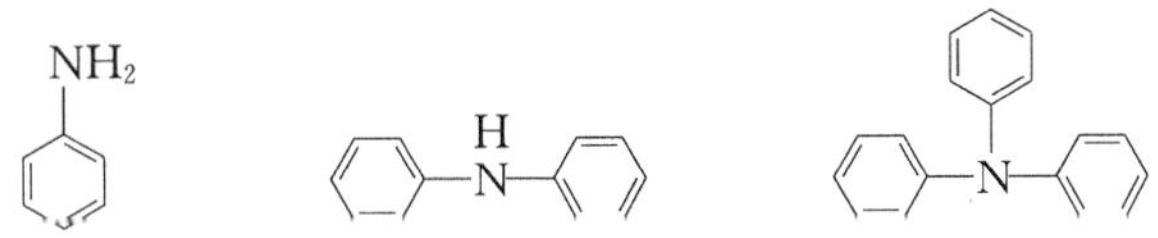

pK_b　　9.30　　13.8　　中性

此外，芳香胺中芳环上取代基的电子效应对其碱性也有影响。如当取代基位于氨基的对位或间位时，硝基等吸电子基能使苯胺的碱性减弱，甲基等给电子基则使碱性增强；当取代基位于氨基的邻位时，一般与处于对位的取代基的影响相似，但由于邻位连接的基团影响因素较多，较复杂，常给出非预期的结果（如苯胺的 pK_b 为 9.37，而由于空间效应的影响邻甲基苯胺的 pK_b 为 9.56）。

问题 13.2　将下列各组化合物按碱性从大到小的顺序排列。

(1) $C_6H_5NH_2$　　$CH_3CH_2NH_2$　　CH_3CONH_2　　H_2NCONH_2　　$H_2NCH_2CH_2NH_2$

(2)

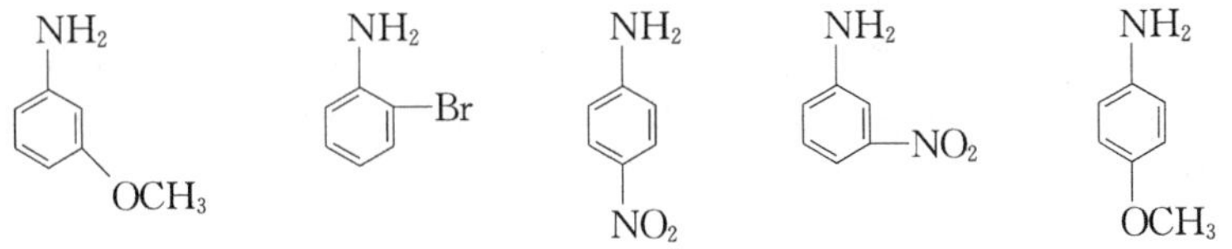

---

2. *烷基化反应*

胺和氨一样，可与卤代烃或醇等烷基化剂作用，氨基上的氢原子被烷基取代。脂肪族或芳香族伯胺与卤代烷作用，发生烷基化反应生成仲胺、叔胺和季铵盐的混合物。

$$RNH_2 \xrightarrow{RX} R_2NH \xrightarrow{RX} R_3N \xrightarrow{RX} R_4^{\oplus}X^{\ominus}$$

最后产物为季铵盐，如 R 为甲基，则常称此反应为“彻底甲基化作用”。例如

$$NH_3 \xrightarrow{CH_3CH_2Br} CH_3CH_2NH_2 \xrightarrow{CH_3CH_2Br} (CH_3CH_2)_2NH \xrightarrow{CH_3CH_2Br}$$

$$(CH_3CH_2)_3N \xrightarrow{CH_3CH_2Br} (CH_3CH_2)_4N^{\oplus}Br^{\ominus}$$

季铵盐是一大类很重要的精细化学品，属于阳离子型表面活性剂，用作杀菌剂、浮选剂、防锈剂、乳化剂、柔软剂、织物整理剂、染色助剂及相转移催化剂等。

季铵盐具有盐的特性，如高熔点、易溶于水而不溶于非极性的有机溶剂中。季铵盐与 NaOH 作用，反应是可逆的。例如

$$(CH_3CH_2)_4N^{\oplus}Br^{\ominus} + NaOH \rightleftharpoons (CH_3CH_2)_4N^{\oplus} + OH^{\ominus} + Na^{\oplus} + Br^{\ominus}$$

但如果反应在醇中进行，则由于 KX 沉淀析出，反应能进行完全。季铵盐与 AgOH 作用，则生成相应的季铵碱。例如

$$(CH_3CH_2)_4N^{\oplus}Br^{\ominus} + AgOH \longrightarrow (CH_3CH_2)_4N^{\oplus}OH^{\ominus} + AgBr\downarrow$$

季铵碱呈强碱性，其碱性与 NaOH、KOH 相当，易潮解，能溶于水，可用作 CO_2 的吸收剂。

具有 β-H 的季铵碱受热，会消去含所有甲基的叔胺，由于离去基团叔氨基较大，因此倾向于消去位阻最小的 β-H，以生成双键上取代基较少的烯烃为主(见 7.5.2 小节)，这类消除称为霍夫曼热消除反应。例如

$$\left[H_3CH_2C-\overset{CH_3}{\underset{CH_3}{N^{\oplus}}}-CH_2CH(CH_3)_2\right]OH^{\ominus}\xrightarrow{\triangle}\underset{(主产物)}{H_2C{=}CH_2}+\underset{(副产物)}{H_2C{=}C(CH_3)_2}$$

若能形成共轭体系，则优先形成共轭体系。

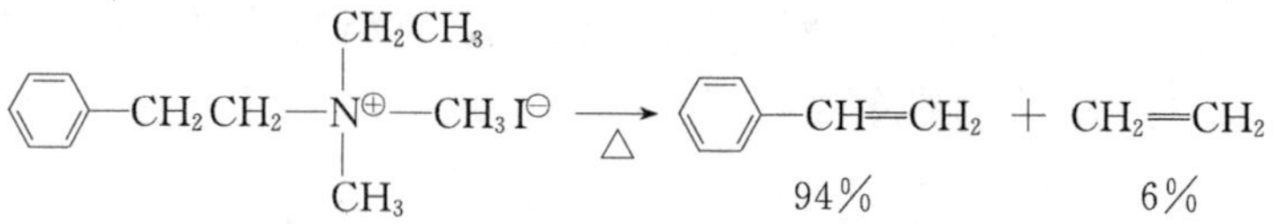

若季铵碱分子中没有 β-H(如氢氧化四甲铵)，则加热分解生成叔胺和醇。

$$(CH_3)_4N^{\oplus}OH^{\ominus}\xrightarrow[\triangle]{}(CH_3)_3N+CH_3OH$$

胺的烷基化反应实质上是胺作为亲核试剂进行的取代反应，所以亲核性(碱性)弱或空间位阻大都很难使反应正常进行，在烷基化反应中，只能用 1°卤代烷或 2°卤代烷。3°卤代烷几乎全部发生消除反应。

在某些情况下，可用醇或酚代替卤代烷与胺反应，生成 *N*-位取代的胺。例如

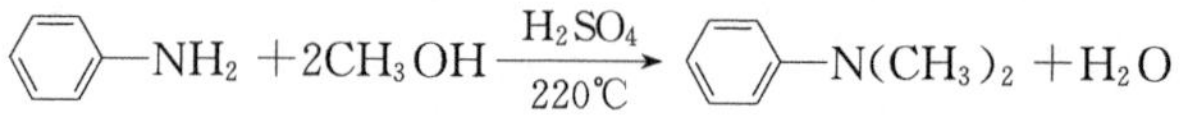

问题 13.3 写出下列反应的主要产物。

(1) $\left[(CH_3CH_2)_3\overset{\oplus}{N}-CH_2CH_2-\underset{\underset{O}{\|}}{C}-CH_3\right]\overset{\ominus}{O}H\xrightarrow{\triangle}(\quad)+(\quad)$

(2) 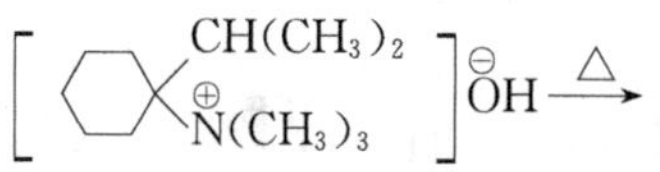

---

3. 酰基化反应

伯胺或仲胺与酰基化剂(如酰卤、酸酐或羧酸等)发生酰基化反应，氨基上的氢原子被酰基取代而生成 *N*-烷基酰胺。叔胺的氮原子上没有氢，不发生酰化反应。反应式如下：

$$\left.\begin{matrix}RNH_2\\ R_2NH\end{matrix}\right\}+CH_3COCl\longrightarrow\begin{cases}RNHCOCH_3\\ R_2NCOCH_3\end{cases}+HCl$$

$$R_3N+CH_3COCl\not\longrightarrow$$

羧酸的酰化能力较弱，在反应过程中需要加热并不断地将反应中生成的水除去。

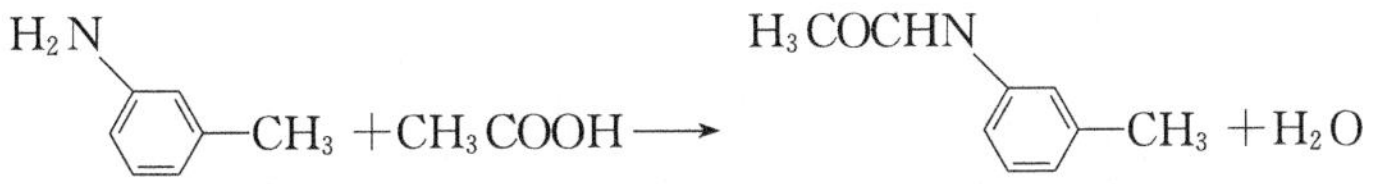

N-烷基酰胺呈中性，不与酸成盐，因此在醚溶液中，伯胺、仲胺、叔胺的混合物经乙酸酐酰化后，再加稀盐酸，则只有叔胺仍能与盐酸成盐，利用这个性质可使叔胺从混合物中分离出来，而伯胺、仲胺的酰化产物经水解后又得到原来的胺。

$$RNHCOCH_3 + H_2O \xrightarrow{H^{\oplus}} RNH_2 + CH_3COOH$$

$$R_2NCOCH_3 + H_2O \xrightarrow{H^{\oplus}} R_2NH + CH_3COOH$$

酰基化反应常用于保护氨基。例如

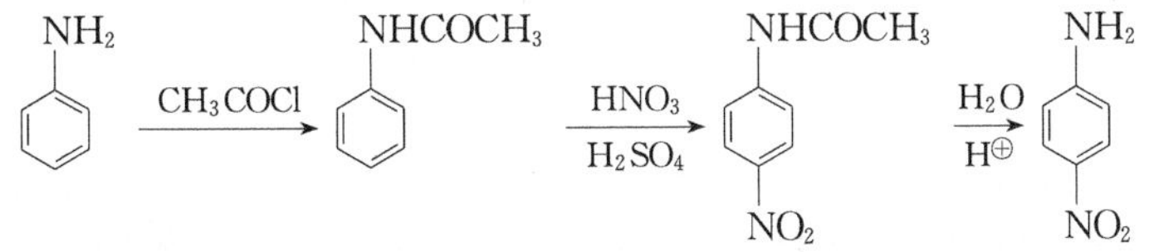

在这个反应中，酰基化不但起到了暂时性保护氨基的作用，还降低了氨基的活性，使其在硝化过程中不被氧化。

问题 13.4　写出从苯胺和其他必需的试剂合成下列化合物的反应式。

(1) 　(2) 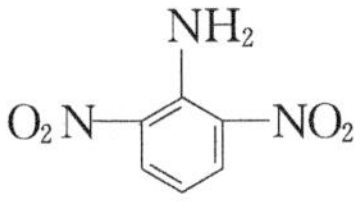　(3) 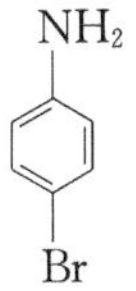

---

4. 磺酰化反应

与酰化反应类似，在碱性（NaOH、KOH）溶液中脂肪族和芳香族伯胺和仲胺都能够与磺酰化试剂（如苯磺酰氯、对甲苯磺酰氯）反应，生成相应的磺酰胺，叔胺没有此反应（因为其氮原子上没有氢原子）。伯胺生成的磺酰胺，磺酸基的强吸电子作用使氮上的氢原子具有一定酸性，因此可溶于碱的水溶液中。仲胺生成的磺酰胺，由于氮上已经没有氢原子，不能与碱作用，因而不能溶于碱的水溶液中。此反应常用于分离及鉴别胺的类型，称为兴斯堡（Hinsberg）试验法。反应过程如下：

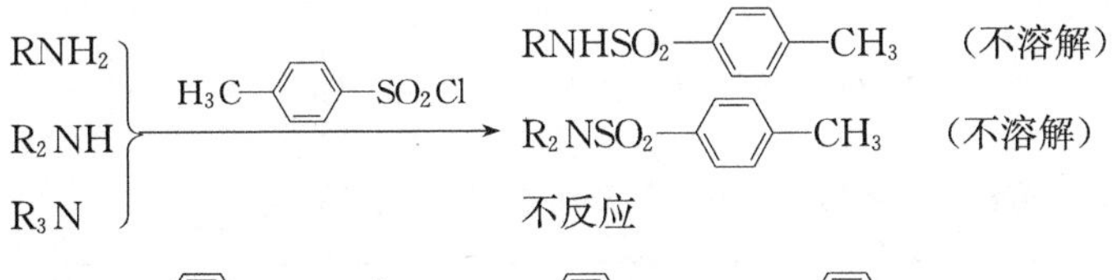

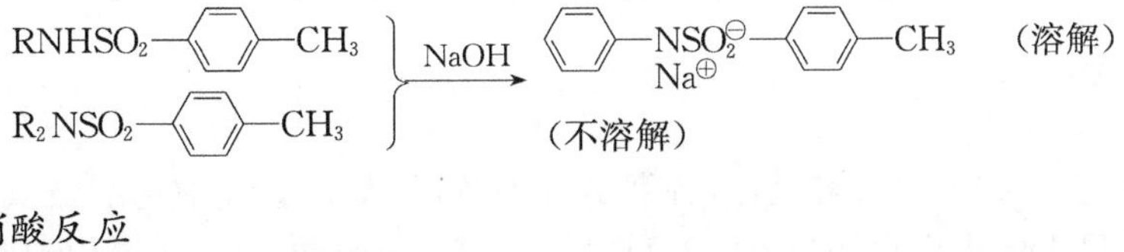

5. 与亚硝酸反应

不同类型的胺与亚硝酸（一般在反应过程中由亚硝酸钠与无机酸如盐酸、硫酸作用得到)反应时可生成不同的产物。

脂肪族伯胺与亚硝酸作用先生成极不稳定的脂肪族重氮盐，它立即分解成氮气和一个碳正离子 R^+，然后此碳正离子可发生各种反应而生成醇、烯烃、卤代烃以及重排产物。由于反应很复杂，得到的是混合物，在合成上没有应用价值。由于放出氮气是定量的，因此可用作氨基的定量测定。

$$RNH_2 + NaNO_2 + HCl \longrightarrow N_2\uparrow + R^{\oplus} + X^{\ominus}$$

$R^{\oplus}$ ⟶ 醇、烯、卤代烃等

芳香族伯胺与亚硝酸在低温(一般在 5℃以下)及强酸水溶液中反应，生成芳基重氮盐，这个反应称为重氮化反应。芳基重氮盐虽然也不稳定，但在低温下可保持不分解，这在有机合成上是很有用的。例如

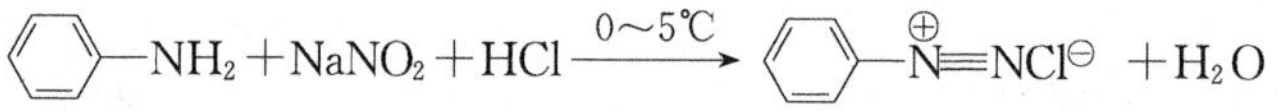

脂肪族和芳香族仲胺与亚硝酸作用都生成 *N*-亚硝基胺。例如，*N*-亚硝基胺是黄色油状液体，它与稀硝酸共热时，水解生成原来的仲胺。此性质可用来分离或提纯仲胺。

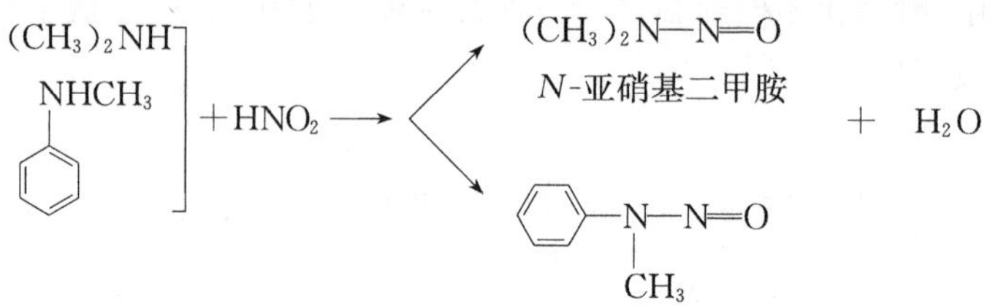

脂肪族叔胺一般无上述类似的反应，虽然在低温时能与亚硝酸生成盐，但不稳定，易水解，加碱后可重新得到游离的叔胺。

芳香族叔胺与亚硝酸作用，则发生环上亚硝化反应，生成对亚硝基取代产物。例如

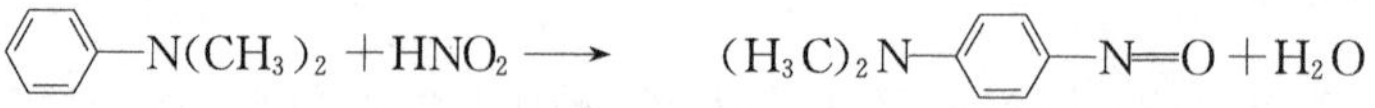

可以利用亚硝酸与伯、仲、叔胺反应的不同来鉴别伯、仲、叔胺。

亚硝基化合物一般具有很强的致癌毒性。

问题13.5　脂环族伯胺与亚硝酸反应生成的重氮盐也能发生取代、消除和重排反应，得到环扩大或缩小的产物。试说明反应过程。

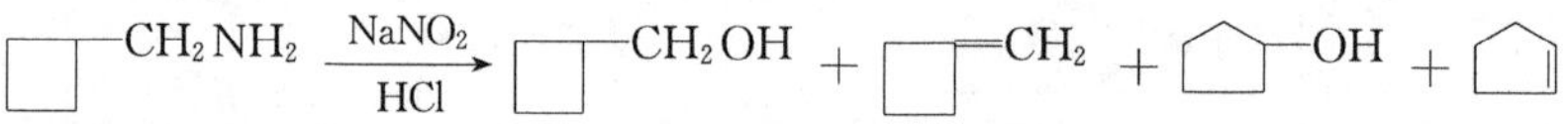

问题 13.6　如何用化学方法区别苯胺、*N*-甲基苯胺和 *N*,*N*-二甲基苯胺？

---

6. 氧化

铵盐很稳定，但胺很容易被氧化，特别是芳香胺，甚至在空气中也能被氧化。大多数氧化剂能将胺氧化成焦油状的复杂物质，但是过氧化氢、过氧酸能使三级胺氧化为氧化胺。例如，*N*,*N*-二甲苯胺与过氧化氢反应，先得到氧化胺的水合物，将此水合物在真空中慢慢加

热，得到无水氧化胺。

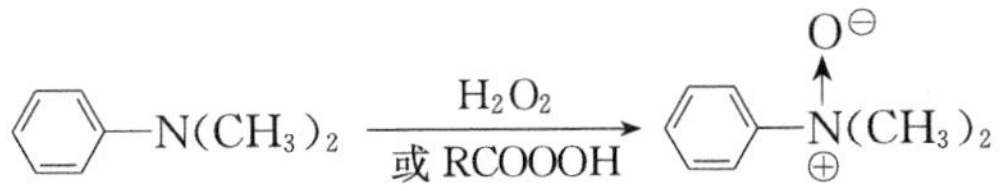

苯胺在中等强度的氧化剂的作用下，还可以被氧化为对苯醌，这也是工业上制备对苯醌的方法。

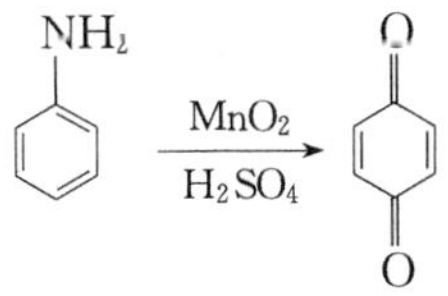

对苯醌

7. 芳环上的亲电取代反应

由于氨基是给电子基，芳环得到活化，芳胺很容易进行亲电取代反应。反应类型和芳烃相似。

1）卤化

芳胺与卤素反应很快。例如，苯胺和溴水作用，常温下即生成 2，4，6-三溴苯胺白色沉淀。

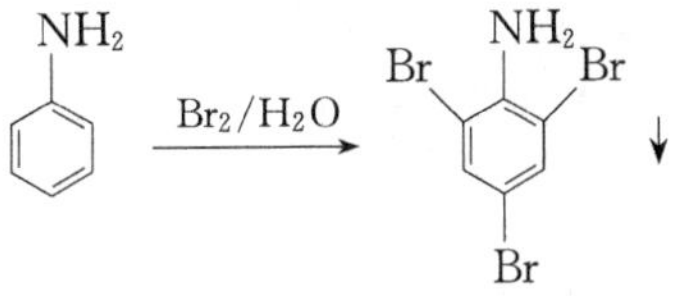

此反应能够定量进行，因此可用来进行芳胺的鉴定和定量分析。

如果要制备一卤代产物，则先要把氨基乙酰化，降低其给电子活性。例如

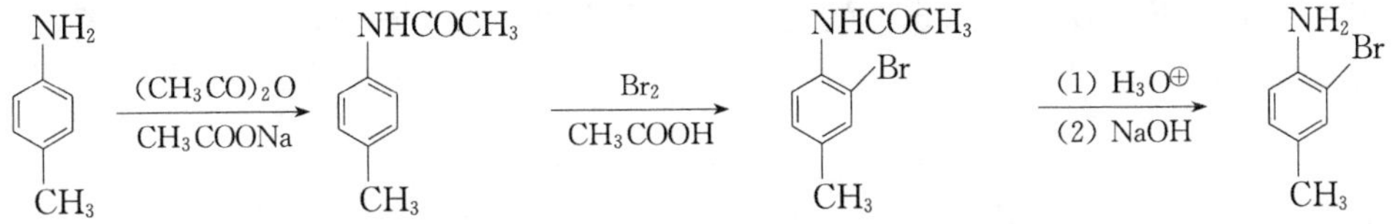

对甲基乙酰苯胺　　4-甲基-2-溴乙酰苯胺　　4-甲基-2-溴苯胺（65%）

2）硝化

苯胺直接硝化时，由于氨基容易被硝酸氧化，产率很低。为了避免氨基被氧化，常利用芳胺的酰基化反应先将氨基保护起来，然后进行硝化，最后脱除保护基。

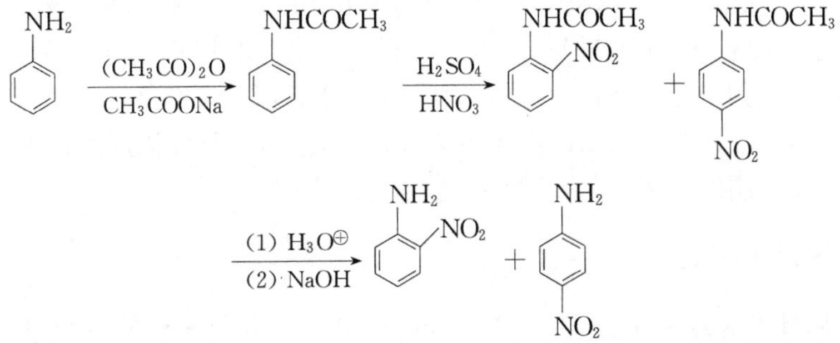

产物通常是邻硝基苯胺和对硝基苯胺的混合物。对硝基苯胺可以通过分子间氢键而缔合，沸点较高；邻位产物则容易形成分子内氢键（呈六元螯合结构），沸点相对较低，可以随着水蒸气蒸出，因而可以与对硝基产物分离开来。

如果直接硝化，芳香胺能与强酸（H_2SO_4）生成盐，由于氨基正离子（—NH_3^+）使苯环钝化，因而硝化时主要得到间位产物。例如，*N*，*N*-二甲苯胺经混合酸硝化主要生成间位、对位的混合物，几乎不含邻位异构体。

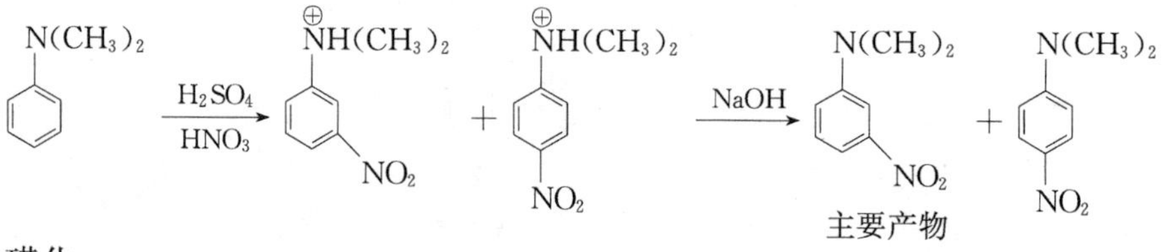

3）磺化

苯胺与浓硫酸作用，先生成硫酸盐，加热脱水生成磺酰苯胺，再通过重排生成对氨基苯磺酸。

对氨基苯磺酸为白色结晶，熔点 288℃。它以内盐形式存在，是重要的染料中间体和常用的农药（敌锈酸）。对氨基苯磺酸溶于热水，不易溶于有机溶剂，分子呈弱酸性，可溶于 NaOH 或 Na_2CO_3 溶液。

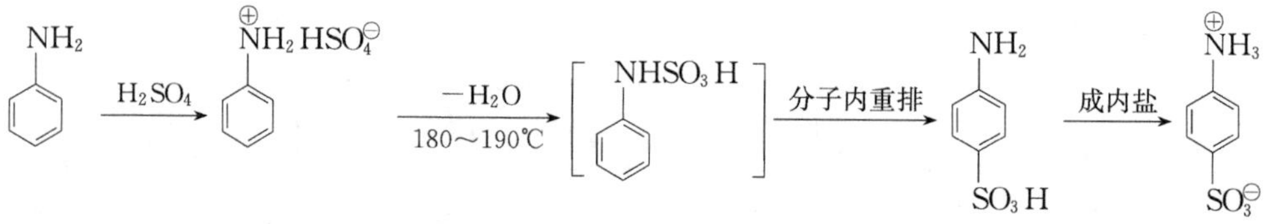

13.1.6 胺的制备

1. 氨的烷基化

卤代烷与氨或胺的反应称为霍夫曼烷基化反应，氨的氮上的一对孤对电子容易与卤代烷发生亲核的取代反应（S_N2 机理）。

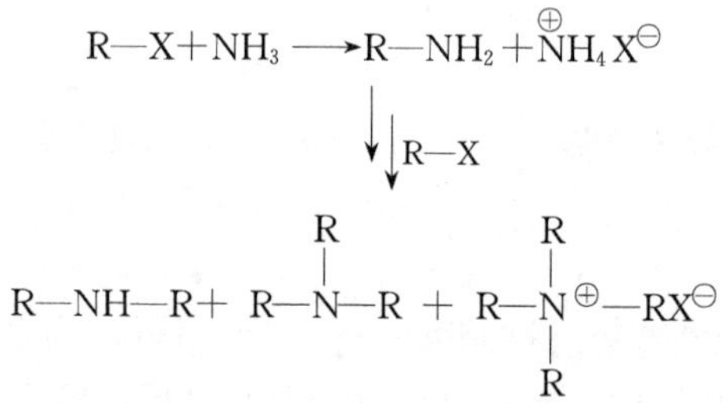

在这一反应中除了得到一级胺，还可以得到多取代产物（二级胺和三级胺），最终得到的是混合物，分离有难度。如果氨过量，则可以得到主产物为伯胺的产物。反应中所用的卤代烷最好是伯卤代烷，如果是仲卤代烷或叔卤代烷，有可能有消除产物生成。卤代烷的反应活性为RI>RBr>RCl。芳香卤代物的卤素不活泼，在高温高压及催化剂的作用下才能发生反应。总之，这一反应用处不大，因为产物纯度不高，产率也不高。

2. 腈、酰胺、肟的还原

腈、酰胺、肟化合物结构中都含有 C—N 键，可以通过催化氢化或者化学还原的方法得到胺类化合物。

腈可以用氢化铝锂还原成伯胺。例如

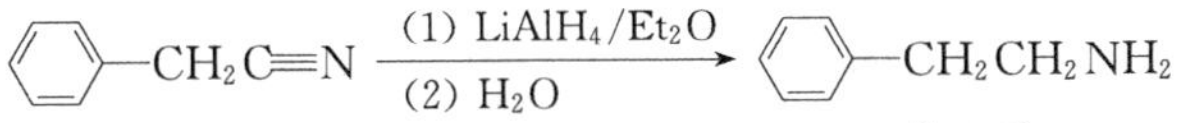

苯乙腈　　　　　　　　　　　　苯乙胺

腈也可以用催化加氢(常用催化剂为雷尼 Ni)的方法转变为伯胺,该反应中间体是亚胺。

$$RC{\equiv}N \underset{-H_2}{\overset{+H_2}{\rightleftharpoons}} RCH{=}NH \underset{-H_2}{\overset{+H_2}{\rightleftharpoons}} RCH_2NH_2$$

酰胺、*N*-取代酰胺和 *N*,*N*-二取代酰胺都可以被氢化铝锂还原,产物分别为伯胺、仲胺和叔胺。例如

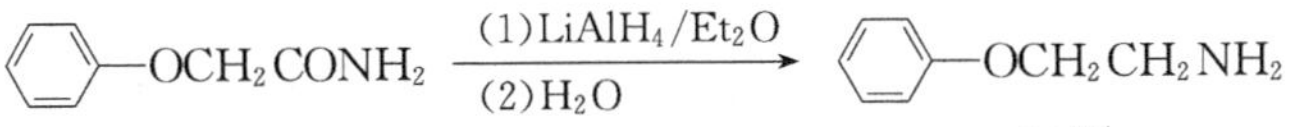

80%

$$CH_3CH_2CH_2CH_2CONHCH_2CH_2CH_2CH_3 \xrightarrow[(2)H_2O]{(1)LiAlH_4/Et_2O} CH_3CH_2CH_2CH_2CH_2NHCH_2CH_2CH_2CH_3$$

88%

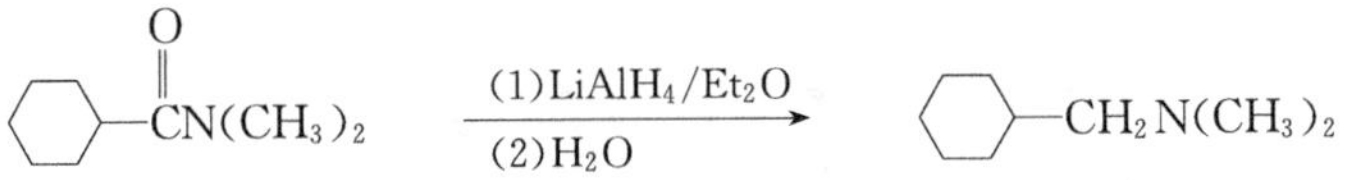

N,*N*-二甲基环己基甲酰胺　　　　　*N*,*N*-二甲基环己基甲胺(88%)

肟很容易还原成伯胺,这是由醛、酮制备伯胺的方便方法。

$$RR'C{=}O \xrightarrow{NH_2OH} RR'C{=}NOH \xrightarrow{[H]} RR'CHNH_2$$

例如

$$CH_3CH_2CH_2\overset{\overset{\large NOH}{\|}}{C}CH_3 \xrightarrow{H_2,Ni,EtOH} CH_3CH_2CH_2\overset{\overset{\large NH_2}{|}}{C}HCH_3$$

2-戊酮肟　　　　　　　　　　2-戊胺(85%)

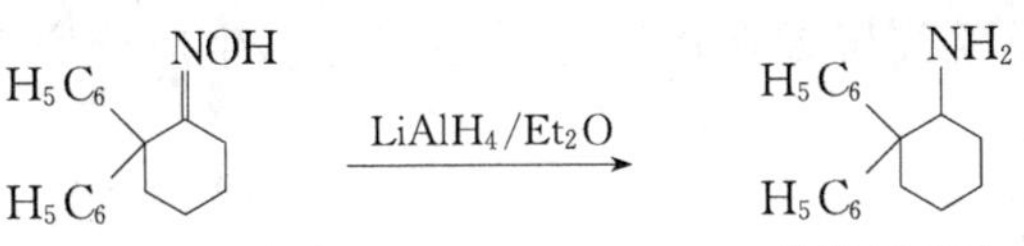

2,2-二苯基环己酮肟　　　　　　　　2,2-二苯基环己胺(80%)

对于酰胺,除了金属锂化物能将其还原成胺外,硼烷和硼氢化钠也可以将其还原为胺;对于腈,硼烷和金属锂化物都可以将其还原为胺,硼氢化钠一般不能还原氰基,但在催化剂(如二氯化钴、四氯化锆)存在下也能将其还原;对于肟,较常用的试剂有钠与醇、镁与乙酸铵的饱和甲醇等,硼氢化钠同样要在催化剂的存在下才能将其还原。

3. 醛、酮的还原氨化

氨或伯胺与醛或酮缩合生成亚胺,亚胺不稳定,难以分离得到。如果在还原剂存在下,则生成的亚胺分子中的 C═N 键可被还原成相应的胺,这一过程称为还原氨化。

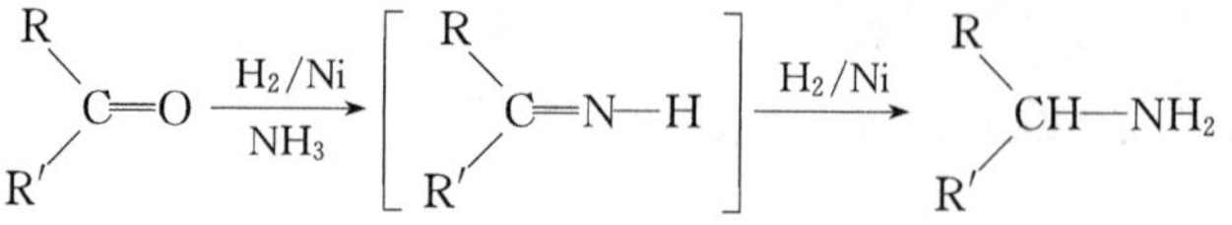

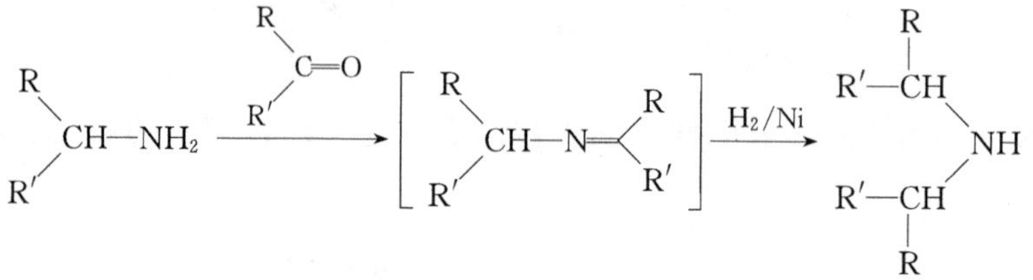

在这一反应中，如果氨过量则得到的产物为伯胺；如果是 1mol 氨和 2mol 醛或酮反应，则得到的产物为对称的仲胺，这也是二级胺的一种合成方法。

4．盖布瑞尔合成法

盖布瑞尔合成法是制备纯净的一级胺的一种方法，是由邻苯二钾酸酐和氨反应，首先生成邻苯二甲酰亚胺，亚胺上的氮原子上的氢原子受到两个羰基的吸电子效应影响而具有较强的酸性，与 1,3-二羰基化合物类似，能与碱金属成盐，具有亲核的性质，可与卤代烷发生 S_N2 反应，生成 *N*-烷基邻苯二甲酰亚胺，然后水解得到伯胺。例如

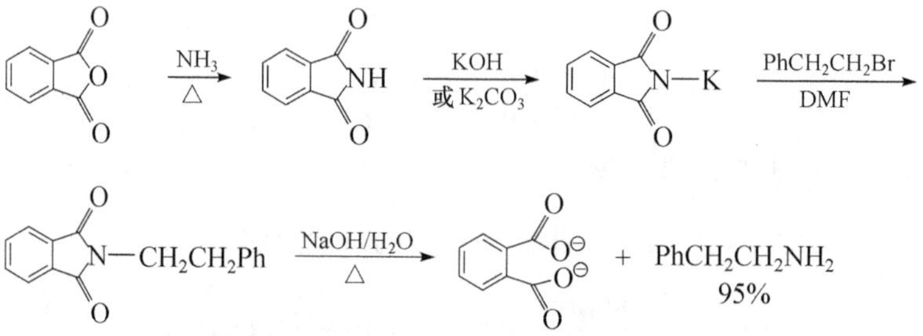

用这一反应所制得的伯胺不仅纯度高(不含仲、叔胺等杂质)，而且一般产率较高。由于叔卤代烷在此条件下易发生消除反应，因而不能使用。除卤代烷外，也可以用卤代酸酯或者磺酸酯进行反应。

5．从羧酸及其衍生物制备胺

酰胺的霍夫曼降解是酰胺与氯或溴在碱溶液中反应，生成比原料酰胺少一个碳原子的伯胺。

$$\overset{\displaystyle O}{\overset{\|}{R C}}NH_2 + 4OH^- + Br_2 \longrightarrow RNH_2 + 2Br^- + CO_3^{2-} + H_2O$$

这一方法也可以用来制备芳香伯胺。例如

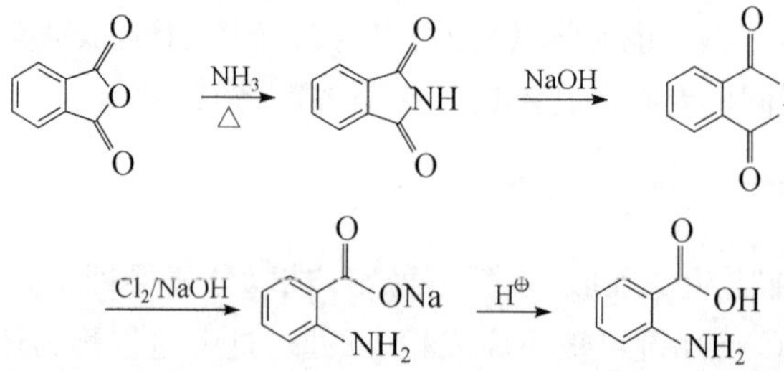

6. 硝基化合物的还原

硝基化合物的还原是沿用已久的合成伯胺的一种重要方法。由于芳香硝基化合物很容易由芳香族化合物通过硝化反应制得，因此本合成方法对于合成芳香族伯胺特别重要（见13.3.4小节）。

$$(R)Ar—NO_2 \xrightarrow{[H]} (R)Ar—NH_2$$

此外，芳基卤代物的取代也可以用来制备芳基胺。

$$Ar—X \xrightarrow{NaNH_2} Ar—NH_2$$

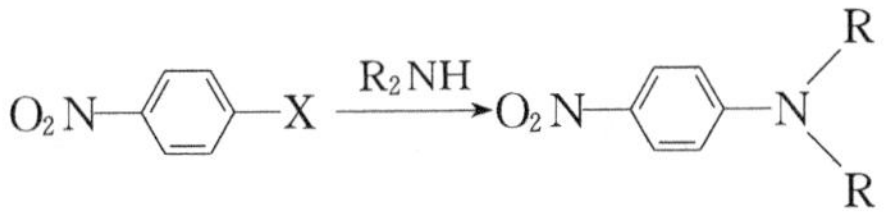

前者是苯炔机理，后者是加成-消除机理。

13.2 重氮和偶氮化合物

在重氮化合物中，最重要的是芳香族重氮盐，脂肪族重氮化合物是不稳定的，其生成后便立即分解。

13.2.1 重氮化反应

重氮盐是通过重氮化反应制备的，要求现制现用。因为重氮盐在温度升高时容易水解成酚，并且在干燥的条件下易发生爆炸。例如，苯胺与亚硝酸在低温下（0～5℃）反应，生成氯化重氮苯。

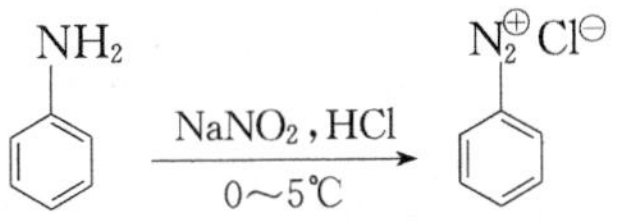

氯化重氮苯

此反应中，HCl与苯胺的物质的量比至少为2.5∶1。这是由于：①苯胺不溶于水，而重氮化反应需要在水中反应，因此需要将苯胺与HCl形成苯胺盐溶于水；②亚硝酸不稳定，需用亚硝酸钠与HCl反应，生成亚硝酸；③重氮盐在强酸介质中、低温下稳定，防止重氮盐分解。

重氮盐不稳定，当环上有吸电子基（如卤素、硝基、磺酸基），阴离子为卤负离子、氢硫酸根负离子、氟硼酸根负离子时，其稳定性增强。如果能形成分子内的重氮盐，则其在30～40℃时仍然能稳定存在。

重氮化反应的机理可能是铵盐和亚硝酸先生成*N*-亚硝基化合物，然后经过重排，脱水而成重氮盐。

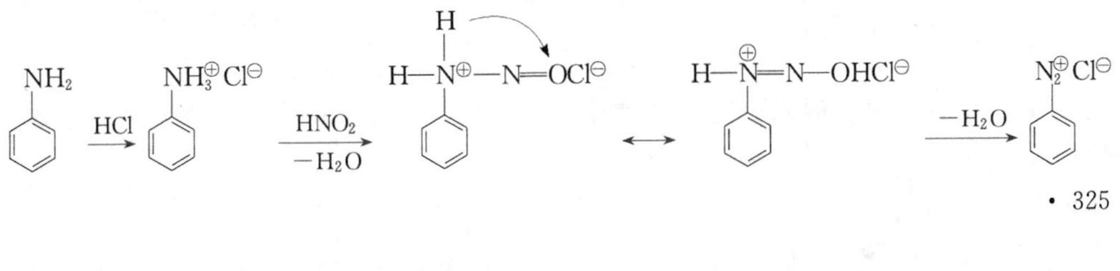

13.2.2 取代反应

重氮盐的放氮反应是重氮基团被其他基团所取代的反应(失去氮的反应)。

1. 被羟基取代

将重氮盐的酸性水溶液加热即发生水解,放出 N_2,生成酚。这一反应也是制备重氮盐的副反应。

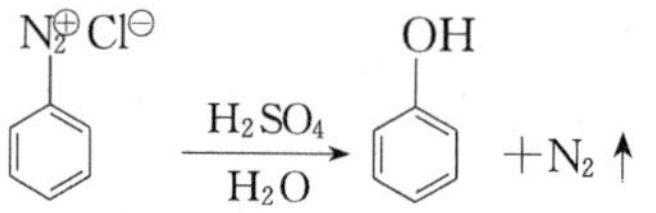

在有机合成上利用此反应可使氨基转变成羟基,用来制备不宜用碱熔法制得的酚类,如间溴苯酚、间硝基苯酚等。

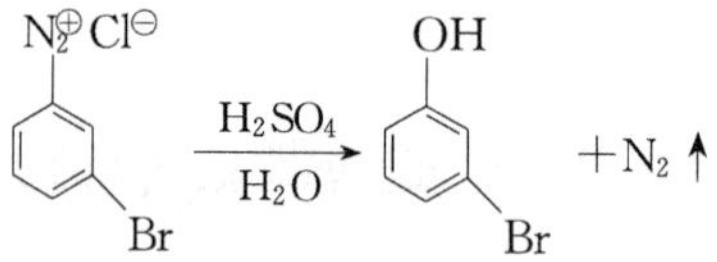

利用卤素负离子形成的重氮盐来制备酚时,在酸度不够时容易发生偶联反应,因而产率不高;如果换成氢硫酸根负离子重氮盐进行这个反应,产率较好。

2. 被卤素取代

重氮盐溶液与氯化亚铜、溴化亚铜或氰化亚铜等的酸性溶液作用,加热分解为卤化物或氰化物及氮气。例如

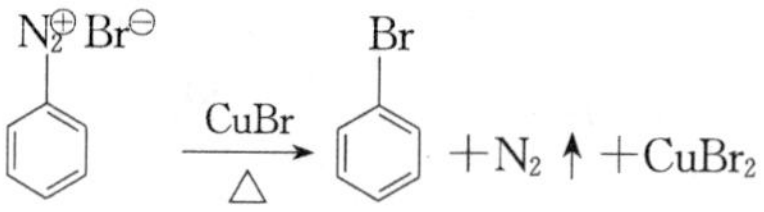

该反应是 1884 年桑德迈尔(Sandmeyer)发现的,所以也称为桑德迈尔反应。

芳环上直接碘化很困难,但利用重氮盐就比较容易进行。加热重氮盐的碘化钾或碘化钠溶液,即可生成相应的碘代物。例如

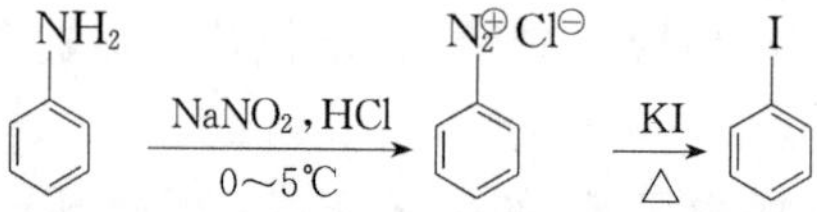

将氟原子引入芳环,一般是将氟硼酸(或氟硼酸钠)加入重氮盐溶液中,生成不溶性的氟硼酸盐沉淀,然后过滤、干燥。将干燥的氟硼酸盐加热分解,即得到相应的氟化物。此反应称为席曼(Schiemann)反应。例如

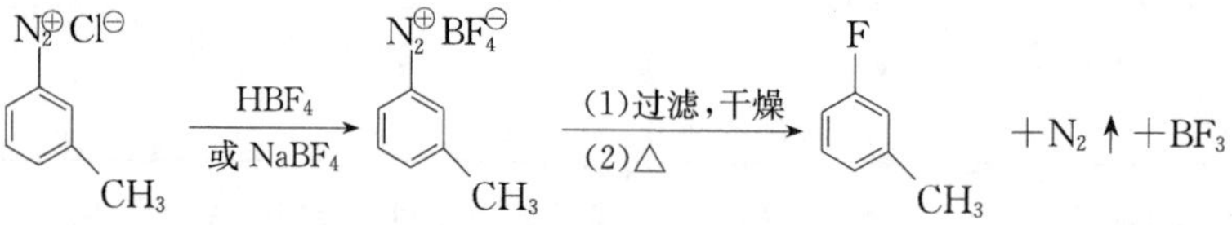

用 Cu 粉代替氯化亚铜或溴化亚铜,加热重氮盐也可得到相应的卤化物,此反应称为伽特曼反应。例如

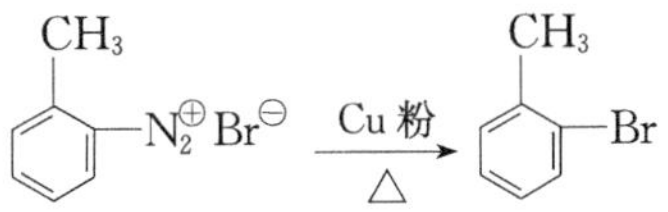

3. 被氢取代

重氮盐在次磷酸的水溶液中加热可得到重氮基被 H 取代的产物。这是一个去氨基还原反应。最常用的还原剂有乙醇，也可用 $NaBH_4$ 还原，反应在水溶液中进行。用次磷酸作还原剂产率较好；用乙醇作还原剂会有副产物芳基醚的生成。

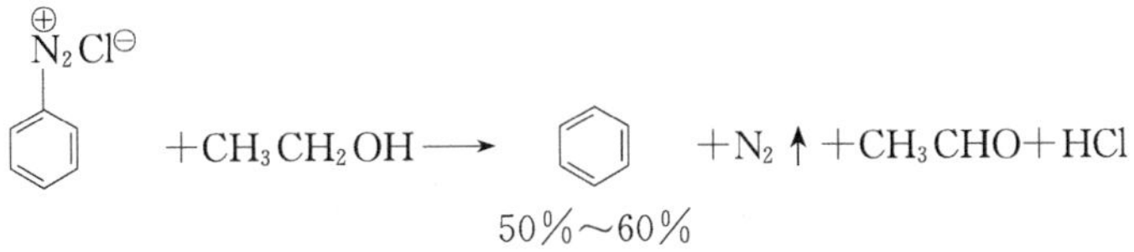

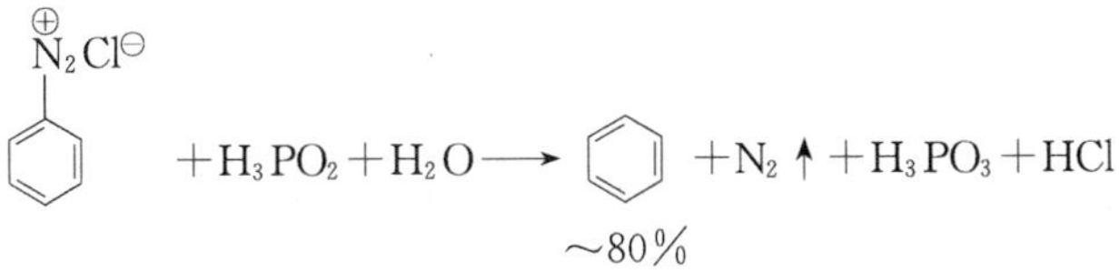

此反应在有机合成中有着重要的作用。利用该反应可合成一些通过其他方法不易或不能得到的一些化合物，如间甲苯胺、间溴甲苯等。

例如，间三溴苯的合成，采用以下方法可以得到很好的结果。

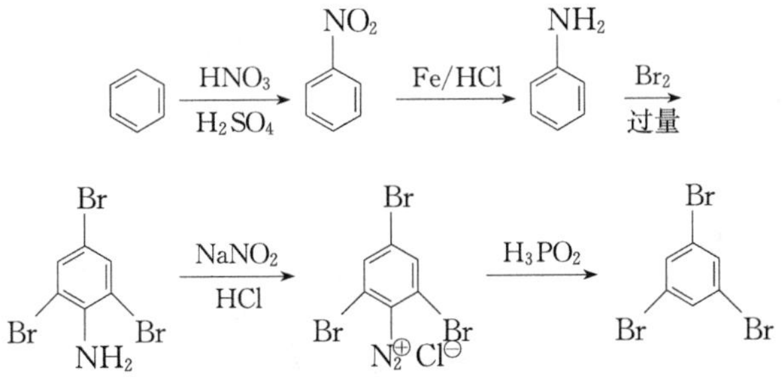

重氮基被取代放出氮气的反应机理比较复杂，但主要有 S_N1 和自由基反应两种。

由于 N_2 是良好的离去基团，因而芳香族重氮盐易生成芳基碳正离子，然后与溶液中的亲核试剂结合成取代产物。碳正离子的生成速率只与重氮盐的浓度有关，因而是 S_N1 反应。

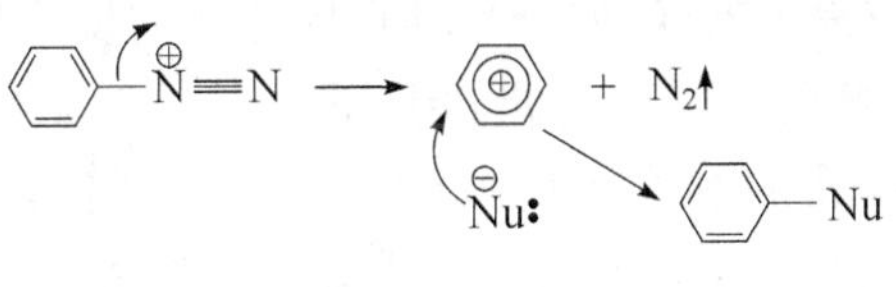

桑德迈尔反应的机理：芳香族重氮盐与亚铜盐发生氧化还原反应生成芳基自由基，后者又与反应中生成的铜盐作用生成取代产物。

$$Ar-\overset{\oplus}{N_2}\overset{\ominus}{Cl}+CuCl \longrightarrow Ar\cdot+N_2\uparrow+CuCl_2$$

$$\downarrow CuCl_2$$

$$ArCl+CuCl$$

这类重氮基被取代的反应很多，可以归纳如下：

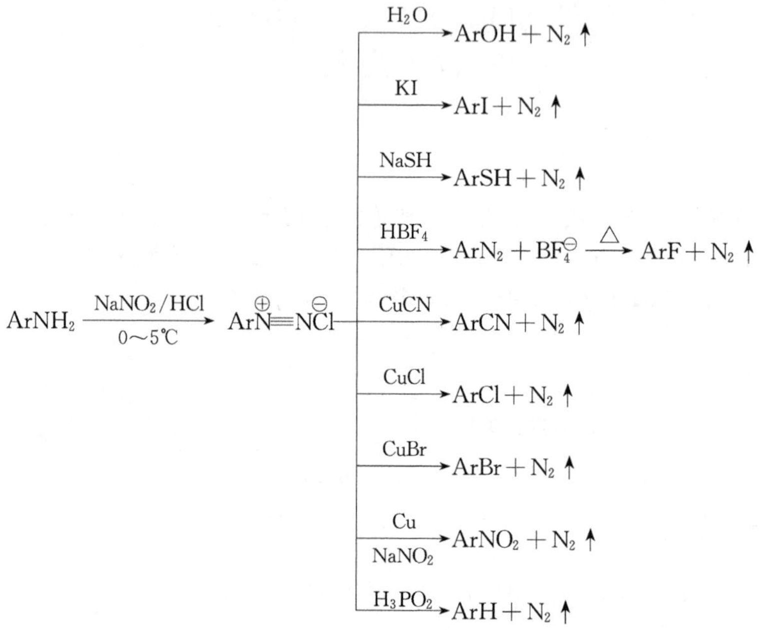

问题 13.7　完成下列转变。

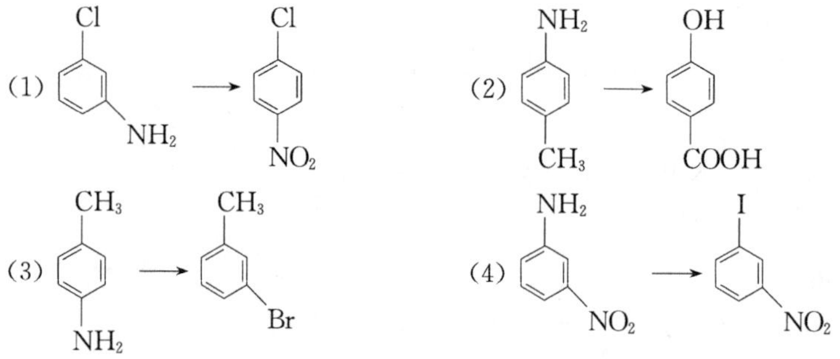

13.2.3　偶联反应

重氮离子是较弱的亲电试剂，在适当的条件下可以和活泼的芳香族化合物（含有强给电子基，如芳胺和酚）作用，发生芳环的亲电取代反应，生成偶氮化合物（分子中含有偶氮基—N═N—），这个反应称为偶联（偶合）反应（保留氮的反应）。参加偶联反应的重氮盐称为重氮组分；活泼的芳香族化合物称为偶联组分。

偶联反应的难易与反应物的本质有关。苯环上的邻、对位具有吸电子基的重氮组分活性大，具有给电子基的重氮组分活性小。同样，偶合组分中芳烃环上必须有一个强给电子基团（—OH、$—NR_2$、$—NH_2$）才能发生偶联反应，同时也要选择合适的反应条件（偶合介质的 pH 是偶联反应的一个重要影响因素之一），以利于偶联反应的进行。

偶联反应一般发生在活性基团的对位，如果对位被占据，则在邻位上进行偶联。

重氮盐与酚的偶联通常在弱碱性（pH＝8～10）条件下进行。因为碱能使—OH 变成$—O^-$，后者是比羟基更强的第一类定位基，有利于弱亲电试剂重氮盐的进攻，从而发生偶联反应。

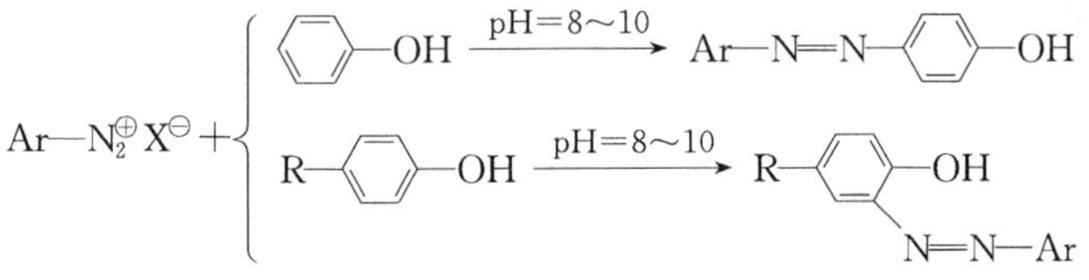

活化的芳环　　　　偶氮苯衍生物

例如

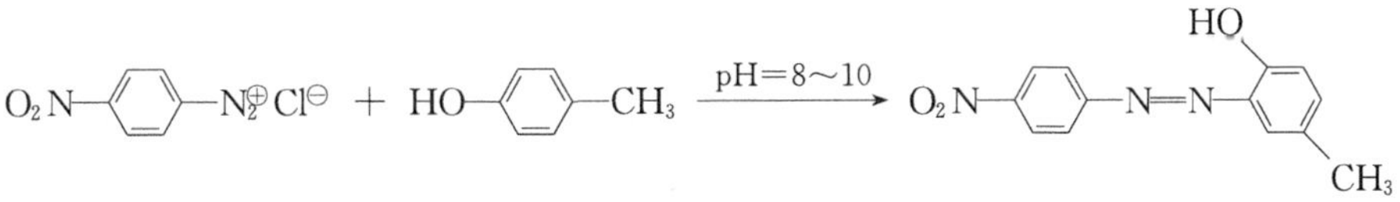

如果是在强碱性(pH>10)溶液中，则不能发生偶联反应。因为在强碱性溶液中，强碱会使重氮盐转化为重氮酸盐，而重氮酸盐是不能发生偶联反应的。

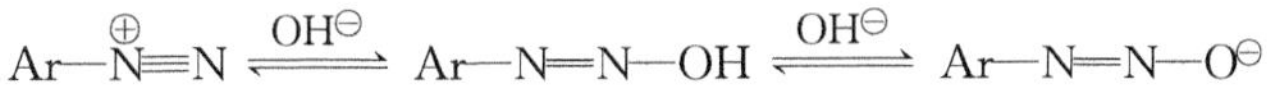

重氮酸　　　　重氮酸盐

重氮盐与芳胺的偶联通常是在弱酸性(pH＝5～7)溶液中进行的，因为此时重氮正离子的浓度最大，有利于偶联反应的进行。此外弱酸性条件还增加了胺的溶解度。

芳香族重氮盐与芳香族伯胺、仲胺反应时，先在氮原子上偶联，生成重氮氨基化合物，然后在酸性条件下重排成对氨基偶氮苯。

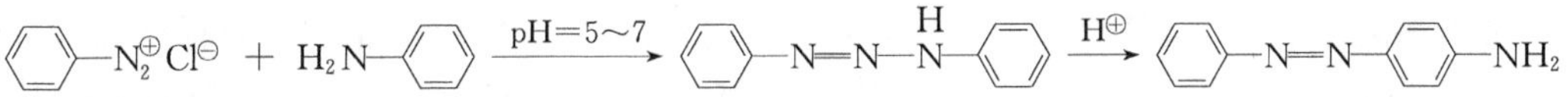

苯重氮氨基苯　　　　对氨基偶氮苯

与芳香叔胺偶联时，发生的是苯环上的亲电取代反应。

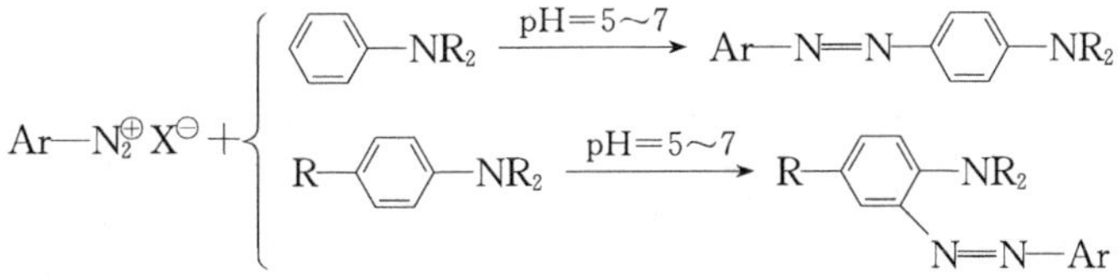

偶氮化合物都有颜色，因而许多偶氮化合物是很好的染料或指示剂，如甲基橙。

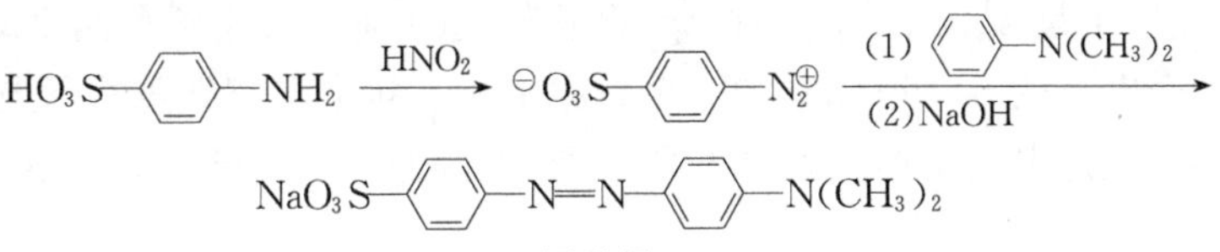

甲基橙

甲基橙由于颜色不稳定，且不牢固，没有作为染料的价值。但它在酸碱溶液中的结构变化，从而显示不同的颜色，因此可用作酸碱指示剂。

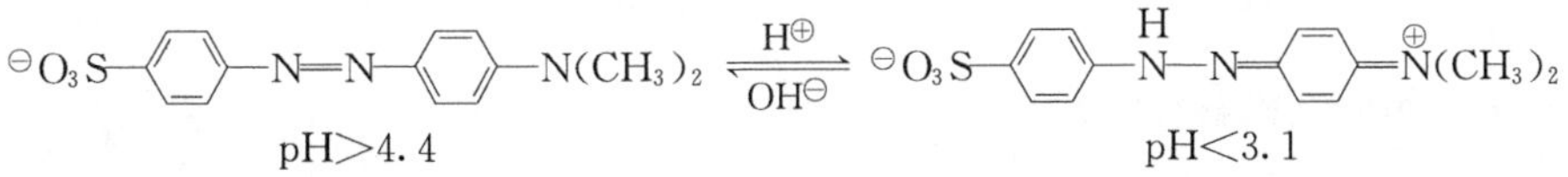

pH>4.4　　　　pH<3.1

黄色　　　　红色

近年来，各国对纺织品对环境影响的要求越来越严格。2000年以来，德国等一些欧盟国家禁止在还原条件下可能产生致癌芳胺的一些偶氮染料纺织品、服装、皮革进入市场。因此，如何合成新的无危害染料是亟待解决的问题。

问题 13.8　如何合成下列偶氮化合物?

(1) 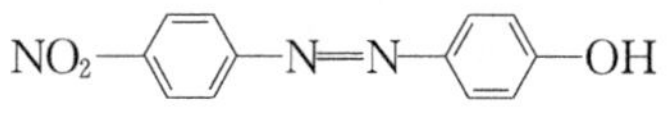

(2) 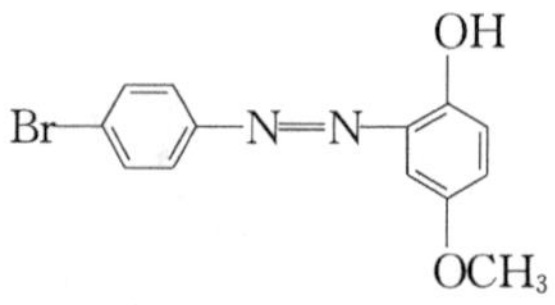

13.2.4　还原反应

芳香族重氮盐用锌和盐酸、氯化亚锡等还原剂还原，保留氮原子而生成芳肼。例如

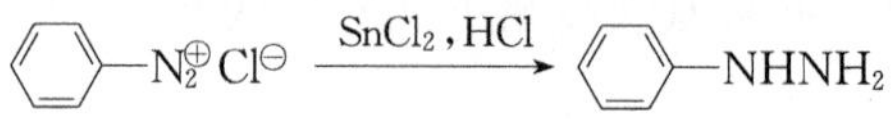

13.3　硝基化合物

烃分子中的氢原子被硝基取代的化合物称为硝基化合物。

13.3.1　分类和命名

根据烃基的不同，硝基化合物可分为脂肪族、芳香族、脂环族硝基化合物；根据烃基所连的碳原子级数不同，可分为伯、仲、叔硝基化合物；根据硝基的个数分为一硝基和多硝基化合物。

总的来说，硝基化合物一般以硝基为取代基，烃为母体来命名。例如

CH_3NO_2	$(CH_3)_3C—NO_2$	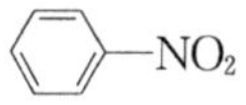	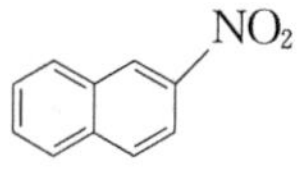
硝基甲烷	2-甲基-2-硝基丙烷	硝基苯	2-硝基萘

13.3.2　硝基化合物的结构

硝基中的氮原子是 sp^2 杂化。三个 sp^2 杂化轨道分别与碳原子和两个氧原子形成三个键，余下的含一个电子的 p 轨道和其中一个氧原子的 p 轨道在侧面重叠形成 π 键，这样两个氮氧键似乎不同，但是电子衍射实验证明两个氮-氧键的键长完全相同。这一点可以用共振式加以解释。

硝基中氮原子的 sp^2 杂化：

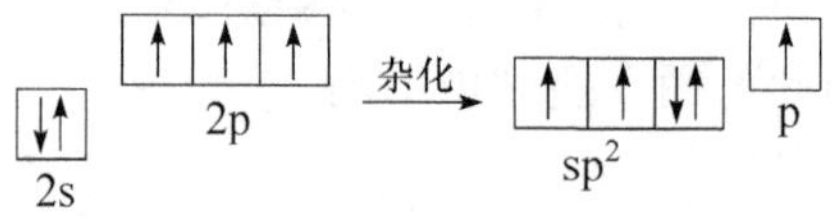

硝基化合物的结构解释：

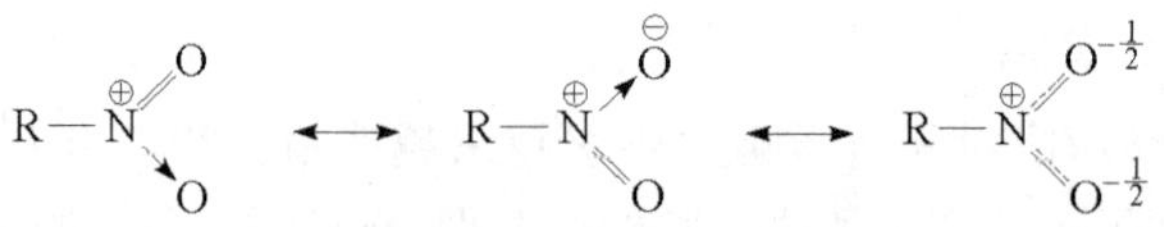

问题 13.9　写出下列化合物的名称或结构式。

(1) 2-硝基丁烷　　(2) 2,4-二硝基甲苯

(3) 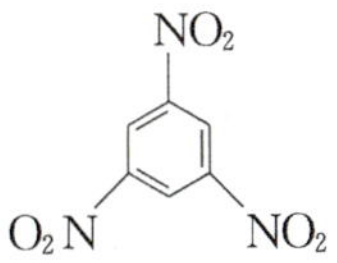

(4) 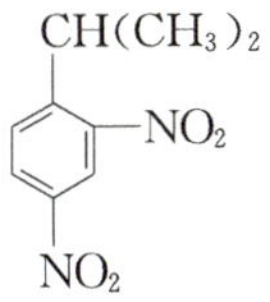

13.3.3　物理性质

硝基是强极性基团，所以它们的沸点比相同相对分子质量的亚硝酸酯高得多。硝基化合物的相对密度都大于1，脂肪族硝基化合物不溶于有机溶剂，但能溶于浓硫酸，这是由于形成了“盐”。多硝基化合物受热时易分解而发生爆炸，如2,4,6-三硝基甲苯(TNT)、1,3,5-三硝基苯(TNB)等。有的多硝基化合物有香味，可用作香料，如2,6-二甲基-4-叔丁基-3,5-二硝基苯乙酮，俗称“酮麝香”。

硝基化合物有毒，它的蒸气可透过皮肤被肌体吸收而中毒，因此使用时应注意。

13.3.4　化学性质

1. α-氢的反应

1) 互变异构现象

具有α-氢的硝基化合物与强碱溶液作用生成盐，这是由于共轭效应，发生互变异构现象。

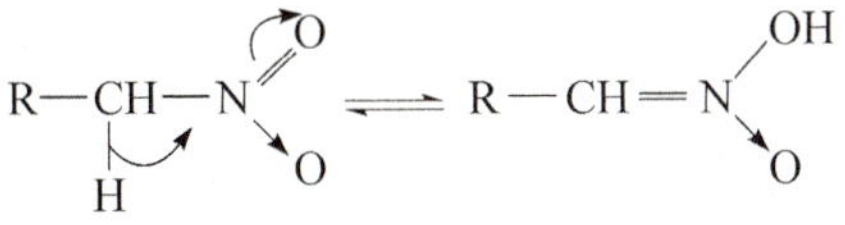

硝基式　　假酸式

假酸式有烯醇式特征，如与 $FeCl_3$ 溶液有显色反应，也能与 Br/CCl_4 溶液加成。但通常硝基化合物中的假酸式含量很少，所以看不到这些现象。

2) α-氢的缩合反应

含α-氢的硝基化合物可与醛缩合，发生与羟醛缩合等类似的反应，活泼的α-氢可以与羰基发生缩合反应。例如

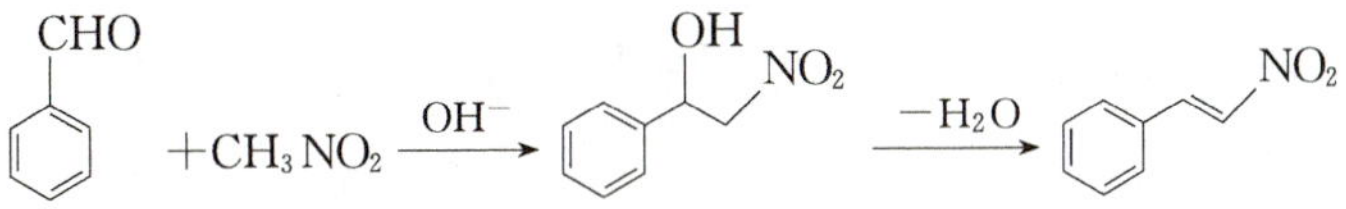

2. 硝基对芳环上取代基的影响

苯酚具有一定的酸性，间硝基苯酚的酸性比苯酚强，这是由于—NO_2 是强吸电子基团，对苯环起吸电子的诱导(−I)效应，以致苯环上的电子云密度下降，而—OH 中的氧原子由于与苯环形成 p-π 共轭，就会向苯环上转移电子，因此 O—H 间键长较苯酚中的长，氢更易于以质子的形式被夺去，所以其酸性大于苯酚(见 9.2.2 小节)。

对硝基苯酚的酸性大于间硝基苯酚，除了有—NO_2 的强吸电子的诱导效应使苯环上电

子云密度下降外，还因—NO_2 中的 N 是 sp^2 杂化，与苯环共平面，对苯环起的是吸电子的共轭(−C)效应，此共轭效应对于间位的—OH 则无作用。因而，—NO_2 的双重吸电子作用使苯环上的电子云密度大大下降，以致—OH 上的氢更易被夺去，酸性要强于前者，所以下列化合物的酸性是递减的：

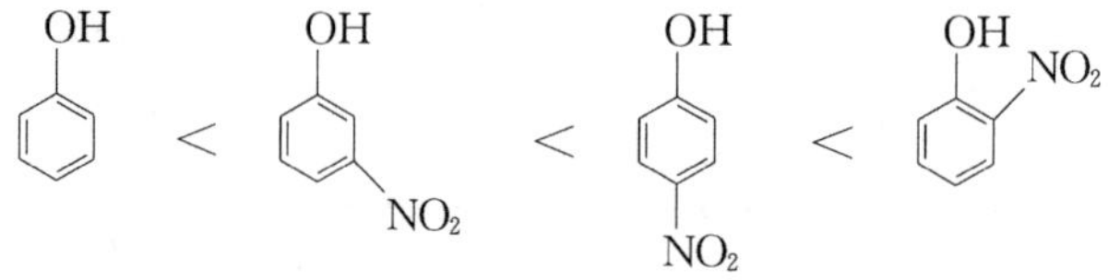

pK_a　　9.89　　8.28　　7.15　　7.17

邻硝基苯酚除了—NO_2 的吸电子诱导(−I)效应及吸电子共轭(−C)效应外，还因邻硝基苯酚形成分子内氢键：

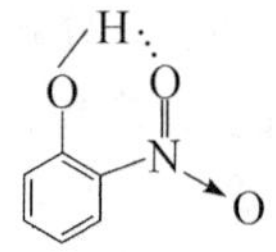

以致氢原子与对位相比不是十分自由，故酸性呈现上述变化规律。

此外，对于硝基苯胺而言，苯胺主要是氨基上的氮原子的孤对电子体现碱性，给电子基使碱性增强，吸电子基使碱性降低。—NO_2 的吸电子诱导效应和共轭效应使—NH_2 中的 N 周围的电子云密度降低，碱性降低，以邻、对位降低最大，所以碱性顺序为

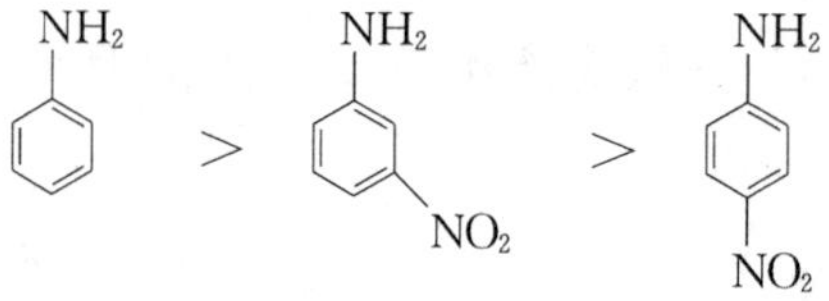

3. 硝基的还原

硝基容易被还原，尤其是直接连在苯环上的硝基更容易被还原。还原产物随着还原剂和介质的不同而有所差异。最常用的方法是

$$RNO_2 + 6[H] \xrightarrow[Fe+HCl]{H_2, Pt 或} RNH_2 + 2H_2O$$

金属还原法：常用的试剂为金属加酸，如 Fe/HCl、Sn/HCl、$SnCl_2$/HCl、Zn/HCl，除了用盐酸外，还可以用硫酸或乙酸等，但盐酸最便宜。

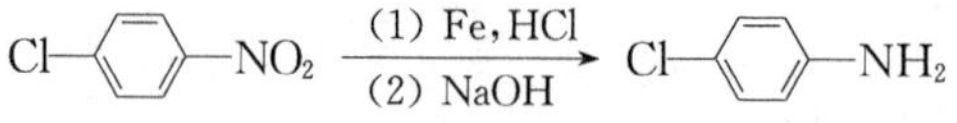

95%

铁和盐酸作还原剂，价格便宜，但会产生大量铁泥，已限制使用。在还原过程中，羰基、氰基、卤素、碳-碳双键一般不受影响。

催化氢化也是还原硝基化合物常用的方法，具有廉价且手续简便的优点，它既可以用于实验室制备，又适用于大规模的工业生产。活性镍、钯、二氧化铂、钯-碳等均是常用的催化剂。

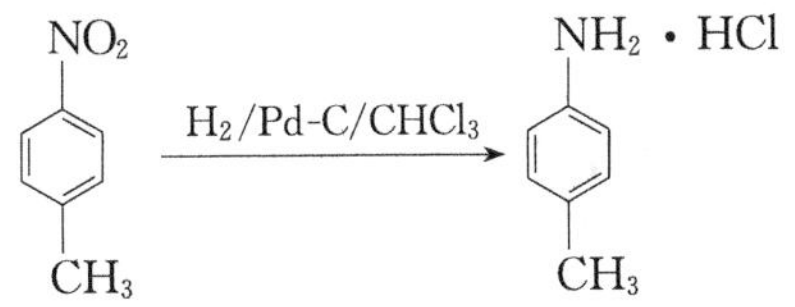

在不同的还原体系中，芳香族硝基化合物可被还原成不同的产物。例如，硝基苯在被还原时，有许多中间产物生成，反应最终产物是苯胺，其还原过程可表示如下：

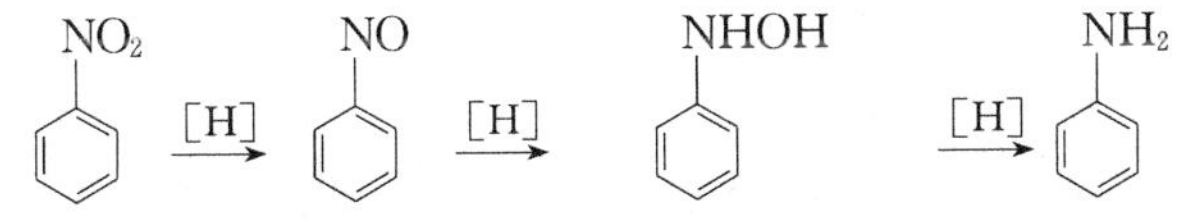

当芳环上有可被还原的其他取代基时，用氯化亚锡和盐酸还原，可只将硝基还原成为氨基。

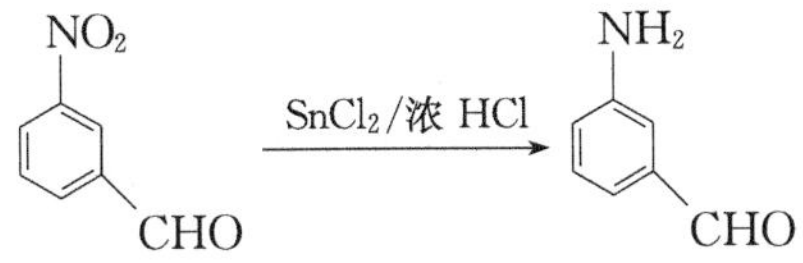

钠或铵的硫化物、硫氢化物或多硫化物，如硫化钠、硫化铵、硫氢化钠、硫氢化铵等，以及氯化亚锡和盐酸，在适当的条件下，可以选择性地将多硝基化合物中的一个硝基还原成氨基，另一个不变。例如

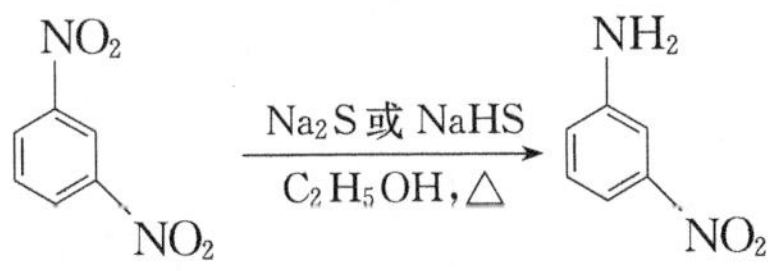

硝基苯在碱性条件下还原，可得双分子还原产物。

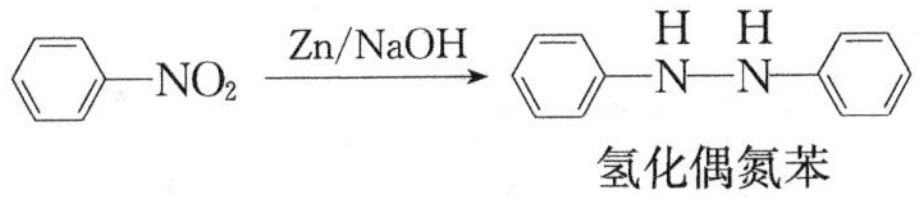

如果在中性介质中还原，反应停留在 N-羟基苯胺(苯胲)阶段。例如

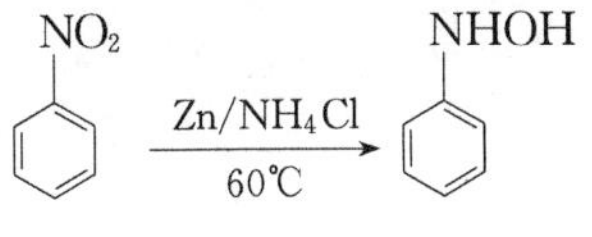

4. 硝基对苯环上亲核取代反应的影响

硝基是强吸电子基团，它的吸电子作用使硝基邻、对位上的电子云密度比间位更加明显地降低，从而使其邻、对位容易发生亲核取代反应。例如

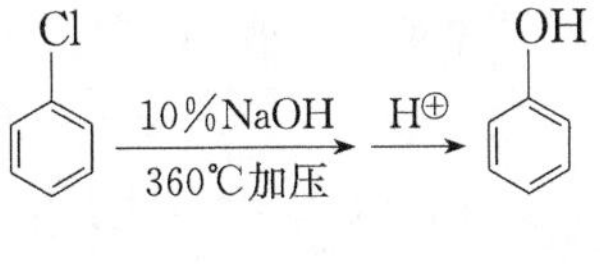

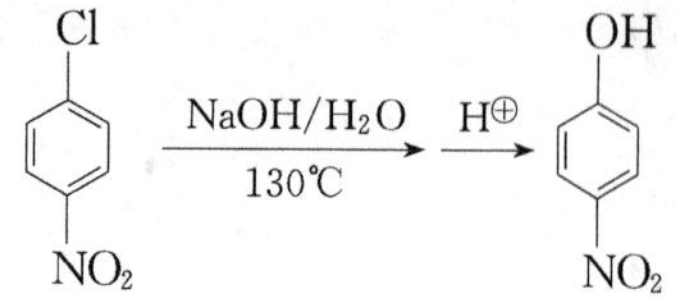

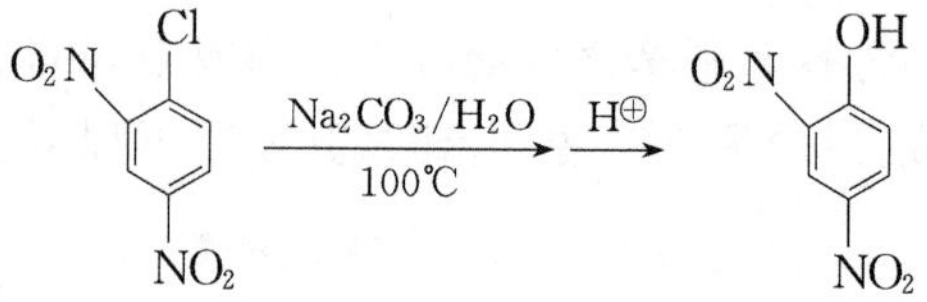

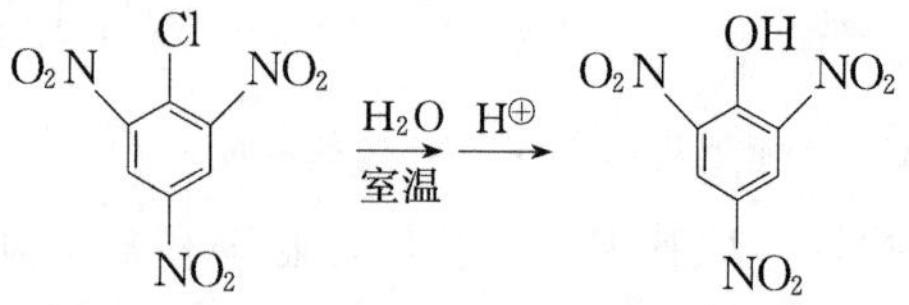

除了羟基，其他带负电荷或含有孤对电子的亲核试剂[如 CH_3O^-、HS^-、NH_3(R)等]也能发生芳环的亲核取代反应。

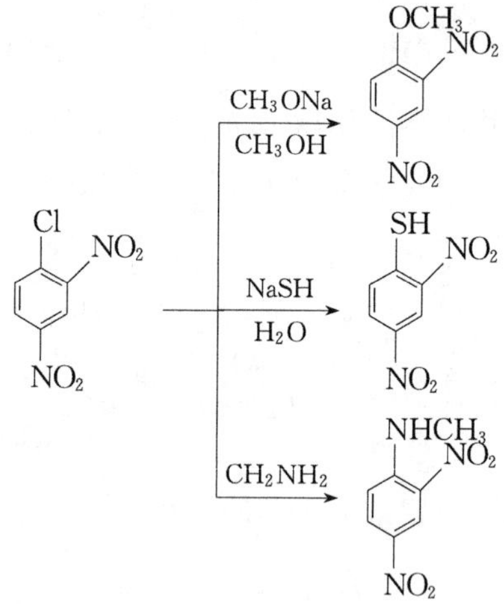

问题 13.10　下列两对化合物中，哪个容易发生亲核取代反应？简述理由。

(1) 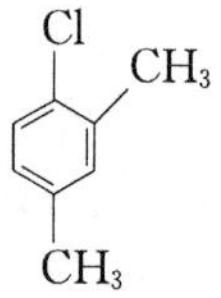 和 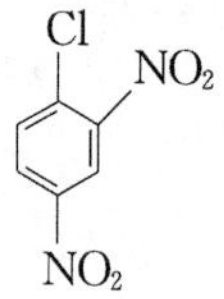　　(2) 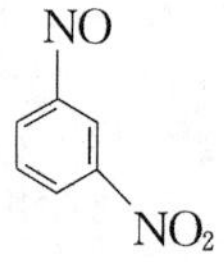 和 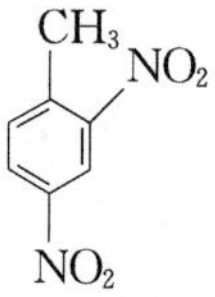

习　题

1. 命名下列化合物。

(1) $CH_3CH_2CH_2N(CH_3)_2$　　(2) $NH_2CH_2(CH_2)_2CH_2NH_2$

(3) $(CH_3)_4NBr$　　(4) $(CH_3)_2NH_2Cl$

(5) $CH_3—NH—\overset{\overset{O}{\|}}{C}—H$　　(6) $NH_2—\overset{\overset{O}{\|}}{C}—NH—\overset{\overset{O}{\|}}{C}—NH_2$

(7) 　　(8) 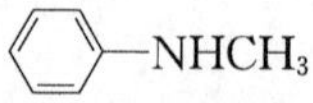

(9) $[(CH_3)_2CH]_2CHNH_2$

(10) 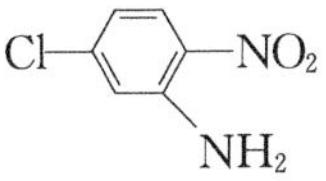

(11) $(C_2H_5)_2NH_2^+OH^-$

(12) 

2. 写出下列化合物的构造式。

(1) *N*-正丙基环己胺　(2) 5-硝基-1,3-苯二胺　(3) 对氨基苯甲酸乙酯

(4) 苄胺　(5) 氯化苯铵　(6) *β*-苯基乙胺

3. 比较下列化合物的碱性，并依强弱排序。

(1) 苯胺、对甲苯胺、对氨基苯甲醛

(2) NH_3、CH_3NH_2、CH_3CONH_2、NH_2CONH_2、$(CH_3)_4NOH$

(3) $CH_3CH_2NHCH_2CH_3$、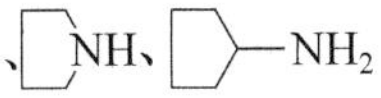

(4) 甲胺、二甲胺、苯胺、二苯胺

(5) 氢氧化四甲铵、乙酰胺、苯胺、对甲苯胺

4. 用化学方法区别下列各组化合物。

(1) 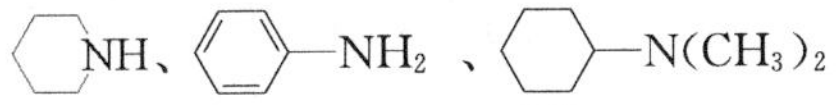

(2) 

(3) 硝基苯、苯胺、*N*-甲基苯胺、*N*,*N*-二甲基苯胺

5. 完成下列反应。

(1) 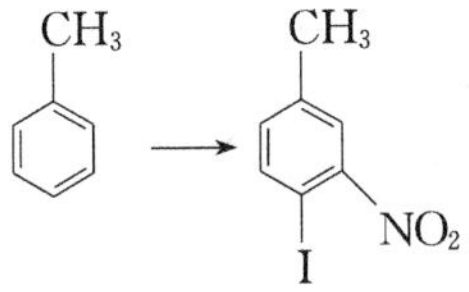

(2) 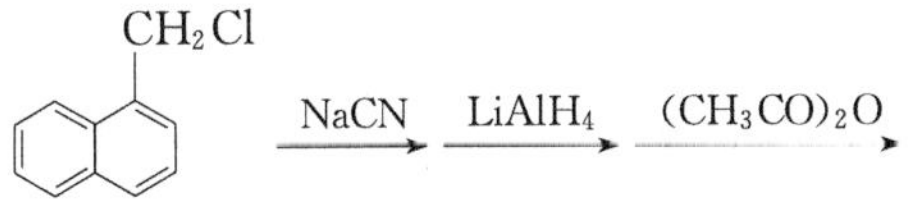

(3) 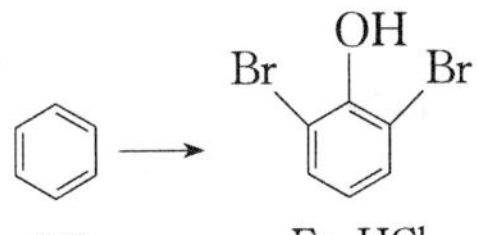

(4) 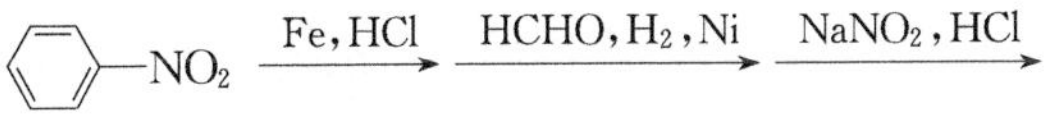

(5) 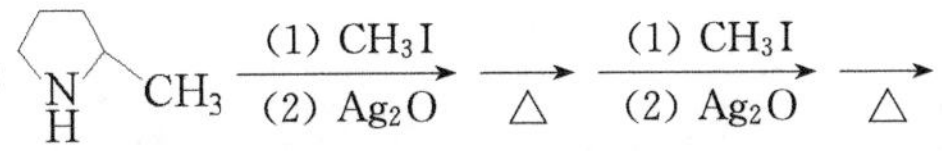

(6) 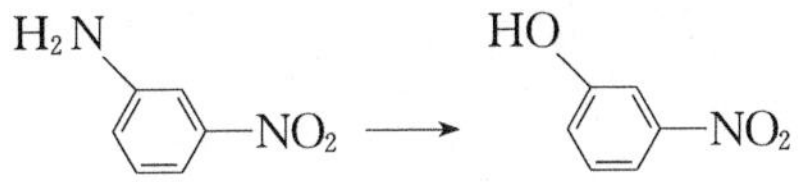

(7) 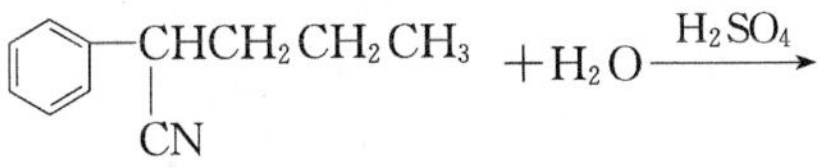

(8) 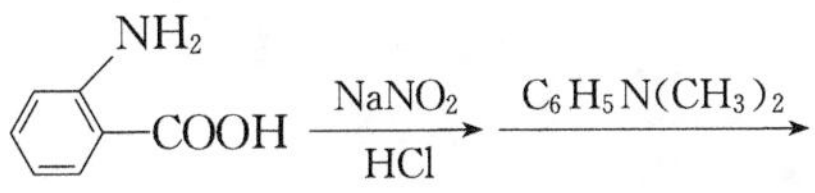

6. 以苯、甲苯或萘为原料合成下列化合物(其他试剂任选)。

(1) 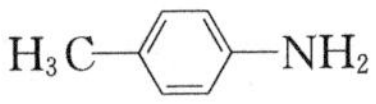

(2) 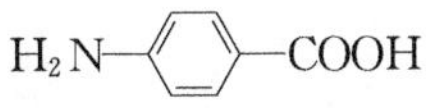

(3) 

(4) 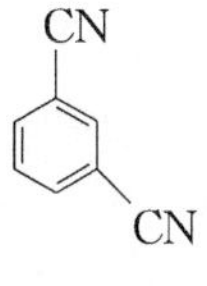

(5) 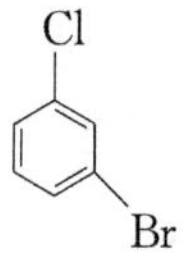

(6) 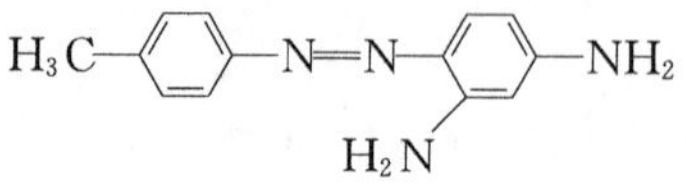

(7) 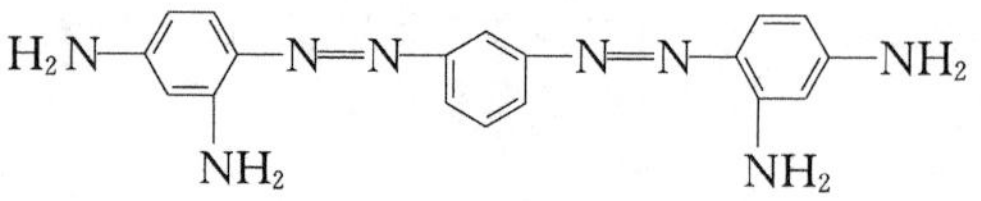

(8) 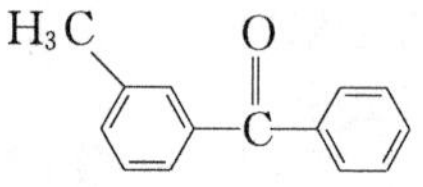

7. 化合物 A($C_7H_8ClNO_2$)溶于水，而不溶于苯和乙醚等有机溶剂，加热失去一分子水后得到不溶于水、可溶于有机溶剂的化合物 B。B 经 Br_2 和 NaOH 溶液作用后得到化合物 C(C_6H_6ClN)。化合物 C 与 $NaNO_2$-HCl 于低温下反应后，再用 CuCl 处理，得偶极矩为零的化合物 D。试推出 A～D 的结构式。

8. 化合物 A 的分子式为 $C_6H_{15}N$，能溶于稀盐酸，与亚硝酸在室温下作用放出氮气并得到 B，B 能进行碘仿反应，B 和浓硫酸共热得 C，C 能使溴水褪色，用高锰酸钾氧化 C，得到乙酸和 2-甲基丙酸。推出 A～C 的结构式。

9. 化合物 A、B 的分子式都为 $C_5H_{11}N$，并都是五元环，它们互为同分异构体。化合物 A 和 B 分别经下列反应各得到不同的产物。试推测 A、B 的可能结构式。

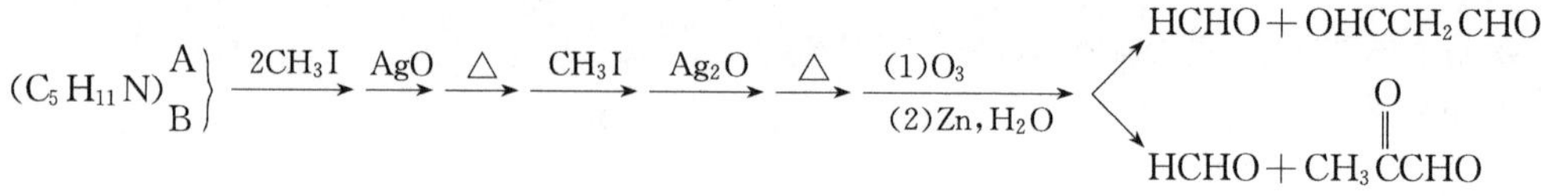

第 14 章　杂环化合物

具有环状结构，成环的原子除碳原子之外还有其他原子的化合物称为杂环化合物(heterocyclic compound)。环中常见的杂原子有 N、O、S 三种原子。杂环化合物种类繁多，数量庞大，在自然界分布很广。在动植物生命过程中起着重要作用的物质，如叶绿素、血红素、核酸等，它们的基本结构单元都是杂环化合物。

杂环化合物可以分为芳香性杂环和非芳香性杂环化合物。非芳香性杂环化合物，如环醚(环氧乙烷)、内酸酐(丁二酸酐)、内酰胺(己内酰胺)和内酯(δ-戊内酯)等，由于它们具有醚、酐、酰胺、酯等的性质，习惯上不在此讨论。

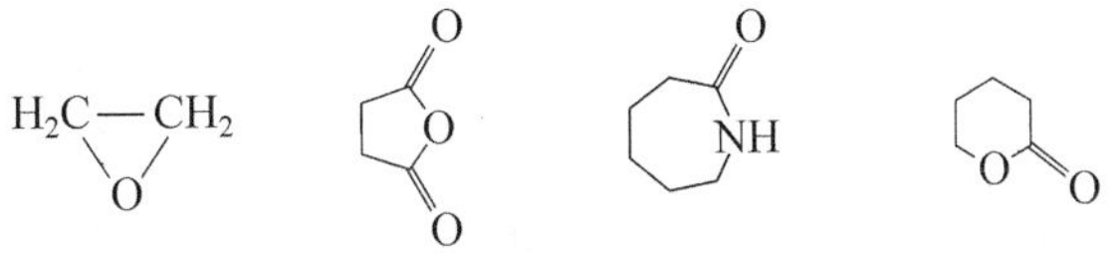

环氧乙烷　　丁二酸酐　　己内酰胺　　δ-戊内酯

本章主要介绍符合休克尔规则的环状闭合共轭体系的芳香杂环化合物。这是有机化合物中极为庞大的一个领域，它们的应用范围也极其广泛，涉及医药、香料、染料、高分子材料等，尤其在生物界中，杂环化合物几乎到处可见。特别需要指出的是，杂环化合物在医药上具有十分重要的地位，目前使用的药物中有很大一部分含有芳香杂环。

学习杂环化合物后，再学习生物碱就容易得多了，因为它们基本上是含氮的杂环，当然也有少数生物碱分子结构中没有含氮的杂环。它们大多对人畜有毒，少量应用可作为医疗药剂，许多中草药的有效成分是生物碱。

14.1　杂环化合物的分类和命名

杂环化合物数目很多，一般可根据环的大小分为五元杂环、六元杂环等；根据环的数目多少可以分为单杂环(含一个环)及稠杂环(含多个环)；根据所含杂原子的种类及数目，又可分为若干类别。

杂环化合物的命名比较复杂。IUPAC(1979 年)原则规定，保留 45 个杂环化合物的俗名。我国采用"音译法"对这 45 个俗名进行音译，并以此作为基础，对杂环化合物进行命名。在此，仅介绍一些常见的有俗名的单杂环及有特定名称的稠杂环化合物的命名。

杂环化合物的命名包括基本母环及环上取代基两方面，取代基的命名原则与前述大体一致。杂环母环的命名常用音译法，即按照英文名称的音译加上"口"偏旁，以表示环状化合物。例如，呋喃读作"夫南"。

命名时首先编号。编号原则如下：

(1) 单杂环编号时，总是以杂原子为"1"位，依次为 1,2,3,…，或将与杂原子相邻的碳原子编为 $\alpha,\beta,\gamma,\cdots$。

(2) 环中有相同的原子则将带取代基的杂原子定为 1-位(或从离取代基最近的一个杂原子开始)。

(3) 如果环中有两个或几个不同的杂原子，则按照 O—S—N 的顺序编号。

(4) 稠杂环的编号一般和稠环芳烃相同，但有少数稠杂环另有一套编号顺序。

例如

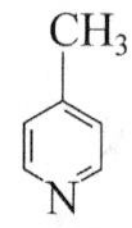

4-甲基吡啶
γ-甲基吡啶

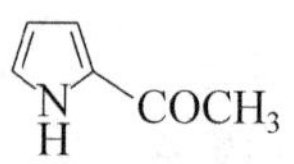

2-乙酰基吡咯
α-乙酰基吡咯

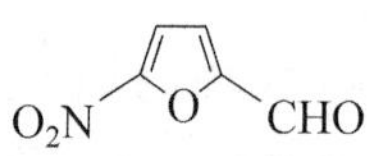

5-硝基-2-呋喃甲醛
α′-硝基-α-呋喃甲醛

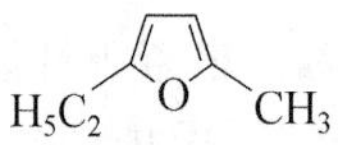

2-甲基-5-乙基呋喃
α-甲基-α′-乙基呋喃

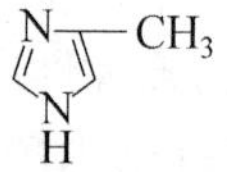

4-甲基咪唑
γ-甲基咪唑

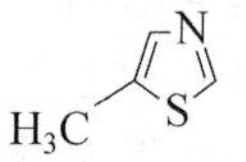

5-甲基噻吩
δ-甲基噻唑

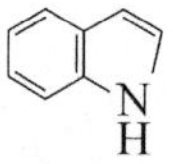

吲哚

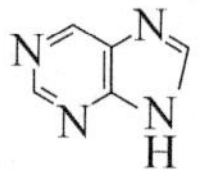

嘌呤

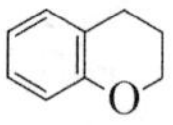

苯并吡喃

此外，有些杂环化合物含有活泼氢，可能存在互变异构体，命名时可用位号加斜体的“*H*”作为词首表示。例如

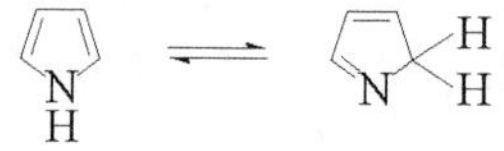

1*H*-吡咯　　2*H*-吡咯

问题 14.1　命名下列化合物或写出结构式。

(1) 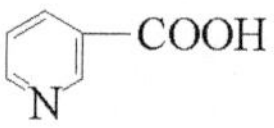

(2) 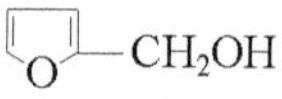

(3) 3-硝基吡啶

(4) 4-甲基嘧啶

(5) α-呋喃甲醛

(6) 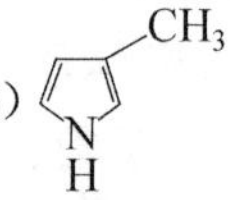

(7) 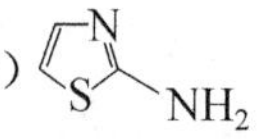

(8) 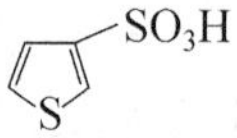

14.2　含有一个杂原子的五元杂环化合物

最简单同时也是最重要的含有一个杂原子的五元杂环化合物有吡咯、呋喃和噻吩。

14.2.1　结构与芳香性

吡咯、呋喃和噻吩的衍生物种类繁多，在工业上有些是重要原料，也是许多生理活性物质的结构单元。从它们的结构式中可以看出，它们都含有一个顺式共轭双键，均以 1,3-环戊二烯为母环。环戊二烯很不稳定，在常温下能自发聚合成二聚体，而呋喃、噻吩、吡咯通常情况下很稳定。环上所有原子都是 sp^2 杂化，在同一平面内，彼此以 σ 键相连接，四个碳原子各有一个电子在 p 轨道上，杂原子有两个电子在 p 轨道上，这些 p 轨道垂直于 σ 键所在的平面，相互重叠形成大 π 键——闭合的共轭体系。

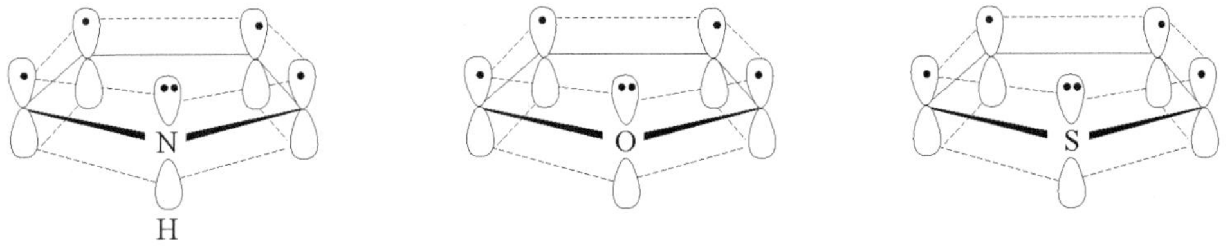

吡咯　　　　呋喃　　　　噻吩

吡咯 (pyrrole)　　呋喃 (furan)　　噻吩 (thiophene)

可以看出，它们都是 5 原子 6 电子体系（π_5^6），符合 $4n+2$ 规则，所以都具有芳香性。

X 射线衍射测定也表明，吡咯、呋喃和噻吩为平面结构。它们的碳-碳双键键长较普通的双键略长，单键的键长比普通单键短，键长部分平均化。

由于环中的杂原子以未共用电子对参与共轭，环内碳原子上的电子云密度大于苯环，因而亲电取代反应比苯更容易进行。另外，由于杂原子的电负性都大于碳，因而 π 电子云的分布不像苯环那样均匀，芳香性比苯差。

14.2.2　物理性质

呋喃、噻吩和吡咯都是无色液体。与相应的饱和环状化合物相比，偶极矩减小，且吡咯偶极矩的方向发生了变化，指向芳环，这是由杂原子上 p 电子对的离域造成的。

14.2.3　化学性质

含有一个杂原子的五元杂环化合物，从结构上分析，它们具有芳香性，同时具有共轭二烯烃的性质；由于杂原子的存在，杂原子本身对化合物的化学性质也有影响，因此它们可以发生与芳香族化合物类似的反应。

1. 亲电取代反应

既然芳杂环也具有芳香性，那么它们应同芳环一样，也可以发生卤代、硝化、磺化及傅-克反应等亲电取代反应。由于吡咯、呋喃和噻吩形成 5 原子 6 电子的 π 键，因此是富电子杂环，同苯相比，每个碳原子上的电子云密度比苯高，所以比苯更容易发生亲电取代反应，反应条件更温和，取代基主要进入电子云密度较大的 α-位。反应活性的相对次序是

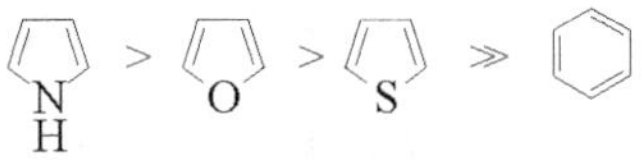

噻吩、呋喃和吡咯的键长数据（单位：nm）如下：

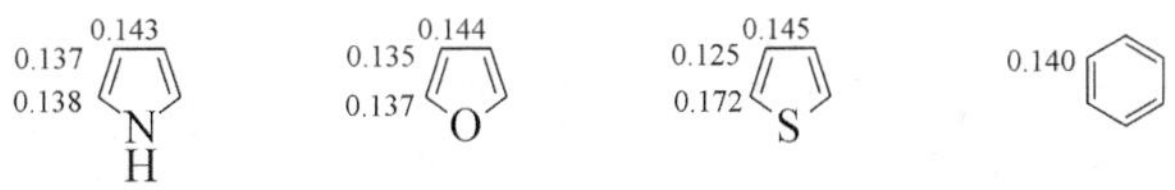

1）卤代反应

呋喃、噻吩、吡咯的卤化反应活性与苯胺和苯酚相似，在室温下与氯或溴反应很激烈，得到多卤代物。为了避免多取代，反应一般在低温和稀溶液中进行。

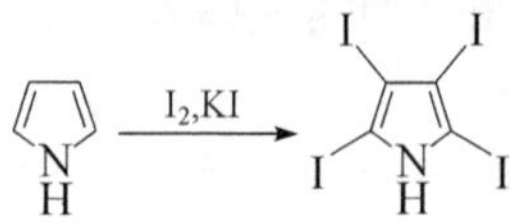

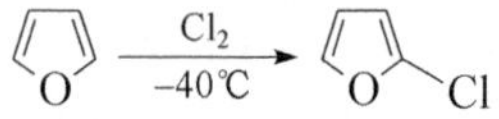

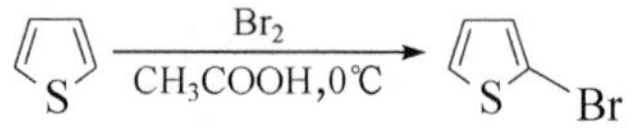

2）硝化反应

吡咯和呋喃在强酸作用下容易开环生成聚合物，噻吩用混酸硝化时反应太猛烈，因而消化反应一般在低温和乙酸酐溶液中进行。

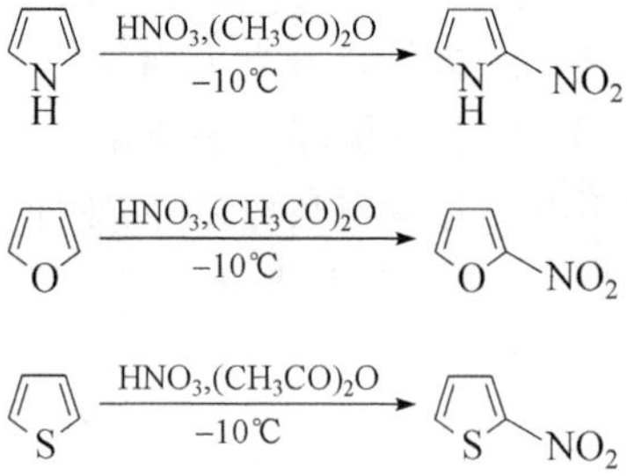

吡咯和噻吩发生的是正常亲电取代反应；呋喃的反应比较特殊，发生的是加成反应（利用了共轭烯烃的性质）。

3）磺化反应

吡咯、呋喃对强酸很敏感，强酸能使它们开环聚合，因此常用温和的非质子磺化试剂，如吡啶与 SO_3 的加成物。

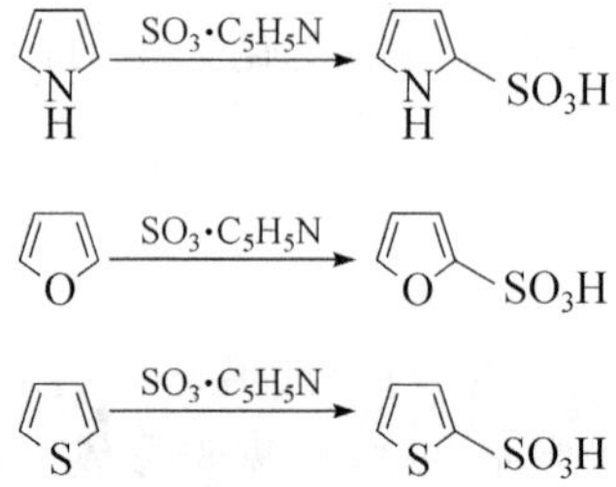

噻吩还可以直接用硫酸磺化（活性大，较稳定）。利用这一反应可以除去苯或甲苯中的噻吩。

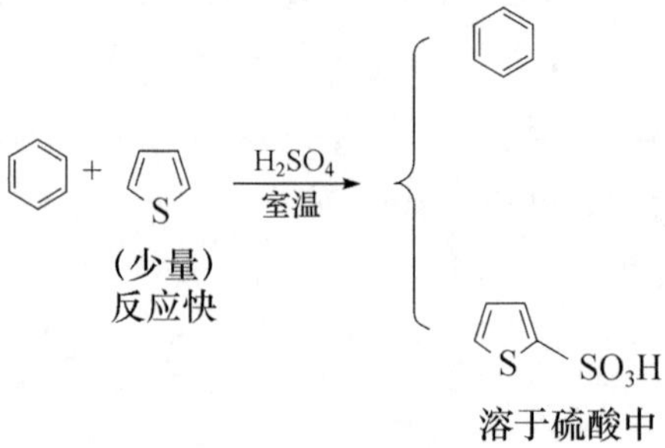

4）傅-克酰基化

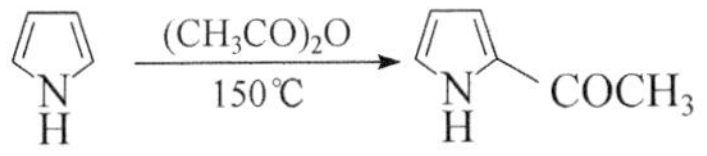

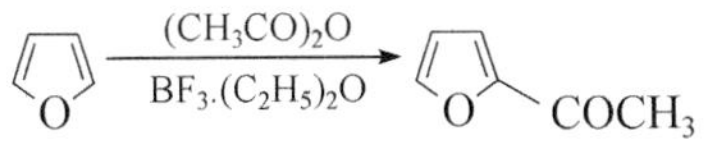

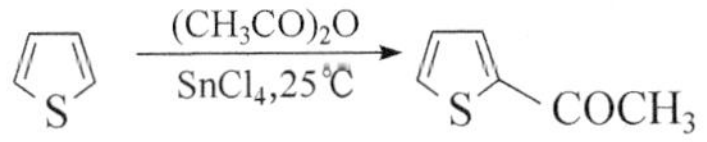

5）傅-克烷基化

吡咯、噻吩、呋喃也能发生傅-克烷基化反应，但产率低，选择性差。

6）与重氮盐偶联

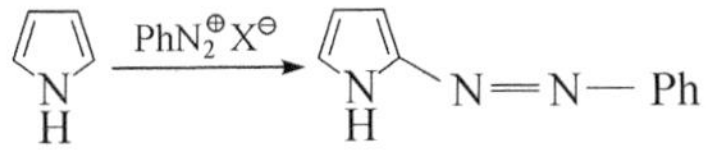

7）环上已有取代基对亲电取代取向的影响

环上已有取代基有四种情况：α-位有吸电子取代基，α-位有给电子取代基；β-位有吸电子取代基，β-位有给电子取代基。以噻吩为例：

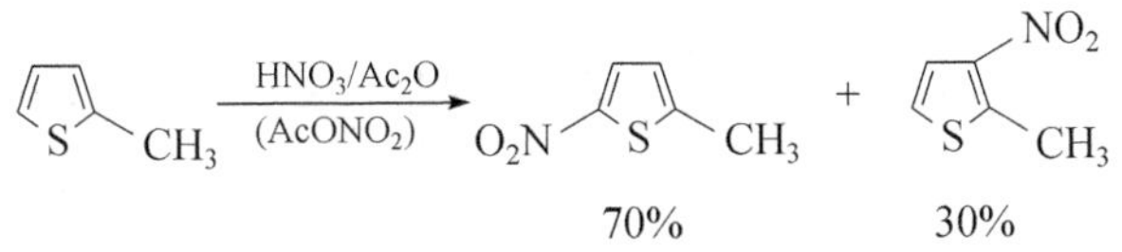

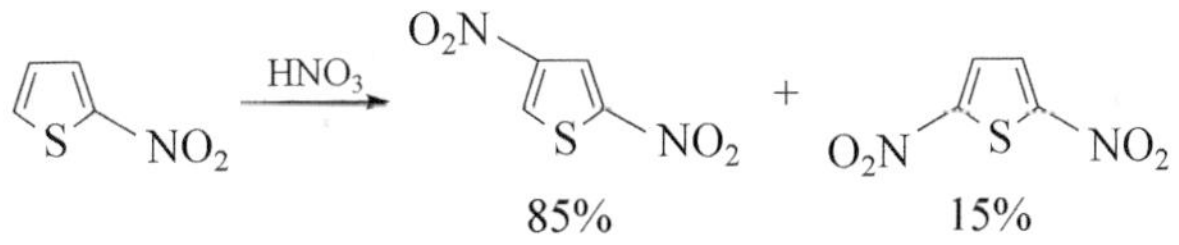

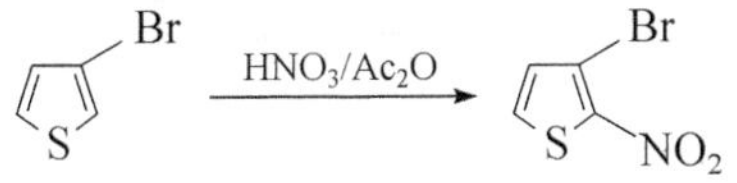

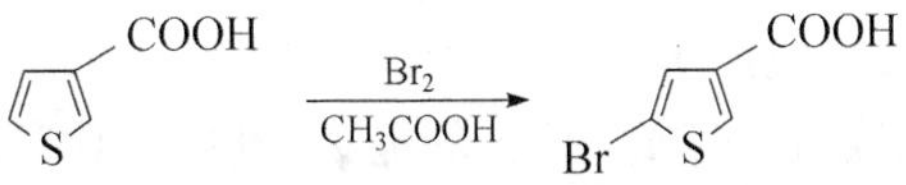

当呋喃的 α-位有吸电子基团时例外，其主产物为另一个 α-位被硝基取代的产物。

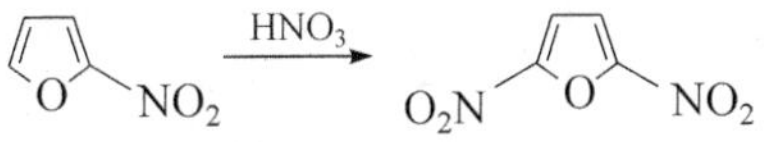

学习这些反应时，需要和芳环上的亲电取代反应进行一一对比，从而发现它们的共性，找出它们的差异。

问题14.2 （1）对于呋喃、噻吩和吡咯发生取代反应时，亲电试剂首先进入 α-位，当两个 α-位被占时才可能进入 β-位。如何解释？

（2）将下列化合物按碱性从大到小的顺序排列：吡咯、氨、苯胺、乙胺。

（3）如何除去苯中含有的少量噻吩？

---

2. 加成反应

吡咯、噻吩、呋喃分子中都有一个顺式丁二烯结构，具有不饱和性，能发生加成反应，如加氢和第尔斯-阿尔德反应等。

杂环化合物都可以进行催化加氢反应。例如

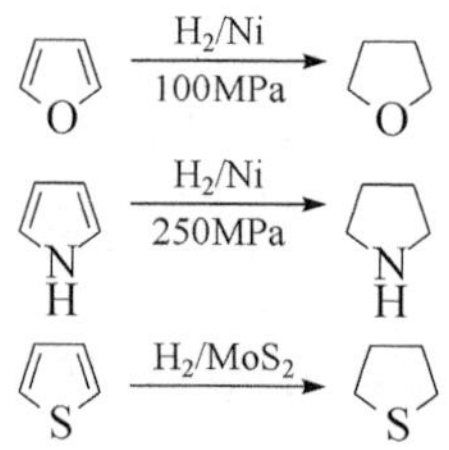

噻吩的还原要使用特殊催化剂，因为它会使常用氢化催化剂中毒。用雷尼 Ni 催化氢化会使噻吩发生还原脱硫的反应。

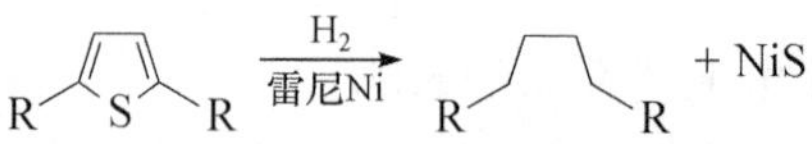

吡咯、呋喃分子具有共轭双烯性质，能作为双烯组分与亲双烯体发生第尔斯-阿尔德加成反应，即 2＋4 型环加成反应。噻吩也可与特别活泼的炔化物发生类似的反应。例如

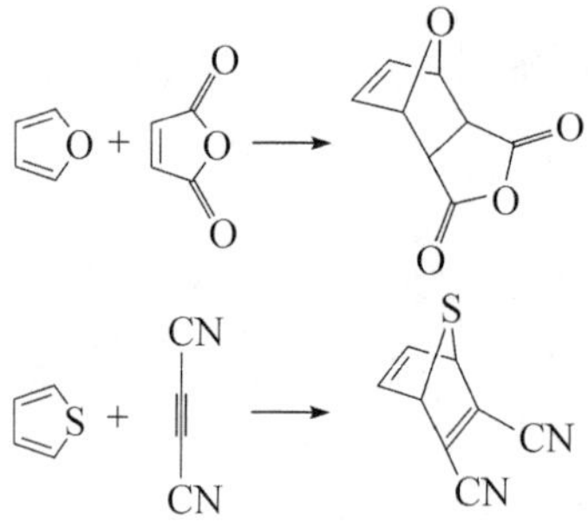

3. 吡咯的弱酸性

从结构上看，吡咯是环状的仲胺。但由于 N 原子上的未共用电子对参与了环的共轭体系，N 原子上电子云密度降低，因而减弱了与 H^+ 结合的能力，其碱性比苯胺还弱。另外，由于 N 原子上电子云密度的降低，N 原子上的氢显弱酸性，酸性比苯酚弱，与强碱作用可以得到相应的盐。例如

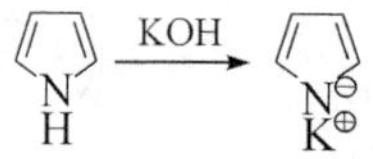

吡咯负离子结构中有烯胺负离子片断，因此可以发生一些典型反应(类似苯酚)。例如

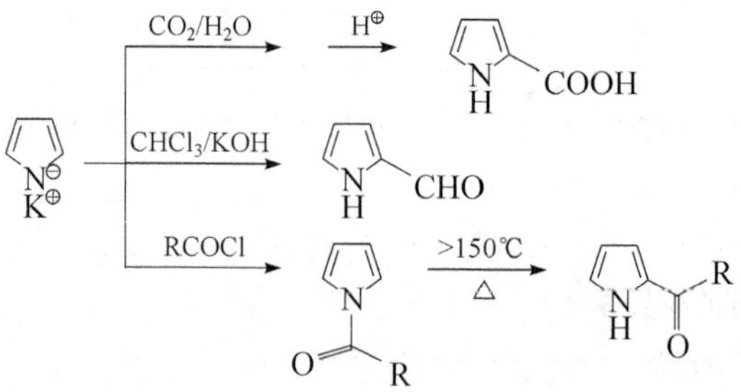

吡咯在酸性条件下还可以发生聚合反应。

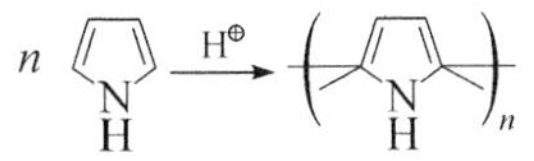

4. 呋喃的几个特殊反应

1) 2,5-二取代呋喃的酸性开环反应(成1,4-二酮)

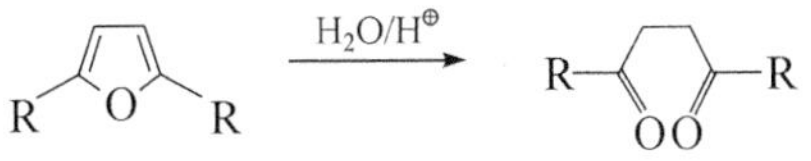

这一反应在合成上可以进一步得到应用——制备环戊烯酮衍生物。

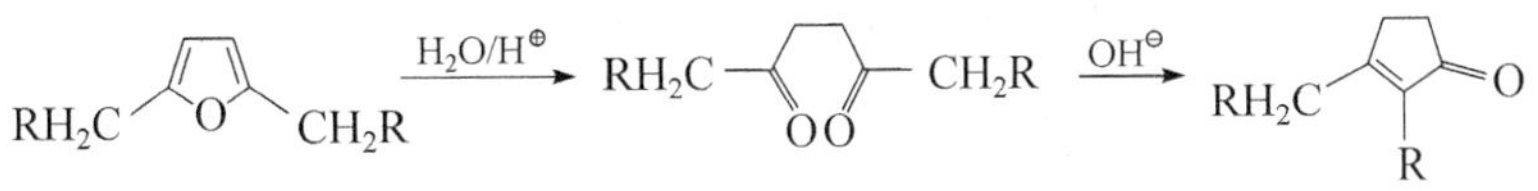

2) 呋喃的加成反应(呋喃的共轭二烯性质)

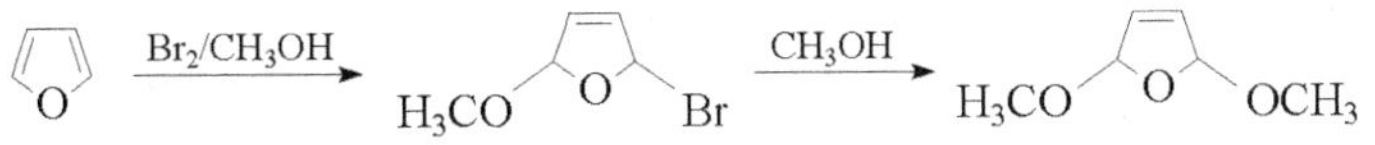

2,5-二甲氧基-2,5-二氢呋喃

14.2.4 呋喃、吡咯的重要衍生物

1. 糠醛

糠醛为无色液体,沸点为162℃,在空气中容易氧化变黑,性质与苯甲醛类似,可发生坎尼扎罗反应、安息香缩合反应、柏琴(Perkin)反应等。

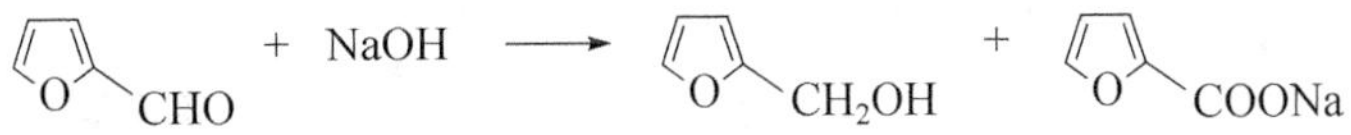

糠醛　　　　糠醇　　　　糠酸钠

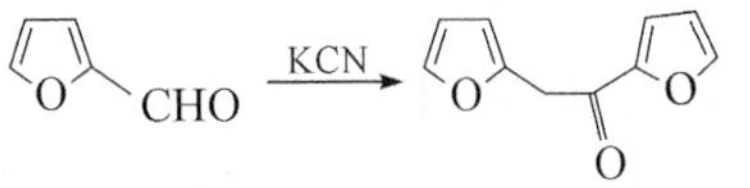

2. 卟啉环系化合物

卟啉环系化合物的母体环化合物称为卟吩,卟吩环是由四个吡咯和四个次甲基(—CH)交替相连组成的共轭体系。

卟吩中吡咯环上的氢被各种取代基取代,同时环的中间空隙以共价键、配位键和不同的金属结合而形成各种卟啉环系化合物,如血红素、叶绿素等。

血红素与血球蛋白结合成血红蛋白质,是高等动物血液输送氧的主要物质,血红素中的Fe^{2+}与氧可逆结合而实现氧的输送。

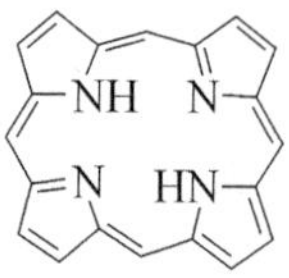

叶吩

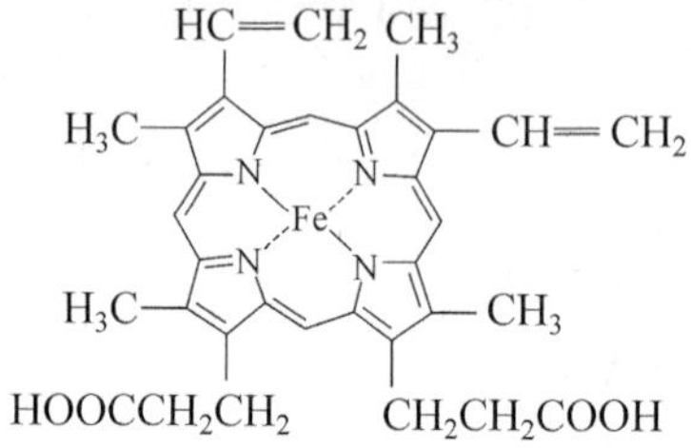

血红素

14.3 含有两个杂原子的五元杂环化合物

五元杂环中含两个杂原子的体系称为唑，根据杂原子在环上的位置不同又可分为1,2-唑、1,3-唑。最常见的含两个杂原子的五元杂环化合物有噻唑、咪唑和吡唑，此外还有噁唑和异噁唑。

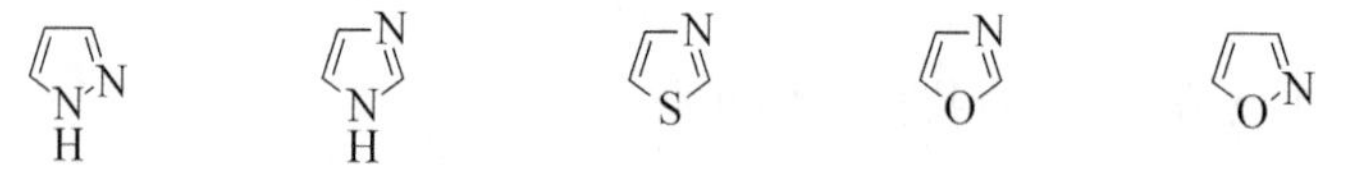

吡唑 (pyrazole)　咪唑 (imidazole)　噻唑 (thiazole)　噁唑 (oxazole)　异噁唑 (isoxazole)

自然界中存在很多具有生理活性的含有这几种五元杂环的化合物，如蛋白质中的组氨酸；一些常用的药物中也含有这些五元杂环结构，如解热镇痛药安乃近、用于消炎的磺胺类药物磺胺噻唑(ST)等。

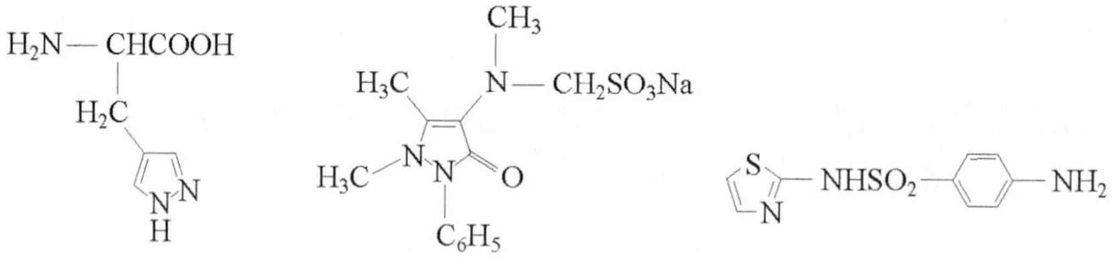

组氨酸　安乃近　磺胺噻唑

14.3.1 结构与芳香性

唑类化合物可以看作是吡咯、呋喃和噻吩环上2-位或3-位的CH换成了氮原子，现以咪唑为例表示它们的结构。环上的两个N均为sp^2杂化，其中1-位N参与杂化的p轨道中有一对电子，而3-位N的p轨道中有一个电子，它们与C上p轨道的电子共轭形成5原子6电子的大π键(π_5^6)，因此具有芳香性，这一结构特征对它们的性质有重要的影响。

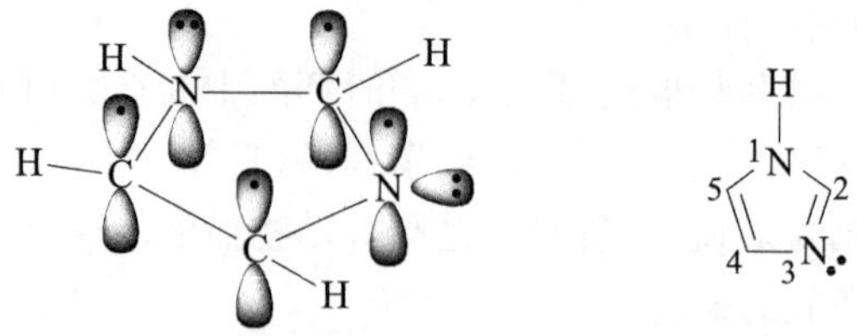

14.3.2　物理性质

唑类化合物沸点相差较大，其中吡唑和咪唑沸点较高（分别为 168～188℃和 257℃），因为它们可以形成分子间的氢键，而噻唑的沸点是 116.8℃。

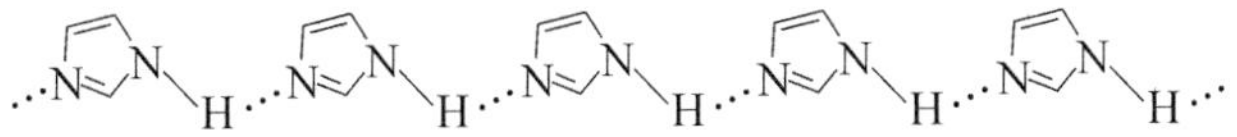

唑类化合物的水溶性比吡咯、呋喃和噻吩大，因为引入一个 N 原子后增强了其与水形成氢键的能力。

14.3.3　化学性质

1. 碱性

唑类化合物 2-位或 3-位的氮原子上的孤对电子为参与共轭，可以接受质子，因此吡唑、咪唑和噻唑都具有弱碱性，其碱性都比吡咯强。1,3-唑类的碱性比 1,2-唑类强，在 1,3-唑中，咪唑碱性最强，噁唑最弱。以下是这几个化合物的共轭酸的 pK_a 值。

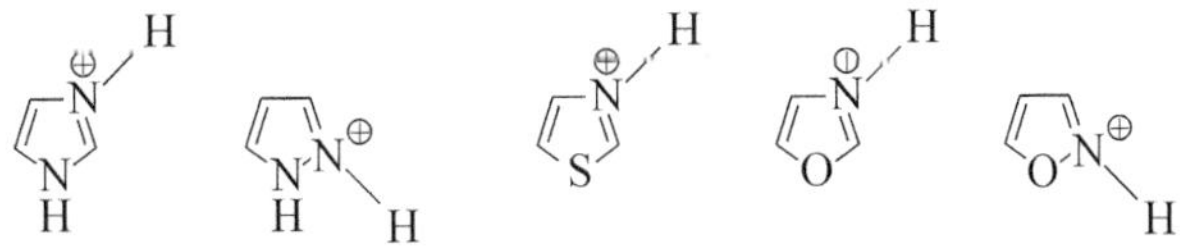

pK_a　7.0　2.5　2.4　0.8　–2.03

2. 互变异构

吡唑和咪唑均存在互变异构现象，如甲基吡唑和甲基咪唑。

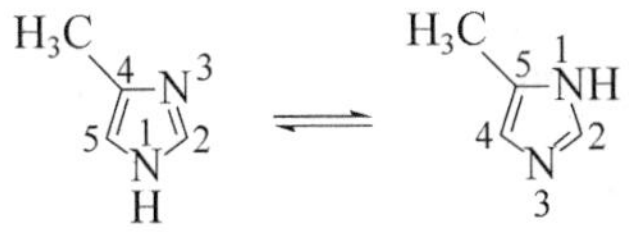

4-甲基咪唑　　5-甲基咪唑

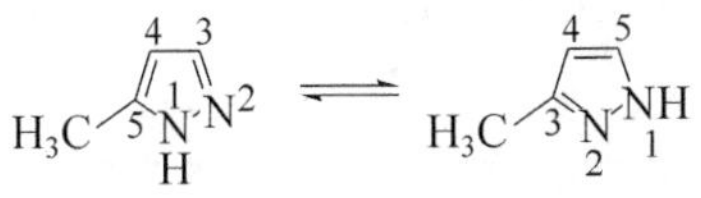

5-甲基吡唑　　3-甲基吡唑

在咪唑中，4-位和 5-位是等同的；在吡唑中，3-位和 5-位是等同的。当 N 上的氢被其他原子或基团取代后，就不存在这种互变异构了。

14.4　六元杂环化合物

14.4.1　吡啶

六元杂环的代表化合物是吡啶。吡啶为无色而具有特殊臭味的液体，沸点为 115.5℃，凝固点为－42℃，相对密度为 0.982，与水及许多有机溶剂（如乙醇、乙醚等）混溶，是一种良好的溶剂。它存在于煤焦油和页岩油中，和它一起存在的还有各种简单的烷基吡啶。吡啶的衍生物广泛存在于自然界中。许多药物也含有吡啶环，如治疗结核的良好药物雷米封、维生素 B_6 等。

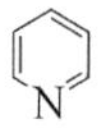
吡啶(pyridine)

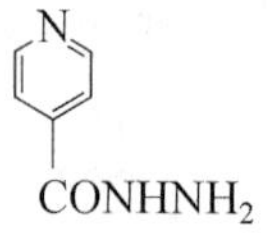
异烟肼

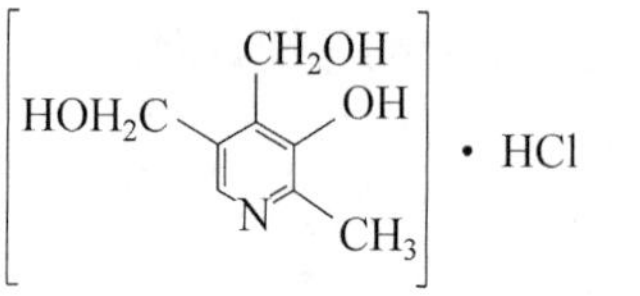
维生素B_6

1. 结构与芳香性

吡啶的结构与苯很相似，相当于苯分子中的一个 CH 被 N 原子所取代，环中所有原子都是 sp^2 杂化，所有原子都在同一平面上，六个与分子平面垂直的 p 轨道相互重叠，形成一个 6 原子 6 电子共轭体系(π_6^6)，符合 $4n+2$ 规则，所以具有芳香性。

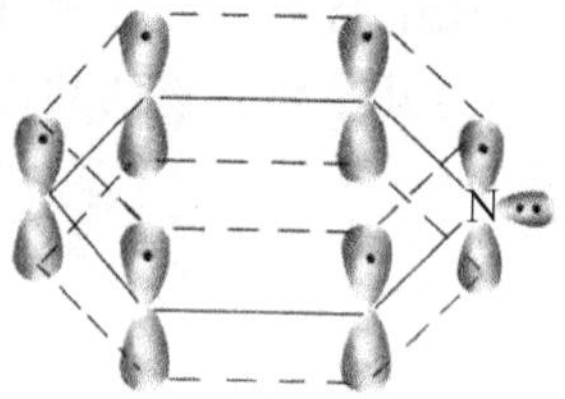

由于氮原子的电负性较大，故吡啶具有较强的极性，其偶极矩数值较大。

问题14.3 下列各杂环化合物哪些具有芳香性？在具有芳香性的杂环中，指出参与 π 体系的未共用电子对。

(1)  (2) 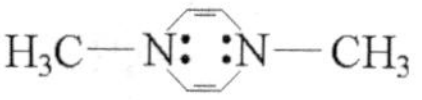 (3) 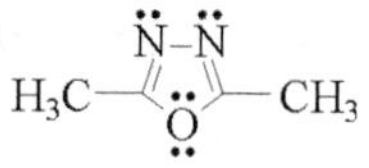

(4) 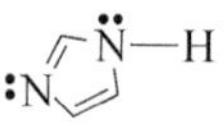 (5) 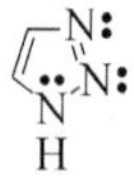 (6) 

问题14.4 当用盐酸处理吡咯时，如果吡咯能生成正离子，它的结构将是怎样的？这个吡咯正离子是否具有芳香性？

---

2. 化学性质

1) 亲电反应

由于吡啶环中氮原子的电负性比碳原子大，整个环上的电子云密度自然不均匀，并且由于氮原子的引入，氮原子邻、对位的电子云密度降低较多，因此吡啶发生芳香亲电取代反应要比苯困难，主要发生在电子云密度较大的 β-位上。氮原子起第二类定位基的作用(相当于苯环上引入硝基)。另外，反应中的亲电试剂与吡啶容易成盐，进一步降低了其亲电反应活性，因此产率较低。例如

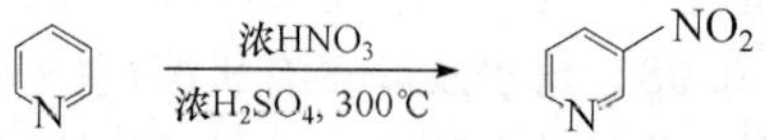
3-硝基吡啶(6%)

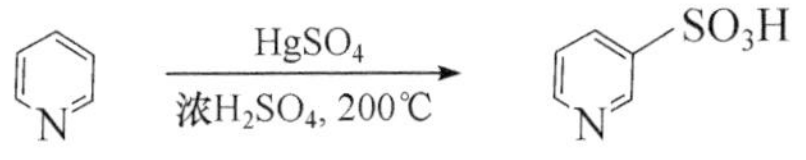

3-吡啶磺酸(70%)

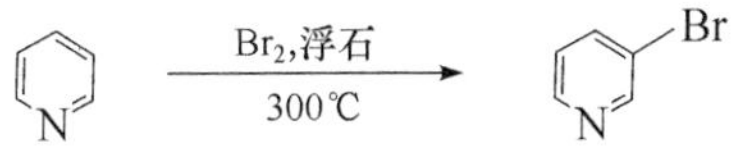

3-溴吡啶(39%)

需要注意的是，五元杂环呋喃、噻吩、吡咯进行亲电反应时，总是先进入 α-位，而吡啶却是在 β-位。若吡啶环上已有一个吸电子基，则一般不发生亲电取代反应。

当吡啶环上有给电子基存在时，亲电反应较易进行。例如

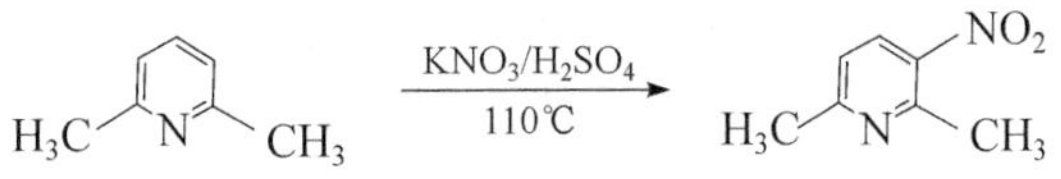

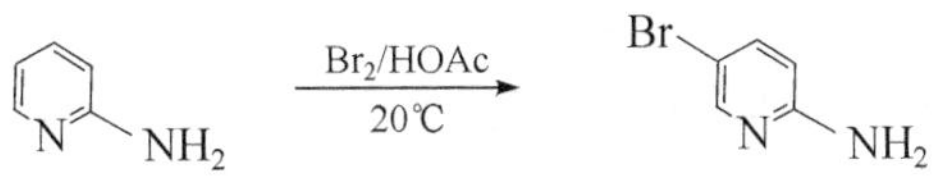

2）亲核反应

吡啶难以发生亲电取代反应，却较易发生亲核取代反应。反应活性与硝基苯相当。亲核试剂进攻的有利位置是电子云密度较低的 α-位和 γ-位，因为进攻这两个位置形成的中间体负离子较进攻 β-位时稳定。

同时还应注意的是，吡啶发生亲核取代反应时，因为 H 是一个比较差的离去基团，所以需要用强的亲核性试剂(如 $NaNH_2$、CH_3Li 和 PhLi 等)。一般情况下，进攻几乎都发生在α-位上，α-位上选择性超过 γ-位，可能是由相邻氮的吸电子诱导效应造成的。

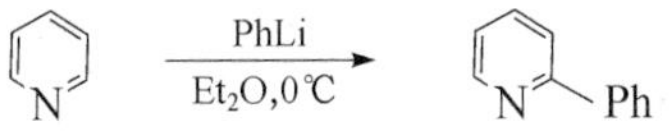

2-苯基吡啶

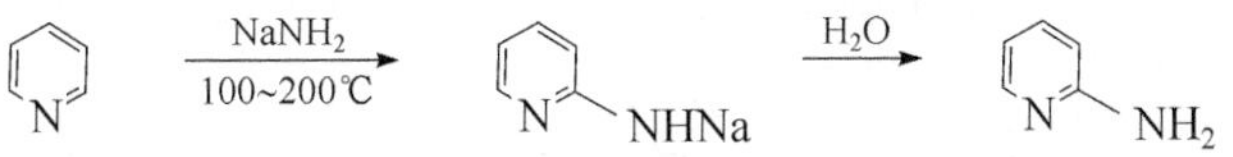

2-氨基吡啶

当 α-、γ-位有卤素时，由于它们是较好的离去基因，使用比较弱的亲核试剂，亲核反应也很容易发生。例如

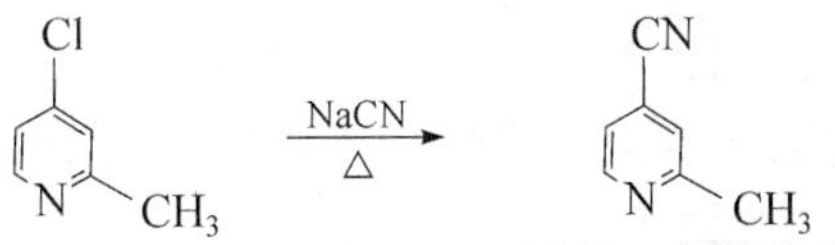

2-甲基-4-氰基吡啶

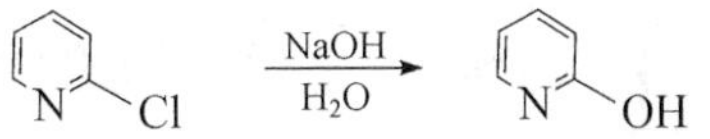

2-羟基吡啶

3）氧化反应

吡啶环是非常稳定的芳香环，一般的强氧化剂（如浓硝酸、酸性高锰酸钾、重铬酸钾加硫酸）都不能氧化吡啶环，但烷基吡啶容易氧化成吡啶甲酸，进一步与氨作用可以生成吡啶甲酰胺。

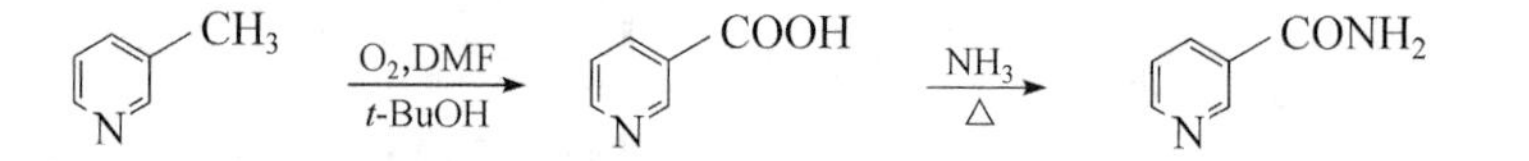

吡啶甲酸又称为烟酸，也就是维生素 PP，又称为抗糙皮病维生素。

吡啶的氧化反应也可以发生在氮原子上，得到 N-氧化吡啶。

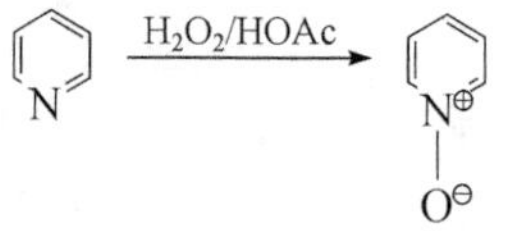

N-氧化吡啶的活性比吡啶高，它既易于发生亲电取代反应（主产物在 γ-位），又易于发生亲核加成反应（主要发生在 α-位）。

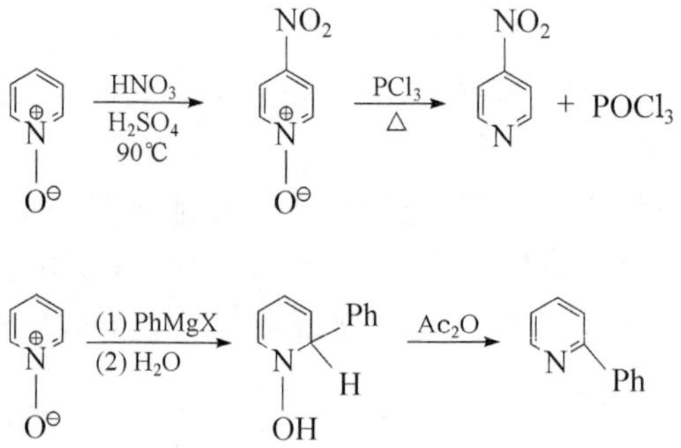

4）加氢还原

吡啶比苯容易还原，在常温常压下可催化加氢得六氢吡啶[哌啶（piperidine）]。

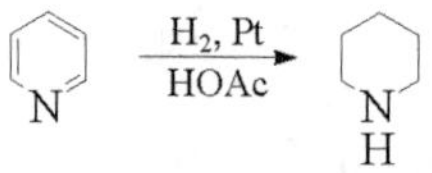

5）碱性和水溶性

吡啶中 N 原子的孤对电子在 sp^2 杂化轨道中，未参与 π 电子共轭，因此可以和质子结合，吡啶因此具有碱性。这一点与吡咯不同，吡咯是弱酸性。同时，正是这一孤对电子的存在，使其可以和水进行氢键缔合。因此水溶性较大，能与水混溶。吡啶与强酸生成盐，可以与许多路易斯酸生成络合物。例如

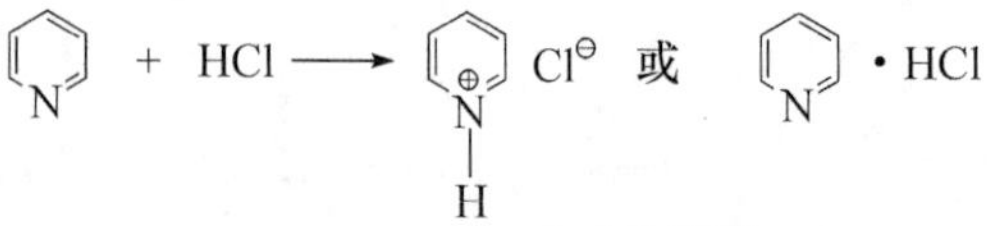

吡啶盐酸盐

吡啶容易与三氧化硫结合成为无水 N-磺酸吡啶，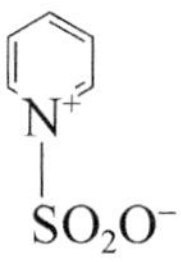 可用作缓和的磺化剂(见 14.2.3 小节)。

吡啶与叔胺相似，也可与卤代烷结合生成相当于季铵盐的产物，这种盐受热则发生分子重排而生成吡啶的同系物。

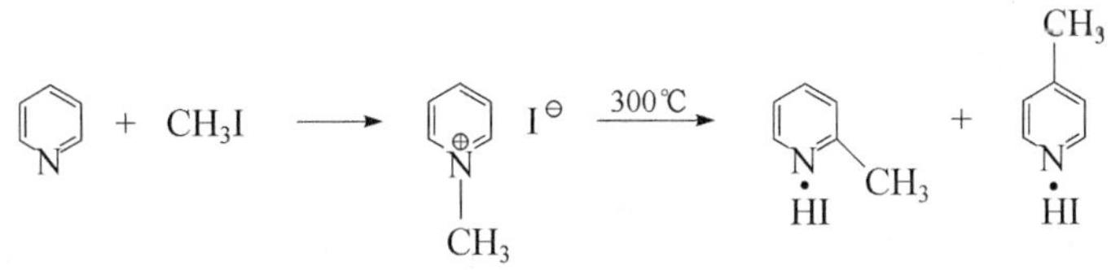

吡啶与酰氯作用也能生成盐，产物是良好的酰化剂。

6) 吡啶侧链 α-H 的反应

吡啶环 2-、4-、6-位上侧链烷基的 α-H 具有酸性，在强碱的作用下，能发生类似于醛、酮 α-H的反应。例如

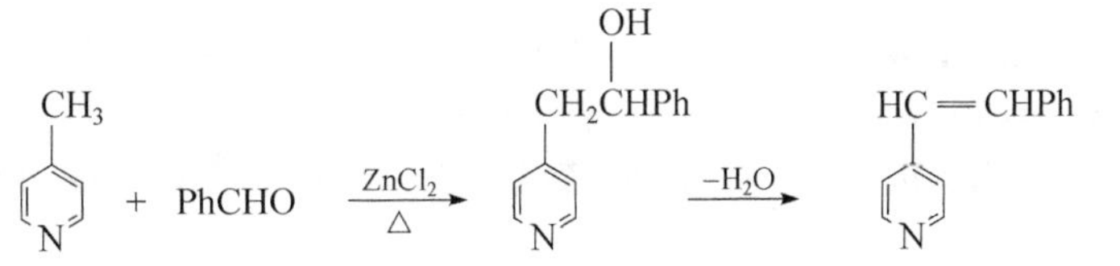

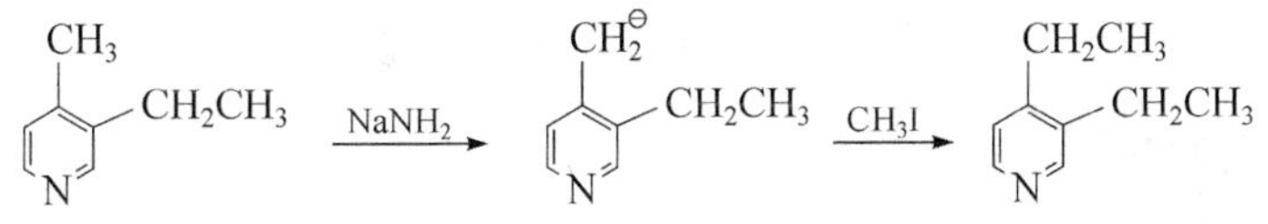

问题 14.5 完成下列反应。

(1) 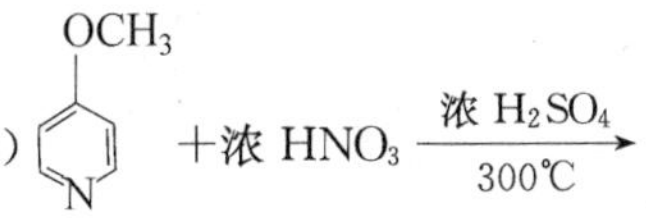

(2) 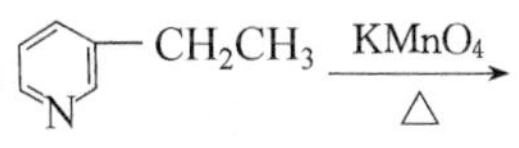

(3) 

(4) 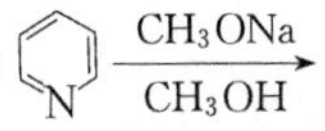

14.4.2 含有两个杂原子的六元杂环化合物

含有两个杂原子的六元杂环化合物有吡嗪、哒嗪和嘧啶，其中以嘧啶最为重要。

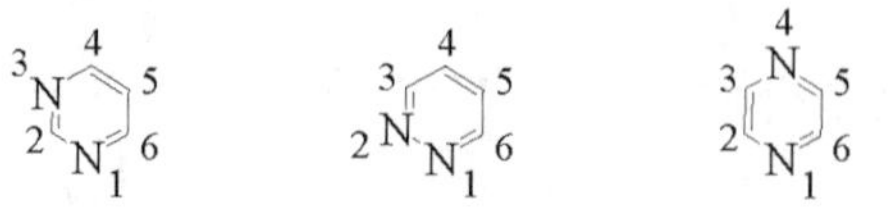

嘧啶是自然界中普遍存在的杂环结构，是具有重要生理和药理作用的杂环环系，如与生命现象和遗传现象密切相关的核酸、磺胺药物等中都含有嘧啶环，维生素 B_1 就是嘧啶环与噻唑环结合而成的化合物。

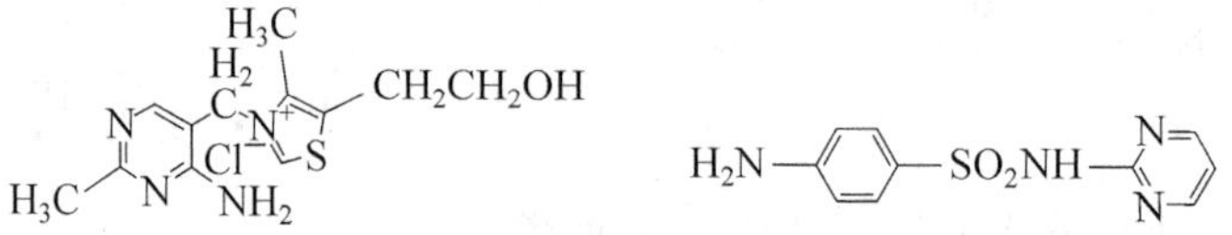

核酸中的碱基——尿嘧啶、胞嘧啶、胸腺嘧啶也属于此类化合物。

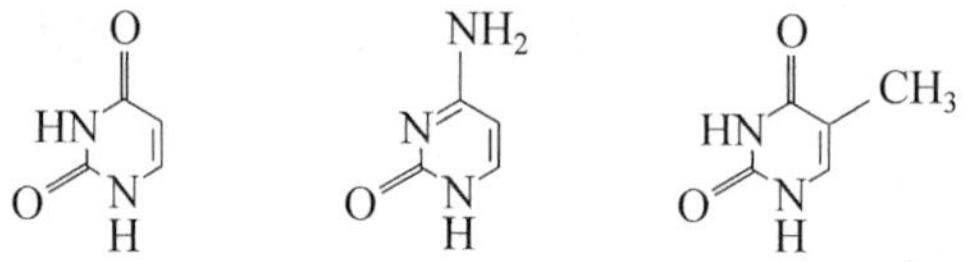

问题 14.6　将下列化合物按其碱性强弱次序排列：苯胺、苄胺、吡咯、吡啶、氨、嘧啶。

问题 14.7　比较吡啶与六氢吡啶的碱性大小，并解释原因。

问题 14.8　将下列化合物按亲电取代反应活性由大到小的顺序排列：呋喃、苯、噻吩、吡啶。

14.5　稠杂环类化合物

14.5.1　喹啉和异喹啉

喹啉和异喹啉的结构式如下：

喹啉和异喹啉都可以看作吡啶与苯环稠合的化合物，只是稠合位置不同。喹啉和异喹啉的碱性都与吡啶相近(喹啉 $pK_b=9.1$，异喹啉 $pK_b=8.6$，吡啶 $pK_b=8.8$)，两者的水溶性都小于吡啶。

喹啉和异喹啉都存在于煤焦油中，为油状液体，喹啉与大多数有机溶剂混溶，其本身也是高沸点溶剂(b. p. 238℃)。

喹啉是叔胺，可以与酸作用成盐，其化学性质与吡啶及 α-硝基萘相似，因为苯环比吡啶环活泼，所以其亲电性取代反应主要发生在 5-位和 8-位。例如

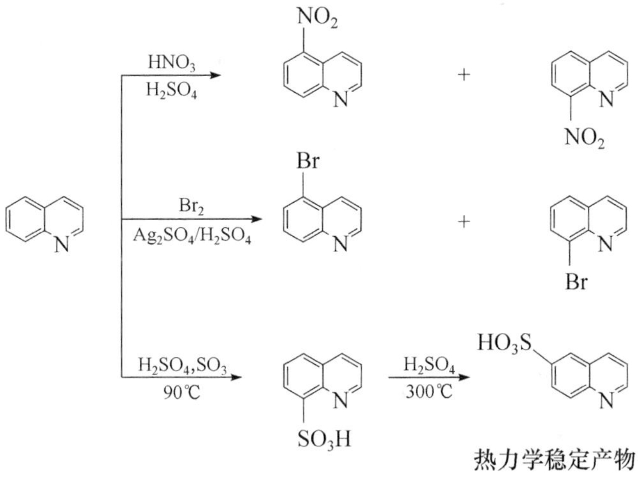

亲核性取代反应主要发生在 2-位。例如

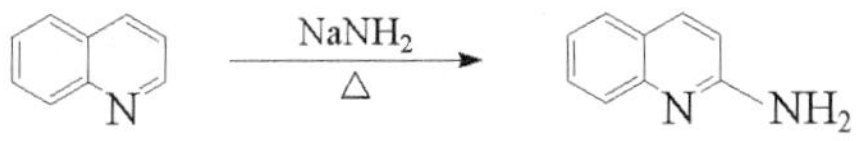

喹啉氧化时苯环被破坏而吡啶环不变，还原时吡啶环被氢化而苯环不变。例如

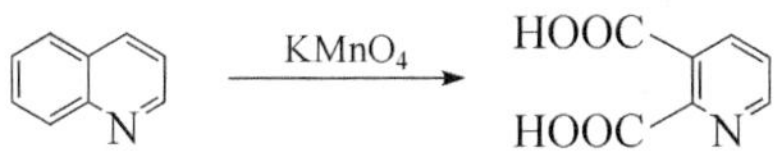

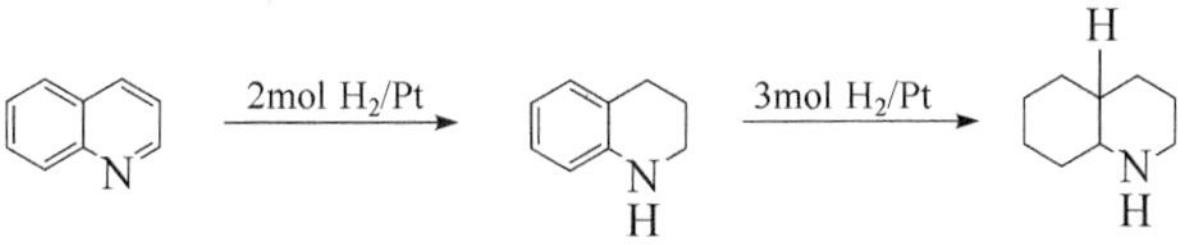

异喹啉的亲电取代反应也主要发生在电子云密度较大的 5-位、8-位。亲核取代反应主要发生在 1-位，几乎不发生在 3-位。例如

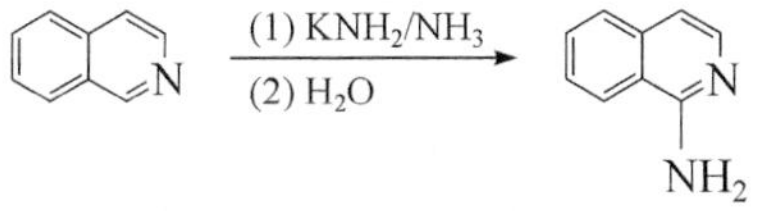

问题 14.9　完成下列反应。

(1) 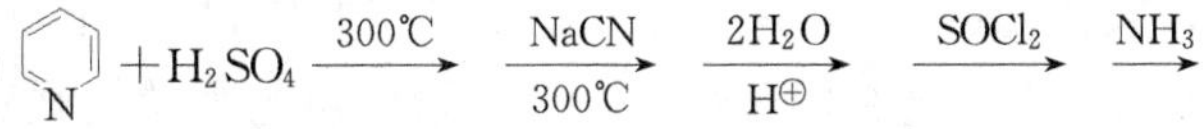

(2) 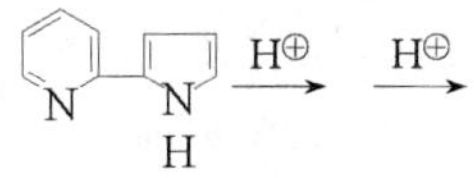

(3) 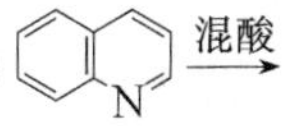

14.5.2　吲哚和咔唑

吲哚是吡咯与苯环稠合而成的稠环化合物；吡咯与两个苯环稠合的化合物称为咔唑，它们的母核编号如下，其中吲哚的 2-位又可称为 α-位，3-位又可称为 β-位。

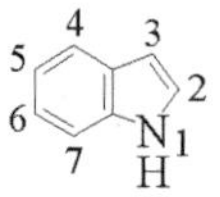

吲哚
(indole)

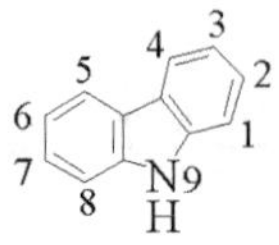

咔唑
(carbazole)

吲哚衍生物在自然界中存在很广。例如,哺乳动物和人脑中思维活动中的重要物质 5-羟基色胺、植物生长激素 β-吲哚乙酸中部含有吲哚结构。

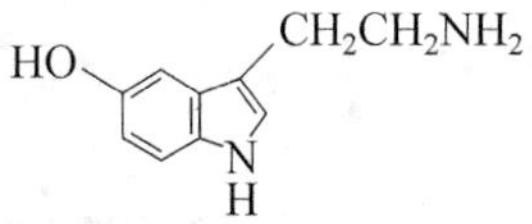

5-羟基色胺

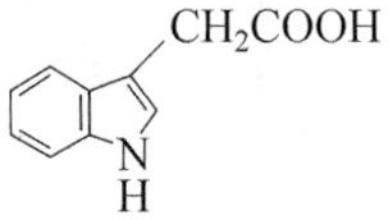

β-吲哚乙酸

由于苯环的影响,吲哚与吡咯比较,水中溶解度降低,碱性减弱,与强碱作用生成盐。

吲哚易于发生亲电取代反应,但与吡咯不同,取代基主要进入 β-位。例如

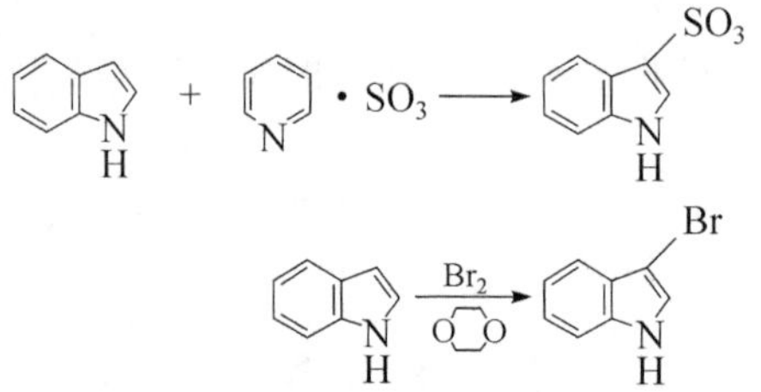

14.5.3 嘌呤

嘌呤(purine)可以看成是由嘧啶和咪唑稠合而成的稠环化合物,嘌呤存在两种互变异构体。

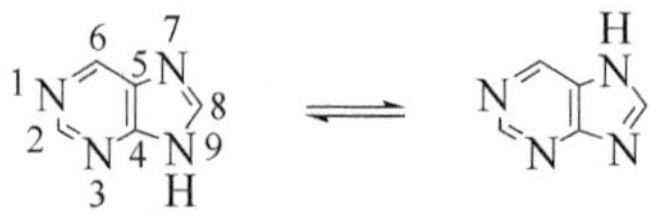

9*H*-嘌呤　　7*H*-嘌呤

嘌呤环中四个氮原于都是 sp^2 杂化,其中三个有一个 p 电子参与共轭,另一个氮和吡咯环中的一样,以一对 p 电子参与共轭。嘌呤既有弱碱性,也有弱酸性,可与强酸或强碱成盐。

嘌呤衍生物广泛存在于自然界中,并参与生命过程,如腺嘌呤、鸟嘌呤、腺嘌呤的磷酸盐为维生素 B_4,具有增高白细胞的功能。腺嘌呤和鸟嘌呤是组成核酸的两个碱基。

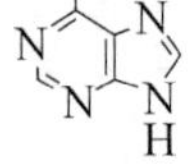

腺嘌呤

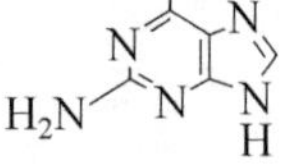

鸟嘌呤

习　题

1. 命名下列化合物。

(1) 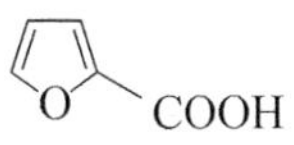

(2) 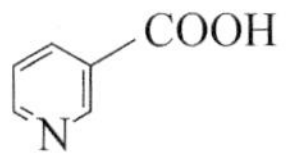

(3) 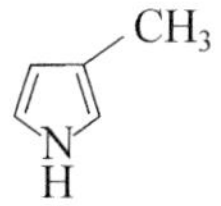

(4) 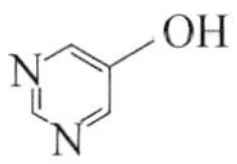

(5) 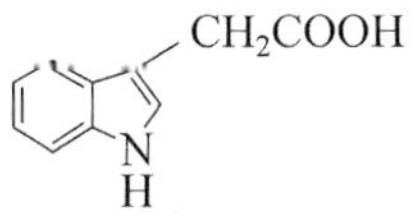

(6) 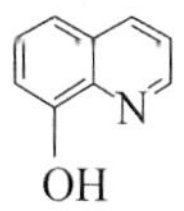

2. 写出下列反应的产物。

(1) 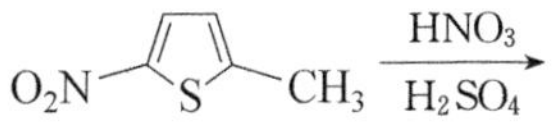

(2) 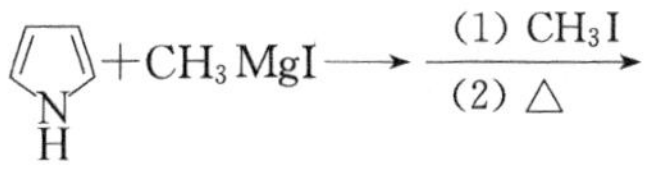

(3) 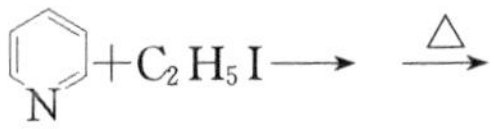

(4) 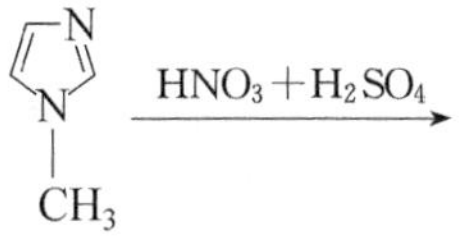

(5) 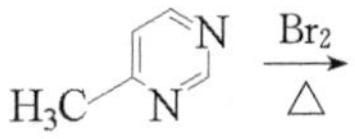

(6) 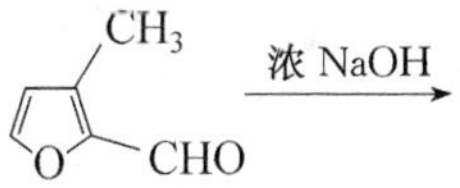

(7) 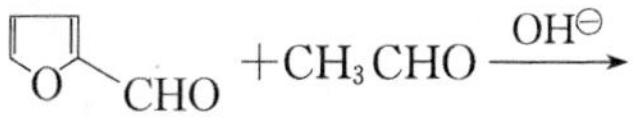

(8) 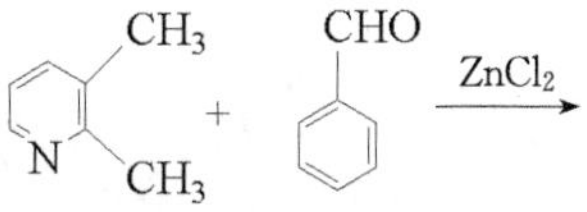

(9) 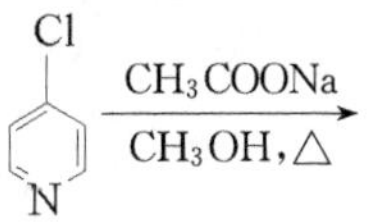

(10) 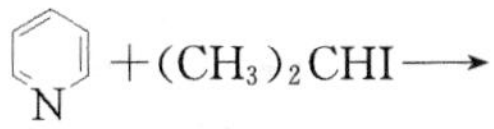

(11) 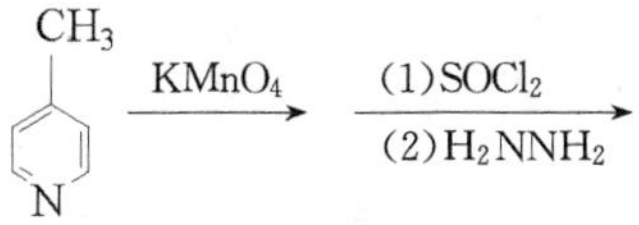

(12) 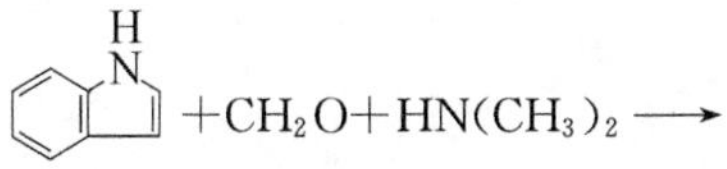

(13) 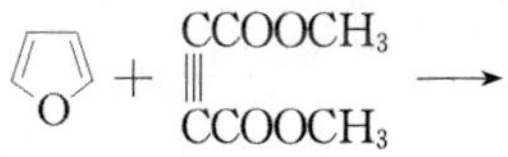

3. 由杂环化合物或易得的取代杂环化合物为原料合成下列化合物。

(1) 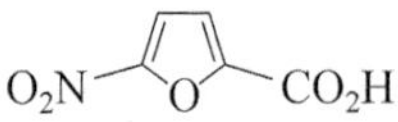

(2) 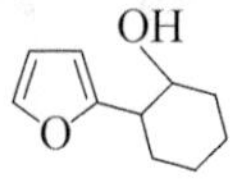

(3) 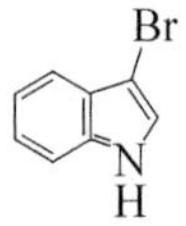

(4) 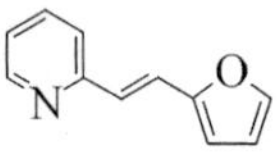

4. 比较下列各组化合物的碱性强弱，并加以解释。

(1) 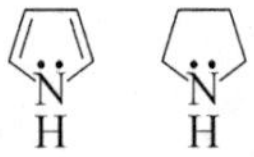

(2) 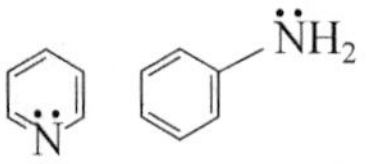

(3) 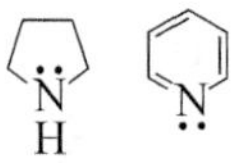

5. 试解释：

（1）吡啶的亲电取代反应发生在 3-位，而亲核取代发生在 2-位和 6-位。

（2）咪唑的碱性和酸性都大于吡咯。

（3）为什么呋喃、噻吩及吡咯比苯容易进行亲电取代？而吡啶却比苯难发生亲电取代？

6. 写出下列反应的机理。

(1) 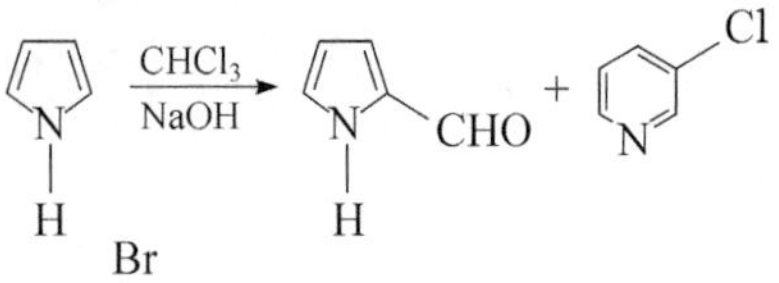

(2) 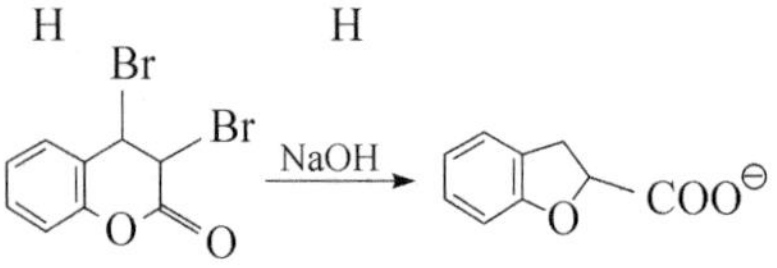

(3) 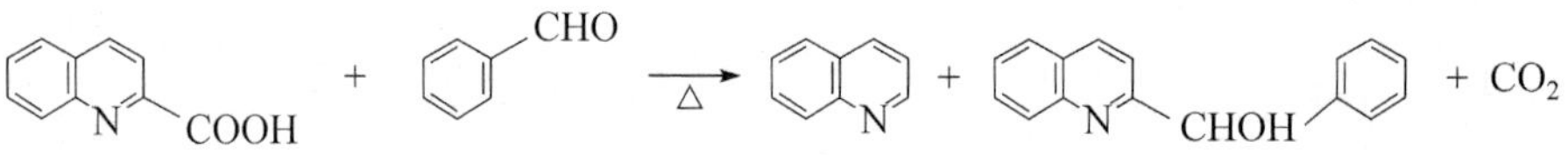

(4) 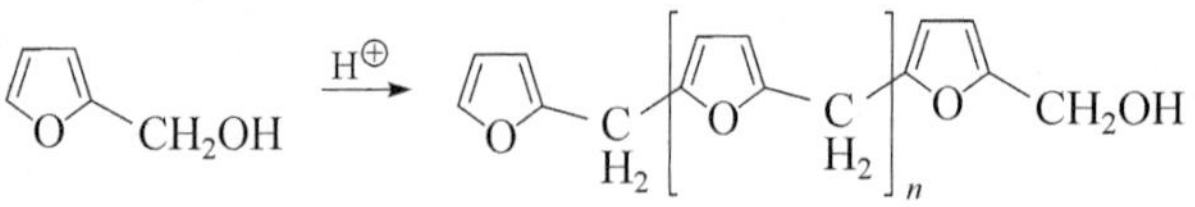

7. 如何鉴别或提纯下列化合物？

（1）区别萘、喹啉和 8-羟基喹啉。

（2）区别吡啶和喹啉。

（3）除去混在苯中的少量噻吩。

（4）除去混在甲苯中的少量吡啶。

（5）除去混在吡啶中的少量六氢吡啶。

8. 从特定原料制备下列化合物。

(1) 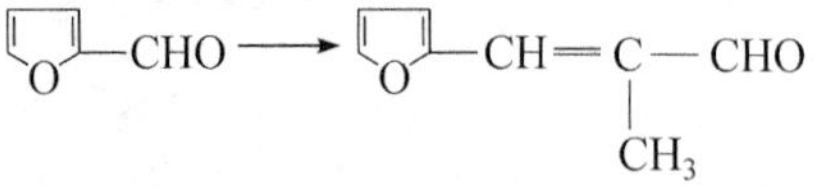

(2) 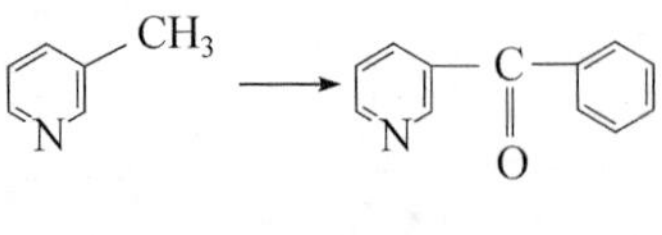

(3) 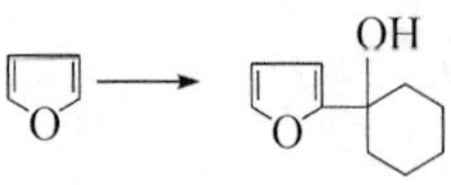

9. 古液碱 $C_8H_{15}NO$(A)是一种生物碱，存在于古柯植物中。它不溶于氢氧化钠水溶液，但溶于盐酸。它不与苯磺酰酸氯作用，但与苯肼作用生成相应的苯腙。A 与 NaOI 作用生成黄色沉淀和羧酸 B($C_7H_{13}NO_2$)。B 用 CrO_3 强烈氧化，转变成古液酸 $C_6H_{11}NO_2$，即 *N*-甲基-2-吡咯烷甲酸。写出 A 和 B 的构造式。

10. 一含氧杂环的衍生物 A，在强酸水溶液中加热反应得到化合物 B($C_6H_{10}O_2$)。B 与苯肼呈正反应，但不发生银镜反应。B 的红外光谱在 $1715cm^{-1}$ 有强吸收峰，^1H NMR 谱上在 2.6ppm 和 2.8ppm 有两个单峰，面积之比为 2∶3。写出 A 和 B 的构造式。

第 15 章　糖　　类

葡萄糖、果糖、蔗糖、淀粉、纤维素和糖原等都属于糖类(saccharide),是自然界中分布最广、数量最多的一类有机化合物。早期对糖类的研究表明,它们是由碳、氢、氧三种元素组成而且氢和氧原子数目之比与水分子一样都是 2∶1,认为是碳的水合物,称为碳水化合物(carbohydrate),通式为 $C_m(H_2O)_n$。这些物质可结晶,溶于水,有甜味,故俗称糖。后来更多的结构研究提示,有些结构上应属于糖的化合物并不符合这个通式,如鼠李糖($C_6H_{12}O_5$),还有些糖含有氮,如具有抗凝血功能的肝素、血型物质中的氨基糖等,因此碳水化合物这个名称并不确切。现代糖类的定义是多羟基醛或多羟基酮及其脱水的缩合物,强调它们的化学结构特点。

糖类根据水解情况的不同,可分为单糖(monosaccharide)、寡糖(oligosaccharide)和多糖(polysaccharide)。单糖是指不能再水解成更小单位的糖;寡糖又称低聚糖,是指经过水解可以生成 2～10 个单糖的糖;多糖是完全水解后可以产生 10 个以上甚至数千个单糖分子的糖。

糖分子中有多个官能团,其研究首先涉及糖的结构和与之相关的立体化学问题。这早在 19 世纪末由费歇尔等基本解决。20 世纪 60 年代,人们已了解在生化体系中糖的储藏及其供能的作用,对糖的生物合成及降解过程也较为清晰。而从微生物中分离出生物活性化合物(如含不常见糖的抗生素)激发了单糖化学转换及寡糖合成方法的研究。在糖的研究中,很重要的一步是糖缀合物的发现。糖缀合物是含有寡糖的配合体,结构有很多变化,用于生物学上重要的分子识别过程。这表明糖不仅具有供能和支撑作用,而且具有与细胞识别、免疫、药物作用等密切相关的生理作用。色谱、核磁、质谱等分析技术的改进使糖类的研究更为深入、广泛。糖类与核酸、蛋白质并列为生命现象中三大重要的生物高分子化合物。

糖的命名一般使用俗名,根据其来源命名。例如,蔗糖来自甘蔗,果糖来自水果,核糖来自核酸。

15.1　单　　糖

单糖是多羟基醛或酮及其衍生物,是组成糖类及其复合物的基本结构单元。迄今已发现的单糖有 200 多种,但常见的只有十余种。单糖可按照分子中所含官能团的不同分类:带有醛基的单糖称为醛糖(aldose),如葡萄糖;带有酮基的单糖称为酮糖(ketose),如果糖。也可按照分子中碳原子的数目将单糖分为丙糖(triose)、丁糖(tetrose)、戊糖(pentose)、己糖(hexose)和庚糖(heptose)等。这两种分类方法常合并使用。例如,葡萄糖是六碳醛糖,果糖是六碳酮糖。最简单的醛糖是甘油醛,酮糖是 1,3-二羟基丙酮,细胞中含量最丰富的是五碳糖(戊糖)和六碳糖(己糖)。有些糖中羟基被氢或氨基取代,则这些糖分别称为去氧糖或氨基糖。

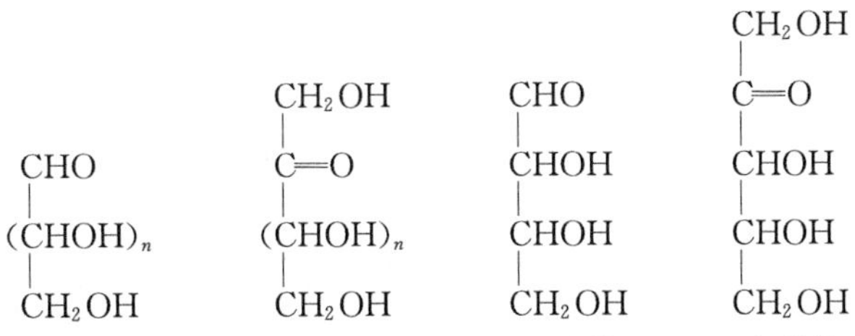

醛糖　　酮糖　　丁醛糖　　戊酮糖

15.1.1　单糖的构型

单糖中绝大多数具有旋光性，分子中有多个手性碳原子，存在多个立体异构体。例如，己醛糖中有 4 个手性碳原子，存在 $2^4=16$ 个立体异构体，每对对映体都有各自的俗名，葡萄糖只是其中的一对对映体。

1. 单糖的开链构型

常用费歇尔投影式来表示对映体，单糖也如此。单糖中的羰基必须写在投影式的上端，碳原子编号从靠近羰基的一端开始。因为单糖中有多个手性碳原子且每对对映体都有自己的名称，所以常用 D、L 标记单糖的构型，即将单糖的构型与甘油醛相比较，规定单糖的费歇尔投影式最末端(编号最大)的一个手性碳原子的构型与 D-(+)-甘油醛相同，为 D 型；若与 L-(−)-甘油醛的构型相同，为 L 型。例如

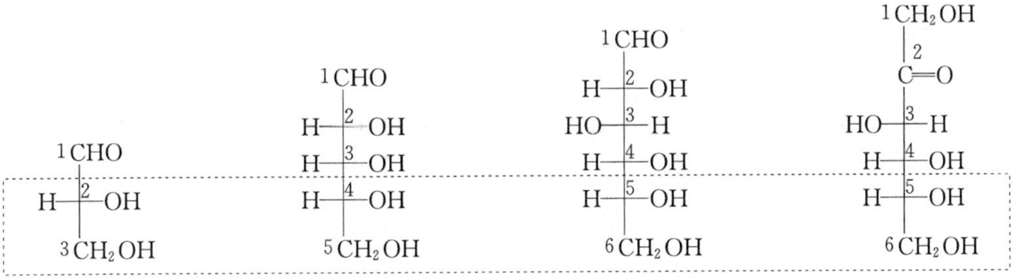

丙醛糖	戊醛糖	己醛糖	己酮糖
D-(+)-甘油醛	D-(−)-核糖	D-(−)-葡萄糖	D-(−)-果糖
(*R*)-2,3-二羟基丙醛	(2*R*,3*R*,4*R*)-2,3,4,5-四羟基戊醛	(2*R*,3*S*,4*R*,5*R*)-2,3,4,5,6-五羟基己醛	(3*S*,4*R*,5*R*)-1,3,4,5-6-五羟基-2-己酮

这主要是基于 1885 年基连尼-费歇尔从甘油醛出发，采用下列方法增长碳链，合成了一系列的糖。

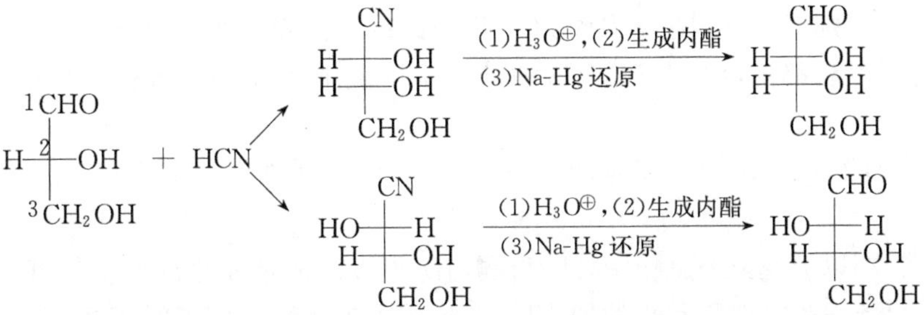

比较产物与反应物的结构可以发现，产物中离羰基最远的碳原子的构型必定与 D-甘油醛一致。生物体内存在的单糖绝大多数是 D 型的，L 型单糖极少。图 15.1 列举了从甘油醛

衍生的常见D-醛糖。

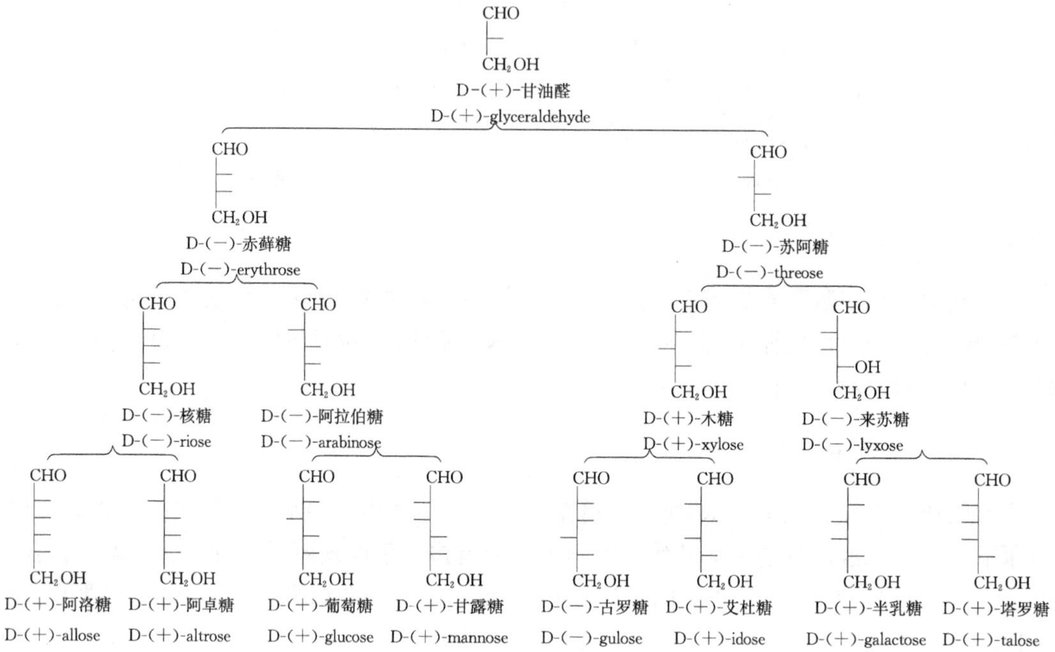

图 15.1　由甘油醛衍生的D-醛糖

费歇尔式表示糖的链状结构时,也可将氢省略。例如

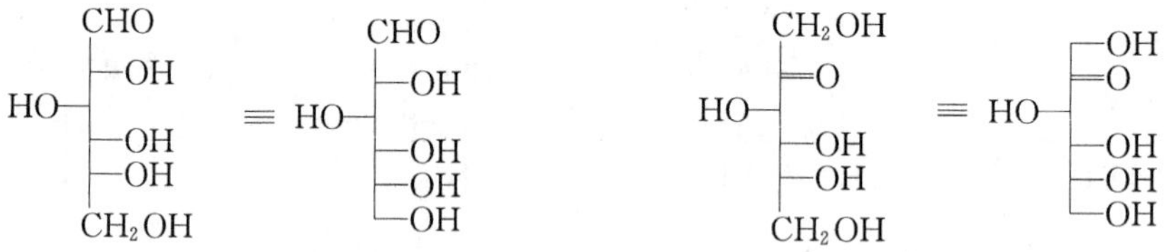

D-葡萄糖　　　　D-果糖

2. 单糖的环式构型

单糖的开链结构可以很好地解释糖的还原性以及形成脎等性质,但是无法解释以下现象:

(1) 在不同条件下可以得到两种D-葡萄糖结晶,从冷乙醇中结晶出来的D-葡萄糖的比旋光度为+113°,而吡啶中结晶出来的D-葡萄糖的比旋光度为+19°。若将两种不同的葡萄糖结晶分别溶于水,则可观察到它们的比旋光度都随时间的延长而逐渐变化,并且过一段时间以后都稳定在+52°。这种糖在水溶液中比旋光度自行改变的现象称为变旋现象。

(2) 葡萄糖不和$NaHSO_3$反应,不易显示席夫反应,虽然有一个醛基但仅能同一个甲醇分子反应。

人们在解释以上现象的过程中,从醛、酮与醇可以形成半缩醛的反应得到启示,推测葡萄糖分子内可能发生类似醛和醇的加成反应,形成了半缩醛。后来的X射线衍射结构分析的结果证明了这一推测的正确性。

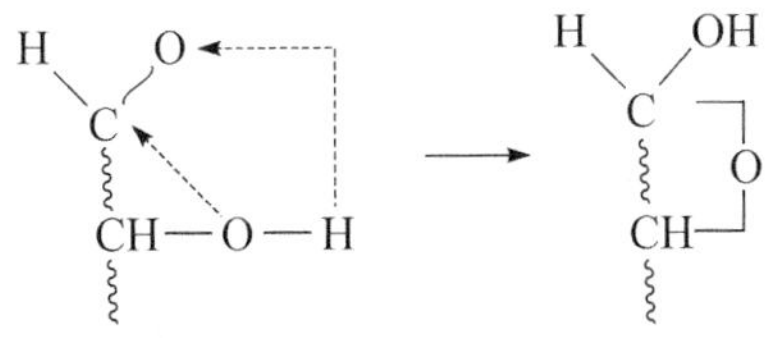

单糖在红外光谱中没有羰基的伸缩振动，在^{1}H NMR 谱中也没有醛基质子的吸收，说明在戊醛糖、己醛糖、己酮糖等水溶液中，单糖分子绝大部分不是以开链的结构存在的，而是以环状结构为主。葡萄糖水溶液中的半缩醛结构在平衡中占 99%以上。晶体单糖通常是以稳定的五元环或六元环形成半缩醛结构。

既然糖结构是环状结构为主，那么如何成环？以葡萄糖为例，费歇尔投影式示意如下：

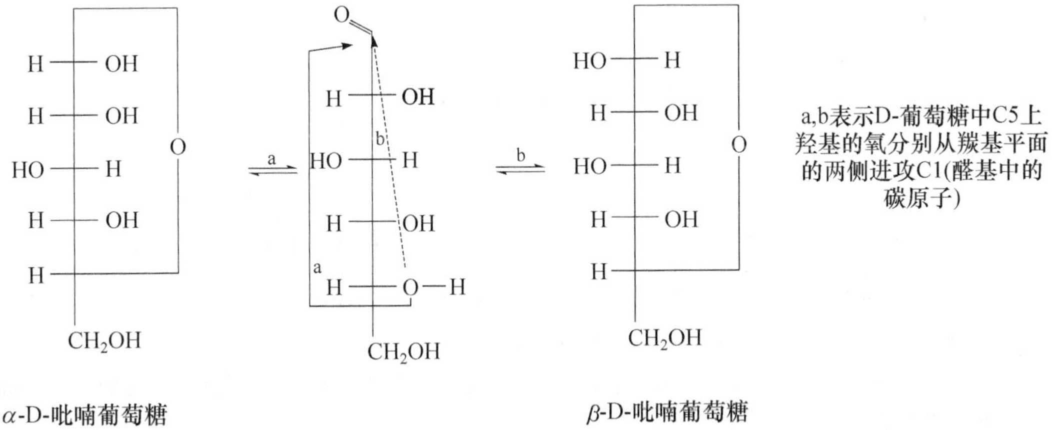

成环时，葡萄糖 C5 上的羟基氧原子可分别从羰基平面两侧对羰基进行分子内亲核加成，形成稳定的含氧六元环。所生成的六元环与四氢吡喃相似，称为吡喃糖(glycopyranose)。若糖分子内亲核加成形成的是稳定含氧五元环，则与四氢呋喃相似，称为呋喃糖(glycofuranose)。

成环后，原来的羰基碳原子(C1)变成手性碳原子，而且 C1 上新形成的半缩醛羟基在空间的排布上有两种可能。将费歇尔投影式中半缩醛羟基与决定单糖构型的羟基(C5 上的羟基)在碳链同侧的称为 α-型，在异侧的称为 β-型。糖的这两种环状结构除 C1 构型不同外，其余手性碳原子的构型相同，所以 α-型和 β-型是非对映异构体，这种仅端基不同的异构体称为端基异构体。它们的熔点和比旋光度也不同。

虽然费歇尔投影式能很好地说明糖环状结构的形成，但是不能确切地反映单糖分子中各原子或原子团的空间排布。为此哈沃斯(Haworth)提出用环状的透视结构式来表示，将直立环式改写成平面的环式。这样的氧环式结构称为哈沃斯式。书写哈沃斯式时环平面垂直于纸平面，环的粗线表示在纸平面的前方，环的细线表示在纸平面的后方，连在环上的原子或原子团分别写在环的上方和下方以表示其位置的排布。标准哈沃斯投影式习惯上将环中的氧画在上部中央或右上部，环中碳原子以顺时针编号。

将葡萄糖链状的费歇尔投影式变成环状的哈沃斯透视式过程如下：

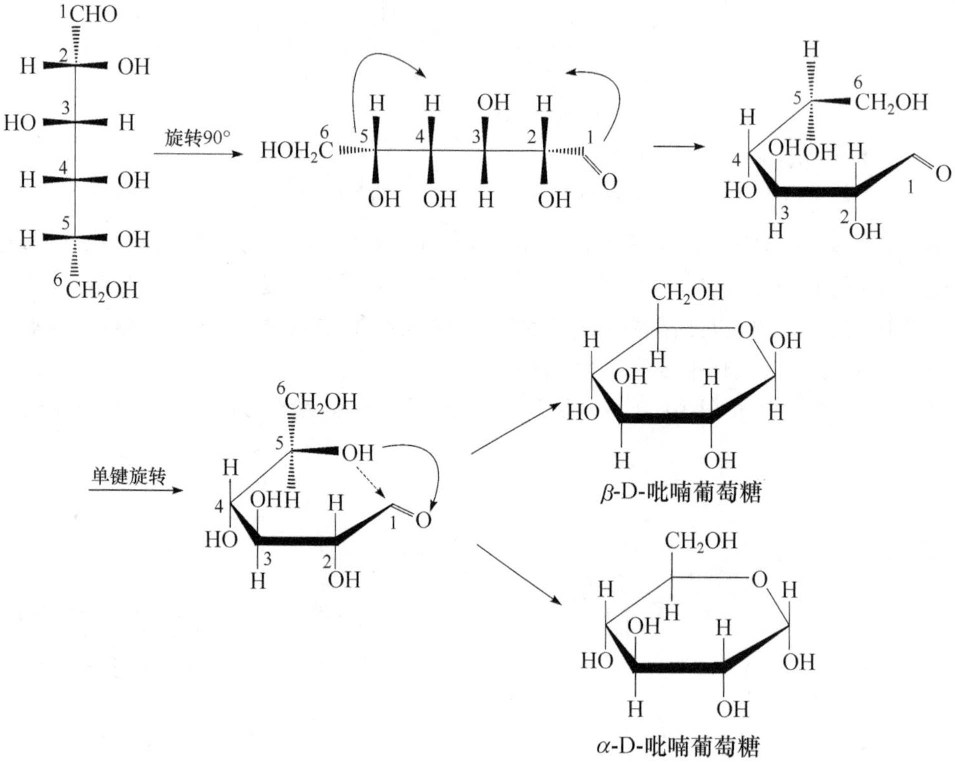

比较 α-D-吡喃葡萄糖和 β-D-吡喃葡萄糖可以发现，二者的差别仅在于第一个碳原子上的羟基(半缩醛羟基)的朝向不同，这个碳原子称为异头碳(anomeric carbon atom)，这个碳原子上的羟基称为异头体羟基。α-D-吡喃葡萄糖的异头体羟基在环平面的下方，而 β-D-吡喃葡萄糖的则在上方。所有 D 型糖的端基异构体均如此，但是 L 型糖却相反。因为在哈沃斯透视式中通常 L 型糖的端基 CH_2OH 在环平面的下方，所以其 α-型的异头体羟基在环平面的上方，β-型的在下方。

在结晶状态下，α-D-吡喃葡萄糖和 β-D-吡喃葡萄糖可相对独立地稳定存在，但在水溶液中，它们可通过链状结构相互转化，最后达到动态平衡。达到平衡后，α-D-葡萄糖约占 36%，β-D-葡萄糖约占 64%，链状结构极少，仅占 3×10^{-4}%。这就是葡萄糖的变旋光现象产生的根本原因，也就是说变旋光现象是两种端基异构体在溶液中通过开链结构进行互变的结果。

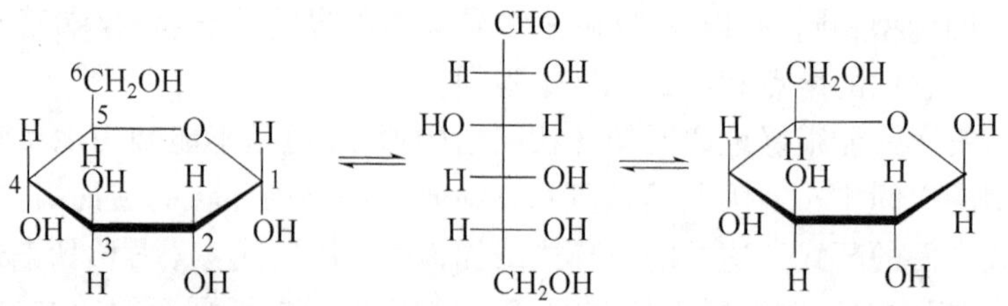

α-D-吡喃葡萄糖(36%)　　很少　　β-D-吡喃葡萄糖(64%)

其他单糖(如核糖、脱氧核糖、果糖、甘露糖和半乳糖等)也以环状结构为主存在，也有变旋现象。如 D-果糖在蔗糖中以五元环结构存在，而结晶则为六元环结构。因此，D-果糖在水溶液中可能存在五种构型，即酮式、六元环的 α-型和 β-型、五元环的 α-型和 β-型。

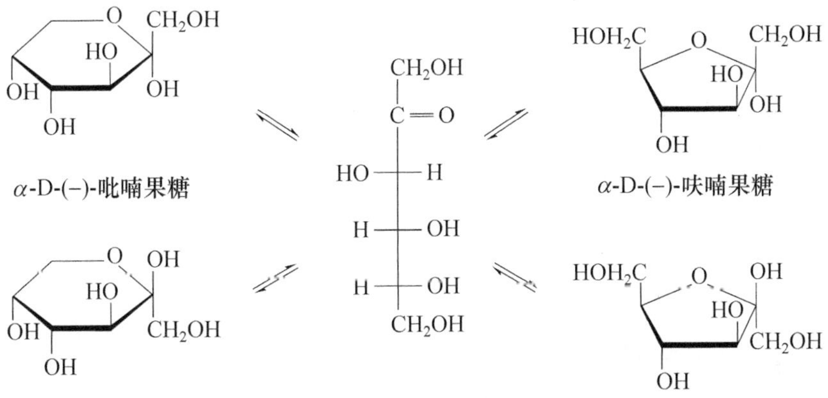

α-D-(−)-吡喃果糖　　α-D-(−)-呋喃果糖

β-D-(−)-吡喃果糖　　β-D-(−)-呋喃果糖

3. 单糖的构象

上面讨论了单糖的环状结构，即假定环上的原子均在一平面上，但通过近代X射线等分析技术对单糖的结构研究表明，这些环原子不在一个平面上。以六元环形式存在的糖，如葡萄糖、半乳糖等，分子中成环的碳原子和氧原子与环己烷类似，只是环中一个氧原子代替了环己烷中的一个 CH_2，可以用环己烷的构象近似地表示吡喃糖分子的构象。在吡喃糖中也是椅式构象占绝对优势，不同的椅式构象通过翻环作用互变。一般在六元环的椅式构象中，以较大基团连在e键上的最稳定，环上较多取代基占e键时其构象也相对稳定。

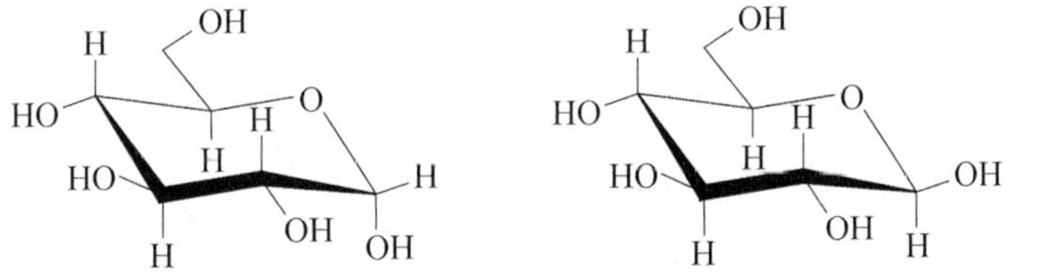

α-D-吡喃葡萄糖　　β-D-吡喃葡萄糖

D-葡萄糖中五个羟基都处于平伏键，比其他的己醛糖更稳定。这也是在自然界中D-葡萄糖分布最为广泛的原因。在D-吡喃葡萄糖的两种端基异构体中，由于在β-型中相邻羟基互为反方向，基团之间的相互排斥作用力小，因而β-型比α-型稳定。

问题15.1　(1) 用 R、S 标记法标出D-葡萄糖中各手性碳原子的构型。

(2) 为什么单糖有变旋现象？

问题15.2　(1) 写出β-D-呋喃半乳糖的哈沃斯式。

(2)写出β-D-吡喃甘露糖(A)、α-D-吡喃半乳糖(B)较稳定的构象式。

15.1.2　单糖的物理性质

单糖都是无色晶体，易溶于水，能形成过饱和溶液——黏稠的糖浆，也溶于乙醇，但不溶于乙醚、丙酮、苯等有机溶剂。除丙酮糖外，所有的单糖都有旋光性，大多数有变旋现象。单糖和二糖都有甜味，但甜度各不相同。糖的甜度大小是以蔗糖甜度为100作标准进行比较而得。葡萄糖的相对甜度为74，果糖(目前已知甜度最大的糖)为173。

15.1.3 单糖的化学性质

虽然单糖主要以环状结构形式存在，但在水溶液中环状结构与链状结构处于平衡状态，因此，单糖既有羟基的成酯、成醚和成缩醛等一般醇的性质，又能发生醛、酮的氧化还原和某些加成等反应。

1. 烯醇化与互变异构

单糖羰基旁的α-碳原子上的氢很活泼，在碱性溶液中易发生酮式与烯醇式的互变异构。例如，D-葡萄糖在稀的氢氧化钠水溶液中放置数天后，就会通过一系列烯醇式-酮式互变产生D-果糖和D-甘露糖，而且彼此浓度一定，达到动态平衡。而D-果糖或D-甘露糖在稀碱催化下，也能互变为三者的混合物。这是糖的链状结构的重要性质之一。

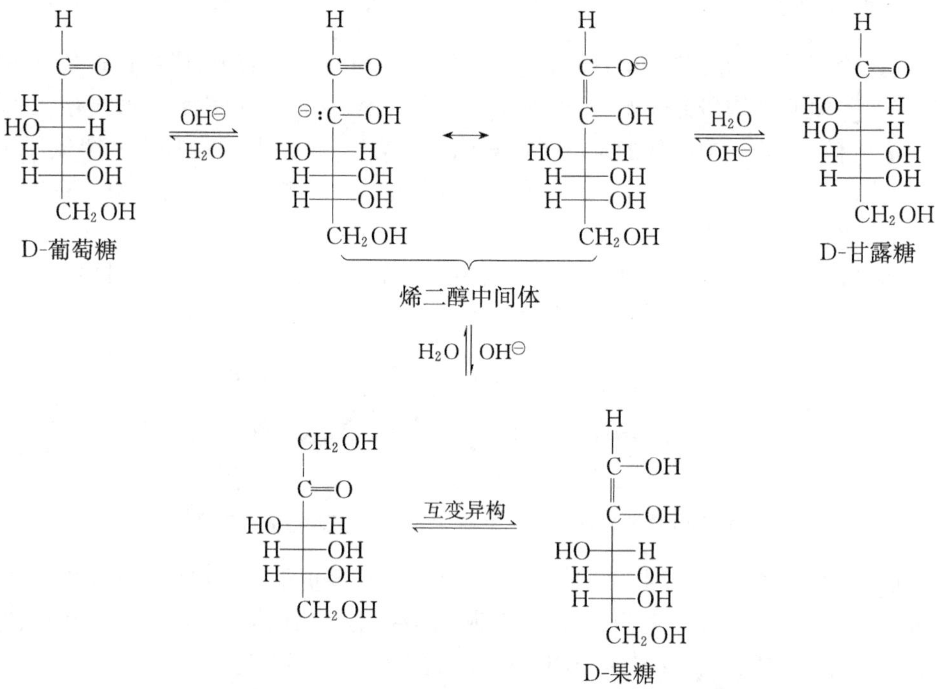

比较D-葡萄糖和D-甘露糖的结构，可以发现二者只有第二个碳原子的构型不同，这种只有一个碳原子构型不同的非对映异构体称为差向异构体(epimer)。D-葡萄糖及D-甘露糖互为C2的差向异构体，它们之间的相互转化称为差向异构化(epimerism)。

2. 氧化反应

1) 碱性条件下的氧化

酮糖与酮不同，酮糖在碱性溶液中能通过差向异构化作用转变为醛糖，因此所有的单糖，无论醛糖或酮糖都容易被一些碱性弱氧化剂所氧化，如土伦试剂、本尼迪克特试剂(硫酸铜、氢氧化钠和柠檬酸钾钠混合液)、费林试剂分别生成银镜或氧化亚铜沉淀。而由于分子中有多个官能团，因此单糖氧化后得到的是复杂的氧化产物。这个反应是通过糖的链状结构进行的，若糖不能转化为开链结构，则不能发生这种氧化反应。在糖化学中规定，凡是能与上述碱性氧化剂发生氧化反应的糖称为还原性糖(reducing sugar)，不能发生反应的糖称为非还原性糖(nonreducing sugar)。糖与本尼迪克特试剂的反应可用于测定尿液中葡萄糖的含量。工业上利用葡萄糖发生的银镜反应来镀银。

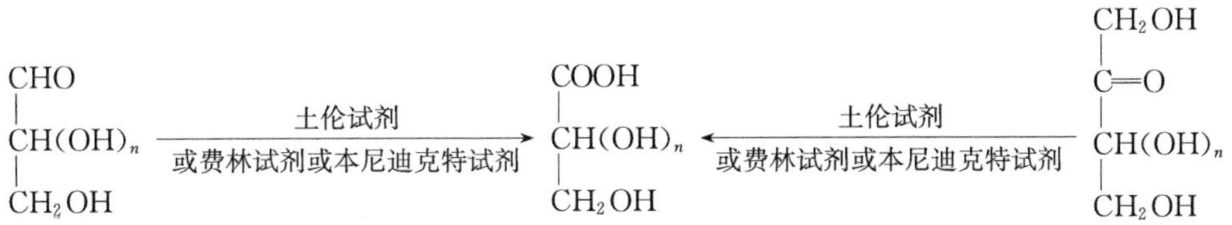

醛糖　　　　糖酸　　　　酮糖

2）溴水氧化

醛糖可与溴水反应,选择性地将醛基氧化为羧基,生成相应的糖酸(glyconic acid)。室温下酮糖不能被氧化,故可用溴水鉴别醛糖和酮糖。例如

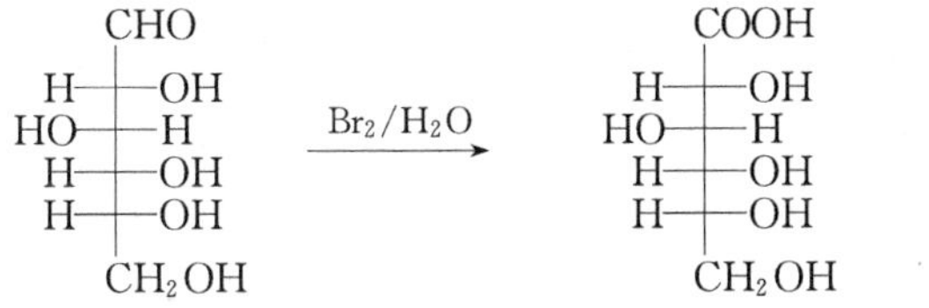

D-(+)-葡萄糖　　　　D-(+)-葡萄糖酸

3）硝酸氧化

稀硝酸的氧化性比溴水强,不仅能将糖的醛基(—CHO)氧化,还能将糖的伯醇羟基(—CH_2OH)氧化成羧基,生成二元酸,称为糖二酸(glycaric acid)。例如

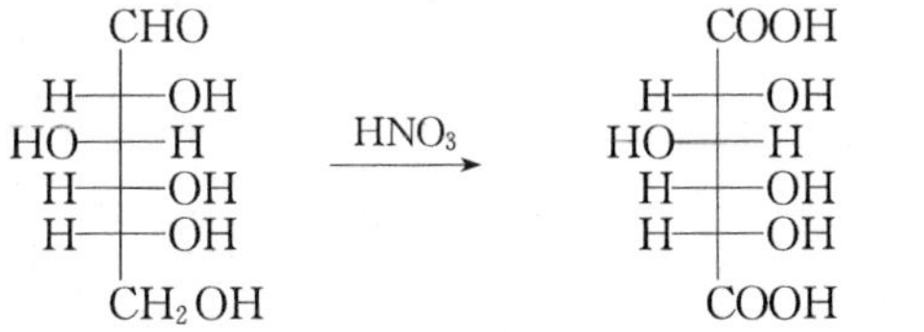

D-葡萄糖　　　　D-葡萄糖二酸

(D-gluconic acid)

半乳糖被稀硝酸氧化生成的半乳糖二酸常称为黏液酸(mucic acid)。果糖用稀硝酸氧化时,可导致 C1—C2 之间的碳-碳键断裂,生成甲酸和少一个碳的糖二酸。

4）高碘酸氧化

高碘酸可以氧化邻位二醇、α-羟基醛或酮,而且是定量的反应,破坏一个碳-碳键消耗 1mol 高碘酸,所以单糖也可以被高碘酸定量地氧化。例如

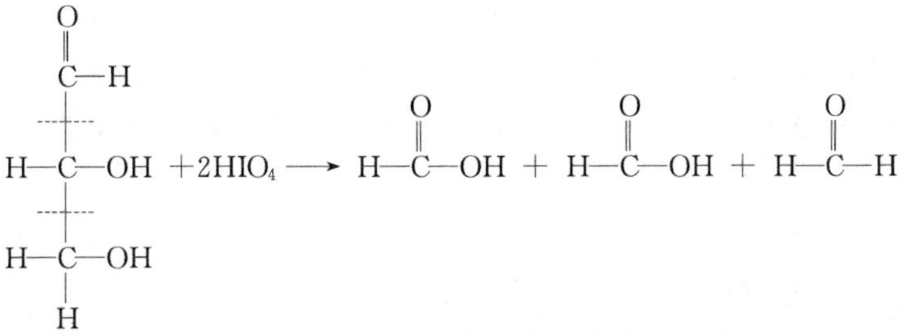

甘油醛

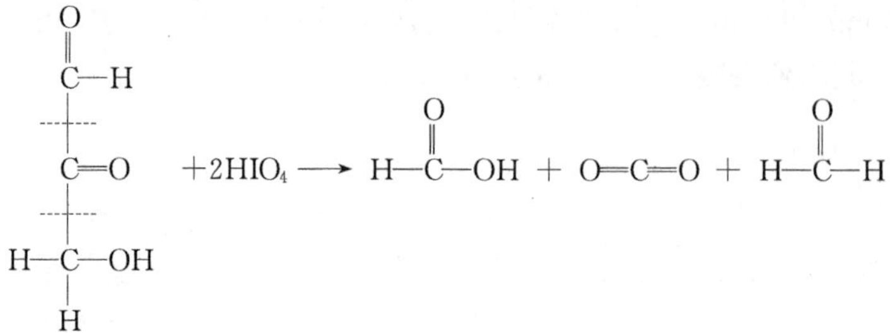

1,3-二羟基丙酮

若两个羟基被亚甲基($—CH_2—$)隔开则不能被高碘酸氧化。这个反应在测定糖的结构时很有用。

问题 15.3 (1) 为什么一般酮不被土伦试剂氧化,而酮糖可被氧化?

(2) 写出用硝酸氧化 D-核糖和 D-甘露糖生成的产物,并说明它们是否具有旋光性。

(3) 写出高碘酸氧化 D-果糖生成的产物。

---

3. 还原反应

在催化加氢、硼氢化钠或酶的作用下,羰基可还原成羟基,也就是醛糖还原生成相应的糖醇(alditol),酮糖还原成两个非对映体的糖醇。糖醇不能生成半缩醛,也就不能形成环状结构,实际为多元醇。例如,D-葡萄糖还原生成 L-山梨醇[sorbitol,旧称 D-葡萄糖醇(glucitol)],D-甘露糖还原生成 D-甘露醇,果糖还原时,C-2 变为手性碳原子,所以得到山梨醇和甘露醇的混合物。

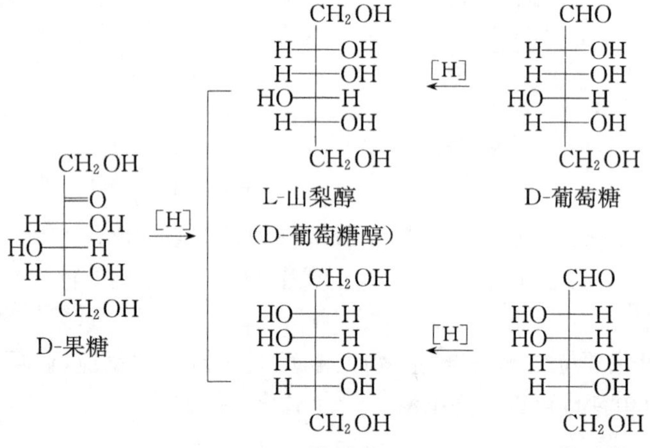

山梨醇、甘露醇早已在工业上应用,而且还应用于临床,治疗脑水肿及急性肾衰竭等。在生物体内,糖还有另一种重要的还原形式——脱氧糖(deoxysugar),如脱氧核糖等。

问题 15.4 写出糖(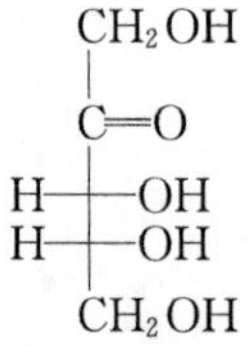)催化加氢的还原产物。

---

4. 成脎反应

一般的醛、酮能与一分子苯肼作用生成苯腙(见 10.3.1 小节),而醛糖或酮糖却能逐步与三分子苯肼作用生成糖脎(osazon)。成脎反应的过程相当复杂,认为经过三步:首先生成苯腙;之后被苯肼氧化而生成羰基;再与苯肼生成糖脎。反应机理如下:

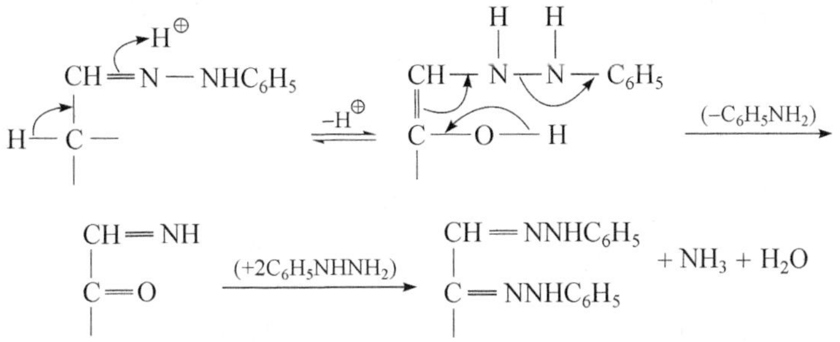

由此可见,成脎反应只在 C1 和 C2 上发生,不涉及其他碳原子。因此,含碳原子数相同的单糖,只要是 C1 和 C2 以外碳原子的构型相同,都可以生成相同的脎。例如,D-葡萄糖、D-甘露糖和 D-果糖三种糖与过量苯肼作用都生成同一种糖脎,即 D-葡萄糖脎,它们只是在生成速率上有些差别。

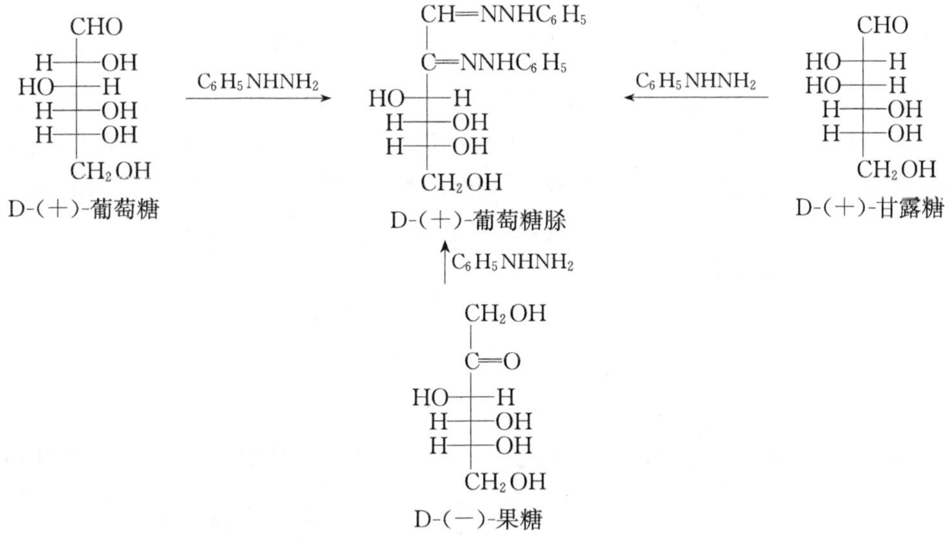

糖脎都是不溶于水的黄色晶体,不同的糖脎晶形不同、熔点也不同,可用作糖的定性鉴定。

问题 15.5　写出下列反应产物。

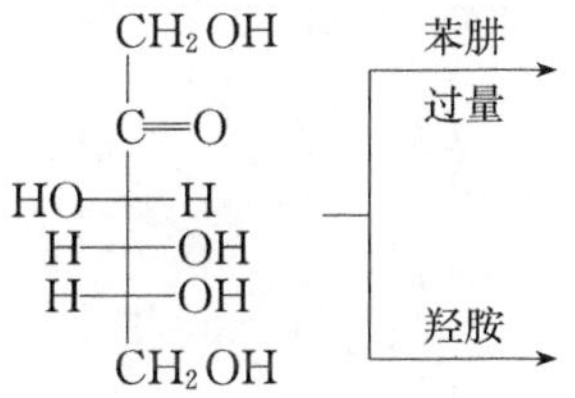

---

5. 成苷反应

成苷反应是环状单糖的重要化学反应，是单糖的半缩醛(酮)羟基与含有羟基、氨基、巯基等活泼氢化合物的脱水反应。反应的生成物称为糖苷(glycoside)，也称为配糖体。在糖的环状结构中，参与成苷反应的羟基，即半缩醛(酮)羟基称为苷羟基；环上其他的羟基称为醇羟基。糖苷的形成从化学本质上看是半缩醛向缩醛的转变。这个转变是比较容易发生的，所以苷羟基比醇羟基更活泼，更易发生反应。

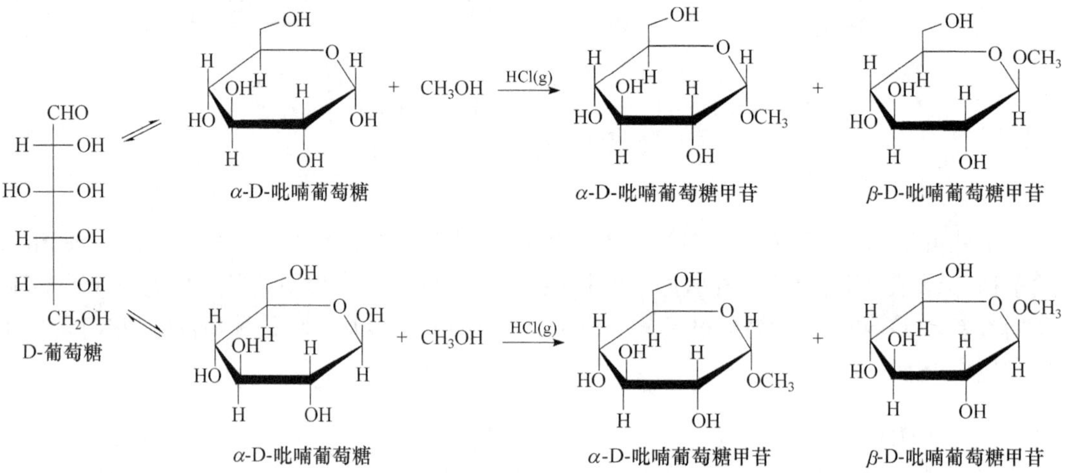

糖苷是由糖残基(糖去掉半缩醛酮羟基)和非糖两部分组成，非糖部分称为苷元(aglycone)或配基(genin)，两部分的连接化学键称为糖苷键(glucosidic bond)。糖苷是白色、无嗅、味苦的粉末，一般左旋，溶于水、乙醇。从化学结构上看糖苷是缩醛，故在碱性条件下比较稳定，也不与苯肼反应，不易发生氧化，也没有变旋光现象，但在稀酸和酶的作用下，又可以水解为原来的糖和配基。例如

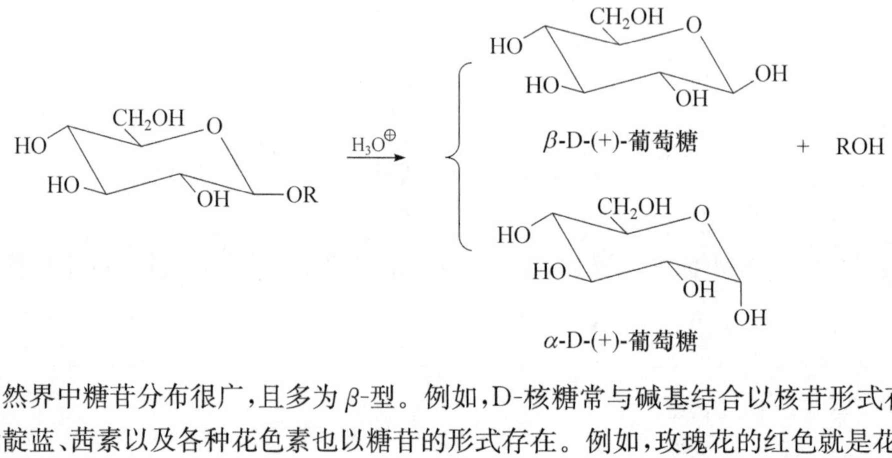

自然界中糖苷分布很广，且多为β-型。例如，D-核糖常与碱基结合以核苷形式存在；天然色素靛蓝、茜素以及各种花色素也以糖苷的形式存在。例如，玫瑰花的红色就是花色素的3,5-二葡萄糖苷。

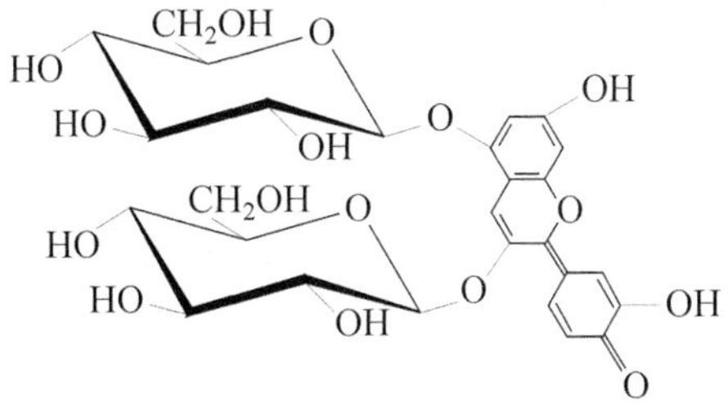

糖苷的命名一般是在糖名称后面加苷，将取代基名称和苷键的类型依次加在糖名称前面。若取代基复杂也可以直接以醇或酚为名称，如对苯二酚-α-D-吡喃半乳糖苷；也有很多根据其来源命名。例如

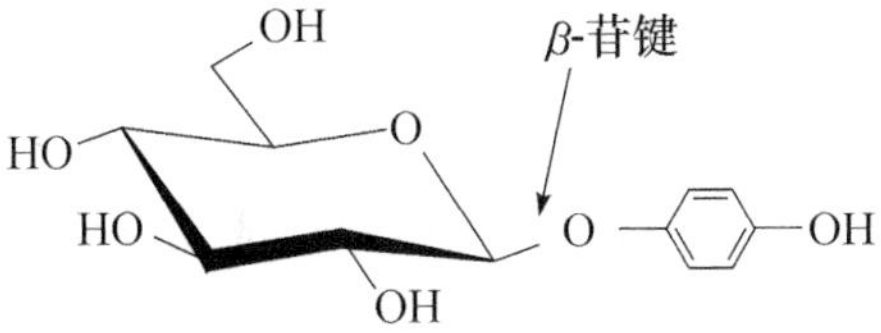

熊果苷（对苯二酚-β-D-葡萄糖苷）

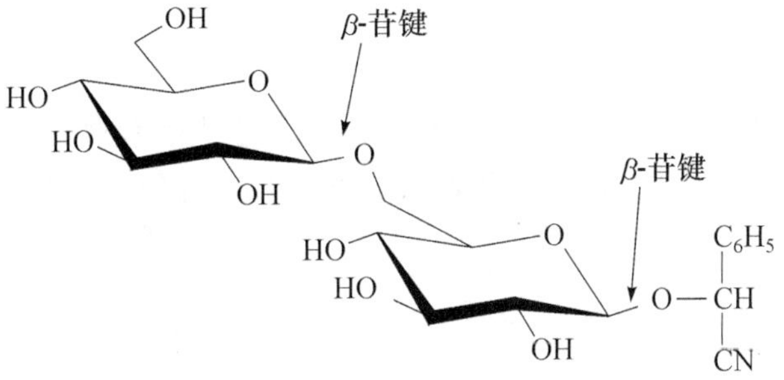

苦杏仁苷

苦杏仁腈[$C_6H_5CH(OH)CN$]

糖苷有很多是极毒的，但微量可以作为药物，如可水解放出氢氰酸的苦杏仁苷(amygdalin)、能引起溶血的皂角苷(saponin)、有强心作用的洋地黄苷(digitalin)以及能使葡萄糖随尿排出的根皮苷(phloridzin)等。

问题 15.6　试写出苦杏仁苷完全水解后的产物。

---

6. 成酯反应

醇可以很容易与酸、酸酐或酰卤生成酯，糖也易与羧酸、硫酸或磷酸等生成酯。在过量乙酸酐和弱碱（如吡啶、乙酸钠）溶液中，单糖环状结构中所有羟基都可酯化。若反应在低温条件下进行，则能生成构型保持的产物，如α-异头物生成α-型，β-异头物生成β-型。

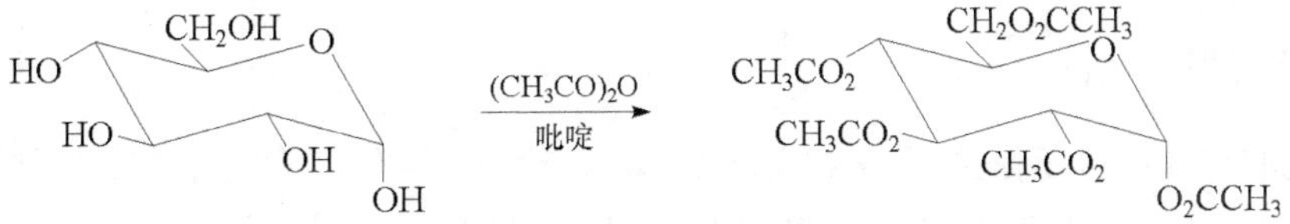

生物体内,糖在酶的作用下形成单酯或二酯,最常见的有磷酸酯(磷酸二酯)、脂酰酯、硫酸酯,而单糖羟基的磷酸化具有重要的生物学意义。例如

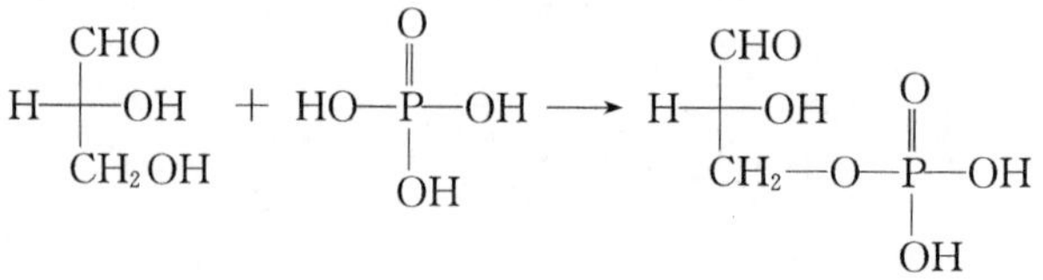

D-甘油醛-3-磷酸酯

D-甘油醛-3-磷酸酯(3-磷酸甘油醛)是糖代谢的重要中间体。糖的磷酸酯也是构成更复杂分子的不可缺少的组成部分,如 ATP、NAD^+(辅酶Ⅰ,生物体内的递氢体)、辅酶 A(转移酰基)等分子中都含有磷酸酯键。

7. 脱水反应

糖是多羟基醛、酮,单糖和无机酸一起加热、脱水生成糠醛或其衍生物。例如

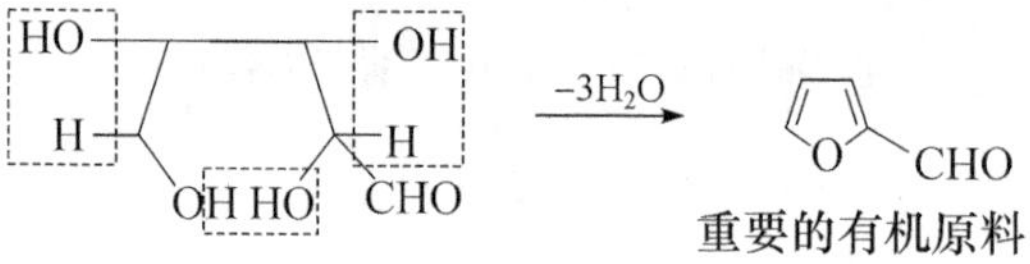

重要的有机原料

糠醛或糠醛衍生物与酚类缩合产生有色化合物。这些染料常用于糖的鉴定。例如,糖的水溶液在浓硫酸存在下与 α-萘酚产生紫色,这称为莫力许(Molisch)反应。

15.2 二　　糖

寡糖一般是指由 2～10 个相同或不同的单糖脱水生成的糖,也称低聚糖。以结合单糖个数进行分类,可分为二糖、三糖、四糖等。其中二糖(disaccharide)和三糖最为常见,也是与人类关系最密切的一类低聚糖。据研究只有单糖和低聚合度的糖有甜味,即为通俗意义的糖。

二糖是水解后能生成两分子单糖的化合物,是最简单的寡糖,其中许多是最便宜的糖,由丰富的多糖水解很容易得到。从结构上看,它们与糖苷类似,是由一个单糖分子中的苷羟基(半缩醛羟基)和另一个单糖分子中的醇羟基或苷羟基失水而得到的。单糖分子失水形成二糖后剩余部分称为单糖残基(单糖单元),连接两个单糖残基的化学键称为糖苷键。在二糖结构中单糖残基都是以环状结构存在,由于两个单糖的结合方式不同,苷羟基可能存在也可能不存在。若二糖中保留苷羟基,则分子可以开环,能与碱性氧化剂反应,也存在变旋光现象,并能形成糖脎,故这类二糖是还原性糖。没有苷羟基的二糖不能开环,不能与碱性氧化剂反应,是非还原性糖。连接二糖的化学键称为糖苷键,类型取决于两个单糖的端基构型和脱水位点。二糖的物理性质和单糖相似——能成结晶、易溶于水、有甜味等。

下面对几种常见的寡糖做一简单介绍。

15.2.1　麦芽糖

麦芽糖(maltose)不是天然存在的游离寡糖,大量存在于发芽的谷粒,特别是在麦芽中,由麦芽中的淀粉酶将淀粉水解而生成,故而得名。此外,淀粉在稀酸作用下部分

水解也得到麦芽糖。麦芽糖的学名为4-O-(α-D-吡喃葡萄糖苷)-D-吡喃葡萄糖，水解后生成两个分子的D-葡萄糖。麦芽糖中的两个D-葡萄糖均为吡喃环，以α-1，4-苷键结合，结构如下：

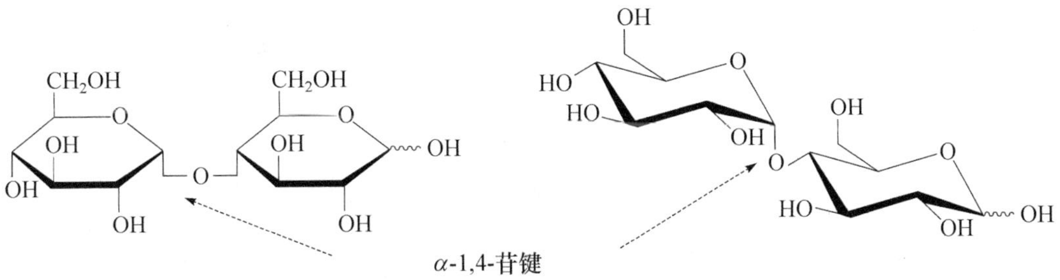

麦芽糖
4-O-(α-D-吡喃葡萄糖苷)-D-吡喃葡萄糖

晶体麦芽糖含有一分子结晶水，易溶于水。麦芽糖中含有苷羟基，故在水溶液中环状结构可以变成链状结构，有变旋现象。麦芽糖的两种异构体——α-麦芽糖和β-麦芽糖通过开链与环状结构的互变达到平衡，比旋光度分别为＋168°和＋112°，平衡时为＋136°。两种异构体的结构如下：

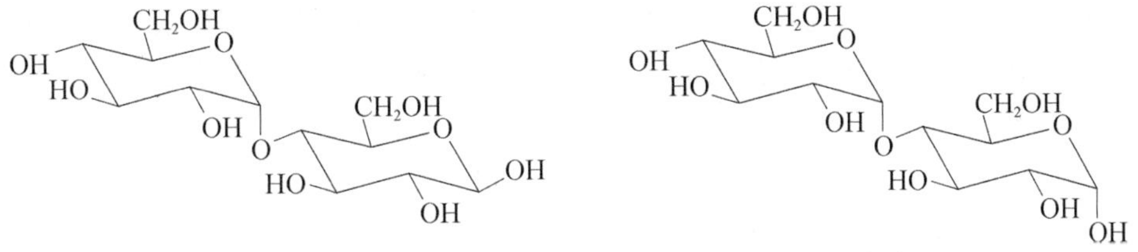

麦芽糖的水溶液具有还原性，是还原性糖，有变旋光现象，可以被土伦试剂、本尼迪克特试剂等碱性氧化剂氧化，可形成糖脎。麦芽糖还可以被溴水氧化为D-麦芽糖酸，也可被α-葡萄糖苷酶水解。

麦芽糖是饴糖的主要成分，甜度比蔗糖低，约为蔗糖的40%。人和哺乳动物的消化道内有麦芽糖酶可将食物中的麦芽糖水解为葡萄糖。麦芽糖可用作营养剂和培养基等。

15.2.2 纤维二糖

纤维素在纤维素酶的作用下部分水解得到纤维二糖(cellobiose)。纤维二糖是纤维素水解的产物，不是天然存在的寡糖，在纤维二糖酶的作用下可以继续水解得到D-葡萄糖。纤维二糖是由一分子D-吡喃葡萄糖的苷羟基与另一分子D-吡喃葡萄糖的醇羟基以β-1，4-苷键结合而成，因此分子中也含有苷羟基，也有变旋现象。它也可以被土伦试剂、费林试剂等碱性氧化剂氧化，是还原性二糖，还可以形成糖脎。纤维二糖可以被β-葡萄糖苷酶(俗称苦杏仁酶)水解。苦杏仁酶(emulsin)是β-糖苷键的专一水解酶，其结构为

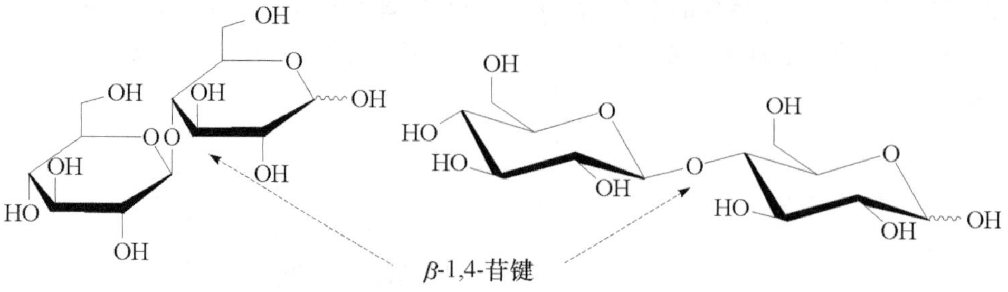

纤维二糖

4-*O*-(-β-D-吡喃葡萄糖苷)-D-吡喃葡萄糖

纤维二糖是无味的白色晶体，熔点为 225℃，可溶于水，具有右旋性。麦芽糖和纤维二糖在结构上的区别虽然仅在于苷键：一个是 α-型；另一个是 β-型。但在生理上却有很大的区别：麦芽糖有甜味，能被人体消化吸收；纤维二糖既无甜味也不能被人体消化，但食草动物可以以纤维二糖为营养饲料。

15.2.3 蔗糖

蔗糖[sucrose，α-D-吡喃葡糖酰-(1-2)-β-D-呋喃果糖苷]，又称为食糖、甜菜糖，是自然界中分布最广泛的二糖，在甘蔗和甜菜中含量最多，也存在于许多其他植物中，特别是水果中。它只在植物中合成，是植物主要的能量来源和储备，也是人类需用量最大的寡糖。蔗糖由一个 α-D-吡喃葡萄糖分子的苷羟基与另一个 β-D-吡喃果糖分子的苷羟基之间失去一分子水而形成，其结构为

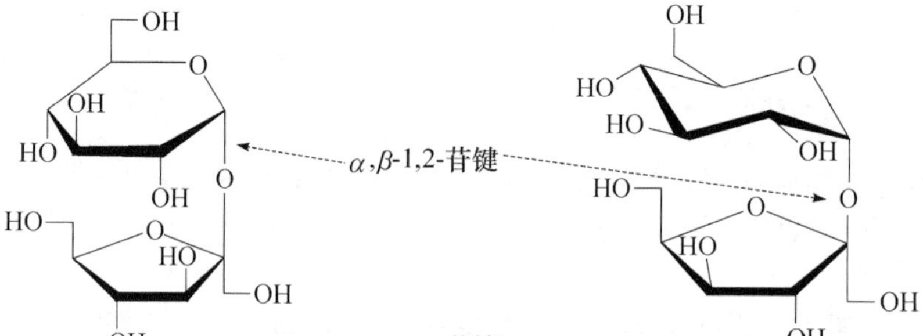

蔗糖

α-D-吡喃葡萄糖苷基-β-D-呋喃果糖苷

蔗糖中的糖苷键是由两个异头碳连接形成的，由 α-D-吡喃葡萄糖 C1 的半缩醛羟基与 β-D-呋喃果糖 C2 的半缩醛羟基脱水而成。故蔗糖分子中的苷键既是 α-1，2-苷键，又是 β-2，1-苷键，同时分子中的吡喃葡萄糖残基和呋喃果糖残基都被固定，不能自由地处于环状与链状结构的互变平衡中。蔗糖因结构中无苷羟基存在，所以不能形成链状或产生游离醛基，没有变旋现象，也不能成脎及与土伦试剂、费林试剂等发生氧化反应，因此没有还原性，是非还原性糖。

蔗糖很容易结晶，也很甜，但甜度低于果糖，易溶于水，难溶于乙醇。蔗糖在 160～180℃分解，加热至 200℃变成棕褐色的焦糖。蔗糖易水解，经酸性水解的产物是葡萄糖和果糖。蔗糖是右旋的，水解后生成的 D-葡萄糖和 D-果糖的混合物则是左旋的。由于水解后旋光方向发生了改变，因此一般把蔗糖水解后的混合物称为转化糖(invertsugar)。

$$\underset{\substack{\text{蔗糖} \\ [\alpha]_D^{20}=+66^\circ}}{C_{12}H_{22}O_{11}} + H_2O \longrightarrow \underset{\substack{\text{D-(+)-葡萄糖} \\ [\alpha]_D^{20}=+52.5^\circ}}{C_6H_{12}O_6} + \underset{\substack{\text{D-(−)-果糖} \\ [\alpha]_D^{20}=-92.4^\circ}}{C_6H_{12}O_6}$$

$$\text{转化糖}[\alpha]_D^{20}=-20^\circ$$

蜂蜜大部分是转化糖，因为蜜蜂含有能催化蔗糖水解的转化酶(invertase)。在工业上将蔗糖经转化酶水解产生的转化糖用于食品和饮料中。

15.2.4 乳糖

乳糖(lactose)存在于哺乳动物的乳汁中，人乳中含 5%～8%，牛乳中含 4%～6%，有些水果中也含有乳糖。乳糖分子是 D-吡喃半乳糖的 C1 羟基与 D-吡喃葡萄糖的 C4 羟基以 *β*-1,4-苷键连接而成的，是纤维二糖的差向异构体。故乳糖分子中有苷羟基，有变旋现象，有还原性，是很少几个天然存在的还原性寡糖之一，是还原性二糖。

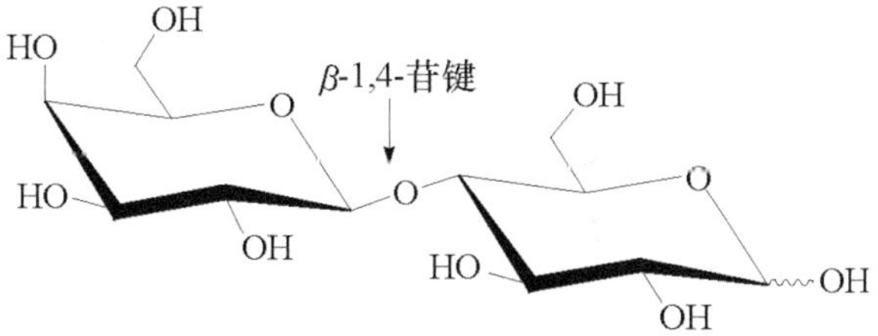

乳糖

4-*O*-(*β*-D-吡喃半乳糖苷基)-D-吡喃葡萄糖

乳糖是含一分子结晶水的白色结晶性粉末，有甜味，但甜度不如蔗糖。其熔点为 202℃，易溶于水，比旋光度为+53.5°。乳糖可以被溴水氧化，水解后得到半乳糖和葡萄糖酸。乳糖也可以被苦杏仁酶或肠中乳糖酶(一种能水解 *β*-半乳糖苷的酶)水解生成半乳糖和葡萄糖。医药上常利用其吸湿性作为药物的稀释剂以配制散剂和片剂。

问题 15.7 写出下列二糖的稳定构象式。

(1) 纤维二糖 (2) 蔗糖

15.3 多 糖

多糖是由许多单糖以糖苷键相连的天然高分子化合物，是生物体能量的储存形式或结构成分。组成多糖的单糖可以是醛糖或酮糖，也可以是单糖的衍生物，如氨基己糖和半乳糖酸等。通常多糖中单糖残基大于 10 个，大部分天然多糖含有 80～100 个，组成多糖的单糖数目可以是几百个，有的甚至可高达 10^4～10^5 个。多糖不是一种纯净的化学物质，而是多种聚合度不同的高分子混合物。

多糖的结构很复杂，按其组成可分为两类：一类是由相同的单糖残基组成的，称为同多糖或均多糖(homopolysaccharide)，如均由葡萄糖连接而成的淀粉、纤维素、右旋糖酐等；另一类是由两种或两种以上不同的单糖残基组成的，称为杂多糖(mucopolysaccharide)，如胶质和黏多糖。还可以分子中有无支链将糖分为直链、支链多糖，以生理功能分为结构多糖、储存多糖、抗原多糖等，以分布分为胞外多糖、胞内多糖、胞壁多糖等。

多糖与单糖及低聚糖在性质上有较大差异。多糖都没有甜味，大多数为无定形粉末且不溶于水，有的可与水形成胶体溶液。尽管多糖末端含有半缩醛羟基，但相对分子质量很大，所以多糖没有还原性和变旋现象，也无成脎反应。多糖在水解过程中，往往产生一系列的中间产物，最终完全水解得到单糖。

下面对几种常见的多糖做一简单的介绍。

15.3.1 淀粉

淀粉(starch)是绿色植物通过光合作用将太阳能变为化学能的储藏物，是人类食物中糖的主要来源，以不溶颗粒广泛存在于植物组织内，尤其在根、块茎、种子内，如大米中含70%～80%，小麦中含60%～65%，马铃薯中约含20%，红薯、芋头中淀粉含量也很丰富。淀粉是白色、无臭、无味的粉状物质。天然淀粉一般由直链淀粉(amylose)和支链淀粉(amylopectin)两部分构成，前者含量为20%～30%，后者含量为75%～80%。随植物品种的不同，它们在淀粉中所占的比例也不同，如糯米全部为支链淀粉，而有的豆类淀粉则全部是直链的。

直链淀粉不易溶于冷水，在热水中有一定的溶解度。它的平均相对分子质量为32 000～50 000，由250～300个D-葡萄糖残基通过α-1，4-糖苷键连接成一条没有分支的长链，结构如下：

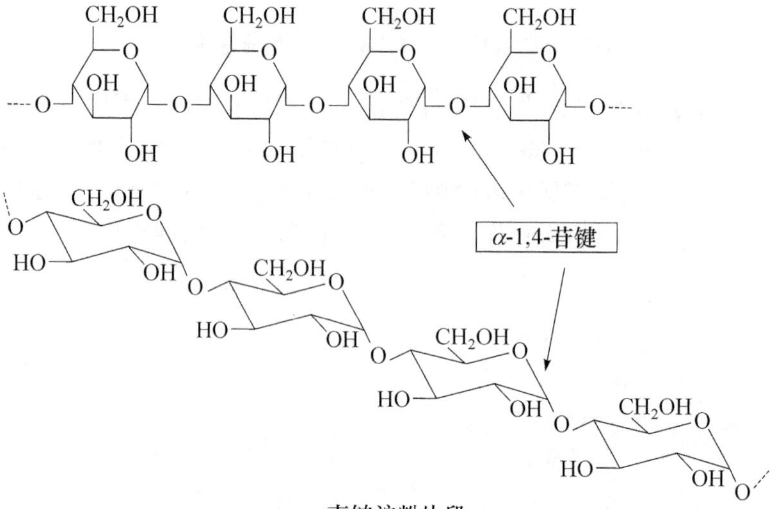

直链淀粉片段

实验证明，直链淀粉的构象并不是伸开的一条链，而是依赖分子内氢键卷曲形成螺旋状结构，每一圈螺旋约含六个葡萄糖残基(图15.2)。

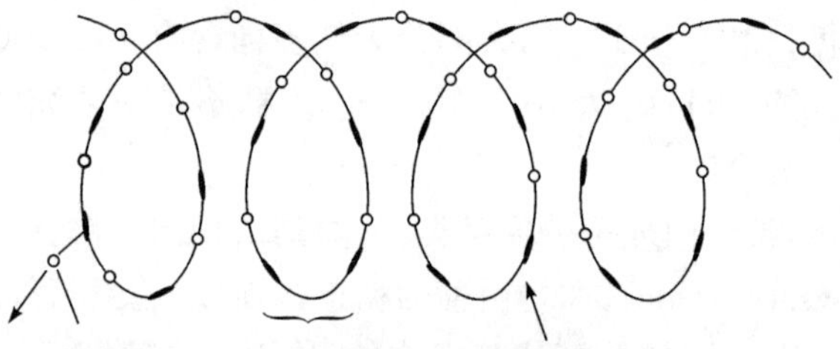

图15.2 直链淀粉的结构

直链淀粉形成一个螺旋后，中间的隧道恰好可以装入碘的分子，形成一个蓝色的络合物(图 15.3)，所以淀粉遇碘会显色，是最常用的鉴定淀粉的简便方法。

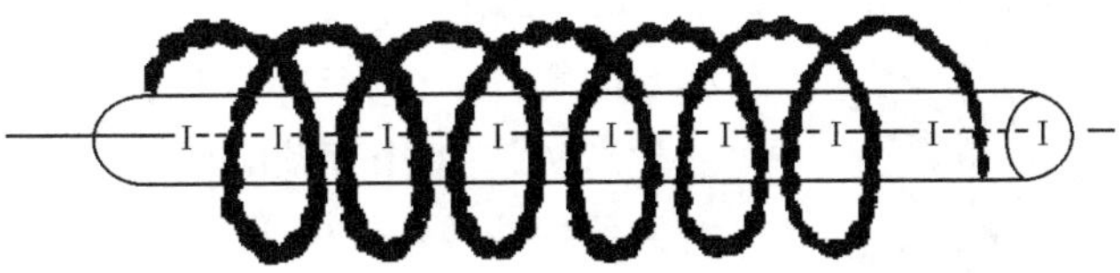

图 15.3　淀粉与碘形成络合物的示意图

支链淀粉难溶于水，在热水中膨胀糊化形成极黏稠的溶液。它的相对分子质量比直链淀粉更大，一般为 10^6，可以高达 6×10^6，由 6000～40 000 个 α-D-吡喃葡萄糖残基组成。支链淀粉是直链淀粉上又带有分支的淀粉，分子中 α-D-吡喃葡萄糖残基除用 α-1,4-苷键连接成直链外，还有 5%～6%的 α-1,6-苷键存在于分支点。

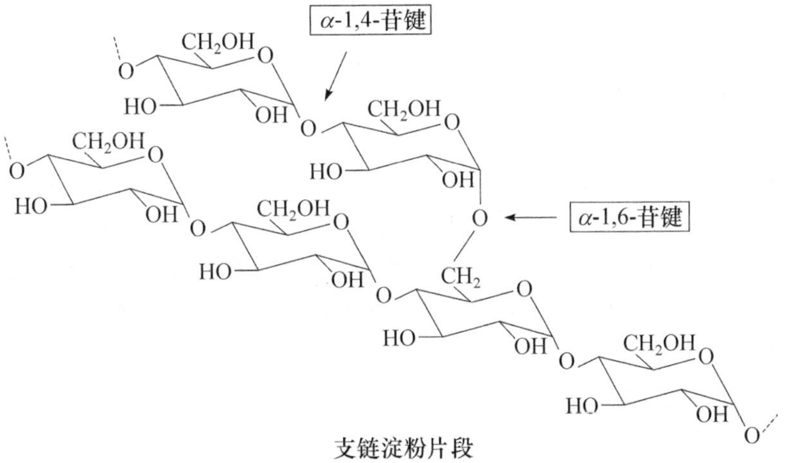

支链淀粉片段

支链淀粉中平均每隔 20～25 个葡萄糖残基就出现一个分支，分支也称为侧链，某些侧链本身还含有分支。因此其结构很复杂，呈树枝形或刷子形结构。

随螺旋通道的长度的缩短，淀粉遇碘产生颜色由蓝色、紫蓝色、紫色到红色，直至无色。支链淀粉由于螺旋结构的通道在分支处中断，故遇碘呈紫红色。

淀粉在酸或酶的作用下逐步水解，最终得到葡萄糖，水解过程如下：

淀粉→蓝糊精→红糊精→无色糊精→麦芽糖→葡萄糖

淀粉水解过程的中间产物总称为糊精。它是相对分子质量比淀粉小的多糖，含有 6～12 个葡萄糖单位。根据与碘产生的不同颜色可分为蓝糊精、红糊精和无色糊精。无色糊精有还原性。

淀粉分子中葡萄糖残基的第六个碳原子上的羟基，由于伸出环外，受到空间位阻很小，较易与酸等一些试剂反应，生成衍生物，这一过程称为淀粉的化学改性，产物称为变性淀粉。变性淀粉主要有阴离子变性淀粉和中性变性淀粉，在工农业生产与生活中有许多用途。

15.3.2　糖原

糖原(glycogen)又称动物淀粉，是动物体内储存的主要多糖，以胞质颗粒形式存在于所有细胞中，但绝大多数在骨骼肌和肝脏中，故有肌糖原和肝糖原之分。人类的肝脏中，糖原的含

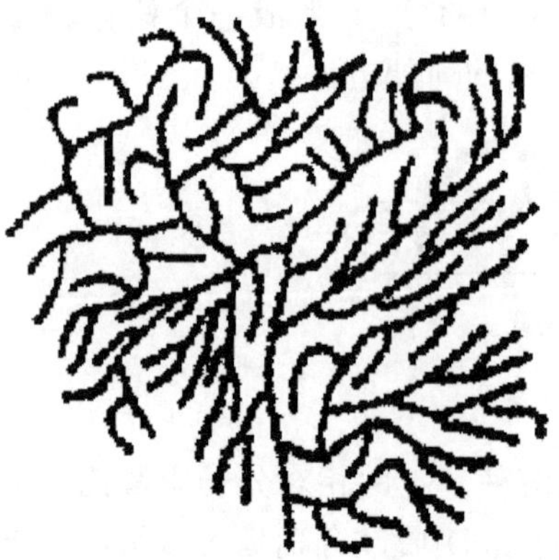

图 15.4　糖原的分枝状示意图

量达 10%～20%。糖原的相对分子质量为 270 000～100 000 000。糖原是由 D-葡萄糖以 α-苷键连接而成的，一级结构与支链淀粉相似，也是带有分支的葡萄糖残基的聚合物，也含有 α-1,6-苷键，但分支出现的频率非常高，每三四个葡萄糖残基即出现分支，而且侧链含有的葡萄糖残基较少(图 15.4)。

在干燥状态下，糖原是白色无定形粉末，易溶于水成溶胶而不糊化，遇碘呈紫红色。糖原可调节动物血液中的含糖量，当葡萄糖在血液中的含量较高时，它就结合成糖原而储存于肝脏中，当血液中含糖量降低时，糖原就分解为葡萄糖。

15.3.3　纤维素

纤维素(cellulose)是自然界中分布最广、最丰富的一类多糖，大约占植物界含量的 50%以上。纤维素是植物细胞壁的主要成分，木材中含 50%左右，棉花含 90%以上，是自然界最纯的纤维素来源。自然界中纤维素通常与半纤维素、木质素同时存在于植物细胞壁中。

纤维素是线形葡萄糖同多糖，一般由约 1.4×10^4 个 D-葡萄糖残基通过 β-1,4-苷键连接而成。和直链淀粉一样，它是没有分支的链状分子。但因苷键不同，纤维素分子不能形成螺旋，而是葡萄糖残基反向连接成扁平、伸展的锯齿形，这样链间的羟基极易形成氢键。纤维素中，一对对平行排列的长链靠氢键紧密地结合形成纤维束，几个纤维束绞在一起形成牢固的绳索状结构。纤维束再定向排布形成网状结构，使纤维素具有很好的机械强度和化学稳定性。

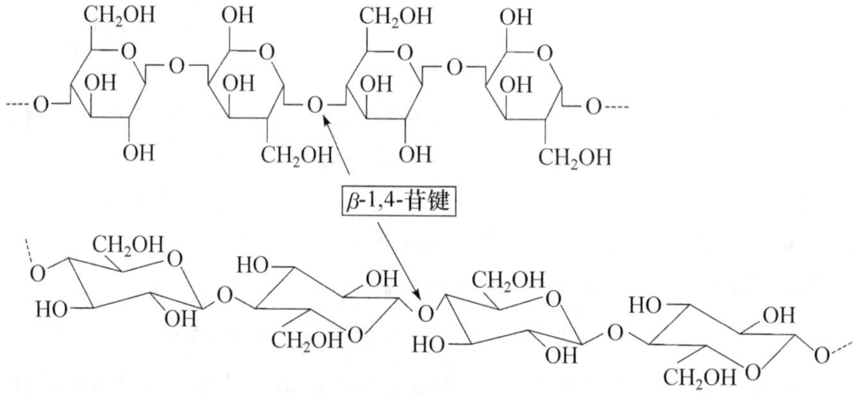

纤维素链片段

纤维素是白色纤维状固体，不溶于水，仅能吸水膨胀，也不溶于稀酸、稀碱和一般的有机溶剂，可溶于氢氧化铜氨溶液。纤维素的水解比淀粉困难，一般需要在浓酸中或用稀酸在加压下进行。在浓硫酸(低温)或稀硫酸(高温高压)中水解木材废料可产生约 20%的葡萄糖，在水解过程中可以得到纤维四糖、纤维三糖、纤维二糖、最终产物是 D-葡萄糖。

有些微生物因能分泌可将纤维素水解为纤维二糖的纤维素酶(cellulase)和纤维二糖酶，故可消化纤维素。食草动物的消化道中存在这样的微生物，所以可以汲取纤维素中的营养。但是人类的消化道中仅存在只能水解 α-1,4-苷键的淀粉酶，故不能水解 β-1,4-苷键，即不能消化纤维素。食物中的纤维素能促使肠蠕动，是人类饮食中不可缺少的营养素。

问题15.8 纤维素与碘液能否显色？为什么？纤维素水解时会得到哪种二糖？最终水解产物是哪种单糖？

习 题

1. 画出下列化合物的构象式。
   (1) α-D-吡喃葡萄糖　　(2) β-L-吡喃葡萄糖
   (3) β-D-吡喃果糖　　(4) β-D-吡喃半乳糖
2. 写出下列化合物的哈沃斯式。
   (1) β-D-甲基吡喃葡萄糖苷　　(2) α-D-呋喃-2-脱氧核糖
   (3) α-D-吡喃半乳糖　　(4) 4-*O*-(α-D-吡喃葡萄糖苷基)-β-D-吡喃甘露糖
3. 写出下列各六碳糖的吡喃环式与链状费歇尔投影式的互变平衡体系。
   (1) D-果糖　(2) D-甘露糖　(3) D-葡萄糖　(4) D-半乳糖
4. 指出下列各糖化合物中哪个是α-型、哪个是β-型。

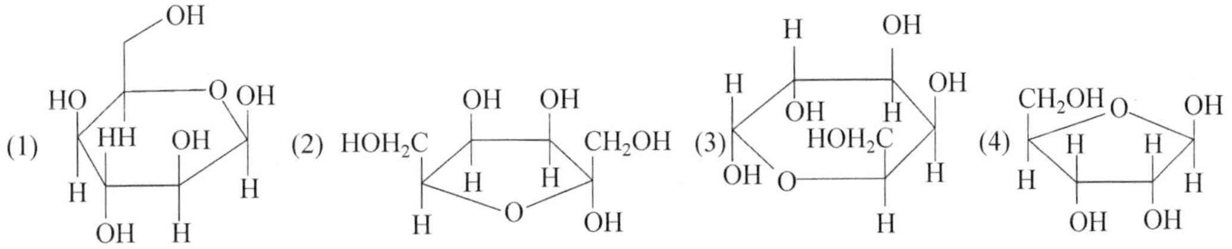

5. 写出D-(+)-甘露糖与下列试剂反应的主要产物。
   (1) 苯肼(过量)　(2) 羟胺　(3) 溴水　(4) 硝酸　(5) 高碘酸　(6) CH_3OH, HCl(g)
6. 写出D-半乳糖与下列试剂反应的主要产物。
   (1) 溴水　(2) 甲醇+HCl(干)　(3) 硝酸　(4) 苯肼
7. 用化学方法区别下列化合物。
   (1) D-葡萄糖和D-果糖　　(2) 乙醛、丙酮、葡萄糖、果糖
   (3) 葡萄糖、果糖、淀粉、纤维素　　(4) β-D-甲基吡喃葡萄糖苷、葡萄糖
8. 指出下列糖中哪些是还原糖。
   (1) 乳糖　(2) D-甘露糖　(3) 淀粉　(4) 蔗糖　(5) 纤维素　(6) 苯基-β-D-葡萄糖
9. 下列化合物中哪个不能被溴水氧化？

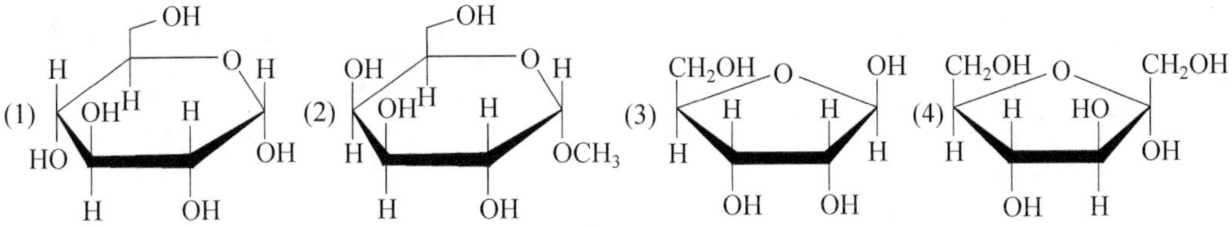

10. 下列戊糖的结构中，哪些互为对映体？哪些互为差向异构体？

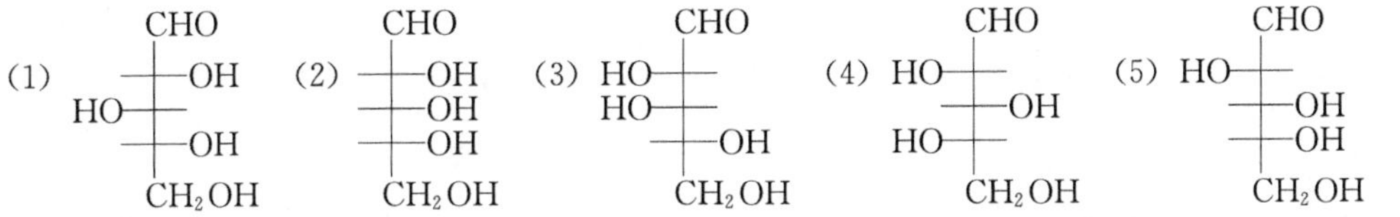

11. 有一个醛糖经稀HNO_3氧化可得内消旋酒石酸，而且该糖分子中第二位碳原子为*R*构型。试写出该醛糖的费歇尔投影式和名称。
12. 某己醛糖A氧化得旋光性的糖二酸B，将A降解为戊醛糖后再氧化得无旋光性的糖二酸C。A与具有相同糖脎的另一己醛糖D氧化后得无旋光性的糖二酸E。试推测A～E的结构式。
13. A、B、C都是D型己醛糖。催化加氢后，A与B生成具有相同旋光性的糖醇，而B与C所得糖醇不同。

与苯肼作用时，A、B生成的糖脎不同，而B、C能生成相同的糖脎。试写出A～C的投影式。

14. 某D-型己糖(A)能使溴水褪色，经稀硝酸氧化得到一具有旋光性的二酸(B)。C与A能得到相同的糖脎，C也能使溴水褪色，经稀硝酸氧化得到无旋光性的二酸(D)。将A降解为戊醛糖E后再经硝酸氧化，得到无旋光性的二酸F。试推测A～F的结构式。

15. D-甘露糖溶液在碱性条件下长时间放置可产生D-葡萄糖、D-果糖，请说明原因。

16. 根据下列两个化合物的结构式，判断这两个化合物的理化性质：(1)是否溶于水？(2)有无旋光性？(3)有无还原性和成脎反应？(4)能否水解？

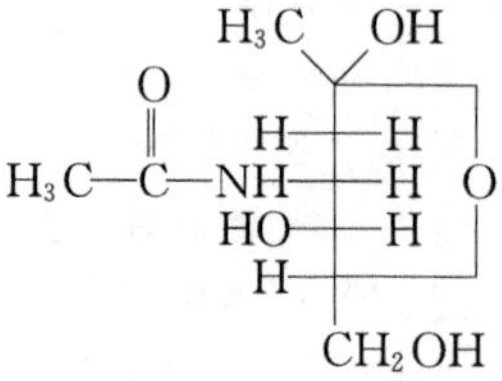

(A)

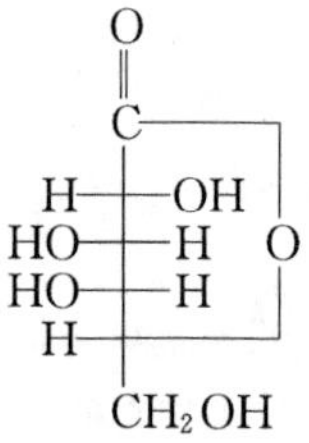

(B)

第 16 章　脂类化合物

脂类(lipid)是油脂和类脂的总称，广泛存在于生物体内，主要有油脂、磷脂、蜡、甾族化合物等。脂类化合物在化学组成、化学结构和生理功能上都具有很大差异，但在物理性质方面都具有不溶于水而易溶于非极性有机溶剂的特点。它们可用乙醚、氯仿和苯等有机溶剂从细胞和组织中提取。对生物体而言，脂类具有重要的生理功能：供给能量、保护内脏、作为脂溶性生物活性物质的良好溶剂、构成生物膜、调节代谢的激素等。脂类的界定是立足于生物学角度考虑，若从分子结构看其实相差很大。故脂类常定义为存在于生物体内的不溶(或微溶)于水而易溶于有机非极性溶剂并能被机体利用的有机化合物。

16.1　油　　脂

油脂是油(oil)与脂肪(fat)的总称，是脂类中含量最丰富的一大类。通常在室温下呈液态的称为油，呈固态或半固态的称为脂肪。从植物中得到的大多为油，而来自动物的大多为脂肪。油脂是动植物储脂的主要组分，也是能量的重要来源，1g 油脂在体内完全氧化大约可产生 38.91kJ 能量，是糖产能的 2 倍。

油脂根据其饱和程度可分为干性油、半干性油和非干性油。不饱和程度较高，在空气中能氧化固化的称为干性油，如桐油；在空气中不固化的则为非干性油，如花生油；处于二者之间的则为半干性油。油脂除食用外，还用于肥皂生产和油漆制造等工业中。

16.1.1　油脂的结构和命名

油脂是由一分子甘油与三分子高级脂肪酸酯化生成的甘油酯，命名为三酰甘油(triacylglycerol)，医学上称为甘油三酯(triglyceride，TG)。油脂的化学结构如下：

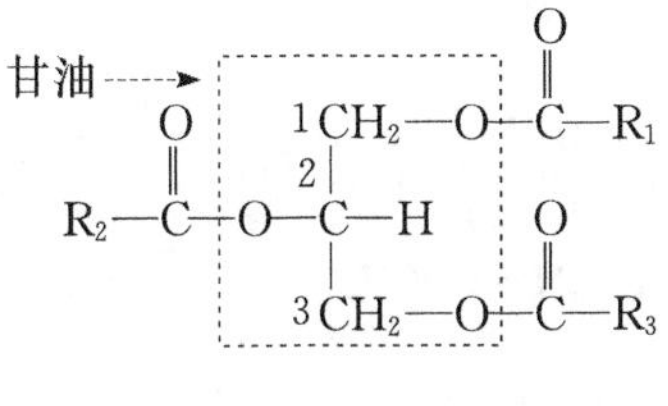

式中，R_1、R_2、R_3 代表饱和或不饱和烃基

若分子中三个烃基相同，则称为简单甘油酯或单三酰甘油；若烃基不相同，则称为混合甘油酯或混三酰甘油。固态的油脂中，R 多为饱和烃基；液态的油脂中，R 多为不饱和烃基。

天然油脂是各种混三酰甘油的混合物，还可能含有少量的游离脂肪酸、高级醇、高级烃、色素等。混合甘油酯分子具有手性，自然界存在的都具有 L-型，即在费歇尔投影式中 C2 上的酰基在甘油碳链的左侧。

一般甘油酯的命名与酯相同，单三酰甘油命名时称为“三某脂酰甘油”或“甘油三某脂酸酯”。混合甘油酯中，烃基不相同，则以 α、α'、β 标明脂肪酸的位置。例如

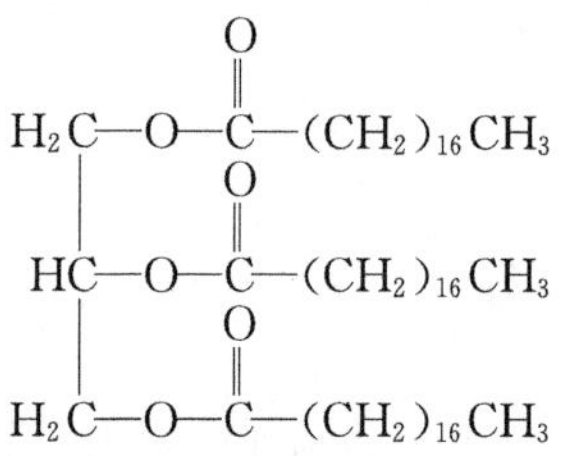

三硬脂酰甘油
(tristearoylglycerol)
(三硬脂酸甘油酯、
甘油三硬脂酸酯)

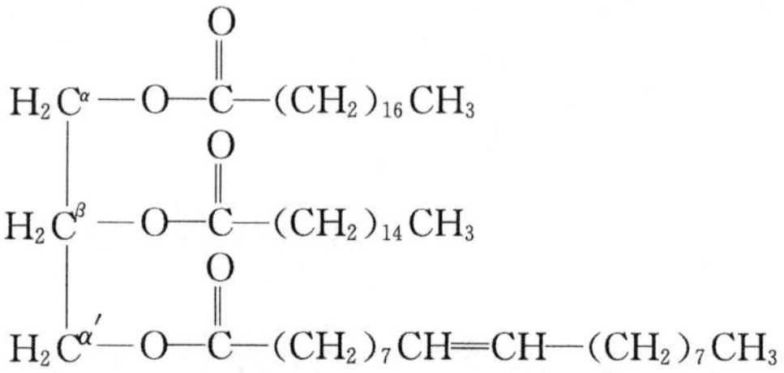

α-硬脂酰-β-软脂酰-α′-油酰甘油
(α-stearoyl-β-palmitoyl-α′-oleoylglycerol)
(α-硬脂酸-β-软脂酸-α′-油酸甘油酯、
甘油-α-硬脂酸-β-软脂酰-α-油酸酯)

16.1.2 油脂中的脂肪酸

自然界中脂肪酸(fatty acid)大多数以酯键或酰胺键形式结合存在，极少以游离形式存在。从微生物、植物和动物的脂中分离出大约百余种脂肪酸。天然油脂水解后的脂肪酸一般都是 10 个碳以上双数碳原子的羧酸，且绝大多数是直链形，带分支或环状的很少。高等动植物中以含 14～22 个碳原子的偶数脂肪酸占多数，最常见的是 16 个或 18 个碳原子。脂肪酸的基本生物功能是为生物体储存或提供能量及为生物膜提供亲脂的非极性部分。

表 16.1 列出了组成油脂的主要脂肪酸。

表 16.1 组成油脂的主要脂肪酸

类型	俗名	系统命名	结构式	简写符号
饱和脂肪酸	月桂酸 (lauric acid)	十二碳酸	$CH_3(CH_2)_{10}COOH$	12∶0
	软脂酸(棕榈酸) (palmic acid)	十六碳酸	$CH_3(CH_2)_{14}COOH$	16∶0
	硬脂酸 (stearic acid)	十八碳酸	$CH_3(CH_2)_{16}COOH$	18∶0
不饱和脂肪酸	油酸 (oleic acid)	9-十八碳酸	$CH_3(CH_2)_7CH{=}CH(CH_2)_7COOH$	18∶1 ω^{9}
	亚油酸 (linoleic acid)	9,12-十八碳二烯酸	$CH_3(CH_2)_4(CH{=}CHCH_2)_2(CH_2)_6COOH$	18∶2 $\omega^{6,9}$
	α-亚麻酸 (α-linolenic acid)	9,12,15-十八碳三烯酸	$CH_3CH_2(CH{=}CHCH_2)_3(CH_2)_6COOH$	18∶3 $\omega^{3,6,9}$
	γ-亚麻酸 (γ-linolenic acid)	6,9,12-十八碳三烯酸	$CH_3(CH_2)_4(CH{=}CHCH_2)_3(CH_2)_3COOH$	18∶3 $\omega^{6,9,12}$
	花生四烯酸 (arachidonic acid)	5,8,11,14-二十碳四烯酸	$CH_3(CH_2)_4(CH{=}CHCH_2)_4(CH_2)_2COOH$	20∶4 $\omega^{6,9,12,15}$
	EPA	5,8,11,14,17-二十碳五烯酸 (5,8,11,14,17-eicosapentaenoic acid)	$CH_3CH_2(CH{=}CHCH_2)_5(CH_2)_2COOH$	20∶5 $\omega^{3,6,9,12,15}$
	DHA	4,7,10,13,16,19-二十二碳六烯酸 (4,7,10,13,16,19-docosahexenoic acid)	$CH_3CH_2(CH{=}CHCH_2)_6CH_2COOH$	22∶6 $\omega^{3,6,9,12,15,18}$

根据是否含有双键，脂肪酸可分为饱和脂肪酸和不饱和脂肪酸。分子中含一个双键的脂肪酸称为单烯脂肪酸，含多个双键的称为多烯脂肪酸。绝大多数天然不饱和脂肪酸的双键是顺式构型。高等植物中不饱和脂肪酸含量高于饱和脂肪酸。人体中最普遍的饱和脂肪酸是软脂酸和硬脂酸，不饱和脂肪酸是油酸。人体可以合成多数脂肪酸，但有些维持正常生长所需的脂肪酸不能在人体内自身合成或合成量太少，必须由食物供给，这类脂肪酸称为必需脂肪酸(essential fatty acid)。亚油酸、α-亚麻酸不能自身合成，而花生四烯酸合成量太少，这三种必需脂肪酸对人体健康是必不可少的。

脂肪酸常采用俗名，如软脂酸、油酸等。脂肪酸的系统命名有三种编码体系：Δ编码体系、ω编码体系和希腊字母编码体系。Δ编码体系和希腊字母编码体系与一元酸相似，都是从脂肪酸羧基端开始编号，ω编码体系从脂肪酸的甲基端开始编号。按ω编码体系，不饱和脂肪酸可分为ω-3族(如α-亚麻酸)、ω-6族(如亚油酸)、ω-9族(如油酸)。不同动植物体内多烯脂肪酸的分布不同，如植物油中主要为ω-6族，海生动物及鱼油油脂中ω-3族含量较高。

	CH_3	CH_2	CH_2	CH_2	CH_2	CH_2	CH_2	CH_2	CH_2	CH_2	CH_2	CH_2	CH_2	CH_2	CH_2	COOH
Δ编码体系	16	15	14	13	12	11	10	9	8	7	6	5	4	3	2	1
ω编码体系	1	2	3	4	5	6	7	8	9	10	11	12	13	14	15	16
希腊字母编码体系	ω	……	……	……	……	……	……	……	……	……	……	……	δ	γ	β	α

问题16.1　写出由软脂酸、油酸和亚油酸三种高级脂肪酸组成的甘油酯的可能结构式，并正确命名。

16.1.3　油脂的物理性质

纯净油脂是无色、无味的中性化合物，但天然油脂常因含有某些色素和杂质而呈某种颜色和气味。天然油脂是混合物，没有确定的熔、沸点，但同一来源油脂的组成常恒定在一定范围内，所以各种油脂常有一定的熔点范围。例如，牛油为42～49℃，猪油为36～46℃。油脂中脂肪酸的碳链的长度和不饱和度对熔点影响很大。随着烃链长度的增加，饱和脂肪酸的熔点也随之增高。天然不饱和脂肪酸大多为顺式构型，碳链呈现明显的弯曲，妨碍了链与链之间的紧密接触和有序结晶。所以不饱和脂肪酸的含量增加，油脂的熔点降低。

油脂不溶于水，具有疏水性，易溶于汽油、苯、丙酮、石油醚、氯仿及热乙醇等有机溶剂。油脂密度比水轻，植物油的相对密度一般为0.9～0.95，动物油的常在0.86左右。各种油脂都有比较固定的折光率，可用来鉴定油脂的纯度。

16.1.4　油脂的化学性质

从化学结构上看，油脂属于酯的化合物，分子中又可能含有碳-碳双键，故其具有酯的水解、双键的加成等化学性质。

1. 皂化反应

在酸或酶的催化下，油脂可水解生成一分子甘油和三分子脂肪酸。酯的水解反应在酸性条件下是可逆的，故常用碱催化。油脂在碱性条件下水解，得到甘油和脂肪酸盐。这种盐同时具有亲水性和亲脂性，可用作肥皂，因此油脂在碱性条件下的水解也称为皂化反应。

$$\begin{array}{l} CH_2OCOR \\ | \\ CHOCOR' \\ | \\ CH_2OCOR'' \end{array} + 3NaOH \longrightarrow \begin{array}{l} CH_2OH \\ | \\ CHOH \\ | \\ CH_2OH \\ \text{甘油} \end{array} + \begin{array}{l} RCOONa \\ \\ R'COONa \\ \\ R''COONa \\ \text{肥皂} \end{array}$$

通常把皂化 1g 油脂所需氢氧化钾的质量(mg)称为该油脂的皂化值(saponification number)。由皂化值可以计算油脂的平均相对分子质量:

$$\text{平均相对分子质量} = \frac{168\ 000}{\text{皂化值}}$$

式中,"168 000"是皂化 1mol 油脂所需氢氧化钾的质量(mg)($56 \times 3 \times 1000 = 168\ 000$)。从式中可以看出,油脂的平均相对分子质量越大,皂化值越小;反之亦然。各种油脂都有一定的皂化值范围。皂化值是检验油脂质量的重要指标之一,如果测得某油脂的皂化值与正常范围有较大偏差时,则表示该油脂不纯或发生变质。

2. 加成反应

含不饱和脂肪酸的油脂可以和氢、卤素等起加成反应。不饱和程度较高的油通过催化加氢转化为饱和程度较高的脂肪,同时物态由液态转为固态或半固态,所以这个过程称为油脂的氢化或硬化。硬化油不易变质,也便于储存和运输。另外,一些不宜食用的动植物油脂通过硬化后可用于制造肥皂;油脂经过有控制地部分加氢,可制得奶油或猪油的代用品(人造脂肪)等;鱼油通过氢化可去除腥味,提高品质。

油脂分析中,常用油脂与碘的加成反应来测定油脂的不饱和程度。100g 油脂所吸收碘的质量(g)称为该油脂的碘值(iodine number)。碘值与油脂的不饱和度成反比,碘值越大,表明油脂中的双键越多,不饱和程度越高。通常碘不易与碳-碳双键加成,实际中常用氯化碘或溴化碘的冰醋酸溶液与油脂反应。药典对药用油脂的碘值和皂化值都有一定要求(表 16.2)。

表 16.2 常见油脂中脂肪酸含量和皂化值、碘值

油脂	软脂酸/%	硬脂酸/%	油酸/%	亚油酸/%	皂化值	碘值
猪油	28~30	12~18	41~48	3~8	195~208	46~70
牛油	24~32	14~32	35~48	2~4	190~200	30~48
花生油	6~9	2~6	50~57	13~26	185~195	83~105
大豆油	6~10	2~4	21~29	50~59	189~194	127~138
棉子油	19~24	1~2	23~32	40~48	191~196	103~115

3. 酸败

油脂在空气中长时间储存会逐渐变质,产生令人不愉快的气味,这种变化称为酸败,即通常说的"哈喇"。引起油脂酸败的化学变化较复杂,主要是氧、水、微生物的作用。油脂中不饱和键在空气中氧的作用下氧化断裂,及油脂水解生成的饱和脂肪酸被微生物降解,可产生小分子化合物,引起酸败。光、热或潮气可加速该过程。

不饱和脂肪酸在光、热、水分和霉菌作用下加速酸败。

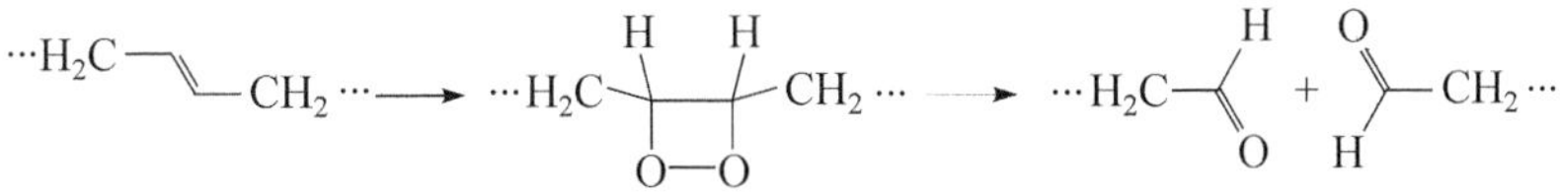

饱和脂肪酸在酶或微生物作用下氧化、分解。

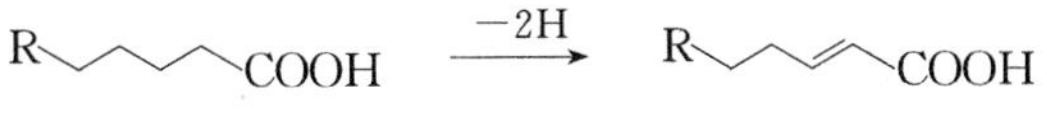

脱氢

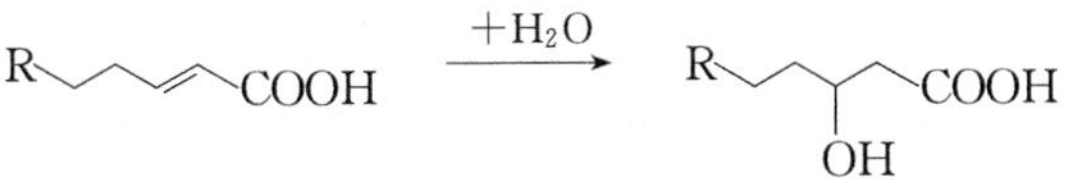

水化

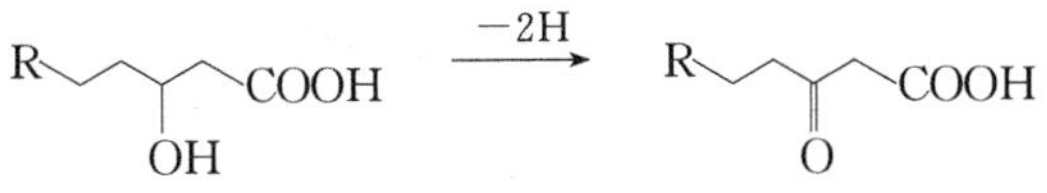

脱氢

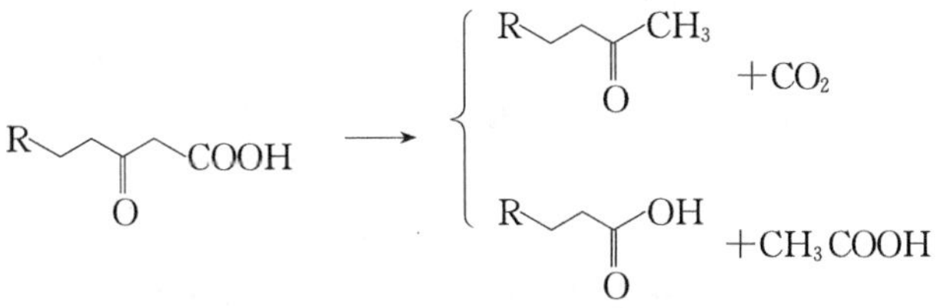

降解

油脂中通常存有少量游离脂肪酸。中和 1g 油脂中游离酸所需氢氧化钾的质量(mg)称为该油脂的酸值(acid number)。酸值大说明游离脂肪酸含量高。一般油脂的酸值都很低,但酸败后酸值便升高。酸败的油脂有毒性和刺激性,通常酸值大于 6 的油脂一般不宜食用。为了防止酸败,油脂应储存于密闭容器,避光保存,也可在油脂中加入少量抗氧化剂(如维生素 E)。

问题 16.2　油脂的皂化值、碘值与结构有什么关系?

16.2 磷　　脂

磷脂在自然界中分布广泛,存在于所有细胞中,是生物膜的基本组成成分。磷脂在大豆、棉子、花生、向日葵等油料种子,动物的脑、肝、蛋黄及微生物中含量丰富。目前大量使用的商品磷脂一般是从大豆中提取的,因此商品磷脂一般是指大豆磷脂。

磷脂是分子中含有磷酸的复合脂。根据化学结构的不同,磷脂可分为两类:甘油磷脂和神经鞘磷脂。

1. 甘油磷脂

膜中最丰富的脂是甘油磷脂(glycerophospholipid),又称磷酸甘油脂(phosphoglyceride),结构与三脂酰甘油相似,都含有甘油骨架。

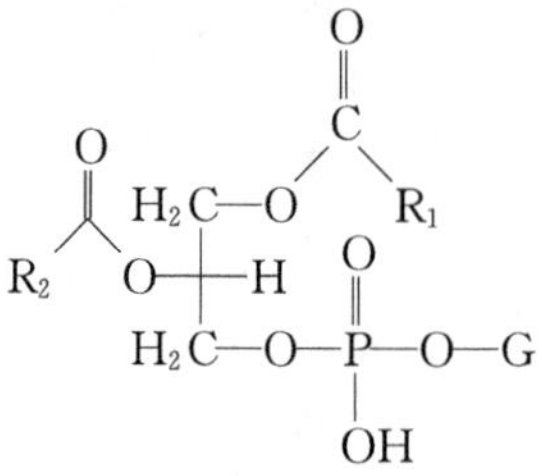

甘油磷脂

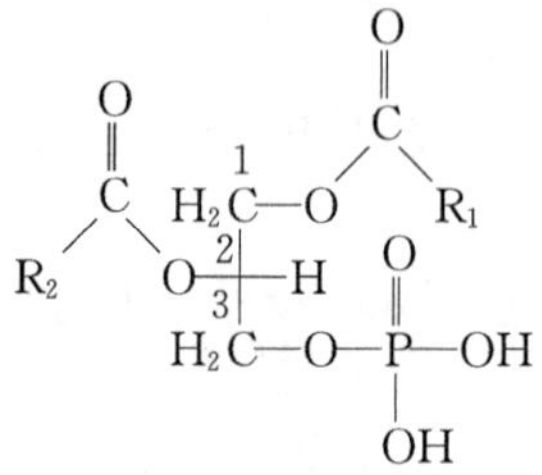

磷脂酸

最简单的甘油磷脂是磷脂酸(phosphatidate),其他甘油磷脂可以看作磷脂酸的衍生物。磷脂酸中 C2 是手性碳原子,可形成一对对映体。从自然界中得到的磷脂酸通常是 *R* 型。1967 年 IUPAC 和国际生物化学联合会(IUB)的生物化学命名委员会建议在甘油的费歇尔投影式中 C2 的羟基写在碳链的左侧,氢写在右侧,碳链从上到下编号,这种编号称为立体专一编号,用 Sn(Stereospecific numbering)表示。

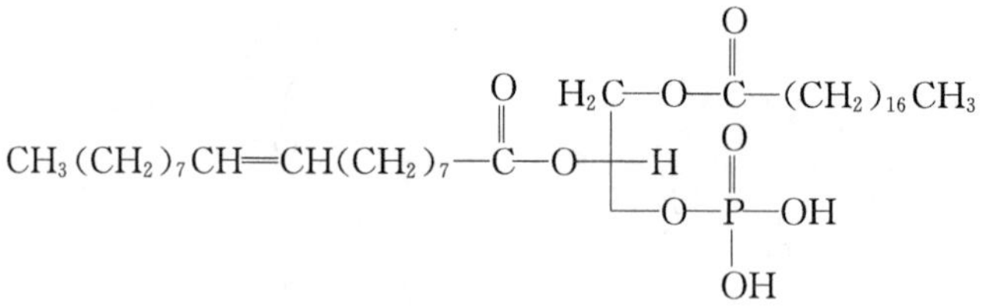

Sn-甘油-1-硬脂酸-2-油酸-3-磷脂酸

甘油磷脂是磷脂酸分子中磷酸基与另一个含羟基的极性化合物(多为氨基醇)通过酯键结合的磷酸甘油二酯。天然磷脂中的脂肪酸通常以酯键与甘油中 1-位、2-位上的羟基相连,且 1-位通常为饱和脂肪酸,2-位为不饱和脂肪酸。不同的磷脂,其磷酸醇基组成也不相同。人体中重要的甘油磷脂有三种:磷脂酰胆碱(phosphatidyl choline,PC)、磷脂酰乙醇胺(phosphatidyl ethanolamine,PE)和磷脂酰丝氨酸(phosphatidyl serine)。

甘油磷脂分子中,脂肪酸的两条长的碳氢链构成疏水的非极性尾部(nonpolar tail),而磷酸酯基构成亲水的极性头部(polar head)。故甘油磷脂在水溶液中易形成微团,具有良好的乳化作用,是良好的表面活性剂。

甘油磷脂完全水解后可以得到脂肪酸、甘油、磷酸和含羟基化合物。生物体内存在使甘油磷脂部分水解的多种磷脂酰酶类。它们作用于特定酯键,如磷脂酶 A1 和磷脂酶 A2 分别特异地催化甘油磷脂中 C1 和 C2 位置酯键的水解,产生可破坏细胞膜的高浓度的溶血磷脂(lysophosphoglyceride)。磷脂酶 C 催化甘油和磷酸之间的键的水解,释放出二酯酰甘油,磷脂酶 D 催化甘油磷脂水解生成磷脂酸。

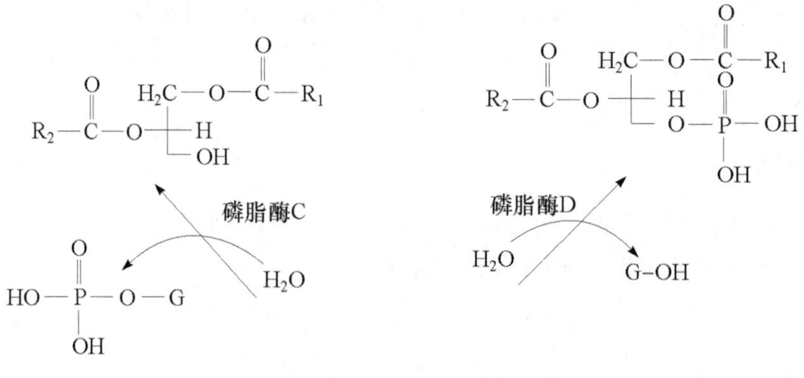

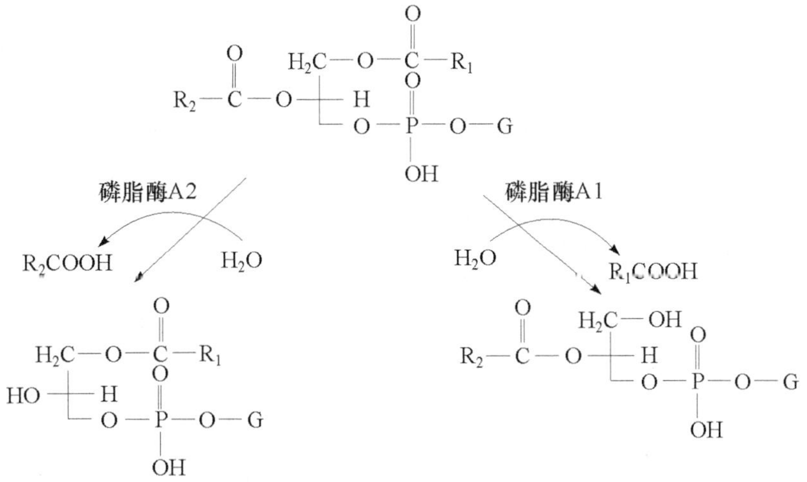

1）磷脂酰胆碱

磷脂酰胆碱俗称卵磷脂(lecithin)，是由磷脂酸与胆碱通过酯键结合的一种磷酸甘油二酯，主要存在于脑组织、大豆中，尤以禽卵蛋黄中含量最为丰富。磷酸基具有酸性，胆碱($\left[HO—CH_2—CH_2—\overset{\displaystyle CH_3}{\underset{\displaystyle CH_3}{N^+}}—CH_3\right]HO^-$)具有碱性，故形成带正负电荷的内盐结构。

胆碱磷酸酰基可连在甘油的α-位或β-位，形成两种异构体。自然界存在的磷脂酰胆碱是α-型，分子中的饱和脂肪酸通常是硬脂酸和软脂酸，不饱和脂肪酸为油酸、亚油酸、亚麻酸和花生四烯酸等。

卵磷脂是白色蜡状固体，有吸湿性，在空气中易被氧化而变成棕褐色，不溶于丙酮，能溶于乙醇和乙醚。其彻底水解产物为甘油、脂肪酸、磷酸和胆碱。卵磷脂在人体内转变为胆碱后，可促进脂肪代谢，防止脂肪在肝脏内积聚。

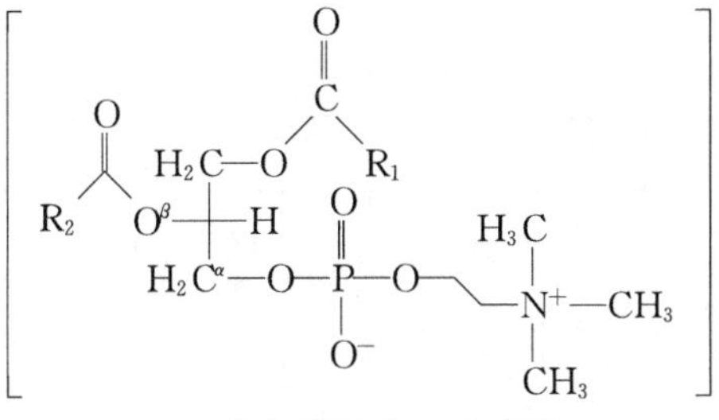

Sn-3-磷脂酰胆碱(α-卵磷脂)

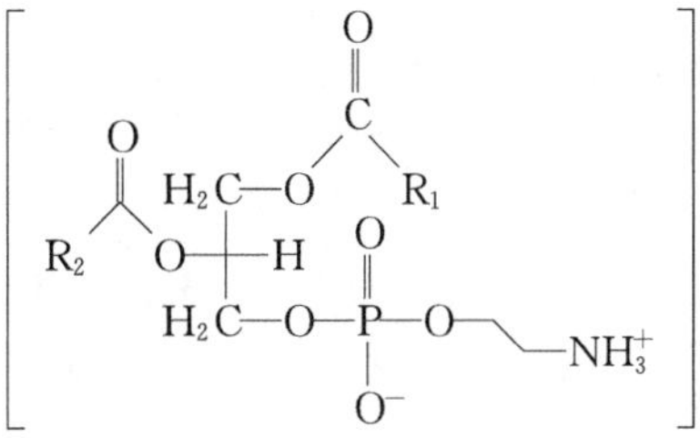

Sn-3-磷脂酰乙醇胺(α-脑磷脂)

2）磷脂酰乙醇胺

磷脂酰乙醇胺俗称脑磷脂(cephalin)，是由磷脂酸与乙醇胺的羟基酯化生成的磷酸甘油二酯，与卵磷脂并存于机体的各器官，是动植物中含量最丰富的磷脂，与血液凝结有关。其分子内也可形成内盐。

脑磷脂的理化性状与卵磷脂相似，也是白色蜡状固体，极易吸水，易被氧化，不溶于丙酮和冷乙醇，但能溶于乙醚。脑磷脂完全水解可得到甘油、脂肪酸、磷酸和乙醇胺。

2. 神经磷脂

神经磷脂又称鞘磷脂(sphingophospholipid，sphingomyelin)，不是甘油的衍生物，分子中不含有甘油，而含长碳链、不饱和的氨基二元醇——鞘氨醇(sphingosine)。已发现的鞘氨醇有30余种，哺乳动物以含十八碳的鞘氨醇(或二氢鞘氨醇)为主。鞘氨醇的氨基与脂肪酸通过酰胺键结合，所得N-脂酰鞘氨醇称为神经酰胺(ceramide)，是构成鞘磷脂的母体结构。神经酰胺C1上的羟基与磷酸胆碱(或磷酸乙醇胺)通过磷酸酯键连接而成的化合物即为鞘磷脂，大量存在于脑和神经组织中，是神经纤维外膜的主要组分。

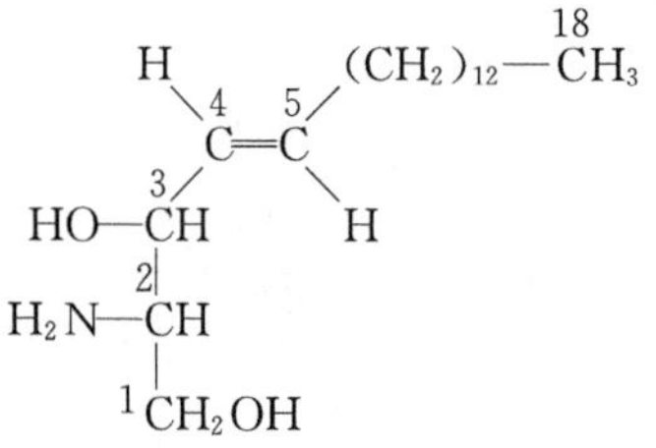

十八碳鞘氨醇

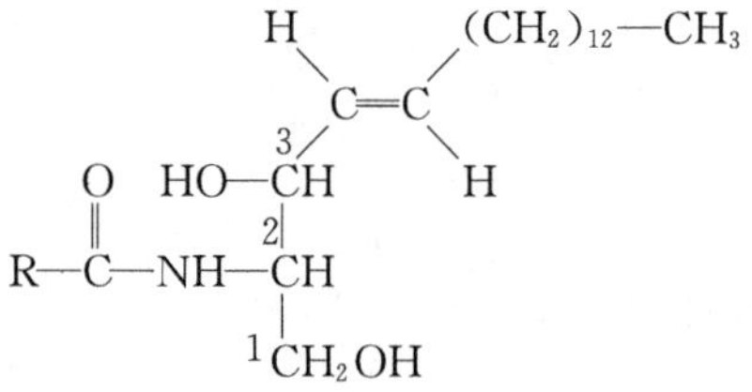

神经酰胺

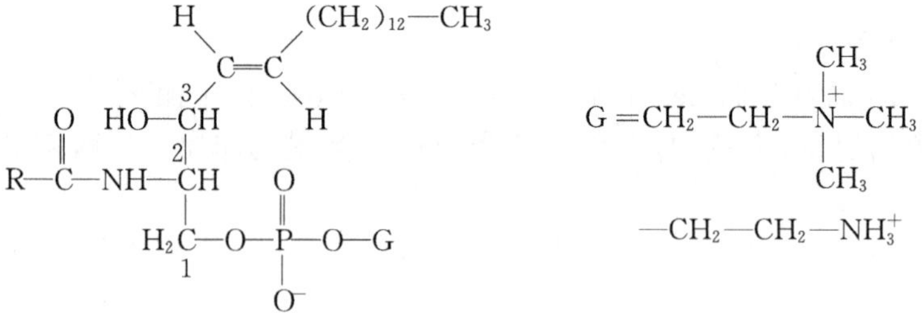

鞘磷脂

鞘磷脂在结构上与甘油磷脂相似，也具有疏水性长碳氢链非极性尾部及亲水性磷酸醇基极性头，具有乳化性质。天然鞘磷脂分子中，鞘氨醇残基中碳-碳双键以反式构型存在。不同组织器官中，鞘磷脂中脂肪酸的种类不同，神经组织中以硬脂酸、二十四碳酸和神经酸(十五至二十四碳烯酸)为主，脾脏、肺组织中以软脂酸和二十四碳酸为主。

鞘磷脂是白色晶体，不溶于丙酮，但能溶于乙醚和热乙醇，在空气中较稳定不易氧化，可形成内盐，可水解。

问题16.3　鲸脂的主要成分是十六酸十六醇酯，用甘油三软脂酸酯为唯一有机原料合成十六酸十六醇酯。

16.3　甾族化合物

甾族化合物(steroid)又称为甾体化合物或类固醇化合物，是一大类广泛存在于动植物体内、不易溶于水、具有重要生理作用的天然产物，主要包括甾醇、胆甾酸、甾体激素和甾体皂苷等。甾族化合物是细胞膜的重要组成成分。动植物的细胞破碎后，用低极性有机溶剂(如乙醚、氯仿等)提取后所得到的非皂化物中含有大量的甾族化合物。有些组织中其含量特别丰富，如人脑中游离胆固醇的含量达到其组织干重的17%，而胆结石则几乎是由胆固醇组成。另外，维生素D、性激素、肾上腺皮质激素等具有药物学用途的化合物中也有甾族化合物的结构成分。因此，甾体化合物在医药上是一类重要的化合物。

16.3.1　甾族化合物的结构

甾族化合物的结构复杂，化学家花数十年终于在20世纪初确认了其结构。它们都是环戊烷并多氢菲的衍生物，都含有一个由三个六元环和一个五元环稠合而成的基本骨架。其骨架中的四个环用 A、B、C 和 D 表示，并按特定顺序编号。大多数甾族化合物在其母体结构的 10-位和 13-位上有甲基取代，这两个甲基称为角甲基，而 17-位上的氢则被不同长度的烃基或含氧取代基取代。甾族化合物的“甾”字形象化地表示了这类化合物的基本碳骨架，“田”表示四个稠合环，而上面的“巜”象征环上的三个取代基。

环戊烷并氢化菲（甾烷）　　甾族化合物的基本骨架

甾族化合物骨架中环与环之间的稠合方式与十氢萘相似，有顺式或反式的稠合方式。甾族化合物骨架中有七个手性碳原子，理论上能产生多个异构体，但实际上由于多个环并联在一起互相制约，自然界存在的甾体化合物只有两种构型。天然甾族化合物的 B、C 两环总是以反式构型稠合，而 C、D 两环也多为反式构型稠合，只有 A、B 两环才有顺式和反式两种构型稠合。通常称 A/B 顺式构型为正系，A/B 反式构型为别系。自然界中别系的数量较多。

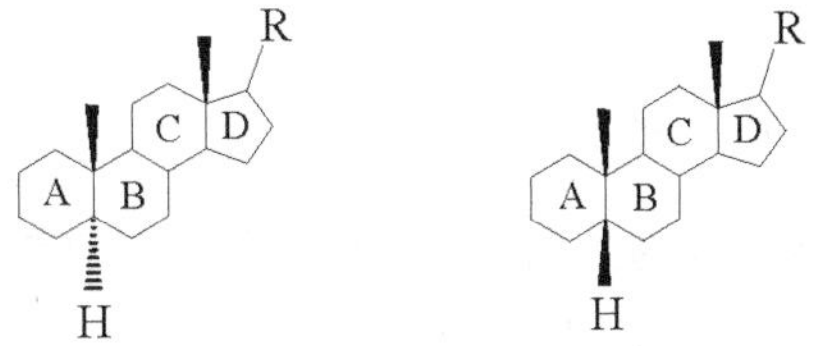

别系　　正系

正系和别系区别在于 A 环和 B 环稠合方向不同，其他都相同。对于 A、B 两个环来说，将一个环看成是另一个环上的取代基时，别系中两个取代基可以都处于 e 键；而在正系中一个处于 e 键，另一个必处于 a 键。因此别系比正系更稳定。

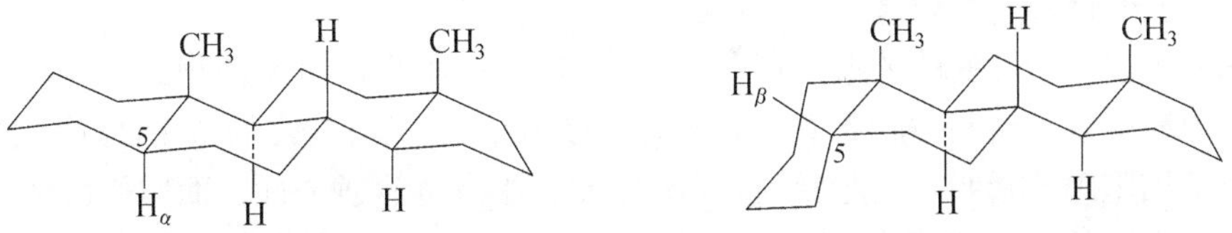

(a) A、B反式或5α-系、别系　　(b) A、B顺式或5β-系、正系

现已证明两个角甲基位于环平面上，所以常把这两个角基用作取代基构象的参考标准。若取代基与角甲基在环面同侧，都位于环上面则是 β-型，反之为 α-型。故可根据 C5 上 H 的位置，甾族化合物分为 5β-系和 5α-系两大类。例如，在(a)中 C5 上的氢原子与角甲基处于环的异侧，用 α 表示，属 5α-系；C5 上的氢原子与角甲基处于环的同侧，用 β 表示，属5β-系。

自然界中甾体化合物的种类很多，命名多用俗名，如动物激素、昆虫激素、心脏毒素、蟾蜍毒素、皂角素、胆酸、胆甾醇以及麦角甾醇等。而每一种固醇的性质由固醇骨架的取代基及碳-碳链间饱和或不饱和的程度所决定。

问题 16.4 （1）甾族化合物中，A、B 反式是否为优势构象？

（2）甾族化合物的 α-系、β-系，实际上是否表示了几种不同的旋光异构体的构型？

16.3.2 甾醇

甾醇（sterol）是甾环上连有醇羟基的固态物质，故又称为固醇。从化学结构上看，甾醇是一类饱和的或不饱和的仲醇，C3 上的羟基都是 β-型的，与角甲基在环平面的同一侧。

1. 胆固醇

胆固醇（cholesterol）是重要的甾醇，又名胆甾醇，系统命名为 Δ^5-胆甾烯-3β-醇，是 18 世纪人们从胆石中发现的一种固体醇，故称胆固醇。其广泛存在于动物细胞内，尤以神经组织和脑中含量最为丰富。胆固醇是一种环戊烷多氢菲的衍生物，分子中 C3 处有一个羟基，故称为“醇”。分子中的 C10 和 C13 处都连有甲基，C17 上连接一个八碳的侧链。胆固醇的分子结构如下：

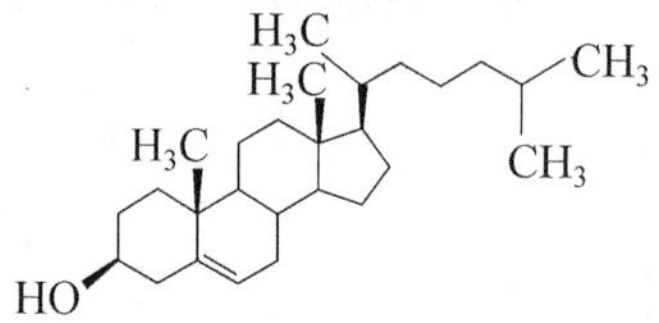

胆固醇是发现最早的甾族化合物，为无色或略带黄色的结晶，熔点为 148.5℃，在高度真空下可升华，微溶于水，易溶于热乙醇、乙醚、氯仿等有机溶剂，不能皂化。胆固醇上 C3 的羟基可以与高级脂肪酸形成胆固醇酯，也可以与糖的半缩醛羟基生成苷。胆固醇分子中的碳-碳双键可以和一分子溴或溴化氢发生加成反应，也可以催化加氢生成二氢胆固醇。溶解在氯仿中的胆固醇与乙酸酐及浓硫酸作用，颜色由浅红变为蓝紫色，最后转为蓝绿色，此反应称为利伯曼-布哈德（Lieberman-Burchard）反应。该反应的颜色深浅与胆固醇浓度成正比，常用于胆固醇定性、定量分析。

胆固醇大多以脂肪酸酯的形式存在于动物体内，是血浆蛋白及动物细胞膜的重要组成成分。胆固醇分子与磷脂中脂肪酸部分的大小极为相近，又有较强的疏水性，故以中性脂的形式分布于细胞膜的磷脂双层脂膜内，以降低水溶性物质的通透性。而胆固醇的刚性环结构可提高双层脂的力学稳定性，调节生物膜的流动性。胆固醇不仅参与形成细胞膜，而且是合成胆汁酸、维生素 D 以及甾体激素的前体。胆固醇从食物中摄取或者在人体肝脏中生物合成。但血液中胆固醇过多，就会沉积于血管壁，导致冠心病、动脉粥样硬化等心血管疾病。在胆汁中过多的胆固醇又可沉积形成结石。

2. 7-脱氢胆固醇和麦角固醇

7-脱氢胆固醇（7-dehydrocholesterol）存在于动物皮下，是由胆固醇在肠黏膜细胞内经酶催化氧化而得来。若经紫外线照射，7-脱氢胆固醇 B 环开环转变为维生素 D_3，故维生素 D_3 也称为胆钙化甾醇（cholecalciferol）。

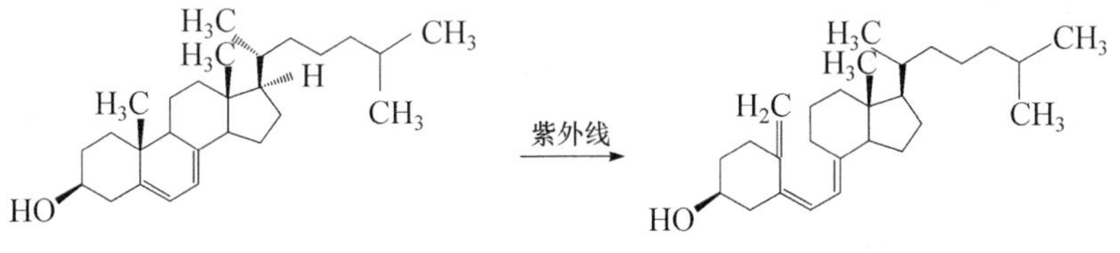

7-脱氢胆固醇　　　　维生素D_3

麦角固醇(ergosterol)是一种植物甾醇,存在于酵母及某些植物中。经紫外线照射,麦角固醇 B 环开环形成维生素 D_2,故维生素 D_2 也称为麦角钙化甾醇(ergocalciferol)。

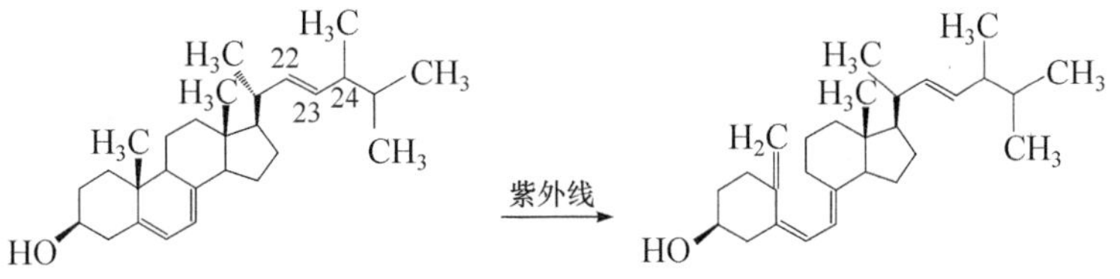

麦角固醇　　　　维生素D_2

16.3.3　胆甾酸

胆甾酸是动物的胆组织分泌的一类甾族化合物。这类化合物分子中都有羧基,A/B 环以顺式稠合,属于 5β-系甾族化合物,动物体内以胆固醇为原料生物合成。其中重要的是胆酸(cholic acid)。若 7-位羟基被氢取代,则为脱氧胆酸(deoxycholic acid)。

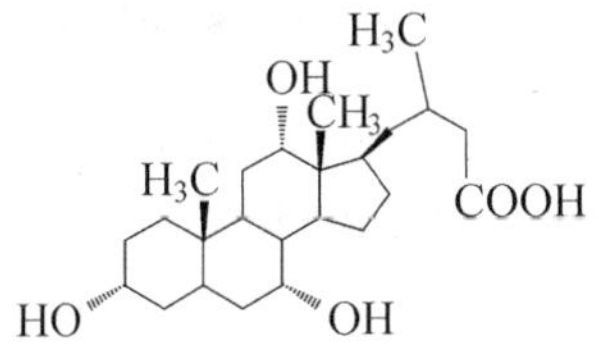

胆酸 (cholic acid)
(3α,7α,12α-三羟基-5β-胆烷-24-酸)

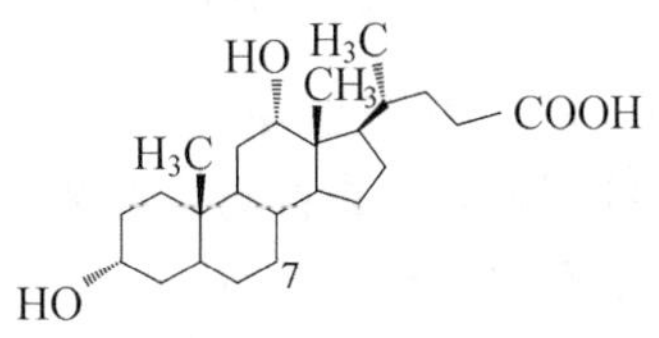

脱氧胆酸 (deoxycholic acid)
(3α,12α-二羟基-5β-胆烷-24-酸)

胆甾酸在胆汁中分别与甘氨酸(H_2NCH_2COOH)、牛磺酸($H_2NCH_2CH_2SO_3H$)通过酰胺键结合形成各种结合胆甾酸,这些结合胆甾酸总称为胆汁酸(bile acid)。

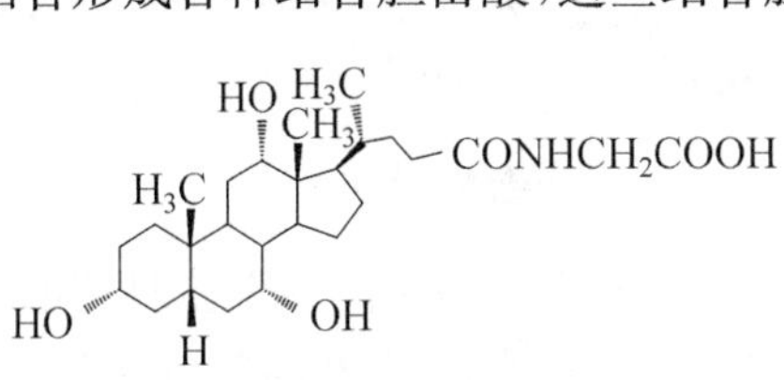

甘氨胆酸(glycocholic acid)

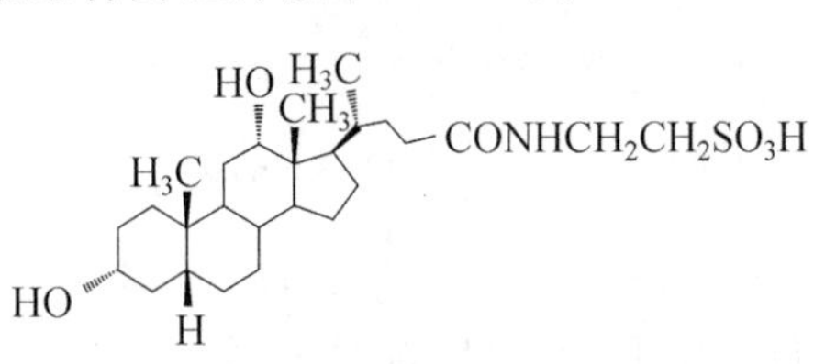

牛磺脱氧胆酸(taurodeoxycholic acid)

在人体及动物小肠中胆汁酸以盐的形式存在,称为胆汁酸盐,简称胆盐(bile salt)。其生理功能是降低水和油脂的表面张力,使油脂乳化成微粒以增加脂肪酶与脂的接触面积,促进脂消化吸收。

16.3.4　甾族激素

甾族激素(类固醇激素)根据来源可分为肾上腺皮质激素和性激素两类。

肾上腺皮质激素(adrenal cortical hormone)是产生于肾上腺皮质部分的一大类甾族激

素，现已从肾上腺皮质中提取出 70 多种，但只有 9 种进入血液，其余为代谢前体或中间产物。它们均为二十一碳甾族化合物，结构上都是：C3 上有酮基，C4、C5 之间为双键，C17 上有 2-羟基乙酰基。它们的区别在于 C11 上有无含氧基团和 $-\underset{\underset{\displaystyle O}{\|}}{C}-CH_2OH$，C17 上有无α-羟基。它们的种类很多，根据生理功能可以分为两类：糖代谢皮质激素和盐代谢皮质激素。一般规律是 C11 上有含氧基团的肾上腺皮质激素是调节糖代谢的（醛固酮例外）；C11 上无含氧基团的为调节水及无机盐代谢的；C17 上有 α-羟基的，其生理功能加强。

具有调节糖、蛋白质与脂肪代谢的糖代谢皮质激素有

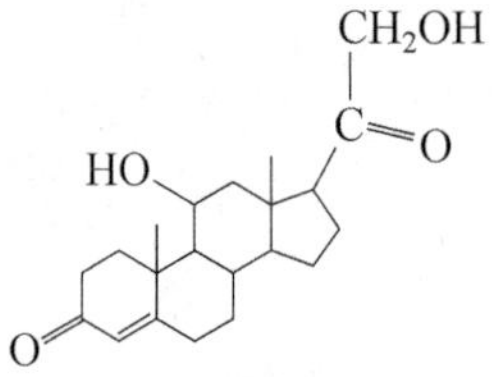

皮质酮

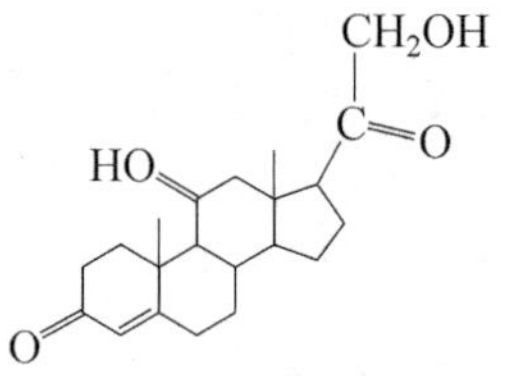

11-脱氢皮质酮

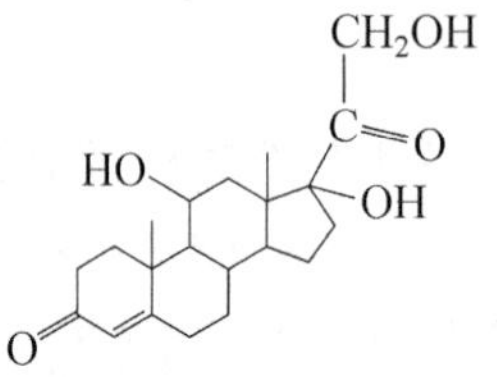

17α-羟基皮质酮(氢化可的松)

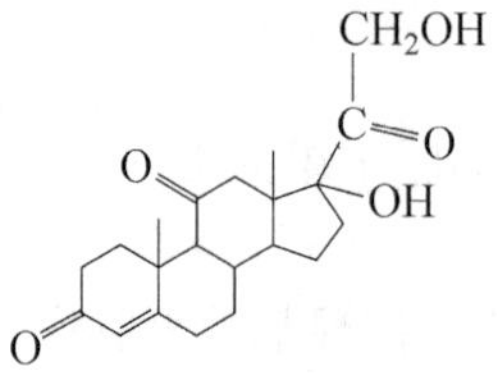

17α-羟基-11-脱氢皮质酮(可的松)

作为药物，可的松和氢化可的松具有抗炎症、抗过敏、抗病毒、抗休克等药理作用，临床上多用以控制严重中毒性感染和风湿病等。目前医药常用比可的松更有效的药物——醋酸可的松和醋酸强的松。

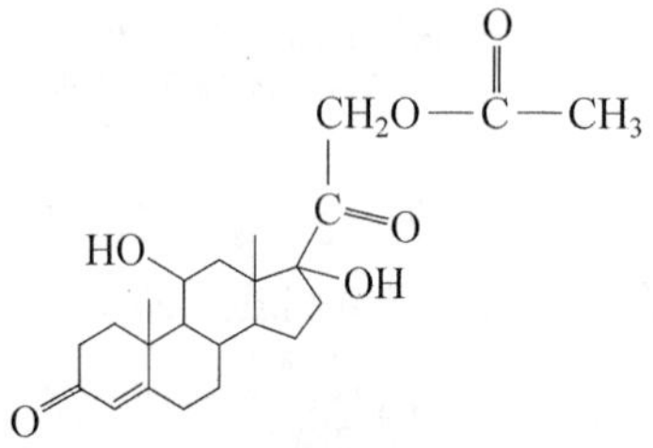

醋酸可的松

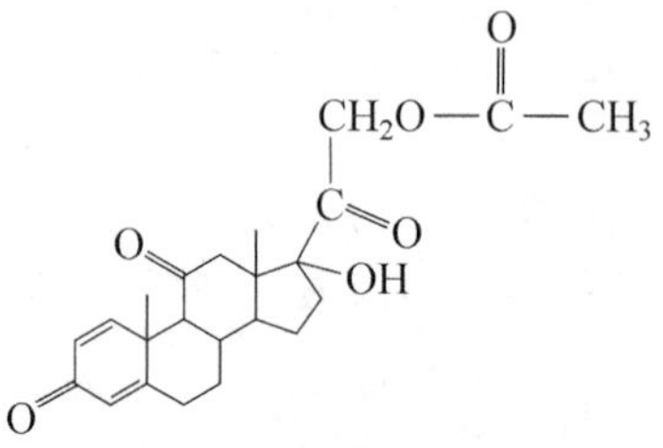

醋酸强的松

性激素（sex hormone）是由性腺（睾丸、卵巢、黄体）分泌的甾族激素，对生育功能及第二性征（如声音、体型改变）都有决定性作用。性激素的结构特征是 C3 含有氧；C4 与 C5 间大多数有双键；C17 上没有较长的侧链；环的骨架基本相同，只是取代基或它们的空间排布不同。

性激素可分为雄性激素（male hormone）和雌性激素（female hormone）两类。雄性激素能促进蛋白质合成，使肌肉发达，骨骼粗壮。重要的雄性激素有睾丸酮、雄酮和雄烯二酮，其中睾丸酮（testosterone）的活性最大。临床上多用它的衍生物，如甲基睾丸酮、睾丸酮丙酸酯等。

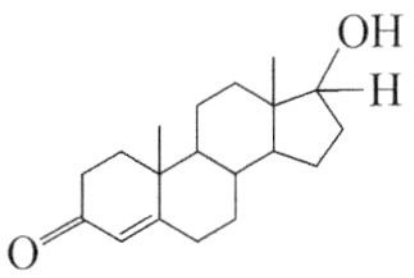

睾丸酮

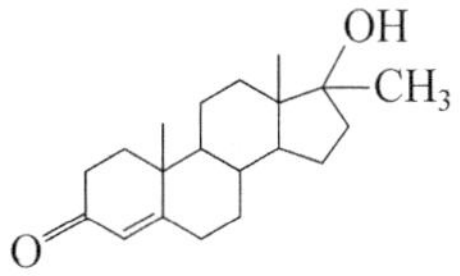

甲基睾丸酮

雌性激素包含雌激素(estrogen)和孕激素(progestogen)两类。天然雌激素属于十八碳甾族化合物,主要由成熟卵泡产生,如雌二醇(estradiol)。雌激素临床上主要用于治疗绝经症状和骨质疏松,最广泛的用途是生育控制。孕激素(黄体激素)主要从排卵后破裂卵泡组织形成的黄体中分泌,主要生理功能是保证受精卵着床,维持妊娠。黄体酮(progesterone)又称孕二酮,是主要的孕激素,临床上用于治疗习惯性流产、子宫功能性出血、痛经和月经失调等。

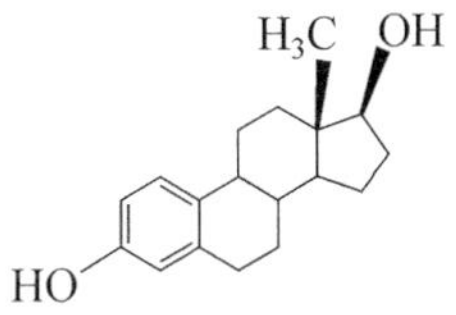

雌二醇(estradiol)

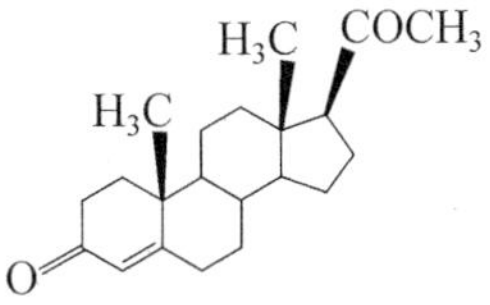

黄体酮(progesterone)

16.4　萜类化合物

萜类化合物(terpenoid)又称萜烯(terpene),是一大类天然存在的类脂,是生物体二级代谢(或次生代谢)的产物,在自然界中分布广泛,目前已发现的有 20 000 多种。植物挥发油(精油)、树脂、橡胶及类胡萝卜素的组分多属于萜类化合物。萜类化合物中许多是天然香料及天然色素,如香叶醛、番茄红素等。还有龙脑、穿心莲内酯、人参皂苷等具有生理活性,是中草药中一类重要的生物活性成分。

1887 年德国化学家瓦拉克(Wallach)测定了一些萜类化合物的化学结构后,发现这类化合物在结构上可划分为若干异戊二烯(isoprene)结构单元,符合通式$(C_5H_8)_n$,如香叶烯可分为两个异戊二烯单元,α-法呢烯可分为三个。

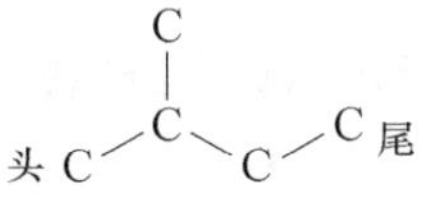

异戊二烯结构单元

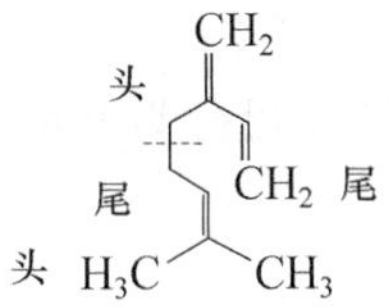

香叶烯(myrcene)

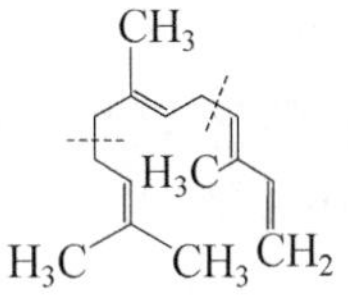

α-法呢烯(α-farnesene,金合欢烯)

许多萜类化合物还含氧,异戊二烯单元中的氢可被羟基取代或碳以羧基、羰基形式存在,有些还可以形成内酯。故萜类化合物可认为是异戊二烯的聚合体及其衍生物。

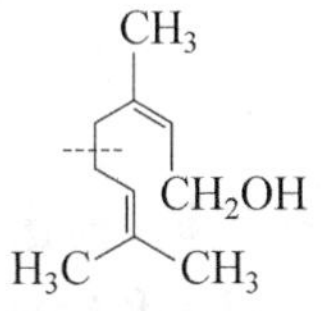

橙花醇
(nerol)

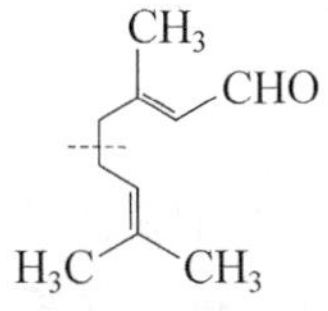

香叶醛
(geranial)

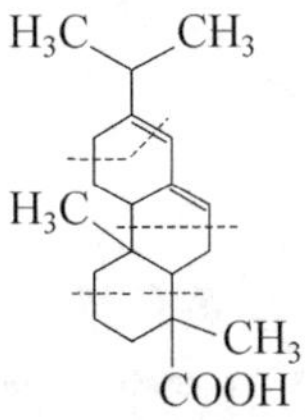

松香酸
(abietic acid)

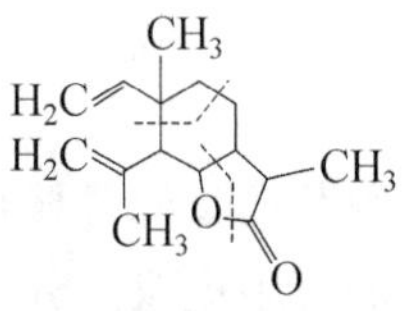

木香内酯
(saussurealactone)

从生物代谢的途径上，最初人们认为萜烯是由异戊二烯衍生而来，但实际上并非如此。据同位素示踪研究，萜类化合物在动植物体内是以 3-甲基-3,5-二羟基戊酸为原料合成的，而且在自然界中也确实存在着极个别的萜类化合物结构无法被划分为异戊二烯结构单元。因此萜类化合物比较准确的定义是：凡由 3-甲基-3,5-二羟基戊酸衍生，且分子式符合 $(C_5H_8)_n$ 通式的衍生物。

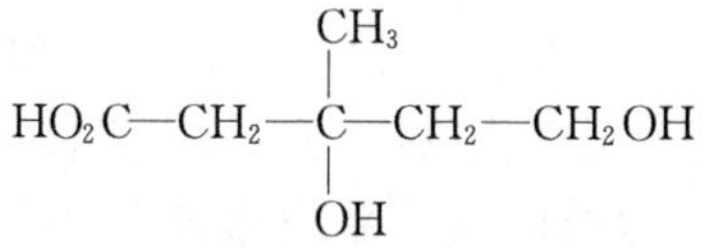

3-甲基-3,5-二羟基戊酸

根据异戊二烯单元的数目，萜类化合物可分为单萜、倍半萜、二萜、三萜、四萜、多聚萜等(表 16.3)。

表 16.3　萜类化合物的分类

类型	英文	异戊二烯单元数(n)	含碳数
单萜	mono-terpenoid	2	10
倍半萜	sesqui-terpenoid	3	15
二萜	di-terpenoid	4	20
二倍半萜	sester-terpenoid	5	25
三萜	tri-terpenoid	6	30
四萜	tetra-terpenoid	8	40
多萜	poly-terpenoid	>8	>40

另外，萜类化合物还可以根据是否成环，分为开链萜和环状萜。例如，月桂烯为开链萜，松香酸为环状萜。

下面简单介绍几类常见的萜类化合物。

16.4.1　单萜类化合物

单萜类化合物分子中含有两个异戊二烯单元，分子式为 $C_{10}H_{16}$，不饱和度为 3，是萜类中最简单、最常见的化合物。根据其基本结构可分为开链单萜(无环单萜)和环状单萜，环状单萜中又可分为单环单萜和双环单萜。

1. 开链单萜

开链单萜化合物中有许多是珍贵香料，其基本碳架为

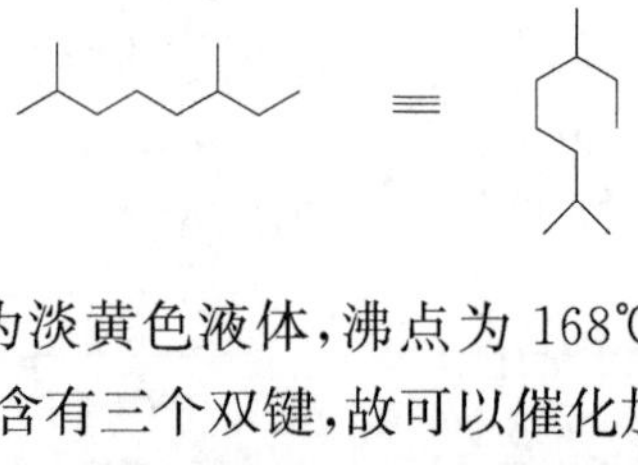

例如，香叶烯又称月桂烯，为淡黄色液体，沸点为 168℃，可从松节油、柠檬草油、月桂油、啤酒花油等中提取。分子中含有三个双键，故可以催化加氢、发生臭氧化等烯烃的反应。又因它含有共轭结构，故可与顺丁烯二酸酐进行双烯烃加成等共轭烯烃的反应。

还有许多开链单萜化合物是含氧的，如香叶醛、橙花醛等，都是重要的单萜化合物。

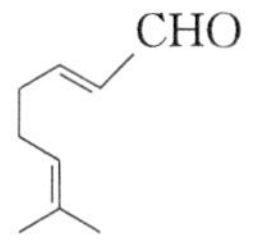

香叶醛(α-柠檬醛)

橙花醛(β-柠檬醛)

香叶醛又称 α-柠檬醛,是重要的香料,是柠檬油的主要成分之一,用于配制饮料、香皂、化妆品等。橙花醛是香叶醛的顺反异构体,又称 β-柠檬醛,是合成维生素 A 的原料。

2. 单环单萜

单环单萜可看作二取代的六元环状化合物,如苧烯、薄荷醇、薄荷酮等。

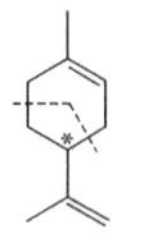

苧烯

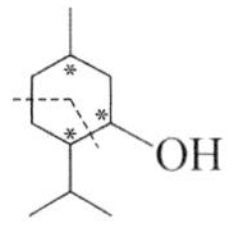

薄荷醇

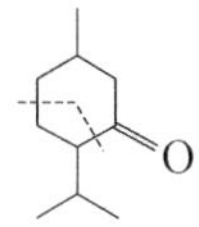

薄荷酮

苧烯又称柠檬烯,分子中含一个手性碳原子,其右旋体存在于柠檬油、橘皮油中,左旋体存在于松针中,外消旋体存在于松节油中。苧烯为无色液体,具有柠檬香味,可用作香料。

薄荷醇又称薄荷脑,含有三个手性碳原子,其中最稳定的一个异构体即为通常所说的薄荷醇,另一较稳定的为新薄荷醇。

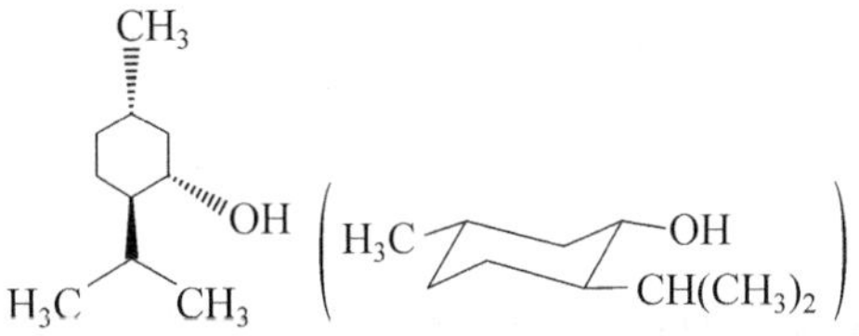

薄荷醇

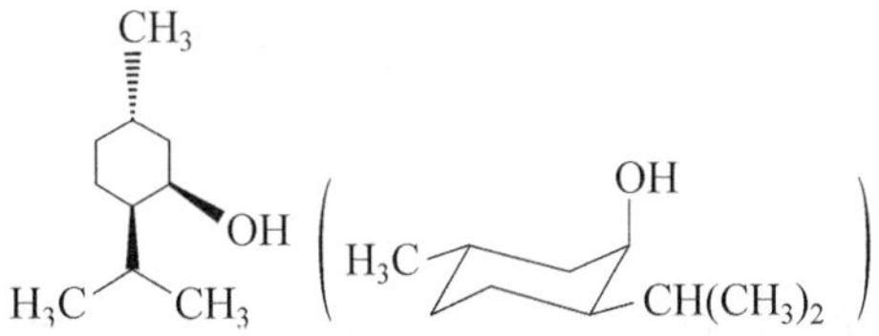

新薄荷醇

薄荷醇存在于薄荷油中,薄荷油主要由 50%～60%的薄荷醇及 35%的薄荷酮组成。天然的薄荷醇为左旋体,(－)-薄荷醇,白色针状结晶,可升华,微溶于水,易溶于乙醇、乙醚、氯仿等有机溶剂中,具有清凉愉快的芳香气味及杀菌和防腐作用,在医药上用于皮肤瘙痒、神经痛、昆虫刺伤等,也作为香料用于糖果、饮料、牙膏等。

3. 双环单萜

双环单萜的碳骨架是桥环化合物,多含有不饱和键及氧,广泛存在于植物中,如松节油的主要成分蒎烯(pinene)、天然防腐剂樟脑(camphor)等。

蒎烯是含有一个烯键的桥环烃,根据烯键的位置不同可分为 α-蒎烯和 β-蒎烯。

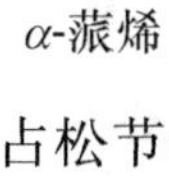

α-蒎烯

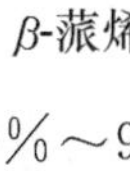

β-蒎烯

它是松节油的主要成分,含量占松节油的 80%～90%,其中以 α-蒎烯为主,含量可达 60%,是天然存在最多的一种萜类化合物,可用于合成樟脑、增塑剂、香料等。

樟脑学名为 2-莰酮,是双环单萜酮,分子中存在两个手性碳原子,但是由于桥环的存在,其实际上只存在一对对映异构体,其结构为

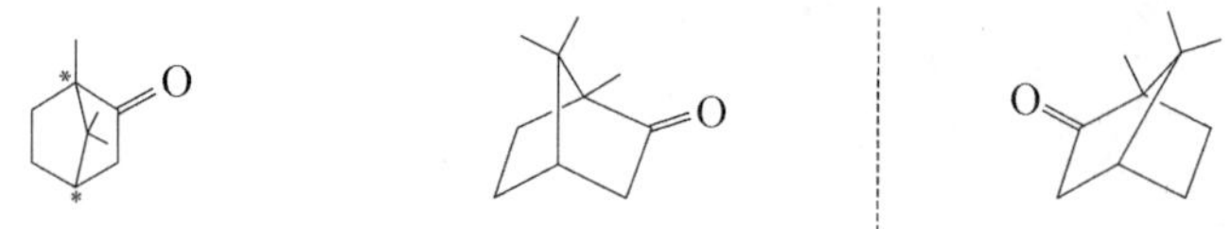

樟脑　　　　(−)-樟脑　　　　(+)-樟脑

樟脑在自然界中存在并不广泛，是从樟树木质部分及其叶子中提取的樟油的主要成分。樟脑是无色透明结晶颗粒，易升华，具有特殊香味。天然樟脑为右旋体，$[\alpha]_D^{25}=+43°$，熔点为179℃，沸点为207℃，可通过水蒸气蒸馏从樟树中收集。樟脑也可通过蒎烯人工合成，但得到的是外消旋体。樟脑具有局部刺激和防腐作用，临床上可用于治疗神经痛及冻疮。它在体内还可被氧化为具有强心作用的π-氧化樟脑[俗称维他樟脑(vitacamphor)]，故可用于急救，是急救良药。

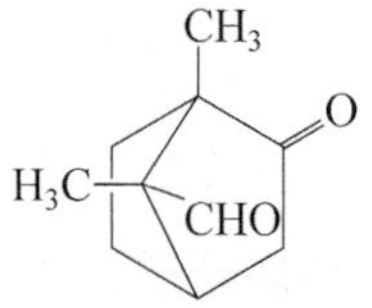

π-氧化樟脑

樟脑分子中存在羰基，可以用 $NaBH_4$ 还原得到龙脑(borneol)和异龙脑。其反应式为

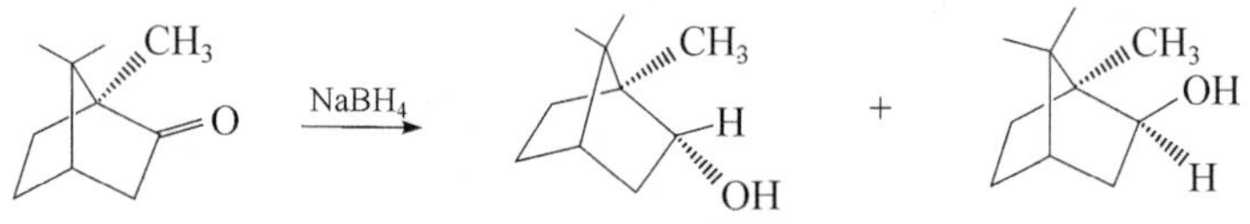

樟脑　　　　龙脑　　　　异龙脑

龙脑又称为冰片，为透明的片状结晶，味似薄荷，熔点为206～208℃，不溶于水，易溶于乙醇、乙醚、苯等有机溶剂，极易升华。龙脑具有发汗、镇痉及止痛等作用，是人丹、冰硼散、六神丸等药物的主要成分之一。

16.4.2　倍半萜

倍半萜与单萜一起构成了植物挥发油的主要成分，还有些是植物生长激素，在微生物、海洋生物和某些昆虫中也有分布，其中许多具有生理活性，可用作药物或香料。根据碳架结构的不同，倍半萜可分为链状、单环、双环、三环等。

从天蚕蛾的雄蛾腹部分离出一种保幼激素，称为天蚕保幼激素(cecropia juvenile hormone)，是开链倍半萜，具有保持昆虫幼年期特征的生理活性，可作为杀虫剂，使昆虫发育不正常导致不育或死亡。

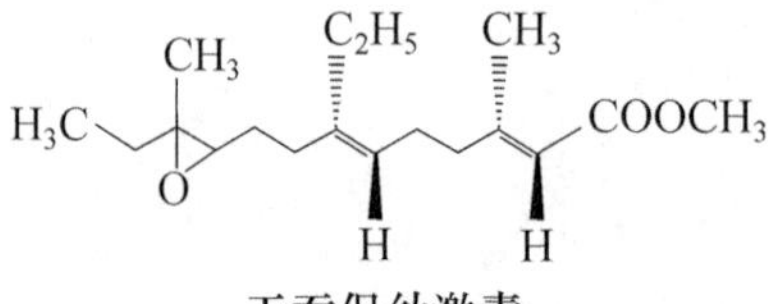

天蚕保幼激素

保幼生物素(juvabione)是一种单环倍半萜，可以从冷杉、枞木树胶中分离得到。它也具有很强的保幼作用。

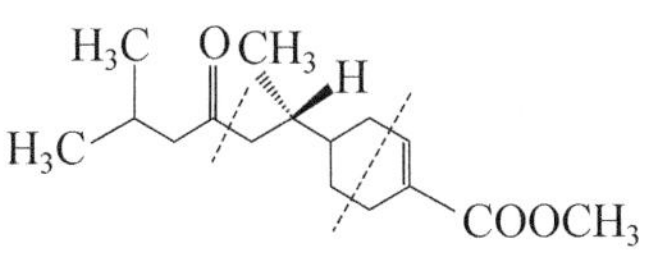

保幼生物素

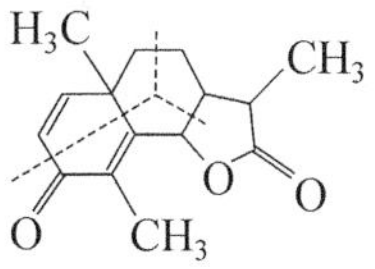

山道年

山道年(santonin)是双环倍半萜类化合物,存在于菊科蒿属植物未开放的花蕾中。它能兴奋蛔虫的神经节,使虫体发生痉挛性收缩而不能附着于肠壁,在泻药作用下蛔虫可被排出体外,临床上用作驱蛔虫药。

16.4.3 二萜类化合物

二萜类化合物的分子式为 $C_{20}H_{32}$,主要来源于植物或真菌,很多具有生理活性。维生素 A 是一类重要的单环二萜化合物,存在于蛋黄、鱼肝油、奶油、肝等,是动物体必需的营养物质,对视力、骨骼的发育、胎儿的生长等起重要作用。缺乏维生素 A 可引起夜盲症、皮肤粗糙、食欲下降、发育受阻等。维生素 A 是油溶性的,在油中以较稳定的全反式结构存在。

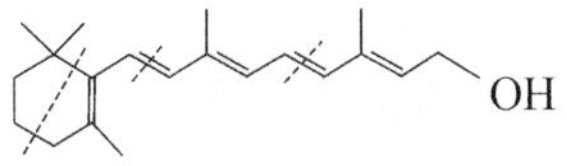

维生素A

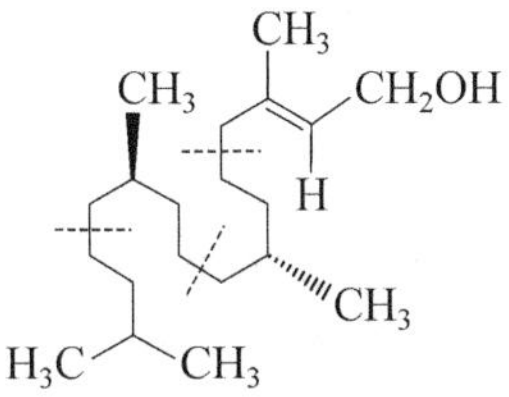

叶绿醇

叶绿醇(phytol)又称植醇,是一种链状二萜类化合物,含有两个 *R* 型的手性碳原子和一个 *E* 型双键。它是叶绿体的组成部分,可作为色素用于食品、化妆品,是合成维生素 E、维生素 K 的原料。

16.4.4 四萜类化合物

重要的四萜化合物是类胡萝卜素(carotenoid)。类胡萝卜素是一类多带有黄至红色的植物色素,分子式为 $C_{40}H_{64}$,包括胡萝卜素(carotene)和叶黄素(xanthophyll)。这一类化合物有 600 多种,一般与叶绿素同时存在。它们有助于叶绿素吸收光能,并在光合作用时起保护作用。

类胡萝卜素的结构中有九个全反式共轭双键,故又称为多烯色素。

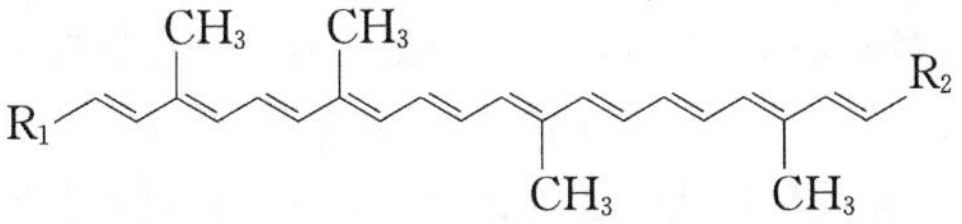

化合物	R_1	R_2
α-胡萝卜素	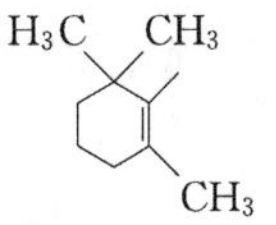	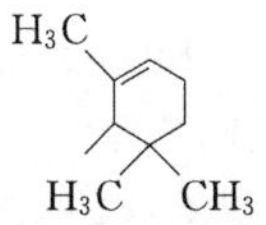

续表

化合物	R_1	R_2
β-胡萝卜素	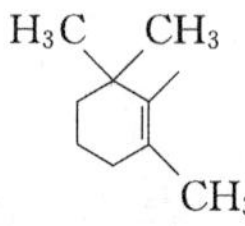	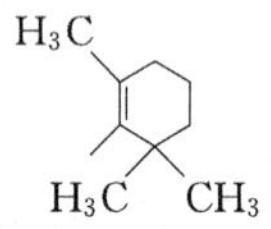
叶黄素	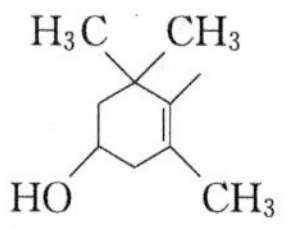	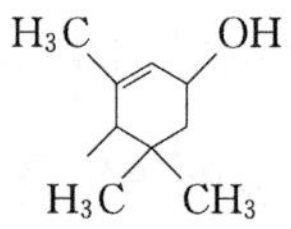

胡萝卜素可从野生植物的叶子中提取，在动物体内可以转化为维生素A，其中β-胡萝卜素的营养价值最高，一分子可转化为两分子维生素A。

这类化合物在氧、光、一定温度下可被破坏降解，在酸中会异构化、氧化分解、水解，在碱中较稳定，遇金属离子会变色。

习　题

1. 举例说明下列名词术语。

   (1) 甾体正系与别系异构体　(2) 角甲基　(3) 碘值　(4) 皂化值　(5) 非干性油、干性油

2. 写出下列化合物的结构式。

   (1) 三乙酸甘油酯　(2) 亚麻酸　(3) 花生四烯酸　(4) 亚油酸　(5) 胆固醇　(6) 甘氨胆酸

   (7) 磷脂酰乙醇胺(脑磷脂)　(8) 磷脂酰胆碱(卵磷脂)

3. 下列萜类化合物属于哪种萜？标明各萜的异戊二烯单元。

   (1) 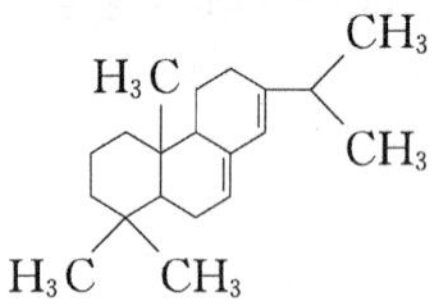　(2) 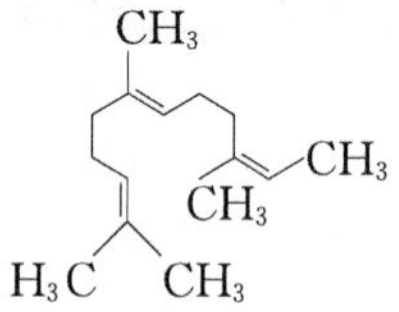　(3) 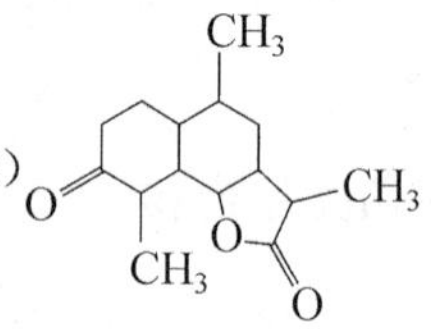

   (4) 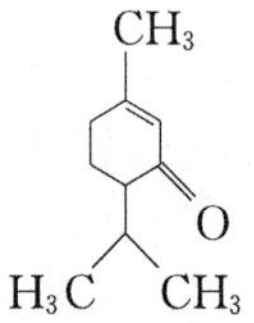　(5) 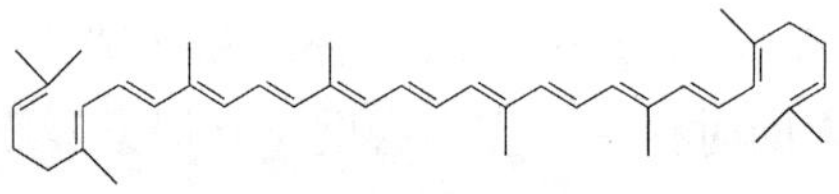

   番茄红素

4. 用化学方法鉴别下列各组物质。

   (1) 三油酸甘油酯和三硬脂酸甘油酯　(3) 三棕榈酸甘油酯和棕榈酸

   (2) 花生油和柴油　(4) 薄荷醇、柠檬醛和樟脑

5. 1g 某种油脂平分为两份：一份测定皂化值，消耗 KOH 63mg；另一份测定碘值，消耗碘 500mg。计算油脂的平均相对分子质量和碘值。

6. 化合物 A($C_{57}H_{108}O_6$)有旋光性，1mol A 水解后生成 1mol 甘油、1mol 不饱和脂肪酸 B 和 2mol 饱和脂肪酸 C。B 用 $KMnO_4$ 的硫酸溶液氧化得到壬酸和壬二酸。试写出 A～C 的结构式。

7. 回答下列问题。

   (1) 甾族化合物的基本骨架是什么？

   (2) 以分子结构分析，指出下列化合物各属于哪一类化合物。

   (A) 维生素 A；(B) 黄体酮；(C) 麦角甾醇；(D) 昆虫保幼激素；(E) 维生素 D

8. 人体中的必需脂肪酸有哪几种？属于哪族脂肪酸？

9. 神经磷脂完全水解后可得到哪几类化合物？

10. 写出由三棕榈酸甘油酯制备十六烷基硫酸钠的反应式。

11. 在巧克力、冰激凌等许多高脂肪含量的食物以及医药或化妆品中，常用卵磷脂来防止发生油和水分层的现象，这是根据卵磷脂的什么特性？

第 17 章　氨基酸　多肽　蛋白质　核酸

蛋白质(protein)是生物体内极为重要的一类生物大分子，在生物体内占有特殊的地位。从简单的病毒、细菌等微生物到复杂的高等动植物，一切生命过程都与蛋白质密切相关。蛋白质不仅是细胞的重要组成成分，而且具有多种生物学功能，如机体内起催化作用的酶、调节代谢的一些激素以及发生免疫反应的抗体等。几乎全部生命现象和所有细胞活动都通过蛋白质表达和实现，因此没有蛋白质就没有生命。

蛋白质可以被酸、碱或蛋白酶催化水解，在水解过程中逐渐降解成越来越小的肽段(peptide fragment)，直到最后全部转为氨基酸的混合物。因此氨基酸是蛋白质的结构单元，而多肽可以看作是蛋白质部分水解的产物。但在生物体内还有些多肽是游离存在的，具有特殊的生理活性，如催产素、加压素等多肽类激素以及短杆菌肽 S、放线菌素 D 等抗生素。

核酸(nucleic acid)是对生命现象非常重要的另一类生物大分子。虽然核酸只占细胞干重的 5%～15%，但却主宰着蛋白质的生物合成，决定生物体的生长、繁殖、遗传、变异和转化等生命现象。

17.1　氨　基　酸

蛋白质是由 20 种常见氨基酸相互间用氨基和羧基通过失水形成酰胺键构成的，因此讨论蛋白质的结构和作用必须先了解组成蛋白质的结构单元——氨基酸(amino acid)。

17.1.1　氨基酸的结构、分类和命名

羧酸分子中烃基上的一个或几个氢原子被氨基取代后生成的化合物称为氨基酸。根据氨基和羧基的相对位置，氨基酸可分为 α-氨基酸、β-氨基酸、γ-氨基酸、ω-氨基酸等。

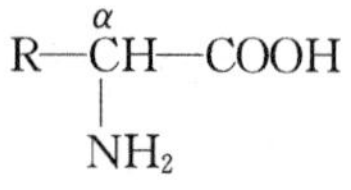
α-氨基酸

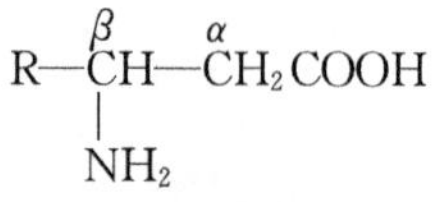
β-氨基酸

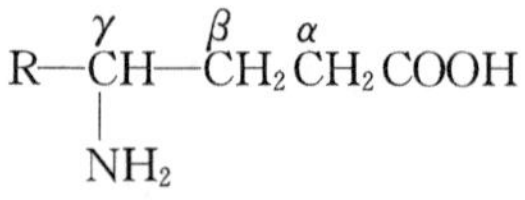
γ-氨基酸

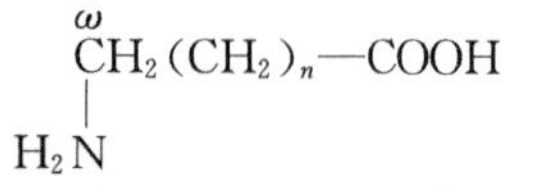
ω-氨基酸

根据氨基酸分子中羧基与氨基的相对数目，氨基酸可分为中性氨基酸、酸性氨基酸、碱性氨基酸。

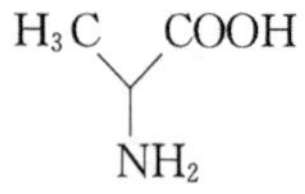
中性氨基酸
(氨基与羧基数目相等)

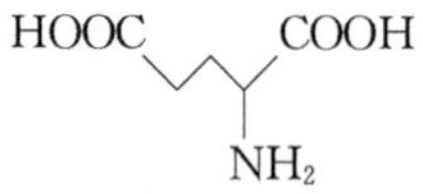
酸性氨基酸
(羧基数目大于氨基数目)

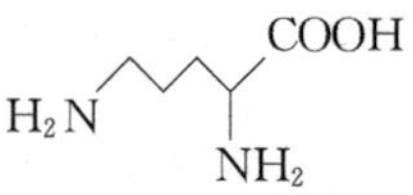
碱性氨基酸
(氨基数目大于羧基数目)

自然界中已知结构的氨基酸有 300 多种，但参与蛋白质组成的只有 20 种 α-氨基酸。这 20 种常见氨基酸称为常见氨基酸或基本氨基酸。这些氨基酸又与核酸中的密码子有对应关系，故又称为蛋白氨基酸或编码氨基酸。本节主要讨论 α 氨基酸的性质。

氨基酸还可以根据 R 基团的结构和性质分为脂肪族氨基酸、芳香族氨基酸和杂环氨基

酸。在医学上常根据氨基酸在生理条件下其R基团的极性及其所带电荷，将20种常见氨基酸分为四类，如表17.1所示。常见的20种氨基酸的名称、结构和分类见表17.1。

表 17.1　常见的 20 种 α-氨基酸

名称	三字母与单字母缩写	结构式	等电点（pI）	分类
甘氨酸(glycine)	Gly(G)	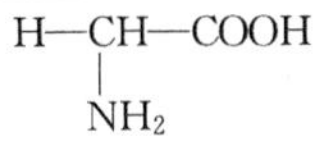	5.97	非极性R基的中性氨基酸
丙氨酸(alanine)	Ala(A)	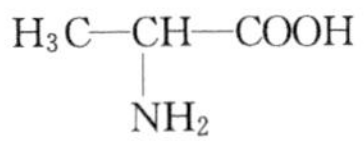	6.02	
亮氨酸*(leucine)	Leu(L)	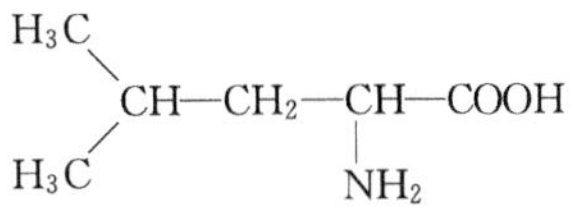	5.98	
异亮氨酸*(isoleucine)	Ile(I)	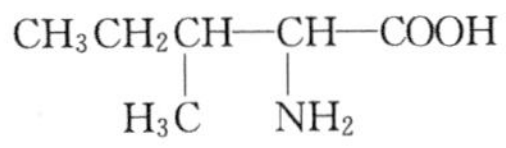	6.02	
缬氨酸*(valine)	Val(V)	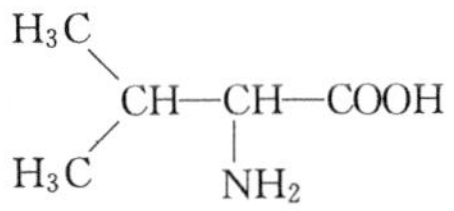	5.97	
脯氨酸(proline)	Pro(P)	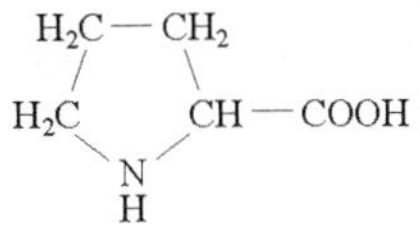	6.48	
苯丙氨酸*(phenylalanine)	Phe(F)	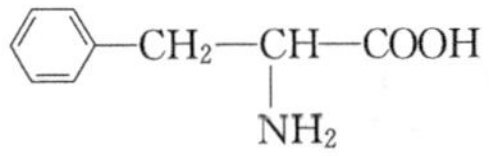	5.48	
甲硫氨酸*(蛋氨酸)(methionine)	Met(M)	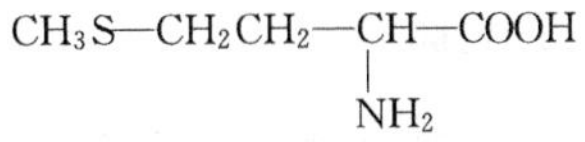	5.75	
丝氨酸(serine)	Ser(S)	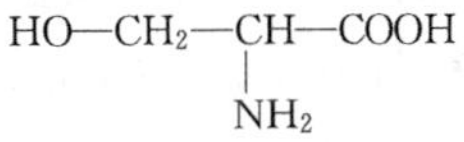	5.68	不带电荷而有极性R基的中性氨基酸
谷氨酰胺(glutamine)	Gln(Q)	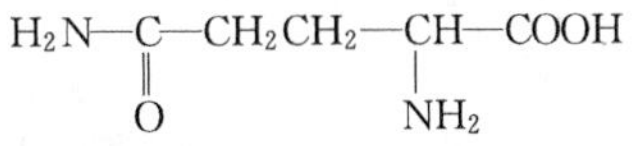	5.65	
苏氨酸*(threonine)	Thr(T)	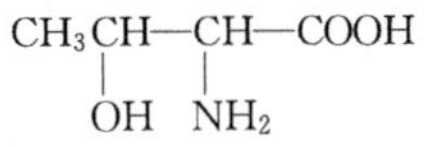	5.60	
半胱氨酸(cysteine)	Cys(C)	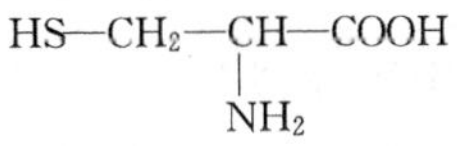	5.07	
天冬酰胺(asparagine)	Asn(N)	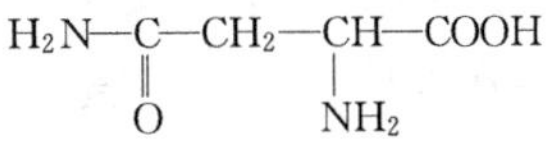	5.41	
酪氨酸(tyrosine)	Tyr(Y)	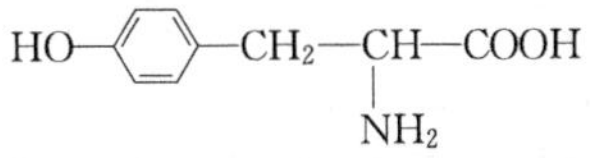	5.66	
色氨酸*(tryptophan)	Trp(W)	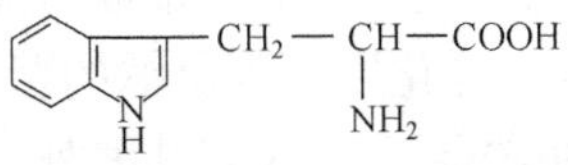	5.89	

名称	三字母与单字母缩写	结构式	等电点(pI)	分类
天冬氨酸(aspartic acid)	Asp(D)	$HOOC—CH_2—CH(NH_2)—COOH$	2.98	酸性氨基酸
谷氨酸(glutamic acid)	Glu(E)	$HOOC—CH_2CH_2—CH(NH_2)—COOH$	3.22	
赖氨酸*(lysine)	Lys(K)	$H_2N—CH_2CH_2CH_2CH_2—CH(NH_2)—COOH$	9.74	碱性氨基酸
精氨酸(arginine)	Arg(R)	$H_2N—C(=NH)—NH—CH_2CH_2CH_2—CH(NH_2)—COOH$	10.76	
组氨酸(histidine)	His(H)	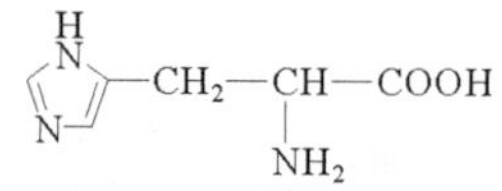	7.59	

注:带*的为必需氨基酸。

天然蛋白质水解的最终产物——α-氨基酸,除少数氨基酸(如甘氨酸)外,其α-碳原子都是不对称碳原子,分子是手性分子,具有旋光性。它们的构型通常采用D、L标记法。若氨基酸分子中α-氨基写在费歇尔投影式横线的左边,类似于L-甘油醛中的羟基,则称为L-氨基酸。例如

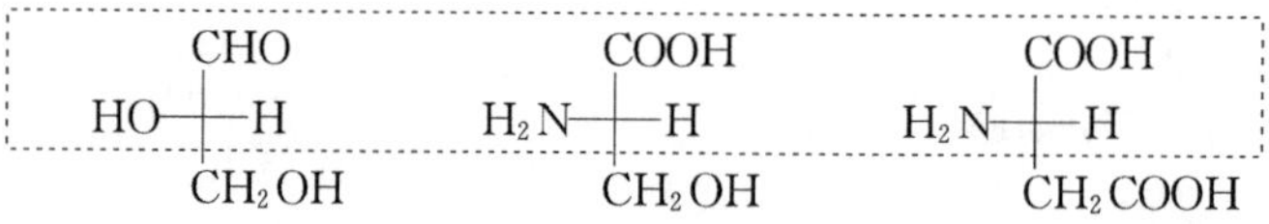

L-甘油醛　　L-丝氨酸　　L-天冬氨酸

到目前为止,发现的游离氨基酸以及蛋白质温和水解得到的氨基酸绝大多数是L-型氨基酸,但是D-型氨基酸在某些生物体特别是细菌中较广泛存在。若以R、S标记法,大多数L-氨基酸的α-碳原子构型为S-型。例如

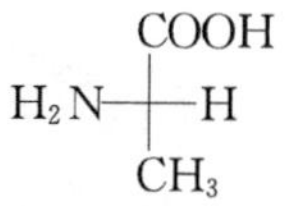

L-丙氨酸或(S)-丙氨酸

氨基酸虽然可以采用系统命名法,如甘氨酸为氨基乙酸、谷氨酸为α-氨基戊二酸等,但习惯上还是采用俗名,即根据其来源或某些特征而命名。

大多数蛋白氨基酸在人体内可以自身合成,但是也有些氨基酸在人体内不能合成或合成数量不足,必须由食物供给才能维持机体正常生长发育,这类氨基酸称为营养必需氨基酸(essential amino acid),主要有八种(表17.1中带*的)。若缺乏这些氨基酸,则会影响发育或引发病症。人们可以从不同食物中摄取必需氨基酸,但不能从某一种食物中获取全部必需氨基酸,因此食物要多样化以得到足够的营养必需氨基酸。

除了表17.1中的20种常见的氨基酸外,少数蛋白质还分离出一些不常见的特有的氨基酸。这些氨基酸往往是在蛋白质生物合成前后由相应的常见氨基酸经加工修饰而成,如

胶原蛋白中的4-羟基脯氨酸(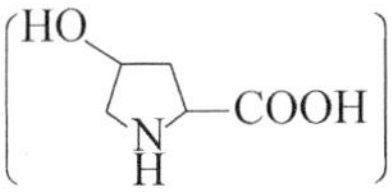)和5-羟基赖氨酸(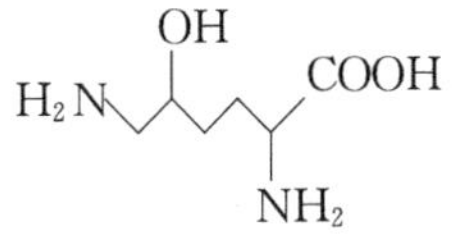)、肌球蛋白中的N-甲基赖氨酸(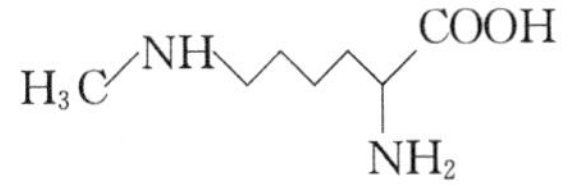)。这些氨基酸没有相对应的遗传密码，不能直接用于合成蛋白质，又是由编码氨基酸衍生而来，因此称为修饰氨基酸(modified amino acid)或衍生氨基酸(derived amino acid)。此外，在生物体内还有大量氨基酸以各种游离或结合形式分布于植物、细菌和动物体内，具有独特的生物活性。这些氨基酸不参与构成蛋白质，称为非蛋白氨基酸。其中大多数是α-氨基酸及其衍生物，但还有β-氨基酸、γ-氨基酸，甚至是D-氨基酸。例如，β-丙氨酸是维生素泛酸的前体，γ-氨基丁酸(GABA)是一种重要的神经递质，瓜氨酸、鸟氨酸是尿素循环的中间体，D-谷氨酸和D-丙氨酸在参与细菌细胞壁组成的肽聚糖中被发现。

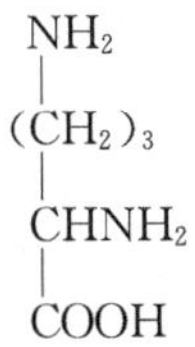

鸟氨酸

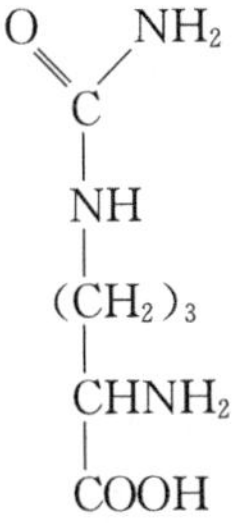

瓜氨酸

问题17.1　写出下列氨基酸的结构式。

(1) L-丙氨酸　　(2) L-苏氨酸　　(3) L-半胱氨酸

问题17.2　酸性氨基酸、中性氨基酸、碱性氨基酸的分类原则是什么?

17.1.2　氨基酸的性质

氨基酸是不易挥发的无色晶体，熔点(230～300℃)较高，分解生成胺和二氧化碳。氨基酸分子中同时含有氨基和羧基，既是酸又是碱，是两性分子(amphoteric molecule)。通过对氨基酸的红外光谱测定发现固态或溶液中大多数氨基酸只有COO^-的吸收峰，X晶体衍射分析也证明固态氨基酸是离子状态。在生理条件下氨基酸中的羧基几乎全部以负离子形式存在，而大多数氨基以NH_3^+形式存在。氨基酸分子的氨基和羧基分别带正电荷(NH_3^+)和负电荷(COO^-)，形成内盐，故氨基酸分子以偶极离子形式存在于晶体或水溶液中。氨基酸晶体也以离子晶格组成，类似于食盐晶体，具有高度的极性，强大的异性电荷的静电吸引力致使其晶格能较强，熔点比一般有机物高。

各种氨基酸在水中的溶解度相差很大。例如，苏氨酸、赖氨酸在水中有很大的溶解度，脯氨酸溶解度(25℃)为162，而酪氨酸的溶解度仅为0.04，天冬氨酸的溶解度为0.54。氨基酸易溶于强酸或强碱溶液中，大多数难溶于苯、乙醚等非极性有机溶剂中。

不同氨基酸有不同的味道，有无味、甜味、苦味。谷氨酸的单钠盐具有鲜味，是味精的主要成分。

1. 氨基酸的酸碱性与等电点

氨基酸分子中既含碱性的氨基，又含酸性的羧基，所以既可与酸形成铵盐，又可与碱形成羧酸盐，呈现两性特征。

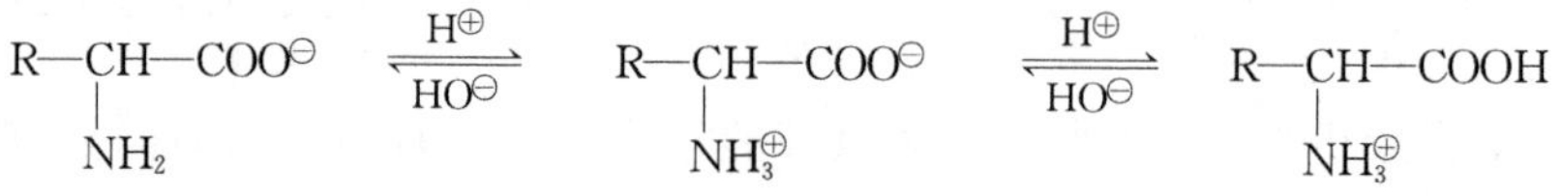

阴离子　　两性离子或偶极离子（内盐）　　阳离子

在水溶液中，氨基酸的阳离子、阴离子和两性离子通过 H^+ 的得失而相互转化，达到动态平衡，但以何种形式占优，主要取决于溶液的 pH。强酸性溶液中，氢离子浓度足够高，则氨基酸主要以阳离子状态存在，在电场中向负极方向移动；强碱溶液中，氢离子浓度足够低，则氨基酸主要以阴离子状态存在，在电场中向正极方向移动。

通过调节溶液的酸碱性可以找到一个适合的 pH，在这个 pH 下，某种氨基酸在电场中刚好既不向阴极移动，也不向阳极移动。此时氨基酸主要以两性离子形式存在，其所带的正电荷与负电荷相等，净电荷为零，呈现电中性，则这个 pH 称为该氨基酸的等电点(isoelectric point)，通常以 pI 表示。各种氨基酸的组成和结构不同，其等电点也不同。在水溶液中—NH_3^+ 给出质子的能力大于—COO^- 接受质子的能力，故中性氨基酸的等电点小于 7，一般为 5.0～6.5，酸性氨基酸的等电点约为 3，碱性氨基酸的等电点为 7.58～10.8。多肽与蛋白质也有类似的性质，有各自的等电点。

氨基酸在等电点时主要以两性离子存在，此时在水中的溶解度最小，易以晶体析出。因此可以根据不同氨基酸的等电点的差异，调节溶液 pH 从混合氨基酸中分离、提纯不同氨基酸。

2. 酯化和酰化的反应

α-氨基酸分子中的氨基具有典型氨基的性质，如发生酰化等反应。

α-氨基酸分子中的羧基也具有羧基所固有的性质，可以发生酯化反应。

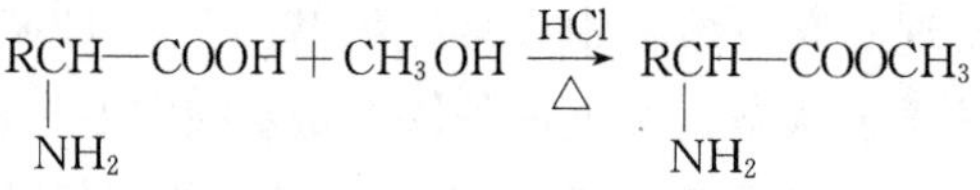

3. 与亚硝酸反应

氨基酸中的氨基与 HNO_2 作用放出 N_2 生成羟基酸。这个反应发生迅速且能定量完成。

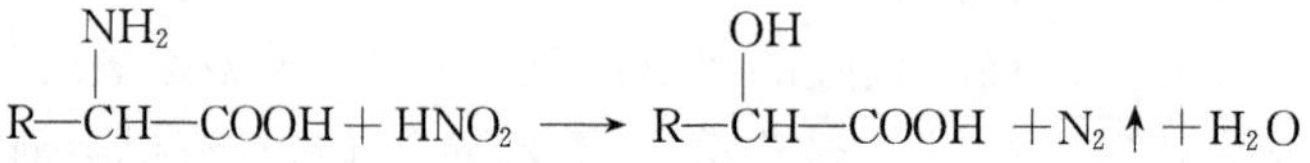

通过测定放出氮气的体积可以计算出氨基酸的含量，这个方法称为范斯莱克(van Slyke)氨基测定法，用于氨基酸和多肽的定量分析。

4. 与甲醛反应

α-氨基酸的氨基可以与甲醛迅速反应，释放出 H^+；然后可以酚酞作指示剂，用 NaOH 滴定间接测定氨基的含量。

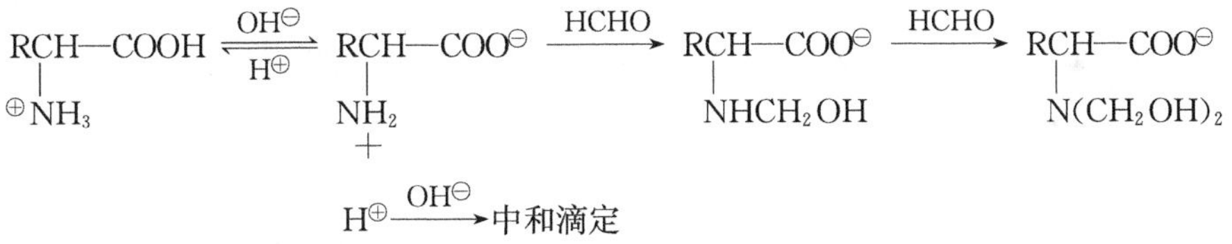

5. 形成肽键的反应

一个氨基酸的 α-氨基与另一个氨基酸的 α-羧基失水缩合生成的化合物称为肽(peptide)，所形成的键称为肽键(peptide bond)，属于酰胺键。

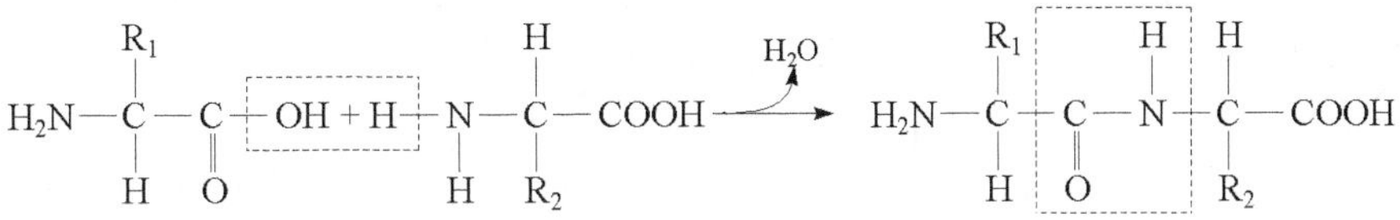

肽键

两分子的氨基酸可以各出一个氨基和羧基失水，形成环状的酰胺。例如，两个甘氨酸在乙二醇中加热脱水缩合，得到 2,5-二酮哌嗪(diketo-pyrazine)或称甘氨酸酐。

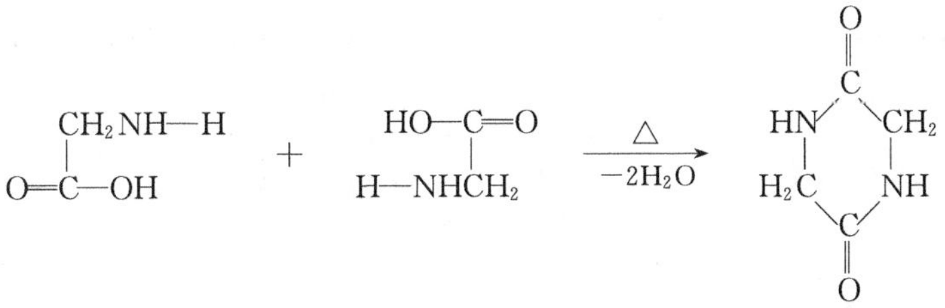

交酰胺

这个反应与 α-羟基酸受热脱水类似，生成环状酰胺(交酰胺)。

6. 脱羧反应

氨基酸在氢氧化钡存在下加热或在高沸点溶剂中回流，可发生脱羧反应，放出二氧化碳并得到相应的一级胺。例如

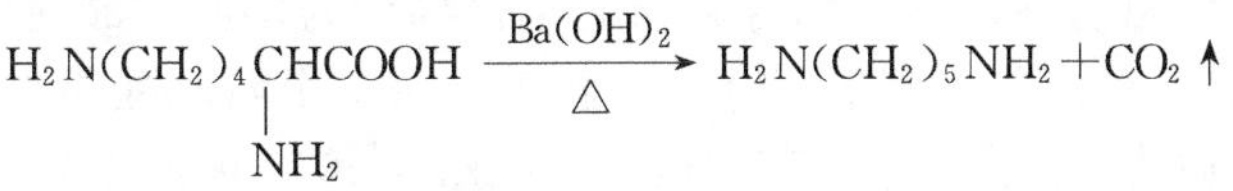

赖氨酸　　　　1,5-戊二胺

生物体内的氨基酸在氨基酸脱羧酶(amino acid decarboxylase)作用下脱羧生成胺。例如，蛋白质腐败时赖氨酸脱羧后生成 1,5-戊二胺(尸胺)；肌球蛋白中的组氨酸可转变为组胺。

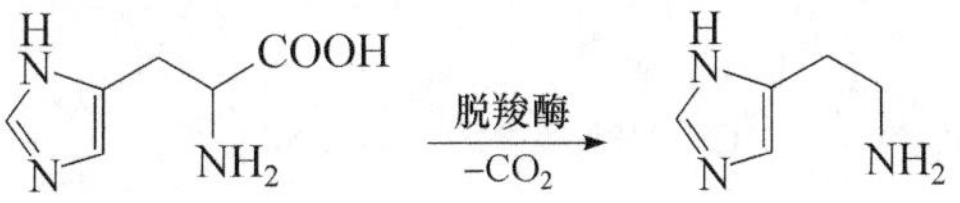

组氨酸　　　　组胺

人体因食入不新鲜的鱼而过敏，可能是因为机体内产生了过量的组胺而产生过敏反应。

7. 显色反应

氨基酸与茚三酮(ninhydrin)的反应是定性和定量检测氨基酸或蛋白质的一个重要反应。凡是含有游离氨基的氨基酸均可与水合茚三酮的醇或丙酮溶液共热生成紫色化合物，称为罗曼紫(Ruhemann purple)。在反应中 α-氨基酸被还原成醛，同时脱去氨基。

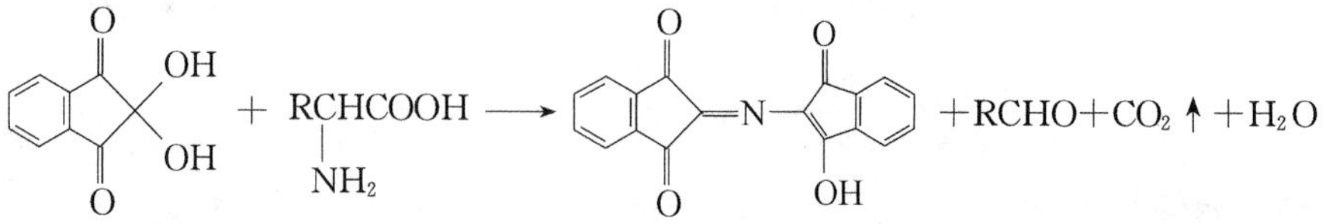

水合茚三酮　　　　　　　　（紫色）

α-氨基酸与水合茚三酮的反应十分灵敏，几微克就能显色，是鉴定氨基酸最简单的方法，广泛应用于 α-氨基酸的比色测定和色层分析的显色。因其所生成的紫色化合物在570nm 有强烈吸收，强度与氨基酸的量成正比，故可以用紫外分光光度法定量测定 α-氨基酸的含量。

氨基酸还可以与其他试剂显色：与 2,4-二硝基氟苯[2,4-dinitrofluorobenzene,DNFB，桑格(Sanger)试剂]在弱碱性溶液中生成黄色化合物；与丹磺酰氯反应生成荧光性质强和稳定的磺胺衍生物。这些反应也应用于氨基酸的检测与分析。

问题 17.3　写出下列反应的主要产物。

(1) $CH_3\underset{\substack{|\\NH_2}}{C}HCOOC_2H_5 + H_2O \xrightarrow[\triangle]{HCl}$　　(2) $CH_3\underset{\substack{|\\NH_2}}{C}HCOOH + CH_3CH_2COCl \longrightarrow$

(3) $CH_3\underset{\substack{|\\NH_2}}{C}HCONH_2 + HNO_2$(过量) $\longrightarrow$　　(4) 丙氨酸 $\xrightarrow{\triangle}$

(5) $NH_2CH_2CH_2CH_2CH_2COOH \xrightarrow{\triangle}$　　(6) $\begin{matrix} CH_2COOH \\ | \\ NH_2\cdot HCl \end{matrix} + SOCl_2 \longrightarrow$

17.2　多　　肽

一般由 2～50 个氨基酸以肽键结合起来的化合物称为多肽。最简单的是由两个氨基酸脱水而形成的二肽(dipeptide)，其中含有一个肽键。由三个氨基酸组成的称为三肽(tripeptide)，依此类推四肽(tetrapeptide)、五肽(pentapeptide)等。氨基酸形成肽后已不是完整的分子，故肽中的氨基酸单位称为氨基酸残基(amino acid residue)。绝大多数肽呈链状，称为多肽链(polypeptide chain)。肽的通式可表示为

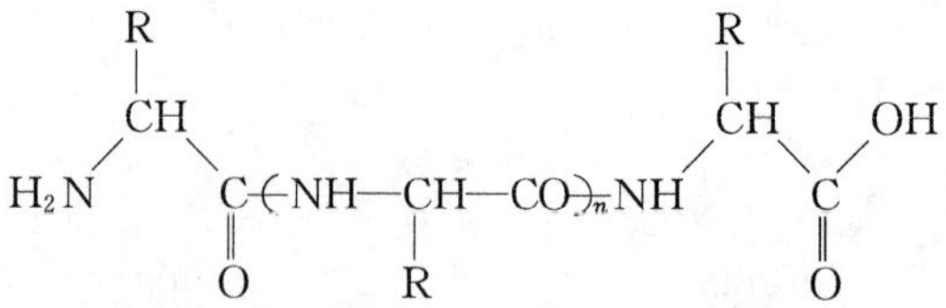

多个氨基酸失水生成多肽后，在端头保留了游离的氨基与羧基，所以肽也是以两性离子的形式存在。在肽链中保留游离氨基的一端称为 N 端，而保留游离羧基的另一端称为 C 端。例如，两个甘氨酸失水形成的二肽：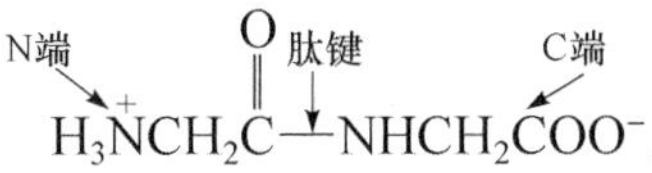

。

多肽的详细命名是以 C 端的氨基酸为母体，把肽链中其他氨基酸中的“酸”字改为“酰”字，一般 N 端氨基酸名称写在最左边，其他的按在链中的顺序依次写在母体（C 端氨基酸）名称的前面，称为某某酰某某酰……某某酸；也可在按顺序排列的氨基酸缩写后加“肽”字命名。例如

甘氨酰丙氨酸（甘丙肽）

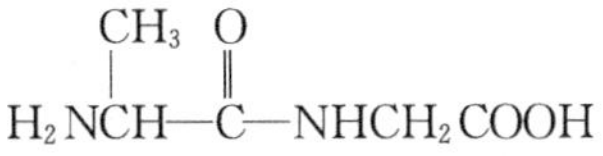

丙氨酰甘氨酸（丙甘肽）

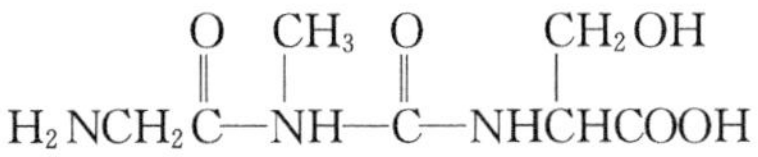

甘氨酰丙氨酰丝氨酸（甘丙丝肽）

问题 17.4　由氨基酸组成的多肽其命名原则是什么？

问题 17.5　写出丙酪甘三肽的结构式。

问题 17.6　写出下列反应的主要产物的结构式。

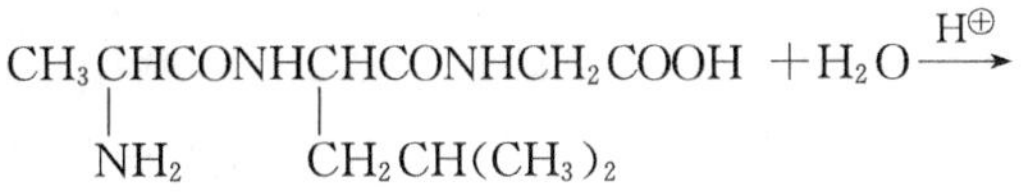

由于肽键中 C═O 键中的 π 电子云与 N 原子上的未共用电子对发生“电子共振”，或者说，肽键中 N 原子上的未共用电子对与 C═O 共轭，因此肽键具有部分双键的性质，如图 17.1 所示。

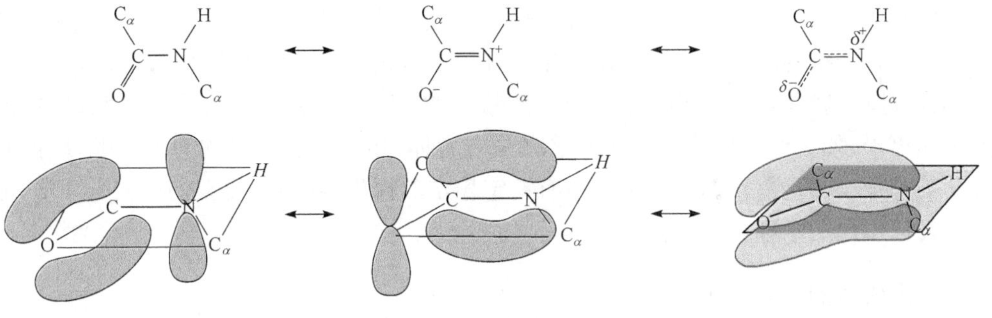

图 17.1　肽键的空间结构

这样一方面降低了氮原子的碱性，另一方面阻碍了 C—N 键自由旋转，使与肽键相连的六个原子共处于一个平面中，这个平面称为肽键平面。肽链的主链骨架可以看作由一系列肽键平面所组成，故肽链平面又称为肽单元。

由于肽键不能自由旋转，肽键平面上的各原子可出现顺反异构，一般两个 C_α 原子之间

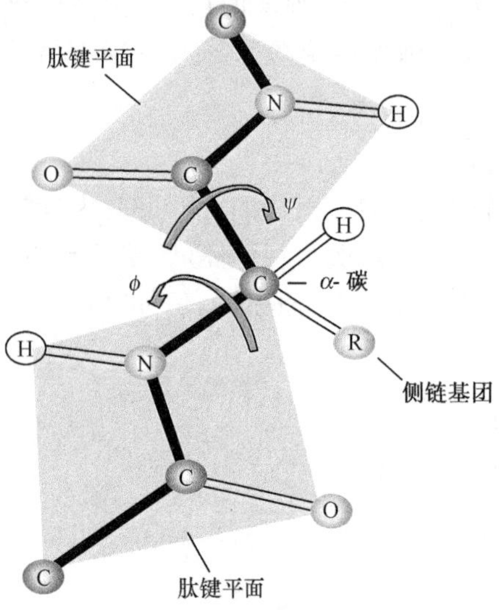

图 17.2 肽键平面的旋转图

呈现较稳定的反式构型。而α-碳原子与其他原子之间均形成可自由旋转的σ单键,因此两相邻的肽键平面可以做相对转动。此单键的旋转决定两个肽键平面的位置关系,使肽链可以盘曲折叠,形成多种构象异构。这些对蛋白质的三维空间的结构有重要影响。肽键平面的旋转如图 17.2 所示。

多肽可以由蛋白质部分水解得到,但也有许多多肽并非蛋白质的水解产物,而是本来就存在于动植物体中的天然产物,如兔体中存在的 Delta 促睡眠肽(九肽),人体中重要的还原剂谷胱甘肽(由谷氨酸、半胱氨酸和甘氨酸三个氨基酸所组成的三肽)。谷胱甘肽(glutachione,GSH)中 N 末端的谷氨酸是通过γ-羧基与半胱氨酸的氨基相连,这是一个例外。

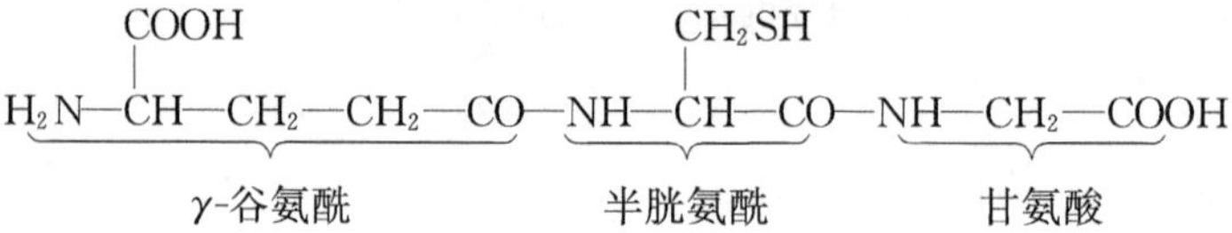

谷胱甘肽(γ-谷氨酰半胱氨酰甘氨酸)

多肽的性质与氨基酸极为相似,能与亚硝酸反应,发生酰化反应、显色反应等。由于三肽以上的多肽和蛋白质中有两个或两个以上的肽键,它们能发生缩二脲反应(在缩二脲的碱性溶液中加入适量稀的硫酸铜溶液,溶液呈紫红色或紫色的反应称为缩二脲反应),而氨基酸不能,因此缩二脲反应被广泛应用于肽和蛋白质的定性和定量分析中。

17.3 蛋白质的组成和性质

蛋白质的化学本质就是多肽,都是由氨基酸通过肽键连接而成的多聚物,所以多肽和蛋白质之间没有严格的界限。现在规定将相对分子质量大于 10 000 的称为蛋白质,10 000 以下的称为多肽。胰岛素(insulin)相对分子质量约为 6000,应被认为是一个多肽,但在溶液中受金属离子(如 Zn^{2+})的作用,迅速结合形成二聚体,相对分子质量约为 12 000,因此胰岛素被认为是最小的蛋白质。一般蛋白质有一定稳定的构象,能执行复杂的生物学功能,而多肽仅在发挥作用时呈现特定构象。

17.3.1 蛋白质的元素组成

各种蛋白质经元素分析,发现其元素的成分很近似,测得的质量分数如下:C 50%~55%;H 6.0%~7.3%;O 19%~24%;N 13%~19%;S 0~4%。有的蛋白质中还含有磷、铁、铜、锌、锰等元素。

不同蛋白质中的含氮量相当接近,其平均值为 16%,即 1g 氮相当于 6.25g 蛋白质。这样在分析一个样品的蛋白质含量时,只要测定样品中的含氮量,就可算出其中蛋白质的大致含量。

17.3.2 蛋白质的性质

蛋白质与氨基酸类似的性质，也有两性和等电点。在强酸溶液中，以正离子状态存在；在强碱溶液中，以负离子状态存在；在等电点时溶解度最小，可从溶液中析出。蛋白质也可以发生茚三酮显色反应等。此外蛋白质还有一些特殊的性质。

1. 盐析作用

往蛋白质溶液中加入无机盐(如氯化钠、硫酸镁、硫酸铵等)，蛋白质便可从溶液中析出，这种作用称为盐析。这是一个可逆过程，盐析出来的蛋白质还可再溶于水，并不影响其性质。所有蛋白质都能发生盐析，但不同蛋白质盐析时，所需盐的浓度是不相同的。利用此性质可以分离不同的蛋白质。

2. 变性

蛋白质在受热、紫外光照射或化学试剂的作用下，性质发生改变，溶解度降低，甚至凝固，这种现象称为蛋白质的变性。变性作用主要是由蛋白质分子内部结构发生变化所致。例如，鸡蛋煮熟就是一个典型的变性过程。硝酸、浓硫酸、三氯乙酸、苦味酸和一些重金属(如 Hg^{2+}、Pb^{2+}、Ag^{+} 等)都可使蛋白质变性。蛋白质一旦变性，就丧失了其原有的生理功能。

有关蛋白质的结构参看光盘阅读材料。

问题17.7 已知甲、乙、丙三种蛋白质的等电点依次是 2.0、7.5、9.0。

(1) 它们在水溶液中分别带何种净电荷？

(2) 若要使这三种蛋白质在混合液中净电荷都为正，应怎样调节溶液的 pH？该 pH 至少小于或大于何值？

17.4 核　　酸

核酸是生物体内另一类极为重要的生物大分子。1868 年，瑞士科学家米舍尔(Miescher)首先从细胞核中分离出一种含有丰富磷的具有酸性的物质，命名为“核素”(nuclein)，后更名为核酸。但我们已知道他所分离的并不是纯的核酸，而是脱氧核糖核蛋白。核酸不仅存在于细胞核内，细胞质特别是细胞质的粒质中也含有丰富的核酸，主要是以与蛋白质结合成核蛋白的形式存在。核酸是遗传的物质基础，生命活动主要通过蛋白质来体现，而生物体的遗传特征则主要由核酸决定。这里仅从有机化学的角度对核酸的组成及两类重要的核酸加以简介。

17.4.1 核酸的元素组成

经过元素分析，核酸分子中除含 C、H、O、N 四种元素之外，还含有大量的 P，个别的还含有 S。其中含 N 15%～16%，含 P 9%～10%。

17.4.2 核酸的组成

核酸是一种线形多聚核苷酸(polynucleotide),降解后可以得到其基本结构单位——核苷酸(nucleotide)。核苷酸可以水解为核苷(nucleoside)和磷酸。核苷进一步水解为戊糖和碱基。核酸的组成可以表示如下:

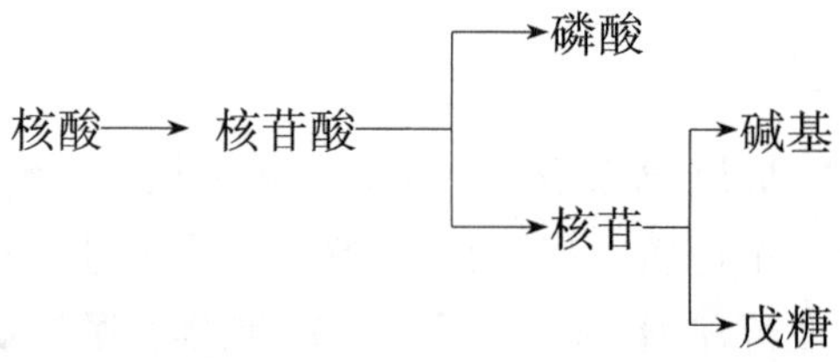

所以,核酸是由核苷酸组成的,而核苷酸又是由碱基、戊糖及磷酸组成的。

1. 戊糖

核酸中的戊糖都是D-型五碳醛糖,以环状呋喃糖的形式存在。构成核酸的戊糖分为D-核糖及D-2-脱氧核糖(脱氧核糖),所以核酸也分为核糖核酸(ribonucleic acid,RNA)和脱氧核糖核酸(deoxyribonucleic acid,DNA)两大类。由于DNA的戊糖中脱去一个羟基,因此其比RNA更稳定,更易形成稳定的双螺旋结构,在碱性条件下不易降解。

2. 碱基

构成核苷酸的碱基(base)分为嘌呤(purine)和嘧啶(pyrimidine)两类。前者主要指腺嘌呤(adenine,A)和鸟嘌呤(guanine,G),DNA和RNA中均含有这两种碱基。后者主要指胞嘧啶(cytosine,C)、胸腺嘧啶(thymine,T)和尿嘧啶(uracil,U),胞嘧啶存在于DNA和RNA中,胸腺嘧啶只存在于DNA中,尿嘧啶则只存在于RNA中。这五种碱基的结构如下:

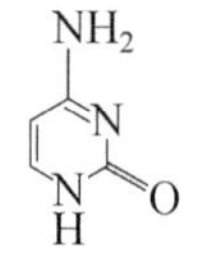

胞嘧啶

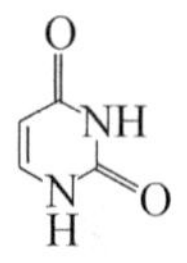

尿嘧啶

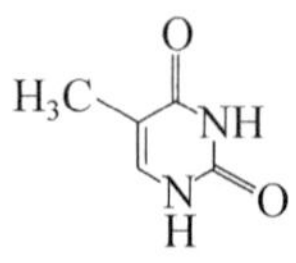

胸腺嘧啶

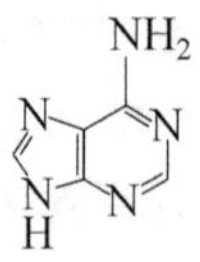

腺嘌呤

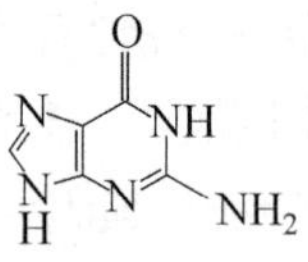

鸟嘌呤

两类碱基都含有共轭双键,具有吸收紫外光的能力($\lambda_{max}=260nm$)。每种碱基都有几种互变异构体,如腺嘌呤和胞嘧啶可以以胺或亚胺的形式存在;而鸟嘌呤、胸腺嘧啶和尿嘧啶可以以酮式或烯醇式存在。在大多数细胞的内部,胺式和酮式占优势。

3. 核苷

核苷是由戊糖和碱基缩合而成的糖苷。戊糖与碱基之间以糖苷键相连接。戊糖分子的 1′-位 C 原子上的烃基与嘧啶碱的 1-位 N 原子或与嘌呤碱的 9-位 N 原子上的氢缩去水后相连接。所以，戊糖与碱基间的连接是 N—C 键，一般称为 *N*-糖苷键。X 射线衍射法已证明，核苷中的碱基与糖环平面互相垂直。

根据核苷中所含戊糖的不同，将核苷分成两大类：核糖核苷（ribonucleoside）和脱氧核糖核苷（deoxyribonucleoside）。核苷和脱氧核苷采用有机碱名称＋戊糖名称＋苷的顺序命名。例如，腺嘌呤和核糖构成的核苷称为腺嘌呤核苷，简称腺苷（A）；由胸腺嘧啶和脱氧核糖组成的脱氧核苷称为胸腺嘧啶脱氧核苷，简称脱氧胸苷（dT）。

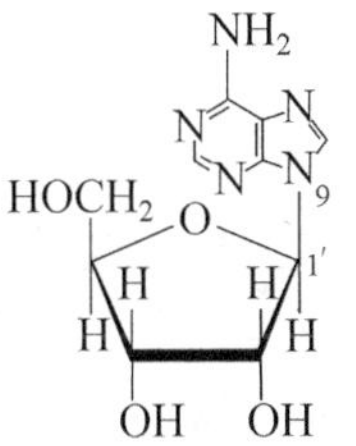

腺嘌呤核苷

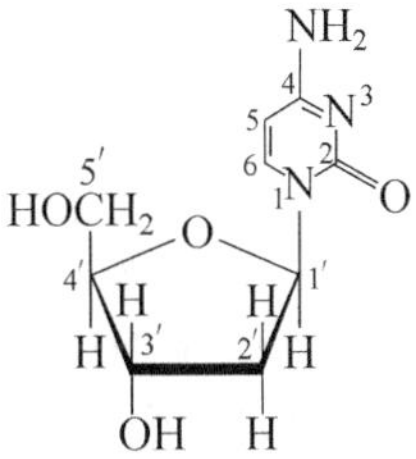

胞嘧啶-2′-脱氧核苷

4. 核苷酸

核苷酸是核苷与磷酸以磷酸酯键结合而成的化合物，可以说是核苷的磷酸酯。核苷酸是核酸分子的结构单元。核酸分子中的磷酸酯键是在戊糖 C3′和 C5′所连的羟基上形成的，故构成核酸的核苷酸可视为 3′-核苷酸或 5′-核苷酸。在自然界中出现的核苷酸。磷酰基通常都是连接在 5′-羟基的氧原子上，因此不做特别指定时，提到的核苷酸指的都是 5′-磷酸酯。DNA 分子中是含有 A、G、C、T 四种碱基的脱氧核苷酸；RNA 分子中则是含 A、G、C、U 四种碱基的核苷酸。5′-磷酸腺苷的结构式如下：

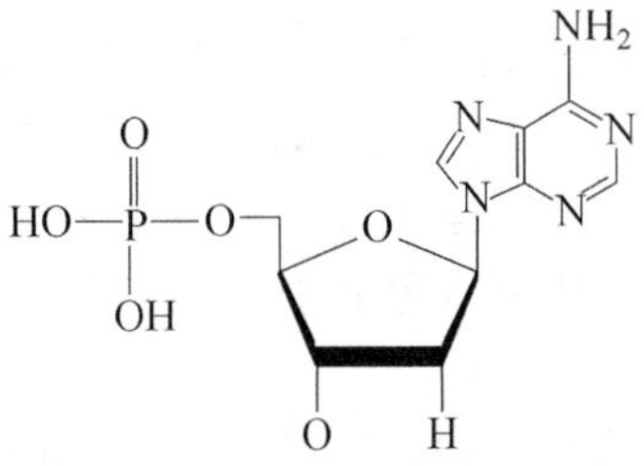

核苷一磷酸可以进一步磷酸化，形成二磷酸核苷和三磷酸核苷，如一磷酸腺苷（adenosine monophosphate，AMP）、二磷酸腺苷（adenosine diphosphate，ADP）和三磷酸腺苷（adenosine triphosphate，ATP）的结构。AMP 可以组成辅酶，而 ADP、ATP 是生物体内最重要的能量转换中间体。有些核苷酸在环化酶的作用下可以生成高能的环化核苷酸。例如，ATP 在腺苷酸环化酶的作用下可以生成 3′，5′-环腺苷酸（3′，5′-cyclic adenosine monophosphate，cAMP）。cAMP 在细胞内含量很少，但对细胞内的信息传递起着重要作用。

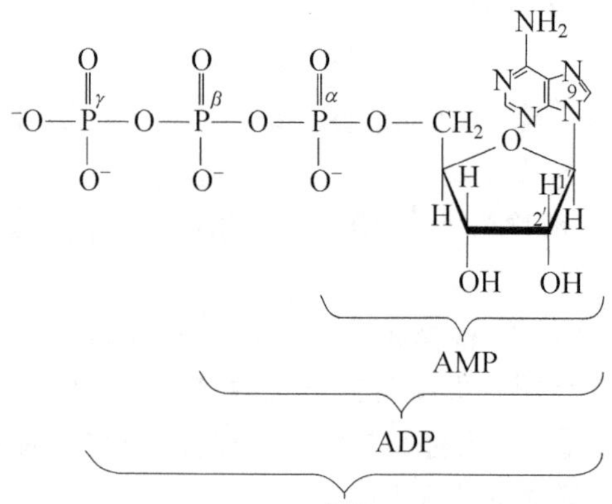

ATP

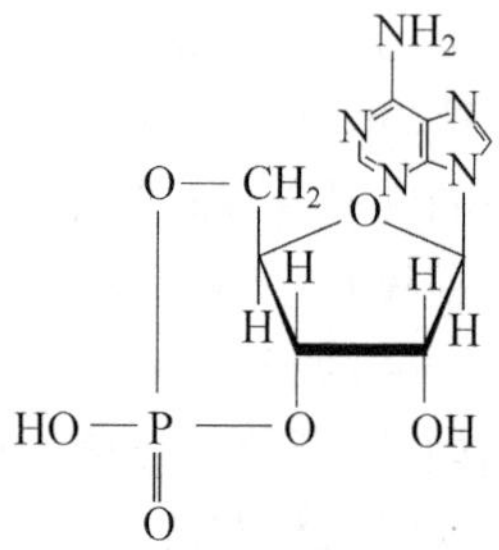

cAMP

17.4.3 核酸的结构

核酸的相对分子质量因来源不同而异。DNA 相对分子质量一般为 6 000 000～300 000 000，主要存在于细胞核中，少量存在于核外细胞器(如线粒体)中。脱氧核糖核酸是生物遗传的物质基础，携带遗传信息，决定细胞和个体的遗传型。RNA 相对分子质量一般为 20 000～500 000，主要存在于细胞质中，细胞核中也有少量分布。它参与遗传信息的复制与表达及蛋白质的生物合成；某些病毒 RNA 也可作为遗传信息的载体。

核酸是由许多核苷酸以一定的顺序连接，并具有特征的三维结构的高分子化合物，其结构复杂，在此只介绍一级结构和二级结构。

1. 一级结构

DNA 的一级结构是指 DNA 分子中核苷酸的排列顺序，简称 DNA 顺序(或序列)。由于核苷酸之间的差异仅是碱基的不同，因此可称为碱基顺序。DNA 是巨大的生物高分子，如人的 DNA 就包含了 3×10^9 个碱基对，如此数目的碱基所能容纳的信息量之大是可想而知的。生物世界里形形色色的遗传信息都包含在组成 DNA 的 A、G、C、T 这四种核苷酸的排列顺序之中。DNA 分子中不同排列顺序的 DNA 区段构成特定的功能单位，又称为基因，基因的功能取决于 DNA 的一级结构，因此，DNA 顺序测定是分子遗传学中一项既重要又基本的课题。图 17.3 是 DNA 片段结构示意图。

图 17.3 的结构可用 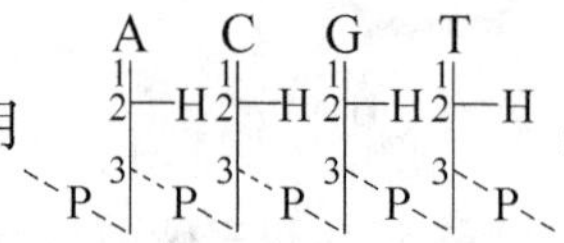

，5′d-…pApCpGpT…-OH 3′的缩写式表示，或者更简单的字符式表示 d-…ACGT…。

若以尿嘧啶替代胸腺嘧啶，脱氧核糖取代核糖，则上面的 DNA 序列变成了 RNA 序列，也就是 RNA 的一级结构，可简写为…ACGU…。注意无论 DNA 还是 RNA 的碱基序列表示法中，方向总是从 5′到 3′。

2. DNA 的二级结构

1953 年，沃森(Watson)和克里克(Crick)在前人研究的基础上，以立体化学上的最适构型建立了一个与 DNA X 射线衍射资料相符的分子模型——DNA 双螺旋结构模型(图

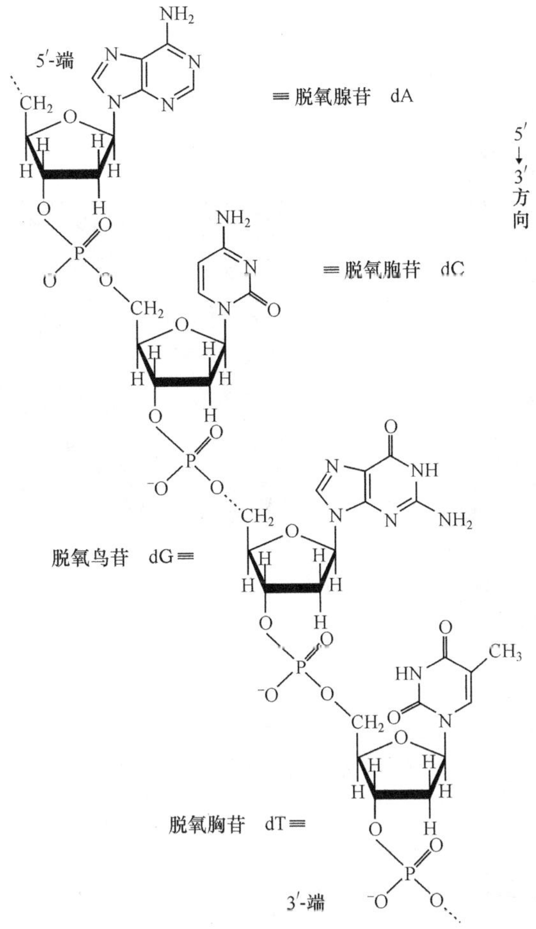

图 17.3 DNA 片段结构示意图

17.4)，其模型有以下特性：

(1) 两条链反向平行，围绕同一中心轴构成右手双螺旋(double helix)。螺旋直径为 2nm，表面有大沟和小沟。

(2) 磷酸-脱氧核糖骨架位于螺旋外侧，碱基垂直于螺旋轴而伸入内侧。每圈螺旋含 10 个碱基对(bp)，螺距为 3.4nm。

(3) 两条链通过碱基间的氢键相连，A 对 T 有两个氢键，C 对 G 有三个氢键，这种A-T、C-G 配对的规律，称为碱基互补规则(base complementary)。

这是一个能够在分子水平上阐述遗传(基因复制)的基本特征的 DNA 二级结构。它使长期以来神秘的基因成为了真实的分子实体，是分子遗传学诞生的标志，并且开拓了分子生物学发展的未来。由双螺旋结构可知，当一条多核苷酸的碱基序列确定后，即可推知另一条主链的碱基序列，这就决定了 DNA 能控制遗传信息，具有高度的保真性。DNA 双螺旋结构的确立，不仅揭示了 DNA 分子的结构特征，而且科学地阐明了 DNA 的遗传功能，是现代分子生物学的里程碑。

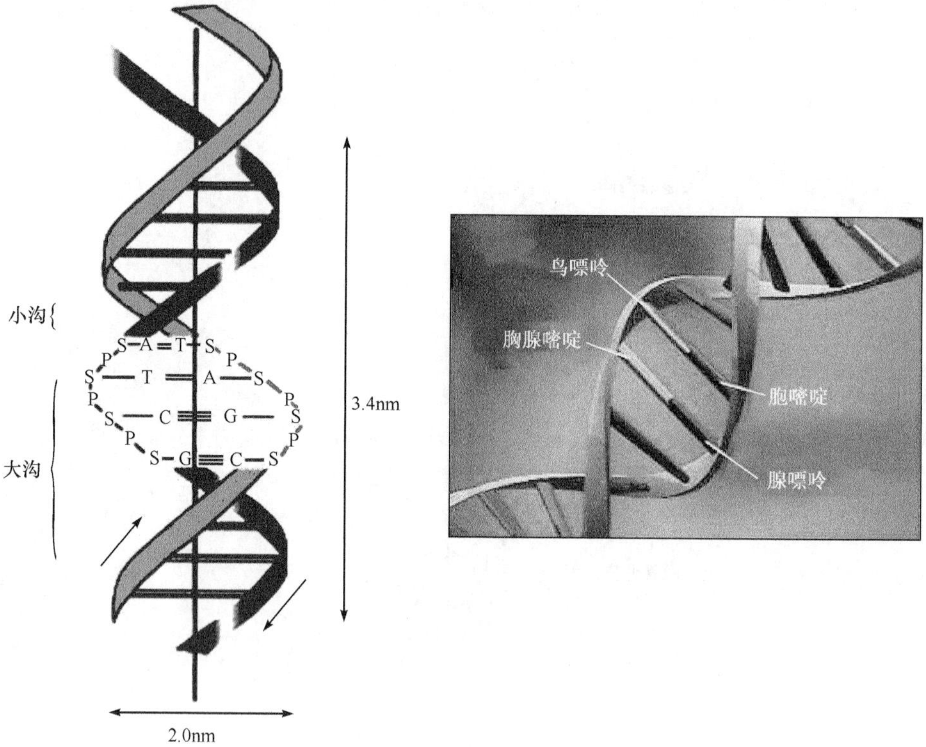

图 17.4　沃森、克里克提出的双螺旋结构

问题 17.8　DNA 和 RNA 在结构上有什么主要差别？

习　　题

1. 命名或写出下列化合物的结构式。

(1) L-丙氨酸　　(2) L-苏氨酸　　(3) L-半胱氨酸

(4) 甘氨酰-亮氨酸　　(5) 丙酪甘三肽

(6) $CH_3CH_2CH(CH_3)CH(NH_2)COOH$　　(7) $HOOCCH_2CH_2CH(NH_2)COOH$

2. 写出下列氨基酸按以下次序结合形成的多肽的结构式。

丙・缬・苯丙・甘・亮

3. 写出下列反应的主要产物。

(1) $PhCH_2\underset{\displaystyle NH_2}{\underset{|}{C}}HCOOC_2H_5 + H_2O \xrightarrow[\triangle]{HCl}$

(2) $CH_3\underset{\displaystyle NH_2}{\underset{|}{C}}HCOOC_2H_5 + (CH_3CO)_2O \longrightarrow$

(3) $PhCH_2\underset{\displaystyle NH_2}{\underset{|}{C}}HCONH_2 + HNO_2$(过量) $\longrightarrow$

(4) 亮氨酸$+CH_3OH$(过量)$\xrightarrow{HCl}$

(5) 异亮氨酸＋CH_3CH_2I(过量)⟶

4. 下列多肽水解后，生成什么样的化合物？

(1) 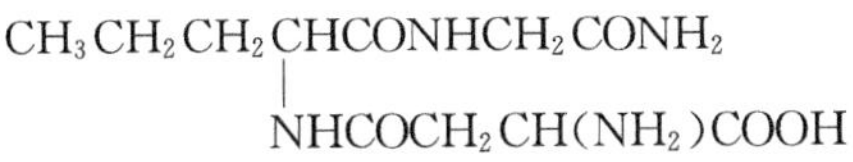　(2) 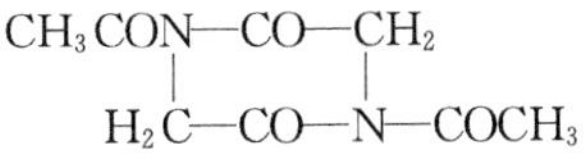　(3) 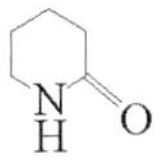

(4) 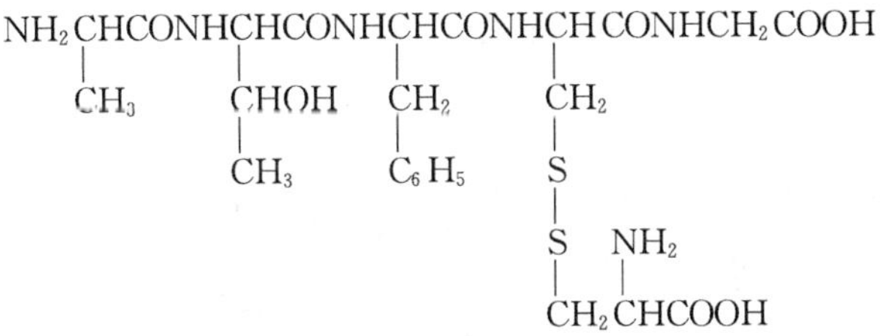

5. 试用简便的方法区别下列各组化合物。

(1)  和 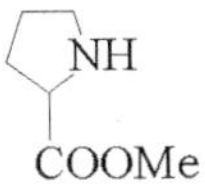　　(2) 乳酸、丙氨酸

(3) 赖丙精肽和赖丙肽　　(4) 丝氨酸与苏氨酸

(5) 淀粉、丙缬甘肽、甘氨酸、半胱氨酸　　(6) 卵清蛋白、水杨酸、7-脱氢胆固醇、α-卵磷脂

6. 化合物 A 分子式为 $C_3H_7O_2N$，具有旋光性，能与 NaOH 和 HCl 生成盐，并能与醇生成酶，与亚硝酸作用时放出 N_2。写出 A 的构造式。

7. 化合物 A 分子式为 $C_5H_{10}O_3N_2$，具有旋光性，它既能与酸反应又能与碱反应，且能与茚三酮水溶液反应。A 与 HNO_2 反应放出 N_2，并得到化合物 B，B 经水解得到化合物 C 及甘氨酸。C 可发生碘仿反应，并生成化合物 D，D 可被 $KMnO_4$ 酸性溶液氧化生成二氧化碳和水。

(1) 写出 A～D 的结构式及相关反应式。

(2) 写出 A 的两种构型式，并用 *R*、*S*(或 D、L)标出其构型。

8. 化合物 A($C_5H_{11}O_2N$)具有旋光性，用稀碱处理发生水解生成 B 和 C。B 也有旋光性，既能溶于酸也能溶于碱，与 HNO_2 反应放出氮气。C 无旋光性，但能发生碘仿反应。试推测 A～C 的结构式。

9. 下列物质在一定 pH 溶液中主要以何种离子形式存在？在电场中如何移动？

(1) 甘氨酸(pI＝5.97)在 pH＝2 时

(2) 谷氨酸(pI＝3.22)在 pH＝7 时

(3) 赖氨酸(pI＝9.74)在 pH＝5 时

(4) 血红蛋白(pI＝6.7)在 pH＝6.7 时

10. 试说明 DNA 和 RNA 一级结构的异同。

11. 选择题。

(1) DNA 与 RNA 两类核酸分类的主要依据是(　　)。

(A) 空间结构不同　(B) 所含碱基不同　(C) 核苷酸之间连接方式不同　(D) 所含戊糖不同

(2) 关于核酸分子杂交的叙述错误的是(　　)。

(A) 不同来源的两条单链 DNA，只要有大致相同的互补碱基顺序，就可结合形成新的杂交 DNA 双螺旋

(B) DNA 单链也可与相同或几乎相同的互补碱基 RNA 链杂交形成双螺旋

(C) RNA 链可与其编码的多肽链结合形成杂交分子

(D) 杂交技术可用于核酸结构与功能的研究

(E) 杂交技术可用于基因工程的研究

(3) DNA 中的共价键包括(　　)。

(A) *N*-糖苷键　(B) *O*-糖苷键　(C) 磷酸二酯键　(D) 二硫键

第 18 章　元素有机化合物

18.1　有机硅化合物

18.1.1　有机硅化合物的主要种类及其命名

有机硅化合物种类繁多，由其制得的有机硅材料性能优异，在工农业生产、国防、医疗卫生、新兴技术以及人们的日常生活等领域得到了广泛的应用。

有机硅化合物是指含有 Si—C 键，且至少有一个有机基团直接与硅原子相连的化合物。例如，CH_3SiH_3、ClH_2CSiCl_3、$C_6H_5SiCl_3$、$C_2H_5Si(OMe)_3$、$(CH_3)_3SiOSi(CH_3)_3$、$[(CH_3)_2SiO]_4$ 等均为有机硅化合物，而 SiH_4、SiC、Na_2SiO_3 等则属于无机硅化合物。

1. *硅烷类及其衍生物*

硅烷及其衍生物是重要的有机硅低分子化合物，通式为 Si_nH_{2n+2}。一般情况下都看成 SiH_4 的衍生物，其命名方式类似于烷烃。例如

SiH_4	Si_3H_8	$HSiCl_3$	$(CH_3)_2SiH_2$	CH_3SiHCl_2
(甲)硅烷	丙硅烷	三氯硅烷	二甲基硅烷	甲基二氯硅烷

对于一些含有其他官能团的硅烷，也可参照有机碳化合物的命名规则命名。例如

$CH_3Si(OC_2H_5)_3$	$(C_4H_9O)_4Si$	$HSi(OCOCH_3)_3$	$(C_2H_5)_2Si(CN)_2$
甲基三乙氧基硅烷	四丁氧基硅烷	三乙酰氧基硅烷	二乙基二氰基硅烷

$C_6H_5Si(NCO)_3$	$(CH_3)_3SiSH$	$H_2C{=}CHSi[OOC(CH_3)_3]$
苯基三异氰酸基硅烷	三甲基巯基硅烷	乙烯基三过氧叔丁基硅烷

2. *硅氧烷类及硅胺类*

硅氧烷类是指含有 Si—O—Si 链节的化合物，在有机硅化合物中占有十分重要的地位。含有 Si—N—Si 链节的化合物则称为硅氮烷。例如

$R_3Si—O—SiR_3$
二硅氧烷

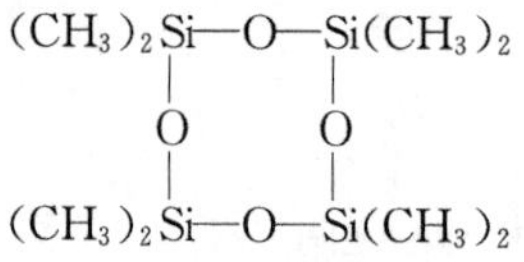
八甲基环四硅氧烷

$R_3Si—NH—SiR_3$
二硅氮烷

$[(CH_3)_2SiNH]_4$
八甲基环四硅氮烷

硅醇类是指硅原子上带有羟基的有机硅化合物，硅胺类则是指硅原子与氮相连的化合物。例如

$(C_6H_5)_2Si(OH)_2$	$(CH_3)_3SiNH_2$
二苯基硅二醇	三甲基硅胺

3. *以其他元素为母体的命名*

以其他元素为母体时，将 $R_3Si—$作为取代基，称为硅烷基，$H_3Si—$称为甲硅烷基，通式

为$(R_3Si)_nY$，$n=2,3,4$。例如

$R_3Si—CH_2—SiR_3$ 二硅烷基甲烷　　$(H_3Si)_3CH$ 三(甲硅烷基)甲烷　　$(H_3Si)_4C$ 四(甲硅烷基)甲烷　　$H_3Si—CH═CH—SiH_3$ 1,2-二(甲硅烷基)乙烯

$H_3Si—C≡C—SiH_3$ 1,2-二(甲硅烷基)乙炔

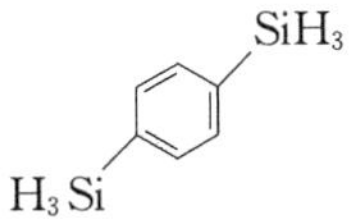

对二(甲硅烷基)苯

$(H_3Si)_3N$（$H_3Si—N(SiH_3)—SiH_3$）三(甲硅烷基)胺(硅氨烷)

一些比较新的含硅不饱和基团则按照译名命名。例如

$H_2Si═$ 亚甲硅烷基(silylene)　　$HSi≡$ 次甲硅烷基(silylidyne)　　$(CH_3)_3Si—$ 三甲基甲硅烷基(trimethylsilyl)

18.1.2 硅与硅键

硅是自然界中含量最丰富的元素之一，仅次于氧，在地壳中的丰度为29.50%，是构成地球上矿物界的主要元素。硅极易与氧结合，自然界中没有游离的硅，大部分坚硬的岩石由硅的氧化物或硅酸盐组成。

硅元素位于第二周期，通常情况下，采用sp^3杂化，具有四面体构型。硅的电负性较小，与C、H相比显电正性，Si—H与C—H键的极化方向不同，Si总是偶极的正极，因此易受到亲核试剂的进攻。

$$\overset{\delta^+}{Si}—\overset{\delta^-}{C}\qquad \overset{\delta^+}{Si}—\overset{\delta^-}{H}\qquad \overset{\delta^-}{C}—\overset{\delta^+}{H}$$

除s轨道和p轨道以外，还有五个空的d轨道，这些空轨道可用于增加中心硅原子的σ键数，如可以形成$[SiF_6]^{2-}$这样的六配位络离子，而碳的配位数一般不超过4。

当硅原子与氧、氮、乙烯基、苯环等相连时，还可形成dπ-pπ配键，使其带有双键的性质，这也是有机硅化合物具有许多特殊性质的原因。例如，三(甲硅烷基)胺$(H_3Si)_3N$不是胺类的四面体构型，而是平面三角形构型。键角接近120°，键长介于Si—N键(0.18nm)与Si═N键(0.16nm)之间，不能与B_2H_6形成配合物，说明$(H_3Si)_3N$分子中的Si—N之间是由氮原子上的一对未共用电子填充到硅原子的d轨道，形成dπ-pπ配键。

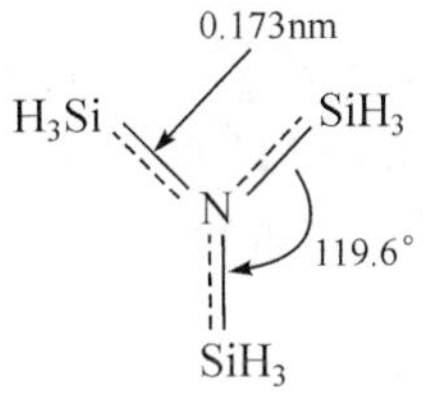

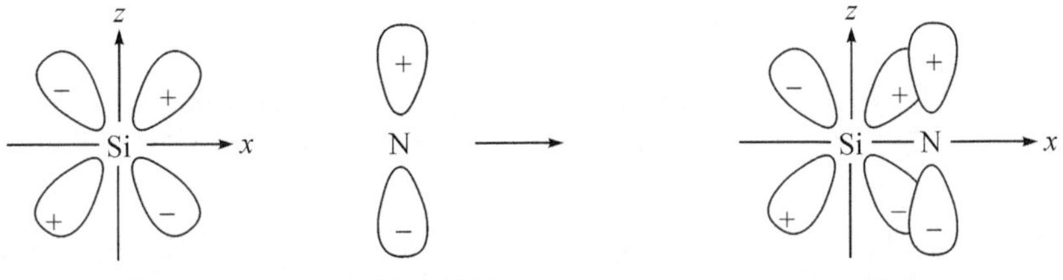

空$3d_{zx}$轨道　　填充的$2p_z$轨道　　dπ-pπ配键

有机硅化合物中的大多数化学键兼具共价键和离子键的特性，表18.1列举了某些硅键与碳键的键能。

表 18.1　硅键与碳键的键能比较(单位:$kJ \cdot mol^{-1}$)

化学键	H	O	C	Si	F	Cl	Br	I
Si—X	303.8	422.5	334.7～342.7	188.3	560.6	368.2	295.8	221.7
C—X	413.3	344.4	344.4	334.7～242.7	426.6	327.6	278.6	218.0

由表 18.1 可见,Si—H 键及 Si—C 键的键能都小于相应的 C—H 键及 C—C 键,这是由硅原子半径较长所致。Si—Si 键最弱,即硅原子与其他元素结合的倾向大于自我结合的趋势,这正是 Si—Si 键易被破坏的原因。

Si—O 键的键能最高,常见的砂、石、玻璃、陶瓷等无机物中均含有 Si—O—Si 键,热稳定性很高,Si—O—Si 键也是构成有机硅氧烷的基本键型,其耐热性优于一般的有机物。例如,硅油(聚硅氧烷)是有机反应常用的热浴,甲基苯基硅油具有很高的热氧化稳定性,仅在 250℃以上的空气中受热才发生氧化及黏度升高。Si—O—Si 键极性较大,可被酸、酸酐、酰卤、卤化物、碱金属的氧化物和氢氧化物以及金属有机化合物等断裂。

18.1.3　有机硅化合物的重要反应

1. *四烷基硅烷*

有机硅烷中的 Si—C 键基本属于共价键,可以发生均裂或异裂。Si—C 键的热稳定性较高,如 Ph_4Si 在 425℃下蒸馏不会发生分解,四甲基硅烷常用作 ^1H NMR 的内标,在 700℃以下很稳定,但仍能发生下列反应:

$$(CH_3)_4Si + HCl \xrightarrow{AlCl_3} (CH_3)_3SiCl + CH_4$$

如果有苯基与 Si 相连,在亲电试剂作用下,苯基比烷基更容易从 Si 上脱去。例如

$$R_3SiPh + H^{\oplus}A^{\ominus}(\text{质子酸}) \longrightarrow R_3SiA + PhH$$

2. *氢有机硅烷*

Si—H 键也是有机硅化合物中的主要键型之一,通过它可以完成很多有价值的反应。由于 Si、H 原子的电负性差值只有 0.3,因此 Si—H 键主要表现为共价键的特性,且 Si—H 键的键能小于 C—H 键。因此虽然 Si—H 键的热稳定性较高,如 SiH_4 在 380～400℃才开始分解,但 Si—H 键的化学性质却比 C—H 键活泼得多,可以与周期表中的很多元素,如氧、卤素、碱金属作用,以及碱性条件下水解等。

1) 与含活泼氢的化合物作用

$$(C_2H_5)_3SiH + H_2O \xrightarrow{OH^{\ominus}} (C_2H_5)_3SiOH + H_2$$

$$(C_2H_5)_3SiH + C_2H_5OH \xrightarrow{C_2H_5O^{\ominus}} (C_2H_5)_3SiOC_2H_5 + H_2$$

$$Ph_3SiH + NH_3 \longrightarrow Ph_3SiNH_2 + H_2$$

2) 歧化反应

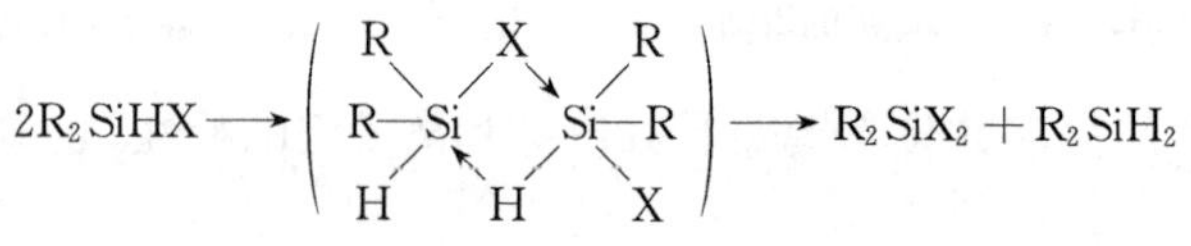

该反应常在路易斯酸、碱作用下发生，加热或紫外光照射也可发生反应。

3）与不饱和键加成——硅氢化反应

$$R_3SiH + CH_2{=}CHCH_2NH_2 \xrightarrow{H_2PtCl_6} R_3Si(CH_2)_3NH_2$$

$$Ph_3SiH + (CH_3)_2C{=}O \longrightarrow (CH_3)_2CHO{-}SiPh_3$$

在强酸存在下，利用有机硅试剂，可以将醛酮还原为醇、烯烃还原为烷烃。例如

$$CH_3{-}\overset{\overset{\displaystyle O}{\|}}{C}{-}CH_3 + (C_2H_5)_3SiH \xrightarrow{H_2SO_4} CH_3{-}\overset{\overset{\displaystyle OH}{|}}{C}H{-}CH_3$$

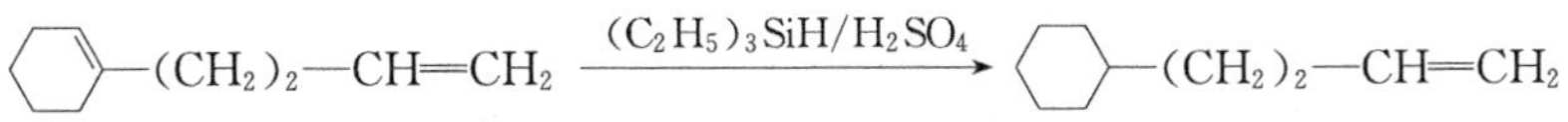

在此，氢硅烷用作还原剂，提供 H^-，常用的为$(C_2H_5)_3SiH$、$(C_2H_5)_2SiH_2$、$PhSiH_3$、Ph_2SiH_2、Ph_3SiH 等。

3．有机卤硅烷

Si—X 键是氯硅烷的基本键型。由于硅原子半径较大，电负性较小，因此 Si—X 键具有很强的极性，远比 C—X 键活泼，与有机物中的酰卤键相近，极易受到亲核试剂的进攻，也易于和含活泼氢的化合物作用，如水、醇、酚、酸、胺等，此外还可与酸酐、醚、有机金属化合物及碱金属等反应。

1）水解

CCl_4 是非极性溶剂，不溶于水，不易水解，呈现化学惰性，而 $SiCl_4$ 却极其活泼，与水发生剧烈反应，在潮湿的空气中冒白烟。

$$SiCl_4 + 2H_2O \longrightarrow SiO_2 + 4HCl$$

氯硅烷水解的第一步产物是硅醇，后者可以自动缩合为硅氧烷。

$$(CH_3)_3Si{-}Cl + H_2O \longrightarrow (CH_3)_3Si{-}OH + HCl$$

$$2(CH_3)_3Si{-}OH \longrightarrow (CH_3)_3Si{-}O{-}Si(CH_3)_3$$

由二烃基二氯硅烷和一烃基三氯硅烷水解分别得到的是二元硅醇和三元硅醇。

$$R_2SiCl_2 + 2H_2O \longrightarrow R_2Si(OH)_2 + 2HCl$$

$$RSiCl_3 + 3H_2O \longrightarrow RSi(OH)_3 + 3HCl$$

其他的有机卤硅烷对水也很敏感，其水解速率随 Si—X 键极性的增强而加快，反应活泼性顺序为 Si—I＞Si—Br＞Si—Cl＞Si—F。

所含卤素相同时，同一个 Si 原子上所连卤素越多，越容易被水解，如下列氯硅烷水解活性顺序为 $SiCl_4 > CH_3SiCl_3 > (CH_3)_2SiCl_2 > (CH_3)_3SiCl$。

2）醇解

有机卤硅烷与醇的反应与水解反应类似，但生成物不是硅醇而是烷氧基硅烷（或称烷基正硅酸酯）。例如

$$(CH_3)_3SiCl + CH_3OH \longrightarrow (CH_3)_3Si(OCH_3) + HCl$$

醇解速率与水解相似，随硅原子上含烷基数目的增加而减小，即硅原子上所连卤素越多，越容易被醇解。

$$R_2SiCl_2 + 2R'OH \longrightarrow R_2Si(OR')_2 + 2HCl$$
$$RSiCl_3 + 3R'OH \longrightarrow RSi(OR')_3 + 2HCl$$

烷基正硅酸酯易于水解而得到相应的硅醇。例如

$$(CH_3)_3Si(OCH_3) + H_2O \longrightarrow (CH_3)_3SiOH + CH_3OH$$

利用这一特性，有机硅化合物作为保护基正越来越受到人们的重视，在合成领域得到了广泛的应用(见 12.4.2 小节)。

$$R_3SiCl + R'OH \longrightarrow \underset{\text{被保护的醇}}{R_3Si(OR')} \xrightarrow{H_3O^{\oplus}} R_3SiOH + R'OH$$

各种被保护对象的反应活性顺序为 ROH＞ArOH＞RCOOH。

硅化产物水解活性顺序正好相反：$RCOOSi(CH_3)_3 > ArOSi(CH_3)_3 > ROSi(CH_3)_3$。

此外，卤代硅烷与烯醇结构的酮作用，产生烯醇硅醚，可使环中双键稳定，有利于与亲电试剂作用。

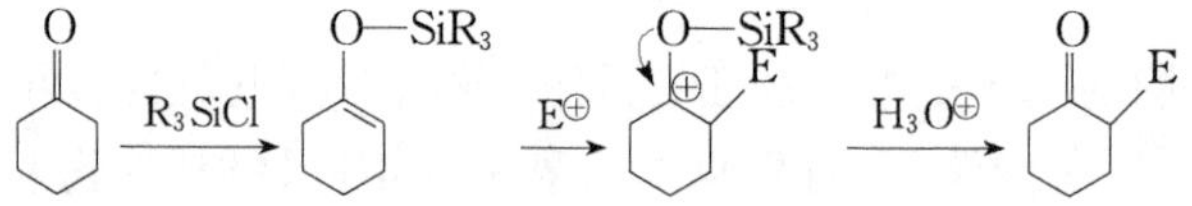

利用该反应，可在酮的 α-位引入卤素、烷基、酰基等。

3) 与有机金属化合物反应

有机卤硅烷中的 Si—X 键可与有机金属化合物，包括 RMgX、RLi、R_nAlX_{3-n}、RNa、R_2Zn 等反应，生成新的 Si—C 键化合物。例如

$$CH_3SiCl_3 + PhMgCl \longrightarrow CH_3PhSiCl_2 + MgCl_2$$
$$(C_2H_5)_3SiBr + CH_3MgBr \longrightarrow (C_2H_5)_3SiCH_3 + MgBr_2$$
$$(C_2H_5)_2SiCl_2 + 2PhLi \longrightarrow (C_2H_5)_2SiPh_2 + 2LiCl$$

4) 还原反应

有机卤硅烷中的卤素可被金属氢化物还原，Si—X 键转化为 Si—H 键。常用的金属氢化物有 $LiAlH_4$、LiH、NaH、$Al(BH)_4$ 及 $NaBH_4$ 等。例如

$$Ph_2SiCl_2 + LiAlH_4 \longrightarrow 2PhSiH_2 + 2LiCl$$
$$(C_2H_5)_2SiCl_2 + 2LiH \longrightarrow (C_2H_5)_2SiH_2 + 2LiCl_2$$
$$CH_3SiCl_3 + NaH \longrightarrow CH_3SiHCl_2 + NaCl$$
$$6(CH_3)_3SiCl + 2Al(BH_4)_3 \longrightarrow 6(CH_3)_3SiH + 2AlCl_3 + 3B_2H_6$$
$$2(CH_3)_2SiCl_2 + 2NaBH_4 \longrightarrow 6(CH_3)_2SiHCl + 2NaCl + B_2H_6$$

以上反应都可以看成是负氢离子与卤硅烷发生的亲核取代反应，硅对亲核试剂如此敏感，是由硅原子上存在能量较低的空 3d 轨道所致。依靠它接受外界电子对扩充八隅体，起路易斯酸的作用。

动力学研究表明，硅原子上的取代反应一般都属于双分子取代，与 R—Cl 的 S_N2 反应相似，但又有差别。表现在反应过程中，中心硅原子的构型有时发生转化，有时保持不变，而 R—Cl 的 S_N2 反应必定发生构型转化。

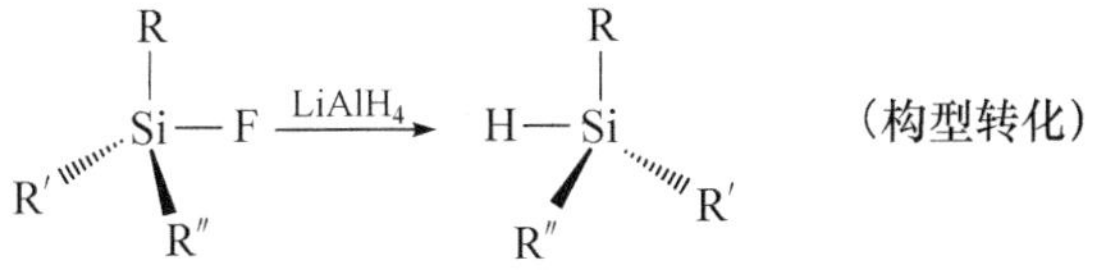

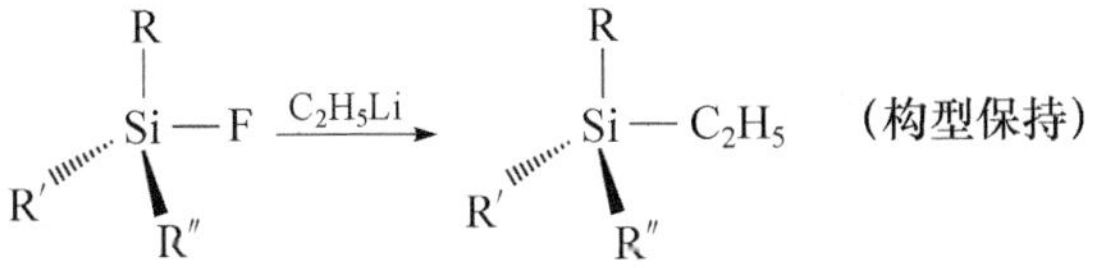

取代反应究竟是构型保持还是构型转化，取决于与硅原子相连的基团 X。X 的离去能力由其碱性来衡量。X 的碱性越弱，越易离去，主要生成构型转化产物，反之则为构型保持产物。

4. 硅氧烷及其聚合物

硅氧烷可用(Si—O)$_n$ 表示，n=2，3，4，…，正整数。硅氧烷可以以直链、环状、网状、支链等形式存在。在制备时，由于使用的原材料或反应条件不同，可获得不同数量和类型的多聚硅氧烷。

在酸或碱存在下，大多数硅醇不稳定，极易缩合形成相应的硅氧烷。

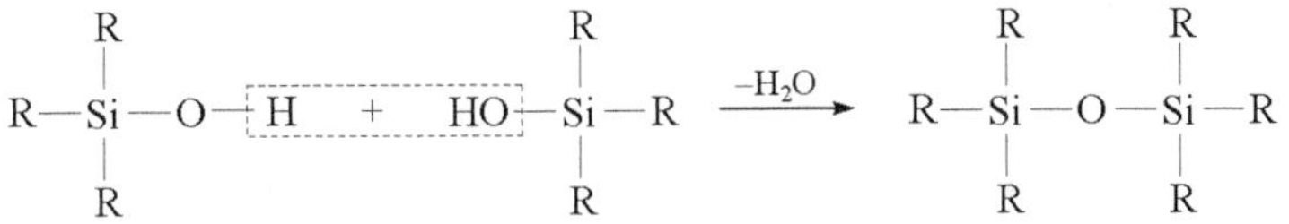

硅二醇和硅三醇都不稳定，一旦生成即发生分子间脱水，形成含有硅氧链的缩合物——多聚硅醇，又称聚硅氧烷或聚硅醚。硅二醇脱水形成线型聚合物，硅三醇脱水形成网状聚合物。

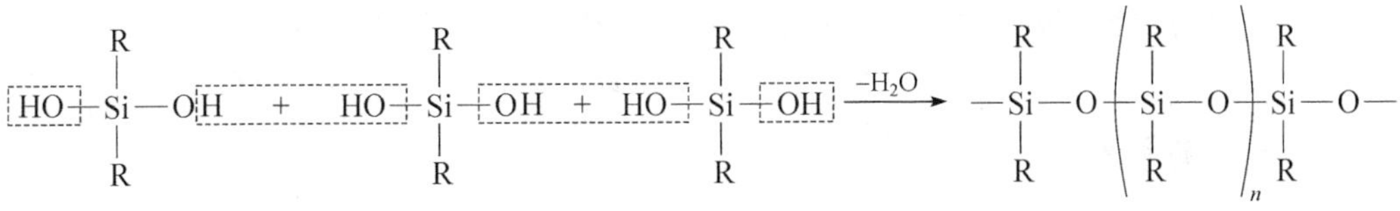

(线型)

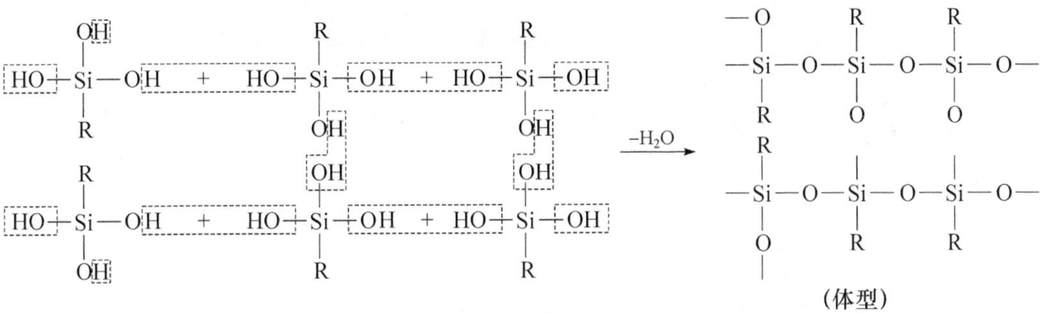

(体型)

多聚硅醇分子内含有多个 Si—O 键，打断 Si—O 键需要较高的能量，因此多聚硅醇具有良好的耐热性。由于其侧链有许多憎水的烃基，因此多聚硅醇耐水性极佳。同时它还具有优良的抗氧化性、电绝缘性和耐低温特性。因此有机聚硅氧烷在工业上占有相当重要的位置，主要工业产品为硅油、硅橡胶和硅树脂。

问题 18.1　完成下列反应。

(1) $(CH_3)_3CCl \xrightarrow{CH_3ONa}$

(2) $(CH_3)_3SiCl \xrightarrow{CH_3ONa}$

(3) $RCHO \xrightarrow{(CH_3)_3SiH}$

(4) $CH_3CH{=}CHCH_2SiCl_3 \xrightarrow{3LiH}$

18.2　有机硼化合物

18.2.1　有机硼化合物的主要种类及其命名

硼原子虽然位于ⅢA 族，但它的性质不像同族金属元素铝，而更像非金属元素硅。20 世纪 40 年代，人们发现了一系列硼烷，由于 $NaBH_4$ 可用作有机合成中的还原剂，有机硼化合物越来越受到了人们的关注。

有机硼化合物按照其结构特点可分为硼烷、硼烷卤化物、硼酸酯、硼酸钠及硼杂原子化合物。

1. 硼烷衍生物的命名

例如

BH_3 硼烷	B_2H_6 二硼烷	$B(CH_3)_3$ 三甲基硼烷	$B(OCH_3)_3$ 三甲氧基硼烷 (硼酸三甲酯)
$PhBCl_2$ 苯基二氯硼烷	$(CH_3)_2NBH_2$ 二甲氨基硼烷	$ClB(OC_2H_5)_2$ 氯二乙氧基硼烷 (氯硼酸二乙酯)	Ph_2BOH 二苯基羟基硼烷 (二苯基硼酸)

2. 硼酸盐的命名

例如

$NaBH_4$ 四氢硼酸钠 (硼氢化钠)	$LiBPh_4$ 四苯基硼酸锂 (四苯基硼化锂)	$NaBH_3CN$ 氰基三氢硼酸钠

3. 硼杂原子化合物的命名

例如

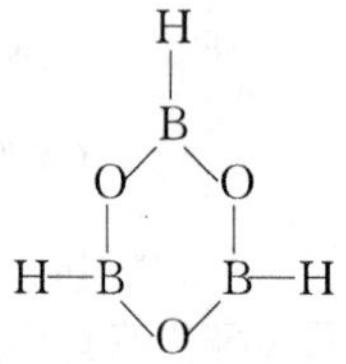
硼氧六环

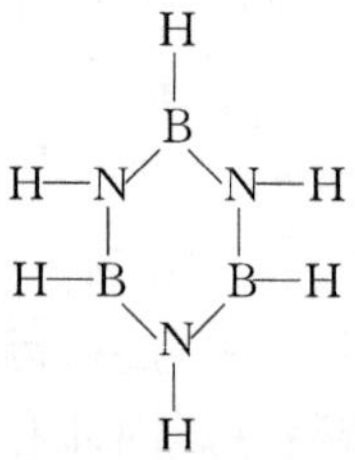
硼氮六环

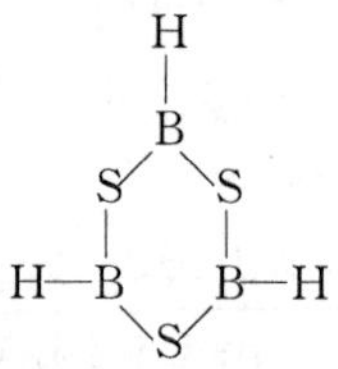
硼硫六环

18.2.2 硼烷和烷基硼烷的结构

硼烷是指由硼和氢组成的化合物，其中结构最简单的是 BH_3，但它不能游离存在，倾向于形成二聚体——乙硼烷 B_2H_6。硼烷中 B 原子采用 sp^3 杂化，每个硼原子各用两个 sp^3 杂化轨道与两个 H 原子的 1s 轨道形成 σ 键，再各用一个 sp^3 杂化轨道与一个桥氢原子的 1s 轨道形成一个 3 中心键，但这两个 sp^3 杂化轨道中只有一个轨道上有一个电子，因此形成的是 3 中心 2 电子的离域共价键，俗称“氢桥”(图 18.1)。

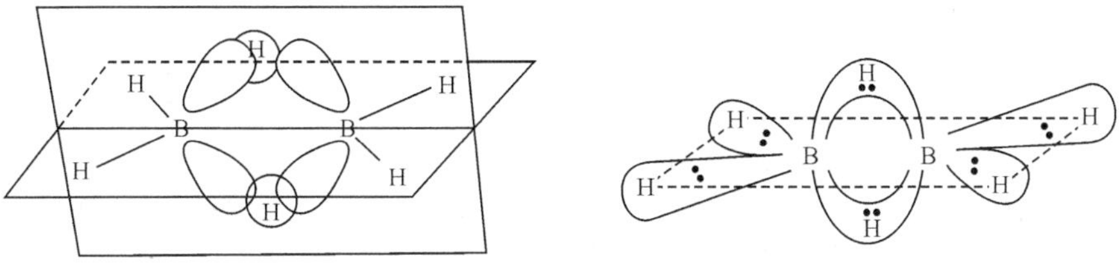

图 18.1 硼烷的结构

在其他高硼烷(如 B_4H_{10}、$B_{10}H_{14}$ 等)分子中，除了有 B_2H_6 分子中那样的 B—H σ 键、B—H—B 3 中心 2 电子键以外，还含有 B—B σ 键、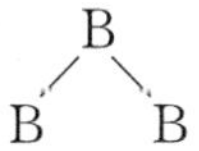 等 3 中心键。

R_3B 不同于 H_3B，是单分子态的。硼是缺电子原子，其他富电子基团，如烯烃、苯环以及带有孤对电子的原子与硼形成 C—B 键时，有部分双键的性质。

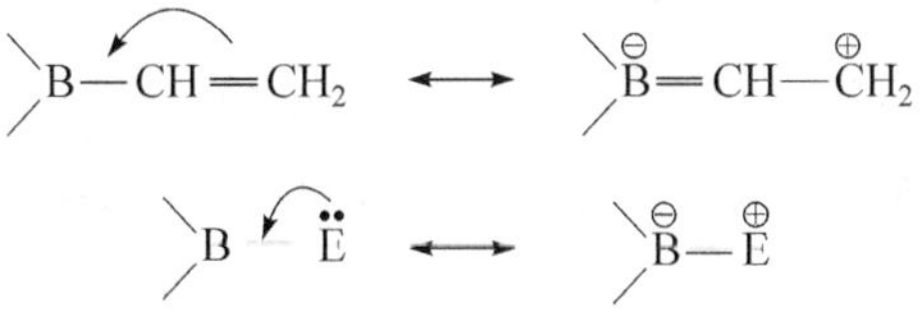

烷基硼可以形成$[BR_4]^-$型配合物，如四苯硼钠 $NaB(C_6H_5)_4$、三甲氧基硼氢化钠 $Na[HB(OCH_3)_3]$等。

18.2.3 有机硼化合物的性质

1. 硼氢化反应

最常用的硼氢化试剂是乙硼烷 B_2H_6，通常是在需要时由 BF_3 与 $NaBH_4$ 在醚溶液中制备。

$$3NaBH_4 + 4BF_3 \xrightarrow{\text{醚}} 2B_2H_6 + 3NaBF_4$$

在醚溶液中，B_2H_6 可部分分解为 BH_3。

$$B_2H_6 \xrightleftharpoons{\text{醚}} 2BH_3$$

二硼烷为气体(沸点为−92℃)，在空气中自燃，遇水立即水解为氢气和硼酸。

$$B_2H_6 + 6H_2O \longrightarrow 2B(OH)_3 + 6H_2$$

二硼烷与烯烃在醚溶液中发生加成反应，得到三烷基硼烷，少数高取代烯烃生成二烷基硼烷或一烷基硼烷。例如

$$RCH{=}CH_2 + 1/2B_2H_6 \xrightarrow{\text{醚}} [RCH_2CH_2]_3B$$

$$(CH_3)_2C{=}CHCH_3 + 1/2B_2H_6 \xrightarrow{\text{醚}} [(CH_3)_2CH{-}CH(CH_3)]_2BH$$

$$(CH_3)_2C{=}C(CH_3)_2 + 1/2B_2H_6 \xrightarrow{\text{醚}} [(CH_3)_2CH{-}C(CH_3)_2]BH_2$$

硼烷与烯烃加成时,采用位阻最小的结合方式,其区域选择性如下:

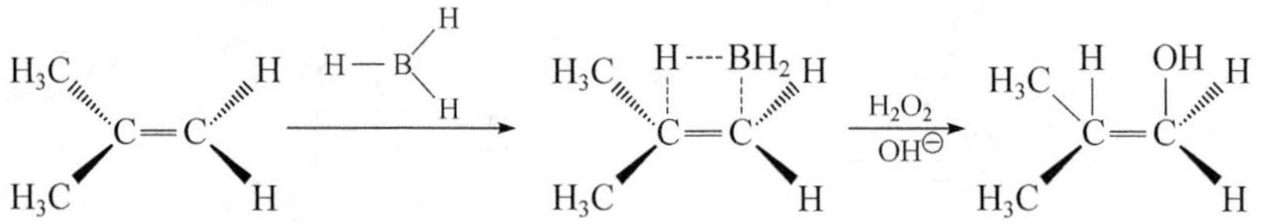

当有机硼烷分子中有一个体积较大的烃基时,反应的立体选择性就非常高。因为硼氢化反应是顺式加成,这就决定了随后的烷基硼氧化水解产物的构型。例如

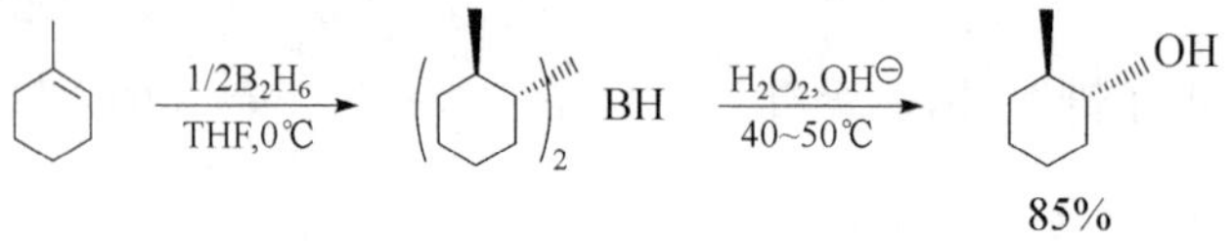

2. 三烷基硼烷的性质

含有 B—H 键的烃基硼烷(RBH_2、$RR'BH$)性质活泼,可与氧、水、醇、卤素、氢卤酸等反应。但三烷基硼烷对水及醇都很稳定,容易被空气氧化,三甲基硼烷和三乙基硼烷等在空气中能够自燃。

1) 异构化反应

高级烷基硼在 160℃以上会发生异构化反应,使硼原子转移到位阻较小的碳原子上。例如

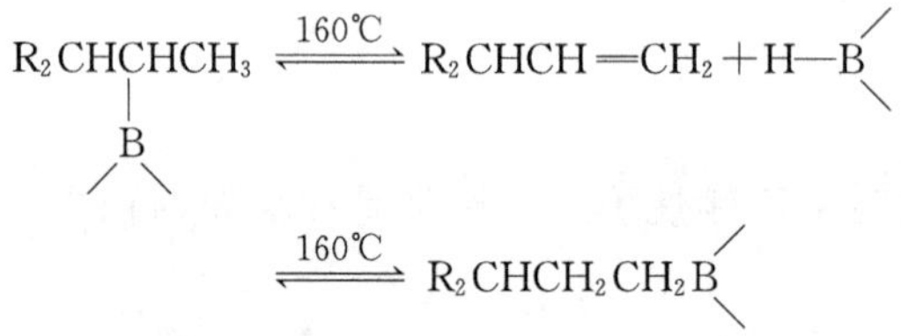

2) 质子化和氧化反应

三烷基硼烷与下列化合物作用可以得到不同的产物。例如

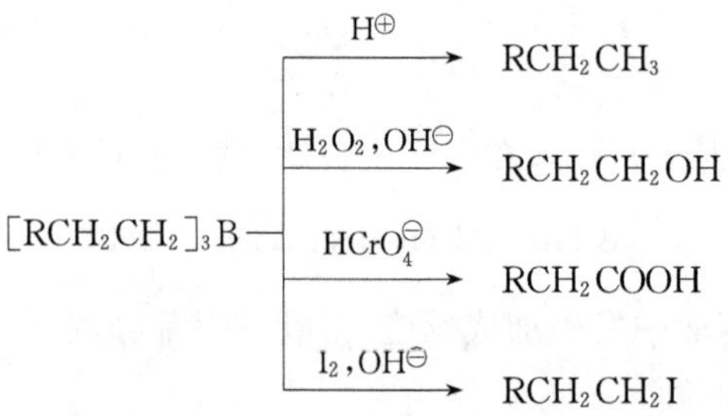

3）烷基化反应

三烷基硼与 α-溴代羰基化合物反应，将烷基引入羰基化合物中，同时生成溴代烷基硼。

$$R_3B + BrCH_2COOC_2H_5 \xrightarrow{(CH_3)_3COK} RCH_2COOC_2H_5 + R_2BBr$$

例如

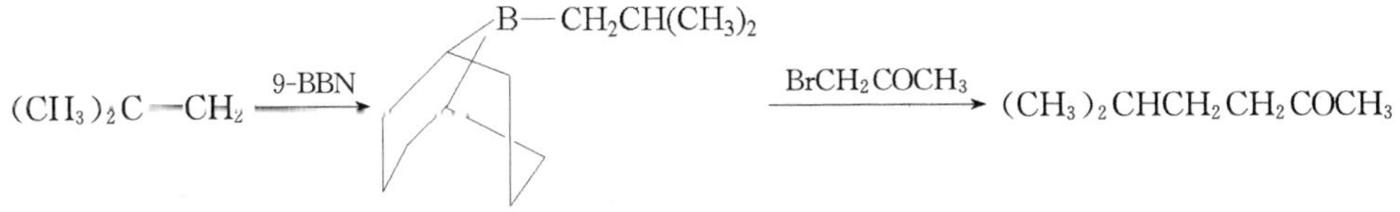

4）羰基化反应

三烷基硼烷与 CO 在 100～125℃迅速反应，生成有机硼中间体 R_3CBO，后者经碱性过氧化物氧化，可以得到高产率的叔醇。

$$R_3B + CO \xrightarrow{100\sim125^{\circ}C} R_3CBO \xrightarrow[OH^{\ominus}]{H_2O_2} R_3COH$$

反应过程为

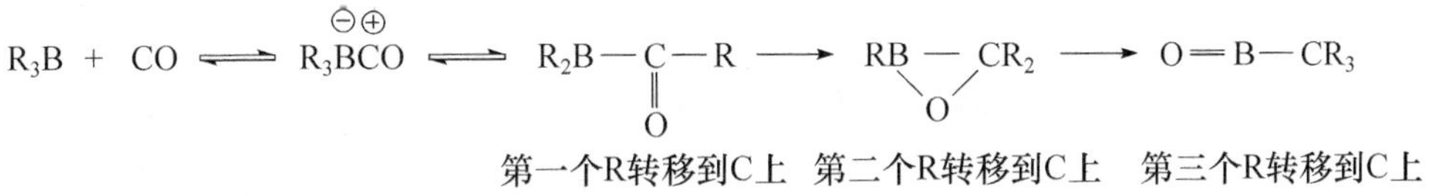

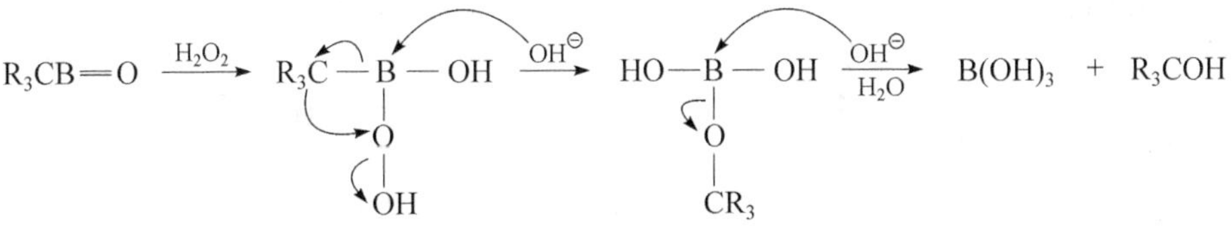

如果 $\mathrm{RB\underset{O}{—}CR_2}$ 不氧化，直接碱性水解，则得到仲醇。

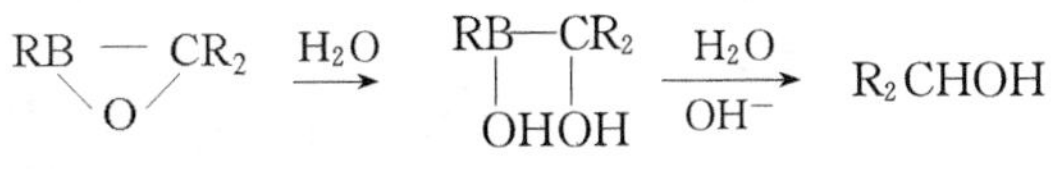

如果 $\mathrm{RB\underset{O}{—}CR_2}$ 水解后再氧化则得到酮。

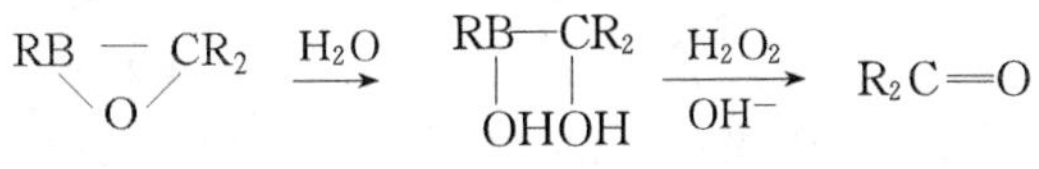

5）1,4-加成反应

三烷基硼烷还可与 α,β-不饱和醛、酮发生 1,4-加成，水解后得到碳链较长的醛、酮。例如

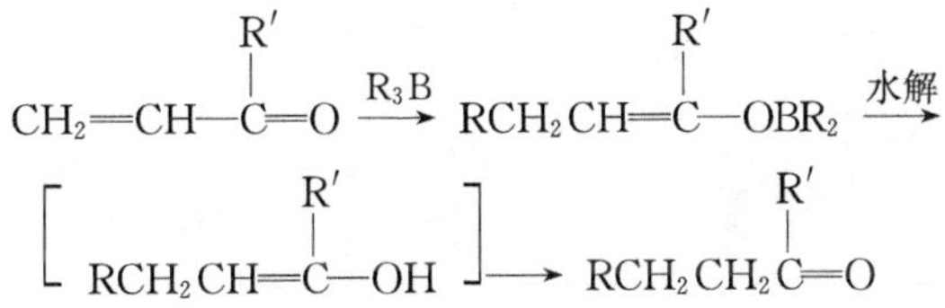

总之，三烷基硼可以通过一系列反应转变为醇、醛、酮、卤代烃、酸等，由于烷基硼可以通过硼氢化反应制得，因此它已成为重要的有机合成中间体。

3. 常见的有机硼试剂

常见的有机硼试剂有 TXB、DAB、9-BBN 等。

异己基硼烷（TXB）

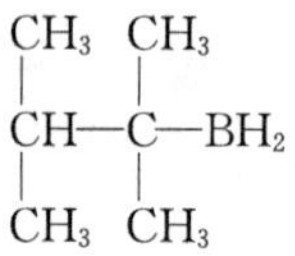

简化为 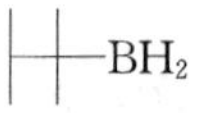

二异戊基硼烷（DAB）

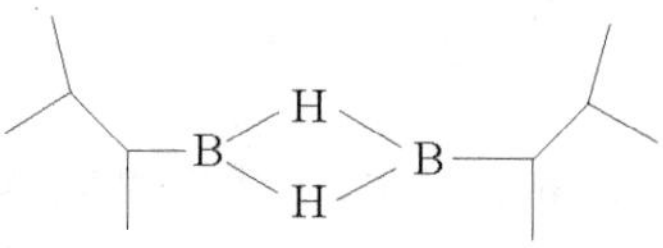

简化为 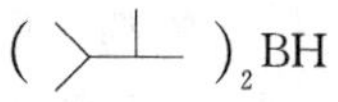

双(9-硼杂二环壬烷)（9-BBN）

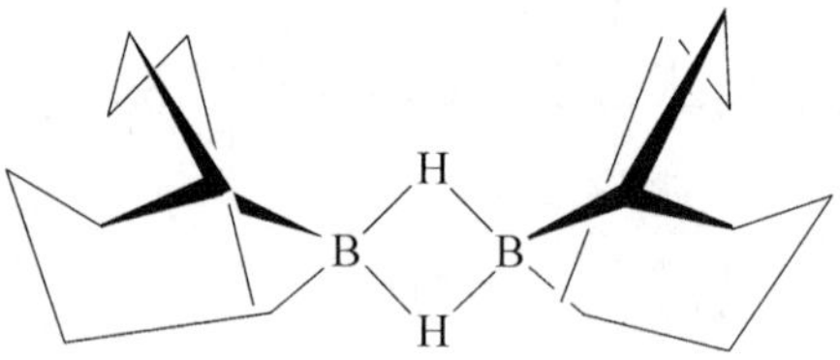

简化为 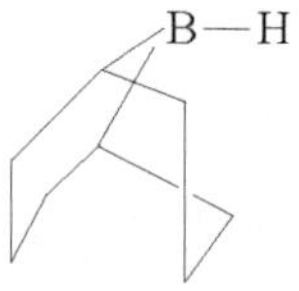

其中，9-BBN 对热、氧化的稳定性最好，它可以在四氢呋喃中回流进行反应。例如

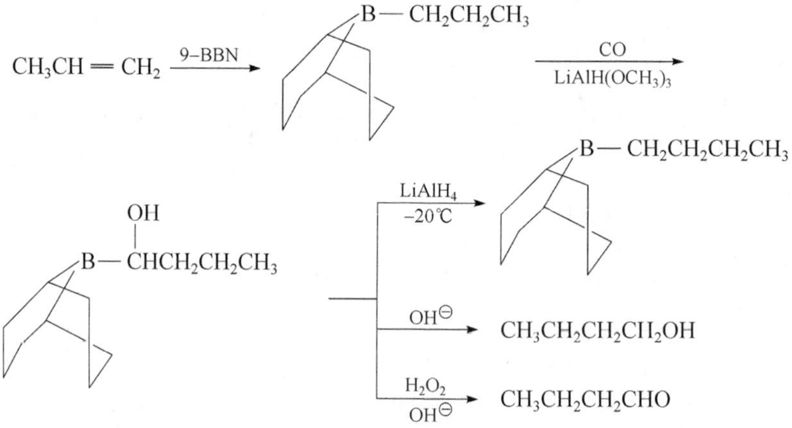

还有一些从天然产物出发，合成有立体选择性的有机硼试剂。例如

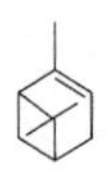

α-蒎烯

一异松蒎硼烷($IPCBH_2$)

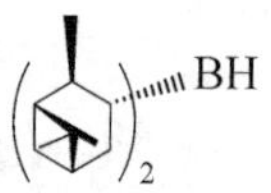

二异松蒎硼烷(IPC_2BH)

这类硼烷常应用于手性合成。

问题 18.2 完成下列转化(要求用烷基硼法)。

(1) 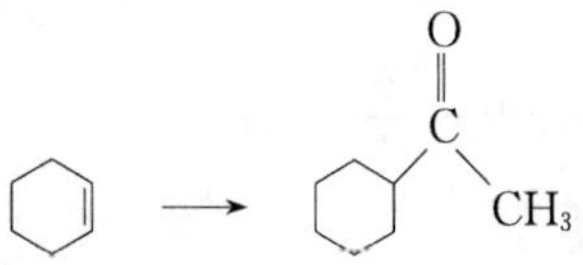

---

(2) 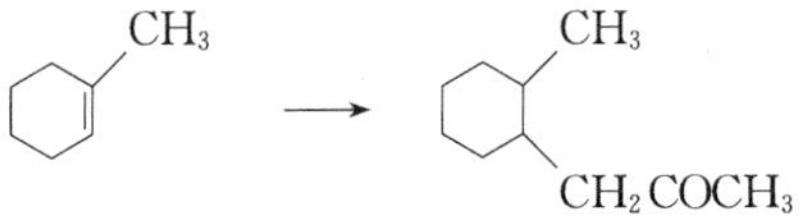

18.3 有机磷化合物

18.3.1 有机磷化合物的主要种类及其命名

有机磷化合物在人们的日常生活中应用广泛，有机磷农药是一类高效、低残留的农药，在农业生产中起着重要的作用。某些磷酸衍生物可作为核酸、辅酶的组成部分，参与生物体内的各种变化。有机磷化合物还可以用作有机合成的试剂，如维悌希试剂，合成普通反应难以得到的化合物。此外有机磷聚合物还可以用作增塑剂、离子交换树脂、合成材料等。

磷与氮同属周期表的ⅤA族，它们的化合价相同，性质相似。但磷原子的共价半径为110pm，比氮原子的共价半径74pm大，同时磷原子还有五个空的3d轨道可用于成键，因此这两种元素组成的化合物又有很多不同之处。

按照原子的化合价不同，可以把有机磷化合物分为三类。

1. 三价磷化合物

磷可以形成与胺类相似的三价磷化合物——膦，包括伯膦、仲膦、叔膦，还可以形成季鏻盐，可看成是磷化氢 PH_3 的衍生物。

PH_3	RPH_2	R_2PH	R_3P	$R_4P^+X^-$
磷化氢	伯膦	仲膦	叔膦	季鏻盐

命名时只需在膦前面加上烃基的名称。例如，Me_3P 称为三甲基膦，Ph_3P 称为三苯基膦。

三价的磷酸衍生物有三种，称为亚磷酸、亚膦酸和次亚膦酸。例如

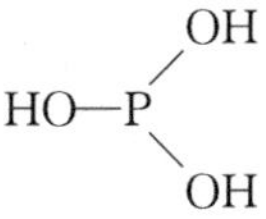
亚磷酸

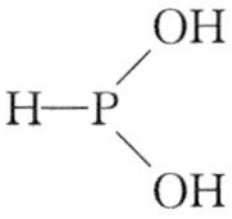
亚膦酸

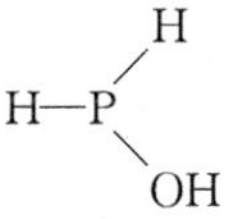
次亚膦酸

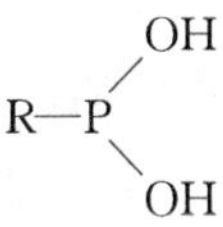
烃基亚膦酸

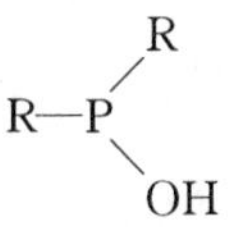
二烃基亚膦酸

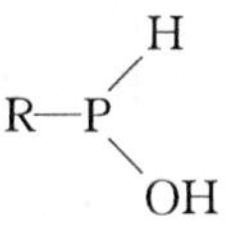
烃基次亚膦酸

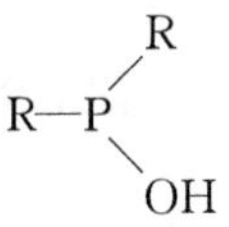
二烃基次亚膦酸

这三种酸还可以形成各自的脂类。例如

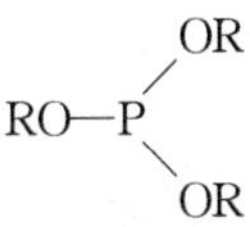
亚磷酸酯

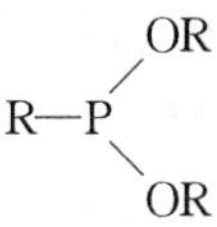
烃基亚膦酸酯

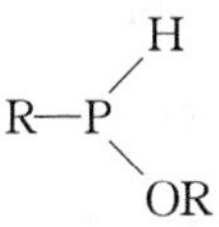
烃基次亚膦酸酯

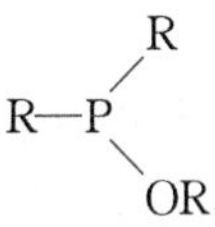
二烃基次亚膦酸酯

2. 五价磷化合物

磷原子不能像氮原子那样同碳、氧、氮等原子形成 p-pπ 键，但是磷原子可以利用其 3d

轨道与其他原子(如 O、S、N 等)形成含有 d-pπ 键的五价磷化合物。

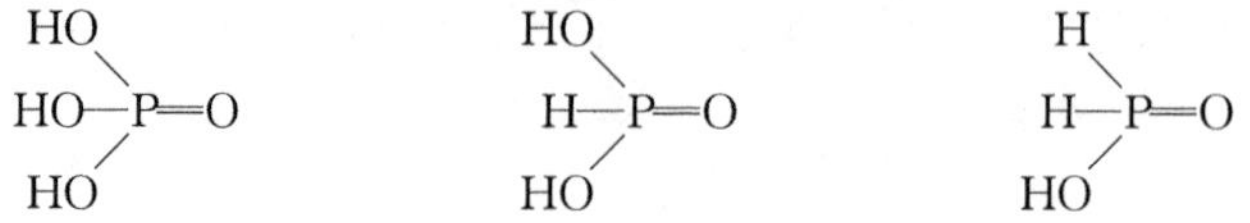

磷酸　　膦酸　　次膦酸

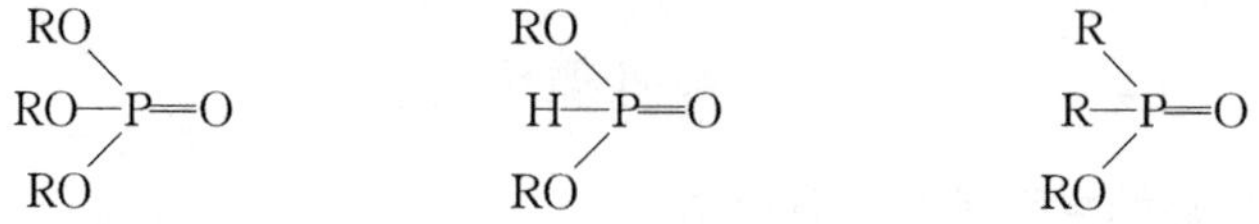

磷酸酯　　膦酸酯　　二烃基次膦酸酯

3. 膦酰氯与膦酰胺

磷酸分子中的羟基(—OH)被卤素取代的衍生物称为膦酰卤,被氨基取代的称为膦酰胺。例如

苯基膦酰二氯　　乙基苯基膦酰溴　　甲基膦酰胺　　苯基膦酰二胺

18.3.2 三价有机磷化合物

三价有机磷化合物是含磷有机物中最为常见,也是应用较多的一类磷化合物。三氯化磷、烃基膦和亚磷酸及其衍生物都属于此类。

1. 烃基膦

1) 烃基膦的制备

卤代烷与磷化钠作用,可以制备伯、仲、叔膦。

$$NaPH_2 + RX \longrightarrow RPH_2 + NaX$$

$$RPH_2 + Na \longrightarrow RHPNa \xrightarrow{R'X} RR'PH + NaX$$

$$RPH_2 + 2R'X \longrightarrow R'_2RP + 2HX$$

一般由三氯化磷与氢化铝锂作用制备磷化氢,再与金属钠作用制得磷化钠。

$$PCl_3 + LiAlH_4 \xrightarrow{THF} PH_3 \xrightarrow{Na} H_2PNa$$

叔膦一般是用格氏试剂与三氯化磷反应制备。例如

$$3CH_3MgBr + PCl_3 \xrightarrow{乙醚} (CH_3)_3P + 3MgBrCl$$

三氯化磷与苯在无水三氯化铝存在下,发生傅-克反应,也可制备三苯基膦。

$$3C_6H_6 + PCl_3 \xrightarrow[20atm^{①},200℃]{AlCl_3} \underset{69\%}{(C_6H_5)_3P}$$

① atm 为非法定单位,1atm=101 325Pa。

这也是合成三苯基膦的重要方法。

2）烃基膦的性质

磷化氢和甲基膦是气体，其余大多数膦是低沸点的液体。大多数膦类均有强烈的臭味（少数如三苯基膦例外），毒性很大（如磷化氢的毒性是 HCN 的 10 倍），难溶于水而易溶于有机溶剂，相对密度小于 1。

(1) 亲核取代反应。与氨相似，烃基膦的磷原子上有一对孤对电子，同时由于磷原子半径较大，电负性较弱，因此烃基膦虽然是弱碱，但是亲核性却比胺类更强。

叔膦一般通过 S_N2 机理与卤代烷反应生成鏻盐，与含手性碳原了的卤代烷作用时可以观察到碳的构型发生转换，磷原子构型不变。

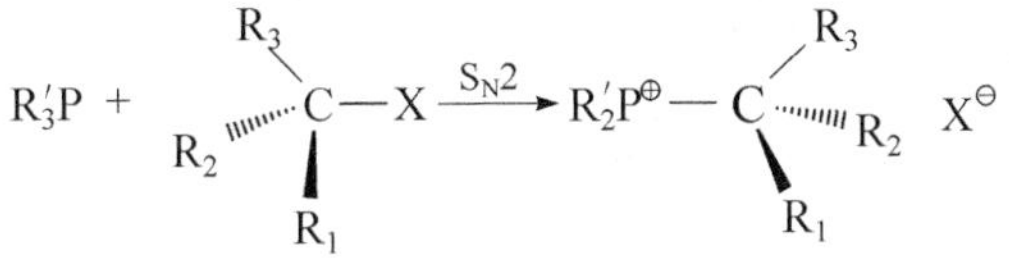

例如

$$Ph_3P + CH_3Br \longrightarrow Ph_3P^{\oplus}CH_3Br^{\ominus}$$

鏻盐进一步反应可以合成著名的维悌希试剂。

叔膦作为强亲核试剂还可以与环氧化物反应，生成氧化膦和烯烃。例如

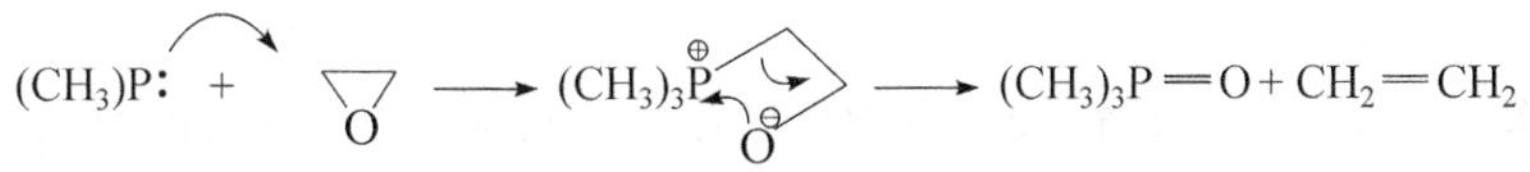

有机膦的亲核性顺序为 $R_3P > R_2HP > RH_2P > PH_3$，卤代烃的活性顺序为 $RI > RBr > RCl$。

(2) 氧化反应。所有的膦都对氧敏感，很容易被氧化，低级的膦在空气中能迅速氧化而引起自燃。当以空气或硝酸为氧化剂时，伯膦、仲膦和叔膦分别被氧化为烷基膦酸、二烷基膦酸和氧化叔膦。

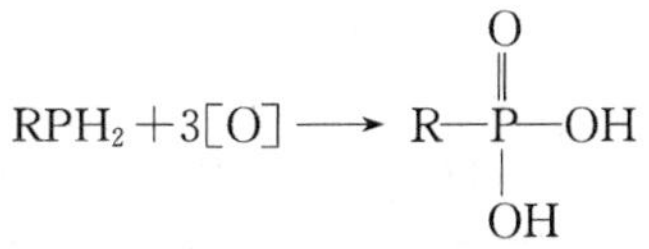

烷基膦酸

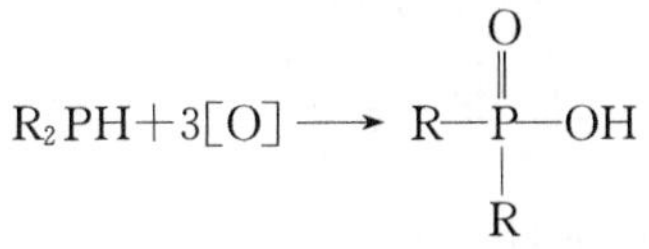

二烷基膦酸

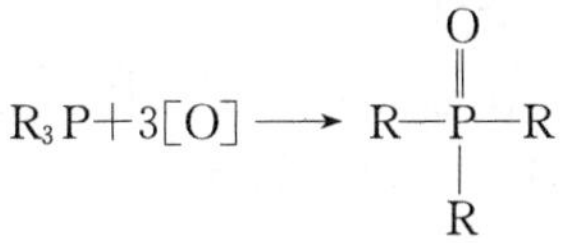

氧化叔膦

氧化产物中的磷-氧双键可以看成是磷原子上的未成键电子对与氧原子形成 σ 配键，并利用磷的 3d 空轨道，接受氧原子上的孤对电子而形成的 d-pπ 键。

2. 维悌希试剂——磷叶立德

叶立德是指有某元素原子与双键碳组合成键的化合物。对磷来说，就是

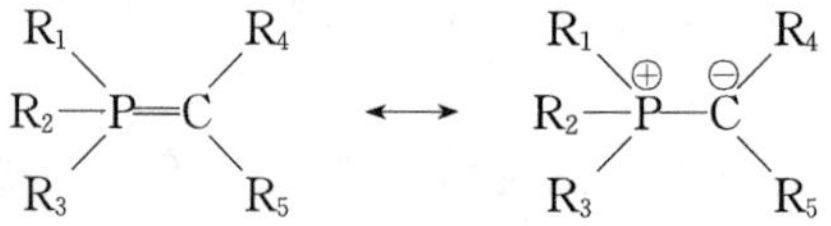

该键的组成与 P═O 相似，有一个 P→C σ 配键，还有一个 d-pπ 键。与磷相连的烃基较多情况下是苯基，但也可以是烷基。与碳相连的基团可以是氢原子、伯烷基或仲烷基、烯基、烷氧基等。例如，$Ph_3P═CH_2$ 可命名为三苯基亚甲膦。

1）磷叶立德的制备

磷叶立德(phosphorous ylide)可以很方便地由三苯基膦与卤代烃反应制备。

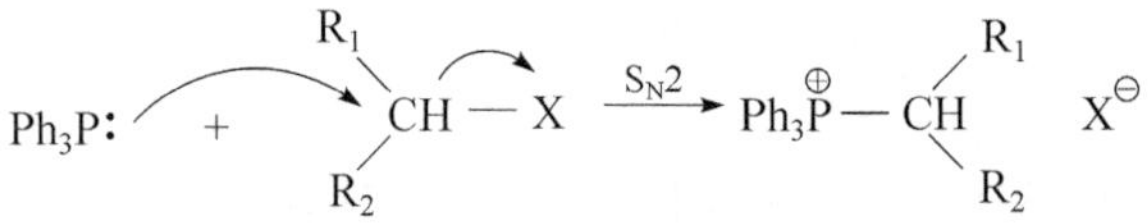

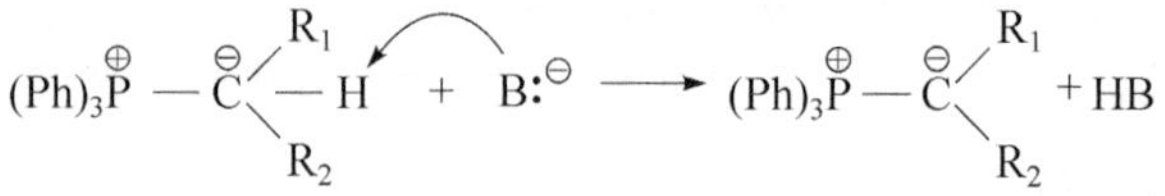

反应的第一步是三苯基膦作为弱碱进攻卤代烃中的碳正中心，与伯卤代烃或仲卤代烃发生 S_N2 反应，生成季鏻盐。第二步是加碱夺取卤代烃 α-碳上的氢原子，生成磷叶立德，所需碱的强度取决于磷盐的 pK_a 值，如果 R_1 和 R_2 能以诱导效应或吸电子共轭效应使碳负离子稳定化，则可用较弱的碱。例如

$pK_a=5.5$　　　　$pK_a=4.2$

上述盐酸性较大，选用 NaOH、Na_2CO_3 即可，这些盐对水也比较稳定。

但如果 R_1 和 R_2 不能使碳负离子稳定，则需要选用较强的碱，如 C_6H_5Li、n-C_4H_9Li、NaH、$NaNH_2$ 等。

$$Ph_3\overset{\oplus}{P}—CH_2CH_3\overset{\ominus}{Br}\xrightarrow[THF]{n\text{-}C_4H_9Li}Ph_3P═CHCH_3$$

这些盐对水不稳定，通常要用非质子溶剂或碱性介质，如 THF、醚、烷烃、液氨等。

$$Ph_3\overset{\oplus}{P}—\overset{\ominus}{C}HCH_3+H_2O\longrightarrow Ph_3\overset{\oplus}{P}═CH_2CH_3\xrightarrow{OH^{\ominus}}Ph_3P═O+CH_3CH_3$$

综上所述，磷叶立德可分为三类：①稳定的，以 $Ph_3P═C(COOC_2H_5)_2$ 为代表，不易与水或氧气作用；②中间状态，如 $Ph_3P═CPh_2$；③不稳定的，如 $Ph_3P═C(CH_3)_2$。

2）维悌希反应

醛、酮与磷叶立德作用，生成烯烃的反应称为维悌希反应。例如

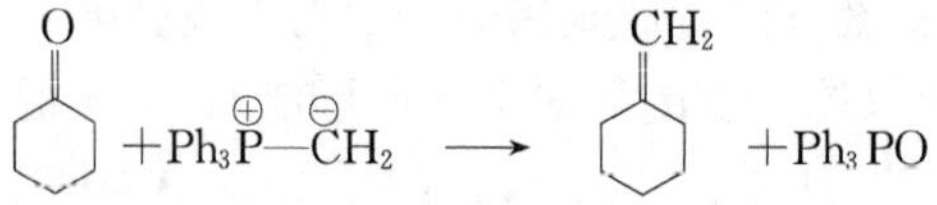

64%

醛、酮与维悌希试剂反应机理如下：

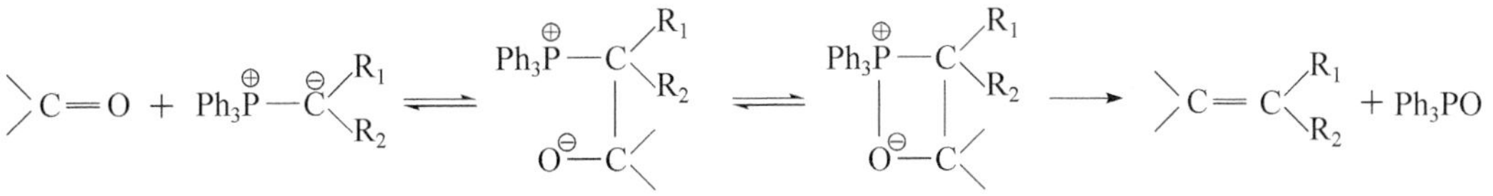

该反应是德国化学家维悌希于 1953 年开始系统研究的，1979 年获诺贝尔化学奖。反应的优越性在于没有重排现象，可在指定位置形成双键，所形成的烯烃是 E 型和 Z 型的混合物，由于产物中基团的空间排斥作用，一般反式产物较多。

通过选择不同的维悌希试剂，可以合成各种各样的取代烯烃，特别是合成环外双键、共轭烯烃以及 α,β-不饱和醛、酮和酯。例如

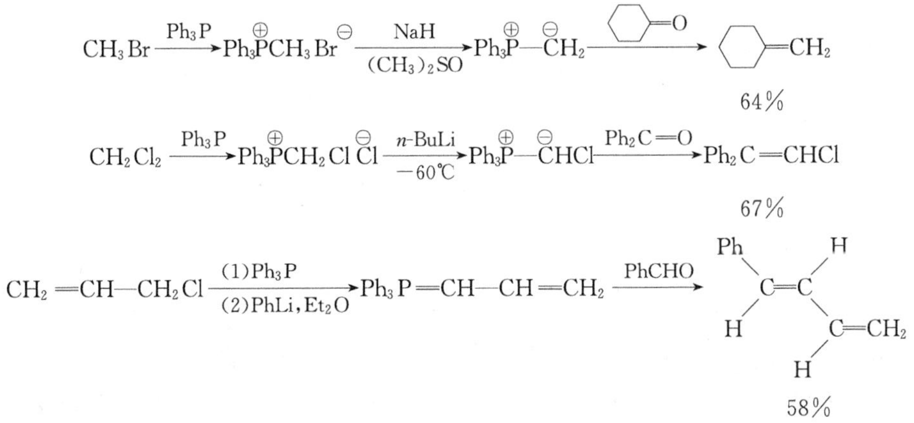

利用维悌希试剂还可以合成一些萜类等天然有机物，如工业上合成 β-胡萝卜素。

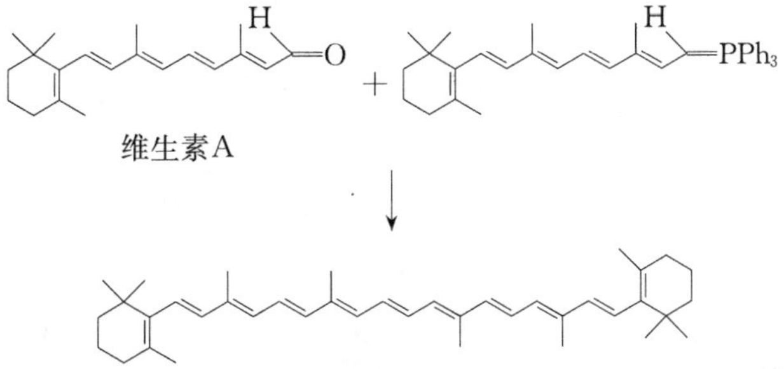

β-胡萝卜素

β-胡萝卜素存在于杏子、芒果、胡萝卜、土豆等植物中，用维生素 A 合成的 β-胡萝卜素都是 E 型。β-胡萝卜素对人体健康非常重要，现代研究发现天然的 β-胡萝卜素有预防癌症的功效，而人工合成的则没有。

在维悌希反应中，还可以用 α-卤代酸酯制备磷叶立德，从而合成 α,β-不饱和羧酸酯。

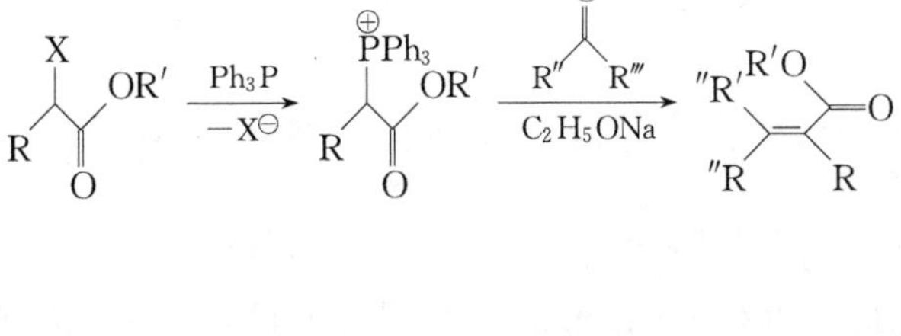

例如

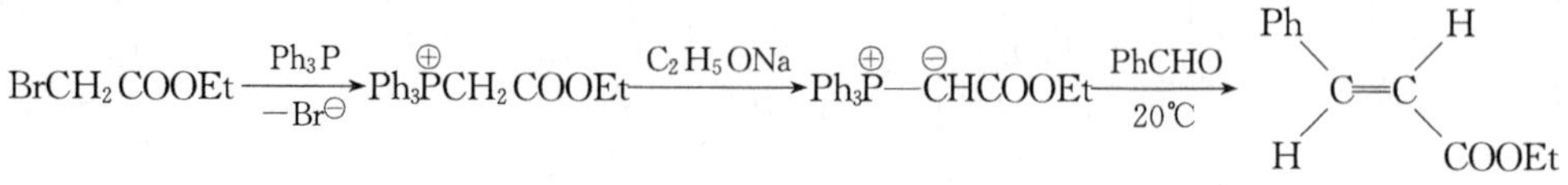

77%

问题 18.3　用维悌希试剂合成下列化合物。

(1) $C_6H_5CH=C(CH_3)_2$

(2) 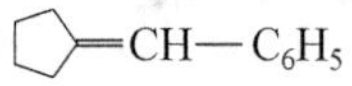

(3) 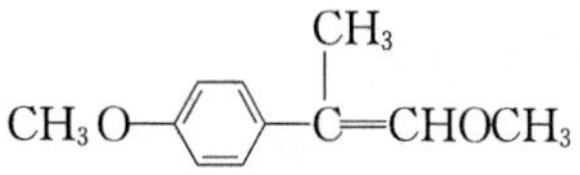

18.4　有机硫化合物

18.4.1　有机硫化合物的主要种类及其命名

有机硫化合物是指硫原子直接与碳原子相连的化合物。有机硫化合物用途广泛，除了用作有机试剂和溶剂以外，在药物和生命物质中也存在很多的含硫有机物，如磺胺类药物、维生素 B_1、胱氨酸等。硫元素的化合物主要为 2、4、6 价，按照其化合价的高低，有机硫化合物可以分为三类。

1. 2 价有机硫化合物

2 价有机硫化合物中硫的成键方式有—S—和═S 两种。例如

RSH	ArSH	R—S—R	R—S—S—R
硫醇	硫酚	硫醚	二烷基二硫醚

R—C(═S)—H	R—C(═S)—R′	R—C(═S)—SH
硫醛	硫酮	硫代羧-*S*-酸
R—S—OH	NH_2—C(═S)—NH_2	R—C(═S)—OH
次磺酸	硫脲	硫代羧-*O*-酸

2. 4 价有机硫化合物

例如

R—S(═O)—R′	R—S(═O)—OH	$[R_3S]^+X^-$	$R_2\overset{+}{S}—\overset{-}{C}R'_2$
亚砜	亚磺酸	锍盐	硫叶立德

要注意亚硫酸的衍生物不同于磺酸衍生物，分子中没有 C—S 键，称为亚硫酸酯。例如

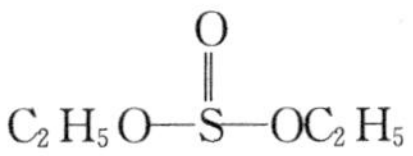

亚硫酸二乙酯

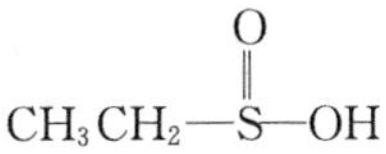

乙基亚磺酸

3. 6价有机硫化合物

例如

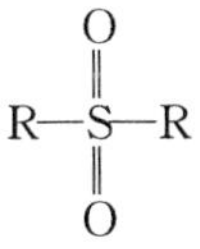

砜

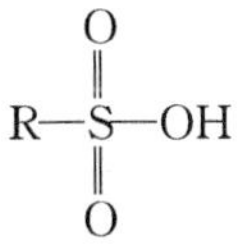

磺酸

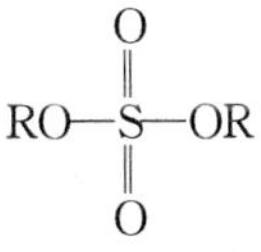

硫酸酯

18.4.2 硫醇、硫酚和硫醚的性质与制备

1. 物理性质

由于硫的电负性比氧小，而原子半径比氧大，因此巯基之间几乎不能形成氢键，故硫醇和硫酚的沸点比相应的醇和酚低，与相对分子质量相同的硫醚的沸点接近。例如，乙醇的沸点为78.5℃，而乙硫醇的沸点为37℃，甲硫醚的沸点为38℃，苯酚的沸点为181.8℃，而苯硫酚的沸点为70.5℃，但硫醚的沸点高于相应的醚。

硫醇与水难以形成氢键，因而硫醇在水中的溶解度很低。例如，乙硫醇在水中的溶解度为1.5g・$100g^{-1}$，而乙醇在水中是无限混溶的。

硫醇、硫酚和硫醚都有极难闻的气味，人们通常在煤气中加入硫醇作为漏气的警戒。

2. 硫醇、硫酚、硫醚的化学性质

1）酸性

硫醇与硫酚的酸性比相应的醇和酚强。例如

	C_2H_5OH	C_2H_5SH	C_6H_5OH	C_6H_5SH
pK_a	15.9	9.5	10	7.8

硫醇显弱酸性，其酸性小于碳酸，可溶于 NaOH 的醇溶液，但通入 CO_2 又重新变回硫醇。例如

$$CH_3CH_2SH+NaOH \xrightarrow{C_2H_5OH} CH_3CH_2SNa+H_2O$$

$$CH_3CH_2SNa+CO_2+H_2O \longrightarrow CH_3CH_2SH+NaHCO_3$$

硫酚的酸性比碳酸强，可溶于 $NaHCO_3$ 溶液中。

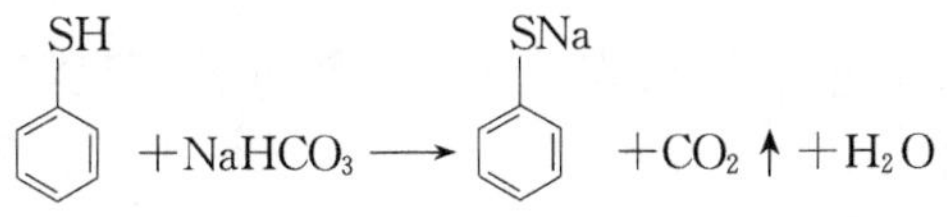

硫醇与硫酚的重金属盐，如砷、汞、铅、铜等形成的盐都不溶于水。

$$2RSH+HgO \longrightarrow (RS)_2Hg\downarrow +H_2O$$

（白色）

许多重金属离子之所以能引起人畜中毒，是因为这些金属离子能与机体内的某些酶中

的巯基结合，使酶丧失正常的生理功能。利用硫醇可与重金属离子形成稳定的不溶性盐的特性，可向体内注射含巯基的化合物作为重金属离子的解毒剂。医药上使用二巯基丙醇，它可以夺取与机体内酶结合的重金属，形成稳定的盐从尿中排出。

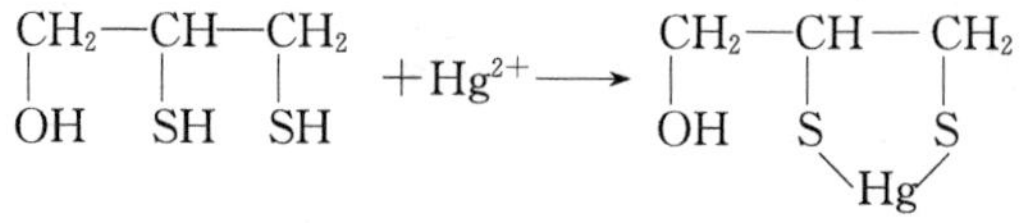

2）氧化

硫醇与硫酚在弱氧化剂（如三价铁、次碘酸钠、过氧化氢）的作用下，可被氧化为二硫化物，此二硫化物又可被还原为硫醇与硫酚。

$$\underset{\text{硫醇}}{2RSH} \underset{\text{还原}}{\overset{\text{弱氧化}}{\rightleftharpoons}} \underset{\text{二硫化物}}{R—S—S—R}$$

硫醇与硫酚的氧化还原作用在生物体内是十分重要的反应，—S—S—键与—SH键存在于蛋白质的结构中。例如，胱氨酸就是半胱氨酸的过硫化物，它们在酶的作用下发生氧化还原反应而互相转化。

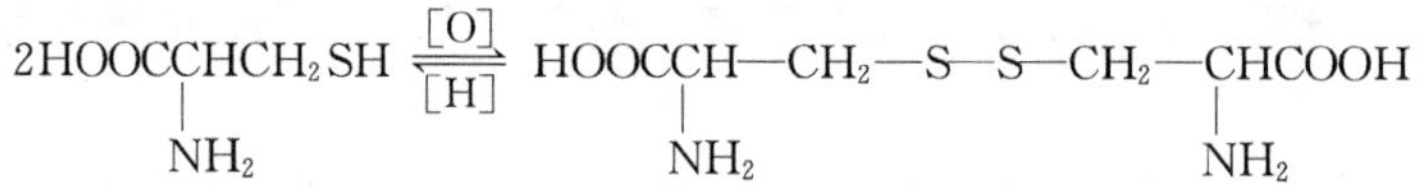

半胱氨酸　　　　　　　　　　胱氨酸

在强氧化剂的作用下，硫醇、硫酚和二硫化物都可被氧化成磺酸。

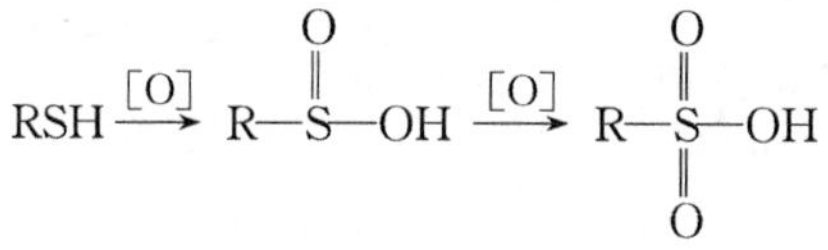

亚磺酸　　　　磺酸

硫醚也容易被氧化，室温下与硝酸或过氧化氢作用，可生成亚砜和砜。

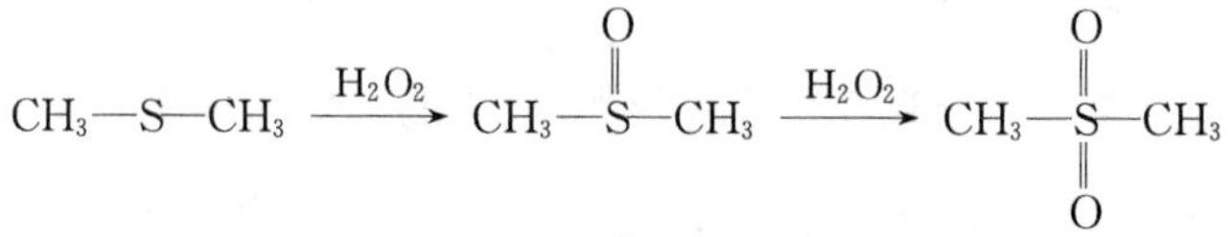

二甲亚砜　　　　　二甲砜

亚砜在 HI、RSH、$LiAlH_4$ 等还原剂作用下生成硫醚。

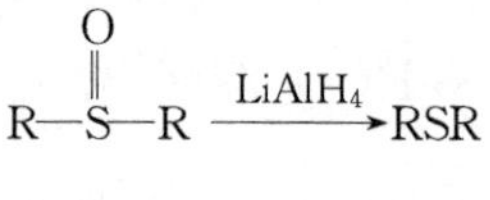

二甲亚砜（DMSO）为无色液体，沸点为189℃，溶于水，是常用的非质子性极性溶剂，能溶解许多无机盐和有机化合物。

3）硫醇、硫酚和硫醚作为亲核试剂

由于硫的原子半径大于同族元素氧，其外层电子的给电子能力比氧强，因此硫醇、硫酚的盐和硫醚的亲核性都大于相应的氧化物。

$$RSNa + R'X \longrightarrow RSR'$$

$$ArSNa + R'X \longrightarrow ArSR$$

硫醚与卤代烃发生 S_N2 反应，可以形成稳定的锍盐，锍盐类似于季铵盐，与氢氧化银作用，生成相应的碱。

$$\underset{\text{硫醚}}{R_2S:} + R{-}X \longrightarrow \underset{\text{卤化三烃基锍}}{R_3S^{\oplus}X^{\ominus}} \xrightarrow[H_2O]{Ag_2O} \underset{\text{氢氧化三烃基锍}}{R_3S^{\oplus}OH^{\ominus}}$$

与季铵盐类似，锍盐发生消除反应时也遵循霍夫曼规则，以生成对称性较小的烯烃为主。

3. 硫醇、硫酚、硫醚的制备

硫醇可由卤代烃与硫氢化钠在乙醇溶液中发生 S_N2 反应制备。例如

$$CH_3(CH_2)_{10}CH_2I + NaSH \xrightarrow{C_2H_5OH} \underset{\text{十二硫醇}}{CH_3(CH_2)_{10}CH_2SH} + NaI$$

十二硫醇在合成高分子化合物时用作调节剂。

用锌加硫酸还原苯磺酰氯可以得到硫酚。

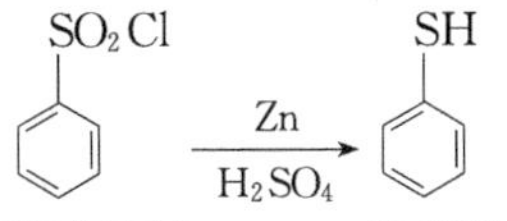

苯磺酰氯　　　　苯硫酚

硫醚的制备同醚的制备相似，单硫醚可由硫化钾与卤代烃或硫酸酯作用制得。例如

$$2CH_3I + K_2S \longrightarrow (CH_3)_2S + 2KI$$

$$2(CH_3)_2SO_4 + K_2S \longrightarrow (CH_3)_2S + 2CH_3OSO_2OK$$

也可采用威廉姆逊合成法，用硫醇盐与卤代烃作用制备单硫醚或混合醚。

$$RX + R'SNa \longrightarrow RSR' + NaX$$

上述反应首先生成 RS^-，然后按照 S_N2 机理进攻 RX。例如

$$CH_3CH_2SH + OH^{\ominus} \xrightarrow{C_2H_5OH} CH_3CH_2S^{\ominus} + H_2O$$

$$CH_3CH_2S^{\ominus} + (CH_3)_2CHCH_2Br \longrightarrow (CH_3)_2CHCH_2SCH_2CH_3 + Br^{\ominus}$$

问题 18.4　比较下列化合物的酸性强弱。

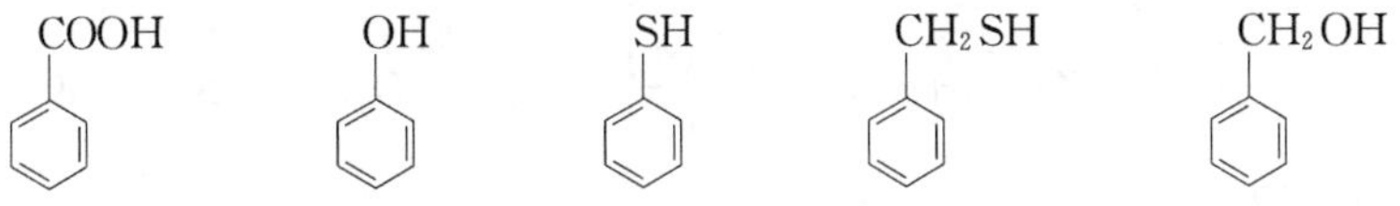

问题 18.5　以乙醇、仲丁醇为原料合成丁酮缩二乙硫醇。

18.4.3　硫叶立德

如前所述，硫醚与卤代烃反应可以生成锍盐，锍盐中硫原子带正电荷，类似于鏻盐，可以被强碱拉掉一个 α-H 原子，形成硫叶立德。例如

$$CH_3SCH_3 + CH_3I \longrightarrow (CH_3)_2\overset{\oplus}{S}CH_3\overset{\ominus}{I} \xrightarrow[0℃]{n\text{-}C_4H_9I} (CH_3)_2\overset{\oplus}{S}{-}\overset{\ominus}{C}H_2$$

硫叶立德在 0℃以上不稳定，但在低温下可与醛、酮加成，生成环氧化物，这一点是与磷

叶立德不同的。例如

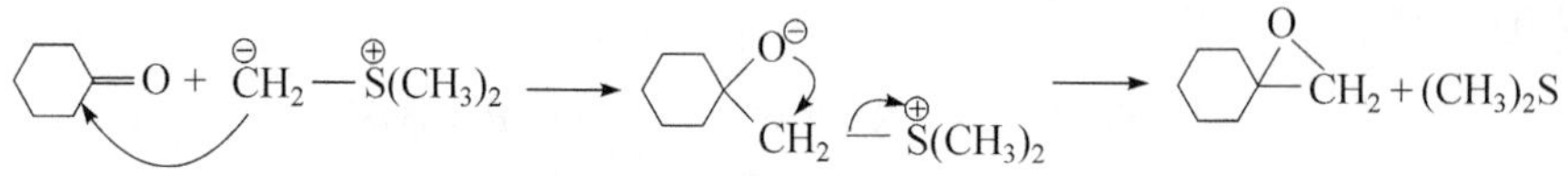

硫叶立德还可与 α,β-不饱和化合物加成，该反应与迈克尔加成相似，但产物为含环丙烷的 α,β-不饱和化合物。例如

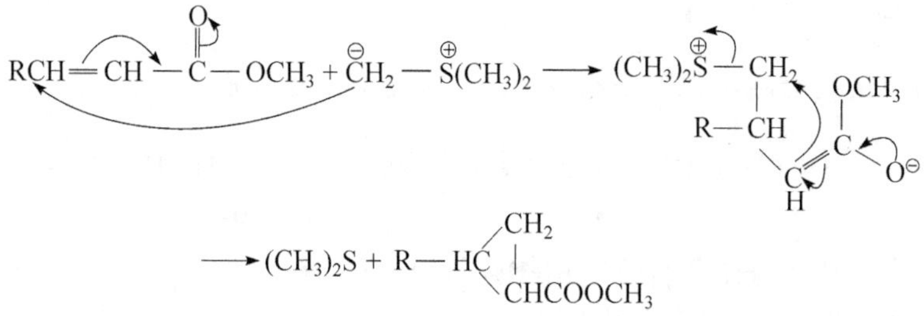

18.4.4　磺酸及其衍生物

1. 物理性质

磺酸是与硫酸一样的强酸，有极强的吸湿性，不溶于一般的有机溶剂而溶于水。芳香族磺酸都是固体，无水芳磺酸的熔点低于相应的羧酸，在有机合成中常用它代替硫酸用作酸性催化剂。例如，聚苯乙烯强酸型阳离子交换树脂就是一种芳磺酸，它可代替硫酸催化酯水解、醇脱水、酯化反应等。磺酸的钙盐、镁盐都易溶于水。由于磺酸易溶于水，因此在合成染料分子时，常引入磺酸基以增加染料的水溶性，还可用作表面活性剂。

2. 化学性质

1）羟基的取代反应

磺酸基中的羟基与羧酸中的羟基类似，也可被卤素、氨基、烷氧基取代生成相应的磺酰卤、磺酰胺、磺酸酯等衍生物。例如，苯磺酸可与氯磺酸、五氯化磷或三氯氧磷作用，生成苯磺酰氯。

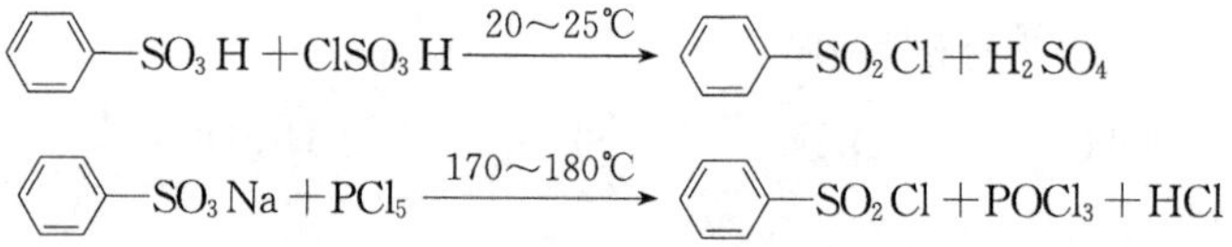

2）磺酰氯的反应

磺酰氯与羧酸的酰氯相似，可以发生水解、氨解和醇解（包括硫醇）反应，但不如酰氯活泼，其水解、醇解和氨解反应的速率都要比酰氯慢。例如

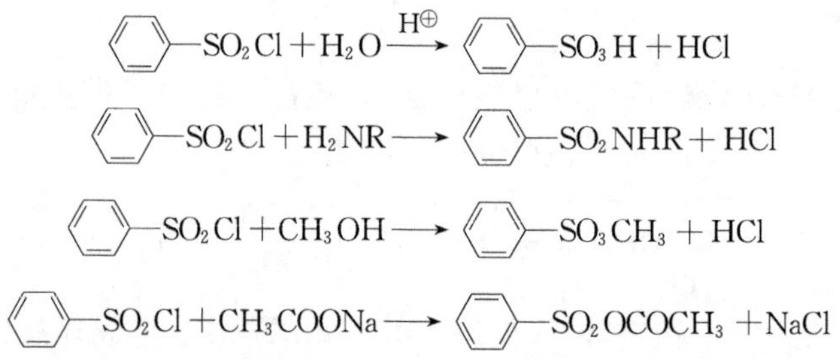

3）磺酸基的取代反应

芳香族磺酸可以发生水解、碱熔、氰解、氨解等取代反应。例如，芳磺酸的水解反应就是磺化反应的逆反应。

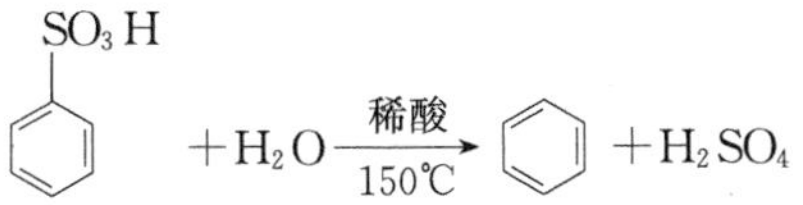

芳香族磺酸钠盐碱熔，磺酸基被羟基取代。例如

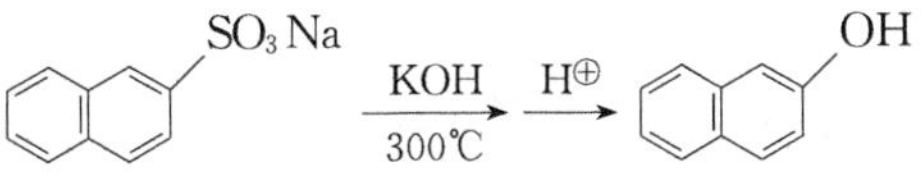

磺酸基还可以被氰基、氨基、卤素等亲核基团取代。例如

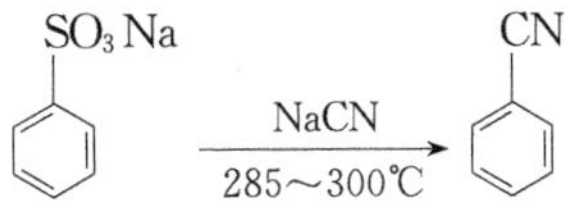

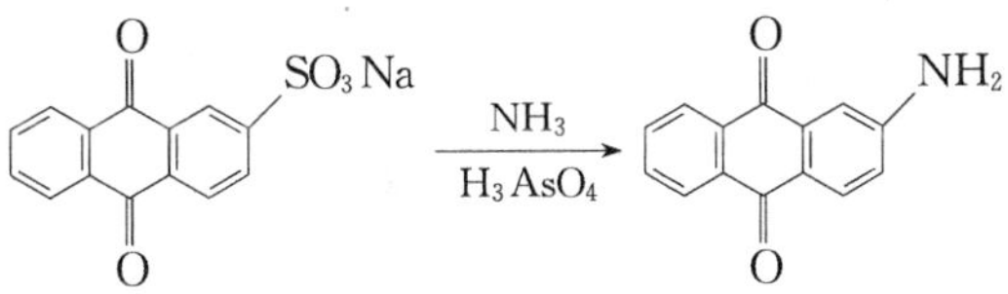

问题 18.6　完成下列转化。

（1）以苯为原料，合成对溴苯磺酰溴。

（2）以苯为原料，合成对氨基苯磺酰胺。

习　题

1. 命名下列化合物。

（1）$(CH_3)_3Si—O—Si(CH_3)_3$　（2）$CH_2=CH—Si(CH_3)_3$　（3）$(C_6H_5)_3SiOH$

（4）CH_3OBCl_2　（5）$(CH_3)_2BCH(CH_3)_2$　（6）$HSCH_2CO_3OH$

（7）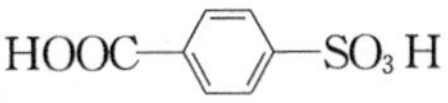　（8）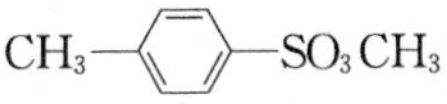　（9）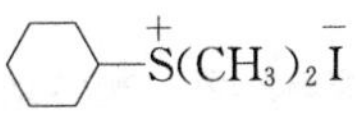

（10）$(C_2H_5O)_2P(=O)C_6H_5$　（11）$(C_6H_5)_2P(=O)OC_2H_5$　（12）$CH_3CH_2—P(CH_3)Cl$

2. 完成下列反应。

（1）$(CH_3)_2C=CHCH_3 \xrightarrow{1/2B_2H_6}$ $\xrightarrow{H_2O_2/OH^{\ominus}}$；$\xrightarrow{H^{\oplus}}$

（2）$(CH_3)_2C=CH—CHO \xrightarrow{Et_3B} \xrightarrow{H_2O}$

（3）$C_2H_5SiCl_3+3C_2H_5OH \longrightarrow$

（4）$(CH_3)_3SiCl+C_2H_5MgCl \longrightarrow$

（5）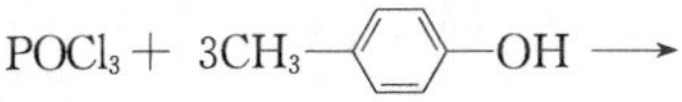

(6) 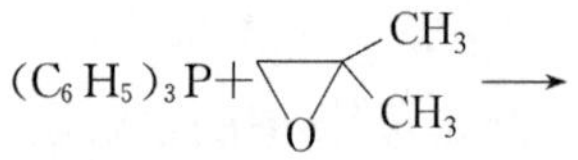

(7) 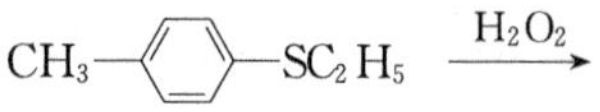

(8) 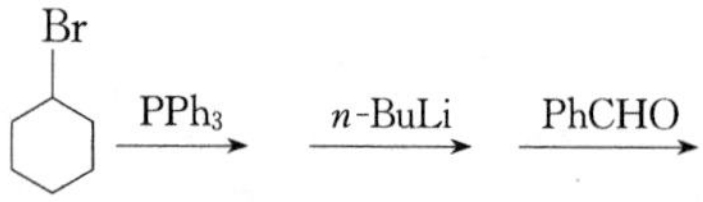

(9) 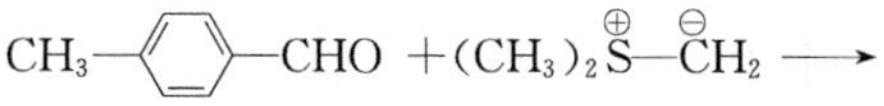

(10) 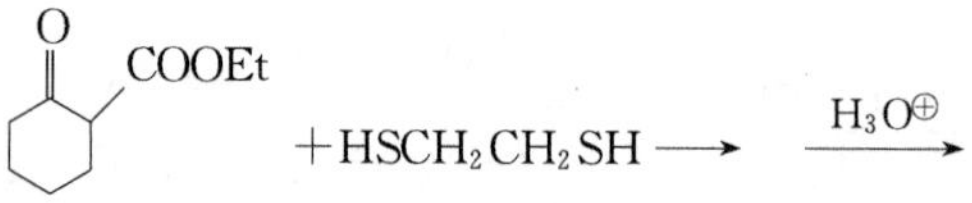

3. 请用 PPh_3 和适当的卤代烃为原料合成下列化合物。

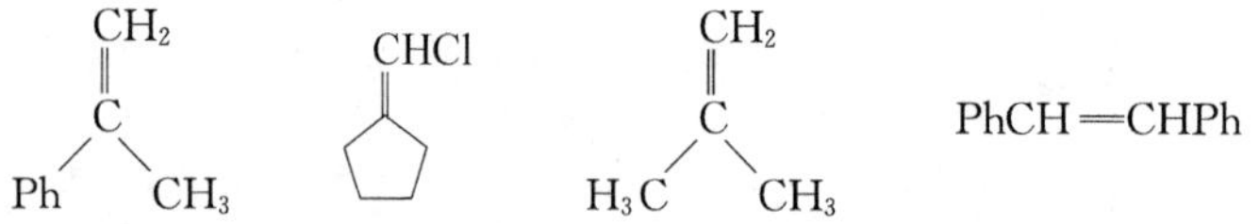

4. 请用硫叶立德合成下列化合物。

(1) 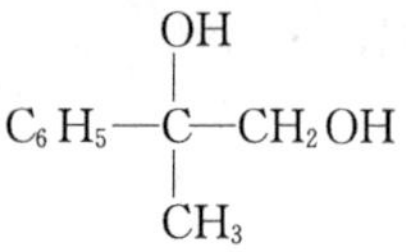　　(2) 

5. 糖精是邻磺酰苯甲酰亚胺的俗名，它比蔗糖甜 550 倍，可作调味剂或供糖尿病患者食用。它可由甲苯为原料经下列步骤合成：

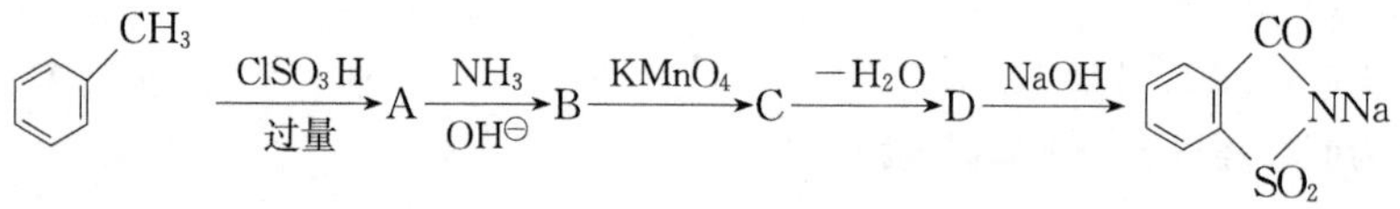

写出 A～D 的结构式。

6. 芥子气即 β,β-二氯乙硫醚，实际并非气体，而是一种高沸点的液体，其名称来源于其气味像芥子，在第一次世界大战中曾被用作化学武器，结构式为 $(ClCH_2CH_2)_2S$，可以用环氧乙烷与硫化氢为原料合成。

(1) 写出有关的合成步骤。

(2) 这种化学试剂是一种环状锍盐 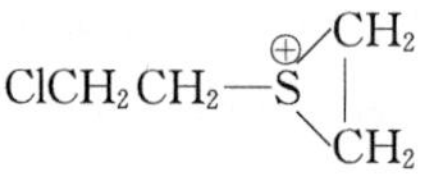 $Cl^{\ominus}$，写出其形成机理。

7. PPh_3 能将环氧化物转化为烯烃。例如

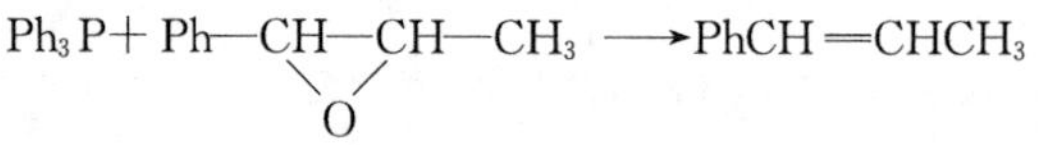

请写出上述反应的机理。

8. 写出从环己酮出发，经过烯醇硅醚中间物，所合成的产物 A 的结构式及相关步骤。

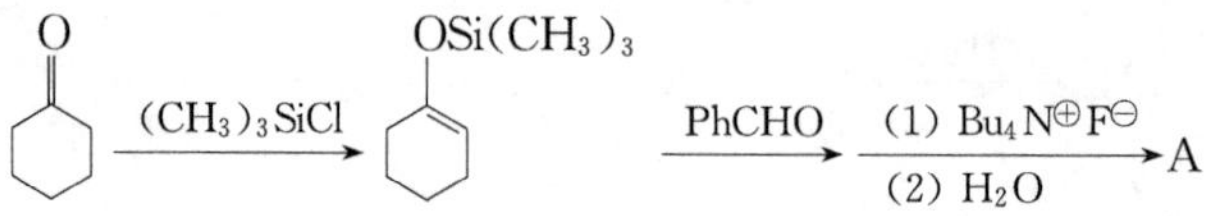

参考文献

毕艳兰．2005. 油脂化学．北京:化学工业出版社

蔡孟深,李中军．2007. 糖化学．北京:化学工业出版社

高鸿宾．1999. 有机化学．北京:高等教育出版社

古练权,汪波,黄志纾,等．2008. 有机化学．北京:高等教育出版社

胡宏纹．2006. 有机化学．3版．北京:高等教育出版社

黄宪,王彦广,陈振初．2003. 新编有机合成化学．北京:化学工业出版社

蒋硕健,丁有俊,李明谦．1996. 有机化学．北京:北京大学出版社

巨勇,赵国祥,席婵娟,等．2002. 有机合成化学与路线设计．北京:清华大学出版社

刘湘,汪秋安．2010. 天然产物化学．北京:化学工业出版社

陆国元．2000. 有机化学．南京:南京大学出版社

麻生明,魏晓芳．2006. 原子经济性反应．北京:中国石化出版社

迈斯利克 H,尼卡姆金 H,等．2002. 有机化学习题精解．佘远斌,等译．北京:科学出版社

聂进,马敬中．2001. 有机化学题解．武汉:华中科技大学出版社

荣国斌,袁履冰,王全瑞．2007. 高等有机化学．上海:华东理工大学出版社

师彦平．2008. 单萜和倍半萜化学．北京:化学工业出版社

斯图尔腾·沃伦．1986. 有机合成——切断法探究．丁新腾译．上海:上海科学技术出版社

王永梅,王桂林．2002. 有机化学提要·例题与习题．天津:天津大学出版社

邢其毅,徐瑞秋,周政,等．2001. 基础有机化学(上、下册). 3版．北京:高等教育出版社

幸松民,王一璐．2009. 有机硅合成工艺及产品应用．北京:化学工业出版社

张军良,郭燕文．2008. 基础糖化学．北京:中国医药科技出版社

张树政．2002. 糖生物学与糖生物工程．北京:清华大学出版社

赵玉芬,赵国辉．1998. 元素有机化学．北京:清华大学出版社

Bruice P Y. 2003. Organic Chemistry. 4th ed. New Jersey: Prentice Hall

Carey F A. 2003. Organic Chemistry. 5th ed. New York: McGraw-Hill Higher Education

Graham Solomons T W. 1999. Organic Chemistry. 8th ed. New York: John Wiley & Sons, Inc.

McMurry J. 2004. Fundamentals of Organic Chemistry. 4th ed. 北京:机械工业出版社

Peter K, Vollhardt C, Schore N E. 2003. Organic Chemistry: Structure and Function. New York: W. H. Freeman and Company

附 录

附录 1 常用的符号及外文缩写

Ac—	乙酰基(CH_3CO-)
Ad	加成反应
Ar	芳基
Bn	苄基
b. p.	沸点
n-Bu	正丁基($CH_3CH_2CH_2CH_2-$)
i-Bu	异丁基($CH_3-\underset{\textstyle CH_3}{\underset{\textstyle\vert}{CH}}-CH_2-$)
s-Bu	仲丁基($CH_3CH_2CH_2-\underset{\textstyle CH_3}{\underset{\textstyle\vert}{CH}}-$)
t-Bu	叔丁基[$(CH_3)_3C-$]
C	共轭效应
cat	催化
D(+)	D 型右旋
d_4^{20}	相对于 4℃水的相对密度
deb	偶极矩单位①
DL 或 *dl*(±)	外消旋
DMF	二甲基甲酰胺[$HCON(CH_3)_2$]
DMSO	二甲基亚砜[$(CH_3)_2SO$]
E	顺反异构中的反式
E^+	亲核试剂或试剂的亲电部分
E1	单分子消除反应
E2	双分子消除反应
$E1_{CB}$	单分子共轭碱消除反应
Et	乙基(CH_3CH_2-)
$h\nu$	光照
I	诱导效应
i-	异构(*iso*-)
IR	红外光谱
K	反应平衡常数
K_a	酸电离常数
k	反应速率常数
L(−)	L 型左旋
Me	甲基(CH_3-)
MS	质谱
m/*z*	质谱中的质荷比
meso	内消旋
meta-	间位
NBS	*N*-溴代丁二酰亚胺
NMR	核磁共振谱
Nu^-	亲核试剂或试剂的亲核部分
neo-	新
ortho-	邻位
Ph	苯基(C_6H_5-)
para-	对位
Pr	丙基(C_3H_7-)
R	烷基($C_nH_{2n+1}-$)
R/*S*	立体构型中表示右/左
S_E	亲电取代反应
S_N1	单分子亲核取代反应
S_N2	双分子亲核取代反应
S_Ni	分子内亲核取代反应
THF	四氢呋喃
TMS	四甲基硅烷[$(CH_3)_4Si$]
Ts	对甲基苯磺酰基(p-$CH_3C_6H_4SO_2-$)
UV	紫外光谱
Z	顺反异构中的顺式
$[\alpha]$	比旋光度
δ	化学位移(ppm)
μ	偶极矩
λ_{max}	最大吸收波长(nm)
σ	波数(cm^{-1})

① 按 SI 单位制，偶极矩的单位为 C·m(库仑·米)，$1deb=10^{-18}esu\cdot cm$(静电单位·米)$=3.335\times10^{-3}C\cdot m$。

附录 2　某些化合物的键距 D_O 和键离解能 E_D

化合物	化学键	D_O/nm	E_D/(kJ·mol^{-1})
H_2	H—H	0.075	430.95
F_2	F—F	0.435	152.72
Cl_2	Cl—Cl	0.2	242.2
Br_2	Br—Br	0.229	192.8
I_2	I—I	0.267	151.1
HF	H—F	0.093	564.8
HCl	H—Cl	0.128	431.4
HBr	H—Br	0.142	365.7
HI	H—I	0.162	298.7
N_2	N≡N	0.110	945.6
$C_6H_5N{=}NC_6H_5$	N=N	0.123	418.4
NH_2NH_2	N—N	0.147	163.2
N_2O_4	N—N	—	54.4
NH_3	N—H	0.1014	390.7
H_2O	O—H	0.096	485.3
H_2O_2	O—O	0.148	217.56
O_2	O=O	0.121	401.6
$C_6H_5\overset{O}{\overset{\|}{C}}OO\overset{O}{\overset{\|}{C}}C_6H_5$	O—O	—	125.5
NH_2OH	N—O	0.146	200.8
HCN	C≡N	0.115	866.1
$(C_6H_5)_3C-N{=}N-C(C_6H_5)_3$	C—N	—	112.9
CH_3NH_2	C—N	0.147	284.9
CO	C≡O	0.113	1071.1
CO_2	C=O	0.116	—
CH_2O	C=O	0.121	686.1
$CH_2{=}CHC(=O)H$	C=C	0.122	—
CH_3-CH_3	C—C	0.154	351.4
CH_3-CH_3	C—H	0.110	410.0
$CH_2{=}CH_2$	C=C	0.134	610.8
$CH_2{=}CH_2$	C—H	0.1086	435.1
HC≡CH	C≡C	0.120	832.6
HC≡CH	C—H	0.1057	<506.3

续表

化合物	化学键	D_O/nm	E_D/(kJ·mol^{-1})
$CH_3CH{=}CH_2$	C—C	0.1501	>351.4
$CH_3CH{=}CH_2$	C═C	0.14	<610
$CH_3CH{=}CH_2$	C—H	>0.110	322
$CH_3C{\equiv}CH$	C≡C	0.121	<823.8
$CH_3C{\equiv}CH$	C—C	0.146	>351.4
$CH_2{=}CHCH{=}CH_2$	C═C	0.135	—
$CH_2{=}CHCH{=}CH_2$	C—C	0.148	—
$CH_2{=}CHC{\equiv}CH$	C—C	0.145	—
$HC{\equiv}CC{\equiv}CH$	C—C	0.138	—
C_6H_6	C—C	0.139	—
C_6H_6	C—H	0.108	426.7
CH_3OH	C—O	0.1434	372.4
HCOOH	C—O	0.136	—
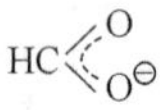	C—O	0.127	—
CO_3^{2-}	C—O	0.131	—
CH_3OCH_3	C—O	0.142	309.6
CH_3F	C—F	0.139	451.8
CF_4	C—F	0.136	485.3
CH_3Cl	C—Cl	0.177	338.9
CH_2Cl_2	C—Cl	0.177	292.8
$CHCl_3$	C—Cl	0.177	292.8
CCl_4	C—Cl	0.176	327.2
$(CH_3)_2CHCl$	C—Cl	0.175	305.4
$(CH_3)_3CCl$	C—Cl	0.178	313.8
$CH_2{=}CHCl$	C—Cl	0.169	435.1
C_6H_5Cl	C—Cl	0.169	359.8
$CH_2{=}CHCH_2Cl$	C—Cl	—	251.1
$C_6H_5CH_2Cl$	C—Cl	—	284.5
CH_3Br	C—Br	0.191	280.3
CBr_4	C—Br	0.194	242.6
$CH_2{=}CHBr$	C—Br	0.186	—
C_6H_5Br	C—Br	0.186	297.1
$CH_2{=}CHCH_2Br$	C—Br	—	196.6
$C_6H_5CH_2Br$	C—Br	—	213.3
CH_3I	C—I	0.212	221.7